LES

1001 BATAILLES

QUI ONT CHANGÉ LE COURS DE L'HISTOIRE

Bonne retraite Bonne lecture

Félicitations

Jeanne-Hélène

My Girl

LES

1001 BATAILLES

QUI ONT CHANGÉ LE COURS DE L'HISTOIRE

PRÉFACE DE FRANCK FERRAND

OUVRAGE RÉALISÉ SOUS LA DIRECTION DE R.G. GRANT

Titre original : *1001 Battles that changed the course of History*

Publié sous la direction de Tristan de Lancey
Direction éditoriale : Jane Laing
Production : Anna Pauletti
Designers : Tom Howey et Rod Teasdale

Direction de l'édition française : Ghislaine Bavoillot
Traduit de l'anglais par : Stéphanie Alglave, Marianne Ferraud, Cécile Giroldi, Jacques Guiod, François Landon, Anne Marcy-Benitez et Amandine Mathieu
Adaptation de la maquette : David Fourré
Suivi éditorial : Marie-Laure Miranda
Collaboration à l'édition française : Laurent Villate
Couverture : Clémence Beaudoin

Éditions du Trécarré
Groupe Librex inc.
Une société de Québecor Média
La Tourelle
1055, boul. René-Lévesque Est
Bureau 800
Montréal (Québec) H2L 4S5 Canada
Tél. : 514 849-5259
www.edtrecarre.com

ISBN : 978-2-89568-598-2
Dépôt légal : juin 2012
Imprimé en Chine

SOMMAIRE

Préface de Franck Ferrand

C'était un dimanche de novembre gris et venteux, au cœur des Highlands, à l'endroit même où, le 16 avril 1746, les Écossais de Charles-Edouard Stuart se sont fait laminer par les Anglais du duc de Cumberland. « Jacobites » contre « Hanovriens »... Culloden : une vaste lande plate, tachée de roux et de mauve, où le sol, après plus de quinze décennies, paraît toujours saturé du sang des combattants tombés là par centaines. Les pertes, au soir de la bataille, se sont révélées inégales : mille cinq cents, peut-être deux mille morts côté jacobite ; cinquante seulement, soit trente à quarante fois moins, côté hanovrien... Le regard perdu sur cette étendue piquée de fanions, bordée d'arbres aux ramures spectrales, j'ai cru y percevoir encore le souffle des Highlanders défaits, poursuivis par les fusiliers du « boucher » Cumberland jusque dans les bois alentour, où des roches gravées marquent, ça et là, leur sacrifice.

C'était beau, poignant même – d'autant plus beau, d'autant plus poignant peut-être que les armes s'étaient tues depuis longtemps et qu'un bon thé m'attendait pas trop loin… « Peinture et bataille ne sont belles qu'à distance », dit un proverbe espagnol. Pour avoir beaucoup fréquenté les anciens champs de bataille, je ne puis que souscrire à l'adage.

Mais revenons à Culloden. Ce grand affrontement devait marquer, pour l'Écosse, la fin des clans, des tartans, des cornemuses... Un changement de chapitre, en somme. Il y avait eu un avant-Culloden ; il y aurait un après : c'est tout l'intérêt d'une grande bataille que de marquer ainsi un tournant dans l'histoire. Qu'elle sanctionne la victoire d'un prince ou celle d'une idée, l'ascendant d'un envahisseur ou celui d'une religion, elle incarne à l'essentiel ce moment de vérité qui va faire sens et marquer les esprits.

Qu'ont en commun, finalement, la prise de l'altière Massada, le combat naval d'Actium, la furieuse lutte des Champs catalauniques et l'accrochage réel ou supposé de Poitiers, en 732 ou 733 ? Outre la violence des combats, la bravoure des guerriers, l'expérience des chefs, ces événements ont tous imprégné la mémoire des humains.

On comprend mal, dès lors, que certains historiens aient cru devoir sciemment négliger de tels marqueurs. Par exemple en France, l'école des Annales s'est construite, au XXe siècle, sur le dépassement de l'« histoire-batailles » – appellation pleine de mépris pour la chronique narrative qui, traditionnellement, énumérait par date les traités et les règnes. S'est imposée, a contrario, une approche globale et conceptuelle de l'histoire, mettant l'accent sur les tendances lourdes, sondant les peuples dans leur épaisseur et n'abordant les phénomènes que sur la longue durée. Faut-il s'étonner qu'en définitive, les deux démarches aient fini par se rejoindre ? Et qu'un des ouvrages les plus emblématiques de l'esprit des Annales soit Le dimanche de Bouvines, de Georges Duby, qui réconcilie « nouvelle histoire » et fresque événementielle…

À Bouvines comme à Crécy, comme à Rocroi, comme à Fontenoy, comme à Waterloo, comme à Solferino, ce sont au fond les mêmes ressorts qui jouent : batailles plus ou moins rapides, codifiées, mécanisées, dévoreuses d'hommes, plus ou moins lourdes aussi dans leurs conséquences – mais obéissant toutes à certaines règles universelles. Hervé Drévillon, l'un de nos meilleurs experts actuels, estime qu'à partir de la Grande Guerre, la bataille changerait de nature : sa dilatation dans l'espace et dans le temps appellerait une autre approche – elle n'en reste pas moins soumise pour l'essentiel aux vieilles règles du combat. Aussi l'équipe éditoriale du présent volume, avec un pragmatisme tout britannique, a-t-elle choisi de traiter les batailles d'aujourd'hui comme celles d'hier. Cela suppose seulement d'assumer quelques choix subjectifs pour les périodes les plus récentes.

À travers chaque affrontement, ce sont des éléments de civilisation qui cristallisent ; et l'esprit curieux cherchera, dans ce long cortège de souvenirs sanglants un peu plus que des données militaires. Tant il est vrai que l'étude des chocs armés, de la préparation des guerres à la conduite des combats et à la gestion des victoires, est riche de tous les enseignements. Les lecteurs de Sun-Tzu savent quel poids de philosophie peuvent receler, parfois, les sommes stratégiques.

L'avouerai-je ? L'importance du fait militaire en histoire ne m'est clairement apparue, pour ma part, qu'à la faveur de mon engagement – quasi-fortuit d'ailleurs – dans la fameuse polémique sur l'emplacement d'Alésia. Voulant appréhender par le menu le déroulement du siège et de la bataille qui, en 52 avant notre ère, ont mis aux prises Romains et Gaulois, j'ai dû entrer assez avant dans des considérations géographiques, géologiques, techniques, agricoles, économiques, religieuses, météorologiques même... Or, plus je mesurais les implications diverses de chaque aspect du bras de fer entre César et Vercingétorix, mieux je saisissais qu'il dépassait de loin, de très loin ces deux hommes et leurs entourages respectifs. En effet, devant le grandiose oppidum d'Alésia, ce ne sont pas seulement des légions romaines et des hordes gauloises qui sont entrées en collision : ce sont deux conceptions du monde, deux modes de pensée, d'action – deux modes d'être, en vérité, réunis seulement par un mutuel recours à la violence comme ultime argument des peuples et des rois.

Avant-propos de R. G. Grant

Faut-il rappeler l'importance historique des batailles ? Elles sont depuis toujours l'arbitre ultime des affaires humaines. Le choc des idées et des civilisations ne se résout pas systématiquement dans le fracas des armes, mais l'issue existe - et son recours est fréquent. La bataille a forgé l'évolution de notre monde. Les sociétés capables de produire l'armement le mieux adapté et de mobiliser les ressources guerrières les plus considérables ont souvent survécu quand d'autres, à la morale plus haute et à la culture plus sophistiquée, disparaissaient. Au XVIe siècle, les conquistadores espagnols qui sonnèrent le glas des empires aztèque et inca étaient-ils globalement supérieurs à leurs adversaires ? Le débat reste ouvert, mais ils étaient en tout cas issus d'une tradition militaire supérieure. Au plus fort de leur intensité, les batailles ont constitué de titanesques lancers de dés fixant, en quelques heures de carnage, le destin d'individus et de civilisations entières. Les historiens, qui n'ont guère le sens dramatique, préfèrent mettre en avant les flux du long terme, ces lents mouvements par qui, selon eux, se dessine le vrai visage de l'avenir. Mais pour les hommes emportés dans ces tumultueux événements, qu'ils se délectent du miel de la victoire ou récoltent les âpres fruits de la défaite, la guerre et son issue sont un sujet de première importance, pour ne pas dire le seul.

Les batailles sont les carrefours de l'histoire. Leurs chemins mènent à des futurs variés, et ceux que prendront leurs protagonistes dépendent purement du sort des armes. Ce rôle de plaque tournante est illustré par un exemple fameux – la bataille de Poitiers, livrée en 732, et qui devrait en fait porter le nom de bataille de Tours. Au cours du siècle précédant l'affrontement, les armées arabes avaient étendu l'empire de l'Islam de la péninsule arabique au nord de l'Espagne. Mais après que les Francs chrétiens eurent défait les envahisseurs musulmans, ces derniers ne s'aventurèrent jamais plus loin au nord. Au XVIIIe siècle, l'historien Edward Gibbon postula que si la bataille de Poitiers s'était soldée par une défaite franque, « le Coran serait sans doute lu aujourd'hui sur les bancs d'Oxford, et sa parole enseignerait à un peuple circoncis la sainteté et la vérité de la révélation de Mahomet. » Nombre de chercheurs ont critiqué depuis l'hypothèse de Gibbon. Il n'en demeure pas moins que la conquête de l'Europe du nord par l'Islam n'avait rien eu d'une vue de l'esprit.

Remontons jusqu'au XXe siècle. En 1914, les conséquences de la première bataille de la Marne furent colossales. Durant les premières semaines de la guerre, l'Allemagne était en passe de l'emporter sur la France et la Grande-Bretagne. Si les armées de Guillaume II avaient vaincu sur la Marne, la guerre s'achevait à noël 1914, et le destin de l'Europe s'écrivait très différemment : pas de révolution bolchevique en 1917, pas de gouvernement nazi en Allemagne, donc pas de Seconde guerre mondiale… Mais les divisions allemandes furent repoussées, et l'histoire ne choisit pas ce futur-là.

Quelques batailles, aussi épiques qu'illustres, ont pesé sur l'histoire. Néanmoins, les conséquences de combats moins remarquables ont pu revêtir une importance insoupçonnée. Au XVIIe siècle, les affrontements des flottes anglaises et hollandaises, et la suprématie des premières, formèrent les soubassements de l'empire britannique qui, à son tour, façonna le visage de la révolution industrielle. À l'échelon local, d'autres batailles ont tracé la carte politique du monde, modelant les États, décidant de leur asservissement ou de leur libération. Les frontières méridionales des Etats-Unis ne présenteraient pas le même profil si l'armée mexicaine avait mieux combattu, durant les années 1840. Et si, en 1863, le Sud l'avait emporté sur le Nord à Gettysburg, peut-être la guerre de Sécession aurait-elle donné naissance à deux pays aux cultures différenciées.

Comme je composais le présent florilège, je ne pus éviter d'affronter cette question : qu'est-ce qu'une bataille ? En fait, trouver la réponse demande plus de sens commun que de savoir universitaire. Dans son sens le plus pur, « bataille » définit un mode d'opération guerrière qui s'est fait rare depuis le XIXe siècle : deux armées campées face-a-face, sur un champ de bataille bien défini, combattent jusqu'à la déroute de l'une d'elle. Bref, une action cernée dans le temps et dans l'espace, durant en général moins d'un jour, et se déroulant au sens propre sous les yeux des commandants. Pourtant, au fil des siècles qui virent fleurir la bataille rangée, le siège de villes et de places fortes constitua une autre forme de combat, d'ailleurs plus répandue que la première. Les embuscades, les opérations de harcèlement, les escarmouches, sont pratiquées depuis l'aube des temps, surtout lorsque l'un des protagonistes, inférieur en nombre à son adversaire, se refuse au choc frontal. Leur importance historique est considérable. Alors, pourquoi leur refuser le statut de batailles ?

Les armées modernes, de plus en plus puissantes, dotées de moyens logistiques efficaces et d'un commandement coordonné, ont permis de conduire des actions militaires ininterrompues dont la durée se compte en mois, et ce sur des territoires extrêmement vastes. C'est ainsi que le vocable « opération » a remplacé celui de « bataille » dans la terminologie militaire. Néanmoins, ce dernier terme peut s'appliquer de plein droit aux combats prolongés de la Somme et de Verdun en 1916, ou de Normandie en 1944. De même, baptiser « Bataille d'Angleterre » la campagne lancée par la Luftwaffe à partir d'août 1940 pour détruire le potentiel de la Royal Air Force n'a rien de contre-nature : si les combats aériens n'obéissent pas aux mêmes règles que leurs homologues terrestres et navals, les unités de lieu et de temps étaient en l'occurrence respectées. En revanche, nommer « Bataille de l'Atlantique » les opérations destinées à maintenir ouvertes les voies d'approvisionnement maritimes entre les Etats-Unis et le Royaume-Uni, malgré la pression des sous-marins, des navires de surface et des avions allemands, paraît usurpé : il s'agit d'une suite d'affrontements poursuivis cinq ans durant, sur une superficie marine de près de 50 millions de kilomètres carrés… Il faut toujours tracer des limites.

Nombre des batailles composant cet ouvrage comptent parmi les plus significatives de l'histoire, et répondraient haut la main aux critères du comité de validation le plus compétent. Néanmoins, certaines y figurent par choix personnel. Depuis que l'homme écrit l'histoire, depuis qu'il bataille à cœur joie, il a constitué un catalogue de combats extraordinairement riche : la seule guerre de Sécession a compté 300 affrontements d'une importance au moins locale, et ayant pesé sur le cours du conflit ! Parmi les batailles que j'ai laissées de côté, beaucoup ont eu une incidence non négligeable sur leur contexte historique. Si l'ampleur de l'événement a guidé mon choix, j'ai également tenu compte d'autres critères. Une bataille peut figurer dans ces pages parce qu'elle a couronné la carrière d'un fameux chef de guerre. Ou parce qu'elle a été le théâtre d'une innovation militaire, en méthode ou en technologie. Flers-Courcelette, en 1916, ne rendit pas plus mobiles les forces ennemies terrées dans leurs tranchées - mais vit la première utilisation du char d'assaut. D'autres batailles prennent leur sens comme élément d'une chaîne - une suite d'opérations ponctuelles menant finalement à la victoire d'un camp. D'autres, enfin, sont inscrites au fronton des mythologies nationales. Qu'il s'agisse des combats d'Alexandre Nevsky, aux yeux des Russes, ou de fort Alamo dans le cœur des Américains, leur aura dépasse leur importance objective, et nul ne peut ignorer la légende.

Chaque entrée de cet ouvrage entend décrire clairement une bataille, selon les grandes lignes de son déroulement. Lorsque l'une d'elle s'inscrit dans une suite – campagne, guerre ou succession de guerres – des renvois en bas de page permettent de la situer dans cet enchaînement, et évitent la fastidieuse répétition des données de base.

Nous nous sommes efforcés, quand la chose était possible, d'indiquer le volume des effectifs engagés et celui des pertes. Lorsqu'ils sont relatifs aux événements précédant l'ère moderne, ces chiffres n'ont valeur que d'estimations, pour ne pas dire de supputations. Les historiens se sont arraché les cheveux à vérifier et contre-vérifier ces allégations - prouvant, par exemple, que les chroniqueurs médiévaux exagéraient grossièrement le nombre des tués au combat. Mais, pour autant, la précision n'est pas conquise. D'ailleurs, les ardentes contestations du nombre de victimes de la dernière guerre d'Irak montrent que notre époque n'a guère de leçons à donner à son passé. Pourquoi de tels flottements ? Il peut s'agir d'un effet de la propagande comme d'une lacune technique : quel statut donner au soldat qui décède six mois après une bataille ? À celui qui meurt le lendemain ? Et que dire – la chose arriva à un Américain, lors de la bataille de la Baie de Manille, en 1898 – si le combattant succombe à un arrêt cardiaque engendré par le stress ? Selon les critères choisis, les pertes subies par les Etats-Unis lors de cet affrontement s'élèveront à un mort ou seront nulles... On pourrait attendre de nos sociétés bureaucratiques un décompte précis, et pourtant l'unanimité n'est toujours pas acquise quant au nombre d'Américains tombés lors du débarquement en Normandie, le 6 juin 1944. Les auteurs de cet ouvrage ont tout fait pour qu'y figurent les chiffres les plus fiables, mais le lecteur ne devra pas s'étonner de rencontrer ailleurs des estimations divergentes.

À travers l'espace et le temps, j'ai voulu présenter une très large palette de batailles. La disposition chronologique des entrées offre un panorama de l'évolution, au fil de l'histoire, des méthodes et des technologies guerrières. Elle montre aussi que des guerres se déroulaient au Mexique, en Chine, en Europe du Nord, alors que la guerre de Sécession monopolisait l'attention des Américains – les réciproques étant, bien sûr, vraies. Le lecteur découvrira dans ces pages des affrontements peu connus, des informations inattendues, et trouvera pour chaque bataille célèbre de solides références. Je souhaite que ce livre suscite chez chacun l'envie d'en savoir plus sur les événements qu'il narre - et devienne le tremplin d'une enrichissante et stimulante exploration.

Index des guerres et des conflits

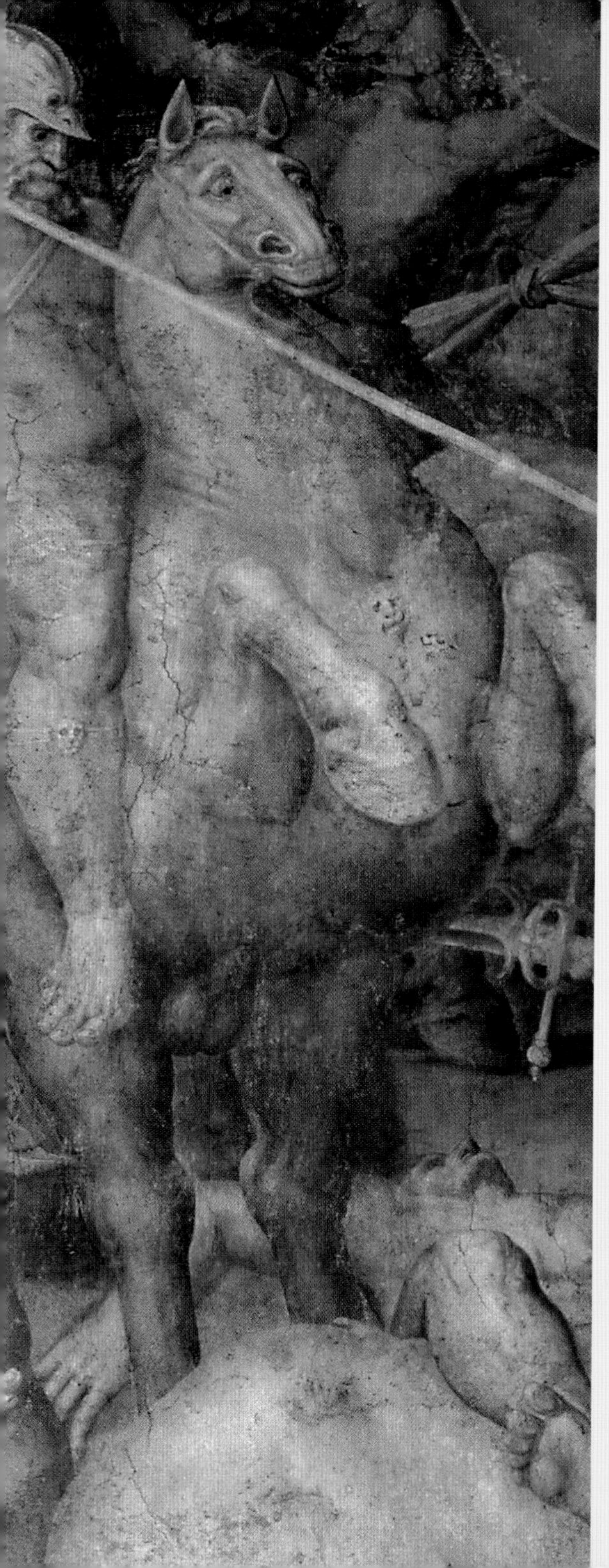

de 2450 av. J.-C. à 999 ap. J.-C.

La guerre naît avec les armées organisées. L'emploi du cheval, l'utilisation du bronze, puis du fer, accompagnent l'essor des premiers empires en Mésopotamie, en Égypte, en Inde, en Chine. Au XIVe siècle av. J.-C., les Assyriens forment ainsi un État guerrier au Moyen Orient. À leur suite, l'Empire des Mèdes et des Perses se heurte au Ve siècle av. J.-C. aux cités grecques. Pour se défendre, celles-ci font de leurs citoyens des hoplites, redoutables fantassins. Devenu roi de Macédoine en 336 av. J.-C., Alexandre part à la conquête de la Grèce, de l'Égypte, de l'Asie, avec ses phalanges et une cavalerie puissante. En Italie, Rome transforme sa milice de citoyens en une armée de métier de 250 000 hommes au IIe siècle. L'empire romain d'Occident s'effondre en 476, vaincu par les Barbares, tout en exerçant sur eux une fascination qui conduit Charlemagne à le ressusciter. L'échec de l'entreprise aboutit à la division de l'Europe, source de conflits pendant plus d'un millénaire.

Combat au corps-à-corps à Pharsale (détail d'une fresque de Niccolo dell'Abbate, XVIe siècle).

Affrontement entre Lagash et Umma v. 2450 av. J.-C.

Les plus anciennes guerres dont l'histoire garde trace se déroulèrent voici quatre millénaires et demi à Sumer, région de la Mésopotamie qui fait aujourd'hui partie de l'Irak. Relaté par les inscriptions de la stèle des Vautours, l'affrontement entre Lagash et Umma est la première bataille dont on ait un témoignage.

Eannatum, qui régnait sur Lagash, entra en conflit avec ses voisins d'Umma à propos de terres irriguées situées à la frontière des deux cités-États. Selon la stèle des Vautours (exposée au musée du Louvre, à Paris), le souverain consulta Ningirsu, dieu protecteur de Lagash. Celui-ci lui promit que, s'il guerroyait, les dépouilles de ses ennemis s'amoncelleraient jusqu'au socle des cieux. Ainsi encouragé, Eannatum se mit en marche.

Monté sur un primitif char à quatre roues tiré par des ânes, le roi précédait ses fantassins casqués, vêtus de pagnes et armés de lances. Et lorsque les défenseurs arrivèrent, franchissant la porte de la ville fortifiée pour affronter Eannatum, celui-ci descendit de son char afin de mener l'assaut à pied. Les soldats de Lagash avançaient régulièrement, lances parallèles au sol, par-dessus les corps de leurs ennemis tombés au combat. Quelques défenseurs d'Umma étaient sans doute armés d'arcs, car la stèle montre Eannatum frappé par une flèche – le projectile lui causant une blessure sans gravité. L'armée de Lagash l'emporta et le roi imposa à la ville défaite une paix humiliante, la condamnant à payer un tribut.

Érigée pour célébrer ce triomphe d'Eannatum, la stèle des Vautours montre des charognards se repaissant des cadavres de leurs ennemis. Plus tard, le souverain étendit encore son empire, annexant la totalité de Sumer. Mais après sa mort, Lagash ne tarda pas à perdre son ascendant régional. **RG**

Pertes : Umma, probablement 100 ou 200 morts, presque la totalité des effectifs ; Lagash, pertes minimes

Cette stèle, le plus ancien document historiographique jamais découvert, décrit les phases de la bataille. ↑

Megiddo v. 1457 av. J.-C.

Trois grandes batailles furent livrées près de la ville de Megiddo, sur le territoire de l'actuel Israël (voir 609 av. J.-C. et 1918). Celle-ci constitua la première grande victoire de Thoutmosis III. Doué d'un génie militaire exceptionnel, ce pharaon offrit à l'Égypte un empire sans précédent.

Le pharaon Thoutmosis venait à peine de monter sur le trône qu'une coalition cananéenne menée par le roi de Qadesh défia l'emprise de l'Égypte sur la Syrie et la Palestine. Apprenant que l'armée cananéenne avançait sur Megiddo, Thoutmosis releva le défi. Consignées par les scribes, les étapes de sa campagne furent ultérieurement gravées sur les murs du temple d'Amon, à Karnak.

La clé de la victoire du pharaon fut la vitesse. Par le désert, l'armée de Thoutmosis rejoignit Gaza, couvrant 200 km en dix jours, puis pénétra en territoire palestinien. Entre les Égyptiens et leurs ennemis massés sur la plaine de Megiddo se dressait le mont Carmel. L'état-major de Thoutmosis voulait contourner l'obstacle, mais le Pharaon insista pour emprunter au contraire l'étroite passe d'Arouna – faisant fi des risques d'embuscades. L'effet de surprise fut total : les Égyptiens débouchèrent sur l'arrière des Cananéens et se mirent en ordre de bataille autour de leur souverain Thoutmosis, « sur son char d'électrum, muni de tout son arsenal guerrier ». Démoralisés, les Cananéens s'enfuirent. Les habitants de Megiddo fermèrent les portes de leur ville, mais des fuyards s'assurèrent un salut peu glorieux en se faisant hisser par-dessus les murailles tandis que les Égyptiens pillaient leurs bagages. Ce manquement à la discipline empêcha Thoutmosis de goûter une victoire totale. Megiddo ne se rendit qu'après un laborieux siège de sept mois. **RG**

Pertes : chiffres inconnus ; il y avait peut-être 10 000 hommes dans chaque camp

Qadesh 1275 av. J.-C. >

↑ *Thoutmosis frappant un prisonnier ; gravure sur l'un des pylônes du temple de Karnak.*

Qadesh 1275 av. J.-C.

À Qadesh, près de l'Oronte, eut lieu l'une des plus grandes batailles de chars jamais livrées : elle mit en jeu 5 000 attelages. Pour Ramsès II, l'objectif était d'arracher la Syrie aux Hittites. Si son issue demeura indécise, la bataille de Qadesh déboucha sur le premier traité de paix de l'histoire qui nous soit parvenu.

Perpétuant l'expansionnisme de son père Seti Ier, Ramsès envahit les territoires hittites de Palestine et de Syrie. Près de l'Oronte, il captura deux hommes qui se présentèrent comme des déserteurs de l'armée hittite – laquelle, selon eux, se trouvait à bonne distance. Ramsès respira : à la tête d'une avant-garde de 20 000 hommes et de 2 000 chars seulement, il s'était écarté du gros de ses troupes… Or, les déserteurs étaient des agents de l'armée hittite, dont les divisions, sous le commandement du prince Muwatalli et totalisant 40 000 fantassins et 3 000 chars, se trouvaient à proximité. Les Hittites attaquèrent brutalement. Leurs lourds chars à trois chevaux enfoncèrent l'avant-garde égyptienne. La victoire semblant acquise, les hommes de Muwatalli baissèrent la garde pour piller leurs ennemis terrassés. Calme et déterminé, Ramsès réorganisa ses forces et lança une contre-attaque.

Privés de leur puissance d'assaut, les chars hittites s'avérèrent lents et lourds : les Égyptiens eurent beau jeu de frapper impunément. Ramsès arracha non la victoire, mais au moins un résultat honorable.

L'un et l'autre camp jurèrent avoir triomphé et le pharaon orna ses temples de frises commémoratives, bien que l'issue ait été très incertaine. Tant et si bien que quinze ans plus tard les adversaires se retrouvèrent sur les lieux pour signer un pacte de non-agression, le premier de toute l'histoire. **MK**

Pertes : chiffres inconnus

< *Megiddo v. 1457 av. J.-C.* *Megiddo 609 av. J.-C.* >

Un récit de la bataille par Ramsès II, consigné sur papyrus v. 1275 av. J.-C. ↑

Troie 1250 av. J.-C.

Aucun conflit n'a aussi profondément marqué l'imaginaire occidental que le siège de Troie, tel que le relate *L'Iliade* d'Homère. Cet épisode épique a longtemps été relégué au rang de légende, mais depuis quelque temps certains chercheurs entendent lui restituer une validité historique.

Lorsque Aphrodite, déesse grecque de l'amour, promit d'accorder au prince troyen Pâris les faveurs de la plus belle femme du monde, que cette dernière fût mariée n'embarrassa ni la divinité ni le mortel, et Pâris enleva la belle Hélène de Sparte sans envisager les terribles conséquences de son acte. Ménélas, l'époux bafoué d'Hélène, convoqua les héros grecs : son frère Agamemnon, roi de Mycènes ; Achille, héros quasi invulnérable ; Ajax, invincible à la guerre, et toute la fine fleur des royaumes grecs. Les vengeurs embarquèrent sur leurs vaisseaux, franchirent la mer Égée et assiégèrent Troie. Souvent, des guerriers troyens sortaient de la citadelle afin de défier leurs adversaires en combats singuliers. Enfin, désespérant de prendre la ville par les armes, les Grecs recoururent à un stratagème imaginé par le rusé Ulysse : ils feignirent de lever le siège, laissant derrière eux un grand cheval de bois, en offrande à leurs adversaires. Ceux-ci introduisirent le cheval dans la cité ; les guerriers dissimulés dans ses flancs attendirent la nuit pour s'en extraire, puis ouvrirent les portes de la ville à l'armée grecque, revenue en force.

En 1868, l'archéologue allemand Schliemann affirma avoir découvert le site de Troie en Turquie, à mi-distance entre la mer Égée et les Dardanelles. Longtemps sceptiques, les chercheurs accordent aujourd'hui à cette ville le possible statut d'avant-poste de l'Empire hittite ; une rivalité avec la puissance commerciale de Mycènes aurait donc fort bien pu dégénérer en guerre. **MK**

Pertes : chiffres inconnus

↑ *Le cheval de Troie et des guerriers grecs ornent cette amphore de 640 av. J.-C.*

Guerres des Hébreux

Gilboa 1100 av. J.-C.

Relatée dans la Bible, la bataille de Gilboa opposa le roi Saül aux Philistins. Après une résistance farouche, le souverain se suicida. Si la fiabilité du récit biblique n'est pas absolue, selon les historiens c'est bien à Gilboa que le royaume d'Israël, nouvellement uni, combattit pour sa survie.

Saül n'était pas le premier roi du double royaume d'Israël et de Judée (le premier situé au nord et le second au sud de l'actuel État hébreu). L'alliance fragile des deux entités se trouvait renforcée par la menace d'ennemis communs, Philistins et Amalécites, contre lesquels Saül mena plusieurs campagnes victorieuses. Le danger envolé, les luttes intestines fleurirent à nouveau. Ces tensions internes expliquent peut-être la prise du pouvoir par David : ancien protégé de Saül devenu son adversaire, appartenant à la tribu de Juda, il possédait donc une assise politique au sud du pays. Faut-il accorder foi aux récits bibliques de son combat contre Goliath, de la jalousie croissante de Saül, ou de l'amitié amoureuse que lui voua le prince Jonathan ? Quoi qu'il en soit, il est fort possible que, poussé par son ambition, David ait fait cause commune avec les Philistins.

À nouveau galvanisés, ceux-ci reprirent leurs campagnes militaires contre Israël. Saül fit avancer ses troupes jusqu'aux hauteurs de Gilboa, un relief rocheux surplombant la vallée du Jourdain. Ce choix stratégique n'empêcha pas les Philistins de gravir la crête en chargeant, ni de désorganiser l'armée des Hébreux. Refusant d'être fait prisonnier, Saül se jeta sur la pointe de son glaive et mourut. Pour les Philistins, ce trépas pouvait prendre valeur de triomphe, certes, mais le vrai vainqueur du combat fut David, que rien n'empêchait désormais de se proclamer roi d'Israël. **MK**

Pertes : chiffres inconnus

Lakish 701 av. J.-C. >

Guerre des Shang et des Zhou

Muye 1046 av. J.-C.

La dynastie Shang régna sur la Chine durant un demi-millénaire… et disparut en un soupir. Malgré son statut de jalon historique, la bataille de Muye fut de fait un combat unilatéral : le gros des troupes Shang refusa de se battre. Les rares hommes qui s'y risquèrent furent massacrés.

Durant ses cinq siècles de règne, la dynastie Shang établit un système étatique viable et fit fleurir en Chine une remarquable culture de l'âge du bronze. Mais au milieu du XIe siècle avant J.-C., les Shang, dont le déclin s'était amorcé depuis longtemps, se trouvaient dans une situation de faiblesse critique. Les Zhou, avec le roi Wen, allaient les remplacer à la tête de la Chine.

Di Xin, roi des Shang, n'avait pas hésité à emprisonner son homologue Wen pour contrer la menace qu'il représentait – avant de le libérer contre rançon. Di Xin tenta ensuite de rallier son ancien prisonnier à sa cause en lui offrant de devenir son « chef suprême pour l'Occident ». Wen refusa le marché et entra en rébellion. Il mourut en 1050 avant J.-C. mais son fils, le roi Wu, poursuivit la lutte contre les Shang.

Aux problèmes de la dynastie vint s'ajouter l'agitation populaire. Le royaume Shang sombra dans le chaos. Disposant théoriquement d'un demi-million d'hommes, Di Xin fut incapable de lever la moindre troupe lorsque les forces de Wu menacèrent sa capitale, Yin, en 1046. Aux abois, Di Xin arma 170 000 esclaves, les exhortant à défendre « leur » empire. Comme l'on pouvait s'y attendre, les esclaves passèrent à l'ennemi. Quant aux troupes régulières, elles désertèrent en masse – et nombreux furent les soldats qui, à leur tour, rejoignirent l'armée de Wu. Les rares combattants restés fidèles furent massacrés par les assaillants. **MK**

Pertes : Shang, chiffres inconnus mais probablement très élevés ; Zhou, pertes légères

Chengpu 632 av. J.-C. >

Qarqar 853 av. J.-C.

Au IXe siècle, les Assyriens, guerriers les plus féroces de la Mésopotamie antique, étendirent leur empire par les armes. Commandés par Salmanazar III, ils affrontèrent à Qarqar les troupes coalisées d'une douzaine de rois syriens. Jamais bataille d'une telle ampleur n'avait encore été livrée.

Selon leur tradition, les guerriers assyriens se mettaient en campagne à la fin du mois des moissons – mi-mai. Au printemps 853, l'armée de Salmazar quitta donc Ninive et prit la direction de l'ouest, afin de poursuivre les campagnes de conquête précédentes, dont Halman (Alep) était une des prises. Le roi fit de cette ville sa base d'opération. Ensuite, il marcha au sud-est, vers Hamath.

Mais ses ennemis s'étaient organisés. Irhuleni, qui régnait sur Hamath, avait formé une coalition avec onze souverains locaux dont Ahab, roi d'Israël. Leurs forces s'apprêtèrent donc à affronter l'envahisseur près du fleuve Oronte. Les effectifs des deux camps étaient considérables, même si les chiffres de 100 000 Assyriens et de 70 000 Syriens mentionnés par les inscriptions assyriennes sont probablement très exagérés. Selon ces écrits, la coalition syrienne alignait des forces respectables : des chars, des unités de cavalerie, et mille Arabes montés sur des dromadaires – première mention connue de l'emploi guerrier d'un camélidé, et surtout de l'existence d'une nation arabe. Qarqar fut, selon les inscriptions, un étincelant triomphe pour Salmanazar – affirmation démentie par les campagnes militaires que le roi fut contraint de mener en Syrie au cours des années suivantes. Mais les Assyriens avaient pris l'avantage. Ils conquirent au long de la Méditerranée un territoire allant de la Turquie méridionale à Gaza. **MK**

Plaque d'ivoire ornementale du XIe siècle av. J.-C. (palais de Samanazar III à Nimrud, Assyrie).

Pertes : Assyriens, chiffres inconnus ;
Syriens, 14 000 victimes selon des sources non vérifiables

Lakish 701 av. J.-C. >

Lakish 701 av. J.-C.

Lakish était la deuxième ville du royaume de Juda, entré en rébellion contre Sennacherib. Le roi y mena une expédition punitive. L'épisode, fort connu, figure dans la Bible et dans des archives picturales assyriennes, qui dépeignent des machines de guerre et l'emploi de la terreur contre les civils.

« Ses flèches sont aiguës et tous ses arcs tendus… Les roues de ses chars ressemblent à un tourbillon. » Pour le prophète Isaïe, les Assyriens incarnaient le courroux divin. Plus prosaïquement, Sennacherib voulait donner une leçon à ses sujets turbulents. L'un d'eux, le roi de Juda Ezéchias, avait uni ses forces à celles de souverains voisins afin de secouer le joug assyrien – en bénéficiant peut-être de l'appui des Égyptiens. Sennacherib savait que, faute d'être matée, la révolte ne pourrait que s'étendre.

Les Assyriens étaient maîtres dans l'art du siège. Sur des bas-reliefs du palais royal de Ninive, des sapeurs, couverts par les tirs d'archers protégés eux-mêmes de grands boucliers courbes, démolissent les murailles de Lakish. Plus loin, une tour de siège sophistiquée, montée sur roues et armée d'un bélier, est hissée au sommet d'une rampe de terre ; des soldats gravissent des échelles appuyées aux remparts.

Le siège, dont la durée nous est inconnue, eut un dénouement sanglant. Les frises du palais montrent les rebelles suppliciés, mis à mort, empalés, ou implorant en vain la pitié des vainqueurs : les Assyriens avaient coutume de vider les villes prises en massacrant et en déportant leurs habitants. Le carnage de Lakish était un message clair à l'intention d'Ezéchias et de ses partisans. Peu après, pourtant, les Assyriens assiégèrent Jérusalem, capitale du royaume de Juda, sans parvenir à la prendre. **MK**

Pertes : chiffres inconnus ;
nombreux civils tués ou déportés

Qarqar 853 av. J.-C | *Ninive 612 av. J.-C.*

Chengpu 632 av. J.-C.

Du VIIIe au Ve siècle avant J.-C., durant la période Chunqiu dite « des Printemps et des Automnes », des assauts où les chars ouvraient la voie aux fantassins opposèrent les royaumes chinois. L'État méridional de Chu et son adversaire septentrional, l'État de Jin, s'affrontèrent ainsi à Chengpu.

Durant la période des Printemps et des Automnes, l'empire de la dynastie orientale des Zhou perdura – ou plutôt survécut. Car en pratique c'étaient les seigneurs de la guerre qui lui dictaient leur loi. Au VIIe siècle, le vrai pouvoir était passé aux rois de Jin, dans la vallée du fleuve Jaune, tandis qu'au sud les rois de Chu affermissaient leur emprise sur le bassin du Yangtze.

En 633, le roi Cheng de Chu eut l'audace d'attaquer l'État de Song, allié majeur de l'État de Jin. Le duc Wen de Jin riposta par l'invasion des États de Wei et Cao. La guerre éclata. Le souverain de Jin, à la tête d'une puissante armée comptant le chiffre colossal de 700 chars, était prêt à affronter les forces de Chu et de ses alliés. La rencontre, à en croire les annales chinoises, eut lieu à Chengpu – lieu dont l'emplacement demeure inconnu.

Persuadé que le point faible de l'ennemi était son aile droite, le duc de Jin déchaîna contre celle-ci les chars de son aile gauche. Tirés par des chevaux caparaçonnés de peaux de tigres, les chars de Jin démantelèrent l'aile droite de Chu et menacèrent rapidement son centre. Les troupes de Chu, attaquées de tous côtés lorsque l'aile droite de Jin les eut prises à revers, n'avaient plus la force morale de se battre. Les rescapés de leur armée ne durent leur salut qu'à une retraite hâtive. Défait, l'État de Chu dut renoncer à tout espoir d'imposer son hégémonie à la Chine. **MK**

Pertes : chiffres inconnus

Muye 1046 av. J.-C. | *Maling 342 av. J.-C.*

L'une des tours défendant Lakish (bas-relief d'albâtre, VIIIe siècle av. J.-C.).

Ninive 612 av. J.-C.

Résolue à mettre fin à la domination assyrienne sur la Mésopotamie, Babylone prit la tête d'une alliance afin d'attaquer Ninive, capitale de l'Empire assyrien. Après trois mois de siège, la ville fut mise à sac et le roi assyrien Sîn-shar-ishkun périt. Les jours de l'hégémonie assyrienne étaient comptés.

Au début du IIe millénaire avant J.-C., la grande Babylone régnait sur la Mésopotamie et le Moyen-Orient. Mais l'orgueilleuse cité devait connaître ensuite une marginalisation croissante et inéluctable. À maintes reprises, elle avait tenté de secouer le joug assyrien – en pure perte. En 626 avant J.-C., néanmoins, le roi fraîchement couronné Nabopolassar perçut l'affaiblissement de la puissance assyrienne et se résolut à passer à l'action.

Il lui fallut dix ans pour libérer la Babylonie proprement dite. Puis, en 616, il déclencha l'invasion de l'Assyrie. D'autres peuples, écrasés par le même maître, rejoignirent alors sa cause avec enthousiasme. Bientôt, Nabopolassar commanda à une armée où voisinaient des guerriers de Suse, cité-État campée au pied des monts Zagros, et des combattants scythes, exceptionnels cavaliers nomades venus de la steppe. Les Mèdes, un peuple établi au nord-ouest de l'Iran, marchèrent au sud sur Assur, la ville originelle des Assyriens ; ils la prirent en 614. Ensuite, ils conclurent à leur tour une alliance avec Nabopolassar.

Sous le commandement du roi de Babylone, l'alliance prit alors pour cible Ninive, la capitale assyrienne. La ville, malgré sa résistance acharnée, tomba après trois mois de siège. Le souverain Shîn-shar-ishkun fut tué durant le sac. Les Assyriens se choisirent un nouveau chef, Ashuruballit, qui fut défait en 608 avant J.-C. **MK**

Pertes : chiffres inconnus

Lakish 701 av. J.-C. — Megiddo 609 av. J.-C.

Megiddo 609 av. J.-C.

La deuxième bataille de Megiddo (territoire de l'actuel État hébreu) eut pour cause la volonté de Josias, roi de Juda, de rebâtir le royaume d'Israël sur les ruines fumantes du pouvoir assyrien. Mais le pharaon Nékao II le défit et l'Égypte devint en Palestine la force dominante.

À la mort du roi Salomon, en 926 avant J.-C., le royaume d'Israël se divisa en deux : Juda au sud, la Samarie au nord. Si le désir de réunification des peuples hébreux demeurait, la formidable puissance assyrienne en rendait tout rêve illusoire. Mais le triomphe de Nabopolassar à Ninive inspira à Josias, roi de Juda, un fol espoir : en effet, l'Empire assyrien implosait irrémédiablement. Lorsque les troupes du pharaon Nékao II marchèrent à l'est pour prêter main-forte à l'Assyrie, alliée de l'Égypte, Josias résolut de s'interposer et d'interdire à l'armée de Nékao l'accès à une passe étroite près de la ville de Megiddo. Ce relief montagneux et accidenté devait donner l'avantage aux Juifs.

Josias accomplit la première phase de son plan : il parvint à mettre ses unités en position, mais l'armée égyptienne les balaya sans rémission. À en croire la Bible (II Chroniques, 35), le roi fut blessé par une flèche durant la bataille, et transporté à Jérusalem où il succomba. Marchant sur la Mésopotamie, Nékao II fut défait à Karkemish par les Babyloniens de Nabuchodonosor, fils aîné de Nabopolassar. L'effet de vide qu'escomptait Josias s'était bien produit, mais trop tard. Jehoahaz prit la suite de son père à la tête du royaume de Juda, mais lors de son retour vers sa patrie le pharaon Nékao le détrôna en faveur de son frère Joaqim, plus influençable. L'Égypte était désormais le vrai maître de la Palestine. **MK**

Pertes : chiffres inconnus

Qadesh 1275 av. J.-C. — Chute de Jérusalem 587 av. J.-C.

Hommes d'armes assyriens sur un char (bas-relief du VIIe siècle av. J.-C., Ninive).

Chute de Jérusalem 587 av. J.-C.

Afin de se libérer de la domination étrangère, le roi Sédécias de Juda défia Babylone, le nouveau pouvoir régional, et son roi Nabuchodonosor II. Pour les Juifs, l'affaire s'avéra encore plus funeste que leur révolte contre les Assyriens : ils subirent un exil massif appelé la « captivité de Babylone ».

Joaqim, installé par le pharaon Nékao II sur le trône de Juda après la bataille de Megiddo, avait tenté de résister à l'expansionnisme babylonien. Si bien qu'en 597, lorsque le roi de Babylone, Nabuchodonosor II, eut pris Jérusalem à l'issue d'un bref siège, il remplaça immédiatement Joaqim par un fantoche à ses ordres.

Sédécias, de son côté, rêvait du pouvoir royal. Seul, il ne pouvait rien faire. En 587, il quitta le royaume puis, à l'insu des Babyloniens, conclut un pacte avec le pharaon Apriès : l'Égypte aiderait les Juifs si ceux-ci se révoltaient. Le pharaon tint parole, mais ses troupes furent dispersées comme fétus de paille par celles de Nabuchodonosor. Celui-ci pouvait désormais mobiliser toute sa puissance contre l'indocile royaume de Juda et assiéger sa capitale. « Le lion est sorti de la caverne… pour réduire ton pays en désolation, tes villes seront ruinées », se lamentait le prophète Jérémie (Jérémie, 4, 7).

Après 18 mois de siège, les défenseurs de Jérusalem, réduits à la famine, furent contraints de se rendre. Sédécias dut assister à l'exécution de ses deux fils, à la suite de quoi on l'aveugla. Il fut conduit en exil à Babylone avec 10 000 autres prisonniers représentant l'élite aristocratique, religieuse et intellectuelle de son peuple. Nabuchodonosor avait résolu de détruire à la fois la volonté de combattre et l'identité des Juifs. **MK**

« Levez une bannière vers Sion ! Fuyez sans vous arrêter ! Car du nord j'apporte le désastre, et même une terrible destruction. »

Jérémie, *4, 6*

Pertes : plusieurs milliers de morts ;
10 000 Juifs déportés à Babylone

Cette tablette cunéiforme appartenant aux chroniques de Nabuchodonosor II relate la prise de Jérusalem et la campagne contre l'Égypte.

Megiddo 609 av. J.-C. — *Opis 539 av. J.-C.*

Sardes 546 av. J.-C.

À Sardes, la défaite qu'infligea Cyrus II à Crésus, roi de Lydie, accéléra la construction de l'Empire perse. Malgré un sort adverse, Cyrus dut le succès à son calme, à son ingéniosité, à la discipline de ses troupes – et à l'utilisation du chameau comme véhicule de transport et arme olfactive.

Cyrus II faisait partie de la dynastie achéménide, dont les origines se perdent dans la légende, mais au VIe siècle avant J.-C., cette maison ne tenait plus les rênes d'un empire digne de son lignage. Cyrus résolut de rétablir sa puissance passée. En 550, il encouragea ses voisins mèdes à se soulever contre leur souverain Astyage. Lorsqu'il envahit leur pays, il fut accueilli en libérateur. Crésus, roi de Lydie (sur le territoire de l'actuelle Turquie), était le beau-frère d'Astyage. Pour venger celui-ci, il envahit la terre des Mèdes, mais Cyrus le défit à la bataille de la Ptérie.

Poursuivant les Lydiens vaincus jusqu'au cœur de leur pays, les Perses se trouvèrent dépassés en nombre lorsque Crésus leva ses troupes de réserve. Le roi lydien, célèbre pour ses fabuleuses richesses, put aligner une armée de 100 000 hommes, soit deux fois plus que ses adversaires. Pour assurer sa défense, Cyrus disposa ses troupes en un carré protégé derrière une ligne formée par ses chameaux de somme. Résolue à effectuer un encerclement classique, la cavalerie lydienne chargea mais, trop peu nombreuse, perdit sa densité dans la manœuvre. Pire, la silhouette et l'odeur des chameaux, inconnues des chevaux, les effrayèrent – phénomène que Cyrus avait observé lors de la bataille de la Ptérie. Complètement désorganisés, les Lydiens refluèrent sur Sardes, leur capitale, que Cyrus enleva après un bref siège de deux semaines. **MK**

Pertes : chiffres inconnus

Opis 539 av. J.-C. >

Opis 539 av. J.-C.

Après son triomphe à Sardes, le roi des Perses Cyrus II continua d'accroître son territoire. À Opis, l'éclatante victoire qu'il remporta sur les Babyloniens en 539 fit sauter le dernier verrou bloquant l'accès à l'Asie mineure, et l'inscrivit parmi les plus grands bâtisseurs d'empires de l'histoire.

En 556 avant J.-C., Nabonide devint roi de Babylone, alors première puissance de Mésopotamie. Si les événements de son règne nous sont parvenus grâce aux minutieuses *Chroniques de Nabonide,* le souverain ne joue guère, dans ces écrits, qu'un rôle périphérique ; aujourd'hui, ces annales servent surtout à documenter la carrière de son ennemi Cyrus. Les scribes des *Chroniques* se sont peu étendus sur les événements de 539, septième année du règne de leur maître. Ils admettent sa défaite à Opis, sur les rives du Tigre, mais ne donnent pas de détails des combats. À l'évidence, des destructions considérables suivirent l'affrontement, puisque le texte évoque des massacres et des pillages massifs. En outre, le revers d'Opis semble avoir déclenché contre Nabonide un soulèvement populaire. Avec son peuple en ébullition et son armée en proie aux désertions, le souverain ne put conserver la ville voisine de Sippar, qui tomba « sans qu'un seul coup fût porté », relatent encore ses *Chroniques.* Pour Cyrus, la route de Babylone était ouverte.

Plus tard, l'historien grec Hérodote écrivit que Cyrus avait fait assécher les douves protégeant la capitale pour mieux renverser ses remparts. Mais les *Chroniques de Nabonide*, contemporaines de l'événement, évoquent plutôt une reddition sans combats. Cette victoire offrait à Cyrus un empire gigantesque, s'étendant de l'Asie centrale à la Méditerranée. **MK**

Pertes : chiffres inconnus

< *Sardes 546 av. J.-C.*

Marathon 490 av. J.-C. >

Rome 508 av. J.-C.

Les guerres de leurs pères contre les Étrusques inspirèrent des générations de Romains, mais nombre d'historiens doutent de la réalité de ces conflits. Néanmoins, derrière ce passé légendaire se dresse une vérité incontestable : l'émergence au cœur de la péninsule italienne d'un État souverain, Rome.

Les Étrusques furent sans doute la première grande civilisation d'Italie. Mais les Romains firent tout pour ternir la gloire de ces souverains dont leurs ancêtres avaient été les sujets durant des siècles. Ainsi, aux alentours de 509 avant J.-C., les citoyens de la ville latine se soulevèrent et chassèrent le roi étrusque Tarquin le Superbe, septième et dernier représentant de la lignée qui les opprimait.

Mais Tarquin revint, soutenu par de nombreux alliés. Marchant au sud, l'armée étrusque prit les Romains par surprise : les troupes de Tarquin débouchèrent du Janicule, l'une des sept collines de Rome. Menacés par l'avancée de l'armée assaillante, des fermiers vinrent chercher refuge sur le pont Sublicius, seul ouvrage d'art permettant de franchir le Tibre pour accéder à la ville. Mais Rome n'avait pas préparé sa défense. La défaite semblait inévitable, mais Horatius Cocles proposa un plan audacieux.

Avec ses compagnons d'armes Spurius Lartius et Titus Herminius, Horatius Cocles se posta à l'extrémité de l'étroit pont Sublicius. Glaive en main, les trois hommes purent contenir la poussée de l'ennemi – tandis que derrière eux leurs compagnons romains s'activaient à détruire le pont de bois. Enfin, Spurius Lartius et Titus Herminius furent contraints à reculer. Horatius Cocles résista encore puis plongea dans le Tibre et, en quelques brasses, se tira d'affaire. **MK**

Pertes : chiffres inconnus

L'Allia 390 av. J.-C. ›

Les hoplites grecs l'emportent à la bataille de Marathon (bas-relief d'un tombeau).

Marathon août ou septembre 490 av. J.-C.

Sur la plage de Marathon, l'armée de la cité-État d'Athènes enraya l'invasion de la Grèce que projetait Darius, roi des Perses. Pour les historiens occidentaux, Marathon prend le visage d'une victoire cruciale : grâce à elle, la civilisation européenne a échappé au despotisme oriental.

En 500 avant J.-C., l'Empire perse englobait l'actuelle Turquie et la Macédoine, au nord de la Grèce. Cette dernière se composait d'une pléiade de cités-États, au sein desquelles Athènes et Sparte jouaient un rôle dominant. En 499, Athènes soutint plusieurs cités grecques d'Asie Mineure, en rébellion contre les Perses. Ayant maté la révolte, le roi Darius décida de conquérir la Grèce.

À la fin de l'été 490, des centaines de vaisseaux perses débarquèrent une armée d'invasion sur la plage de Marathon, à 40 km d'Athènes. La ville envoya contre l'envahisseur un contingent de 10 000 hommes, renforcé d'une troupe venue de Platée. Après cinq jours d'observation, les Athéniens passèrent à l'attaque. Tout le système militaire des Grecs reposait sur l'infanterie : le corps des hoplites, protégés par un large bouclier et armés d'une longue lance. Ceux-ci chargèrent leurs adversaires sous une grêle de flèches. À en croire l'historien grec Hérodote, les Perses prirent les Athéniens pour des fous. D'abord repoussés en leur centre par les Perses, les Grecs prirent vite le dessus dans le corps-à-corps. Les envahisseurs se débandèrent et rallièrent leur flotte, pourchassés par les hoplites. Selon la tradition, le messager Philippidès courut jusqu'à Athènes pour annoncer la victoire – c'est l'origine de l'épreuve du « marathon ». **DS**

Pertes : Perses, 6 000 à 20 000 ; Grecs, 200 à 10 000

< *Opis 539 av. J.-C* *Thermopyles 480 av. J.-C.* >

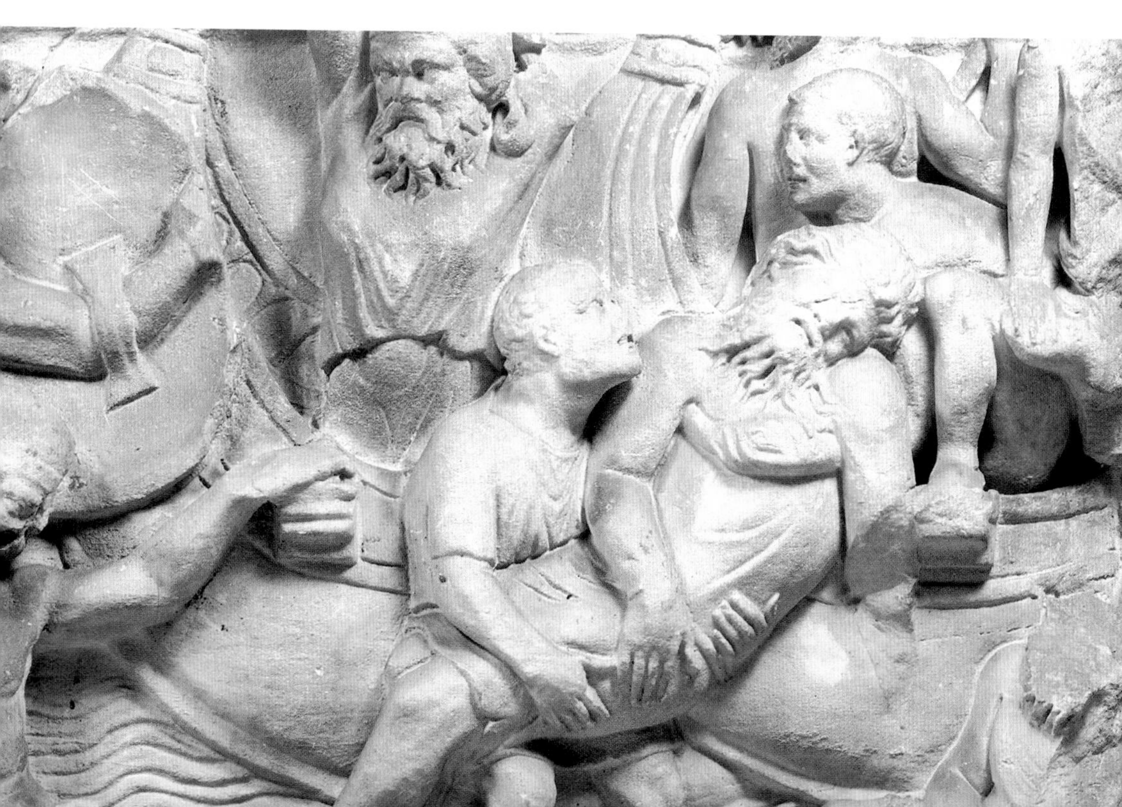

Artémision août 480 av. J.-C.

Lorsque les Perses envahirent la Grèce en 480, leur puissante armée était accompagnée d'une flotte de guerre de même ampleur. Tandis que les Spartiates tentaient de bloquer l'assaillant aux Thermopyles, un combat naval se déroulait en parallèle au large des côtes grecques, au cap Artémision.

Les cités-États grecques s'étaient équipées d'une flotte respectable de trières, galères de guerre mues chacune par 170 rameurs. Ces vaisseaux très manœuvrables n'embarquaient que peu de soldats : un éperon massif, fixé à la proue sous la ligne de flottaison, constituait leur arme principale. Au combat, la trière se plaçait perpendiculairement au flanc du vaisseau ennemi et tentait, à la force des rames, de défoncer sa coque.

Sous les ordres du Spartiate Eurybiade et de l'Athénien Thémistocle, une armada de 300 trières grecques se concentra pour interdire le détroit de l'Artémision, entre l'île d'Eubée et le littoral. Astucieusement, les Perses lancèrent contre eux une escadre de 200 vaisseaux, pour les prendre en tenaille entre ce détachement et le gros de leur flotte, mais une tempête soudaine détruisit l'escadre. La flotte perse demeurait néanmoins redoutable et, après deux jours d'escarmouches, elle prit l'initiative de la bataille. Déployés en croissant, ses vaisseaux convergèrent vers la baie où les Grecs avaient mouillé leurs navires. Ceux-ci se ruèrent à la rencontre des Perses, espérant enfoncer leur ligne. Le combat, meurtrier pour les deux camps, dura tout le jour. Au soir, les adversaires se retirèrent pour réparer les avaries de leurs navires et enterrer leurs morts. Ensuite, les Grecs mirent le cap sur Salamine, où une autre bataille navale déciderait du sort de la guerre. **RG**

Pertes : Grecs, 100 vaisseaux sur 300 ;
Perses, 200 vaisseaux sur 900

Marathon 490 av. J.-C. Salamine 480 av. J.-C.

Guerres médiques

Thermopyles août 480 av. J.-C.

En 480 avant J.-C., dix ans après la défaite perse à Marathon, le roi Xerxès se lança à nouveau à la conquête de la Grèce. Une force spartiate décida d'arrêter son armée au défilé des Thermopyles. Mais les Grecs, malgré leur héroïsme et l'aide du relief, succombèrent sous le nombre.

Le roi Xerxès marchait sur la Grèce, à la tête d'une forte armée. Une flotte puissante l'accompagnait. Il eut tôt fait de s'emparer du nord du pays. L'alliance des cités-États grecques, menée par Athènes et Sparte, se résolut à bloquer l'avance de ses troupes au défilé des Thermopyles.

Léonidas, roi de Sparte, commandait l'armée grecque – forte de 7 000 hommes seulement, quand les Perses étaient dix fois plus nombreux. Mais les fantassins de Léonidas s'étaient postés sur un étroit goulet, entre une falaise abrupte et la mer, site qui privait les Perses de l'avantage du nombre. Deux jours durant, les défenseurs repoussèrent l'envahisseur, lui causant de lourdes pertes. Xerxès désespérait de l'emporter quand un traître révéla aux Perses l'existence d'un sentier escarpé qui contournait le barrage grec. Au troisième jour, un détachement des forces de Xerxès emprunta donc le sentier. Les soldats débouchèrent sur l'arrière des Spartiates, annihilant les éléments de l'armée grecque qui n'avaient pu faire retraite à temps.

L'on raconte que Léonidas et ses 300 Spartiates refusèrent de reculer parce que pareil comportement était contraire aux lois de leur cité. Un dernier assaut, héroïque et suicidaire, leur coûta la vie. Dans le même temps, la force navale grecque, essentiellement athénienne, avait appris la défaite des Thermopyles. Elle quitta l'Artémision après avoir affronté son homologue perse. **DS**

Pertes : Grecs, 3 000 ; Perses, jusqu'à 20 000

Marathon 490 av. J.-C. Salamine 480 av. J.-C.

Léonidas, roi de Sparte (marbre, ve siècle av. J.-C.). 

Salamine 23 septembre 480 av. J.-C.

Le roi perse Xerxès, ayant défait les Grecs sur terre aux Thermopyles, poursuivit l'invasion de leur pays. Les troupes des cités grecques se replièrent au sud, mais leurs flottes s'assemblèrent à Salamine, où elles firent échouer de façon décisive une opération navale perse.

Après avoir franchi les Thermopyles, la puissante armée perse avança en direction d'Athènes. Dépassées par le nombre, les troupes de l'alliance grecque franchirent l'isthme de Corinthe pour préparer la défense du Péloponnèse. Les Athéniens évacuèrent leur ville que les Perses incendièrent, avant de rejoindre l'île proche de Salamine, dans la baie d'Éleusis.

À l'instigation de Thémistocle, Athènes s'était dotée d'une flotte puissante et performante. Celle-ci, renforcée par les vaisseaux d'une vingtaine d'autres cités-États, avait combattu à l'Artémision tandis que d'autres Grecs se sacrifiaient pour la cause commune au goulet des Thermopyles. La flotte grecque se rassembla donc devant Salamine.

Thémistocle persuada ses alliés de ne pas refuser la bataille. Selon des sources anciennes, la flotte « perse » (qui comptait en fait des bateaux phéniciens, égyptiens, et même armés par des cités grecques alliées à Xerxès) totalisait 1 200 vaisseaux ; celle du camp grec, 370. Des interprétations plus modernes ramènent ces chiffres respectivement à 600 et 200.

Xerxès eut mieux fait de confiner les Grecs dans la baie et d'utiliser sa flotte pour passer son armée sur le territoire du Péloponnèse : il aurait ainsi pu conclure la guerre sur terre. Mais il ordonna que fût livrée une bataille navale – et fit même porter son trône sur une colline dominant la baie, afin de mieux jouir du spectacle.

La Bataille de Salamine, *par le peintre allemand Wilhelm von Kaulbach (v. 1858).*

Pour les deux camps, le rameur constituait l'élément moteur des vaisseaux, qui embarquaient un nombre réduit de soldats. Le navire le plus répandu était la trière, à trois rangs de rameurs, très manœuvrable avec son faible maître-couple. Elle comportait à la proue un rostre, éperon capable de percer le flanc d'un navire ennemi, voire d'arracher ses avirons.

À mesure que la flotte perse s'engageait dans les eaux confinées de la baie, la désorganisation gagnait ses rangs. Thémistocle avait incité l'ennemi à attaquer alors que la mer était agitée, afin de gêner sa progression. La flotte grecque, plus réduite, était libre de manœuvrer dans cet espace étroit. La suite d'abordages et d'éperonnements, meurtriers et très bien coordonnés, auxquels elle se livra plongea l'adversaire en plein chaos. Tout le jour, le combat fit rage. Enfin, les vestiges de la flotte perse refluèrent. L'hiver approchait, les voies d'approvisionnement de ses armées étaient désormais menacées par les Grecs, aussi Xerxès se résolut-il à prendre le chemin du retour avec le gros de ses troupes. Mais il en cantonna une partie au nord du pays, afin de poursuivre la guerre l'année suivante.

Salamine donna un coup d'arrêt aux envies de conquêtes occidentales que nourrissait la Perse. En 479, la défaite de Xerxès à Platées acheva de ruiner ses espoirs. Au cours des deux siècles suivants, ce fut la Grèce qui domina l'est du bassin méditerranéen, favorisant l'épanouissement de cette civilisation hellénique à laquelle le monde occidental moderne doit beaucoup. **DS**

Pertes : Grecs, 40 navires ;
Perses, 200 navires ; pertes humaines inconnues

< *Thermopyles, 480 av. J.-C.* *Platées, 479 av. J.-C.* >

Guerres médiques

Platées juillet 479 av. J.-C.

Après la victoire navale des Grecs à Salamine en 480, le roi perse Xerxès quitta la Grèce avec le gros de ses troupes. Néanmoins, son général Mardonius demeura au nord du pays pour poursuivre les combats. La bataille de Platées, l'été suivant, se solda par une éclatante victoire grecque.

Xerxès et ses troupes avaient regagné l'Asie, la flotte perse s'était repliée en Méditerranée orientale, mais Mardonius, demeuré en Grèce septentrionale, y disposait toujours d'une armée importante, dépassant largement en nombre celle de la coalition. Après quelques mouvements, Mardonius établit son cantonnement à Platées, sur le territoire de Thèbes, cité-État alliée de la Perse. L'armée grecque, sous les ordres du Spartiate Pausanias, prit position sur les collines entourant son camp.

Aucun adversaire ne désirait prendre l'initiative d'une opération de grande ampleur, mais la cavalerie perse parvint à couper les routes d'approvisionnement des Grecs et leur interdit l'accès à certaines des sources où ils puisaient l'eau. Pausanias voulut gagner une nouvelle position à la faveur de la nuit, mais il échoua ; au matin, les forces grecques se trouvaient dispersées et désorganisées. Mardonius saisit l'occasion et passa à l'attaque. Paradoxalement, l'initiative fournit aux Grecs la chance qui leur manquait. Leurs hoplites bien armés prirent l'avantage dans le combat au corps-à-corps. Mardonius trouva la mort face aux Spartiates ; privés de leur chef, les Perses prirent la fuite. Comme souvent à l'issue des batailles antiques, les pertes de l'armée en déroute furent effroyables. Les survivants se replièrent au nord, en Thessalie. Grecs et Perses s'affrontèrent encore longtemps, mais jamais plus les seconds ne parvinrent à envahir les premiers. **DS**

Pertes : Perses, 30 000 sur 100 000 ;
Grecs, 2 000 sur 40 000

< *Salamine, 480 av. J.-C.*

Guerre du Péloponnèse

Pylos Juillet 425 av. J.-C.

Durant la guerre du Péloponnèse, Athènes et Sparte se disputèrent l'hégémonie de la Grèce et de la Méditerranée orientale. Sparte dominait sur terre, et Athènes sur mer. À Pylos, une victoire navale athénienne se solda par la reddition de forces terrestres spartiates, fait quasiment sans précédent.

À partir de 460, Athènes et ses alliés de la ligue de Délos – réunissant des îles et des États de la mer Égée – livrèrent une suite de guerre à Sparte et à ses partisans du Péloponnèse et de la Grèce continentale. Athènes, puissamment fortifiée, avait la maîtrise de la mer et ses activités commerciales l'avaient rendue riche ; elle put résister aux assauts répétés de Sparte.

En 426, l'Athénien Cléon entreprit de lancer des raids contre le littoral du Péloponnèse. Au cours de ces opérations, une petite unité athénienne installa une base à Pylos, sur la côte de Messénie, au sud-ouest du pays. Menacés par cette tête de pont qu'ils estimaient implantée bien trop près de leur ville, les Spartiates l'attaquèrent.

Il s'ensuivit une bataille en trois temps. D'abord, des forces spartiates supérieures en nombre à leurs adversaires attaquèrent le camp athénien, mais furent repoussées. Ensuite, le gros de la flotte athénienne arriva, défit son homologue et s'empara d'un grand nombre de ses vaisseaux, isolant même une troupe spartiate sur l'île voisine de Sphactérie. Après l'échec de négociations de paix, les Athéniens attaquèrent l'île et forcèrent à se rendre les Spartiates qui y étaient bloqués. Parmi ceux qui baissèrent les armes se trouvaient une centaine de guerriers appartenant à l'élite de la cité. L'affaire porta un rude coup au prestige de Sparte – et donna un nouveau souffle à Athènes comme à ses alliés pour poursuivre la guerre. **DS**

Pertes : reddition de 300 Spartiates et de leurs alliés ;
autres pertes inconnues

Délion 424 av. J.-C. >

Délion novembre 424 av. J.-C.

Athènes, ayant brisé l'impétuosité de Sparte à la bataille de Pylos, poursuivit sa stratégie (ne laisser aucun répit à l'ennemi), et tenta d'envahir la Béotie, alliée des Spartiates. Mais les forces locales, commandées par le Thébain Pagondas, lui infligèrent à Délion une lourde défaite.

En 424 avant J.-C., Athènes prépara une attaque convergente contre la Béotie, au nord-ouest de son territoire, mais une seule des opérations projetées par les stratèges fut intégralement menée. Sous les ordres d'Hippocrate, une armée débarqua à Délion, où Athènes comptait installer une base fortifiée. Puis les Athéniens se mirent en campagne. À l'instigation du Thébain Pagondas, leurs adversaires se résolurent à les affronter.

Chaque camp alignait 7 000 hoplites, fantassins lourdement armés qui formaient depuis longtemps l'ossature du système militaire grec. Mais en ce ve siècle, la composition et les stratégies des armées avaient commencé de se diversifier. Les forces comportaient désormais une cavalerie (celle des Béotiens comptait 1 000 hommes, deux fois plus que leurs adversaires) et une infanterie légère qui venait épauler les redoutables hoplites.

Avant le début de la bataille, Pagondas avait puissamment renforcé son aile droite. Elle enfonça aisément les troupes qui lui faisaient face. Mais son aile gauche céda sous la pression des Athéniens, bien que certaines de leurs unités, dans la confusion du combat, aient commencé de se battre entre elles. La cavalerie thébaine parvint ensuite à forcer les Athéniens à la retraite. Au bout du compte, les assaillants regagnèrent leurs vaisseaux et firent voile vers leur patrie. Cette défaite, ajoutée à d'autres revers, convainquit Athènes de signer la paix en 421. **DS**

Pertes : Athéniens, 1 200 ; Béotiens et alliés, 500

Pylos, 425 av. J.-C.
Syracuse, 413 av. J.-C.

Syracuse septembre 413 av. J.-C.

En 421, la paix de Nicias ne mit pas fin à la guerre du Péloponnèse. Un peu plus tard, les Athéniens résolurent d'attaquer les alliés de Sparte en Sicile – l'île fournissait en céréales la confédération spartiate. Mais le corps expéditionnaire lancé par Athènes à la conquête de Syracuse fut anéanti.

L'expédition athénienne contre la Sicile fut lancée en 415 avant J.-C. L'objectif était de prendre Syracuse afin de contrôler l'île, riche en ressources agricoles qui s'avéreraient vitales pour la poursuite de la guerre contre Sparte. Les forces athéniennes étaient considérables (130 trières et des navires de soutien, 5 000 hoplites flanqués de troupes légères), mais leur attaque fut menée à contrecœur. Le siège commença au printemps 414, sous le commandement de Nicias, un général indécis qui s'était d'abord opposé à l'opération. Les Spartiates et leurs alliés dépêchèrent sur le théâtre de l'opération des vaisseaux chargés de soldats. Il s'ensuivit, autour de Syracuse, une série de batailles navales et terrestres à l'issue incertaine.

Les milliers d'hommes qu'Athènes envoya en renforts ne parvinrent pas à faire sauter le verrou. À leur tour, les Spartiates levèrent de nouvelles troupes dans le Péloponnèse, au point que les Athéniens se résignèrent à lever le siège – mais trop tard. Leurs ennemis l'emportèrent lors d'un combat dans la rade, interdisant toute sortie aux vaisseaux des Athéniens. Ceux-ci tentèrent alors de faire retraite par voie de terre, abandonnant derrière eux les blessés et les malades, mais ils ne purent éviter l'affrontement et furent défaits. Les survivants furent vendus et réduits en esclavage. Athènes, gravement affaiblie, poursuivit tout de même sa guerre contre Sparte. **DS**

Pertes : Athéniens, au moins 40 000 morts et prisonniers ; Spartiates et Siciliens, chiffres inconnus

Délion 424 av. J.-C.
Arginuses 406 av. J.-C.

Arginuses 406 av. J.-C.

Durant l'interminable guerre du Péloponnèse, l'action se concentra sur les îles de la mer Égée, où Sparte, soutenue par la Perse, menaçait l'hégémonie navale d'Athènes. Celle-ci perdait le contrôle, mais des tactiques nouvelles lui permirent de remporter, aux Arginuses, une importante victoire.

En 406 avant J.-C., la flotte spartiate de la mer Égée l'emportait en puissance sur celle d'Athènes. Les trières de celle-ci furent bloquées dans le port de Mytilène, sur l'île de Lesbos, au large de la côte d'Asie Mineure. Athènes parvint à réunir tant bien que mal 150 trières supplémentaires, dont des esclaves affranchis formaient les équipages, afin d'affronter la flotte spartiate près des îles Arginuses, entre Lesbos et le littoral. Les Spartiates déployaient 120 vaisseaux, le reste de leur flotte assurant le blocus de Mytilène. Pour pallier l'inexpérience de leurs hommes, les chefs athéniens disposèrent leurs trières sur deux rangs, ce qui rendrait leur éperonnement plus difficile. Ils profitèrent également de leur supériorité en nombre pour menacer les ailes du dispositif spartiate, qui ne résistèrent pas. Nombre de leurs navires sombrèrent, et Callicratidas, le chef spartiate, fut tué. Les vestiges de sa flotte s'enfuirent.

Athènes, comme Sparte, était rongée par des rivalités politiques internes. Après la bataille, six des commandants athéniens victorieux furent jugés et condamnés à mort pour ne pas avoir secouru leurs hommes tombés à la mer – verdict inique aux raisons purement politiques, car une forte tempête sévissait. À Sparte, plutôt que de rétablir dans ses fonctions le brillant général Lysandre, la faction au pouvoir fit à son adversaire une généreuse offre de paix, qu'Athènes commit l'erreur de refuser. **DS**

Pertes : Athènes, 25 vaisseaux ; Sparte, 70 vaisseaux ; pertes humaines, chiffres inconnus

< *Syracuse 413 av. J.-C.* *Aigos Potamos 405 av. J.-C.* >

Guerre du Péloponnèse

Aigos Potamos 405 av. J.-C.

Cette victoire de Sparte mit fin, en quelques mois, à la guerre du Péloponnèse. À Aigos Potamos, les derniers vaisseaux athéniens furent balayés lors d'une attaque surprise. Peu après, les Spartiates assiégèrent par terre et par mer la cité athénienne, que la famine contraignit à se rendre.

Athènes, dépendant pour sa survie des céréales de la mer Noire, comptait sur sa flotte de guerre pour maintenir ouvertes les routes maritimes. Après leur défaite à Arginuses, les Spartiates renouvelèrent l'alliance avec les Perses, reconstituèrent leur flotte de guerre, et mirent à sa tête le fameux général Lysandre. À l'orée de la campagne de 405, Lysandre se joua des vaisseaux athéniens et parvint à établir une base puissante au sud du détroit des Dardanelles, coupant la voie de la mer Noire aux Athéniens. Ceux-ci, lancés à sa poursuite, installèrent leur propre base au nord du détroit, mais ils choisirent maladroitement un rivage ouvert, dépourvu de source d'approvisionnement.

Les récits anciens donnent deux versions de la bataille qui suivit. Selon l'une, Lysandre intercepta une escadre athénienne partie en mission de ravitaillement et eut ensuite raison du reste de la flotte. La seconde, plus crédible, affirme que les Athéniens avaient échoué leurs vaisseaux sur la rive et envoyé l'essentiel de leurs hommes chercher du ravitaillement dans l'intérieur des terres. Lysandre se serait alors aisément emparé des navires.

Quoi qu'il en fût, seule une faible proportion des vaisseaux athéniens s'échappa. Des milliers de matelots furent faits prisonniers, puis mis à mort. Les Athéniens tentèrent de poursuivre la lutte mais, privés de leur principale ressource en céréales, ils durent se rendre en mars 404. **DS**

Pertes : Athènes, 150 vaisseaux et 3 000 prisonniers exécutés ; Sparte, un très petit nombre d'hommes et de vaisseaux perdus

< *Arginuses 406 av. J.-C.*

← *Rameurs nus menant une trière au combat (bas-relief de marbre, Vᵉ siècle av. J.-C.).*

L'Allia 390 av. J.-C.

Les Romains, persuadés que leur destin les vouait à protéger la civilisation des assauts de la barbarie, furent renforcés dans cette certitude par le conflit malheureux qui les opposa aux Gaulois de Brennus. Il fallut la présence des oies sacrées du Capitole pour que le cœur de leur cité soit épargné.

Les Gaulois, peuple celte de l'ouest de l'Europe, s'étaient établis de l'Espagne aux Balkans au milieu du Ier millénaire avant J.-C. Brennus, chef de la tribu gauloise des Senones, franchit alors les Alpes à la tête d'une force de 20 000 hommes.

Les Romains, aveuglés par leur sentiment de supériorité, étaient mal préparés à l'assaut : « Qu'attendez-vous là, soldats ? Vous n'avez pas affaire ici à un ennemi latin ou sabin dont vous ferez un allié après l'avoir vaincu. C'est contre des bêtes féroces que nous avons tiré le fer ! Il faut verser tout leur sang ou leur donner le nôtre. » Telle fut, selon l'historien Tite-Live, la forte harangue de Marcus Furius Camillus au bord de la rivière Allia, à quelques kilomètres au nord-est de Rome.

Des soldats aguerris, disposés en phalanges, formaient le centre du dispositif romain. Reléguées sur les ailes, les jeunes recrues se débandèrent et les Gaulois parvinrent à isoler le centre de leur adversaire. Puis les assaillants marchèrent sur la ville.

Dans un assaut qui dura plusieurs semaines, ils massacrèrent et pillèrent tout sur leur passage, contraignant les derniers défenseurs à se réfugier sur le Capitole. Une attaque nocturne de la forteresse fut repoussée, dit-on, quand les oies consacrées à la déesse Junon donnèrent l'alerte en cancanant. Les Gaulois, décimés par une épidémie de rage, durent négocier la fin du siège. **MK**

« Il n'y avait rien de romain, ni chez les généraux, ni chez les soldats. Les esprits n'étaient préoccupés que de leur crainte. »

Tite-Live, Histoire romaine, *V, 37*

Pertes : chiffres inconnus

La fuite des oies du Capitole (bas-relief de marbre, fronton du temple de Junon Moneta, Rome).

Rome 508 av. J.-C.

Trifanum 338 av. J.-C.

Leuctres 6 juillet 371 av. J.-C.

La bataille de Leuctres se déroula en Béotie. Elle mit fin à la longue hégémonie spartiate et assura à Thèbes la suprématie militaire sur les autres cités grecques. Jalon fondamental dans l'évolution de la tactique, elle illustra le rôle de l'homosexualité comme facteur de cohésion des troupes d'élite.

Thèbes, en instituant en Béotie une ligue de cités-États, avait défié Sparte. Résolue à détruire l'alliance, cette dernière dépêcha à son encontre une force épaulée par des soldats du Péloponnèse. À son tour, Thèbes fit appel à ses alliés béotiens et se prépara hâtivement au combat. Ses troupes se trouvaient inférieures en nombre, la ligue était bien fragile, mais le général thébain Épaminondas persuada ses pairs de livrer bataille dans la plaine, à Leuctres.

Dotée d'une bonne cavalerie, Thèbes alignait en revanche une infanterie fragile qui céderait forcément face aux Spartiates, plus aguerris. Épaminondas décida alors de rompre avec les conventions militaires grecques. Jusque-là, les hoplites combattaient en phalange, une formation sur douze rangs où les meilleurs occupaient la place d'honneur, à la droite du dispositif. Le général plaça ses hoplites à gauche, sur 50 rangs, avec en première ligne le bataillon sacré de Thèbes, un corps d'élite formé de 150 couples d'amants. Une série d'escarmouches menées par sa cavalerie lui permit de protéger son centre et son aile droite de tout contact avec la phalange spartiate. Chargeant en oblique, les Thébains enfoncèrent les Spartiates sur leur droite, leur infligeant des pertes sévères. Les alliés de l'assaillant n'opposèrent guère de résistance. Par-dessus tout, Sparte fut blessée dans son prestige, ce qui encouragea ses vassaux à se détacher d'elle. **RG**

Pertes : Thèbes, 300 sur 8 500 ; Sparte, 1 000 sur 12 000

Mantinée 362 av. J.-C. ›

Mantinée 4 juillet 362 av. J.-C.

Après leur triomphe à Leuctres, les Thébains affrontèrent une coalition de cités-États où figuraient Athènes et Sparte. La bataille livrée à Mantinée fut la plus grande ayant jamais opposé des cités grecques. Elle causa la mort d'Épaminondas, et priva la Grèce de tout pouvoir dominant.

L'été 362 avant J.-C., le général thébain Épaminondas ouvrit les hostilités contre la coalition qui menaçait sa ville. Avec son brio habituel, il envahit le Péloponnèse, tenta sans succès de défaire Sparte, et se porta ensuite sur l'alliée de cette dernière, la ville de Mantinée. Lorsque des forces spartiates et athéniennes vinrent épauler l'armée de la cité, Épaminondas décida de livrer bataille devant Mantinée, sur la plaine.

Il misa sur une variante de cette attaque oblique qui lui avait si bien réussi à Leuctres. Sa cavalerie, renforcée par des coureurs légèrement équipés, fit se débander celle de l'adversaire. Dans le même temps, ses hoplites disposés en colonne marchèrent sur la ligne de bataille ennemie, puis, après une manœuvre, écrasèrent de leurs lances et leurs boucliers l'aile droite de leurs adversaires, que tenaient les Mantinéens, et dont les hoplites, sidérés par le choc, s'enfuirent.

Mais au plus fort du combat, Épaminondas fut atteint par une lance. La blessure était fatale. Il mourut sur le champ de bataille, et son décès porta au moral de Thèbes un coup violent. Au lieu d'asseoir leur victoire en imposant leur hégémonie à l'adversaire, les Thébains s'en furent avec des allures de vaincus. Privée de tout pouvoir dominant, la Grèce ne put résister à l'agression de Philippe de Macédoine. Et, moins de 30 ans plus tard, Thèbes fut dévastée par le fils de Philippe, Alexandre le Grand. **RG**

Pertes : 1 000 à 25 000 pour chaque camp

‹ *Leuctres 371 av. J.-C.*

Royaumes combattants (Chine)

Maling 342 av. J.-C.

Maling, dans la province chinoise du Henan, fut le théâtre d'une bataille opposant le Qi et le Wei, deux royaumes combattants. C'est un excellent exemple du génie militaire mis au service du Qi par le général Sun Bin, qui remporta une victoire éclatante en mêlant subtilement la ruse et la tactique.

Le général Sun Bin servait le royaume de Wei. Accusé à tort de trahison, il fut condamné à être amputé de ses rotules. Mais il s'échappa malgré sa cruelle infirmité et offrit ses services au Qi, où il devint le premier conseiller du chef des armées, Tian Ji.

En 342, l'armée du Wei (sous la conduite de Pang Juan, le rival de Sun Bin) attaqua le Han, un allié du Qi. Au lieu de porter assistance à l'agressé, Sun Bin recommanda d'attaquer la capitale du Wei, ce qui contraignit son souverain à rappeler les troupes de Pang Juan alors que celui-ci allait défaire le Han. Les armées du Wei étaient trop puissantes pour un combat frontal, aussi Sun Bin élabora-t-il un stratagème. Lorsque Pang Juan approcha, les troupes du Qi refluèrent, et leur adversaire se lança à leur poursuite.

Chaque fois que les armées du Wei parvenaient à un bivouac que les armées du Qi venaient de quitter, elles y trouvaient des armes abandonnées, et des feux de camp de moins en moins nombreux au fil de leur avance. Pang Juan supposa que les désertions clairsemaient les rangs de ses adversaires. C'était exactement l'idée voulue par Sun Bin. Pour hâter le dénouement, Pang Juan partit en avant-garde avec sa cavalerie rapide et parvint à un étroit défilé où les combattants du Qi étaient embusqués. Des carreaux d'arbalète massacrèrent les cavaliers, et le reste de l'armée du Wei se débanda. Pang Juan mourut durant le combat, égorgé de sa propre main ou de celle d'un ennemi. **RG**

Pertes : pas de chiffres fiables ; une source établit celles du Wei à 100 000, ce qui est forcément très exagéré

< *Chengpu 632 av. J.-C.* *Changping 260 av. J.-C.* >

Premières guerres romaines

Trifanum 338 av. J.-C.

La gloire que connut Rome rend rétrospectivement inéluctables ses premiers exploits militaires. Pourtant, l'émergence de la ville aux sept collines ne fut pas de tout repos. Au Vésuve et à Trifanum, l'attaque des Campaniens et de leurs alliés manqua bien de rayer définitivement Rome de la carte.

Rome avait pris l'ascendant sur l'Italie en menant la résistance contre les Gaulois. Parmi d'autres héros, Titus Manlius s'y était illustré, gagnant le titre honorifique de *Torquatus*, à cause du torque (collier) qu'il avait arraché à la dépouille d'un Gaulois gigantesque qu'il avait vaincu en combat singulier. Ses exploits lui avaient valu la charge de dictateur.

Mais c'était Rome elle-même qui paraissait tourner à la dictature. Elle n'avait été à l'origine qu'une ville parmi les sept que comptait la ligue latine, formée au VIe siècle pour combattre les Étrusques. En 339, son arrogance lui avait aliéné la fidélité de ses alliés latins et la bienveillance des Campaniens, plus au sud. Lasses de ne pas obtenir un statut égal à celui de Rome, les villes latines unirent leurs forces à celles des Campaniens et attaquèrent par le sud l'orgueilleuse cité.

Les deux camps s'affrontèrent au pied du Vésuve. L'héroïsme de Torquatus sauva les Romains de la défaite : à cheval, il plongea au grand galop dans les rangs ennemis, y causant la confusion la plus complète. Un an plus tard, en 338, à la tête d'une armée renforcée par un contingent de Samnites, farouches guerriers tribaux descendus des Apennins, il s'avança sur Trifanum, près de l'actuelle ville de Caserte, en Campanie. Une victoire écrasante des Romains conclut la bataille qui s'ensuivit, et leur assura le contrôle de l'Italie centrale. **MK**

Pertes : chiffres inconnus

< *L'Allia 390 av. J.-C.* *Sentinum 295 av. J.-C.* >

Chéronée août ou sept. 338 av. J.-C.

Décisive, cette bataille livrée en Béotie consacra la Macédoine comme première puissance grecque et mit fin à l'indépendance des cités-États. Les tactiques qui y furent mises en œuvre devaient bientôt être améliorées par le jeune prince Alexandre, auquel le monde décernerait l'épithète de « grand ».

Progressivement, le roi Philippe II de Macédoine avait affirmé son contrôle sur les cités-États indépendantes de Grèce. En 338, il prit prétexte d'un obscur litige religieux pour déclarer la guerre à Athènes. Dirigée par l'orateur Démosthène, cette ville conclut alors une alliance avec Thèbes et d'autres cités. Lorsque Philippe marcha sur Thèbes, ce fut dans une vallée, à Chéronée, qu'il rencontra ses adversaires. Ceux-ci placèrent le bataillon sacré thébain sur la droite, les Thébains et quelques alliés au centre, les Athéniens sur la gauche. Philippe plaça au centre sa principale phalange, sur la droite les hypaspistes, son infanterie d'élite, et sur la gauche sa cavalerie sous le commandement unique de son fils Alexandre, âgé de 17 ans.

La bataille s'ouvrit sur un mouvement de la phalange et des hypaspistes macédoniens. Puis les hoplites composant la première phalange marquèrent l'arrêt tandis que les hypaspistes reculaient, provoquant à dessein l'avancée des Athéniens. Les alliés des Thébains imitèrent les Athéniens, ouvrant entre eux et le contingent thébain une brèche dans laquelle Alexandre lança sa cavalerie, se déployant pour attaquer sur leurs flancs et leurs arrières les Thébains et leurs alliés. Philippe interrompit la retraite et ordonna de charger les Athéniens, bien mal en point. Isolé, le bataillon sacré de Thèbes fut massacré. La victoire confirmait le statut de première puissance grecque détenu par la Macédoine. **RM**

Pertes : alliés, 4 000 morts et 8 000 prisonniers sur 35 000 ; Macédoine, chiffres inconnus, moins de victimes

< *Mantinée 362 av. J.-C.* *Granique 334 av. J.-C.* >

Granique mai 334 av. J.-C.

Le premier engagement victorieux d'Alexandre le Grand en terre ennemie, lors de son invasion de l'Empire perse, permit aux Macédoniens de s'y ancrer. Alexandre put y reconstruire sa logistique et encourager des États grecs à se soulever contre les Perses. Mais la bataille manqua de lui coûter la vie.

Ayant succédé à son père Philippe sur le trône de Macédoine, Alexandre poursuivit son invasion de l'Empire perse, présentant l'offensive comme une revanche, après les expéditions menées contre la Grèce en 490 et 480. Son armée, surtout composée de Macédoniens, comptait également des alliés grecs. Passant en Asie avant la saison traditionnelle des opérations militaires, le jeune conquérant désarçonna son adversaire.

Alexandre comptait remporter une victoire éclair puis se ravitailler en territoire ennemi, où les blés étaient mûrs. Malgré l'avis du mercenaire grec Memnon de Rhodes, qui conseillait de recourir à la politique de la terre brûlée, le commandant perse Arsamès imposa l'affrontement près du fleuve Granique, à l'est des Dardanelles. Alexandre s'élança à la tête des Compagnons, ses cavaliers d'élite, par-delà le fleuve aux rives escarpées, mais une contre-attaque de la cavalerie perse l'isola et le désarma. Ses hommes se portèrent à son secours, rejoints par le reste de l'armée, qui s'engagea dans la mêlée.

À l'issue d'un combat éprouvant, la cavalerie lourde d'Alexandre enfonça le dispositif ennemi et la phalange macédonienne s'engagea dans la brèche, mettant les Perses en fuite. Les mercenaires grecs au service de ces derniers voulurent se rendre, mais Alexandre les traita en traîtres. La moitié avait péri au combat. L'autre fut envoyée dans les mines de Macédoine. **RM**

Pertes : Macédoniens, 400 morts et 2 000 blessés sur 40 000 ; Perses, 5 000 morts et 2 000 prisonniers sur 50 000

< *Chéronée 338 av. J.-C.* *Issos 333 av. J.-C.* >

Issos novembre 333 av. J.-C.

Lors de leur invasion de l'Empire perse, cette victoire clé permit aux Macédoniens de défaire les troupes conduites par Darius III. Jouant très gros face à un ennemi quatre fois plus nombreux, les forces d'Alexandre, magistralement dirigées, l'emportèrent aussi grâce à leur moral supérieur.

L'ayant emporté au Granique, Alexandre étendit au cours des mois suivants son contrôle sur l'Asie Mineure. Il dépêcha le vétéran Parménion et une forte avant-garde afin de tenir la ville d'Issos, au nord de la Syrie : il savait que ce serait le point de passage obligé des forces perses.

En novembre 333, les éclaireurs d'Alexandre découvrirent qu'une puissante armée, levée dans de nombreuses provinces de l'Empire perse, s'avançait vers le nord à travers la Syrie. Pour se porter à sa rencontre, le conquérant rejoignit Parménion. Mais Darius, l'empereur perse, était passé par la montagne, afin de couper les lignes logistiques de son adversaire. Alexandre fit volte-face pour affronter les Perses non loin d'Issos, près de l'embouchure du fleuve Pinaros. En ordre de bataille, ses 22 000 fantassins cuirassés avançaient sur seize rangs. Les six premiers, lance pointée, formaient un rempart impénétrable que soutenaient les rangs suivants. La phalange pouvait aussi bien offrir à l'ennemi un obstacle immobile que charger d'un pas lent, rythmique. Au nombre de 13 000, des fantassins légers gardaient les flancs de cette phalange, et 6 000 cavaliers jouaient le rôle d'un bélier, enfonçant les lignes ennemies et exploitant ses faiblesses.

Les Perses étaient forts de 10 000 « immortels » (leur unité d'élite, dont une troupe de réserve compensait les pertes au combat et maintenait le nombre constant, d'où son nom) et 10 000 mercenaires grecs. À cette infanterie lourde s'ajoutaient la cavalerie, lourde et légère,

Appuyé par des fantassins armés de lances, l'empereur Darius fait face à Alexandre (mosaïque, musée de Naples, IIe siècle av. J.-C.). 

totalisant 20 000 hommes, et environ 80 000 fantassins d'appui. Darius disposa sa cavalerie à droite, vers la côte, où le terrain lui était propice. Il prit personnellement le commandement de l'infanterie lourde, au centre. Son infanterie légère, très fournie, formait l'aile gauche, jusqu'à une ligne de collines basses. Alexandre confia la moitié de la cavalerie à Parménion et la disposa près de la côte. Au centre, il plaça la lourde phalange. À droite, la cavalerie des Compagnons, sous le commandement direct du conquérant, puis des unités d'infanterie légère, renforcées par quelques éléments de cavalerie, pour faire face à l'extrême gauche du dispositif ennemi.

Les Perses franchirent le Pinaros et repoussèrent Parménion, dont les hommes se replièrent en ordre, tandis que la phalange macédonienne faisait reculer son vis-à-vis. Alexandre, remarquant une faiblesse dans la ligne ennemie, au point de contact de ses infanteries lourde et légère, chargea avec ses Compagnons, passa sur les arrières des Perses, et se rabattit à gauche, découvrant Darius et son état-major. Ceux-ci, qu'aucune troupe de réserve n'était en mesure de défendre, s'enfuirent. Au lieu de les poursuivre, Alexandre attaqua les unités lourdes de l'ennemi. Dans l'armée perse, ce fut la débandade. Les blessés étaient nombreux, et tous ceux qui pouvaient encore marcher gagnèrent les collines. Alexandre s'empara du campement perse où il trouva la mère, la femme et les filles de Darius – qu'il traita bien, dit-on – ainsi qu'un abondant butin. **RM**

Pertes : Macédoniens, 6 000 morts et blessés sur 30 000 hommes engagés ; Perses, 20 000 morts et blessés sur 120 000 hommes engagés

< *Granique 334 av. J.-C.*

Gaugamèles 331 av. J.-C. >

Gaugamèles 1er octobre 331 av. J.-C.

Alexandre le Grand acheva sa conquête de l'Empire perse de Darius par une extraordinaire victoire, remportée sur un adversaire supérieur en nombre qui avait choisi le champ de bataille. Comme à Issos, l'attaque de la cavalerie macédonienne aux ordres du jeune conquérant fit la différence.

Après Issos, Alexandre consacra une pleine année à assurer son contrôle sur les provinces occidentales de l'Empire perse. Pendant ce temps, Darius levait une nouvelle armée au cœur de son territoire pour attendre l'envahisseur en Mésopotamie. Relevant le gant, Alexandre entama son long chemin vers l'Orient au printemps 331.

À son approche, Darius disposa son armée sur une vaste plaine où sa supériorité numérique jouerait à plein. Il alignait des éléphants indiens et, pour mieux les utiliser ainsi que ses 200 chars, il fit dégager le terrain de tout obstacle. Rejetant l'idée d'une offensive nocturne, Alexandre décida d'affronter son formidable ennemi en bataille rangée.

Le combat s'ouvrit sur l'avancée de la phalange macédonienne. Repoussant les chars lancés contre elle, elle enfonça le centre perse. Alexandre, à la tête de la cavalerie formant son aile droite, emmena ses hommes encore plus loin sur la droite, menaçant de déborder l'aile gauche des Perses, qui se déportèrent pour contrer le mouvement, ouvrant une brèche entre leur aile et leur centre. Pour contenir l'aile gauche de l'adversaire, Alexandre lança son infanterie légère puis plongea dans la brèche avec ses cavaliers, ouvrant la voie à son infanterie lourde. Darius s'enfuit pour éviter d'être pris, et son armée s'effondra littéralement. L'empereur fut plus tard assassiné par ses satrapes, et Alexandre prit sa capitale, Babylone. **RM**

Pertes : Macédoniens, 700 sur 47 000 ;
Perses, peut-être 20 000 sur 100 000

< *Issos 333 av. J.-C.* *L'Hydaspe 326 av. J.-C.* >

L'Hydaspe fin du printemps 326 av. J.-C.

De toutes les batailles d'Alexandre, ce fut celle de l'Hydaspe, en Inde, qui vit le jeune chef passer au plus près de la défaite. Sa redoutable cavalerie ne put venir à bout du valeureux roi Pôros. L'Hydaspe marqua la fin des conquêtes d'Alexandre, qui mourut avant de lancer une nouvelle campagne.

La Perse conquise, Alexandre convoita l'Inde du Nord. Mais Pôros, raja de Paurava, bloqua sa progression sur la rivière Hydaspe, dans l'actuel Pendjab. Les forces des deux camps étaient équilibrées. Alexandre avait une cavalerie supérieure et Pôros, 200 éléphants de guerre.

Face au roi indien, le conquérant ne déploya qu'une fraction de son potentiel. Il fit franchir la rivière au gros de ses troupes, par un gué distant d'une trentaine de kilomètres. Lorsque Pôros eut vent du mouvement d'Alexandre, il se mit en marche pour l'attaquer. Sa cavalerie flanquait l'infanterie que précédaient les éléphants. Alexandre disposa les fantassins lourds de sa phalange au centre, prit le commandement de la cavalerie, sur l'aile droite, et lança la cavalerie de son aile gauche (sous le commandement de Coenus) en un large mouvement enveloppant.

Au centre, la phalange macédonienne fut quasiment broyée sous la charge des éléphants. Elle parvint enfin à les disperser – pour affronter l'infanterie indienne. Sur la droite, Alexandre attaqua, mais ne trouva pas la brèche où engager ses cavaliers. Lorsque ceux de son aile gauche eurent achevé leur mouvement tournant et menacèrent les Indiens sur leurs arrières, Alexandre put enfin neutraliser la cavalerie de l'ennemi et encercler son infanterie. Pôros réorganisa alors ses fantassins en position de défense et offrit sa reddition conditionnelle. Alexandre lui permit de conserver, contre tribut, le trône de Paurava. **RM**

Pertes : Macédoniens, 1 000 sur 41 000 ;
Indiens, 12 000 morts et 9 000 prisonniers sur 50 000

< *Gaugamèles 331 av. J.-C.* *Ipsos 301 av. J.-C.* >

← *Une scène de la bataille de Gaugamèles (bas-relief d'ivoire, XVIIIe siècle).*

Guerres des Diadoques

Ipsos 301 av. J.-C.

Après la mort brutale d'Alexandre, à Babylone en 323, ses généraux devaient se disputer durant des décennies les parcelles de son empire. À Ipsos, Antigone le Borgne, longtemps le général le mieux placé, fut renversé par ses rivaux coalisés, dont les forces comportaient des éléphants de guerre.

Ancré au cœur de l'empire d'Alexandre, en Asie Mineure, en Syrie et en Palestine, Antigone le Borgne dominait les autres diadoques, ainsi que l'on dénommait les successeurs du conquérant. En outre, son fils Démétrios tenait Athènes et le sud de la Grèce. Mais certains diadoques entendaient secouer leur primauté : Lysimaque, gouverneur de Macédoine et de Thrace ; Séleucos, roi de Mésopotamie et de Perse ; et Cassandre, dont le père avait pris le contrôle de la patrie d'Alexandre.

Le dernier des grands diadoques, Ptolémée, dominait l'Égypte. Ayant subi en 306 l'invasion d'Antigone, il s'efforçait encore de reconstruire son armée. Les successeurs décidèrent de coordonner leur résistance pour mieux faire face au plus puissant d'entre eux. En 301, Lysimaque, Cassandre et Séleucos marchèrent sur Ipsos, en Phrygie (au centre de l'actuelle Turquie), pour y affronter Antigone et Démétrios.

Après des opérations préliminaires de harcèlement, les infanteries lourdes s'ébranlèrent. Démétrios, commandant sur l'aile droite la cavalerie antigonide, tenta un mouvement d'encerclement que les éléphants de Séleucos contrèrent. Jusqu'ici, les 70 pachydermes d'Antigone avaient garanti sa supériorité, mais son adversaire lui en opposait 400. Tandis que l'infanterie des coalisés poussait son avantage, appuyée par une grêle de flèches, de balles de fronde et autres projectiles, Antigone fut pris et tué par un javelot. **MK**

Pertes : chiffres inconnus

L'Hydaspe 326 av. J.-C. *Raphia 217 av. J.-C.*

Premières guerres romaines

Sentinum 295 av. J.-C.

Les chars gaulois furent le fer de lance d'une coalition puissante mais hétéroclite, résolue à juguler l'expansion romaine. De fait, les Romains sortirent vainqueurs de la bataille, et fortifièrent leur mainmise sur l'Italie. Leur nouvelle structure militaire, la légion, démontra ce jour-là son efficacité.

Défaits lors de deux guerres antérieures, les Samnites, montagnards guerriers des Apennins, étaient tout de même décidés à juguler l'expansion romaine, malgré son caractère en apparence inexorable. Jouant le tout pour le tout, ils formèrent une coalition incluant leurs voisins ombriens et étrusques, ainsi que des tribus celtes des plaines du Nord et du piémont alpin. Puis ils marchèrent au sud pour affronter l'ennemi en Italie centrale.

Face à une force deux fois supérieure en nombre, les Romains lancèrent des attaques de diversion sur les territoires des Étrusques et des Ombriens, ce qui détourna leurs troupes de leur objectif initial. Mais lorsque la bataille débuta, l'armée de la coalition comptait encore 50 000 hommes de plus que celle des Romains. Ceux-ci, dont l'aile gauche était commandée par le consul Publius Decius Mus et l'aile droite par son ami le consul Fabius Rullanus, affrontaient une tâche écrasante.

Une suite de charges frontales menées par les chars gaulois manqua bien d'emporter leur courage. À gauche, sentant que ses hommes allaient succomber sous l'assaut, Decius Mus plongea au cœur des troupes celtes. Il y laissa la vie, mais ce sacrifice galvanisa ses soldats, qui se reprirent et tinrent bon.

Face aux Samnites, en revanche, Fabius faisait meilleure figure. Son infanterie avait affaibli les forces ennemies, et il put appeler des renforts pour enfin déployer sa puissante cavalerie, qui chargea les fuyards et les massacra. **MK**

Pertes : Romains, 8 000 ; coalition, 25 000

Trifanum 338 av. J.-C. *Ausculum 279 av. J.-C.*

Ausculum 279 av. J.-C.

La première « victoire à la Pyrrhus » vit ce roi d'Épire et fameux général défaire les Romains, mais elle se paya par des pertes insupportables pour son armée. On dit que Pyrrhus déclara : « Encore une victoire comme celle-ci, et nous sommes perdus. » L'irrésistible ascension de Rome se poursuivit.

Pyrrhus régnait sur l'Épire, un âpre royaume du nord de la Grèce. Au sud de l'Italie, les comptoirs grecs implantés des siècles plus tôt s'inquiétaient de la montée en puissance de Rome. À la demande de Tarente, l'un des comptoirs, Pyrrhus prit le chemin de l'Italie à la tête d'une armée. Les Samnites, les Étrusques, les Ombriens, de longue date ennemis jurés de Rome, s'enrôlèrent sous sa bannière.

Cette force comportait une phalange de fantassins lourds armés de lances, une cavalerie, et des éléphants de guerre. À Héraclée en 280, ces animaux avaient permis à Pyrrhus de vaincre les Romains, qui les voyaient pour la première fois. Mais les Romains avaient redressé la tête, et réorganisé leur armée pour reprendre l'offensive l'année suivante. Ils s'étaient munis de chars hérissés de pointes, de pièges et de machines à feu pour mieux arrêter les pachydermes.

Les armées se rencontrèrent à Ausculum, en Apulie. Le premier jour, les soldats de Pyrrhus repoussèrent les légions, mais les autres composants de la coalition s'avérèrent moins toniques. De plus, le terrain boisé gênait les éléphants. Le second jour, Pyrrhus parvint à attirer les Romains sur un espace dégagé. Soumis à la pression de la phalange et des éléphants – peu gênés par leurs armes défensives –, les légions se débandèrent et s'enfuirent. Mais la victoire n'eut pas d'effet à long terme, et Pyrrhus quitta définitivement l'Italie en 275. **MK**

Pertes : Romains, 8 000 ;
armée d'Épire, 3 000 dont nombre d'officiers

< *Sentinum 295 av. J.-C.* *Mylae 260 av. J.-C.* >

« Si l'on coupe une tête de cette hydre, il en pousse deux. »

Pyrrhus, à propos de l'armée romaine

↑ *Pyrrhus, roi d'Épire (copie romaine d'un buste grec, découverte à Herculanum).*

Campagne du Kalinga 265 av. J.-C.

En Inde, la conquête du royaume de Kalinga par les forces de l'empire Maurya s'avéra terriblement coûteuse pour les deux camps, qui essuyèrent des pertes abominables. Ce drame incita Ashoka, l'un des plus grands rois guerriers de l'histoire, à se convertir au bouddhisme et à prôner la paix.

L'empire bâti, durant le dernier quart du IVe siècle avant J.-C., par Chandragupta Maurya, fut progressivement agrandi par ses successeurs. Parmi ceux-ci, Ashoka (petit-fils du fondateur et dont le règne débuta en 272) fut le plus remarquable. Il assujettit la majeure partie du sous-continent, avec l'Afghanistan et le Baloutchistan. Mais sur la côte orientale de l'Inde, un royaume irréductible, le Kalinga, résistait toujours à l'envahisseur.

En outre, les campagnes d'Ashoka contre les royaumes du Sud avaient monopolisé ses forces, permettant au Kalinga d'opérer dans le même temps des incursions en territoire maurya.

En 265, Ashoka déclencha l'invasion du tenace royaume, à la tête, dit-on, de 400 000 soldats. Le Kalinga ne pouvait rivaliser avec cette force formidable, mais il possédait tout de même 700 éléphants, et ses soldats étaient réputés pour leur grand courage.

Cet héroïsme n'eut toutefois pour effet que de pousser l'envahisseur à des atrocités extrêmes : des milliers et des milliers de civils furent massacrés par l'armée maurya, afin de démoraliser le petit royaume. Le point culminant de la campagne fut un affrontement qui eut lieu dans les collines de Dhauli, près de la rivière Daya : les flots de celle-ci, dit-on, coulèrent rouge au jour de la bataille. Ashoka, profondément choqué par ce qu'il avait déclenché, se convertit au bouddhisme et refusa à l'avenir tout nouveau conflit. **MK**

Pertes : Maurya, 10 000 ; Kalinga, 150 000 dont de nombreux civils

Détail du Grand Stupa édifié par Ashoka à Sanchî (dans l'actuel Madhya Pradesh), en Inde. ↑

Changping 260 av. J.-C.

La rivalité sans fin qui opposait les royaumes du Qin et du Zhao connut à Changping un sanglant apogée. Jalon déterminant de l'unification de la Chine par la dynastie des Qin, la bataille reste gravée dans les esprits comme l'un des plus atroces épisodes de l'histoire de l'humanité.

La période des royaumes combattants chinois s'étend de 475 à 221 avant J.-C., et son nom est parfaitement mérité. Les États en question se menèrent alors des guerres continuelles, les plus forts accroissant leurs territoires aux dépens des faibles. La philosophie militaire se modernisa, le char tomba en désuétude, la vieille morale de l'héroïsme disparut, et la technique du fer permit désormais la production en masse de lames aussi acérées que durables. Elles permettaient d'équiper simultanément un grand nombre de fantassins et de cavaliers.

Au IIIe siècle ne demeuraient que deux acteurs de premier plan : le royaume du Qin, à l'ouest, et celui du Zhao, plus au nord. Quand le Qin envahit le Han en 265, celui-ci en appela au Zhao. L'affrontement des deux puissances était inévitable. Lian Po, commandant en chef du Zhao, envoya 500 000 hommes sur le territoire disputé. Face aux 600 000 soldats du Qin, il les cantonna dans des camps fortifiés et attendit des renforts.

Mais les forces du Qin empêchèrent l'intervention de ces derniers et assiégèrent trois ans durant les troupes de Lian Po. Affamées et désespérées, celles-ci n'eurent d'autre issue que de sortir de leurs forts et de se battre, mais leur faiblesse les contraignit bientôt à la reddition. Aux yeux du commandant de Qin, ce n'était pas suffisant. Pour éradiquer cette armée potentiellement dangereuse, il fit enterrer vifs 400 000 de ces hommes. **MK**

Pertes : Zhao, 450 000 ; Qin, 250 000

< *Maling 342 av. J.-C.* *Julu 207 av. J.-C.* >

↑ *Ces guerriers de terre cuite, grandeur nature, gardent le mausolée du premier empereur du Qin.*

Première guerre punique

Mylae 260 av. J.-C.

Dominant la péninsule italienne, Rome entreprit de se mesurer à Carthage, empire militaire et commercial dont le centre se trouvait en Tunisie. L'enjeu de l'affrontement était la Sicile. À Mylae, la toute récente flotte romaine eut raison de la marine carthaginoise, bien plus expérimentée.

Rome, contrôlant le territoire italien, entama sa guerre avec Carthage par une suite de victoires terrestres en Sicile. Pour conserver ces conquêtes, les Romains se dotèrent rapidement d'une flotte de guerre, composée de galères. L'inexpérience des marins et des rameurs composant les équipages de celle-ci rendant illusoire un recours efficace à l'éperonnement, les Romains munirent leurs vaisseaux d'un instrument favorisant l'abordage, ce qui leur permettrait de recourir aux techniques de combat terrestre qu'ils maîtrisaient parfaitement. Il s'agissait du corbeau, une passerelle basculante manœuvrée par des cordages et portant à l'avant un fort bec métallique qui se fichait dans le pont du navire ennemi, et permettait aux assaillants d'aborder celui-ci. Son emploi était facilité par la faible distance à laquelle un vaisseau de guerre carthaginois devait se placer pour pratiquer un éperonnement.

En 260, les deux flottes, fortes chacune de 120 navires, s'affrontèrent devant l'île de Mylae, au nord-est de la Sicile. Les Carthaginois, persuadés de leur supériorité, attaquèrent – pour se retrouver aussitôt piégés par les corbeaux, et abordés. Ils battirent finalement en retraite. La moitié de leurs navires avaient été coulés ou arraisonnés.

Le consul Caius Duilius venait de remporter la première vraie bataille navale de Rome. Son adversaire, le Carthaginois Hannibal Giscon, fut crucifié pour incompétence. **DS**

Pertes : Carthage, 50 vaisseaux ; Rome, chiffres inconnus

Ausculum 279 av. J.-C.

Cap Ecnome 256 av. J.-C.

Première guerre punique

Cap Ecnome 256 av. J.-C.

Forte de ses succès terrestres en Sicile et de ses premiers faits d'armes marins, Rome décida de pousser son avantage avec une invasion de l'Afrique du Nord et une attaque directe de Carthage. Les flottes redoutables des deux puissances se confrontèrent au sud de la Sicile, où Rome l'emporta.

Avec chacune 350 vaisseaux et 150 000 soldats et matelots, les deux flottes qui s'affrontèrent au large du cap Ecnome étaient proprement gigantesques. Ce fut à la fois l'un des plus grands combats de l'Antiquité et l'une des plus grandes batailles navales de tous les temps.

Malgré sa jeunesse, la flotte romaine pouvait respecter des formations rigoureusement ordonnées. Quant aux Carthaginois, ils n'avaient pas trouvé la bonne parade au corbeau et aux tactiques d'abordage de leurs adversaires. Comme les Romains voguaient vers l'ouest au sud de la Sicile, ils adoptèrent une formation en coin. Les deux consuls, Marcus Attilius Regulus et Lucius Manlius Vulso, commandaient les escadres de tête.

Derrière voguaient des navires de transport, et en arrière-garde des unités de réserve. Les vaisseaux carthaginois vinrent à leur rencontre disposés en une longue ligne, escomptant lancer une manœuvre d'encerclement et faire frapper les navires de transport romains par les vaisseaux de leurs ailes.

Le combat prit la forme d'affrontements distincts et brutaux. Visant le centre de l'adversaire, les vaisseaux des deux consuls romains coulèrent ou capturèrent nombre de ses unités, les contraignant à la retraite. Puis les Romains se concentrèrent sur le reste de la flotte carthaginoise, afin de parachever leur victoire. Regulus tenta ensuite d'envahir la ville ennemie, mais il fut défait et son armée anéantie. **DS**

Pertes : Carthage, 94 vaisseaux ; Rome, 24 vaisseaux

Mylae 260 av. J.-C.

Drepanum 249 av. J.-C.

Détail de Triomphe de Rome sur la Sicile après la bataille de Mylae, *de Jaccopo Ripanda (v. 1508-1513).*

Drepanum 249 av. J.-C.

Malgré les pertes désastreuses infligées à sa flotte par les tempêtes, Rome poursuivit l'offensive sur terre, ciblant les places carthaginoises de Sicile. Durant le siège de Lilybée, les escadres de soutien des deux camps combattirent près de Drepanum. Rome, ayant méprisé les présages, fut vaincue.

Lilybée (aujourd'hui Marsala), assiégée par les Romains, recevait tout de même des ravitaillements par voie de mer, de la garnison carthaginoise toute proche de Drepanum (aujourd'hui Trapani). Publius Claudius Pulcher, consul romain commandant les opérations, décida de lancer une attaque surprise sur la flotte ennemie, mouillée à Drepanum. Mais le plan – opérer une approche nocturne du port – se déroula mal et, à l'aube, la flotte romaine se trouvait complètement désorganisée. Les Carthaginois en profitèrent pour quitter le port : en haute mer, ils pourraient manœuvrer et prendre l'avantage.

Publius Claudius consulta alors les oracles, comme à l'accoutumée avant le début des batailles. Quand les poulets sacrés refusèrent de manger, ce qui aurait prédit la victoire, le consul fit jeter les volatiles à la mer avec ces mots : « Ils n'ont pas faim ? Eh bien, qu'ils boivent donc ! » Au cours du combat qui suivit, les Carthaginois, mieux organisés, s'emparèrent un à un des vaisseaux éparpillés de Claudius. Le consul parvint à s'échapper mais fut jugé à Rome – non pour sa défaite, mais pour son comportement sacrilège vis-à-vis des poulets.

La même année, d'autres éléments de la flotte romaine sombrèrent lors de tempêtes, portant les pertes romaines à plus de 600 vaisseaux et 200 000 hommes. La guerre sur terre se poursuivit en Sicile, mais le désastre était tel qu'il découragea les Romains de toute opération navale jusqu'en 242. **DS**

Pertes : Rome, 90 vaisseaux capturés ou coulés, 25 000 morts ou prisonniers ; Carthage, chiffres inconnus mais très faibles

< *Cap Ecnome 256 av. J.-C.* *Îles Égates 241 av. J.-C.* >

Îles Égates 10 mars 241 av. J.-C.

Depuis 265, Rome et Carthage guerroyaient en Sicile. Ce conflit presque trentenaire avait épuisé les ressources des adversaires. En un ultime effort, Rome se dota d'une nouvelle flotte pour neutraliser les places siciliennes de l'ennemi. Rassemblés en hâte, les vaisseaux carthaginois furent anéantis.

Après plusieurs années d'affrontements sporadiques et sans conséquences en Sicile, Rome décida de jouer le tout pour le tout. Elle se dota d'une nouvelle flotte de 200 vaisseaux, financée par les patriciens. En 242, l'armada flambant neuve cingla vers la Sicile sous le commandement du consul Caius Lutatius Catulus. Ne rencontrant pas d'opposition navale, Catulus fit débuter sa campagne par le blocus des places fortes carthaginoises de Drepanum et de Lilybée, et mit le temps à profit pour parfaire l'entraînement de ses hommes, marins comme soldats.

Tant bien que mal, Carthage parvint à rassembler une flotte de 250 vaisseaux de guerre et de transport, qu'elle dépêcha en Sicile au printemps suivant. Il s'agissait de renforcer et de ravitailler les garnisons menacées. Catulus se porta à la rencontre de l'ennemi près des îles Égates, à la pointe occidentale de la Sicile. Bien préparés au combat, face à des Carthaginois inexpérimentés et aux vaisseaux trop chargés, les Romains possédaient un net avantage. Ils l'emportèrent, malgré une forte mer qui s'était naguère avérée désastreuse pour le sort de leurs armes, et la moitié de la flotte carthaginoise fut coulée ou capturée.

La meilleure partie de ses forces désormais isolée en Sicile, incapable de se doter d'une nouvelle flotte, Carthage fut réduite à négocier la paix avec Rome. Mais l'âpre inimitié entre les deux puissances n'en fut pas diminuée. **DS**

Pertes : Carthage, 120 vaisseaux coulés ou capturés ; Rome, 25 vaisseaux coulés

< *Drepanum 249 av. J.-C.* *Utique 238 av. J.-C.* >

Guerre des mercenaires

Utique 238 av. J.-C.

Carthage, vaincue lors de la première guerre punique et contrainte d'acquitter à Rome un tribut écrasant, fut incapable de payer les soldes des mercenaires qui l'avaient servie durant le conflit. Ceux-ci se révoltèrent, mettant la cité en péril avant qu'Hamilcar Barca ne renverse la situation.

Les mercenaires naguère à la solde de Carthage avaient pour chefs Spendios et Matho, deux combattants aguerris. Ils s'assurèrent le soutien de nombreux Libyens, qui supportaient mal le joug punique. Ensemble, ils assiégèrent Utique, l'une des rares villes qui étaient restées fidèles à Carthage. Après une désastreuse offensive destinée à libérer Utique, les Carthaginois confièrent la direction des opérations à Hamilcar Barca.

Alors qu'il contournait le fleuve Macaras, Hamilcar fut attaqué par Spendios à la tête d'une forte partie de l'armée rebelle. À l'avant de la colonne carthaginoise venaient ses éléphants, sa cavalerie et son infanterie légère. L'infanterie lourde marchait en arrière-garde. Hamilcar opposa à l'assaut ennemi ses éléments de tête, fit s'avancer son infanterie lourde, puis lui ordonna brutalement de battre en retraite. Tombant dans le piège, les rebelles se ruèrent aussitôt en avant, disloquant leur formation. L'infanterie lourde de Carthage n'eut plus qu'à les écraser et à les mettre en fuite. La cavalerie d'Hamilcar les poursuivit, mit leur camp à sac, et leva le siège d'Utique.

La guerre se prolongea deux ans, mais la défaite des mercenaires était déjà écrite. Spendios et Matho furent crucifiés. Sa victoire renforça l'influence d'Hamilcar, qui put monter une offensive en Espagne – première étape de cette revanche sur Rome que son fils Hannibal devait conduire lors de la deuxième guerre punique. **RM**

Pertes : rebelles, 6 000 morts et 2 000 prisonniers sur 25 000 ; Carthaginois, chiffres inconnus mais faibles sur 10 000

< *Îles Égates 241 av. J.-C.* *La Trebbia 218 av. J.-C.* >

Deuxième guerre punique

La Trebbia décembre 218 av. J.-C.

Le massacre de la Trebbia révéla les talents militaires du Carthaginois Hannibal, peut-être le plus grand commandant opérationnel de l'Histoire. Sa victoire rassembla sous sa bannière de nouveaux alliés, et lui permit d'établir ses troupes sur le sol italien, où elles demeureraient quinze ans.

La maîtrise de la Méditerranée occidentale fut l'enjeu de la deuxième guerre punique. En 219, Rome rompit un traité, et le général carthaginois Hannibal Barca décida de mener son armée de 26 000 hommes d'Espagne en Italie du Nord, en franchissant les Alpes. Il y parvint l'année suivante.

En décembre, une forte armée romaine conduite par Sempronius se mit en mouvement pour l'affronter. Elle marcha au combat, traversant à gué les eaux glaciales de la Trebbia. Ses 32 000 fantassins lourds étaient précédés par 6 000 fantassins légers chargés du harcèlement ; 4 000 cavaliers formaient les ailes. Les 20 000 fantassins lourds d'Hannibal, ses 7 000 fantassins légers et sa cavalerie avaient adopté une disposition symétrique, avec en outre des éléphants sur les ailes. Mais le chef carthaginois avait pris soin de mettre à couvert 1 000 cavaliers et 1 000 fantassins dans un bois, sur son flanc droit. L'assaut romain eut raison de ses troupes légères, mais se heurta au mur de son infanterie lourde. Celle-ci engagée, Hannibal lança ses hommes embusqués sur les arrières des Romains. La cavalerie carthaginoise, supérieure en nombre, eut vite raison de son homologue puis s'attaqua à son tour aux arrières des Romains. Sempronius forma en carré 10 000 de ses meilleurs légionnaires et les conduisit à l'abri des remparts de la ville de Piacenza, laissant le reste de ses hommes se faire tailler en pièces. L'hiver contraignit Hannibal à lever le siège de Piacenza. **RM**

Pertes : Carthage, pertes légères sur 40 000 hommes ; Rome, 28 000 sur 42 000

< *Utique 238 av. J.-C.* *Lac Trasimène 217 av. J.-C.* >

Guerres de Syrie

Raphia 22 juin 217 av. J.-C.

Ptolémée IV d'Égypte et Antiochos III, maître d'un empire qui s'étendait jusqu'à l'Indus, se disputaient la Syrie et la Palestine. La bataille que se livrèrent ces rejetons des généraux d'Alexandre, l'une des plus grandes de l'Histoire, recourut massivement aux éléphants de guerre.

Les armées ptolémaïque et séleucide, lorsqu'elles se rencontrèrent dans le désert du Sinaï, totalisaient à elles deux 130 000 hommes. Disposées en formation macédonienne classique (l'infanterie lourde des hoplites au centre, l'infanterie légère et la cavalerie réparties sur les ailes), ces forces impressionnantes comportaient également des éléphants de guerre, portant sur leur dos des tours de bois destinées à protéger leur équipage.

Antiochos avait 100 grands éléphants d'Inde, Ptolémée, 70 animaux plus petits, venus d'Afrique. Selon l'historien grec Polybe, les pachydermes rivaux se chargèrent d'abord furieusement et se déchirèrent de leurs défenses, puis les éléphants d'Afrique, paniqués, prirent la fuite, écrasant les troupes de Ptolémée qui les suivaient. Mais ce furent les fantassins, et non les animaux, qui décidèrent du sort de la bataille.

Tandis qu'Antiochos menait la charge de sa cavalerie, Ptolémée, placé au centre, fortifiait le moral de ses troupes avec, raconte Polybe, « vigueur et courage ». Il avait étoffé son infanterie avec des troupes égyptiennes entraînées selon les techniques macédoniennes. S'avançant comme un bloc hérissé de lances, la phalange de Ptolémée fit reculer les fantassins lourds d'Antiochos, dont l'aile gauche cédait à son tour sous la pression. Le Séleucide était vaincu, mais momentanément, car la bataille ne fut pas décisive : en 217, Antiochos avait ajouté la Syrie et la Palestine à son empire. **RG**

Pertes : chiffres inconnus

Ipsos 301 av. J.-C. | *Magnésie 190 av. J.-C.*

Deuxième guerre punique

Lac Trasimène 24 juin 217 av. J.-C.

La victoire d'Hannibal sur Caius Flaminius demeure, en termes d'effectifs, la plus grande embuscade de l'histoire militaire. Le Carthaginois exécuta à Trasimène le premier mouvement tournant stratégique, et prouva qu'une utilisation innovante du terrain pouvait décider du sort des armes.

Après sa victoire à la Trebbia, Hannibal persuada les Celtes du Piémont de se rebeller contre Rome et de marcher au sud. De leur côté, les Romains levèrent une armée nouvelle, qu'ils placèrent sous le commandement de Caius Flaminius. Celui-ci avait pour consigne d'éviter une bataille rangée contre les Carthaginois. Après quelques semaines d'escarmouches, Hannibal contourna l'armée de son adversaire pour rejoindre les riches terres d'Apulie, et Flaminius lui donna la chasse.

À la hauteur du lac Trasimène, la voie romaine était coincée entre le rivage et des collines boisées. Hannibal dissimula des troupes sous leurs futaies, puis dépêcha des cavaliers à plusieurs kilomètres vers l'est pour y allumer des feux de camp par centaines, afin de persuader Flaminius que les Carthaginois se trouvaient loin devant lui. Au petit matin, le Romain tomba dans le piège. Hannibal fit bloquer la voie par son infanterie lourde, tandis que son infanterie légère et sa cavalerie jaillissaient des bois où elles étaient embusquées. Seule l'avant-garde romaine, rangée en ordre de bataille, parvint à rompre le barrage et s'échappa par les collines, vers le nord. Tout le reste de l'armée demeura piégé durant les quatre heures de combat qui suivirent. Flaminius et presque tous ses hommes furent tués. Ceux qui se rendirent furent vendus comme esclaves, ce qui permit à Hannibal de payer la solde des Celtes. **RM**

Pertes : Carthage, 2 500 sur 50 000 ;
Rome, 19 000 morts et 12 000 prisonniers sur 40 000

La Trebbia 218 av. J.-C. | *Cannes 216 av. J.-C.*

La Bataille du lac Trasimène *par le peintre flamand Léonard Thiry (v. 1500-1550).* 

Cannes 2 août 216 av. J.-C.

Ce fut la bataille la plus sanglante de l'histoire militaire. Davantage d'hommes tombèrent à Cannes qu'au premier jour des combats de la Somme en 1916, ou que durant la pire journée sur le front germano-soviétique. La magistrale manœuvre d'Hannibal est toujours étudiée dans les écoles de guerre.

Au printemps 216, le chef carthaginois Hannibal reprit sa marche vers le sud de l'Italie, incitant à se rebeller les alliés de Rome. Il s'empara du dépôt de ravitaillement de Cannes, coupant Rome de ses alliés du Sud-Est.

Pour le contrer, les deux consuls, Varron et Paul Émile, prirent la tête d'une armée de 40 000 légionnaires romains, 40 000 fantassins alliés et 2 500 cavaliers. Ils la commandaient tour à tour, un jour chacun. Hannibal, avec ses 40 000 fantassins lourds, ses 6 000 fantassins légers et ses 10 000 cavaliers, les attendait. Parvenus à Cannes, les Romains édifièrent un camp fortifié, mais les cavaliers carthaginois leur interdirent l'accès au fleuve Aufidus, où ils se ravitaillaient en eau. Le troisième jour, alors que Varron commandait, les Romains tentèrent une sortie. Leur infanterie était disposée en profondeur, afin de mieux enfoncer la mince ligne de bataille de l'adversaire. Varron manœuvra pour acculer Hannibal contre la rive du fleuve afin d'handicaper la cavalerie carthaginoise, et ordonna à sa propre cavalerie de la contenir. Hannibal avait rassemblé ses forces. L'infanterie de ses alliés celtes et hispaniques occupait le centre de son dispositif. Ses fantassins africains, mieux aguerris, tenaient les flancs. Sa cavalerie, supérieure en nombre à celle des Romains, occupait les ailes gauche et droite.

« Un seul homme est responsable de ce qui s'est abattu sur les Romains et les Carthaginois : Hannibal. » *Polybius,* Les histoires

La bataille s'engagea comme Varron l'espérait. Sur les ailes, sa cavalerie se livrait à des escarmouches tandis que sa lourde infanterie romaine repoussait les fantassins d'Hannibal. Mais celui-ci avait deviné les intentions du consul. Disposées dos au fleuve, les troupes du Carthaginois avaient accès à de l'eau fraîche, alors que le vent brûlant étouffait les Romains. Comme l'infanterie celte et hispanique reculait, la ligne des Romains, qui les repoussait, avait pris la forme d'un croissant. Les légionnaires, serrés les uns contre les autres, se gênaient et se désorganisaient. À l'ordre d'Hannibal, sa cavalerie attaqua avec fougue, chassant son homologue romaine, qui subit de lourdes pertes. Au même moment, l'infanterie africaine, sur les flancs, se referma comme un étau sur les légionnaires romains, les pressant encore davantage. Ayant pourchassé la cavalerie romaine, la cavalerie carthaginoise revint alors et prit à revers le dispositif de l'adversaire. Les Romains étaient encerclés.

Les soldats de Varron furent massacrés jusqu'à la tombée de la nuit. Quelques-uns parvinrent à sortir du piège et rejoignirent Cannes, une ville fortifiée voisine. Les cavaliers qui s'étaient enfui, les gardes du camp et quelques unités absentes de la bataille survécurent aussi. Paul Émile fut tué, Varron en réchappa. Les États hellénophones du sud de l'Italie et de Sicile rompirent leur alliance avec Rome, ainsi que la Macédoine. Mais Rome avait aussi des alliés loyaux, et lorsque Hannibal lui proposa la paix à des conditions modérées, le Sénat refusa. La guerre se poursuivit alors. **RM**

Pertes : Carthage, 5 700 sur 56 000 ;
Rome, 48 200 morts et 4 500 prisonniers sur 86 000

< *Lac Trasimène 217 av. J.-C.* *Syracuse 214 av. J.-C.* >

La bataille de Cannes, *manuscrit enluminé de Jean Fouquet (xve siècle).* ➔

Cy commance la racine des grans z dures batailles qui furent p moult long temps entre les Romains et ceulx de la noble cite de Cartage. I.

Sumenre a donques ne avoit onques eu hayne entre ceulx de cartage et ceulx de Romme nulle chose nulle par quoy par quoy il deust avoir entre eulx estour ne bataille. Orendroit fu la premiere estincelle alumee qui tant crut puis et enforca que a peine le pourroit croire ceulx qui lorent et entendent. Les Cartaiens respondirent aux messages de tarente quilz voulentiers leur aideroient et seroient a leur amour z a leur concordance en toutes les manieres quilz aidier ne valoir leur pourroient. Lors furent les osts semons en cartage et par toute libe et passerent mer a leurs vaisseaulx. Tant furent quilz vindrent a la Cite de Tarente. Ceulx de Romme envoierent encontre eulx sitost comme ilz le sceurent ne ny ot mie longues parolles deuisees puis que les ostz sentreapprochierent ains se combatirent les Rommains et les cartaiens moult aigrement ensemble. Mais les cartaigiens y furent desconfiz a celle premiere foiz et sen retournerent moult dolens et moult tristes. Car ilz ne cuidoient mie devant ceste aventure que nulles gens les peussent surmonter ne vaincre. Mais adonques sceurent ilz certainement que les Rommains les pouoient bien cha

Syracuse 214-212 av. J.-C.

Épisode de la lutte entre Carthage et Rome, la prise de Syracuse par cette dernière marqua, pour les cités grecques d'Italie et de Sicile, la fin de l'indépendance. Elle causa aussi la mort d'Archimède, fameux mathématicien et inventeur qui avait activement participé à la défense de sa ville.

En 214, Hiéron II de Syracuse, roi favorable à Rome, mourut et une république fut instituée. Le nouveau pouvoir fit alliance avec Carthage et s'engagea dans le conflit. Une flotte de guerre romaine, sous les ordres du consul Marcus Claudius Marcellus, assiégea alors Syracuse. La ville, dotée d'un vaste port, était puissamment défendue. Mais les vaisseaux de Marcellus étaient équipés de tours de siège et d'échelles d'assaut, dans le but d'attaquer ses remparts à partir du port.

L'un des assiégés, Archimède, mathématicien et inventeur de génie, mit au point de multiples contre-mesures : ainsi, un crochet mû par une grue mobile qui saisissait les vaisseaux romains et les retournait. On parla aussi d'un miroir concave qui concentrait les rayons solaires sur leurs voiles afin de les incendier. Bientôt, les équipages romains refusèrent d'approcher des remparts, et le siège se transforma en un simple blocus. Les Carthaginois dépêchèrent une armée terrestre au secours de la ville. Mais elle fut décimée par la maladie, et la flotte qu'ils envoyèrent également fut repoussée par les Romains.

En 212, Marcellus profita d'une fête de la déesse Artémis pour envoyer un commando qui escalada les remparts et ouvrit les portes de la ville. Durant le sac, un Romain découvrit Archimède absorbé par un problème. Le savant pria le soldat de ne pas l'importuner, et l'autre le tua. La forteresse centrale de Syracuse ne résista que quelques semaines. **RM**

Pertes : Rome, chiffres inconnus ;
Syracuse, tous les soldats et de nombreux civils

< *Cannes 216 av. J.-C.* *Métaure 207 av. J.-C.* >

Métaure 207 av. J.-C.

Sans la défaite du Carthaginois Hasdrubal sur les rives du Métaure, Rome n'aurait sans doute pas pu remporter la deuxième guerre punique. Si les Romains prirent l'avantage, ce fut surtout grâce aux innovations tactiques de l'officier Claudius Nero, qui assit ainsi la fortune de sa famille.

En 207, la campagne d'Italie du général carthaginois Hannibal s'enlisait par manque d'effectifs, d'argent et de matériel de siège. Son frère Hasdrubal quitta alors l'Espagne pour lui fournir les hommes, les machines et l'or qui lui faisaient défaut.

Atteignant le Métaure, un fleuve italien, Hasdrubal se retrouva face à l'armée romaine de Marcus Livius. Hasdrubal disposa alors sa cavalerie à proximité du fleuve, et plaça au centre du dispositif son infanterie d'Hispaniques et de mercenaires. Les fantassins celtes, moins fiables, furent positionnés à gauche, protégés par un profond ravin. Livius aligna ses légions, plaçant sa cavalerie à leur gauche, face aux Carthaginois. Son second, Claudius Nero, commandait l'aile droite. La bataille s'ouvrit près du fleuve par le choc des deux cavaleries, suivi par celui des infanteries. Les fantassins de l'aile gauche romaine, repoussés, menaçaient de céder. Claudius Nero quitta alors le flanc droit avec la majorité de ses hommes, leur fit contourner les arrières de l'armée romaine, dépasser les unités en situation critique, pour enfin fondre sur le flanc droit des Carthaginois.

Désarçonnés, les cavaliers d'Hasdrubal prirent la fuite, et Claudius Nero put exécuter une manœuvre enveloppante autour de l'infanterie ennemie, la repoussant vers le relief. Hasdrubal trouva la mort au cours du combat. Sa tête tranchée fut transportée au sud et lancée au beau milieu du camp d'Hannibal, à la faveur de la nuit. **RM**

Pertes : Carthage, 20 000 morts et 30 000 prisonniers sur 56 000 ; Rome, 8 000 morts sur 40 000

< *Syracuse 214 av. J.-C.* *Zama 202 av. J.-C.* >

Julu 207 av. J.-C.

En 221, Qin Shi Huangdi unifia la Chine et lui imposa sa règle, devenant son premier empereur. Néanmoins, après sa mort en 210, sa dynastie ne lui survécut guère. La bataille de Julu fut le signal de la chute des Qin, et ouvrit la voie à l'avènement d'une autre dynastie, celle des Han.

Les royaumes entre lesquels la Chine était partagée avant la montée en puissance des Qin se révoltèrent contre les successeurs de Qin Shi Huangdi. La capacité militaire de ces héritiers était encore impressionnante, mais, pour lui faire face, les rebelles du royaume de Chu trouvèrent un général remarquablement énergique et brutal en la personne de Xiang Yu.

Quand la puissante armée Qin que commandait Zhang Han entreprit le siège de Julu, une ville du Zhao, Xiang leur opposa une force bien moins importante en nombre – mais, pour motiver ses soldats, Zhang Han leur donna le choix entre la victoire et la famine. S'ils voulaient manger et boire, ils devraient aller se servir chez l'ennemi. Le stratagème fonctionna, et les soldats se battirent comme des tigres. Xiang coupa les lignes de ravitaillement du Qin, neutralisant toutes leurs tentatives de les rétablir. L'armée ennemie commençait de se désintégrer, disloquée par des rivalités intestines, tandis que de nouveaux renforts rejoignaient Xiang. Zhang Han, menacé d'exécution pour haute trahison, se rendit avec tous ses hommes.

Pour faire écho au massacre de Changping, perpétré par les Qin un demi-siècle plus tôt, Xiang fit enterrer vivants ses cohortes de prisonniers. Sa cruauté et la défiance qu'elle inspira l'empêchèrent de récolter les fruits de sa victoire. Il fut défait par le chef Qin Liu Bang, qui fonda une nouvelle dynastie en 202. **RG**

« L'art de l'épée me permet de défaire un adversaire… Je veux apprendre à en vaincre 10 000. »

Xiang Yu

Peint au XIXe siècle, ce général de la dynastie Han arbore un des premiers armements faits de fer et d'acier.

Pertes : Chu, de grosses pertes sur environ 30 000 ; Qin, tous les soldats morts au combat ou massacrés sur 300 000

< *Changping 260 av. J.-C.*　　*Campagne de Mobei 119 av. J.-C.* >

Deuxième guerre punique

Zama 19 octobre 202 av. J.-C.

La victoire de Scipion l'Africain sur Hannibal mit fin à la puissance et à l'indépendance de Carthage. Le dernier obstacle à l'hégémonie romaine sur la Méditerranée occidentale venait de tomber. Hannibal s'enfuit. Vingt ans plus tard, il se suicida pour échapper à ceux qui le pourchassaient toujours.

Après une rafale de brillantes victoires, le manque de ravitaillement et d'argent finit par terrasser en Italie le commandant carthaginois Hannibal. En 204, une armée sous les ordres de Publius Cornelius Scipion débarqua en Afrique et ne fit qu'une bouchée des troupes locales. Les Carthaginois rappelèrent donc Hannibal dans sa patrie et levèrent une nouvelle armée, qui rencontra l'envahisseur romain à Zama. Hannibal disposa 30 000 recrues mal entraînées au centre de son dispositif, sur deux rangs, ses 10 000 vétérans sur ses arrières et ses 6 000 cavaliers aguerris sur les flancs. Devant les lignes, il plaça ses 80 éléphants. Scipion disposa ses légions romaines au centre, la cavalerie italienne à gauche et la cavalerie africaine à droite.

La bataille débuta par une charge d'éléphants. Les fantassins s'écartèrent, ménageant entre leurs rangs des voies où les gros animaux s'engouffrèrent. Affolés par les flèches et les coups de lance des troupes légères, nombre de ces éléphants se retournèrent contre leur camp. Sur les flancs, la cavalerie de Scipion dispersa celle d'Hannibal. L'infanterie carthaginoise infligea de lourdes pertes à son homologue romaine, mais fut finalement repoussée. Hannibal allait lancer sa troisième ligne de fantassins quand la cavalerie romaine chargea ses arrières, désorganisant son attaque. La défaite d'Hannibal fut sans appel. Scipion imposa à Carthage des conditions de paix qui la mirent à genoux. **RM**

Pertes : Carthage, 20 000 morts et 26 000 prisonniers sur 46 000 ; Rome, 6 500 morts sur 43 000

< *Métaure 207 av. J.-C.*   *Carthage 146 av. J.-C.* >

Guerre crétoise

Chios 201 av. J.-C.

Devant l'île de Chios, Philippe V de Macédoine fut défait lors de la dernière grande bataille navale opposant entre elles les flottes des États grecs indépendants. Il parut sur le moment que la nouvelle donne garantirait l'autonomie des États les moins puissants. Au contraire, elle devait permettre à Rome de dominer la Grèce.

Comme Rome s'absorbait dans sa lutte avec Carthage, Philippe V de Macédoine saisit l'occasion d'accroître son emprise sur la Grèce et les confins de la mer Égée. En 201, seules Rhodes et Pergame lui demeuraient hostiles. Philippe assiégea la première, mais fut repoussé. Alors que ses navires rejoignaient sa base de Samos, les flottes de Rhodes et de Pergame fondirent sur eux.

Philippe avait 53 lourdes galères cuirassées, et 150 *lembi*, des galères légères à pont non couvert. Le roi Attale de Pergame avait environ 50 vaisseaux ; Théophilisque de Rhodes, environ 70. Les adversaires rangèrent leurs navires en lignes de bataille serrée et avancèrent. Théophilisque comptait sur l'habileté de ses marins pour éperonner les galères macédoniennes. Philippe attendait que ses *lembi*, plus manœuvrables, gênent les mouvements de l'ennemi, que ses galères cataphractes n'auraient plus qu'à écraser.

Attale engagea l'aile droite macédonienne et le sort resta indécis jusqu'à ce que Philippe lance dans l'action son escadre de réserve. Attale prit la fuite, mais une grande partie de ses forces poursuivirent le combat. La flotte de Rhodes échappa aux *lembi* des Macédoniens et parvint à éperonner et à couler leurs galères cataphractes. La mort de Théophilisque n'entama pas la fougue de ses marins et de ses soldats. Après avoir poursuivi Attale, Philippe comprit qu'il ne pouvait l'emporter et retira en bon ordre les vestiges de sa flotte. **RM**

Pertes : Macédoniens, 92 navires coulés et 7 capturés sur 200 ; Alliés grecs, 6 navires coulés et 2 capturés sur 130

Cynoscéphales 197 av. J.-C. >

Détail de La Bataille de Zama, *œuvre de l'artiste italien Jules Romain (1570-1580).*

Cynoscéphales 197 av. J.-C.

À Cynoscéphales, le dispositif tactique de la phalange, perfectionné par Alexandre le Grand et qui avait dominé l'art de la guerre dans toute la Méditerranée orientale, céda devant les légions romaines. Désormais, le sort des armes dépendrait de la flexibilité des unités, non de leur masse.

Ayant défait Carthage à Zama, Rome se retourna contre Philippe V de Macédoine, préférant avoir pour voisine une Grèce inoffensive par sa fragmentation en petits États.

Sous les ordres de Titus Quinctius Flamininus, les légions romaines et leurs alliés grecs marchaient sur Scotusa, à la recherche de Philippe. Une aube brumeuse les trouva campés de part et d'autre de la colline de Cynoscéphales, chacun inconscient de la présence de son adversaire. Flamininus et Philippe envoyèrent des éclaireurs, puis Philippe déplaça ses hommes vers un terrain plus élevé, tandis que Flamininus choisissait le pied de la colline et disposait l'essentiel de ses Romains sur son aile gauche. Les autres, avec l'infanterie et la cavalerie grecque, plus des éléphants de guerre, formaient son aile droite. Philippe lança à l'attaque la phalange et la cavalerie de son aile droite, ordonnant à son centre et à son aile gauche d'engager l'ennemi dès que possible. La phalange macédonienne repoussa la légion, mais l'aile droite de Flamininus fondit sur le centre et l'aile gauche macédoniens alors qu'ils se plaçaient en formation d'attaque.

Les Macédoniens, poursuivis par les alliés grecs des Romains, se débandèrent. Les légionnaires attaquèrent les arrières de la phalange. Les forces de Philippe, submergées, prirent la fuite. Mais les petits États grecs, libérés de la menace macédonienne, seraient plus tard une proie appétissante pour Rome. **RM**

Pertes : Macédoniens, 5 000 morts et 1 000 prisonniers sur 34 000 ; Romains et alliés, 2 000 morts sur 26 000

⟨ *Chios 201 av. J.-C.* *Magnésie 190 av. J.-C.* ⟩

Guerres de l'expansion romaine

Magnésie 190 av. J.-C.

Ayant dompté la Macédoine, Rome se fit le champion des petits États grecs et déclara la guerre au souverain séleucide Antiochos III. Le traité de paix que les Romains imposèrent à ce dernier, après la bataille de Magnésie, le priva de ses provinces occidentales et vida son trésor.

Une armée gréco-romaine, menée par Lucius Cornelius Scipio Asiaticus, envahit l'Empire séleucide. À Magnésie (en Lydie, sur le territoire de l'actuelle Turquie), Antiochos III l'attendait.

Scipion avait 20 000 fantassins romains sur son aile gauche ; sur l'aile droite, l'infanterie lourde de ses Grecs. Les troupes légères dévolues au harcèlement étaient placées devant la ligne, 3 000 cavaliers grecs gardaient les flancs, et 16 éléphants restaient en réserve. Le centre droit d'Antiochos était tenu par 16 000 hommes de sa phalange, épaulés d'éléphants. Sur ses flancs, la cavalerie lourde, la cavalerie légère et l'infanterie. Devant sa ligne, il disposa des chars de guerre et des archers montés sur des dromadaires. Leur charge ouvrit la bataille.

Ce mouvement ébranla sur la droite la cavalerie de Scipion, mais demeura sans effet sur sa gauche. La cavalerie du Romain contre-attaqua, dispersant l'infanterie légère de l'adversaire. Antiochos avança sa phalange pour contenir l'infanterie lourde romaine, et lança une charge de cavalerie lourde pour agrandir la brèche ouverte par ses chars. Mais les légionnaires, rompus au combat par petits groupes, purent former une ligne de défense qui résista à l'assaut, tandis que la cavalerie disposée sur l'aile droite de Scipion prenait la phalange séleucide à revers. Trop lente, celle-ci ne put répondre efficacement. Après un sanglant combat, ses survivants se rendirent. **RM**

Pertes : Séleucides, 50 000 morts et prisonniers sur 70 000 ; Romains, 350 sur 25 000 ; alliés grecs, chiffres inconnus

⟨ *Cynoscéphales 197 av. J.-C.* *Pydna 168 av. J.-C.* ⟩

Pydna 22 juin 168 av. J.-C.

La bataille de Pydna entraîna l'écroulement du royaume de Macédoine dont Alexandre le Grand avait assuré la puissance. Elle marqua la défaite d'une tactique jusqu'ici presque invincible. Elle assura la domination de Rome sur la Grèce et toute la Méditerranée orientale.

En 171 avant J.-C., Rome déclara la guerre au roi Persée de Macédoine, craignant de le voir prendre le contrôle de la Grèce. En 168, le consul Paul Émile envahit donc la Macédoine et rencontra Persée à Pydna.

Paul Émile avait adossé ses troupes à des collines basses. Il disposa 15 000 fantassins lourds en son centre, épaulés de troupes alliées : 10 000 fantassins légers. Il répartit sur ses flancs ses 4 000 cavaliers, et plaça sur l'aile droite 22 éléphants de guerre. Persée avait en son centre les 25 000 fantassins lourds de sa phalange, armés à la macédonienne, 3 000 fantassins d'élite sur son flanc gauche et son infanterie légère sur son flanc droit. Mille cavaliers complétaient à gauche son dispositif. Le roi commandait les 4 000 cavaliers de son flanc droit.

Persée fit attaquer sa phalange, attendant pour lancer sa cavalerie un instant décisif. La phalange repoussa les romains, mais dut bientôt avancer sur un terrain inégal qui disloqua sa formation. Les légionnaires s'engouffrèrent dans les failles de la phalange, et défirent les Macédoniens au corps-à-corps. À gauche, la cavalerie de Paul Émile repoussa l'ennemi mais rencontra à droite une forte résistance. Persée, blessé, ne put empêcher la fuite de sa cavalerie, menacée par son homologue romaine. Le roi et les siens finirent leurs jours en prison à Rome. La Macédoine, divisée en quatre républiques, fut ensuite annexée par le vainqueur. **RM**

Pertes : Macédoniens, 25 000 morts ou prisonniers sur 44 000 ; Romains, 1 000 sur 38 000

< *Magnésie 190 av. J.-C.*

Carthage 146 av. J.-C.

En détruisant Carthage, Rome assouvissait une vengeance nourrie par les guerres contre sa rivale, et s'emparait du même coup des opulents territoires agricoles qui la cernaient. La défaite absolue de Carthage emplit de terreur et d'horreur les ennemis – comme les alliés – de Rome.

Signé après la bataille de Zama, le traité qui mit fin à la deuxième guerre punique enjoignait à Carthage d'obtenir l'accord préalable de Rome avant de mener toute opération militaire. Ce traité expira en 151. Et lorsque les Numides, peuple nord-africain allié de Rome et voisin de Carthage, annexèrent une partie du territoire de celle-ci, les chefs puniques dépêchèrent une armée pour juguler l'incursion. Rome cria aussitôt à l'acte de guerre et assiégea sa vieille rivale.

Face aux troupes romaines du consul Manius Manlius, les Carthaginois organisèrent leurs forces, transformèrent la ville en arsenal, et tinrent bon. Environ 150 000 femmes et enfants avaient été évacués par voie de mer, vers des États alliés. En 147, le Sénat manda un nouveau commandant, Scipion Émilien, afin de hâter le dénouement en donnant l'assaut à la ville. Scipion défit les troupes terrestres ennemies et bloqua par un môle le port de Carthage. En 146, une brèche permit aux Romains de franchir les remparts. Les soldats découvrirent alors que chaque rue, chaque maison de la ville, était protégée par des barricades et des défenses, ce qui les contraignit à une sanglante bataille urbaine.

Les combats durèrent huit jours. Le dernier édifice à tomber fut le temple d'Echmoun, où l'épouse du général carthaginois Hasdrubal sacrifia ses fils devant les Romains, puis se donna la mort. Scipion fit incendier et raser la ville. **RM**

Pertes : Carthage, 62 000 morts et 50 000 réduits en esclavage sur 112 000 personnes présentes dans la ville ; Rome, 17 000 sur 40 000

< *Zama 202 av. J.-C.*

Campagne de Mobei 119 av. J.-C.

« Ils virent des drapeaux à cinq couleurs quitter le fort de Chanyu, et plusieurs centaines d'hommes en armures. »

Hanshu ou Livre des Han

Un palefrenier panse son cheval après la bataille (détail d'une œuvre de Han Gan).

Au IIe siècle avant J.-C., la Chine des Han se trouvait menacée par les Xiongnu, de farouches peuples de cavaliers qui s'étaient fédérés pour harceler les frontières de l'empire. En 119, l'empereur chinois Wu envoya un corps militaire par-delà le désert de Gobi pour anéantir l'agresseur.

L'ampleur de cette opération militaire démontra la puissance de la Chine des Han, même si son financement avait exigé une levée d'impôts qui réduisit le peuple à la misère. Deux forces de 150 000 cavaliers et fantassins chacune furent réparties entre divers itinéraires, afin d'engager les troupes des Xiongnu et leur chef, Chanyu. Après une marche de 800 kilomètres en terrain très difficile, ce furent les hommes du général chinois Wei Qing qui rencontrèrent les premiers ceux de Chanyu, au nord du désert de Gobi. Wei avait divisé ses forces et celles-ci, épuisées, formaient une proie facile pour les cavaliers que Chanyu lançait contre elles par dizaines de milliers. Disposant leurs chariots pour former des remparts circulaires, les Chinois déployèrent leurs arbalétriers, afin de faucher les cavaliers ennemis. Ceux-ci, armés de puissants arcs composites, semèrent la mort dans les rangs des Chinois, sans enfoncer leurs défenses.

Au soir, Wei lança discrètement sa propre cavalerie, avec mission d'opérer un mouvement d'encerclement sur les deux flancs de l'armée des Xiongnu. Surpris, Chanyu prit la fuite tandis que ses troupes se désorganisaient. Victorieux, Wei poussa son avantage : dans la vallée de l'Orkhon, il attaqua et détruisit Zhao Xin, la principale place-forte de son adversaire. Pour les Xiongnu, le choc stratégique et moral fut si fort qu'ils ne purent jamais rétablir leur puissance militaire. **RG**

Pertes : chiffres incertains : Chinois, 20 000 ; Xiongnu, 90 000

< *Julu 207 av. J.-C.* *Kunyang 23* >

Guerre des Cimbres

Aquae Sextiae 102 av. J.-C.

Après une longue suite de défaites, la victoire d'Aquae Sextiae (Aix-en-Provence) confirma le génie stratégique du consul Caius Marius et rétablit la suprématie militaire de Rome. Marius réforma l'organisation militaire des légions, qui devinrent une force armée permanente et professionnelle.

Descendus des côtes nordiques de l'Allemagne ou du Jütland, les Ambrons – et leurs alliés cimbres et teutons – étaient d'origine germano-celtique. Migrant et pillant de la Pologne au Portugal, ils défirent quatre armées romaines. Marius, que ses talents militaires avaient sorti de l'ombre pour le hisser au pinacle, fut rappelé d'Afrique pour juguler le danger. En 102, son armée de 40 000 légionnaires affronta à Aquae Sextiae (Aix-en-Provence) une force de 140 000 Teutons et Ambrons. Le combat s'ouvrit par la rencontre involontaire d'une patrouille romaine et d'une bande d'Ambrons. Ceux-ci sortirent vainqueurs de l'affrontement, mais furent ensuite défaits par une force romaine plus importante. Deux jours plus tard, les Ambrons attaquaient le camp romain. Marius avait posté 3 000 hommes dans un bois, à quelque distance, conservant le gros de ses troupes à l'abri des pieux et des levées de terre de son camp fortifié. La première charge des Ambrons fut bloquée et refoulée. Les 3 000 hommes embusqués dans le bois se ruèrent alors à l'attaque de leurs ennemis désorganisés, rejoints par Marius et ses forces. Les pillards, pris en étau, furent massacrés.

Une autre victoire, remportée sur les Cimbres à Verceil en 101 avant J.-C., mit fin à la menace des tribus germano-celtiques. L'aura de Marius lui permit de promouvoir des réformes en faveur des citoyens romains démunis. Il fut l'un des pionniers du groupe des *populares*. **RM**

Pertes : Romains, moins de 1 000 sur 40 000 ;
Ambrons, 40 000 morts et 100 000 prisonniers sur 140 000 (femmes et enfants compris)

Porte Colline 82 av. J.-C. ›

Guerres civiles de Sylla

Porte Colline novembre 82 av. J.-C.

Les contemporains crurent que cette grande victoire de Sylla, et les réformes qui suivirent, avaient mis fin aux dissensions sociales et politiques qui menaçaient de déchirer la République romaine. Mais elle n'étaient que le prélude à des guerres civiles encore plus vastes et terribles.

En 83, une guerre civile éclata à Rome entre les *populares*, partisans de réformes en faveur des citoyens démunis, et leurs opposants, les *optimates*. Ceux-ci, avec Lucius Cornelius Sylla, avaient pris l'avantage à l'automne 82 lorsqu'une importante armée de Samnites (peuple d'Italie centrale qui soutenait les réformes sociales) entreprit d'assiéger Rome.

Sylla envoya sa cavalerie harceler le campement samnite, planté devant la porte Colline, tout au nord des remparts de la ville. Sylla et ses fantassins arrivèrent sur place au matin du 1er novembre, après une marche nocturne, et se mirent en ordre de bataille. Sylla commandait les légions de l'aile gauche, Marcus Licinius Crassus celles de l'aile droite. Leur roi Pontius Telesinus en tête, les Samnites acculèrent Sylla et ses troupes contre les murs de la ville. Crassus s'élança alors à la tête d'un détachement et contourna le flanc de l'armée samnite pour la prendre à revers. La confusion fut suffisante pour que Sylla puisse se dégager.

Pontius fut tué, et les Samnites s'enfuirent. Sylla entra alors dans Rome, exigeant du Sénat qu'il le nomme dictateur. Tandis que l'on débattait de la motion, il fit mettre à mort, dans une rue voisine, des prisonniers samnites. « Ces malfaiteurs expient tout simplement leurs crimes », expliqua-t-il alors que les hurlements des malheureux couvraient les débats. Il fut nommé dictateur. **RM**

Pertes : chiffres inconnus (on prétendit plus tard que 40 000 corps étaient inhumés devant la porte Colline)

‹ *Aquae Sextiae 102 av. J.-C.* *Défaite de Spartacus 71 av. J.-C.* ›

Guerre servile de Rome

Défaite de Spartacus 71 av. J.-C.

Si Spartacus, esclave thrace entré en rébellion contre Rome, symbolise aujourd'hui la lutte contre l'oppression, ses contemporains ne virent en lui que le meneur d'une révolte rapidement tombée dans le banditisme. *In fine,* la discipline et l'entraînement l'emportèrent sur le nombre et la ferveur.

À Capoue en 73, le gladiateur Spartacus et une poignée d'autres esclaves parvinrent à s'évader et gagnèrent les montagnes. Rapidement, 100 000 esclaves évadés, venus de toute l'Italie du Sud, les rejoignirent. À la fin de l'été 71, alors que Spartacus et sa troupe campaient à Rhegium (Reggio de Calabre), 40 000 hommes commandés par Marcus Licinius Crassus vinrent lui bloquer toutes les issues, tandis que des vaisseaux patrouillaient le long des côtes.

Spartacus tenta de négocier sa reddition. Crassus refusa. L'ancien gladiateur parvint à forcer le dispositif romain et dirigea sa troupe vers le nord-est. Mais entre les traînards qu'on abandonnait et ceux qui préféraient continuer l'aventure en solitaire, la troupe de Spartacus se désagrégeait. Crassus et ses légionnaires lui donnèrent la chasse, rejoignant son arrière-garde près de Strongoli. Sans la moindre coordination, des groupes d'esclaves entreprirent d'attaquer les Romains. Spartacus interrompit la marche et plaça ses hommes en ligne de bataille, au travers d'une vallée. Les hommes de Crassus, répartis sur trois rangs, partirent en un seul mouvement à l'assaut des rebelles. Le combat se solda au bout de quelques heures par une victoire romaine. L'essentiel des esclaves périt sur le champ de bataille, mais 6 000 prisonniers furent ultérieurement crucifiés le long de la Voie appienne, entre Rome et Capoue. Spartacus était sans doute mort les armes à la main. **RM**

Pertes : Romains, nombre insignifiant sur 40 000 ; Rebelles, 50 000 tués et prisonniers

< *Porte Colline 82 av. J.-C.* *Invasion de la Bretagne 55 av. J.-C.* >

Guerre des Gaules

La Sabis juillet 57 av. J.-C.

Jules César, gouverneur de la Gaule Transalpine, entreprit en 59 une campagne de conquêtes afin de soumettre à Rome les Celtes du nord-est de l'Europe. Mais l'attaque de ses légions par des tribus guerrières, au cœur de l'actuelle Belgique, faillit mettre un terme définitif à sa brillante carrière.

Les huit légions conduites par César lors de sa campagne contre les Belges dévastèrent, durant leur marche, les territoires de ceux-ci. Certaines de ces tribus belges, au premier chef les Nerviens et les Atrébates, refusèrent de courber l'échine. Elles préparèrent une embuscade près de la rivière Sabis, longtemps confondue avec la Sambre et depuis peu identifiée comme étant la Selle.

Avec six de ses légions, César fit installer le camp. L'édification des défenses monopolisa une bonne part des effectifs. Sur l'autre rive de la Sabis, une foule de Belges quittèrent alors le couvert des forêts, passèrent les hauts-fonds et attaquèrent les Romains, pris au dépourvu. Mais l'entraînement des légionnaires leur permit de former en hâte une ligne de défense, réagissant aux ordres des trompes, se regroupant près des étendards.

Sur la droite de la ligne romaine, deux légions supportaient une pression exceptionnelle. Cernées et repoussées par les Nerviens, elles formaient une masse si compacte que les hommes pouvaient à peine manier le glaive. César raconte avoir saisi le bouclier d'un légionnaire pour marcher en première ligne, enjoignant à ses troupes de se dégrouper, les adjurant de poursuivre le combat. Sur la gauche de la ligne romaine, le fidèle lieutenant de César, Titus Labienus, avait mis en déroute les Belges qu'il affrontait, les contraignant à repasser la Sabis. Puis il revint prendre les Nerviens à revers. Piégés, presque tous furent massacrés. **RG**

Pertes : Romains, 2 500 victimes sur 30 000 ; Belges, 5 000 à 50 000 sur 25 000 à 150 000

Invasion de la Bretagne 55 av. J.-C. >

← *L'armée romaine victorieuse de Spartacus et de ses esclaves rebelles (détail d'une gravure sur cuivre, 1630).*

Invasion de la Bretagne août-septembre 55 av. J.-C.

L'attaque de la (Grande-)Bretagne, menée par César en 55, se solda par une impasse sanglante. L'année suivante, une seconde tentative ne fut pas plus concluante : les Romains durent battre en retraite. Ils devraient patienter encore un siècle pour mener à bien leur conquête de la grande île.

Durant la guerre des Gaules, les Britanniques avaient fourni les Gaulois en hommes et en matériel. Des fugitifs avaient fui en Grande-Bretagne. César décida de se venger.

Le 23 août, il quitta Boulogne. Ses vaisseaux emportaient les 10 000 hommes des 7e et 10e légions, ainsi que des troupes auxiliaires. Le lendemain, il atteignait Douvres. Massée au sommet des falaises, une puissante armée l'attendait. César se dérouta vers une vaste plage au nord-est. Des chars de guerre et des cavaliers y étaient massés, et les Romains répugnèrent à débarquer. Mais le porte-étendard de la 10e légion se jeta dans les vagues et la troupe suivit, craignant de perdre ignominieusement son aigle. Une fois le camp bâti, César entama des pourparlers avec les chefs tribaux de l'endroit. Mais quand la marée et la tempête eurent détruit une grande partie des vaisseaux halés sur la grève, les Celtes rompirent les négociations.

Des légionnaires partis à la recherche de fourrage furent attaqués, puis les Britanniques entreprirent de prendre le camp fortifié – qui résista, au prix de lourdes pertes. Les chefs locaux promirent de rendre leurs prisonniers romains à César si celui-ci repartait pour la Gaule. Le général s'exécuta, remit ses troupes en ordre, et revint l'été suivant. Un peu moins dramatique que la première, cette opération ne fut pas pour autant un succès. La Bretagne échappait toujours à la règle romaine. **RM**

Pertes : Romains, 500 sur 12 000 ;
Britanniques, 2 000 sur 40 000

< *La Sabis 57 av. J.-C.* *Alésia 52 av. J.-C.* >

Des charpentiers de marine construisent la flotte d'invasion de César (enluminure flamande, XVe siècle).

Carrhes 53 av. J.-C.

La dynastie parthe des Arsacides avait bâti un puissant empire qui s'étendait de la Turquie orientale à l'Iran. Lors de la bataille de Carrhes, les archers parthes, montés sur leurs chevaux rapides, utilisèrent leur fameuse tactique de fuite simulée qui déstabilisa les assaillants romains.

En 53, Marcus Licinius Crassus, vétéran romain des guerres contre les Samnites et les esclaves de Spartacus, lança une invasion de l'Empire parthe dans le but de favoriser sa carrière politique. Alors que ses troupes marchaient vers la Mésopotamie, elles remarquèrent, près de la ville de Carrhes, la présence de la cavalerie parthe. Crassus disposa ses fantassins en un vaste carré impossible à déborder, abrita sa cavalerie en son milieu, et envoya ses troupes légères en mission de harcèlement.

Les Parthes, sous les ordres du prince Suréna, lancèrent 9 000 de leurs archers montés contre les troupes légères. Celles-ci rejoignirent le centre du carré des Romains. Puis ils criblèrent de flèches leur infanterie lourde, restant hors de portée de ses javelots. Crassus ordonna à son fils Publius, à la tête de 1 500 cavaliers, de disperser les archers montés. Ceux-ci feignirent de battre en retraite. Publius les poursuivit, et se retrouva face à un millier de cataphractaires, ces cavaliers cuirassés aux montures caparaçonnées, qui balayèrent les Romains.

Se croyant débarrassé des archers, Crassus fit avancer son dispositif, qui essuya à nouveau une grêle de flèches, et des assauts que les cataphractaires poursuivirent jusqu'à la nuit.

Le lendemain, Suréna proposa à Crassus de négocier une trêve, et le fit tuer durant la rencontre. Les légionnaires tentèrent de rejoindre des territoires moins hostiles, mais bien peu y parvinrent. **RM**

Pertes : Romains, 20 000 et 10 000 prisonniers sur 43 000 ; Parthes, 1 000 sur 11 000

Détail d'une illustration mettant en relief la supériorité des archers parthes.

Alésia septembre 52 av. J.-C.

Le siège d'Alésia, et les batailles qui firent rage autour de la place, passent pour le couronnement de la carrière guerrière de César. La victoire acheva la conquête de la Gaule, et rendit son artisan assez puissant pour se lancer dans les luttes intestines qui lui donneraient rang de dictateur.

En 52 avant J.-C., toute la Gaule était occupée. Néanmoins, les tribus celtes n'étaient pas matées. Amères, grondantes, avides de prendre leur revanche, elles étaient inspirées par le jeune chef arverne Vercingétorix, qui les unit pour secouer le joug romain.

César décida d'attaquer Gergovie, la capitale de Vercingétorix, mais fut repoussé. Après une fort longue campagne, le général romain parvint à acculer le chef arverne et 60 000 de ses hommes, les contraignant à se réfugier derrière les murs d'Alésia, une place forte juchée au sommet d'une colline. César, comptant sur la faim pour pousser les Gaulois à se rendre, décida d'isoler la ville de tout secours extérieur par un mur circulaire de rondins et de terre, haut de 3,50 m et long de 16 km. Les Gaulois harcelaient sans cesse les bâtisseurs. L'ouvrage et ses fortifications étaient presque achevés lorsqu'un fort détachement de cavalerie gauloise effectua une sortie, enfonça les lignes romaines et détala – forcément pour chercher une armée de secours. Afin de se protéger de ce probable péril, César doubla donc son premier mur d'un second, dont les défenses regardaient vers l'extérieur. Ce nouveau rempart, similaire au premier, était long de 22 km. En un endroit, un profond ravin et des éboulis interdisaient la continuité de sa construction. César dissimula cette faiblesse d'étanchéité en jouant sur le profil de son ouvrage. Les troupes romaines étaient bien sûr cantonnées entre ces deux murailles. Afin de réserver les vivres à ses combattants assiégés, Vercingétorix fit sortir de la ville les femmes et les enfants, comptant que les Romains les laisseraient franchir leurs lignes. Mais César s'y refusa. Les malheureux réfugiés, réduits à camper entre les deux armées, moururent lentement de faim.

« [Alésia] fut de tous ses exploits celui où il montra le plus d'audace et le plus d'habileté. »

Plutarque, parlant de César

Fin septembre, l'armée de secours gauloise arriva, conduite par l'Atrébate Commios et l'Arverne Vercassivellaunos. Le lendemain, Commios lança l'assaut sur le mur extérieur. Vercingétorix attaqua à son tour le mur intérieur. Mais les Romains repoussèrent les deux assaillants, qui renouvelèrent leur tentative la nuit suivante. Le 2 octobre, Vercassivellaunos attaqua le point faible du mur extérieur, Vercingétorix lui fit écho et César, comprenant qu'il aurait du mal à contenir l'assaut, fit venir des renforts et lança son infanterie, par-delà le mur intérieur, contre Alésia et Vercingétorix. Les lignes romaines étaient sur le point de céder. À la tête de 6 000 cavaliers, César effectua alors une sortie pour prendre à revers les forces de Vercassivellaunos, dont les Gaulois se débandèrent et fuirent, poursuivis par les Romains qui mirent leur camp à sac et les massacrèrent.

Le lendemain, Vercingétorix proposa des pourparlers à César, offrant sa reddition contre la vie de ses hommes. César accepta, mais fit conduire son rival, enchaîné, à Rome. Cinq ans plus tard, le captif serait montré à la foule en liesse lors du triomphe de César, puis étranglé. L'épopée gauloise de César, et la foi jurée de ses légionnaires, lui permirent de conquérir Rome. **RM**

Pertes : Romains, 12 800 sur 60 000 ; Gaulois, nombre de morts inconnu et 40 000 prisonniers sur 180 000

Invasion de la Bretagne 55 av. J.-C. *Dyrrachium 48 av. J.-C.*

Alésia assiégée par César, *de Melchior Feselen, artiste allemand du XVIe siècle.*

QVANTA STRA
GE VIRVM SVBLI
MIS ALEXIA CESSIT
CÆSAREIS AQVI
LIS. PICTA TABEL
LA NOTAT

Dyrrachium début juillet 48 av. J.-C.

En 49, Jules César, fier de ses récentes victoires gauloises, fit entrer son armée en Italie, franchit le Rubicon et prit Rome. Son initiative déclencha une guerre civile qui l'opposa à un autre chef militaire, le grand Pompée. Celui-ci défit César à Dyrrachium, mais ne sut pas exploiter son avantage.

César avait l'Italie à sa botte. Afin d'affronter l'armée que Pompée venait de lever en Grèce, il embarqua ses légions à bord de vaisseaux, leur fit passer l'Adriatique et marcha sur le port de Dyrrachium (aujourd'hui Durrës, en Albanie) pour s'emparer d'un important dépôt de vivres et de matériel constitué par son ennemi, ce qui lui permettrait de subvenir aux besoins de ses troupes. César entreprenait le siège de Dyrrachium quand survint Pompée, à la tête d'une force moins expérimentée que ses légionnaires, mais supérieure en nombre.

Après des semaines de combats ponctuels, durant lesquelles les légionnaires tentèrent d'ériger des fortifications pour contenir l'armée de Pompée, celui-ci leur donna l'assaut près du littoral, site tenu par la 9e légion et lui infligea de lourdes pertes. César répliqua en envoyant Marc Antoine, à la tête de 4 000 hommes. L'offensive fit reculer les troupes de Pompée, mais celui-ci engagea le gros de son infanterie, épaulée par 3 000 cavaliers, pour prendre César à revers en contournant son aile droite. César ordonna d'abord à ses soldats de tenir bon, puis, craignant de se faire déborder, fit sonner la retraite. Celle-ci tourna vite à la débandade.

Pompée, qui venait de dégager Dyrrachium et de priver César d'une source vitale d'approvisionnement, ne donna pas la chasse à celui-ci. C'était une erreur, car César put regrouper ses forces et poursuivre sa campagne. **RM**

« La victoire était aujourd'hui assurée aux ennemis, si leur chef avait su vaincre. »

Jules César, 48 av. J.-C.

César et Pompée, fresque de l'artiste italien Taddeo di Bartolo (1363-1422).

Pertes : César, moins de 1 000 sur 15 000 ;
Pompée, 2 000 sur 45 000

Alésia 52 av. J.-C.

Pharsale 48 av. J.-C.

Pharsale 9 août 48 av. J.-C.

La bataille de Pharsale fut le moment de vérité de la lutte opposant Jules César au grand Pompée. L'affrontement confirma l'importance de l'entraînement et de la discipline dans le combat au corps-à-corps : les légionnaires aguerris de César l'emportèrent sur un ennemi supérieur en nombre.

Faute d'avoir pris Dyrrachium, César et ses troupes passèrent en Thessalie à la recherche d'approvisionnements. Comptant affamer son ennemi, Pompée les suivit, mais les chefs politiques dont il dépendait lui ordonnèrent d'attaquer, afin d'achever la campagne au plus vite.

Pompée disposa son infanterie, aussi nombreuse qu'inexpérimentée, en formation dense, ce qui lui donnerait de meilleures chances au combat. Son flanc droit touchant le fleuve Enipeus, il disposa sa cavalerie à gauche. Il comptait engager César en son centre, car la petite cavalerie de ce dernier ne résisterait pas aux 7 000 hommes de la sienne, qui prendraient ensuite à revers l'infanterie ennemie. César eut vent de ces plans et disposa sa solide 10e légion à droite, la position la plus dure à tenir. Les 5 000 hommes de son infanterie légère resteraient à couvert, derrière la cavalerie.

La bataille s'ouvrit par le choc, au centre, des formations d'infanterie. La cavalerie de Pompée attaqua celle de César, qui se replia soudain. Ceci permit à l'infanterie légère de César d'arroser de ses javelots et de ses projectiles de fronde la cavalerie de Pompée. Surprise, celle-ci recula, et la 10e légion put engager le flanc gauche de l'infanterie de Pompée. Lorsque César lança les forces qu'il gardait en réserve, le centre de Pompée s'effondra. La bataille et la guerre étaient gagnées. Réfugié en Égypte, Pompée fut assassiné sur ordre du pharaon Ptolémée XIII. **RM**

Pertes : César, 1 200 sur 28 000 ;
Pompée, 6 000 sur 45 000

< *Dyrrachium 48 av. J.-C.*

Thapsus 46 av. J.-C. >

« Ce fut la fin de la République romaine et le début de l'autocratie de César. »

Jules César

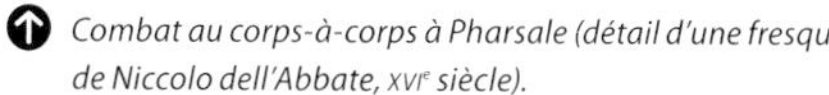

Combat au corps-à-corps à Pharsale (détail d'une fresque de Niccolo dell'Abbate, XVIe siècle).

Thapsus 6 avril 46 av. J.-C.

Après Pharsale, Jules César devait s'assurer le contrôle des riches provinces d'Afrique du Nord. La bataille de Thapsus lui permit de remplir cet objectif, et lui assura le statut de vainqueur de la guerre civile. Thapsus est également notable par le nombre d'éléphants qui y furent engagés.

Lorsque César envahit l'actuelle Tunisie et assiégea la ville de Thapsus, le Romain Metellus Scipion et son allié, le roi numide Juba, se portèrent au secours de la ville. Scipion disposa son infanterie au centre, et sa cavalerie sur le flanc droit. Juba plaça son infanterie légère à la gauche de Scipion, et sa cavalerie encore à gauche. Les éléphants occupaient les ailes. César, dont les forces était moins nombreuses, dut éclaircir les rangs de son infanterie lourde. Il plaça ses rares cavaliers, ses archers et son infanterie légère sur ses flancs.

La bataille s'ouvrit lorsque les archers de César criblèrent de flèches les éléphants de guerre, en visant les yeux. Sur le flanc gauche, les pachydermes s'enfuirent, désorganisant la cavalerie de Scipion. Mais sur la droite de César, la charge des éléphants infligea de lourdes pertes à la 5e légion. Les fantassins s'avancèrent alors, prêts au corps-à-corps. À la gauche de Scipion, Juba retint sa cavalerie. Mais à droite, la cavalerie de Scipion était mise à mal par celle de César. Et lorsque celle-ci revint menacer les arrières de l'infanterie ennemie, Juba et ses hommes s'éclipsèrent, laissant leur allié se débrouiller seul.

Environ 10 000 fantassins de Scipion rejoignirent leur campement et offrirent de se rendre. César refusa et les fit mettre à mort. La guerre civile n'était pas achevée, mais les ennemis de César n'avaient plus aucune chance de succès. **RM**

Pertes : César, 1 000 sur 40 000 ;
Scipion et Juba, 30 000 morts et 45 000 prisonniers

[<] *Pharsale 48 av. J.-C.* *Philippes 42 av. J.-C.* [>]

Guerre civile romaine

Philippes 3 et 23 octobre 42 av. J.-C.

Cet affrontement décisif fit suite à l'assassinat de César en 44, et marqua l'annihilation ultime de tous les tenants d'une constitution romaine traditionnelle, placée sous les auspices de la république. La bataille, sanglante et brutale, ne brilla guère par la qualité de son commandement.

Marc Antoine, Octave et Lépide avaient formé un triumvirat et pris le contrôle de Rome et de ses provinces occidentales. Restés loyaux au souvenir de César, ils combattaient ses assassins : Marcus Brutus et Caius Cassius. Ceux-ci avaient rejoint d'autres opposants à César, les *optimates*, pour gagner à leur cause les provinces orientales de l'Empire.

Fin septembre, Antoine et Octave localisèrent les forces ennemies, emmenées par Brutus et Cassius : elles étaient retranchées entre un marais et des falaises, tous infranchissables, près de la ville grecque de Philippes. Le 3 octobre, Octave et Antoine lancèrent un assaut frontal. Les troupes du premier durent refluer en désordre, et Brutus prit leur camp. Antoine enfonça les défenses de Cassius, mais ne poussa pas l'avantage pour porter secours à Octave. Cassius, persuadé que son armée était défaite, se donna la mort. Brutus prit le commandement de ses troupes et le combat connut une fin indécise. Antoine entreprit alors de construire une voie fortifiée au travers des marais pour déborder les défenses de Brutus.

Antoine passa à l'action le 23 octobre. Prise dans un espace confiné, entre falaises et marais, la cavalerie voyait son rôle bien limité ; l'infanterie fournit le gros de l'effort. Puis l'armée de Brutus se débanda. Son chef parvint à en rassembler un tiers, mais la cavalerie d'Antoine l'encercla. Brutus se suicida, et ses hommes se rendirent. **RM**

Pertes : Triumvirat, chiffres inconnus sur 100 000 ; Brutus et Cassius, chiffres inconnus (mais tous les survivants se rendirent et l'armée de 100 000 hommes fut dispersée)

[<] *Thapsus 46 av. J.-C.* *Nauloque 36 av. J.-C.* [>]

Nauloque 3 septembre 36 av. J.-C.

Après l'assassinat de Jules César, Sextus Pompeius (fils de son rival assassiné, Pompée) s'empara de la Sicile. La bataille navale de Nauloque signa sa défaite. Désormais, Octave et Marc Antoine se partageaient la totalité de l'Empire romain.

En 36, Octave lança une invasion de la Sicile, avec l'appui d'une flotte conduite par Marcus Vipsanius Agrippa. Sextus, maître de l'île, savait que sa seule chance de l'emporter était d'établir sa suprématie maritime. Ses équipages étaient aguerris. Mais Agrippa bénéficiait d'une invention nouvelle, le harpax : un grappin projeté par catapulte qui s'agrippait au navire ennemi et permettait à celui de l'assaillant de l'aborder.

Les deux flottes se rencontrèrent au large de la Sicile. Agrippa avait disposé ses unités sur deux rangs. Sextus avait adopté la même formation. La bataille commença lorsque l'aile droite d'Agrippa feignit de reculer, comme pour éviter d'être éperonnée. Lorsque les vaisseaux de Sextus se trouvèrent à bonne distance, Agrippa fit lancer le harpax, prenant au piège les trières ennemies : l'aile gauche de Sextus, immobilisée, fut contrainte à un combat d'abordage qu'elle ne pouvait remporter. Dans le même temps, Agrippa déploya ses unités pour déborder l'aile droite de Sextus, en rabattant les vaisseaux vers ceux de son aile gauche, déjà coincée près du rivage. La confusion fut telle que la flotte de Sextus perdit toute cohérence. Ne restait à Agrippa qu'à donner le coup de grâce, avec les pierres de ses catapultes et les traits de ses archers qui arrosaient le pont des navires ennemis. Sextus s'enfuit avec 17 vaisseaux, mais fut plus tard exécuté après sa reddition. **RM**

Pertes : Sextus Pompeius, 28 vaisseaux coulés et 105 capturés sur 150 ; Marcus Agrippa, 3 vaisseaux coulés sur 175

Philippes 42 av. J.-C.

Actium 31 av. J.-C.

« C'était un homme d'un courage éminent, insensible aux fatigues, aux veilles ou aux dangers. »

Velleius Paterculus, à propos de Marcus Agrippa

Buste de Marcus Vipsanius Agrippa (copie d'un marbre du Ier siècle av. J.-C.).

Actium 2 septembre 31 av. J.-C.

La victoire d'Octave, fils adoptif de César, à Actium le rendit maître de tout le monde romain. Sa position lui permit de promouvoir des réformes qui achevèrent la république et instaurèrent l'empire. Actium mit fin à l'indépendance de l'Égypte et fut cause de la mort de sa reine, Cléopâtre VII.

Peu après Nauloque, Marc Antoine et Octave s'affrontèrent, chacun voulant dominer Rome sans partage. En outre, Marc Antoine avait divorcé de la sœur d'Octave pour convoler avec Cléopâtre, reine d'Égypte. À la fin de l'an 32 avant J.-C., les forces de Marc Antoine étaient concentrées autour du golfe Ambracique, au sud de Corfou. Il prévoyait sans doute d'inciter Octave à envahir la Grèce, puis de détruire sa flotte et de couper ses lignes d'approvisionnement avec l'Italie et l'Occident. Antoine alignait 500 vaisseaux, deux fois plus qu'Octave. Au printemps, Octave passa en Grèce avec environ 80 000 hommes, qui se mirent en marche pour occuper le nord du golfe Ambracique. Au même moment, une virulente épidémie de malaria s'abattit sur l'armée de Marc Antoine. Ses troupes terrestres n'étaient plus en état de combattre, et seule la moitié de ses équipages demeurait opérationnelle. Ce n'était plus Octave qui était isolé, mais Marc Antoine : à la merci de la flotte de son adversaire, que commandait Marcus Agrippa, ses troupes risquaient de mourir de faim. Marc Antoine décida de quitter la Grèce. Le gros de ses troupes se replia en Macédoine, tandis que d'autres unités allaient occuper, en Grèce et en Asie Mineure, les villes d'importance stratégique. Antoine voulut alors forcer le blocus naval que lui imposait Octave. Il disposa les vestiges de sa flotte en trois escadres et prit la tête de celle qui formait son flanc droit, au nord. Les vaisseaux égyptiens de Cléopâtre restaient en réserve.

Marc Antoine et Cléopâtre au cœur de la bataille d'Actium, par le peintre autrichien Johann Platzer (XVIIIe siècle, détail).

Agrippa choisit la même disposition et prit le commandement du flanc gauche, face à Antoine.

La bataille s'ouvrit au nord, entre les vaisseaux des deux chefs. Peu après midi, une brise de nord-est se leva. Sur le navire amiral de Cléopâtre, on hissa le pavillon de la retraite, et la flotte égyptienne s'écarta vers le sud-ouest. L'escadre sud de Marc Antoine l'imita, les équipages jetant par-dessus bord les catapultes et autres matériels guerriers, pour s'alléger et faciliter leur fuite. L'escadre centrale de Marc Antoine suivit le mouvement, mais les officiers d'Agrippa avaient compris l'opération et s'étaient lancés à la poursuite des fuyards. Antoine manœuvra pour interposer ses vaisseaux entre ceux d'Agrippa et ceux de Cléopâtre. Le combat continua jusqu'à la nuit. Marc Antoine quitta alors son vaisseau pour un bâtiment plus petit et plus rapide, afin de rejoindre les forces égyptiennes.

Octave prétendit ensuite que Cléopâtre avait paniqué et qu'Antoine avait voulu retrouver sa sensuelle épouse. Mais Marc Antoine avait sans doute planifié cette manœuvre, visant à conserver le maximum de ses vaisseaux et à sauver son trésor, embarqué sur les galères de Cléopâtre. Pour Antoine, l'issue fut de toute façon dramatique. Ses alliés orientaux l'abandonnèrent et firent la paix avec Octave. Les villes qu'il croyait tenir se rendirent à son adversaire. En août 30, Marc Antoine comprit son écrasante défaite et se donna la mort. Cléopâtre l'imita quelques jours plus tard, et Rome engloutit l'Égypte. **RM**

Pertes : Octave, chiffres inconnus sur 250 vaisseaux engagés ; Marc Antoine, plus de 100 vaisseaux coulés ou capturés sur 250 engagés

Nauloque 36 av. J.-C.

M CAELIVS
M L
PRIVATVS
M CAELIVS
M L
THIAMINVS
M CAELIO T F LEM BON
O LEG XIIX ANN LIII S
CIDIT BELLO VARIANO OSSA
NFERRE LICEBIT P CAELIVS T F
LEM FRATER FECIT

Guerres germano-romaines

Teutoburg automne 9 apr. J.-C.

Le massacre intégral de trois légions romaines, avec leur cavalerie et leurs unités auxiliaires, par des tribus germaines eut une conséquence : les territoires à l'est du Rhin ne furent jamais incorporés à l'Empire. C'est de là qu'allaient partir, quatre siècles plus tard, les fatales invasions barbares.

Depuis peu, Rome occupait de vastes zones à l'est du Rhin. Arminius, un chef de la tribu des Chérusques qui avait reçu le titre de citoyen romain et combattait comme auxiliaire au côté des légions, avertit Varus, le commandant militaire du secteur, d'un soulèvement de faible importance.

En fait, Arminius avait conclu une alliance avec les principales tribus germaines, et tendait un piège à Varus. Celui-ci quitta sa base, près de Minden, vers le nord-ouest. Lorsque la colonne pénétra dans la forêt de Teutoburg, près d'Onasbruck, Arminius s'éclipsa et rejoignit ses troupes. Au milieu du massif forestier, les Romains – qui ne se trouvaient pas en formation de combat – furent attaqués soudain par un grand nombre de Germains. La moitié des soldats survécut. Le lendemain, la troupe marcha au sud. Près de l'actuelle Kalkriese, les soldats découvrirent que la voie était bloquée par une barricade de terre et de troncs d'arbre, gardée par de nombreux Germains. L'assaut des Romains fut repoussé. Leur cavalerie s'enfuit, mais fut décimée au cours des jours suivants.

Un groupe de légionnaires se rendit. Ceux qu'on ne sacrifia pas aux dieux furent réduits en esclavage. D'autres rejoignirent la garnison romaine d'Aliso, sous le commandement de Lucius Caedicius. La place tint bon jusqu'à la mauvaise saison, moment où les Germains regagnèrent leurs quartiers d'hiver. Les survivants purent rejoindre leur patrie, emportant avec eux le récit du désastre. **RM**

Pertes : Romains, env. 35 000 tués ou réduits en esclavage sur 36 000 ; Germains, chiffres inconnus mais minimes

Argentoratum 357 ▷

Révolte des Lülin

Kunyang juillet 23

La lignée des Han régnait depuis deux siècles sur la Chine quand, en l'an 9, l'usurpateur Wang Mang annonça la création de la dynastie Xin. Mais Wang s'aliéna vite nombre de ses sujets, et son humiliante défaite à la bataille de Kunyang favorisa le retour sur le trône d'un empereur Han.

En l'an 23, divers rejetons de la dynastie des Han prétendaient au trône du céleste empire. L'un d'eux était Liu Xiu, chef des rebelles qui avaient pris le château-fort de Kunyang, dans le Henan. Wang Mang dépêcha une formidable armée de 430 000 hommes, sous le commandement des généraux Wang Yi et Wang Xun, pour reprendre la place. À l'approche des troupes, Liu Xiu s'éclipsa du château et, tandis que les deux Wang entamaient leur siège, il leva une armée et prépara sa contre-attaque.

Cependant le siège traînait en longueur, et le moral des troupes s'effritait : les occupants du château se défendaient vaillamment. Lorsque Liu Xiu revint avec des troupes fraîches, celles-ci étaient trop peu nombreuses pour défier avec succès les forces des deux Wang. Mais la balance du moral penchait indubitablement en faveur des rebelles. Ayant perçu l'incertitude de leurs soldats, les deux généraux dépêchés par l'empereur décidèrent de reprendre la main en menant personnellement, à la tête de 10 000 de leurs meilleurs hommes, un assaut contre la forteresse de Liu Xiu.

Erreur fatale ! Les assaillants furent décimés et Wang Xun perdit la vie. L'armée ne leva pas le petit doigt pour leur venir en aide. Pis : menacés par une audacieuse sortie des rebelles, les soldats de l'empereur jetèrent leurs armes et s'enfuirent. Peu après, Wang Mang fut tué dans son palais, et sa tête exposée sur une place. En l'an 25, Liu Xiu devint empereur sous le nom de Guangwu. **RG**

Pertes : pas de données fiables

◁ *Campagne de Mobei 119 av. J.-C.*

Falaise rouge 208 ▷

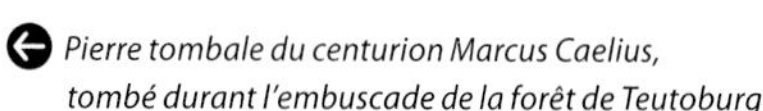

Pierre tombale du centurion Marcus Caelius, tombé durant l'embuscade de la forêt de Teutoburg.

Medway 43

Il s'agit du premier affrontement majeur de l'invasion de la Bretagne par les Romains, orchestrée par l'empereur Claude, sur lequel nous possédons des documents. Livré aux abords du fleuve Medway, là où s'élèverait la ville de Rochester, dans le Kent, le combat fit rage deux jours durant.

Deux frères commandaient les Britanniques : Togodumnus, roi des Catuvellauni, et Caratacus, un chef de la même tribu. La force romaine d'invasion, sous les ordres d'Aulus Plautius, se composait de quatre légions, soit environ 20 000 hommes. Apprenant que les Romains venaient de débarquer à Richborough, les Britanniques s'unirent sous la bannière des deux frères et, après deux escarmouches indécises dans l'est du Kent, rencontrèrent leurs adversaires aux abords du fleuve Medway.

L'historien romain Cassius Dio décrit comment un détachement de Celtes, auxiliaires des envahisseurs, fit souffler la panique dans le campement britannique en traversant le fleuve à la nage pour égorger les chevaux de leurs chars. Le futur empereur Vespasien franchit à son tour le Medway, à la tête d'une troupe importante, mais ne parvint pas à remporter la victoire. La bataille fit rage tout le jour. Le lendemain, les Romains lancèrent un assaut audacieux durant lequel le commandant Gnaeus Hosidius Geta faillit perdre la vie. Mais ses troupes parvinrent à prendre le dessus sur les Britanniques, qui pour la plupart prirent la fuite. Que la bataille ait duré deux jours montre bien l'importance de son enjeu. Mais malgré cette victoire romaine, les Britanniques n'étaient pas battus. Ils se replièrent aux abords de la Tamise. Là, Togodumnus fut vaincu, et mourut peu après. Caratacus poursuivit la lutte jusqu'à sa défaite à Caer Caradoc, en 50. **TB**

Pertes : pas de données fiables

Watling Street 61 ›

Watling Street 61

Cette bataille finale de la rébellion menée par la reine Boadicée contre l'ordre romain en terre britannique vit la déroute d'une vaste force indigène face à des légionnaires bien moins nombreux. Le sud de l'Angleterre était désormais aux mains de l'envahisseur, et le resterait jusqu'en 410.

Lorsque mourut Prasitagus, roi des Iceni, son royaume fut divisé, selon sa volonté, entre ses filles et l'empereur Néron. Mais les Romains firent fi du testament, flagellèrent son épouse Boadicée (ou Boudicca), et la violèrent ainsi que ses filles. Tandis que le gouverneur Suetonius menait campagne sur l'île d'Anglesey, Boadicée souleva les Iceni. Elle attaqua Camulodunum (Colchester), où ses troupes firent des victimes par milliers et incendièrent le temple de Claude, brûlant vifs ceux qui s'y étaient réfugiés. Elle fondit ensuite sur Londres, réduisant la ville en cendres et exterminant tous les habitants qui n'avaient pu s'enfuir. Pour affronter la reine, Suetonius rassembla une armée de 10 000 hommes.

Les troupes de Boadicée et celles, peu nombreuses mais bien entraînées, de Suetonius se rencontrèrent près de Wroxeter, dans le Shropshire, sur la voie romaine nommée Watling Street. Suetonius avait choisi soigneusement son terrain : une gorge étroite qui garderait ses flancs et une forêt qui protégerait ses arrières. Boadicée fut contrainte de lancer une charge, et le manque d'espace contraignit ses troupes à avancer en rangs serrés, si bien qu'une pluie de javelots les décima aisément. Alors Suetonius fit avancer ses hommes. Face à la discipline, aux armes et à l'équipement romains, le nombre n'était rien. Les Britanniques battirent en retraite, mais le cercle des chariots abritant leurs familles gêna ce mouvement, et ils furent massacrés. **TS**

Pertes : selon des sources romaines : Britanniques, 80 000 hommes, femmes et enfants ; Romains, 400

‹ *Medway 43* *Mont Graupius 84* ›

Jérusalem 70

La chute de Jérusalem fut un épisode clé de la première guerre judéo-romaine. Elle eut pour conséquence la destruction du temple de Salomon et des quartiers environnants de la ville, qu'embrasa un incendie déclenché par les soldats romains, sous le commandement du futur empereur Titus.

La « grande révolte », la guerre de 66 à 73, fut la première de trois tentatives visant à secouer le joug romain en Judée. Elle faisait suite à des tensions religieuses, et se mua vite en manifestations contre l'impôt, accompagnées d'attaques physiques de citoyens romains. L'empereur Néron dépêcha alors le général Vespasien, à la tête de 60 000 hommes, avec mission de rétablir l'ordre.

En dépit de la science militaire romaine, Jérusalem s'avéra difficile à prendre. Titus, le fils de Vespasien, entoura la ville d'un rempart et d'un fossé. Quiconque tentait de le franchir pour s'échapper était crucifié. Titus mit ensuite la pression sur les vivres et l'eau : il permit aux pèlerins venus célébrer la Pâque de pénétrer dans la ville – mais en leur refusant toute possibilité de sortie, accroissant ainsi le nombre de bouches à nourrir et à désaltérer.

Après s'être acharnés à prendre la ville d'assaut, les Romains parvinrent à ouvrir une brèche dans ses formidables défenses à l'aide de béliers. Ils durent ensuite affronter des habitants décidés, et se battre rue par rue, maison par maison. Nombre de rebelles zélotes cherchèrent refuge dans l'enceinte du Temple de Salomon et dans la forteresse Antonia. Les Romains prirent enfin celle-ci. Le Temple fut détruit par un incendie malgré, dit-on, les consignes de Titus. La destruction de ce sanctuaire est encore, chez les juifs religieux, l'objet de lamentations lors de la fête de Tisha Beav. À Rome, l'Arc de Titus commémore la chute de Jérusalem. **TB**

Pertes : selon Flavius Josèphe : Juifs, 1,1 million de morts et 97 000 réduits en esclavage ; Romains, chiffres inconnus

Massada 73 >

« Enfants, vieillards, païens et prêtres furent massacrés sans distinction. »

Flavius Josèphe, Guerre des Juifs

Soldats et citoyens de Jérusalem tentant de résister au premier assaut romain (enluminure du XIVe siècle).

Guerres judéo-romaines

Massada 73

Après la prise de Jérusalem, l'empereur Titus reçut à Rome un accueil triomphal, tandis que ses hommes restauraient l'ordre en Judée, éliminant les ultimes résistances et s'emparant des places que les rebelles tenaient encore. La dernière et la plus longue de ces opérations fut le siège de Massada.

Rares furent les rebelles zélotes qui réchappèrent de la prise de Jérusalem, en 70. Certains de ces survivants gagnèrent Massada, une forteresse juchée sur une montagne, et d'apparence imprenable.

Les Romains, sous les ordres de Lucius Silva, commencèrent le siège de Massada, cernant la montagne d'une fortification. Mais les assiégés disposaient d'abondantes réserves d'eau et de nourriture, et l'opération risquait de durer. Aussi les Romains dressèrent-ils, sous la pluie de projectiles des assiégés, une rampe de terre contre le rempart occidental de la forteresse. Longue de 600 m, elle culminait à 60 m. Les Romains y hissèrent une tour de siège, dont le bélier pratiqua rapidement une brèche dans la muraille. Mais lorsque les Romains entrèrent dans la place, ils découvrirent que ses 960 occupants s'étaient donné la mort, préférant le suicide à l'esclavage ou à l'exécution.

L'historien juif Flavius Josèphe affirme avoir recueilli un témoignage de première main, celui de deux femmes qui avaient pu survivre en se cachant dans une citerne. Selon ces deux rescapées, puisque le suicide était contraire aux préceptes religieux des Juifs, les zélotes avaient tiré au sort ceux à qui il reviendrait de tuer leurs compagnons – seul le dernier homme était mort de sa propre main. Massada fut le dernier épisode des guerres judéo-romaines. Les Juifs qui ne furent pas vendus comme esclaves s'éparpillèrent dans le bassin méditerranéen. **TB**

Pertes : Juifs, 1 000 ; Romains, chiffres inconnus

< *Jérusalem 70*

Conquête de la Bretagne

Mont Graupius 84

Au-delà de la frontière septentrionale de Britannia, la province anglaise de Rome, vivaient les tribus calédoniennes. En 84, Gnaeus Julius Agricola, gouverneur de Britannia et homme de guerre confirmé, conduisit une armée au nord, vers l'actuelle Écosse, afin de soumettre ces tribus.

Le site exact de la bataille du mont Graupius fait toujours l'objet de débats. On doit son nom à Tacite, historien renommé qui était également le gendre d'Agricola. Le combat aurait eu pour cadre Kempstone Hill ou Megray Hill, dans le Kincardineshire.

Selon Tacite, 20 000 Romains y affrontèrent 30 000 Calédoniens, commandés par un certain Calgacus. Ces derniers tenaient le sommet du mont. Gardant en réserve ses légionnaires, Agricola fit supporter le premier choc du combat par des auxiliaires bataves et tongres, formidables manieurs de glaive qui gravirent peu à peu la colline. Les Calédoniens tentèrent de les encercler, mais furent eux-mêmes débordés par la cavalerie auxiliaire romaine. Environ 10 000 Calédoniens furent mis à mort sans pitié. Poursuivis, les fuyards gagnèrent les forêts voisines et parvinrent à s'échapper. Les Romains pouvaient revendiquer le contrôle total de la grande île… mais la partie septentrionale de l'Écosse échappait à leur empire.

Cette bataille est surtout connue par la harangue contre les Romains que Tacite prête à Calgacus : « Dérober, massacrer, voler, cela s'appelle dans le mensonge de leur vocabulaire "autorité", et "paix" là où ils créent un désert… » Mais il est douteux que ces mots aient été prononcés. Sans doute Tacite essayait-il de faire passer un message à ses concitoyens, lui qui souffrait de la décadence et de l'insensibilité croissantes de sa patrie. **TB**

Pertes : selon Tacite : Calédoniens, 10 000 ; Romains, 360

< *Watling Street 61*

Sarmizegetusa 106

Le siège de Sarmizegetusa fut l'épilogue du conflit opposant Rome et l'empereur Trajan au royaume des Daces, gouvernés par le roi Décébale. L'opération militaire répondait aux tentatives incessantes de Décébale de se soustraire aux obligations que lui imposaient les traités signés avec Rome.

Les guerres daciques furent une clé de l'expansion romaine vers l'est de l'Europe. Vingt ans avant Trajan, Domitien avait remporté plusieurs victoires sur le roi Décébale, mais ce fut Trajan qui paracheva la conquête.

Décébale respectait si peu les traités passés avec ses vainqueurs que ceux-ci reprirent les armes en 101. La nouvelle victoire romaine réduisit la Dacie au rang de royaume client, repoussant d'autant les limites de l'Empire au nord et à l'est du Danube. Mais Décébale continua à résister : en 105, il attaqua des garnisons romaines et envahit les Iaziges, alliés de son ennemi. La campagne de Trajan que déclencha son initiative est célébrée sur la colonne Trajane, à Rome. Ses bas-reliefs dépeignent la construction d'un pont sur le Danube, le siège de Sarmizegetusa et le suicide de Décébale. La colonne montre également le bombardement de la capitale dace par des machines de guerre romaines, le repli d'une force d'assaut romaine repoussée par les assiégés, et la reddition finale des Daces, contraints de cesser le combat après que les assiégeants leur eurent coupé l'approvisionnement en eau.

Décébale parvint à s'échapper. Mais, plutôt que d'être exhibé dans les rues de Rome avant sa probable exécution si jamais ses ennemis le capturaient, il préféra se donner la mort. Les Romains rasèrent Sarmizegetusa et bâtirent une nouvelle ville à une quarantaine de kilomètres. Celle-ci fut plus tard détruite par les Goths. **TB**

Pertes : chiffres inconnus

« [Décébale] entendait parfaitement la stratégie et était un habile chef de guerre. »

Dio Cassius, historien romain

Ces bas-reliefs de la colonne Trajane montrent la destruction par le feu de Sarmizegetusa et l'avancée des troupes romaines.

Falaise rouge 208

Cao Cao, Premier ministre d'un souverain Han, avait voulut mater une rébellion au sud de l'Empire afin de préserver l'unité chinoise. Sa défaite lors d'une bataille fluviale, livrée sur le Yangtze près de la Falaise rouge, amorça une période de sécession, dite des Trois Royaumes.

La puissante expédition militaire de Cao Cao visait à mater deux seigneurs de guerre, Liu Bei et Sun Quan. Mais il lui fallait d'abord prendre le contrôle du Yangtze, or son armée n'avait pas l'expérience du combat naval. Cao Cao parvint à s'emparer d'une flotte, y embarqua ses hommes et fit voile vers son but. Inférieurs en nombre, Liu Bei et Sun Quan décidèrent de se battre, espérant que leur science du combat naval leur donnerait l'avantage.

Très vite, les ennuis commencèrent pour Cao Cao. Ses hommes, dans ce climat méridional différent du leur, tombèrent malades par milliers. Ils se battirent mal lors des premières escarmouches, gênés par le tangage et le roulis.

Afin de stabiliser ses bateaux, Cao Cao les fit amarrer les uns aux autres. Zhou Yu, commandant les forces conjointes des deux seigneurs de guerre, profita de la situation : il chargea de lourds vaisseaux de matières incendiaires et les lança contre la flotte immobilisée de Cao Cao. Les marins de Zhou Yu enflammèrent leurs cargaisons et s'enfuirent en barque. La majeure partie des bateaux liés les uns aux autres fut détruite, et les pertes en hommes et en chevaux furent terribles.

Ce désastre, ajouté aux maladies, contraignit Cao Cao à faire hâtivement retraite vers le nord. La Chine fut divisée en trois royaumes, gouvernés chacun par un chef ayant pris part à cette bataille. **RG**

Pertes : chiffres inconnus

Kunyang 23

Plaine de Wuzhang 234

Guerres des Trois Royaumes

Plaine de Wuzhang 234

Le plus grand général de l'ère des Trois Royaumes (220-280) fut Zhuge Liang, du royaume de Shu. Sa mort à la bataille de la plaine de Wuzhang et la déroute de son armée firent le jeu de ses ennemis du royaume de Wei – qui avaient remporté la victoire en refusant de se soumettre au code d'honneur guerrier.

À partir de 228, Zhuge Liang lança plusieurs expéditions vers le nord, contre le royaume de Wei, afin de réunifier l'Empire chinois. Il dut affronter de grandes difficultés, traverser des zones montagneuses et d'autres, arides, où l'approvisionnement était rare. Il prépara durant trois ans sa cinquième expédition de 234, mais Sima Yi, qui commandait l'armée du Wei, avait lui aussi très bien organisé ses forces. Il bénéficiait de vivres importants, qui lui permettraient de résister longtemps sur le terrain.

Tandis que Zhuge Liang marchait vers le nord, Sima Yi disposa son armée sur une position imprenable, au long de la rivière Wei. Les deux forces restèrent face à face durant les mois d'été. Malgré les provocations de Zhuge Liang, qui raillait sa lâcheté, Sima Yi respecta les ordres de son souverain et ne quitta pas l'abri de ses fortifications, et cette inaction forcée mina le moral de l'armée de l'assaillant, qui plus est décimée par les maladies et les conditions de vie. L'une des victimes fut Zhuge Liang, qui mourut dans son camp. Son décès porta le coup de grâce à ses hommes. Ils battirent en retraite, emportant la dépouille de leur chef bien-aimé. Sima Yi hésita à les poursuivre, doutant de la mort de son adversaire et soupçonnant une ruse destinée à lui faire quitter son camp fortifié. Mais l'armée du Shu était bel et bien vaincue, et des combats éclatèrent en son sein sur le chemin de ce peu glorieux retour. **RG**

Pertes : chiffres inconnus

Falaise rouge 208

Rivière Fei 383

Guerres perso-romaines

Édesse 260

En Occident, les guerres des Grecs et des Perses sont devenues mythiques : elles confirment la supériorité de l'Europe sur l'Asie. Moins célébrées sont les victoires remportées plus tard par l'Empire sassanide sur Rome, dont la défaite des légions de Valérien à Édesse fut le point culminant.

« Une grande bataille a été livrée entre Carrhes et Édesse, opposant nos forces à celles de César Valérien » ; dit une inscription sur un bas-relief de Naqsh-e Rostam, en Iran. « Nous l'avons capturé de nos propres mains. » Une fanfaronnade, certes, mais pas si loin de la réalité.

Vers 240, l'empereur sassanide Shapur Ier avait envahi les territoires romains de Syrie et de Mésopotamie, mais les légions l'avaient vaincu à Rhesaina en 243. Que les Romains aient tenté ensuite de négocier la paix tenait à des enjeux politiques : l'empereur Philippe l'Arabe, qui venait de s'emparer du trône de Rome en assassinant Gordien III, voulait réduire les pressions extérieures pour assurer sa place.

Mais Shapur, à l'est de l'Empire romain, s'emparait de nombreux territoires. Couronné empereur en 253, Valérien résolut de les reprendre. Selon l'inscription de Naqsh-e Rostam, son armée comptait 70 000 hommes. Il semble qu'au début elle ait pris l'avantage. Mais quand les légionnaires atteignirent Édesse (au sud-est de l'actuelle Turquie), ils commençaient déjà à faiblir. Néanmoins Valérien décida de prendre la ville et de s'y établir. Shapur en entama aussitôt le siège. Une épidémie de peste éroda sérieusement le potentiel militaire des Romains, au point que Valérien décida de se rendre en délégation au camp de Shapur, afin de négocier un accord. Il fut aussitôt fait prisonnier avec ses compagnons, et conduit en Perse où il mourut en captivité. **MK**

Pertes : Romains, plus de 60 000 ; Perses, pertes minimes

Ctésiphon 363 >

Guerre de Rome contre Palmyre

Immae et Émèse 272

L'une des plus hardies rébellions jamais menées contre Rome fut le fait de Zénobie, reine de Palmyre (actuelle Syrie). Mais sa révolte fut écrasée à Immae, où la discipline des légions prévalut. Et le combat d'arrière-garde des Palmyréniens à Émèse ne fut qu'un geste de bravoure désespérée.

Son statut de vassal des Romains ne gênait pas le roi Odénat de Palmyre : ses maîtres le laissaient gouverner son oasis du désert syrien. Mais son épouse Zénobie n'était pas du même bois. Accédant au trône à la mort de son mari, en 267, elle proclama l'indépendance de Palmyre. Aux prises avec des difficultés innombrables, de l'Espagne à la mer Noire, Rome ne put l'empêcher d'étendre rapidement son royaume, qui s'étira bientôt de l'Asie Mineure à l'Égypte. Mais en 271, l'empereur Aurélien avait entrepris de restaurer l'ordre romain. Il reprit les Balkans et, passant en Asie Mineure puis en Syrie, rencontra les forces palmyréniennes à Immae, près d'Antioche.

Comme les autres peuples moyen-orientaux de l'époque, les Palmyréniens comptaient sur la puissance de leurs *clibanarii*, des cavaliers cataphractaires lourdement cuirassés et armés de lances. Ils pensaient balayer sans rémission la cavalerie légère d'Aurélien, et enfoncer son infanterie. Mais les cavaliers romains, tournoyant autour de leurs adversaires fatigués par la chaleur du désert, finirent par les user. Contraints à la fuite, ils rallièrent Émèse, espérant un sort plus favorable.

Et de fait, ils défirent la cavalerie romaine. Mais les auxiliaires palestiniens des légionnaires, armés de gourdins, arrivèrent alors au galop, et la cote de maille des *clibanarii* ne leur fut d'aucun secours. Ils s'enfuirent. Zénobie fut conduite à Rome et exhibée durant le triomphe d'Aurélien. **MK**

Pertes : chiffres inconnus

Pont Milvius 312 >

Pont Milvius 28 octobre 312

La bataille livrée devant le pont Milvius, près de Rome, fut le moment clé de la guerre civile qui fit de Constantin le maître unique d'un empire dont le christianisme deviendrait la religion officielle. La conversion de Constantin fut peut-être encouragée par une vision lui annonçant la victoire.

Au début du IVe siècle, l'Empire romain s'effondrait sur lui-même. La guerre civile et les luttes de factions étaient endémiques. En 306, Constantin fut déclaré empereur à York. Mais à Rome, Maxence revendiquait lui aussi le trône. En 312, Constantin marcha sur Rome, prêt à affronter son rival, dont l'armée l'attendait près du Tibre, devant le pont Milvius, ouvrage stratégique rendu partiellement inutilisable pour freiner les assaillants.

On raconte que, dans la nuit précédant la bataille, Constantin fit un rêve. Il vit le soleil – objet de son culte – caché par la silhouette d'une croix et accompagné des mots *In hoc signo vinces* (« Par ce signe tu vaincras »). Il n'en fallut pas plus à Constantin pour ordonner, le lendemain

« Il vit de ses yeux le trophée de la croix haut dans les cieux, au-dessus du soleil. »

Eusèbe, à propos de la vision de Constantin

matin, que les boucliers de ses hommes soient décorés d'une croix peinte. Ce fut donc une armée de « soldats chrétiens » qui marcha au combat.

Cette conversion, on l'a souvent répété, tenait plus de la superstition que du véritable éveil à la foi. Mais la modestie de l'empereur a fait l'objet de beaucoup moins de commentaires : en effet, sa victoire devait sans doute plus à ses talents militaires qu'à une intervention surnaturelle. Voyant que Maxence avait posté ses troupes dos au fleuve, sans espace pour manœuvrer, il déchaîna sa cavalerie contre celle de l'ennemi, qui céda sous l'impact et se désorganisa. En d'autres circonstances, les cavaliers de Maxence auraient facilement repris leur formation, mais le manque de place les en empêcha. La confusion gagna les défenseurs. Constantin fit ensuite charger son infanterie contre l'infanterie adverse, qui recula, incapable de retrouver son ordre de combat.

Le pont de pierre qui ouvrait la route de Rome ayant été rendu peu praticable, Maxence et ses troupes avaient franchi le Tibre sur un pont de bateaux. Pour des hommes et des chevaux traversant de jour et en bon ordre, la solution convenait parfaitement. Mais dans le chaos d'une déroute, l'ouvrage provisoire ne pouvait jouer le rôle d'issue. La décision de Maxence de battre en retraite fut donc désastreuse. Il voulait se replier pour protéger l'élite de ses troupes, afin de défendre Rome au pied de ses murailles. Mais avec la chaussée du pont Milvius réduite à un ruban de pierre, un ponton chancelant et l'armée de Constantin sur leurs talons, la traversée du Tibre par les troupes de Maxence tourna à la catastrophe, et le candidat au trône fut du nombre des noyés.

Constantin prit Rome le 29 octobre. Quelques-uns de ses hommes offrirent des sacrifices aux anciens dieux, mais leur chef resta fidèle à son idée du christianisme, et finit par hisser ce qui n'était jusque-là qu'une secte parmi beaucoup d'autres au rang de religion officielle de l'Empire romain. Il ne fut pas aussi fidèle envers la ville aux sept collines, et choisit pour capitale Byzance, rebaptisée Constantinople en son honneur. Il ne faisait là qu'obéir à la pression de l'Histoire, car la poussée des Barbares sur les provinces occidentales de l'Empire s'accroissait d'année en année. **MK**

Pertes : chiffres inconnus

Immae et Émèse 272 *Argentoratum 357*

Maxence et son armée pris au piège par les troupes de Constantin 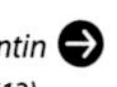
(La Bataille du pont Milvius, *de Pieter Lastman, 1613).*

Argentoratum 357

« *En avant, ô le plus heureux des césars. La fortune guide tes pas. Nous comprenons depuis que tu nous commandes ce que peut la valeur unie à l'habileté.* »

Mots d'un porte-étendard à Julien, à Argentoratum

Au IVe siècle, les légions romaines s'efforçaient de contenir les Barbares au-delà des frontières de l'Empire. Comme le montra la bataille d'Argentoratum, la discipline des premières se montrait encore supérieure à la bravoure et à la férocité guerrière des seconds.

En Gaule, l'Empire romain se voyait menacé par les Alamans, un ensemble de tribus germaniques qui s'étaient regroupées sous la bannière du chef Chnodomar. À l'instar d'autres confédérations, tels les Francs et les Burgondes, les Alamans empiétaient de plus en plus sur le territoire gaulois. Dès les années 350, ils franchissaient le Rhin en quasi-impunité.

Julien, le jeune césar (c'est-à-dire vice-empereur) des Gaules, avait pour mission de sécuriser la frontière du Rhin. Ses troupes, trop peu nombreuses, possédaient néanmoins un armement et un entraînement bien supérieurs à ceux des Alamans. Les 13 000 légionnaires et auxiliaires de Julien affrontèrent donc les 35 000 guerriers de Chnodomar près de l'actuelle Strasbourg. La bataille débuta mal pour Julien : des Alamans se glissèrent parmi ses cavaliers pour éventrer leurs montures et, déroutés, les Romains tournèrent bride lorsque la cavalerie ennemie les chargea. Mais les légionnaires tinrent bon, face à une féroce infanterie alamane : leur première ligne joignit ses boucliers en un mur impénétrable sous lequel pointaient les lances. Derrière eux, leurs compagnons faisaient pleuvoir sur les Alamans un déluge de projectiles. Épuisés, subissant de lourdes pertes, les guerriers tribaux abandonnèrent et s'enfuirent. Les Romains les poursuivirent jusqu'au Rhin, où beaucoup se noyèrent. Cette victoire favorisa l'accession de Julien au trône d'empereur, trois ans plus tard. **MK**

Pertes : Romains, 243 ; Alamans, 6 000

↑ *L'empereur Julien (buste du IVe siècle, musée du Louvre, Paris).*

‹ *Pont Milvius 312*

Ctésiphon 363 ›

Ctésiphon 363

Julien, le jeune héros d'Argentoratum, fut trahi par sa chance quelques années plus tard, face aux Perses de Shapur II. Vainqueurs sur le champ de bataille, les Romains furent défaits par la politique de la terre brûlée de leurs adversaires. Leur déroute s'accompagna de la mort de Julien.

Julien, désormais empereur, entendait vivre une vie d'audace, d'héroïsme et de bravoure. Comment expliquer autrement sa campagne de Perse en 363 alors que l'empereur sassanide Shapur II, conscient de sa propre faiblesse, demandait la paix ? Ou la décision du souverain romain, qui venait de remonter le Tigre jusqu'à Ctésiphon, la capitale perse, de brûler – au sens propre – ses vaisseaux ?

L'armée qui attendait les Romains devant la ville avait de quoi faire trembler les mieux aguerris : une longue ligne de cataphractaires (cavaliers cuirassés) dont les armes luisaient au soleil. Mais Julien, imperturbable, disposa sa cavalerie en croissant pour envelopper l'ennemi. Les Romains remportèrent une victoire imprévue, mais leurs catapultes avaient brûlé avec les vaisseaux, et il leur était impossible d'assiéger Ctésiphon. Julien décida de s'engager en territoire perse, à la rencontre d'une seconde armée que Shapur avait levée. Harcelés par leurs adversaires, qui avaient brûlé les récoltes, les Romains souffrirent bientôt de la faim.

Julien préféra se retirer, et diriger son armée démoralisée vers l'Anatolie. Mais l'ennemi poursuivait ses attaques. Durant l'une de ces opérations, l'empereur fut mortellement blessé. Affamée, décimée par les maladies et les attaques de l'ennemi, l'armée en déroute, pourtant victorieuse sur le champ de bataille, rejoignit péniblement la patrie. **MK**

Pertes : Romains, 70 ; Perses, 2 500

Édesse 260

Adrianople 378

Adrianople 378

Cette cuisante défaite infligée par les Goths à l'empereur Valens révéla combien Rome était vulnérable à la pression des Barbares. Comme l'écrivit l'historien Ammien Marcellin : « Jamais, depuis Cannes, on n'avait vu pareil massacre. » Pourtant, à l'est, l'Empire survécut et contre-attaqua.

Les Goths, d'origine germanique, avaient conquis des territoires au nord de la mer Noire. Au IVe siècle, délogés par l'arrivée des Huns d'Asie centrale, ils partirent en grand nombre vers l'ouest. Les Wisigoths (Goths de l'Ouest) purent immigrer de plein droit en Bulgarie et en Thrace, régions frontalières appartenant à l'Empire romain. Les Ostrogoths (Goths de l'Est) ne reçurent pas cette autorisation, mais immigrèrent de toute façon. Les relations avec Rome s'envenimèrent, et les Goths se révoltèrent.

Ayant pris le contrôle du Danube, les Wisigoths commandés par Fritigern et les Ostrogoths – sous les ordres d'Alatheus et de Saphrax – prirent le chemin de Constantinople. Valens, empereur romain d'Orient, s'avança à leur rencontre à la tête d'une imposante armée. À Adrianople, il découvrit les troupes de Fritigern campées au sommet d'une colline, derrière le rempart de leurs chariots en cercle. Trop sûrs d'eux, des officiers romains sonnèrent l'assaut avant d'en avoir reçu l'ordre ; les unités s'ébranlèrent sans coordination et la confusion s'installa. C'est alors que les cavaliers ostrogoths « fondirent de la montagne comme l'éclair », selon Ammien Marcellin. Le gros des troupes de Valens fut cerné et massacré. L'empereur lui-même fit partie des victimes. Pourtant, en 382, sous le règne de son successeur, Théodose, les Goths furent reconduits en Thrace et la paix put enfin régner. **MK**

Pertes : Romains, 20 000 ; Goths, chiffres inconnus

Ctésiphon 363

Frigidus 394

Guerres de la dynastie Jin

Rivière Fei 383

Au IVe siècle, la Chine se désintégrait sous l'effet des invasions barbares et de la guerre civile. Fu Jian, « empereur céleste » fondateur de la dynastie du « Qin antérieur », vit son appétit de conquête stoppé net lors de cette bataille épique, où l'arme psychologique pesa d'un grand poids.

Grand chef de guerre, Fu Jian avait gagné le nord du Yangtze. Il voulut ensuite conquérir le sud. Mais son avance fut contenue par Xiaowu, souverain du royaume du Jin oriental. Ayant pris le Sichuan et d'autres États satellites de ce dernier, Fu Jian s'avança vers sa frontière. Face à l'armée du Qin antérieur, forte selon des sources anciennes de 900 000 hommes, Xiaowu ne put rassembler que 80 000 combattants. Mais c'étaient des soldats d'élite, aguerris et disciplinés, quand Xiaowu avait sous ses ordres des malheureux enrôlés de force dans les royaumes conquis.

Fu Jian rassembla son armée sur la rive nord de la rivière Fei. Les troupes du Jin s'installèrent en face. La Fei, trop profonde, était infranchissable. Aussi les généraux du Jin prièrent-ils leurs adversaires de se mouvoir vers l'amont, où ils pourraient passer la rivière et les affronter. Malgré les réserves de son état-major – déplacer une telle armée ne serait pas une mince affaire –, Fu Jian accepta, comptant massacrer les hommes du Jin lorsqu'ils atteindraient sa rive.

Déstabilisée par le mouvement qu'on lui ordonnait, l'armée de Fu Jian se persuada vite qu'elle battait en retraite. Les cris poussés par ses adversaires en franchissant la rivière (« Le Qin est vaincu ! ») firent le reste : la rumeur devint réalité. Réduite au statut de foule désorganisée, cette armée de 900 000 soldats n'était plus pour son ennemi qu'une proie facile. **MK**

Pertes : Qin antérieur, plus de 150 000 ;
Jin oriental, chiffres inconnus mais minimes

< *Plaine de Wuzhang 234* | *Salsu 612* >

Guerres du déclin de Rome

Frigidus 394

À la bataille de Frigidus (« rivière froide »), l'empereur chrétien Théodose affirma s'être assuré l'aide d'un vent divin pour défaire Eugène, son rival païen... mais ses calculs cyniques n'avaient rien d'évangélique. Quoi qu'il en fût, cette victoire réunifia l'Empire romain autour de la croix du Christ.

D'une étendue immense et d'une faiblesse galopante, l'Empire romain était devenu un monstre à deux têtes : Rome en gouvernait l'occident et Constantinople, l'orient. Vers la fin du IVe siècle, le désir de réunifier l'Empire coïncida avec un baroud d'honneur des défenseurs de la tradition païenne : lorsqu'il prit le pouvoir à Rome en 392, Eugène décida de restaurer dans tout l'Empire le culte de Jupiter. Théodose, successeur de Valens en orient, jura de l'en empêcher.

Pour Théodose – comme pour Valens –, les alliés goths représentaient à la fois un capital vital et un danger. On avait besoin de leur puissance militaire, mais on la craignait. Franchissant à la rencontre d'Eugène un défilé des monts slovènes, au long des flots glacés de la rivière Frigidus, Théodose avait pris soin de placer ses Goths en avant-garde : le combat diminuerait leur nombre. Tout le jour, les Goths chargèrent sans relâche, face à un ennemi qui ne reculait pas. Au soir, 3 000 cadavres jonchaient le terrain. Mais si Théodose avait usé ses dangereux alliés, il n'en était pas plus avancé : Eugène se voyait déjà vainqueur.

Le lendemain, pourtant, prétendument en réponse aux prières de l'empereur chrétien, un fort vent de sable s'abattit sur l'armée des païens. Une tempête si violente qu'elle retourna vers leurs archers, dit-on, la course des flèches. Théodose put revendiquer un triomphe surprenant, certes, mais complet. **MK**

Pertes : chiffres inconnus

< *Adrianople 378* | *Sac de Rome 410* >

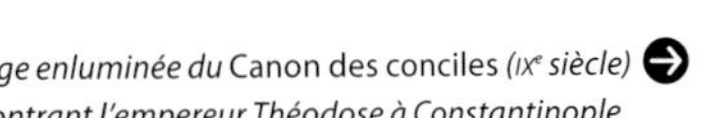

Page enluminée du Canon des conciles *(IXe siècle) montrant l'empereur Théodose à Constantinople.*

HUNC SINODŪ ACTŪ EST CONSTANTINO
POLI. SUB THEO DOSIO MAIORE. CL
PATRIB; CONGREGATI
CONDĒNATIONE
MACEDONII HE
RETI CI. ET
QUALI
STATUER
IMPE
RA
TOR.

ag

theodosi
domnus imperat
us mai or
christianissimus

Sac de Rome 24 août 410

« Rome, jadis capitale du monde, est désormais la tombe du peuple romain », écrivit saint Jérôme à propos d'un cataclysme que personne n'aurait pu prévoir : les barbares wisigoths montraient à leurs arrogants maîtres d'hier de quel côté se trouvait désormais la suprématie des armes.

La bataille de Frigidus avait laissé Alaric, chef des Wisigoths, plein d'amertume. Longtemps, il avait fait la guerre à l'empire d'Orient. Pourtant, ses maîtres de l'empire d'Occident redoutaient tout autant sa colère et celle de ses Wisigoths : en 402, les Romains s'étaient choisi Ravenne pour capitale, car cette ville d'Italie du Nord-Est leur semblait plus facile à défendre. Cette année-là, Alaric envahit l'Italie, mais le grand général Stilicon l'arrêta dans le Piémont. Stilicon fit reculer également Radagaise, autre chef de guerre wisigoth, mais le flot des envahisseurs ne tarissait pas. En 408, Alaric assiégea Rome.

Les Romains espéraient encore pouvoir faire retrouver aux tenaces Wisigoths leur rôle de mercenaires défenseurs de l'Empire. Nombre de peuples barbares, Vandales et Suèves d'origine germanique, Alains et Huns venus d'Asie, avaient franchi le Rhin. Ils razziaient à loisir au-delà des Alpes. Alaric était prêt à négocier avec Rome : il offrit d'épargner la ville en échange de la promesse d'un tribut annuel, et d'un haut grade dans la hiérarchie militaire de l'Empire. Le sort de Rome était dans la balance. Mais l'empereur Honorius, réfugié à Ravenne, lui opposa un refus plein de morgue.

Dans la nuit du 24 août 410, sans doute grâce à une trahison, les Wisigoths entrèrent dans Rome par la porte Salaria. Ils pillèrent à l'envi trois jours durant, et laissèrent la Ville éternelle à l'état de ruine fumante. **MK**

Pertes : chiffres inconnus

Frigidus 394

Châlons 451

Guerres du déclin de Rome

Châlons 451

Originaires d'Asie centrale, les Huns étaient des cavaliers nomades impitoyables. Sous les ordres de leur chef, Attila, ils menacèrent l'Empire romain déjà chancelant. Aux champs Catalauniques, au nord de la Gaule, les Romains montrèrent cependant que ces guerriers sauvages pouvaient être défaits.

Guerriers nés, les Huns méprisaient la passivité des populations bien installées sur lesquelles ils fondaient. Depuis plus d'un siècle, Rome subissait indirectement leur toute-puissance, car les réfugiés fuyaient vers l'ouest pour leur échapper. Vers 440, sous les ordres d'Attila, ils avaient ravagé l'Empire romain d'Orient, et c'est une querelle familiale qui fut à l'origine de leur poussée vers l'ouest. La princesse Honoria, sœur de l'empereur d'Occident Valentinien III, s'indignait des négociations relatives à ses noces. Elle écrivit à Attila pour lui demander de l'aide. Il vit là une proposition de mariage – avec pour dot la moitié de l'empire d'Occident – et partit vers l'ouest à la tête d'une grande armée.

Les Romains étaient parvenus à un accord avec les Wisigoths qu'ils avaient fixés en Gaule pour aider à assurer la sécurité du pays. Leur roi, Théodoric Ier, et le commandant romain, Flavius Aetius, attaquèrent par surprise les Huns occupés à assiéger Aurelianum (Orléans). Les Huns se retirèrent en terrain découvert pour mieux se battre, toutefois leur confiance fut ébranlée quand leurs prêtres prédirent une sévère défaite. Au jour de la bataille, ils s'élancèrent vers une hauteur barrant la plaine mais les Romains et les Goths furent les premiers à l'atteindre. La confusion rendit toute initiative inutile. Attila dut se replier au-delà du Rhin. Il mourut deux ans plus tard et la menace hunnique s'éteignit avec lui. **MK**

Pertes : chiffres inconnus

Sac de Rome 410

Soissons 486

Clovis, roi d'une tribu de Francs Saliens depuis 481, étend sa domination sur la Gaule. Avant d'attaquer les Alamans, les Burgondes, les Wisigoths, Clovis fait la conquête du royaume gallo-romain de Syagrius, situé entre la Somme, la Meuse et la Loire, dont la capitale est Soissons.

Du combat, on sait peu de chose, sinon qu'il est remporté par le roi franc, allié pour la circonstance à deux autres princes francs, Ragnacaire et Cararic Ce dernier se serait tenu prudemment à l'écart de la bataille. Voyant ses troupes se débander, Syagrius s'enfuit à Toulouse chez le roi wisigoth Alaric II, qui s'empresse de le livrer. Clovis le fait égorger et annexe son royaume sans coup férir.

La bataille est connue pour l'épisode du vase de Soissons. Ce vase précieux avait été saisi lors du pillage d'une église. L'évêque en réclame la restitution. Clovis est prêt à le lui rendre. Mais la coutume des Francs veut que le butin soit partagé en plusieurs parts, la part du roi étant tirée au sort. Clovis demande que le vase lui soit attribué d'office en plus de sa part et personne parmi ses guerriers ne proteste, sauf un. Ce personnage, décrit par Grégoire de Tours comme « jaloux », brise le vase avec sa hache, refusant que le roi bénéficie d'un « passe-droit ». L'assemblée est stupéfaite. Clovis se tait mais n'oublie pas l'affront. Plusieurs mois plus tard, il passe son armée en revue. Il repère l'impudent guerrier, ne lui fait pas compliment de sa tenue, s'empare de sa hache et la jette au sol. Le guerrier se penche pour la ramasser et Clovis lui brise le crâne. « Ainsi as-tu fait avec le vase de Soissons ! », s'écrie le roi.

L'épisode, guerrier et politique, préfigure la conversion du roi des Francs, qui deviendra effective lors de la bataille de Tolbiac. Car les ambitions territoriales de Clovis ne s'arrêtent pas au nord de la Gaule. Ses anciens alliés Ragnacaire et Cararic sont d'ailleurs promptement éliminés. **LV**

Pertes : chiffres inconnus

Tolbiac 496 ›

« Ils frappèrent leurs boucliers, acclamèrent Clovis et le portèrent sur un pavois pour en faire leur roi. »

Grégoire de Tours

Détail d'une tapisserie montrant Clovis (au centre) marchant sur Vouillé (palais du Tau, Reims, v. 1440).

Guerres franques

Tolbiac 496

En 493, Clovis a épousé une princesse chrétienne, Clotilde, nièce du roi des Burgondes. Après avoir conquis le nord de la Gaule, il affronte les Alamans sur le Rhin. Victoire miraculeuse, la bataille de Tolbiac décide finalement de sa conversion au christianisme.

Clovis est appelé à l'aide par Sigebert, roi des Ripuaires, établi à Cologne. Les Alamans remontent alors de la Suisse actuelle vers le nord de la Gaule, plus riche, et constituent une menace de plus en plus préoccupante. C'est à Tolbiac, aujourd'hui Zulpich, que les Francs auraient rencontré les Alamans. Mais le lieu et les péripéties de la bataille restent discutés. Les combattants, essentiellement des fantassins, se seraient affrontés avec leurs glaives et leurs boucliers dans un corps-à-corps impitoyable. Selon le chroniqueur Grégoire de Tours, au cœur de la mêlée, Clovis aurait vu son armée plier devant l'adversaire. Il aurait alors invoqué Jésus-Christ, le « dieu de Clotilde », et juré de l'adorer si la victoire lui était accordée. Le roi des Alamans est tué. En plein désarroi, ses troupes s'enfuient ou se rendent.

La bataille de Tolbiac entre dans la légende. Fidèle à son serment, Clovis se convertit au christianisme. Il est baptisé le jour de Noël 496 à Reims par l'évêque Rémi. Ses soldats suivent son exemple. La royauté franque et l'Église nouent des liens indéfectibles, que le sacre renouvellera à chaque début de règne. Clovis peut se présenter comme un nouveau Constantin, reconnu par l'empereur byzantin, quand d'autres chefs barbares restent égarés dans la nuit du paganisme. Il ne fait que renforcer son pouvoir. Les conquêtes continuent. En 507, il bat et tue Alaric II à Vouillé, près de Poitiers. À l'issue de cette nouvelle victoire, il annexe l'Aquitaine, donnant naissance à ce vaste royaume franc qui prendra bientôt le nom de France. **LV**

Pertes : chiffres inconnus

Soissons 486

Guerre ibérique

Dara 530

Dara fut une importante bataille de la guerre ibérique qui opposa l'Empire byzantin de Justinien à celui des Perses Sassanides. C'est aussi la première victoire de ce remarquable chef de guerre que fut le grand général byzantin Bélisaire.

Bélisaire gravit tous les échelons de l'armée romaine. Il servit dans la garde impériale de Justin Ier et se vit confier la responsabilité de transformer celle-ci en une unité mieux préparée au combat. Bélisaire développa les *bucellarii* (« mangeurs de biscuit »), des cavaliers bien entraînés, porteurs d'armures et de glaives à large lame. Leur nom vient des rations alimentaires qu'on leur distribuait.

En 527, le nouvel empereur, Justin, confia à Bélisaire le commandement de l'armée byzantine, pour contrecarrer la menace constituée à l'est par l'expansion de l'Empire sassanide. Bélisaire révéla tout son talent et fit des *bucellarii* le cœur de son armée. Il décida en 530 de mener une grande bataille contre le gros de l'armée perse.

La bataille de Dara dura deux jours, le premier se limitant à une série de défis entre champions perses et byzantins. Le lendemain, les Perses prirent l'initiative et attaquèrent le flanc gauche byzantin en franchissant les tranchées défensives de l'adversaire, mais durent battre en retraite. Ils s'en prirent alors au flanc droit avec leurs lanciers d'élite, les immortels.

Les Byzantins furent repoussés et, craignant la défaite, Bélisaire lança ses *bucellarii*. Les lignes perses volèrent en éclats, et des milliers d'hommes furent massacrés. L'expansion sassanide était endiguée, mais Bélisaire fut battu en 531 à Callinicum ; les Byzantins durent payer un lourd tribut aux Perses en échange d'une paix précaire. **TB**

Pertes : Byzantins, chiffres inconnus ; Sassanides, 10 000

Ad Decimum 533

Mosaïque byzantine représentant Justinien Ier, ses hommes de confiance et son clergé. 

MAXIMIANVS

Ad Decimum 533

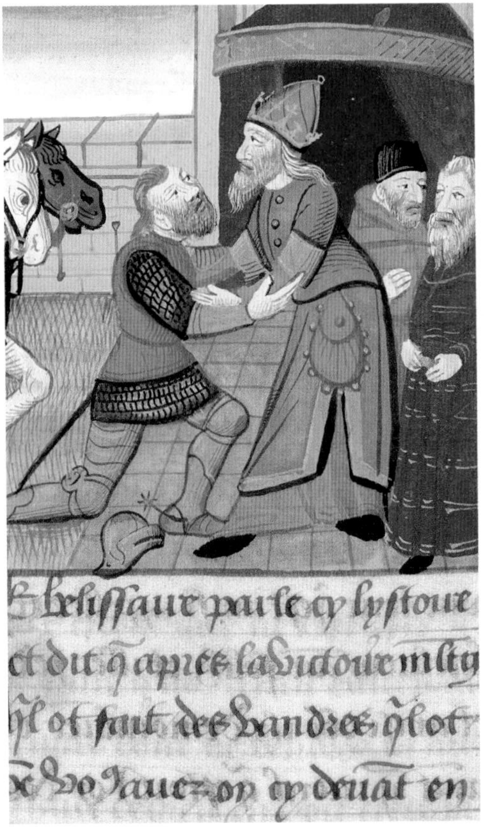

Après avoir sauvé l'Empire byzantin de la menace de l'expansion sassanide et maté à Constantinople la rébellion contre Justinien, Bélisaire prit la tête d'une grande expédition terrestre et maritime en Afrique du Nord, avec pour but de restaurer la gloire d'antan de l'Empire romain.

En 530, Hildéric, maître du royaume vandale d'Afrique du Nord, fut renversé par un noble vandale, Gélimer. L'empereur byzantin Justinien avait entretenu des relations amicales avec Hildéric, lequel avait renoncé à l'arianisme, pratique chrétienne hérétique de la plupart des Vandales. Gélimer étant un arien, de nombreux réfugiés se massèrent à Constantinople, de crainte d'être persécutés pour leur foi. Justinien trouva là le prétexte idéal pour tenter de soumettre l'Afrique du Nord, jadis partie intégrante de l'Empire romain.

L'imposante force d'invasion de Bélisaire débarqua dans l'actuelle Libye et se rendit par voie de terre jusqu'à Carthage, alors capitale des Vandales. Les armées de Bélisaire et de Gélimer se rencontrèrent à dix milles de la ville, d'où le nom de la bataille, qui signifie « à dix ». Les Romains étaient deux fois plus nombreux mais Bélisaire semblait sur le point d'être défait. Gélimer ne tira pas parti de son avantage et cessa momentanément le combat pour ensevelir son frère. Bélisaire regroupa ses forces et contre-attaqua, mettant les Vandales en déroute et s'emparant de Carthage, où la population, à prédominance romaine, l'accueillit en héros. La victoire de l'Ad Decimum fut suivie de celle de Tricaméron en décembre de la même année. Bélisaire permit ainsi à Justinien de contrôler la majeure partie de l'Afrique du Nord et de la Méditerranée occidentale, première étape de la restauration de l'Empire romain d'Orient. **TB**

« À la tête d'une grande flotte, je fondis sur les côtes d'Afrique et dispersai les hordes vandales comme poussière au vent. »

Henry Woodsworth Longfellow, Belisarius

↑ *Justinien Ier reçoit Bélisaire (illustration d'un manuscrit français du XVe siècle).*

Pertes : chiffres inconnus

‹ *Dara 530*

Rome 537 ›

Rome 537-538

Le désir de Justinien de restaurer la grandeur de l'Empire romain déboucha sur un conflit ayant l'Italie pour enjeu, et opposant son armée byzantine, conduite par Bélisaire, au royaume des Ostrogoths. Bélisaire libéra Rome des Goths, mais tenir la ville se révéla plus difficile que prévu.

C'est par une victoire en Sicile que Bélisaire entama sa reconquête de l'Italie, puis il franchit le détroit de Messine et se rendit sur le continent, à Rhegium ; il assiégea Naples et s'en empara à l'automne 537 avant de marcher sur Rome. Sachant que la population lui était favorable, les Ostrogoths le laissèrent faire une entrée triomphale dans l'ancienne capitale.

Bélisaire avait fait creuser un fossé défensif devant les murs de la ville qui se préparait au siège. Les Ostrogoths édifièrent sept camps autour de Rome et détruisirent les aqueducs l'approvisionnant en eau. Le dix-huitième jour, ils attaquèrent avec des tours de siège mais furent repoussés. Bélisaire décida de demander des renforts et de tenter de petites sorties sporadiques pour éprouver le moral de l'ennemi. Les renforts romains arrivèrent enfin après plusieurs longues semaines. Les Ostrogoths souffraient d'épidémies et de famine autant que les Romains. Ils demandèrent une trêve, proposant, contre Rome, des régions du sud de l'Italie. Comprenant que le temps jouait pour lui, Bélisaire attendit que la situation des Ostrogoths se dégrade un peu plus. Au désespoir, ceux-ci tentèrent d'envahir la ville, mais furent repoussés.

Après 400 jours de siège, les Goths abandonnèrent Rome pour aller défendre leur capitale, Ravenne. Bélisaire se lança à leur poursuite et les mit en déroute au pont Milvius, à quelques kilomètres de là. **TB**

Pertes : chiffres inconnus

< *Ad Decimum 533* *Taginae 552* >

Guerre des Goths

Taginae 552

La bataille de Taginae marqua un tournant décisif dans la guerre contre les Goths. Commandées par le vieil eunuque Narsès, les forces de l'empereur Justinien affrontèrent les Goths et leur roi, Totila. La bataille prit fin quand les Goths menèrent une charge suicidaire contre les lignes romaines.

En 542, l'Empire romain était ravagé par la peste et les Goths en profitèrent pour reprendre le contrôle de l'Italie. Malgré tous ses efforts, le général Bélisaire n'avait pu les empêcher de s'emparer de vastes régions. En 547, sa dernière campagne fut contrecarrée par la jalousie de Justinien qui le priva de tout ravitaillement. Ce fut un nouveau commandant assez improbable, Narsès, eunuque de cour âgé de 74 ans, qui reprit le combat contre les Goths.

Narsès et une imposante armée débarquèrent à Salona, en Grèce, en 551 et longèrent tout le littoral pour rejoindre le nord de l'Italie. Il descendit ensuite vers Rome et rencontra l'armée de Totila à Taginae, à 48 km au nord-est de l'actuelle ville de Pérouse. Bien que disposant de troupes supérieures en nombre, Narsès préféra la voie défensive. Après quelques escarmouches sans importance de la part de Totila, le roi goth décida de prendre son temps et d'attendre des renforts. Rassuré par l'arrivée de troupes fraîches, Totila lança une attaque assez imprudente : sa cavalerie chargea le centre des rangs romains, qui avaient adopté une formation en croissant, et subit le tir nourri des archers. Les pertes furent énormes et Narsès avança à son tour pour détruire l'armée des Goths. Totila fut tué. Narsès prit Rome et sa victoire de Taginae fut suivie d'une autre, au mont Lactarius, mettant ainsi un terme à la domination gothique en Italie. **TB**

Pertes : chiffres inconnus

< *Rome 537* *Volturno 554* >

Volturno 554

Sur les rives du fleuve Volturno, dans le sud de l'Italie, l'Empire byzantin affronta une imposante armée composée de Francs, de Goths et d'Alamans. La longue lutte menée par Justinien pour reprendre les provinces de l'Empire romain d'Occident s'acheva par le triomphe de son général, Narsès.

Après avoir été battus à Taginae et au mont Lactarius en 552, les Goths demandèrent aux Francs de les aider à chasser les Byzantins d'Italie. Commandée par deux frères, les chefs alamans Leutharis et Butilinus, une force regroupant plus de 60 000 Francs et Goths envahit l'Italie en 553. L'année suivante, elle conquit et mit à sac les villes du centre du pays, avant de se diviser en deux formidables armées. Leutharis n'avait nul désir de s'attarder et se retira, croulant sous le butin amassé. Il fut battu par le général byzantin Artabanès et mourut plus tard de la peste avec les derniers survivants de son armée.

Probablement convaincu par les Francs de devenir souverain du futur royaume, Butilinus établit de fortes positions défensives sur les rives du Volturno et ne tarda pas à se trouver confronté aux 20 000 Byzantins et mercenaires de Narsès. Ce dernier adopta le même ordre de bataille qu'à Taginae, ses formidables archers soutenant l'infanterie. Butilinus attaqua et perça les lignes byzantines, affaiblies par la désertion des mercenaires. Craignant le pire, Narsès ordonna à ses archers à cheval d'attaquer. Ils chargèrent depuis les deux flancs, débordèrent Butilinus et le prirent à revers. Encerclés, coupés de tout renfort, les Francs furent massacrés. Butilinus perdit la vie. Cette bataille fut un triomphe pour l'Empire byzantin, mais Justinien mettrait encore huit ans pour se proclamer à juste titre maître de l'Italie. **TB**

Pertes : chiffres inconnus

Taginae 552

Ninive 627

Deorham 577

Dans les collines du Cotswold, non loin de l'actuelle ville de Bath, en Angleterre, trois rois moururent en défendant la culture britto-romaine contre les envahisseurs saxons. Cette défaite confirma l'ascension du royaume anglo-saxon de Wessex, puissance dominante du sud de l'Angleterre.

La colonisation de la province romaine de Bretagne par les Saxons et d'autres peuplades germaniques avait commencé quelques décennies plus tôt, vers 410, par le retrait des troupes de Rome de la partie orientale de l'Angleterre. Les premières colonies furent suivies à partir des années 530 d'une résurgence de l'expansion saxonne dans le sud et l'ouest de l'Angleterre, et débouchèrent sur la création du royaume de Wessex.

Les trois rois qui affrontèrent les forces saxonnes à la bataille de Deorham avaient pour noms Condidan, Commagil et Farinmagil et représentaient respectivement les villes britto-romaines de Cirencester, Gloucester et Bath. Les Saxons étaient probablement menés par leur roi, Ceawlin, dont le règne est associé à une expansion réalisée aux dépens des Bretons. On sait peu de choses de cette bataille mais on pense que Ceawlin se positionna sur des hauteurs dominant la campagne environnante, contraignant ainsi les Bretons à attaquer pour le déloger.

Les trois rois auraient été tués pendant la bataille – une véritable catastrophe pour les Bretons romanisés. Avec la victoire de Deorham, les Saxons dominaient désormais un territoire s'étendant de la vallée de l'Avon au canal de Bristol, s'interposant ainsi entre les Bretons de Galles et ceux de Cornouailles. Pour certains historiens, cette bataille eut pour conséquence lointaine la séparation en deux groupes linguistiques du gallois et du cornique. **TB**

Pertes : chiffres inconnus

Les Romains écrasent les Goths de leur puissance (Alexander Zick, 1890).

Salsu 612

Livrée entre le royaume nord-coréen de Koguryo et la dynastie chinoise des Sui, la bataille du fleuve Salsu se serait terminée par la mort de la quasi-totalité des guerriers chinois. Même si les récits du temps exagèrent l'ampleur de la défaite, ce fut certainement un coup fatal pour les Sui.

La dynastie Sui avait réunifié la Chine après des siècles de division, restaurant ainsi sa domination régionale. Le royaume de Koguryo refusa cependant d'admettre une telle supériorité. Après plusieurs tentatives destinées à intimider les Coréens, l'empereur Sui Yangd lança en 612 une expédition militaire d'une importance à ce jour inégalée.

Les chroniques chinoises racontent que plus d'un million de combattants quittèrent Beijing, et que leurs lignes logistiques s'étiraient sur 320 km. Arrivée à Koguryo, cette horde fut ralentie par le siège de nombreuses forteresses ardemment défendues par le général coréen Eulji Mundeok. Pour reprendre l'initiative militaire, Yangdi ordonna à un tiers de ses forces de marcher sur la capitale de Koguryo, Pyongyang, mais ce détachement fut très vite harcelé par la guérilla coréenne, et ses chariots de ravitaillement attaqués. Eulji Mundeok prépara un piège près du fleuve Salsu. Il établit un barrage, abaissant ainsi la hauteur des eaux pour que les Chinois soient tentés de traverser à gué. Ceux-ci étaient à mi-chemin quand il fit rompre le barrage : un mur d'eau engloutit des milliers de soldats ennemis. L'armée de Koguryo fondit alors sur les survivants. Yangdi s'empressa de rappeler tout son corps expéditionnaire. Son règne ne survécut pas longtemps à cette défaite, humiliante pour l'armée et désastreuse du point de vue financier. La dynastie Sui fut renversée par les Tang en 618. **RG**

Pertes : Chinois, peut-être 302 000 sur 305 000 ; Coréens, chiffres inconnus

Rivière Fei 383 | *Baekgang 663*

Badr 624

La montée de l'islam face aux tribus païennes de La Mecque fut une étape capitale de l'histoire militaire, mais aussi de la religion et de la société. Le prophète Mahomet était un chef de guerre habile, autant que le fondateur d'une croyance. À Badr, c'est par le glaive qu'il imposa sa foi.

La bataille de Badr marqua un tournant dans la lutte armée de Mahomet contre les tribus païennes de La Mecque. En 622, ses disciples et lui-même avaient quitté cette ville pour Médine et c'est à partir de cette nouvelle base qu'ils purent régulièrement attaquer les caravanes. Furieuses, les tribus mecquoises envoyèrent une armée affronter les musulmans de Mahomet.

Comme dans l'Antiquité, l'affrontement aurait été précédé de duels opposant les champions de chaque clan, dont les musulmans sortirent vainqueurs. La bataille proprement dite débuta par un échange de salves de flèches à l'issue duquel l'armée mecquoise subit de lourdes pertes. Mahomet donna l'ordre de charger et de lapider les ennemis, comme le voulait la tradition arabe. Le Coran dit que les lignes mecquoises se rompirent alors, et que des anges descendus du ciel vinrent massacrer les fuyards. Plusieurs chefs mecquois furent tués dont le principal rival de Mahomet, Amr ibn Hisham. Les armées en lice n'étaient guère fournies : moins de 400 musulmans et quelque 1 000 Mecquois. Il n'empêche que la bataille de Badr fut une étape clé dans l'instauration de l'islam. Mahomet prit de l'importance aux yeux des tribus mecquoises qui le soutenaient et il convainquit ses fidèles qu'une victoire sur La Mecque, riche et puissante, était possible. La victoire en question ne fut pas immédiate mais Mahomet put tout de même entrer triomphalement dans la ville en 630. **TB**

Pertes : Mecquois, 100 ; musulmans, moins de 20

Firaz 634

Miniature du XVIe siècle représentant la bataille de Badr, extraite du Slyar-i-Nabi *(« Vie du Prophète »).*

تعالى دن سكا دستور اولديكم بيك فرشته ايله اينم مسلمانلغه
يارى قلم دديم رسول حضرتينه سوندردي كافر جريسي اولدم سنمغه
بشلدلر سبب اول اولديكم ابليس نجدوغى وقت قريشلكو كلينى
قورقدي اكنجي سبب اولديكم كافرلرك كوكلنه هيبت اوتوردي

Ninive 12 décembre 627

Ninive marqua le triomphe de l'Empire byzantin et de son chef, Héraclius, sur les Perses sassanides. Cette bataille aurait dû offrir aux Byzantins une perspective de paix et de prospérité après des années de lutte : au contraire, elle favorisa sans le vouloir l'expansion de l'islam.

La dernière des nombreuses guerres opposant les Byzantins aux Sassanides débuta en 603. Sous le règne de Phocas, usurpateur incompétent et corrompu, l'Empire byzantin se révéla d'abord incapable de se défendre contre l'offensive lancée par le roi perse, Khosrô II, lequel conquit en peu de temps l'Égypte et s'assura le contrôle du littoral méditerranéen de la péninsule arabique. Attaqués au même moment par les Slaves et les Avars du Nord, les Byzantins semblaient sur le point de s'effondrer. C'est alors qu'en 610 le général Héraclius renversa Phocas. Organisateur et chef militaire inspiré, il inversa lentement le cours des événements et plaça sur la défensive les forces de l'Empire sassanide. Pour retrouver leur supériorité, ces dernières attaquèrent Constantinople en 626. Héraclius l'emporta toutefois et en profita pour envahir le territoire d'une Perse bien affaiblie. Il avança avec une force que l'on estime à 60 000 hommes et, à la fin de l'année 626, franchit le Grand Zab (rivière du Kurdistan irakien actuel) et menaça le palais de Khosrô à Dastagird.

Héraclius mit en place son armée dans la plaine, et dressa son campement près des ruines de l'ancienne Ninive. Les Byzantins auraient ainsi l'avantage d'un terrain découvert où ils pourraient déployer leurs cavaliers cuirassés, les cataphractes. Khosrô avait confié le commandement de ses 10 000 guerriers au général arménien Rhahzadh.

Fresque de la *Légende de la Vraie Croix* (1464) par Piero della Francesca représentant la bataille entre Héraclius et Khosrô II.

La bataille commença par temps de brouillard, ce qui posa un grave problème à l'armée sassanide, qui comptait sur la précision des projectiles lancés par ses balistes. Les combats se déroulèrent sans interruption onze heures durant. On dit qu'à un moment Héraclius feignit à dessein de battre en retraite ; quand les Perses le poursuivirent, ses troupes firent volte-face et semèrent la panique dans les lignes ennemies.

Au plus fort de la bataille, Rhahzadh aurait personnellement défié Héraclius. Toujours est-il que celui-ci décapita le commandant sassanide d'un seul coup de glaive. Après la mort de Rhahzadh, l'armée sassanide perdit confiance et s'enfuit. Celle d'Héraclius se livra au pillage et pénétra plus avant en territoire perse. Battu, Khosrô fut renversé et assassiné par son fils, Kavadh-Shiruyih, puis une trêve fut signée entre les deux empires épuisés. Les Byzantins y gagnèrent des terres et ce qu'ils croyaient être un fragment de la croix du Christ, tombée entre les mains des Sassanides lors du siège de Jérusalem en 614.

Héraclius regagna Constantinople avec la sainte relique, accompagné d'éléphants capturés susceptibles d'amuser la foule : l'avenir de l'Empire byzantin semblait assuré. Les conséquences de la bataille de Ninive ne furent pas celles que l'on croyait. Les Byzantins étaient épuisés et les Sassanides meurtris ; la vacance du pouvoir attira les armées arabes guerroyant sous l'étendard de l'islam au cours des décennies suivantes. Ninive ouvrait ainsi la voie à des siècles de lutte armée entre l'Empire byzantin et musulman. **TB**

Pertes : Byzantins, chiffres inconnus ;
Sassanides, 5 000

< *Volturno 554*

Firaz 634 >

Firaz janvier 634

La bataille de Firaz fut un événement décisif pour la conquête arabe de la Mésopotamie. Elle opposa les forces du commandant arabe musulman Khalid ibn al-Walid à une armée supérieure en nombre, née de l'alliance entre Empire byzantin, Empire perse sassanide et Arabes chrétiens.

Khalid ibn al-Walid était un Mecquois de la tribu Quraychite, qui s'était d'abord opposé à Mahomet. Après sa conversion à l'islam, il devint l'un des plus grands chefs militaires de l'histoire. L'on se souvient de lui pour ses nombreuses victoires contre les armées de l'Empire romain byzantin et de ses alliés pendant sa conquête de l'Arabie, de la Mésopotamie et de la Syrie.

Après la mort du prophète Mahomet, Firaz fut un jalon capital dans la conquête arabe de l'Empire sassanide. Après qu'une série de défaites eut affaibli ce dernier, Khalid chercha à s'emparer de sa capitale, Ctésiphon, mais des renseignements secrets lui apprirent qu'une force imposante s'était constituée pour le défier. Elle s'était rassemblée près de la ville frontalière de Firaz. Au lieu de prendre directement la capitale perse, Khalid entraîna ses 20 000 hommes vers Firaz et affronta 100 000 guerriers ennemis pour finalement détruire la puissance byzantine et perse en Mésopotamie.

En arrivant à Firaz, Khalid découvrit que l'armée ennemie avait déjà franchi l'Euphrate. Lors de l'affrontement proprement dit, il ordonna à ses flancs extrêmes de déborder ceux des Byzantins et des Perses. Ils y parvinrent et prirent le contrôle du pont jeté sur le fleuve. Les Romains et les Perses se retrouvèrent coincés entre l'Euphrate et l'armée de Khalid ; plusieurs dizaines de milliers d'hommes furent tués. Khalid avait achevé sa conquête de l'Empire perse. **TB**

Pertes : chiffres inconnus

Badr 624 *Yarmouk 636*

Expansion arabe

Yarmouk 20 août 636

Après le coup terrible porté aux Perses sassanides à Firaz, les forces musulmanes de Khalid ibn al-Walid affrontèrent l'armée de l'Empire chrétien de Byzance au Yarmouk (affluent du Jourdain), non loin de l'actuelle frontière entre la Syrie et la Jordanie. La bataille principale dura six jours.

Après Firaz, Khalid avait pratiquement conquis toute la Mésopotamie. Désireux de mettre un terme à l'expansion musulmane, les Byzantins rallièrent toutes les forces disponibles. Vainqueur à Ninive, l'empereur Héraclius s'allia ainsi aux Sassanides.

Héraclius forma une importante armée composée de Byzantins, de Slaves, de Francs et d'Arabes chrétiens qu'il fit stationner près d'Antioche, dans le nord de la Syrie. Il cherchait à éviter tout affrontement et privilégiait les options diplomatiques tout en attendant l'arrivée des renforts de ses alliés sassanides. Khalid apprit que les forces byzantines s'étaient regroupées en Syrie, et que les musulmans s'étaient fragmentés en au moins quatre groupes ; il convoqua alors son conseil de guerre et le convainquit que l'armée arabe tout entière devait être unie face à Héraclius.

Quand les deux armées se rencontrèrent, Héraclius voulut jouer la prudence et vaincre les musulmans à l'issue de petits engagements. Cependant les Sassanides n'arrivèrent pas et, au bout de six jours d'une guerre d'usure, Khalid entraîna les Byzantins dans une bataille digne de ce nom. Elle s'acheva quand ils battirent en retraite, chargés par les Arabes. Les fuyards tombèrent pour beaucoup dans un ravin étroit. Le Yarmouk fut la plus grande victoire de Khalid et mit un terme à la domination byzantine de la Syrie. Héraclius fut contraint de se concentrer sur la défense de l'Anatolie et de l'Égypte. **TB**

Pertes : Byzantins et alliés, 40 000 ; Arabes, 5 000

Firaz 634 *Kadisiya 637*

Kadisiya 1er juin 637

Trois ans après Firaz et la défaite des Perses sassanides devant les Arabes musulmans, ces derniers organisèrent une seconde invasion des territoires sassanides pour étouffer toute contre-offensive. La bataille se traduisit par une domination durable de l'Empire sassanide par le califat Rashidun.

Alors même que Khalid ibn al-Walid lançait une force coalisée contre Héraclius et l'armée byzantine, les Perses sassanides contre-attaquaient les musulmans en Perse. Ceux-ci réagirent en organisant une seconde invasion de la Mésopotamie, menée par Sa'd ibn Abi Waqqas, cousin du prophète Mahomet. Il envahit l'Irak après que le calife Omar lui eut conseillé de se montrer prudent et de profiter de l'expérience de ses généraux.

Waqqas installa son campement à Kadisiya et attendit les ordres du calife, désireux de soutenir la force d'invasion par le redéploiement des vétérans de Libye, dès que la menace byzantine aurait été écartée. Les Perses en profitèrent pour se positionner non loin de là.

Pendant trois mois, les deux chefs négocièrent. Les Arabes offrirent aux Perses de se convertir à l'islam, mais ces derniers rejetèrent la proposition. L'hiver vint. La tension était intolérable, quand enfin les deux armées se rencontrèrent. Le premier jour débuta par une série de duels puis une volée de flèches perses. Les éléphants de combat infligèrent de lourdes pertes aux lignes musulmanes, au point que les Perses faillirent l'emporter.

Le lendemain, les renforts promis par Omar arrivèrent enfin. Le cours de la bataille s'en trouva modifié. Même si les combats firent rage pendant encore trois jours, la cause perse était désespérée. La dynastie sassanide était très affaiblie. Après deux mois de siège, les Arabes s'emparèrent de la capitale perse, Ctésiphon. **TB**

Pertes : Sassanides, 35 000 ; Califat Rashidun, 8 000

Yarmouk 636 *Les Mâts 655*

Manuscrit de 1600 dans le style de Boukhara montrant la décollation d'un soldat pendant la bataille de Kadisiya.

« C'était pour la Perse un grand souci qu'être incapable de grossir ses rangs d'hommes de guerre bien entraînés. »

Kaveh Farrokh, Sassanian Elite Cavalry AD 224-642

القرآن ثم قرأ بعد أساطير بلاها وزخارف جلاها وقال اركبوا فيها بسم الله مجراها
ومرساها ثم تنفس تنفس المغرمين أو عباد الله المذكرين وقال أما أنا

Expansion arabe

Les Mâts 655

Lors de la bataille des Mâts, en Méditerranée orientale, la flotte byzantine de l'empereur Constant II affronta une force navale arabo-musulmane placée sous le commandement d'Abdullah bin Sa'ad bin Abi'l Sarh. La victoire des Arabes confirma leur écrasante suprématie en Méditerranée.

Inspirées par l'islam, les armées arabes étaient dans les années 640 la force militaire dominante des parties continentales du Moyen-Orient, mais l'Empire byzantin continuait de régner sur la mer. De récentes conquêtes permirent toutefois aux Arabes de contrôler l'Égypte, la Syrie et leurs ports.

Le gouverneur de Syrie, le futur calife omeyyade Muawiya Ier, et le gouverneur d'Égypte, Abdullah bin Sa'ad, entreprirent la construction de galères de guerre. Ces navires permirent aux musulmans d'attaquer et de s'emparer en 649 de l'île stratégique qu'était Chypre. Ils lancèrent en 655 une attaque terre-mer combinée sur l'Anatolie, alors possession byzantine. Tandis que Muawiya frappait en Cappadoce, la flotte d'Abdullah bin Sa'ad longea les côtes d'Anatolie et menaça les ports byzantins. L'empereur Constant réunit une flotte dont les 500 vaisseaux quittèrent le port de Constantinople pour affronter les Arabes.

Les forces navales se rencontrèrent au large de Phoenix (aujourd'hui Finike), au sud-ouest de l'Anatolie. Bien qu'inférieurs en nombre, les Arabes attaquèrent en décochant des volées de flèches sur les navires byzantins. Les forces impériales comptaient des marins aguerris, plus aptes à manœuvrer, mais ce fut bientôt l'abordage – phase guerrière créant la forêt de mâts qui donna son nom à la bataille. Habiles au maniement du poignard et du glaive, les Arabes prirent l'avantage. Constant s'enfuit mais son navire fut coulé. **TB**

Pertes : Byzantins, 400 navires ;
Arabes, chiffres inconnus mais pertes importantes

< *Kadisiya 637* *1er siège arabe de Constantinople 674* >

Guerre des Trois Royaumes

Baekgang 27-28 août 663

L'histoire de la Corée est en grande partie la conséquence de sa situation entre la Chine et le Japon. La bataille de Baekgang prit place quand le clan Yamato envoya une flotte contrecarrer la domination chinoise sur la péninsule de Corée. La défaite japonaise mit un terme au royaume de Goguryeo.

Population, prospérité et puissance militaire ne cessaient d'augmenter sous la dynastie Tang, mais Goguryeo résistait toujours aux attaques chinoises venues du nord. Au sud de celui-ci, l'existence de deux petits royaumes coréens, Silla et Baekje, offrait à la Chine la possibilité d'ouvrir un second front.

La cour impériale japonaise se sentait menacée par la perspective d'une domination chinoise de la Corée. Elle réunit une flotte susceptible d'apporter à l'armée de Baekje un renfort de 40 000 hommes. Les forces chinoises et celles de Silla assiégeaient Churyu, capitale de Baekje. La flotte japonaise fit route vers l'embouchure du Geum dans l'intention de remonter le fleuve et de débarquer pour soulager Churyu. Une flottille chinoise bloquait toutefois l'embouchure. Disciplinés et bien formés, les Chinois empêchèrent les Japonais d'user de leur supériorité. Repoussée par deux fois en deux jours, la flotte japonaise se désorganisa. Les Chinois en profitèrent pour l'encercler et incendier de nombreux navires avec des flèches embrasées. Des milliers de soldats japonais se noyèrent.

Baekje fut défait au lendemain de la bataille. Coincé entre ses ennemis, au nord comme au sud, Goguryeo fut envahi quand Silla poursuivit sa conquête de la Corée avec l'aide des Chinois. Pendant ce temps-là, les Japonais établirent d'importantes défenses côtières pour prévenir un débarquement chinois qui ne se produirait jamais. **RG**

Pertes : Japonais, 400 navires sur 800, 10 000 morts ou blessés ; Chinois, chiffres inconnus sur 170 navires engagés

< *Salsu 612* *Kwiju 1019* >

La force navale arabo-musulmane remporta la bataille des Mâts.

1er siège arabe de Constantinople 674-677

La défaite de la marine byzantine à la bataille des Mâts mettait en péril Constantinople, désormais susceptible d'être attaquée par voie de mer. Le siège arabe débuta en 674 ; long de quatre ans, il prit la forme d'une opération navale mais fut mis en échec par une invention nouvelle : le feu grégeois.

Pendant les années qui suivirent la bataille des Mâts, le monde arabe vit l'installation du califat omeyyade de Muawiya Ier, et son désir de conquête en fut ravivé.

En 674, les Arabes établis sur le littoral de la mer de Marmara attaquèrent à plusieurs reprises Constantinople : leurs galères servaient de plates-formes à des catapultes projetant de très loin d'énormes blocs rocheux sur les murailles de la ville.

Les défenses en étaient solides, bien organisées par l'empereur Constantin IV, et les murs théodosiens (édifiés au ve siècle sous le règne de Théodose II) se révélèrent imprenables. Les Arabes cherchèrent alors à affamer la ville en contrôlant les routes d'accès au Bosphore. La flotte byzantine fut contrainte d'effectuer une sortie et d'affronter les navires arabes pour mettre le plus rapidement possible un terme au blocus.

Une nouvelle arme incendiaire fut employée pour la première fois, sous la forme d'un liquide embrasé portant le nom de « feu grégeois ». On en attribue l'invention au Syrien Callinicus, arrivé à Constantinople au début des années 670. À la proue des vaisseaux byzantins, un système de pompe et un tube en bronze faisaient office de lance-flammes. C'est ainsi que les Byzantins remportèrent en 677 une bataille capitale dans la mer de Marmara. Elle mit un terme au blocus : à l'approche de l'hiver, incapables d'abattre les murailles de la ville, les Arabes décidèrent de se retirer. **TB**

Pertes : chiffres inconnus

< *Les Mâts 655* — *Karbala 680* >

Illustration byzantine montrant comment le feu grégeois était utilisé contre les navires arabes.

Karbala 10 octobre 680

La bataille de Karbala constitue l'un des moments les plus importants du développement du monde musulman. Elle se conclut par la mort d'Hussein ben Ali, un des petits-fils du prophète Mahomet, et engendra entre les branches chiite et sunnite de l'islam un conflit qui perdure encore aujourd'hui.

Quand Yazid Ier succéda à son père Muawiya Ier pour devenir calife omeyyade (chef du monde islamique), les parties de la population demeurées loyales au petit-fils de Mahomet se rebellèrent à Koufa, ville située sur les rives de l'Euphrate. Elles invitèrent son petit-fils, Hussein ben Ali, à se joindre à elles en lui promettant de le proclamer calife en Irak. Hussein quitta alors La Mecque avec presque toute sa famille, persuadé de recevoir un accueil triomphal de la part des habitants de Koufa.

Entre-temps, Yazid avait ordonné à Ubayd Allah, alors gouverneur de Bassora, de restaurer l'ordre civil. Hussein arriva devant Karbala pour trouver en face de lui une imposante armée. Il livra bataille et attendit du soutien de la part de ses partisans vivant à Koufa, mais aucune aide n'arriva, et il fut massacré ainsi que de nombreux membres de sa famille.

La nouvelle de la mort violente du petit-fils du prophète parvint à Koufa. Ceux qui s'étaient déclarés ses amis eurent honte du rôle qu'ils avaient joué dans cette tragédie. Très vite, Yazid et ses fidèles furent considérés comme des meurtriers, et leur nom est depuis maudit par les musulmans chiites. La mort de Hussein fut capitale pour l'expansion de l'islam chiite, et son anniversaire (dixième jour du premier mois du calendrier islamique) est marqué par un deuil public.

À Karbala, la tombe du martyr décapité est pour les chiites un des lieux les plus saints du monde. **TB**

Pertes : chiffres inconnus

< *1er siège arabe de Constantinople 674* *Guadalete 711* >

Abbas, demi-frère d'Hussein, est au centre de cette huile due à Abbas al-Musavi.

Guadalete 711

Après l'Afrique du Nord, les armées de l'islam cherchèrent à poursuivre leur expansion en Espagne. Au bord du Guadalete, la force arabe et berbère de Tariq ibn Ziyad infligea une lourde défaite aux Wisigoths chrétiens du roi Rodéric ; l'Espagne était désormais ouverte à la conquête musulmane.

À partir de 705, les musulmans quittèrent souvent l'Afrique du Nord pour attaquer l'Espagne et laisser en ruine de nombreuses colonies du littoral. L'invasion dirigée par Tariq Khan est peut-être le point culminant d'une série d'opérations menées au-delà du détroit de Gibraltar.

À l'époque, l'Hispanie chrétienne était loin d'être unie. Rodéric se battait contre les Basques quand il fut mis au courant de l'invasion. Il se hâta de gagner le sud du pays pour parer à l'attaque musulmane, trouvant en chemin des renforts auprès de clans rivaux. On ignore le site exact de la bataille, mais l'on pense qu'elle eut lieu dans l'actuelle province de Cadix, près de l'embouchure du Guadalete. L'armée de Tariq Khan était probablement constituée en majeure partie de cavaliers berbères, recrutés en Afrique du Nord et soumis à des commandants arabes. Leur tactique était celle de l'escarmouche, commune aux cavaliers légers de l'époque.

Il n'y a aucun récit détaillé de cet affrontement. Plusieurs sources attribuent la défaite wisigothe à la fourberie de chefs de clan désireux de déposer Rodéric. Si tel est le cas, leur traîtrise se retourna contre eux puisqu'ils périrent au côté de leur roi. La disparition de Rodéric et de la plupart de ses nobles accéléra la chute rapide du royaume wisigoth, et la prise de Tolède par les armées musulmanes. La péninsule Ibérique demeurerait pendant quatre siècles un territoire à prédominance musulmane. **TB**

Pertes : chiffres inconnus

Covadonga v. 720 ›

Covadonga v. 720

Covadonga fut une bataille mineure opposant les Maures islamiques aux chrétiens des Asturies (nord de l'Espagne) menés par leur roi, Pélage. Elle garantit la survie d'un royaume chrétien en Ibérie et certains y voient le début de la Reconquista – la reconquête de l'Espagne sur les musulmans.

Élu roi des Asturies vers 718, Pélage tira parti de la défiance que les Maures inspiraient à ses sujets pour susciter une rébellion et refuser de payer le tribut. Covadonga est plus qu'un simple engagement : c'est le dernier acte d'une série initiée en 718 et qui dura peut-être deux ou trois années. Pélage avait mis ce laps de temps à profit pour repousser les Maures, qui cherchaient à reprendre le contrôle des Asturies.

Une importante force armée fut toutefois envoyée dans ce royaume vers 720, pour régler définitivement la question. Après plusieurs défaites mineures, Pélage dut battre en retraite dans les montagnes. Il se plaça alors sur la défensive dans une gorge aux parois escarpées. Il avait probablement moins de 500 hommes, mais la nature du terrain interdisait toute attaque frontale. Dès son arrivée, le chef maure Al-Kama fit à Pélage une offre de reddition, que l'autre rejeta.

Al-Kama lança ses troupes d'élite à l'assaut. Les Asturiens décochèrent leurs flèches de part et d'autre de la gorge et infligèrent de lourdes pertes aux Maures, qui furent ensuite repoussés par une contre-attaque soudaine de la part de Pélage. Les Maures se retirèrent, mais furent poursuivis par les Asturiens, avec le renfort des villageois qui entrevoyaient d'un coup l'éventualité d'une victoire.

Covadonga et l'éviction des Maures assurèrent l'indépendance des Asturies. Une petite partie de l'Ibérie resterait ainsi sous domination chrétienne. **TB**

Pertes : chiffres inconnus

‹ *Guadalete 711*

Poitiers 732 ›

Les Goths fuient devant la cavalerie musulmane (détail d'une œuvre du XIXe siècle de Salvador Martinez Cubells).

Poitiers 732

La bataille rangée livrée entre Tours et Poitiers passe aux yeux de nombre de chercheurs pour l'un des événements militaires majeurs de l'histoire du monde. La victoire du chef des Francs, Charles Martel, sur l'émir de Cordoue a empêché l'Europe chrétienne de succomber sous l'invasion musulmane.

Après leur conquête de la péninsule Ibérique, les forces musulmanes investirent le sud de la Gaule et établirent une nouvelle capitale dans la ville portuaire de Narbonne. En 721, la victoire d'Odon d'Aquitaine à Toulouse apporta un bref répit, mais une grande partie de l'Aquitaine et du Bordelais céda ensuite devant la poussée musulmane.

Odon n'était pas un ami des Francs, et il chercha dans un premier temps à assurer l'avenir de son royaume en formant une alliance avec les Maures. Cet espoir fut rapidement déçu quand une guerre civile survenue en Ibérie se traduisit par la victoire d'Abd al-Rahman, émir de Cordoue. Celui-ci chercha immédiatement à renouveler le processus de conquête de la Gaule. Odon fit appel à

« De victoire en victoire, jusqu'à ce que l'Occident soumis comme l'Orient s'incline devant le nom de Mahomet… » *Robert Southey*, Roderick

Charles Martel, maire du palais du royaume franc mérovingien, qui accepta cette alliance à la condition qu'Odon consente à une souveraineté franque sur son royaume. Les forces musulmanes avancèrent vers le nord et battirent Odon à la bataille de la Garonne. La nouvelle de cette défaite parvint aux oreilles de Charles Martel, qui rassembla ses hommes et entreprit de rencontrer les Arabes dans un lieu qu'il aurait lui-même défini.

Les historiens pensent qu'Abd al-Rahman relâcha son attention après les victoires faciles remportées dans le sud de la Gaule. Il voyait déjà à ses pieds le vieux territoire de l'Empire romain d'Occident. En Charles Martel, les Francs trouvaient un commandant qui n'avait rien d'un barbare : il avait en effet étudié les tactiques d'Alexandre le Grand et celle des grands chefs militaires de l'Empire romain. Il résolut donc de résister à l'envahisseur avec une force de guerriers cuirassés bien disciplinés qui, au lieu de se battre à cheval, combattraient à pied en formation défensive serrée.

À une petite vingtaine de kilomètres de Poitiers, les cavaliers rapides d'Abd al-Rahman se retrouvèrent face à une importante armée constituée de Francs et de Burgondes, positionnée sur les hauteurs et dans des bois où l'avancée musulmane se trouverait ralentie. Les soldats de Martel formaient un large carré, défendu sur chaque côté par des hommes munis de lances, d'épées et de boucliers. Après plusieurs jours d'escarmouches, l'attrait des richesses tourangelles poussa Abd al-Rahman à décider un assaut frontal. C'était exactement ce que Charles Martel attendait. Contraints de gravir les collines, les cavaliers musulmans tentèrent plusieurs fois de briser les lignes franques mais celles-ci résistèrent. Et ce fut un véritable coup de théâtre lorsque la nouvelle se répandit : les Francs avaient attaqué le campement maure et récupéré les trésors volés à Bordeaux. La cavalerie musulmane interrompit son ultime charge pour regagner son camp. Bientôt Abd al-Rahman fut encerclé par les forces chrétiennes et tué.

La victoire de Charles Martel fit de lui un héros aux yeux des chrétiens, mais les musulmans ne regagneraient pas l'Ibérie avant plusieurs années. Le christianisme survécut en Gaule et le combat de Charles Martel imposa la dynastie carolingienne au royaume franc. Son petit-fils, Charlemagne, serait couronné empereur en l'an 800. **TB**

Pertes : Omeyyades, 10 000 ; Francs, moins de 1 000

◁ *Covadonga v. 720* *Roncevaux 778* ▷

Charles Martel (armé d'une hache) affronte Abd al-Rahman (en blanc) sur cette toile du XIXe siècle. ➔

CUM SEDEAT KAROLUS MAGNO CORONATUS HONORE
EST IOSIAE SIMILIS · PARQUE THEODOSIO

Raids vikings

Lindisfarne 8 juin 793

L'attaque viking perpétrée contre le monastère de Lindisfarne, sur le littoral de la Northumbrie, scandalisa l'Angleterre anglo-saxonne. De toute évidence barbare, ce nouvel ennemi ne respectait pas l'Église chrétienne. Les raids vikings devaient terroriser l'Angleterre pendant plus de 200 ans.

On ignore toujours pourquoi les Vikings quittèrent leurs fiefs de Scandinavie. Les causes possibles sont nombreuses : hausse importante de la population, maigres récoltes, ou progrès dans la construction navale permettant des expéditions au loin. Une chose est probable cependant : quand quelques guerriers intrépides eurent pillé leurs paisibles voisins et rapporté chez eux un butin impressionnant, d'autres organisèrent à leur tour des raids afin de s'enrichir.

Ces attaques étaient à la fois simples et impitoyables. Les drakkars rapides permettaient de traverser la mer du Nord en deux jours, et le fond plat de ces embarcations, de remonter les fleuves côtiers. On les hissait facilement sur le rivage. Une fois débarqués, les Vikings terrorisaient les populations locales.

Lindisfarne ne fut pas le premier raid viking en Angleterre. Il y avait déjà eu Portland, dans le Dorset, en 789. Le monastère, centre régional de culture chrétienne, était directement exposé. Le paisible royaume de Northumbrie dont il faisait partie ne se trouvait nullement protégé des dangers venus de la mer. Alcuin, lettré de Northumbrie vivant à la cour de Charlemagne à Aix-la-Chapelle, put ainsi écrire : « Les barbares répandaient autour de l'autel le sang des saints et piétinaient leur corps dans le temple de Dieu comme ils l'auraient fait d'excréments dans une rue. » Les moines furent tués ou asservis et les trésors du monastère rapportés en triomphe au pays. **SA**

Pertes : chiffres inconnus

Paris 885 ▷

Guerres byzantino-bulgares

Pliska 26 juillet 811

L'ascension au pouvoir des Bulgares, menés par le redoutable Khan Kroum, menaçait la sécurité de l'Empire byzantin. Une expédition organisée par l'empereur Nicéphore Ier ravagea la capitale bulgare, Pliska, mais Kroum devait se venger, de manière plus terrible encore, de Nicéphore et de son armée.

En mai 811, Nicéphore et son fils, Staurakios, envahirent le territoire bulgare à la tête d'une force considérable. Incapable de lutter en terrain découvert, Kroum tenta de négocier, mais Nicéphore était déterminé à donner une leçon aux Bulgares. Son armée balaya toute résistance bulgare et s'empara facilement de Pliska.

La ville et la campagne environnante firent l'objet d'une brutalité sans nom : hommes, femmes et enfants furent massacrés, animaux et récoltes détruits. Ayant accompli sa mission, Nicéphore regagna son pays en passant par les montagnes des Balkans. Imprudemment, il s'engagea dans le défilé de Virbitsa sans envoyer d'éclaireurs. Les Bulgares épiaient chaque mouvement des Byzantins et leur tendirent un piège. Sous le couvert de la nuit, ils barricadèrent les deux extrémités du défilé, dont leurs combattants contrôlaient désormais les pentes.

Ils attaquèrent le 26 juillet, dévalant à toute allure les flancs de la montagne et faisant rouler des rochers sur leurs ennemis. Les Byzantins s'enfuirent vers le sud et beaucoup se noyèrent en tentant de traverser une rivière ; d'autres périrent brûlés vifs au contact d'une barricade incendiée. Seule une poignée de survivants regagna Constantinople. Nicéphore n'était pas du nombre. Blessé au cou et paralysé, Staurakios fut ramené sur une civière et mourut six mois plus tard. Kroum fit cercler d'argent le crâne de Nicéphore et s'en servit de coupe à boire. **RG**

Pertes : Byzantins, la quasi-totalité de l'armée de 60 000 hommes ; Bulgares, chiffres inconnus

Kleidion 1014 ▷

Talas juillet 751

La bataille opposant la Chine au califat musulman abbasside fut livrée près de la rivière Talas (Kirghizistan et Kazakhstan modernes). Capitale pour l'histoire du monde, elle fit entrer l'Asie centrale dans le monde islamique et assura le transfert vers l'Occident de la technologie chinoise.

Sous l'empereur Tang Xuanzong, la Chine étendit son champ d'influence vers la partie occidentale de l'Asie et se heurta inévitablement aux armées arabes porteuses de la foi islamique. Quand le général d'origine coréenne Gao Xianzhi franchit les montagnes du Pamir, les chefs ouïgours locaux demandèrent la protection des Arabes déjà installés à Samarkand.

L'armée arabe de Ziyad ibn Salih jouissait d'une certaine supériorité numérique grâce à l'appui des Ouïgours et des Tibétains. Celle de Gao Xianzhi consistait en un petit noyau chinois assisté de nombreux auxiliaires recrutés sur place. La confrontation dura cinq jours, jusqu'à ce que les Chinois soient attaqués à rebours par des cavaliers nomades turcs, gazis et qarluqs. Si l'on en croit les Chinois, les Qarluqs étaient des traîtres qui s'étaient battus de leur côté avant de changer de camp. Pour les Arabes, c'étaient simplement des alliés arrivés sur le tard. Quoi qu'il en fût, les Chinois luttèrent et déplorèrent des milliers de morts et de prisonniers. La tradition raconte que deux des prisonniers chinois étaient experts dans l'art de fabriquer le papier : mis au travail à Samarkand, ils introduiront son usage dans le monde islamique, puis en Europe chrétienne. Peu après la bataille, la Chine des Tang sombra dans la guerre civile et abandonna tout projet d'expansion. Les peuples turcs et iraniens d'Europe centrale furent islamisés au cours des siècles suivants. **RG**

Pertes : Chinois, jusqu'à 30 000 sur 100 000 combattants ; Arabes, jusqu'à 100 000 sur 200 000

Roncevaux 15 août 778

Roland, chef de l'arrière-garde de l'armée de Charlemagne, fut vaincu dans les Pyrénées, donnant ainsi naissance à la célèbre *Chanson de Roland*, la plus ancienne chanson de geste française. Ses adversaires n'étaient toutefois pas des musulmans, comme le veut la légende, mais bien des Basques.

En 778, Charlemagne, roi des Francs, mena une campagne malheureuse destinée à étendre son influence et celle de la chrétienté en péninsule Ibérique, islamisée depuis 711. Il fut invité en Ibérie par les chefs musulmans de Barcelone, Gérone et Saragosse qui se sentaient menacés par l'émir omeyyade de Cordoue. Charlemagne espérait jouer de ces divisions internes pour affirmer son autorité en territoire musulman.

Le souverain fut très bien accueilli à Barcelone et à Gérone, mais à Saragosse le chef avait entre-temps été chassé par l'émir de Cordoue, qui l'avait remplacé par l'un de ses fidèles. Charlemagne assiégea brièvement la ville avant que le nouveau chef lui accorde une grosse quantité d'or pour qu'il lève le camp et rentre chez lui. Les Basques étaient de farouches combattants, adeptes de la guérilla dans leurs Pyrénées natales. L'armée de Charlemagne franchit les montagnes près de Roncevaux ; son neveu, Roland, protégeait l'arrière-garde et le trésor. Quand le gros des troupes impériales fut assez loin, les Basques attaquèrent Roland. Peu rompus aux combats en terrain montagneux, ses Francs furent quasiment anéantis sans que Charlemagne se rende compte de ce qui se passait. Roland périt lui aussi et les Basques s'emparèrent de l'or gagné à Saragosse. Cette défaite empêcha Charlemagne de mener d'autres campagnes en Ibérie et la région basque continua à poser des problèmes aux Carolingiens. **TB**

Pertes : chiffres inconnus

< *Poitiers 732* | *Jengland 851* >

Guerre britto-franque

Jengland 22 août 851

L'irrésistible expansion des territoires francs allait être contrecarrée à Jengland par une force bretonne dont la cavalerie mobile se révélerait supérieure à une infanterie cuirassée, et partant, statique. Le traité qui s'ensuivit fut très flou, mais il définit tout de même les frontières de la Bretagne.

À la mort en 851 du duc Nominoë de Normandie, l'empereur franc Charles le Chauve chercha à imposer son autorité. Il réunit une armée comprenant 4 000 fantassins francs cuirassés et 1 000 fantassins saxons plus légèrement armés, et envahit la Bretagne. Il ne s'adjoignit pas les cavaliers que les Francs auraient pu lever dans les villes les plus riches de leur territoire.

À Jengland, le nouveau duc de Bretagne, Erispoë, tendit une embuscade aux envahisseurs venus de Nantes par la vieille route romaine. Les cavaliers bretons chargèrent et frappèrent les rangs francs de leurs javelines, puis s'empressèrent de battre en retraite pour inciter l'infanterie ennemie à les pourchasser. Les Francs et les Saxons qui rompirent les rangs ne tardèrent pas à être abattus. La bataille s'interrompit au crépuscule pour reprendre le lendemain à l'aube. Le second jour vit des suites d'escarmouches peu soutenues, alors que les pertes franques ne cessaient d'augmenter. Au soir, Charles le Chauve prit la fuite avec sa garde, laissant son armée face à son destin. Dès qu'ils s'aperçurent de son absence, les Francs s'enfuirent à leur tour, pour être rattrapés par les cavaliers bretons.

Par le traité d'Angers, signé quelques semaines plus tard, Charles le Chauve reconnut Erispoë roi de Bretagne, et celui-ci reconnut Charles comme empereur, acceptant une suzeraineté toute symbolique. Les limites de la Bretagne définies à Angers ne varieraient que très peu au cours des siècles. **RM**

Pertes : Francs, 2 000 morts ou blessés sur 5 000 ; Bretons, chiffres inconnus sur moins de 1 500

〈 *Roncevaux 778*

Guerres scandinaves

Hafrsfjord v. 872

La victoire sanglante du roi Harald à la belle chevelure dans la baie de Hafrsfjord marque, pour les Norvégiens, l'unification de leur pays sous une seule dynastie royale. Cette bataille fut en réalité l'événement le plus dramatique d'un long processus entamé vers 820 qui ne s'acheva qu'en 1035.

Depuis des générations, les rois de Vestfold recouraient à la guerre, aux mariages et à la diplomatie pour unir les États du sud-est de la Norvège. Les royautés voisines, effrayées par le pouvoir croissant de Vestfold, s'unirent et concentrèrent leurs efforts afin de mettre leur roi, Harald à la belle chevelure, hors d'état de leur nuire.

Le pivot de cette alliance était Éric de Hordaland, soutenu par les rois Sulke de Rogaland et Kjotve le Riche d'Agder, ainsi que par le comte Sote. Les coalisés réunirent une vaste flotte et firent voile vers le sud pour rencontrer Harald. La flotte de ce dernier mouillait à Hafrsfjord, vaste baie proche de Stavanger, et dans laquelle on ne pénétrait que par un chenal étroit. Il semble que ce soit là que les navires d'Harald affrontèrent les vaisseaux ennemis et les détruisirent dès leur entrée dans le fjord. Éric et Sulke furent tués, mais un célèbre guerrier du nom de Thor Haklang réussit à aborder le navire d'Harald ; ce fut le point culminant – et particulièrement sanglant – de cette bataille navale.

Thor fut tué et, face à leurs pertes colossales, les coalisés perdirent espoir. Kjotve rassembla ce qu'il restait d'hommes et d'embarcations et les mit à l'abri sur une petite île (probablement Kjerten) avant de regagner son pays sans être inquiété par Harald. Celui-ci put alors régner sur la majeure partie du sud de la Norvège et faire payer le tribut au nord du pays, même si son autorité ne s'exerçait pas jusque-là. **RM**

Pertes : chiffres inconnus

Svolder 1000 〉

← *Sur son trône orné de pierres précieuses, Charles le Chauve tient le globe et le sceptre.*

Edington 6-12 mai 878

En 865, avec l'arrivée d'une « grande armée » danoise en Est-Anglie, les attaques vikings contre la Bretagne changèrent du tout au tout : c'en était fini des raids côtiers, les hommes du Nord voulaient conquérir. Seule la victoire d'Alfred le Grand à Edington préserva l'indépendance anglo-saxonne.

Après la conquête par l'armée danoise des royaumes anglo-saxons d'Est-Anglie, de Northumbrie et de Mercie, ce fut au tour du Wessex, au sud de l'Angleterre, d'affronter l'envahisseur. Alfred succéda à son frère, le roi Ethelred Ier, tué par les Danois en 871.

Le nouveau souverain bénéficia d'une accalmie jusqu'en 876, année où les Danois envahirent à nouveau le Wessex, avant de s'emparer de Wareham et d'occuper Exeter en 877. Alfred réussit à les contraindre à se retirer en Mercie, mais le répit fut de courte durée.

En janvier 878, les Danois de Guthrum lancèrent une attaque surprise contre les quartiers d'hiver d'Alfred, à Chippenham. Le roi put s'enfuir et se réfugier avec quelques hommes dans les marais du Somerset, à Athelney. Il y édifia un fortin pour servir de base à sa guerre de guérilla. En mai 878, il partit défier les Danois à Edington (Ethandun), non loin de la forteresse désormais danoise de Chippenham. À pied, ses guerriers affrontèrent les Danois, protégés par la muraille imprenable de leurs boucliers. La bataille fit rage jusqu'à ce qu'Alfred, pour reprendre les mots de son biographe, le moine Asser, « rejette les païens lors d'un grand massacre et poursuivent les fuyards aux confins de la forteresse ». Sa victoire fut décisive : elle contraignit Guthrum à abandonner le Wessex et à accepter la partition de l'Angleterre. Le Wessex d'Alfred en contrôlait le sud et l'ouest ; le Danelaw viking, le nord et l'est. **SA**

Pertes : chiffres inconnus

< *Lindisfarne 793* | *Brunanburh v. 937* >

Paris 25 novembre 885 - octobre 886

Alors capitale de la Francie occidentale, Paris fut soumis à un long siège de la part des Vikings qui, pour la première fois, abandonnaient les tactiques de l'escarmouche et de l'affrontement direct. Leur échec à s'emparer de la ville marqua un authentique tournant dans l'histoire de la France.

Les Vikings remontèrent la Seine en 840 pour attaquer Paris. Ils revinrent à trois reprises au cours des années 860. Chaque fois, ils pillèrent la ville ou repartirent après avoir reçu une rançon. En 864, les Francs édifièrent sur le fleuve deux ponts destinés à empêcher leur progression : la ville, récemment fortifiée, était située sur l'île de la Cité.

Le royaume franc, affaibli, était incapable de se défendre correctement. En 885, les Vikings en profitèrent pour revenir avec une importante flotte. Le duc Odon de Francie, maître de la ville, ne disposait que de 200 hommes, mais s'était préparé en faisant construire une tour de garde à l'extrémité de chaque pont. Leur demande de rançon ayant été rejetée, les Vikings attaquèrent la tour nord-ouest avec des catapultes, puis mirent le feu à trois navires pour embraser le pont de bois ; celui-ci devait s'effondrer en février 886, fragilisé par les crues qu'avaient entraînées des pluies torrentielles.

La tour fut enfin prise, mais les Vikings s'adonnaient déjà au pillage des campagnes environnantes. Les Parisiens en profitèrent pour se ravitailler et chercher de l'aide à l'extérieur. L'été suivant, les Vikings firent une ultime tentative, mais ne tardèrent pas à être encerclés par l'armée franque de Charles le Gros. Au lieu de se battre, Charles leur attribua 700 livres d'argent pour qu'ils partent. Ils s'empressèrent d'aller piller la Burgondie, en révolte contre la règle franque. **SA**

Pertes : chiffres inconnus

< *Lindisfarne 793* | *Clontarf 1014* >

Guerres anglo-saxonnes

Brunanburh v. 937

Le site exact de la bataille nous est inconnu, de même que sa date précise (entre 934 et 939), mais l'importance de Brunanburh est indubitable. C'est en effet là que les rois du Wessex confirmèrent leur domination sur un royaume anglais unifié, et l'étendirent à toutes les îles britanniques.

En 925, Athelstan succéda à son père, Édouard l'Ancien, sur le trône de Wessex. Il acheva la conquête du nord de l'Angleterre sur les Danois, et reçut l'hommage à la fois des Gallois et de Constantin II, roi d'Écosse.

Celui-ci n'appréciait pas la domination anglaise. Il établit un certain nombre de contacts à travers les îles britanniques. Il maria sa fille à Olaf Guthfrithson, roi viking de Dublin et ancien roi d'York, et se trouva ainsi allié des comtes vikings de Northumbrie. Constantin était déjà lié à Owen, souverain du royaume indépendant de Strathclyde, au sud-ouest de l'Écosse. C'est donc cette coalition d'Écossais, d'Irlandais et de Danois northumbriens qu'Athelstan affronta en 937.

Le site exact de la bataille de Brunanburh n'a jamais pu être déterminé, mais il est probable que l'affrontement prit place en Northumbrie ou à Bromborough, sur la péninsule de Wirral. La coalition érigea une longue palissade de bois précédée d'une profonde tranchée, mais l'obstacle fut abattu par l'armée d'Athelstan. Certaines sources indiquent que les Anglais procédèrent à une charge de cavalerie ; c'est assez improbable, car ils ne disposaient certainement que d'infanterie, et il pourrait alors s'agir de mercenaires étrangers. La bataille fit rage toute la journée jusqu'au triomphe anglais. La coalition perdit cinq « rois » et sept *jarls* (comtes) vikings. Deux cousins d'Athelstan et un évêque anglais y laissèrent également la vie. **SA**

Pertes : chiffres inconnus

< *Edington 878* *Maldon 991* >

Guerre sino-vietnamienne

Bach Dang 938

La bataille fluviale du Bach Dang est un objet de fierté pour la tradition nationaliste vietnamienne : elle assura l'indépendance du pays après 1 000 ans de domination chinoise. Pour les Vietnamiens, mal équipés, ce fut aussi le triomphe de la ruse et de l'inventivité sur la force brutale.

Le Vietnam fut dans un premier temps soumis à la domination chinoise, sous la dynastie Han, en 111 avant J.-C. Celle-ci perdura jusqu'à la désintégration de la dynastie Tang au début du xe siècle. La partie du Vietnam du Nord appelée Chiao-chi affirma son autonomie quand la Chine éclata en plusieurs royaumes combattants.

En 938, Liu Yan, maître d'un royaume qu'il baptisa Han du Sud, décida de réaffirmer l'autorité chinoise sur le Chiao-chi. Il envoya une armée d'invasion par voie de mer. Menée par le propre fils de Liu Kung, Liu Hung-Ts'ao, l'expédition comptait descendre la rivière Bach Dang et atteindre ainsi son delta, dans la baie d'Along, où l'on positionnerait les troupes. Le chef vietnamien Ngo Quyen avait pour sa part anticipé un tel stratagème, et disposé dans le lit de la rivière des pieux hérissés de pointes de fer. À marée haute, alors que les pieux acérés étaient dissimulés, il envoya quelques petits bateaux narguer la flotte chinoise avant de faire demi-tour. Les Chinois tombèrent dans le piège et se lancèrent à leur poursuite. Mais le niveau de l'eau avait baissé, et les grosses embarcations ennemies s'empalèrent. Immobilisées, elles furent attaquées par des hordes de combattants vietnamiens.

On raconte que près de la moitié des soldats chinois auraient péri, noyés pour la plupart. Liu Hung-Ts'ao était au nombre des morts et son père, fou de chagrin, abandonna l'idée de dominer le Chiao-chi. Ngo Quyen fut proclamé roi du Vietnam l'année suivante. **RG**

Pertes : Chinois, peut-être 100 000 morts

Chi Lang 1427 >

Incursions magyares

Lechfeld 955

Les tribus magyares étaient composées de cavaliers païens venus d'Asie qui, en faisant route vers l'ouest, menaçaient d'invasion l'Europe chrétienne. À la bataille du Lechfeld, le roi germanique Otton Ier remporta une victoire décisive et mit un terme à l'expansion magyare.

Jusqu'à la bataille du Lechfeld, il semblait que les rois germaniques n'avaient aucun moyen de contrecarrer l'avancée des Hongrois. En 995, Otton Ier réussit péniblement à opposer une dizaine de milliers d'hommes aux Magyars, cinq fois supérieurs en nombre.

Otton suivit la rivière Lech en direction de la ville d'Augsbourg et manœuvra afin de rendre plus difficile toute retraite magyare. Les Hongrois franchirent la rivière Lech et attaquèrent les premiers, semant la panique chez les guerriers d'Otton. Encerclé, celui-ci savait la défaite inéluctable, mais les Hongrois cessèrent brusquement le combat pour piller les provisions de leurs adversaires. Otton contre-attaqua, tailla en pièces les pillards et obligea la cavalerie ennemie à battre en retraite. Les Germains reprirent confiance et chargèrent sous des volées de flèches, pour finalement percer les lignes magyares. Les archers à cheval ne pouvaient mettre à profit leur tactique de harcèlement habituelle, et un corps-à-corps s'engagea. Incapables de combattre sans leur cavalerie, les Hongrois battirent en retraite, pourchassés par les troupes d'Otton.

La réputation d'invincibilité des Magyars fut brisée au Lechfeld, et leurs raids en Europe occidentale cessèrent. Sous le nom d'Otton le Grand, Otton Ier fut couronné empereur du Saint Empire romain ; les Magyars se convertirent au christianisme et fondèrent le royaume de Hongrie. **TB**

Pertes : Germains, 2 000 ;
Magyars, 5 000 (selon des sources germaines)

Illustration de la bataille du Lechfeld par Sigismond Meisterlin dans la Chronique d'Augsbourg *(1457).*

Guerres anglo-saxonnes

Maldon août 991

Une bataille se gagne ou se perd pour des raisons parfois étranges. Dans le cas de celle de Maldon, livrée sur le littoral marécageux de l'Essex, au sud-est de l'Angleterre, c'est à cause d'une trop grande confiance en soi que les Anglo-Saxons subirent, face aux envahisseurs vikings, une cuisante défaite.

À partir des années 980, les Vikings danois lancèrent une nouvelle série de raids contre le royaume anglais récemment uni, et dirigé depuis 988 par Ethelred II. Pendant l'été 991, la flotte d'Olaf Tryggvason, futur roi de Norvège, fit voile au sud en suivant le littoral oriental de l'Essex. Les pillards débarquèrent dans l'estuaire de la Blackwater, sur l'île de Northey, que reliait à la terre ferme une chaussée inondable.

Les événements suivants sont relatés dans un poème rédigé en vieil anglais, *The Battle of Maldon*. Accompagné de ses thanes (dignitaires de sa suite) et d'une milice locale, Byrhtnoth, comte d'Essex, partit affronter l'envahisseur. Il adopta une position stratégique sur l'extrémité terrestre de la chaussée. Quand la mer se retira, les Danois quittèrent l'île et empruntèrent la chaussée en question, mais les forces anglaises leur coupèrent la route. La bataille en un tel lieu étant impossible, Tryggvason proposa que ses hommes puissent accéder à la terre ferme afin que les deux armées s'affrontent sur un pied d'égalité. Était-il certain de l'emporter ou n'était-ce que par « fair play » ? Toujours est-il que Byrhtnoth accepta.

La bataille, sanglante, prit fin quand le comte fut abattu d'un coup de lance. Ses thanes périrent eux aussi. La victoire danoise était totale, et désormais l'Essex leur appartenait. En quelques décennies, l'Angleterre tout entière se retrouva sous l'autorité des Danois. **SA**

Pertes : chiffres inconnus, mais peut-être 3 000 dans chaque camp

< *Brunanburh v. 937* *Ashingdon 1016* >

de 1000 à 1499

Le Moyen Âge est un âge d'or pour le cheval. À tous les étages de la féodalité, les seigneurs possèdent une ou plusieurs montures, et les batailles se livrent pour l'essentiel à cheval. Mais en se renforçant, l'autorité monarchique constitue peu à peu des armées où l'infanterie et les archers gagnent en importance. La guerre de Cent Ans témoigne de cette évolution. Quand ils ne se combattent pas les uns les autres, les princes de l'Occident chrétien partent en croisade et se heurtent aux Arabes pour la possession des Lieux saints. Par les Arabes arrive en Europe au XIIIe siècle la poudre à canon, connue en Chine depuis l'époque des Tang. En se répandant, les armes à feu bouleversent les conditions de la guerre.

À la fin du XIVe siècle, un monde nouveau se dessine. L'Empire byzantin cède devant la pression ottomane. La Chine des Ming est au sommet de sa puissance militaire et maritime. Les navigateurs européens se lancent à la découverte du monde.

Enluminure persane du XVIe siècle représentant la bataille de Panipat (1526).

Guerres scandinaves

Svolder septembre 1000

À la suite du décès du roi chrétien Olaf Tryggvason à Svolder, plusieurs souverains païens se partagèrent la Norvège pour enrayer son unification ainsi que la progression du christianisme. Leurs efforts s'avérèrent vains : 35 ans plus tard, la Norvège était un royaume chrétien uni régi par le fils d'Olaf, Magnus.

La puissance croissante de la Norvège unie sous le règne d'Olaf Tryggvason alarmait Sven dit Barbe Fourchue, roi du Danemark, Olof Ier de Suède et le comte Éric Håkonsson de Lade. C'est une dispute portant sur la dot de Thyri, l'épouse danoise d'Olaf Tryggvason, qui déclencha la guerre. Olaf s'était rendu dans le Wendland, région de la Baltique, pour y rechercher des alliés et en revenait quand sa flotte fut attaquée au large de l'île de Svolder (probablement l'actuelle Rügen) au début septembre. Abandonné par les mercenaires jomsvikings qu'il avait engagés, Olaf ne disposa alors plus que de onze navires pour faire face à la flotte alliée, qui, selon les sources, en comptait 80 ou 139. Olaf arrima ses bateaux les uns aux autres autour de son propre navire, le *Long Serpent*.

La bataille débuta par l'attaque des navires de Sven Barbe Fourchue qui fut repoussée tout comme la suivante. Le comte Éric manœuvra alors ses navires pour pouvoir attaquer ceux d'Olaf sur le flanc, massant toutes ses forces contre un seul navire. Les hommes d'Éric vinrent à bout de ce bateau puis le détachèrent des autres avant de s'attaquer à l'embarcation suivante. Les Suédois et les Danois adoptèrent la même tactique sur l'autre flanc et les Norvégiens furent repoussés jusqu'à ce que seul le *Long Serpent* demeure. Après une lutte acharnée, les Danois parvinrent à grimper sur le bateau et à batailler vers la poupe, où se trouvait Olaf. Celui-ci se jeta alors dans les flots, où il se noya, et ses hommes se rendirent. **RM**

Pertes : Norvégiens : 800 morts ou prisonniers ; alliés, chiffres inconnus

◁ *Hafrsjord v. 872*

Raids vikings

Clontarf 23 avril 1014

Les Vikings étaient présents depuis le Xe siècle en Irlande, où Dublin constituait leur port principal. Les Gaëls étaient trop divisés pour pouvoir les chasser. Brian Boru, roi gaélique de Munster, affronta les Vikings de Dublin à Clontarf, au nord du port, dans une bataille qui lui coûta la vie.

En 1002, Brian Boru, désigné « roi suprême » d'Irlande, avait déclaré régner sur tous les Gaëls. Máel Mórda mac Murchada, roi gaélique de Leinster qui avait forgé une alliance avec son cousin Sigtrygg Barbe de Soie, le chef des Vikings de Dublin, refusait toutefois de reconnaître cette suprématie. Ces deux hommes furent rejoints par des mercenaires vikings originaires des Orcades et par le roi rebelle de la province irlandaise d'Ulster cependant que Boru pouvait compter sur l'aide d'un millier de Vikings alliés et de mercenaires étrangers.

En avril 1014, Boru tenta de s'emparer de Dublin mais les Vikings et les hommes de Leinster s'embarquèrent sur leurs navires pour se diriger vers Clontarf, où les armées s'affrontèrent. Boru refusa de batailler personnellement ce jour-là, un vendredi saint, jour de jeûne et de prière.

Même si les Vikings des deux camps étaient en général mieux armés que les Gaëls, l'armée de Boru finit par prendre l'avantage. Ne pouvant ni rejoindre leurs navires sur la côte ni traverser la rivière Liffey pour retrouver la sécurité de Dublin, au sud, presque tous les ennemis vikings de Boru furent massacrés. Un petit groupe guidé par Brodir, Viking de Manx, parvint à se cacher dans les bois près de Dublin. Ils découvrirent Brian Boru qui priait dans sa tente et le tuèrent ainsi que ses serviteurs. Privé de leur chef charismatique, les Gaëls irlandais victorieux furent incapables d'unir le royaume, cependant que les Vikings battus parvenaient à conserver le contrôle de Dublin. **SA**

Pertes : Vikings et hommes de Leinster, 6 000 sur 7 000 ; Irlandais, 4 000 sur 7 000

◁ *Paris 885*

Kleidion 29 juillet 1014

L'empereur byzantin Basile II fut surnommé le « tueur de Bulgares » après sa victoire sur l'Empire bulgare au col de Kleidion. Sa décision d'ôter la vue à 99 % des Bulgares faits prisonniers demeure l'une des atrocités les plus abominables jamais commises au combat.

Au début des années 1000, cela faisait des siècles que l'Empire bulgare du tsar Samuel et celui, byzantin, de Basile, s'affrontaient pour étendre leurs territoires. Cependant, ayant surpassé son adversaire au combat tout au long de la première décennie, Basile pensait en 1014 avoir la possibilité de venir enfin à bout des Bulgares.

Il quitta Constantinople à la tête de l'armée byzantine pour rejoindre les montagnes du sud-ouest de la Bulgarie, et décida de stopper son avance au col de Kleidion. Les Bulgares érigèrent en travers du col une série de palissades en bois derrière lesquelles leur armée occupait une position apparemment imprenable. Mais Nicéphore Xiphias, général byzantin, prit la tête d'un détachement qui put progresser caché par une crête pour surprendre l'armée de Samuel par l'arrière. Pendant cette manœuvre, l'empereur Basile menait une attaque frontale contre les palissades bulgares. Les Bulgares furent mis en déroute ; seuls certains parvinrent à fuir. Les autres, entre 8 000 et 15 000 hommes, furent massacrés ou faits prisonniers. Basile ordonna de crever les deux yeux à 99 prisonniers sur 100 ; le centième, à qui l'on avait laissé un œil, devait guider les 99 autres sur la route du retour. L'empereur bulgare, Samuel, mourut un peu plus tard dans l'année : selon la légende, la vue de son armée mutilée lui aurait valu une attaque cardiaque. Quatre ans plus tard, Basile achevait la conquête de la Bulgarie et l'Empire byzantin s'étendait à nouveau jusqu'au Danube. **TB**

Pertes : chiffres inconnus

« En guidant ses troupes le long de sentiers difficiles, [Nicéphore Xiphias] put encercler l'ennemi et "attaqua les Bulgares par l'arrière, hurlant et poussant des cris effrayants". »

Theodoros Korres, Byzantine Macedonia (324-1025)

↑ *La défaite des Bulgares par les Byzantins et la mort du tsar Samuel* (Chronique de Manassès, *XIIe siècle*).

< *Pliska 811* *Manzikert 1071* >

populorum multitudine in parte Danorum pugnabant, exercitus eius minus fiat infirmatus. At cum prima die belli, id est vii. kal. Iulii, tam asperum tamque cruentum exstitit proelium, ut neuter exercitus prae lassitudine diutius pugnare non valeret, sole iam occidente voluntate spontanea se ab invicem diviserunt. Sed die postera rex Eadmundus Danos omnes pertrivissent [pertrivisset], si iniquitatis ducis Eadrici insidie non fuissent. Siquidem cum utrinque vehementer pugnaretur, et Anglos fortiores esse conspiceret, [Danis] cuiusdam viri regi Eadmundo consimillimi capite amputato et in altum [in sullime] levato, exclamavit dicens: Vos Angli amisso capite frustra pugnatis. Properes fugite. En regis Eadmundi caput hic teneo manibus; fugite fugite, exclamavit. Quod Angli audierunt, instantiores in proelio exstiterunt. Illico eo rex innotuit conspectui, animos extulerunt Angli, et in Danos acrius incedebant incedebant, multos ex eis prosternentes, et summis viribus certantes ad crepusculum usque noctis acriter pertinuerunt. Nocte adveniente, digressi sunt ut prius sponte spontanea voluntate. At vero primum noctis per pessimus Cnuto suos sub silentio e castris abire praecepit, et rursus Londoniam iter arripiens, et ad naves suas veniens, urbem iterum Londoniam obsedit. Quod rex Eadmundus

Mane autem facto cum rex Eadmundus Cnutonem et suos Danos comperit aufugisse, in Westsaxoniam rediit maiorem exercitum collecturus. Cuius strenuitatem iniquus dux Eadricus comperiens, venit ad eum fraudulenter, ut eum proderet instinctu Cnutonis, et pace inter eos confirmata regi fidelitatem promisit. Itaque rex Eadmundus vice tertia exercitu congregato, cives Londonienses obsessos liberavit, Danos ad naves fugavit, et apud Brentfordiam Thamense flumen transiens cum Danis quarto proelium commisit, et illis turpiter de campo fugatis victoriam sibi hasta et gladio comparavit, et festum belli decus obtinuit. Cnuto vero ad naves fugiens, Cantiam praedaturus exivit. Post quem rex Eadmundus exercitum ducens iuxta Ottefordam cum hostibus proelium commisit. At illi impetum eius non ferentes, terga dederunt et in Sepiam insulam fugam fecerunt. Tunc rex Eadmundus in Westsexiam proficiscens, Cnutonis progressum gnarus exploravit. Et Cnuto Merciam praedaturus ascendens, exercitu suo peiora prioribus facere praecepit. At rex Eadmundus apud Esseldunam hostibus audacter occurrens, et plicit in sidius acies utrimque turmas circuivit, monet ut memores pristine virtutis et victorie, sese regnumque suum ab avaricia barbarorum defendant. Nam cum illis levem certamen affirmat inire posse quos iam sepe vicerunt. Cnuto interea suos ... quidam pla-

matie Cnutoni advolant, clamorem acierum excitavit horrendum. Fit ibi inter partes conflictus gravissimus. Sed cum proditor dux Eadricus acies Danorum videret inclinatas, cum cuneo cui preerat ad Cnutonem fugit ut prius fuerat ... Unde Dani fortiores effecti nimiam ex Anglis stragem fecerunt. Corruerunt enim ex parte Anglorum duces nobiles Alfricus et Godwinus, Ulfketellus et filius eius Ethelwoldus et ... Ethelwinus, Eadnoch quoque Dorkecestrensis episcopus et abbas Wlsinus, cum tota fere Anglie nobilitate, qui numquam antea in uno prelio tantam cladem ab hostibus acceperunt. Factum autem hoc bellum in festo sancti Luce evangeliste. Cnuto vero in sua parte eadem die ducum et virorum nobilium irreparabile sustinuit detrimentum. De seda victoria

Post hoc lamentabile prelium in quo tota regis Eadmundi tot nobiles corruerunt, interiectis paucis diebus, insecutus est rex Eadmundus Cnutonem in Glovernensi provincia iam predas agentem. Convenerunt itaque ad certamen in loco qui dicitur Deorhurst regis. Rex Eadmundus in occidentali parte Sabrine fluminis cum suis, et Cnuto in orientali parte cum suis constituti, se se viriliter preparaverunt ad pugnam. Et cum acies hinc inde disposite erant ad concurrendum, iniquus dux Eadricus magnatibus convocatis in hanc vocem prorupit dicens: O insensati nobiles et armis potentes, cur totiens in bello moriamini pro regibus vestris, cum ipsi nobis morientibus regnum optineant? Vel avaritie sue finem imponant: pugnent consulo singulariter, singulariter regnare contendunt. Que est ista regnandi libido, quod Anglia iam duobus non sufficit, que olim octo regibus satis fuit? Itaque vel soli componant vel soli pro regno decertent. Placuit autem hoc consilium omnibus, et ad reges per eum delatum arbitrium ipsi consentiendo approbabant. Est autem insula in ipsius fluminis medio sita que Olenege appellatur, ad quam reges consueti splendidissimis peraguntur armis; ubi utroque spectante populo, certamen ineunt singulare. At ubi hastarum robur tam virtute impungentium regum quam fortissimorum obitu clipeorum depiit, eductis ensibus sese comminus feriunt, acriterque ac diu cum gladiis rem agunt. Vel Eadmundum Cnutonem fortuna preter... Circa capita galeata enses tinniunt et collisione scintille prorumpunt. Ubi vero illud robustissimum pectus Eadmundi ex ipso bellandi motu ira succenditur, et sanguine recalescente factus robustior dextram elevat, ensem vibrat, et tanta vehementia incip-

Angli

Aedmund

Cnuto rex Dacie

Daci

Ashingdon 18 octobre 1016

Plus de deux siècles après les premières attaques vikings contre les côtes anglaises, les Danois conquirent toute l'Angleterre. La bataille d'Ashingdon, même si elle fut décisive et conféra la victoire aux Danois, ne leur livra pas le trône.

En 991, puis à nouveau en 1003, Sven du Danemark dit Barbe Fourchue envahit l'Angleterre en profitant de la faiblesse d'Ethelred II. En 1013, Sven parvint à conquérir le pays tout entier, et Ethelred dut s'exiler en Normandie.

Sven ne régna sur l'Angleterre qu'un an, avant de décéder en 1014. Son fils Canute lui succéda, mais les nobles anglais rétablirent Ethelred sur le trône. Deux ans plus tard, ce dernier mourut à son tour. Les nobles anglais choisirent alors son fils, Edmond Côtes-de-Fer, pour successeur, cependant que les Danois préféraient à nouveau Canute. La guerre éclata ; Edmond fut victorieux à Pen dans le Somerset et repoussa Canute qui assiégeait Londres, mais la bataille de Sherston, dans le Wiltshire, ne fut pas décisive. Les deux camps s'affrontèrent à nouveau à Ashingdon dans l'Essex ; les forces semblaient égales jusqu'à ce que les Merciens, alliés d'Edmond, s'enfuient. Les lignes de combat anglaises se trouvant morcelées, les soldats de Canute prirent le dessus.

Une fois la bataille perdue, Edmond accepta de partager l'Angleterre avec Canute, le premier régnant sur le Sud, le second sur le Nord. Six semaines plus tard, Edmond mourut de façon soudaine. La majorité de la noblesse anglaise ayant été tuée à Ashingdon, les Anglais acceptèrent de reconnaître Canute comme souverain. L'Angleterre faisait désormais partie d'un vaste empire danois, Canute succédant à son frère aîné comme roi du Danemark et de la Suède méridionale en 1019 avant de conquérir la Norvège en 1028 et de régner avec sagesse et talent jusqu'à sa mort, en 1035. **SA**

Pertes : pas de chiffres fiables

◁ *Maldon 991* *Stamford Bridge 1066* ▷

Kwiju 1019

La bataille, à Kwiju, entre les armées de la dynastie Khitan Liao et du royaume coréen de Goryeo compte parmi les trois plus importantes de l'histoire de la Corée. Kwiju permit à la Corée de préserver son indépendance.

Au cours du xe siècle, la majorité de la Corée était unie au sein du royaume de Goryeo. Durant la même période, les Kithans, peuple nomade et cavalier des steppes mongoles, s'emparèrent d'une grande partie de la Chine septentrionale, où ils régnèrent au sein de la dynastie Liao. À partir de 993, les Khitans tentèrent à plusieurs reprises d'envahir le royaume de Goryeo mais échouèrent à l'assujettir, malgré diverses victoires militaires.

Au cours de l'hiver 1018, environ 100 000 soldats de Liao – un mélange d'archers khitans à cheval et de paysans chinois – traversèrent la rivière Yalu. Goryeo parvint à mobiliser le double de troupes pour se défendre mais c'était principalement des fantassins très peu formés et mal armés.

À leur tête se trouvait Gang Gam-chan, bureaucrate érudit respecté qui, à 71 ans, ne bénéficiait d'aucune expérience militaire. Ce général improbable ne put stopper l'avance des envahisseurs vers la capitale, Kaesung, mais parvint à constamment les harceler cependant qu'ils progressaient plus avant. Le commandant des Khitans, Xiao Baiya, de plus en plus inquiet, finit par perdre courage et battit en retraite. Gang Gam-chan l'attendait avec le gros de ses troupes à la forteresse de Kwiju, où il attaqua les soldats de Liao, affamés et épuisés.

L'armée de Xiao disparut entièrement, ses troupes étant tuées, faites prisonnières ou s'évanouissant dans la nature afin de survivre. Gang Gam-chan devint un héros national et l'indépendance de Goryeo fut protégée. **RG**

Pertes : Goryeo, pas de chiffres fiables ; Liao : 90 000

◁ *Baekgang 663*

Canute bataillant contre Edmond Côtes-de-fer (illustration de la Chronica Majora *de Matthew Paris).*

Civitate 18 juin 1053

La bataille de Civitate (ou Civitella del Fortore) et les traités qui s'ensuivirent, acceptés par le pape Léon IX, établirent la domination normande de l'Italie du Sud. Selon les témoins de l'époque, ce combat démontra la supériorité au combat d'une cavalerie très armée sur l'infanterie ou la cavalerie légère.

Les chevaliers normands avaient rejoint l'Italie du Sud comme mercenaires pour combattre les attaques musulmanes en Sicile et en Afrique du Nord, puis s'y étaient installés. En 1053, le pape Léon IX enrôla 700 fantassins souabes et se dirigea vers le sud de l'Italie avec le duc Rodolphe de Gaeta, son allié, pour y rassembler des troupes anti-normandes et rejoindre l'armée byzantine à Apulia. Léon et Rodolphe disposaient de 6 000 hommes quand ils se virent stoppés par 3 000 cavaliers et 500 fantassins normands à Civitate. Les mercenaires souabes de Rodolphe occupaient une basse colline, les alliés italiens se trouvant sur leur gauche. Les Normands étaient répartis en trois divisions de cavalerie, menées par Richard d'Aversa à droite, Onfroy de Hauteville au centre, et Robert Guiscard, frère d'Onfroy, à gauche. Les fantassins, enrôlés par les Normands, gardaient le campement. Les Normands s'avancèrent dans la plaine puis chargèrent. Les alliés italiens s'enfuirent, poursuivis par les soldats de Richard. Robert s'avança à la rescousse de son frère, forçant les Souabes à adopter une formation défensive serrée. Le retour des soldats de Richard permit aux Normands d'écraser les Souabes. Les habitants de Civitate livrèrent alors le pape, qui accepta une série de traités en échange de sa liberté. **RM**

Pertes : Normands, 500 cavaliers sur 3 000 (l'infanterie n'est pas intervenue) ; soldats du pape,1 500 sur 6 000

Hastings 1066 >

Ce tableau du XIXe siècle montre le moment où le roi Harald Hadrada reçoit une flèche mortelle dans la gorge (au centre).

Stamford Bridge 25 septembre 1066

Si elle n'était éclipsée par l'affrontement qui eut lieu à Hastings trois semaines plus tard, on se souviendrait de la bataille de Stamford Bridge entre le roi Harold II d'Angleterre et le roi Harald Hadrada de Norvège comme de la dernière fois où les Vikings tentèrent de conquérir l'Angleterre.

En janvier 1066, Édouard le Confesseur, roi d'Angleterre, mourut après avoir nommé Harold Godwinson, comte de Wessex, comme successeur. Tostig, frère de ce dernier, lui en voulait à mort depuis que, l'année précédente, il avait été expulsé de son comté de Northumbria, avec l'accord d'Harold. Tostig s'était alors allié à Harald Hadrada, roi de Norvège, et avait promis de le soutenir dans sa conquête de l'Angleterre en échange du rétablissement de ses droits sur son comté. Harald et Tostig traversèrent la mer du Nord à la tête d'une flotte de 300 navires puis remontèrent la Humber. Après avoir débarqué, l'armée viking vainquit celle du nouveau comte de Northumbria, allié au comte de Mercia, puis occupa York. Le roi Harold d'Angleterre leva une armée pour repousser l'envahisseur et le 16 septembre quitta Londres pour se diriger vers le nord et atteindre Stamford Bridge, un pont à l'est de York, en neuf jours à peine. L'offensive anglaise fut rapidement repoussée par une contre-offensive viking menée par Harald. Ce dernier fut cependant tué d'une flèche dans le cou. Harold offrit alors la paix à son frère mais Tostig poursuivit le combat, encouragé par l'arrivée de renforts vikings. Toutefois ces derniers étaient épuisés et s'effondrèrent rapidement ; Tostig perdit lui aussi la vie durant ce même combat. **SA**

Pertes : Vikings , 4 000 sur 5 000 ;
Anglais , chiffres inconnus

< *Ashingdon 1016* *Hastings 1066* >

Hastings 14 octobre 1066

Peu de batailles ont autant changé le cours de l'histoire d'une nation que celle d'Hastings. Les souverains anglo-saxons de l'Angleterre y perdirent leur trône et leur pays face aux envahisseurs normands, qui transformèrent ensuite leur nouveau royaume. Et pourtant le combat fut serré et son issue incertaine jusqu'à tard dans la journée.

Le futur roi d'Angleterre Édouard le Confesseur (ainsi surnommé pour sa piété) avait vécu pendant 25 ans dans le nord de la France en compagnie de sa mère, une Normande. Lorsqu'il accéda enfin au trône d'Angleterre en 1042, Édouard conserva de nombreux conseillers normands. N'ayant pas d'enfants, il promit en 1051 la couronne à Guillaume, duc de Normandie. Toutefois, sur son lit de mort, en janvier 1066, il changea d'avis et désigna son beau-frère, Harold Godwinson, comte de Wessex, comme son successeur. Quand ce dernier devint roi, Guillaume, révolté, se prépara à envahir l'Angleterre. Retenu durant l'été par des vents peu favorables, Guillaume quitta la Normandie le 27 septembre et accosta le lendemain à Pevensey, dans le sud de l'Angleterre. Harold était alors dans le nord, où il reprenait des forces après sa victoire, trois jours plus tôt, à Stamford Bridge, contre l'envahisseur viking. Dès qu'il apprit qu'une seconde invasion avait eu lieu, il se précipita vers Londres, couvrant 322 kilomètres en moins de cinq jours. Après cinq journées supplémentaires dans la capitale, il poursuivit vers le sud et atteignit le 13 octobre la colline de Senlac, à treize kilomètres au nord d'Hastings, sur la côte méridionale anglaise.

Le 14 au petit matin, Harold plaça son armée le long d'une crête en une position défensive constituée de dix à douze rangées de soldats. Il commandait probablement 9 000 fantassins et quelques cavaliers. L'armée normande,

Harold II est blessé d'une flèche à l'œil avant d'être tué par l'épée d'un chevalier (à droite) (détail de la tapisserie de Bayeux). ⬇

assemblée à 365 mètres de là au pied de la crête, comptait peut-être jusqu'à 15 000 hommes. Elle était de composition plus variée avec ses archers, quelques arbalétriers (dont l'arme était nouvelle sur les champs de bataille européens), piquiers et chevaliers.

La bataille débuta à neuf heures quand les Normands commencèrent à gravir la colline, les archers et arbalétriers devant, les piquiers au milieu, et les chevaliers fermant la marche. Les archers ouvrirent le feu mais manquèrent en majorité leurs cibles. La charge des piquiers qui suivit fut repoussée par des volées de javelines et de pierres. Une charge de cavalerie fut elle aussi refoulée, l'aile gauche se repliant alors dans la panique, poursuivie par l'infanterie anglaise. Le sauve-qui-peut s'étendit dans les rangs normands, certains soldats étant convaincus que Guillaume avait été tué. Retirant son casque pour leur montrer son visage, Guillaume rallia ses troupes et attaqua les Anglais qui les poursuivaient pour bientôt les déborder. Il lança alors une nouvelle charge de cavalerie contre le centre des lignes anglaises mais elle fut repoussée.

Guillaume ordonna à ses soldats de faire semblant de battre en retraite. Harold ordonna aux siens de camper sur leur position ; quelques-uns poursuivirent les Normands et furent tués. Le reste des Anglais demeurèrent postés au sommet de la colline et résistèrent aux assauts répétés des Normands. Guillaume ordonna à ses archers de viser au-dessus des lignes anglaises afin que leurs flèches retombent en pluie sur les hommes d'Harold. Une flèche toucha celui-ci à l'œil, dit-on. Les rangs anglais cédèrent et les Normands s'emparèrent bientôt de la crête. Ils allaient remporter la bataille d'Hastings. **SA**

Pertes : Normands, 2 000 sur 7 000 ; Anglais, 4 000 sur 9 000

⟨ *Stamford Bridge 1066*

Guerres byzantino-seldjoukides

Manzikert 26 août 1071

La défaite de l'empereur Romain IV Diogène face aux Turcs seldjoukides du sultan Alp Arslan (« lion héroïque » en turc) à Manzikert constitua un coup mortel pour l'Empire byzantin. L'Anatolie passa bientôt sous contrôle turc et la puissance byzantine entama un déclin lent mais fatal.

En 1071, les Seldjoukides, peuple musulman originaire d'Asie centrale, menaçaient l'Anatolie occidentale. Romain IV Diogène prit la tête d'une armée qu'une longue marche amènerait à traverser l'Anatolie pour reprendre la forteresse byzantine de Manzikert (aujourd'hui Malazgirt) qui avait été conquise par Alp Arslan. Mal renseigné, Romain ne savait absolument pas où se trouvait l'armée du sultan et décida imprudemment de diviser la sienne en deux. Il se dirigea vers Manzikert à la tête d'une moitié cependant que l'autre s'avançait vers Khliat. Même avec des effectifs réduits, Romain occupa aisément Manzikert, mais cette domination fut de courte durée.

Après avoir essuyé diverses pertes lors d'escarmouches avec les Turcs aux abords de la forteresse, Romain décida de tenter une sortie à la tête de ses troupes. Les Seldjoukides reculèrent face aux Byzantins et évitèrent une bataille rangée. Après une journée frustrante, Romain ordonna à ses soldats de se replier. Les cavaliers d'Alp Arslan pensèrent que le moment d'attaquer était venu. Abandonné par une partie de ses soldats, Romain fut encerclé par les Turcs et capturé après une lutte acharnée.

De nombreux soldats d'élite de l'Empire byzantin périrent à Manzikert et Alp Arslan ne relâcha Romain qu'après que l'empereur eut accepté de céder d'importants territoires byzantins. À son retour, il fut renversé, rendu aveugle puis tué. L'Empire byzantin, affaibli, en appela aux chrétiens d'Europe occidentale, appel qui mènerait au lancement de la première croisade. **TB**

Pertes : pas de chiffres fiables

[<] *Kleidion 1014* *Dorylée 1097* [>]

Reconquista espagnole

Tolède 1085

Le siège de Tolède fut un épisode capital dans la lutte entre chrétiens et musulmans de la péninsule Ibérique. La ville était la capitale du royaume taifa d'Al-Andalus et sa chute aux mains d'Alphonse VI de Castille marqua le début de la Reconquista, conquête chrétienne de l'Espagne musulmane.

Tolède, la prospère capitale du royaume maure d'Al-Andalus, bénéficiait d'une position stratégique au centre de la péninsule Ibérique. Tout au long de son histoire, Al-Andalus avait été en conflit avec les royaumes chrétiens du Nord, mais le vent commença à tourner en faveur des chrétiens quand Alphonse devint roi de León en 1065, puis de Castille en 1072. Alphonse se servit des divisions qui régnaient dans l'Espagne maure. En 1075, il vainquit le royaume taifa de Grenade avec l'aide de Séville, rivale de ce dernier, puis cette même année soutint Tolède contre Cordoue. Cependant Alphonse perdit son influence à Tolède quand Al-Qadir y succéda à son père comme calife et en expulsa les partisans du roi castillan.

Les actions d'Al-Qadir entraînèrent de nouvelles divisions au sein de la communauté musulmane ; une rébellion lui coûta Cordoue et le força à l'exil, et il dut demander son aide à Alphonse. Le roi accepta à condition qu'Al-Qadir cède Tolède à la Castille, en échange de quoi les Maures conserveraient Valence. Lorsque Alphonse et ses soldats arrivèrent finalement à Tolède, ses habitants, las des conflits, invitèrent le roi à pénétrer dans la ville. Une faction liée au royaume de Saragosse résista toutefois et força Alphonse à assiéger la ville.

La chute de Tolède en mai 1085, après quatre ans d'activités militaires irrégulières, constitua un jalon important de la reconquête de l'Espagne musulmane et permit à Alphonse de revendiquer que le royaume de Castille-León soit à la tête de l'Espagne tout entière. **TB**

Pertes : pas de chiffres fiables

[<] *Covadonga* vers *720* *Valence 1094* [>]

Valence 1094

Rodrigo Diaz, noble espagnol généralement surnommé le Cid, était un mercenaire qui devint un personnage puissant lors des guerres entre Maures et chrétiens à la fin du XIe siècle. Sa carrière connut son apogée en 1094 quand il prit Valence à son souverain musulman.

Le Cid avait débuté sa carrière au service de Sancho II, frère d'Alphonse VI de Castille. Il avait participé à plusieurs campagnes contre les Maures qui lui avaient permis de remporter plusieurs victoires à Saragosse et de vaincre Ramiro Ier d'Aragon. Après le décès de son frère, Alphonse força le Cid à l'exil, peut-être par jalousie. Le diplomate et homme d'armes castillan survécut en se faisant mercenaire et en vendant ses talents au plus offrant, le plus célèbre de ses clients étant le souverain musulman de Saragosse.

Quand les Almoravides envahirent l'Espagne depuis le Maroc en 1086, le Cid était à la tête d'une armée où se côtoyaient soldats chrétiens et musulmans et était le suzerain de Valence, alors musulmane. Quand les Almoravides remplacèrent le Cid par un autre suzerain, il résista et commença à remporter plusieurs victoires contre eux.

En 1093, le Cid se mit à assiéger Valence en mettant à profit une révolte de ses habitants. Au siège, qui réduisit la population de la ville à la famine, s'ajouta le bombardement des murailles qui força finalement Valence à se rendre. Le Cid s'empara de la ville le 15 juin 1094 et la conserva tout au long des cinq dernières années de sa vie en repoussant les contre-attaques almoravides. Après sa mort, ses victoires en faveur du camp chrétien furent immortalisées dans une chanson de geste espagnole, *Le Poème du Cid*, et il devint un héros de la Reconquista. Sa veuve régna trois ans sur Valence, jusqu'à ce que la ville soit reprise par les Almoravides en 1102. **TB**

Pertes : pas de chiffres fiables

< *Tolède 1085*   *Ourique 1139* >

« Mon Cid Don Rodrigo droit vers la porte se dirigea, et ceux qui la gardaient… s'enfuirent terrorisés. »

Le Poème du Cid, *1207*

↑ *Héros national de l'Espagne, le Cid est représenté ici (debout) dans un corps-à-corps à Calahorra (chronique de l'Espagne datant de 1344).*

Dorylée 1er juillet 1097

Cette première victoire de la première croisade ouvrit aux Francs la route de la Terre sainte. Elle démontra la supériorité de l'armure des croisés sur l'armement léger des Seldjoukides, qui furent aussi désarçonnés par les tactiques militaires des croisés, ce qui contribua à leur défaite.

Après sa déroute à Manzikert, l'Empire byzantin demanda son aide à l'Europe chrétienne. Là est l'origine de la première croisade, une armée chrétienne marchant depuis l'Europe occidentale non seulement pour aider les Byzantins mais aussi pour reprendre la Terre sainte aux musulmans. La colonne de Bohémond de Tarente était constituée de 2 000 chevaliers, 8 000 fantassins et d'un grand nombre de pèlerins. Celle de Raymond de Toulouse était de taille similaire. À l'aube, le 1er juillet, le campement de Bohémond fut attaqué à Dorylée par de nombreux cavaliers à l'armement réduit commandés par Kilij Arslan. Les chevaliers croisés chargèrent mais la preste cavalerie seldjoukide esquiva puis attaqua le campement chrétien. Bohémond ordonna à ses chevaliers de se replier pour former une ligne défensive en compagnie de l'infanterie, plus lourdement armée. Les armes légères des Seldjoukides n'eurent que peu d'impact sur les croisés et leurs tentatives d'inciter ces derniers à charger échouèrent.

La situation demeura bloquée pendant sept heures environ jusqu'à l'arrivée de la colonne de Raymond, qui chargea le flanc de l'armée seldjoukide et lui infligea de lourdes pertes. Kilij Arslan rallia ses troupes et réfléchissait à la tactique à adopter quand l'infanterie de la colonne de Raymond survint, commandée par Adhémar du Puy, légat du pape, pour prendre d'assaut le campement seldjoukide. Kilij Arslan battit alors en retraite et permit aux croisés de traverser librement ses terres. **RM**

Pertes : croisés, 4 000 sur 50 000 ;
Seldjoukides, de 7 000 à 15 000 sur 60 000 environ

< *Manzikert 1071* *Antioche 1097* >

Première croisade

Antioche 20 octobre 1097 - 28 juin 1098

Cette bataille marqua l'arrivée de la première croisade en Terre sainte et établit un scénario qui devait se répéter lors des campagnes suivantes, fait de trahisons, de massacres et d'héroïsme. En s'emparant Antioche, les croisés assurèrent leurs lignes d'approvisionnement et de renforts à l'ouest.

Après avoir traversé les terres seldjoukides, les croisés s'emparèrent d'Édesse puis arrivèrent au pied de la ville d'Antioche le 20 octobre 1097. Bohémond de Tarente, Raymond de Toulouse et Godefroy de Bouillon étaient chacun à la tête d'un segment des lignes de siège. La garnison turque était commandée par Yaghi Siyan, qui fit venir des renforts de Damas et d'Alep, lesquels furent vaincus par les croisés avant même de rejoindre Antioche.

Au cours de l'hiver, Bohémond parvint à contacter à l'intérieur de la ville un soldat chrétien, Firouz, qui commandait la porte des Deux Sœurs. Le 2 juin, ce dernier ouvrit cette porte, permettant aux Francs de pénétrer dans la ville et de rejoindre les habitants chrétiens dans le massacre des Turcs. Yaghi Siyan fut tué mais son fils Shams tint bon dans la citadelle. Deux jours plus tard, une immense armée turque, commandée par Kerbogha de Mossoul, arriva pour assiéger les croisés désormais à l'intérieur des murailles. Le 10, un moine du nom de Pierre Bartholomé eut une vision lui montrant la cachette de la Sainte Lance ; la découverte de celle-ci remonta le moral des croisés.

Le 28 juin, ceux-ci sortirent de la ville pour combattre sous la bannière de la Sainte Lance. Les chevaliers francs chargèrent et dispersèrent la cavalerie turque, peu armée. De nombreux alliés de Kerbogha s'enfuirent alors et l'armée turque se désagrégea. Bohémond repartit au galop vers Antioche pour y obtenir la capitulation de Shams, occuper la citadelle et annoncer qu'il était désormais le prince Bohémond d'Antioche. **RM**

Pertes : croisés, 2 000 sur 30 000 ; Turcs, 10 000 sur 75 000

< *Dorylée 1097* *Jérusalem 1099* >

La prise et le sac d'Antioche en 1098 (manuscrit français du XVe siècle). 

son entreprise s'il se resveilloit avant quelle feust acomplie. Et s'en retourna a une des grans fenestres et creneaulx des murs pres de la tour devant la quelle estoient ja venuz jusques au piet Buiamond et les aultres Princes et Barons qui savoient lentreprise dont chascun avoit pou de ses gens avec soy pour la compaignier. mais bons vaillans et hardis. Emirferus mist sa teste hors et les salua. Et les aultres luy. Apres il avala une corde et ilz luy loyerent une eschielle mise de corde dont ilz avoient attachie le piet a grans cros de fer parmi et Emirferus la attacha tresbien au dessus de la fenestre. Et combien quelle

Jérusalem 7 juin - 16 juillet 1099

Victoire décisive de la première croisade, la prise de Jérusalem justifia aux yeux des croisés leur foi et l'immense effort consenti à l'organisation de cette campagne militaire. Elle permit l'établissement du royaume chrétien de Jérusalem, qui devait exister durant deux siècles et motiver les futures croisades.

Après la prise d'Antioche, les croisés se reposèrent pendant six mois avant de se diriger vers Jérusalem. Iftikhar ad-Daula, gouverneur fatimide de cette ville, fit des provisions de nourriture et de bétail, empoisonna les puits des alentours, coupa les arbres qui auraient pu procurer de l'ombre aux Francs, expulsa tous les chrétiens et envoya des messagers à ses seigneurs fatimides en Égypte pour leur demander d'envoyer des renforts le plus tôt possible. Sa garnison d'un millier de soldats était principalement composée d'Arabes et de Nubiens. Iftikhar ne disposait pas d'assez d'hommes pour défendre tous les remparts et espérait que la faim et la soif suffiraient à décourager les croisés. Ceux-ci arrivèrent le 7 juin avec l'intention de bombarder les murailles à l'aide de catapultes, balistes et autres engins de guerre. Le 17, une flotte arriva à Jaffa, équipée des outils nécessaires à la construction de beffrois. Ceux-ci furent acheminés vers Jérusalem accompagnés d'une escorte qui dut repousser une longue attaque musulmane. La construction des beffrois débuta le 21 juin.

Le 6 juillet, un prêtre, Pierre Désidérius, annonça que l'esprit du légat du pape récemment décédé, Adhémar du Puy, lui avait annoncé dans une vision que les croisés devaient imiter Josué à la bataille de Jéricho : ils devaient marcher pieds nus le long des murailles en signe de pénitence et celles-ci s'effondreraient neuf jours après. La procession eut lieu, Iftikhar et ses hommes se moquant des croisés depuis les remparts, mais ceux-ci, pourtant

La Prise de Jérusalem *(tableau flamand de la Renaissance).*

assoiffés, trouvèrent un regain de courage. La nuit du 13 juillet, on poussa les tours vers les murailles et dès l'aube débuta la tâche éreintante de comblement des douves pour pouvoir avancer les beffrois tout contre les murailles. Des hordes de croisés s'élancèrent dans les tours et sur les échelles cependant que les catapultes projetaient d'énormes roches dans la ville. Les défenseurs tentèrent de brûler les beffrois à l'aide d'huile enflammée, de balles de foin et de feu grégeois, et ripostèrent avec leurs propres catapultes et flèches.

À l'aube du 15, seuls deux beffrois demeuraient et plusieurs catapultes avaient été détruites par les projectiles musulmans. Puis, juste avant midi, les Francs enflammèrent de la paille entassée devant l'un des beffrois, dirigeant une épaisse fumée noire vers les murailles. Le pont fut placé à la hâte et deux chevaliers flamands, Litold et Gilbert de Tournai, menèrent la charge à l'assaut des remparts. À midi, les croisés pénétrèrent en force dans la ville. Iftikhar se barricada avec sa garde personnelle et son trésor dans la Tour de David. Les croisés massacrèrent sans distinction tous ceux qu'ils trouvèrent. Au crépuscule, les nobles assistèrent à une messe d'action de grâces dans l'église du Saint-Sépulcre alors que la tuerie continuait.

Le massacre s'acheva à l'aube. Les survivants furent faits esclaves ou libres de partir en échange d'une rançon. Iftikhar put quitter la ville avec sa garde quelques jours plus tard, une fois le trésor de la ville remis aux croisés. Godefroy de Bouillon fut déclaré souverain de Jérusalem et des terres conquises par les croisés. **RM**

Pertes : croisés, jusqu'à 10 000 morts, blessés et malades sur 15 000 ; soldats fatimides, 950 sur les 1 000 de la garnison ainsi que jusqu'à 40 000 civils

< *Antioche 1097*　　*Harran 1104* >

Guerres des États croisés

Harran 7 mai 1104

La ferveur de la première croisade était éteinte en 1104 quand les nouveaux seigneurs croisés tentèrent d'assurer leur domination sur les terres saisies et de repousser de nouveaux assauts musulmans. La défaite d'Harran, la première des États croisés, montra les limites de l'expansion chrétienne.

Une armée seldjoukide commandée par Soqman de Mardin et Jekermish de Mossoul assiégeait la ville d'Édesse. Pour détourner l'attention des Seldjoukides, Bohémond d'Antioche et Baudouin d'Édesse prirent la tête d'une armée qui rejoignit la ville d'Harran. Les croisés n'avaient pas encore établi leur siège que l'armée de Soqman apparut. Après une brève bataille non loin d'Harran, Soqman se replia vers le sud. Bohémond et Baudouin le poursuivirent, mais cette retraite n'était qu'une ruse pour éloigner les Francs et permettre à Jekermish de pénétrer dans Harran avec vivres et renforts.

Le troisième jour de cette retraite, Soqman fit halte juste au sud de la rivière Balikh, où Jekermish le retrouva, ses 7000 cavaliers demeurant cachés au regard des croisés. Baudouin et les Édessains formaient le flanc gauche de l'armée chrétienne, Bohémond et ses troupes d'Antioche le flanc droit. La bataille débuta par une attaque générale de Soqman, qui fut repoussée. Ce dernier se replia alors en direction de Jekermish, ruse qui incita Baudouin à le suivre. La cavalerie de Jekermish chargea, infligea de lourdes pertes aux Francs et fit Baudouin prisonnier.

Bohémond, qui s'était méfié, se replia sans grandes pertes. Baudouin fut libéré en 1108 et devint par la suite roi de Jérusalem. Mais l'État croisé d'Édesse ne se remit jamais complètement de cette déroute. Il serait, en 1144, le premier des États latins d'Orient à tomber aux mains des musulmans. **RM**

Pertes : croisés, la moitié des 3 000 cavaliers et des 7 000 fantassins ; musulmans, 2 000 sur 20 000

〈 *Jérusalem 1099*   *Édesse 1144* 〉

Guerre Song-Jurchen

Kaifeng Décembre 1126 - janvier 1127

En 1127, les Jurchen, peuple nomade des steppes, s'emparèrent de la capitale chinoise de Kaifeng et capturèrent l'empereur Song. Il s'agissait aussi d'un moment clé de la technologie militaire : c'était l'une des premières fois que la poudre à canon était utilisée dans une bataille.

Confédération de cavaliers tribaux, les Jurchen, qui s'étaient découvert des ambitions impériales, avaient établi la dynastie Jin en 1115. À partir de 1125, ils guerroyèrent contre la dynastie Song, qui régnait sur la majorité de la Chine. Comme souvent dans l'histoire de ce pays, les cavaliers se montrèrent supérieurs sur le champ de bataille mais éprouvèrent des difficultés à s'emparer de villes ceintes de murailles.

Le siège de Kaifeng débuta en décembre 1126. Les Song expérimentaient depuis quelque temps la poudre à canon, en déposaient sur la pointe des flèches pour en faire des armes incendiaires ou en remplissaient des bambous ou des rouleaux de papier ficelés pour fabriquer une bombe primitive. Ces « bombes tonitruantes » lancées depuis les murailles choquèrent les Jurchen (des documents chinois indiquent que « beaucoup s'enfuirent, hurlant de terreur »), bien qu'elles n'aient été en réalité que de bruyants pétards. Aucun renfort armé n'arriva pour sauver la ville, qui tomba aux mains des Jurchen à la mi-janvier 1127. S'ensuivit une orgie de pillages et de destruction gratuite. Le sort de la population fut cruel : les survivants furent victimes de viols et autres atrocités ou encore vendus comme esclaves. La famille impériale ne fut pas épargnée. L'empereur Qinzong finit ses jours dans les steppes comme simple domestique. Un nouvel empereur Song fut choisi pour gouverner la Chine méridionale, mais le Nord demeura sous la coupe de la dynastie Jin, qui régna jusqu'à l'arrivée des Mongols de Gengis Khan, au XIIIe siècle. **RG**

Pertes : pas de chiffres fiables

Tangdao 1161 〉

Gravure sur bois montrant un autre usage de la poudre à canon au combat en Chine : une roue projette l'explosif. 

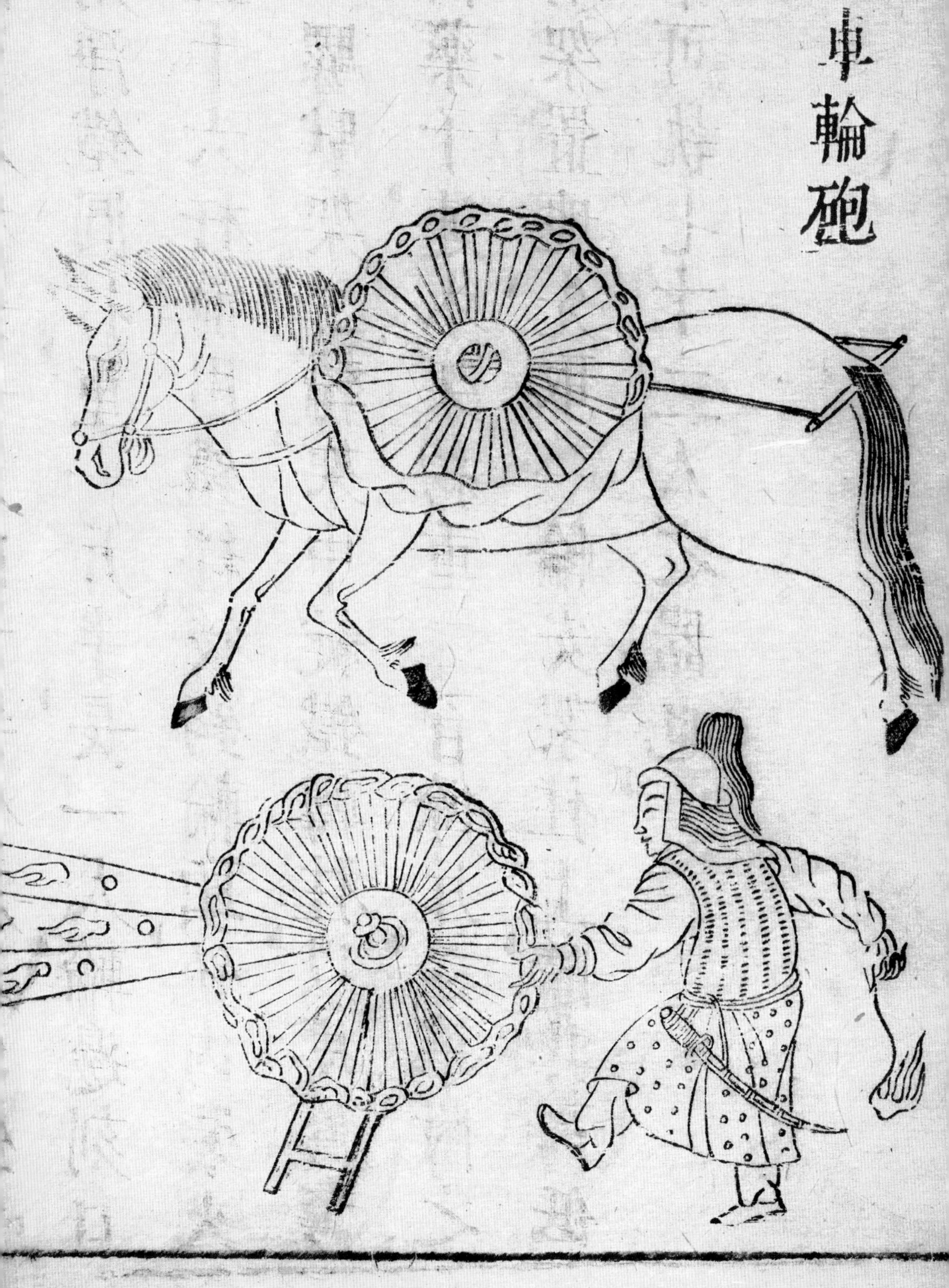
車輪砲

Ourique 25 juillet 1139

Alphonse Henriques, vainqueur de la bataille d'Ourique, est considéré comme celui qui a conféré au Portugal son statut de royaume indépendant. Sa victoire sur les troupes musulmanes almoravides dans le sud du Portugal accrut le territoire contrôlé par les chrétiens et permit à Alphonse d'être proclamé roi des Portugais.

Alphonse était le fils d'Henri de Bourgogne, comte du Portugal, qui devait son titre à Alphonse VI de Castille et León dont il avait épousé la fille, Thérèse. Henri était mort pendant l'enfance d'Alphonse, et dès l'âge de onze ans ce dernier s'opposa à sa mère, qui l'exila alors du Portugal. Alphonse, ambitieux, leva une armée à quatorze ans (qui était alors l'âge adulte) et remporta une victoire contre sa mère à Sao Mamede en 1128.

Déclarant le Portugal indépendant de la Castille-León, il s'autoproclama duc puis prince du Portugal. Son royaume englobait le Portugal septentrional et central actuel, le sud étant encore dominé par les Almoravides musulmans. En attaquant ces derniers, Alphonse pouvait à la fois étendre son territoire et espérer s'attirer le soutien du pape Innocent II dans sa quête d'indépendance.

Peu de détails nous sont parvenus concernant la bataille d'Ourique, dont le lieu exact est encore sujet à bien des conjectures. Alphonse vainquit apparemment une armée plus importante que la sienne, mais aussi sujette aux divisions qui régnaient alors chez les musulmans ibériques. Certaines chroniques médiévales déclarent qu'il bénéficia de l'intervention de saint Jacques. Quoi qu'il en soit, la bataille fut sans conteste un événement clé de l'histoire portugaise. À son issue, Alphonse Henriques fut proclamé roi des Portugais par ses troupes sous le nom d'Alphonse Ier. Il continuerait à combattre les musulmans jusqu'à sa mort, en 1185. **TB**

Pertes : pas de chiffres fiables

< *Valence 1094* | *Lisbonne 1147* >

Détail d'une enluminure du XVIe siècle représentant Alphonse victorieux. 

Édesse 28 novembre - 24 décembre 1144

La chute de la ville d'Édesse aux mains des musulmans fut l'étincelle qui mit le feu aux poudres et lança la deuxième croisade. Cette victoire confirma Zengi à la tête des musulmans en Terre sainte, rôle qu'endosseraient aussi Nur ad-Din puis Saladin.

Après leur victoire à Harran, les troupes musulmanes de Terre sainte se divisèrent en factions ennemies. En 1128, Zengi de Mossoul s'empara d'Alep et obtint la soumission des souverains musulmans de la région, intimidés. En 1144, il apprit que le comte Josselin d'Édesse s'était querellé avec Raymond d'Antioche puis s'était rendu accompagné de presque toute son armée à Diyarbakir pour intervenir dans une dispute entre princes seldjoukides. Zengi se dirigea vers Édesse à la tête d'une importante armée dans l'espoir de prendre la ville avant le retour de Josselin. Arrivé le 28 novembre, il commença à marteler les murailles à l'aide de catapultes mais les défenseurs résistèrent avec détermination malgré leur nombre réduit.

La reine Mélisande de Jérusalem réunit des renforts qui se dirigèrent vers Édesse, mais le prince Raymond d'Antioche refusa son aide. Le 24 décembre, une partie des murailles s'effondra et les soldats de Zengi s'élancèrent dans la ville, qu'ils prirent à l'exception de la citadelle. Zengi fit séparer les chrétiens de la région des chrétiens étrangers qu'il fit exécuter. Les hommes qui tenaient la citadelle se rendirent le 26 décembre. Josselin et les soldats de Mélisande arrivèrent quelques jours trop tard pour sauver Édesse mais parvinrent à conserver le contrôle des terres à l'ouest de l'Euphrate. Quand la nouvelle de la chute d'Édesse parvint à Rome, le pape Eugène III prêcha la deuxième croisade. Celle-ci renforcera considérablement les États croisés, qui continueront à exister, mais Édesse ne sera plus jamais reprise. **RM**

Pertes : chiffres inconnus, mais toute la garnison croisée perdit la vie

< *Harran 1104* *Damas 1148* >

↑ *Fresque du XIIe siècle montrant le départ des croisés pour la Terre sainte.*

Reconquista portugaise

Lisbonne 1er juillet - 25 octobre 1147

La prise de Lisbonne, jusque-là sous contrôle almoravide, fut l'une des conséquences indirectes de la deuxième croisade, et l'une des rares victoires chrétiennes de cette campagne. Jusqu'alors vassal du royaume de León, le Portugal devint officiellement un royaume chrétien indépendant.

Quand il prêcha la deuxième croisade, le pape Eugène III déclara que les chrétiens de la péninsule Ibérique pouvaient y combattre les musulmans au lieu de se rendre en Terre sainte. Le 16 juin 1147, 164 navires transportant 6 000 croisés anglais, 5 000 allemands et 2 000 flamands mouillèrent à Porto pour échapper à la tempête. Alphonse Henriques, qui s'était autoproclamé roi du Portugal, leur demanda de le rejoindre dans sa croisade pour prendre Lisbonne. Il offrit aux croisés tous les biens transportables des musulmans de la ville.

Les croisés acceptèrent et, le 1er juillet, assiégèrent Lisbonne cependant qu'Alphonse et ses soldats occupaient la campagne environnante. Les croisés construisirent des catapultes et autres engins de guerre puis bombardèrent la ville. Les musulmans firent une sortie et incendièrent ces engins. Le combat cessa ensuite presque totalement, les croisés installant leur campement en vue d'un long siège. Le 21 octobre, la garnison accepta de se rendre à condition de pouvoir quitter librement la ville. Les portes de Lisbonne furent ouvertes quatre jours plus tard.

À cause de cet accord, le butin des croisés fut réduit. De nombreux croisés anglais choisirent de demeurer au Portugal (l'un d'entre eux devint évêque de Lisbonne), alors que les flamands et les allemands repartirent pour la Terre sainte. Lisbonne devint capitale du Portugal, qui fut reconnu par le pape comme royaume indépendant. **RM**

Pertes : croisés, minimes sur 15 000 ; musulmans, minimes sur 7 0000 ; civils, chiffre inconnu mais minime

< *Ourique 1139* *Alarcos 1195* >

Deuxième croisade

Damas 23-28 juillet 1148

La défaite de la deuxième croisade à Damas garantit que les États latins d'Orient devraient demeurer sur la défensive. Dépourvus de toute perspective réaliste d'expansion, les chrétiens devaient se contenter de petits États encerclés d'ennemis musulmans plus puissants et plus grands.

La deuxième croisade débuta mal, les armées de Louis VII de France et de Conrad III d'Allemagne subissant toutes deux de lourdes pertes face aux Turcs lors du difficile voyage vers Jérusalem. Après avoir rejoint Baudouin III de Jérusalem, Louis et Conrad marchèrent avec 30 000 hommes sur Damas. À leur arrivée, le 23 juillet, ils entreprirent d'occuper les vastes vergers et champs enclos à l'ouest de la ville syrienne, essuyant à nouveau de lourdes pertes sous les flèches des archers de Damas, qui se replièrent vers les murailles de la ville. Ayant échoué à prendre la cité d'assaut par l'ouest, les croisés se dirigèrent le 27 juillet vers les plaines dégagées, à l'est.

Une dispute éclata entre le commandement croisé et les nobles chrétiens locaux quant à l'organisation du siège et au choix du souverain de la ville une fois celle-ci saisie. Elle fut interrompue par l'annonce qu'une vaste armée musulmane commandée par l'habile général Nur ad-Din venait d'arriver à Homs, d'où il pouvait se diriger vers le sud pour aider Damas ou frapper directement Antioche ou Jérusalem. Les seigneurs chrétiens locaux s'évanouirent dans la nature, emmenant leurs soldats pour défendre leurs terres.

Le 28 juillet, Louis, Conrad et Baudouin battirent en retraite en direction de Jérusalem, où la responsabilité de l'échec de Damas fut un nouveau sujet de discorde. Les croisés rentrèrent chez eux sans avoir rien accompli. **RM**

Pertes : chiffres inconnus

< *Édesse 1144* *Hattin 1187* >

Crema 2 juillet 1159 - 26 janvier 1160

Le souverain du Saint Empire, Frédéric Barberousse, fit campagne en Italie du Nord pour imposer son autorité sur la riche ville de Milan et ses alliées. Son siège de Crema est un exemple classique de combat médiéval à la fois par son atroce cruauté et son usage inventif de la technologie d'avant la poudre à canon.

Crema était protégée par deux murailles concentriques et des douves. À l'intérieur se trouvaient 400 chevaliers et fantassins milanais ainsi que la milice de la ville. Barberousse parvint à assembler une armée assez importante pour encercler entièrement la cité en unissant ses troupes impériales à celles de divers princes allemands et cités italiennes hostiles à Crema, notamment sa voisine, Crémone. D'immenses catapultes furent érigées par les deux camps. Les assiégeants utilisèrent des auvents mobiles renforcés pour protéger les soldats chargés de combler les douves de terre puis de creuser des sapes sous les remparts. Un beffroi haut de 30 mètres fut poussé jusqu'aux murailles par 500 hommes et un pont fut abaissé de son sommet pour permettre aux forces d'assaut de rejoindre la muraille extérieure cependant que les archers, du haut du beffroi, tiraient une pluie de flèches sur les défenseurs.

Les défenses intérieures de Crema tinrent bon toutefois et la ville demeura imprenable. Les deux camps utilisèrent la terreur pour intimider et démoraliser l'ennemi. Barberousse ligota des prisonniers, dont des enfants, à l'avant du beffroi qui fut poussé vers les remparts pour qu'ils soient tués par leurs propres amis et parents. Les habitants de Crema répondirent en taillant leurs prisonniers en pièces sous les yeux des assiégeants. Finalement, la faim obligea les défenseurs de Crema à se rendre. Leur vie fut épargnée mais la cité fut entièrement évacuée puis rasée. **RG**

Pertes : pas de chiffres fiables

Legnano 1176 ▷

« Barberousse pensait que l'ordre de restaurer la dignité perdue de l'Empire romain avait accompagné son élection… Le caractère impitoyable dont il fit alors preuve en fit l'un des héros d'Hitler. »

Dana Facaros, dans un guide de voyage sur la Lombardie et la région des lacs italiens

↑ *Enluminure du XVe siècle représentant Frédéric Barberousse (en bas au milieu) envahissant l'Italie.*

Guerre Song-Jurchen

Tangdao 16 novembre 1161

En 1132, les souverains Song qui régnaient sur le sud de la Chine établirent la première marine nationale permanente. Cette flotte extraordinaire, équipée d'artillerie à poudre et dont certains navires étaient pourvus de roues à aubes, permit aux Song de remporter la bataille de Tangdao dans la mer de Chine orientale, un événement capital.

Chassée du nord de la Chine après la victoire des envahisseurs jurchen à Kaifeng en 1127, la dynastie Song contrôlait toujours le Sud. En 1161, la dynastie Jin des Jurchen prévoyait d'envahir le Sud par la mer. Environ 70 000 de leurs soldats embarquèrent sur une flotte qui longea la côte vers le sud. Son commandant, Zheng Jia, ne s'attendait pas à un combat naval, type d'affrontement dont les Jurchen, cavaliers des plaines, ignoraient tout.

La flotte fut interceptée par un escadron de vaisseaux de guerre song sous le commandement de Li Bao, au milieu des îles situées au large de la péninsule Shandong. La flotte song comprenait des « navires-tours » à rames sur lesquels avait été érigée une catapulte qui lança des projectiles emplis de poudre sur les navires jurchen, qui s'enflammèrent. Les Song disposaient aussi de navires plus petits et rapides propulsés par roues à aubes actionnées par les hommes d'équipage dans les cales. Ces navires s'approchaient de l'ennemi afin de pouvoir l'attaquer à l'arbalète et à la lance à feu. Une grande partie de la flotte jurchen fut bientôt incendiée. Zheng Jia compta parmi ceux, nombreux, qui se noyèrent en sautant dans la mer pour échapper aux flammes.

Cette victoire, doublée d'un autre succès naval la même année à Caishi sur le Yang-Tse, permit aux Song de survivre encore un siècle, avant que leur dynastie ne soit finalement vaincue par les Mongols de Kubilay Khan. **RG**

Pertes : Song, pas de chiffres fiables ;
Jurchen, la majorité des 600 navires

< *Kaifeng 1126* *Xiangyang 1268* >

Guerres impériales en Italie

Legnano 29 mai 1176

L'ambition qu'avait Frédéric Barberousse, souverain du Saint Empire, de contrôler l'Italie échoua à Legnano. Ses chevaliers allemands furent humiliés par les citoyens-soldats de Milan et des autres cités de la Ligue lombarde. Cette victoire annonçait l'âge d'or des cités-États en Italie, berceau de la Renaissance.

Au printemps 1176, Frédéric Barberousse faisait campagne dans le nord de l'Italie, avec 3 000 chevaliers. Henri le Lion, duc de Saxe et de Bavière, refusa de contribuer à cette opération, réduisant ainsi sévèrement la capacité de l'armée du Saint Empire. Grâce à leur richesse, les citoyens de Milan et leurs alliés de la Ligue lombarde avaient pu se préparer à la guerre et s'équiper. Les deux armées s'affrontèrent à Legnano, à 32 kilomètres de Milan.

L'action de l'infanterie milanaise, disciplinée et très motivée, fut l'une des clés de la victoire. Même si les chevaliers allemands l'emportèrent aisément sur la cavalerie lombarde, ils durent ensuite charger les fantassins placés en formation serrée devant leur *caroccio*, une charrette tirée par des bœufs et ornée de l'étendard de la ville. Si cette formation avait cédé, les cavaliers, revêtus d'armures, auraient massacré les simples soldats, mais ces derniers tinrent fermement leur position et les charges des chevaliers se heurtèrent à leurs piques dressées.

Au plus fort du combat, Barberousse fut désarçonné et disparut au regard de ses troupes. Croyant leur empereur mort, les chevaliers allemands abandonnèrent le champ de bataille. Ils le pleuraient à Pavie quand trois jours plus tard il apparut aux portes de la ville, mal en point mais vivant. Au cours des années suivantes, Barberousse serait obligé de reconnaître l'indépendance des cités lombardes. Henri le Lion subit son courroux et fut exilé, privé de tous ses duchés. **RG**

Pertes : pas de chiffres fiables

< *Crema 1159*

Uji 23 juin 1180

La bataille d'Uji, premier affrontement de la guerre de Genpei, se déroula de 1180 à 1185 entre les samouraïs des familles Taira et Minamoto. Elle est célèbre pour le suicide théâtral de Minamoto Yorimasa, le commandant vaincu, créant un rituel pour les générations futures de samouraïs.

La rivalité entre les Taira et les Minamoto grandissait depuis des années. Les Taira, principalement basés dans l'ouest du Japon, étaient liés à la famille impériale par le mariage et dominaient au gouvernement. Les Minamoto avaient remis en cause cette domination en 1160 au cours de la bataille de Heiji, une révolte qui entraîna l'exécution ou l'exil d'une partie des Minamoto. Parmi eux se trouvait Minamoto Yoritomo, qui entreprit une campagne militaire dans l'est du Japon. Pendant qu'il rassemblait encore ses troupes en 1180, son oncle Minamoto Yorisama lança sa propre révolte dans le monastère de Miidera où ses maigres troupes furent renforcées de moines soldats. Les Taira s'avancèrent pour les affronter quand, en espérant rejoindre les moines de Nara, Yorisama et ses soldats se replièrent vers le sud. Pourchassés par les Taira, ils décidèrent de prendre position derrière le pont du fleuve Uji.

Un long segment de planches fut arraché du pont et les Minamoto se préparèrent à l'attaque qui devait survenir à l'aube. De nombreux actes d'héroïsme eurent lieu sur le pont endommagé jusqu'à ce que les Taira parviennent à faire franchir le fleuve à la nage à leurs chevaux. Yorisama se replia vers le temple de Byodo-In où ses fils tinrent tête à l'ennemi. Après avoir rédigé un poème d'adieu sur son éventail de guerre, il se fit *seppuku*, acte qui devait être considéré dorénavant comme exemplaire de la part d'un samouraï vaincu. **ST**

Pertes : Taira, minimes surtout au cours de combats individuels ; Minamoto, considérables, en particulier lors de la poursuite

Kurikara 1183 ›

Kurikara 1er-2 juin 1183

La bataille de Kurikara (ou Tonamiyama) est le moment à partir duquel la guerre de Genpei se retourna contre les Taira. L'affrontement est encore légendaire grâce à la ruse dont fit preuve Minamoto Yoshinaka, qui permit la victoire et dégagea la route de la capitale impériale, Kyoto, à l'armée Minamoto.

Minamoto Yoshinaka, cousin de Minamoto Yoritomo, contribua à la défaite des Taira quand il organisa une révolte dans les montagnes du centre du Japon. Les Taira envoyèrent contre lui un corps expéditionnaire, commandé par Taira Koremori, membre de la noblesse et fils d'un grand guerrier de Kyoto. Les soldats progressaient vite jusqu'à ce qu'ils atteignent les montagnes séparant les provinces de Kaga et d'Echigo.

Yoshinaka les laissa avancer jusqu'au col de Kurikara, où il les obligea à s'arrêter en plantant toute une série de faux drapeaux. Il les empêcha ensuite de quitter leur position en menant une bataille formelle faite de duels à l'arc et de défis au combat. Les samouraïs Taira qui aimaient les combats de style classique acceptèrent avec enthousiasme sans se douter qu'ils étaient tombés dans un piège. Pendant ce temps, un groupe de samouraïs de Yoshinaka s'avançait le long de sentiers de montagne pour surprendre les Taira par l'arrière. Une fois toutes ses troupes en place, Yoshinaka lâcha un troupeau de bœufs par le col. Des bâtons enflammés avaient été attachés à leurs cornes et leur panique sema le désordre dans les rangs Taira. De nombreux samouraïs furent poussés dans le vide, puis les troupes de Yoshinaka attaquèrent sur les deux flancs. Les Taira pensèrent pouvoir se réfugier en sécurité dans une ravine étroite, mais c'était en réalité un autre piège mortel. Les rares survivants s'enfuirent vers Kyoto, les soldats victorieux de Yoshinaka à leurs trousses. **ST**

Pertes : Minamoto, minimes, principalement lors de combats individuels ; Taira, considérables

‹ *Uji 1180*

Mizushima 1183 ›

Mizushima 17 novembre 1183

La bataille navale de Mizushima, l'un des affrontements les moins connus de la guerre de Genpei, guerre du XIIe siècle au Japon, est importante car elle vit l'utilisation des modes de combat favoris (tir à l'arc et épée) des samouraïs Taira et Minamoto, jusque-là inédits en mer.

À la suite du suicide du guerrier Minamoto Yorisama (après son échec à la bataille d'Uji en 1180), la guerre de Genpei se poursuivit loin de la capitale impériale. Ayant perdu le centre du Japon, passé sous contrôle Yoshinaka, les Taira concentrèrent leurs ressources sur trois bases d'opérations qui bénéficiaient toutes d'un accès aisé à la mer Intérieure. L'une de celles-ci, Yashima, était située sur l'île de Shikoku, pour permettre aux Taira d'exploiter leur supériorité militaire maritime. Minamoto Yoshinaka, désirant détruire cette base, y envoya des troupes commandées par le général Yada Yoshiyasu depuis l'île de Mizushima, non loin de là dans la mer Intérieure. Contrairement aux Taira, qui avaient accédé au pouvoir en partie grâce à leur lutte contre les pirates de la mer Intérieure, les Minamoto ne savaient pas combattre depuis un navire. Taira Tomomori et Taira Noritsune firent voile pour les affronter mais, avant de rejoindre la flotte Minamoto, ils relièrent leurs navires à l'aide de cordes et disposèrent des planches dessus. Ils obtinrent ainsi des surfaces planes où leur talent à l'épée pourrait être mis à profit pour combattre les Minamoto.

La bataille débuta par un duel à l'arc qui fut suivi de nombreux duels à l'épée, sur les ponts. Les Minamoto étaient totalement dépassés. Ils finirent par dégager leurs navires et se replier vers le continent. Les attaques des bases Taira furent lancées dorénavant depuis la terre ferme et les Minamoto tentèrent systématiquement d'empêcher leurs ennemis de fuir par la mer. **ST**

Pertes : chiffres inconnus, de lourdes pertes des deux côtés

< *Kurikara 1183* *Dan no Ura 1185* >

Les samouraïs Taira et Minamoto au combat dans la province d'Echigo (gravure sur bois de 1850). ↑

Dan no Ura 24-25 avril 1185

Ce combat naval, disputé dans le détroit de Shimonoseki, fut décisif pour l'issue de la guerre de Genpei et l'établissement du shogunat Minamoto (une dictature militaire). Il offrit aussi un riche filon à la tradition samouraï pour ses légendes et histoires de fantômes.

Tout au long de la guerre de Genpei, la supériorité navale des Taira leur permit d'échapper à des défaites accablantes sur la terre ferme. En 1185, chassés de toutes leurs autres bases d'opérations, ils avaient trouvé refuge sur une île à l'extrémité occidentale de la mer Intérieure, près du détroit de Shimonoseki, étroit bras de mer qui sépare l'île principale du Japon, Honshu, de celle de Kyushu.

En 1185, les Minamoto firent voile en direction des Taira. Lorsque la flotte commandée par Minamoto Yoshitsune s'approcha de leur île, les Taira embarquèrent sur leurs navires et étaient si sûrs de leur victoire qu'ils prirent l'empereur Antoku, encore très jeune enfant, à leur bord. La bataille (disputée non loin de la plage de Dan no Ura, à la pointe sud de Honshu) sembla tout d'abord se dérouler en leur faveur, mais quand la marée s'inversa, l'un de leurs généraux trahit les Taira, prenant cause pour les Minamoto. De nombreux combats individuels eurent lieu, dont une poursuite de Minamoto Yoshitsune d'un bateau à l'autre.

Lorsque la bataille parut perdue, la grand-mère du jeune empereur le noya en se jetant dans les flots, l'enfant dans les bras. De nombreux autres suicides s'ensuivirent qui provoquèrent l'extinction totale des Taira ; ceux de leurs alliés qui survécurent devinrent des fugitifs. De nombreux récits de fantômes virent le jour depuis, et on dit que les crabes vivant sur la côte, qui rappellent le visage d'un guerrier, seraient habités par l'esprit des Taira morts. **ST**

Pertes : Taira, presque tous les soldats ; Minamoto, minimes

< *Mizushima 1183* *Première invasion mongole du Japon 1274* >

La bataille de Dan no Ura représentée sur une gravure sur bois japonaise, du XIXe siècle.

Hattin 4 juillet 1187

La défaite écrasante qu'infligea Saladin aux États latins d'Orient à Hattin en 1187 provoqua une vive émotion dans le monde chrétien. Pour les Sarrasins, elle ouvrait la voie de la reconquête de Jérusalem, prise par les Francs en 1099, mais elle déclencha aussi la troisième croisade.

En 1187, l'Égypte, Damas, Mossoul et Alep, principaux centres de pouvoir musulman en Terre sainte, étaient unis sous le commandement du Kurde Saladin. Le 2 juillet, celui-ci assiégea Tibériade, bastion chrétien. Guy de Lusignan, roi de Jérusalem, y vit l'occasion d'affronter Saladin loin de ses terres. Raymond de Tibériade assura que son épouse pouvait défendre le château et demanda aux croisés de conserver leur position défensive à Saffuriya.

Guy ignora ces conseils et l'armée quitta Saffuriya le 3 juillet, bivouaquant pour la nuit sur deux collines nommées la Corne de Hattin et où il n'y avait pas d'eau. Tard dans la nuit, Saladin ordonna que l'on enflamme l'herbe sèche, et des volutes de fumée étouffante envahirent alors le campement croisé. À l'aube, des archers musulmans gravirent la colline à cheval pour faire retomber des nuées de flèches sur le campement. La plupart des 14 000 fantassins francs s'emparèrent de leurs armes et se replièrent vers la cime sans attendre les ordres. Guy leur commanda de se mettre en formation pour avancer vers l'ennemi mais ils refusèrent. Cependant, les 2 000 chevaliers et cavaliers francs chargèrent, repoussèrent les archers de Saladin, se remirent en formation et, accompagnés des 2 000 soldats de la cavalerie légère, chargèrent. La cavalerie croisée espérait chaque fois briser les lignes musulmanes pour rejoindre le lac de Tibériade. À midi, le combat était devenu moins organisé, les divers nobles et leurs troupes chargeant à leur tour les musulmans. La cavalerie croisée parvint à infliger quelques pertes, mais sans infanterie elle ne pouvait conserver ses avances. Quelques charges furent organisées en direction des sources du village de Hattin, non loin de là, mais sans plus de succès que celles vers le lac. Quelques groupes de croisés parvinrent à déborder les musulmans qui encerclaient les Francs toujours plus étroitement, mais furent incapables de retraverser ces lignes pour rapporter de l'eau aux troupes assoiffées.

« La victoire de Saladin détruisit l'armée latine sans laquelle les bastions isolés s'avérèrent vulnérables. » Jim Bradbury, The Medieval Siege

Parmi ceux-ci, le comte Raymond chevaucha vers Tripoli, au nord sur la côte. Le combat cessa au crépuscule et plusieurs groupes de croisés profitèrent de l'obscurité pour s'enfuir. La bataille reprit à l'aube, mais les croisés étaient épuisés et mouraient de soif. L'évêque d'Acre guida un nouvel assaut en brandissant la sainte Croix. Il fut tué ainsi que la plupart des soldats ayant pris part à l'assaut, et la sainte Croix capturée.

À midi environ, Guy se rendit. Ses hommes ne tenaient simplement plus debout. Saladin ordonna d'exécuter les chevaliers templiers et quelques autres qu'il désigna. Le reste de l'armée chrétienne fut vendu comme esclaves. Guy et quelques autres furent par la suite libérés contre rançon. Deux mois seulement après sa victoire à Hattin, Saladin avait capturé Tibériade, Saint-Jean-d'Acre, Naplouse, Jaffa, Sidon, Beyrouth et Ascalon. Enfin, le 2 octobre, il prit Jérusalem. Quand la nouvelle de la défaite de Hattin et de la chute de Jérusalem parvint à Rome, le pape Urbain III mourut sous le choc. Son successeur, Grégoire VIII, appela à une troisième croisade pour reprendre la Terre Sainte. **RM**

Pertes : Francs, 17 000 morts ou prisonniers sur 20 000 ; musulmans, chiffre inconnu

◁ *Damas 1148* *Saint-Jean-d'Acre 1189* ▷

Un croisé se rend à Saladin, qui a permis à Guy de Lusignan de s'asseoir à ses côtés (S. Tasshin, XXe siècle).

Guerres des États croisés

Saint-Jean-d'Acre 4 octobre 1189

La bataille qui se déroula à Saint-Jean-d'Acre le 4 octobre 1189 fut sanglante et démontra la puissance des charges des chevaliers croisés contre les musulmans aux armures plus légères. Elle prouva aussi l'importance de la discipline et le danger d'une célébration prématurée de la victoire.

Après leur défaite à Hattin, les chrétiens contrôlaient toujours Tripoli, Antioche et quelques autres bastions. Guy de Lusignan assiégea Saint-Jean-d'Acre, un port musulman, afin d'en faire une base pour la troisième croisade. Saladin envoya des renforts qui furent repoussés le 15 septembre, mais arriva avec des troupes plus nombreuses le 4 octobre. Il avait organisé son armée en trois colonnes, et prit la tête de celle du centre, laissant celle de droite à Taqi ad-Din. Guy laissa son campement sous bonne garde en cas de sortie des soldats d'Acre, puis avança à la tête de son armée, les Templiers sur sa gauche. Guy lança son infanterie et ses archers à l'attaque des musulmans pour tenter de déceler des faiblesses qui pourraient être exploitées par des charges de cavaliers. Les Templiers chargèrent les premiers, faisant s'enfuir les troupes de Taqi ad-Din. Au centre et à droite, l'avance de Guy fut plus lente, mais les charges répétées réussirent à mettre en fuite l'armée musulmane.

Les croisés se lancèrent en avant pour piller le campement ennemi, mais Saladin ralliait déjà sa cavalerie légère dans les collines avoisinantes. 5 000 soldats sortirent de Saint-Jean-d'Acre et se dirigèrent vers le nord où ils se heurtèrent aux Templiers. Les deux camps subirent de lourdes pertes. Plus tard dans la journée, Saladin revint attaquer les croisés éparpillés et leur causa de gros dommages avant que la garde du campement de Guy ne s'avance pour le repousser. Le siège de Saint-Jean-d'Acre continua. **RM**

Pertes : croisés, 600 morts ou prisonniers sur 12 000 ; musulmans, 2 500 sur 20 000

< *Hattin 1187* *Chute de Saint-Jean-d'Acre 1191* >

Troisième croisade

Chute de St-Jean-d'Acre Juil. 1191

Saint-Jean-d'Acre était assiégé par les troupes chrétiennes depuis octobre 1189 quand Saladin prit la tête de renforts et assiégea les assiégeants. Les défenses de la ville finirent par céder après l'arrivée de nouvelles troupes croisées venues d'Europe. Sa chute donna lieu à un massacre légendaire.

La prise de Jérusalem par Saladin incita les trois souverains d'Europe (Philippe Auguste de France, Richard Cœur de Lion, l'Anglais, et l'empereur Frédéric Barberousse) à s'embarquer pour la troisième croisade. Barberousse mourut en cours de route ; Philippe et Richard arrivèrent en Terre sainte en avril et juin 1191 respectivement.

En se joignant au siège de Saint-Jean-d'Acre, ils apportaient d'énormes catapultes capables de percer des brèches dans les remparts de la ville. Ils construisirent aussi un immense beffroi en bois. Mais, chaque fois qu'une brèche était ouverte, Saladin lançait une attaque sur les remparts et fossés qui ceignaient le campement, les croisés devant retirer certaines de leurs troupes de l'assaut de la brèche pour défendre le campement. Les croisés étaient mal en point dès début juillet. La situation des défenseurs musulmans d'Acre était pire encore.

Les navires génois et pisans qui accompagnaient Richard purent parachever le blocus du port, désormais complètement coupé de la mer. Sans approvisionnement, la capitulation était inévitable. Le 11 juillet, la garnison de la ville résista à un furieux assaut des Francs. Le lendemain, elle se rendit en s'étant vu promettre la vie sauve. Les négociations avec Saladin concernant un échange de prisonniers aboutirent cependant à une impasse et un mois après la chute de Saint-Jean-d'Acre Richard ordonna le massacre des 2 700 musulmans sous son joug, ainsi que de leurs épouses et enfants. **RG**

Pertes : croisés, légères ; musulmans, chiffre inconnu

< *Saint-Jean-d'Acre 1189* *Arsouf 1191* >

Arsouf 7 septembre 1191

La bataille d'Arsouf démontra les talents de guerrier et de leader de Richard Cœur de Lion, roi d'Angleterre et croisé. Son adversaire, Saladin, bénéficiait toutefois de l'initiative stratégique, et même s'il fut tactiquement vaincu il évita toute conséquence négative importante.

Le 24 août 1191, après la chute de Saint-Jean-d'Acre, Richard prit la tête d'une armée de 20 000 hommes qu'il conduisit vers le sud en longeant la côte pour assiéger Jaffa, qu'il voulait utiliser comme base pour attaquer Jérusalem. Son armée cheminait lentement sous une chaleur accablante, accompagnée au large par des navires de ravitaillement. La colonne croisée était suivie de près par Saladin et ses troupes, un peu plus à l'intérieur des terres et en hauteur.

Les musulmans lancèrent une série d'attaques sur le flanc gauche et à l'arrière des Francs en espérant briser leur formation. Richard disposa son armée en cinq divisions, avec les Templiers à l'avant et les Hospitaliers à l'arrière. Les chevaliers étaient protégés côté terre par l'infanterie au sein de laquelle se trouvaient des arbalétriers.

Le 7 septembre, Saladin lança un assaut important contre l'arrière franc. Les Hospitaliers chargèrent sans attendre l'ordre de Richard. Celui-ci lança alors tous ses chevaliers sauf les Templiers dans une charge massive qui trouva de nombreux cavaliers musulmans démontés ou combattant au sol. Richard était au cœur du combat et, selon les mots d'un chroniqueur, « fauchait les Sarrasins comme un moissonneur avec sa faucille ».

Saladin ordonna à son armée de se replier, apparemment désarçonné par la férocité et l'efficacité des chevaliers croisés. Richard poursuivit sans encombre sa marche sur Jaffa. **RM**

Pertes : croisés, 700 sur 20 000 ; musulmans, plus de 7 000 sur 45 000

⟨ *Chute de Saint-Jean-d'Acre 1191* *Jaffa 1192* ⟩

Troisième croisade

Jaffa 5 août 1192

La dernière bataille de la troisième croisade permit l'armistice entre Richard Cœur de Lion, roi d'Angleterre, et Saladin, commandant des Sarrasins, accord qui restreignait la présence chrétienne en Terre sainte à une mince bande le long de la côte, mais qui assura sa survie pendant un siècle encore.

Après sa victoire à Arsouf, Richard s'empara de châteaux et remporta des escarmouches, mais n'atteignit jamais son objectif : reprendre Jérusalem. Il était à Acre et organisait son retour en Angleterre quand, à la fin juillet, Saladin attaqua Jaffa et prit la ville mais pas sa citadelle. Richard arriva inopinément par la mer en compagnie de troupes comprenant 80 chevaliers et 400 arbalétriers et gagna la rive à pied pour chasser les musulmans de la ville.

Quelques jours plus tard, Saladin attaqua à l'aube le campement que Richard avait dressé en dehors de Jaffa. Il plaça son infanterie à l'avant et les arbalétriers derrière elle avec l'ordre de viser les chevaux de l'ennemi. Richard et 17 chevaliers se tenaient à l'arrière, prêts à charger. Plusieurs charges de cavalerie sarrasine furent repoussées mais avec des pertes. Richard contre-attaqua plusieurs fois pour faucher les musulmans démontés et accélérer la retraite des autres. Dans un geste plein de chevalerie, Saphadin, frère de Saladin, remarquant que le cheval de Richard était blessé, lui fit parvenir une monture fraîche.

Au milieu de l'après-midi, Saladin lança un assaut féroce destiné à cacher une colonne de cavalerie qui contournait le flanc de Richard à grande vitesse afin d'attaquer Jaffa par surprise. L'Anglais s'aperçut de la manœuvre et fit se replier ses chevaliers pour bloquer les portes de la ville. Le combat se poursuivit sans grande conviction jusqu'au crépuscule, quand Saladin quitta Jaffa et ouvrit des négociations de paix. **RM**

Pertes : croisés, 2 chevaliers tués sur 80 et un nombre réduit parmi les 2 000 fantassins ; musulmans, 700 morts sur 7 000

⟨ *Arsouf 1191* *Constantinople 1204* ⟩

Alarcos 18 juillet 1195

« *Une quantité innombrable de flèches volèrent dans les airs et… infligèrent aux chrétiens un coup mortel.* » Chronique latine des rois de Castille

Le gouverneur almohade de Séville (assis) tient un conseil de guerre dans son château fortifié avant de rappeler le calife Al-Mansour en Espagne.

La bataille d'Alarcos fut disputée dans la région de Séville, dans le sud de l'Espagne, entre les Maures almohades d'Al-Andalus, commandés par Youssouf al-Mansour, et les troupes d'Alphonse VIII de Castille. La défaite des chrétiens fut un désastre pour la Castille et un revers majeur pour la Reconquista.

À la fin des années 1180, le calife almohade Abou Youssouf al-Mansour avait été obligé de régler certains problèmes en Afrique du Nord tout en défendant ses possessions ibériques contre la Reconquista. Une brève trêve avec le royaume de Castille et León lui offrit un répit temporaire, mais en 1190 la fin de cette trêve coïncida avec de nouvelles révoltes à Marrakech.

En l'absence du calife, Alphonse attaqua Al-Andalus et mit plusieurs villes maures à sac. En réaction, Al-Mansour traversa le détroit de Gibraltar avec son armée almohade en 1195 et se dirigea rapidement vers le nord. Alarmé par la rapidité des Maures, Alphonse fit une erreur tactique en n'attendant pas les renforts du roi de León. Il choisit de quitter Tolède en marchant vers le sud, où il attaquerait les troupes d'Al-Mansour. Les deux armées s'affrontèrent à Alarcos, près du fleuve Guadiana, à la frontière actuelle entre l'Espagne et le Portugal.

Alphonse fit le pari de lancer une immense charge de cavalerie, stratégie qui remporta souvent le succès durant la Reconquista. L'audace sembla tout d'abord payer : la cavalerie enfonça les lignes maures. L'armée d'Al-Mansour était cependant importante et son immense contingent d'archers fit continuellement pleuvoir des projectiles sur les chevaliers. La charge faiblit ; Alphonse fut débordé et dut se replier, non sans perdre la majorité de l'armée castillane. La défaite constitua un sérieux revers pour la Castille et stoppa l'avancée de la reconquête pendant presque vingt ans. **TB**

Pertes : pas de chiffres fiables

< *Lisbonne 1147* *Las Navas de Tolosa 1212* >

Quatrième croisade

Constantinople avril 1204

La diversion que constitua au cours de la quatrième croisade l'attaque, la prise et le sac de Constantinople, loin de la Terre sainte, divisa et dissipa les efforts de guerre des chrétiens contre les musulmans. L'événement est généralement considéré comme une trahison choquante d'idéaux par cupidité.

La quatrième croisade s'éloigna très tôt de son objectif principal. Afin de rembourser à la cité de Venise leurs frais de voyage sur ses navires, les croisés furent obligés de prendre Zara, sur la côte adriatique, à la Hongrie chrétienne. Le prince byzantin exilé, Alexius, offrait au même moment une récompense à qui lui rendrait son trône.

Les croisés firent voile vers Constantinople et, en juillet 1203, déclarèrent Alexius empereur. En février 1204, Alexius fut assassiné et remplacé par Alexis Doucas, qui demanda aux croisés de partir. Ceux-ci réagirent en assiégeant Constantinople. Un premier assaut fut repoussé mais avec de lourdes pertes pour Constantinople, et le 12 avril les croisés parvinrent à leurs fins. Des soldats grimpèrent au mat de navires et avancèrent le long d'étroites planches pour atteindre le haut des remparts. D'autres navires amenèrent des soldats jusqu'au rivage pour défoncer avec des pics et des pelles une porte qui avait été murée. Quand une brèche fut ouverte, Aleaumes de Clari s'y faufila. Des milliers de croisés pénétrèrent par le trou élargi puis combattirent pour rejoindre l'une des portes principales qu'ils ouvrirent à leurs camarades. Pendant trois jours, l'armée saccagea la ville, puis les nobles imposèrent l'ordre et entreprirent de piller la plus grande cité de la chrétienté. Baudouin de Flandre, l'un de ces nobles, fut désigné empereur, mais la plupart des Byzantins refusèrent de le reconnaître et l'empire se divisa en quatre États opposés. **RM**

Pertes : chiffres inconnus

〈 *Jaffa 1192*

Damiette 1219 〉

Croisade contre les albigeois

Béziers 21 juillet 1209

Ce massacre brutal fut le premier affrontement majeur de la croisade qu'avait lancée le pape Innocent III contre les cathares, une secte religieuse. Béziers, un bastion cathare, fut incendié et 20 000 habitants assassinés après qu'un légat du pape, l'abbé de Cîteaux, eut déclaré : « Tuez-les tous ! »

Les cathares (aussi nommés albigeois, car Albi était parfois considéré comme leur siège) croyaient en l'existence de deux dieux : l'un qui incarnait le Bien et un autre, moins puissant mais démoniaque, qui avait créé le monde. Apparus dans les années 1000-1050, les cathares établirent leur propre Église en 1140 environ et dès la fin du XIIe siècle disposaient de onze évêques en France et en Italie, ainsi que d'un grand nombre de fidèles. Les cathares niaient la divinité du Christ et l'autorité du pape ; l'Église catholique romaine les déclara hérétiques en 1176.

Le pape Innocent III envoya des prédicateurs les convertir mais ordonna finalement une croisade après l'assassinat de son légat, Pierre de Castelnau, en janvier 1208. Beaucoup de ceux qui répondirent à l'appel du pape étaient séduits par sa promesse qu'ils pourraient conserver toute terre saisie aux hérétiques. En 1209, une armée de 10 000 hommes se réunit à Lyon et se dirigea vers le sud sous le commandement d'un autre légat du pape, Arnaud Amalric, abbé de Cîteaux. Quand ils arrivèrent à Béziers, ces croisés demandèrent la reddition des cathares et catholiques du lieu. Les défenseurs de la ville organisèrent une sortie pour attaquer les assiégeants mais furent dépassés. Les croisés s'engouffrèrent alors par les portes ouvertes de la cité. L'abbé écrivit au pape : « La cité tout entière a été pillée et brûlée. La vengeance divine a fait merveille. » La résistance cathare demeura malgré tout forte ailleurs et la croisade dura vingt ans. **CP**

Pertes : Cathares et habitants, 20 000 ; croisés , pertes minimes

Muret 1213 〉

Las Navas de Tolosa 16 juillet 1212

Las Navas de Tolosa fut un affrontement décisif entre les alliés chrétiens de Castille, de Navarre, d'Aragon, et du Portugal d'un côté, et les Maures almohades de la péninsule Ibérique de l'autre. Victoire importante pour la Reconquista, la bataille accéléra le déclin de l'Empire almohade.

À la suite de la désastreuse défaite d'Alarcos en 1195, le royaume de Castille était affaibli et les Almohades forcèrent la reddition d'importantes forteresses chrétiennes dans le sud de la péninsule. Il sembla pendant un temps qu'ils allaient s'emparer de Tolède et s'avancer vers le nord, mais leur commandant, Al-Mansour, vieillissant et malade, désirait repartir en Afrique du Nord et Tolède échappa à la conquête. La Reconquista stoppée, le royaume d'Al-Andalus semblait assez en sécurité pour que le successeur d'Al-Mansour, Mohammed an-Nasir, fasse venir une armée en Ibérie en 1211 avec l'objectif de restaurer le contrôle maure dans le nord de la péninsule. Après un certain nombre de victoires maures, notamment la prise du bastion de l'ordre de Calatrava de Castille à Salvatierra, dans le Nord, l'avenir des royaumes chrétiens espagnols semblait peu prometteur. Le pape Innocent III appela alors l'Europe à prendre les armes et à lancer une croisade contre les Maures. Cela entraîna une alliance entre les royaumes chrétiens mais rivaux de Castille, de Navarre, d'Aragon et du Portugal, des chevaliers français rejoignant de plus l'armée d'Alphonse VIII de Castille.

Les chrétiens, désunis, se querellaient beaucoup. Bon nombre d'entre eux n'appréciaient pas de devoir lutter sous la bannière castillane et certains désertèrent, dépités par la clémence dont faisait preuve Alphonse envers les prisonniers maures et juifs. Malgré ces profondes divisions, les croisés s'approchèrent à l'été 1212 du

campement d'An-Nasir, établi sur un vaste plateau derrière un ravin – une position qui paraissait imprenable. Toutefois, en empruntant un sentier connu des seuls bergers de la région, les chrétiens purent contourner le ravin et attaquer les Maures par surprise. Ces derniers étaient peu armés, et leurs archers tentèrent d'épuiser les chevaliers chrétiens sans trop s'approcher. Toutefois, au plus fort du combat, Alphonse ordonna à ses réserves de chevaliers de charger ce qui inversa le cours de la bataille de manière décisive.

Les chroniques médiévales nous apprennent qu'une armée commandée par le roi Sancho VII de Navarre parvint à briser les rangs de la garde personnelle du calife (qui s'enfuit) et tua les esclaves qui avaient été enchaînés autour de lui pour le défendre. Comme pour toutes les batailles liées à la naissance d'une nation et à l'affrontement des religions, les statistiques concernant les armées en présence et leurs pertes respectives sont à prendre avec précaution. Néanmoins le combat fut indubitablement une victoire écrasante pour l'alliance chrétienne. Une grande partie de l'armée du calife périt dans la chaleur de l'été et le reste dut battre en retraite. Après la chute de villes fortifiées importantes dans le Sud, le territoire maure d'Al-Andalus vacillait, au bord de la défaite, et la machine militaire almohade était sévèrement affaiblie.

Les années suivant la bataille de Las Navas de Tolosa, les chrétiens s'emparèrent de Cordoue, Séville et enfin Cadiz. À la fin des années 1240, l'Empire almohade avait pratiquement disparu et la majorité de la péninsule Ibérique était aux mains des chrétiens. **TB**

Pertes : pas de chiffres fiables ; l'hypothèse de 2 000 croisés sur 50 000 et 100 000 musulmans sur 200 000 a été avancée

< *Alarcos 1195* | *Rio Salado 1340* >

La bataille de Las Navas de Tolosa (tableau du XIXe siècle exposé au palais du Sénat à Madrid).

Muret 12 septembre 1213

Lors de cette victoire majeure contre les cathares, Simon IV de Montfort vainquit Raymond VI de Toulouse et le roi Pierre II d'Aragon. Pierre, renommé pour son combat contre les Maures en Espagne, fut tué, une perte considérable pour la cause cathare.

La croisade, qui avait débuté comme guerre de religion, prit rapidement une tonalité très politique quand les barons du nord de la France entreprirent de saisir des terres dans le Sud. Les croisés remportèrent une série de victoires à la suite du massacre de Béziers en juillet 1209, et Simon IV de Montfort prit la tête de la campagne après s'être disputé avec Raymond VI de Toulouse.

En 1211, Raymond, excommunié, décida de libérer plus de 30 villes pour la cause cathare, puis en 1213 son beau-frère Pierre II d'Aragon conduisit jusqu'en France une armée comptant entre 30 000 et 40 000 fantassins ainsi que 4 000 cavaliers pour aider le Toulousain à assiéger la forteresse de Montfort à Muret. Montfort prit la tête de 870 cavaliers et 700 fantassins environ lors d'une sortie de la citadelle, répartis en trois escadrons. Raymond suggéra d'adopter une position défensive puis de harceler les troupes de Montfort à coups d'arbalètes avant de contre-attaquer et de les repousser jusqu'à l'intérieur des murailles. Pierre déclara toutefois que cela manquait de chevalerie et préféra attaquer. Il combattit lui-même en ligne de front, revêtu de l'armure d'un de ses chevaliers.

La cavalerie aragonaise fut dépassée par la première charge de Montfort, Pierre fut désarçonné puis tué bien qu'il se soit identifié. L'armée aragonaise rompit les rangs et s'enfuit, impitoyablement poursuivie par la cavalerie de Montfort. La mort de Pierre fut un rude choc et Raymond se vit obligé de s'exiler en Angleterre, mais la résistance cathare retrouva bientôt vie. **CP**

« La défaite notoire des hérétiques albigeois à la bataille de Muret en 1213… a été attribuée par la légende à la récitation du rosaire par saint Dominique. »

H. Thurston, L'Encyclopédie catholique *(1912)*

↑ *Enluminure des* Grandes Chroniques de France *montrant les troupes de Simon IV de Montfort lancées contre Raymond VI de Toulouse à Muret.*

Pertes : croisés, moins de 1 600 ;
Cathares, jusqu'à 20 000 des 45 000 hommes

< *Béziers 1209* — *Toulouse 1217* >

Pékin (Zhongdu) 1214-1215

L'empereur Gengis Khan et son armée se lancèrent à l'assaut de Pékin (alors appelé Zhongdu), l'ancienne capitale de la dynastie Jin. Après un siège de plusieurs mois, les Mongols s'emparèrent de la ville établissant leur emprise sur la Chine septentrionale.

La campagne de 1214-1215 représentait la quatrième invasion mongole de l'empire Jin en Chine septentrionale en l'espace de trois ans. Gengis Khan (né Temüdjin vers 1162) avait déjà établi sa domination sur les tribus nomades de Mongolie et, en 1206, s'était déclaré khan ou empereur de tous les peuples des steppes.

Au cours de la troisième invasion, en 1213, les Mongols avaient assiégé Pékin, mais la ville fortifiée s'était avérée difficile avec ses murailles d'argile hautes de douze mètres, ses 900 tours et ses trois douves – et les Mongols étaient peu adeptes des sièges. Gengis Khan leva le camp après avoir accepté le luxueux tribut de l'empereur Xuan Zong, mais quand ce dernier déplaça la capitale au sud, à Kaifeng, le Mongol revint à la tête d'une armée de 50 000 hommes et assiégea Pékin une fois de plus à l'automne 1214 ; cette fois-ci, il bénéficiait de l'aide de rebelles Jin et d'engins de siège.

La défense de Pékin était assurée par le prince Shu Zong, aidé de deux généraux, Fu Xing et Moran Jinzhong. Après la défaite, près de Heijang, de l'armée de 39 000 hommes que les Jin avaient envoyée en renfort, Fu Xing se suicida cependant que le deuxième général et le prince s'enfuyaient. Les habitants de Pékin, terrifiés, demeurèrent dans la ville. Au fil des mois, désespérés, ils auraient eu recours au cannibalisme. Lorsque la ville se rendit, en mai 1215, Gengis Khan était déjà retourné dans sa capitale d'été, Xanadu. Pékin fut pillé et mis à sac par son armée avant de brûler pendant un mois. **CP**

Pertes : Mongols, chiffre inconnu ;
Jin, des milliers après des mois de famine

Tangdao 1161 | *La Kalka 1222*

« L'empereur Jin… offrit 500 jeunes hommes et femmes, 3 000 chevaux et d'immenses richesses et Gengis Khan accepta de repartir chez lui. Quand l'empereur Jin s'enfuit pour Kaifeng, Gengis Khan se sentit trahi. »

Sanderson Beck, China, Korea, and Japan to 1800

Miniature perse du XVe siècle montrant des cavaliers mongols au combat.

Bouvines 27 juillet 1214

Philippe Auguste, roi de France, y vainquit la coalition d'Otton IV, empereur romain germanique, de l'Anglais Jean sans Terre et des comtes Ferrand de Flandre et Renaud de Boulogne. Cette victoire confirma la souveraineté du roi sur la Bretagne et la Normandie.

Il avait été prévu qu'Otton, Ferrand et Renaud marcheraient sur Paris depuis le nord et que Jean débarquerait sur la côte atlantique avant de se diriger lui aussi vers Paris. Alors que Jean fut vaincu par les troupes royales françaises le 2 juillet près d'Angers, Philippe Auguste affronta l'armée du Nord dans la plaine près de Bouvines, en Flandre. Otton déploya ses 25 000 hommes face au sud-ouest, les chevaliers répartis en deux groupes sur les flancs, l'infanterie au centre et une réserve de cavalerie à l'arrière ; les troupes de Philippe Auguste, qui montaient à 15 000 hommes, adoptèrent une formation similaire.

La bataille débuta par un affrontement de cavalerie sur le flanc droit français. Au centre, l'armée impériale (qui comprenait la puissante infanterie des Pays-Bas) poussa vers l'avant, mais la cavalerie française, commandée par le roi, la força à reculer. Les Français triomphèrent sur l'aile gauche et William Longsword, comte de Salisbury, fut fait prisonnier. La cavalerie française fut aussi victorieuse sur la droite et le comte Ferrand de Flandre fut capturé à son tour. Au centre, les deux blocs de réserve de cavalerie s'affrontèrent et la France triompha une fois de plus : les deux ailes se rapprochèrent pour bloquer la retraite des parties centrales de l'armée impériale. Renaud de Boulogne résista encore courageusement mais finit par être capturé.

La bataille eut plusieurs conséquences directes : l'empereur Otton fut détrôné par Frédéric II Hohenstaufen et Jean sans Terre si affaibli qu'il fut obligé de signer la Magna Carta (charte des droits anglais). **CP**

Pertes : Français, 1 000 sur 15 000 ;
Coalition, 1 000 tués et 9 000 prisonniers sur 25 000

Douvres 1217 ›

La Bataille de Bouvines, *tableau de style romantique d'Horace Vernet, artiste du XIXe siècle.* ↑

Douvres 24 août 1217

Pour une nation insulaire, une défaite en mer pouvait être synonyme d'invasion et de conquête. Cette bataille, qui se déroula dans le Pas-de-Calais en 1217 et sauva l'Angleterre de l'occupation française, fut aussi la première disputée en haute mer.

Jean sans Terre, qui s'était régulièrement heurté aux principaux barons anglais, se vit forcé en juin 1215 de signer la Magna Carta («Grande Charte»), un accord qui garantissait les droits des barons, de l'Église et autres institutions vis-à-vis de la Couronne. Le décret du pape Innocent III qui déclarait, deux mois plus tard, que Jean n'était pas obligé de respecter la Charte, entraîna la révolte des barons. Ils sollicitèrent l'aide de la France, allant jusqu'à promettre le trône anglais au prince Louis. Celui-ci accosta dans le Kent alors que les barons rebelles s'emparaient de la Tour de Londres.

À la mort de Jean, en 1216, l'armée rebelle fut défaite à Lincoln par William Marshal, régent du jeune roi Henri III, et forcée à se tenir sur la défensive. Dans le Sud, les Français remportaient davantage de succès et parvinrent à assiéger Marshal et ses partisans à Douvres. Une flotte d'invasion française constituée de 70 navires d'approvisionnement escortés de dix navires de guerre traversa la Manche mais rencontra en chemin une flotte anglaise de 40 bateaux, commandée par Hubert de Burgh. La flotte anglaise commença par dépasser les navires français avant de faire demi-tour pour les attaquer par l'arrière, lançant des grappins avant de les aborder.

Le commandant français, Eustache le Moine, fut découvert caché dans les sentines (fonds de cale) et immédiatement exécuté cependant que les Anglais remorquaient 65 navires français jusqu'à Douvres. Sa flotte capturée, Louis dut abandonner son invasion de l'Angleterre et signa la paix un peu plus tard la même année. **SA**

Pertes : Anglais, aucun des 40 navires ;
Français, 65 navires capturés sur 80

Bouvines 1214 < *Evesham 1265* >

Un navire anglais manœuvre au cours d'un combat rapproché au large de Douvres (dessin de 1754).

Croisade contre les albigeois

Toulouse 1217-1218

Simon IV de Montfort, à la tête de la croisade contre les albigeois dans le sud de la France, assiégea Raymond VI de Toulouse, sympathisant de la cause cathare. La mort de Montfort mit fin au siège et affaiblit sévèrement la croisade.

Pendant deux ans après sa victoire à Muret, Simon de Montfort mena à plusieurs reprises les troupes croisées à la victoire contre les cathares : en 1216, il prit Toulouse et s'autoproclama comte de la ville alors que le détenteur légitime du titre, Raymond VI, était exilé en Angleterre. Raymond revint en France la même année et reprit Beaucaire puis Toulouse le 7 septembre 1217. Montfort assiégea la ville, dont les défenses étaient robustes et bien armées.

Au printemps 1218, les défenseurs de Toulouse construisirent un trébuchet (machine de jet), cependant que les assiégeants érigeaient un beffroi. Le 25 juin 1218, les défenseurs firent une sortie pour le détruire et, durant le combat qui s'ensuivit, Simon de Montfort fut mortellement blessé, frappé à la tête par une grosse pierre probablement lancée par le trébuchet. Le siège fut ensuite rapidement levé, et c'est l'un des fils de Simon, Amaury VI de Montfort, qui hérita du commandement militaire de la croisade.

Après que le roi Louis VIII eut pris la tête d'une nouvelle croisade en 1226, la résistance cathare diminua. Sous le règne de son successeur, Louis IX, le traité de paix de 1229 mit fin à la croisade contre les albigeois. Raymond VII de Toulouse, fils de Raymond VI, fut reconnu comme comte de la ville mais se vit obligé de céder ses châteaux au roi et de lutter contre les cathares. Ces derniers continuèrent à résister jusqu'en mars 1244, quand leur bastion, Montségur, fut pris d'assaut et que 220 d'entre eux périrent brûlés vifs comme hérétiques. **CP**

Pertes : chiffres inconnus

< *Muret 1213*

Cinquième croisade

Damiette 1219

Disputée en 1219, la bataille de Damiette révéla les faiblesses d'un commandement divisé ainsi que les difficultés des croisés à obtenir le moindre avantage stratégique en terre musulmane, même après s'être emparés d'une position.

Jean de Brienne, roi de Jérusalem, avait réuni une petite armée pour rejoindre celle des légats du pape Pélage d'Albano et Olivier de Cologne et envahir l'Égypte où régnait la dynastie ayyoubide.

Avant de marcher vers l'intérieur des terres, les croisés assiégèrent le port de Damiette. Quand les renforts commandés par le sultan Al-Kamil arrivèrent, Pélage ordonna d'attaquer sans écouter les conseils de Jean de Brienne, qui commandait l'aile droite, constituée de ses hommes et de templiers. Le centre comprenait des Allemands et Flamands sous le commandement d'Olivier, et Pélage était à la tête du flanc gauche.

Après un court combat, le centre musulman se replia, attirant le centre de l'armée croisé dans une nasse qui pourrait se refermer sur lui. En même temps, une troupe de Bédouins à cheval déborda le flanc droit des croisés pour attaquer leur campement. Jean de Brienne les aperçut et chargea quelques-uns de ses chevaliers de bloquer leur progression. Pélage en conclut que Jean battait en retraite et ordonna à ses troupes de se replier. Les Allemands au centre comprirent qu'ils étaient sur le point d'être débordés et s'enfuirent à leur tour. Jean s'avança avec ses soldats pour bloquer l'avancée sarrasine et permettre aux croisés désorganisés de fuir vers le campement. Al-Kamil retira son armée quelques semaines plus tard et Damiette se rendit. Les croisés ne tirèrent pourtant aucun avantage de cette victoire et furent par la suite vaincus lors de leur marche vers Le Caire. **RM**

Pertes : croisés, 300 chevaliers et 2 000 fantassins sur 15 000 ; Égyptiens, chiffre inconnu

< *Constantinople 1204*

La Forbie 1244 >

Les croisés débarquent en Égypte (illustration du Miroir historial, *ouvrage de Vincent de Beauvais, XVe siècle).* 

La Kalka juin 1222

Au cours de la première invasion mongole de la Russie, une armée conduite par Djebé et Subötai vainquit l'alliance des princes russes et des Coumans. Cette victoire, qui s'inscrivait dans une longue campagne de raids, dévasta les armées des princes russes et prouva la puissance de la cavalerie mongole.

En 1221, les généraux mongols Djebé et Subötai, qui se trouvaient à la tête d'une armée de 20000 hommes, lancèrent une série d'attaques à travers l'Azerbaïdjan et la Géorgie avant de longer la mer Caspienne pour rejoindre la Russie. Les Mongols vainquirent une alliance de tribus des steppes dont les Alains, les Tcherkesses, et les Kiptchaks, puis anéantirent deux armées coumanes ; les rares survivants coumans en appelèrent aux princes russes.

Ces derniers (dont Mstislav III de Kiev, Mstislav de Galitch et Youri II de Vladimir-Suzdal) levèrent une armée de 30000 hommes, et, s'avançant sur trois fronts, tentèrent d'encercler les troupes mongoles sur les rives du Dniepr. Celles-ci firent mine de se replier à l'est, laissant une arrière-garde de 1000 hommes se battre sous le commandement de Hamabek. Celle-ci fut anéantie par les soldats de Mstislav de Galitch, qui partirent ensuite à la poursuite du reste de l'armée mongole.

Après neuf jours de retraite, les Mongols firent volte-face pour affronter Mstislav sur les rives de la Kalka. Ils attaquèrent l'armée russe de front et sur les flancs avec leur férocité caractéristique. Les Coumans s'enfuirent, provoquant le désordre dans les rangs russes, et les Mongols s'engouffrèrent dans cette brèche. Djebé et Subötai forcèrent ensuite la reddition du contingent russe commandé par Mstislav de Kiev et pourchassèrent ce qui restait de l'armée de Mstislav de Galitch avant de finalement laisser les Russes s'échapper. **CP**

Pertes : Russes, 20 000 sur 30 000 ;
Mongols, très peu de pertes

< *Pékin 1214* *Kaifeng 1232* >

Invasions mongoles

Kaifeng 1232-1233

Une armée mongole commandée par Subötai s'empara en Chine septentrionale de Kaifeng, capitale de la dynastie Jin dont les défenseurs étaient pourtant équipés de bombes. Après le suicide de l'empereur Jin, ses territoires passèrent sous le contrôle d'Ögödei, récemment élu khan des Mongols.

Si les Mongols avaient réussi à s'emparer de Pékin en 1215, les Jin avaient continué à résister. Après la mort de Gengis Khan en 1227 et la désignation de son fils, Ögödei, comme khan suprême en 1229, ils tentèrent de réaffirmer leur présence. Ils reprirent des territoires dans le Shensi et le Honan et édifièrent le long du fleuve Jaune des forteresses défendues par 300 000 soldats. Les Mongols lancèrent une invasion sur trois fronts, l'armée commandée par le frère d'Ögödei, Tolui, étant autorisée à traverser le territoire Song en direction du sud.

Les envahisseurs débutèrent le siège de Kaifeng l'été 1232. Les défenseurs de cette vaste cité auraient utilisé une « bombe tonnerre », un projectile en fer empli de poudre lancé par une grande catapulte qui, en explosant, déchiqueta les attaquants ou les blessa de ses éclats. Ils utilisèrent aussi des canons. Au cours du siège, Tolui tomba malade puis mourut, laissant à Subötai la pleine charge des opérations militaires. Ce dernier demanda des renforts aux Song, et après l'arrivée de 20 000 soldats supplémentaires la victoire s'avéra inéluctable. Les défenseurs étaient affaiblis par la faim et la maladie, et des milliers d'entre eux moururent à l'intérieur des murailles.

L'empereur Jin Ai-tsung céda le contrôle à son général, Tsui Lui, puis s'enfuit et se suicida. La ville se rendit mais, sur ordre d'Ögödei, les Mongols ne massacrèrent pas la population. **CP**

Pertes : Mongols, chiffres inconnus ; côté Jin, des milliers de sujets moururent durant le siège et des milliers d'autres s'échappèrent à la chute de la ville

< *La Kalka 1222* *Xiangyang 1268* >

Croisades baltes

Saule 22 septembre 1236

Saule est une bataille des croisades baltes, série de campagnes chrétiennes contre les peuples païens de la Baltique. L'ordre des chevaliers Porte-Glaive (ou chevaliers livoniens) ne survécut pas à sa cuisante défaite aux mains des païens lithuaniens et sémigaliens.

Les chevaliers livoniens avait déjà fait l'objet de critiques papales pour la brutalité avec laquelle ils traitaient les convertis, quand un groupe de croisés de Holstein les rejoignit et exigea de participer à une campagne contre les païens. Les chevaliers lancèrent une attaque en territoire sémigalien et retournaient chargés d'un lourd butin lorsqu'ils virent un grand nombre de Lithuaniens et de Sémigaliens qui leur barraient la route près d'une rivière.

La solution la plus adéquate aurait été d'attaquer immédiatement pour passer en force, mais le sol était marécageux et les chevaliers ne voulaient pas courir le risque de perdre leurs chevaux. Ils méprisaient le combat au sol et décidèrent donc d'installer leur campement. Le lendemain, la cavalerie légère lithuanienne attaqua. Rapide et lançant des javelines, elle déjoua les chevaliers aux armures lourdes, qui subirent d'importantes pertes. Il semble que les événements aient tellement choqué les soldats auxiliaires (recrutés – peut-être de force – par les chevaliers parmi les peuples conquis) qu'ils s'enfuirent.

Cette première défaite majeure des Livoniens entraîna une révolte chez les peuples conquis ; les Sémigaliens fauchèrent de nombreux chevaliers durant leur fuite. La bataille et la révolte qui s'ensuivirent donnèrent naissance à l'idée mythique de l'unité des peuples baltes. Quand à l'ordre livonien, il fut contraint par Rome de fusionner avec les chevaliers Teutoniques. **JS**

Pertes : Livoniens, de 50 à 60 morts chez les chevaliers ; auxiliaires et païens, chiffre inconnu

Guerre Suède-Novgorod

La Neva 15 juillet 1240

L'importance de certaines batailles est liée à la façon dont elles ont marqué la mythologie nationale. C'est le cas de celle de la Neva, où les Russes de la république de Novgorod, menés par le prince Alexandre Iaroslavitch (futur Alexandre Nevski), repoussèrent une armée d'envahisseurs suédois.

L'invasion mongole des territoires russes de 1236 avait affaibli la république de Novgorod, situation qu'exploita en 1240 la Suède, dont l'armée commandée par Jarl Birger débarqua à l'embouchure de la rivière Izhora.

Selon les sources russes, Alexandre se précipita à sa rencontre accompagné seulement des troupes de sa maisonnée et des quelques volontaires qu'il avait pu trouver à Novgorod. Il avança vers le campement de Birger sous le couvert du brouillard et de la forêt. Birger ne s'attendait pas à être attaqué, semble-t-il ; son campement était étalé le long de la rive et il n'avait posté aucun garde. Une charge de cavalerie russe rapidement soutenue par des fantassins le prit par surprise : il s'avéra incapable de faire adopter à sa vaste infanterie une formation défensive efficace. De fait, les sources russes affirment que de nombreux Suédois n'eurent même pas le temps de dégainer leur épée avant d'être submergés par les Russes.

On dit que seuls trois navires échappèrent au massacre et que les pertes de Novgorod furent insignifiantes. Mais étant donné que la Suède était alors en proie aux dissensions et que la guerre avec la Norvège menaçait, il semble plus probable que la bataille de la Neva ait été une attaque relativement mineure. Les Russes eurent toutefois besoin d'un personnage héroïque pour effacer l'humiliation de la conquête mongole : Alexandre fut surnommé Nevski (« de la Neva ») et finalement canonisé, se transformant en symbole de résistance face aux envahisseurs. Il fallait donc grossir ses exploits. **JS**

Pertes : chiffres inconnus

Legnica 9 avril 1241

Les Mongols vinrent à bout, en Pologne, d'une armée européenne qui comptait en ses rangs les chevaliers d'ordres célèbres, tels les Teutoniques, les Hospitaliers et les Templiers. Ces attaquants avaient été envoyés en Pologne pour faire diversion alors que le reste de l'armée mongole envahissait l'Europe.

Après la victoire mongole de la Kalka, 40 000 Coumans environ se réfugièrent en Hongrie, s'y convertirent au christianisme et demandèrent la protection du roi Béla IV. Les Mongols, qui avaient déclaré avoir assujetti les Coumans, prétextèrent ces événements pour envahir l'Europe. Un plan audacieux conçu par le général Subötai devait conduire trois armées comptant 80 000 hommes au total (commandées respectivement par Batu, Shiban et Subötai) à envahir la Hongrie. Une quatrième force de 20 000 hommes commandée par les princes Kadan et Baidar se rendrait en Pologne afin d'y détruire toute opposition, puis s'élancerait vers le sud pour y rejoindre l'armée principale mongole.

« Ils remplirent neuf grands sacs d'oreilles qu'ils envoyèrent au khan comme preuve de la victoire. »

Giovanni Dal Piano dei Carpini, chroniqueur

Le plan fut appliqué durant l'hiver et le printemps 1241 : en Pologne, Kadan et Baidar remportèrent une série de victoires et, le 24 mars, dimanche des Rameaux, incendièrent la capitale, Cracovie. La Pologne était affaiblie par la rivalité entre ses seigneurs, mais le duc de Silésie Henri II le Pieux parvint à lever une armée de 30 000 hommes qui affronta les Mongols à Legnica. Elle comprenait des fantassins mal équipés et recrutés parmi les paysans mais aussi des chevaliers Teutoniques et un petit groupe de Templiers et d'Hospitaliers venus de France et comptant parmi les guerriers les plus redoutables de la chrétienté. De plus, une deuxième armée européenne, forte de 50 000 hommes et commandée par le roi Venceslas de Bohême, n'était qu'à quelques jours de marche. Kadan et Baidar décidèrent d'affronter le duc Henri avant que les troupes de Venceslas ne puissent le rejoindre.

À Legnica, le 9 avril, une avant-garde mongole peu armée s'avança vers les archers du duc puis fit mine de s'enfuir, poussant les chevaliers d'Henri à l'attaque. Les Mongols créèrent ensuite un écran de fumée qui coupa la cavalerie de l'infanterie. Gênés par la fumée, les chevaliers européens peinèrent à se diriger et se retrouvèrent bientôt sous le feu nourri des archers mongols. Un escadron de la cavalerie légère mongole attaqua alors l'infanterie européenne, désormais isolée. Enfin, les Mongols lancèrent leur cavalerie lourde. Tout au long de ces manœuvres, les archers mongols ne cessèrent leur tir nourri et, selon certains récits, utilisèrent aussi des projectiles emplis de poudre. L'armée européenne fut anéantie. Henri tenta de fuir mais fut capturé, tué et décapité ; les Mongols paradèrent avec sa tête au bout d'une lance dans la ville de Legnica. Comme c'était leur coutume, le nombre de victimes fut calculé en coupant une oreille à chaque cadavre, oreilles qui furent réunies dans des sacs.

Plus tard, en apprenant cette déroute catastrophique, le roi Venceslas battit en retraite jusqu'en Bohême. Les Mongols envoyèrent une petite armée à sa poursuite mais celle-ci fut repoussée par la cavalerie bohémienne à Klodzo. Kadan et Baidar divisèrent alors leur armée en petits groupes d'attaquants qui terrorisèrent les Polonais et ravagèrent leurs campagnes avant de traverser les Carpates au sud pour retrouver le général Subötai et l'armée principale en Hongrie. **CP**

Pertes : Mongols, chiffres inconnus pour les 20 000 combattants ; Européens, toute l'armée est détruite

< *Kaifeng 1232* *Mohi 1241* >

La bataille de Legnica (gravure sur cuivre de Matthäus Merian, colorée et publiée en 1630). ➔

Invasions mongoles

Mohi (rivière Sajo) 10 avril 1241

Au cours des invasions mongoles en Europe, Batu Khan et le général Subötai infligèrent une écrasante défaite à l'armée hongroise du roi Béla IV, qui était réputée avoir la meilleure cavalerie d'Europe. Les Mongols incendièrent la ville de Pest et prirent le contrôle de la plaine hongroise.

Subötai, général mongol, avait, pour envahir l'Europe, élaboré un plan selon lequel l'attaque de la Hongrie serait soutenue par une campagne en Pologne. La force d'invasion principale détruisit les défenses hongroises dans les Carpates et parcourut la Hongrie très rapidement avant de s'arrêter sur les rives de la Sajo. Le roi Béla IV campa sur la rive opposée, son armée de 100 000 hommes dépassant les effectifs mongols d'au moins 20 000 soldats.

Le 10 avril, Batu Khan attaqua : à la tête des troupes avec son frère, le prince Shiban, il mena un assaut frontal cependant que Subötai essayait de faire traverser ses troupes pour prendre les Hongrois à revers. Batu et Shiban eurent des difficultés à progresser mais leurs explosifs lancés par catapulte firent reculer les Hongrois. Une fois sur l'autre rive, les Mongols firent volte-face et amenèrent les Hongrois à changer de position : ces derniers seraient ainsi vulnérables quand Subötai arriverait. Batu ordonna ensuite à ses hommes de se replier et de former une file.

Les troupes de Subötai survinrent et se déployèrent derrière les Hongrois qui, comprenant qu'ils allaient être encerclés, chargèrent pour regagner leur camp. Subötai les pourchassa et bombarda le campement avant de lancer sa cavalerie lourde. Une colonne de Hongrois s'enfuit vers Pest mais fut poursuivie par les archers mongols à cheval. L'Europe échappa à d'autres ravages grâce à la mort du khan suprême, Ögödei : les Mongols se retirèrent alors dans leurs territoires pour choisir leur nouvel empereur. **CP**

Pertes : Mongols, chiffres inconnus ;
Hongrois, 60 000 sur 100 000

< *Legnica 1241* *Chute de Bagdad 1258* >

Guerre franco-anglaise

Taillebourg 21 juillet 1242

Les Capétiens n'ont de cesse d'agrandir leur domaine royal et de soumettre les grands féodaux, parmi lesquels le roi d'Angleterre, maître de plusieurs provinces françaises par le jeu des héritages. Louis VIII arrache à Henri III le Poitou et la Saintonge, mais celui-ci veut à tout prix les récupérer.

En 1242, Henri III s'allie au comte de la Marche, Hugues de Lusignan, qui a épousé sa mère, à des barons poitevins et au comte de Toulouse, Raymond VII, qui soutient l'agitation cathare dans le Languedoc. Le 13 mai, il débarque à Royan avec une armée peu nombreuse. Dans le Languedoc, l'agitation cathare a repris. Épaulé par ses deux frères, Robert, comte d'Artois, et Alphonse, comte de Poitou, Louis IX a déjà fondu sur le Poitou avec 25 000 hommes et s'est positionné au cœur de la Saintonge, à Taillebourg, au bord de la Charente. Il y a là un pont de pierre et un pont flottant de bois, qui ouvrent la route de Saintes. La rivière est profonde à cet endroit. Nous sommes le 21 juillet 1242. Les Anglais se rassemblent sur l'autre rive. Ils tentent de passer le pont de pierre mais se heurtent à une vive résistance, puis à une contre-attaque victorieuse des chevaliers français. Le chroniqueur Joinville raconte comment le jeune roi s'est jeté dans la mêlée au péril de sa vie. À Taillebourg il est devenu un vrai chef de guerre, ce qui a beaucoup fait pour sa popularité. Un roi se doit d'être un chevalier accompli.

Le lendemain, les Français poursuivent les Anglais vers Saintes et les mettent à nouveau en déroute. Le roi de France entre dans la ville, où les notables lui remettent les clés, en signe de soumission. Henri III passe la Garonne et se réfugie à Bordeaux. Le conflit s'interrompt. Mais saint Louis continue de guerroyer contre les grands féodaux. La paix entre le Capétien et le Plantagenêt ne sera signée qu'en 1259. **LV**

Pertes : chiffres inconnus

Détail d'un manuscrit illustré du XVIe siècle racontant l'invasion de l'Europe occidentale par Batu Kahn.

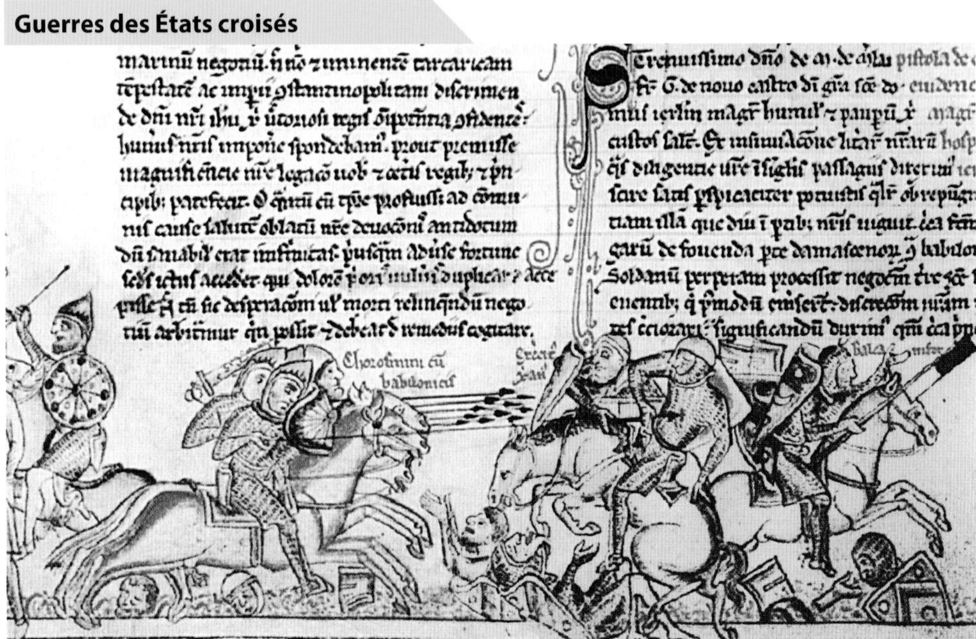

La bataille de La Forbie ou d'Harbiyah, illustrée par Matthew Paris (XIIIe siècle).

La Forbie 17-18 octobre 1244

Aussi nommée bataille de Harbiyah, La Forbie fut la dernière fois où le royaume de Jérusalem prit l'initiative contre les États musulmans qui l'entouraient. La perte de soldats et de chevaliers au combat ne fut jamais compensée et le royaume fut dorénavant tributaire de l'aide erratique de l'Europe.

En 1244, le royaume de Jérusalem forma une alliance avec Al-Mansur, émir de Homs, et d'autres seigneurs musulmans contre le puissant sultan égyptien, As-Salih Ayyub. L'armée alliée marcha vers le sud et traversait Gaza sous le commandement de Gautier de Brienne quand elle se heurta à l'émir Baibars accompagné de 5 000 cavaliers égyptiens et d'un nombre égal de mercenaires khorezmiens. Al-Mansur suggéra de fortifier le campement pour une bataille défensive mais Philippe de Montfort, seigneur de Tyr, ordonna l'attaque. Il plaça ses 6 000 soldats chrétiens sur la droite, le long du rivage, les 2 500 d'Al-Mansur au centre et 3 000 autres alliés musulmans sur le flanc gauche. Baibars posta ses soldats égyptiens face aux chrétiens tandis que les Khorezmiens faisaient face aux musulmans. Le 17 octobre, seule une escarmouche sans conviction eut lieu, mais les armées reprirent leur formation le 18.

La bataille débuta par une charge des Khorezmiens contre Al-Mansur. Les soldats de Homs furent repoussés et leurs alliés musulmans s'enfuirent. Pendant ce temps, les chrétiens percèrent les rangs des Égyptiens, sur la droite. Les Khorezmiens revinrent à temps pour prendre les chrétiens victorieux à revers et les repousser vers le rivage. Philippe de Montfort, 65 chevaliers et un milliers de soldats parvinrent à s'échapper ; tous les autres furent faits prisonniers et vendus comme esclaves. Gautier mourut en captivité et Al-Mansur repartit pour Homs avec seulement 180 hommes sur les 2 000 qui l'avaient accompagné. **RM**

Pertes : croisés, 7 000 sur 11 000 ; Ayyoubides, 2 000 sur les 10 000 qui participèrent au combat

◁ *Damiette 1219* *Mansourah 1250* ▷

Mansourah 8 février - 6 avril 1250

Mansourah mit fin à la ferveur des peuples chrétiens d'Europe à se croiser. Les deux dernières croisades ne seraient dès lors que des campagnes militaires organisées par des rois désireux de renforcer leur réputation. Quant aux Mamelouks, leur victoire à Mansourah les fit souverains d'Égypte.

La septième croisade fut conduite par Louis IX. Le roi débarqua en Égypte pour y combattre le puissant sultan ayyoubide As-Salih et le forcer à échanger Jérusalem contre un traité de paix. Louis IX s'empara du port de Damiette en juin 1249. Sa bonne fortune se poursuivit avec la mort d'As-Salih le 22 novembre : l'Égypte passait aux mains de son fils inexpérimenté, Turanshah.

Louis IX ordonna à la majorité de son armée de marcher sur Le Caire et ne laissa à Damiette qu'une garnison et quelques hommes pour garder les navires. L'avancée de Louis fut stoppée par un large canal à Mansourah, mais le 8 février les croisés parvinrent à le traverser en combattant l'armée égyptienne puis s'emparèrent de Mansourah. Trois jours plus tard, une contre-attaque des Mamelouks, des soldats-esclaves d'élite, infligea de lourdes pertes aux croisés et les obligea à fortifier leur campement. Baibars al-Bunduqdari, qui commandait les Mamelouks, bloqua l'approvisionnement des croisés et entreprit le siège de leur campement.

Le 4 avril, la maladie et la faim affaiblissant ses hommes, Louis IX ordonna la retraite vers Damiette. Tout au long de leur fuite, les croisés durent combattre les Mamelouks, et le 6, à Farskour, Louis décida de capituler. Baibars ordonna l'exécution immédiate de 7 000 chrétiens, trop malades pour être utiles. Louis dût payer une rançon pour lui-même et 12 000 autres survivants. Les Mamelouks assassinèrent alors Turansha et prirent le pouvoir en Égypte. **RM**

Pertes : croisés, toute l'armée (25 000 hommes) fut tuée ou capturée ; Égyptiens, chiffre inconnu

< *La Forbie 1244* *Saint-Jean-d'Acre 1291* >

Enluminure d'une chronique du XIIe siècle montrant Louis IX sur le point de se rendre.

Chute de Bagdad février 1258

L'armée mongole de Hülegü Khan saccagea Bagdad, capitale du califat abbasside. Elle détruisit les palais, mosquées et bibliothèques de la ville et tua Al-Mustasim, dernier calife abbasside, avant de renvoyer un immense butin vers la capitale mongole, Karakorum.

Sous le règne de Möngke Khan, petit-fils de Gengis Khan, les Mongols se lancèrent dans des campagnes d'expansion. Quand Möngke envoya son frère, Hülegü, en Iran puis en Irak, sa vaste armée de 150 000 hommes campa près de Bagdad. En novembre 1257, Hülegü offrit à Al-Mustasim de lui céder pacifiquement la ville, mais ce dernier refusa et se contenta d'envoyer une maigre armée de 20 000 soldats affronter les envahisseurs. Ces troupes furent surprises par les Mongols, qui inondèrent le champ de bataille en détruisant des barrages proches. L'armée d'Hülegü, qui s'était installée dans les quartiers à l'ouest de Bagdad, encercla la ville d'un rempart. Le 3 janvier débutèrent les bombardements mongols. L'armée mongole était en effet munie d'explosifs chinois et d'engins de siège les plus novateurs, dont des catapultes capables de lancer des projectiles incendiaires. Le 6 février, les assiégeants prirent la muraille orientale de la ville, et Bagdad se rendit le 10. Hülegü fit Al-Mustasim et ses courtisans prisonniers et ordonna d'exécuter tous les membres de la garnison.

Le sac de Bagdad débuta le 13 février : cette magnifique ville, centre d'érudition et d'art pendant des siècles sous le règne musulman, fut entièrement détruite. Selon un récit de l'époque, le Tigre vira au noir, teinté par l'encre de tous les manuscrits qui y furent jetés. Al-Mustasim se vit obligé de contempler ce spectacle avant d'être enveloppé dans un tapis et piétiné par les sabots des chevaux des envahisseurs jusqu'à ce que mort s'ensuive. **CP**

Pertes : Mongols, pertes minimes ; selon certaines sources, deux millions d'habitants de Bagdad auraient péri

< *Mohi 1241* *Aïn Djalout 1260* >

Kressenbrunn juillet 1260

La bataille que disputèrent la Bohême et la Hongrie à Kressenbrunn avait pour objet le contrôle du duché de Styrie. La victoire du roi de Bohême, Ottokar II, fit brièvement de lui l'homme le plus puissant d'Europe, mais il provoqua aussi la peur et la jalousie parmi ses voisins.

Quand Ottokar accéda au trône en 1253, il était déjà duc d'Autriche et de Styrie. Cependant, peu familier de ses nouvelles fonctions, il ne put empêcher le roi hongrois Béla IV de lui ravir la Styrie. Il pensait la reprendre quand les circonstances lui seraient favorables. L'été 1260, Ottokar et Béla, dont les armées étaient postées sur les rives opposées de la Morava, se heurtèrent à nouveau.

Ce devait être l'une des batailles les plus importantes de l'Europe médiévale – même si les affirmations selon lesquelles chaque armée dépassait les 100 000 hommes doivent être prises avec précaution –, mais elle aurait aussi pu ne jamais avoir lieu, car aucun des deux camps ne voulait prendre le risque de traverser la rivière.

Ottokar désirait néanmoins se battre et régler le problème le jour même. Il offrit donc de se replier un peu pour que les Hongrois puissent traverser la Morava en toute sécurité avant de combattre. Alors qu'il se repliait, un contingent de la cavalerie hongroise chargea et une mêlée sauvage survint près de Kressenbrunn. L'avantage que les Hongrois auraient pu y gagner disparut rapidement avec le retour de l'armée de Bohême. Les Hongrois battirent bientôt en retraite dans le désordre et beaucoup se noyèrent dans la rivière. Béla dut abandonner la Styrie et Ottokar régna bientôt sur des territoires qui s'étendaient de la Silésie à l'Adriatique. Toutefois les princes allemands s'alarmèrent de sa puissance et choisirent pour empereur Rodolphe de Habsbourg. Ils avaient clairement l'intention d'abattre Ottokar. **JS**

Pertes : chiffres inconnus

Marchfeld 1278 >

Les Mongols se lançant à l'assaut des murailles de Bagdad (miniature du XIVe siècle).

Aïn Djalout septembre 1260

L'armée du sultanat mamelouk égyptien infligea une sévère défaite aux Mongols à Aïn Djalout, en Palestine. Cette issue balaya le mythe de leur invincibilité et marqua la fin de leurs efforts concertés pour conquérir le Moyen-Orient.

Après le sac de Bagdad, le Mongol Hülegü Khan s'empara des villes syriennes de Damas et d'Alep, puis se dirigea vers le sud en vue de déposer les sultans mamelouks d'Égypte. Mais, quand la nouvelle de la mort de son frère, Möngke Khan, lui parvint, Hülegü retira de Syrie la majorité de ses troupes pour qu'elles rejoignent Maragheh en Iran, et ne laissa pour affronter les Mamelouks qu'une armée très réduite commandée par le général Ked-Buqa.

Les Mamelouks en profitèrent : une armée commandée par le sultan Qutuz marcha vers le nord pour vaincre à Gaza une force mongole réduite avant d'affronter une armée d'environ 20 000 Mongols à Aïn Djalout (la « Source de Goliath »), ainsi nommé parce que c'était le lieu supposé où David, roi d'Israël, avait tué le guerrier philistin comme le décrit le Livre de Samuel. L'armée mongole comprenait un nombre important de guerriers syriens ainsi que des troupes arméniennes et géorgiennes chrétiennes. Les deux armées étaient de taille à peu près égale mais les Mamelouks possédaient un avantage certain : l'un de leurs généraux, Baibars, connaissait le terrain pour l'avoir déjà traversé comme fugitif. C'est lui qui aurait établi la stratégie de la bataille où intervenait l'une des tactiques mongoles les plus couronnées de succès : celle du repli feint.

« Nos chevaux sont rapides… nos épées semblables aux éclairs, nos cœurs aussi durs que les montagnes. » *Hülegü Khan*

À Aïn Djalout, les Mamelouks dissimulèrent la majorité de leur armée dans les collines boisées et firent avancer une petite troupe commandée par Baibars ; elle progressa puis recula à plusieurs reprises afin de provoquer les Mongols. Elle feignit enfin de battre en retraite. Ked-Buqa tomba dans le piège et ordonna à son armée de s'avancer. Celle-ci s'élança à la poursuite des Mamelouks mais tomba dans l'embuscade des troupes mamelouks cachées dans les collines. Les Mamelouks attaquèrent alors de tous côtés, lançant leur cavalerie ainsi que des nuées de flèches, mais les Mongols combattirent avec leur férocité habituelle et parvinrent à faire volte-face et à percer l'aile gauche des Mamelouks.

Dans ce combat rapproché, les Mamelouks utilisèrent le *midfa*, un petit canon portable dont l'utilité principale était d'effrayer les chevaux mongols et de semer la confusion. Les récits de l'époque rapportent que le sultan Qutuz jeta son casque à terre et poussa ses hommes à l'attaque au nom de l'islam, encouragements après lesquels ses hommes commencèrent à dominer. Le général mongol Ked-Buqa fut ensuite tué sur le champ de bataille – ou, selon un récit, fait prisonnier puis décapité par les Mamelouks quand il déclara que son khan leur infligerait sa vengeance après cette défaite. Les Mongols finirent par se replier et se diriger vers Beisan, à 13 kilomètres de là. Les Mamelouks les pourchassèrent tout du long.

À Beisan, les Mongols combattirent une fois de plus mais essuyèrent une grave défaite. Les Mamelouks exploitèrent au maximum l'annonce de cette remarquable victoire sur les invincibles Mongols, et envoyèrent au Caire un messager qui exhibait la tête de Ked-Buqa au bout d'une pique. Baibars conspira par la suite contre Qutuz, qui fut assassiné sur la route du Caire, et s'empara du pouvoir. **CP**

Pertes : Mongols, la plupart des 20 000 soldats ; Mamelouks, lourdes pertes sur 20 000

Chute de Bagdad 1258

Miniature persane du XIVe siècle représentant des guerriers mongols lancés contre les Égyptiens. 

کوربوقا بر ایشان دوانند و جمله را متفرق کردند و پادشاه اسلام از وادی این آوازی شنیدند که لا تخف نجوت من القوم الظالمین
و بدان بشارت قوتی هرچه تمامتر در نفس مبارکش ظاهر گشت و چون شمشیر می‌زدند و صف لشکر می‌دریدند و زخم سنان
گردان ایشان را می‌انداخت و بانگ بر لشکر زد تا فرود آمدند و تیرباران کردند و باز سوار شدند و بر مصریان ترکتاز
کردند و از وقت چاشت تا بسین جنگ بود عاقبة الامر مصریان بشکستند و متفرق گشته منهزم شدند

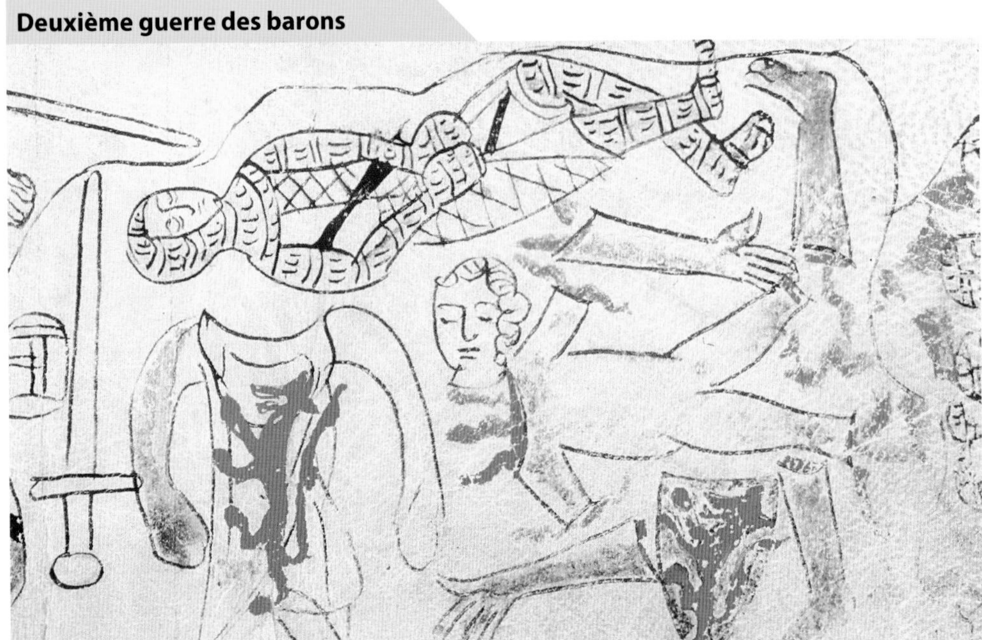

Evesham 14 août 1265

Le désaccord qui régnait depuis longtemps entre les rois anglais et leurs barons quant à la façon de gouverner l'Angleterre atteignit son apogée à Evesham en 1265. Cette bataille s'acheva par le massacre de l'armée baronniale et la question fut définitivement réglée en faveur du roi Henri III.

Les 56 ans du règne d'Henri III furent marqués par l'incompétence et l'anarchie, le roi s'appuyant pour ses décisions sur les conseils de sa belle-famille (il avait épousé la Française Éléonore de Provence). La rébellion de 1258 menée par Simon de Montfort, comte de Leicester, le força à signer les Provisions d'Oxford, qui limitaient son pouvoir royal. Lorsqu'il les abolit en 1261, Henri provoqua la guerre civile de 1264.

Lors de ce conflit, Simon de Montfort fit prisonniers Henri et son fils Édouard, le futur Édouard Ier, après les avoir vaincus à Lewes. Édouard parvint toutefois à s'échapper et leva une armée dans l'ouest de l'Angleterre. Montfort pendant ce temps s'alliait au prince de Galles Llewelyn et réunissait lui aussi une armée importante dans la principauté. De là, il partit vers l'est, où il rejoignit une armée plus importante encore, commandée par un de ses fils, aussi appelé Simon. Édouard réagit rapidement, conscient de devoir empêcher la réunion des deux armées des Montfort. Il marcha vers l'est, affronta et vainquit l'armée de Simon fils à Kenilworth. Le père, ignorant cette défaite, entra dans Evesham. Les troupes d'Édouard encerclèrent celles de Montfort sur un coude de la rivière Avon. Montfort mena la charge contre les lignes d'Édouard mais ses troupes furent bientôt vaincues et Simon tué.

L'affrontement fut si inégal que Robert de Gloucester, chroniqueur contemporain, le qualifia de « meurtre d'Evesham, car de bataille il n'y en eut aucune ». **SA**

Pertes : Prince Édouard, rares parmi les 10 000 soldats ; Simon de Montfort, 4 000 des 5 000 soldats

< *Douvres 1217* *Pont de Stirling 1297* >

Le corps dépecé de Simon de Montfort gisant à Eversham (illustration du XIIIe siècle). ↑

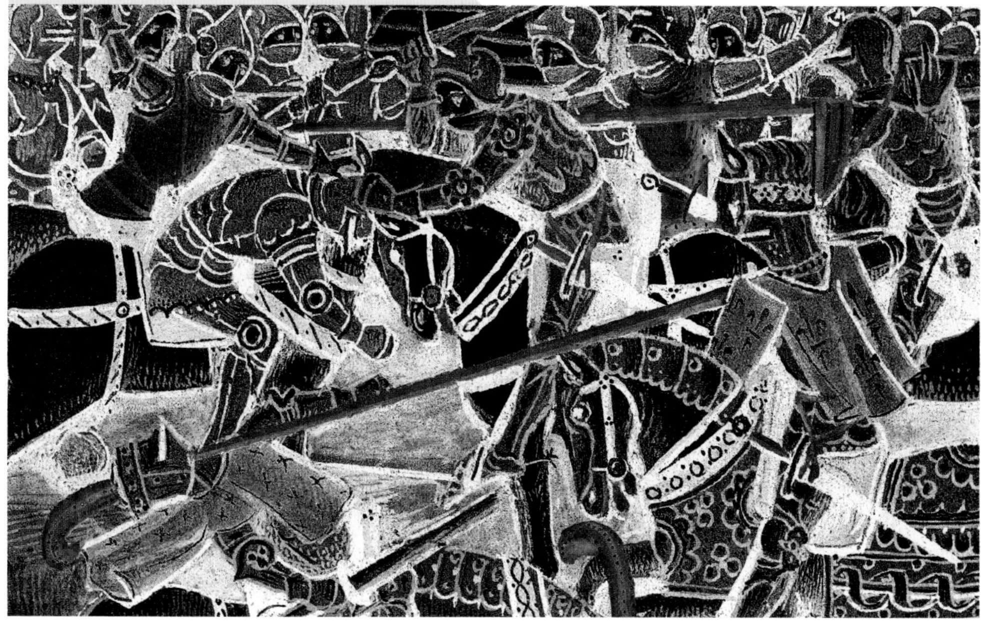

Bénévent 26 février 1266

Cette bataille fut le résultat d'une longue lutte pour le pouvoir en Italie entre les guelfes (qui soutenaient la papauté) et les gibelins (partisans du Saint Empire romain germanique). La défaite de Manfred de Sicile marqua le triomphe de la papauté et la fin de la dynastie Hohenstaufen.

Manfred, fils de Frédéric II de Hohenstaufen et qui avait usurpé à son neveu le trône de Sicile, établit rapidement et impitoyablement son autorité sur son nouveau royaume (qui comprenait la majorité du sud de l'Italie), notamment en s'alliant avec les Sarrasins de Lucera, en Italie méridionale. Toutefois il devrait faire face à l'hostilité d'une série de papes qui cherchaient tous un adversaire qu'ils pourraient reconnaître et soutenir contre Manfred. Finalement, Charles d'Anjou, frère de Louis Ier de France, fut invité à Rome, sacré roi de Sicile par le pape et, avec l'aide de banquiers génois et florentins, il leva une armée de guelfes italiens et mercenaires français.

Manfred l'attendait dans la plaine de Grandella, près de Bénévent. Quand l'infanterie française s'avança, il lança ses archers sarrasins et sa cavalerie légère, qui dispersèrent l'adversaire. Toutefois les Sarrasins étaient exposés à la cavalerie lourde française et furent débordés à leur tour. Pour reprendre l'avantage, Manfred ordonna à sa propre cavalerie lourde d'attaquer. Celle-ci parut tout d'abord l'emporter, mais, largement inférieure en nombre, elle subit de lourdes pertes.

Le rôle que joua la cavalerie italienne de Manfred est contesté : soit elle tenta une attaque par le flanc et fut rapidement battue, soit elle fut si horrifiée par le massacre des Allemands qu'elle fuit le champ de bataille sans combattre. Quoi qu'il en soit, Manfred comprit que tout était perdu et il s'enfonça dans la mêlée sur sa monture pour y périr. **JS**

Pertes : chiffres inconnus

〈 *Legnano* *Baie de Naples 1284* 〉

↑ *Charles d'Anjou affronte Manfred (manuscrit du* Roman de la Rose *de Jean de Meun, XVe siècle).*

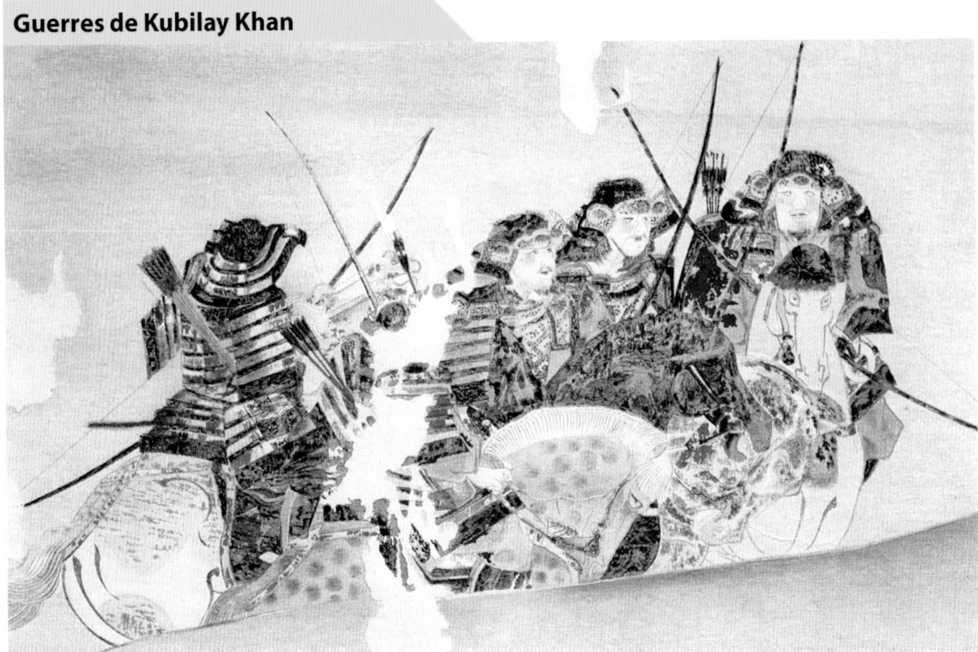

Xiangyang 1268-1274

Après avoir vaincu les Jin, les Mongols assiégèrent les Song, dynastie du sud de la Chine, pendant cinq ans. Ce fut non seulement l'un des sièges les plus importants de l'histoire chinoise, mais aussi une campagne au cours de laquelle les deux camps firent preuve de beaucoup d'ingénuité.

Xiangyang (aujourd'hui Xiangfan dans le Hubei) était en réalité constitué de deux villes jumelles, l'autre étant Fancheng, située de l'autre côté du fleuve Han. Ce bastion septentrional des Song subit le siège de Kubilay Khan de 1268 à 1274.

En 1272, les Song bâtirent un pont flottant pour relier les deux villes, mais les Mongols construisirent des scies mécaniques, probablement actionnées à l'aide des trépigneuses de bateaux à aubes, pour en découper la structure avant de la brûler. Les Song entreprirent alors d'approvisionner Xiangyang par des navires équipés de lance-flammes primitifs, arbalètes et trébuchets capables de lancer des bombes incendiaires. Même lorsque les Mongols établirent le blocus de la ville, leurs trébuchets à traction s'avérèrent incapables de causer de réels dommages aux murailles.

Un engin plus puissant était nécessaire : le trébuchet à contrepoids. Celui-ci pouvait lancer des projectiles dix fois plus lourds qu'auparavant, et un lancer – dont le projectile, une roche, dépassait peut-être les 75 kilos – fit s'écrouler une tour dans un fracas de tonnerre. Selon un commentateur de l'époque, les projectiles, en arrivant au sol, y creusaient des cratères de près d'un mètre de profondeur.

Les pierres massives triomphèrent donc là où les explosifs et trébuchets à traction avaient échoué, et la ville finit par se rendre en 1274. **ST**

Pertes : chiffres inconnus, mais pertes considérables dans les deux camps

< *Kaifeng 1232* *Yamen 1279* >

La cavalerie mongole (rouleau japonais du XIIIe siècle attribué à Tosa Nagataka). ↑

Première invasion mongole du Japon 2-20 novembre 1274

Kubilay Khan tourna ses vues vers le Japon afin de neutraliser tout soutien susceptible d'en émaner quand il s'enfoncerait en Chine méridionale. Malgré ses tactiques surprenantes et ses bombes, les samouraïs repoussèrent l'envahisseur, qui à l'origine avait dû projeter une incursion rapide.

L'invasion mongole du Japon, en 1274, constitua la première attaque étrangère que les samouraïs aient jamais dû affronter. Faisant voile depuis la Corée sur des navires coréens et accompagnés de soldats chinois et coréens, les Mongols ravagèrent tout d'abord les îles de Tsushima et Iki, où les guerriers samouraïs firent preuve d'héroïsme. Pour semer la terreur parmi les défenseurs du reste du Japon, les Mongols attachèrent à la proue de leurs navires des femmes et des enfants qu'ils avaient fait prisonniers, puis se dirigèrent vers la baie d'Hakata.

Leur attaque, qui ne dura que 24 heures, relevait surtout de la reconnaissance. Les Mongols testèrent les défenses des samouraïs et observèrent leurs réactions aux innovations militaires mongoles, dont les projectiles explosifs lancés par catapultes. Ceux-ci semèrent la terreur parmi les chevaux des samouraïs. Les Japonais furent aussi déçus de ne pouvoir défier les Mongols au combat individuel.

Les Mongols, qui combattaient par phalanges conséquentes, parvinrent à faire reculer les défenseurs japonais jusqu'au Mizuki, un ouvrage de terre ancien. Les samouraïs ripostèrent par des charges de cavalerie par petits groupes. Les Mongols repartirent rapidement vers leurs navires et durent affronter de rudes tempêtes sur le chemin du retour. La résistance des Japonais les avait impressionnés et ils devaient revenir avec une armée beaucoup plus importante sept ans plus tard. **ST**

Pertes : Mongols, 3 500 hommes, principalement des Coréens perdus en mer ; Japonais, chiffres inconnus mais importants

〈 *Dan no Ura 1185* — *2e invasion mongole du Japon 1281* 〉

↑ *Un samouraï livre la tête de deux envahisseurs mongols au cours de la première invasion mongole du Japon.*

Guerre Habsbourg-Bohême

Marchfeld (Durnkrut) 26 août 1278

La bataille de Marchfeld opposa les armées d'Ottokar II de Bohême et de l'empereur Rodolphe de Habsbourg, qui avait pour allié Ladislas IV de Hongrie. La défaite d'Ottokar assura la présence des Habsbourg à Vienne pendant des siècles et mit fin à la puissance de la Bohême.

Depuis son élection comme empereur après la bataille de Kressenbrunn, Rodolphe avait fait usage de son autorité pour réduire le pouvoir d'Ottokar. Des territoires (dont l'Autriche) lui furent retirés et Rodolphe l'obligea à lui prêter allégeance. En 1278, Ottokar choisit de se battre et rechercha des alliés en se présentant comme le défenseur de tous les peuples slaves face à l'avidité des princes allemands. Il envahit l'Autriche à la tête d'une puissante armée et s'avança vers Vienne. Rodolphe bénéficiait cependant d'alliances plus puissantes et son armée comprenait un important contingent de cavalerie hongroise à qui l'occasion d'une revanche sur la défaite à Kressenbrunn plaisait.

Quand les deux armées s'affrontèrent, la cavalerie légère et les archers montés hongrois furent les premiers à attaquer. Après quelques heures de combat indécis, les chevaux de l'armée de Bohême, lourdement chargés, étaient épuisés. C'est alors que Rodolphe fit intervenir la cavalerie lourde qu'il avait cachée. Ces cavaliers prirent l'armée de Bohême à revers et bientôt les troupes d'Ottokar s'enfuirent. Ce dernier mourut au combat et avec lui sa dynastie, les Przemysl.

Désormais en sécurité à Vienne, Rodolphe était trop prudent pour tenter d'annexer la Bohême, mais il en réduisit les frontières et désigna son beau-fils, Otto IV, margrave de Brandebourg, comme régent de l'héritier d'Ottokar, Venceslas II, qui n'avait que six ans. Cette régence, brutale, fut profondément détestée. **JS**

Pertes : chiffres inconnus

◁ *Kressenbrunn 1260* *Morgarten 1315* ▷

Guerres de Kubilay Khan

Yamen 19 mars 1279

La dynastie Song opposa sa dernière résistance aux Mongols lors de la bataille navale de Yamen, sur la côte méridionale chinoise. Après une campagne de plusieurs années contre les Song, Kubilay Khan, empereur des Mongols, s'emparait de la Chine du Sud et fondait la dynastie chinoise Yuan.

Möngke Khan lança une campagne contre la dynastie Song en Chine méridionale en 1252. En 1272, les principaux souverains Song abandonnèrent leur capitale, Linan (Hangzhou) au nouvel empereur mongol, Kubilay Khan, mais deux princes Song continuèrent à résister.

Au cours de leur longue campagne en Chine, les Mongols avaient réuni une marine. Zhang Hongfang, général de Kubilay Khan, mena en 1279 un assaut naval contre ce qui restait de la cour Song dans le port de Yamen. Zhang Shije, général Song, avait posté dans la baie 1 000 navires enchaînés les uns aux autres, celui du centre abritant le très jeune empereur Song, Zhao Bing. Ces bateaux avaient été enduits de boue ignifuge, de sorte que les brûlots mongols, des embarcations enflammées et emplies d'explosifs, n'eurent que peu d'effet. Zhong Hongfang soumit alors les navires Song à un blocus et leurs occupants manquèrent bientôt de vivres. Le général mongol ordonna alors à ses navires d'attaquer sur trois fronts, au nord, au sud et à l'est, tout en gardant en réserve un groupe de bateaux qui se chargerait d'une attaque frontale. L'assaut du nord fut repoussé. Les Mongols eurent alors recours à la ruse : jouant de la musique pour suggérer que les hommes à bord se reposaient, ils lancèrent un assaut frontal d'une grande férocité. Les Song tentèrent de s'enfuir à bord de douze navires, dont celui du petit empereur, mais en vain. Zhao Bing sauta dans les flots et se noya. C'était la fin de la dynastie Song. **CP**

Pertes : Song, 100 000 sur 200 000 ;
Mongols, chiffres inconnus

◁ *Xiangyang 1268* *Lac Poyang 1363* ▷

Deuxième invasion mongole du Japon 22 mai - 14 août 1281

Les leçons apprises au cours de la première invasion du Japon furent exploitées par les deux camps, et quand ils revinrent en 1281, les Mongols affrontèrent des défenseurs préparés. Les samouraïs empêchèrent les Mongols de débarquer ; en mer, ils furent surpris et anéantis par le typhon Kamikaze.

La deuxième invasion mongole du Japon se déroula en deux vagues. La première partit de Busan, en Corée, et passa par les îles Tsushima et Iki avant de débarquer dans la baie d'Hakata, où les Japonais avaient édifié le long du rivage une épaisse muraille dont l'arrière était incliné de façon que les chevaux puissent l'escalader. Un flot continu de flèches fut déversé sur les Mongols ce qui les empêcha d'établir une tête de pont. Ils furent ensuite harcelés sur leurs bateaux au cours d'une série d'assauts lancés depuis de petites embarcations. Cependant que cette première vague d'envahisseurs était contrôlée par les Japonais, une flotte beaucoup plus importante faisait voile depuis le sud de la Chine et attaquait une région du Japon plus à l'ouest et dépourvue de muraille. Toutefois, là aussi, les samouraïs empêchèrent les Mongols de débarquer.

Le danger était encore grand et les Japonais s'adressèrent aux dieux, qui semblent avoir répondu favorablement : un typhon frappa en effet la flotte mongole ancrée au large de l'île de Takashima. Les vaisseaux, attachés ensemble en guise de protection contre les attaques japonaises, s'emboutirent les uns les autres ; beaucoup sombrèrent. La tempête fut baptisée *Kamikaze* (« vent divin »), et quand les Japonais furent à nouveau confrontés à une invasion, au cours de la Seconde Guerre mondiale, ce même nom servit à désigner les pilotes qui lançaient leur avion contre les cibles ennemies. **ST**

Pertes : Mongols, 60 à 90 % de morts, principalement à cause du typhon ; Japonais, chiffres inconnus

< *Première invasion mongole du Japon 1274 Minatogawa 1336* >

« L'effet sur la fierté japonaise fut colossal car le kamikaze fut littéralement pris pour une arme d'origine divine. »

Stephen R. Turnbull, Le Samouraï

↑ *Nichiren appelle la tempête qui chassera les Mongols (gravure sur bois d'Utagawa Kuniyoshi, XIXe siècle).*

Vêpres siciliennes

Baie de Naples 5 juin 1284

La bataille qui se déroula entre galères à rames dans la baie de Naples en 1284, lors de l'insurrection des Vêpres siciliennes, compte parmi les victoires les plus éclatantes de Roger de Lauria, l'un des meilleurs stratèges maritimes de l'Europe médiévale. Sa flotte écrasa celle de Charles de Salerne.

En 1282, aidée par le royaume d'Aragon, la Sicile se rebella contre le joug de Charles d'Anjou qui lui avait été imposé après la bataille de Bénévent en 1266. Roger de Lauria, commandant de la force navale aragonaise, en voulait aux Angevins, qui avaient saisi ses terres familiales dans le sud de l'Italie.

Au printemps 1284, il entreprit le blocus du port de Naples. À l'intérieur de la ville, le fils de Charles d'Anjou, Charles de Salerne, n'attendait que l'occasion d'attaquer la flotte aragonaise. Celle-ci survint le 5 juin, quand Lauria renvoya une partie de ses navires. Voyant son ennemi diminué, Charles organisa à la hâte une sortie de ses galères napolitaines et provençales. Lauria hissa les voiles et s'enfuit, pourchassé par l'impétueux Angevin. C'était un piège. À un endroit prédéterminé, Lauria fut rejoint par le reste de ses galères, qui s'étaient cachées derrière un promontoire. Toute sa flotte fonça sur l'ennemi.

Les Aragonais étaient des combattants expérimentés et disciplinés, leurs navires transportaient des arbalétriers catalans et des *almughavars*, mercenaires espagnols équipés d'armes légères et qui rejoignaient parfois les galères ennemies à la nage pour les aborder. La douzaine de galères provençales qui faisaient la poursuite en tête furent encerclées et obligées à se rendre. Charles de Salerne comptait parmi les prisonniers. Il fut par la suite relâché quand il promit d'offrir la Sicile aux Aragonais, avant de se dédire. **RG**

Pertes : Aragon, aucune des 36 galères ne fut coulée ; Anjou, 12 galères coulées ou capturées sur 36

< *Bénévent 1266*

Guerre Pise-Gênes

Meloria 6 août 1284

La cité de Pise était une puissance navale majeure en Méditerranée et la rivale commerciale de Gênes et Venise – jusqu'à la bataille de Meloria. Cet affrontement décisif au large de la côte toscane s'acheva par le triomphe de l'amiral génois Oberto Doria et le déclin complet de Pise.

La rivalité politique et marchande avait fait rage entre Gênes et Pise tout au long du XIIIe siècle. Les deux cités possédaient des flottes de guerre constituées de fines galères à rames. En 1241, les Pisans avaient attaqué un convoi naval génois lors d'une première bataille près de Meloria et détruit 25 navires. Cette victoire décisive avait permis à Pise de dominer Gênes, mais aussi de s'emparer de la Sardaigne en sus de la Corse voisine qu'elle contrôlait déjà. Toutefois Oberto Doria, à la tête de Gênes à partir de 1273, transforma la destinée de la ville.

Sous sa férule, la cité devint plus prospère et put financer une flotte plus importante. En 1284, elle provoqua délibérément un conflit. Doria assiégea Sassari en Sardaigne, forçant la flotte pisane à affronter les Génois en représailles, toujours à Meloria. Doria avait astucieusement déployé sa flotte sur deux rangs, une grande partie des plus grands bateaux étant à l'arrière, cachée au regard des Pisans. Pise attaqua la première ligne en adoptant une formation étalée, fonçant dans les bateaux génois avant de les aborder. Alors que le combat faisait rage, la seconde rangée de galères génoises s'avança et déborda la flotte pisane. Complètement encerclée, la majorité de la marine pisane périt. Doria s'empara ensuite de Porto Pisano, le port de Pise, et le combla pour le rendre inutilisable. Après cette victoire, Gênes et Venise demeuraient seules en scène pour se disputer les fortunes à tirer du commerce méditerranéen. **TB**

Pertes : Gênes, chiffres inconnus ; Pise, 10 navires coulés, 25 capturés et plus de 5 000 hommes tués

Curzola 1298 >

Guerre des États croisés

Saint-Jean-d'Acre 4 avril - 28 mai 1291

La chute de Saint-Jean-d'Acre marqua l'échec des États croisés en Terre sainte. Par la suite, le christianisme subirait en Méditerranée orientale une série de défaites et de conquêtes et la progression des musulmans continuerait jusqu'à ce qu'ils soient stoppés aux portes de Vienne en 1683.

Le royaume de Jérusalem était composé de Chypre, Saint-Jean-d'Acre et Tyr. En 1291, le sultan égyptien Khalil marcha sur Acre avec 92 engins de siège, dont le plus grand trébuchet jamais construit alors. Il assiégea la ville tandis que son armée envahissait les territoires environnants. Les Templiers lancèrent une attaque nocturne contre le campement mamelouk et, malgré les sérieux dommages qu'ils lui infligèrent, perdirent le combat.

Le 4 mai, Henri de Poitiers-Lusignan, roi de Jérusalem qui était allé en Europe pour tenter d'y trouver de l'aide, arriva au port de Saint-Jean-d'Acre avec 700 hommes seulement. Le 15, la muraille extérieure fut percée et les Mamelouks lancèrent un assaut que les Templiers et les Hospitaliers parvinrent à repousser malgré de lourdes pertes. Henri décida que la muraille extérieure était indéfendable et durant la nuit se replia derrière la muraille intérieure. Le 18 mai, un pan de mur s'effondra près de la Tour Maudite ; les Mamelouks donnèrent l'assaut, ce qui permit à leur armée de pénétrer dans la ville. Une journée de combats s'ensuivit, à la fin de laquelle Henri s'enfuit pour Chypre tandis que les Templiers, et d'autres, résistaient dans la citadelle et sur le port. Le 28 mai, une brèche fut ouverte dans le citadelle par laquelle s'engouffrèrent les Mamelouks. Il n'y eut aucun survivant chrétien et 2 000 Mamelouks moururent au cours de l'assaut. Henri ordonna l'évacuation de Tyr au début juin. Les États croisés n'étaient plus. **RM**

Pertes : croisés, 17 000 des 18 5000, chiffres inconnus pour les civils ; Mamelouks, chiffre inconnu pour les 60 000

< *Mansourah 1250*

Guerres d'indépendance écossaises

Pont de Stirling 11 septembre 1297

La couronne d'Angleterre cherchait à étendre son emprise au nord, au-delà de la frontière écossaise. La mort de la reine d'Écosse en 1290 offrit à Édouard Ier d'Angleterre l'occasion de s'emparer du pays, mais ses espoirs furent anéantis après une importante défaite face à William Wallace.

Lorsqu'en 1290 la mort de la reine Margaret, âgée de sept ans seulement, laissa le trône écossais vacant, les lords écossais chargèrent Édouard Ier de choisir un nouveau roi. Il désigna le faible John Balliol, lointain descendant de David Ier, grand roi écossais, en pensant qu'il agirait selon les désirs de la couronne anglaise. Il déchanta rapidement quand Balliol refusa de rejoindre sa campagne en France, puis en 1295 signa une alliance avec celle-ci, ennemie traditionnelle des Anglais.

Édouard, furieux, marcha vers le nord en 1296 pour envahir l'Écosse. Il massacra la garnison de Berwick puis battit Balliol à Dunbar avant de le déposer et de régner directement sur l'Écosse. L'année suivante, les Écossais, qui avaient à leur tête William Wallace, se révoltèrent contre le joug anglais comme cela était prévisible. Les deux camps s'affrontèrent au pont de Stirling. Une vaste armée anglaise commandée par le comte de Surrey tenta de traverser la Forth sur ce pont étroit, face aux lignes écossaises. L'armée écossaise, de taille plus réduite et commandée par Wallace et Andrew de Moray, mit à profit sa position au sommet d'une pente et fit pleuvoir des piques et autres projectiles sur les chevaliers anglais qui s'avançaient.

Ces derniers pataugèrent bientôt dans le sol marécageux et des milliers d'entre eux moururent. Les soldats anglais qui n'avaient pas encore traversé le pont s'enfuirent, cédant la victoire à William Wallace et aux Écossais. Ce fut pour les Anglais une défaite ignominieuse. **SA**

Pertes : Écossais, chiffres inconnus ;
Anglais, 5 000 des 8 000 à 12 000

Falkirk 1298 >

Guerres d'indépendance écossaises

Falkirk 22 juillet 1298

Après leur défaite face aux Écossais au pont de Stirling en 1297, les Anglais prirent leur revanche à la bataille de Falkirk. Ils régnèrent à nouveau sur l'Écosse, et forcèrent William Wallace à se lancer dans une longue guérilla jusqu'à ce qu'il soit traqué, trahi et finalement exécuté pour trahison en 1305.

Après le désastre du pont de Stirling, le roi Édouard Ier d'Angleterre était déterminé à écraser les Écossais une fois pour toutes. Il partit envahir le pays en 1298, et se dirigea vers le nord à la tête d'une armée de 2 500 chevaliers et 12 500 fantassins dont de nombreux archers gallois et anglais. Wallace tenta d'éviter une bataille rangée, car ses troupes, moins importantes, ne comptaient qu'environ 1 000 chevaliers et 5 000 fantassins. Il préférait se livrer à des opérations de guérilla contre l'envahisseur mais fut finalement obligé de se battre ouvertement à Falkirk.

Le matin de l'affrontement, Wallace organisa ses piquiers en quatre schiltrons, une formation circulaire qui rappelle le hérisson et où les piquiers, épaule contre épaule, pointent leur lance vers l'extérieur entre les soldats de la première rangée revêtus d'armures. Les espaces séparant ces schiltrons étaient remplis d'archers. Les quatre schiltrons résistèrent à l'assaut initial de la cavalerie et de l'infanterie anglaises mais s'avérèrent vulnérables au feu nourri des archers d'Édouard, dont le long arc anglais, une arme redoutable, était utilisé pour la première fois sur le champ de bataille. Ces volées incessantes de flèches s'accompagnaient de carreaux d'arbalète et de pierres, et les schiltrons furent bientôt percés par les charges de la cavalerie anglaise. Wallace survécut mais perdit beaucoup d'hommes. Les pertes anglaises furent aussi élevées, preuve de l'efficacité des schiltrons. **SA**

Pertes : Anglais, 2 000 sur 15 000 ; Écossais, 2 000 sur 6 000

< *Pont de Stirling 1297* *Bannockburn 1314* >

Guerres Gênes-Venise

Curzola 9 septembre 1298

Curzola fut un violent combat naval entre Gênes et Venise, deux cités qui luttaient pour la domination du commerce en Méditerranée. L'une des conséquences indirectes de la bataille fut la création de l'un des ouvrages les plus influents au monde : le récit de ses voyages en Chine par Marco Polo.

Après la victoire du Génois Oberto Doria sur Pise à Meloria en 1284, Venise était la dernière rivale sérieuse de Gênes en Méditerranée. En 1295, les Vénitiens attaquèrent et vainquirent une flotte génoise au large de la Turquie. Les Génois cherchèrent à se venger trois ans plus tard à Curzola. La flotte génoise était commandée par le frère d'Oberto Doria, Lambda, et la centaine de galères vénitiennes, par Andrea Dandolo, fils d'un doge de Venise. On pense que Marco Polo, marchand vénitien rentré de Chine cette même année, servait à un titre ou un autre au sein de la flotte de Dandolo.

Le combat se déroula au large de la côte dalmatienne méridionale, près de Korcula. Même si les Vénitiens disposaient de légèrement plus de galères, Doria compensa son infériorité numérique par son sens tactique. Il usa de la même stratégie qu'à Meloria, en répartissant ses navires en deux groupes. Le premier devait inciter les galères vénitiennes à attaquer, le second encercler l'ennemi. Les Vénitiens subirent une sévère défaite et perdirent la majorité de leur flotte. Dandolo et Marco Polo comptaient parmi les prisonniers. Les chroniqueurs génois écrivirent par la suite que Dandolo se suicida à coups de tête contre la coque d'un bateau. C'est en captivité que Marco Polo aurait dicté ses *Merveilles du monde* à un compagnon de cellule. La lutte entre Venise et Gênes continua de plus belle. **TB**

Pertes : Gênes, chiffres inconnus ;
Venise, 90 navires capturés ou coulés,
5 000 morts et des milliers de prisonniers

< *Meloria 1284* *Chioggia 1379* >

Invasion française des Flandres

Courtrai 11 juillet 1302

Disputée près de la ville flamande de Courtrai (Kortrijk), cette bataille vit la victoire des fantassins flamands sur Philippe le Bel, roi de France. Elle est aussi appelée bataille des éperons d'or en référence aux 700 éperons retirés aux chevaliers décédés puis exposés dans l'église Notre-Dame à Courtrai.

En 1302, les guildes de riches citées manufacturières flamandes prirent la tête de révoltes contre Philippe le Bel, roi de France. À Bruges, tous les francophones furent tués. Philippe chargea son frère, Robert d'Artois, d'aller punir les rebelles en Flandre. Les villes de Bruges, Gand et Ypres réunirent une armée de fantassins (marchands, ouvriers et paysans en sus de quelques nobles flamands) armés de piques et de lourdes lances en bois ironiquement surnommées *goedendag* (« bon jour »). Près de Courtrai, ces fantassins affrontèrent l'armée de Robert constituée de chevaliers et de nobles, revêtus d'armures magnifiques et accompagnés d'arbalétriers et de fantassins. Les troupes flamandes prirent position en terrain marécageux, derrière un ruisseau, et creusèrent des fossés qui feraient obstacle aux charges de la cavalerie française. Leur commandant, Guillaume de Julich, leur ordonna : « Ne laissez pas l'ennemi percer vos rangs. Tuez homme et cheval. »

Les Flamands, qui étaient en formation serrée, subirent des pertes au début de la bataille quand les arbalétriers français s'avancèrent, mais la charge de cavalerie qui suivit fut un désastre pour Robert d'Artois. Les chevaux se débattirent dans les marais et tombèrent dans les fossés. Les fantassins flamands stoppèrent cette charge chaotique de leurs lances puis s'élancèrent à l'attaque, tuant les montures et massacrant les chevaliers et les nobles ainsi désarçonnés. Jusqu'à un millier d'entre eux auraient perdu la vie, dont Robert d'Artois. **CP**

Pertes : Français, 1 000 sur 8 000 ;
Flamands, plusieurs centaines sur les 9 000

Comment le conte Robert
dartois et grant gentillesse

« [Les Flamands] s'enrichirent énormément grâce au butin qu'ils retirèrent à leurs ennemis. »

Annales Gandenses (Annales de Gand)

La défaite des Français à Courtrai par le Maître de Marie de Bourgogne, Chroniques des comtes de Flandre *(1477).*

Bannockburn 24 juin 1314

Bannockburn fut l'une des batailles les plus importantes de l'histoire écossaise. L'armée de Robert Bruce infligea une rude défaite aux Anglais qui durent reconnaître l'indépendance écossaise. On retient surtout la mise en déroute des chevaliers par de simples fantassins.

La défaite de William Wallace à Falkirk en 1298, sa capture puis son exécution en 1305 ne mirent pas fin à la lutte armée des Écossais désireux de se libérer du joug anglais. En 1306, Robert Bruce fut couronné roi sur la Pierre du Destin de l'abbaye de Scone, site traditionnel du sacrement des rois écossais. En réaction, Édouard Ier d'Angleterre entreprit à nouveau d'envahir l'Écosse en 1307, mais mourut en route. Bruce réunit ses troupes avant de s'emparer de plusieurs châteaux. En 1314, il était assez puissant pour attaquer Stirling Castle, l'un des bastions anglais en Écosse. Le nouveau roi anglais, Édouard II, marcha immédiatement vers le nord à la tête d'une armée afin de libérer le château et d'écraser la rébellion.

« En nombre et en équipement… nos troupes sont de loin supérieures à celles de ces maudits Écossais. »

Édouard II, avant la bataille de Bannockburn

Bruce posta ses 9 000 soldats à un endroit qu'il avait soigneusement choisi : une pente dominant un ruisseau, le Bannockburn, à quelques kilomètres au sud du château de Stirling. Le champ de bataille mesurait environ 1,6 kilomètre de large et était bordé de marécages sur la gauche, où se tenaient les Écossais, et de bois sur la droite. Bruce ordonna à ses soldats de creuser de nombreux petits trous devant leurs lignes puis de les recouvrir de branches et d'herbe pour piéger les chevaux anglais. Des escarmouches eurent d'abord lieu entre chevaliers le 23 juin ; le combat principal débuta le lendemain. Les Écossais disposèrent leur infanterie en schiltrons, les lances dépassant entre les boucliers dans toutes les directions. Les chevaliers prirent la tête de l'avance anglaise, et commirent l'erreur de placer derrière eux leurs archers, qui ne pouvaient donc pas arroser de flèches les formations écossaises comme cela avait été le cas à Falkirk.

Une série de charges de la cavalerie anglaise échouèrent à percer les schiltrons, les rares chevaliers parvenant à y pénétrer étant immédiatement taillés en pièces. Le chaos régna bientôt au sein de l'armée anglaise sur l'étroit champ de bataille où les chevaliers qui battaient en retraite se heurtaient aux soldats essayant d'avancer. Pire encore, les archers anglais qui tentaient de tirer au-dessus des chevaliers en visant les schiltrons atteignirent souvent leurs compatriotes dans le dos. Puis un grand nombre de civils écossais émergèrent des bois, à gauche des Anglais, comme s'ils se préparaient à l'attaque. L'aile gauche anglaise commença à s'effondrer. Édouard II décida alors de quitter le champ de bataille, suivi par un grand nombre de chevaliers. Les Écossais saisirent leur chance, pourchassèrent les Anglais et en tuèrent des milliers alors qu'ils tentaient de traverser le Bannockburn.

Malgré cette victoire décisive, les Écossais n'obtinrent pas leur indépendance et la guerre continua avec l'Angleterre. Une déclaration signée en 1320 à Arbroath par des seigneurs et évêques écossais et qui demandait au pape Jean XXII de reconnaître l'indépendance écossaise échoua, et ce n'est qu'en 1327, lorsque Édouard II fut détrôné en faveur de son jeune fils, Édouard III, et que Robert Bruce lança son invasion de l'Angleterre, que cette dernière abandonna. Avec les traités d'Édimbourg et de Northampton, signés en 1328, l'Angleterre reconnut enfin l'indépendance de l'Écosse. **SA**

Pertes : Écossais, 4 000 des 9 000 ;
Anglais, 11 000 sur 25 000

< *Falkirk 1298*   *Halidon Hill 1333* >

L'effigie d'Édouard II sur sa tombe, dans la cathédrale de Gloucester en Angleterre. 

Guerres Suisse-Habsbourg

Morgarten 15 novembre 1315

Au Moyen Âge, les habitants des cantons suisses étaient renommés pour leurs qualités de guerriers. Cette réputation était fondée sur leur victoire à Morgarten, bataille que les fantassins suisses disputèrent face aux chevaliers Habsbourg et étape importante de la construction de la nation suisse.

Au début du XIVe siècle, la Confédération suisse n'était constituée que de trois communautés alpines et rurales : Uri, Schwyz et Unterwalden. La puissante dynastie Habsbourg désirait contrôler cette région à la situation géographique stratégique entre l'Allemagne et l'Italie.

En 1315, prétextant une dispute au sujet de pâturages à Schwyz, Léopold Ier d'Autriche, comte de Habsbourg, conduisit une armée dans les montagnes suisses. Accompagné de plus de 2 000 chevaliers, il s'attendait à une victoire aisée face aux paysans suisses. Commandés par Werner Stauffacher, ces derniers fondèrent leur défense sur leur connaissance du terrain, qui s'avérait idéal pour les embuscades et inadapté au combat de cavalerie. Unterwalden ne participa pas à la bataille mais Schwyz bénéficia de l'aide des habitants d'Uri. Ils préparèrent une embuscade près du col de Morgarten, défilé étroit que Léopold serait obligé d'emprunter. Ils en bloquèrent l'extrémité et attendirent cachés. Une fois les troupes des Habsbourg engagées dans ce défilé, rochers et troncs leur furent envoyés du haut des parois, suivis par une charge de Suisses principalement armés de hallebardes.

Simples roturiers, les Suisses n'étaient pas tenus de respecter les lois de la chevalerie et furent impitoyables, massacrant les chevaliers Habsbourg et ne faisant pas de prisonniers. La Confédération suisse préserva non seulement son indépendance mais elle commença aussi à étendre son territoire grâce à cette victoire. **CP**

Pertes : Habsbourg, la majorité des 8 000 ; Confédération suisse, légères parmi les 1 500 soldats

〈 *Marchfeld 1278* *Sempach 1386* 〉

Guerres d'indépendance écossaises

Halidon Hill 19 juillet 1333

La victoire des Écossais à Bannockburn en 1314 avait finalement obligé l'Angleterre à reconnaître leur indépendance en 1328. Cinq ans après seulement, les Anglais étaient de retour. Leur victoire à Halidon Hill annonçait les tactiques d'infanterie qu'ils utiliseraient avec succès au cours de la guerre de Cent Ans.

Robert Bruce mourut un an seulement après la reconnaissance de l'indépendance de l'Écosse. David II, son fils alors âgé de cinq ans, lui succéda. En 1332, Édouard Balliol envahit l'Écosse à la tête d'un groupe de nobles écossais exilés et d'aventuriers anglais. Il détrôna David II et l'exila. Lui-même étant rapidement pourchassé par les alliés de David, il dut s'enfuir en Angleterre. Il demanda son soutien à Édouard III en lui promettant le sud-est de l'Écosse. Trop heureux de cette occasion, Édouard III envahit l'Écosse pour y rétablir la domination anglaise.

Les deux armées s'affrontèrent près de Berwick-upon-Tweed. Édouard prit position sur la colline de Halidon, son armée répartie en trois groupes et ses chevaliers, combattant au sol, soutenus par des rangées d'archers. Face à eux, de l'autre côté d'une déclivité marécageuse, les Écossais formèrent des schiltrons. Pour atteindre les Anglais, ils devaient descendre une pente, traverser le sol marécageux puis remonter la colline de Halidon. Dès qu'ils atteignirent les marécages, les Écossais furent assaillis par des volées de flèches. Ceux qui parvinrent à rejoindre les lignes anglaises furent attaqués à la lance et à l'épée. Les autres furent tués par les chevaliers anglais.

Cette victoire permit aux Anglais de s'emparer de Berwick, une petite ville stratégique. Plus important encore, elle leur avait appris comment utiliser au mieux l'infanterie au combat, une leçon grâce à laquelle ils pourraient bientôt dominer tous les autres Européens sur le champ de bataille. **SA**

Pertes : Anglais, 14 sur 9000 ; Écossais, la plupart des 13 000

〈 *Bannockburn 1314* *Otterburn 1388* 〉

Go-Daigo Rebellion

Minatogawa 4 juillet 1336

En 1331, l'empereur japonais Go-Daigo attaqua l'institution du shogunat en renversant la dynastie des Hojo. Mais son allié, Ashikaga Takauji, s'empressa d'établir une nouvelle dynastie de shoguns. Les Kusunoki, qui s'opposaient à lui comme empereur, furent vaincus à Minotogawa.

On se souvient de la bataille de Minatogawa pour la loyauté dont fit preuve Kusunoki Masashige, principal général de l'empereur, envers ce dernier. Masashige aurait voulu se replier dans les montagnes pour s'y livrer à une guérilla, stratégie qui avait réussi plusieurs fois auparavant, mais l'empereur Go-Daigo souhaitait se dresser clairement contre les Ashikaga. Son sens du devoir obligea Kusunoki Masashige à accepter cette décision, même s'il savait la situation désespérée.

À Minatogawa, Kusunoki Masashige et Nitta Yoshisada défendirent une position contre Ashikaga Takauji. Ce dernier s'avança par voie de mer tandis qu'Ashikaga Tadayoshi (dont l'avant-garde était commandée par Shoni Yorihisa) s'avançait par voie de terre. Ils furent rejoints par d'importants renforts marins de Shikoku qui tentèrent de débarquer mais furent repoussés ; ils durent débarquer plus loin sur la côte. Nitta fut attaqué par Shoni et dut se replier, laissant Kusunoki Masashige isolé. Masashige lança alors des charges désespérées contre les troupes Ashikaga. Vague après vague, les samouraïs à cheval s'élancèrent et visèrent l'ennemi de leurs flèches, avant de passer au combat à l'épée. Les Ashikaga étaient toutefois supérieurs en nombre. Masashige fut bientôt totalement encerclé et se suicida alors que son armée s'effondrait. Ses fils continueraient à combattre les Ashikaga pendant de longues années, et Masashige est aujourd'hui célébré comme le plus grand défenseur de la loyauté des samouraïs envers l'empereur du Japon. **ST**

Pertes : Kusunoki, chiffres inconnus, mais très lourdes pertes

< *Deuxième invasion mongole du Japon 1281* *Kyoto 1467* >

« Je ne pourrais m'en retourner, je suppose / Mais mon nom demeurera / Parmi ceux qui sont morts avec des arcs. » *Empereur Go-Daigo*

↑ Lune de minuit sur le mont Yoshino *de Yoshitoshi (1886) : le fantôme Kiyotaka offre à l'empereur Go-Daigo un conseil qui le conduit à la défaite.*

Guerre de Cent Ans

L'Écluse 24 juin 1340

En revendiquant la couronne de France, Édouard III d'Angleterre déclencha en 1337 la longue série de conflits qui constituent la guerre de Cent Ans. Le premier affrontement majeur entre les deux camps se déroula en mer au large de la Flandre. La victoire des Anglais établit leur domination sur la Manche.

En juin 1340, Édouard III traversa la Manche à la tête d'une flotte anglaise pour prétendre au titre de roi de France. Une flotte française d'envergure renforcée de galères génoises l'attendait au large de la ville de Sluys (L'Écluse), en Flandre. Les Français avaient adopté une position défensive, et leurs navires, ancrés, étaient reliés par des câbles pour créer une plate-forme flottante sur laquelle leurs soldats pourraient se battre. Le commandant génois, Egidio Bocanegra, avait préféré laisser ses galères libres derrière les lignes françaises. Les Anglais réagirent en plaçant entre deux navires chargés d'archers un troisième transportant des chevaliers et soldats armés d'épées. Les bateaux des deux camps débordaient de soldats, car à l'époque les batailles navales ne se disputaient que sur les ponts des navires.

L'affrontement débuta vers midi et continua toute la journée et la nuit suivante. Les deux camps utilisèrent des grappins pour maintenir le bateau ennemi durant son abordage, mais ce furent les Anglais qui l'emportèrent, car leurs navires étaient libres d'attaquer ceux des Français, demeurés ancrés, dès que cela était nécessaire. De plus, leurs archers pouvaient tirer plus rapidement et précisément que les arbalétriers français et génois. La bataille s'avéra désastreuse pour les Français, qui perdirent la quasi-totalité de leurs 190 navires, et virent mourir leurs deux commandants. Les Génois, eux, parvinrent à s'emparer de deux navires anglais. **SA**

Pertes : Anglais, 2 navires saisis sur 210 ;
Français et Génois, 170 bateaux coulés ou saisis sur 190

Crécy 1346 ›

Reconquista espagnole

Rio Salado 30 octobre 1340

En 1340, Abu al-Hasan, de la dynastie des Marinides, organisa l'invasion de l'Espagne par la mer. Ce fut la dernière fois qu'une armée musulmane tentait de renverser la Reconquista. La défaite de Rio Salado mit fin aux ambitions marocaines sur la péninsule Ibérique qui demeurerait chrétienne.

L'objectif d'Abu al-Hasan était d'aider Grenade, dernier royaume musulman de la péninsule Ibérique, à se défendre contre le royaume de Castille et d'établir la domination marocaine sur le détroit de Gibraltar. Le sultan espérait aussi regagner plus tard les vastes territoires ibériques sur lesquels avaient régné ses prédécesseurs.

L'organisation de l'invasion était impressionnante. Démontrant leur supériorité navale, les galères des Maures anéantirent la flotte castillane et purent ainsi transporter librement troupes et approvisionnement depuis Ceuta, sur la côte nord-africaine, jusqu'à Gibraltar. Tandis que la vaste armée maure s'installait près du rivage, les rois Alphonse XI de Castille et Alphonse IV du Portugal – qui jusqu'à peu de temps auparavant guerroyaient l'un contre l'autre – forgèrent une alliance. Ils envoyèrent des galères contester la domination maure en mer et rassemblèrent une armée qui marcha vers le sud.

Abu al-Hasan assiégeait le port de Tarifa avec ses alliés de Grenade quand l'armée portugaise et castillane vint l'affronter. Il amassa ses troupes derrière la rivière Salado. Les Castillans chargèrent, traversèrent le cours d'eau et un sauvage combat s'ensuivit, les deux camps prenant tour à tour l'avantage. La garnison de Tarifa sortit de la ville et prit les Maures à revers tandis que les Portugais l'emportaient sur l'armée de Grenade. Encerclés par les diverses troupes chrétiennes, les Maures s'enfuirent, pourchassés de près. Abu al-Hasan traversa rapidement le détroit pour retrouver Ceuta et ne plus jamais retourner en Espagne. **RG**

Pertes : chiffres inconnus

‹ *Las Navas de Tolosa 1212*

Grenade 1492 ›

← *Détail des* Chroniques *de Jean Froissart, parues au XIV*e *siècle, montrant les navires de la bataille de l'Écluse débordant de soldats.*

Crécy 26 août 1346

En 1346, Édouard III d'Angleterre débarqua dans le nord de la France pour y protéger ses terres. L'issue de la bataille de Crécy fut un choc pour les souverains européens : une armée anglaise de taille réduite mais disciplinée, et combattant à pied, avait vaincu la meilleure cavalerie du continent.

Édouard débarqua près de Cherbourg puis fit route vers Paris, s'emparant au passage de Caen. Les Français, sous les ordres de Philippe VI de Valois, détruisirent tous les ponts sur la Seine en aval de Paris dans l'espoir de barrer la route aux Anglais, mais Édouard trouva un pont réparable et s'échappa en passant sur la rive nord.

Les Français rattrapèrent les Anglais près de la côte en Picardie. Édouard rassembla son armée, la divisa en trois groupes, chacun composé de chevaliers, d'archers et d'infanterie légère écossaise. Les Anglais déployèrent aussi de l'artillerie primitive : c'est l'une des premières fois que l'on utilisa le canon au combat en Europe. Les Français, s'ils étaient supérieurs en nombre, étaient fatigués, désorganisés et trempés après un orage. Ils avaient aussi le désavantage de combattre en montée, le soleil dans les yeux.

La bataille débuta lorsque les arbalétriers génois à la solde du roi de France commencèrent à monter. Leur premier tir était trop court et ils furent rapidement submergés par les volées furieuses des archers anglais, qui décimèrent leurs rangs. Alors que les arbalétriers se repliaient, les chevaliers français chargèrent, traversèrent leurs rangs et escaladèrent la pente pour se retrouver directement face aux tirs des archers anglais. Les rares chevaliers qui parvinrent à atteindre les lignes anglaises moururent dans le combat violent qui s'ensuivit. Une quinzaine d'attaques eurent lieu pendant la nuit, chacune fauchée par les archers anglais. **SA**

Pertes : Français, 14 000 sur 35 000 ;
Anglais, 200 sur 16 000

L'Écluse 1340 | *Calais 1346*

Guerre de Cent Ans

Calais 4 septembre 1346 - 4 août 1347

Après sa magnifique victoire à Crécy, Édouard III se dirigea vers le nord et assiégea Calais. Le siège dura près d'un an, et même s'il s'acheva par une victoire anglaise les deux camps étaient épuisés. Une trêve fut bientôt déclarée, qui durerait huit ans avant que les conflits ne reprennent.

À l'été 1346, Édouard débarqua en France puis renvoya sa flotte en Angleterre. Il avait donc besoin d'un port sûr où il pourrait recevoir vivres et renforts. Calais était idéal parce que entouré de remparts et de douves doubles, et que la ville abritait aussi une citadelle. Sa position en bord de Manche permettrait aux navires anglais un approvisionnement et une défense aisée une fois qu'elle serait prise. L'armée d'Édouard, qui comptait 34 000 hommes, s'avéra insuffisante pour percer les défenses de Calais. Les Anglais disposaient aussi de 20 canons mais c'étaient des engins primitifs, dont les murailles ne remarquèrent même pas les multiples tentatives.

L'impasse était totale : les Français ne parvenaient pas à couper les lignes de ravitaillement anglaises ni les Anglais à empêcher les marins français d'approvisionner la ville. En février 1347 toutefois, Édouard parvint à empêcher l'approvisionnement de Calais par la mer et se prépara à un long siège qui forcerait les 8 000 habitants à se rendre, affamés. Les réserves d'eau et de nourriture furent bientôt réduites à presque rien. En juillet, 500 enfants et personnes âgées quittèrent la ville afin que ceux qui restaient puissent survivre. Mais Édouard refusa de les recueillir et ils moururent de faim au pied des murailles.

Calais finit par se rendre. La ville devait demeurer aux mains des Anglais jusqu'en 1588, mais Édouard était désormais ruiné et la peste en train de tuer un grand nombre de ses soldats. Une trêve fut rapidement signée avec la France. **SA**

Pertes : chiffres inconnus

Crécy 1346 | *Winchelsea 1350*

Guerre de Cent Ans

Winchelsea 1350

Malgré la trêve de 1347, l'hostilité continua à régner entre Anglais et Français. En 1350, Édouard III saisit l'occasion d'affaiblir l'alliée espagnole de la France, la Castille, en attaquant sa flotte. La victoire anglaise fut durement acquise mais elle eut peu d'impact sur la suite des événements.

La flotte castillane était commandée par Don Carlos de la Cerda, noble franco-castillan et soldat de fortune. En route vers la Flandre, elle s'était emparée de plusieurs navires marchands anglais dont l'équipage avait alors été jeté par-dessus bord. Édouard décida de se venger, et intercepta les navires castillans tandis qu'ils traversaient la Manche pour s'en retourner vers la côte basque espagnole. La flotte anglaise, rassemblée à Winchelsea, comptait 50 bateaux, les Castillans dix de moins. Cependant, les navires espagnols étaient en général plus grands et bien protégés par des arbalétriers et autres mercenaires recrutés en Flandre en prévision de la bataille.

Celle-ci aurait pu être évitée si les Castillans étaient restés au large, mais ils choisirent de progresser près de la côte, à la recherche de la flotte anglaise. Les Anglais réagirent en fonçant droit sur eux. Leur vaisseau amiral, le *Cog Thomas* (avec Édouard à bord), éperonna un navire castillan avec une telle force qu'il commença lui aussi à couler. L'équipage saisit rapidement au grappin un autre bateau espagnol et l'aborda tandis que le vaisseau amiral sombrait. Même si les Castillans mirent à profit la hauteur supérieure de leurs bateaux pour lancer de lourds poids sur le pont des bateaux anglais, et si leurs arbalétriers tuèrent un grand nombre d'ennemis, les Anglais prirent peu à peu la main.

Leur victoire finale leur offrit le contrôle de la Manche mais n'affecta pas vraiment l'issue de la guerre. **SA**

Pertes : Anglais, 2 navires sur 50 ;
Castillans, de 14 à 26 bateaux sur 40

< *Calais 1346* *Combat des Trente 1351* >

Guerre de succession de Bretagne

Combat des Trente 1351

Les batailles voient généralement combattre des milliers d'hommes. L'une d'entre elles toutefois n'opposa que trente chevaliers dans chaque camp. Même si son impact fut limité, le combat des Trente est considéré comme l'une des batailles historiques qui illustrent le mieux les lois de la chevalerie.

De 1341 à 1364, la succession du duché de Bretagne fit l'objet de disputes entre les maisons rivales de Blois et de Montfort : le roi de France soutenait Blois, celui d'Angleterre Montfort. Ce conflit entre donc dans le cadre de celui, plus important, qui opposa la France à l'Angleterre sous le nom de guerre de Cent Ans.

Une trêve organisée par Jean de Beaumanoir, connétable de Bretagne et partisan de Blois, n'était pas respectée par Sir Robert Bramborough, capitaine de Ploërmel et partisan de Montfort. Beaumanoir lui lança un défi : chaque camp présenterait trente chevaliers et écuyers qui décideraient du sort du duché sur le champ de bataille, à mi-chemin entre les châteaux de Josselin et de Ploërmel. Beaumanoir prit la tête d'une armée entièrement bretonne tandis que Bramborough commandait une troupe de 20 Anglais, six mercenaires allemands et quatre Bretons. Le combat fut acharné, les soldats bataillant à cheval ou à pied. La victoire survint quand Guillaume de Montauban, qui combattait pour Beaumanoir, enfourcha sa monture et renversa sept cavaliers anglais. Les pertes furent importantes des deux côtés mais il y eut plus de morts dans le camp de Bramborough, qui se rendit. Tous les prisonniers furent correctement traités et rapidement libérés une fois une petite rançon versée.

L'impact de ce conflit sur la succession de Bretagne fut limité – la maison de Montfort finit par l'emporter – mais l'on considéra à l'époque que c'était l'un des meilleurs exemples de chevalerie ayant jamais existé. **SA**

Pertes : Franco-Bretons, 2 sur 30 ; Anglo-Bretons, 9 sur 30

< *Winchelsea 1350* *Poitiers 1356* >

Poitiers 19 septembre 1356

Jean II le Bon, roi de France, affronta près de Poitiers les troupes d'Édouard, prince de Galles, qui se livraient à des raids en France. Cette bataille acharnée s'avéra catastrophique pour les Français. Une grande partie de la noblesse du pays y fut tuée et le roi fut capturé par les Anglais.

La trêve entre les Anglais et les Français cessa au bout de huit ans quand, en 1355, ils ne parvinrent pas à s'accorder sur les termes du traité de paix. Édouard III d'Angleterre traversa la Manche et se livra à des attaques dans le Nord, cependant que son fils cadet, Jean de Gand, assaillait la Normandie et Édouard prince de Galles, le « Prince Noir », quittait l'Aquitaine, alors possession anglaise, pour attaquer le centre de la France. Son armée, qui comprenait environ 4 000 chevaliers, 4 000 cavaliers, 3 000 archers et 1 000 fantassins, évita les villes fortifiées pour piller celles qui étaient moins bien défendues. Apprenant que l'armée française, conduite par Jean le Bon, avait traversé la Loire pour l'affronter, le Prince Noir se dirigea vers le sud aussi rapidement que son train des équipages le permettait. Les Français, qui avançaient plus vite, interceptèrent les Anglais à trois kilomètres à l'est de Poitiers.

« Le roi fut capturé ainsi que son fils ; de nombreux autres furent capturés et tués. »

Édouard, dans une lettre aux habitants de Londres

Forcé à un combat qu'il ne souhaitait pas, Édouard choisit sa position, sur une pente protégée à gauche par un ruisseau et des marécages tandis qu'à l'avant sa mince ligne était défendue par une haie percée d'une seule brèche par laquelle pouvaient passer quatre cavaliers côte à côte. Sur son flanc droit, qui demeurait exposé, il plaça des chariots. Même si le site paraissait idéal, Édouard s'inquiétait du combat qui s'annonçait, et tôt le matin du 19 septembre tenta de s'esquiver. Les Français s'en aperçurent et attaquèrent aussitôt, forçant le Prince Noir à rebrousser chemin. Il aligna ses archers derrière la haie et ordonna à tous ses chevaliers de mettre pied à terre à l'exception d'un petit groupe, en réserve, sur sa droite. L'armée française, plus importante, fut divisée en quatre bataillons de 10 000 hommes se livrant chacun à un combat différent. Lors du premier combat, les Français chevauchèrent vers les Anglais et tentèrent de s'engouffrer par la brèche dans la haie, mais les archers anglais décochèrent leurs flèches, désarçonnant les chevaliers qui, une fois à terre, moururent dans de violents corps-à-corps. Les arbalétriers français alignés derrière leurs chevaliers n'eurent pas l'occasion de tirer. Le deuxième bataillon français, commandé par le dauphin, se mit alors à gravir la côte vers les Anglais, mais subit un feu nourri avant de se livrer à un combat difficile. Les Français furent repoussés par les hommes d'Édouard, en réserve. Alors que les Français se préparaient à une troisième attaque, les archers anglais retirèrent leurs flèches des corps gisant sur le champ de bataille. La troisième vague d'assaut française, conduite par le jeune duc d'Orléans, prit peur et s'enfuit. Avec une seule attaque encore possible, le roi de France s'avança personnellement vers les Anglais.

Édouard répondit par une attaque de toute son armée tandis que sa petite réserve de cavalerie contournait les Français pour les prendre à revers. Le combat fut intense, de nombreux archers anglais se battant au couteau une fois leurs réserves de flèches épuisées. Finalement, Jean le Bon et sa garde personnelle furent vaincus. Le roi fut capturé (il ne serait relâché qu'en 1360, après versement d'une importante rançon) et une grande partie de la noblesse française périt sur le champ de bataille. **SA**

Pertes : Anglais, 1 000 tués sur 12 000 ; Français, 2 500 tués et 2 600 faits prisonniers sur 40 000

< *Combat des Trente 1351* *Cocherel 1364* >

Enluminure du XIVe siècle représentant le Prince Noir et Jean le Bon à Poitiers. ➔

y parle de la bataille de poi
s entre le prince de galles et

Grande Jacquerie

Mello 10 juin 1358

Après la défaite française à Poitiers et l'emprisonnement de Jean le Bon en Angleterre, la France assista à une révolte populaire contre la noblesse. Ce mouvement, baptisé Jacquerie, fut sauvagement réprimé après l'anéantissement de son armée, très mal équipée, à Mello, dans le Beauvaisis.

Au printemps 1358, des paysans français attaquèrent les demeures isolées de la noblesse, dont ils massacrèrent les habitants et détruisirent les biens. Ils étaient soutenus par la commune qu'Étienne Marcel avait établie à Paris. La noblesse française réunit une armée pour se défendre, et trouva son commandant en la personne de Charles II de Navarre, surnommé Le Mauvais et prétendant au trône. Des mercenaires anglais rejoignirent ses rangs. Cette armée improvisée mais constituée de soldats très expérimentés, marcha de la Normandie à Beauvais pour y affronter des rebelles recrutés parmi les paysans de la région, qui ne disposaient pour armes que d'outils agricoles, commandés par Guillaume Cale.

Pour la noblesse, ces adversaires n'avaient pas droit à la protection des lois et usages de la guerre. Quand les deux armées s'affrontèrent près de Mello, Charles invita Cale à négocier, lui assurant qu'il demeurerait sauf. Mais lorsque Cale se présenta il fut capturé, torturé et exécuté. L'armée de la noblesse attaqua alors les paysans, privés de leur commandant, et les chassa des champs, avant de les traquer sans merci et de les tuer.

Pendant ce temps, dans la ville voisine de Meaux où venaient d'arriver des centaines de rebelles parisiens que distrayait la population locale, une poignée de chevaliers sortirent du donjon et massacrèrent sans distinction rebelles parisiens et habitants de la ville. La Jacquerie fut écrasée dans une débauche d'exécutions sommaires. **CP**

Pertes : nobles, rares parmi les 2 000 environ ; rebelles, la majorité des 5 000

< *Poitiers 1356* *Cocherel 1364* >

Rébellion Ming

Lac Poyang 30 août - 2 sept. 1363

Zhu Yuanzhang, futur empereur Ming, faisait face à l'opposition des Han et des Wu. Une bataille navale chinoise classique éclata quand la flotte Ming vint à la rescousse de Nanchang, ville assiégée du Jianxi, qui se dressait sur la rive du fleuve Gan, au sud du lac Poyang.

La flotte Ming était divisée en onze escouades. La plus grande maniabilité de leurs navires permit aux Ming d'incendier plus de 20 bateaux Han à l'aide de bombes lancées par catapulte, sans parvenir toutefois à briser les lignes de ces derniers. De fait, c'est le contraire qui se produisit car, le vaisseau amiral de l'avant-garde Ming ayant pris feu, les navires Han concentrèrent naturellement leurs attaques sur lui. Zhu Yuanzhang vint en personne à sa rescousse et les feux furent éteints tandis que les attaquants Han se repliaient pour se concentrer sur le commandant ennemi, dont le bateau finit par s'échouer.

Les autres navires Ming se portèrent courageusement au secours de leur commandant mais, quand la bataille reprit, le lendemain, une partie de la hiérarchie Ming refusa lâchement d'avancer. Ces hommes furent décapités pour trahison. Zhu Yuanzhang changea alors de stratégie et ordonna la construction de brûlots. Dans le carnage qui suivit, les troupes Han furent brûlées ou se noyèrent et les soldats Ming tuèrent de nombreux soldats des vaisseaux touchés qu'ils abordèrent.

Le 2 septembre, la bataille avait repris quand Zhu Yuanzhang eut le bonheur d'apprendre qu'une armée ennemie chargée d'isoler Nanchang avait été défaite et que les troupes Ming avaient pu libérer la ville. L'objectif de la campagne de Poyang avait donc été atteint. Zhu Yuanzhang ne désirait pas une guerre d'usure. Il ordonna à ses hommes de se replier, ce qui prit un mois entier. **ST**

Pertes : chiffres inconnus mais élevés des deux côtés

< *Yamen 1279* *Ningyuan 1626* >

Des chevaliers massacrent les partisans de la Jacquerie à Meaux (illustration des Chroniques de Froissart, *XIVe siècle).*

Cocherel 16 mai 1364

Aux débuts de la guerre de Cent Ans, la lutte constante qui opposait la France à l'Angleterre affaiblissait et divisait le pays. Mais la bataille de Cocherel démontra que la France avait trouvé un commandant militaire d'une efficacité redoutable en la personne de Bertrand Du Guesclin.

En 1361, Philippe Ier, duc de Bourgogne, mourut inopinément. Charles II de Navarre, qui avait des prétentions à la couronne de France et possédait de vastes territoires en Normandie et dans l'Est, réclama le duché de Bourgogne, qui le rapprocherait du trône. Le roi Jean le Bon réagit en s'octroyant le duché, et à son décès en 1364 c'est son fils, Charles V, qui monta sur le trône. Il chargea Bertrand Du Guesclin, chevalier breton, de combattre Charles, qui prétendait toujours au duché de Bourgogne.

Les deux camps s'affrontèrent à Cocherel en Normandie. Jean de Grailly, captal de Buch, commandait l'armée de Navarre, qui comprenait 900 chevaliers et 300 archers anglais. Du Guesclin était un combattant intransigeant, célèbre pour sa laideur – on le compara à un « sanglier revêtu d'une armure ». Le captal de Buch, à l'opposé, était considéré à son époque comme le représentant idéal de la noblesse chevaleresque.

Adoptant une tactique anglaise maintes fois fructueuse, l'armée de Navarre prit une position défensive au sommet d'une colline, obligeant Du Guesclin à attaquer. Les troupes royales parvinrent à briser les lignes ennemies en attaquant puis en feignant de se replier, incitant les hommes de Grailly à abandonner leur position pour les pourchasser. Une attaque sur le flanc par la réserve française remporta la victoire. Le captal de Buch fut pris puis libéré sans rançon. La position du roi de France en sortit renforcée et le danger que représentait Charles le Mauvais pour la couronne française disparut. **SA**

Pertes : pas de chiffres fiables

< *Poitiers 1356* *Auray 1364* >

Les troupes de Bertrand Du Guesclin attaquent l'armée de Navarre (illustration française du XVe siècle). ↑

Auray 29 septembre 1364

Malgré le traité de Brétigny, en 1360, la France et l'Angleterre continuaient à se battre pour le contrôle de la Bretagne, chacune soutenant un prétendant au duché. La bataille d'Auray fut une victoire décisive pour les Anglais sur le plan militaire mais ils s'avérèrent incapables de l'exploiter politiquement.

Après son succès à Cocherel, Bertrand Du Guesclin fut envoyé en Bretagne, où Auray, petite ville sur la côte, était assiégée par les troupes anglo-bretonnes. Les Bretons étaient commandés par Jean de Montfort, prétendant au duché soutenu par les Anglais, et les troupes anglaises étaient sous les ordres de Sir John Chandos. Cette armée envahit la ville et encercla sa citadelle à l'intérieur des murailles. Les défenseurs de cette dernière, qui arrivaient au bout de leurs vivres, acceptèrent de se rendre le 29 septembre si nul ne leur était venu en aide auparavant.

Dans les deux jours précédant cette date, Du Guesclin et le rival de Montfort, Charles de Blois, arrivèrent accompagnés de leurs armées respectives. Les Anglo-Bretons sortirent les affronter et une bataille générale eut lieu le 29. Le combat n'eut rien de chevaleresque. Les hommes combattirent principalement à pied, taillant et poignardant avec des épées, dagues et lances dans une vaste mêlée. Lors des combats médiévaux habituels, la vie des hommes de haut rang était épargnée, mais à Auray ce ne fut pas toujours le cas. Charles de Blois, poussé à terre par une lance, fut tué sans cérémonie par un soldat anglais. Du Guesclin eut plus de chance. Alors que son armée s'enfuyait, sa reddition fut acceptée par Chandos. Il fut par la suite libéré contre rançon par le roi Charles V. Montfort, désormais duc de Bretagne incontesté, changea rapidement d'allégeance et jura fidélité au roi de France. Les Anglais n'avaient rien gagné. **RG**

Pertes : Anglo-Bretons, pas de chiffres fiables ; Franco-Bretons, plus de 1 000 morts

< *Cocherel 1364* *Najera 1367* >

↑ *Chevaliers au combat à Auray (enluminure de Jean Cuvelier, vers 1400).*

Nájera 3 avril 1367

La guerre civile opposant les partisans de Pierre Ier de Castille et d'Henri de Trastamane sévissait. Les Français, commandés par Bertrand Du Guesclin, et les Anglais sous les ordres d'Édouard, le Prince Noir, intervinrent dans ce conflit. La victoire de Nájera porta Édouard à l'apogée de sa renommée.

Le conflit anglo-français de la guerre de Cent Ans fut interrompu par la paix de Brétigny en 1360. Ce traité n'apporta toutefois aucun répit aux villes et villages de France, toujours ravagés par des bandes de soldats désœuvrés. Afin de libérer la France de cette plaie Du Guesclin rassembla une armée pour combattre en Castille, où les soldats pourraient gagner leur vie en pillant un autre royaume.

Lorsque Du Guesclin déclara son soutien à Henri, Pierre fit appel au Prince Noir, Édouard. Soutenu par Sir John Chandos et Jean de Gand, le Prince Noir prit la tête d'une armée en Aquitaine pour se diriger vers le sud. Les forces rivales s'affrontèrent à Nájera dans la région de Rioja, en Espagne septentrionale. L'armée franco-castillane dépassait en nombre les troupes anglaises et castillanes de Pierre, mais des commandants français expérimentés conseillèrent à Du Guesclin d'éviter une bataille rangée et de manœuvrer de façon à couper les lignes de ravitaillement du Prince Noir. La tactique était valide militairement mais politiquement impossible car Henri ne pouvait donner l'impression de fuir la bataille. Les archers anglais décimèrent la cavalerie adverse et les hommes d'armes anglais l'emportèrent au sol sur les Français. Comme à Auray trois ans auparavant, Du Guesclin fut fait prisonnier et mis à rançon.

Pierre s'empara du trône de Castille mais ne remboursa jamais au Prince Noir les frais de son armée. **RG**

Pertes : Anglo-Castillans, 200 sur 28 000 ; Franco-Castillans, 7 000 sur 60 000

< *Auray 1364* *Pontvallain 1370* >

Les archers anglais à Najera (illustration des Chroniques de Jean Froissart, *XIVe siècle).*

Pontvallain 4 décembre 1370

La paix de Brétigny, destinée à mettre fin à la guerre de Cent Ans et signée en 1360 entre la France et l'Angleterre, fut rompue dès 1368. Mieux dirigés qu'auparavant, les Français parvinrent à obtenir une victoire importante, mettant ainsi fin à l'invincibilité anglaise sur le champ de bataille.

En 1368, la noblesse gasconne se révolta contre son souverain, Édouard, le Prince Noir. Elle fut rapidement soutenue par les Français, qui bénéficiaient du commandement avisé de Du Guesclin, qui fut bientôt nommé connétable de France. Chef suprême de l'armée, il ne devait obédience qu'au roi. En réaction, Édouard III, père du Prince Noir, rompit la paix de Brétigny et réclama à nouveau la couronne de France.

Du Guesclin évita d'affronter les Anglais lors de batailles rangées où la supériorité de leurs archers l'emporterait, préférant les harceler alors qu'ils n'étaient pas prêts. Un combat de petite envergure mais significatif se déroula fin 1370 dans la vallée de la Loire, plus précisément à Pontvallain. Il s'agit en réalité de deux escarmouches distinctes dont la plus petite eut lieu à Vaas, non loin de là – on désigne parfois les deux batailles séparément.

Du Guesclin quitta la Normandie en novembre à la poursuite d'une vaste armée anglaise et arriva près du Mans le 3 décembre. Quand il apprit qu'une partie des Anglais s'était installée près de Pontvallain, il ordonna une marche de nuit et les surprit à l'aube. Les Anglais tentèrent de fuir mais furent rattrapés au château de la Faigne et battus au terme d'un rude corps-à-corps. Un deuxième contingent anglais fut massacré près de l'abbaye fortifiée de Vaas. Les survivants anglais s'enfuirent vers le sud, pourchassés par Du Guesclin et tués pour la plupart aux abords du château de Bressuire. La réputation d'invincibilité des Anglais sur le champ de bataille venait de s'achever. **SA**

Pertes : pas de chiffres fiables

‹ *Najera 1367* *Aljubarrota 1385* ›

↑ *Alors que la bataille de Pontvallain fait rage, Grégoire XI est désigné pape à Avignon en décembre 1370.*

Chioggia 16 août 1379 - 14 juin 1380

La bataille de Chioggia fut décisive dans l'issue de la lutte qui opposait Gênes et Venise pour la suprématie maritime et commerciale en Méditerranée. S'attendant à une défaite quasi certaine les premiers temps de cette longue bataille, les Vénitiens finirent par l'emporter et par dominer la Méditerranée.

En août 1379, Venise était très exposée aux attaques génoises. Une partie de ses galères de guerre, commandées par Victor Pisani, avaient été détruites par les Génois à Pola en mai ; le reste des galères, sous le commandement de Carlo Zeno, étaient loin de là, en Méditerranée orientale. La flotte génoise put pénétrer dans la lagune vénitienne et, aidée par des troupes hongroises et padouanes à terre, occuper le port de Chioggia. Cela permit aux Génois d'établir le blocus de Venise par mer et par terre.

Craignant de voir la ville détruite, son gouvernement céda à la pression populaire et rétablit dans ses fonctions l'amiral Pisani, disgracié et emprisonné après la défaite de Pola. Le 21 décembre, ce dernier retourna la situation aux dépens des Génois. Réunissant toutes les troupes vénitiennes, sous couvert de l'obscurité il entra dans la lagune et organisa le blocus de Chioggia. Des bateaux furent engagés dans les canaux peu profonds, prenant les Génois au piège et bloquant leurs voies d'approvisionnement et toute possibilité de fuite. Moins de deux semaines plus tard, le 1er janvier 1380, les Vénitiens bénéficièrent de renforts avec l'arrivée de la flotte de Carlo Zeno. La flotte génoise tenta désespérément de forcer le blocus, mais les Vénitiens tirèrent profit de leur connaissance profonde de la lagune et remportèrent une série d'escarmouches.

En juin, la flotte génoise, autrefois si fière, dut se rendre. La victoire permit aux Vénitiens d'exclure les Génois de l'Adriatique et de dominer la Méditerranée orientale. Gênes ne se remit jamais de ce désastre. **TB**

Pertes : pas de chiffres disponibles

< *Curzola 1298* *Zonchio 1499* >

La flotte vénitienne venant secourir le port de Chioggia (tableau du XVIe siècle). ↑

Kulikovo 8 septembre 1380

La bataille de Kulikovo, disputée près du Don en 1380, vit la première victoire des Russes sur les Tatars de la Horde d'Or depuis que la Russie avait été soumise par Batu Khan au XIIIe siècle. Cette victoire fut décisive pour l'ascension du duché de Moscou, qui aspirait à dominer le reste de la Russie.

Moscou gagna en importance au XIVe siècle, car ses princes servaient d'agents à la Horde d'Or, empire turco-mongol qui régnait sur les terres de Russie. À la fin des années 1370 toutefois, Dimitri, prince de Moscou, profita de divisions internes parmi les Tatars pour affirmer un certain degré d'indépendance.

L'un des prétendants à la tête de la Horde d'Or, Mamaï, conduisit une armée jusqu'en Russie pour y réaffirmer son autorité. Dimitri traversa le Don pour affronter les Tatars. Selon les chroniques de l'époque, la bataille débuta par un duel entre les champions de chaque camp, qui furent tous deux tués. Aux environs de midi, un combat général débuta. Dimitri échangea astucieusement son armure avec celle de l'un de ses soldats, qui fut pourchassé et tué par les Tatars. Dimitri échappa à ce sort même s'il fut blessé. Après trois heures de combat, une charge de la cavalerie russe sur le flanc força les Tatars à se replier. Dimitri, évanoui après avoir perdu trop de sang, tenait sa victoire. Il fut surnommé Donskoï en hommage à son triomphe sur le Don.

L'issue de la bataille fut décisive pour Mamaï, qui se vit refuser la tête de la Horde d'Or. La Russie n'avait toutefois pas gagné son indépendance, car le nouveau souverain de la Horde, Tokhtamych, pilla Moscou deux ans plus tard. La bataille de Kulikovo avait néanmoins en grande partie effacé le souvenir de la collaboration du duché de Moscou avec les Mongols et fait de Dimitri Donskoï l'un des héros de l'histoire nationale. **CP**

Pertes : pas de chiffres fiables

< *La Kalka 1222* *Orsha 1514* >

Les troupes tatares et russes s'affrontant à Kulikovo (représentation russe, XVIIe siècle).

Aljubarrota 14 août 1385

« Le roi Jean, désespérant de trouver la victoire, fuit le combat pour se réfugier à Santarém avant d'embarquer pour Séville. »

Thomas M. Izbicki, Medieval Iberia, 1997

Des chevaliers portugais combattant des Castillans à Aljubarrota (Chroniques d'Angleterre *de Jean de Wavrin, xve siècle).*

Le royaume du Portugal doit son indépendance, en grande partie à sa victoire à la bataille d'Aljubarrota. En cas de défaite, il aurait aussi abandonné son autonomie vis-à-vis de la Castille. Cette bataille où les troupes anglaises soutinrent les Portugais et l'armée française la Castille, fut disputée dans le cadre de la guerre de Cent Ans.

En 1383, la succession du Portugal était contestée. Le roi Jean de Castille était prétendant au trône grâce à son mariage avec une princesse portugaise, mais le grand maître d'Aviz désirait lui aussi la couronne. L'Angleterre, alliée du Portugal, envoya archers et hommes d'armes soutenir Jean d'Aviz tandis que les Français offraient 2 000 chevaliers à l'armée castillane, qui envahit le Portugal.

La Castille bénéficiait d'une supériorité numérique évidente mais les Portugais eurent recours à la tactique qui avait permis aux Anglais de triompher des Français, pourtant plus nombreux, à Poitiers. Jean d'Aviz choisit une position défensive entre deux ruisseaux et fit creuser des tranchées pour bloquer la charge de la cavalerie franco-castillane. Ses hommes devaient combattre à pied et non à cheval, aidés par les archers anglais. Jean de Castille tenta d'éviter un assaut frontal et fit contourner à ses hommes l'armée anglo-portugaise afin de l'attaquer de l'autre côté. Mais cette marche effectuée sous la chaleur épuisa ses troupes, qui devaient encore affronter un ennemi résolu occupant un champ de bataille bien délimité.

Quand les chevaliers français et castillans descendirent de cheval pour combattre à pied, une mêlée furieuse s'ensuivit, sanglante pour les deux camps. Finalement les Français et les Castillans furent chassés et, au cours des jours suivants, lors de leur fuite, des centaines d'entre eux furent tués par les civils portugais. **CP**

Pertes : Portugais et Anglais, 1 000 sur 7 000 ; Castillans et Français, 5 000 sur 30 000

< *Pontvallain 1370* *Azincourt 1415* >

Guerres Suisse-Habsbourg

Sempach 9 juillet 1386

Après son triomphe face aux Habsbourg autrichiens à Morgarten, la Confédération suisse continua à croître. En 1386, Léopold III d'Autriche réagit à l'adhésion de nouveaux bourgs et communautés rurales à cette entité en prenant la tête d'une armée qui irait attaquer la petite ville suisse de Sempach, près de Lucerne.

Les cantons suisses mobilisèrent une armée pour répondre à l'offensive des Habsbourg. Les deux camps étaient conscients du fossé social qui les séparait : les troupes Habsbourg étaient commandées par des nobles et leurs chevaliers, l'armée suisse constituée de roturiers, paysans et citadins.

L'avant-garde suisse se heurta inopinément à l'armée de Léopold, sur la route près de Sempach. Les chevaliers Habsbourg choisirent de combattre à pied. Ils commencèrent par dominer, mais alors que les Suisses semblaient perdus ils reçurent des renforts sur place et les Habsbourg se mirent à céder sous la pression. À un certain moment, selon des sources suisses, un certain Arnold von Winkelried se jeta sur les lances Habsbourg, créant une brèche dont profita l'infanterie suisse. Le duc Léopold conduisit des chevaliers démontés supplémentaires dans la mêlée mais ne put renverser le cours de la bataille. L'arrière-garde Habsbourg s'enfuit à cheval, de même que de nombreux écuyers auxquels les chevaliers avaient confié leur monture, emportant ainsi leur seul moyen de fuite. Le duc Léopold compta parmi les nobles et chevaliers tués dans le massacre qui s'ensuivit.

La bataille renforça une fois pour toute l'indépendance suisse. Pour l'Europe médiévale, la victoire de roturiers sur l'élite de la chevalerie dans un combat d'égal à égal s'avéra particulièrement choquante. **CP**

Pertes : Habsbourg, 700 sur 4 000 ; Confédération suisse, chiffre inconnu

⟨ *Morgarten 1315* *Morat 1476* ⟩

Guerres anglo-écossaises

Otterburn 5 août 1388

Au cours de la guerre de Cent Ans, qui l'opposa à la France, l'Angleterre prêta moins attention au royaume voisin d'Écosse. La guerre n'avait pourtant pas cessé entre les deux pays. Un petit groupe d'attaquants écossais obtint un grand succès à Otterburn, en Northumbrie, même si le chef de la bande, James Douglas, y perdit la vie.

Les détails de cette bataille sont sujets à débat car leur source principale, les *Chroniques* de Jean Froissart, sont émaillées d'erreurs concernant les distances et autres faits. Il est néanmoins certain que James, comte de Douglas, mit à profit les divisions internes qui affligeaient les Anglais pour attaquer la frontière. Il partagea ses troupes, envoyant son train des équipages vers le sud-ouest en direction de Carlisle tandis que lui-même prenait la tête d'une petite troupe qui dévasta les environs de Newcastle et Durham, à l'est.

Le 4 août, Douglas détruisit le château de Ponteland, et le lendemain se dirigea vers celui d'Otterburn pour l'assiéger. Henry Percy, comte de Northumberland, saisit sa chance et attaqua par surprise les assiégeants écossais dans l'après-midi. Toutefois il laissa le temps à la majorité des attaquants écossais de se rassembler pour attaquer le flanc anglais plus tard dans la soirée. Bien que Douglas ait perdu la vie au combat et que les Écossais aient été trois fois moins nombreux que les Anglais, leur discipline et la tactique suivie leur permirent de remporter une importante victoire. Quand l'évêque de Durham arriva de Newcastle avec 10 000 hommes en renfort, il fut si impressionné par les formations rangées des Écossais et leur position imprenable qu'il renonça à les attaquer.

Grâce à leur victoire, les Écossais devaient jouir de 20 années de paix supplémentaires. **SA**

Pertes : Écossais, 500 sur 2 900 ; Anglais, 1 860 morts et 1 040 prisonniers sur 8 000

⟨ *Bannockburn 1314* *Flodden 1513* ⟩

esconfirent lauant garde de lamo
aquin et cmt il se repentit de son ep

Amorath baquin ne mist pa
en oubli son emprinse mai

Guerres ottomanes

Kosovo 28 juin 1389

À la bataille de Kosovo, les Serbes, commandés par le prince Lazar, furent vaincus par les Ottomans du sultan Murad Ier, supérieurs en nombre. Lazar et Murad furent tués au cours de cette bataille qui fut l'un des éléments fondateurs de l'identité nationale serbe.

Sous le règne du sultan Murad, les Ottomans avaient étendu leur territoire de l'Anatolie jusque dans les Balkans, où l'Empire serbe constituait leur ennemi potentiellement le plus puissant. À la bataille de Marisa, en 1371, les Serbes avaient subi une déroute qui avait fragmenté leur empire en principautés rivales.

Murad reprit sa campagne contre les Serbes dans les années 1380. L'été 1389, il stoppa sa progression au Kosovo, depuis lequel il pouvait choisir d'attaquer la Serbie ou la Macédoine. Lazar rassembla toutes ses troupes et s'allia avec Vuk Branković, un aristocrate serbe, puis marcha sur le Kosovo. On pense que l'armée de Lazar était deux fois moins importante que celle de Murad. La pluie de flèches ottomanes qui accueillit la cavalerie serbe qui marqua le début de la bataille et limita l'impact serbe sur les lignes turques. Toutefois quelques brèches avaient été percées, et la charge serbe fut suivie de l'avancée de chevaliers. De crainte que les Serbes n'enfoncent complètement leurs lignes, les Ottomans contre-attaquèrent et mirent l'infanterie serbe en déroute.

Certaines sources soutiennent que Lazar fut capturé et exécuté ; d'autres qu'il fut abandonné par Branković, jaloux, et combattit courageusement jusqu'à être taillé en pièces. On pense que Murad fut tué par un chevalier serbe, Miloś Obilić, immédiatement après la bataille. Même si les deux camps subirent de lourdes pertes, les Ottomans avaient les moyens de réunir une autre armée et la Serbie faisait dorénavant partie de leur empire. **TB**

Pertes : lourdes des deux côtés, dont les deux souverains et la majorité de la noblesse serbe

Nicopolis 1396 ›

Guerres de Tamerlan

Terek 14 avril 1395

Tamerlan (« Timur le boiteux »), guerrier d'Asie centrale, conquit un empire éphémère qui s'étendait de l'Inde à la Turquie. Son accession au pouvoir, qui eut lieu tard dans sa vie, débuta avec sa victoire sur un guerrier nomade rival, Tokhtamych.

Tamerlan n'était dans sa jeunesse que le chef d'un groupe de bandits à cheval. Handicapé après avoir été blessé par une flèche (il avait besoin d'aide pour marcher), à l'âge de 50 ans, au milieu des années 1380, il régnait sur Samarcande. La rivalité qui l'opposait à Tokhtamych, qui avait conduit les attaques de la Horde d'Or à travers les riches terres persanes, éveilla en lui de nouvelles ambitions. Tamerlan commença par imiter son rival en pillant des villes persanes telles que Chiraz et Ispahan avant que cette rivalité ne se transforme en guerre déclarée et que les deux armées des guerriers nomades se pourchassent dans les immenses espaces de l'Asie centrale.

Une première victoire sur Tokhtamych sur les bords de la Kondourtcha en 1391 ne produisit pas de résultats décisifs, mais quatre ans plus tard Tamerlan l'emporta pour de bon lors de la bataille du Terek, fleuve au nord du Caucase. Selon les chroniques de l'époque, Tokhtamych attaqua le premier et perça les lignes ennemies pour aller menacer Tamerlan personnellement. Ce dernier était cependant défendu par sa garde personnelle et toutes les charges de Tokhtamych furent repoussées. La bataille fut d'une intensité effrayante, des corps-à-corps se déroulant sur tout le champ de bataille jusqu'à ce que Tokhtamych, désespérant de l'emporter, se replie. On dit que Tamerlan se jeta alors à terre pour remercier Allah de cette victoire à l'arraché. Il l'exploita autant que possible. La horde de Tokhtamych fut pourchassée sans pitié. Contrôlant désormais l'Asie centrale, Tamerlan pouvait s'attacher à de nouvelles conquêtes. **CP**

Pertes : pas de chiffres fiables

Delhi 1398 ›

Mort du sultan Murad Ier (illustration des Chroniques *de Jean Froissart, XIVe siècle).*

Nicopolis 25 septembre 1396

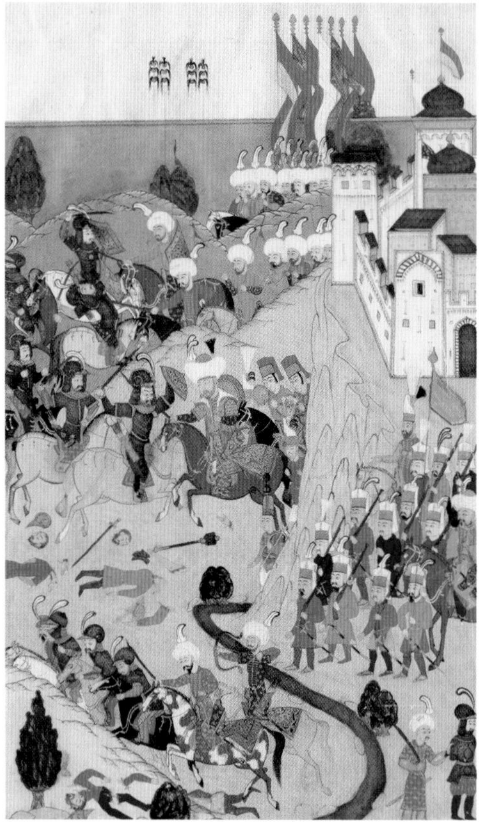

« Le roi Sigismond… se battit mal à Nicopolis et perdit son armée dont les hommes furent massacrés. »

Giunio Resti, chroniqueur

Bayezid Ier met en déroute les croisés à la bataille de Nicopolis (aquarelle du Hünername à Istanbul, XVIe siècle).

En 1394, le pape Boniface IX prêcha la croisade contre l'Empire ottoman, qui, en pleine expansion, était en train de conquérir le sud-est du continent européen. Cela aboutit deux ans plus tard à la bataille de Nicopolis, qui s'avéra catastrophique pour les chevaliers chrétiens.

Après leur victoire au Kosovo, les Ottomans s'emparèrent de la majorité des Balkans sous la bannière de Bayezid Ier (« le Foudroyant »). En réponse à l'appel du pape, des représentants de toute la noblesse chrétienne d'Europe s'enrôlèrent. Commandés par Sigismond, roi de Hongrie, ils se lancèrent dans un long périple qui devait les mener jusqu'à Nicopolis, forteresse sur le Danube située en Bulgarie aujourd'hui.

Dès le début, la croisade fut en proie aux rivalités et disputes concernant la préséance et le statut de ses membres. Les chevaliers rejoignirent Nicopolis à la fin de l'été mais étaient mal équipés pour prendre la forteresse de force. Après des semaines de siège, ils découvrirent que Bayezid avançait à la tête d'une grande armée et n'était qu'à quelques heures de marche. Les croisés paniquèrent et, malgré un conseil de guerre, agirent précipitamment, sans coordination. Les chevaliers français insistèrent pour mener une charge sans connaître la taille de l'armée ottomane. La charge fut tout d'abord efficace, mais Bayezid lança alors ses réserves. Dans leur précipitation, les Français furent anéantis lors de la contre-attaque turque. Les Hongrois tentèrent désespérément de leur venir en aide mais ne virent pas que la cavalerie légère turque (les *sibahis*) les dépassait sur le côté. Encerclés, les croisés furent vaincus. Sigismond compta parmi les rares qui purent s'échapper. Après la bataille, Bayezid fit exécuter la majorité des prisonniers. **TB**

Pertes : Ottomans, considérables parmi les 15 000 soldats ; la majorité des 10 000 croisés furent capturés ou tués

Kosovo 1389 — *Ankara 1402*

Delhi 17 décembre 1398

En 1398, Tamerlan, guerrier turco-mongol qui régnait sur l'Asie centrale depuis Samarcande, marcha vers le sud et pénétra en Inde. Sa victoire face au sultan de Delhi confirma les qualités guerrières implacables de son armée et son terrifiant caractère destructeur, devenu légendaire.

Fervent musulman, Tamerlan déclara que son coreligionnaire, le sultan Nasiruddin Mahmud de Delhi, se montrait trop indulgent envers ses sujets hindous. C'est sous ce prétexte qu'il marcha sur le sous-continent indien à la fin de l'été 1398, ses cavaliers pillant et massacrant tout sur leur passage. Quand elle arriva à Delhi, son armée était si chargée de butin et d'esclaves que son efficacité militaire était compromise. La solution de Tamerlan fut d'ordonner l'exécution de tous ces esclaves – peut-être jusqu'à 100 000. Ainsi prêts, les envahisseurs affrontèrent l'armée du sultan Mahmud en dehors des murailles de Delhi. L'armée du sultan comprenait des éléphants de guerre, animaux que les guerriers des steppes ne connaissaient pas. Tamerlan fit creuser de complexes fortifications constituées de remparts et de tranchées pour sécuriser ses hommes et bloquer la charge des pachydermes.

Il est difficile de reconstituer le cours de la bataille à partir des documents historiques. Les engins incendiaires, dont des catapultes lançant des pots de liquide inflammable, y jouèrent un rôle. Selon une source, Tamerlan fit attacher des fagots au dos de chameaux et l'on enflamma ce petit bois avant de lâcher les bêtes qui allèrent semer la panique parmi les éléphants. La charge des cavaliers de Tamerlan fut certainement décisive, dispersant les soldats indiens. Une fois la victoire acquise, Tamerlan lâcha ses guerriers dans Dehli pour une débauche de destruction dont la ville mit un siècle à se remettre. **CP**

Pertes : pas de chiffres fiables, mais certaines sources affirment qu'un million d'Indiens moururent

⟨ *Terek 1395* *Alep 1400* ⟩

« Il aimait les soldats vaillants et courageux, avec l'aide desquels il déchiqueta les hommes en morceaux comme le font les lions. »

Ahmad ibn Arabshah, évoquant Tamerlan

Manuscrit représentant l'invasion de l'Inde par Tamerlan à la fin du XIVe siècle.

Guerres de Tamerlan

Alep 11 novembre 1400

Après avoir réussi à envahir l'Inde, Tamerlan dirigea son armée vers l'ouest. Son attaque des territoires syriens du sultan Faraj, un Mamelouk qui régnait sur l'Égypte, était une entreprise audacieuse. Mais les troupes mameloukes, pourtant renommées, ne firent pas le poids à Alep face à Tamerlan.

En 1400, Tamerlan avait toujours soif de conquêtes mais ses guerriers commençaient à montrer moins d'enthousiasme pour le combat. Lorsque l'ambassadeur qu'il avait envoyé à Damas fut exécuté par le vice-roi mamelouk de la ville, Tamerlan saisit ce prétexte pour attaquer les riches villes de Syrie. Faraj demanda à tous ses émirs de concentrer leurs troupes à Alep. Tamerlan avança avec précaution vers la ville, construisant chaque nuit un campement fortifié.

Après un conseil de guerre animé, les Mamelouks décidèrent d'affronter l'armée de Tamerlan en terrain découvert, en dehors de la ville. Ce fut une décision malheureuse. Après deux journées d'escarmouches principalement favorables aux Mamelouks, la bataille s'engagea pleinement. Tamerlan lança ses cavaliers contre les flancs de l'ennemi, en grands arcs de cercle, tandis que le centre de son armée tenait bon, renforcé par des éléphants de guerre ramenés d'Inde. Les féroces attaques de cavalerie semèrent le désordre dans les rangs mamelouks, dont les soldats s'enfuirent pour tenter de se réfugier à l'intérieur d'Alep. Tamerlan avait gardé en réserve des cavaliers, qui s'élancèrent pour massacrer ceux qui tentaient en masse de franchir les portes de la ville. Si quelques-uns d'entre eux parvinrent à rejoindre la citadelle, celle-ci dut bientôt se rendre. Un nouveau massacre s'ensuivit et Tamerlan fit ériger comme à son habitude une pyramide de crânes en guise d'avertissement général. **CP**

Pertes : pas de chiffres fiables, mais au moins 20 000 Syriens auraient été massacrés

< *Delhi 1398* *Ankara 1402* >

Révolte galloise

Mynydd Hyddgen juin 1401

Les Anglais régnaient sur le pays de Galles depuis qu'Édouard Ier l'avait envahi en 1284. La résistance galloise à la domination anglaise continua toutefois pour donner naissance en 1400 à une révolte déclarée, conduite par Owain Glyndwr, descendant du dernier prince gallois indépendant.

La première bataille de la guerre d'indépendance du pays de Galles eut lieu quand les colons anglais du Pembrokeshire, à l'extrémité sud-ouest du pays, attaquèrent l'armée de Glyndwr qui campait au fond de la vallée d'Hyddgen. *Mynydd* signifie « montagne » en gallois mais on ignore le lieu exact de la bataille. On présume qu'elle se déroula sur les pentes occidentales de Pumlumon, point le plus élevé des monts Cambriens, aujourd'hui à la frontière de Ceredigion et Powys. Les colons anglais étaient soutenus par un grand nombre de soldats anglais et mercenaires flamands dont le total atteignait peut-être 1 500. La plupart d'entre eux étaient des fantassins, le reste, des cavaliers légers. L'armée de Glyndwr ne dépassait pas les 500 hommes, voire 120 selon certains documents.

Elle était principalement constituée d'archers qui chevauchaient de petits chevaux bien adaptés aux conditions de la région. Malgré leur infériorité numérique et la taille moindre de leurs montures, les Gallois vinrent bientôt à bout des Anglais et Flamands, qui manquaient de discipline. Les Gallois pourchassèrent cette armée en déroute, dont ils tuèrent 200 membres et en capturèrent de nombreux autres. On ne connaît pas les détails exacts de la bataille, mais le succès de Glyndwr fut probablement dû à la plus grande agilité de ses troupes par rapport aux attaquants anglais, plus lourdement chargés, qui eurent des difficultés à combattre sur le sol marécageux du fond de la vallée. **SA**

Pertes : Gallois, chiffres inconnus pour les 500 soldats ; Anglais, 200 morts et nombreux prisonniers parmi les 1 500

Usk 1405 >

Guerres de Tamerlan

Ankara 20 juillet 1402

En 1402, deux guerriers redoutés s'affrontèrent près d'Ankara : le sultan ottoman Bayezid Ier « le Foudroyant », vainqueur de Nicopolis, et Tamerlan, conquérant de l'Asie, de Delhi jusqu'à Damas. La bataille s'acheva par une défaite humiliante pour Bayezid et manqua de détruire l'Empire ottoman.

Bayezid Ier était à l'apogée de son pouvoir; alors qu'il assiégeait la capitale byzantine, Constantinople, il dut interrompre le combat car l'armée de Tamerlan s'avançait depuis l'est de l'Anatolie. Bayezid traversa l'Anatolie à la tête de son armée pour affronter Tamerlan. Mais tandis que Bayezid marchait vers l'est, Tamerlan partit assiéger Ankara, ville ottomane d'une importance vitale.

Assoiffés et épuisés, les soldats de Bayezid durent faire marche arrière pour tenter de libérer la ville. Tamerlan força Bayezid à attaquer en envoyant ses soldats détourner la seule source d'eau dont disposait l'armée ottomane ; les Turcs durent se battre sous peine de mourir de soif. La cavalerie serbe qui combattait avec les Ottomans ouvrit les hostilités par une charge efficace, mais les archers montés de Tamerlan firent subir de lourdes pertes aux Turcs : des milliers de fantassins ottomans furent tués. Bayezid s'enfuit du champ de bataille avec sa cavalerie mais Tamerlan les pourchassa puis les encercla.

Bayezid devint le seul sultan ottoman jamais capturé par l'ennemi. Il mourut en captivité en 1403, après avoir été enfermé dans une cage dorée comme trophée, selon la légende. Tamerlan s'avança vers la mer Égée et força le fils de Bayezid à fuir l'Anatolie. Pourtant, seuls les raids intéressaient l'armée de Tamerlan, qui n'établit jamais une présence permanente sur ces terres. L'Empire timouride déclina rapidement après le décès de Tamerlan, en 1405. Pour les Ottomans, le déclin ne serait que temporaire. **TB**

Pertes : Timourides, 15 000 morts ou blessés ; Ottomans, 30 000 morts ou blessés

◁ *Nicopolis 1396* *Varna 1444* ▷

Révolte galloise

Usk printemps 1405

Owain Glyndwr avait commencé en 1400 à lutter militairement pour l'indépendance du pays de Galles. Sa guérilla s'avéra très efficace mais fut interrompue par une importante défaite à Usk, dans le sud du pays, au printemps 1405. La chance avait cessé de sourire à Glyndwr, et sa cause devait en pâtir.

Au début de 1405, une armée galloise fut vaincue à Grosmont (nord de l'acuel Monmouthshire). Pour tenter de reprendre l'initiative dans la région, le fils aîné de Glyndwr, Gruffudd, attaqua le château d'Usk. Il ne savait probablement pas que les défenses du château avaient récemment été renforcées et que de nombreux soldats supplémentaires avaient été recrutés au sein de sa garnison. Son attaque fut ainsi aisément repoussée.

Les troupes qui se trouvaient à l'intérieur du château contre-attaquèrent et poursuivirent les Gallois sur l'autre rive de la rivière Usk puis à travers la forêt de Monkswood en direction de Mynydd Pwll Melyn, la « montagne du bassin jaune ». Selon Adam d'Usk, prêtre des environs qui coucha par la suite les événements sur papier, les Anglais « tuèrent par le feu et par le fil de l'épée un grand nombre [de Gallois] et par-dessus tout l'abbé de Llanthony, et ils les écrasèrent sans répit, les pourchassant à travers le bois où le dit Griffin [Gruffudd] fut saisi ».

Les pertes furent élevées du côté gallois, avec peut-être 1 500 morts dont Tudor, autre fils de Glyndwr. Gruffudd, capturé, fut emprisonné dans la Tour de Londres, où il décéda six ans plus tard, tandis qu'environ 300 autres prisonniers étaient décapités devant le château d'Usk. La bataille et ses conséquences sanglantes mirent fin à la révolte dans le sud-est du pays de Galles. Après avoir perdu autant d'hommes, Glyndwr ne pouvait envisager d'affronter à nouveau les Anglais au combat et dès 1415 sa révolte avait tourné court. **SA**

Pertes : Anglais, pas de chiffres fiable ; Gallois, 15 000

◁ *Mynydd Hyddgen 1401*

Grunwald (première bataille de Tannenberg) 15 juillet 1410

La défaite des chevaliers Teutoniques face à une armée polono-lithuanienne est considérée comme un épisode tragique – ou triomphal – de la lutte épique entre les peuples germaniques et slaves. Plus communément, elle marqua l'émergence de la Pologne-Lituanie comme l'un des États les plus puissants d'Europe.

L'ordre des chevaliers Teutoniques, fondé en Terre sainte durant les croisades, régnait sur un État prussien depuis lequel ils lancèrent des croisades contre leurs voisins non chrétiens, dont le duché de Lituanie. En 1386, le souverain de ce dernier se convertit au christianisme et épousa la reine de Pologne ; à la mort de cette dernière, il régna à son tour sur ce pays sous le nom de Ladislas II Jagellon. Les Teutoniques contestèrent la sincérité de sa conversion et en 1409 leur grand maître, Ulrich von Jungingen, déclara la guerre à la Pologne et à la Lituanie. Il avait sous-estimé la puissance et l'unité de ces deux États nouvellement joints.

L'été 1410, une armée commandée par le roi Jagellon et le duc Vitold de Lituanie marcha sur Marienbourg, capitale des chevaliers Teutoniques. Ces derniers affrontèrent les envahisseurs entre les villages de Grunwald et Tannenberg (actuel nord de la Pologne). Malgré leur infériorité numérique, les chevaliers ne doutaient pas de la force de leur cavalerie, disciplinée et protégée d'armures. Les lignes des deux camps se formèrent tôt le matin mais l'immobilité régna jusqu'à midi. Sous le soleil estival, les chevaliers cuisaient dans leur armure.

Une tentative de tirer contre les troupes polono-lithuaniennes avec deux bombardes (canons de siège peu maniables) fut sans effet. Le colérique Von Jungingen, réduit aux insultes et tentant désespérément de provoquer l'ennemi, fit parvenir à Jagellon et Vitold des épées accompagnées d'une note ironique déclarant qu'ils les trouveraient peut-être utiles s'ils disputaient jamais une bataille. Enfin le combat débuta, et les Teutoniques trouvèrent rapidement le succès. Ils affrontèrent la cavalerie lituanienne sur le flanc droit de l'ennemi et les chassèrent du champ de bataille grâce à leur charge. En revenant de leur poursuite ils rejoignirent un combat plus difficile, contre les Polonais, sur le flanc gauche mais l'emportèrent à nouveau. Le roi Jagellon échappa de peu à la capture ou à la mort dans la charge que Von Jungingen mena en personne. Toutefois, à ce moment crucial les survivants de la cavalerie lituanienne regagnèrent le champ de bataille et prirent les Teutoniques à revers. Le grand maître fut tué d'une lance dans la gorge, le reste de ses chevaliers se repliant stratégiquement vers leur campement. Leur tentative de trouver une position défensive derrière leurs chariots échoua et beaucoup furent tués. À la fin de la journée, la majorité des troupes des chevaliers était morte ou faite prisonnière.

Malgré l'étendue de sa victoire, l'armée polono-lituanienne échoua à prendre Marienbourg et la paix fut signée l'année suivante en des termes cléments. Les chevaliers Teutoniques ne retrouvèrent jamais leur position dominante et la Pologne-Lituanie devint l'une des puissances majeures d'Europe de l'Est. La victoire est célébrée dans les histoires nationales de Lituanie, de Pologne et de Biélorussie. À l'époque soviétique, elle se transforma rétrospectivement en triomphe russe à cause de la présence sur le champ de bataille de quelques soldats de Smolensk. Quand les Allemands triomphèrent des Russes au début de la Première Guerre mondiale, ils la baptisèrent « première bataille de Tannenberg » afin de pouvoir déclarer s'être vengés un demi-millénaire plus tard sur le même lieu. **CP**

Pertes : Lituano-Polonais, 5 000 morts sur 39 000 ; chevaliers Teutoniques, 8 000 morts et 14 000 prisonniers sur 27 000

Swiecino 1462 >

Les chevaliers Teutoniques luttant contre leurs voisins (tableau de Carl Wilhelm Kolbe, 1757-1835). 

Azincourt 25 octobre 1415

Henri V, le nouveau roi d'Angleterre, saisit la chance que lui offrait la lutte pour le pouvoir à laquelle était en proie la France pour réaffirmer les prétentions anglaises sur ce pays et pour l'envahir. Sa victoire face à une armée française bien supérieure en nombre rappela celles de Crécy et de Poitiers et lui permit de s'emparer du nord de la France.

En 1396, l'Angleterre et la France avaient signé la trêve de Paris, censée durer 30 ans et mettre fin à la guerre de Cent Ans. Toutefois les Français continuèrent à soutenir les ennemis de l'Angleterre, l'Écosse et le pays de Galles, et en 1403 attaquèrent plusieurs ports de la Manche. En France, la folie intermittente du roi Charles VI entraîna une lutte pour le pouvoir entre deux rivaux, les ducs d'Orléans et de Bourgogne, qui firent tous deux appel aux Anglais. En 1413, Henri V monta sur le trône d'Angleterre. Il forma une alliance avec Jean de Bourgogne qui promit de demeurer neutre en échange de terres qu'il recevrait comme vassal d'Henri.

« Nous nous sommes écriés que Dieu ait pitié de nous et de la couronne d'Angleterre. »

Un chapelain accompagnant Henri V

L'un des deux camps du conflit français étant ainsi neutralisé, Henri se prépara à la guerre. En août 1415, il s'embarqua pour la Normandie avec une armée de 12000 hommes. Après six semaines de siège, il prit Harfleur, mais perdit la moitié de ses soldats, morts de leurs blessures ou de maladie. Henri marcha ensuite vers Calais, ville déjà anglaise, mais la route lui fut barrée par une armée française bien plus importante, commandée par Charles d'Albret. Henri rassembla la sienne là où la route de Calais traversait d'épais bois. Il avait beaucoup plu depuis quelques jours et les champs de chaque côté étaient fraîchement labourés. Postant ses archers sur les deux flancs, des archers supplémentaires et des chevaliers à pied au centre, il planta des rangées de pieux affûtés dans la route. Face à cet étroit champ de bataille, les Français formèrent trois rangées, l'une derrière l'autre, les deux premières constituées d'hommes à pied et de quelques arbalétriers, la troisième principalement de cavaliers.

Au début, les deux armées se firent face un peu plus loin sur la route, séparées d'environ 1,6 kilomètre. Les Français espéraient qu'Henri attaquerait le premier. Le fait est qu'Henri força une attaque française en avançant légèrement son armée. La ruse fonctionna et, incapable de contenir ses hommes pleins d'ardeur, Charles d'Albret ordonna l'attaque. Comme la première rangée française s'avançait, les chevaliers s'élancèrent sur les deux flancs pour affronter les lignes anglaises. Sous le feu nourri des archers anglais et gênés par le poids de leur armure, le sol boueux et les rangées de pieux, ils éprouvèrent rapidement des difficultés. Cette première charge de cavalerie fut entièrement repoussée avant que la première ligne française ne se présente, à pied. Combattant à travers la ligne anglaise, ces soldats furent ensuite attaqués dans un combat rapproché par les archers anglais qui brandissaient haches, épées et dagues. La seconde ligne française s'avança alors mais se replia après avoir subi de lourdes pertes.

C'est alors qu'Henri apprit que son campement, à un peu plus d'un kilomètre à l'arrière, était attaqué. En réalité, ce n'était qu'un groupe de paysans qui tentait de le piller, mais sachant que sa petite armée ne pouvait combattre sur deux fronts, Henri ordonna l'exécution de tous les prisonniers. Enfin, il commanda à ses cavaliers de charger les lignes françaises. Ce fut la déroute pour les Français, qui perdirent plus d'une centaine de nobles, tous partisans de la faction d'Orléans. Henri avait gagné contre toute attente. **SA**

Pertes : Anglais, 400 sur 6 000 ; Français, 5 000 sur 30 000

< *Pontvallain 1370* *Rouen 1418* >

Les armées anglaises et françaises s'affrontant à Azincourt (illustration d'un manuscrit français du xve siècle). 

S Denis

Rouen 31 juillet 1418 - 19 janvier 1419

« Et de viande, sauf de cheval, ils n'avaient point / Ils mangèrent des chiens, ils mangèrent des chats / Ils mangèrent des souris, des chevaux et des rats… » *John Page, poème* Le Siège de Rouen

Détail d'une illustration au crayon et à l'encre du siège de Rouen, parue dans The Pageants of Richard Beauchamp, *vers 1484-1490.*

Au cours de sa campagne en Normandie lors de la guerre de Cent Ans, Henri V d'Angleterre assiégea Rouen, dont il finit par s'emparer. Abritant plus de 70 000 habitants, c'était l'une des plus grandes villes de France et sa prise représenta un succès important pour l'armée anglaise.

Après sa spectaculaire victoire à Azincourt en 1415, Henri V rentra en Angleterre. Il consacra l'année suivante à bâtir une puissante flotte qui libérerait la Manche des navires génois alliés des Français, mais aussi à forger une alliance avec l'empereur germanique qui avait autrefois soutenu le roi de France.

En 1417, Henri repartit en France et, en trois campagnes, s'empara de toute la Normandie à l'exception du mont Saint-Michel. La prise de Rouen constitua le moment fort de ces campagnes. Les Français, qui s'attendaient à une attaque, avaient renforcé les défenses de la ville, dont les remparts furent parsemés de tourelles et occupés par des arbalétriers. Les canons étaient pointés sur l'armée anglaise.

Ne disposant que d'une petite armée, Henri ne pouvait tenter d'abattre les murailles et prendre la ville d'assaut. Il s'installa donc pour un long siège fin juillet 1418 en pensant affamer les défenseurs jusqu'à ce qu'ils se rendent. En décembre, les habitants en étaient réduits à manger les chiens, les chats, les chevaux et les souris s'ils parvenaient à les attraper. Plus de 12 000 personnes furent expulsées de Rouen pour épargner la nourriture. Henri leur refusa le passage et elles durent se pelotonner dans les tranchées défensives récemment creusées autour des remparts. Deux prêtres leur offrirent à manger le jour de Noël mais la largesse anglaise s'arrêta là. La garnison française tenta de briser le siège à plusieurs occasions mais sans y parvenir. En janvier 1419, les Français se rendirent. **SA**

Pertes : pas de chiffres fiables

< *Azincourt 1415* *Orléans 1428* >

Guerres hussites

Kutná Hora 21 décembre 1421

Les hussites (les disciples de Jean Hus, prédicateur qui avait appelé à la réforme nationale et ecclésiastique en Bohême) prouvèrent l'efficacité des « chariots de guerre » face à une armée de croisés recrutée pour défendre l'autorité de l'Église et commandée par le roi Sigismond de Hongrie.

Jan Hus, prédicateur populaire et doyen de l'université de Prague, s'était fait de puissants ennemis; en 1415, il mourut sur le bûcher pour hérésie. Ses disciples, qui comptaient des aristocrates et des chevaliers, lancèrent un mouvement de protestation. À la mort du roi Venceslas IV de Bohême, ils s'opposèrent à l'accession au trône de son demi-frère, le roi Sigismond de Hongrie, et annoncèrent la formation de leur propre gouvernement et la naissance de la « révolte hussite ». Le pape Martin V lança une croisade et Sigismond prit la tête d'une vaste armée de croisés venus de toute l'Europe, pour la conduire en Bohême. Les croisés s'emparèrent de Kutná Hora en Bohême centrale (aujourd'hui en République tchèque) et, le 21 décembre 1421, y affrontèrent une armée de taborites très inférieure en nombre.

Commandé par le brillant général borgne Jan Zizka, les taborites utilisèrent des « chariots de guerre » tirés par des chevaux : il s'agissait de simples charriots équipés de pistolets et autres armes à feu. Ils furent disposés en un cercle ou carré défensif derrière un fossé. Les artilleurs et archers qui les occupaient tirèrent sur la cavalerie ennemie avant de s'élancer à l'extérieur pour attaquer dans une deuxième phase. À Kutná Hora, les taborites parvinrent grâce à leurs chariots à tenir à distance la cavalerie lourde de Sigismond. Zizka disposa ensuite ses chariots en une colonne et les fit s'avancer, leur artillerie tirant constamment pour percer l'armée croisée. **CP**

Pertes : croisés, 12 000 sur 100 000 ; taborites, chiffres inconnus

Lipany 1434 ⟩

Révolte vietnamienne

Chi Lang octobre 1427

Lê Lói est un héros national au Vietnam, où il prit la tête d'une guérilla contre l'occupation oppressive des Ming chinois. Sa victoire face à leur armée dans le défilé de Chi Lang dans le nord du Vietnam permit la restauration de l'indépendance vietnamienne au cours des quatre siècles suivant.

La Chine s'était emparée du nord du Vietnam au début du XVe siècle, alors que le royaume vietnamien était déchiré par un conflit dynastique. L'occupation chinoise s'avéra très impopulaire car elle imposait aux Vietnamiens de lourdes taxes et le travail forcé. Lê Lói lança son insurrection en 1418, opérant au début depuis des régions montagneuses isolées avant de gagner le soutien des paysans mécontents. En 1426, il était enfin prêt à attaquer le delta du fleuve Rouge, le cœur du nord du Vietnam.

La principale armée d'occupation Ming fut assiégée à Dong Quan (aujourd'hui Hanoi). Après sa défaite à Tot Dong (où elle avait tenté de fuir), le gouvernement Ming envoya des troupes supplémentaires libérer Dong Quan. Ces renforts marchèrent vers la ville en deux colonnes. Lê Lói décida de concentrer ses rebelles contre la plus importante des deux, constituée de 100 000 hommes et commandée par Liu Sheng, qui choisit la route qui passait par le col de Lang Son. Quand les soldats chinois s'avancèrent dans l'étroit défilé de Chi Lang, ils tombèrent dans l'embuscade tendue par les Vietnamiens. Liu Sheng fut tué ainsi que des milliers de soldats chinois, et des dizaines de milliers d'autres furent faits prisonniers.

La nouvelle de la catastrophe de Chi Lang démoralisa complètement les troupes Ming à l'intérieur de Dong Quan. Elles acceptèrent l'offre de Lê Lói qui leur promettait de protéger leur sortie du Vietnam. Celui-ci devint empereur et fonda une nouvelle dynastie. **RG**

Pertes : Chinois, lourdes, dont 30 000 prisonniers ; Vietnamiens, chiffres inconnus

⟨ *Bach Dang 938*

Orléans 12 octobre 1428 - 7 mai 1429

Grâce à leurs succès à Azincourt puis en Normandie, les Anglais avaient accédé au trône en France en 1422. Ils régnaient depuis Paris, le dauphin français s'étant réfugié au sud de la Loire. La tentative anglaise de s'emparer d'Orléans, sur la Loire, marqua toutefois un tournant dans la résistance française à la domination anglaise.

Les campagnes françaises d'Henri V d'Angleterre qui eurent lieu après 1415 conduisirent au traité de Troyes, signé entre les deux nations en 1420. Selon ses termes, Henri devenait régent de France et, en épousant Catherine, la fille du souffrant Charles VI, héritier de ce dernier. En 1422 cependant, Henri mourut et la couronne anglaise revint à son fils Henri VI, âgé de 9 mois seulement. Deux mois plus tard, Charles VI s'éteignait à son tour. Henri VI étant trop jeune pour régner, c'est Jean, duc de Bedford, qui devint régent de France, et régna depuis Paris avec l'aide de la maison de Bourgogne, alliée des Anglais. Le dauphin français, le futur Charles VII, continua cependant à résister au règne anglais depuis le sud de la Loire, bien qu'il n'ait ni troupes ni la vision nécessaire à une résistance efficace. En 1428, Bedford décida de s'emparer d'Orléans, l'un des points de traversée de la Loire, pour envahir le Berry, bastion du dauphin.

« Je lancerai un tel cri de guerre contre vous qu'on s'en souviendra à jamais. » *Jeanne d'Arc*

L'armée de Bedford, qui comprenait 5 000 soldats et était commandée par le comte de Salisbury, lança le début des opérations en attaquant une forteresse qui protégeait un pont au sud de la ville. Les opérations de minage de la forteresse furent réussies, même si Salisbury fut tué par un coup de canon tiré de la rive opposée alors qu'il examinait les fortifications françaises. Le comte de Suffolk le remplaça et entreprit le siège d'Orléans en faisant construire des fortifications en terre et bois autour de la ville sur la rive nord de la Loire. Les Anglais, en infériorité numérique malgré la présence de 1 500 renforts bourguignons, ne purent empêcher le ravitaillement de la ville par les Français. Leur propre ravitaillement fut la cible d'attaques françaises dont une, le 12 février 1429, repoussée par le commandant du convoi, Sir John Fastolf.

La campagne d'Orléans aurait pu durer encore longtemps si une jeune fille, Jeanne d'Arc, ne s'était présentée à la cour de France. Les avis sont toujours partagés à son sujet : était-elle une brillante tacticienne militaire ou inspirée par une force guidée par Dieu ? Quelle que soit la réponse, Jeanne remonta le moral des Français, comme les soldats bourguignons, qui quittèrent les Anglais pour rejoindre les rangs du dauphin.

En avril 1429, Jeanne se vit offrir une armée pour mettre fin au siège d'Orléans. Ses 5 000 soldats évitèrent les lignes anglaises en remontant la Loire en bateau. Une fois dans la ville, Jeanne organisa une série de sorties contre diverses positions anglaises et, le 7 mai, seules quelques-unes tenaient encore. Au cours d'une attaque finale contre une tête de pont anglaise sur la rive sud de la Loire, Jeanne fut blessée par une flèche mais continua à se battre jusqu'à ce que ses troupes s'emparent de la place. Confrontés à l'échec de leur siège, les Anglais tentèrent d'obliger les Français à une bataille rangée, mais ceux-ci refusèrent. Les Anglais abandonnèrent le siège le lendemain et se dispersèrent dans les villes qu'ils détenaient encore le long de la Loire.

Orléans avait été libéré neuf jours seulement après l'arrivée de Jeanne dans la ville. La levée du siège marqua la première victoire française depuis des années face aux Anglais. Grâce à l'ardeur de Jeanne, le cours des événements semblait tourner en faveur des Français. **SA**

Pertes : pas de chiffres fiables

< *Rouen 1418* *Patay 1429* >

Jeanne d'Arc représentée par Jean-Jacques Scherrer (1855-1916). ➔

Guerre de Cent Ans

Patay 18 juin 1429

Encouragés par leur succès à Orléans en mai 1429, les Français, Jeanne d'Arc à leur tête, remportèrent au cours du mois suivant une série de victoires sur les Anglais le long de la Loire, dont celle de Patay, apogée et conclusion de cette campagne. La supériorité anglaise sur les champs de bataille français venait de prendre fin.

La campagne des Français contre les villes aux mains des Anglais le long de la Loire culmina par une importante bataille à Patay, situé au nord d'Orléans. L'armée anglaise commandée par John Talbot, comte de Shrewsbury, et par Sir John Fastolf comptait sur ses archers. Les longs arcs anglais s'avéraient mortels grâce à la portée de leur tir, mais le manque d'armure des archers les rendaient moins efficaces dans les combats au corps à corps. Les Français tirèrent profit de cette faiblesse avec un grand succès à Patay.

Alors que les préparatifs de la bataille débutaient, les éclaireurs français partirent examiner les faiblesses potentielles des positions anglaises. Ils remarquèrent que les archers anglais ne s'étaient pas encore protégés de pieux à l'avant. Ils les enfonçaient habituellement dans le sol pour retarder l'avancée de la cavalerie. Mieux, ils laissèrent deviner leur position en poussant un cri de chasse quand un cerf s'avança à découvert. Les Français saisirent cette opportunité et lancèrent rapidement 1 500 chevaliers contre les lignes anglaises. L'attaque entraîna bientôt la déroute des Anglais, dont les chevaliers se replièrent en abandonnant l'infanterie, qui fut fauchée sur place. Jeanne d'Arc ne prit pas part à cette victoire surprise mais, aidée par une résistance populaire au joug anglais toujours croissante, elle devait, en compagnie de son armée, s'emparer de Troyes, de Châlons, et enfin en juillet de Reims, où le dauphin fut couronné roi sous le nom de Charles VII. **SA**

Pertes : Français, 100 sur 1 500 ; Anglais, 2 500 morts, blessés ou prisonniers sur 5 000

Orléans 1428 *Formigny 1450*

Guerres des cités-États italiennes

San Romano 1er juin 1432

San Romano est un exemple du type de bataille pratiqué en Italie au début de la Renaissance, où s'affrontaient deux armées recrutées par des condottieri (littéralement des « fournisseurs »), des entrepreneurs militaires et mercenaires ou chefs de guerre. À San Romano, les armées rivales avaient été engagées par Florence et Sienne.

Les riches et puissantes cités-États italiennes étaient souvent en guerre l'une contre l'autre. Les Florentins étaient parvenus à vaincre Milan, où régnaient les Visconti, mais entrèrent bientôt en conflit avec Sienne. San Romano fut l'affrontement majeur de la guerre qui s'ensuivit.

Les troupes de Florence étaient commandées par le condottiere Niccolo da Tolentino et celles de Sienne par un autre mercenaire, Francesco Piccinino. Ces soldats professionnels évitaient habituellement les batailles rangées mais à San Romano le combat fit rage durant plusieurs heures. La stratégie employée consistait presque entièrement en des charges de cavalerie lourde effectuées par des soldats protégés d'armures. Les pertes étaient comparables des deux côtés jusqu'à ce que, alors que l'épuisement menaçait de toutes parts, Florence prenne le dessus grâce à l'arrivée de renforts de cavalerie menés par le condottiere Micheletto Attendolo da Cotignola.

Les Florentins purent crier victoire, mais leurs coffres étaient vides et des impôts durent être levés. Cela accrut l'impopularité du gouvernement, et finit par ramener les Médicis au pouvoir en 1433. En 1456, le peintre florentin Paolo Uccello fut chargé par Côme de Médicis de réaliser trois tableaux commémorant la bataille. Dans les deux premiers, elle est clairement représentée comme un affrontement entre deux armées à cheval tandis que le troisième montre l'attaque finale des Florentins. **TB**

Pertes : Florentins, moins de 200 cavaliers ; Siennois, 600 capturés ou tués

Lipany 30 mai 1434

La ligue de Bohême, une alliance de hussites modérés et de catholiques, infligea une cuisante défaite aux hussites radicaux ou taborites à Lipany, en Bohême. Lorsque la ligue fit mine de se replier, les taborites abandonnèrent leurs positions défensives et leurs « chariots de guerre », mais virent alors leurs ennemis revenir les massacrer.

La guerre entre les hussites de Bohême continua pendant quinze ans après que l'armée croisée de Sigismond de Hongrie eut été vaincue à Kutná Hora. Quand le grand général taborite Jen Zizka mourut de la peste en 1424, ses troupes en deuil prirent le nom d'«orphelins». Les conflits, principalement disputés et remportés par l'infanterie, prouvèrent l'efficacité des pistolets et des fusils contre la cavalerie. Les deux factions hussites (les taborites et les utraquistes, plus modérés) se livrèrent à plusieurs batailles rangées.

Lors de celle de Lipany, les «orphelins» et la ligue de Bohême eurent recours à des «chariots de guerre». L'armée taborite, commandée par Procope le Chauve, les déploya en une formation défensive sur une colline ; la ligue dissimula une partie de sa cavalerie lourde puis avança ses propres chariots et son infanterie vers les taborites. Après une période de bombardements inefficaces car les armées étaient encore relativement éloignées l'une de l'autre, les chariots de la ligue commencèrent à se replier et les taborites abandonnèrent leur formation défensive pour les poursuivre. Les chariots de la ligue s'arrêtèrent alors et leurs soldats commencèrent à tirer pendant que la cavalerie lourde s'élançait à l'attaque. La bataille se transforma en massacre. Les guerres hussites s'achevèrent finalement avec un traité de paix, négocié durant le concile de Bâle et signé le 5 juillet 1436. **CP**

« Toi qui t'arrêtes ici, pense à ce que peut produire la désunion d'une nation. » Inscription sur un monument érigé en 1881 à l'endroit de la bataille

Des soldats sortent en rangs serrés d'un campement hussite entouré de chariots de guerre (enluminure d'un codex réalisé vers 1450).

Pertes : Taborites, 1 300 sur 10 700 ; Ligue de Bohême, chiffre inconnu pour les 13 000 soldats

Kutná Hora 1421

Varna 10 novembre 1444

« *S'échapper est impossible, se rendre, inimaginable. Combattons avec courage et faisons honneur à nos armes.* »

Jean Huniade

Murad II, aquarelle appartenant à la série de portraits des empereurs de Turquie de John Young (1808).

La réaction des chrétiens face à l'avancée des Ottomans eut des conséquences désastreuses à Varna, sur la mer Noire, dans l'est de la Bulgarie. La victoire de Murad II face au grand commandant hongrois Jean Huniade ouvrit la voie à la conquête de Constantinople par les musulmans.

Murad II avait relancé l'expansion ottomane en Europe après l'interruption provoquée par la désastreuse défaite d'Ankara en 1402. De peur que les Ottomans ne pénètrent plus avant en Europe centrale et occidentale, le pape Eugène IV prêcha la croisade. Jean Huniade, qui était au service de Vladislav III, roi de Pologne et de Hongrie, infligea d'abord de rudes défaites aux Ottomans avant qu'une trêve soit déclarée. Les chrétiens élaborèrent un plan de campagne en 1444, rompant la trêve à laquelle ils ne se considéraient pas liés, car signée avec un infidèle. Les flottes papale et vénitienne devaient couper les Ottomans de leurs renforts d'Anatolie, et l'armée chrétienne pourrait ainsi anéantir leurs troupes en Europe.

Le blocus maritime ne se produisit toutefois pas et, lorsque les croisés atteignirent Varna, ils firent face à une armée ottomane très supérieure en nombre. La bataille sembla aller au départ dans le sens des croisés. Mais alors que les troupes ottomanes se repliaient après une charge de la cavalerie croisée, le roi Vladislav rejeta les prudents conseils de Huniade et lança la majorité de son armée contre le centre ottoman dans l'espoir de capturer le sultan. La garde personnelle de ce dernier repoussa l'attaque et le roi fut tué ; sa tête fut exhibée au bout d'une lance. Les croisés finirent pas se replier après avoir subi d'immenses pertes. Leur défaite élimina tout danger à l'ouest pour l'Empire ottoman, qui put ainsi consacrer toute son attention à la prise de Constantinople. **TP**

Pertes : croisés, lourdes parmi les 20 000 ;
Ottomans, pertes minimes parmi les 50 000 soldats

< *Ankara 1402* *Chute de Constantinople 1453* >

Formigny 15 avril 1450

Les dernières années de la guerre de Cent Ans furent marquées par l'incompétence des Anglais et la discipline des Français qui établirent une armée de métier et firent preuve d'une grande maîtrise du déploiement de l'artillerie. À Formigny, les canons français se montrèrent très dévastateurs.

La résurgence française avait débuté avec les campagnes de Jeanne d'Arc en 1429 et se poursuivit après sa mort (1431). La rivalité qui opposait les duchés d'Orléans et de Bourgogne prit fin en 1435, apportant l'unité au pays, et Paris fut repris aux Anglais en 1436. Une paix de 50 ans fut signée à Tours en 1444. Charles VII s'inspira des conseils militaires avisés qu'il avait reçus pour poser les bases d'une armée de métier qui paierait ses soldats mercenaires même lorsqu'ils ne combattaient pas, au lieu de les laisser arpenter la campagne et semer la destruction. Le roi chargea aussi Jean et Gaspard Bureau, deux frères, d'organiser l'artillerie de façon efficace pour offrir aux Français l'avantage tactique sur les Anglais.

Quand la trêve s'acheva, en 1449, les Français lancèrent une campagne de reconquête de la Normandie et prirent Rouen la même année. En 1450, les deux pays s'affrontèrent à Formigny, près de Bayeux. Les Anglais postèrent leurs archers derrière une forêt de pieux et des ouvrages de terre. Les Français placèrent un canon sur chaque flanc et bombardèrent les lignes anglaises, qui virent leurs hommes s'effondrer en masse. Les archers anglais chargèrent en direction des canons qu'ils capturèrent brièvement, mais ils durent ensuite affronter la contre-attaque des chevaliers français et des fantassins, qui reprirent les canons et forcèrent les archers au corps-à-corps. Les renforts français infligèrent les derniers coups, fatals, aux ailes anglaises. La victoire des Français fut décisive et leur offrit le contrôle complet de la Normandie quatre mois plus tard. **SA**

Pertes : Français, 500 à 600 sur 4 500 ; Anglais, 4 000 sur 4 500

Patay 1429

« L'artillerie française à Formigny... mit fin à l'avantage particulier que représentait l'arc long anglais. »

Albert D. McJoynt, 1997

*Chevaliers français montés chargeant des chevaliers anglais à Formigny (*Vigiles du roi Charles VII*, 1477-1483).*

Chute de Constantinople 29 mai 1453

Après dix siècles de guerres, victoires et défaites, l'Empire byzantin s'éteignit avec la prise de Constantinople par les Ottomans en mai 1453. Cet événement qui provoqua de vifs remous dans toute la chrétienté est souvent considéré comme marquant la fin du Moyen Âge en Europe.

L'Empire byzantin, certes en déclin, demeurait, au milieu du XVe siècle, un bastion de l'Europe chrétienne face à l'Orient musulman. Les Ottomans avaient toutefois étendu leur territoire pour inclure les Balkans et l'Anatolie. Seule Constantinople leur avait résisté, isolée, tandis que l'Empire ottoman s'étendait autour d'elle. Pour les Ottomans, la ville possédait un énorme prestige, comme centre de la foi chrétienne et symbole de puissance impériale. La tentative de siège qu'entreprit Murad II en 1422 échoua, mais son jeune successeur, Mehmet II, qui prit la tête de l'Empire ottoman à partir de 1451, était déterminé à mener à bien l'opération militaire qui dépasserait tous les triomphes turcs précédents.

« Après la chute de notre ville, le sultan célébra sa victoire avec un grand et joyeux triomphe. »

George Sphrantzes, témoin byzantin

Quand il se lança dans la conquête de Constantinople au printemps 1453, la ville n'était plus que le reflet de son ancienne gloire mais demeurait très difficile à prendre d'assaut. Ses imposantes fortifications avaient résisté dans le passé à de nombreux sièges. Sa garnison était réduite et ses défenseurs ne montaient sous le règne de l'empereur Constantin XI qu'à 8 000 hommes. Mehmet assiégea la ville début avril avec une armée de 75 000 à 100 000 hommes et une large flotte. Ses préparatifs avaient été considérables. Il avait construit sur le Bosphore un château équipé de canons qui empêcheraient tout renfort de s'approcher de la ville depuis la mer Noire. Il chargea aussi un expert en artillerie hongrois, Urbain, de lui construire le canon le plus puissant jamais vu. L'accès à la Corne d'Or, le port qui longe les murailles de Constantinople, étant bloqué par une chaîne, Mehmet fit venir ses bateaux du Bosphore par voie terrestre, puis les ancra dans le port menaçant les fortifications depuis la mer.

Les premières attaques contre ces murs anciens mais redoutables échouèrent et s'accompagnèrent de lourdes pertes, mais quand les tentatives de négociation de la reddition de Constantinople n'aboutirent pas, ces attaques reprirent de plus belle, encore plus féroces. Enfin, le 29 mai, Mehmet lança simultanément des attaques maritimes et terrestres. Après s'être engouffrés dans la ville à travers l'une des portes défoncées (selon certains, elles auraient plutôt été ouvertes de l'intérieur), les Ottomans tuèrent l'empereur tandis qu'il tentait une contre-attaque avec les défenseurs qui lui restaient. Les Turcs se dispersèrent pour piller la ville et massacrèrent tant d'habitants que, selon Nicolo Barbaro, qui assista à la scène, « le sang coula dans la ville comme l'eau de pluie dans le caniveau après un orage » et les cadavres « flottèrent vers la mer comme des melons le long d'un canal ». Mehmet, qui n'avait que 20 ans, parcourut les rues sur son cheval blanc jusqu'à Sainte-Sophie, la légendaire cathédrale de Constantinople, qui fut immédiatement utilisée comme mosquée pour remercier Allah de la victoire.

La chute de Constantinople fut un rude échec pour la chrétienté, mais même si le pape Nicolas V appela à la croisade pour reprendre la ville, aucune réaction militaire concertée n'eut lieu. Désormais baptisé « le Conquérant », Mehmet fit de la ville sa nouvelle capitale et s'autoproclama successeur légitime de l'Empire romain. **TB**

Pertes : Byzantins, 5 000 ; Ottomans, pas de chiffres fiables

< *Varna 1444*   *Belgrade 1456* >

Le sultan Mehmet II à Constantinople (tableau de Panagiotis Zografos, 1836). 

Α Κωνσταντινούπολις · ἡ ἅλωσις αὐτῆς
Β. ὁ σουλτάνος

Guerre du Bien public

Montlhéry 16 juillet 1465

Devenu roi en 1461, Louis XI renforce l'autorité royale. Il mécontente les grands seigneurs qui forment la ligue du Bien public, soutenue par Philippe le Bon son fils Charles. C'est le premier d'une longue série d'affrontements entre le roi de France et le duc de Bourgogne.

Personne ne souhaite se mesurer frontalement à l'armée royale. Pour les féodaux, il s'agit surtout d'occuper des points stratégiques et des villes pour faire pression sur le roi. Cependant, la guerre du Bien public eut bien sa bataille rangée. Après plusieurs jours durant lesquels les adversaires se cherchent entre Paris, Étampes et Chartres, Louis XI et Charles de Bourgogne se retrouvent face à face. Le premier est à Montlhéry, le second non loin de là, à Longjumeau. L'armée royale aligne 15 000 hommes et quelques canons mal positionnés. À la tête de 20 000 hommes, le Bourguignon possède une forte artillerie.

Ce dimanche 16 juillet 1465, il fait très chaud sous les armures. En milieu de matinée, une canonnade tourne à l'avantage des Bourguignons, qui attaquent Montlhéry dans la foulée. Le village est incendié. Les archers français s'enfuient. Les Bourguignons lancent une offensive dans le grand champ où s'est regroupée l'armée du roi. S'ensuit un moment d'extrême confusion. Charles de Bourgogne mène alors en personne une charge contre les Français, dont un tiers déserte. D'un autre côté, Louis XI enfonce les lignes bourguignonnes, dont la plupart des soldats battent en retraite quand ils ne sont pas massacrés sur place. À la fin de la journée Charles est maître du champ bataille, mais avec d'énormes pertes, et Louis XI a réussi à protéger Paris. Une paix de compromis sera signée à l'automne. **LV**

Pertes : Bourguignons : 2000-3000 morts ;
Français : Quelques centaines de morts.

Guerres ottomanes

Belgrade 4-22 juillet 1456

Le siège de Belgrade constitua un épisode décisif de la guerre qui opposait le royaume de Hongrie à l'Empire ottoman. À Belgrade, des troupes hongroises commandées par Jean Huniade vainquirent les Ottomans de Mehmet II. Cette défaite stoppa la progression ottomane en Europe centrale.

Après la chute de Constantinople en 1453, les Hongrois savaient qu'ils faisaient barrage à l'expansion ottomane en Europe. Sous le commandement de leur grand général, Jean Huniade, qui avait combattu à Varna, ils se préparèrent à la guerre. Dès 1456, Mehmet avait réuni une armée de 50 000 hommes qui fit voile vers Belgrade. Cette force d'invasion arriva début juillet et assiégea la forteresse, en bombardant ses murs. Mehmet posta aussi sa flotte de près de 200 navires sur le Danube, pour renforcer le blocus de la ville. La forteresse abritait 6 000 défenseurs hongrois qui repoussèrent les premières attaques.

La flotte de Huniade arriva à la mi-juillet et coula plusieurs navires ottomans ; en forçant le blocus, Belgrade put se réapprovisionner en vivres. Lorsqu'un certain nombre d'Hongrois lancèrent une attaque surprise, Huniade dut adopter une statégie offensive. Les Hongrois brisèrent les lignes ottomanes et semèrent le chaos dans l'armée turque, trop sûre d'elle. Mehmet fut blessé d'une flèche à la jambe mais sauvé par sa garde personnelle tandis que les Ottomans se repliaient dans la confusion.

La nuit tombée, Mehmet profita de l'obscurité pour repartir vers Constantinople. La victoire se transforma rapidement en tragédie pour les Hongrois, car Huniade mourut de la peste quand la maladie balaya son camp un mois plus tard. L'Empire ottoman devrait toutefois attendre 70 ans supplémentaires avant de tenter de s'étendre davantage en Europe. **TB**

Pertes : Ottomans, 10 000 morts et 75 galères ;
Hongrois, chiffres inconnus

< *Chute de Constantinople 1453* *Mohács 1526* >

Les troupes de Mehmet II assiègeant Belgrade (illustration turque). 

قلیچ صالدی عدویه خرق عاده

Swiecino (Schwetz) 17 septembre 1462

Après leur déroute à Grunwald, les chevaliers Teutoniques étaient extrêmement affaiblis. En 1454, la noblesse et les villes prussiennes se rebellèrent contre eux en s'alliant à la Pologne. Swiecino, affrontement décisif de la guerre de Treize Ans qui s'ensuivit, fut une leçon d'humilité pour ces chevaliers.

La guerre contre les chevaliers Teutoniques survint à un moment inopportun pour Casimir IV Jagellon, roi de Pologne. Les chevaliers Teutoniques, en employant des mercenaires pour livrer bataille, remportèrent de saisissantes victoires contre l'armée féodale polonaise. Casimir se décida enfin à faire lui aussi appel à des mercenaires, notamment des Tchèques. Commandées par Piotr Dunin, un Polonais, les troupes de Casimir principalement composées de mercenaires adoptèrent une stratégie employée durant les guerres hussites : enchaîner des chariots les uns aux autres pour créer une batterie défensive protégées par les canons. L'armée polonaise abritait un puissant contingent d'arbalétriers ainsi qu'une cavalerie. L'ordre teutonique adopta une stratégie similaire.

Dunin engagea la bataille avec une charge de cavalerie, mais Fritz Raweneck, commandant teutonique de talent, la repoussa. Quand les mercenaires teutoniques prirent l'offensive, ils calèrent devant les chariots polonais. Raweneck fut tué alors qu'il tentait de rallier ses troupes. La cavalerie polonaise s'empara des chariots teutoniques et de leur artillerie. Les chevaliers Teutoniques, vaincus, durent accepter les termes humiliants du second traité de Thorn en 1466. **CP**

Pertes : Polonais, 250 sur 2 500 ;
Teutoniques, 1 000 soldats sur 2 700

〈 *Grunwald 1410* *Orsha 1514* 〉

Une grande bataille de la guerre d'Onin *(gravure sur bois d'Utagawa Yoshitora).*

Kyoto mai 1467-1477

En 1467, le shogunat des Ashikaga était si affaibli qu'un conflit de succession suffit à provoquer une guerre civile et l'effondrement de l'autorité centrale japonaise. La guerre d'Onin, surtout disputée à l'intérieur de la capitale impériale, Kyoto, annonça ce que les Japonais appelle l'« âge du pays en guerre ».

La guerre d'Onin opposa les familles de deux samouraïs proches du shogun Ashikaga. Tous deux possédaient une demeure qui leur servait de base militaire à l'intérieur de Kyoto, ville qu'habitait aussi le shogun. Le premier de ces samouraïs était Yamana Sozen, surnommé le Moine rouge. Son rival, Hosokawa Katsumoto, était aussi son beau-fils. C'est un conflit de succession au sein de la famille du shogun qui entraîna leur affrontement.

Le combat débuta quand les Hosokawa attaquèrent la demeure d'Isshiki, l'un des généraux Yamana. La bataille consista en un échange de flèches, de combats à l'épée et à l'arme à feu. Le combat continua par intermittence durant une année entière.

Le Japon avait récemment repris contact avec la Chine après une longue interruption due aux invasions mongoles, et plusieurs armes chinoises apparurent ainsi dans l'archipel, notamment des flèches explosives projetées par catapulte, puis, en 1468, des lance-flammes primitifs.

La guerre d'Onin, constituée d'attaques sporadiques, traîna en longueur cependant que le combat s'étendait à la province voisine. Des bandes de pillards laissèrent la capitale impériale en ruine. Quand Yamana et Hosokawa moururent tous deux en 1473, la raison de ce conflit était presque oubliée. **ST**

Pertes : pas de chiffres fiables

< *Minatogawa 1336* *Kawagoe 1545* >

Tewkesbury 4 mai 1471

« C'est maintenant l'hiver de notre déplaisir / Avec le soleil d'York et l'été glorieux ; / Et toute la nuée pesant sur ma maison / Engloutie dans le sein profond de l'océan. »

William Shakespeare, Richard III, en référence à Édouard IV

↑ *Représentation de la bataille de Tewkesbury (manuscrit de la fin du XVe siècle).*

Les maisons de Lancastre et d'York se disputaient la couronne d'Angleterre et se livraient depuis 1455 une guerre, baptisée guerre des Deux-Roses en référence à leurs symboles respectifs, une rose rouge et une rose blanche. La victoire yorkiste à Tewkesbury consolida la présence sur le trône d'Édouard IV.

En 1454, Henri VI, bon mais faible membre de la maison de Lancastre, fut déclaré mentalement inapte. Son cousin Richard, duc d'York, devint régent mais fut destitué un an plus tard ; il se révolta alors contre Henri et s'empara de la couronne. Les troupes de Lancastre le tuèrent au combat en 1460 ; son fils Édouard vainquit les Lancastre l'année suivante et monta sur le trône sous le nom d'Édouard IV. Dix ans plus tard, il fut déposé par les Lancastre et forcé à l'exil, tandis qu'Henri VI retrouvait le trône.

En 1471, Édouard revint réclamer la couronne. Son armée affronta à Tewkesbury celle des Lancastre, commandée par Marguerite d'Anjou, l'épouse d'Henri VI. L'armée des Lancastre adopta une position facile à défendre, au sommet d'une pente, où elle fut bombardée par l'artillerie yorkiste. Le comte de Somerset entreprit une sortie le long d'un chemin dissimulé pour attaquer le flanc gauche yorkiste, mais dut affronter la violente attaque des réserves du duc de Gloucester, frère d'Édouard. Alors que les troupes de Somerset se dispersaient sous la poussée, Édouard chargea le centre des Lancastre.

Au cours de la déroute qui s'ensuivit, environ 2 000 hommes des Lancastre furent tués, dont le prince de Galles. Somerset fut capturé et exécuté, Marguerite faite prisonnière, jusqu'à ce que le roi de France paie sa rançon et la libère en 1476. Un mois plus tard, son mari, Henri VI, était tué à la Tour de Londres, et avec lui s'éteignait la lignée royale des Lancastre. **SA**

Pertes : Yorkistes, chiffres inconnus pour les 3 500 soldats ; Lancastre, 2 000 sur 5 000

Morat 22 juin 1476

La bataille qui opposa la maison de Bourgogne à la Confédération suisse à Morat fut un moment charnière de l'art de la guerre en Europe : les formations serrées de piquiers suisses constituèrent un élément décisif sur le champ de bataille. La Bourgogne était sur le point de perdre son indépendance.

Charles le Téméraire, duc de Bourgogne, était un homme ambitieux qui cherchait à étendre ses territoires par la guerre. Son armée, très en avance sur le plan de la technologie et de l'organisation, était une force permanente de soldats professionnels équipés de la meilleure artillerie d'Europe. Ses ambitions expansionnistes dressèrent Charles contre la Confédération suisse.

L'été 1476, il assiégea la ville de Morat sur le lac homonyme, dans le canton de Berne. Après avoir été vaincu par l'infanterie suisse à Grandson l'année précédente, Charles s'assura cette fois-ci de prémunir son armée contre une attaque de renforts suisses en faisant bâtir des fortifications. Les troupes bourguignonnes furent toutefois prises au dépourvu le 22 juin, journée humide et orageuse, par l'approche rapide d'une colonne de fantassins suisses soutenus par la cavalerie de l'alliée de la Confédération, la Lorraine.

Marchant en formation dense, ces 20000 hommes armés de hallebardes se dirigèrent droit sur les défenses bourguignonnes. Charles parvint à faire tirer quelques boulets de canon alors que ses soldats s'armaient et tentaient de prendre position dans la hâte, mais la vague suisse déferla par-dessus les tranchées pour avancer vers le campement bourguignon. Incapable d'organiser une défense, Charles ordonna une retraite qui se transforma vite en déroute. Les Suisses ne firent pas de quartier, et tuèrent tous les soldats bourguignons qu'ils saisirent. **CP**

Pertes : Bourguignons, 7 000 sur 20 000 ; Confédération suisse et Lorraine, légères parmi les 20 000 hommes

< *Sempach 1386* *Nancy 1477* >

Nancy 5 janvier 1477

Six mois après leur écrasante défaite à Morat, les Bourguignons livrèrent leur dernière bataille à Nancy. Une nouvelle catastrophe militaire permit à la France et aux Habsbourg d'absorber les terres du duché de Bourgogne. Les Suisses confirmèrent qu'ils possédaient la meilleure infanterie d'Europe.

Quand Charles le Téméraire, duc de Bourgogne, assiégea Nancy, capitale de la Lorraine, le duc René de Lorraine recruta des renforts auprès de la Confédération suisse. Les 10 000 piquiers et hallebardiers suisses s'ajoutèrent au nombre similaire de cavaliers et fantassins lorrains.

Le sol était enneigé quand les deux armées s'affrontèrent au sud de Nancy. Charles, dont l'armée était affaiblie après ses pertes à Morat, adopta une position très défensive derrière un ruisseau près du sommet d'une côte, des bois protégeant ses deux flancs. Il espérait faucher l'ennemi avec ses tirs de canon lorsque celui-ci tenterait d'escalader la côte. Les Lorrains et les Suisses ne se livrèrent cependant pas à une attaque frontale. Une grande partie de leur armée marcha à travers bois en pleine tempête de neige pour émerger au-dessus de l'armée de Charles, derrière elle. L'infanterie suisse s'élança dans la pente, chargeant en formation très serrée. Charles fit pivoter ses canons, mais vers le haut leurs tirs étaient inefficaces. L'armée bourguignonne se désagrégea avec le sauve-qui-peut de ses soldats.

Le corps de Charles fut identifié sur le champ de bataille trois jours plus tard. Son crâne avait été ouvert par une hallebarde. Après la victoire de Morat puis celle de Nancy, les fantassins suisses furent craints et recherchés. Combattant comme mercenaires, leurs piquiers aux rangs serrés contribuèrent à presque toutes les batailles européennes majeures au cours des 50 ans suivants. **CP**

Pertes : Bourguignons, 4 000 sur 8 000 ; Suisses et Lorrains, chiffres inconnus

< *Morat 1476*

Guerres aztèques

Taximoaroa 1478

À l'époque précolombienne, les Aztèques ou Mexicas (créateurs du vaste empire au centre du Mexique) virent leur expansion militaire temporairement stoppée par la défaite que leur infligèrent leurs ennemis jurés, les Tarasques du Michoacán, après deux jours de combat près de Taximoaroa.

Les Aztèques avaient fondé la cité de Tenochtitlán sur le lac Texcoco dès 1325, mais c'est après 1429 que leur empire commença à s'étendre, quand Tenochtitlán s'allia aux cités de Texcoco et Tlacopan : des campagnes militaires menées au cours des règnes de Moctezuma Ier Ilhuicamina et d'Axayacatl agrandirent encore le territoire aztèque après 1458. L'Empire tarasque était une puissance rivale, fondée vers 1300 autour de sa capitale, Tzintzuntzan (située au Michoacán actuel). À partir de 1469, l'empereur aztèque Axayacatl conquit plusieurs petites villes tarasques à la frontière des deux empires, mais cette campagne s'acheva à Taximoaroa en 1478. L'armée aztèque comprenait environ 32 000 hommes dont des Tezcocans, Tépanèques, Chalcas et Xochimilcas, ainsi que des Aztèques. Les Tarasques envoyèrent quatre messagers mettre cette armée en garde contre son projet d'invasion, et quand Axayacatl apprit que l'ennemi avait réuni 50 000 hommes, son instinct lui dit de se replier, mais ses généraux le persuadèrent d'affronter les Tarasques.

Les bataillons de l'alliance aztèque furent envoyés au combat l'un après l'autre, sans grand résultat : beaucoup de ses soldats furent capturés, dont l'un des quatre membres du conseil personnel d'Axayacatl. Le lendemain les Aztèques essuyèrent une défaite catastrophique et Axayacatl dut se replier. Le conflit reprit dans les années 1480 et se poursuivit jusqu'à la conquête des deux empires par les Espagnols, après 1519. **CP**

Pertes : Aztèques et alliés, 28 400 sur 32 000 ;
Tarasques, peu parmi les 50 000 soldats

Noche triste 1520 ›

Guerre franco-bourguignonne

Enguinegatte 7 août 1479

Le jeune Maximilien d'Autriche vient d'épouser la fille de Charles le Téméraire, Marie de Bourgogne. Mais Louis XI entend bien s'emparer des possessions de son défunt ennemi : Bourgogne, Flandres, Hainaut et Artois, où se situe Eguinegatte.

En 1479, Maximilien rassemble 30 000 soldats à Saint-Omer, menaçant Thérouanne tenue par les Français. Ces derniers occupent déjà une partie de l'Artois. Louis XI dépêche de l'artillerie et une dizaine de milliers d'hommes, commandés par Crèvecœur d'Esquerres, qui vient de conquérir Arras. Les Français rencontrent l'armée de Maximilien, composée de chevaliers bourguignons, de miliciens flamands, d'arquebusiers allemands, d'archers anglais, à Enguinegatte. Après un duel d'artillerie, la cavalerie française se jette sur les chevaliers bourguignons, riches seigneurs dont on espère de bonnes rançons. Elle poursuit les fuyards jusqu'à Aire-sur-la-Lys, à dix kilomètres de là. Pendant ce temps, sur le champ de bataille, Maximilien fait avancer son infanterie. Les combats, au corps à corps, commencent en début d'après-midi et durent jusqu'au soir. Finalement, les archers français cèdent le terrain. Mais les pertes de l'archiduc sont importantes. Il renonce à s'emparer de Thérouanne. Cependant, l'Artois reviendra aux Habsbourg et ne deviendra française que sous Louis XIV.

Cette première bataille d'Enguinegatte est surnommée la « journée des démanchés », car les Bourguignons avaient relevé leur manche droite, défiant les Français qui juraient de leur couper la main. Une seconde bataille, en 1513, qui opposa Louis XII à Maximilien et Henri VIII, est appelée « journée des éperons ». Les chevaliers français, manoeuvrant en désordre, y firent plus usage de leurs éperons que leurs épées. **LV**

Pertes : Français, 4 000 tués ;
Armées de Maximilien d'Autriche, 9 000 tués

‹ *Nancy 1477*

Chute de Grenade 2 janvier 1492

L'émirat de Grenade, dans le sud de l'Espagne, était le dernier État musulman de la péninsule Ibérique. Le siège qu'entreprirent les royaumes chrétiens d'Aragon et de Castille aboutit à la capitulation de Grenade et marqua la fin de la longue lutte baptisée Reconquista.

En 1482, la guerre éclata entre Grenade la musulmane et les royaumes catholiques d'Isabelle Ire de Castille et de Ferdinand II d'Aragon. La Castille étant le membre le plus éminent de cette alliance, Isabelle fournit et finança la majorité de l'armée que commandait Ferdinand. Alors que Grenade était rongée par les conflits internes, les royaumes chrétiens, plus stables, prirent l'ascendant et de nombreux membres de la noblesse rejoignirent leur cause, attirés par la perspective de terres et de butins à saisir.

Au cours du conflit, les chrétiens firent de plus en plus appel au canon, qui leur permit de s'emparer de nombreux bourgs sans devoir recourir à un long siège. Le dernier souverain de Grenade, Mohammed XII (aussi nommé Boabdil), s'était allié aux royaumes chrétiens quand ces derniers s'en étaient pris à ses ennemis politiques musulmans, avant de se retourner contre les chrétiens. En avril 1491, les troupes d'Aragon et de Castille assiégèrent la ville de Grenade. L'émir Mohammed chercha le soutien des puissances d'Afrique du Nord mais ni l'Égypte ni le Maroc n'étaient prêts à venir à sa rescousse.

En janvier 1492, Grenade se rendit ; la Reconquista était accomplie. Le décret de l'Alhambra, paru en mars 1492, montra l'intolérance des royaumes chrétiens : il ordonnait l'expulsion des juifs, que suivrait bientôt la conversion forcée des musulmans au christianisme. Dans les deux décennies à venir, les couronnes de Castille et d'Aragon seraient unies pour former le royaume d'Espagne. **TB**

Pertes : pas de chiffres fiables

Rio Salado 1340

« Pauvre Grenade ! L'heure de sa désolation est venue. Les ruines de Zahara tomberont sur nos têtes. »

Réaction d'un érudit musulman devant la défaite

Musulmanes baptisées de force après la reddition de Grenade, sur un bas-relief de Felipe Bigarny (vers 1475-1542).

Guerres d'Italie

Fornoue 6 juillet 1495

En 1494, Charles VIII de France, pénétrant en Italie à la tête d'une puissante armée, amorçait plus d'un demi-siècle de conflits complexes : les guerres d'Italie. La bataille de Fornoue, dernier affrontement de la campagne de Charles, révéla les limites de ses canons primitifs comme artillerie de campagne.

Les Français envahirent l'Italie sous prétexte de défendre leur droit au trône de Naples. Les souverains des divers États italiens furent choqués par la vitesse à laquelle l'armée française traversa les Alpes et par son train d'artillerie, des canons transportés par chariot. Se dirigeant rapidement vers le sud, Charles prit Naples sans grande difficulté, mais sa victoire entraîna la formation de la ligue de Venise, qui regroupait le Saint Empire, l'Espagne, Naples, Milan, Venise et la papauté. L'armée de la ligue était commandée par le condottiere Francesco Gonzaga.

Cette alliance menaça Charles de lui couper l'accès à la France. Son train d'équipage débordant de butin, Charles quitta Naples pour marcher vers le nord. Incidemment, le roi et la majorité de son armée avaient été infectés par l'épidémie de syphilis qui sévissait en Italie méridionale, maladie qu'ils répandirent sur leur route. Gonzaga intercepta les Français à Fornoue sur le Taro, à 32 kilomètres de Parme. Les deux camps comptaient un important contingent de mercenaires : des hallebardiers suisses étaient au service de Charles et les Vénitiens avaient engagé des Gréco-Albanais. L'armée de Charles fut gênée par la pluie, qui rendit ses canons inopérationnels en mouillant leur poudre. Même s'il subit moins de pertes que la ligue, Charles se replia pour épargner à son armée les attaques répétées de la cavalerie ennemie. Le train débordant de butin tomba aux mains des troupes de la ligue et fut pillé. Charles rentra en France les mains vides et s'éteignit deux ans plus tard, laissant son pays très endetté. **TB**

Pertes : Français, 1 000 ; Venise, 2 000 hommes de la ligue

Cérignole 1503 ›

Guerres ottomanes

Zonchio 12-25 août 1499

Pendant plus d'un siècle après sa victoire à Chioggia face à la flotte génoise, Venise domina la Méditerranée orientale. Dans les années 1490 toutefois, l'Empire ottoman décida de construire une flotte militaire et remit ainsi en cause la suprématie vénitienne. Celle-ci prit fin à la bataille de Zonchio.

La bataille de Zonchio se produisit à une époque de grands changements dans le domaine de la technologie et de la stratégie navales. L'apparition du canon conduisit à l'utilisation de vaisseaux plus grands pouvant en embarquer plusieurs exemplaires. Le vaisseau amiral des Ottomans, le *Göke* de Kemal Reis, pouvait accueillir plus de 500 soldats ainsi que des canons. La flotte militaire des Vénitiens comprenait douze « grandes » galères ainsi que 44 galères régulières et 28 voiliers – même si à l'époque allier les galères à rames aux voiliers pour les combats n'était pas une stratégie très développée.

Une armée ottomane assiégeait la forteresse vénitienne de Lépante dans le Péloponnèse. Venise demanda à sa flotte d'empêcher l'approvisionnement des troupes ottomanes. Après l'arrivée d'une flotte ottomane, Antonio Grimani, amiral vénitien, attaqua le 12 août. Deux vaisseaux vénitiens furent coulés par les tirs turcs, et deux des plus grands navires s'empêtrèrent dans un bateau ottoman qui prit feu, et les trois furent détruits.

Troublé par ce revers initial, Grimani ne parvint pas à lancer de nouvelles attaques suffisamment vigoureuses les deux semaines suivantes, et l'armée ottomane put se poster entre la flotte vénitienne et la forteresse assiégée. La garnison de cette dernière se rendit et la flotte vénitienne finit par se replier. Cette défaite, un choc brutal pour Venise, fut confirmée par la victoire ottomane de Modon, un an plus tard. Les Ottomans constituaient désormais la première puissance navale de la région. **TB**

Pertes : pas de chiffres disponibles

‹ *Belgrade 1456*

Chaldiran 1514 ›

Les navires ottomans et vénitiens s'affrontant à Zonchio (gravure sur bois italienne du XVIe siècle). 

NAVE·LORDANA·
PANDORA·
CHMALI·

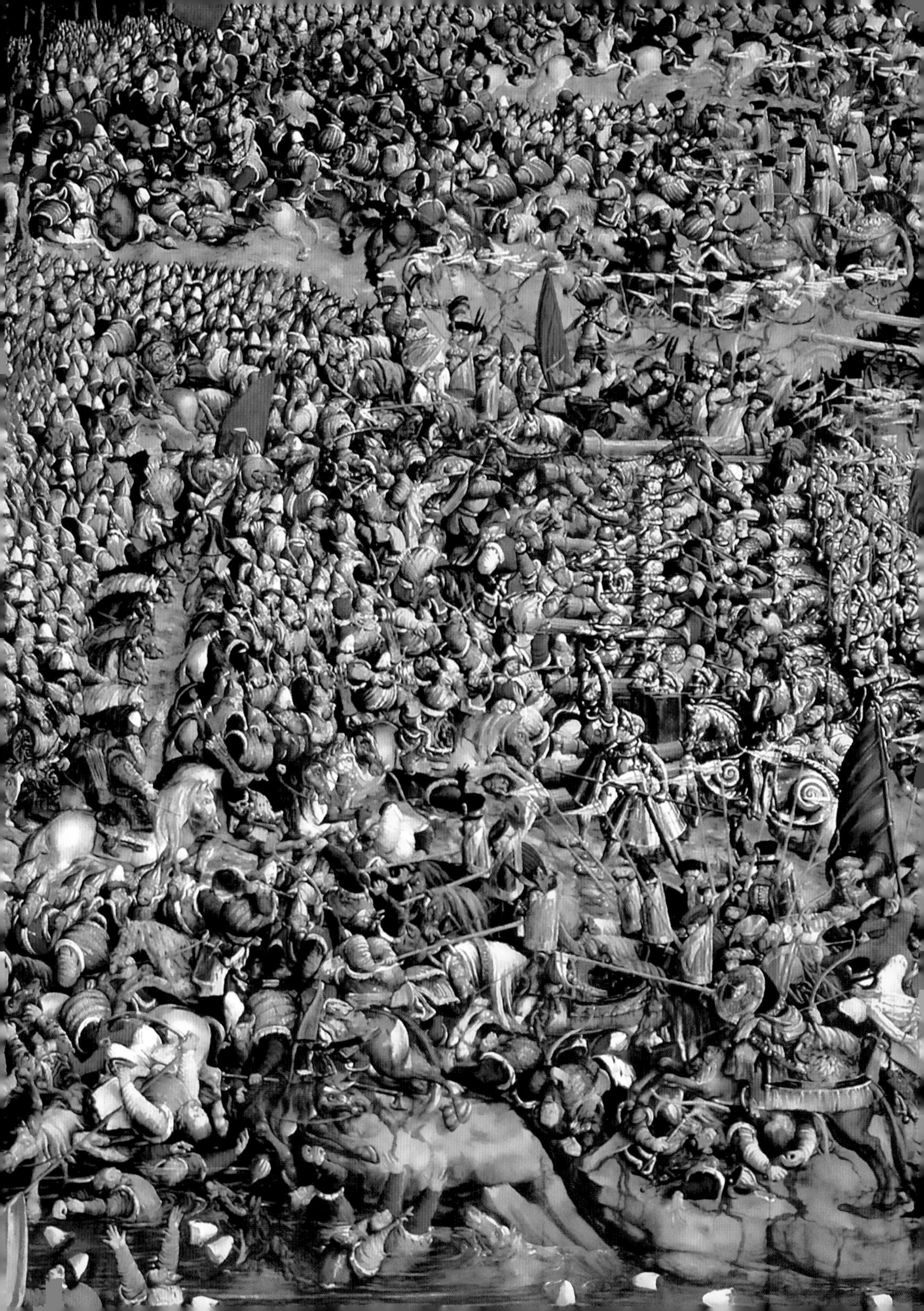

de 1500 à 1699

L'Amérique découverte, Espagnols, Portugais, Hollandais, Français, Anglais partent à sa conquête. En Europe même, les années de paix sont rares au XVIe et au XVIIe siècle. Protestants et catholiques s'affrontent dans des combats sans merci. La guerre de Trente Ans (1618-1659) trouve son origine dans les divisions religieuses du Saint-Empire. Dans la lutte contre les Habsbourg, Richelieu s'allie au besoin à des princes protestants, tel Gustave II Adolphe. Celui-ci a mis sur pied une armée nationale bien équipée et très mobile, où l'infanterie joue un rôle primordial. Le modèle militaire suédois inspire d'autres États. Après une ample réforme militaire, Louis XIV fait de la France la première puissance du continent. À l'est, en Méditerranée, l'Europe doit contenir l'expansion ottomane. Dans la lointaine Asie, le Japon, pacifié par les shoguns Tokugawa, se ferme. La Chine des Ming, quant à elle, tombe aux mains des Mandchous.

Détail d'un tableau représentant la bataille d'Orsha (1514), par un artiste connu sous le nom de Maître de la Bataille d'Orsha.

Guerres d'Italie

Cérignole 21 avril 1503

La France et l'Espagne se disputaient le contrôle de l'Italie du Sud. À Cérignole, l'armée du général espagnol Fernández de Córdoba était très inférieure en nombre à celle de Louis d'Armagnac, duc de Nemours, mais une nouvelle stratégie défensive permit aux Espagnols de remporter la victoire.

Le général Córdoba fut le premier à comprendre l'efficacité de l'association entre armes à feu et fortifications de campagne. Il prit une position défensive sur une hauteur qu'il fortifia de fossés et de remparts. Derrière ces ouvrages de terre, il posta son infanterie armée d'arquebuses (l'ancêtre du mousquet) et de canons. Les piquiers et la cavalerie se tenaient en réserve. L'armée française adverse ne manquait pas de canons mais dépendait, pour ses troupes de choc, de sa cavalerie lourde, soutenue par les piquiers mercenaires suisses.

Le duc de Nemours lança des assauts frontaux sur les positions espagnoles qui lui paraissaient faibles, mais cavalerie et piquiers furent stoppés par les fossés et remparts puis anéantis par le tir rapproché des arquebuses et des canons. Nemours fut lui-même tué d'un coup d'arquebuse – premier commandant jamais tombé sous un tir d'infanterie. Quand l'armée française fut suffisamment affaiblie et en désordre, Córdoba ordonna à ses piquiers et à sa cavalerie d'avancer et ils chassèrent les survivants du champ de bataille.

Cet affrontement annonça la domination sur les champs de bataille européens d'une armée espagnole professionnelle et disciplinée, supériorité qu'elle conserverait jusqu'à sa défaite à Rocroi en 1643. Ce fut non seulement la première bataille remportée par les armes à feu de l'infanterie, mais aussi celle qui établit la réputation de Córdoba (dorénavant surnommé El Gran Capitán) comme l'un des militaires les plus doués de son époque. **TB**

Pertes : Espagnols, 250 sur 10 000 ; Français, 5 000 sur 30 000

< *Fornoue 1495* *Garigliano 1503* >

Guerres d'Italie

Garigliano 29 décembre 1503

Si la bataille de Cérignole montra le génie défensif du commandant espagnol Gonzalo Fernández de Córdoba, son succès suivant à Garigliano révéla un sens exceptionnel de l'attaque. Les Français furent encore vaincus par une armée inférieure en nombre, et l'Espagne prit le contrôle de l'Italie du Sud.

Après la victoire espagnole face aux Français à Cérignole, l'immobilisme régna un certain temps. Les deux armées campaient dans une plaine marécageuse à 64 kilomètres au nord de Naples, chacune d'un côté du seul pont traversant le Garigliano, et s'observaient. Córdoba résolut de mettre fin à cette impasse en traversant le fleuve à un autre endroit pour attaquer par surprise le flanc ennemi.

Les Espagnols construisirent pour cela un pont de fortune avec des tonneaux et des bateaux, six kilomètres en amont du campement français, puis un détachement de 1 500 fantassins et 300 cavaliers traversa sans être vu, sous le commandement de Bartolomeo d'Alviano. Córdoba suivit avec le reste de l'armée et attaqua les Français, qui étaient orientés de façon à défendre le pont. Ces derniers furent repoussés et leur commandant, Ludovico de Saluzzo, ordonna une retraite vers le port de Gaeta. Córdoba pourchassa l'armée française mais, grâce à son arrière-garde, parvint à se regrouper et à éviter l'encerclement total. Toutefois les Espagnols, qui bénéficièrent de renforts venus de Naples, s'avancèrent à nouveau et assiégèrent l'armée française qui s'était réfugiée dans Gaeta.

Après plusieurs journées, pendant lesquelles la maladie se répandit dans les rangs français, le marquis de Saluzzo se rendit. Les Français abandonnèrent leurs rêves de conquête de Naples, et les Espagnols régnèrent sur l'Italie du Sud durant les deux siècles suivants. **TB**

Pertes : Espagnols, 1 000 sur 12 000 ; Français, 8 000 sur 25 000

< *Cérignole 1503* *Ravenne 1512* >

Diu 3 février 1509

La bataille de Diu opposa une flotte de caravelles et caraques portugaises (voiliers destinés à naviguer sur l'océan) à des galères et boutres arabes et indiens. Grâce à leur victoire, les Portugais deviendraient la puissance dominante dans l'océan Indien, où ils contrôleraient le lucratif commerce des épices.

En 1498, la flotte portugaise commandée par Vasco de Gama atteint l'Inde ; le Portugal inquiéta les acteurs traditionnels du commerce des épices en Méditerranée et en mer Rouge. L'île de Diu, située au large de la côte méridionale du Gujarat, dans le nord-ouest de l'Inde, constituait un important point de ravitaillement de cette activité.

Le sultan du Gujarat, Mahmud Begada, avait le soutien d'autres bénéficiaires du commerce des épices, notamment l'Égypte, l'Empire ottoman et Venise. Avec l'accord des Ottomans et des Vénitiens, les Égyptiens rassemblèrent une flotte de galères de guerre qu'ils enverraient au Gujarat, en renfort de ses boutres. Dom Francisco de Almeida, le vice-roi, commandait la flotte dans l'océan Indien. C'est lui qui prit la décision en 1509 de partir à la recherche de la flotte égypto-gujaratie, en partie parce qu'il voulait venger son fils, décédé lors d'un précédent affrontement en mer. Almeida trouva les bateaux ennemis dans le port de Diu. Il les bombarda à coups de de canon, profitant de la puissance de feu supérieure de son artillerie navale, avant de s'approcher pour aborder l'ennemi.

Les navires portugais, supérieurs car conçus pour résister aux rigueurs de l'Atlantique, contenaient des marins expérimentés et des soldats armés d'arquebuses. Les bateaux de l'alliance ne faisaient pas le poids face à eux et Diu fut rapidement prise. Les hommes capturés par les Portugais furent exécutés avec une cruauté barbare. Le Portugal devait contrôler le commerce des épices dans l'océan Indien pendant un siècle. **TB**

Pertes : chiffres inconnus

Goa 1510 ›

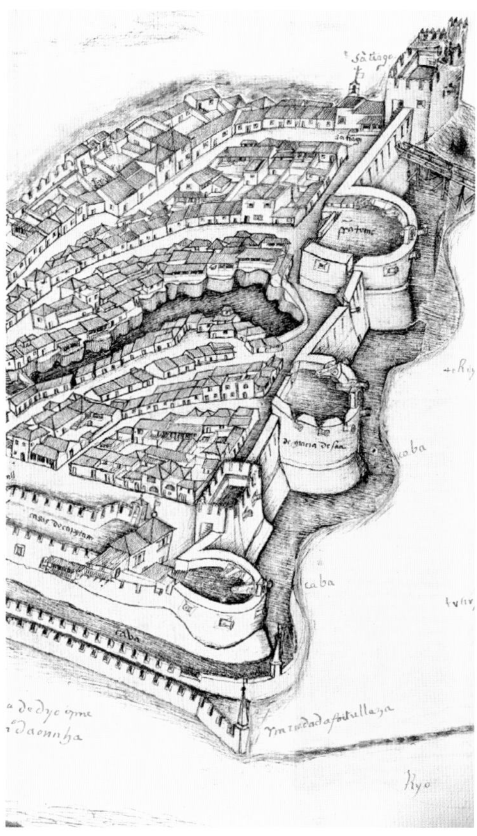

« Aussi longtemps que vous serez puissants en mer, l'Inde sera vôtre. »

Dom Francisco de Almeida, après la bataille de Diu

↑ *Une partie de la colonie portugaise de Diu, en Inde occidentale (illustration des* Légendes d'Inde *de Gaspar Correia, 1531).*

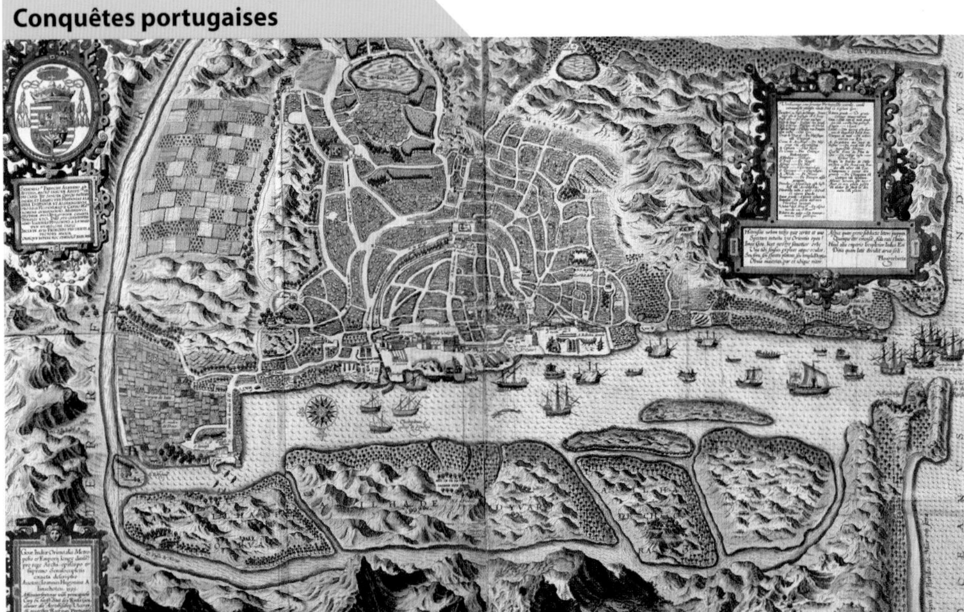

Goa 9-10 décembre 1510

Le premier territoire indien à subir le joug colonial européen fut Goa, sur la côte occidentale. C'est l'énergique vice-roi portugais, Afonso de Albuquerque, qui conquit ce port après avoir compris qu'il constituerait une base idéale pour la marine portugaise et son commerce dans l'océan Indien.

Après la victoire navale des Portugais à Diu en 1509, Francisco de Almeida fut remplacé dans l'océan Indien par Albuquerque, qui disposait d'une flotte de 23 vaisseaux et de plus d'un millier d'hommes.

En juin 1510, le bandit hindou Timoji lui suggéra d'attaquer Goa, dont le souverain musulman, Ismail Adil Shah, était occupé par une révolte dans l'arrière-pays. Timoji espérait pouvoir régner sur Goa avec le soutien des Portugais. En mars, Albuquerque s'empressa d'occuper la ville mais, sachant qu'il ne contrôlait pas entièrement la situation, se retira rapidement pour éviter une contre-attaque peut-être appuyée par la population mécontente. Heureusement pour lui, des renforts arrivèrent, sous la forme d'une flotte portugaise qui se dirigeait vers Malacca. Albuquerque la détourna et lui fit attaquer Goa une deuxième fois. L'assaillant portugais fit preuve d'une force implacable et, en un jour seulement, il vint à bout des défenses de Goa, malgré la courageuse résistance de sa garnison. Les deux tiers environ des défenseurs musulmans auraient été tués, soit lors du combat, soit en en noyant en tentant d'échapper à la furie portugaise.

Timoji ne se vit confier qu'un rôle subalterne tandis qu'Albuquerque entreprenait de faire de Goa la capitale de l'empire commercial et maritime des Portugais en Asie. Le port demeura une colonie jusqu'en 1961 ; ce fut non seulement la première mais aussi la dernière possession européenne en Inde. **RG**

Pertes : musulmans, 6 000 sur 9 000 ;
Portugais, chiffres inconnus

‹ *Diu 1509* *Cap Rachado 1606* ›

Carte de Goa avec son port, ses rivières et ses régions montagneuses (gravure de 1509). ↑

Ravenne 11 avril 1512

On se souvient de la bataille de Ravenne surtout pour la mort tragique du brillant et jeune commandant français Gaston de Foix. Sa perte éclipsa l'extraordinaire triomphe de l'armée française qui infligea d'effroyables dommages à celle de la Sainte Ligue, principalement constituée d'Espagnols.

Parmi les alliances changeantes qui caractérisèrent les guerres d'Italie, les Français se trouvèrent en conflit avec la Sainte Ligue de la papauté, qui dépendait de l'Espagne pour sa force militaire. En 1512, Gaston de Foix, duc de Nemours, fut nommé commandant des forces françaises en Italie. Il avait 21 ans.

Son style audacieux revigora la campagne française. Il prit Brescia d'assaut en février avant de marcher sur Ravenne, où il avait l'intention de provoquer la Sainte Ligue au combat. Ramón de Cardona, vice-roi espagnol de Naples et commandant des forces de la Sainte Ligue, prit la tête d'une armée pour libérer Ravenne. Les deux camps s'affrontèrent le dimanche de Pâques. Réticentes à attaquer avec la cavalerie ou l'infanterie des ouvrages de terre bien défendus, les deux armées se livrèrent à un duel d'artillerie, manœuvrant de lourds canons pour trouver des lignes de tir efficaces. Au bout de deux heures, refusant de continuer à subir des pertes sans agir, la cavalerie et l'infanterie se lancèrent à l'assaut. Les dégâts furent sévères : les cavaliers se heurtèrent les uns aux autres dans de tourbillonnantes mêlées, et l'infanterie grouillait par-dessus remparts et fossés. L'issue de la bataille se décida quand la cavalerie française attaqua l'infanterie de la Sainte Ligue. Alors qu'autour de lui ses hommes se faisaient massacrer, Cardona fut fait prisonnier, et la bataille était presque achevée quand Gaston de Foix fut tué à son tour. **RG**

Pertes : Français, 4 500 sur 23 000 ;
Sainte Ligue, 9 000 sur 16 000

< *Garigliano 1503* *Novare 1513* >

Mort de Gaston de Foix à la bataille de Ravenne *(tableau d'Ary Scheffer, vers 1824).*

Novare 6 juin 1513

La défaite écrasante que les piquiers mercenaires suisses, omniprésents sur les champs de bataille de l'époque, infligèrent à l'armée française à Novare constitua la plus grande de leurs victoires. Revers de fortune majeur pour les Français, ce désastre militaire obligea Louis XII à se retirer d'Italie.

Malgré leur extraordinaire victoire à Ravenne en avril 1512, les Français furent chassés de Milan par leurs ennemis de la Sainte Ligue. En 1513, ils retournèrent en Italie avec une armée de 12 000 hommes commandée par Louis de La Trémoille, militaire expérimenté, reprirent Milan, et assiégèrent Novare, importante ville du Piémont.

Elle était défendue par des mercenaires suisses réputés au combat pour leurs formations serrées de piquiers. Alors que les Français se préparaient à assiéger les Suisses se trouvant à l'intérieur de la ville, ils furent pris à revers par des renforts suisses. Plus de 10 000 piquiers suisses avançant au trot en colonnes denses et ordonnées s'élancèrent et contournèrent les lignes de siège françaises. Les Français, qui n'étaient pas prêts à livrer une bataille rangée, eurent peu de temps pour pointer vers les piquiers leurs canons, lesquels furent rapidement pris par les Suisses.

Les lansquenets, des fantassins mercenaires allemands au service des Français, furent aussi dépassés par la rapidité de l'attaque suisse. La cavalerie française, qui, avec ses armures, constituait la branche la plus forte, fut incapable de s'organiser à temps et ne joua qu'un rôle mineur dans la bataille. La Trémoille fit retraite dans le désordre. Les lansquenets étaient les ennemis jurés des Suisses et tous ceux qui furent capturés furent exécutés après la bataille. Une partie des Suisses poursuivirent l'armée française au-delà des Alpes et ne s'arrêtèrent qu'à Dijon, quand le roi accepta de leur payer un lourd tribut. **TB**

Pertes : Français, 7 500 sur 10 000 ; Suisses, 2 000 sur 13 000

〈 *Ravenne 1512* *Marignano 1515* 〉

La bataille de Novare (illustration de Johannes Stumpf, XVIe siècle)..

Flodden 9 septembre 1513

Toujours anxieux de se protéger des Anglais, leurs ennemis ancestraux, les Écossais conclurent une alliance avec la France en 1295. Baptisée Vieille Alliance, elle devait avoir des conséquences désastreuses quand, en 1513, Jacques IV d'Écosse envahit l'Angleterre en soutien à son allié français.

En 1513, Henri VIII d'Angleterre déclara la guerre à la France et l'envahit. Le roi d'Écosse, Jacques IV, engagea promptement les hostilités contre son vieil ennemi en se dirigeant vers le sud pour tenter d'attirer l'attention d'Henri VIII et ainsi aider la France. Thomas Howard, comte de Surrey, leva dans la hâte une armée anglaise et marcha vers le nord pour affronter les Écossais.

Les deux armées s'affrontèrent à Flodden, en Northumbrie, dans ce qui allait être la plus grande bataille entre ces deux nations. L'armée écossaise se posta sur une colline et s'apprêta à livre une bataille défensive. En réaction, Surrey fit audacieusement avancer son armée pour se retrouver derrière les Écossais, qui durent alors changer de position. Surrey dissimula ce mouvement de troupes avec des bombardements à longue portée et des volées de flèches. Profondément perturbés par ces bombardements, les piquiers écossais, impatients, chargèrent vers le bas de la colline. Une violente mêlée s'ensuivit où l'infanterie anglaise, principalement armée de haches d'armes (une lame arrondie au bout d'un long manche), repoussa graduellement les assauts écossais répétés. Lorsque, le soir venu, la bataille prit fin, environ 10 000 Écossais gisaient, dont Jacques IV et la majorité de sa noblesse.

Importante militairement, cette bataille fut le dernier grand combat médiéval des îles Britanniques. C'était la dernière fois que le long arc anglais jouait un rôle décisif au combat, et la première fois que l'artillerie s'avérait essentielle en Grande-Bretagne. **SA**

Pertes : Anglais, 1 500 sur 26 000 ; Écossais, 10 000 sur 30 000

< *Otterburn 1388*　　*Solway Moss 1542* >

Le comte de Surrey (au centre) inflige une défaite écrasante aux Écossais à Flodden.

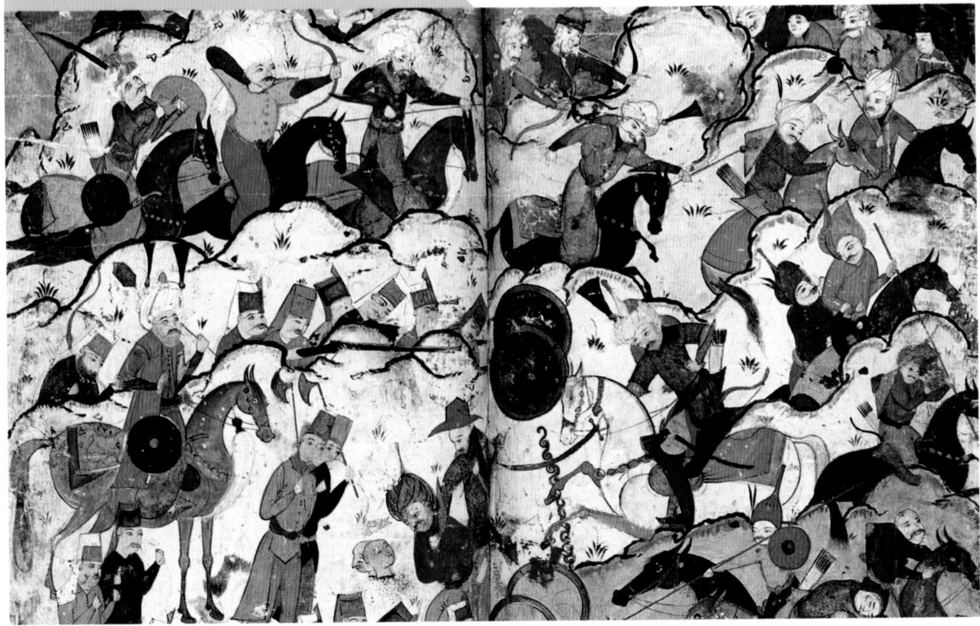

Chaldiran 23 août 1514

La bataille de Chaldiran opposa l'Empire ottoman de Selim Ier à son envahisseur, l'Empire perse safavide du shah Ismail Ier. Même si les Ottomans bénéficièrent d'une victoire décisive, la bataille fut le début d'une longue guerre entre les deux puissances musulmanes, qui se disputaient l'Anatolie et l'Irak.

Le sultan Selim Ier (dit le Brave) avait déposé son père Bayezid II en 1512 et consolidé son règne en exécutant un grand nombre de ses cousins qui pouvaient prétendre au trône. Sous sa férule, l'Empire ottoman allait s'intéresser davantage à l'Orient ; le sultan allait tenter d'éliminer le danger que posait à l'islam sunnite l'Empire perse safavide, shiite, devenu une puissance majeure dans la région après le déclin de l'Empire timouride.

Selim rassembla une armée de 100 000 hommes qui marcha sur l'Iran, où elle affronta celle du shah, beaucoup plus réduite et moins bien équipée, à Chaldiran, un comté de l'Azerbaïdjan occidental, dans le nord-ouest de l'Empire. Mettant à profit les leçons qu'elle avait apprises lors de ses combats contre les armées européennes, l'armée ottomane, disciplinée et équipée de lourds canons, déploya ses janissaires, des fantassins armés de mousquets. L'armée safavide comptait essentiellement sur sa cavalerie et ne possédait aucune artillerie.

Cette cavalerie subit de lourdes pertes lorsqu'elle attaqua à plusieurs reprises les positions ottomanes sous les boulets de canon, et finit par être repoussée par les tirs de batteries de mousquets. Une fois l'armée safavide en déroute, les Ottomans s'avancèrent vers la capitale, Tabriz, obligeant les futurs shahs à déplacer leur capitale plus à l'est. La bataille et l'avancée ottomane qui s'ensuivirent contribuèrent à dessiner une frontière entre les deux empires, qui sépare encore aujourd'hui la Turquie de l'Iran. **TB**

Pertes : Ottomans, 3 000 sur 100 000 ;
Safavides, 6 000 sur 20 000

< *Zonchio 1499* *Marj Dabiq 1516* >

La bataille de Chaldiran représentée dans le Sharafnama *(1597), histoire de la nation kurde.*

Orsha 8 septembre 1514

À la bataille d'Orsha – épisode de la guerre russo-lituanienne (1512-1522) – l'armée polono-lituanienne triompha de la grande-principauté de Moscovie, qui avait envahi son territoire. Malgré cette victoire, la Pologne-Lituanie se vit obligée de céder des terres à la Moscovie à la fin de la guerre.

En 1514, l'armée moscovite saisit Smolensk, ville fortifiée sur le Dniepr qui contrôlait l'accès à la Lituanie. Une armée polono-lituanienne de 35 000 hommes partit affronter les Moscovites ; elle était commandée par Constantin Ostrogski, prince lituanien et soldat qui avait passé sept ans en captivité en Moscovie après sa capture en 1499. Le commandant moscovite, le boyard Ivan Tcheliadnine, prit la tête de 80 000 soldats à Smolensk pour se diriger vers l'ouest et affronter l'ennemi.

Le premier affrontement eut lieu sur la Berezina. Les Polono-Lituaniens traversèrent la rivière et formèrent leurs lignes tandis que les Moscovites disposaient leur infanterie en trois rangées protégées par la cavalerie sur les deux flancs. L'aile droite moscovite attaqua la première, mais sa charge ne bénéficia d'aucun soutien et elle se replia dans le désordre. La cavalerie polonaise la poursuivit, puis écrasa le centre moscovite, dont elle rompit les deux premières lignes. Entre-temps, l'autre flanc moscovite avait attaqué, mais les tirs d'artillerie et la cavalerie lituanienne le forcèrent à battre en retraite. Les cavaliers polono-lituaniens s'élancèrent et coincèrent la cavalerie moscovite entre le Dniepr et des marécages. L'infanterie russe tenta d'arrêter le massacre en attaquant l'arrière de la cavalerie ennemie mais un détachement put revenir par le côté et battre les Moscovites. À la fin de l'affrontement, les Moscovites avaient perdu toute leur artillerie, et leur commandant, Tcheliadnine, avait été fait prisonnier. **JF**

Pertes : Polono-Lituaniens, pertes rares parmi les 35 000 ; Moscovites, 30 000 sur 80 000

Swiecino 1462

On pense que l'artiste anonyme de la Bataille d'Orsha *(1524-1530) y a peut-être participé.*

Guerres d'Italie

Marignan 13-14 septembre 1515

François Ier remporta une difficile victoire contre les piquiers mercenaires suisses à Marignan, près de Milan. La bataille démontra comment l'artillerie lourde alliée à la cavalerie pouvait venir à bout des formations serrées des Suisses, qui perdirent alors leur réputation d'invincibilité.

Marignan vengea la défaite française à Novare de 1513. François Ier fit traverser les Alpes à son armée et aux 70 canons en bronze dont elle était équipée lors d'une marche que l'on compara à celle d'Hannibal. En approchant du Piémont, il intimida ses ennemis. Les Espagnols retinrent leurs troupes plus au sud, et même les Suisses qui contrôlaient Milan songèrent à négocier. Espérant répéter leur succès de Novare, ces derniers décidèrent finalement d'organiser une sortie et d'attaquer le campement français à Marignan.

Ce mouvement rapide bénéficiait d'un certain élément de surprise, mais cette fois les Français mirent moins de temps à former leurs divisions et à armer leur immense batterie de canons. Les Suisses attaquèrent celle-ci en longues rangées de piquiers, comme à leur habitude, mais furent contre-attaqués par la cavalerie française et par les lansquenets, des mercenaires allemands aussi surnommés la Bande Noire. Les Suisses lancèrent des assauts répétés contre l'artillerie mais leurs formations furent tout d'abord brisées par les tirs de canon puis harcelées par la cavalerie. Plus tard dans la journée, les Français furent rejoints par des troupes vénitiennes et la défaite suisse devint inéluctable. Grâce à cette victoire, la France s'empara de Milan et les Suisses furent chassés d'Italie. **TB**

Pertes : Français, 4 000 sur 40 000 ; Suisses, 10 000 sur 20 000

< *Novare 1513*   *La Bicoque 1522* >

Guerres ottomanes

Marj Dabiq 24 août 1516

La bataille de Marj Dabiq fut un affrontement décisif entre les troupes de l'Empire ottoman de Selim Ier et le sultanat mamelouk d'Égypte et de Syrie, dirigé par Al-Ashraf Qansuh al-Ghawri. La victoire des Turcs conduisit à la conquête de la Syrie, qui demeura ottomane jusqu'au XXe siècle.

Après sa victoire à Chaldiran en 1514, Selim Ier poursuivit sa conquête du Moyen-Orient en dirigeant son attention sur le sultanat mamelouk. Malgré la paix que lui offrait Selim, Al-Ghawri ne faisait pas confiance aux Ottomans et leva une armée tout en s'alliant avec le fils de l'un des cousins que Selim avait fait assassiner lors de son accession au trône. Ce faisant, Al-Ghawri espérait inciter des défections au sein de l'armée ottomane. Alors qu'il se préparait à rencontrer l'envahisseur, Al-Ghawri reçut des messages contradictoires des émissaires ottomans et commença à douter de Selim. Alors que le sultan mamelouk s'approchait de Halab, le gouverneur de cette ville, qui lui gardait rancune, fit parvenir à Selim des renseignements sur la taille et les capacités de l'armée mamelouke. Selim put préparer ses troupes en conséquence, notamment en les équipant de canons, car il savait que les Mamelouks n'en possédaient pas.

L'issue de la bataille ne fut jamais mise en doute, car les Ottomans concentrèrent toute leur artillerie sur les Mamelouks qui s'avançaient. Al-Ghawri se replia vers Damas, mais l'accès de la ville lui avait été fermé, et il mourut en même temps que la majorité de ses troupes étaient massacrées par l'armée ottomane. Les Turcs furent accueillis en libérateurs à Damas, et la Syrie fit désormais partie d'un Empire ottoman en expansion, demeurant sous son contrôle jusqu'à la dissolution de ce dernier après la Première Guerre mondiale. **TB**

Pertes : Ottomans, 10 000 sur 75 000 ; Mamelouks, 65 000 sur 85 000

< *Chaldiran 1514*   *Ridaniya 1517* >

Guerres ottomanes

Ridaniya 22 janvier 1517

La bataille de Ridaniya fut la dernière de la guerre qui opposait l'Empire ottoman de Selim Ier et le sultanat mamelouk d'Égypte et de Syrie. La victoire des Ottomans mena à la conquête de l'Égypte et permit à Selim de s'autoproclamer calife régnant sur tout le monde musulman.

Après la victoire de Marj Dabiq, Selim Ier poursuivit son avance, s'empara de Gaza en décembre et envahit l'Égypte en janvier 1517. Tuman Bay II, le nouveau sultan mamelouk, reçut la visite d'émissaires ottomans qui lui offrirent de signer l'armistice à la condition de diriger le Caire au nom de Selim Ier. Tuman désirait accepter cette offre, mais ses conseillers firent exécuter les ambassadeurs ottomans et se préparèrent à la guerre.

Comme à Marj Dabiq quatre mois plus tôt, les troupes de Tuman ne faisaient pas le poids face aux Ottomans et, malgré une longue bataille au cours de laquelle ce dernier combattit aux côtés de sa garde personnelle, les Égyptiens furent écrasés. Alors que Tuman battait en retraite le long du Nil accompagné des vestiges de son armée, Selim entra au Caire. Les défenseurs de la citadelle furent massacrés et Selim posta une garnison dans la ville, le reste de son armée fatiguée occupant une forteresse voisine. Alors que le soir tombait, Tuman contre-attaqua et s'empara de la ville aux défenses réduites, tuant toute la garnison ottomane. Deux jours plus tard, l'armée ottomane revint en force au Caire et Tuman dut à nouveau s'enfuir. Il continua à résister au règne ottoman en lançant des raids depuis Gizeh.

Après avoir tenté de s'accorder sur les termes d'un traité, Tuman fut finalement vaincu au combat, près des pyramides en mai 1517. Il fut capturé et exécuté. Selim prit le titre de calife, titre que les empereurs ottomans devaient conserver jusque dans les années 1920. **TB**

Pertes : chiffres inconnus

< *Marj Dabiq 1516*

Rhodes 1522 >

Conquête espagnole du Mexique

Noche triste 30 juin 1520

Les envahisseurs espagnols du Mexique, commandés par Hernán Cortés, furent invités dans la capitale aztèque, Tenochtitlán, mais furent attaqués quand ils tentèrent de battre en retraite durant la nuit. De nombreux Espagnols furent tués lors de cet affrontement baptisé *Noche Triste* (« Nuit triste »).

Quand la mission d'exploration qui avait quitté la colonie espagnole de Cuba débarqua sur la côte mexicaine en avril 1519, elle fut bien accueillie par l'empereur aztèque, Moctezuma II Xocoyotzin – peut-être parce que certains présages suggéraient que son chef, Hernán Cortés, était la réincarnation du dieu Quetzalcóatl.

Après avoir été invités dans la capitale aztèque, Tenochtitlán, les Espagnols firent Moctezuma prisonnier puis attaquèrent et tuèrent un groupe de nobles aztèques. Les Aztèques choisirent comme nouvel empereur Cuitláhuac, frère de Moctezuma, avant d'attaquer le palais. Moctezuma fut tué. Les troupes espagnoles envahirent et incendièrent le temple, puis Cortés tenta d'organiser une retraite pendant la nuit en empruntant une chaussée qui traversait le lac Texcoco pour rejoindre Tlacopan. Depuis leurs canoës, les Aztèques attaquèrent les Espagnols avec leurs flèches et leurs bâtons ; ils tentèrent aussi d'abattre des ponts et de démolir la chaussée. Les Espagnols répondirent avec leurs arbalètes et arquebuses. Sous une pluie battante, des centaines d'Espagnols moururent et certains se noyèrent, alourdis par leurs armes et l'or qu'ils avaient volé. D'autres furent faits prisonniers puis sacrifiés aux dieux selon la tradition aztèque. Un groupe d'Espagnols parvint à s'échapper jusqu'à Tlacopan avant de combattre les Aztèques à Otumba. **CP**

Pertes : selon Cortés, 150 Espagnols et 2 000 de leurs alliés indiens ; selon son chapelain, 450 Espagnols et 4 000 Indiens ; d'autres sources citent jusqu'à 1 150 Espagnols ; Aztèques, chiffres inconnus

< *Taximoaroa 1478*

Otumba 1520 >

Otumba 7 juillet 1520

Hernán Cortés et les conquistadors espagnols vainquirent une vaste armée aztèque à Otumba, où les Aztèques furent surpris par la puissance au combat des chevaliers espagnols sur leur monture. Cette victoire essentielle empêcha l'anéantissement des Espagnols, alors aux abois, et rendit possible leur victoire face à l'Empire aztèque en 1521.

Après leur retraite de Tenochtitlán lors de la *Noche triste*, les Espagnols, en sang, se regroupèrent et marchèrent sur Tlaxcala. Toutefois dans la vallée d'Otumba ils se heurtèrent à une armée aztèque-texcocane lancée à leur poursuite. Les deux camps s'affrontèrent le 7 juillet. Les conquistadors étaient bien moins nombreux et beaucoup d'entre eux étaient épuisés et avaient perdu artillerie, chevaux et arbalètes pendant leur retraite chaotique.

Lors de la première phase de la bataille, les fantassins espagnols, commandés par Diego de Ordás, furent encerclés mais ne cédèrent pas. Les *caballeros* (chevaliers) espagnols eurent un puissant impact sur les Aztèques, qu'ils chargèrent au galop, leur lance pointée. Cortés participa personnellement à la bataille et tua plusieurs capitaines aztèques, identifiables à leurs plumes dorées. Puis, apercevant un commandant vêtu d'un magnifique costume de plumes sur une colline depuis laquelle il dirigeait ses troupes, il galopa vers lui et le tua de sa lance. Cela constitua un tournant dans la bataille, car les Aztèques commencèrent alors à se replier. Selon un témoin, une vaste armée de leurs alliés se préparait à leur venir en aide mais se dispersa en voyant que la bataille était perdue. Suite à ce combat, les Espagnols continuèrent vers Tlaxcala alors que les Aztèques se repliaient sur Tenochtitlán. **CP**

Pertes : considérables chez les Aztèques, qui étaient peut-être 200 000 ; moins de 73 morts chez les Espagnols selon certains de leurs récits

< *Noche triste 1520* *Tenochtitlán 1521* >

Hernán Cortés au tournant de la bataille (tableau du XVIIe siècle). ↑

Pampelune 20 mai 1521

La bataille de Pampelune se déroula dans le cadre de la guerre qui opposa la France aux Habsbourg (1521-1526). L'Espagne avait conquis une partie de la Navarre en 1512, qui se rebella dès 1521. Les Navarrais s'emparèrent de Pampelune en écrasant sa garnison espagnole, qui comptait dans ses rangs Ignace de Loyola, futur fondateur de l'ordre des Jésuites.

La Navarre chevauchait les Pyrénées jusqu'à ce que l'Espagne conquière la partie ibérique de ce royaume en 1512. Henri d'Albret, fils du dernier roi de Navarre avant l'annexion espagnole, était impatient de reprendre ses terres. Quand la guerre éclata entre la France et l'Espagne en 1521, il traversa les Pyrénées à la tête d'une puissante armée française, ce qui incita la Navarre espagnole à se révolter. Pampelune, capitale de la Navarre, était aussi sa position la plus éminente. Quand la ville se révolta, aidée par l'armée française, son gouverneur espagnol voulut se rendre aussitôt. Loyola, un soldat basque avec plus de dix ans d'expérience militaire, s'y opposa, en soutenant que la garnison devait tenter de résister. Les Espagnols se replièrent dans la citadelle de la forteresse, où une armée franco-navarraise l'assiégea.

Le 20 mai, après six heures de bombardement, un boulet de canon blessa sévèrement Loyola, qui patrouillait sur les remparts, blessant l'une de ses jambes et brisant l'autre. Peu après, les défenseurs se rendirent et l'Espagne perdit Pampelune.

Loyola fut autorisé à rentrer chez lui. Au cours de sa convalescence, il se convertit et abandonna la carrière militaire pour la vie religieuse, fondant finalement l'ordre des Jésuites. L'Espagne put se remettre du revers de Pampelune et reprendre la même année le sud de la Navarre, le royaume au nord des Pyrénées continuant à exister comme pays satellite de la France. **JF**

Pertes : chiffres inconnus

Détail d'un tableau de la fin du XVIe siècle ou du début du XVIIe représentant la forteresse assiégée.

Tenochtitlán 22 mai - 13 août 1521

Les conquistadors espagnols d'Hernán Cortés conquirent l'Empire aztèque avec l'aide de groupes indiens de la région, après avoir assiégé 93 jours la capitale, Tenochtitlán, et capturé le souverain aztèque, Cuauhtémoc, qui serait exécuté par la suite. Les envahisseurs ajoutèrent ainsi les vastes territoires aztèques à la colonie de la Nouvelle-Espagne.

Après avoir survécu à l'attaque des Aztèques et de leurs alliés à Otumba en juillet 1520, l'armée d'invasion espagnole s'installa à Tlaxcala, où Cortés fit alliance avec les Indiens de la région tout en préparant son attaque de Tenochtitlán. En octobre 1520, une épidémie de variole, maladie introduite au Mexique par les Espagnols, décima la population de Tenochtitlán et tua l'empereur Cuitláhuac. Il fut remplacé par Cuauhtémoc ; de nombreux autres habitants moururent de faim.

Cortés décida d'assiéger Tenochtitlán, situé sur une île artificielle du lac Texcoco et relié à ses rives par trois chaussées qui menaient respectivement aux villes de Tlacopan, Coyoacan et Ixtlapalapan. Le 22 mai 1521, il organisa le siège et posta une petite armée au bout de chaque chaussée – la première commandée par Pedro de Alvarado à Tlacopan, la deuxième par Cristóbal de Olid à Coyoacan, et la dernière par Gonzalo de Sandoval à Ixtlapalapan. Chacune d'elles abritait jusqu'à 30 cavaliers, de 20 à 25 artilleurs, de 150 à 175 fantassins espagnols et jusqu'à 30 000 alliés indiens. Cortés fit aussi patrouiller des brigantins armés sur le lac pour éviter que les Aztèques ne quittent la ville par bateau. Ces brigantins contenaient chacun un canon et jusqu'à 25 soldats et artilleurs. Un aqueduc qui reliait Tenochtitlán aux sources de Chapultépec constituait le principal moyen d'approvisionnement en eau des Aztèques ; Cortés décida de le couper.

Le premier affrontement militaire survint à la suite d'une avance le long de la chaussée de Tlacopan par les armées d'Alvarado et d'Olid. Après une longue bataille, les défenseurs aztèques l'emportèrent et repoussèrent leurs attaquants. Luttant sur la chaussée, les Espagnols et leurs alliés furent sauvagement attaqués des deux côtés par les Aztèques, qui les visaient de leurs flèches depuis leurs canoës tandis que les brigantins espagnols ne pouvaient combattre que d'un seul côté. Cortés ordonna de creuser une brèche dans la chaussée pour que ses vaisseaux puissent l'emprunter et combattre des deux côtés. Pendant ce temps, les Aztèques tentèrent d'endommager les brigantins espagnols en dissimulant des piques dans l'eau peu profonde.

Les attaquants resserrèrent peu à peu leur emprise sur la ville ; des groupes indiens supplémentaires rejoignirent les Espagnols, leur apportant des hommes et des vivres. Finalement, les attaquants pénétrèrent dans la ville et affrontèrent les défenseurs aztèques dans ses rues. Cortés fit passer ses alliés indiens en premier pour inciter les Aztèques à quitter leurs cachettes et à livrer bataille. Une fois attaqués, ces alliés se replièrent rapidement et les troupes espagnoles s'élancèrent, prêtes à combattre. Chaque jour, les envahisseurs progressèrent un peu plus dans la ville ; les Aztèques se battirent avec fierté et férocité jusqu'à ce qu'ils soient trop affaiblis pour résister. Ils se rendirent le 13 août 1521, après que Cuauhtémoc et ses chefs de guerre eurent tenté de s'échapper en canoë, pour être finalement capturés.

Les envahisseurs prirent le contrôle d'un empire qui comprenait six millions d'habitants au sein de 500 petits États répartis sur 207 000 kilomètres carrés. Cortés emmena Cuauhtémoc lors d'une expédition au Honduras, et le dernier empereur aztèque fut pendu au Chiapas en 1524. Sur les ruines de Tenochtitlán, Cortés bâtit la capitale de la Nouvelle-Espagne (aujourd'hui Mexico). **CP**

Pertes : Aztèques, 24 000, plus 100 000 morts de faim, de maladie ou de luttes internes au cours du siège ; Espagnols, 850 plus 20 000 alliés tlaxcalans

‹ *Otumba 1520*

Gravure de Tenochtitlán dans Civitates Orbis Terrarum, *l'atlas des villes de Franz Hogenberg.* 

MEXICO, REG
ET CELEBRI
HISPANIÆ N
VAE CIVITAS
Cum Priuilegio.

Guerres d'Italie

La Bicoque 27 avril 1522

La victoire de la France à Marignan en 1515 ne fut pas suffisante pour garder sa domination en Italie. En 1522, ce fut au tour des ennemis de la France de l'emporter au combat près de Milan. Les Suisses, sous la banière française, perdirent à nouveau.

En 1519, Charles Ier d'Espagne devint aussi Charles Quint, souverain du Saint Empire. L'alliance des forces impériales germaniques et de l'armée espagnole créa un redoutable adversaire pour François Ier et annonça une nouvelle phase des guerres d'Italie.

L'hiver 1521, l'armée française commandée par le vicomte de Lautrec livra une bataille perdue d'avance contre les forces impériales espagnoles de Prospero Colonna. Forcé à abandonner Milan, Lautrec chercha à renforcer ses troupes, notamment en recrutant des fantassins mercenaires et des contingents fournis par Venise, alliée de la France. Au printemps 1522, il ne lui restait toutefois plus de quoi payer ses mercenaires suisses et il dut choisir : combattre ou voir son armée se désintégrer.

Colonna avait adopté une position défensive impressionnante au lieu-dit La Bicoque, non loin de Milan, et aligné ses canons et arquebusiers derrière des remparts et une route en contrebas. Le 27 avril, les piquiers suisses lancèrent une attaque frontale qui n'alla pas plus loin que cette route. Fauchés par une volée de tirs de l'artillerie et de l'infanterie, les Suisses furent repoussés. La cavalerie française, qui tenta de contourner l'ennemi par le flanc, ne rencontra pas plus de succès. Colonna refusa de prendre l'offensive comme on l'y encourageait de toutes parts, car il savait qu'il avait déjà gagné. Quelques jours plus tard seulement, l'armée suisse, décimée, repartit chez elle et ce qui restait de l'armée française se replia, laissant Milan sous domination impériale. **RG**

Pertes : Français, 3 000 sur 20 000 ; pertes légères parmi les Espagnols, 7 000 soldats impériaux

< *Marignan 1515* *Pavie 1525* >

Guerres ottomanes

Rhodes juin-décembre 1522

Le siège de Rhodes par Soliman le magnifique constituait la deuxième tentative ottomane de vaincre les Hospitaliers pour s'emparer de l'île grecque. La victoire permit aux Ottomans de consolider leur domination en Méditerranée orientale.

Selim Ier avait considérablement agrandi le territoire ottoman au Moyen-Orient. Son successeur, Soliman, prit pour cible les chrétiens de la région. Il avait tiré les leçons de l'échec de l'attaque de Rhodes en 1480 : cette fois, les Ottomans doublèrent la taille de leur flotte (elle comptait plus de 300 navires) et, forts d'une armée de 75 000 hommes, ils assiégèrent l'île en juin 1522, organisèrent le blocus du port et bombardèrent la ville.

Les murailles avaient été renforcées après le premier siège, mais au bout de plusieurs semaines les canons ouvrirent une brèche, permettant aux Ottomans de lancer une attaque contre la section anglaise. Les Turcs combattirent un jour entier, mais les chevaliers anglais et allemands les repoussèrent. Après avoir attaqué en vain d'autres parties des remparts, les Ottomans décidèrent de faire exploser des mines sous les murailles, mais ces assauts furent aussi repoussés. Au début décembre, les bombardement cessèrent durant les négociations entre les deux camps. Les pourparlers s'interrompirent cependant et les bombardements redoublèrent d'intensité.

Le grand maître des Hospitaliers, voyant que la situation était désespérée, se rendit en décembre pour éviter des pertes civiles. Fin décembre, les chevaliers quittèrent la ville en une longue procession au-dessus de laquelle flottait leur bannière, et furent transportés en Crète par des navires ottomans. Bien qu'onéreuse, la prise de Rhodes fut une victoire significative pour les Ottomans. Les Hospitaliers s'installèrent à Malte. **TB**

Pertes : Ottomans, 25 000 sur 75 000 ; Hospitaliers, 3 000 sur 7 500

< *Ridaniya 1517* *Mohács 1526* >

Pavie 24 février 1525

Dix ans après son triomphe à Marignan, François Ier envahit à nouveau l'Italie, mais subit une cuisante défaite à Pavie. Le roi de France se retrouva de plus prisonnier de son ennemi juré, Charles Quint, et exposa l'Italie à la domination des Habsbourg.

À la fin de 1524, François Ier s'avança en Lombardie et occupa Milan. Il assiégea ensuite Pavie, alors sous le contrôle du Saint Empire. Charles Quint envoya une armée, commandée par le marquis de Pescara. Les troupes impériales arrivèrent aux abords de Pavie et prirent position face aux Français, sur la rive opposée d'un cours d'eau.

Après trois semaines d'escarmouches prudentes, Pescara prit la tête d'une attaque audacieuse. Il organisa une marche de nuit de plusieurs kilomètres vers le nord, et traversa à gué. À l'aube, une grande partie de son armée était en place et menaçait l'aile gauche française, à découvert. Gênés par le brouillard qui voilait le champ de bataille, les Français eurent du mal à réorienter leurs troupes. François Ier fit preuve de courage personnel mais manqua de jugement quand il prit la tête de sa cavalerie lourde pour mener une charge de style médiéval, lances tendues. Ses cavaliers chevauchaient hélas devant ses canons, et l'artillerie ne put tirer. Les piquiers suisses de François Ier ne montrèrent pas une grande ardeur et, dans la confusion générale, les troupes commandées par le duc d'Alençon ne combattirent même pas.

Les arquebusiers espagnols firent de nombreuses victimes parmi les Français, et le duc de La Trémoille, habitué des champs de bataille, mourut d'une balle qui lui traversa le cœur. Les lansquenets impériaux, commandés par Georg von Frundsberg, entourèrent les lansquenets renégats de la Bande Noire, à la solde des Français, et les anéantirent. François Ier fut emmené en captivité en Espagne, où il demeura plus d'un an. **RG**

Pertes : Français, 8 000 sur 20 000 ; Habsbourg, 1 000 sur 23 000

‹ *La Bicoque 1522* — *Sac de Rome 1527* ›

« De toutes choses ne me sont demeurés que l'honneur et la vie qui est sauve. »

François Ier, écrivant à sa mère après sa capture à Pavie

↑ *Détail de* La Bataille de Pavie *de Ruprecht Heller, artiste du XVIe siècle ; l'affrontement embarrassa l'armée française.*

Panipat 12 avril 1526

Malgré son infériorité numérique, l'armée moghole l'emporta à Panipat. Elle dut sa victoire à l'ingéniosité de son commandant, Bâbur, dans sa façon d'utiliser les fortifications de campagne ou la poudre. Panipat lui permit de poser les fondations de l'Empire moghol indien.

Descendant de Tamerlan, Bâbur devint un réfugié à douze ans quand les Ouzbeks prirent Samarcande, en 1494. À quinze ans, il était de retour à la tête d'une bande de guerriers. Il assiégea sa ville natale, mais sans succès. Sans se laisser démonter, il se dirigea vers l'Afghanistan, au sud. Après s'être emparé de Kaboul en 1504, il en fit la base de ses raids contre la Transoxiane, une région d'Asie centrale. Toutefois les richesses incomparables de l'Inde l'attiraient de plus en plus, et au cours des années suivantes il organisa une série d'incursions au Pendjab.

Ces territoires appartenaient depuis trois siècles à un empire musulman, le sultanat de Delhi. Même si son prestige avait souffert du triomphe de Tamerlan en 1398, il demeurait une présence puissante en Inde septentrionale, dirigée par une élite afghane. Capricieux, son souverain, le sultan Ibrahim Lodi, s'était aliéné une grande partie de la noblesse. C'est d'ailleurs l'un des aristocrates de l'Hindoustan qui, en 1523, invita Bâbur à entreprendre une invasion générale du sultanat.

« Les chefs des tribus afhganes se sont érigés en chefs indépendants… dans leurs propres bastions. » Babur

Bien que clairement attiré par cette idée, Bâbur n'était pas pressé. Son armée ne se montait qu'à 10 000 hommes et il s'assura qu'ils étaient bien équipés et entraînés avant de s'engager. Il prit le temps d'instruire ses soldats dans le maniement des armes à feu tout en veillant à ce qu'ils n'oublient pas l'art de la guerre tel qu'on le pratiquait traditionnellement dans les steppes. Ce n'est donc qu'à la fin de 1525 qu'il se lança dans l'invasion de l'Inde.

Quand l'armée de Bâbur balaya les troupes afghanes qui s'avançaient à sa rencontre, Ibrahim prit la tête d'une seconde armée qu'il conduisit à Panipat, au nord de Delhi. Le 12 avril 1526, Bâbur se heurta à une immense armée, composée de 100 000 hommes et 1 000 éléphants. Imperturbable, il entreprit d'improviser une forteresse dans la plaine, en reliant par des chaînes 700 chariots qu'il protégea de remparts de terre et derrière lesquels il plaça ses canons et ses mousquetaires, aux armes pourvues de platines à mèche. Les jours passant, Ibrahim hésitait toujours à attaquer et Bâbur put ainsi continuer à consolider sa position. Il fit creuser des tranchées et abattre des arbres, érigea des barrières à droite et à gauche tout en ménageant des ouvertures par lesquelles sa cavalerie pourrait charger.

Le 21 avril, Ibrahim se décida enfin. Ses troupes s'élancèrent mais se heurtèrent aux fortifications de Bâbur. Alors qu'elles tournaient sur place, désorientées, la cavalerie moghole surgit par les flancs ; l'armée du sultan fut encerclée. Les artilleurs de Bâbur, protégés par les barrières, se mirent alors à les bombarder et à tirer à bout portant dans la masse dense des Afghans. Incapables d'avancer comme de se replier, ceux-ci furent anéantis.

Dorénavant, Bâbur était non seulement le souverain incontesté de l'Hindoustan, mais il voyait aussi s'ouvrir devant lui la route de Delhi et des territoires du sultanat. Grâce à cette victoire, il put fonder une nouvelle dynastie. En hommage aux origines timourides de son fondateur – et aux origines mongoles de Tamerlan –, elle serait appelée dynastie moghole. **MK**

Pertes : Moghols, chiffres inconnus ;
Afghans, de 20 000 à 50 000

Khanwa 1527 ⊡

Bâbur conduisant son armée à la bataille (miniature de Charpentier, XIXe siècle). ➔

Guerres ottomanes

Mohács 29 août 1526

La bataille de Mohács fut une victoire décisive pour l'empire de Soliman le Magnifique face à la Hongrie de Louis II. Elle permit aux Ottomans de contrôler une grande partie de la Hongrie pendant presque deux siècles.

Afin d'étendre l'Empire ottoman jusqu'au cœur de l'Europe, Soliman se devait de conquérir le royaume de Hongrie. La première étape de ce projet consista à prendre Belgrade en 1521 : Soliman put ensuite lancer son invasion depuis le territoire serbe.

Les Hongrois savaient qu'une attaque était imminente mais n'obtinrent le soutien d'aucune autre puissance chrétienne. L'armée de Soliman traversa la Drave sur un pont flottant en cinq jours sans se voir opposer la moindre résistance, car Louis attendait les envahisseurs plus loin, dans la vaste plaine marécageuse de Mohács, où il avait décidé de les affronter. Les Hongrois comptaient entièrement sur le choc des charges de leurs chevaliers, mais Soliman disposait d'une armée plus équilibrée, dont des janissaires armés d'arquebuses, les *sibahis* de sa cavalerie légère et une batterie de canons impressionnante.

La charge de la cavalerie hongroise provoqua de sérieux dommages parmi l'avant-garde ottomane mais les janissaires de Soliman, un corps d'élite, repoussèrent les Hongrois, qui furent décimés par les boulets des canons turcs. Alors que les Hongrois se repliaient, ils furent encerclés par la cavalerie légère ottomane. Louis de Hongrie, jeté à bas de son cheval, fut tué tandis qu'il tentait d'échapper au massacre, et une grande partie de son armée fut anéantie. La défaite de Mohács fut un désastre pour la Hongrie, qui cessa alors d'être un royaume uni et indépendant, et conduisit directement au partage du pays entre l'Empire ottoman et celui des Habsbourg. **TB**

Pertes : Ottomans, 2 000 sur 60 000 ;
Hongrois, 18 000 sur 35 000

< *Rhodes 1522* *Vienne 1529* >

Guerres mogholes

Khanwa 17 mars 1527

Un an après la victoire de Bâbur à Panipat, le souverain Rajput Rana Sanga menaçait de détruire son tout nouvel empire. La bataille de Khanwa fut longue et difficile, mais les armes à feu modernes (et une promesse à Allah) s'avérèrent décisives.

Les rois hindous d'Inde s'alarmaient de voir un nouvel et agressif empire musulman s'établir à leurs frontières mais, après des années de guerre, étaient trop désunis pour résister. C'est alors que Rana Sanga du Mewar rallia la caste des guerriers hindous, les Rajput. Dès le début de 1527, il disposait d'une immense armée.

À Khanwa, près d'Agra, cette armée affronta les troupes de Bâbur. Comme à Panipat l'année précédente, les Moghols accusaient une importante infériorité numérique. L'armée de Rana Sanga comptait jusqu'à 120 000 hommes, celle de Bâbur dix fois moins, dont des archers à cheval, caractéristiques des combats des steppes. Mais Bâbur disposait aussi de mousquetaires et d'artillerie lourde – jusqu'à 20 canons. Les éléphants de Sanga auraient fait une arme redoutable quelques années auparavant, mais Bâbur avait transformé l'art de la guerre en Asie. Quoi qu'il en soit, l'armée des Rajput était très impressionnante ce qui démoralisait les hommes de Bâbur. On raconte qu'il aurait invoqué Allah et fait vœu de cesser de boire (lui qui aimait tant le vin) si la victoire lui était accordée.

Les Rajput attaquèrent le 17 mars avec une force écrasante. Les Moghols purent tout juste leur résister. Heure après heure toutefois, les tirs incessants de ces derniers ravagèrent les lignes des attaquants à l'avant tandis que leur cavalerie harcelait l'ennemi sur les flancs. Finalement, le bruit du canon terrifia les éléphants de Sanga dont la débandade sema le chaos parmi le reste de l'armée indienne. Les Moghols de Bâbur étaient maîtres du nord de l'Inde. **MK**

Pertes : chiffres inconnus

< *Panipat 1526* *Deuxième Panipat 1556* >

Les troupes ottomanes triomphant (détail de l'Hünername de Lokman, publié en 1588).

Guerres d'Italie

Sac de Rome 6 mai 1527

Leur victoire face aux Français à Pavie avait permis aux troupes de Charles Quint de dominer l'Italie. En 1527, ces mêmes troupes prirent Rome d'assaut et se livrèrent à une débauche de destruction et de massacres, terrorisant la population et humiliant le pape Clément VII.

Clément VII avait fait l'erreur de former une alliance, la ligue de Cognac, contre la suprématie de Charles Quint en Italie. Rome ne fut toutefois pas attaquée sur ordre de l'empereur mais sur initiative de ses troupes, furieuses de ne pas être payées. Ces soldats affamés et déguenillés, dont des lansquenets allemands et des fantassins espagnols, se mutinèrent et marchèrent sur Rome, commandés par le duc de Bourbon, aristocrate français et renégat.

Les murailles de Rome étaient mal défendues et sa garnison ne se montait qu'à 8 000 hommes dont 2 000 gardes suisses. Le 6 mai, l'armée impériale rebelle se lança à l'assaut sous les tirs d'arquebuse et de canon. Le duc de Bourbon fut tué par balle mais ses hommes s'engouffrèrent dans la ville et tuèrent tous ceux qu'ils rencontrèrent. Les gardes suisses se battirent pour défendre la basilique Saint-Pierre et laisser au pape Clément le temps de s'échapper par un tunnel qui débouchait dans la forteresse du château Saint-Ange. C'est là qu'il fut assiégé tandis que le reste de la ville était dévasté. Les lansquenets, des protestants, haïssaient particulièrement Rome la catholique et les trésors idolâtres de la Renaissance, mais les Espagnols, des catholiques, les égalèrent en cruauté et destruction. Clément, qui se rendit en juin, accepta de payer une immense rançon et de céder d'importants territoires à Charles Quint qui, bien qu'embarrassé par la conduite brutale de ses troupes, fut heureux des gains qu'elle lui avait valus. **TB**

Pertes : Soldats, 1 000 gardes suisses et 25 000 civils romains ; Saint Empire, chiffres inconnus

< *Pavie 1525*

Guerres ottomanes

Vienne septembre-octobre 1529

En 1529, l'Empire ottoman s'efforça longuement de capturer Vienne, capitale de l'Empire autrichien des Habsbourg. L'échec du siège de Vienne marqua la fin de l'expansion ottomane en Europe et les Turcs orientèrent alors leurs efforts vers l'Asie et la Méditerranée.

Après la défaite des Hongrois à Mohács, l'Empire ottoman et l'Autriche étaient en contact direct par la frontière qu'ils partageaient en Hongrie. En 1529, Soliman attaqua l'archiduc Ferdinand Ier d'Autriche avec une armée de plus de 100 000 hommes. Soliman s'avança depuis la mer Noire dès mai, tâche ardue car la maladie qui se répandit parmi les rangs de son armée emporta bien des hommes. Une grande partie de l'artillerie lourde, qui aurait joué un rôle essentiel durant le siège, dut être abandonnée quand elle s'embourba irrémédiablement. Soliman atteignit Vienne en septembre, sa grande armée très affaiblie. Les tentatives ottomanes de miner les murailles furent entravées par une contre-attaque, et en octobre de fortes pluies mouillèrent une grande partie de la poudre.

Les attaques ottomanes furent repoussées l'une après l'autre par les défenseurs autrichiens qui abattaient les soldats ottomans à l'arquebuse depuis les remparts et repoussaient ceux qui escaladaient les murs. Fin octobre, Soliman ordonna un dernier assaut général, qui fut aussi repoussé. Le sultan commanda alors à son armée meurtrie de battre en retraite, repli qui se transforma en épreuve atroce, car les neiges hivernales arrivèrent tôt cette année-là et tuèrent de nombreux Turcs. Soliman perdit aussi l'artillerie qui lui restait. La défaite le força à se replier en Hongrie ottomane et, après qu'une nouvelle tentative de conquête de Vienne eut échoué en 1532, il abandonna tout espoir de soumettre l'Europe. **TB**

Pertes : Autrichiens, chiffres inconnus ; Ottomans, 16 000 sur 100 000 et des milliers de plus durant la retraite

< *Mohács 1526*

Bagdad 1534 >

Guerres de Kappel

Kappel 11 octobre 1531

En 1529, grâce au compromis de la première paix de Kappel, la guerre avait été évitée de justesse entre catholiques et protestants suisses. Deux ans plus tard, le réformateur zurichois Ulrich Zwingli, décidé à étendre le protestantisme, déclenche un nouveau conflit.

Les cinq cantons catholiques du centre de la Suisse (Uri, Zoug, Lucerne, Schwytz et Unterwald) sont soupçonnés d'entretenir des liens étroits avec l'empereur Ferdinand Ier de Habsbourg. Zwingli leur impose un blocus, ce qui les prive de sel et de céréales pendant plusieurs mois. En réponse, une armée catholique de 7 000 hommes est constituée. Elle passe à l'offensive, et le 11 octobre 1531 se trouve face à une partie de l'armée zurichoise, sur la frontière du canton de Zoug, à Kappel. Zwingli dépêche en hâte des renforts. Mais face à des soldats protestants fatigués par leur marche et passablement désorganisés, les forces des cantons catholiques sont mieux préparées et font preuve de davantage de détermination. Dans l'après-midi, elles chargent et provoquent la fuite de leurs ennemis. Zwingli lui-même est tué dans les combats.

Les réformés zurichois, même secourus par ceux de Berne et d'autres cantons, ne parviennent pas à reprendre l'avantage dans les jours suivants. Le 20 novembre 1531, est signée la seconde paix de Kappel, qui conduit à la division confessionnelle de la confédération. Chaque canton sera catholique ou protestant. Des possibilités de cohabitation sont toutefois envisagées dans les baillages communs, entités territoriales parfois à cheval sur une frontière. La Suisse n'en a cependant pas fini avec les conflits religieux, qui resurgissent lors des deux guerres de Villemergen, en 1656 et 1712. **LV**

Pertes : chiffres inconnus

Guerres ottomanes

Bagdad 1534

La prise de Bagdad par les Ottomans se déroula lors de la première campagne d'une guerre qui allait opposer pendant 20 ans l'Empire ottoman à l'Empire safavide du shah de Perse, Tahmasp Ier. La ville devait rester sous domination ottomane jusqu'en 1917, quand elle fut prise par les Britanniques.

La guerre entre les Empires ottoman et safavide fut principalement motivée par des disputes de territoire le long de la frontière asiatique, mais aussi par les tentatives perses de forger une alliance avec les États des Habsbourg sur lesquels régnait le puissant Charles Quint, empereur germanique et roi d'Espagne. Une telle alliance ferait naître un double front contre le puissant Empire ottoman.

Ces tensions se transformèrent en conflit ouvert quand Tahmasp fit assassiner le gouverneur de Bagdad, partisan de la cause ottomane. Soliman suspendit alors ses campagnes en Europe centrale pour se consacrer au danger safavide. Les Ottomans envahirent le territoire safavide en 1531 et s'emparèrent de Bitlis, ville kurde, en 1532 après un siège de trois mois. L'armée turque avança ensuite sur la capitale safavide, Tabriz, en Perse orientale, qu'elle captura aisément. Tahmasp continua de se replier, échappant à la capture et évitant d'affronter les Ottomans sur le champ de bataille. Quand Bagdad tomba en 1534, Tahmasp continua à battre en retraite.

Il commença alors à harceler les Ottomans par des opérations de guérilla et en pratiquant la politique de la terre brûlée, qui limitait la capacité de Soliman à approvisionner son armée. Frustré par la stratégie de Tahmasp, Soliman plaça une garnison dans chaque ville conquise puis se retira en 1534, mettant fin à la première phase de la guerre. Une seconde phase de combat eut lieu de 1548 à 1549, puis la guerre s'acheva en 1555, avec la victoire des Ottomans et la prise de Bagdad. **TB**

Pertes : chiffres inconnus

< *Vienne 1529* *Chute de Tunis 1535* >

Chute de Tunis juin 1535

En 1535, l'Empire ottoman de Soliman le Magnifique et le Saint Empire romain germanique de Charles Quint, étaient à leur apogée. La ville portuaire de Tunis, en Afrique du Nord, fit l'objet d'une contre-attaque audacieuse de Charles Quint contre les Ottomans, qui tentaient d'étendre leur territoire.

Tunis tomba aux mains de l'Empire ottoman en août 1534, après une attaque navale par l'amiral ottoman Hayreddin Barberousse. Le dirigeant berbère hafside de la ville, Muley Hasan, autrefois un allié de Charles Quint, fut conduit en exil. En s'emparant de Tunis, les Ottomans gagnaient une base stratégique à partir de laquelle ils pouvaient organiser des raids maritimes en Méditerranée, notamment contre les possessions des Habsbourg, en Italie. En 1535, Charles Quint embarqua pour reconquérir la ville, accompagné d'une grande armée. Sa flotte de galions était équipée de puissants canons en bronze. L'expédition fut financée par l'or des Incas pillé au Pérou. Charles Quint entreprit alors d'utiliser les fonds issus de l'empire transatlantique d'Espagne, dirigée par les Habsbourg, pour financer les campagnes.

En juin 1535, la flotte de Charles Quint, soutenue par des navires génois menés par Andrea Doria, attaqua Tunis et détruisit les galères ottomanes présentes. La ville fut reconquise au cours d'un siège bref. La chute de Tunis, qui aboutit au rétablissement de Muley Hasan en tant que vassal de l'Empire des Habsbourg, altéra le prestige des Ottomans. L'opération de grande envergure, qui fut un succès, apporta la célébrité à Charles Quint et consterna ses ennemis, les Français, qui tentèrent de nouveau de s'allier à l'Empire ottoman. Tunis fut ensuite reconquise par les Ottomans en 1574, ce qui laissa l'Afrique du Nord aux mains des musulmans plutôt que des chrétiens. **TB**

Pertes : Espagnols, chiffres inconnus ; Ottomans, 70 bateaux détruits et 20 000 civils tués

< *Bagdad 1534* *Preveza 1538* >

Détail d'une gravure du XVIe siècle montrant l'arrivée par bateau de Charles Quint à Tunis. 

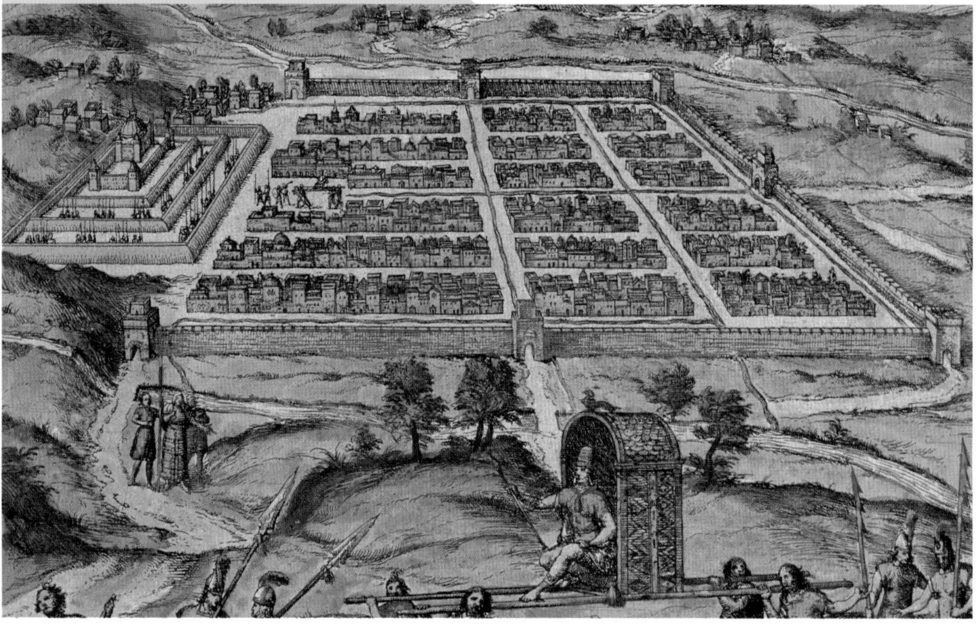

Cuzco mai 1536-mars 1537

Manco Inca, le fils d'Atahualpa, était accompagné de 400 000 soldats lorsqu'il lança une attaque contre Cuzco début 1536. Terrés dans la capitale inca, les conquistadores espagnols recoururent à des mesures désespérées, mais parvinrent à résister à un siège de dix mois.

Les Incas versèrent une énorme rançon en or pour la libération d'Atahualpa – leur dieu et roi –, mais le chef des conquistadores, Francisco Pizarro, le fit finalement exécuter. Manco le remplaça : d'abord souverain fantoche, il se rebella lorsqu'il réalisa qu'il bénéficiait de peu d'autorité. Se réfugiant dans la vallée de Yucay, il leva une armée : des soldats arrivèrent de tout le pays, ainsi que des royaumes incas de l'Équateur et du Chili. Même si les troupes de Pizarro avaient été renforcées par de nouveaux arrivants depuis qu'il s'était emparé de l'Empire inca avec 128 hommes seulement, les troupes incas étaient écrasantes en comparaison.

En mai 1536, les Incas attaquèrent, prenant les Espagnols par surprise. Les conquistadores furent contraints de contre-attaquer. En l'absence d'aide, ils envoyèrent des détachements chercher des secours en Nouvelle-Espagne (Mexique). Mais ces détachements furent interceptés, et leurs membres tués ou faits prisonniers. Manco chargea les prisonniers espagnols d'instruire ses guerriers incas dans l'art de monter à cheval et de manier des épées et des armes. Mais après des mois de combat, les Espagnols parvinrent à interrompre l'approvisionnement de Sacsayhuaman. Puis ils entreprirent une attaque contre le quartier général de Manco à Ollantaytambo. Cette attaque fut repoussée, mais lorsque Manco se rendit à Cuzco pour se battre, ses propres forces furent attaquées par surprise. Les Incas furent vaincus, et la domination des Espagnols sur le Pérou fut confirmée. **MK**

Pertes : chiffres inconnus

↑ *Une gravure de Cuzco par Franz Hogenberg issue de son atlas des villes du XVIe siècle,* Civitates Orbis Terrarum.

S. ACQ VISTA IL DI III DI MAGGIO
M.DCV. LA PREVESA IN ALBANIA
CITTA GIA DETTA NICOPOLI
DA AGVSTO

Prévéza 28 septembre 1538

La flotte ottomane commandée par l'amiral Hayreddin Barberousse effectuait des raids le long de la côte de l'Italie et menaçait les possessions vénitiennes en Grèce. De désespoir, une alliance d'États chrétiens, la Sainte Ligue, envoya une flotte pour attaquer Barberousse. La bataille se solda par une victoire des forces navales ottomanes.

La Sainte Ligue, dont la constitution avait été souhaitée par le pape Paul II, incluait Venise, l'Espagne, le Portugal, l'Espagne et les États papaux. Elle assembla sa flotte à Corfou durant l'été 1538, sous le commandement d'Andrea Doria, un amiral génois expérimenté. Pendant ce temps, Barberousse prit position à Prévéza, un fort turc sur la côte nord-ouest de la Grèce, avec des troupes de débarquement destinées à s'emparer d'Actium,.

La flotte de la Sainte Ligue, un mélange de galères et de voiliers, fit son approche et attaqua Prévéza et Actium. Elle fut repoussée. Barberousse, qui avait une flotte moins importante, fut couvert par les canons des deux forts, alors que les troupes de la Sainte Ligue ne pouvaient venir s'approvisionner à terre. Barberousse aurait pu attendre le départ des chrétiens, mais, confiant, choisit de livrer bataille. Les bateaux de la Sainte Ligue furent disposés en quatre rangées, alors que les galères ottomanes formaient un croissant dont les ailes étaient composées de bateaux plus rapides et agiles. Lorsque les deux flottes s'affrontèrent, Andrea Doria retint ses propres navires espagnols et génois, tandis que les navires vénitiens et papaux furent attaqués. Cette décision fut par la suite considérée comme responsable de la défaite de la Sainte Ligue.

Avec cette victoire, l'Empire ottoman consolida sa domination sur l'est de la Méditerranée, et Venise fut contrainte de céder des territoires aux Ottomans. **TB**

Pertes : Sainte Ligue, 50 bateaux coulés ou pris sur 100, 2 500 hommes capturés ; Ottomans, aucune perte navale

⟨ *Chute de Tunis 1535* *Djerba 1560* ⟩

Solway Moss 24 novembre 1542

Solway Moss, dans le comté de Cumbrie, au nord de l'Angleterre, fut le théâtre d'un affrontement entre les armées anglaises et écossaises en 1542. Après un bref combat, les Écossais retraversèrent la frontière, une humiliation qui pourrait avoir accéléré le décès du roi écossais James V, auquel succéda sa fille Marie.

Après la mort de James IV à Flodden en 1513, son fils lui succéda sous le titre de James V. Les relations entre l'Angleterre et l'Écosse étaient pacifiques, avant que des tensions causées par le renouvellement de l'alliance franco-écossaise et par la Réforme henricienne ne conduisent à la guerre. Le 24 novembre 1542, des troupes écossaises composées d'environ 18 000 hommes traversèrent la frontière. James V les avait accompagnés, mais n'avait pas dirigé l'invasion en personne et était resté en Écosse. Il n'avait pas désigné d'homme à la tête de ses troupes, mais peu avant la bataille, il nomma général l'un de ses favoris dans l'armée, sir Oliver Sinclair. La plupart des autres officiers de l'armée écossaise refusèrent d'obéir à Sinclair.

Sir Thomas Wharton partit de Carlisle avec une troupe anglaise moins importante afin d'intercepter les Écossais. Lorsque la cavalerie anglaise attaqua, elle bloqua les Écossais entre Solway Moss, un terrain marécageux, et le fleuve Esk. Il s'ensuivit un grand chaos et beaucoup d'Écossais s'enfuirent. Des rumeurs selon lesquelles une autre armée anglaise s'approchait ajoutèrent à la panique. Plusieurs centaines d'Écossais se noyèrent et beaucoup d'autres se rendirent. Les Anglais capturèrent Sinclair, ainsi que d'autres aristocrates écossais influents. Trois semaines après avoir appris la défaite de son armée, James V mourut, laissant sa fille Mary, âgée de six jours, lui succéder. La guerre avec l'Angleterre se prolongea jusqu'en 1547. **JF**

Pertes : Anglais, insignifiantes sur 3 000 hommes ; Écossais, 20 morts et 1 200 prisonniers sur 18 000 hommes

⟨ *Flodden 1513*

Tableau d'Ohannes Umed Behzad du XIXe siècle représentant la bataille de Prévéza.

Wayna Daga 21 février 1543

En 1543, à Wayna Daga dans le nord de l'Éthiopie, des troupes composées d'Éthiopiens et de Portugais vainquirent l'armée du sultanat musulman d'Adal. La bataille mit fin à la guerre Adal-Éthiopie (1529–1543) et à la présence du sultanat de l'Adal en Éthiopie.

En 1541, les Portugais avaient envoyé des troupes pour venir en aide à l'empereur éthiopien Gelawdewos, mais l'armée de l'Adal et ses alliés ottomans sortirent vainqueurs de la bataille de Wofla en 1542. L'année suivante, Gelawdewos, avec le reste des soldats portugais, marcha contre l'armée de l'Adal, près du lac Tana, et campa à proximité. Après une première escarmouche, les deux armées se firent face le 21 février. Les troupes portugaises, ainsi que la moitié des soldats éthiopiens environ, se placèrent en première ligne, et le reste de l'armée éthiopienne en seconde ligne. L'armée de l'Adal se répartit également en deux lignes à peu près identiques, avec 200 Ottomans armés de mousquets à l'avant-garde, commandés par l'imam Ahmad.

Au début, l'armée de l'Adal progressa constamment. Cependant, une contre-attaque des alliés la repoussa. L'imam Ahmad se plaça sur le front pour encourager ses hommes, mais les alliés le repérèrent et il fut tué. Peu après, le commandant de la seconde ligne de l'Adal fut tué à son tour. Les lignes de l'Adal étaient devenues tout à fait chaotiques et ses soldats commencèrent à fuir. Les alliés les poursuivirent et pillèrent le campement de l'Adal. Son dirigeant étant mort, le sultanat fut incapable de maintenir sa position en Éthiopie, et Gelawdewos reconquit le territoire qu'il avait perdu. **JF**

Pertes : chiffres inconnus

Reproduction d'une gravure du XVIIIe siècle de Cowdray représentant la bataille du Solent. L'île de Wight est en haut.

Détroit du Solent 19–20 juillet 1545

En 1543, Henry VIII d'Angleterre déclara la guerre à la France et prit Boulogne. François Ier prépara une flotte pour envahir l'Angleterre. Les forces navales s'affrontèrent au large de la côte anglaise. Cela aboutit au naufrage du *Mary Rose*.

Tandis que les Français assemblaient leur flotte composée de 150 navires au Havre, complétée par 25 galères venues de la Méditerranée, le grand amiral britannique John Dudley lança un assaut préventif qui se révéla infructueux. Sa flotte revint à Portsmouth pour que soient effectuées des réparations indispensables, mais était loin d'être prête lorsque la flotte française traversa la Manche en direction de la côte du Sussex, puis navigua vers l'ouest. Le 19 juillet, par une belle matinée calme, les galères françaises pénétrèrent dans le Solent à portée de vue d'Henry VIII, qui inspectait sa flotte à Portsmouth. La flotte anglaise prit la mer, tirant parti d'une brise fraîche pour s'approcher des galères. Le *Mary Rose*, un gros vaisseau ancien, fit feu sur les galères avec ses canons de tribord, puis se tourna pour tirer avec ses canons situés à bâbord. C'est alors qu'il plongea, soit à cause des tirs ennemis, soit à cause d'une soudaine rafale de vent qui le fit chavirer. L'eau entra dans le navire, qui sombra. Sur les 415 membres d'équipage, seuls 30 survécurent.

Les Français ne parvinrent pas à profiter de cet échec. Les deux flottes échangèrent des tirs de canon à longue portée le jour suivant, et certains soldats français débarquèrent brièvement sur l'île de Wight. Pendant que les Anglais tentaient de sauver le navire qui avait coulé, les Français regagnèrent leur pays. **SA**

Pertes : Anglais, 1 bateau sur 80 ; Français, aucun bateau sur 175

Époque Sengoku des guerres japonaises

Kawagoe 31 octobre 1545

Les membres du clan Odawara Hojo étaient des seigneurs caractéristiques de l'âge des provinces en guerre, qui s'étendit de 1467 à 1615. Lorsque le château de Kawagoe fut assiégé, ils le libérèrent au cours d'une attaque nocturne audacieuse.

En 1545, le chef samouraï Tomosada Ogigayatsu s'allia avec Haruuji Ashikaga et marcha vers le château de Kawagoe, défendu par le frère d'Ujiyasu Hojo, Tsunanari Hojo. La garnison de Tsunanari Hojo ne comptait que 3 000 hommes, mais ceux-ci réussirent à résister à 85 000 assiégeants. Ujiyasu Hojo se mit en route vers le château avec 8 000 samouraïs, et un courageux guerrier réussit à passer les lignes du siège afin de prévenir son frère de l'arrivée de renforts.

L'armée de renfort était pitoyablement réduite, mais Ujiyasu Hojo était confiant et proposa un marché à Haruuji Ashikaga, qu'il percevait comme le plus faible de ses alliés. Sa proposition fut rejetée, mais des renseignements laissèrent entendre que les assiégeants étaient si sûrs de leur victoire que leur vigilance s'était relâchée. Ujiyasu Hojo décida d'entreprendre une attaque de nuit, durant laquelle son frère Tsunanari devait sortir du château. Ujiyasu ordonna à ses hommes de ne pas se charger de leur armure et de porter des vestes de papier blanc pour être visibles dans le noir. Ils ne devaient pas non plus perdre de temps à décapiter les hommes qu'ils avaient tués. Cela montre la loyauté des samouraïs Hojo, qui renoncèrent volontairement et pour le bien de tous à cet usage des samouraïs.

Le plan fonctionna parfaitement et, malgré le décalage en nombre des guerriers, les Hojo triomphèrent. L'alliance d'Ogigayatsu et d'Ashikaga fut réduite à néant et la domination des Hojo sur Kanto fut confirmée de manière spectaculaire. **ST**

Pertes : alliés d'Ashikaga, jusqu'à 16 000 ; Hojo, peu de pertes

< *Kyoto 1467* *Okehazama 1560* >

Guerres mogholes

Deuxième Panipat 5 nov. 1556

L'expansion de l'Empire moghol, qui stagna après la mort de son fondateur Bâbur en 1530, connut un nouvel essor sous le petit-fils de Bâbur, Akbar. Le jeune Akbar remporta une victoire capitale sur le puissant roi hindou Hemû.

Le fils de Bâbur, Humâyûn, avait subi de graves revers, perdant même son royaume après sa conquête par le seigneur de guerre pachtoune Sher Shah Suri, en 1540. Reconstituant ses troupes alors qu'il se trouvait en exil, il reconquit son royaume quinze ans plus tard, laissant à son fils et successeur, Akbar, un grand empire.

À l'est du royaume d'Akbar, le général de Suri, Hemû, s'était imposé comme souverain ; s'étant autoproclamé roi, il établit le centre de son pouvoir au Bengale. Âgé de treize ans seulement, Akbar semblait insuffisamment armé pour lutter contre cette menace. Cependant, il possédait des talents rares – et le soutien de son garde, le général Bairam Khan. Hemû semblait impossible à arrêter : il s'était déjà emparé d'Agra et de la forteresse stratégique de Tughlakabad, et prit le contrôle de Delhi en octobre 1556. Arrivée trop tard pour sauver la ville, l'armée d'Akbar laissa faire et s'arrêta dans les plaines situées au nord, à Panipat.

Le 5 novembre, une bataille s'engagea. Des charges répétées avec des éléphants ne parvinrent pas à entamer la détermination des soldats moghols, beaucoup plus nombreux. Pour les mobiliser, Hemû s'était placé à la tête de ses troupes, perché sur un éléphant, et constituait donc pour elles un symbole important. Il se révéla aussi être une cible tentante pour les archers moghols, qui commencèrent par le submerger de flèches, en vain, tant l'armure qui le protégeait de la tête aux pieds était résistante. Cependant, une flèche finit par pénétrer dans l'orifice prévu pour les yeux, causant sa mort. Voyant leur chef se faire tuer, les hindous interrompirent le combat et s'enfuirent. **MK**

Pertes : chiffres inconnus

< *Khanwa 1527* *Talikota 1565* >

Guerre Habsbourg-Valois

Saint-Quentin 20 août 1557

La guerre Habsbourg-Valois (1551–1559) correspondait à une tentative des Français de défier la domination des Habsbourg en Europe. En 1557, les Espagnols remportèrent une victoire à Saint-Quentin. La cause des Habsbourg l'emporta en 1559.

Henri II de France déclara la guerre à Charles Quint de Habsbourg en 1551. En 1556, Charles abdiqua, répartissant ses terres entre ses fils Philippe et Ferdinand. En plus de l'Espagne, Philippe hérita des Pays-Bas, et c'est depuis ce pays qu'il lança sa campagne en 1557. Il souhaitait s'emparer de Saint-Quentin, point de contrôle de l'accès au nord de la France.

Le maréchal de France, Anne de Montmorency, ne put envoyer de renforts substantiels à Saint-Quentin avant que l'armée espagnole, forte de 47 000 hommes environ, ne parvienne à son objectif le 12 août, afin d'assiéger la ville. Les Espagnols campèrent de part et d'autre de la Somme qui traversait Saint-Quentin. Le 20 août, Montmorency passa à l'attaque avec 24 000 hommes. Il parvint à surprendre les Espagnols au sud de la Somme et à les repousser vers le nord, de l'autre côté du fleuve. Les Français se révélèrent lents à profiter de cette première victoire, car ils durent attendre l'arrivée de bateaux pour traverser la Somme. Les Espagnols se regroupèrent et contre-attaquèrent, débordant les Français et dévastant leurs troupes par des tirs d'arquebuses et de gros canons. Montmorency battit en retraite alors qu'il ne disposait plus que de la moitié de son armée, laissant le nord de la France sans défense. Le duc de Savoie voulut rejoindre Paris, mais Philippe lui donna l'ordre de prendre Saint-Quentin, qui tomba 17 jours plus tard. Les Français réorganisèrent ensuite leur armée, et les Espagnols ne parvinrent pas à dépasser Saint-Quentin. **JF**

Pertes : Français, 6 000 à 7 000 morts et 6 000 prisonniers sur 24 000 ; Espagnols, quelques morts sur 47 000

Guerres ottomanes

Djerba mai 1560

La bataille de Djerba opposa la flotte de l'Empire ottoman et celle d'une alliance dirigée par les Espagnols, commandée par l'amiral génois Giovanni Andrea Doria. La victoire des Ottomans marqua l'apogée de leur supériorité en Méditerranée.

La victoire de la flotte ottomane à Prévéza en 1538 fut suivie d'une incursion de plus en plus menaçante des Turcs à l'ouest de la Méditerranée, qui mettait en danger la côte espagnole et les Baléares. Pour y résister, une nouvelle alliance chrétienne fut constituée et permit de réunir une flotte d'environ 50 navires placée sous le commandement de Giovanni Andrea Doria, un neveu d'Andrea Doria.

En février 1560, la flotte chrétienne prit la route pour s'emparer de Tripoli, en Afrique du Nord. Toutefois, le principal objectif de sa mission fut annulé en raison d'une épidémie qui se répandit au sein de la flotte et de conditions climatiques défavorables. Au lieu de cela, en mars, la flotte atteignit la côte de la Tunisie et s'empara de la forteresse de l'île de Djerba. Le réseau ottoman de forts nord-africains relaya rapidement la nouvelle de la chute de Djerba à l'amiral Piyale, qui réunit aussitôt une flotte d'une centaine de bateaux et s'achemina vers Djerba.

Les Ottomans parvinrent sur l'île en mai, prenant les chrétiens par surprise et attaquant leur flotte, qui se trouvait ancrée dans le port. Le manque de préparation de la flotte chrétienne facilita nettement la tâche des Ottomans, qui en l'espace de quelques heures s'étaient emparés de plus de la moitié des navires chrétiens ou les avaient coulés. Les chrétiens cherchèrent refuge dans la forteresse et furent assiégés durant quelques mois avant de se rendre, un peu plus tard dans l'année. La victoire de Djerba ouvrit la voie au siège ottoman de Malte en 1565. **TB**

Pertes : alliés chrétiens, 30 navires, 15 000 morts ou capturés ; Ottomans, moins de 5 navires perdus, 750 morts

< *Preveza 1538* *Malte 1565* >

Okehazama 12 juin 1560

Durant la bataille d'Okehazama, Nobunaga Oda, le futur unificateur du Japon, obtint sa première grande victoire en battant l'ambitieux Yoshimoto Imagawa, qui avait envahi sa province alors qu'il était en route pour Tokyo.

Imagawa décida de demeurer avec ses troupes dans un lieu appelé Okehazama, une gorge boisée dans laquelle les hommes accomplirent une cérémonie. Or, Oda connaissait bien le terrain, qui se révélait idéalement adapté à une attaque surprise. Il constitua donc une armée réduite, et mena 3 000 hommes sur une route circulaire à travers les collines boisées pour s'approcher d'Okehazama par le nord. Lorsque ses hommes arrivèrent à proximité, il y eut un terrible orage qui dissimula leur approche finale en direction des soldats d'Imagawa, qui s'abritaient contre la pluie torrentielle sous les arbres. Lorsque les nuages s'éloignèrent, les troupes d'Oda firent irruption dans la gorge.

Les soldats d'Imagawa étaient si peu préparés à une attaque qu'ils se dispersèrent dans toutes les directions, laissant leur campement presque sans protection. Imagawa avait si peu conscience de ce qui était en train de se produire qu'il conclut qu'une rixe s'était déclenchée entre ses hommes, qui étaient ivres, et, voyant un samouraï paraissant en colère courir dans sa direction, lui ordonna de regagner son poste. Il ne réalisa qu'il s'agissait d'un homme d'Oda que lorsque le samouraï le visa avec une lance, mais il était trop tard. Il tira son épée et découpa le manche de la lance, mais avant d'avoir pu réagir, il fut empoigné par un autre samouraï qui lui coupa la tête.

À l'exception de deux, tous les officiers supérieurs de l'armée d'Imagawa, qui comptait environ 20 000 hommes, furent tués, et les troupes qui restaient rejoignirent l'armée d'Oda. **ST**

Pertes : Imagawa, très élevées ; Oda, relativement peu

< *Kawagoe 1545* *Kawanakajima 1561* >

Gravure sur bois intitulée La Grande Bataille d'Okehazama *(1864) par Yoshitoshi Tsukioka.* 

Kawanakajima 16–17 octobre 1561

Shingen Takeda et Kenshin Uesugi menèrent cinq batailles de 1553 à 1564 dans la plaine de Kawanakajima, dans la province de Shinano. Aucune ne fut décisive, mais la quatrième, en 1561, fut l'une des plus rudes dans l'histoire des samouraïs.

La quatrième bataille de Kawanakajima fut la plus imposante des cinq. Kenshin Uesugi s'avança dans la plaine pour menacer la forteresse de Kaizu (actuellement Matsushiro), où était basé Shingen Takeda. Il établit un campement sur la montagne de Saijoyama, depuis laquelle il pouvait observer les mouvements de Takeda. Kansuke Yamamoto, le stratège en chef de Takeda, suggéra une stratégie plus intelligente : les hommes de Takeda devaient quitter Kaizu pendant la nuit et adopter une position prédéterminée de l'autre côté du fleuve. Un détachement rejoindrait alors Saijoyama par l'arrière, plongeant les samouraïs de Uesugi dans la panique, et les poussant à se retrouver face à l'armée de Takeda.

Uesugi anticipa cette stratégie et évacua Saijoyama avant que Takeda n'ait le temps de la réaliser. En grand secret, il guida son armée à travers un gué et se positionna de l'autre côté du fleuve pour affronter les troupes de Takeda. Selon la légende, Takeda et Uesugi menèrent un seul combat au cours duquel Uesugi parvint au campement de Takeda. C'est alors que le détachement envoyé de la forteresse de Kaizu découvrit qu'il n'y avait plus de troupes à Saijoyama. Très inquiets, les soldats du détachement se précipitèrent vers le fleuve, où ils rencontrèrent l'arrière-garde de Uesugi. Il y eut à nouveau de rudes combats, et, acceptant sa responsabilité dans ce désastre, Kansuke Yamamoto se suicida. Néanmoins, les troupes de Takeda arrivèrent, et Uesugi fut chassé. Les deux parties revendiquèrent la victoire, qui leur avait coûté cher. **ST**

Pertes : Uesugi, 72 % de son armée ; Takeda, 62 % de son armée, dont plusieurs dirigeants

< *Okehazama 1560* *Anegawa 1570* >

↑ Les Forces de Shingen Takeda de retour après la victoire de Kawanakajima *(1856) par Sadahide Utagawa.*

Guerres de Religion françaises

Dreux 19 décembre 1562

Dreux fut le théâtre de l'un des principaux combats des guerres de Religion qui déchirèrent la France durant la seconde moitié du XVIe siècle. Au cours d'une rude bataille, les catholiques l'emportèrent; l'armée des huguenots se retira, mais les dirigeants des deux parties furent capturés.

En France, le calvinisme se répandit au cours de la première moitié du XVIe siècle. Ses adeptes étaient appelés les « huguenots ». Ils subissaient des persécutions, et en janvier 1562, un édit royal limita leur liberté de culte. Le 1er mars, des troupes catholiques assassinèrent les membres d'une congrégation protestante à Vassy, ce qui exacerba les tensions entre catholiques et huguenots.

En décembre 1562, une armée huguenote conduite par Louis de Condé croisa la route d'une armée royale près de Dreux, au nord-ouest de la France. La bataille débuta tôt le 19 décembre. Au début des combats, la cavalerie huguenote dévasta les troupes royales et captura leur connétable, le duc Anne de Montmorency. Parmi les soldats royaux, seuls les mercenaires suisses résistèrent avec acharnement, mais les huguenots les firent finalement battre en retraite.

Après leur victoire, les huguenots se trouvèrent dispersés sur le champ de bataille, et l'armée royale lança une puissante contre-attaque. Ils capturèrent Louis de Condé et parvinrent à contraindre à la reddition les mercenaires allemands engagés par les huguenots. Alors que l'armée royale était sur le point d'obtenir une victoire totale, les huguenots mobilisèrent leur cavalerie, et le reste de leur armée put effectuer une retraite. Trois mois plus tard, les deux parties convinrent d'une trêve à Amboise. Cependant, celle-ci ne permit pas d'obtenir une paix définitive, et la guerre reprit en 1567. **JF**

Pertes : Catholiques, 5 800 sur 19 000 ; Huguenots, 3 000 morts et reddition de 1 500 mercenaires sur 12 000

Jarnac 1569 ⟩

Guerres mogholes

Talikota 26 janvier 1565

Le feu des canons s'avéra crucial pour infliger une écrasante défaite à l'Empire hindou de Vijayanagara au cours d'une sévère bataille qui se déroula à côté du fleuve Krishna. La victoire permit aux sultanats du Dekkan d'instaurer la loi islamique au cours des années qui suivirent.

Les sultanats du Dekkan – une confédération de royaumes musulmans qui s'étaient affranchis du sultanat médiéval de Bahmani à la fin du XVe et au début du XVIe siècle – occupaient l'Inde centrale dans les années 1550. Leur alliance était complexe, et les sultanats ne pouvaient réellement s'unir que face à un ennemi commun. Ils décidèrent donc de s'attaquer à l'empire de Vijayanagara, vaste et puissant État hindou qui rayonnait sur l'Inde entière jusqu'au sud. L'entreprise était audacieuse : les armées de l'Empire étaient beaucoup plus importantes, avec plus de 140 000 fantassins, 10 000 cavaliers, et au moins 100 éléphants. Les sultanats ne comptaient que 80 000 soldats d'infanterie et 30 000 cavaliers, mais plus de 20 canons et des artilleurs expérimentés.

Comme les Moghols l'avaient fait auparavant, les troupes du Dekkan employèrent des armes et des tactiques modernes qui eurent des effets spectaculaires lors de l'affrontement des armées, le 26 janvier 1565. Désorientés par les explosions et la lumière des armes à feu, les éléphants n'étaient plus synonymes d'une victoire assurée, mais constituaient plutôt un lourd handicap. Les rangs des hindous furent ravagés par des tirs de canon répétés, et leur cavalerie fut dépassée par celle des musulmans, qui avaient développé leurs talents de cavaliers dans les steppes d'Asie centrale. Même ainsi, les forces de l'Empire auraient pu obtenir la victoire, sans la défection de généraux musulmans essentiels travaillant à leur service. **MK**

Pertes : chiffres inconnus

⟨ *Deuxième bataille de Pânipat 1556*

Chittor 1567 ⟩

Une shila shamana *(inscription sculpturale) dédiée à Krishna Deva Raya, le roi du Vijayanagara.* 

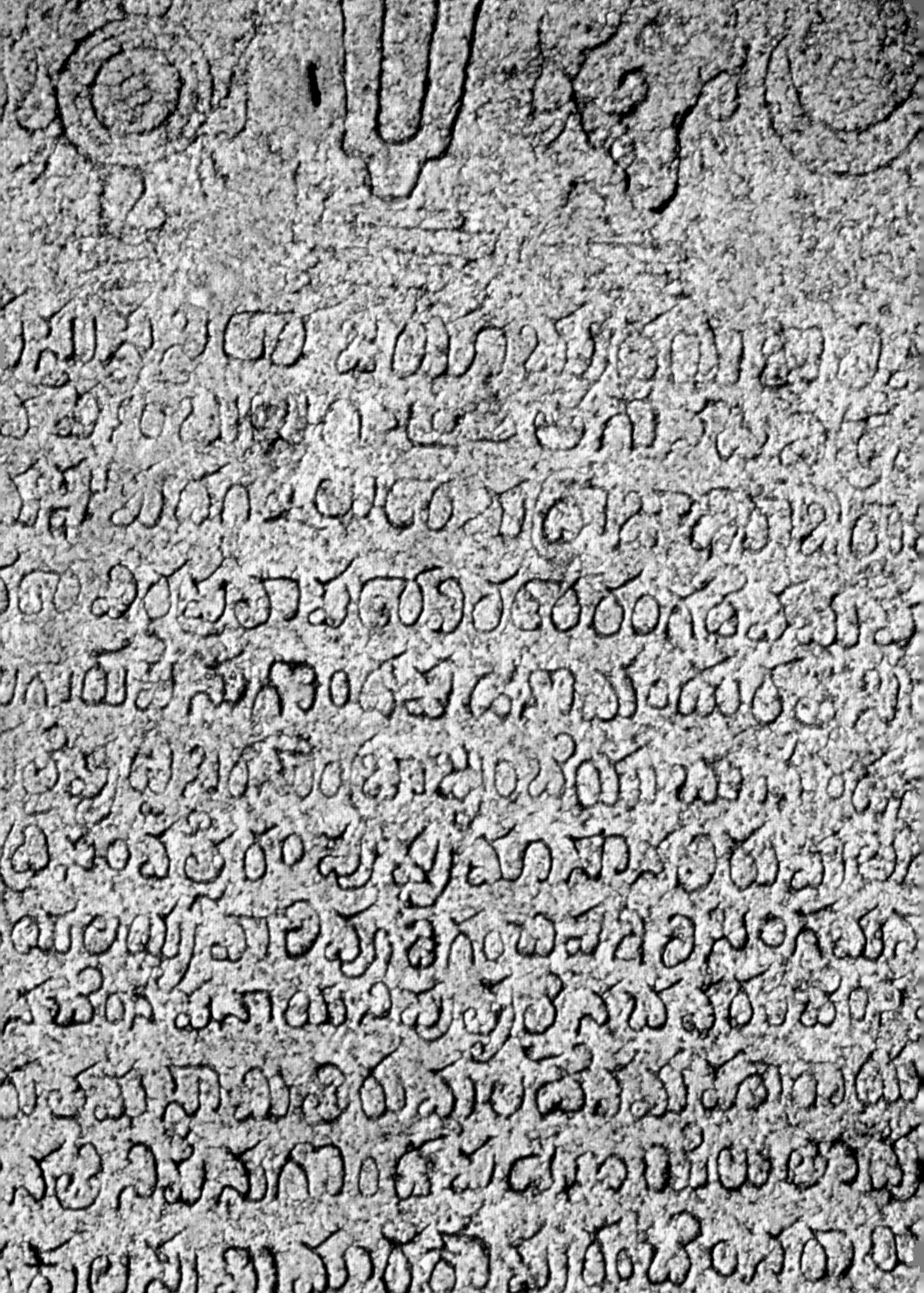

Malte mai-septembre 1565

Le succès des chevaliers Hospitaliers qui défendirent Malte altéra la réputation d'invincibilité des Ottomans et mit fin à leur progression au sein de la Méditerranée occidentale.

Contrôlée par les chevaliers Hospitaliers depuis leur expulsion de Rhodes, Malte était un centre important de la lutte des chrétiens contre l'expansion ottomane en Méditerranée. Les chevaliers de Malte s'attendaient à être attaqués depuis la victoire navale ottomane à Djerba en 1560. Or, les Ottomans n'attaquèrent qu'au bout de cinq ans.

L'armée ottomane parvint au large de Malte en mai 1565 et mouilla à Marsaxlokk près du fort Saint-Elme, à l'entrée du grand port. L'ampleur de ses troupes, comptant 180 navires et 40 000 soldats, expliquait à elle seule pourquoi il avait fallu tant de temps pour organiser l'invasion. L'armée était commandée par l'amiral ottoman Piyale, soutenu par le corsaire et amiral Turgut Reis, ainsi que par le grand vizir Mustafa Pasha qui dirigeait l'armée terrestre du sultan Soliman. La rivalité opposant Piyale au

« Leurs ordres étaient… d'essayer de capturer un Turc égaré afin de le questionner. »

Balbi di Coreggio, témoin

grand vizir conduisit à un désaccord lorsque l'invasion commença. Mustafa Pasha souhaitait s'emparer de la capitale, Mdina, puis attaquer les forts de la côte par la terre. L'amiral Piyale préférait s'emparer initialement des forts, en les bombardant lourdement, et parvint à convaincre le grand vizir que son projet pourrait être mené à bien rapidement. Cependant, cette décision fut une erreur, car le grand maître des Hospitaliers, Jean Parisot de La Valette, avait d'abord parié sur l'invasion de Saint-Elme par les Ottomans et avait installé son artillerie lourde dans le fort. À la grande consternation de Mustafa Pasha, il fallut plusieurs semaines pour s'emparer du fort, et son armée dut rester inactive pendant que les canons faisaient leur œuvre. Finalement, le fort fut réduit en ruine, et les Ottomans attaquèrent, tuant presque tous leurs adversaires, mais subirent eux-mêmes de lourdes pertes du fait de l'artillerie du fort. L'amiral Turgut fit partie des victimes.

Mustafa Pasha prit l'initiative d'organiser une offensive, conduisant ses troupes loin du grand port pour éviter l'artillerie lourde du fort Saint-Angelo, et attaquer le fort Saint-Michael de la péninsule de Senglea. Or, l'attaque, intelligemment planifiée depuis la mer et la terre, fut repoussée, et les Ottomans subirent de nouvelles pertes. Finalement, une attaque en règle fut ordonnée en août, et les Ottomans étaient à deux doigts du succès lorsque, effectuant une manœuvre audacieuse, une petite troupe de chevaliers attaqua le campement ottoman. Pensant que les chevaliers disposaient de renforts espagnols, Mustafa Pasha battit en retraite et perdit son avantage. Fin août, après une série d'attaques se soldant par de lourdes pertes, il tenta d'effectuer une percée à l'aide de tours de siège, mais ses tours furent systématiquement détruites.

Alors que Mustafa Pasha entreprenait un long siège, il fut informé que des troupes de renfort chrétiennes avaient débarqué au nord de l'île. Il effectua une retraite, mais les troupes s'affrontèrent et moins de la moitié des soldats ottomans parvint à embarquer sur leurs bateaux. L'invasion avait échoué, et les Maltais firent l'objet de l'admiration de l'Europe chrétienne qui leur fit parvenir des fonds afin de bâtir de meilleures défenses. Les Ottomans connurent en revanche à Malte leur plus grosse défaite en l'espace de plus d'un siècle, ce qui rendit les chrétiens d'Europe confiants dans le fait que la Turquie pouvait être contenue. **TB**

Pertes : Chevaliers Hospitaliers, 3 000 morts sur 6 000 ; Ottomans, 20 000 morts sur 40 000

< *Djerba 1560*   *Szigetvár 1566* >

Détail d'une fresque d'Ignazio Danti, cartographe du XVIe siècle, intitulée Le Siège de Malte.

M. delle Formiche
S. Elmo
Forte de Turchi
S. Saluato

Szigetvár août-septembre 1566

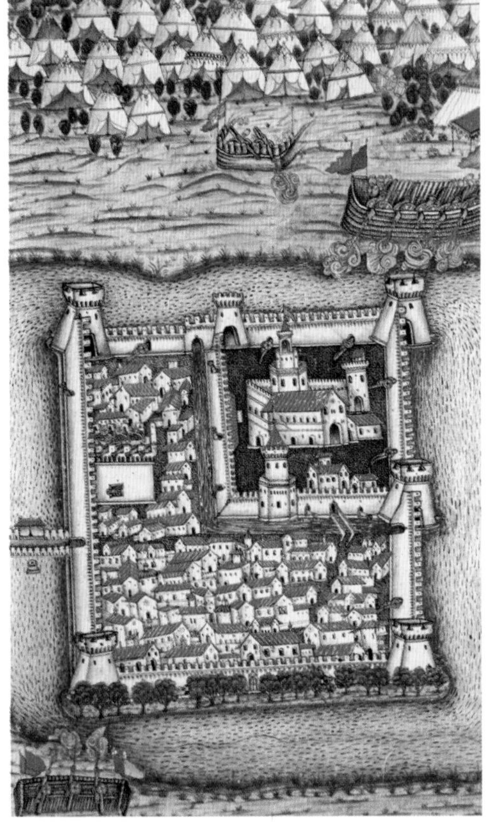

« J'irai le premier, et ce que je ferai, vous le ferez. Et Dieu m'en est témoin, je ne vous abandonnerai jamais, mes frères et chevaliers ! »

Comte Nicholas Zrinsky, à Szigetvár

Tableau du xvie siècle montrant le siège de Szigetvár : Soliman le Magnifique n'y prit pas part, mais y mourut de causes naturelles.

La bataille de Szigetvár opposa les forces de l'Empire ottoman à l'époque de Soliman le Magnifique et une armée de la monarchie des Habsbourg en Hongrie. La victoire des Ottomans fut assombrie par la mort de leur grand sultan, dont les campagnes avaient conduit les Turcs à l'apogée de leur gloire.

Le sultan Soliman était attristé par la défaite des Ottomans lors du siège de Malte. En 1566, bien qu'infirme et d'un âge avancé, il embarqua dans le but de réaliser son ambition : conquérir l'Europe centrale.

En août, l'armée du sultan assiégea la cité hongroise de Szigetvár. L'état de santé de Soliman s'était détérioré au cours de la longue marche menée depuis Constantinople, et il fut contraint de demeurer dans sa tente tout au long du siège. Le comte de Croatie, Nicholas Zrinsky, commandait les troupes hongroises et croates, qui repoussèrent désespérément les premières attaques et subirent de nouvelles pertes à chaque assaut. Comme le nombre de ses soldats se réduisait de façon critique, Zrinsky ordonna une retraite dans la vieille ville, où serait livrée une dernière bataille. L'attaque finale des Ottomans détruisit la forteresse et les troupes ottomanes déferlèrent dans la vieille ville. Zrinsky réunit ses derniers soldats, attaqua les Ottomans et trouva la mort dans un corps-à-corps.

Durant ces événements dramatiques, le sultan Soliman s'éteignit dans sa tente. L'armée de Zrinsky était presque exterminée, mais les chrétiens saluèrent cette bataille comme un moment important de l'histoire de l'Europe, en partie parce que les Ottomans avaient subi de lourdes pertes, mais avant tout en raison de la mort du souverain turc. Préoccupés par la succession de Soliman, les Ottomans abandonnèrent leur projet de progresser davantage vers Vienne. **TB**

Pertes : Habsbourg, presque totales sur 3 000 ; Ottomans, 40 000 morts sur 125 000

Malte 1565

Lépante 1571

Chittor 1567-1568

Ancien fort des guerriers rajputs, la ville de Chittorgarh (« fort de Chittor ») avait déjà une histoire héroïque lorsqu'elle fut assiégée en 1567 par l'empereur moghol Akbar. Le courage héroïque de ses défenseurs à cette occasion ne résista pas la supériorité des militaires moghols.

Pour achever sa conquête du nord de l'Inde, Akbar devait s'emparer du royaume de Mewar, au Rajasthan. Pour cela, il devait prendre possession de l'imposant et redoutable fort de Chittor. Cette prise avait aussi un caractère partiellement symbolique. Chittorgarh était depuis longtemps le centre du pouvoir des Rajputs, mais la forteresse était en outre vitale sur le plan stratégique. Le souverain du Mewar, le rana Udai Singh II, se serait querellé avec son fils, qui se serait rendu auprès d'Akbar – accusant son père de déloyauté envers les Moghols –, puis aurait regretté son acte et se serait précipité auprès de son père pour l'avertir de la colère d'Akbar. Cet avertissement permit au roi de s'échapper dans les collines environnantes. Chittorgarh fut laissée sous la responsabilité de deux jeunes chefs guerriers : Jaimal et Patta, âgés de seize ans.

Avec l'aide de 8 000 combattants rajputs uniquement, Jaimal et Patta défendirent le fort contre l'immense armée d'Akbar. La fierté des hindous était en jeu et le désir de sacrifice religieux était renforcé par le fait qu'Akbar avait promis d'effectuer un pèlerinage au sanctuaire de Moinuddin Chishti, un célèbre mystique musulman, s'il était vainqueur. Les défenseurs combattirent avec bravoure, faisant de nombreuses victimes, mais au fur et à mesure de la bataille, la défaite apparut comme inévitable, et les Rajputs décidèrent de se suicider plutôt que de se soumettre à la loi islamique. Ils furent inspirés, dit-on, par l'exemple de princesses royales et de femmes de l'aristocratie, qui se jetèrent dans un bûcher. **MK**

Pertes : chiffres inconnus

< *Talikota 1565* *Haldighati 1576* >

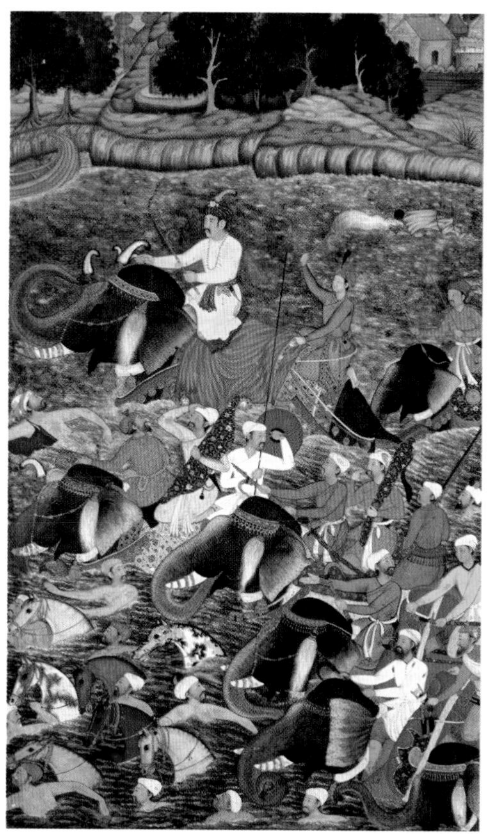

« Nous n'aurions pas trouvé le chemin si Allah ne nous avait pas guidés. »

L'empereur Akbar, justifiant la mort de 32 000 Rajputs.

↑ *L'empereur Akbar traverse le Gange avec ses troupes en 1567, sur une illustration du* Livre d'Akbar, *v. 1590–1595.*

Révolte néerlandaise

Jemmingen 21 juillet 1568

La bataille de Jemmingen se déroula au début de la révolte hollandaise, un conflit qui aboutit à une guerre de 80 ans. À Jemmingen, dans l'est de la Frise, Ferdinand, le duc d'Albe remporta une victoire décisive contre l'armée néerlandaise rebelle.

La révolte des Néerlandais contre l'autorité de l'Espagne catholique était due aux taxes élevées et à l'agitation provoquée par l'expansion du protestantisme. Lorsqu'un conflit armé se déclencha en 1567, Philippe II d'Espagne chargea le duc d'Albe de restaurer l'ordre. La persécution des protestants et des personnes soupçonnées de rébellion accrut l'agitation et contraignit des milliers d'habitants à l'exil, dont Guillaume d'Orange, qui allait se révéler être un meneur pour les rebelles.

En 1568, l'armée du duc d'Albe, comptant 15 000 à 20 000 hommes, marcha sur l'armée rebelle néerlandaise, en Frise, commandée par Louis de Nassau, le frère de Guillaume d'Orange, et composée de 10 000 à 12 000 hommes. Apprenant l'arrivée du duc d'Albe, Louis rassembla son armée près de Jemmingen. Ses troupes étaient protégées par le fleuve Ems, et les deux seuls passages possibles étaient des ponts en bois placés sous haute protection. Le duc d'Albe entra dans la ville de Groningue et, le 21 juillet, envoya une troupe de 500 soldats équipés de mousquets, renforcée ensuite par 1 000 hommes, pour déloger les rebelles de leur position. Après environ une journée d'échauffourées, un groupe de rebelles néerlandais chargea, mais fut rapidement repoussé. L'armée des rebelles avait mis le feu aux ponts, mais les soldats espagnols, rejoints par 2 000 autres, chargèrent sur les ponts en feu ou traversèrent à pied. Ils poursuivirent les rebelles en fuite à travers la campagne marécageuse, les mettant complètement en déroute. **JF**

Pertes : Espagnols, 7 morts sur 3 500 ; rebelles néerlandais, 6 000 morts sur 10 000 à 12 000

Zuiderzee 1573 ›

Guerre anglo-espagnole

San Juan de Ulúa 24 sept. 1568

Une flottille anglaise dirigée par John Hawkins fut malmenée par des forces navales espagnoles près de San Juan de Ulúa, à Veracruz au Mexique. La bataille inspira au jeune cousin de Hawkins, Francis Drake, une haine durable envers les Espagnols.

Hawkins et Drake faisaient le commerce d'esclaves considéré comme illégal par les Espagnols pour qui les deux hommes étaient des pirates, car ils menaient des attaques contre des ports maritimes et coloniaux, mais ceux-ci avaient le soutien de la reine Élisabeth.

La décision de Hawkins de mener ses six bateaux au port de Veracruz était un pari audacieux. Il avait besoin d'effectuer des réparations et de se réapprovisionner avant de revenir au pays avec son butin, et supposa que les Espagnols ne voudraient pas se battre contre des visiteurs aussi dangereux. Cependant, peu après que les bateaux anglais eurent accosté sur l'île de la forteresse de San Juan de Ulúa, des navires de guerre espagnols arrivèrent, avec à leur bord le nouveau vice-roi du Mexique. Après un affrontement sans issue, le combat donna lieu, selon les Anglais, à une attaque sournoise des Espagnols au cours d'une trêve. Le combat dans des eaux fermées fut violent et destructeur. Du côté anglais, les marins en colère, les canonniers et les combattants impitoyables détruisirent un galion espagnol et en endommagèrent un autre. Mais les navires de Hawkins ne résistèrent pas au feu des canons de la forteresse espagnole. Seuls deux petits vaisseaux anglais, l'un dirigé par Drake et l'autre par Hawkins lui-même, parvinrent à gagner la haute mer. Après de nombreuses épreuves, ils atteignirent l'Angleterre au début de 1569. Sur les 400 membres de la flottille, seuls 80 survécurent. Drake, désabusé, redoubla ses attaques envers l'Empire espagnol, mais la guerre ne fut pas officiellement déclarée avant 1585. **RG**

Pertes : Anglais, 4 bateaux sur 6 ; Espagnols, 1 sur 13

Cadix 1587 ›

Peinture à l'huile d'Eugène Isabey représentant l'arrivée du duc d'Albe à Rotterdam en 1567.

Jarnac 13 mars 1569

VOICI·LES·COVPS·MORTELS·LA·RAGE·ET·LA·FVRIE
DE·DEVX·CAMPS·ANIMES·PAR·VN·CONTRAIRE·EFFORT
OV·CEVX·QVI·SE·DEVROINT·SECOVRIR·EN·LEVR·VIE·
CE·SONT·CEVX·MAINTENANT·QVI·SE·DONNENT·LA·MORT

« [Le pape Pie V] demanda que ses ennemis soient "massacrés" et "totalement exterminés". »

Samuel Smiles, Les Huguenots *(1869)*

Détail d'une tapisserie du XVIe siècle montrant la bataille de Jarnac et la mort de Louis de Condé.

La bataille de Jarnac se déroula durant les guerres de Religion françaises, opposant les catholiques menés par le duc d'Anjou, le futur roi Henri III, et les huguenots, commandés par Louis de Condé. Le conflit fit rage durant plus de 30 ans, et fut alimenté par des rivalités au sein de l'aristocratie française.

Les guerres de Religion françaises étaient dues à la faiblesse d'une monarchie dépassée par la rivalité acharnée opposant la faction catholique des Guise et celle des huguenots protestants des Bourbons. Malgré la paix de Longjumeau de 1568, de nombreux catholiques continuèrent de persécuter les protestants, provoquant la fuite de beaucoup de huguenots, dont Louis de Condé. L'édit de Saint-Maur annula les termes de la paix de Longjumeau ; les protestants français rassemblèrent une armée dirigée par Louis de Condé et soutenue par des mercenaires allemands et des aides financières des Anglais. Lorsque les troupes protestantes s'emparèrent d'un certain nombre de villes françaises, les catholiques, menés par le duc d'Anjou, contre-attaquèrent.

L'affrontement eut lieu à Jarnac, sur les rives de la Charente. Les forces catholiques étaient supérieures à celles des protestants. Elles lancèrent une attaque qui surprit Condé. La bataille se caractérisa par une série d'attaques de la cavalerie catholique, plus importante, qui épuisa les protestants. Une partie de l'armée de Louis de Condé fut repoussée vers le fleuve et une autre partie se replia, mais fut finalement battue. Louis de Condé fut capturé et tué suite à cette bataille, et son corps présenté dans le cadre d'une parade à travers Jarnac, devant la foule des catholiques qui le huaient. Néanmoins, un grand nombre de soldats protestants s'enfuirent sous le commandement de Gaspard de Coligny, qui assura ensuite le commandement général de la cause des huguenots. **TB**

Pertes : chiffres inconnus

< *Dreux 1562* *Moncontour 1569* >

Guerres de Religion françaises

Moncontour 30 octobre 1569

L'affrontement qui se déroula à Moncontour fut une bataille décisive des guerres de Religion françaises se déroulant entre les catholiques, dirigés par le duc d'Anjou, et les huguenots protestants, menés par Gaspard de Coligny. La bataille aboutit à la défaite des protestants, mais ne mit pas fin à la guerre.

Après la bataille de Jarnac, l'armée protestante se rassembla autour de Gaspard de Coligny. En juin, Coligny remporta une victoire à La Roche-l'Abeille, mais, après avoir échoué à prendre Poitiers, les huguenots se mirent à commettre des exactions aboutissant au massacre de catholiques. Colignyne souhaitait très certainement pas ces meurtres. Cependant, les atrocités commises conduisirent l'armée catholique à l'affronter à Moncontour à la fin du mois d'octobre. La bataille fut précédée par des pourparlers, au cours desquels les catholiques avertirent Coligny qu'ils étaient désormais plus nombreux. Cependant, Coligny fut mis en garde contre une éventuelle ruse des catholiques, qui auraient ainsi tenté de le convaincre d'accepter une paix qui lui aurait été défavorable. Il se vit conseiller de livrer bataille et de remporter une victoire décisive, ce qui serait favorable à la cause protestante.

La bataille de Moncontour fut livrée avec hargne, les catholiques étant révoltés par les récentes atrocités des huguenots. Coligny fut blessé après qu'il eut tué le marquis Philibert de Bade. La mêlée fut si chaotique que les officiers de Coligny eurent beaucoup de difficulté à extraire leur commandant de la bataille. Il s'avéra que les catholiques avaient bel et bien renforcé leurs troupes, et l'armée protestante fut vaincue. Coligny continua cependant de défendre la cause protestante jusqu'à sa mort, au cours du massacre de la Saint-Barthélemy, en 1572. **TB**

Pertes : catholiques, chiffres inconnus ;
Huguenots, 10 000 morts

< *Jarnac 1569* *Coutras 1587* >

Époque Sengoku des guerres japonaises

Anegawa 9 août 1570

La victoire de Nobunaga Oda à Okehazama en 1560 lui permit de trouver des alliés afin d'étendre ses possessions territoriales. En 1568, il entra à Kyoto, où les forces alliées des clans Asakura et Asai l'affrontèrent. Alors vaincu, Oda revint se battre en 1570, remportant cette fois une victoire à Anegawa.

La bataille d'Anegawa opposa Nobunaga Oda et les armées alliées de Nagamasa Asai et Yoshikage Asakura. Les troupes d'Oda s'étaient avancées vers le château d'Odani, appartenant au clan Asai, et avaient affronté les troupes alliées, postées de l'autre côté de la rivière Anegawa. Pendant ce temps, d'autres soldats assiégeaient le château de Yokoyama. La bataille fut un immense corps-à-corps au centre de la vaste rivière, près du lac de Biwa dans la province d'Omi. Les samouraïs s'avancèrent dans la rivière. Au début, il y eut en quelque sorte deux batailles séparées : les alliés d'Oda commandés par Tokugawa se battant contre les Asakura et les autres troupes d'Oda situées en amont se battant contre les Asai.

Du côté allié, un brave père et son fils de la famille des Makara se battirent, brandissant d'énormes *nodachi* (épées de combat), avant d'être tués. Les soldats de Tokugawa progressaient, mais un samouraï du clan des Asai, Kizaemon Endo, avait décidé de décapiter personnellement Oda, et fut tué par un autre samouraï, Kyusaku Takenaka, alors qu'il se trouvait près de sa cible. Voyant l'armée d'Oda dans une situation désespérée, les soldats de Tokugawa, désormais soulagés de la pression des Asakura, attaquèrent les Asai par le flanc droit. Ittetsu Unaba, combattant expert de l'épée, qui ne s'était pas encore battu, les attaqua par la gauche. Les assiégeants du château de Yokoyama abandonnèrent leurs rangs pour les rejoindre. C'est ainsi que les troupes d'Oda remportèrent la bataille. **ST**

Pertes : alliés, 3 170 morts ; Oda, chiffres inconnus

< *Kawanakajima 1561* *Mikata ga Hara 1573* >

Lépante 7 octobre 1571

Lépante, l'une des plus célèbres batailles navales du monde, fut la dernière grande bataille à mettre en scène des galères à rames. Elle opposa la flotte de l'Empire ottoman musulman et la Sainte Ligue chrétienne, constituée par l'Espagne, Venise, Gênes et les chevaliers de Malte et commandée par don Juan d'Autriche.

En dépit de son échec à Malte, l'Empire ottoman, dirigé par Selim II, continua de dominer la Méditerranée. La Sainte Ligue constituée par le pape Pie V ne parvint pas à empêcher la chute de Chypre, mais elle engagea le combat en octobre avec la flotte ottomane à Lépante, en mer Ionienne. La Ligue était constituée de 200 bateaux, parmi lesquels figuraient un petit nombre de galéasses vénitiennes, des navires de transport dont les flancs étaient armés de canons. L'Espagne ne fournit que peu de navires, car sa flotte était employée à l'ouest de la Méditerranée. Toutefois, Philippe II d'Espagne procura une grande partie des troupes composées de 20 000 hommes, qui constituèrent les équipages, placés sous le commandement de don Juan d'Autriche. La flotte ottomane, composée de la marine impériale et de corsaires barbares, comptait 280 bateaux et 30 000 hommes. La Sainte Ligue possédait deux fois plus de canons et ses soldats étaient essentiellement équipés d'armes à feu. Les Turcs se servaient en majorité d'arcs.

Les chrétiens déployèrent leur flotte en quatre sections, et leurs nouvelles galéasses furent placées à l'avant-garde des forces principales. Ils firent face aux Ottomans, répartis en trois sections, avec une petite réserve à l'arrière. Les deux flottes s'alignèrent selon une ligne nord-sud afin de ne pas être débordées sur les côtés. Les Ottomans attaquèrent les galéasses vénitiennes, pensant que ces bateaux difficilement manœuvrables étaient des cibles faciles, mais les galères turques firent l'objet de décharges d'artilleries latérales et un grand nombre d'entre elles furent coulées. Il y eut ensuite plusieurs tentatives de manœuvres de débordement par les galères ottomanes, relativement vives, qui mirent à rude épreuve la flotte chrétienne.

Tandis que la bataille faisait rage, les deux flottes se mêlèrent. Les chevaliers de Malte subirent de lourdes pertes – et notamment leur vaisseau amiral. Le commandant de l'escadron vénitien, Agostino Barbarigo, reçut une flèche dans l'œil et mourut. Don Juan ordonna d'attaquer au cœur des troupes ottomanes, soutenues par les galères génoises d'Andrea Doria. Le vaisseau amiral ottoman fut percuté et mis hors d'usage. Un certain nombre de vaisseaux ottomans arrivèrent rapidement pour le protéger, mais la réserve de la Sainte Ligue, commandée par le marquis de Santa Cruz, se mêla au combat. C'est alors que l'infanterie espagnole prouva sa supériorité en abordant le vaisseau amiral ottoman et en combattant sur son pont, tuant le commandant de la flotte ottomane, Ali Pacha. La tête de ce dernier fut brandie au bout d'un pieu, en exemple. Cela entama le moral des Ottomans, qui tentèrent désespérément de faire battre leur flotte en retraite, certains hommes luttant jusqu'au bout.

Le corsaire Uludj Ali prit le commandement des forces ottomanes et parvint à s'échapper avec moins du tiers de la flotte turque. Lépante se révéla une cruelle défaite pour l'Empire ottoman. La bataille avait entraîné la destruction des meilleurs navires de sa marine et, de façon peut-être plus significative, avait remis en question son expérience navale. Cependant, les Ottomans possédaient les ressources nécessaires pour retrouver leur grandeur passée. Leur grand vizir affirma que les chrétiens avaient à peine touché la barbe ottomane, qui n'en sortirait que « plus résistante sous le rasoir ». **TB**

Pertes : Sainte Ligue, 20 bateaux sur 200, 7 000 morts sur 20 000 hommes ; Ottomans, 80 bateaux coulés, 130 bateaux pris sur 280, 18 000 morts sur 30 000 hommes

< *Szigetvár 1566* *Keresztes 1596* >

Ce plan original de la bataille de Lépante montre le positionnement de la flotte dans le golfe. →

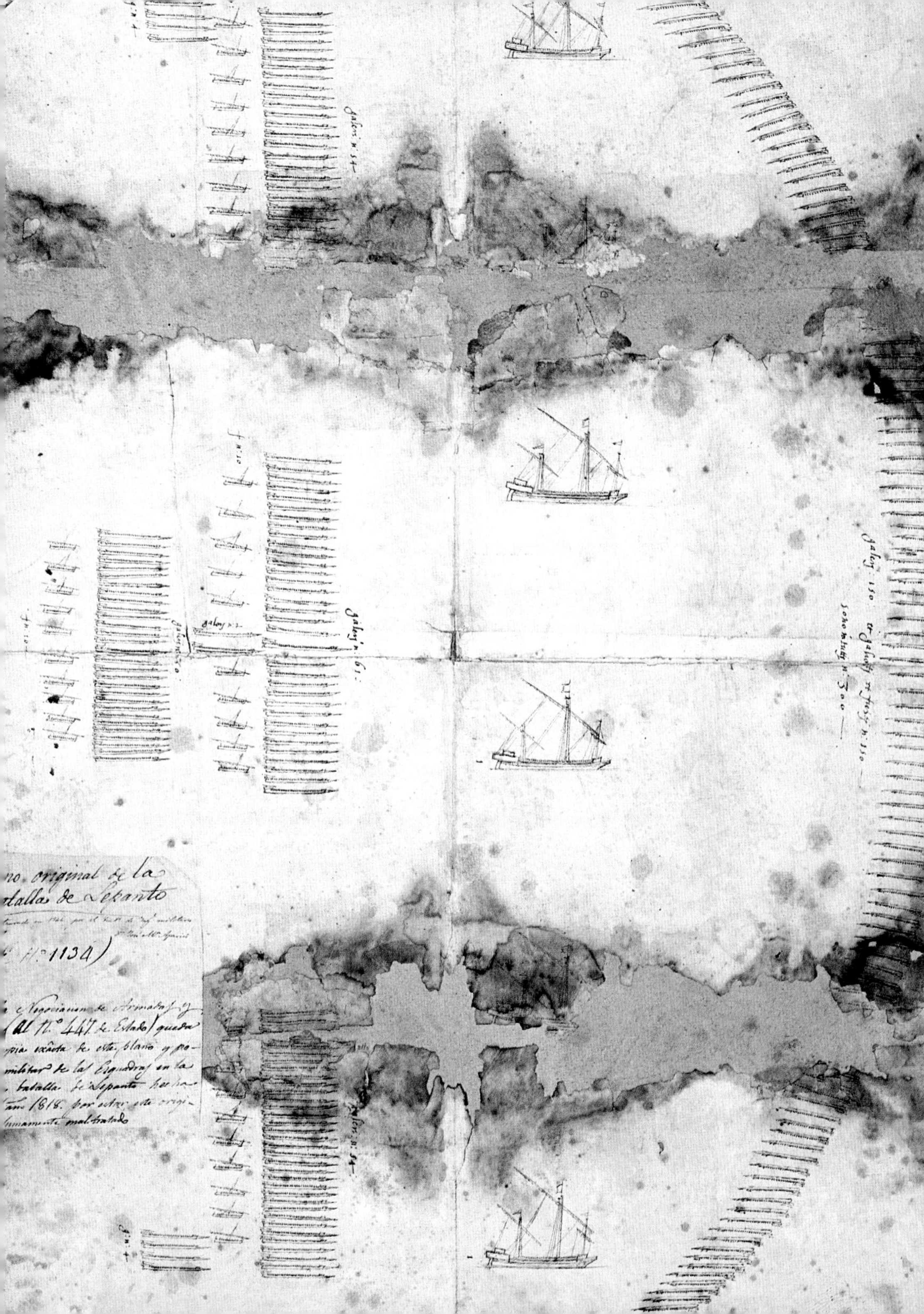

galeras n. 54
galeras n. 61
galeras 150 et galeotas et fustas n. 350
galeras n. 54
...no original de la
...talla de Lepanto
...(N.º 1134)
...Negociado de Armadas y
...(Al N.º 447 de Estado) queda
...pia exacta de este plano y po-
...militar de las Esquadras en la
...batalla de Lepanto hecha
...año 1818. por estar este origi-
...lamente maltratado

Molodi 30 juillet-2 août 1572

En 1570, la Crimée, un État satellite de l'Empire ottoman, envahit la Russie, déclenchant une guerre entre Russes et Ottomans. En 1571, l'armée de Crimée mit le feu à Moscou, mais fut battue l'année suivante par l'armée russe à Molodi, ce qui mit fin aux ambitions criméennes de s'étendre vers le nord.

Le khan de Crimée, Devlet I Giray, partit à la conquête du Nord durant l'été 1572. Le tsar Ivan IV avait déployé des troupes et fait construire des fortifications le long du fleuve Oka pour bloquer les Tatars. Le commandement de ses troupes était assuré par le prince Mikhail Vorotynsky, qui se trouvait dans un *gulyay-gorod*, une immense fortification sur roues composée de panneaux de bois. Après quelques échauffourées, les Tatars parvinrent à traverser l'Oka, et s'approchaient de Moscou lorsque la cavalerie russe attaqua leur arrière-garde à Molodi. Le khan décida de combattre avant de poursuivre sa progression.

Le 30 juillet, les Tatars attaquèrent le *gulyay-gorod*, mais les Russes tuèrent beaucoup d'entre eux. Plutôt que de lancer une autre attaque, les Tatars assiégèrent le *gulyay-gorod* pour affamer les troupes qui s'y abritaient. Cela aurait fonctionné s'ils n'avaient pas intercepté un message pour Vorotynsky indiquant l'arrivée de renforts. Cela était faux, mais le khan y crut et ordonna un assaut le 2 août.

Pendant leur attaque, les Tatars furent repoussés par des haches et des armes à feu, et, le soir, se révélèrent épuisés. Vorotynsky mena secrètement sa cavalerie hors du *gulyay-gorod* et celle-ci attaqua les Tatars par l'arrière. Au même moment, une sortie de l'infanterie et une fusillade nourrie furent organisées depuis le *gulyay-gorod*. Les Tatars ne purent faire face à cette attaque et s'enfuirent, ce qui mit fin à leur invasion. La Russie avait ici prouvé sa détermination. **JF**

Pertes : Tatars, lourdes pertes de 40 000 à 60 000 hommes ; Russes, pertes inférieures, de 30 000 à 40 000 hommes

Mikata ga Hara 25 janvier 1573

En 1572, Ieyasu Tokugawa – le futur shogun – fit face à son plus grand défi militaire lorsque Shingen Takeda avança vers le sud, menaçant le château de Hamamatsu. Plutôt que de subir un siège, Tokugawa alla à la rencontre de Takeda et l'affronta à Mikata ga Hara ; son armée fut presque anéantie.

Tokugawa devait faire face à une armée trois fois plus importante que la sienne, qui comptait 11 000 hommes, dont 3 000 ayant été envoyés en renfort par Nobunaga Oda. Vers la fin de l'après-midi, alors que la neige commençait à tomber, les premiers rangs de l'armée d'Oda ouvrirent les hostilités. Takeda mit ses premières troupes au repos et envoya de nouvelles troupes au combat. La nuit commençait à tomber, et voyant que les soldats de Tokugawa étaient épuisés, Takeda ordonna un assaut général par le corps principal de son armée. Bientôt, l'armée de Tokugawa battit entièrement en retraite. Tokugawa souhaitait affronter l'armée de Takeda, mais Yoshinobu Yatsume sortit de la forteresse à cheval afin de persuader son seigneur de se retirer. Trois samouraïs se sacrifièrent pour Tokugawa durant sa retraite. Ce dernier ordonna que les portes restent ouvertes pour leurs camarades qui fuyaient la forteresse, et d'immenses brasiers furent allumés pour les guider vers leur camp.

Pour renforcer la confiance des hommes, Tadatsugu Sakai joua d'un gros tambour de guerre dans la tour située près de la porte. L'avant-garde de Takeda vit que les portes étaient ouvertes, aperçut la lumière et entendit le tambour, mais n'attaqua pas immédiatement. Tokugawa ordonna une attaque nocturne contre les troupes de Takeda à Saigadake, et Takeda se retira le lendemain matin. Mikata ga Hara peut donc être considérée comme la plus belle victoire de Tokugawa. **ST**

Pertes : Tokugawa, près de 11 000 morts ; Takeda, de 500 à 3 000 morts

< *Anegawa 1570* *Nagashino 1575* >

Gravure sur bois de Shingen Takeda avec l'un de ses 21 généraux, Yamamoto Kansuke, à ses pieds. 

武田信玄
山本勘助
一宝斎芳房画

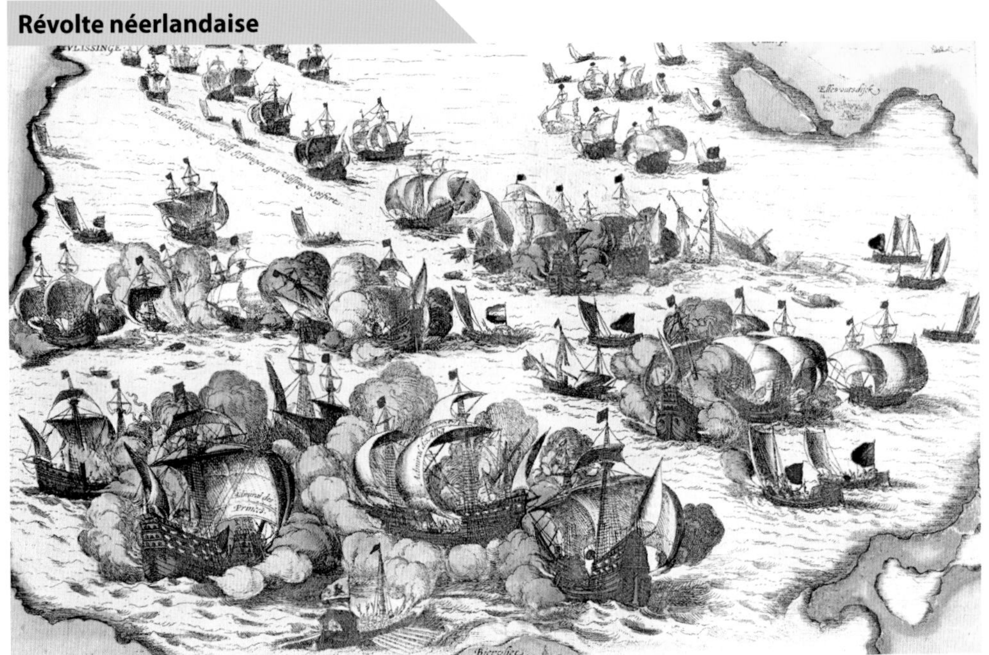

Zuiderzee 11 octobre 1573

Après la bataille de Jemmingen, les Espagnols pensaient avoir contenu la révolte des Néerlandais. Les flottes de rebelles, qui se donnaient eux-mêmes le nom de « Gueux de la mer », continuèrent de remporter des victoires et, en 1573, eurent le dessus sur les Espagnols dans les eaux du Zuiderzee.

En 1569, l'Espagne avait occupé Amsterdam, mais les Gueux de la mer ne cessaient de perturber la circulation de sa flotte sur le Zuiderzee vers la ville. Pour les en empêcher, les Espagnols envoyèrent sur le Zuiderzee une flotte de 30 bateaux dirigée par le comte de Boussu.

Le 11 octobre, le comte de Boussu affronta les Gueux de la mer entre les villes de Hoorn et d'Enkhuizen. Le commandant des Gueux, l'amiral Kornelius Dirkszoon, possédait cinq navires de moins que les Espagnols, et ses bateaux étaient plus petits et plus légèrement armés que les navires espagnols. Poussés par un fort vent d'est, les Gueux abordèrent les Espagnols et s'emparèrent de cinq de leurs bateaux. La plupart des autres navires espagnols battirent en retraite. Seul le navire amiral du comte de Boussu, l'*Inquisition*, resta sur place. Quatre navires des Gueux l'attaquèrent ; l'un d'eux fut détruit, les trois autres jetèrent le grappin sur le navire amiral. Une rude bataille s'ensuivit. Le comte de Boussu repoussa les assaillants à l'aide d'huile bouillante et de plomb en fusion.

Au coucher du soleil, les quatre navires heurtèrent un banc de sable et le combat se prolongea durant la nuit. À l'aube, un Gueux de la mer parvint à grimper à bord et déchira le pavillon de l'*Inquisition*, mais fut tué par balle aussitôt après. À ce moment-là, les Gueux reçurent des renforts en hommes et en munitions et le comte de Boussu fut obligé de se rendre ; il fut fait prisonnier, ainsi que les membres de son équipage. **JF**

Pertes : Espagnols, 300 marins capturés et 6 navires pris sur 30 ; rebelles néerlandais, 1 navire sur 25

Jemmingen 1568 — *Gembloux 1578*

La Bataille navale opposant les Gueux de la mer et les Espagnols en 1573, *gravure de Franz Hogenberg.*

Nagashino 28 juin 1575

Les troupes de Takeda tentèrent de prendre la forteresse de Nagashino par le fleuve, en creusant et en se battant au corps-à-corps. Finalement, des troupes arrivèrent en renfort et vinrent à bout des hommes de Takeda en associant de façon innovante les armes à feu et des stratégies de défense simples.

L'armée de Takeda qui assiégea le château de Nagashino comptait 15 000 hommes, dont 12 000 prirent part à la bataille qui s'ensuivit. Elle était donc considérablement moins importante que les troupes d'Oda et de Tokugawa, fortes de 38 000 hommes, qui se positionnèrent de l'autre côté de la plaine de Shidahara, face au château. Nobunaga Oda disposait d'une unité de 3 000 mousquetaires armés, qui auraient besoin d'une certaine protection ; son armée construisit une palissade se composant de pieux espacés, disposés en trois rangées, et dont les interstices permettaient une contre-attaque. Le front s'étirait au total sur 2 100 m environ.

Le plan d'Oda consistait à faire intervenir ses mousquetaires, qui devaient tirer des volées de coups de feu sur la cavalerie de Takeda. Comme les cavaliers n'avaient que peu de distance à parcourir, il était évident qu'ils subiraient quelques pertes, mais pas suffisamment pour briser leur élan. Ils se chargeraient ensuite d'assaillir les soldats d'infanterie, désespérés, qui tenteraient de recharger leurs armes. Les chevaux et les hommes franchirent prudemment le lit du fleuve, peu profond, et gravirent la rive opposée. C'est alors que les cavaliers, parvenus près de la palissade, reçurent une volée de coups de feu. Leur charge fut brisée, et la bataille se poursuivit jusqu'au milieu de l'après-midi, puis les hommes de Takeda commencèrent à battre en retraite et furent poursuivis. **ST**

Pertes : Takeda, 10 000 hommes, dont 54 chefs samouraïs sur 97 et 8 des 24 généraux ; Oda, pertes peu nombreuses en comparaison

< *Mikata ga Hara 1573* *Yamazaki 1582* >

Gravure de Yoshitoshi de 1868 représentant Katsutaka revenant vers ses compatriotes dans le château assiégé.

Guerres mogholes

Haldighati 21 juin 1576

La prise de Chittorgarh en 1568 avait permis à l'empereur Akbar de s'emparer du royaume de Mewar. Pratap Singh subit une cuisante défaite au cours d'un affrontement épique durant la bataille d'Haldighati, près de Gogunda. Cependant, la résistance des Rajputs perdura.

Le rana Udai Singh II avait échappé au massacre de Chittorgarh. À sa mort, en 1572, son fils, Pratap Singh, prit sa succession et refusa de reconnaître l'autorité d'Akbar. Comme il rejeta les émissaires envoyés par Akbar, l'hostilité ne fit que croître, menant à une guerre ouverte.

Akbar envoya une armée au Rajasthan sous le commandement du raja Man Singh, le général auquel il faisait le plus confiance, malgré sa foi dans la religion hindoue. Pratap Singh marcha à sa rencontre. Il n'existe pas de sources précises quant au nombre d'hommes qui combattirent de part et d'autre. Les Moghols étaient cependant nettement plus nombreux que les Rajputs. Les troupes mogholes étaient dures et aguerries. Superbement entraînées et habilement dirigées, elles possédaient aussi l'avantage de disposer d'une artillerie lourde. La bataille fut héroïque, mais son issue était inéluctable. Pratap aurait combattu le raja Man Singh en personne, son cheval se cabrant et plaçant ses sabots de devant sur la trompe de l'éléphant du général moghol. Man Singh vit Pratap lancer sa lance et l'esquiva, mais son cornac fut tué.

Au bout de quatre heures de combat, la bataille fut terminée. Face à une défaite certaine, Pratap échangea ses vêtements avec un ami et s'enfuit, tandis que son double combattait, mourant vaillamment au combat. Akbar fut vainqueur, mais le rêve de la résistance rajpute demeurant bien vivant, les deux parties tirèrent profit de la bataille. **MK**

Pertes : chiffres inconnus

⟨ *Chittor 1567* *Samugarh 1658* ⟩

Révolte néerlandaise

Gembloux 31 janvier 1578

Trois ans après le succès des rebelles néerlandais sur le Zuiderzee, l'armée espagnole présente aux Pays-Bas se révolta. Une grande partie des Pays-Bas se joignit à sa révolte. En 1578, l'Espagne parvint à rétablir son autorité après avoir mis en déroute les rebelles néerlandais à Gembloux.

En 1576, Philippe II nomma son demi-frère, don Juan d'Autriche, au poste de gouverneur des Pays-Bas. En 1577, il envoya dans le pays des renforts sous la direction du général italien Alexandre Farnèse. L'armée espagnole, forte de 20 000 hommes, se rassembla à Marche, au Luxembourg. Antoine de Goignies, commandant de l'armée néerlandaise, dirigeait autant d'hommes, mais ceux-ci étaient moins disciplinés que les Espagnols.

Les rebelles néerlandais avaient installé leur campement à Namur, en Wallonie, mais le 31 janvier, apprenant l'arrivée des Espagnols, ils partirent pour Gembloux. À l'avant-garde des rebelles se trouvaient l'infanterie et la cavalerie légère, le corps principal, constitué d'hommes à pied, était au centre et la cavalerie lourde à l'arrière. Les Espagnols suivirent les rebelles, et en repérant leur armée, don Juan déploya 600 chevaux et 1 000 fantassins pour harceler leur arrière-garde en attendant l'arrivée de son infanterie.

Farnèse adopta une autre stratégie. Il vit que les rebelles marchaient le long d'un ravin et lança une attaque surprise en menant une charge de cavalerie. La charge ébranla les Néerlandais, désormais attaqués à l'arrière et sur le flanc. La cavalerie des rebelles s'enfuit et les Espagnols parvinrent à attaquer l'infanterie au centre, désormais exposée. Des milliers d'hommes furent tués ou capturés. Don Juan mourut huit mois plus tard et Gembloux fut la dernière grande victoire de son illustre carrière militaire. **JF**

Pertes : Espagnols, 10 morts sur 1 600 hommes ; rebelles néerlandais, 3 000 à 10 000 morts ou prisonniers sur 20 000 hommes

⟨ *Zuiderzee 1573* *Anvers 1584* ⟩

Bataille des Trois Rois

Alcazarquivir 4 août 1578

La défaite des Portugais, à Alcazarquivir, au Maroc, constitua l'une des pires humiliations jamais infligées par une armée africaine aux forces européennes. La bataille fut une catastrophe pour le Portugal, qui perdit à cette occasion non seulement son jeune roi, mais aussi son indépendance.

Le jeune Sébastien, âgé de 24 ans, rêvait de mener de glorieuses croisades. Lorsque le sultan Mohammed II Saadi, déposé par un usurpateur, Abd al-Malik, lui demanda son aide pour reconquérir son trône, Sébastien vida les caisses du pays pour financer une expédition, réunissant quelque 500 bateaux pour transporter une armée de nobles portugais, de volontaires espagnols et de mercenaires allemands, flamands et italiens, les Italiens étant dirigés par l'aventurier catholique anglais Thomas Stukely.

Ces troupes accostèrent au nord du Maroc et, rejointes par le sultan Mohammed, se dirigèrent vers l'intérieur des terres. Abd al-Malik les attendait, se préparant à les affronter avec une grande armée constituée en partie par les Turcs ottomans. Cette armée associait la cavalerie marocaine à une infanterie ottomane armée de mousquets et de canons. Abd al-Malik mourut de causes naturelles au début de la bataille, mais cela n'entama pas le moral de ses troupes. Au bout de quatre heures, l'armée des envahisseurs fut vaincue. Stukely périt au cours de la bataille. Le sultan Mohammed se noya en tentant de fuir le champ de bataille. Le roi Sébastien disparut au milieu des combattants et on ne le revit jamais. Philippe II conquit le trône du Portugal, deux ans plus tard. Il avait fait enterrer un corps réputé être celui de Sébastien à Lisbonne, mais ne put empêcher la naissance d'une croyance populaire portugaise, selon laquelle le jeune roi avait survécu et reviendrait un jour sauver son peuple. **RG**

Pertes : Marocains, chiffres inconnus ; alliés du Portugal, 8 000 morts et 10 000 prisonniers sur 18 000 hommes

Tondibi 1591 ›

Guerre de succession du Portugal

Ponta Delgada 26 juillet 1582

La bataille de Ponta Delgada, qui se déroula au large des Açores, apporta la victoire aux Espagnols et mit fin à la résistance des Portugais. Elle donna aux Espagnols confiance dans leur force navale, ce qui aboutit à l'expédition de l'Invincible Armada contre l'Angleterre six ans plus tard.

Philippe II conquit la Couronne portugaise et annexa le pays en 1580. Prétendant portugais au trône, Antoine, prieur de Crato, avait l'intention d'implanter une base aux Açores pour lutter contre les Espagnols. Avec le soutien de la France, il constitua une flotte et enrôla des exilés portugais ainsi qu'une bande d'aventuriers militaires internationaux pour en constituer l'équipage.

Soixante bateaux mirent ainsi le cap vers les Açores sous le commandement de Philippe Strozzi, un mercenaire florentin doté d'une expérience militaire impressionnante. Mais l'amiral espagnol, Alvaro de Bazan, marquis de Santa Cruz, l'un des héros de la bataille de Lépante, était un personnage plein de ressources. Il assembla une flotte de 28 navires, composée principalement de grands galions portugais et de navires marchands armés, qui affrontèrent les forces de Strozzi au large de l'île de São Miguel.

La bataille commença par l'attaque du galion espagnol *San Mateo*. Santa Cruz aligna ses navires, comme s'il s'agissait de galères, et se porta à son secours. L'artillerie plus lourde des navires espagnols, de plus grande taille, joua alors un rôle décisif. Au plus fort de la bataille, le vaisseau amiral de Strozzi fut bombardé et abordé par le *San Martin* de Santa Cruz ; Strozzi fut tué. Enthousiasmé par sa victoire, Santa Cruz convainquit Philippe II d'entreprendre la construction d'une grande flotte de galions afin de se battre contre les Anglais. **RG**

Pertes : Portugais, 11 navires détruits ou pris et 1 500 morts ; Espagnols, aucune perte navale et 224 morts

‹ *Alcazarquivir 1578*

Batailles de la Manche de l'Invincible Armada 1588 ›

Yamazaki 2 juillet 1582

Durant le Sengoku, Hideyoshi Toyotomi, général de Nobunaga Oda, combattait à l'ouest du Japon lorsqu'il apprit que son maître avait été assassiné. Toyotomi rejoignit alors Tokyo au cours d'une marche forcée. Il surprit Mitsuhide Akechi, qui avait trahi Oda, et lui infligea une sévère défaite à Yamazaki.

En arrivant à Yamazaki, Hideyoshi Toyotomi expédia un détachement conduit par Kiyohide Nakagawa pour garantir la sécurité de la colline voisine de Tennozan. Durant la nuit du 1er juillet, deux généraux de Toyotomi, Kazuuji Nakamura et Yoshiharu Horio, organisèrent l'intervention de ninjas dans le camp d'Akechi. Le matin du 2 juillet, l'armée de Toyotomi partit à la rencontre des troupes d'Akechi, de l'autre côté de la rivière Enmyoji, tandis qu'une violente bataille éclatait sur les versants de la colline de Tennozan. Les samouraïs d'Akechi, dirigés par Masachika Matsuda et Kamon Nabika, tentèrent de gagner le haut de la colline, mais furent repoussés par le feu des arquebuses. Ayant ainsi pris le contrôle de la colline de Tennozan, Toyotomi expédia l'aile droite de son armée sur l'autre rive de la rivière Enmyoji.

Ne rencontrant pas de vive résistance, ses soldats parvinrent à percer l'avant-garde des troupes et à attaquer le corps principal de l'armée d'Akechi. Toyotomi fit ensuite avancer son aile gauche depuis l'amont. Celle-ci fut soutenue par un déferlement violent de troupes arrivant de la colline de Tennozan. Akechi fut désemparé par cet afflux de soldats et s'enfuit. Lorsque son armée battit en retraite, il abandonna ses hommes pour sauver sa propre vie. Parvenu à un village du nom d'Ogurusu, il fut cependant victime d'un gang de bandits. Mortellement touché, Akechi tomba de son cheval. **ST**

Pertes : Akechi, presque totales, malgré la fuite de nombreux hommes ; Toyotomi, peu nombreuses, essentiellement durant les combats de Tennozan

< *Nagashino 1575* *Shizugatake 1583* >

Un triptyque de Yoshitora Utagawa intitulé « La Grande Bataille de Yamazaki » dans le Taiheiki *(1864).* ↑

Shizugatake 20 avril 1583

La victoire de Toyotomi à Yamazaki fit de lui le successeur naturel d'Oda, mais les fils d'Oda et certains généraux s'opposèrent à cette succession. Toyotomi se débarrassa de ses adversaires, atteignant le sommet de sa gloire à Shizugatake, où périt le général de Katsuie Shibata, Morimasa Sakuma.

Après le dégel, au printemps, un certain nombre de forteresses de Toyotomi situées au sommet des montagnes, sur la frontière, étaient tombées aux mains de Morimasa Sakuma, mais son chef, Katsuie Shibata, lui donna l'ordre de se réfugier dans le château d'Oiwa. Sakuma désobéit et continua de combattre à découvert. Toyotomi se prépara alors à l'attaquer rapidement en effectuant avec ses hommes une marche forcée pour le surprendre. Les troupes de Toyotomi, composées de 1 000 samouraïs montés et de leurs valets épuisés, avancèrent très rapidement, tandis que le corps principal, composé de 15 000 hommes, fermait la marche.

Morimasa Sakuma s'aperçut de leur arrivée grâce à la soudaine apparition de 1 000 torches en pin brûlant dans la vallée. Toyotomi ne s'arrêta que pour emmener avec lui les troupes de son frère, Hidenaga Hashiba, postées à Tagami, et pour être informé de la situation. Le premier contact armé eut lieu à l'aube. De nombreux combats entre petits groupes et individus se déroulèrent le long de sentiers de montagne et entre les arbres.

Tandis que les premières troupes de Sakuma battant en retraite fuyaient vers la vallée, Katsuie Shibata comprit qu'il avait perdu. Espérant sauver autant d'hommes que possible, il ordonna une retraite générale et se réfugia dans le château de Kita-no-sho, qu'il avait bâti en 1575, Toyotomi à ses trousses. Mais la situation était désespérée, et lorsque le château fut encerclé, Katsuie Shibata se donna la mort au milieu des flammes. **ST**

Pertes : Shibata, considérables ; Toyotomi, très faibles

< *Yamazaki 1582* — *Busan 1592* >

Guerriers vaillants et renommés à la grande bataille de Shizugatake, *gravure sur bois de Yoshitora Utagawa.*

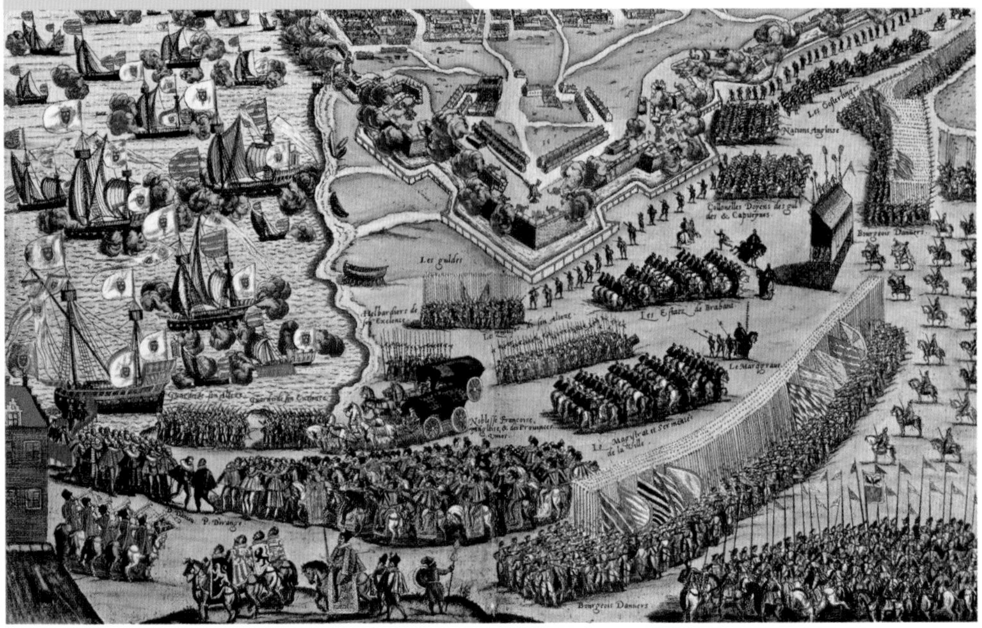

Anvers juillet 1584-17 août 1585

Durant les années qui suivirent la bataille de Gembloux, Alexandre Farnèse, le gouverneur général espagnol, consolida sa domination des Flandres et du Brabant. Ensuite, Farnèse s'empara d'Anvers, permettant à l'Espagne de contrôler la totalité du sud des Pays-Bas.

Anvers était la cité la plus riche et la plus peuplée des Pays-Bas, et le berceau des rebelles depuis 1576. En juillet 1584, Farnèse soutint le siège d'Anvers. Il construisit une série de forts qui empêchaient d'accéder à Anvers par voie de terre. D'immenses jetées furent construites depuis les forts lourdement armés situés sur les deux rives de l'Escaut. Entre ces jetées fut aménagé un pont flottant constitué de barges reliées les unes aux autres et armées de canons. Cet immense édifice fut achevé le 25 février 1585.

Pendant ce temps, les rebelles brisèrent les digues entourant Anvers, espérant inonder la région, afin que leurs navires puissent contourner le blocus. Or Farnèse contrôlait encore la digue de Kouwenstein, dernière digue avant Anvers, de sorte que son pont ne pouvait être encerclé. La nuit du 4 avril, les rebelles tentèrent de détruire le pont à l'aide de bateaux explosifs expédiés sur l'Escaut depuis Anvers. Les dégâts furent considérables, mais les ingénieurs de Farnèse parvinrent à réparer le pont. Une seconde tentative de destruction eut lieu le 20 mai, mais elle échoua. Les 6 et 26 mai, des rebelles du nord tentèrent de s'emparer de la digue de Kouwenstein, sans y parvenir. Le 17 août, Anvers se rendit. Après avoir pris le contrôle de la ville, Farnèse décréta que tous les protestants devaient se convertir au catholicisme ou s'exiler. Sur une population d'environ 80 000 personnes, près de la moitié des habitants d'Anvers migrèrent donc vers le nord. **JF**

Pertes : Espagnols, au moins 1 600 morts sur 11 700 hommes ; rebelles néerlandais, plusieurs milliers de morts sur 20 000 hommes

< *Gembloux 1578* *Zutphen 1586* >

Illustration d'un manuscrit montrant comment Farnèse coupa tous les accès à Anvers.

Zutphen 2 octobre 1586

La bataille de Zutphen symbolise l'implication officielle de l'Angleterre dans la révolte néerlandaise. Pendant la bataille, les Anglais ne parvinrent pas à empêcher l'approvisionnement de Zutphen par un convoi espagnol, et le célèbre poète Philip Sidney mourut après avoir été blessé au combat.

Peu après la chute d'Anvers, les rebelles néerlandais signèrent une alliance avec l'Angleterre. Élisabeth Ire envoya des troupes aux Pays-Bas sous la direction de Robert Dudley, comte de Leicester. En 1586, Leicester tenta de reprendre le contrôle de l'Ijssel, une rivière contrôlée par l'Espagne, en s'emparant de Zutphen. Il expédia 6 000 hommes pour y tenir un siège. Pour contrer cette opération, Alexandre Farnèse, envoya un convoi de nourriture à Zutphen, protégé par 4 000 soldats, dont des cavaliers, des hallebardiers et des mousquetaires.

Le 2 octobre, les Anglais tentèrent de lui tendre une embuscade près de Warnsveld. Ils n'étaient que 550 environ, n'ayant pas envisagé que le convoi bénéficierait d'une importe protection. À la fin de l'après-midi, la cavalerie anglaise chargea pour la première fois. Elle essuya de très nombreux tirs. Au cours de la dernière charge de la journée, Philip Sidney fut blessé à la cuisse par une balle de mousquet et mourut deux semaines plus tard.

Malgré l'embuscade, le convoi atteignit Zutphen sans encombre et fut accueilli par une troupe de 1 000 soldats espagnols. Le siège s'acheva en janvier 1587 lorsque les troupes anglaises postées à Zutphen (et celles de nombreuses autres villes) se rendirent aux Espagnols. Cela exacerba les tensions existant entre Leicester et les chefs des rebelles, et à la fin de l'année, celui-ci retourna en Angleterre, mettant fin à l'implication de son pays aux Pays-Bas. **JF**

Pertes : Espagnols, 200 morts sur 5 000 hommes ; Anglais, 35 morts sur 550 hommes

< *Anvers 1584* *Nieuport 1600* >

↑ *Dans* Les Derniers Jours de sir Philip Sydney *(1882) de Robert Hillingford, le poète accepte sa destinée.*

Guerre anglo-espagnole

Cadix 29 avril–1er mai 1587

Une intense rivalité entre l'Angleterre et l'Espagne conduisit Philippe II d'Espagne à réunir une flotte pour envahir l'Angleterre. Élisabeth Ire ordonna de mener une attaque préventive contre la flotte espagnole, raid audacieux que Francis Drake, baptisa le « roussissement de la barbe du roi d'Espagne ».

Au cours du règne d'Élisabeth Ire, les tensions entre l'Angleterre protestante et l'Espagne catholique s'accentuèrent. Les corsaires anglais attaquaient les navires espagnols, et les Anglais soutenaient les rebelles néerlandais dans leur révolte contre la domination de l'Espagne. En 1587, Élisabeth Ire fit exécuter sa cousine catholique, héritière du trône d'Écosse, Marie Stuart, pour trahison. Philippe II fit assembler une flotte pour envahir l'Angleterre, renverser Élisabeth Ire et restaurer le catholicisme. Élisabeth Ire ordonna à Francis Drake de contrer ses projets.

La flotte anglaise parvint à Cadix l'après-midi du 29 avril, et perça la ligne de défense des galères dans le port. Les Anglais coulèrent rapidement un navire marchand génois puis commencèrent à attaquer les nombreux navires à l'ancre. Les Espagnols répliquèrent et parvinrent à s'emparer d'un navire anglais isolé. Le jour suivant, les Anglais poursuivirent leurs attaques, malgré l'usage par les Espagnols de canons terrestres lourds et de brûlots. Des vents défavorables empêchèrent le départ de la flotte anglaise du port au cours de la seconde nuit, avant que Drake ne puisse s'échapper, le jour suivant. Après avoir lu un rapport sur le raid, Philippe II déclara : « Les pertes n'ont pas été très importantes, mais la tentative était audacieuse. » Mais la destruction par les Anglais de milliers de douelles eut des conséquences considérables lorsque l'Invincible Armada prit la mer avec un nombre insuffisant de tonneaux de nourriture et de boisson en 1588. **SA**

Pertes : Anglais, 1 navire pris sur 21 ;
Espagnols, 33 navires détruits

⟨ *San Juan de Ulua 1568*

Batailles de la Manche de l'Invincible Armada 1588 ⟩

Guerres de Religion françaises

Coutras 20 octobre 1587

Vingt-cinq ans après la bataille de Dreux, les guerres de Religion françaises continuaient d'avoir des conséquences destructrices. En 1587, le roi Henri de Navarre – chef militaire des huguenots – remporta une imposante victoire contre l'armée royale à Coutras, dans le sud-ouest de la France.

Depuis 1580, la France connaissait une période d'accalmie temporaire. Mais lorsque le jeune frère du roi Henri III mourut en 1584, le huguenot Henri de Navarre devint l'héritier de la Couronne. Cela était inacceptable aux yeux de la Ligue catholique. Son puissant dirigeant, le duc de Guise, contraignit Henri III à abroger le droit au trône d'Henri de Navarre et la guerre reprit en 1585.

En 1587, après une campagne fatigante, la petite armée d'Henri de Navarre revenait en territoire huguenot, dans le sud de la France. Elle était poursuivie par l'armée royale, bien plus nombreuse, dirigée par le duc Anne de Joyeuse. Les deux armées finirent par s'affronter dans la plaine située à l'est de Coutras. L'artillerie huguenote bombarda l'armée ennemie avec une précision dévastatrice, semant la destruction parmi les troupes royales. En réaction, Anne de Joyeuse ordonna une charge de cavalerie, mais ses troupes furent malmenées par la contre-attaque des cavaliers huguenots. La bataille dura deux heures, et Joyeuse fut tué au cours du combat.

Henri de Navarre fit preuve d'une grande compassion après sa victoire. Il ordonna que les morts reçoivent une sépulture honorable, que les blessés soient soignés et autorisa la libération de nombreux prisonniers sans demande de rançon. Coutras fut une victoire importante pour Henri de Navarre, même s'il n'y assista pas, ne pouvant empêcher la dispersion de son armée. Mais la Ligue catholique y avait subi un revers irrémédiable. **JF**

Pertes : Catholiques, 2 000 morts sur 19 000 à 23 000 hommes ;
Huguenots, 30 morts sur 5 200 à 6 500 hommes

⟨ *Moncontour 1569*

Ivry 1590 ⟩

Batailles de la Manche de l'Invincible Armada 26 juil.-6 août 1588

La grande flotte qui partit d'Espagne pour envahir l'Angleterre en 1588 se rendit dans la Manche afin d'escorter une grande armée espagnole des Pays-Bas jusqu'au Kent. Mais sa progression à travers la Manche fut interrompue par les attaques des Anglais, qui la contraignirent à rester en mer.

La flotte qui quitta La Corogne au nord de l'Espagne le 22 juillet, commandée par le duc de Medina Sidonia, était impressionnante. Elle se composait de 138 navires transportant plus de 24 000 hommes. Cinquante de ces navires étaient des galions. Les Anglais avaient à leur disposition 197 navires au total, provenant de différents ports, et souvent plus rapides et manœuvrables que ceux de leurs adversaires, plus gros et plus lourds.

La flotte espagnole fut repérée au large de la péninsule de Lizard, au sud-ouest de l'Angleterre, le 29 juillet, et la nouvelle fut transmise au reste du pays par le biais d'une série de balises. Contraints jusqu'alors de rester au port du fait de vents défavorables, 54 navires anglais, commandés par lord Howard of Effingham et Francis Drake, partirent de Plymouth le lendemain et se positionnèrent derrière la flotte espagnole, afin de surveiller sa progression. La flotte espagnole se disposa en arc de cercle, ses navires de guerre protégeant ses navires de transport, placés au centre.

Une attaque anglaise de l'arrière-garde espagnole au large de Plymouth le 31 juillet n'eut pas de conséquence décisive, mais permit aux deux parties d'évaluer les ressources de leurs adversaires. Deux navires espagnols égarés furent détruits le 1er août, et une escarmouche plus importante eut lieu au large de Portland Bill le 2 août. Les deux adversaires préférèrent éviter une bataille rangée, et le soir du 6 août, l'Invincible Armada jeta l'ancre au large de Calais. **SA**

Pertes : Espagnols, 2 navires pris sur 138 ; Anglais, aucun navire sur 54

Cadix 1587 | *Gravelines 1588*

« Beaucoup de munitions furent dépensées, mais la formation espagnole fit preuve d'une belle cohésion. »

Dr Simon Adams, The Spanish Armada

Résolution visant à lutter contre les Espagnols, signée par les commandants, dont Francis Drake.

Gravelines 8 août 1588

L'Invincible Armada espagnole mouilla au large de Calais dans le détroit de Douvres pour attendre l'armée qui allait envahir l'Angleterre. L'attaque anglaise fit échouer ce projet et contraignit la flotte espagnole à un voyage de retour dangereux et déshonorant.

L'Invincible Armada jeta l'ancre au large de Calais le 6 août. Le jour suivant, son commandant, le duc de Medina Sidonia, apprit que les navires destinés à transporter l'armée de l'autre côté de la Manche n'étaient pas prêts et que leur commandant, le duc de Guise, ne pourrait pas prendre la mer avant deux semaines.

La nuit du même jour, les Anglais attaquèrent la flotte espagnole, lançant contre elle huit brûlots. Cependant, aucun ne causa de dommage. Le matin suivant, les navires espagnols se trouvaient en formation dispersée au large de Gravelines. La flotte anglaise les bombarda, sa cadence de tir et la manœuvrabilité de ses navires étant bien supérieures à celles de la flotte espagnole. Les Espagnols considéraient l'usage du canon comme un préliminaire à l'abordage d'un navire ennemi, tandis que les Anglais utilisaient les canons pour couler l'ennemi à distance. Les Anglais infligèrent aux Espagnols davantage de dommages, mais les deux parties battirent en retraite le soir en raison d'un manque de munitions. Le vent avait alors tourné au nord-ouest, menaçant d'entraîner la flotte espagnole vers les bancs de sable de la côte. N'ayant pas l'occasion d'agir conjointement avec l'armée du duc de Parme, Medina Sidonia prit la seule décision qui s'offrait à lui : retourner en Espagne en contournant les côtes rocheuses de l'Écosse, de l'Irlande et de l'ouest de la France. Durant le voyage, les pertes furent immenses. **SA**

Pertes : Anglais, aucun navire sur 140 ; Espagnols, 1 bateau coulé, 4 repoussés vers la côte et pris sur 136

< *Batailles de la Manche de l'Invincible Armada 1588*

Flores 1591 >

Tableau du XVIe siècle montrant la défaite de la flotte espagnole, probablement destiné à un projet de tapisserie. ↑

Ivry 14 mars 1590

Près de deux ans après sa victoire à Coutras, le huguenot Henri de Navarre devint roi de France, sous le titre d'Henri IV, après l'assassinat d'Henri III. À Ivry – bataille décisive des guerres de Religion françaises – Henri IV vainquit l'armée de la Ligue catholique, consolidant sa position de roi.

Bien que détenant le trône, Henri IV devait toujours affronter la Ligue catholique, qui contrôlait Paris. Il tenait le siège de la ville de Dreux dans le nord-ouest de la France lorsqu'une grande troupe de la Ligue, commandée par le duc Charles de Mayenne, s'approcha pour lever le siège. Doté d'une armée moins nombreuse, Henri IV se retira vers le nord et établit son armée près d'Ivry. Mayenne le poursuivit, et les armées se firent face le 14 mars.

La bataille débuta à l'aube par un échange de tirs d'artillerie qui précéda une charge massive de la cavalerie. La lutte était équilibrée lorsque Henri IV conduisit en effet une charge de cavalerie dévastatrice. Il fit appel à une tactique baptisée *pistolade*, consistant à charger pour se rapprocher de l'ennemi et à tirer sur lui au pistolet puis à l'attaquer à l'épée. Une fois que les réserves de la cavalerie d'Henri IV se mêlèrent à la bataille, la cavalerie de la Ligue fut mise en déroute. Après une brève poursuite, Henri IV se retourna contre l'infanterie de la Ligue, restée sur place. Celle-ci était désormais tout à fait isolée et ses soldats furent massacrés par centaines, avant qu'Henri IV ne leur donne l'occasion de se rendre. La bataille d'Ivry entraîna la destruction de la Ligue catholique sur le plan militaire, mais Henri IV ne put rentrer dans Paris et consolider tout à fait sa domination sur la France qu'après s'être converti au catholicisme en 1593. En 1598, il signa l'édit de Nantes, qui donnait la liberté de culte aux huguenots et garantit la paix en France pendant plus de 20 ans. **JF**

Pertes : Ligue catholique, 6 000 morts et 4 000 prisonniers sur 17 000 hommes ; Français, 500 morts sur 11 000 hommes

‹ *Coutras 1587* *La Rochelle 1627* ›

↑ *Dans* La Bataille d'Ivry *(1590), Rubens a représenté Henri IV au centre, en velours pourpre, l'épée levée.*

Guerre maroco-songhaï

Tondibi 13 mars 1591

Ahmed al-Mansur, le sultan du Maroc, expédia une armée vers le sud, au-delà du désert du Sahara, pour prendre le contrôle du Mali, source d'or et d'esclaves à l'époque. Cette expédition militaire détruisit l'Empire songhaï ouest-africain et permit au Maroc d'atteindre l'apogée de sa puissance.

Ahmed al-Mansur avait hérité du trône du Maroc à la mort d'Abd al-Malik au cours de la bataille d'Alcazarquivir en 1578. Il s'agissait d'un sultan ambitieux dont les projets d'expansion militaire et le désir de prestige s'avéraient coûteux. Sa décision de s'attaquer à l'Empire songhaï était motivée par l'obtention de nouvelles sources de richesses.

Ahmed al-Mansur planifia méticuleusement son expédition, le transport des provisions étant assuré par 8 000 chameaux, des animaux dont le nombre atteignait le double de celui des soldats. Ses troupes étaient triées sur le volet, rompues aux batailles et composées de nombreux musulmans chassés d'Espagne par les chrétiens, et qui bénéficiaient d'une expérience militaire européenne. Ils étaient en particulier armés d'arquebuses et de canons.

Le sultan confia la direction de l'expédition à un eunuque du palais, Yuder Pacha. L'armée du Maroc emprunta des routes de commerce, parcourant près de 2 400 km dans le désert, et bénéficiant de l'aide des nomades touareg du désert, qui détestaient les Songhaï. L'arrivée de l'armée au Mali constitua une réelle surprise. Le roi de l'Empire songhaï, Ashak II, exhorta en hâte ses seigneurs féodaux à lui fournir des cavaliers et des fantassins, qui affrontèrent les Marocains à Tondibi, au nord de la cité malienne de Gao. L'armée marocaine était moins nombreuse, mais possédait des armes à feu, contrairement aux Songhaï. L'armée songhaï fut bientôt mise en déroute. Les Marocains occupèrent alors la plupart des cités maliennes, notamment la légendaire Tombouctou. **RG**

Pertes : chiffres inconnus

< *Alcazarquivir 1578*

Guerre anglo-espagnole

Flores (Açores) 30-31 août 1591

La bataille entre l'Espagne et l'Angleterre au large de l'île de Flores se solda par la victoire des Espagnols, signant le retour de la supériorité navale espagnole après la débâcle de 1588. Mais pour les Anglais, le combat héroïque de Richard Grenville à bord du *Revenge* devint légendaire.

Dirigée par Thomas Howard, une escadre anglaise se dirigea vers les Açores, au milieu de l'Atlantique, afin d'intercepter le trésor transporté chaque année par la flotte espagnole, constitué d'argent et d'or des Amériques. L'attente se prolongea des mois, en vain, et l'équipage fut progressivement touché par la maladie. Pendant ce temps, l'Espagne réunit une importante flotte, dirigée par Alonso de Bazan, pour attaquer l'escadre d'Howard.

Les Anglais se trouvaient près de l'île de Flores lorsque les Espagnols arrivèrent, le 30 août. Bazan tenta de les prendre en tenailles, mais tous les navires anglais sauf un purent s'échapper. Demeurant à l'arrière, le *Revenge* de Grenville fut heurté par un galion espagnol et entouré par des navires ennemis. Le navire de Grenville était considéré comme le plus beau galion de la marine anglaise. Refusant absolument de se rendre, Grenville combattit les Espagnols et demanda à ses hommes de faire feu continuellement, s'emparant ainsi de cinq bateaux ennemis simultanément et parvenant à en couler un. La bataille dura quinze heures. Le matin du 31 août, comme il devenait impossible de continuer à résister, Grenville donna l'ordre de faire sauter le navire plutôt que de se rendre. Son équipage refusa. Gravement blessé à la tête, Grenville eut le chagrin de voir les Espagnols s'emparer du galion avant de succomber à ses blessures. Cependant, les Espagnols ne parvinrent jamais à ramener le *Revenge* en Espagne ; le navire sombra dans l'Atlantique en l'espace d'une nuit durant une tempête. **RG**

Pertes : Anglais, 1 navire pris ; Espagnols, 1 bateau coulé

< *Gravelines 1588* *Cadix 1596* >

Busan 24 mai 1592

Hideyoshi Toyotomi était parvenu à réunifier le pays dès 1591, et ordonna en 1592 l'invasion de la Chine de Ming, en passant par la Corée. Les Coréens résistèrent, et une rude bataille s'engagea. Busan, le port le plus important de Corée, fut la première ville conquise par les Japonais.

La conquête de Busan, le port le plus important de la côte méridionale de Corée, marqua le début de l'invasion du pays. Le premier groupe d'envahisseurs à accoster était constitué par les troupes commandées par Yoshitomo So – le daimyo (gouverneur féodal) de Tsushima, l'île du Japon la plus proche de la Corée –, qui connaissait bien la région. Le général coréen Chong Bal était à la tête de la garnison. Il fit couler tous ses navires dans le port et se retira avec l'ensemble de ses troupes dans l'enceinte de Busan. Refusant de se rendre, il ordonna à ses hommes de combattre jusqu'à la mort, mais il fut tué au cours de l'assaut. Parmi les Coréens, il y eut 8 000 victimes, et 200 hommes furent faits prisonniers.

Tandis que Yoshitomo So attaquait la forteresse principale de Busan, Yukinaga Konishi lançait une attaque contre un fort naval situé près du port, défendu par environ 6 000 Coréens. Konishi mena au combat ses troupes, qui escaladèrent des échelles tandis que le feu de leurs mousquets empêchait les Coréens de contre-attaquer. Le gouverneur du fort affirma qu'il ne se rendrait que sur ordre du roi de Corée. Konishi effectua une fausse retraite, et lança une attaque surprise le lendemain matin, à 4 heures. Les douves furent rapidement comblées par des roches et de la terre, et les Japonais escaladèrent les murailles. Le fort fut pris en l'espace de deux heures, et le port ainsi que la ville de Busan furent immédiatement placés sous protection militaire. **ST**

Pertes : Busan, presque la totalité de la garnison ; Japonais, très légères

Hansando 1592 ›

« L'utilisation de l'arquebuse par les Japonais contribua fortement à leur victoire. »

Stephen Turnbull, Japanese Castles in Korea 1592-1598

↑ *Les troupes japonaises de Yoshitomo So partent à l'assaut de la forteresse de Busan, sur un tableau de Byeon Bak.*

Hansan 14-16 août 1592

Durant l'invasion de la Corée par les Japonais, ces derniers, malgré leur supériorité sur le plan terrestre, furent vaincus sur la mer. Sous le commandement de l'amiral Yi Sun-sin, la marine coréenne interrompit progressivement l'approvisionnement des Japonais. Lorsque les Japonais tentèrent de détruire la flotte coréenne, ils tombèrent dans un piège qui se révéla meurtrier au cours de la bataille décisive de l'île Hansan.

À la recherche de l'amiral Yi et de sa flotte, les navires japonais dirigés par Yasuharu Wakizaka naviguèrent vers le sud-ouest, franchissant le détroit de Kyonnaeryang, qui sépare l'île de Koje du continent, et y jetèrent l'ancre pour la nuit. La rencontre avec leur adversaire eut lieu le lendemain matin, lorsque la flotte de Yi Sun-sin se dirigea vers le détroit et y découvrit 82 navires ennemis. La stratégie de l'amiral fut déterminée par le fait que le détroit était étroit et parsemé de rochers immergés ; il était difficile d'y combattre, car les navires coréens pourraient se heurter mutuellement, et en raison de son étroitesse, les Japonais pourraient s'échapper à terre. Yi Sun-sin décida donc d'effectuer une fausse retraite, afin d'attirer les Japonais vers le sud-ouest, où une vaste étendue de mer, bordée de plusieurs îles inhabitées, constituerait un lieu propice à une bataille navale.

La tactique fonctionna, et l'avant-garde constituée de six navires de Yi Sun-sin descendit le détroit, poursuivie par la totalité de la flotte de Yasuharu Wakizaka. Lorsque les Japonais eurent quitté l'étroit détroit rocheux et atteignirent la baie située près de l'île de Hansan, ils constatèrent que le corps principal de l'armée de l'amiral les y attendait. Les navires coréens étaient disposés en demi-cercle, une formation appelée « aile de grue » dans un récit de Yi Sun-sin. Trois bateaux tortue constituaient l'avant-garde, et la flotte coréenne était orientée sur le point central de sa formation. La mêlée fut sanglante, mais les navires coréens maintinrent initialement les navires japonais à distance de façon à pouvoir les bombarder sans prendre le risque d'un abordage.

Il y eut de nombreux combats au corps-à-corps, que Yi Sun-sin n'autorisait que lorsqu'un navire japonais était hors d'usage. Des récits de la bataille font état d'exploits individuels : le capitaine d'un bateau tortue, Yi Kinam, captura un navire ennemi et décapita sept Japonais ; et un certain Chong Un, capitaine originaire de Nokdo, détruisit deux grands navires portant le pavillon ennemi grâce à des tirs de canon et les incendia en totalité, décapita trois Japonais et libéra deux prisonniers de guerre coréens. Yasuharu Wakizaka lui-même eut de grandes difficultés à s'échapper.

La flotte japonaise fut bombardée de flèches en bois coiffées d'une pointe métallique qui brisaient leur coque et par des projectiles enflammés tirés par des mortiers semblables à ceux utilisés au cours des sièges par les Coréens. Ces tirs étaient sans doute effectués depuis des navires ouverts plutôt que depuis les bateaux tortue, entièrement cuirassés.

La destruction de la flotte de Wakizaka fut presque totale. Peu de navires en réchappèrent, et d'innombrables Japonais furent tués par des flèches et tombèrent dans l'eau. Cependant, tous les soldats japonais ne moururent pas, car environ 400 d'entre eux, épuisés, ne trouvant aucune échappatoire, désertèrent leur bateau et s'enfuirent à terre. Les Coréens victorieux, tout aussi épuisés, se retirèrent pour la nuit. Le matin suivant, l'amiral Yi Sun-sin sillonna la baie. La puissance navale des Japonais était anéantie. **ST**

Pertes : Japonais, 47 navires détruits et 14 pris, 9 000 morts ; Coréens, aucun navire perdu, 19 morts

< *Busan 1592*   *Byeokjegwan 1593* >

Un extrait des journaux de campagne de l'amiral Yi Sun-sin. →

十四日甲辰晴早朝別望進告內賊船其數鳴梁由入直向結陣處云即令諸船擧碇出海則賊船百三十餘隻回擁我船諸將士自度衆寡之勢便生回避之計右水使金億秋退在船之去二馬場外余促櫓突前亂放地玄各樣銃筒發如風雷軍官簇立船上如雨亂射賊徒不能抵當乍近然圍之數重勢將不測一船之人相顧失色余柔而論解曰賊船雖多難可直犯

Byeokjegwan 27 février 1593

Après l'invasion de la Corée par les Japonais, une immense armée chinoise, partant en guerre pour soutenir la dynastie Joseon, traversa le fleuve Yalu et repoussa les Japonais hors de Pyongyang. Les Japonais battirent alors en retraite, et la bataille de Byeokjegwan, le plus gros conflit de l'invasion de la Corée, leur apporta leur unique victoire.

La bataille de Byeokjegwan débuta par une action menée par l'arrière-garde de Takakage Kobayakawa destinée à laisser le temps à l'armée japonaise de se regrouper à Séoul, non loin du sud. À l'unité de 10 000 hommes de Kobayakawa vint s'ajouter la troupe de 3000 hommes de Kiyomasa Kato. Les Japonais se répartirent en deux divisions sur la colline de Byeokjegwan, le corps principal de l'armée se trouvant à l'arrière.

Les Chinois attaquèrent à l'aube et contraignirent les Japonais à battre en retraite. Les Japonais se retirèrent dans le calme, laissant les troupes chinoises se disperser. Finalement, voyant une occasion de renverser le cours des événements lorsque l'armée chinoise se détacha de sa propre arrière-garde, Takakage Kobayakawa lança une contre-attaque soutenue par les ailes de son armée.

Le combat se transforma en une vaste mêlée. Les Japonais obtinrent la victoire, notamment grâce à la qualité supérieure de leurs épées. Le commandant de l'armée chinoise, Li Rusong, était descendu de cheval et ne fut sauvé que grâce à la présence d'esprit de ses compagnons d'armes. Changeant de tactique, Kobayakawa fit reculer ses samouraïs pour permettre à ses mousquetaires de tirer sur les troupes chinoises et coréennes. Byeokjegwan constitua une étonnante victoire pour les Japonais, qui paraissaient battus, mais elle ne modifia pas le cours général des choses. **ST**

Pertes : Chinois, 2 000 à 8 000, et beaucoup d'autres, non pris en compte ; Japonais, probablement autant

< *Hansando 1592* *Haengju 1593* >

Invasions japonaises en Corée

Haengju 14 mars 1593

En dépit de sa victoire inattendue à Byeokjegwan, le moral de l'armée japonaise demeura bas après son invasion de la Corée. Au lieu de prendre l'offensive, l'armée s'était retirée à Séoul et veillait désormais à défendre la ville. Cependant, le général coréen Kwon Yul remporta une victoire au château de Haengju, au nord-ouest de Séoul.

Le château de Haengju était situé sur une montagne et protégé naturellement au sud par le fleuve Han. Sur ses trois autres côtés, le fort était entouré de terrains marécageux. L'armée coréenne atteignait 10 000 hommes, dont 1 000 moines soldats coréens commandés par un moine général, Cho Yon. Kwon Yul mena 2300 hommes au château de Haengju, répara ses murs, fit installer des palissades et se prépara à tenir un siège. Environ 30 000 soldats japonais encerclèrent ensuite le fort.

À environ 6 heures du matin, l'armée de Yukinaga Konishi s'avança. Les Coréens lancèrent des fusées depuis des chariots, ainsi que des pierres. Ils jetèrent également de la poudre sur l'ennemi pour l'aveugler. Toutes les femmes participèrent au combat et transportèrent des pierres dans leurs tabliers pour les lancer. Des volées de fusées et de flèches touchèrent les troupes ennemies qui s'avançaient en formation dense, et le moral de ces dernières fut sévèrement atteint. C'est alors que l'armée japonaise se lança à l'attaque et que s'engagea un rude combat au corps-à-corps. Kwon Yul tira sa propre épée et se lança dans un combat individuel, tout en continuant à donner des ordres. La bataille était fluctuante, et les Japonais furent confrontés aux renforts arrivés pour soutenir l'armée coréenne. Ils battirent donc en retraite. Cette bataille fut une victoire importante pour la Corée, car elle entraîna l'évacuation de Séoul. **ST**

Pertes : Coréens, chiffres inconnus ; Japonais, 24 000 morts sur 30 000 hommes

< *Byeokjegwan 1593* *Jinju 1593* >

Invasions japonaises en Corée

Jinju 21-29 juin 1593

Jinju était la forteresse la plus importante du sud de la Corée. Les Japonais avaient déjà tenté de s'en emparer, en vain; à l'été 1593, une nouvelle tentative aboutit à la dernière bataille terrestre de la première invasion japonaise. Leur victoire fut source de satisfaction, malgré la morosité régnant parmi les troupes en raison de leur retrait.

Le 21 juin 1593, après l'échec de Tadaoki Hosokawa l'année précédente, une immense armée japonaise s'avança vers le château de Jinju. Elle était constituée des troupes de Yukinaga Konishi, de Kiyomasa Kato et de Hideie Ukita, les troupes de Takakage Kobayakawa étant postées sur une montagne au nord pour servir de corps de réserve. L'attaque japonaise eut lieu sur l'autre rive du fleuve Chinyang. La bataille consista en un assaut violent destiné à s'emparer du fort dès la première tentative, mais l'assaut fut repoussé trois fois. La garnison de Jinju bombarda les Japonais – partis à l'assaut du fort sur des échelles – de jets de pierres, de troncs d'arbres et d'eau bouillante. Voyant que la garnison était déterminée à ne pas laisser les Japonais escalader les murs, Kiyomasa Kato ordonna la construction de quelques charrettes en bois solides, renforcées par des peaux résistantes au feu et abritées contre les jets de projectiles, et les Japonais détachèrent les pierres du fort à l'aide de gros pieds-de-biche.

Au bout de plusieurs jours, un morceau de mur s'effondra. La garnison de Jinju avait résisté à l'armée japonaise durant sept jours, mais le 29 juin, les attaquants parvinrent à pénétrer dans le fort par la brèche qu'ils avaient percée dans le mur. La chute de Jinju au cours de cette seconde tentative fut considérée par les Coréens comme leur plus grande défaite face aux Japonais depuis le début de la guerre. **ST**

Pertes : Japonais, chiffres inconnus ;
Coréens, 60 000 morts, dont des civils

Haengju 1593 | *Chilchonryang 1597*

Guerre anglo-espagnole

Cadix 20 juin-5 juillet 1596

La défaite de l'Invincible Armada espagnole en 1588 constitua un désastre diplomatique et militaire pour l'Espagne, mais elle aboutit à une reconstitution et à un renforcement de la flotte. En 1596, les Anglais menèrent de nouveau une attaque préventive à Cadix contre les Espagnols, qui souhaitaient envahir l'Angleterre pour la seconde fois.

Après 1588, la rivalité maritime entre l'Angleterre et l'Espagne ne fit que croître. L'Angleterre lança une contre-attaque contre l'Espagne l'année suivante, qui échoua. Mais, les Anglais s'en prirent aux navires espagnols transportant des richesses du Nouveau Monde. Philippe II d'Espagne constitua une nouvelle flotte pour envahir l'Angleterre. Pour contrer cette invasion, une vaste flotte anglaise et néerlandaise composée d'environ 120 navires quitta Plymouth le 3 juin 1596 afin de déjouer les projets des Espagnols. Une fois parvenus à Cadix, les Anglais détruisirent deux galions espagnols et en prirent possession. Le comte d'Essex, l'un des deux commandants de l'expédition, fit prendre d'assaut et occuper la ville par ses hommes. Cadix fut mise à sac, mais les Anglais ne parvinrent pas à s'emparer des riches navires marchands de son port intérieur. Essex souhaitait occuper la ville et y installer une garnison permanente, mais lord Howard of Effingham, l'autre commandant, qui avait participé à la précédente bataille de Cadix, refusa, car beaucoup d'Anglais souhaitaient revenir du pays avec leur butin.

Laissant la ville en flammes, les Anglais se retirèrent le 5 juillet. L'honneur espagnol avait été bafoué, mais il n'empêcha pas le départ d'une seconde flotte quatre mois plus tard. Toutefois, les Espagnols furent de nouveau contraints de faire demi-tour en raison des conditions météorologiques. **SA**

Pertes : Anglais, aucun navire sur 120 ;
Espagnols, 2 navires coulés et 2 navires pris

Flores 1591 | *Santa Cruz 1657*

Keresztes 24-26 octobre 1596

L'Europe chrétienne entretenait l'illusion que la puissance de l'Empire ottoman turc avait été ébranlée par sa défaite à la bataille de Lépante. Mais au cours de la violente bataille de Keresztes, au lieu de reprendre la Hongrie et la Bulgarie aux Turcs, les chrétiens y subirent une lourde défaite.

En 1593, une guerre éclata entre la monarchie des Habsbourg et l'Empire ottoman au sud-est de l'Europe. En 1595, après quelques victoires ottomanes, une alliance chrétienne fut constituée par le pape Clément VIII pour empêcher les Turcs de s'emparer de Vienne. Conduite par l'archiduc Maximilien d'Autriche et Sigismond, le prince de Transylvanie, l'alliance prit l'offensive, tentant de conquérir les territoires ottomans situés sur l'autre rive du Danube. La prise de la forteresse de Hatvan incita le sultan ottoman, Mehmed III, à intervenir. Il assiégea la forteresse stratégique d'Eger, dont il parvint à s'emparer. Ses conseillers lui recommandèrent d'affronter l'armée chrétienne, et à Keresztes, Mehmed III fit face à une armée retranchée. Les Ottomans assaillirent leurs ennemis, mais furent repoussés plusieurs fois par leur artillerie et de petites armes à feu, et semblaient avoir été battus.

Le deuxième jour de la bataille, quelques soldats chrétiens pénétrèrent dans le camp du sultan. Attirés par la perspective d'un butin, ils furent repoussés par les cuisiniers et les gardiens turcs des chameaux, qui employèrent des armes improvisées. Les soldats chrétiens s'enfuirent. Les soldats du corps d'armée principal du sultan s'en aperçurent, et pensant que toute l'armée chrétienne battait en retraite, s'avancèrent en nombre. Les troupes autrichiennes et transylvaniennes furent encerclées et massacrées. La défaite s'était transformée en victoire pour l'Empire ottoman, et une grande partie de la Bulgarie et de la Hongrie demeura sous le contrôle des Ottomans. **TB**

« Les soldats chrétiens prirent les coffres de pièces d'or… et se mirent à danser autour. » *İbrahim Peçevi, chroniqueur, décrivant les pilleurs de Keresztes*

↑ *Le siège victorieux de Mehmed à Eger, représenté par ce tableau du XVIe siècle, l'incita à attaquer Keresztes.*

Pertes : chiffres inconnus

‹ *Lépante 1571* *Khotyn 1621* ›

Chilchonryang 28 août 1597

En 1597, les Japonais organisèrent une seconde invasion de la Corée. Leur succès fut partiellement dû à l'incapacité de la marine coréenne à arrêter l'invasion. En effet, l'amiral coréen Yi Sun-sin avait été remplacé par un rival incompétent, dont l'armée fut écrasée par les Japonais à Chilchonryang.

La bataille maritime nocturne de Chilchonryang fut l'unique victoire navale japonaise de la guerre. La flotte coréenne quitta l'île de Hansan pour aller à la rencontre de l'ennemi, à proximité de Busan. Weon Gyun ordonna à la flotte coréenne d'attaquer. Trente navires furent perdus avant qu'il ne décide de battre en retraite avec ses hommes dans l'île de Gadeok, un abri illusoire. Gadeok était l'une des îles qui avaient été fortifiées par l'occupant japonais, et la garnison qui s'y trouvait attaqua immédiatement les Coréens qui débarquèrent à la recherche d'eau et de provisions. Environ 400 hommes furent tués au cours de ce bref affrontement, puis la flotte coréenne reprit la mer en hâte et contourna la côte nord de Geoje afin de trouver un abri temporaire dans les détroits de Chilchonryang.

Les Japonais décidèrent de lancer une attaque nocturne. L'amiral Yi Sun-sin aurait excellé dans ce type de bataille navale. Or la flotte japonaise bombarda les infortunés Coréens, qui, surpris, n'utilisèrent pas leur tactique traditionnelle, consistant à détruire la flotte ennemie à distance grâce à des tirs d'artillerie.

Lorsque la bataille s'acheva, plus de 150 épaves de navires coréens brûlées et en pièces flottaient dans le détroit, et tous les survivants qui avaient combattu à terre furent tués par la garnison de l'île de Geoje. Weon Gyun figurait parmi eux. **ST**

Pertes : Coréens, 157 navires sur 169, pertes humaines presque totales ; Japonais, chiffres inconnus

< Jinju 1593 Myongyang 1597 >

Myongyang 26 octobre 1597

L'amiral Yi Sun-sin était de nouveau à la tête de la marine coréenne. Après la défaite de Chilchonryang, il transféra sa base vers l'extrémité sud-ouest de la Corée, dans un détroit appelé Myongyang connu pour ses très fortes marées. C'est là qu'il vainquit la marine japonaise.

Les navires japonais continuaient de progresser le long de la côte et Yi Sun-sin se demandait comment il pourrait tirer profit des marées inhabituelles de Myongyang pour battre les Japonais. La cadence de la marée du détroit est l'une des plus rapides des eaux coréennes, et peut atteindre 9,5 à 11,5 nœuds. La marée provient en outre tantôt du nord, tantôt de l'ouest, et alterne entre ces deux directions toutes les trois heures. Ce phénomène était le seul avantage dont disposait Yi Sun-sin, car il ne possédait plus que 12 navires sauvés de la bataille de Chilchonryang, alors que les Japonais en possédaient 133.

Le combat, qualifié par les Coréens de « miracle de Myongyang », commença lorsque la flotte lourdement armée des Japonais s'approcha du détroit depuis Oranpo grâce à une marée favorable. Yi Sun-sin prit position en haute mer, juste au nord du détroit. Lorsque les Japonais furent parvenus au milieu du détroit de Myongyang, il passa à l'attaque. Sa minuscule flotte fut encerclée immédiatement, mais Yi Sun-sin adopta sa tactique éprouvée, consistant à maintenir les navires japonais à distance pour éviter l'abordage, en les bombardant et en tirant des volées de flèches. Au cours du combat, la marée changea de direction et commença à repousser les navires japonais le long du détroit. Les Coréens continuèrent de les bombarder, détruisant un nombre de vaisseaux autrement plus nombreux que les leurs. La bataille confirma de nouveau la supériorité navale de la Corée. **ST**

Pertes : Japonais, 31 navires, 8 000 à 12 000 morts ou blessés ; Coréens, aucun bateau, 2 morts, 3 blessés

< Chilchonryang 1597 Sacheon 1598 >

Barrills of Powder
Burnt
Bagnoll our
generall place

Guerre de Neuf Ans

Yellow Ford 14 août 1598

La bataille qui se déroula à Yellow Ford, près du fleuve Blackwater dans le comté d'Armagh, fut le point culminant de la guerre de Neuf Ans qui éclata dans l'Ulster, au nord de l'Irlande. La défaite des troupes anglaises face aux Irlandais fut la plus sévère que l'Angleterre ait jamais subie en Irlande.

La guerre débuta dans le nord de l'Irlande en 1593, après que le lord-député anglais d'Irlande, sir Edward Fitzwilliam, eut menacé le pouvoir des seigneurs du Nord. Hugh O'Neill, deuxième comte de Tyrone, révolté, monta une armée très disciplinée qui eut plusieurs fois le dessus sur les troupes anglaises.

En 1597, les Anglais avaient construit un fort sur le fleuve Blackwater, à environ 8 km au nord-ouest de la ville de garnison d'Armagh, afin de soutenir les expéditions militaires à destination du comté voisin de Tyrone. Peu après la construction du fort, le comte de Tyrone l'assiégea. En août 1598, une troupe d'expédition anglaise composée de six régiments partit libérer le fort, mais fut immédiatement attaquée par le feu des mousquets et une volée de lances projetées par les rebelles se cachant dans les bois voisins. Les six régiments furent séparés : celui qui se trouvait à l'arrière resta immobilisé pour garder une pièce d'artillerie tirée par des bœufs dont une roue était abîmée et qui s'était enlisée ; le régiment placé à l'avant traversa un large fossé mais dut battre en retraite sous un feu nourri. Puis la situation empira, car le commandant de l'expédition, Henry Bagenal, reçut une balle dans la tête, et le stock de poudre des Anglais explosa. O'Neill saisit cette occasion pour attaquer l'expédition avec sa cavalerie, à laquelle l'infanterie emboîta le pas. Les Anglais furent rapidement battus et subirent de lourdes pertes. **SA**

Pertes : Irlandais, 300 morts ; Anglais, 900 morts et 900 déserteurs sur 4 000 hommes

Kinsale 1602 >

Invasions japonaises en Corée

Sacheon 30 octobre 1598

Après la mort d'Hideyoshi Toyotomi, les Japonais évacuèrent la Corée, protégés par les garnisons des *wajo*, série de forts japonais. Pour empêcher leur évacuation, les Chinois et les Coréens attaquèrent les trois plus grands *wajo*, à Ulsan, Sacheon et Suncheon, et furent vaincus à chaque fois.

Le fort de Sacheon abritait une garnison de 8 000 hommes dont le commandement était assuré par un père et son fils, Yoshihiro et Tadatsune Shimazu. Il protégeait un port naturel et jouait un rôle crucial dans les communications avec le Japon. Vers la mi-septembre 1598, le général chinois Ton Yuan avait assemblé une armée de 34 000 Chinois et de 2 000 Coréens. Le 1er octobre 1598, l'armée alliée parvint à Sacheon, arrivant légèrement trop tard pour empêcher les renforts de rejoindre Yoshihiro Shimazu à l'intérieur du fort.

Les deux parties en présence firent preuve d'une grande ingéniosité dans leurs tactiques d'attaque et de défense. Les Chinois se servirent d'un bélier combiné à un canon contre le portail principal. Les Japonais parvinrent à le détruire et lancèrent sur l'armée chinoise des projectiles enflammés à l'aide d'une catapulte. L'un atteignit le stock de poudre des Chinois. Le dernier jour du siège, Yoshihiro Shimazu mena son armée à l'extérieur pour affronter les Chinois et les Coréens sur le champ de bataille. Trois divisions attaquèrent simultanément depuis les trois portes situées côté terre. La puissance de l'attaque rompit les lignes des assiégeants, qui furent repoussés jusqu'au fleuve, et comptèrent de nombreuses victimes. L'échange fut bref, mais les Chinois et les Coréens furent vaincus. Plus de 37 000 têtes y auraient été coupées, dont les nez furent prélevés et envoyés au Japon comme trophées. **ST**

Pertes : Coréens et Chinois, très élevées, 37 000 hommes décapités, mais 80 000 morts selon les sources Ming ; Japonais, très peu de pertes

< *Myongyang 1597*

No Ryang 1598 >

Représentation de la bataille de Yellow Ford, v. 1600, exposée à la bibliothèque du Trinity College, Dublin.

Invasions japonaises de la Corée

No Ryang 17 décembre 1598

L'évacuation de la Corée par les troupes japonaises fut contrecarrée par l'amiral coréen Yi Sun-sin lorsque la flotte ennemie emprunta le détroit de No Ryang. Cette ultime victoire coréenne fut toutefois ternie par le sort de l'amiral Yi, mortellement blessé d'un coup d'arquebuse à bord de son navire amiral.

La reprise de l'activité navale coréenne contraignit les Japonais à emprunter l'itinéraire le plus court et à longer le littoral en passant par le détroit de No Ryang, qui sépare l'île de Namhae et le continent coréen. L'amiral Yi Sun-sin anticipa leur décision et plaça sa flotte en pleine mer, à l'embouchure ouest du détroit.

En pleine nuit, Yi apprit que la flotte japonaise était entrée dans le détroit de No Ryang et y était actuellement à l'ancre. C'était pour les Coréens l'occasion idéale pour lancer une attaque surprise et, en quelques heures seulement, la moitié de la flotte japonaise fut soit démantelée, soit incendiée. L'amiral Yi se trouvait au cœur des combats quand il se porta au secours de l'amiral chinois Chen Lin, dont le navire amiral était encerclé de toutes parts par des bâtiments japonais et dont les hommes devaient se battre au corps-à-corps contre leurs adversaires.

Quand le jour se leva, les Japonais battirent en retraite et, comprenant que les Coréens tenaient là leur dernière chance de l'emporter, l'amiral Yi ordonna de se lancer à leur poursuite. Au moment même où la victoire allait lui revenir, il reçut un tir d'arquebuse au niveau de l'aisselle gauche. Il mourut quelques minutes plus tard, entouré de quelques proches à qui il demanda de garder le secret. Son corps fut recouvert d'un bouclier et son neveu Yi Wan revêtit sa cuirasse pour donner l'illusion. La bataille perdura jusqu'à sa conclusion ultime. Sur 500 vaisseaux japonais, seuls 50 parvinrent à s'échapper. **ST**

Pertes : Japonais, 450 navires sur 500 ;
Coréens, aucun navire perdu, 500 morts

< *Sacheon 1598* *Sekigahara 1600* >

Révolte néerlandaise

Nieuport 2 juillet 1600

Nieuport fut l'une des meilleures démonstrations du génie de Maurice de Nassau. À la tête de l'armée des jeunes Provinces-Unies hollandaises, il parvint à chasser les Espagnols du terrain. Pour la première fois, les Hollandais avaient vaincu leurs anciens maîtres en bataille rangée.

Au cours des années suivant la bataille de Zutphen, les Pays-Bas avaient été divisés en Provinces-Unies protestantes au nord et Flandres catholiques, régies par l'Espagne, au sud. Pour réduire les attaques contre les vaisseaux hollandais, Maurice de Nassau avait été envoyé en Flandres pour s'emparer des bastions pirates qu'étaient Nieuport et Dunkerque. Les forces d'invasion (auxquelles participaient quelques régiments anglais) franchirent l'Escaut le 22 juin et longèrent le littoral. Les Hollandais pensaient que les récentes mutineries au sein de l'armée espagnole faciliteraient leur tâche. Ce ne fut pas le cas.

Le 30 juin, le gouverneur général de Flandres, l'archiduc Albert d'Autriche, arriva avec une armée expérimentée. Après qu'une série d'escarmouches eut fait reculer les Hollandais, l'armée de Maurice de Nassau fut immobilisée dans les dunes près de Nieuport. L'artillerie hollandaise repoussa une première charge de la cavalerie espagnole ; les Hollandais avaient placé des nattes en bois sous leurs armes à feu afin de tirer et de les déplacer facilement sans qu'elles s'enfoncent dans le sable. Toutefois, l'infanterie espagnole, la meilleure d'Europe à l'époque, repoussa lentement les Hollandais. Mais ceux-ci avaient connu des années d'entraînement et ne rompaient pas les rangs. Au crépuscule, Maurice de Nassau lâcha la cavalerie de réserve sur l'armée espagnole épuisée et vint à bout de sa résistance. Bien que peu significative, cette victoire montra tout le génie de Maurice de Nassau. **JF**

Pertes : Espagnols, 2 000 à 3 000 morts sur 10 000 hommes ;
Hollandais, 2 000 à 3 000 morts sur 15 000 hommes

< *Zutphen 1586* *Ostende 1601* >

Deux phases de la bataille de Nieuport, collection d'atlas de Frederik Willem Van Loon (1644-1708). 

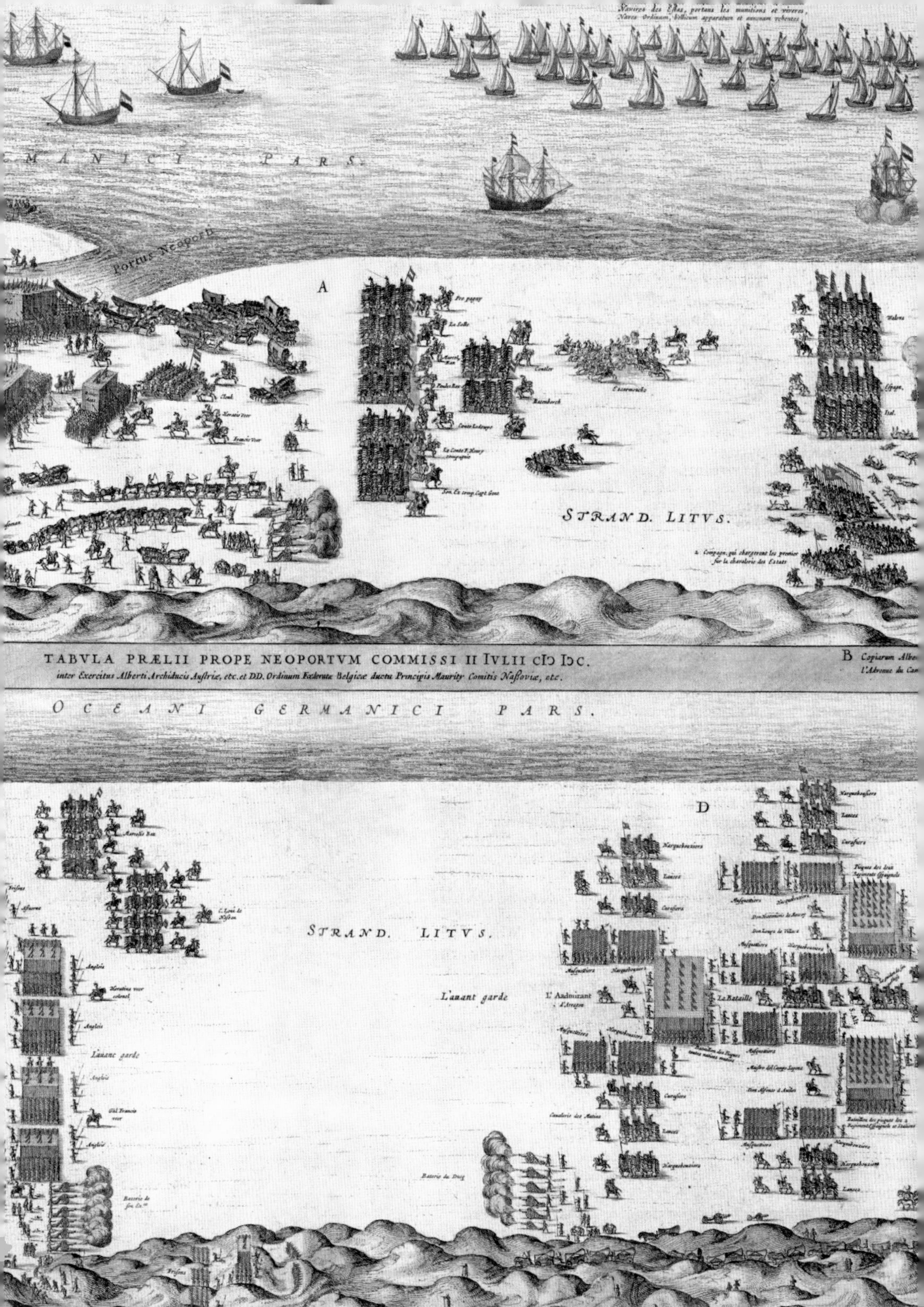
Navires des Estas, portans les munitions et viveres,
Naves Ordinum, bellicum apparatum et annonam vehentes
MANICI PARS.
Portus Neoporti
A
STRAND. LITVS.
TABVLA PRÆLII PROPE NEOPORTVM COMMISSI II IVLII CIƆ IƆC.
inter Exercitus Alberti Archiducis Austriæ, etc. et DD. Ordinum Fœderatæ Belgicæ ductu Principis Mauritÿ Comitis Nassoviæ, etc.
B Copiarum Albe
l'Advoue du Can
OCEANI GERMANICI PARS.
D
STRAND. LITVS.
L'auant garde
L'Admirant d'Aragon
La Bataille
Lauant garde
Baterie du Duc

Sekigahara 21 octobre 1600

Hideyori monta sur le trône du Japon à l'âge de cinq ans, après la mort de son père, Hideyoshi Toyotomi. Des régents furent nommés, mais deux factions émergèrent : une coalition de généraux d'une part et, d'autre part, Ieyasu Tokugawa qui contrôla l'est du pays. Il défit l'alliance à Sekigahara et fonda le shogunat Tokugawa.

La coalition (armée de l'Ouest) était placée sous le commandement de Mitsunari Ishida, qui avait disposé ses forces à l'extrémité occidentale de la vallée de Sekigahara. Il projetait de retenir au centre de celle-ci Tokugawa (armée de l'Est) ; ensuite Hideaki Kobayakawa fondrait sur elle depuis la gauche, tandis que d'autres généraux la prendraient à rebours.

Au lever du jour, l'armée de l'Est s'était avancée pour affronter les troupes de la coalition sur toute la largeur de la vallée. Un épais brouillard persista jusqu'à 8 heures du matin, puis les combats commencèrent. Les divisions centrales furent les premières engagées et les premiers coups de feu de la bataille furent certainement tirés par les troupes de la coalition sur celles de Li Naomasa, de l'armée de l'Est. La coalition réussit à repousser ceux de l'Ouest, mais ces derniers se regroupèrent et la ligne de front ne cessa d'évoluer. Les premiers rangs de l'armée de l'Est foncèrent sur Mitsunari Ishida, alors que le second rang s'attaquait aux assaillants menés par Yukinaga Konishi, l'allié d'Ishida.

« Bandits et traîtres furent vaincus, et le royaume tout entier se soumit au seigneur Ieyasu. »

Hayashi Gahō, historien Tokugawa

Toutes les divisions principales étaient maintenant engagées et Ishida trouva le moment opportun pour allumer les feux incitant Kobayakawa à quitter sa position élevée. Or celui-ci ne déplaça pas un seul homme, de sorte qu'Ieyasu ne crut pas aux nouvelles évoquant son ralliement. Il envoya des hommes tirer sur la division de Kobayakawa pour voir comment il réagirait, et ce dernier répondit en lançant ses troupes sur le flanc de Yoshitsugu Otani, dont le contingent se trouvait tout près des troupes de la coalition. Otani s'attendait de toute évidence à ce type de mouvement, parce que ses hommes se retournèrent dans le plus grand calme et repoussèrent l'attaque traîtresse ; les pertes furent cependant considérables. Ieyasu lança ensuite une attaque générale sur la ligne de front et d'autres contingents de l'armée de coalition, menés par Mototsuna Kuchiki et Yasuharu Wakisaka, donnèrent leur maximum. Otani était attaqué sur trois côtés. Lépreux et handicapé suite à une maladie, il quitta le palanquin qui le transportait et demanda à un serviteur de lui ôter la vie.

Entre-temps, la division de Yukinaga Konishi avait été lentement repoussée. Les hommes de Kobayakawa se jetèrent sur ceux d'Otani pour attaquer Konishi par derrière. L'armée de la coalition commença alors à se scinder. Seule la formation des Shimazu était intacte, mais il y eut très vite beaucoup de victimes, dont le frère du commandant, Yoshihiro Shimazu. À la tête de 80 survivants, il réussit à traverser l'armée de l'Est pour retrouver la route du château d'Ogaki. Malheureusement, la route en question l'emmena au sud-ouest du mont Nangu où stationnaient les réservistes d'Ishida, et ses hommes comprirent qu'ils étaient perdus. Quelques-uns avaient déjà décidé de se rallier à Ieyasu ; d'autres hésitaient, ne sachant comment interpréter les rapports confus qu'ils recevaient. À la suite de cela, les contingents qui auraient pu éviter la défaite à Ishida se retirèrent de Sekigahara. **ST**

Pertes : Ishida, jusqu'à 32 000 morts ;
Tokugawa, nombre inconnu mais bien moindre

< *No Ryang 1598* *Osaka 1615* >

Détail d'un paravent du XVIIe siècle représentant le château de Nijo, demeure de la famille Tokugawa à Kyoto. 

Révolte néerlandaise

Ostende 15 juillet 1601-22 sept. 1604

L'effort espagnol pour arracher aux Hollandais le port d'Ostende, dernier bastion protestant en Flandres, dura plus de trois ans. Ce fut l'épisode le plus sanglant de la révolte des Pays-Bas. Sa longueur et sa violence furent telles qu'on lui donna le surnom de « nouvelle Troie ».

Après Nieuport, les maîtres des Pays-Bas espagnols voulurent s'emparer de la dernière enclave hollandaise en Flandres. Le 15 juillet 1601, une armée espagnole de 20 000 hommes menée par Albert d'Autriche assiégea Ostende. La garnison de la ville en comptait 3 500, placés sous les ordres du général anglais Francis Vere.

Hiver 1601. Les maladies et la mort avaient considérablement affaibli les défenseurs. Pour retarder une attaque espagnole imminente et donner aux renforts le temps d'arriver par la mer, Vere demanda à parlementer avec Albert. Le stratagème réussit et permit à 1 200 hommes de débarquer. Les Espagnols lancèrent le 7 janvier 1602 un assaut qui se voulait définitif, mais ils furent repoussés et déplorèrent 1 000 morts pour avoir mal calculé les marées.

En mars 1602, la garnison anglo-hollandaise était à présent de 7 000 hommes ; le ravitaillement se faisait régulièrement et la détermination d'Ostende semblait inébranlable. Les Espagnols reprirent espoir avec le général italien Ambrogio Spinola qui arriva aux Pays-Bas avec ses 9 000 soldats. Spinola proposa de financer le siège en échange du commandement des troupes et c'est ce qu'il advint en septembre 1602. Les ingénieurs italiens de Spinola minèrent les murs d'Ostende ; les défenseurs furent repoussés au cours d'escarmouches sanglantes survenues dans les tranchées entourant la ville. Ostende finit par se rendre le 22 septembre 1604 et Spinola y fit une entrée triomphale. **JF**

Pertes : Espagnols, 60 000 morts ;
Anglo-hollandais, 30 000 morts

Nieuport 1600 — *Gibraltar 1607*

Guerre de Neuf Ans

Kinsale 3 janvier 1602

La guerre de Neuf Ans éclata en Irlande quand l'Ulster se révolta contre la domination anglaise. Le siège de Kinsale en fut l'apogée. La victoire anglaise mit un terme aux révoltes et initia en Ulster des transformations religieuses et économiques encore visibles aujourd'hui.

Menés par Hugh O'Neill, comte de Tyrone et roi sans couronne d'Irlande, les catholiques irlandais se révoltèrent pour la première fois en 1593. Ils attendirent longtemps l'aide de l'Espagne catholique, ennemie traditionnelle de l'Angleterre protestante, et celle-ci arriva enfin en 1601.

Le 2 octobre, 4 000 Espagnols débarquèrent à Kinsale, près de Cork, à l'extrême-sud du pays, et fortifièrent la ville. Représentant de l'Angleterre en Irlande, lord Mountjoy quitta Dublin pour assiéger les belligérants et fit venir des renforts anglais par Oysterhaven, à l'est de Kinsale. Au nord, deux armées rebelles menées par O'Neill et Hugh Roe O'Donnell marchèrent vers le sud pour faire la liaison avec les troupes espagnoles.

Mountjoy laissa quelques régiments pour garder le campement et surveiller les Espagnols assiégés dans Kinsale et alla affronter les rebelles au nord-ouest de la ville. O'Neill tint les hauteurs, mais ses alliés ne vinrent pas à son secours : il lui fallut abandonner ses positions et battre en retraite dans les marais avec l'espoir de voir s'y embourber la cavalerie anglaise. Son plan échoua et la charge anglaise dispersa ses hommes. La plupart regagnèrent l'Ulster et les Espagnols décidèrent de rentrer au pays.

Deux ans plus tard, la rébellion irlandaise s'acheva. O'Neill et d'autres comtes catholiques se réfugièrent en Europe, laissant ainsi les Anglais mettre un terme à la domination irlandaise de l'Ulster, s'emparer des terres et y installer des protestants venus d'Écosse. **SA**

Pertes : Anglais, 400 morts sur 7 200 hommes ;
Irlandais, 1 200 morts sur 6 000 hommes

Yellow Ford 1598 — *Rathmines 1649*

Guerre suédo-polonaise

Kircholm 27 septembre 1605

La Suède et la Pologne-Lituanie étaient en guerre depuis 1600 pour le contrôle du sud-est de la Baltique. À Kircholm, près de Riga, la cavalerie lituano-polonaise anéantit l'infanterie suédoise sans être toutefois capable de mettre définitivement fin au conflit.

Le dirigeant suédois, Charles IX, assiégeait Riga quand une armée lituano-polonaise – commandée par le Lituanien Jan Karol Chodkiewicz – entreprit de mettre un terme au siège. Charles la pourchassa sur près de 10 km avec ses 10 868 hommes (8 368 fantassins et 2 500 cavaliers) dont beaucoup étaient des mercenaires étrangers. L'armée de Chodkiewicz était trois fois moindre (1 000 fantassins et 2 600 cavaliers).

Charles occupa une crête dominant la plaine et divisa ses armées en quatre lignes : fantassins pour la première et la troisième, cavalerie pour la deuxième et la quatrième. L'infanterie était organisée selon le nouveau style occidental (piques au centre et armes à feu sur les bords). Chodkiewicz entreprit de faire abandonner leurs positions aux Suédois en lançant de fausses charges de cavalerie avant de faire semblant de se retirer. Charles tomba dans le piège et ordonna à son armée de se battre dans la plaine.

À cet instant, les hussards ailés lituano-polonais – cavaliers d'élite armés de lances de cinq mètres de long et dont les ailes attachées aux selles produisaient une sorte de vrombissement quand ils chargeaient – fondirent avec succès sur l'infanterie suédoise. Charles réussit à se maintenir provisoirement en déployant sur deux flancs ses cavaliers de réserve, mais ceux-ci furent rapidement repoussés. L'infanterie et les hussards lituano-polonais ne tardèrent pas à massacrer les fantassins suédois et Charles fut contraint de lever le siège devant Riga. **JF**

Pertes : Suédois, 9 000 morts sur 10 868 hommes ; Lituano-Polonais, 100 morts sur 3 600 hommes

Klouchino 1610 ›

Guerre hollando-portugaise

Cap Rachado 18 août 1606

La bataille navale du cap Rachado opposa Hollande et Portugal, deux puissances européennes cherchant à s'assurer le monopole du commerce des épices. Si les Portugais revendiquèrent la victoire, la bataille marqua une étape importante de l'implantation hollandaise aux Indes orientales.

En 1511, les Portugais avaient pris au sultan musulman le port de Malacca afin de contrôler le commerce dans le détroit séparant Sumatra et la péninsule malaise. Ils fortifièrent la ville pour la protéger des attaques lancées par les descendants du sultan, maîtres du sultanat voisin de Johor. En 1606, la Compagnie néerlandaise des Indes orientales, fondée pour développer les intérêts coloniaux hollandais en Asie, envoya onze vaisseaux faire le blocus de Malacca. Les Portugais réagirent en envoyant une flotte commandée par le vice-roi portugais Dom Martin Afonso de Castro, qui arriva sur place le 14 août.

Quatre jours plus tard, les vents changeants donnèrent aux Portugais la possibilité d'affronter leurs adversaires au large du cap Rachado, le but étant de s'emparer des navires hollandais plus petits. Parmi ceux-ci, quelques-uns se percutèrent dans leur fuite et les Portugais purent éperonner leurs ennemis. Ce furent alors des combats au corps-à-corps et des canonnades à bout portant. Les incendies déclarés à bord menaçaient les navires des deux camps. Les Hollandais finirent par battre en retraite pour se réfugier à Johor, où ils récoltèrent les fruits de leur courage : impressionné par leur combativité, le sultan accepta une alliance contre les Portugais. Cet accord sera décisif à long terme, car le Portugal n'aura pas les ressources nécessaires pour défendre Malacca contre la marine hollandaise et les forces terrestres de Johor. La ville tombera aux mains des Hollandais en 1641. **RG**

Pertes : Hollandais, 2 navires perdus, 150 morts ; Portugais, 2 navires perdus, 500 morts

Salvador de Bahia 1625 ›

Gibraltar 25 avril 1607

Après la perte d'Ostende, les Provinces-Unies se préparèrent à une campagne maritime contre l'Espagne. Son point culminant fut l'attaque audacieuse de la flotte espagnole dans le port de Gibraltar, l'une des plus grandes victoires navales hollandaises de la guerre d'indépendance.

Depuis 1599, les Provinces-Unies envoyaient des navires de guerre vers le littoral sud de l'Espagne pour chercher à démanteler le commerce ennemi. Après les pertes subies en Flandres, les Hollandais lancèrent une attaque surprise audacieuse contre la flotte espagnole. Le commandant hollandais Jacob Van Heemskerk envoya ses 26 bâtiments de guerre vers la baie de Gibraltar, où une flotte espagnole était à l'ancre. L'amiral espagnol, don Juan Alvarez de Avila, commandait 21 navires dont 10 grands galions et sa puissance de feu était supérieure.

Lors de la première approche, Van Heemskerk, sur son navire amiral l'*Aeolus*, prit pour cible le navire amiral ennemi, le *San Augustin*. Lors de l'engagement, un boulet de canon arracha la jambe de Van Heemskerk, qui mourut. Le capitaine de l'*Aeolus*, Verhoef, prit le commandement de la flotte sans toutefois révéler la mort de l'amiral ; l'amiral espagnol fut tué au cours de la bordée suivante.

Plus petits, les vaisseaux hollandais harcelaient les navires espagnols, plus puissants, se mettant à deux pour attaquer chaque galion. Un bâtiment espagnol explosa avec l'incendie des réserves de poudre et les flammes se propagèrent aux autres vaisseaux espagnols en plein désarroi. Alors que les autres navires étaient soit coulés soit ravagés par le feu, le *San Augustin* plutôt mal en point hissa le drapeau blanc, mais les Hollandais refusèrent sa reddition avant de faire feu ou de sabrer les survivants cherchant à fuir à la nage. **JF**

Pertes : Espagnols, intégralité des 21 navires, de 2 000 à 4 000 morts ; Hollandais, aucun navire, 100 morts

Ostende 1601 | *Bréda 1624*

Explosion du navire amiral espagnol dans La Bataille de Gibraltar *de Cornelis Claesz Van Wieringen (v. 1622).*

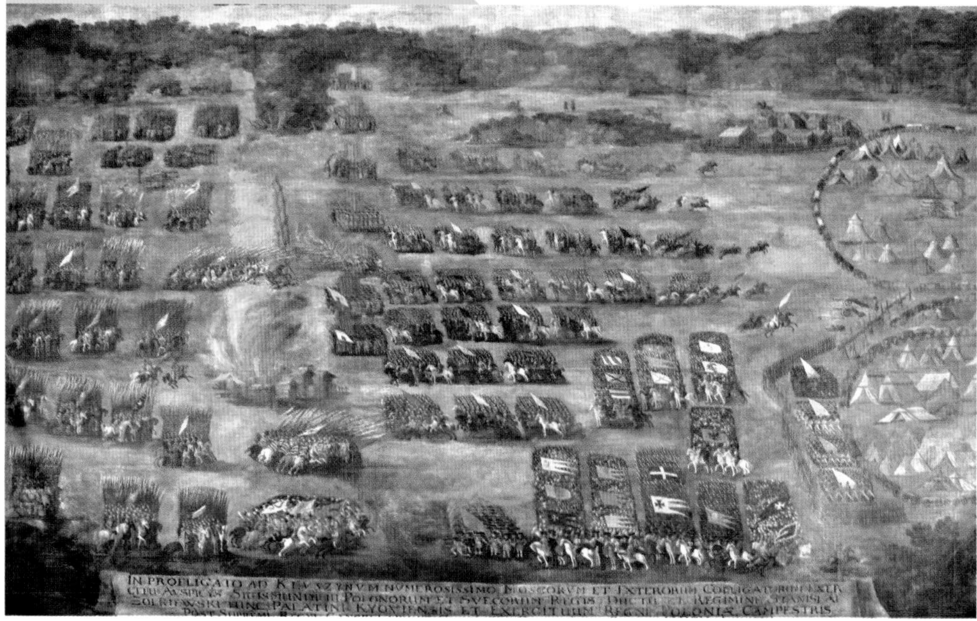

Klouchino 4 juillet 1610

La Moscovie fut entraînée dans la guerre opposant la Pologne-Lituanie à la Suède quand le tsar Basile IV s'allia à Charles IX pour éloigner l'usurpateur de son trône. Comme à la bataille de Kircholm, la cavalerie lituano-polonaise l'emporta contre un ennemi bien supérieur en nombre.

L'armée suédo-moscovite cherchait à délivrer la forteresse assiégée de Smolensk quand elle fut interceptée par une force lituano-polonaise comptant 6 500 cavaliers et 200 fantassins. Son général, Stanisław Żółkiewski, avait mené ses hommes à travers d'épaisses forêts, de nuit et à marche forcée, pour rencontrer peu avant l'aube un ennemi cinq fois plus nombreux. Les Moscovites commandés par le prince Dimitri Chouïski étaient environ 30 000 (dont près de la moitié constituée d'auxiliaires paysans) et les Suédois comptaient 7 000 hommes (principalement des mercenaires français, allemands et britanniques), dirigés par Christoph Horn et Jacob de la Gardie.

Les Suédois étaient en Moscovie depuis 1608 et ils avaient enseigné à leurs alliés les toutes dernières tactiques militaires occidentales. Żółkiewski ne put lancer une attaque immédiate sur le camp ennemi bloqué par une palissade. Même sans l'élément de surprise, les hussards ailés écrasèrent dès le premier assaut la cavalerie moscovite pourtant supérieure en nombre. Aidés d'une petite infanterie, de deux canons et d'un déploiement de la cavalerie de réserve, ils chassèrent du terrain la cavalerie suédoise et ses généraux. Totalement abandonnés, désemparés, les mercenaires étrangers passèrent en grand nombre à l'ennemi. La charge des hussards ailés avait une fois encore fait la différence. Peu après Klouchino, Basile IV fut détrôné et Żółkiewski entra dans Moscou sans rencontrer la moindre opposition. **JF**

Pertes : Lituano-Polonais, 500 morts sur 6 700 hommes ; Suédo-Moscovites, 5 000 morts sur 37 000 hommes

< *Kircholm 1605* *Dirschau 1627* >

↑ *Peinture du XVIIe siècle de la bataille de Klouchino. Les hussards polonais sont au premier plan, au centre gauche.*

Osaka (Tennōji) 4-5 juin 1615

Après Sekigahara, Ieyasu Tokugawa devint shogun, mais Hideyori Toyotomi avait encore de nombreux partisans. En 1614, ils se regroupèrent par milliers dans le château d'Osaka. Après les avoir assiégés, Ieyasu finit par les vaincre à la bataille de Tennōji. Le shogunat Tokugawa régna sur le Japon jusqu'en 1868.

Hideyori Toyotomi envisageait de sortir pour mener une bataille rangée à Tennōji, au sud du château d'Osaka. Yukimura Sanada et Harunaga Ono lanceraient une attaque frontale contre le gros des troupes de Tokugawa ; pendant ce temps, Morishige Akashi les contournerait pour les attaquer par surprise par derrière. Une fois engagées toutes les troupes de Tokugawa, Hideyori ferait sortir sa garnison du château. Le peu de discipline de ceux d'Osaka se traduisit par une avance incontrôlée, de sorte que Yukimura poussa Hideyori Toyotomi à entrer sur-le-champ dans la bataille. La chance fut avec lui, parce que les manœuvres complexes des troupes de Tokugawa avaient fait croire à la traîtrise de certains. Ce ne fut pas le cas, mais Ieyasu Tokugawa en personne fut contraint de rejoindre ses hommes au cœur des combats pour les rassurer.

Tokugawa l'emporta grâce au courage de Tadatomo Honda. Ses troupes chargèrent avec vigueur celles de Yukimura Sanada et celui-ci fut tué. La nouvelle de sa mort se répandit aussitôt dans l'armée de Tokugawa et le sort de la bataille changea du tout au tout. La bannière de Tokugawa fut hissée aux avant-postes du château, tandis que ses hommes l'investissaient et que les civils s'enfuyaient. Son artillerie ouvrit le feu et le lendemain matin, des flammes montèrent dans le ciel. Hideyori Toyotomi avait incendié ce château qui lui avait paru imprenable et il se suicida. **ST**

Pertes : Tokugawa, 8 000 morts ;
Toyotomi, 15 000 à 18 000 morts

< *Sekigahara 1600* *Baie d'Hakodate 1869* >

Affrontement de guerriers japonais, détail du Siège du château d'Osaka *par Nagamasa Kuroda.*

Pilsen 19 septembre-21 novembre 1618

Le siège de Pilsen fut la première grande bataille de la guerre de Trente Ans, un des conflits les plus destructeurs de l'histoire européenne. Il fit suite à la Défenestration de Prague qui, le 23 mai 1618, vit des protestants de Bohême se déclarer indépendants des Habsbourg catholiques en jetant par la fenêtre deux régents de cette religion.

Avant 1618, les protestants de Bohême avaient l'entière liberté de culte, mais l'élévation au rang de roi de Bohême de Ferdinand de Styrie, un Habsbourg résolument catholique élu empereur du Saint Empire en août 1619, fit redouter la révocation de cette liberté et déboucha sur une révolte protestante.

Les rebelles confièrent le commandement de leurs armées à un général mercenaire allemand, Ernst von Mansfeld. Il avait été envoyé avec ses 4 000 hommes par l'Électeur protestant du Palatinat, Fréderic V, partisan de la première heure de la rébellion. L'objectif principal de Mansfeld était Pilsen, ville loyale aux Habsbourg où s'étaient réfugiés de nombreux catholiques ayant fui le nouveau régime. Mais il ne parvint pas à lancer un assaut définitif sur la ville bien gardée ; il entreprit donc d'en interdire les portes pour affamer ses habitants.

L'artillerie rebelle arriva le 2 août, mais elle ne fut pas assez puissante pour abattre les murailles. Pilsen manquait de poudre et de soldats pour assurer sa défense, mais cela ne l'empêchait pas de tenir bon. Les réserves en eau et en nourriture diminuaient toutefois. Après deux mois de siège, des brèches furent ouvertes dans les fortifications et les hommes de Mansfeld investirent la ville. La prise de Pilsen signifiait que la quasi-totalité de la Bohême était contrôlée par les rebelles protestants. En 1619, la séparation des Habsbourg fut achevée lorsque Fréderic V accepta le trône de Bohême. **JF**

Pertes : chiffres inconnus

Montagne Blanche 1620 >

↑ *Détail d'une gravure sur bois du* XVII*e* *siècle représentant la* Défenestration de Prague *en 1618.*

Montagne Blanche 8 nov. 1620

Après le siège de Pilsen en 1618, la rébellion des protestants de Bohême gagna les territoires autrichiens des Habsbourg. L'engagement de la montagne Blanche, non loin de Prague, fut la première grande bataille rangée de cette révolte mais aussi une victoire impériale décisive.

Cette bataille participa d'une offensive impériale de plus grande ampleur menée en 1620 quand les Habsbourg et leurs alliés, l'Espagne et la Sainte Ligue envahirent le Palatinat, conquérant ainsi les terres du roi rebelle de Bohême, Frédéric V. En Bohême, une armée impériale bavaroise de 24 800 hommes (dont des vétérans espagnols et flamands et des cosaques polonais) s'était approchée à 8 km de Prague, mais elle fut interceptée par une armée rebelle de 23 000 hommes. Leur commandant, Christian Ier, prince d'Anhalt-Bernbourg, occupait les positions élevées, mais ce n'était pas l'idéal : il avait été incapable de retrancher la crête où ses troupes étaient rassemblées, était privé d'une grande partie de son artillerie et n'avait qu'une cavalerie légère.

L'armée impériale-bavaroise commandée par les comtes Bucquoy et Tilly se déploya en dix grands blocs d'infanterie accompagnés de la cavalerie. Après un barrage d'artillerie, l'armée se mit en marche à midi. Christian lança sa cavalerie vers la plaine pour arrêter l'ennemi et son infanterie suivit. En moins d'une heure, la cavalerie rebelle battit en retraite et les fantassins l'imitèrent. Le bruit courait en effet que les cosaques polonais les avaient débordés par le flanc et se rapprochaient par derrière. Le gros des forces rebelles fut anéanti en un peu plus d'une heure et l'armée victorieuse entra dans Prague sans toutefois capturer Frédéric V, qui avait eu le temps de s'enfuir. **JF**

Pertes : rebelles protestants, 4 000 morts sur 23 000 ; armée impériale-bavaroise, 800 morts sur 24 800

Pilsen 1618 | *Fleurus 1622*

Khotyn septembre-octobre 1621

La bataille livrée à Khotyn, en Moldavie, déboucha sur une remarquable victoire de la part des forces minoritaires de l'Union polono-lituanienne menées par le grand hetman de Lituanie, Jan Karol Chodkiewicz, sur l'armée de l'Empire ottoman placée sous les ordres du sultan Osman II.

En réponse aux attaques lancées par les cosaques en Moldavie ottomane, Osman II marcha sur la Pologne à la tête de plus de 100 000 hommes. Pour s'y opposer, l'État polono-lituanien leva une armée de quelque 50 000 sujets qu'elle plaça sous les ordres d'un commandant de renom, Chodkiewicz. Les troupes polono-lituaniennes se terrèrent dans une série de tranchées creusées autour de la forteresse de Khotyn avec toutefois un certain nombre de sorties permettant le passage de la cavalerie d'élite cosaque. Quand l'armée turque avançait, les cosaques l'attaquaient pour donner au gros des troupes le temps de se retrancher. Ils furent décimés, mais se battirent assez longtemps pour que l'Union mène à bien sa stratégie.

Les attaques ottomanes contre les tranchées furent repoussées à maintes reprises, mais causèrent de lourdes pertes. À la fin du mois de septembre, les forces de l'Union battirent en retraite vers une deuxième ligne de tranchées. Là encore, les Ottomans attaquèrent sans toutefois l'emporter. Avec la venue de l'hiver, les Ottomans se retirèrent après avoir perdu près de la moitié de leur armée.

Victoire tactique de l'Union, cette bataille montra comment une armée retranchée pouvait contenir une force supérieure en nombre. Le traité de Khotyn permit toutefois aux deux parties de revendiquer la victoire. Les lourdes pertes d'Osman II le poussèrent à tenter des réformes militaires, mais elles déboucheront en 1622 sur un soulèvement au cours duquel il fut assassiné. **TB**

Pertes : Ottomans, 45 000 morts sur 100 000 hommes ; Lituano-Polonais, 13 000 morts sur 50 000 hommes

Keresztes 1596 | *Chute de Candie 1669*

Guerre de Trente Ans

Fleurus 29 août 1622

Fleurus vit la victoire de l'Espagne sur une armée protestante allemande au cours de la guerre de Trente Ans. Le chef protestant, Frédéric V, avait perdu la Bohême après la bataille de la montagne Blanche et démantelé son armée de mercenaires conduite par Mansfeld et Christian de Brunswick.

L'armée désormais inutilisée de Mansfeld et Brunswick fut recrutée par les Hollandais pour les aider à lever le siège espagnol de Bergen op Zoom. Elle quitta le Palatinat, mais après 47 jours de marche en direction des Pays-Bas espagnols, le nombre de ses hommes était passé de 25 000 à 14 000. À Fleurus, en Hainaut, ils rencontrèrent une armée espagnole forte de 8 000 soldats venue les intercepter. Le commandant espagnol, Gonzalo Fernández de Córdoba, s'était retranché avec ses forces en s'assurant la protection latérale d'une forêt. Il y eut un bref barrage d'artillerie, après quoi Mansfeld lança son infanterie sur les Espagnols qu'il ne put toutefois pas vaincre. En cinq heures de combats sanglants, les mousquetaires espagnols abattirent des centaines de protestants.

Après cinq charges de cavalerie, Brunswick réussit à percer les lignes espagnoles placées sur la droite. Tous les protestants qui en étaient encore capables s'infiltrèrent donc pour poursuivre leur avancée. Les Espagnols étaient trop affaiblis pour pourchasser l'armée protestante ce jour-là, mais le lendemain, leur cavalerie anéantit la majeure partie de ce qui subsistait de la cavalerie ennemie. Les survivants de l'armée protestante parvinrent à retrouver les Hollandais à Bréda. Mansfeld et Brunswick avaient perdu toute leur artillerie ainsi que leur train de bagages et la grande majorité de leur infanterie. Brunswick fut lui-même si grièvement blessé qu'il fallut l'amputer de l'avant-bras gauche. **JF**

Pertes : protestants allemands, 5 000 morts sur 14 000 ; Espagnols, 300 morts et 900 blessés sur 8 000 hommes

< *Montagne Blanche 1620* *Stadtlohn 1623* >

Guerre de Trente Ans

Stadtlohn 6 août 1623

Tilly, commandant de la Ligue catholique, l'emporta sur l'armée protestante de Christian de Brunswick à l'issue de cette bataille. Brunswick s'était mis au service des Hollandais, mais après avoir hiverné aux Pays-Bas, il conduisit en mars 1623 son armée dans le Cercle de Basse-Saxe.

Brunswick ne parvint pas à trouver d'alliés en Allemagne. Pour ne pas devoir affronter l'armée de la Ligue catholique de Tilly, il battit en retraite vers les Pays-Bas. Le premier choc entre les deux armées eut lieu le 4 août, mais l'arrière-garde de Brunswick réussit à contenir Tilly pendant deux jours. L'arrière-garde finit par céder et Brunswick dut se positionner à Stadtlohn, en Westphalie. Il déploya le gros de son infanterie sur les hauteurs et en pointe de flèche avec des marais à gauche et une forêt à droite, puis il envoya un détachement de fantassins, d'artilleurs et de cavaliers arrêter la progression de Tilly.

À 14 heures, l'armée catholique affronta l'avant-garde protestante qui ne réussit à la contenir que pendant 90 minutes. Un barrage d'artillerie soutenu avait déjà déstabilisé l'infanterie protestante ; celle de Tilly s'en rapprocha à portée de mousquet, alors que sa cavalerie fondait sur le flanc droit protestant. La position de Brunswick devint intenable et il battit en retraite. La majeure partie de son infanterie fut massacrée et les survivants furent décimés. Brunswick entra aux Pays-Bas à la tête de 5 500 hommes et se mit pendant dix semaines au service des Hollandais. Tilly s'était emparé de l'artillerie des protestants. Cinq mois plus tard, le général protestant, Ernst von Mansfeld, dissout ses troupes, ne laissant ainsi en Allemagne aucune opposition armée aux Habsbourg catholiques. **JF**

Pertes : protestants allemands, 6 000 morts et 4 000 prisonniers sur 15 000 hommes ; catholiques, 1 000 morts et blessés sur 20 700 hommes

< *Fleurus 1622* *Dessau 1626* >

Bréda 28 août 1624-5 juin 1625

La prise de Bréda, au Brabant-Septentrional, fut la dernière grande victoire espagnole de la révolte des Pays-Bas. Ce fut aussi le plus bel épisode de la carrière militaire d'Ambrogio Spinola, qui s'était précédemment emparé d'Ostende à la suite d'un autre long siège.

Les Provinces-Unies et l'Espagne avaient convenu une trêve de douze ans en 1609. Quand le conflit reprit, en 1621, la principale tactique espagnole fut l'embargo sur le commerce maritime hollandais. Cela n'empêcha pas Spinola d'assiéger Bréda en août 1624 – élément vital d'un anneau de forteresses défendant les Provinces-Unies. La ville fortifiée disposait d'une garnison de 9 000 hommes et était bien défendue.

Spinola disposa ses 23 000 soldats autour de la ville avant de consolider ses positions. Il fit une double circonvallation de machines de siège et perça une digue voisine pour que l'eau envahisse les positions les plus basses et empêche toute attaque contre ses positions. Son intention était d'affamer Bréda pour la soumettre. Il y eut des efforts répétés pour briser le siège ou chasser les Espagnols, mais Spinola les contrecarra chaque fois. Maurice de Nassau fut le premier à tenter de libérer Bréda. À sa mort, en avril 1625, le commandement des armées hollandaises échut à son demi-frère, Frédéric-Henri qui, malgré l'apport des Anglais de sir Horace Vere, se montra lui aussi incapable de sauver Bréda.

En juin, le gouverneur de la ville, Justin de Nassau, se rendit à Spinola (épisode illustré par Diego Vélasquez). Les 3 500 survivants de la garnison purent sortir avec les honneurs de la guerre. Les Espagnols avaient remporté une victoire cruciale, mais coûteuse, qui leur interdit de se lancer dans une campagne terrestre soutenue. **JF**

Pertes : Hollandais, 13 000 civils et soldats tués ; Espagnols, 5 000 morts sur 23 000 hommes

〈 *Gibraltar 1607* — *Baie de Matanzas 1628* 〉

Diego Vélasquez, détail de Las Lanzas, *ou* La Reddition de Bréda *(1635).* ↑

Salvador de Bahia avril-mai 1625

Au XVIIe siècle, le Brésil vit s'affronter les puissances européennes désireuses de s'approprier les plantations sucrières recourant à l'esclavage. La reprise en 1625 de la ville portuaire de Salvador de Bahia par les Espagnols et les Portugais empêcha le Brésil de devenir une colonie hollandaise.

Colonisé par les Portugais au XVIe siècle, le Brésil était devenu une possession espagnole quand l'Espagne absorba le Portugal en 1580. Les Hollandais engagés dans une longue guerre d'indépendance contre l'Espagne n'eurent aucun scrupule pour en attaquer les colonies sud-américaines. En 1623, une flotte hollandaise fit voile vers le Brésil. Le roi d'Espagne, Philippe IV, réagit en organisant une vaste expédition comprenant 56 navires espagnols et portugais emportant à leur bord 12 500 marins et soldats.

La flotte se regroupa en février 1625 au Cap-Vert, au large de l'Afrique, et fit route vers le Brésil commandée par un noble espagnol, Alvarez de Toledo. À Bahia, ses vaisseaux adoptèrent une formation en faucille pour bloquer la baie, puis il fit débarquer les hommes. Les *tercios* (ou carrés) espagnols furent rejoints par les colons portugais qui les attendaient.

Bahia fut assiégée. L'artillerie espagnole bombarda les défenses hollandaises, tandis que les sapeurs creusaient en direction des murailles. Les défenseurs – soldats hollandais, français, anglais et allemands – tentèrent plusieurs sorties et infligèrent des pertes substantielles aux assiégeants, mais seule la fin du blocus maritime aurait pu les sauver. Une attaque aux brûlots ne réussit pas à venir à bout de la flotte d'Alvarez. Les Hollandais et leurs alliés durent se rendre. Bahia devint une base permettant de s'opposer à l'expansion hollandaise au Brésil. **CP**

Pertes : Hollandais, 1 912 prisonniers, nombre de morts incertain sur 2 500 hommes ; Espagnols et Portugais, des centaines de morts et de blessés sur 12 500 hommes

< *Cap Rachado 1606* — *Guararapes 1649* >

↑ *Bahia est reprise aux Hollandais dans un tableau de 1634 par Jean-Baptiste Maino.*

Conquête mandchoue

Ningyuan 1626

Au début du XVIIe siècle, la Chine des Ming était le plus vaste et le plus riche empire du monde, il lui fallait se défendre contre le pouvoir grandissant de Nurhachi, chef de cavaliers de Mandchourie. La victoire Ming à Ningyuan retarda la chute de la dynastie, sans toutefois pouvoir l'empêcher.

Organisées en huit « bannières », les forces de Nurhachi infligèrent de nombreuses défaites aux Chinois au nord de la Grande Muraille. Après s'être proclamé empereur, le chef mandchou aspira à régner sur la Chine et la Corée. Les Ming trouvèrent cependant un général loyal, doué et courageux du nom de Chonghuan Yuan. Refusant obstinément de se retirer derrière la Grande Muraille, Yuan décida de fortifier la ville de Ningyuan, au nord du pays, et de la défendre avec 10 000 hommes et des canons achetés à l'Europe. Protégés par la Muraille, ses soldats reçurent l'ordre de tenir bon et de se battre.

Nurhachi pouvait réunir dix fois plus d'hommes que Yuan et ne doutait pas de pouvoir s'emparer de la ville. Il passa donc à l'attaque, mais les hommes de Yuan et la population établirent une défense vigoureuse. Les canons firent payer un lourd tribut aux assaillants. Au bout de deux jours, Nurhachi, lui-même blessé par un boulet de canon, mit terme à l'assaut.

Yan poursuivit les Mandchous jusqu'à Mukden, sans cesser de leur infliger des pertes. Nurhachi mourut de ses blessures, mais les Ming furent incapables de mettre à profit leur victoire. Taiji Huang, le fils de Nurhachi, lui succéda et reprit les campagnes. Pendant ce temps, Yuan fut accusé de trahison et condamné à mort au lieu d'être récompensé pour ses hauts faits. Il fut exécuté et démembré devant la foule réunie sur la place du marché de Beijing, le 22 septembre 1630. La dynastie Ming ne devait lui survivre que quatorze ans. **RG**

Pertes : chiffres inconnus

Chute de Beijing 1644 ›

Guerre de Trente Ans

Dessau 25 avril 1626

Après la lourde défaite de Stadtlohn, la cause des protestants allemands dans la guerre de Trente Ans semblait bel et bien perdue. L'espoir revint quand Christian IV du Danemark entra en guerre en 1625, mais l'année suivante, une armée protestante fut vaincue à Dessau par les forces impériales.

Le général protestant Ernst von Mansfeld conduisit son armée vers Magdebourg dans le but de briser les lignes impériales à l'ouest de l'Elbe. Les forces impériales étaient placées sous les ordres d'Albrecht von Wallenstein. Mansfeld attaqua à Dessau, le plus important carrefour entre Magdebourg et la Saxe.

Wallenstein avait réussi à prendre le contrôle d'une tête de pont en retranchant quatre compagnies d'infanterie sur le flanc est. Mansfeld arriva en force le 12 avril, mais même sa supériorité en nombre ne lui permit pas de venir à bout des fortifications impériales. Il ne réussit pas à avancer et le 24 avril vit l'arrivée d'importants renforts impériaux. Wallenstein occupa un bois situé à droite des protestants afin de les déborder par le flanc.

Mansfeld était à présent écrasé en nombre mais, le 25 avril à 6 heures du matin, il jeta ses dernières forces dans la bataille. Les combats durèrent cinq heures, jusqu'à ce que Wallenstein parvînt à le repousser. Mansfeld ordonna qu'armes et bagages soient évacués et continua de se battre pour dissimuler sa retraite. À midi, des réserves fraîches de la cavalerie et de l'infanterie impériales sortirent des bois pour charger et une contre-attaque fut lancée depuis la tête de pont. Les protestants durent alors battre en retraite. Dessau fut le premier des nombreux revers affectant la stratégie de Christian IV qui se retira du conflit trois ans plus tard, en 1629. **JF**

Pertes : armée impériale, 1 000 morts sur 14 000 hommes ; protestants, 3 000 prisonniers et 1 000 à 2 000 morts sur 7 000 hommes

‹ *Stadtlohn 1623*

Magdebourg 1630 ›

Dirschau 17-18 août 1627

Avec leur victoire sur les forces lituano-polonaises, les Suédois étaient pour la première fois vainqueurs des hussards ailés qui les avaient mis en déroute à Kircholm et Klouchino. Elle faillit aussi mettre un terme prématuré à la carrière du roi Gustave Adolphe de Suède.

La Pologne-Lituanie était entrée en guerre contre la Suède quand celle-ci avait envahi la Prusse, vassale de la Pologne, en mai 1626. Durant l'été 1627, le roi Gustave Adolphe de Suède assiégea le port vital de Danzig et une armée lituano-polonaise commandée par Stanisław Koniecpolski fut envoyée pour le déloger. Ils s'affrontèrent le 17 août à Dirschau, petite ville des bords de la Vistule.

Les deux armées commencèrent par faire preuve d'immobilisme. D'abord les Suédois cherchèrent à leurrer les Lituano-Polonais en déclenchant des escarmouches devant leurs excellentes positions défensives. Cette tactique échoua. À son tour, Koniecpolski lança ses hussards pour déloger les Suédois. Rien ne se passa et au bout de deux heures, ils regagnèrent leur camp en longeant une chaussée étroite dominant un terrain marécageux. Gustave Adolphe saisit l'occasion pour déclencher une soudaine charge de cavalerie. Cette attaque surprise poussa vers les marais deux colonnes lituano-polonaises. Une déroute totale semblait possible, mais les coups de feu tirés par l'infanterie lituano-polonaise et l'attaque par le flanc de la cavalerie de réserve repoussèrent les Suédois.

Le lendemain, la Suède attaqua le campement lituano-polonais. La victoire semblait imminente, quand la balle d'un tireur d'élite toucha Gustave Adolphe à l'épaule, tout près du cou. L'avancée suédoise prit fin et le roi dut garder trois mois le lit. Incapables de lancer d'autres offensives, les Suédois ne s'emparèrent pas de Danzig. **JF**

Pertes : Lituano-Polonais, 80 à 100 morts sur 7 500 hommes ; Suédois, chiffre négligeable sur 10 000 hommes

< *Klouchino 1610* *Oliwa 1627* >

« Si vous aimez Dieu, venez à moi. Si vous préférez le diable, il vous faudra d'abord m'affronter. »

Gustave Adolphe de Suède

↑ *Gustave Adolphe (à droite) à la bataille de Dirschau – détail d'une toile de Jan Maertszen le jeune (1634).*

69
3
2
1
106
30
49
101
94
96
92
104
28
29
32
33
87
74

Révolte des huguenots

La Rochelle 1627-1628

Le siège de La Rochelle mit un terme à la rébellion huguenote contre la Couronne de France et marqua une étape décisive pour la monarchie absolue du pays. Les forces du cardinal de Richelieu prirent la ville après quatorze mois de siège.

Huit ans après Ivry, le roi de France, Henri IV, promulgua l'édit de Nantes par lequel il accordait la liberté de culte aux huguenots. Après son assassinat en 1610 par Ravaillac, son fils, Louis XIII, monta sur le trône et la politique officielle plus favorable aux catholiques suscita la colère des huguenots. En juin 1627, Charles Ier d'Angleterre envoya le duc de Buckingham soutenir la révolte à La Rochelle, alors plus important bastion huguenot. Le 20 juillet, à la tête de centaines de navires et de milliers d'hommes, Buckingham débarqua sur l'île de Ré, située juste en face de La Rochelle. Incapable de prendre le contrôle de l'île à la garnison royale, il dut battre en retraite le 17 novembre.

L'armée du roi de France avait entre-temps commencé à édifier des fortifications tout près de La Rochelle. La ville entra officiellement en guerre contre la Couronne quand des coups de feu furent tirés en septembre. Richelieu, ministre de Louis XIII, supervisa la construction de près de 15 km de tranchées dotées de forts et de redoutes, coupant ainsi entièrement La Rochelle du reste du pays. Pour empêcher une libération par les Anglais, Richelieu fit aussi édifier un immense mur bloquant le chenal menant à La Rochelle. Deux flottes anglaises tentèrent de forcer le blocus et échouèrent. La Rochelle tint bon malgré la famine et les maladies, mais elle dut se rendre le 28 octobre. Les révoltes se poursuivirent jusqu'en 1629, mais la perte de La Rochelle sonna le glas de la résistance huguenote. **JF**

Pertes : La Rochelle, 14 000 morts et 5 000 évacués sur 25 000 habitants et marins ; Buckingham, 4 000 morts sur 7 000 hommes ; armées royales, chiffre négligeable sur 30 000 hommes

< *Ivry 1590*   *Faubourg Saint-Antoine 1652* >

Guerre suédo-polonaise

Oliwa 28 novembre 1627

La bataille d'Oliwa, près de Danzig (moderne Gdańsk), s'acheva par une victoire décisive de la marine lituano-polonaise. La Suède, puissance forte s'assurant le contrôle de la Baltique, était humiliée par un pays sans tradition navale affirmée.

Une flotte suédoise constituée de douze navires interdisait depuis l'été 1627 l'accès aux rivages de la Baltique, mais l'automne venu, la moitié regagna son port d'attache. L'amiral suédois responsable du blocus, Niels Göranson Stiernsköld, ne disposait plus que de six vaisseaux et de 140 canons. De création récente, la flotte lituano-polonaise à l'ancre à Danzig était placée sous le commandement d'un amiral hollandais, Arend Dickmann. Sur les dix bâtiments dont il disposait, seuls quatre rivalisaient en puissance avec ceux des Suédois ; ils étaient armés de 170 canons, mais leur calibre était souvent inférieur à celui des armes suédoises.

Le 26 novembre, la flotte lituano-polonaise tenta de briser le blocus, en vain. Deux jours plus tard, la flotte suédoise fit route vers Danzig et les Lituano-Polonais allèrent à sa rencontre. Cette réaction surprit Stiernsköld qui ne s'attendait pas à un assaut aussi direct. Le navire amiral lituano-polonais, le *Ritter Sankt Georg*, attaqua son homologue suédois, le *Tigern*. Après de rudes combats, les Lituano-Polonais purent l'aborder et s'en emparer. Les deux amiraux furent tués – Dickmann eut la jambe arrachée par un boulet de canon. Le vaisseau du vice-amiral lituano-polonais attaqua un gros vaisseau suédois, le *Solen*, que son équipage préféra faire sauter plutôt que de le livrer à l'ennemi. Les quatre derniers bâtiments suédois battirent en retraite. La Pologne-Lituanie avait démontré que sa marine pouvait défier et vaincre celle des Suédois. **JF**

Pertes : Suédois, 1 navire capturé et 1 coulé, nombre de morts inconnu ; Lituano-Polonais, aucun navire sur 10 et 50 morts

< *Dirschau 1627*

Gravure représentant la forteresse huguenote de La Rochelle lors du siège mené par le cardinal de Richelieu.

Baie de Matanzas 8 septembre 1628

Le grand amiral hollandais Piet Hein s'empara près de la baie de Matanzas, à Cuba, d'un vaisseau espagnol transportant une précieuse cargaison. Après leur récente victoire à Bréda, les Espagnols connaissaient une lourde défaite navale et financière.

Au XVIIe siècle, la lutte entre l'Espagne et les Provinces-Unies ne se limita plus aux seuls Pays-Bas. La domination des routes commerciales vers l'Asie et les Amériques était vitale pour les deux États et la Compagnie néerlandaise des Indes occidentales finançait les attaques menées contre les bâtiments espagnols et portugais des Caraïbes.

En 1628, Hein prit la tête d'une escadre de 31 vaisseaux armés de 700 canons et comptant 4 000 marins et soldats. Après quatre mois de mer, Hein intercepta la flotte espagnole au large du littoral nord de Cuba. La victoire fut facile. Les tirs des mousquets lui permirent de s'emparer très vite de neuf bâtiments. Les six autres se réfugièrent dans la baie de Matanzas, avant d'être abandonnés par leurs équipages. Le butin, plus de onze millions de florins, comprenait près de 80 tonnes d'argent mais aussi de l'or, des perles, de l'indigo, de la cochenille, du sucre, du bois et des fourrures. L'Espagne perdit un tiers des vaisseaux engagés dans le commerce atlantique et cela porta un rude coup à son économie.

Cette année-là, la Compagnie néerlandaise des Indes occidentales put distribuer 50 % de ses dividendes à ses actionnaires. Cet argent contribua également à la conquête militaire hollandaise du Brésil et au financement des armées européennes. **JF**

Pertes : Espagnols, l'intégralité d'une flotte de 15 navires et tout son contenu ; Hollandais, aucun navire sur 31

Bréda 1624 *Les Downs 1639*

L'artillerie impériale entreprend la destruction de Magdebourg sur cette gravure de Matthäus Merian l'ancien (1639).

Magdebourg novembre 1630-20 mai 1631

Après la défaite de Dessau et le retrait du Danemark, les protestants avaient repris confiance quand la Suède avait envahi l'Allemagne en 1630. Cela n'empêcha pas le sac de Magdebourg, épisode tristement célèbre de la guerre de Trente Ans.

La bourgade de Magdebourg était depuis novembre 1630 soumise au blocus impérial assez léger du comte Pappenheim. Gustave Adolphe de Suède l'avait assurée de sa protection, et quand le comte Tilly leva le 3 avril une armée pour assiéger la ville, le roi se mit en marche. Il avait chargé l'un de ses officiers, Dietrich von Falkenburg, de prendre le commandement des forces défensives. Tilly avait pour sa part de gros moyens lui permettant de s'emparer des différents éléments fortifiés.

Le 1er mai, Tilly avait déjà pris les défenses extérieures de Magdebourg. Deux jours plus tard, ses faubourgs tombaient et elle se trouvait réduite à ses défenses intérieures. Gustave Adolphe ne parvint pas à rejoindre Magdebourg. Bien qu'au désespoir, la petite ville refusait toujours de se rendre. Le 20 mai, à 7 heures du matin, Tilly lança la charge finale. En moins de deux heures, l'infanterie perça les dernières défenses, bientôt suivie de la cavalerie. Des incendies éclatèrent dans toute la ville et les soldats impériaux entreprirent de piller et de massacrer les habitants. Incapable de maîtriser ses hommes, Tilly perdit toutes les provisions qu'il espérait récupérer. À la fin de la journée, 20 000 citoyens de Magdebourg avaient été tués. Ce fut la plus grande tragédie d'une guerre déjà cruelle. **JF**

Pertes : protestants, 20 000 morts sur 25 000 défenseurs et civils ; forces impériales, 300 morts et 1 600 blessés sur 25 000 hommes

< *Dessau 1626* *Breitenfeld, 1re bataille 1631* >

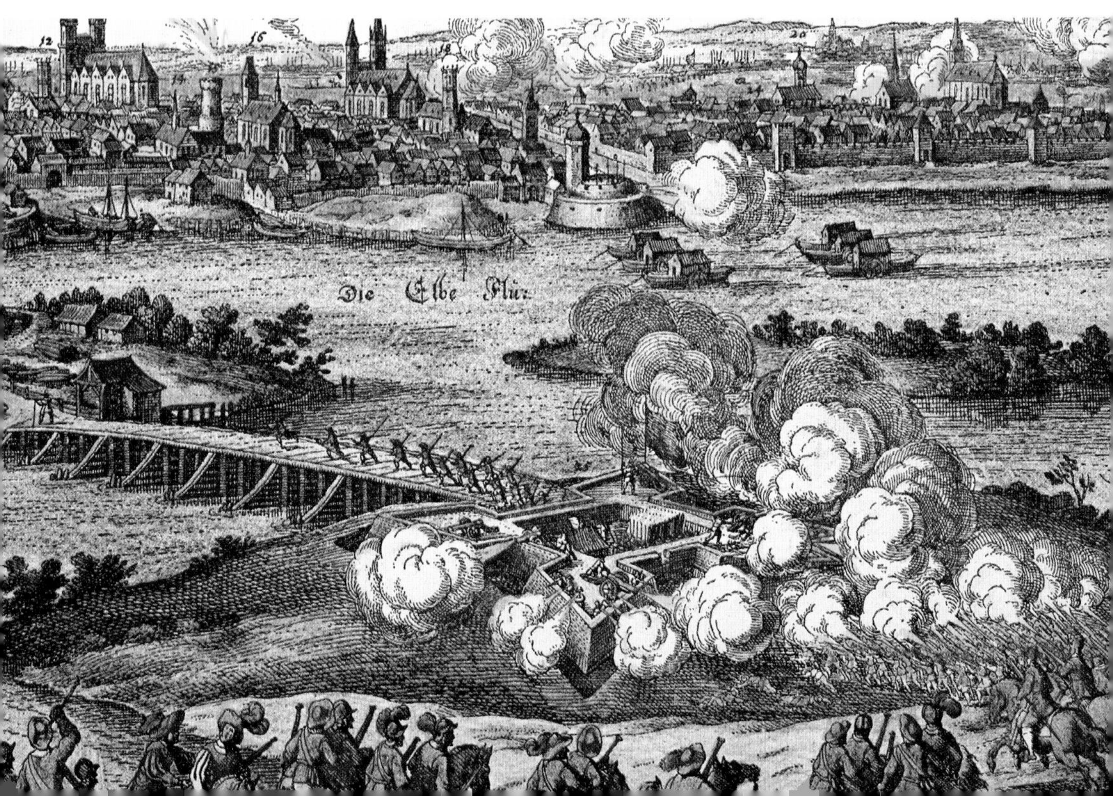

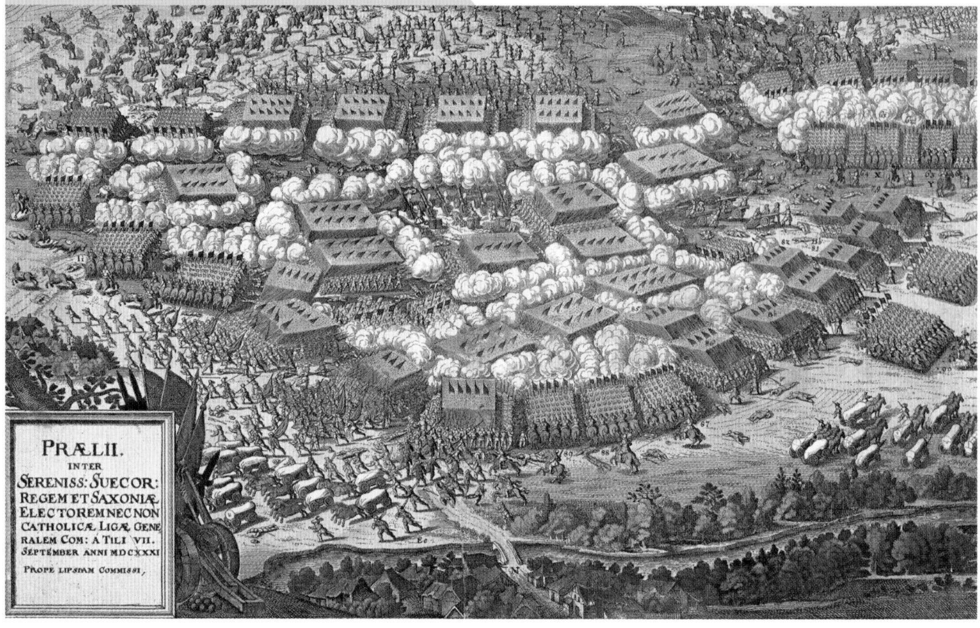

PRÆLII.
INTER
SERENISS: SUECOR:
REGEM ET SAXONIÆ
ELECTOREM NEC NON
CATHOLICÆ LIGÆ GENE
RALEM COM: A TILI VII.
SEPTEMBER ANNI MDCXXXI
PROPE LIPSIAM COMMISSI,

Breitenfeld, 1re bataille 17 septembre 1631

La première bataille de Breitenfeld fut aussi la première grande défaite catholique de la guerre de Trente Ans. Le vainqueur, Gustave Adolphe de Suède, révéla d'exceptionnels talents de commandant. Sa victoire redonna espoir aux protestants, anéantis par le sac de Magdebourg.

Le 15 septembre, les 23 000 hommes de l'armée de Gustave Adolphe se joignirent aux 16 000 soldats de l'Électeur de Saxe. Le roi de Suède désirait ardemment la victoire pour que d'autres États protestants se rallient à lui. Le comte Tilly, commandant impérial, avait positionné ses 35 000 hommes à 40 km de Leipzig. Le 17 septembre, les deux armées se rencontrèrent en plaine non loin du village de Breitenfeld.

L'infanterie de Tilly était protégée sur ses flancs par la cavalerie. Gustave Adolphe adopta la même formation tout en séparant ses troupes de l'armée saxonne, positionnée sur la gauche des Suédois. De midi à 14 heures, un échange d'artillerie opposa 51 canons suédois à 27 canons catholiques. La cavalerie suédoise se mit en marche pour déborder par le flanc son ennemi qui répondit par une charge. Entre-temps, les forces impériales avaient attaqué l'armée saxonne qui s'empressa de battre en retraite. L'avancée rapide déstabilisa les lignes impériales et les Suédois purent se réorganiser en créant un nouveau flanc gauche. À 17 heures, Gustave Adolphe lança une contre-attaque au centre. Ses troupes bien entraînées firent reculer l'armée impériale dont la résistance cessa au coucher du soleil. Gustave Adolphe fut dès lors surnommé « le Lion du Nord » et il réussit à attirer plusieurs États protestants au sein d'une alliance forte. **JF**

Pertes : catholiques, 7 000 morts, 6 000 constitués prisonniers sur le terrain (3 000 le lendemain à Leipzig) sur 35 000 hommes ; Suédois, 2 100 morts sur 23 000 hommes ; Saxons, 3 000 morts sur 16 000 hommes

< *Magdebourg 1630* *Rain am Lech 1632* >

La première bataille de Breitenfeld, gravure colorée à la main de Matthäus Merian l'ancien (1637). 

Rain am Lech 15 avril 1632

Le triomphe à Breitenfeld du roi Gustave Adolphe de Suède, surnommé « le Lion du Nord », fut suivi d'une victoire sur les catholiques remportée en Bavière à Rain, sur les bords de la Lech. Cette bataille de la guerre de Trente Ans fut aussi la dernière du grand général catholique Tilly.

En mars 1632, Gustave Adolphe quitta sa base de Mayence et, après s'être emparé de Donauworth le 8 avril, marcha en direction de la Bavière à la tête de ses 37 500 hommes. Sur son chemin se dressait toutefois l'armée impériale de Tilly. Ce dernier avait solidement retranché ses 22 000 soldats sur la rive orientale de la rivière Lech. Le 14 avril, Gustave Adolphe prit position en face de ses fortifications et entreprit un tir d'artillerie soutenu. Son intention était de s'assurer le franchissement de la rivière à 5 km plus au sud, les positions de Tilly étant trop fortes pour un assaut frontal. Le lendemain, le roi de Suède envoya une petite unité finlandaise passer la rivière en barque à l'endroit prévu, protégée par un barrage d'artillerie et un écran de fumée. Les hommes disposèrent des sections de pont préfabriquées, permettant ainsi au reste de l'armée de gagner l'autre rive et d'assurer une tête de pont.

Tilly leur envoya ses forces et il s'ensuivit de rudes combats. À 16 heures, un escadron de la cavalerie d'élite suédoise arriva sur place après avoir franchi la rivière plus au sud. L'armée impériale était désormais soumise aux tirs d'artillerie sur ses deux flancs. Une heure plus tard, Tilly fut grièvement blessé et le commandement fut repris par Maximilien Ier, électeur de Bavière, sans grande expérience militaire. Il lui fallut bientôt ordonner de battre en retraite. Tilly mourut deux semaines plus tard et Gustave Adolphe put conduire son armée en Bavière. **JF**

Pertes : catholiques, 2 000 morts et 1 000 prisonniers sur 22 000 hommes ; protestants suédois, 2 000 morts sur 37 500 hommes

< *Breitenfeld, 1re bataille 1631* *Lützen 1632* >

↑ *La bataille de Rain par Matthäus Merian l'ancien (1633) ; la Lech coupe en deux le champ de bataille.*

Lützen 16 novembre 1632

La bataille de Lützen, près de Leipzig, vit la Suède triompher d'une armée catholique. Ce fut toutefois une victoire à la Pyrrhus. Prestigieux commandant des Suédois, Gustave Adolphe fut tué au cours des combats. La cause protestante était ainsi privée d'un stratège audacieux et de son chef le plus stimulant.

En octobre 1632, le commandant impérial Albrecht von Wallenstein envahit le royaume de Saxe. Le 14 novembre, il décida de disperser ses forces pour l'hiver. Wallenstein revint vers Leipzig avec le gros de l'armée, soit environ 20000 hommes, tandis que les 3000 autres gagnaient Halle sous les ordres du fameux commandant de cavalerie qu'était le comte Pappenheim. En apprenant que l'armée impériale s'était ainsi scindée, Gustave Adolphe décida d'attaquer Pappenheim le 15 novembre. Il perdit toutefois l'élément de surprise quand il rencontra des forces impériales avancées et dut remettre la bataille proprement dite au lendemain. Mis au courant de l'approche suédoise, Wallenstein fit appel à Pappenheim.

Wallenstein rallia ses troupes près de Lützen, la cavalerie protégeant l'infanterie sur les flancs. Sa position était parallèle à la route menant au village : il la fortifia en élargissant le fossé environnant et en y plaçant des mousquetaires. L'aile gauche était assez faible, mais Wallenstein comptait sur l'arrivée de Pappenheim pour la renforcer. Gustave Adolphe avait prévu d'attaquer à 5 heures du matin, mais le brouillard l'en empêcha. Les Suédois avaient disposé leur infanterie au centre et leur cavalerie sur les flancs. Le roi commandait personnellement les forces à cheval de droite, laissant celles de gauche au général allemand Bernhard de Saxe-Weimar. Le brouillard se dissipa à 11 heures. Quinze minutes plus tard, l'aile droite suédoise abordait la route fortifiée et s'en emparait

Gustave Adolphe au combat peu avant d'être tué par un tir de mousquet. Peinture du XVIIe siècle due à Pieter Meulener.

après 30 minutes de combat. Le terrain vallonné retenait l'aile gauche suédoise, mais l'armée se reforma vers midi pour passer à l'offensive. Pappenheim arriva alors avec 2 300 cavaliers. Cela redonna de la vigueur aux efforts impériaux et ils purent lancer une contre-attaque vers midi et demi. Pappenheim commanda l'aile gauche impériale pour charger la droite suédoise ; cette attaque fut couronnée de succès, mais lui-même fut tué. Les Suédois étaient à présent en grande difficulté.

Gustave Adolphe prit la tête d'un détachement de cavalerie pour soulager son infanterie ; un repli leur permit de consolider leurs positions. À 13 heures, il chargea malgré la brume et la fumée des armes et perdit la majeure partie de ses hommes. Un groupe de mousquetaires impériaux l'attaqua et lui aussi fut tué. À une heure et demie, les Suédois lancèrent une contre-attaque, mais furent arrêtés dans leur progression 30 minutes plus tard quand ils découvrirent le corps de Gustave Adolphe. Désormais commandant de l'armée suédoise, Bernhard rallia ses troupes en leur annonçant que le roi était simplement blessé et lança l'offensive finale à trois heures et demie. Wallenstein répliqua en déployant ses réservistes, mais son armée fut contrainte de reculer et les combats cessèrent avec la tombée de la nuit, à 17 heures. Les réserves d'infanterie de Pappenheim étaient arrivées sur place, mais Wallenstein ne s'en servit que pour protéger la retraite de ses troupes épuisées. Les Suédois l'avaient emporté et Wallenstein quitta la Saxe pour la Bohême. Cependant, cette victoire ne compensa en rien la mort de Gustave Adolphe. **JF**

Pertes : protestants suédois, 5 000 à 6 000 morts sur 19 000 hommes ; catholiques, 6 000 morts sur 23 000 hommes

Rain 1632 — *Nördlingen 1634*

Nördlingen 6 septembre 1634

La victoire des troupes espagnoles et impériales contraignit les protestants allemands à renoncer à leur alliance avec la Suède et à faire la paix avec l'empereur Ferdinand II. Redoutant la domination des Habsbourg, la France entra dans le conflit et la guerre de Religion devint une guerre entre États.

L'effort de guerre protestant avait été affaibli après la mort de Gustave Adolphe à Lützen. Le 18 août, le fils de l'empereur, Ferdinand de Hongrie, entreprit le siège de Nördlingen, en Bavière. À ses forces se joignit une armée espagnole menée par le cardinal-infant Fernando, frère de Philippe IV d'Espagne. Elle arriva sur place le 2 septembre. Les commandants protestants, le maréchal Gustav Horn de Suède et Bernhard de Saxe-Weimar, décidèrent de libérer Nördlingen.

Le 5 septembre, Horn et Bernhard attaquèrent les collines dominant les lignes hispano-impériales et s'emparèrent de toutes à l'exception d'une seule, l'Albuch : c'était pourtant la plus importante car elle barrait la route au flanc gauche hispano-impérial. La bataille principale commença le 6 septembre, quand un bombardement suédois soutenu fut suivi d'une charge d'infanterie sur l'Albuch. Les troupes du maréchal Horn connurent une belle progression, jusqu'à ce qu'un chariot de poudre explose dans leurs rangs et que les Espagnols lancent une contre-attaque les obligeant à revenir à leurs positions d'origine. Sur l'autre flanc, Bernhard de Saxe-Weimar avait également échoué à effectuer une percée. Les protestants battirent en retraite et furent pourchassés par la cavalerie. Horn fut capturé au même titre que des milliers de protestants avec leurs bagages et leur artillerie. La victoire catholique fut totale quand Nördlingen se rendit peu après la bataille. **JF**

Pertes : Hispano-impériaux, 1 500 morts et 2 000 blessés sur 33 000 hommes ; protestants suédo-allemands, 8 000 morts et 4 000 prisonniers sur 27 500 hommes

< *Lützen 1632* *Perpignan 1642* >

Protestants et catholiques s'affrontent devant Nördlingen sur cette peinture de Jacques Courtois (1621-1676). 

Mystic River 26 mai 1637

La mort d'un marchand d'esclaves en Amérique du Nord poussa les colons anglais et leurs alliés amérindiens à lancer une attaque punitive. Ils fondirent sur les villages sans défense bordant la Mystic River et massacrèrent des centaines de femmes, d'enfants et de vieillards.

Les Pequots s'étaient installés dans la vallée de la Thames River, au sud du Connecticut. Leurs relations avec les colons anglais toujours plus nombreux se détérioraient depuis quelque temps, les nouveaux-venus agrandissant leurs terres bien au-delà de leur base, sur les rives de la baie du Massachusetts.

En juillet 1636, le marchand d'esclaves John Oldham fut tué lorsque son bateau fut volé par des assaillants amérindiens. Les soupçons se portèrent aussitôt sur les Pequots. Au cours des mois suivants, le gouverneur John Endicott leva une milice de colons commandée par les capitaines John Mason et John Underhill. Les Narragansetts et les Niantics, deux tribus ennemies des Pequots, leur apportèrent leur soutien. L'hiver passa puis, le 26 mai, les Anglais et leurs alliés attaquèrent les villages pequots. Les hommes étant sur le terrain, prêts à affronter les colons, seuls y demeuraient les femmes, les enfants et les vieillards. Ce que l'on appellera la « bataille de Mystic River » fut rapide et le nombre de morts est estimé entre 200 et 800 personnes – le chiffre de 500 ne paraissant pas excessif.

Les survivants s'enfuirent à l'intérieur des terres et se cachèrent dans les marais où, au cours des semaines suivantes, ils furent traqués tandis que les jeunes hommes menaient une guerre de guérilla perdue d'avance. Les autres tribus indiennes de la région furent menacées mais elles ne les soutinrent pas, et c'est finalement elles qui battirent les Pequots, tuant leur chef Sassacus dont ils apportèrent la tête aux Anglais. **MK**

Pertes : civils pequots, plusieurs centaines de morts

Great Swamp 1675 ›

↑ *La milice du capitaine John Mason attaque un grand village pequot (gravure sur bois colorée à la main).*

Les Downs 31 octobre 1639

Cette rencontre dans la Manche de l'Espagne et des Provinces-Unies s'acheva par une célèbre victoire de l'amiral hollandais Maarten Tromp. Comme la bataille de la baie de Matanzas, celle des Downs fut symptomatique du déclin naval de l'Espagne et de la montée en puissance des Hollandais.

Désireuse d'approvisionner ses troupes de Flandres par voie de mer, l'Espagne lança une flotte de 67 navires transportant 24 000 marins et soldats et placée sous le commandement d'Antonio de Oquendo. Fin août, ils quittèrent l'Espagne pour Dunkerque. La flotte hollandaise de Tromp attaqua le 25 septembre, occasionnant de nombreuses pertes, et força Oquendo à chercher refuge dans les Downs, mouillage proche de Calais.

Le gouvernement hollandais ne souhaitait pas attaquer cet endroit pour ne pas froisser les Anglais, de sorte que Tromp établit un blocus. Les Espagnols avaient toutefois réussi à approvisionner leurs troupes en Flandres en utilisant pour cela des vaisseaux anglais, et les Hollandais ne pouvaient accepter pareille situation. Le 31 octobre, Tromp disposait de 95 bateaux de guerre et de onze brûlots et il informa les Anglais qu'il allait attaquer les Espagnols. Les Anglais ne s'y opposèrent pas.

Tromp lança une série d'attaques cinglantes, contraignant 20 navires espagnols à s'échouer. Le reste de la flotte espagnole tenta de s'enfuir, mais fut attaqué par les canons et les brûlots hollandais. À la tombée de la nuit, un grand nombre de navires étaient soit incendiés soit détruits et seul le brouillard permit à Oquendo de rejoindre Dunkerque avec les survivants de sa flotte. Les Hollandais s'étaient assuré la maîtrise de la Manche, compliquant l'effort de guerre terrestre des Espagnols. **JF**

Pertes : Espagnols, 54 bateaux détruits ou capturés sur 67, plus de 7 000 morts et 1 800 prisonniers sur 24 000 hommes ; Hollandais, 1 bateau sur 106 et 100 morts

< *Baie de Matanzas 1628* *Douvres 1652* >

The Battle of Downs *(v. 1640), par Pieter Cornelisz Soest (v. 1642-1667).*

Montjuïc 26 janvier 1641

Montjuïc fut l'une des premières batailles de la révolte catalane (1640-1659). L'armée espagnole fut chassée de Barcelone, ôtant tout espoir à Philippe IV et à son ministre, le comte-duc d'Olivares, d'étouffer rapidement la révolte. Celle-ci allait en effet durer près de 20 ans.

L'engagement dans la guerre de Trente Ans se révélait très lourd pour l'Espagne. Les Catalans en particulier se sentaient opprimés en ce qu'ils devaient loger les soldats. En 1640, après une période de troubles sociaux, le vice-roi d'Espagne fut assassiné et la République catalane instaurée. Olivares voulut lever une armée pour restaurer l'ordre, mais les ressources militaires espagnoles étaient déjà affaiblies. Il réussit, cependant, à réunir 20 000 hommes qui envahirent la Catalogne à la fin de l'année 1640 et marchèrent sur Barcelone. Leur commandement revenait au nouveau vice-roi de Catalogne, le marquis de Los Vélez, dont l'expérience des armes était plutôt mince.

Le 23 janvier 1641, Pau Claris, président de Catalogne, fit allégeance au roi de France, Louis XIII, et celui-ci envoya des soldats défendre Barcelone. Après avoir rencontré peu de résistance, Los Vélez atteignit les murs de Barcelone le 26 janvier. Le commandant catalan, Francesc de Tamarit, avait massé ses forces à la forteresse de Montjuïc, une colline surplombant la ville. Elles comprenaient une milice civile, des irréguliers catalans appelés « miquelets » et des Français. Étonnamment, Los Vélez ordonna d'attaquer sur-le-champ Barcelone. Les Espagnols abordèrent la colline à la charge mais furent repoussés en subissant des pertes certes lourdes mais pas désastreuses. Los Vélez avançait sans tenir compte de la chaîne de ravitaillement et le combat était difficile. Il ordonna alors un repli vers Tarragone. Les rebelles avaient repris Barcelone. **JF**

Pertes : Espagnols, 1 500 morts et blessés sur 20 000 hommes ; Franco-Catalans, négligeables sur 6 000 hommes

↑ *La bataille fait rage à Montjuïc, non loin de Barcelone, sur cette peinture de Pandolfo Reschi (1643-1699).*

Perpignan 9 septembre 1642

En 1640, les Catalans tournent le dos à Philippe IV et proclament Louis XIII comte de Barcelone. Mettant à profit cette révolte et les difficultés financières de la monarchie espagnole, Louis XIII et Richelieu organisent le siège de Perpignan, ville fortifiée et point stratégique important.

Richelieu prépare alors avec soin la prise de Perpignan, à laquelle le roi doit participer en personne. L'ancienne capitale des rois de Majorque fut longtemps disputée entre la France et l'Espagne. Le cardinal rassemble une armée de plus de 20000 hommes pour l'attaquer. Plusieurs places du Roussillon, comme Argelès et Collioure, sont conquises au préalable, tandis qu'une flotte est envoyée à Barcelone.

Louis XIII arrive devant Perpignan en mai 1642 et établit son camp à l'ouest de la ville, dans le village de Saint-Estève. Plutôt qu'une attaque frontale, il ordonne le siège. Mais il doit bientôt rentrer à Paris. Lui et le cardinal sont déjà trop malades pour supporter les rigueurs de la guerre. Ils mourront quelques mois plus tard. Le commandement est désormais entre les mains du maréchal de la Meilleraie, cousin de Richelieu, réputé adroit preneur de villes, et du maréchal de Schomberg, gouverneur du Languedoc. La garnison espagnole utilise avec vigueur son artillerie. Mais elle ne reçoit aucun secours, et l'affaiblissement des organismes favorise une épidémie de peste dans l'armée et dans la population. Le 9 septembre au matin, le gouverneur espagnol capitule après avoir obtenu de pouvoir évacuer la ville avec les honneurs. La forteresse de Salses, à quinze kilomètres, se rend une semaine plus tard. Perpignan et le Roussillon deviennent français, ce que le traité des Pyrénées confirme en 1659, laissant le reste de la Catalogne au roi d'Espagne. **LV**

Pertes : chiffres inconnus

< *Nördlingen 1634* *Breitenfeld, 2e bataille 1642* >

Breitenfeld, 2e bataille 2 nov. 1642

Après Nördlingen, l'entrée officielle de la France dans la guerre de Trente Ans n'affaiblit pas vraiment les Habsbourg. Le vent tourna lors de la seconde bataille de Breitenfeld, quand l'armée suédoise l'emporta sur l'armée impériale, permettant ainsi aux Suédois d'occuper la Saxe.

Lennart Torstensson commandait les forces suédoises. Ce page royal devenu maréchal était le meilleur commandant d'artillerie de son temps. Le commandant impérial était l'archiduc Léopold Guillaume, frère de l'empereur Ferdinand III. Torstensson était entré en Saxe et avait assiégé Leipzig pour pousser l'armée impériale à l'affrontement. Son plan réussit et les deux armées se rencontrèrent à Breitenfeld, dans cette même plaine où Gustave Adolphe avait triomphé en 1631.

À l'aube du 2 novembre, les deux armées se présentèrent sous la forme suivante : infanterie au centre et cavalerie sur les flancs. Vers 10 heures, les infanteries ennemies se mirent en marche et s'arrêtèrent à 82 m l'une de l'autre pour échanger des tirs d'armes légères. La cavalerie suédoise fonça sur l'aile gauche impériale qui s'effondra rapidement. Sur l'autre flanc, les cavaliers impériaux avaient en revanche réussi à repousser les Suédois. Une heures et demie plus tard, Torstensson lança la cavalerie suédoise de l'aile droite ; elle réussit à prendre l'armée impériale à revers et à décimer sa cavalerie du flanc droit. Entre-temps, le centre des deux parties s'était renforcé des réservistes. Vers une heure et demie de l'après-midi, après de nombreuses attaques soutenues, l'infanterie suédoise réussit enfin à triompher de l'opiniâtreté de l'armée impériale. Torstensson s'empara de Leipzig, mais sa victoire ne fut pas suivie d'une grande offensive en Bavière. **JF**

Pertes : Suédois, 4 000 morts et blessés sur 20 000 hommes ; armée impériale, jusqu'à 5 000 morts ou blessés et 5 000 prisonniers sur 26 000 hommes

< *Perpignan 1642* *Rocroi 1643* >

Guerre de Trente Ans

Rocroi 19 mai 1643

Après que la France eut déclaré la guerre à l'Espagne et aux Habsbourg en 1635, un nouveau théâtre d'opérations s'ouvrit en Flandres. À Rocroi, le duc d'Enghien, futur prince de Condé, remporta sa première victoire en battant les formations espagnoles (*tercios*) depuis longtemps dominatrices.

Le triomphe de son allié suédois lors de la seconde bataille de Breitenfeld n'empêcha pas la France de se retrouver en position vulnérable en 1643. Louis XIII était mort le 14 mai, cédant le trône à son fils, Louis XIV, alors âgé de quatre ans. Le 15 mai, sous la direction d'un noble portugais, Francisco de Melo, les Espagnols assiégèrent Rocroi, dans les Ardennes. Le 18 mai, en fin de journée, Enghien déploya son armée dans une plaine proche de la ville. De Melo en fit de même. De part et d'autre, l'infanterie était bordée sur ses flancs par la cavalerie.

Pendant la nuit, l'Espagne avait fait pénétrer 1 000 mousquetaires dans les bois situés sur son flanc gauche dans le but de prendre par surprise toute charge de cavalerie française. Un déserteur espagnol avertit Enghien et il les anéantit aux premières heures du 19 mai. La bataille débuta à 5 heures du matin par une charge de cavalerie française. L'aile gauche française fut mise en déroute et la cavalerie espagnole s'en prit à l'infanterie positionnée au centre. Cependant, Enghien parvint à diviser son flanc droit en deux parties, une pour pourchasser la gauche espagnole et l'autre pour attaquer au centre et à droite. Son audace fut couronnée de succès.

Vers 8 heures du matin, la cavalerie espagnole était dispersée. Après deux heures de rudes combats, les farouches fantassins espagnols cédèrent enfin et Enghien put libérer Rocroi. **JF**

Pertes : Français, 2 000 morts et 2 500 blessés sur 21 000 hommes ; Espagnols, 5 000 morts et 5 000 prisonniers sur 23 000 hommes

< *Breitenfeld, 2e bataille 1642* *Fribourg 1644* >

Guerres civiles anglaises

Newbury 20-21 septembre 1643

Pendant l'été 1643, le roi Charles Ier espérait encore une victoire prompte et décisive sur les parlementaires. La bataille rangée de Newbury lui montra la ténacité des forces ennemies et il comprit que la victoire serait extrêmement coûteuse, quel que fût le vainqueur.

Les royalistes assiégeaient Gloucester et l'armée parlementaire du comte d'Essex se mit en marche pour libérer la ville. Charles Ier et son commandant, le prince Rupert, virent là l'occasion de lui couper tout moyen de repli vers Londres. Avec quelques heures d'avance, les royalistes arrivèrent à Newbury le 19 septembre et occupèrent une position élevée susceptible de couper la route de Londres.

Épuisés, affamés, les hommes d'Essex passèrent la nuit en terrain découvert. Les royalistes les laissèrent occuper Round Hill, colline surplombant un paysage de terres cultivées. Ils attaquèrent le lendemain matin. Leur cavalerie chargea à plusieurs reprises, mais l'infanterie parlementaire armée de mousquets et de piques résista, soutenue par une artillerie bien dirigée.

Les *Trained Bands*, milice londonienne placée sous les ordres de Philip Skippon, se distinguèrent tout particulièrement. Les combats durèrent douze heures et tournèrent au massacre. Un sergent des *Trained Bands* raconta que lorsque le canon tirait sur leurs forces, « les entrailles et cerveaux de nos hommes nous volaient au visage ». Le secrétaire d'État du roi, le vicomte Falkland, fut tué d'une balle de mousquet dans l'estomac alors qu'il chargeait au milieu des haies. Les royalistes n'avaient plus de poudre à la tombée de la nuit et ils n'eurent pas d'autre choix qu'abandonner le terrain, laissant ainsi Essex poursuivre sa marche vers Londres où ses hommes furent accueillis en héros. **CP**

Pertes : royalistes, 2 000 morts sur 14 000 hommes ; forces parlementaires, 1 500 morts sur 14 000 hommes

Marston Moor 1644 >

Conquête mandchoue

Chute de Beijing avril-juin 1644

Les années 1640 virent la désintégration de la Chine des Ming suite aux révoltes paysannes et aux rébellions régionales. En avril 1644, le seigneur de la guerre Li Zicheng s'empara de Beijing et renversa les Ming ; mais la ville devait à nouveau tomber, devant l'envahisseur mandchou cette fois-ci.

Ancien soldat de l'armée Ming, Zicheng Li s'était entouré d'une grande armée en plus de dix années d'activités rebelles dans la province du Shaanxi, dans le nord-ouest de la Chine. Au printemps 1644, il marcha sur Beijing, semant la désolation sur son chemin mais attirant à lui des milliers d'hommes sans affectation. La plupart des soldats Ming censés s'opposer à lui se rangèrent à ses côtés.

Il arriva devant Beijing et les portes de la ville lui furent ouvertes par des traîtres de l'intérieur. Le dernier empereur Ming, Chongzhen, se pendit à un arbre du jardin impérial. Désireux de consolider son pouvoir, Li sortit de Beijing pour affronter Sangui Wu, un général resté loyal aux Ming. Wu gardait la passe de Shanhaiguan, dans la Grande Muraille ; au-delà, le territoire était dominé par les cavaliers mandchous et leurs armées, organisés en bannières plutôt qu'en clans.

À l'approche de Li, Wu décida de s'allier aux Mandchous – en partie, raconte-t-on, parce que Li lui avait pris une de ses concubines préférées. L'armée de Wu empêcha la progression de Li, puis Wu et le chef mandchou Dorgon marchèrent sur Beijing. Les hommes de Li manquaient de morale et de discipline, pillant la ville au lieu d'en organiser les défenses. Le 4 juin, ils partirent vers l'ouest, chargés de butin ; deux jours plus tard, Wu et les Mandchous entraient en ville. Une nouvelle dynastie fut fondée, celle des Qing mandchous. Ils traquèrent Li jusqu'à sa mort en 1645, probablement par suicide. **RG**

Pertes : chiffres inconnus

< *Ningyuan 1626* *Yangzhou 1645* >

Guerres civiles anglaises

Marston Moor 2 juillet 1644

Deux ans après le début de la guerre civile en Angleterre, le roi Charles Ier était sur la défensive au nord du pays. Une armée royaliste fut assiégée à York par une armée parlementaire renforcée par des alliés écossais. Livrée devant York, cette bataille décisive donna au Parlement le contrôle du Nord.

Au printemps 1644, l'armée royaliste du marquis de Newcastle fit route vers le sud et la ville d'York où elle fut rapidement assiégée par des troupes parlementaires et écossaises conduites par sir Thomas Fairfax et le comte de Leven. Charles Ier ordonna à son neveu, le prince Rupert du Rhin, de prendre des troupes pour faire cesser le siège. Son avancée contraignit l'armée parlementaire à lever le siège et à aller à la rencontre de l'armée royaliste.

Les deux parties se rencontrèrent à Marston Moor, à 11 km d'York. Chacune disposait d'environ 7 000 cavaliers, mais aux 11 000 hommes de l'infanterie royaliste s'opposaient les 20 000 fantassins des forces parlementaires et écossaises. De part et d'autre, l'infanterie étaient protégée sur ses deux flancs par la cavalerie. Vers 14 heures, un bref échange d'artillerie ne produisit aucun résultat et le prince Rupert crut qu'il n'y aurait pas d'engagement avant le lendemain. Les forces parlementaires attaquèrent toutefois vers 19 h 30 à la faveur d'un orage. Un détachement de cavalerie mené par Oliver Cromwell – Rupert lui donnera le surnom d'Ironside (« Côtes de fer »), qui ensuite s'appliquera à tous ses hommes – attaqua et battit la cavalerie royaliste de l'aile droite. Sur la gauche, la cavalerie royaliste de lord George Goring retint son équivalent ennemi avant d'écraser l'infanterie écossaise. Cromwell réagit en attaquant à rebours la cavalerie de Goring, après quoi sa propre cavalerie contribua à écraser le centre royaliste. **SA**

Pertes : parlementaires et Écossais, 2 000 morts sur 27 000 hommes ; royalistes, 4 150 morts sur 18 000 hommes

< *Newbury 1643* *Naseby 1645* >

Bien que blessé, Cromwell dirige ses troupes à Marston Moor sur cette peinture d'Abraham Cooper (1817). 

Fribourg 3, 5 et 9 août 1644

En 1644, le combat pour la ville de Fribourg opposa les armées françaises et bavaro-impériales. Ce fut l'une des plus longues batailles de la guerre de Trente Ans. Les Français subirent de lourdes pertes, mais firent battre en retraite l'ennemi avant de s'emparer du centre de la région rhénane.

Des pourparlers de paix avaient suivi la victoire de Rocroi, en 1643, mais les combats n'avaient pas cessé pour autant. Pendant l'été 1644, les armées coalisées de Bavière et du Saint Empire conduites par le maréchal Franz von Mercy avaient mené l'offensive sur le Rhin et pris le 29 juillet le bastion français de Fribourg (Fribourg-en-Brisgau, aujourd'hui en Allemagne). Le commandant des armées françaises en Allemagne était Henri, vicomte de Turenne, soldat d'expérience. Le duc d'Enghien, un Belge, se joignit à lui pour la reprise de Fribourg. Ils commandaient 20 000 hommes, soit 3 500 de plus que Mercy.

La cavalerie de Mercy était en piètre condition, de sorte qu'il décida d'instituer une défense dépendant de l'infanterie sur les terrassements et collines boisées entourant Fribourg. Le 3 août, à 5 heures du matin, les Français lancèrent une attaque frontale contre la première ligne de fortifications de Mercy. Au coucher du soleil, ils tenaient le terrain mais avaient subi de lourdes pertes. Von Mercy fit reculer ses forces et elles profitèrent de l'épuisement des Français pour se retrancher dans de nouvelles positions le 4 août.

Le 5 août, les Français attaquèrent mais ils furent repoussés, déplorant au passage 4 000 tués et blessés. L'armée de Mercy était trop fatiguée pour profiter de l'occasion et contre-attaquer et Enghien fit venir 5 000 hommes en renfort. Les Français entreprirent d'attaquer Fribourg le 9 août. Sentant venir le danger, Mercy battit en retraite sans subir de grosses pertes. **JF**

« En 22 ans de mon sanglant négoce, je n'ai jamais vu pareille boucherie. »

Jan Van Werth, commandant de la cavalerie bavaroise

Détail d'une peinture à l'huile de la bataille de Fribourg par Sauveur Le Conte (1659-1694).

Pertes : Français, 7 000-8 000 morts sur 25 000 hommes ; forces bavaro-impériales, 2 500 morts sur 16 500 hommes

< *Rocroi 1643* | *Lens 1648* >

Guerre de Trente Ans

Jankov 6 mars 1645

Après Fribourg, la cause impériale avait quelque chose de désespéré. La France consolida ses positions dans la région rhénane et son allié suédois entra en Bohême en 1645. À Jankov, la victoire décisive de l'armée suédoise sur l'armée impériale menaça directement la Vienne des Habsbourg.

Le maréchal suédois Lennart Torstensson avait fait entrer son armée en Bohême. Le commandant impérial, Melchior von Hatzfeld, déplaça ses forces pour la bloquer à Jankov. Il occupait une position solide, mais était assez vulnérable sur son flanc gauche. Le 6 mars, à 6 heures du matin, l'armée suédoise feignit d'attaquer la droite impériale. Hatzfeld avait quitté son commandement pour mesurer l'ampleur de la menace. Pendant son absence, l'aile gauche impériale s'avança vers les Suédois occupant une position plus élevée et fut décimée par les tirs de mousquet. Elle recula à 11 h 30 et se mit en position défensive avec l'espoir de battre en retraite au crépuscule.

Torstensson lança l'assaut quand il comprit que les forces impériales n'avaient pas entièrement abandonné le terrain. À 13 heures ce fut une attaque d'artillerie puis une charge sur le centre impérial qui tint bon. Les Suédois dévastèrent la cavalerie impériale sur son flanc droit mais à gauche, ce furent les cavaliers du Saint Empire qui l'emportèrent en parvenant jusqu'au train de bagages suédois. Un pillage s'ensuivit, et les Suédois purent se regrouper et chasser les cavaliers. L'infanterie impériale était désormais isolée et sa résistance cessa à 16 heures.

L'armée suédoise fit des milliers de prisonniers dont Hatzfeld, et Torstensson entra en Autriche. Il ne put cependant prendre Vienne parce que son armée épuisée manquait de ravitaillement et il se retira en décembre. **JF**

Pertes : Suédois, 2 000 morts et 2 000 blessés sur 16 000 hommes ; forces impériales, 4 000 morts et 4 500 prisonniers sur 16 000 hommes

< *Fribourg 1644* *Preston 1648* >

Conquête mandchoue

Yangzhou mai 1645

La chute de Beijing en 1644 fut suivie d'années de guerres coûteuses quand les vainqueurs mandchous cherchèrent à étendre leur domination sur toute la Chine. Le siège de Yangzhou fut l'un des épisodes les plus sanglants des conflits précédant la fondation de l'empire des Qing.

Quand les Mandchous instituèrent la dynastie Qing à Beijing, les personnages demeurés loyaux aux Ming établirent une administration alternative dans l'ancienne capitale chinoise, Nanjing. Membre de la famille Ming, le prince Fu fut nommé empereur sous le nom de Hongguang. Les Mandchous réagirent en envoyant une grande armée dirigée par le prince Dodo, fils du chef mandchou Nurhachi. Elle partit de Beijing et suivit le Grand Canal en direction de Nanjing. Sur leur route se dressait Yangzhou, prospère ville commerçante, et un général loyal aux Ming, Shi Kefa, persuada ses soldats de défendre la cité.

Le prince Dodo avait avec lui des pièces d'artillerie propres à abattre des murailles, mais Shi défendait celles-ci avec ses propres canons. Les Mandchous lancèrent de terribles assauts et subirent de lourdes pertes. On dit qu'après une semaine, les cadavres empilés devant les murailles formaient un monticule si haut qu'il permettait d'enjamber facilement les créneaux. La résistance cessa dès que les Mandchous furent entrés en ville. Le prince Dodo lâcha pendant dix jours ses hommes sur la population. On raconte que 800 000 personnes perdirent ainsi la vie, mais un tel chiffre est certainement très exagéré. Le général Shi Kefa fut exécuté après avoir refusé de rallier les Mandchous. Intimidée par l'exemple des massacres de Yangzhou, la ville de Nanjing se rendit quasiment sans coup férir. L'empereur Hongguang prit la fuite mais il fut rattrapé, fait prisonnier et exécuté en 1646. **RG**

Pertes : Mandchous, chiffres inconnus ; Ming, inconnues, 800 000 civils tués

< *Chute de Beijing 1644* *Nanjing 1659* >

Naseby 14 juin 1645

La guerre civile opposant le roi d'Angleterre à son Parlement atteignit son paroxysme à Naseby, en juin 1645. La victoire très nette de la New Model Army du Parlement étouffa les espoirs royalistes. Moins d'un an plus tard, le roi Charles Ier était fait prisonnier par ses ennemis.

Royalistes ou parlementaires, les soldats engagés dans ce conflit étaient inexpérimentés ; seuls les officiers avaient connu la guerre en Europe. Malgré plusieurs victoires, l'armée du Parlement n'avait pas réussi à porter le coup de grâce mettant un terme à la guerre. En janvier 1645, Oliver Cromwell proposa au Parlement la création d'une nouvelle armée, vaguement inspirée de ses Ironsides vainqueurs à Marston. La New Model Army, ou « Nouvelle Armée idéale », devait être composée de conscrits et financée par l'impôt. Forte de quelque 22 000 hommes, elle se décomposerait ainsi : 14 000 fantassins répartis en douze régiments, onze régiments de cavalerie avec 6 600 hommes et enfin 1 000 dragons ou fantassins à cheval. Tous ces hommes devaient être convenablement formés et porter l'uniforme rouge, le fameux « red coat » qui apparaîtrait pour la première fois sur un champ de bataille. Cette nouvelle force professionnelle ne ressemblait en rien aux milices locales refusant de se battre en dehors de leur pays et elle devint très vite une armée motivée et extrêmement mobile. Après une brève trêve hivernale, la guerre reprit en mai 1645 quand les royalistes s'emparèrent de Leicester. La New Model Army dirigée par sir Thomas Fairfax mit fin au siège du bastion royaliste d'Oxford et partit vers le nord pour affronter l'armée royaliste. La cavalerie de Cromwell l'y rejoindrait. Les belligérants se rencontrèrent près de Naseby, au sud de Leicester. Comme à Edgehill, les royalistes, conduits par le prince Rupert du Rhin, neveu du roi, prirent position sur les hauteurs tandis que les forces parlementaires occupaient la plaine, plus au sud. Comme à Marston, les deux camps placèrent l'infanterie au centre et la cavalerie sur les flancs, les dragons parlementaires étant à l'abri derrière des haies, à gauche. Le terrain était gorgé d'eau et Cromwell conseilla à Fairfax d'occuper une position plus élevée. Le prince Rupert interpréta mal son mouvement et décida d'attaquer. Sa cavalerie de droite perça les rangs de la cavalerie et des dragons du flanc gauche parlementaire, mais au lieu de se retourner pour affronter l'infanterie, elle pourchassa la cavalerie ennemie, exactement comme Rupert l'avait fait à Edgehill. L'infanterie royaliste écrasa son homologue parlementaire.

« Je souhaite que cette action engendre gratitude et humilité chez tous ceux qu'elle concerne. »

Cromwell annonce la victoire de Naseby au Parlement

Oliver Cromwell profita de la bourde de Rupert en exécutant un mouvement décisif. La cavalerie du prince ayant quitté le terrain, celle de Cromwell chargea de façon disciplinée le flanc royaliste gauche et sa cavalerie. Elle se lança ensuite sur l'infanterie, sans protection, attaquée de l'autre côté par ce qu'il restait des dragons et des cavaliers parlementaires du flanc gauche. Plusieurs soldats se rendirent et la cavalerie de Rupert refusa de repartir au combat. Après avoir été dissuadé d'utiliser ses réserves, Charles Ier s'enfuit vers Leicester. En quelques mois, les derniers bastions royalistes de l'ouest et du sud de l'Angleterre tombèrent aux mains des forces parlementaires. L'armée de Charles subit son ultime défaite près d'Oxford, le 5 mai 1646. Le roi se rendit, non pas au Parlement mais à ses alliés écossais dans l'espoir de voir se diviser ses adversaires. La première guerre civile anglaise était terminée. **SA**

Pertes : parlementaires, 400 morts sur 13 500 hommes ; royalistes, 1 000 morts et 5 000 prisonniers sur 8 000 hommes

< *Marston Moor 1644* *Preston 1648* >

Les Têtes rondes d'Oliver Cromwell et Fairfax font face à l'armée royaliste de Charles Ier, à Naseby. ➔

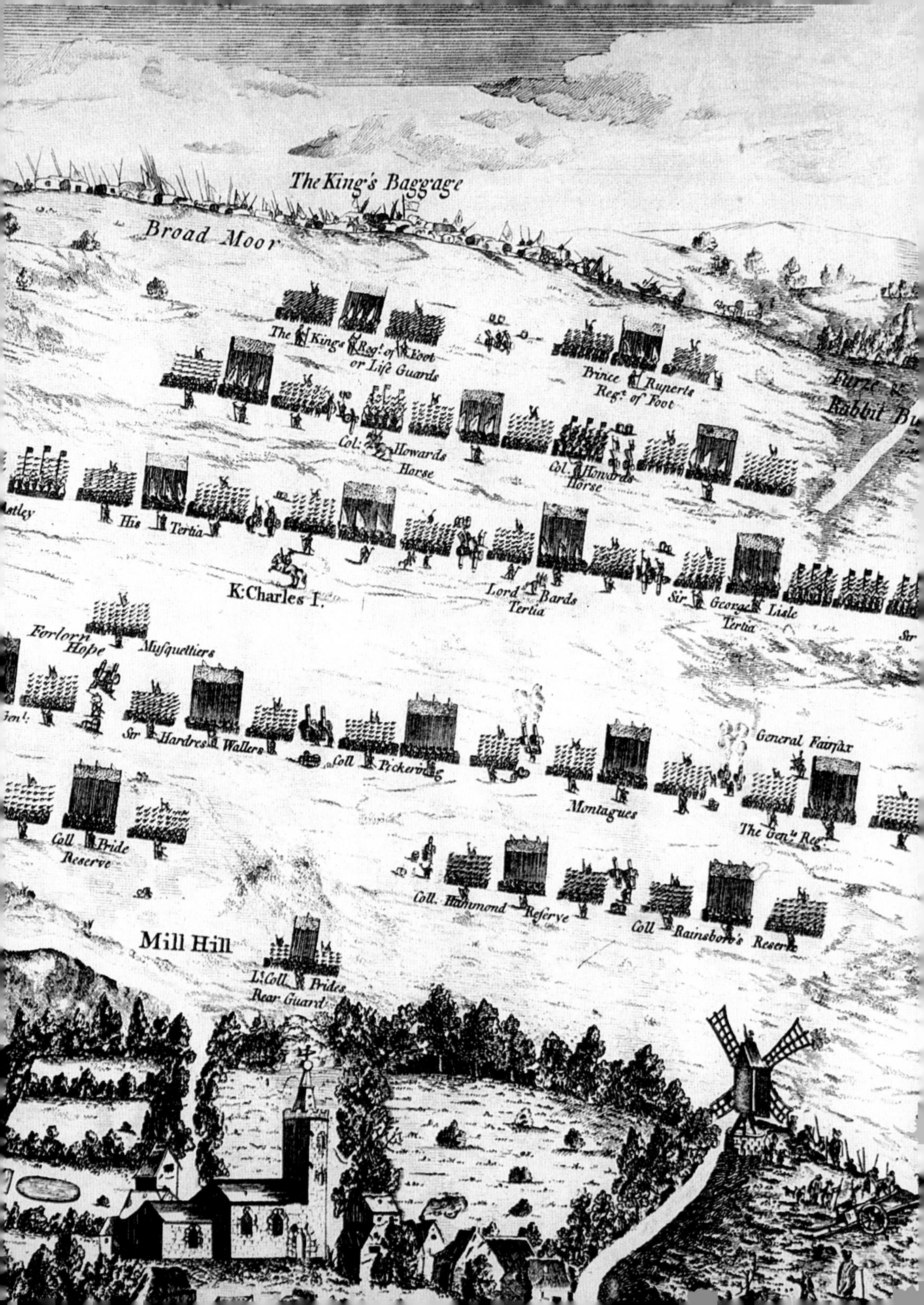
The King's Baggage
Broad Moor
The Kings Regt of Foot or Life Guards
Prince Ruperts Regt of Foot
Furze & Rabbit
Col: Howards Horse
Col. Howards Horse
His Tertia
K: Charles I.
Lord Bards Tertia
Sir George Lisle Tertia
Forlorn Hope
Musquettiers
Sir Hardres Wallers
Coll Pickering
General Fairfax
Montagues
The Genls Regt
Coll Pride Reserve
Coll. Hammond Reserve
Coll Rainsboro's Reserve
Mill Hill
Lt Coll. Prides Rear Guard

Zusmarshausen 17 mai 1648

Zusmarshausen fut l'une des dernières grandes batailles de la guerre de Trente Ans. L'armée impériale en retraite faillit être exterminée par son homologue franco-suédois. D'autres revers, à Lens et à Prague, forcèrent l'empereur Ferdinand III à accepter un accord de paix en octobre 1648.

Depuis la bataille de Jankov, la cause impériale semblait désespérée mais en 1648, elle possédait encore une armée assez importante dans le Rhin, commandée par Peter Melander, un paysan calviniste qui s'était hissé au rang de maréchal. Bien que rejoint par un contingent bavarois, Melander fut confronté à l'idée de lutter contre une force suédo-française plus importante et il décida de battre en retraite vers Augsbourg mais la configuration du terrain le ralentit beaucoup. Il était pourchassé par les armées alliées de France et de Suède, commandées respectivement par le vicomte de Turenne et Gustav von Wrangel.

Le 17 mai, à 7 heures du matin, l'armée suédo-française attaqua l'arrière-garde de la cavalerie impériale près de Zusmarshausen, la contraignant deux heures plus tard à se défendre pour la dernière fois. Turenne lança un assaut frontal, tandis que Wrangel contournait l'armée impériale pour la prendre à rebours. Pendant l'affrontement, Melander fut tué alors qu'il arrivait avec ses renforts. Wrangel et Turenne entreprirent alors de s'emparer du train de bagages. Avec l'action de l'arrière-garde, cela donna le temps aux rescapés impériaux de franchir la Schmutter et d'en détruire le pont. Les Bavarois formèrent une solide position défensive et purent repousser la tentative suédo-française de traversée de la rivière. Melander avait donné sa vie pour sauver son armée, mais Suédois et Français dominaient toujours la Bavière. **JF**

Pertes : Suédo-Français, négligeables sur 25 200 hommes ; forces impériales et bavaroises, 2 200 morts sur 18 000 hommes

Jankov 1645 *Lens 1648*

Lens 20 août 1648

Partie intégrante des Pays-Bas espagnols depuis le début du XVIe siècle, Lens, longtemps disputée, est le théâtre d'une bataille décisive à la fin de la guerre de Trente ans. Après Rocroi, le Grand Condé porte un second coup à la puissance militaire de l'Espagne.

Française depuis 1647, Lens est reprise le 18 août 1648 par l'archiduc Léopold de Habsbourg, gouverneur des Pays-Bas espagnols. Pour l'affronter, Condé dispose de forces inférieures, en hommes comme en artillerie. Après une première tentative d'engagement hésitante, il lance son attaque le 20 août, non sans avoir recommandé à ses troupes de conserver leur cohésion durant les combats. Par une feinte, il oblige l'archiduc à engager sa cavalerie commandée par Claude-Lamoral de Ligne. Les Français lui infligent de lourdes pertes et la mettent en déroute. Le prince de Ligne lui-même est fait prisonnier. Désemparée, l'infanterie, pourtant redoutable, plie rapidement devant la rigueur et la bonne organisation des lignes françaises. L'armée du roi d'Espagne abandonne nombre de canons, d'étendards et de prisonniers sur le champ de bataille. Un de ses généraux blessés, Jean de Beck, se laisse mourir de désespoir après cette cuisante défaite.

À l'annonce de cette victoire, Mazarin et la régente Anne d'Autriche font chanter un Te Deum à Notre-Dame en présence de Louis XIV, alors âgé de 9 ans. Ce nouveau succès du Grand Condé accélère les pourparlers de Münster, qui aboutissent quelques mois plus tard aux traités de Westphalie entre la Suède, la France et le Saint-Empire. L'Espagne, quant à elle, continue la guerre. **LV**

Pertes : Français : 3 500 ; Espagnols : 3 000.

Zusmarschausen 1648

Preston 17-19 août 1648

Amis un jour, ennemis le lendemain… Deux ans après la fin de la guerre civile, l'armée parlementaire victorieuse affronta ses anciens alliés écossais à Preston. Une fois encore, le commandant des forces parlementaires, Oliver Cromwell, remporta une superbe victoire.

Après la bataille de Naseby en 1645 et les autres victoires du clan du Parlement, Charles Ier se rendit aux Écossais le 5 mai 1646. Il espérait négocier avec eux seuls et les éloigner de leurs alliés parlementaires. Son projet échoua toutefois et, en janvier 1647, les Écossais livrèrent le roi au Parlement en échange d'une somme de 400 000 livres sterling. Oliver Cromwell et son armée firent au roi une offre de paix qu'il refusa en s'enfuyant en novembre dans l'île de Wight. Là, il conclut avec les Écossais un accord visant à lui restituer son trône.

Le mois de juillet suivant, une armée écossaise envahit l'Angleterre pour soutenir le roi. Menée par le duc d'Hamilton, elle fit route vers le sud et traversa le Lancashire, obligeant Cromwell à quitter le pays de Galles et à l'affronter plus au nord. Les forces étaient inégales, 18 000 Écossais contre 8 600 hommes de Cromwell, et les deux parties étaient privées d'artillerie – l'avancée de Cromwell avait été si rapide que les canons n'avaient pu suivre. Les Écossais mal équipés réquisitionnaient les chevaux pour transporter leurs munitions et leurs unités s'étalaient sur plus de 80 km. Le 17 août, Cromwell fondit sur la garde avancée écossaise avant de s'emparer de la petite ville de Preston. Le lendemain, il attaqua le reste de l'armée écossaise et les piquiers des deux belligérants s'affrontèrent au corps-à-corps. Complètement dépassés, les Écossais se rendirent à Cromwell à Warrington le 19 août. La seconde guerre civile anglaise était terminée. **SA**

Pertes : parlementaires, 100 morts sur 8 600 hommes ; Écossais, 2 000 morts et 9 000 prisonniers sur 18 000 hommes

< *Jankov 1645* *Rathmines 1649* >

« Bien qu'inférieure en nombre ce jour-là, notre armée s'est battue avec vigueur et résolution. »

Cromwell dans son rapport au Parlement

↑ *Détail de* La Bataille de Preston et Walton, 17 août 1648, *aquarelle de Charles Cattermole, 1877.*

5
2
6
3
4
10
9
d. Lagadiço

Guerre hollando-portugaise

Guararapes 18 février 1649

La perte de Bahia en 1625 n'empêcha pas les Hollandais de développer leur présence au Brésil avec pour ville principale Recife, dans la région du Pernambouc. Cependant l'insurrection de colons portugais, d'anciens esclaves noirs et d'Indiens mit un terme au projet de Brésil protestant hollandais.

La révolte contre l'autorité hollandaise au Pernambouc débuta en 1645. Les propriétaires portugais à qui les Hollandais avaient imposé un contrôle sévère de leurs pratiques religieuses catholiques rassemblèrent une armée de 1 800 hommes menés par João Fernandes Vieira. Ils furent rejoints par une colonne de 330 anciens esclaves noirs dirigés par le capitaine Henrique Dias, lui aussi noir et fils d'esclaves. Il y eut également 400 Amérindiens et leur chef tribal, Felipe Camarão. Le Portugal affirma son indépendance après 60 années de gouvernement espagnol et soutint la rébellion en lui apportant une aide discrète ainsi que 150 soldats.

Les rebelles étaient mieux adaptés aux combats dans la jungle et les marais des collines de Guararapes que les Hollandais, lesquels s'en tenaient à des tactiques strictement européennes. En 1648, plus de 4 000 soldats hollandais équipés de canons quittèrent Recife, sur la côte atlantique, pour se mettre à la recherche des insurgés. D'abord battus en avril, ils se mirent en position défensive à Recife. Les insurgés passèrent par la forêt pour se rapprocher de leurs lignes et attaquèrent le 18 février 1649. Ils surgirent de toutes parts, tirèrent au mousquet dissimulés derrière les arbres puis donnèrent l'assaut et tailladèrent l'ennemi de leurs machettes, mettant ainsi en déroute les Hollandais à la fois nerveux et démoralisés. Les soldats hollandais revinrent à Recife, mais un blocus naval portugais les en chassa définitivement en 1654. **CP**

Pertes : Hollandais, 1 500 morts et blessés sur 4 000 hommes ; insurgés, chiffres inconnus

< *Salvador de Bahia 1625*

Conquête de l'Irlande

Rathmines 2 août 1649

L'exécution du roi Charles Ier en janvier 1649 et la création d'une République par le Parlement anglais entraînèrent une révolte proroyaliste en Irlande. La première bataille eut lieu à Rathmines, non loin de Dublin. Elle marqua le début d'une campagne à la fois longue et sanglante.

Les catholiques irlandais étaient depuis 1641 en guerre contre leur roi, le protestant Charles Ier. Avec l'exécution du souverain, les catholiques et leurs adversaires protestants royalistes dépassèrent leurs différends pour se battre au nom de la Couronne contre la nouvelle République anglaise.

Un chef royaliste, James Butler, premier duc d'Ormond, marcha sur Dublin pour la reprendre aux Anglais qui en étaient les maîtres. Il ne s'attendait cependant pas à ce que le commandant anglais, Michael Jones, sorte de la ville, et ses troupes n'étaient pas prêtes au combat. L'attaque du 2 août le prit par surprise. Repoussés vers leur campement dans la plus grande confusion, Ormond et ses commandants réagirent en envoyant des unités individuelles ralentir l'avancée anglaise. La cavalerie de Jones déborda chacune d'elles et poussa les royalistes vers le sud et la ville de Rathmines. La bataille vira à la débâcle quand les royalistes furent rattrapés par les Anglais. Les combats s'achevèrent sur une action d'arrière-garde de la part d'un royaliste, le comte d'Inchiquin, le reste de son armée prenant la fuite.

Après la bataille, Ormond se retira de Dublin, permettant ainsi à Oliver Cromwell et ses 15 000 hommes bien aguerris de s'y installer pour mater la rébellion. Cromwell qualifia la victoire de Rathmines de « grande et miséricordieuse », mais il ne devait faire preuve d'aucune pitié à l'égard des Irlandais au cours des mois à venir. **SA**

Pertes : Anglais, moins de 5 000 morts ; royalistes irlandais, 3 000 morts et 2 500 prisonniers sur 11 000 hommes

< *Preston 1648*

Drogheda 1649 >

Les soldats hollandais affrontent les forces mêlées des insurgés sur cette peinture d'un artiste anonyme (1758).

Drogheda 11 septembre 1649

« Le jugement de Dieu sur ces barbares qui ont trempé leurs mains dans tant de sang innocent. »

Cromwell, après Drogheda

Cette élégante représentation de la prise de Drogheda (ici anglicisée en « Tredagh ») par Cromwell ne laisse rien présager des carnages à venir.

La rébellion royaliste qui éclata en Irlande en 1649 fut très vite contrecarrée par la jeune République anglaise. Le 15 août, Oliver Cromwell et ses 15 000 hommes débarquèrent à Dublin. Sa politique impitoyable à l'égard des royalistes irlandais allait révéler toute sa brutalité en moins d'un mois.

La défaite des royalistes irlandais à Rathmines, en août 1649, profita largement à Cromwell parce que, sans elle, les Anglais n'auraient détenu que le petit port de Derry (appelé Londonderry après 1662), plus au nord, et auraient été dans l'impossibilité d'envahir le pays. Cromwell se rendit très vite compte que les royalistes irlandais s'étaient retranchés dans des villes fortifiées. En conséquence il se prépara à mener toute une série de sièges.

Le premier eut lieu à Drogheda, à 45 km au nord de Dublin. La ville était ceinte de murailles hautes et épaisses et son gouverneur, sir Arthur Ashton, avait confiance en ses défenses ; il rejeta donc l'ordre de se rendre. Le 10 septembre, Cromwell commença de bombarder les murailles. Une brèche fut creusée le lendemain, mais elle était trop étroite pour que ses soldats s'y engouffrent. Ils furent repoussés à deux reprises jusqu'à ce que Cromwell en personne dirige l'assaut et supplante les défenseurs.

La ville fut alors le théâtre d'un effroyable carnage. Les hommes de Cromwell tuèrent les moines et les prêtres et mirent le feu à une église catholique où s'étaient réfugiés des soldats irlandais. Civils et militaires furent massacrés et Ashton fut battu à mort avec sa propre jambe de bois. Les rares royalistes survivants furent déportés à la Barbade. Les événements de Drogheda se répétèrent le mois suivant à Wexford et à Clonmel en mai 1650. Oliver Cromwell avait alors écrasé la rébellion et il put revenir à Londres, désormais haï à tout jamais par les catholiques irlandais. **SA**

Pertes : Anglais, 150 morts sur 12 000 hommes ; Irlandais, 2 800 morts et 200 prisonniers sur 3 100 hommes

Rathmines 1649

Dunbar 1650

Guerres civiles anglaises

Dunbar 3 septembre 1650

L'exécution du roi Charles Ier et la création d'une République anglaise en 1649 débouchèrent sur une révolte royaliste en Écosse, semblable à celle d'Irlande. Deux mois après avoir écrasé la rébellion irlandaise en mai 1650, Oliver Cromwell reprit du service pour réprimer les Écossais.

Scandalisés par l'exécution de leur roi par le Parlement anglais, les Écossais lui donnèrent pour successeur son fils aîné, Charles II. Le 22 juillet 1650, Cromwell fit route vers le nord à la tête de ses 16 000 soldats. Le commandant écossais, le général David Leslie, disposait d'une force plus élevée en nombre, mais il eut la prudence d'éviter une confrontation directe. Cromwell perdit très vite 5 000 hommes, frappés par les maladies, et il fut contraint de se retirer à l'est, dans le port de Dunbar, où la flotte anglaise pourrait venir en renfort.

Les Écossais pourchassèrent Cromwell et prirent position sur la colline de Doon Hill pour mieux s'interposer entre ses troupes et la mer. Le 2 septembre, Leslie descendit de la colline dans le but d'attaquer dès le lendemain. Seul un étroit ravin séparait les belligérants. Oliver Cromwell prit l'initiative et, sous le couvert de la nuit, ordonna à ses hommes de franchir le ravin pour lancer une attaque surprise dès le lever du soleil. Les mousquetaires de Leslie ne s'y attendaient pas, mais les Écossais résistèrent bien dans un premier temps. Cromwell remarqua alors que la cavalerie écossaise était coincée entre le ravin et la colline. Il lança contre elle sa cavalerie de réserve et la repoussa vers les fantassins de son propre camp. En ordre dispersé, les Écossais durent battre en retraite vers Stirling et laisser à Cromwell le contrôle du sud de l'Écosse. La bataille de Dunbar est, aux yeux de beaucoup de spécialistes, la plus belle victoire de Cromwell. **SA**

Pertes : Anglais, 30 morts sur 11 000 hommes ; Écossais, 3 000 morts et 9 000 prisonniers sur 20 000 hommes

< *Drogheda 1649* *Worcester 1651* >

Soulèvement en Ukraine

Berestetchko 28 juin-10 juillet 1651

L'Ukraine faisait partie de la République des Deux Nations, Union polono-lituanienne. En 1648, le chef des cosaques ukrainiens, Bohdan Khmelnytskyï, prit la tête d'une révolte contre ladite Union, mais il fut écrasé à Berestetchko, une des plus grandes batailles du XVIIe siècle européen.

En juin 1651, l'armée de la République des Deux Nations du roi Jean II Casimir Vasa affronta celle de Khmelnytskyï à Berestetchko. Renforcée par les Tatars du khan Islam III Giray de Crimée, l'armée de Khmelnytskyï était largement supérieure. L'Union était en revanche bien mieux entraînée et équipée que l'armée cosaque, constituée d'un grand nombre de volontaires paysans.

Les combats débutèrent le 28 juin et durèrent jusqu'au lendemain. De violentes charges de cavalerie n'y firent rien. Au soir du 29 juin, le khan reprocha à Khmelnytskyï de ne pas l'avoir mis au courant du nombre et de la qualité des forces de l'Union. Le 30 juin, l'infanterie lituano-polonaise perça les rangs des cosaques. Soutenue par son artillerie, l'infanterie de l'Union avança alors à grands pas. Le khan s'enfuit avec son armée et Khmelnytskyï chercha à le persuader de revenir. Assiégés et après avoir attendu pendant plus d'une semaine de revoir Khmelnytskyï, les Cosaques décidèrent de battre en retraite sous le couvert de la nuit. Les forces régulières se séparèrent et, au lever du jour, les paysans se rendirent compte qu'ils avaient été abandonnés et se livrèrent à des actes séditieux. C'est alors que l'armée de l'Union attaqua leur campement et massacra nombre de survivants.

En septembre, Khmelnytskyï fut contraint de signer un traité de paix avec l'Union mais, l'année suivante, il leva à nouveau ses armées et réussit à donner une indépendance virtuelle aux Cosaques ukrainiens. **JF**

Pertes : Lituano-Polonais, chiffre minime sur 60 000 au plus ; Cosaques tatares, 40 000 morts sur 150 000 hommes

Varsovie 1656 >

Worcester 3 septembre 1651

« La portée de cette pitié dépasse mon entendement. Elle est, autant que je sache, suprême. »

Cromwell, rapport au Parlement après la bataille

Sur cette gravure datant de 1660, Charles II se cache dans un chêne à Boscobel après avoir perdu la bataille de Worcester.

Le long conflit opposant les royalistes et leurs adversaires avait débuté en Écosse en 1639, pour ensuite s'étendre à l'Irlande puis à l'Angleterre en 1642, mais il connut son terme à Worcester en 1651. La bataille, assez confuse, permit tout de même la survie de la République anglaise.

Oliver Cromwell avait battu les Écossais à Dunbar en 1650, mais cela ne mit pas pour autant un terme à la menace écossaise. En juin 1651, après une longue maladie qui avait interrompu sa campagne, Cromwell marcha vers le nord pour menacer le bastion écossais de Stirling. Il laissa délibérément la route ouverte vers l'Angleterre et le nouveau roi, Charles II, tomba dans le piège. À la tête de l'armée écossaise, il marcha vers le sud en suivant le littoral ouest. Cromwell ordonna à la cavalerie du général de corps d'armée John Lambert de le suivre, à une deuxième force de traverser le pays de Newcastle à Warrington et à une troisième, une milice des Midlands, de l'accompagner.

Après avoir pris Perth, Cromwell conduisit son armée principale vers le sud en suivant la côte est, parcourant quelque 30 km par jour. Les quatre armées convergèrent alors vers les Écossais à Worcester. Les Écossais étaient écrasés en nombre : leurs 16 000 soldats faisaient face à 30 000 Anglais, dont 20 000 membres disciplinés et bien entraînés de la New Model Army. Le premier assaut anglais repoussa les Écossais vers Worcester. Au sud, une résistance obstinée contraignit Cromwell à faire appel à des renforts, exposant ainsi son flanc est. Charles ordonna deux sorties pour exploiter cette faiblesse, mais Cromwell ne tarda pas à réagir. Les troupes anglaises purent alors repousser les Écossais vers Worcester, puis elles s'emparèrent de la ville. Charles s'exila en France. **SA**

Pertes : Anglais, 200 morts sur 30 000 ; Écossais, 3 000 morts et au moins 10 000 prisonniers sur 16 000

Dunbar 1650

Douvres (Goodwin Sands) 29 mai 1652

Le protocole fut à l'origine de la première bataille opposant les flottes anglaises et hollandaises : les Hollandais devaient-ils baisser pavillon devant les Anglais ? Deux fougueux amiraux, Maarten Tromp et Robert Blake, trouvèrent le prétexte suffisant pour déclencher une guerre qui durera 20 ans.

La bataille de Douvres a pour arrière-plan la rivalité commerciale croissante opposant les Hollandais, maîtres incontestés de la marine marchande européenne, et les Anglais qui, avec le Commonwealth d'Oliver Cromwell, cherchaient eux aussi à tirer profit du commerce maritime. En 1651, le gouvernement anglais vota les Navigation Acts, stipulant que toute marchandise importée en Angleterre devait l'être sur un navire anglais. Une campagne de harcèlement fut lancée à l'encontre des navires hollandais. Cromwell imposa que tout bâtiment étranger naviguant dans la Manche ou la mer du Nord baisse pavillon à la vue d'un vaisseau anglais, sous prétexte qu'il naviguait dans des eaux anglaises.

Le 29 mai 1652, des navires de guerre commandés par l'amiral Robert Blake rencontrèrent des bâtiments de commerce hollandais protégés par la flotte du contre-amiral Maarten Tromp à bord du *Brederode*. Marin endurci depuis l'enfance et vainqueur de la bataille des Downs, Tromp refusait toute servilité. Voyant que le pavillon du *Brederode* n'avait pas été baissé en un geste de défi, Blake fit tirer trois coups de semonce. Par accident ou à dessein, un boulet atteignit le navire amiral hollandais. Tromp répliqua et la bataille s'engagea. Elle devait durer cinq heures. Tromp n'eut pas le dessus, mais il réussit à ramener ses navires marchands à bon port. Six semaines plus tard, l'Angleterre déclarait officiellement la guerre aux Provinces-Unies. **RG**

Pertes : Anglais, aucun vaisseau sur 25 ; Hollandais, 2 navires pris sur 40

< *Les Downs 1639*   *Kentish Knock 1652* >

A Sea fight between
Admiral BLAKE and
the DUTCH

« C'était une question d'hégémonie sur les mers et de reconnaissance de la part des nations. » *W. Frijhoff et M. Spies,* 1650 : une unité chèrement gagnée *(2004)*

↑ *Une bordée lâchée entre les navires anglais de Blake et les vaisseaux hollandais de Tromp.*

Faubourg Saint-Antoine 2 juillet 1652

C'est à Paris, au faubourg Saint-Antoine, que s'affrontèrent deux des grands généraux de la guerre franco-espagnole : Louis, prince de Condé, et Henri, vicomte de Turenne. Ce fut l'un des derniers épisodes de la Fronde, nom donné à la guerre civile qui dura de 1648 à 1653.

La Fronde fut une réaction à l'augmentation du pouvoir royal aux dépens des libertés de la noblesse et des provinces françaises. Des personnages tels que Condé et Gaston, duc d'Orléans et propre oncle du roi, s'unirent pour faire face au principal ministre de Louis XIV, le cardinal Jules Mazarin. Pendant la Fronde, ni les uns ni les autres ne purent s'assurer le contrôle permanent de la capitale.

Durant l'été 1652, les armées du roi et de la Fronde manœuvrèrent autour de Paris, sans toutefois se rencontrer. Le général Turenne parvint cependant à enfermer les hommes de Condé au faubourg Saint-Antoine et à les acculer aux murs de la ville. Traditionnellement hostile à la présence de quelque armée que ce soit, Paris avait fermé ses portes et toute retraite était impossible. Turenne se hâta d'en découdre avec Condé.

À 7 heures du matin, Turenne lança dans les rues la première d'une série de charges de cavalerie ; elles furent toutes repoussées, mais les pertes furent très lourdes. Les canons de Turenne arrivèrent en début d'après-midi et Condé se sentit condamné. La déroute semblait imminente mais les portes de la ville s'ouvrirent, Gaston et sa fille, la Grande Mademoiselle, ayant persuadé les autorités parisiennes d'accueillir l'armée de Condé. Celui-ci put revenir en ville, protégé par la milice civile. Les Frondeurs furent toutefois incapables de maintenir leur emprise sur Paris et le mouvement se tarit en 1653 : Mazarin pouvait imposer le régime absolutiste de Louis XIV. **JF**

Pertes : Fronde, 1 500 morts sur 6 000 hommes ; forces royales, 1 500 morts sur 8 000 hommes

Valenciennes 1656 ›

Sous le regard de la Bastille, Condé et Turenne s'affrontent devant les murs de Paris. ↑

Kentish Knock 8 octobre 1652

Déclarée à Douvres, la première guerre anglo-néerlandaise fut un conflit naval auquel aucun pays n'était vraiment préparé. L'affrontement de Kentish Knock fut une tragicomédie chaotique qui révéla des divisions au sein du camp hollandais ainsi que la difficulté à se battre de manière cohérente.

Les Provinces-Unies des Pays-Bas étaient en proie à la désunion et aux factions rivales. Des machinations politiques entraînèrent l'éviction de l'amiral Maarten Tromp et son remplacement par Witte de With, homme brutal, strict en matière de discipline et bien entendu détesté de tous. De With abandonna la politique de protection des navires marchands qui avait été celle de Tromp et entreprit d'attaquer la flotte anglaise au mouillage dans les Downs.

Le mauvais temps bouleversa tous ses plans. La flotte hollandaise fut disséminée par la tempête et les Anglais menés par Robert Blake prirent la mer pour tirer profit du désarroi ennemi. La bataille eut lieu près des bancs de sable de Kentish Knock et les vaisseaux anglais, plus puissants, lâchèrent des bordées sur les navires hollandais. De With ne réussit pas à imposer son autorité. Quand il voulut hisser son pavillon sur le *Brederode*, l'ancien vaisseau de Tromp, l'équipage refusa de le laisser monter à bord. Les Anglais avaient leurs propres problèmes : deux navires avaient heurté les bancs et les autres avaient été dispersés par le vent. La tombée de la nuit mit un terme aux combats : un bâtiment hollandais avait explosé et plusieurs autres, abordés ou contraints à fuir. Furieux, De With jura de se battre à nouveau le lendemain, mais tout le contingent de la province de Zélande préféra rentrer au pays.

Affaibli en nombre, De With fut persuadé par le contre-amiral Michiel de Ruyter, de se retirer et de se mettre à l'abri dans les hauts-fonds du littoral hollandais. **RG**

Pertes : Anglais, aucun navire sur 68 ;
Hollandais, 1 vaisseau détruit et 1 capturé sur 62

< *Douvres 1652* — *Portland 1653* >

La flotte hollandaise de Witte de With est repoussée par les Anglais lors de la bataille de Kentish Knock.

Portland 28 février-2 mars 1653

L'amiral Maarten Tromp retrouva son poste de commandant de la flotte hollandaise à l'issue de la bataille de Kentish Knock. Son aptitude au combat durant les trois jours que dura la bataille de Portland ne put toutefois dissimuler l'infériorité de ses navires et la puissance navale anglaise.

Tromp avait pour mission de préserver le commerce étranger dont dépendait la richesse des Provinces-Unies. Sa flotte escortait les convois de marine marchande entre les ports hollandais et l'océan Atlantique.

À la fin du mois de février 1653, il accompagnait 150 navires marchands qui faisaient route vers l'est en empruntant la Manche quand il entrevit la flotte de Robert Blake au large de Portland. Les vaisseaux de Blake étaient éparpillés et sous le vent. Tromp profita de ce bref avantage pour attaquer : Blake et douze bâtiments furent encerclés par 30 vaisseaux hollandais. Le navire amiral de Tromp, le *Brederode*, se rapprocha du *Triumph* de Blake et lâcha des bordées à bout portant. Le contre-amiral Michiel de Ruyter dirigeait une des escadres de Tromp et il parvint à aborder un autre bâtiment de guerre. D'autres navires anglais s'engagèrent dans la bataille et les Hollandais se retrouvèrent sur la défensive.

Les combats firent rage pendant les deux jours suivants, alors que Tromp manœuvrait pour que ses navires continuent de s'interposer entre les Anglais et les bâtiments de commerce hollandais. À la fin du troisième jour, les Hollandais manquaient cruellement de munitions, mais résistaient toujours vaillamment. Le 3 mars au matin, les Anglais trouvèrent la mer vide : les derniers vaisseaux hollandais étaient rentrés au port. Tromp fut accueilli en héros mais les pertes avaient été lourdes, dont un tiers du convoi marchand. **RG**

Pertes : Hollandais, 8 bâtiments sur 70, 50 navires marchands capturés ; Anglais, 2 navires de guerre sur 80

< *Kentish Knock 1652* *Gabbard Bank 1653* >

Gabbard Bank 12-13 juin 1653

La bataille livrée dans la zone du Gabbard Bank, au large de l'est de l'Angleterre, fut l'un des grands moments de la première guerre anglo-néerlandaise. Les Anglais démontrèrent leur supériorité en employant la tactique de la ligne de bataille, laquelle prévaudrait dans l'art de la guerre navale à venir.

Depuis le début de la guerre avec les Hollandais l'été précédent, les Anglais avaient tout fait pour structurer l'art de la guerre navale, adoptant des textes qui imposaient des règles très strictes aux capitaines. Alors que les Hollandais cherchaient à pousser l'ennemi à la mêlée générale et au combat rapproché, les capitaines anglais étaient censés s'en tenir à une ligne de bataille et exécuter les manœuvres telles qu'elles leur étaient ordonnées.

Les deux flottes se rencontrèrent dans la zone du Gabbard Bank et les Hollandais marquèrent très vite un point lorsque l'un des deux amiraux anglais, Richard Deane, fut tué aux premiers instants du combat. L'autre amiral, George Monck, garda son sang-froid et les vaisseaux hollandais de Maarten Tromp ne tardèrent pas à connaître de lourdes pertes suite aux bordées anglaises. Les navires hollandais étaient plus petits et leurs capitaines plus expérimentés, mais la discipline anglaise et la supériorité de l'artillerie se révélèrent décisives. Tromp commit l'erreur de se jeter à nouveau dans la bataille le lendemain, malgré le manque de munitions et le découragement de ses capitaines, pour la plupart des membres de la marine marchande spécialement enrôlés. Après de lourdes pertes, Tromp dut battre en retraite. Cette victoire permit aux Anglais d'établir le blocus des ports hollandais. En tentant de le briser, Tromp mourra à Scheveningen au cours du mois d'août suivant. **RG**

Pertes : Hollandais, 10 navires coulés et 11 capturés sur 98 ; Anglais, aucun bâtiment sur 110

< *Portland 1653* *Lowestoft 1665* >

Guerre franco-espagnole

Valenciennes 16 juillet 1656

Après la fin de la guerre de Trente Ans en 1648, le conflit perdura entre la France et l'Espagne. Une partie des combats se situa dans les Pays-Bas espagnols, où l'Espagne triompha à Valenciennes, en 1656. Comme au faubourg Saint-Antoine, les généraux français Turenne et Condé s'affrontèrent.

Le 15 juin, le vicomte de Turenne investit Valenciennes et entreprit la construction d'ouvrages de siège. Une armée espagnole arriva pour libérer la ville, conduite par don Juan d'Autriche, fils naturel de Philippe IV d'Espagne, ainsi que par Louis de Condé : cet ancien commandant de l'armée française avait rejoint les Espagnols en 1652 après l'échec de la Fronde.

Les Espagnols inondèrent les positions françaises en ouvrant les vannes de l'Escaut et, le 26 juin, se retranchèrent contre les assiégeants. Désireux de protéger ses positions contre les Espagnols, Turenne avait assez peu dispersé de forces. Malheureusement, le maréchal Henri de la Ferté, commandant de la section française la plus exposée, était un rival de Turenne, et il ne tint pas compte des ordres reçus. Le 16 juillet, Condé et don Juan attaquèrent la position de la Ferté et percèrent son infanterie. La Ferté contre-attaqua en menant personnellement une charge de cavalerie, mais il ne put rien faire pour rallier ses hommes et fut fait prisonnier. Les soldats envoyés par Turenne ne parvinrent pas davantage à repousser les Espagnols. Après avoir balayé leurs rangs, ils levèrent le siège de Valenciennes.

Turenne réussit à réorganiser ses forces et battit en retraite dans l'ordre en direction de Quesnoy, où il reçut renforts et ravitaillement. Les Espagnols ne cherchèrent pas vraiment à l'attaquer et il put conduire son armée en lieu sûr. **JF**

Pertes : Français, 4 400 prisonniers sur 25 000 hommes ; Espagnols, pertes légères sur 20 000 hommes

< *Faubourg Saint-Antoine 1652* *Les Dunes 1658* >

Guerre du Nord

Varsovie 28-30 juillet 1656

La Suède avait envahi la Pologne-Lituanie en 1655, déclenchant la guerre du Nord qui devait durer jusqu'en 1660. En 1656, Charles X de Suède et une armée brandebourgeoise alliée vainquirent une armée lituano-polonaise supérieure en nombre et marchèrent sur la ville.

En juin 1656, la Suède signa une alliance avec Frédéric Guillaume, Électeur de Brandebourg et duc de Prusse. Les 18 000 éléments de l'armée coalisée quittèrent le Nord pour Varsovie. Ils y étaient attendus par le roi de Pologne-Lituanie, Jean II Casimir Vasa, et 40 000 soldats sans grande formation. Jean Casimir fit traverser la Vistule à une partie de ceux-ci pour ensuite suivre la rive droite en direction des forces suédo-brandebourgeoises. Le 28 juillet, Charles X lança sur cette même rive une attaque frontale peu concluante : il fut incapable de déloger l'infanterie lituano-polonaise qui s'était terrée derrière des ouvrages de terre entre le fleuve et la forêt de Białołęka.

Le lendemain, Charles et Frédéric Guillaume décidèrent de franchir les lignes lituano-polonaises. Leurs forces prirent à gauche par la forêt, l'infanterie étant protégée par la cavalerie. Ils repoussèrent les attaques ennemies avant d'occuper la plaine sur la droite lituano-polonaise qu'ils débordèrent. Jean Casimir tenta par une charge de hussards de les déloger de cette nouvelle position, mais fut incapable d'en venir à bout. Ses propres positions étant désormais indéfendables, il franchit à nouveau la Vistule au cours de la nuit. Le 30 juillet, l'armée suédo-brandebourgeoise traversa la plaine pour attaquer l'armée lituano-polonaise en retraite, laquelle dut abandonner Varsovie. Les Suédo-Brandebourgeois entrèrent dans la ville, mais ne purent la tenir et durent bientôt l'abandonner. **JF**

Pertes : Lituano-Polonais, 2 000 morts sur 40 000 hommes ; Suédo-Brandebourgeois, 1 000 morts sur 18 000 hommes

< *Berestetchko 1651* *Lviv 1675* >

Guerre anglo-espagnole

Santa Cruz 20 avril 1657

En 1654, Oliver Cromwell déclara la guerre à l'Espagne, et sa flotte attaqua les vaisseaux et les colonies espagnols des Caraïbes et de l'Atlantique. En 1657, l'amiral Robert Blake détruisit les navires espagnols chargés de richesses lors d'une attaque audacieuse menée à Santa Cruz, dans les Canaries.

Au printemps de l'année 1657, Blake faisait le blocus du port espagnol de Cadix quand il fut mis au courant de l'approche d'une flotte transportant l'or et l'argent des colonies espagnoles des Amériques. Dans l'impossibilité de gagner Cadix, ses 17 vaisseaux se mirent à l'abri dans le port de Santa Cruz. Conscients de la menace imminente, les Espagnols transportèrent leur magot à l'intérieur des terres. Blake arriva le 20 avril avec 23 navires. Santa Cruz était défendue par un château et des fortins reliés les uns aux autres par un parapet surveillé par des mousquetaires.

Blake envoya douze navires placés sous le commandement du vice-amiral Richard Stayner attaquer la flotte espagnole. De son côté, il viserait les fortifications et couvrirait les navires. Stayner entra dans le port et se mit à l'ancre en présentant son flanc aux Espagnols. Il put ainsi détruire douze de leurs vaisseaux et en capturer cinq autres pour ensuite les remorquer. Cependant, les Anglais étaient soumis au feu nourri des fortifications et, manœuvrant difficilement à cause du vent, Blake ordonna la destruction des cinq bâtiments en question. Avec le changement de marée, la flotte anglaise put quitter sans encombre Santa Cruz. Même s'il n'avait pas réussi à s'emparer du trésor espagnol, Blake fut salué en héros en Angleterre, mais il mourut quatre mois plus tard en revenant au pays. Les Espagnols qui avaient déjà du mal à financer l'effort de guerre étaient désormais incapables de rapporter en Espagne le trésor des Canaries. **JF**

Pertes : Anglais, 40 morts et 110 blessés, aucun navire sur 23 ; Espagnols, 17 bâtiments

< *Cadix 1596*

Guerres mogholes

Samugarh 29 mai 1658

L'année 1657 vit le début d'une lutte amère pour la succession au trône moghol en Inde, entre quatre frères. Tous les prétendants étaient avides de pouvoir, mais seul Aurangzeb avait la nature impitoyable et rusée d'un vainqueur. La bataille de Samugarh fut une étape cruciale de sa conquête.

L'empereur moghol Shah Jahan est surtout connu pour le Taj Mahal, splendide tombeau qu'il fit construire pour son épouse, Mumtaz Mahal. Malheureusement, leurs quatre fils se hâtèrent de se battre pour la succession, n'attendant même pas la mort de leur père. Apprenant en 1657 qu'il était tombé gravement malade, le deuxième fils de Shah Jahan, Shah Shuja, se proclama empereur du Bengale. Le prince de la Couronne, Dara Shikoh, le défit cependant à Bahadapur et Shah Jahan, reconnaissant, lui offrit son trône.

Les fils cadets de Shah Jahan, Aurangzeb et Mourad Baksh, étaient également avides de pouvoir. Sur l'ordre d'Aurangzeb, Mourad se déclara empereur du Gujarat et accusa Dara Shikoh d'être un usurpateur. Les frères marchèrent vers le nord-est, en direction d'Agra, attaqués par les princes rajpoutes de la région qu'ils parvinrent toutefois à battre à Dharmat. Ils rencontrèrent Dara à Samugarh. Inexpérimenté, indécis, celui-ci ordonna l'avance générale de son armée et ses canons, rangés en ligne, tiraient sans discernement. Même ainsi, il aurait pu facilement l'emporter parce que Mourad, tout aussi impétueux, voyait son aile gauche anéantie par l'un des alliés rajpoutes de Dara. La bataille était apparemment terminée quand Dara descendit de son éléphant. Ses hommes crurent qu'il avait été tué et s'enfuirent, démoralisés. Peu après, Aurangzeb le victorieux fit exécuter Mourad pour « traîtrise » et s'empara du trône. Il régnera sur l'Inde pendant près de 50 ans. **MK**

Pertes : chiffres inconnus

< *Haldighati*

Enluminure du XVIIIe siècle montrant la prise ultérieure de Kandahar par Aurangzeb. 

Les Dunes (Dunkerque) 25 juin 1658

La bataille des Dunes fut l'un des derniers grands affrontements de la guerre franco-espagnole. Les Français s'étaient repris après la défaite de Valenciennes et ils assiégèrent Dunkerque en 1658. Avec l'aide de soldats du Commonwealth anglais, ils mirent en déroute les Espagnols dans les dunes.

Le vicomte de Turenne avait investi Dunkerque à la demande de Cromwell qui s'était joint à la guerre contre l'Espagne. Pour libérer Dunkerque, l'Espagne leva une armée comptant 2 000 royalistes anglais menés par le duc d'York, fils de feu Charles Ier. L'armée était commandée par don Juan d'Autriche et Louis de Condé.

Les Espagnols prirent position sur les plages au nord de Dunkerque et se retranchèrent dans les dunes mais, dans leur précipitation, ils avaient laissé derrière eux leur cavalerie. Don Juan commandait l'aile droite, proche de la mer, et Condé celle de gauche, non loin d'un canal. Turenne marcha à leur rencontre. Constituée de lourds canons français et de pièces embarquées sur des frégates anglaises, son artillerie couvrait toute la zone occupée par les Espagnols. La bataille s'engagea le 25 juin, à 8 heures du matin. Le premier contact vit les soldats du Commonwealth de l'aile gauche contraindre les Espagnols à reculer. La contre-attaque menée par York échoua, sa cavalerie ne pouvant manœuvrer efficacement dans le sable. En peu de temps, l'aile droite espagnole s'effondra sous les coups de la cavalerie et de l'artillerie françaises. À gauche, Condé était parvenu à conserver ses positions et même à lancer une charge de cavalerie. L'infanterie française eut finalement le dessus et Condé dut battre en retraite. Les combats cessèrent à midi. Turenne prit Dunkerque et livra la ville aux Anglais, comme convenu. **JF**

Pertes : alliés anglo-français, 400 morts ou blessés sur 15 000 hommes ; Espagnols, 1 000 morts et 5 000 prisonniers sur 16 000 hommes

< *Valenciennes 1656*

Turenne charge l'ennemi : détail de La Bataille des Dunes *de Charles-Philippe Larivière (1837).*

Øresund 29 octobre 1658

Puissance dominante du nord de l'Europe, la Suède menaçait d'exclure les Hollandais du commerce dans la Baltique. Le gouvernement hollandais envoya une flotte pour intervenir dans la guerre opposant la Suède et le Danemark et refuser aux Suédois le contrôle du détroit de l'Øresund.

Sous le règne de Charles X Gustave, les Suédois assiégèrent la capitale danoise, Copenhague, par la terre comme par la mer. Menée par le contre-amiral Jacob Van Wassenaer Obdam, la flotte hollandaise s'engagea dans l'Øresund pour attaquer les vaisseaux anglais du blocus. Obdam avait le vent du nord en poupe, ce qui lui donnait un avantage tactique certain sur la flotte suédoise, plus nombreuse. En revanche, le vent lui refusa le soutien des navires danois, cloués dans le port de Copenhague. Les courants violents interdirent à l'une et l'autre flotte de préserver leur formation et les capitaines attaquèrent individuellement les bâtiments ennemis.

L'*Eendracht*, le navire amiral d'Obdam, fut entouré par des navires suédois mais il s'en sortit grâce à l'aide des capitaines hollandais. Plusieurs navires suédois furent abordés par les Hollandais et pris après de sauvages combats. Le *Brederode*, navire amiral de Witte de With, commandant hollandais, s'échoua et fut pendant deux heures la cible de bordées ennemies avant d'être abordé. De With mourut frappé de deux balles de mousquet. Les Hollandais eurent malgré tout le dessus avant que les deux parties ne se retirent, les Suédois vers leur port de Landskrona et les Hollandais, vers Copenhague.

Le roi de Suède proclama la victoire et exhiba le corps de De With en guise de trophée mais les Hollandais avaient atteint leur objectif. Aux côtés des Danois, ils firent le blocus de la flotte suédoise à Landskrona et Charles dut bientôt renoncer au siège de Copenhague. **RG**

Pertes : Hollandais, 2 navires sur 35 ;
Suédois, 5 bâtiments sur 45

↑ *Représentation à la plume et à l'encre de la bataille de l'Øresund par Willem Van de Velde l'aîné.*

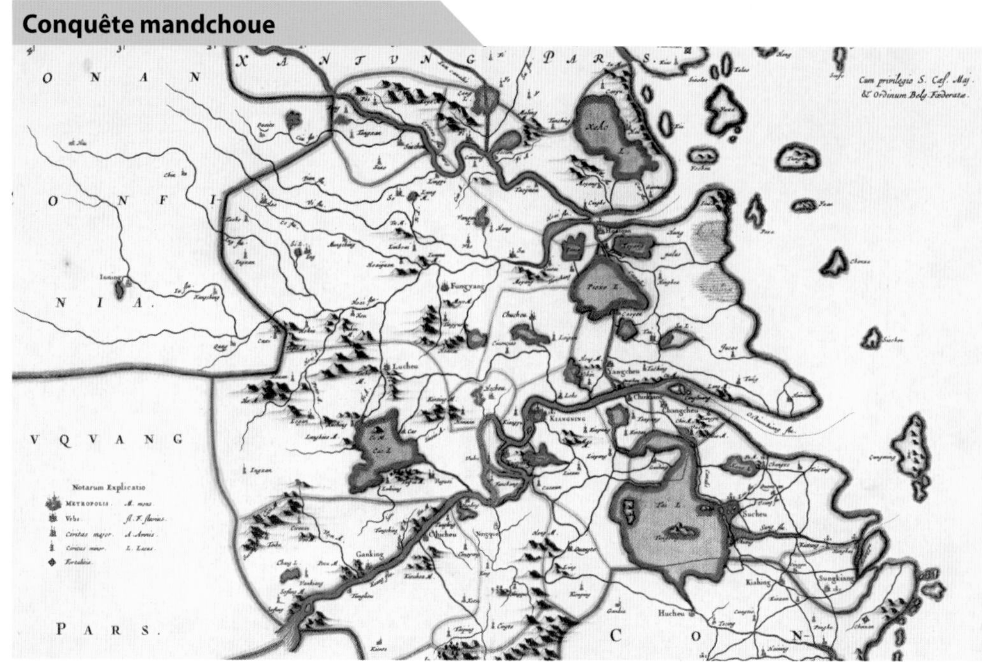

Nanjing 24 août-10 septembre 1659

Mieux connu sous le nom de Koxinga, Chenggong Zheng était le plus fidèle soutien du dernier prétendant au trône de la dynastie Ming après son remplacement par la dynastie mandchoue des Qing. Il mena une série de campagnes dont le point culminant fut l'échec de la prise de Nanjing en 1659.

Les Mandchous avaient fortifié la région du bas Yangzi, dont un formidable barrage fluvial appelé « Dragon de la rivière bouillonnante ». Après quatre jours d'échange d'artillerie, la flotte de Zheng parvint à passer et à neutraliser les forts bordant le fleuve. Nanjing était l'objectif suivant, mais les avis à ce sujet étaient contradictoires : certains commandants se montraient favorables au blocus de la ville alors que Zheng penchait pour une victoire rapide.

Hélas, le vent changea le 10 août et rendit impossible toute remontée du fleuve, de sorte que Zheng et ses hommes durent marcher sur les rives en halant leurs navires. Cela leur prit deux semaines, pendant lesquelles les Mandchous envoyèrent des renforts. Ils indiquèrent alors à Zheng qu'ils accepteraient de lui livrer Nanjing au bout d'un mois. Un siège débuta, mais l'activité était négligeable. Les sorties tentées depuis Nanjing eurent pour seul effet d'irriter Zheng.

Le 8 septembre, une sortie plus importante effectuée par un passage secret fit beaucoup de victimes. Zheng retira une partie de ses troupes. Une autre sortie eut lieu le lendemain et les agents mandchous ayant infiltré l'armée de Zheng réussirent à déclencher une grande explosion. Les Mandchous profitèrent de la confusion pour sortir de la ville en force, et Zheng fut contraint de battre en retraite. Après sa défaite, il songea plus à sa propre position qu'à la restauration de la dynastie Ming. **ST**

Pertes : Zheng, chiffres inconnus ;
Mandchous, 4 500 corps retrouvés dans le fleuve

< *Yangzhou 1645* — *Fort Zeelandia 1661* >

Gravure sur cuivre de 1655 représentant la province du Jiangsu et sa capitale, Nanjing. ↑

Fort Zeelandia 21 avril 1661-1er février 1662

Fort Zeelandia était un avant-poste hollandais situé sur l'île de Taïwan. Le pouvoir des Mandchous en Chine méridionale poussa Chenggong Zheng à s'emparer de Taïwan pour donner à sa famille une base solide d'où il lui serait possible un jour de poursuivre la guerre contre les Qing.

Les Hollandais redoutaient une attaque de la part de Zheng et ils avaient demandé ravitaillement et renforts pour leur fortin de Zeelandia, vulnérable car construit à une époque où toute attaque venant de Chine continentale était impensable. La flotte de Zheng était constituée de 900 navires de guerre dont les 50 000 hommes souffraient déjà du manque de ravitaillement au moment où ils effectuèrent la brève traversée vers Taïwan.

Les bâtiments chinois furent attaqués par les navires hollandais non loin de Fort Zeelandia, mais cela n'empêcha pas Zheng de débarquer, et il s'ensuivit une série d'affrontements terrestres. Soucieux de conserver leur fort, sinon tout Taïwan, les Hollandais entamèrent des négociations, mais celles-ci échouèrent et il leur fallut se préparer à un long siège. Plusieurs échanges d'artillerie causèrent de lourdes pertes dans les rangs chinois. Zheng ne parvint pas à faire venir des renforts depuis le continent et ses hommes souffraient de plus en plus du rationnement.

Le 30 juillet, une flotte hollandaise envoyée en renfort approcha de Fort Zeelandia et une bataille navale s'engagea, mais la situation n'évolua pas pendant plusieurs mois. Les défenseurs hollandais finirent par comprendre qu'ils devaient périr ou négocier une reddition honorable. Cette dernière solution fut adoptée et les Hollandais sortirent la tête haute quand Fort Zeelandia se rendit le 1er février 1662. Zheng s'empara de Taïwan au nom de l'empereur de Chine et devint un héros national. **ST**

Pertes : chiffres inconnus, mais pertes considérables de part et d'autre

< *Nanjing 1659* *Penghu 1683* >

↑ *Tenture murale chinoise du XVIIe siècle représentant l'île de Taïwan.*

Lowestoft 13 juin 1665

Au début de la deuxième guerre anglo-néerlandaise, la marine hollandaise connut une cinglante défaite à l'issue de la bataille menée au large de Lowestoft. Les Hollandais renforcèrent leur effort de guerre et les Anglais ne tirèrent pas longtemps avantage de cette victoire si chèrement remportée.

La première guerre anglo-néerlandaise s'était achevée sans résultat tangible. Cependant, avec la restauration de la monarchie anglaise sous Charles II, en 1660, l'Angleterre recommença à harceler les colonies et les navires de commerce hollandais pour s'emparer en 1664 de Nieuw-Amsterdam, future New York.

La guerre reprit officiellement en mars 1665. Trois mois plus tard, mission fut confiée à l'amiral Jacob Van Wassenaer Obdam de diriger une grande flotte hollandaise susceptible d'attaquer les Anglais dans leurs eaux territoriales. La bataille se disputa sous des vents si changeants que le commandant anglais James, duc d'York, eut du mal à garder ses navires en formation et que la flotte hollandaise perdit toute cohésion, contraignant ses bâtiments à se battre de manière individuelle. Avec plus de 200 navires et près de 10 000 canons regroupés dans une zone assez restreinte, les bordées furent dévastatrices. Le duc d'York échappa miraculeusement à la mort quand un boulet décapita les courtisans situés derrière lui. Van Wassenaer eut moins de chance et fut tué lors de l'explosion de son navire amiral, l'*Eendracht*. Les capitaines hollandais préfèrent alors s'enfuirent. Les Anglais lancèrent des brûlots destinés à achever les vaisseaux hollandais. Seul le vice-amiral Cornelis Tromp eut l'autorité nécessaire pour assurer un retrait en bon ordre. Après la défaite, les Hollandais cherchèrent à améliorer leur commandement naval et à se doter de nouveaux bâtiments. **RG**

Pertes : Hollandais, 8 navires détruits et 9 capturés sur 103 ; Anglais, 1 navire sur 109

< *Gabbard Bank 1653* *Bataille des Quatre Jours 1666* >

La Bataille de Lowestoft *par Adriaen Van Diest (1655-1804).*

Ambuila 29 octobre 1665

Non loin de la frontière de l'Angola et du royaume du Kongo, la bataille d'Ambuila fut l'une des plus grandes de l'histoire de l'Afrique centrale. En 1665, une armée portugaise défit une armée kongo supérieure en nombre et tuèrent le roi António Ier, plongeant le Kongo dans une violente guerre civile.

António Ier devint roi du Kongo en 1661 et décida de contrecarrer l'expansion portugaise dans la région. Le *casus belli* fut une succession de petits conflits survenus dans le minuscule royaume d'Ambuila, où les factions rivales cherchaient de l'aide soit auprès des Kongo, soit auprès des Portugais. En conséquence, les deux puissances envoyèrent des armées en Ambuila en 1665. Les Kongo avançaient en demi-lune avec tous leurs mousquetaires, auxquels l'infanterie et les archers se joignirent lors de la première vague. L'armée portugaise était déployée de manière plus défensive : les mousquetaires et l'artillerie au centre en formation de losange, flanqués de deux ailes de soldats africains alliés et pourvus d'un grand nombre de réservistes. L'affrontement fut sauvage, mais l'artillerie portugaise fut capitale en ce qu'elle contraignit les Kongo à reculer. António Ier lança une nouvelle attaque contre les Portugais et réussit à repousser les soldats des deux flancs sans toutefois ébranler le centre.

L'avantage bascula quand António Ier fut tué. La mort de son roi ébranla l'armée kongo et le nombre de pertes augmenta très vite. Seule une retraite soigneusement élaborée empêcha les survivants d'être anéantis ; en revanche, les Kongo perdirent leur train de bagages.

Après la bataille, le royaume d'Ambuila devint le vassal du Portugal, mais le Kongo fut le véritable perdant de ce conflit. Le manque d'héritier reconnu d'António Ier déboucha sur des décennies de guerre civile qui déstabilisèrent complètement ce royaume jadis si puissant. **JF**

Pertes : Portugais et alliés africains, chiffres inconnus sur 7 500 hommes ; Kongo, chiffres inconnus sur 70 000 hommes

↑ *Gravure du XIXe siècle représentant le palais d'António Ier, au sommet d'une colline.*

Bataille des Quatre Jours 1-4 juin 1666

La bataille des Quatre Jours fut le plus sanglant affrontement anglo-néerlandais du XVIIe siècle, mais elle marqua aussi la formidable remontée en puissance de la marine hollandaise après la défaite de Lowestoft. La flotte et le littoral anglais allaient désormais subir ses attaques répétées.

En 1666, l'Angleterre regrettait d'avoir déclenché la deuxième guerre anglo-néerlandaise. Les finances royales étaient au plus bas et les Anglais ne pouvaient rivaliser avec la construction navale hollandaise. Les Hollandais avaient de plus signé avec la France une alliance menaçant de bouleverser un peu plus l'équilibre des pouvoirs. Désespérés, les Anglais décidèrent de passer à l'attaque.

Le 11 juin 1666, George Monck, duc d'Albermarle, lança ses 56 vaisseaux contre la flotte hollandaise ancrée au large de Dunkerque. Ce fut une décision hardie parce que les 84 bâtiments de la force hollandaise étaient placés sous le commandement d'un contre-amiral de grand renom, Michiel de Ruyter. Le feu des canons était si nourri que les promeneurs de Hyde Park, à Londres, purent entendre les détonations lorsque la bataille dériva vers le littoral anglais. L'amiral hollandais Cornelis Evertsen fut coupé en deux par un boulet de canon. Les combats au corps-à-corps faisant suite aux abordages firent d'innombrables victimes. Les navires poursuivaient le combat alors qu'ils étaient déjà en feu, sans tenir compte des risques d'explosion des réserves de poudre à canon.

Au troisième jour, Monck ne disposait plus que de 29 navires, mais il bénéficia des renforts de l'escadre du prince Rupert du Rhin, de sorte que les Anglais purent se battre un jour de plus. Quand ils se désengagèrent enfin, ils avaient perdu près d'un vaisseau sur huit et quelque 5 000 hommes. **RG**

Pertes : Hollandais, nombre de morts inconnu, 4 navires sur 84 ; Anglais, 10 navires sur 79, 5 000 morts

◁ *Lowestoft 1665* *Raid sur la Medway 1667* ▷

Le navire amiral de Michiel de Ruyter au centre de La Bataille des Quatre Jours*, par Abraham Stock (1644-1708).*

Raid sur la Medway 12-14 juin 1667

Le raid hollandais sur les chantiers navals de la Medway fut l'une des plus grandes humiliations qu'aient jamais connues l'Angleterre et la Royal Navy. Si les pertes matérielles furent importantes, le plus pénible fut la certitude que les Anglais étaient désormais impuissants à défendre leur littoral.

Depuis le début de la deuxième guerre anglo-néerlandaise en 1665, l'Angleterre avait connu pas mal de catastrophes, dont la grande peste et le grand incendie de Londres. Le roi Charles II n'avait plus d'argent pour payer les marins et les dockers. L'Anglais cherchait la paix à tout prix, mais le chef du gouvernement hollandais, Johann de Witt, souhaitait une victoire écrasante. Son frère, Cornelis de Witt, reçut le commandement d'une flotte qui fit voile vers l'embouchure de la Tamise avant de prendre la direction du sud et de s'emparer de Sheerness, sur la rivière Medway, et de pénétrer plus avant dans les terres en direction des chantiers navals de Chatham.

Les Anglais barrèrent la rivière à l'aide d'une chaîne tirée d'une rive à l'autre, mais les ingénieurs hollandais en vinrent à bout. Au-delà, les navires anglais et leurs équipages réduits au minimum étaient impuissants. Trois des plus grands vaisseaux de la marine anglaise furent pris ; un quatrième, le *Royal Charles*, fut capturé par les Hollandais. La seule résistance venait des batteries terrestres. De Witt et ses capitaines avaient malgré tout du mal à croire en leur triomphe et ils se retirèrent le 14 juin, emmenant le *Royal Charles* avec eux. Les navires capturés furent incendiés.

Le choc fut grand parmi la population. Le chroniqueur Samuel Pepys, alors secrétaire à l'amirauté, pensait que la monarchie allait s'écrouler. En fait, la paix fut signée avec des avantages limités pour les Hollandais. Le désir de revanche de l'Angleterre se traduisit par une autre guerre au cours de la décennie suivante. **RG**

Pertes : Anglais, 13 navires ; Hollandais, aucun

< *Bataille des Quatre Jours 1666* — *Solebay 1672* >

↑ Les Hollandais sur la Medway en 1667, *par Willem Schellinks (1627-1678).*

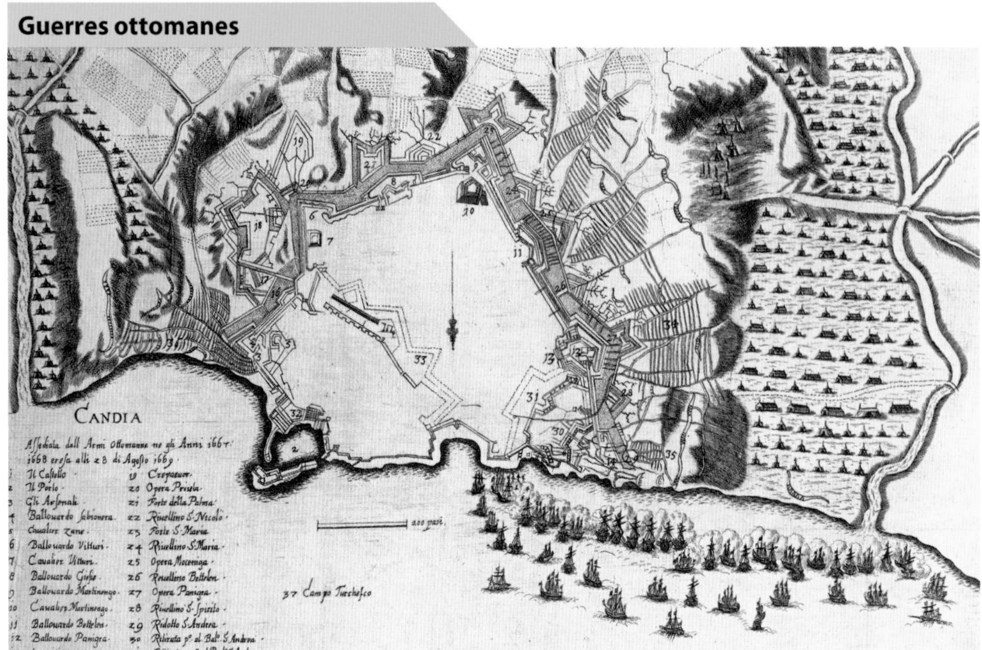

Chute de Candie 5 septembre 1669

En Crète, la chute de la forteresse vénitienne de Candie (moderne Héraklion) mit fin à un siège de 24 ans – le plus long de toute l'histoire, probablement. La prise de la ville paracheva la conquête de l'île par les Turcs ottomans. La Crète fut régie par les Ottomans jusqu'en 1913.

En 1645, les Ottomans attaquèrent par surprise le dernier territoire extérieur vénitien et, en 1648, seule la forteresse de Candie demeurait encore sous le contrôle de Venise. Les Ottomans l'assiégèrent en mai 1648. En théorie, ils n'avaient aucun mal à ravitailler leurs troupes, mais les attaques navales vénitiennes en mer Égée et le blocus du détroit des Dardanelles contrecarrèrent les expéditions destinées à apporter à l'armée le matériel nécessaire au lancement d'une attaque décisive.

Les Ottomans creusèrent d'importants ouvrages de terre et maintinrent le siège de façon décousue quoique efficace jusqu'en 1667, année où ils envoyèrent une armée menée par le grand vizir lancer l'assaut final sur Candie. L'ultime phase du siège, de mai 1667 à septembre 1669, fut terrible pour tous ceux qui s'y trouvaient impliqués : soldats turcs, civils crétois utilisés comme esclaves pour la réalisation des ouvrages de terre, défenseurs chrétiens enfin. L'arrivée de galères et de troupes françaises permit à la résistance de tenir un peu plus longtemps, mais le chef français, François, duc de Beaufort, fut tué en juin 1669 lors d'une sortie nocturne contre les lignes ottomanes. Les galères françaises bombardèrent les positions ottomanes : bien retranchés, les Turcs n'eurent que des pertes mineures alors que la flotte française était lourdement touchée.

Découragés, les Français se retirèrent en août. Le siège se poursuivit, mais la position vénitienne était désespérée. Candie se rendit finalement en septembre 1669, ce qui mit un terme à quatre siècles de domination vénitienne. **TB**

Pertes : chiffres inconnus

< *Khotyn 1621* *Lviv 1675* >

Carte du XVIIe siècle de G. Bouttats représentant le siège de Candie. ↑

Solebay 7 juin 1672

Dans l'histoire des Pays-Bas, 1672 est appelée « l'année du désastre ». Le roi d'Angleterre Charles II forma une alliance avec Louis XIV afin d'attaquer la République hollandaise sur terre comme sur mer. Solebay constitua un moment crucial de la lutte pour l'indépendance hollandaise.

En juin 1672, les flottes anglaises et françaises se rassemblèrent à Southwold, dans l'est de l'Angleterre, sous le commandement de James, duc d'York. Le contre-amiral hollandais Michiel de Ruyter décida alors de lancer une attaque préventive.

La surprise fut totale quand De Ruyter apparut au large de Solebay le 7 juin. Le duc d'York s'efforça de former une ligne cohérente quand les Hollandais approchèrent, mais le commandant de l'escadre française, le comte d'Estrées, fit voile vers le sud alors que les Anglais se dirigeaient vers le nord. De Ruyter ordonna à quelques bâtiments d'occuper les Français pour concentrer le gros de sa flotte sur les Anglais. Le duc d'York fut contraint de changer à deux reprises d'embarcation, ses navires amiraux ayant subi les bordées hollandaises. Le *Royal James*, bâtiment équipé de 100 canons et commandé par le comte de Sandwich, fut bombardé à bout portant par le navire hollandais qui l'avait saisi au grappin puis incendié par un brûlot. Pour échapper aux flammes, les hommes se jetèrent à l'eau et beaucoup se noyèrent : ce fut le cas de Sandwich, dont le corps fut rejeté sur le rivage au bout de plusieurs semaines.

Les Hollandais déplorèrent eux aussi de lourdes pertes et, à la tombée de la nuit, préférèrent abandonner le combat et retraverser la mer du Nord. La fragile alliance anglo-française se délita quand les alliés se lancèrent dans d'interminables récriminations. **RG**

Pertes : Anglais et Français, 1 navire détruit sur 93 ; Hollandais, 2 vaisseaux sur 75

◁ *Raid sur la Medway 1667* *Texel 1673* ▷

La rencontre d'Estrées et du duc d'York, *1672, par Jan Karel Donatus Van Beecq (1638-1722).*

Maastricht 6 juin-1er juillet 1673

Survenu pendant la guerre franco-néerlandaise, le siège de Maastricht révéla tout le génie de Sébastien Le Preste de Vauban, le plus grand ingénieur militaire de son époque : il put prendre une ville fortifiée sans recourir à des combats prolongés.

En 1669, les Hollandais avaient contribué à paralyser l'expansion française aux Pays-Bas espagnols. Louis XIV envahit les Provinces-Unies en 1672. Les Français prirent de grandes villes, mais oublièrent Maastricht alors qu'ils fondaient vers le nord. En 1673, toujours aux mains des Hollandais, elle contrecarrait sérieusement les opérations françaises dans la région et le roi ordonna de s'en emparer.

Maastricht occupait une position solide et contrôlait un passage sur la Meuse. Elle disposait d'une garnison forte de 6 000 hommes et d'un commandant aguerri, Jacques de Fariaux. Le siège débuta le 6 juin. Le 8 juin, 7 000 paysans furent enrôlés de force pour construire des lignes très étendues autour de Maastricht. Le roi arriva le 10 et confia le commandement à Vauban, qui déchaîna la puissance des 26 canons de sa batterie. Il ordonna de creuser des tranchées parallèlement aux murailles, puis il utilisa l'artillerie pour protéger les sapeurs creusant perpendiculairement à celles-ci avant de s'attaquer à des tranchées plus rapprochées des murs de la ville. L'assaut direct du 25 juin échoua et il y eut 300 morts. En fin de compte, c'est l'utilisation efficace de l'artillerie et des mines qui rendit intenable la position des défenseurs. Le 30 juin, Fariaux accepta de parlementer et les troupes françaises entrèrent en ville dès le lendemain. **JF**

Pertes : Français, chiffres négligeables sur 45 000 hommes ; Hollandais, chiffres négligeables sur 6 000 hommes

Seneffe 1674 ›

La Bataille de Texel, *de Willem Van de Velde le jeune, ou l'impuissance des Hollandais à capturer le navire anglais.*

Texel 21 août 1673

Dernier engagement des guerres anglo-néerlandaises, Texel révéla l'indomptable esprit combattant de la marine hollandaise de Michiel de Ruyter et le tempérament fougueux d'amiraux qui se livrèrent à un duel personnel.

Après avoir attaqué les alliés français et anglais à Solebay, De Ruyter reprit une position défensive. Les alliés faisaient le blocus du littoral hollandais mais l'amiral effectuait des sorties destinées à harceler les escadres. Inférieurs en nombre, les Hollandais comptaient sur un manque de coopération entre Français et Anglais.

Quand De Ruyter fit une sortie à Texel, d'Estrées, le commandant français, évita l'affrontement pour avoir certainement reçu de Louis XIV l'ordre de ne pas perdre de navires. La bataille entre Hollandais et Anglais fut perturbée par une rivalité personnelle entre l'amiral anglais sir Edward Spragge et le contre-amiral hollandais, Cornelis Tromp. Spragge s'était juré de tuer Tromp et il le pourchassa sans se préoccuper de respecter la formation de bataille. Après un échange d'artillerie qui détruisit les navires amiraux et tua la moitié des équipages, les hommes reprirent le combat sur de nouveaux vaisseaux. Ils furent ravagés à leur tour et Spragge monta dans une barque pour en rejoindre un troisième quand un boulet de canon coula son embarcation : il périt noyé.

Pendant ce temps, De Ruyter harcela les Anglais avant d'aller retrouver la sécurité des hauts-fonds. Les griefs anglais à l'égard des Français mirent un terme à l'alliance des deux pays et à la participation anglaise à la guerre contre la Hollande. **RB**

Pertes : aucun navire de part et d'autre

Solebay 1672

Guerre franco-néerlandaise

Seneffe 11 août 1674

Malgré Maastricht, les progrès de Louis XIV dans la guerre franco-néerlandaise étaient contrecarrés par la nouvelle alliance formée par les Hollandais avec l'Espagne et le Saint Empire. Leurs forces combinées rencontrèrent les Français à Seneffe, une des batailles les plus sanglantes de ce conflit.

Guillaume d'Orange était à la tête d'une armée hollando-hispano-impériale forte de 65 000 hommes. Le commandant français, Louis, prince de Condé, n'en disposait que de 45 000 et se refusait à se laisser entraîner dans la bataille. Il saisit sa chance quand les alliés se scindèrent en quatre groupes, mettant ainsi un terme à leur avantage numérique.

À 10 heures, les Français attaquèrent dans le village de Seneffe le groupe hollandais le plus en retrait et en vinrent à bout en une heure. En apprenant cela, Guillaume ordonna aux troupes impériales du maréchal Jean-Louis Raduit de Souches de se retirer, mais celui-ci ne se montra pas pressé d'obéir. Entre-temps, les Français avaient pu avancer et déborder par le flanc le deuxième groupe hollandais. Ils réussirent à repousser les Hollandais, mais Guillaume parvint à rallier ses troupes et à battre en retraite afin de trouver une position défensive sur les hauteurs ; c'est là que le rejoignirent les renforts de De Souches. Condé décida de lancer son armée épuisée dans une quatrième attaque à 15 heures. Les combats très rudes perduraient encore après le coucher du soleil et les pertes furent énormes. Condé rappela son armée quand il comprit enfin que la victoire était impossible. Guillaume en fit autant. Sans battre les alliés de manière décisive, Condé les avait tout de même empêchés d'entrer en France. **JF**

Pertes : alliés, 15 000 morts ou blessés et 5 000 prisonniers sur 65 000 hommes ; Français, 10 000 morts ou blessés sur 45 000 hommes

< *Maastricht 1673* *Turckheim 1675* >

Guerre franco-néerlandaise

Turckheim 5 janvier 1675

L'avance française aux Pays-Bas ralentit après la bataille de Seneffe. En 1675, les Français se positionnèrent sur le front allemand quand Turenne lança une attaque en Alsace et s'empara de la région à l'issue d'une formidable victoire remportée contre Frédéric Guillaume, Électeur de Brandebourg.

À la fin de l'année 1674, Turenne avait fait franchir les Vosges à ses troupes et était entré en Lorraine avant de fractionner ses hommes pour approcher l'Alsace par les montagnes. Cette méthode permit à quelque 30 000 soldats français de se retrouver fin décembre dans cette région. La cavalerie de Turenne était épuisée après une longue saison, mais son infanterie avait bénéficié des renforts de l'armée française des Pays-Bas. Les armées alliées de Brandebourg-Prusse et d'Autriche présentes dans la région ne s'attendaient pas à une attaque et Frédéric Guillaume faisait de son mieux pour réunir leurs forces. Il réussit à constituer une armée comprenant entre 30 000 et 40 000 hommes, mais elle n'était pas très bien organisée. Elle se déploya pourtant entre Colmar et Turckheim.

Le 5 janvier, Turenne attaqua. Il feignit de s'intéresser à Colmar, sur sa droite, ce qui incita Frédéric Guillaume à retirer ses hommes de Turckheim. Turenne mit à profit la configuration du terrain pour dissimuler ses hommes, puis il redéploya son armée et déborda l'ennemi par le flanc en s'emparant de la ville avec son infanterie. Les Brandebourgeois-Autrichiens tentèrent de la reprendre, mais les Français tinrent bon. L'infanterie française chargea depuis Turckheim et repoussa l'ennemi, mais la tombée de la nuit l'empêcha de le pourchasser. Le lendemain, Turenne constata que l'armée de Frédéric Guillaume avait franchi le Rhin, laissant la France maîtresse de l'Alsace. **JF**

Pertes : Brandebourgeois-Autrichiens, 3 000 prisonniers, morts ou blessés sur 30 000 à 40 000 hommes ; Français, pertes minimes sur 30 000 hommes

< *Seneffe 1674* *Sasbach 1675* >

Guerre franco-néerlandaise

Sasbach 27 juillet 1675

Sasbach est une bataille avortée. Elle aurait dû voir s'affronter les deux plus grands capitaines de leur temps, le Toscan Montecuccoli, au service du Saint-Empire, et le Français Turenne. Ce dernier fut tué au tout début des combats, ce qui modifia la situation militaire.

Commencée en 1673, la guerre de Hollande oppose la France aux Provinces-Unies et au Saint-Empire. De multiples opérations se déroulent sur le Rhin, tantôt à l'avantage des Français, tantôt à l'avantage des Impériaux. En 1675, la campagne met face à face Turenne et Montecuccoli, deux grands stratèges. Ils passent quatre mois à s'épier, exécutant diverses manœuvres sans combattre, déployant un art consommé de la patience et de la ruse. En juillet, Turenne pense enfin avoir amené son adversaire sur un terrain propice. Il compte l'affronter près du village de Sasbach, dans le pays de Bade, sur la rive droite du Rhin. Tout est prêt pour le duel, lorsque les Impériaux semblent se défiler. Turenne s'en va observer la situation sur une hauteur. Il reçoit un boulet de canon dans l'estomac. Aussitôt le désarroi tombe sur le camp français, mêlé d'un désir de vengeance. Les deux lieutenants du grand capitaine disparu, le duc de Lorges et le marquis de Vaubrun, ordonnent de repasser le Rhin et d'opérer une retraite prudente. Montecuccoli en profite pour passer à l'offensive. Malgré la résistance de l'arrière-garde française, les Impériaux envahissent l'Alsace.

Louis XIV fait célébrer les obsèques de Turenne à Notre-Dame et le fait inhumer à Saint-Denis, parmi les rois. Il confie au Grand Condé le soin de combattre Montecuccoli en Alsace. **LV**

Pertes : Austrichiens, Néerlandais : 4500 morts ; Français : 3000 morts

Turckheim 1675 — *Agosta 1676*

Guerres ottomanes

Lviv 24 août 1675

En 1672, l'Empire ottoman envahit l'Ukraine, membre de la République des Deux Nations, déclenchant ainsi la guerre opposant les deux nations. Avec les Tatars du khanat de Crimée, les Turcs remportèrent une série de victoires jusqu'à ce que le roi Jean III Sobiewski les batte devant Lviv.

Pendant l'été 1675, Sobiewski affronta une armée ottomane-tatare de près de 10 000 hommes. Elle était parvenue à traverser l'Ukraine en direction de la Pologne et Lviv se trouvait sur sa route. C'est là que Sobiewski décida de l'attendre ; il arriva sur place le 18 juillet avec 6 000 soldats et protégea toutes les routes d'approche.

Son projet consistait à pousser les Ottomans à attaquer les espaces clos alentour de Lviv : là, leur supériorité en nombre ne leur servirait en rien. Un premier groupe constitué de 20 000 Tatars alla tester les défenses de la ville où ils arrivèrent le 24 août. À midi, Sobiewski apprit qu'ils viendraient par les marais et par un étroit ravin. Dans les collines entourant leur approche, il ordonna aux civils de se montrer, armés de lances et de piques, pour donner l'illusion de renforts et dissuader toute attaque latérale. Les Tatars s'engagèrent dans la passe à 15 heures et l'infanterie de l'Union leur tira immédiatement dessus à bout portant, les chassant ainsi du ravin. Ils se regroupèrent et chargèrent à nouveau, mais ils furent refoulés par la cavalerie pour se retrouver pris au piège entre le ravin et les marécages.

Sobiewski mena personnellement une charge de cavalerie contre les Tatars à qui il infligea de lourdes pertes avant de les contraindre à battre en retraite. Il avait réussi à briser l'élan ottoman même si, quand la guerre prit fin en 1676, l'Union dut céder aux Turcs une partie du territoire ukrainien. **JF**

Pertes : Lituano-Polonais, chiffre négligeable sur 6 000 hommes ; Tatars de Crimée, quelque 20 000 hommes

Chute de Candie 1669 — *Vienne 1683*

Great Swamp 20 décembre 1675

Les éternels conflits opposant colons anglais et Amérindiens des colonies du Massachusetts et de Plymouth finirent par déboucher sur une guerre ouverte en 1675. Le chef Metacom, également appelé roi Philippe, organisa la résistance indienne à l'autorité coloniale.

La milice du Conseil des Colonies-Unies résistait mal aux attaques lancées pendant l'été et l'automne 1675. Le roi Philippe et ses hommes la prenaient régulièrement au piège dans les marais côtiers et ne cessaient de la battre.

En septembre, le Conseil des Colonies-Unies déclara la guerre au roi Philippe : chacun de ses membres devait fournir une milice forte de 1 000 hommes. Après l'échec de discussions visant à établir une trêve, les attaques indiennes redoublèrent et plusieurs villes furent détruites. La base du roi Philippe demeura secrète jusqu'en décembre, quand un déserteur indien guida le gouverneur de Plymouth, Josiah Winslow, et sa petite armée vers le bastion narragansett de Great Swamp, non loin de West Kingston, dans le Rhode Island.

Le 20 décembre, les forces de Winslow atteignirent le camp fortifié. Deux compagnies attaquèrent les Indiens avant que le reste de l'armée se mette en position. Ils furent repoussés et subirent de lourdes pertes. Le capitaine Benjamin Church lança alors un assaut qui mit à bas la palissade de bois. En dépit d'une résistance farouche, la ville fut prise et incendiée. Philippe et quelques compagnons parvinrent à s'enfuir. **RB**

Pertes : Colonies-Unies, 80 morts, nombre de blessés inconnu ; Indiens, 600 morts (dont femmes et enfants), chiffres des blessés et prisonniers inconnus

< *Mystic River 1637* | *Saint Fé 1680* >

Représentation de la bataille d'Agosta par le dessinateur et graveur Gabriel Pérelle (1604-1677).

Agosta 22 avril 1676

La victoire française de Turckheim eut des répercussions en Méditerranée. Les Hollandais envoyèrent une flotte protéger les possessions italiennes de l'Espagne, leur alliée pendant la guerre franco-néerlandaise. En 1676, l'amiral de Ruyter fut mortellement blessé près d'Agosta, en Sicile.

En mars 1676, Michiel de Ruyter et ses alliés espagnols firent voile vers Agosta, sur la côte est de la Sicile, avec 17 gros bâtiments et 12 autres plus petits, l'Espagne apportant de son côté 10 vaisseaux. Le 21 avril, une flotte française commandée par Abraham Duquesne et composée de 30 gros bâtiments et de 10 plus petits approcha des côtes. Sa puissance était bien supérieure à celle des Hispano-Hollandais. Ces derniers sortirent d'Agosta le 22 avril : les vaisseaux hollandais formaient l'avant et l'arrière-garde et les espagnols, le centre.

La bataille s'engagea à 16 heures. L'avant-garde de Ruyter infligea de lourds dégâts aux Français. Craignant manquer de munitions, les Espagnols se tinrent en retrait, retardant l'intervention de l'arrière-garde hollandaise. Après une demi-heure de combat, un boulet de canon toucha De Ruyter aux jambes, mais sa blessure fut tenue secrète. Les Français battirent en retraite à 19 heures. Aucun bateau n'avait été coulé, mais la flotte française avait beaucoup pâti. De Ruyter périt de ses blessures au bout de quelques jours.

En octobre, les Hollandais laissèrent les Français seuls maîtres de la Méditerranée. **JF**

Pertes : alliés hispano-hollandais, aucun navire sur une flotte de 39 ; Français, aucun navire sur un ensemble constitué de 30 gros bâtiments et 10 petits

Turckheim 1675 — *Saint-Denis 1678*

Cette gravure sur cuivre datant de 1676 et due à Romeyn de Hooghe montre l'explosion du Kronan et du Svärd.

Öland 11 juin 1676

Après la défaite suédoise de Fehrbellin, le roi Christian V de Danemark entra dans la guerre de Scanie, pour prendre à la Suède les provinces danoises de Scanie et de Halland. En 1676, à la bataille d'Öland, la flotte néerlando-danoise battit les Suédois et s'assura le contrôle de la Baltique.

La flotte alliée néerlando-danoise voulait reprendre le contrôle de la Baltique pour mieux transporter ses troupes en Suède. De leur côté, les Suédois désirait la suprématie navale pour amener du renfort aux forces coalisées en Allemagne. Le 11 juin, les deux belligérants se rencontrèrent à Öland, île située au large du littoral suédois. À midi, l'amiral allié, Cornelis Tromp, porta son navire amiral, le *Christianus V*, à la hauteur de son homologue suédois, le *Kronan*, le plus gros vaisseau de guerre de toute la Baltique. À cause de signaux mal interprétés échangés avec d'autres bâtiments, l'amiral suédois, Lorentz Creutz, mena le *Kronan* vers les alliés. Le navire prit bientôt l'eau puis un feu survenu à bord provoqua l'explosion des réserves de poudre. Le bâtiment coula.

Avant même le début de la bataille, les Suédois avaient perdu leur amiral et son vaisseau. Le nouveau commandant suédois, Claes Uggla, fut incapable de remettre sa flotte en ordre et les navires alliés fondirent sur les embarcations suédoises. Le *Svärd*, navire d'Uggla, fut détruit par un brûlot. La flotte suédoise était en plein désarroi et ses navires s'éparpillaient pour ne pas être capturés ou détruits. Les Danois dominaient totalement la Baltique et leurs armées pouvaient entrer en Suède. **JF**

Pertes : alliés hollando-danois, 1 navire sur 47 ; Suédois, 7 bâtiments capturés et 8 détruits sur 55

Lund 1676 ›

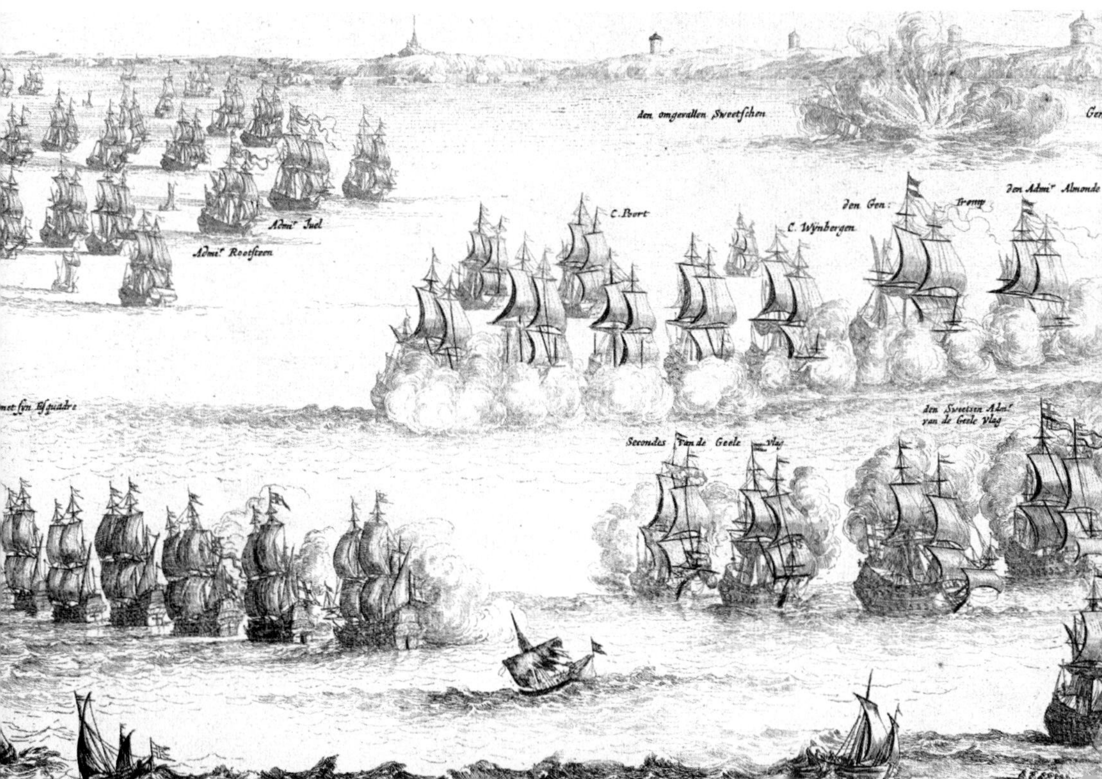

Lund 14 décembre 1676

Après la victoire navale d'Öland, l'armée danoise put entrer en Scanie, au sud de la Suède. À Lund, bataille la plus sanglante de la guerre de Scanie, Charles XI de Suède donna à ses troupes une victoire décisive sur l'armée d'invasion de Christian V de Danemark.

Les troupes danoises avaient pu s'emparer de la majeure partie de la Scanie pendant l'été 1676. En octobre, Charles XI conduisit une armée de 12 000 hommes en Scanie afin de reprendre la province ; en décembre, la maladie et la faim en avaient pratiquement tué la moitié. L'armée danoise occupait aussi une position dominant la ville de Lund. Quand la rivière Lödde voisine fut prise par les glaces, Charles XI lança contre l'armée danoise une audacieuse attaque surprise. Elle échoua ; le centre et la gauche suédois se retrouvèrent pris au piège, face aux Danois, sur les terres gelées entourant Lund. Entre-temps, Charles XI avait lancé une charge de cavalerie et réussi à briser l'aile gauche danoise.

Les Suédois pourchassèrent les Danois jusque dans leur campement puis mirent une heure et demie pour revenir sur le champ de bataille. Là, le centre et la gauche suédois avaient été paralysés par l'artillerie et l'infanterie danoises, bien supérieures. Les Danois semblaient sur le point de l'emporter quand la cavalerie de Charles XI les attaqua par derrière, détruisant la cavalerie qui abandonna aussitôt ses fantassins. Les Danois restés sur le terrain furent massacrés jusqu'à ce que les Suédois décident de laisser la vie sauve à quiconque rendrait les armes. **JF**

Pertes : Suédois, de 2 300 à 3 000 morts sur 6 500 hommes ; Danois, 6 000 morts sur 12 300 hommes

Öland 1676 *Baie de Kjöge 1677*

Baie de Kjöge 1er juillet 1677

« *Ainsi avons-nous apaisé les tumultes de la Baltique. An 1677.* »

Inscription sur une médaille commémorant la bataille de la baie de Kjöge

Les forces danoises affrontent leurs rivales suédoises dans cette représentation de la bataille de la baie de Kjöge (XVIIe siècle).

Après Lund, le Danemark reprit l'avantage dans la guerre de Scanie en battant une flotte suédoise plus importante encore dans la baie de Kjöge, non loin de Copenhague. Les Suédois ne pouvaient plus espérer contrôler l'accès à la Baltique. Ce fut là l'une des plus belles victoires navales danoises.

En tentant de reprendre le contrôle de la Baltique, les Suédois avaient connu une lourde défaite à Möen en mai 1677. Le reste de la flotte suédoise était à l'ancre près de Stockholm. Son commandant, Henrik Horn, n'avait que peu d'expérience en mer. Il voulait affronter les Danois avant l'arrivée des renforts hollandais. De son côté, l'amiral danois, Niels Juel, désirait vaincre sans l'aide des Hollandais.

Le 30 juin, Horn chercha à attaquer les Danois, mais les deux flottes restèrent la plupart du temps à distance l'une de l'autre pour s'octroyer la meilleure position tactique. À 5 heures, le lendemain matin, les combats commencèrent quand les deux flottes tirèrent des bordées non loin du littoral. Soudain, le navire suédois *Drake* se jeta à la côte et Horn dut détacher six bâtiments pour lui venir en aide, tandis que le reste de sa flotte poursuivait le combat. Juel envoya quelques vaisseaux contre la formation entourant le *Drake* et réussit à capturer quatre navires suédois.

Entre-temps, Juel lança le reste de sa flotte à la poursuite des Suédois et la lutte dura dix heures. Les combats furent si violents que Juel dut changer trois fois de navire amiral. Il parvint à capturer d'autres vaisseaux suédois avant que le reste de la flotte ne se mette hors de sa portée. Ce même jour, les renforts hollandais arrivèrent pour s'emparer de quelques bâtiments suédois à la traîne, mais la gloire revint entièrement au Danemark et à Juel. **JF**

Pertes : Danois, aucun navire sur 25, 400 morts ou blessés sur 6 700 hommes ; Suédois, 8 navires capturés et 2 détruits sur 31, 4 000 morts, blessés ou faits prisonniers sur 9 200 hommes

< *Lund 1676*

Guerre franco-néerlandaise

Saint-Denis 14 août 1678

Saint-Denis fut la dernière bataille de la guerre franco-néerlandaise, livrée après la signature du traité de paix entre les deux pays. La France n'avait pas fait la paix avec l'Espagne et l'armée hispano-néerlandaise l'attaqua quand elle assiégea Mons. La France triompha, mais dut lever le siège.

Le vent avait tourné en faveur de la France après la bataille d'Agosta, en 1676, et des négociations de paix avaient été entamées cette même année. Le 10 août 1678, Français et Hollandais signèrent le traité de Nimègue, mais la France avait retardé la date de la signature avec l'Espagne pour s'emparer de Mons, tombée aux mains des Espagnols. Le commandant militaire hollandais, le prince Guillaume d'Orange, se refusait à voir la France détenir une ville d'une si grande importance stratégique. Bien que mis au courant de l'existence du traité de paix, Orange marcha sur l'armée française du maréchal François-Henri, duc de Luxembourg, laquelle effectuait le blocus de Mons.

Luxembourg alla défier Orange et retrancha son armée en deux points, l'abbaye de Saint-Denis et Castean, une forteresse en ruine. La bataille s'engagea le 14 août et l'armée hispano-hollandaise s'empara presque aussitôt des deux positions françaises. Au cours des combats, deux balles transpercèrent l'armure d'Orange, mais ses blessures étaient bénignes. Les Français parvinrent à reprendre le terrain et à contraindre les coalisés à regagner leur position de départ après huit heures de combat. Seule la résistance farouche de 8 000 Anglais luttant pour les alliés empêcha l'encerclement complet de l'armée de Guillaume.

Le lendemain matin, Luxembourg décida de lever le siège et son armée regagna la France. Guillaume n'avait pas remporté la victoire, mais son action avait sauvé Mons. La France et l'Espagne firent la paix le mois suivant. **JF**

Pertes : alliés hispano-hollandais, 4 000 morts sur 45 000 hommes ; Français, 4 000 morts

〈 *Agosta 1676*

Révolte des Pueblos

Santa Fé 1680

L'année 1680 vit au Nouveau-Mexique le soulèvement des Indiens pueblos contre la domination espagnole. Avec succès, ils assiégèrent la capitale coloniale, Santa Fé. Les Espagnols furent écartés pendant plus d'une décennie et les Pueblos acquirent une certaine autonomie.

Les Pueblos du Nouveau-Mexique jouissaient d'une sécurité toute nouvelle. Il y avait cependant un prix à payer pour être protégés des raids lancés par les Apaches et les Navajos : les propriétaires terriens espagnols abusaient de leur pouvoir et l'entreprise de christianisation fut renforcée. Cela ne fut pas trop difficile à supporter tant que les traditions indiennes étaient respectées, mais les autorités religieuses passèrent soudain à l'offensive : l'annihilation des prêtres « païens » et la suppression des rites millénaires suscitèrent la colère des Pueblos.

En 1680, encouragés par un prêtre influent, Popé, des villageois du Nouveau-Mexique attaquèrent et incendièrent les missions espagnoles. Après avoir tué des prêtres catholiques et des colons espagnols, ils convergèrent vers Santa Fé qu'ils retranchèrent du monde extérieur. Plusieurs milliers de survivants espagnols y furent regroupés ainsi que dans d'autres villes fortifiées. Toute communication était impossible et chaque groupe ignorait tout de la survie de ses homologues ; il n'y avait plus aucune réaction concertée.

Le gouverneur colonial, Antonio de Otermín, comprit qu'aucune solution ne s'offrait à lui sinon décréter la retraite générale. Les colons partirent vers le sud, dans un campement proche de l'actuelle ville de Ciudad Juarez. L'année suivante vit l'échec d'une tentative pour reprendre la colonie. Au fil des décennies, les Espagnols retrouvèrent leur place, mais firent d'importantes concessions à la culture et aux croyances pueblos. **MK**

Pertes : Pueblos, 21 morts ; colons espagnols, 400 morts

〈 *Great Swamp 1675* *Raid sur Deerfield 1704* 〉

Vienne 11-12 septembre 1683

Le siège de Vienne en 1683 fut pour l'Empire ottoman la dernière grande occasion de menacer militairement l'Europe chrétienne. Menés par le grand vizir Kara Mustafa Ergun Pacha, les Ottomans échouèrent à prendre la ville après l'arrivée des renforts de Jean III Sobiewski.

En mars 1683, le sultan ottoman Mehmed IV envoya de Constantinople une armée conquérir Vienne et ouvrir la voix à une expansion territoriale en Europe centrale. Alors que les Ottomans contournaient Belgrade pour marcher sur Vienne, la majeure partie de la population de la ville fut évacuée et ceux qui décidèrent de rester se préparèrent à un siège de longue durée. Les 100 000 soldats de l'armée ottomane assiégèrent la ville en juillet et les 10 000 défenseurs refusèrent de se rendre. Dans une plaine proche de Vienne, Mustafa Pacha dressa un campement pour sa formidable armée, puis il entreprit de miner les murailles bien fortifiées de la ville. Les assiégés manquaient cruellement de ravitaillement et leurs conditions de vie devinrent rapidement difficiles à supporter. Pour leur part, les Ottomans n'étaient pas pressés et se préparaient à plusieurs mois de siège. En septembre, ils réussirent à percer les murs et lancèrent une série d'attaques dans le but de saper davantage le moral des défenseurs.

Les Ottomans ignoraient toutefois que des forces se rassemblaient au nord de Vienne. L'armée impériale de Charles V de Lorraine s'était jointe aux Polonais commandés par Jean III Sobiewski. Ces troupes s'unirent à d'autres formations émanant de la Sainte Ligue et, sous la direction du roi polonais, elles traversèrent le Danube, fortes de 50 000 fantassins et de 30 000 cavaliers. Le 12 septembre, les deux armées se firent face aux abords

Le Siège de Vienne en 1683 par l'Empire ottoman *(œuvre anonyme, Vienne, XVIIe siècle).*

de Vienne. L'une se battait pour sa foi et pour la survie de son territoire, l'autre était divisée et incertaine de l'utilité de sa présence. Mustafa attaqua en premier à deux contre un avec pour objectif d'empêcher les divers commandants de la Sainte Ligue d'établir leur formation de bataille. Son attaque fut repoussée par les forces de Lorraine, puis le roi polonais ordonna une contre-attaque au moment où les forces de Mustafa se scindaient en tentant de déferler sur la ville. Peut-être Mustafa avait-il projeté cet assaut, mais son erreur lui fut fatale. L'armée ottomane ouvrit deux fronts et la panique s'empara d'elle quand les défenseurs repoussèrent l'assaut. Les Polonais chargèrent alors le flanc droit de Mustafa avant de percer son centre.

Après plusieurs heures de rudes combats, les Polonais et la cavalerie austro-allemande gagnèrent la partie droite du champ de bataille, s'installèrent sur les hauteurs et attendirent que l'infanterie de la Sainte Ligue affronte les troupes d'élite du janissaire ottoman. La victoire de la Sainte Ligue était assurée – et Vienne sauvée – quand il fut certain que les Tatars de Crimée s'étaient enfuis. La cavalerie chrétienne déferla alors du haut des collines en plusieurs formations séparées qui attaquèrent chacune une partie des forces ottomanes, faisant de nombreux morts et dispersant les survivants. Les Ottomans battirent en retraite jusqu'à Constantinople et Mustafa Pacha fut exécuté, étranglé selon la tradition avec la corde d'un arc. Les Viennois entreprirent de réparer les défenses de leur ville en cas de nouvelle attaque, mais cela ne se produisit pas. Les Ottomans n'essaieraient plus jamais de prendre Vienne. **TB**

Pertes : chiffres inconnus

< *Lviv 1675* — *Zenta 1697* >

Conquête mandchoue

Penghu (Pescadores) 1683

Pendant les deux décennies suivant la victoire de Chenggong Zheng à Fort Zeelandia, Taïwan resta grâce à sa flotte le centre de la résistance chinoise à la conquête mandchoue. En 1683, Kangxi, l'empereur Qing, trouva enfin l'amiral et le navire propres à la conquête de Taïwan.

Kangxi se tourna vers Shi Lang, un amiral réputé qui avait jadis été sous les ordres de Zheng avant de le quitter pour servir les Qing – une désertion que Zheng avait punie en faisant exécuter toute sa famille ! Shi Lang réunit une force expéditionnaire comprenant plus de 300 navires de guerre et 60 000 soldats et prit la mer en juillet 1683 pour remplir une mission confiée par les Qing, mais aussi pour se venger du petit-fils de Zheng qui venait d'hériter de Taïwan.

Shi rencontra la flotte de Liu Guoxuan aux îles Penghu (îles Pescadores). Alors que la plupart de ses vaisseaux affrontaient ceux de Liu, Shi ordonna à une partie de ses hommes d'attaquer la base terrestre ennemie. Le débarquement fut difficile, soumis au feu des canons et aux tirs d'arbalète. La bataille fut rude et son issue inévitable, car la flotte de Shi était plus importante et mieux équipée. En moins d'une heure, celle de Liu fut vaincue, pourtant ses capitaines les plus opiniâtres continuaient de se battre, passant au corps-à-corps quand les munitions des canons venaient à s'épuiser. Certains se suicidèrent, préférant se jeter dans l'océan plutôt que se rendre.

Sur terre, les forces des Qing investirent la base ennemie après un rude combat, là aussi. Liu se rendit quand il comprit que toute résistance était désormais inutile. Peu après, le maître de Taïwan, Zheng Keshuang, accepta la défaite et se rendit aux Qing. L'île fut intégrée dans l'empire Qing et y demeura jusqu'en 1895, année où elle fut cédée par la force au Japon en 1895. **RG**

Pertes : Qing, 5 000 morts ; Zheng, 12 000 morts

Fort Zeelandia 1661 *Jao Modo 1696*

Rébellion de Monmouth

Sedgemoor 6 juillet 1685

La bataille livrée à Sedgemoor, dans le Somerset, en Angleterre, vit la conclusion de la rébellion de Monmouth, conflit opposant le roi et un prétendant illégitime au trône britannique. Pour la dernière fois, une confrontation armée de grande ampleur avait lieu sur le sol anglais.

La mort de Charles II en 1685 amena sur le trône son frère, le catholique Jacques II. Les protestants anglais redoutaient de le voir rendre au catholicisme son titre de religion nationale. L'un d'eux, James Scott, duc de Monmouth, un des nombreux fils illégitimes de Charles II, se posa alors en prétendant sérieux à sa succession.

Monmouth avait été commandant en chef de l'armée anglaise et avait participé à ce titre aux guerres anglo-néerlandaises. Il quitta les Pays-Bas et débarqua sur la côte anglaise avec 82 compagnons pour bientôt bénéficier du soutien populaire. Il marcha sur Bristol et essuya quelques escarmouches, mais l'armée royaliste le contraignit à se replier à Sedgemoor, dans le Somerset. Le 6 juillet, à 22 heures, Monmouth lança une attaque nocturne. Ses troupes comptaient quelque 3 500 hommes, dont beaucoup de travailleurs agricoles armés de fourches. De même importance mais bien mieux équipée, l'armée royaliste était conduite par le comte de Feversham, secondé par John Churchill, futur duc de Marlborough.

L'armée rebelle traversa la lande et surprit une patrouille royaliste. Un coup de feu tiré fit comprendre au reste des royalistes que la bataille avait commencé. La cavalerie rebelle chargea, mais fut rapidement arrêtée par celle du roi. L'infanterie royale suivit et les forces rebelles furent promptement défaites. Monmouth s'enfuit mais fut repris, envoyé à la tour de Londres et décapité. Jacques II sera renversé deux ans plus tard par Guillaume d'Orange. **SA**

Pertes : royalistes, 300 morts sur 3 000 hommes ; rebelles protestants, 1 000 morts et 500 prisonniers sur 3 500 hommes

Baie de Bantry 1689

Baie de Bantry 11 mai 1689

La déposition du catholique Jacques II d'Angleterre en faveur de son gendre, Guillaume d'Orange, engendra un conflit avec la France. La bataille navale qui se déroula au large des côtes méridionales de l'Irlande fut la première opposant les deux pays depuis 1545.

En 1688, Guillaume d'Orange arracha le trône d'Angleterre à Jacques II et régna conjointement avec la fille de ce dernier, Marie. Souverain effectif des Provinces-Unies, Guillaume était déjà en guerre contre Louis XIV, chez qui le roi déchu avait trouvé refuge. Jacques quitta la France en compagnie de 100 officiers français et 2 500 soldats pour ensuite débarquer en Irlande, à Kinsale, en mars 1689. Il avait l'intention de s'emparer de l'île et d'en faire une base propice à l'invasion de la Grande-Bretagne.

Le 6 mai, 24 navires de renfort conduits par le marquis de Châteaurenault quittèrent le port de Brest pour l'Irlande, mais furent interceptés par les 19 vaisseaux de la flotte de l'amiral Herbert (futur comte de Torrington). Empêchée par les Anglais de décharger le ravitaillement à Kinsale, la flotte française se mit à l'ancre plus à l'ouest, dans la baie de Bantry. Les Français commençaient à débarquer hommes et matériel quand la flotte anglaise apparut à l'horizon.

La bataille s'engagea. D'abord, les deux flottes se trouvèrent en parallèle dans la baie étroite, puis elles se disséminèrent en pleine mer. La flotte anglaise fut sérieusement touchée ; Châteaurenault ne profita pas de son avantage, et Herbert revint tant bien que mal à Portsmouth. Les Français débarquèrent leurs marchandises et regagnèrent leur pays. Même si aucune partie ne porta de coup fatal, l'issue fut de mauvais augure pour les Anglais, dépendant de leur marine pour se protéger des invasions. **SA**

Pertes : Français, 40 morts, aucun navire sur 40 ;
Anglais, 94 morts, aucun navire sur 19

< *Sedgemoor 1685* — *Beachy Head 1690* >

Guerre de la Ligue d'Augsbourg

Beachy Head 10 juillet 1690

Après avoir dominé les Anglais dans la baie de Bantry, les Français l'emportèrent sur une flotte anglo-néerlandaise au large de Beachy Head, dans le sud de l'Angleterre. Cette victoire leur assura le contrôle de la Manche, alors que l'amiral anglais était emprisonné dans la tour de Londres.

Le 23 juin 1690, l'amiral français Anne, comte de Tourville, sortit de Brest avec les flottes de l'Atlantique et de la Méditerranée. Avec 67 vaisseaux, il dominait largement la flotte anglo-néerlandaise, réduite à 57 bâtiments.

Le 2 juillet, les deux flottes se rencontrèrent près de l'île de Wight et s'engagèrent dans la Manche sans toutefois livrer combat. Torrington voulait se retirer pour protéger ses vaisseaux, mais le 9 juillet, la reine Marie lui donna l'ordre de se battre. Le lendemain, près de Beachy Head, il fit voile vers les Français avec les Hollandais en avant-garde. Ces derniers ne parvinrent pas à atteindre l'avant de la ligne française de sorte que les navires français de tête passèrent entre eux, tandis que le centre français exécutait une manœuvre d'encerclement. Les bâtiments hollandais furent bombardés sans merci alors que les Anglais étaient incapables de les aider. Après des heures de combat, Torrington décrocha en ordonnant à sa flotte de jeter l'ancre, et la marée éloigna les Français. Il se dirigea ensuite vers la Tamise, abandonnant derrière lui les navires hollandais trop endommagés.

Emprisonné et passé en cour martiale, Torrington ne fut pas condamné pour avoir failli à soutenir les Hollandais, mais il perdit tout de même son poste. En dépit de sa suprématie, Tourville n'exploita pas sa victoire et rentra au Havre. En automne, les Anglo-Néerlandais disposèrent 90 vaisseaux dans la Manche. La France avait perdu sa supériorité. **JF**

Pertes : alliés anglo-néerlandais, au moins 7 navires sur 57 ;
Français, aucun bâtiment sur 77

< *Baie de Bantry 1689* — *Barfleur-La Hogue 1692* >

La Boyne 12 juillet 1690

La bataille de la Boyne est l'une des plus importantes de l'histoire de l'Irlande et de la Grande-Bretagne. La victoire de Guillaume d'Orange sur Jacques II a empêché la restauration du catholicisme en Angleterre et confirmé la suprématie protestante en Irlande.

Déposé par son beau-fils, le protestant Guillaume d'Orange, Jacques II, roi catholique, s'enfuit en France. Puis, il débarqua en Irlande dans le but de retrouver sa couronne. Son armée ne tarda pas à s'assurer la maîtrise de l'île, à l'exception de deux bastions protestants situés en Ulster, au nord – Londonderry et Enniskillen –, qu'il assiégea en avril 1689. Les deux sièges prirent fin en août : celui de Londonderry grâce à un convoi naval anglais qui brisa le blocus de la ville, et celui d'Enniskillen grâce à la milice locale. Ayant perdu le contrôle de l'Ulster, Jacques marcha avec son armée en direction de Dublin. Le même mois, les 20 000 hommes de Guillaume débarquèrent à Bangor et prirent la direction du sud. Leur avance vers Dublin fut contrecarrée par Jacques et ils battirent en retraite. En juin 1690, Guillaume débarqua à Carrickfergus, en Ulster, et partit rejoindre ses troupes. Les deux formations se rencontrèrent enfin en amont de la rivière Boyne, à quelque 40 km au nord de Dublin.

> *« La fuite devenait effrénée… les fuyards rompaient les ponts et incendiaient les bacs. »*
>
> *Lord Macaulay,* Histoire de l'Angleterre

Elles différaient par leur composition. L'armée jacobite de Jacques II comptait 23 500 hommes, principalement des catholiques irlandais que venaient renforcer 6 500 Français. L'infanterie irlandaise était en majorité constituée de paysans inexpérimentés, enrôlés de force et mal équipés – vieux mousquets à mèche, faux et autres outils aratoires. Seule la cavalerie irlandaise faisait preuve d'une certaine tenue.

En face d'eux, l'armée williamite internationale était forte de 36 000 hommes. Guillaume était le maître *de facto* de la Hollande et il pouvait compter sur les régiments d'infanterie de ce pays ou du Danemark. Ils se battaient aux côtés d'un grand nombre de huguenots français ou de protestants envoyés en exil en France pour des raisons confessionnelles ; il y avait enfin des Anglais, des Écossais et des protestants irlandais. Surtout, Guillaume disposait d'une artillerie huit fois supérieure à celle de Jacques.

Guillaume faillit perdre la bataille avant même qu'elle débute : la veille, il avait en effet été blessé à l'épaule par l'artillerie jacobite, alors qu'il examinait les divers gués sur la Boyne par lesquels pourraient passer ses hommes. Il ordonna à 9 000 hommes de franchir la rivière à Roughgrange. Craignant d'être débordé par le flanc, Jacques envoya à leur rencontre la moitié de son armée. Ni les uns ni les autres n'avaient vu qu'un ravin profond les séparait ; dans l'impossibilité de livrer combat, ils ne tirèrent pas un seul coup de feu. À Oldbridge, le gué principal, les soldats d'élite de la garde bleue hollandaise réussirent à passer la rivière et à repousser l'infanterie jacobite. Une cavalerie jacobite contre-attaqua et les cloua sur place jusqu'à ce que son homologue williamite franchisse à son tour la rivière et force les jacobites à la retraite. Une heureuse action d'arrière-garde sauva la vie à nombre d'entre eux. Jacques ne tarda pas à quitter les lieux pour revenir en France, laissant derrière lui des troupes démoralisées. Deux jours plus tard, les williamites entraient dans Dublin. La cause protestante triomphait et la menace d'une restauration catholique était, pour un temps, écartée. **SA**

Pertes : williamites, 750 morts ou blessés sur 36 000 hommes ; jacobites, 1 500 morts ou blessés sur 23 500 hommes

< *Sedgemoor 1685* — *Barfleur-La Hogue 1692* >

Affichette anti-Home Rule célébrant la victoire de Guillaume d'Orange sur la Boyne. 

UNITY
TRUTH
& CONCORD
NO SURRENDER.
I II III VI VII VIII
LET ALL WHO VIEW THESE EMBLEMS DEAR
WITH HEART AND SOUL IN CONCERT JOIN
TO HONOUR MEN WHO KNEW NO FEAR
AS PROVED AT DERRY AND THE BOYNE
FOR TRUTH AND LIBERTY THEY FOUGHT
FOR ENGLAND'S HONOUR NOBLY FELL
HIS SUBJECTS GOOD, GREAT WILLIAM SOUGHT
AS FUTURE AGES YET SHALL TELL.
CIVIL & RELIGIOUS
LIBERTY.
AUGHRIM
DERRY.
WILLIAM III.
PRINCE OF ORANGE.
OF GLORIOUS, PIOUS AND IMMORTAL
MEMORY.
JULY 1, 1690.
WALKER
THE BATTLE OF THE BOYNE. JULY 1ST 1690.
BY THIS GREAT VICTORY, WILLIAM AND HIS BRAVE ARMY SECURED
TO US AND OUR POSTERITY, OUR LIBERTY, LAWS AND RELIGION.

Barfleur-La Hogue

29 mai-5 juin 1692

Après avoir battu les flottes anglaise et hollandaise à Beachy Head en 1690, la France semblait pouvoir s'assurer la domination navale dans la Manche. Tout espoir fut perdu quand une flotte anglo-néerlandaise lui infligea une lourde défaite dans les batailles jumelles de Barfleur et de La Hogue.

Louis XIV voulait rendre son trône à Jacques II. En mai 1692, un projet fut échafaudé pour qu'une flotte française rejoigne et escorte une force d'invasion avant que les alliés anglo-néerlandais ne se déploient dans la Manche. Suite à des difficultés, ce n'est que tardivement qu'une flotte réduite prit la mer sous la direction du comte de Tourville.

Au large des côtes françaises, à Barfleur, elle rencontra les navires de l'amiral Edward Russell. Bien qu'inférieur en nombre, Tourville attaqua au matin du 29 mai. Habilement, il empêcha son avant-garde d'être débordée par les vaisseaux hollandais avant que les eaux s'apaisent et que s'installe le brouillard, interdisant aux navires de manœuvrer sans être halés par des canots à rames.

Endommagées, les deux flottes se désengagèrent après la tombée de la nuit. Les Français s'esquivèrent, mais Russell les poursuivit. Une partie de la flotte française s'échappa, mais quinze bâtiments délabrés cherchèrent à trouver refuge sur la côte, à Cherbourg et à La Hogue. Les Britanniques ne tardèrent pas à les repérer et ils les attaquèrent avec des brûlots. Tous furent détruits. Les actions menées à Barfleur et à La Hogue mirent un terme à l'ambitieux projet de Louis XIV d'invasion de l'Angleterre ; ce fut aussi une étape capitale pour la suprématie navale de l'Angleterre. **TB**

Pertes : Français, 2 000 morts ou blessés, 15 navires perdus sur 40 ; alliés anglo-néerlandais, 2 500 morts ou blessés, aucun vaisseau sur 82

< *Beachy Head 1690* *Action du 29 juin 1694* >

Steenkerque

3 août 1692

La bataille de Steenkerque se déroula dans le cadre de la guerre de la Ligue d'Augsbourg (ou guerre de Neuf Ans) opposant la France, menée par le duc de Luxembourg, aux Britanniques, Danois et Hollandais placés sous le commandement personnel du roi Guillaume III d'Angleterre.

Après plusieurs victoires en Wallonie dont la prise stratégique de Namur, l'armée française, désireuse de ne pas s'exposer à de nouveaux engagements, forma une ligne défensive. Après la défaite de Fleurus en 1690, Guillaume s'était montré mécontent de son commandant, le prince Georges Frédéric de Waldeck, et avait décidé d'assurer personnellement le commandement de son armée.

Le 3 août, Guillaume attaqua l'aile droite de l'armée française, isolée du reste des troupes. Les forces coalisées ne parvinrent toutefois pas à rester en formation serrée et ce fut pour elles un véritable désastre. Les quelques avantages acquis furent perdus quand les alliés se révélèrent incapables d'apporter le soutien du gros des troupes à la ligne de front. Quand l'avant-garde alliée isolée réussit à faire reculer les Français, Luxembourg arriva pour lancer une contre-attaque à l'aide de ses gardes suisses. Guillaume fit de son mieux pour maîtriser ses forces désorganisées, mais elles furent repoussées par les Français. Au même moment, l'avance de son infanterie fut contrecarrée par une charge de cavalerie inconsidérée menée par le général de corps d'armée hollandais, le comte Solms. La mêlée qui s'ensuivit fut sauvage et les pertes furent lourdes de part et d'autre. Enfin, Guillaume ne réussit pas à coordonner ses commandants et il ordonna la retraite, imputant son échec aux Hollandais. **TB**

Pertes : Français, 7 000 morts ou blessés sur 80 000 hommes ; alliés, 10 000 sur 20 000 morts (60 000 hommes absents de la ligne de front)

Neerwinden 1693 >

Détails d'une gravure du XIXe siècle représentant la bataille navale livrée au large des côtes normandes.

Neerwinden 29 juillet 1693

La bataille de Neerwinden fut le plus grand triomphe du commandant français, le comte de Luxembourg, et la deuxième défaite consécutive de Guillaume III. Luxembourg put décorer le cœur de la cathédrale Notre-Dame de Paris avec les étendards pris aux Britanniques et aux Hollandais.

Après Steenkerque, en 1692, l'armée coalisée de Guillaume III tenait en Flandres un croissant de tranchées fortifiées allant de Laer à Neerwinden, à droite, et de Neerwinden à Neerlanden, à gauche. Le duc de Luxembourg avait demandé à des éclaireurs de surveiller les positions alliées et conclu que le flanc droit de Guillaume était le plus vulnérable et que la rivière Gete, à l'arrière de Guillaume, interdisait toute retraite. Pour le commandant français, un assaut concerté contre la longue ligne de front de Guillaume permettrait de passer avant que l'ennemi ne cherche du renfort auprès de ses ailes.

Luxembourg concentra donc ses 75 000 hommes pour attaquer la ligne de Guillaume à Neerwinden après un long bombardement des positions alliées. La première vague échoua toutefois, mais Luxembourg en envoya une deuxième qui parvint à percer la ligne adverse. Guillaume chercha à contrecarrer cette attaque et il s'ensuivit de longs et sauvages combats, mais Luxembourg fit appel à une dernière vague, plus importante, pour écraser une infanterie alliée déjà épuisée. Les alliés battirent en retraite, mais plusieurs actions d'arrière-garde permirent à Guillaume de regrouper ses troupes et de venir en renfort sur d'autres parties des retranchements. Les alliés voulurent ensuite transformer leur retraite en attaque, mais la cavalerie française chargea et poussa les soldats de Guillaume vers la rivière où beaucoup se noyèrent. **TB**

Pertes : Français, 8 000 morts ou blessés sur 75 000 hommes ; alliés, 20 000 morts ou blessés sur 60 000 hommes

‹ *Steenkerque 1692* *Namur 1695* ›

Action du 29 juin 29 juin 1694

Après l'humiliante défaite de Barfleur-La Hogue, la marine française évita toute action militaire, se contentant de raids éclair et d'attaques sporadiques de navires de commerce. Menée par le plus célèbre corsaire français, Jean Bart, l'Action du 29 juin permit de reprendre un vaisseau aux Hollandais.

Dans les années 1690, les guerres incessantes menées par la France avaient ruiné Louis XIV et quasiment réduit le pays à la famine. Incapable de rivaliser avec leurs ennemis en termes de construction navale, les Français se lancèrent dans une guérilla où les corsaires se servaient de leurs propres vaisseaux pour attaquer les navires marchands alliés à partir de bases situées dans la Manche – Dunkerque par exemple.

Jean Bart était le plus célèbre de ces corsaires pour avoir capturé des navires marchands dès 1691. Le 29 juin 1694 fut marqué par un coup d'éclat de sa part. Bart avait reçu pour instruction d'accompagner vers la France un convoi de plus de 100 navires grainetiers destinés à nourrir la population affamée. Le convoi prit la mer, mais fut intercepté par des navires de guerre hollandais. Bart partit à sa recherche et le retrouva dans l'île de Texel. Il lança alors une attaque audacieuse contre les bâtiments hollandais, sans se préoccuper de leur supériorité en nombre et de leur plus grande puissance de feu. Au cours d'un bref affrontement, il réussit à s'emparer du navire amiral ennemi alors que son propre vaisseau, le *Maure*, subissait de lourds dégâts. Après la capture de deux autres navires hollandais, les autres s'enfuirent pour se réfugier au port.

Bart reprit le convoi, améliorant ainsi le moral des Français. Considéré comme un héros, il fut anobli par le roi. Depuis, plusieurs navires de guerre français portent son nom. On peut voir sa statue à Dunkerque. **TB**

Pertes : alliés, 3 vaisseaux et 100 navires grainetiers ; Français, aucun navire de perdu

‹ *Barfleur-La Hogue 1692* *Dogger Bank 1696* ›

Guerre de la Ligue d'Augsbourg

Namur 2 juillet-1er septembre 1695

La forteresse de Namur fut un bastion de première importance dans la guerre opposant Louis XIV à l'alliance commandée par Guillaume III. Les Français prirent la ville en 1692, mais la perdirent trois ans plus tard, en partie à cause du talent militaire d'un Hollandais, le baron Coehoorn.

La France avait renforcé les défenses de Namur après s'en être emparé, mais en 1695, les coffres de Louis XIV étaient presque vides et ses armées sur la défensive. Guillaume III et Maximilien de Bavière prirent la tête d'une armée pour assiéger la ville en juillet, alors que le baron Coehoorn organisait les travaux de retranchement et de minage. Il fallut trois semaines au baron pour briser les défenses extérieures, après quoi les troupes alliées donnèrent l'assaut à la ville et firent payer un lourd tribut à ses défenseurs français. Le commandant français, le duc de Boufflers, accepta une trêve pour donner aux deux armées le temps de soigner leurs blessés. Il céda le contrôle de Namur, mais concentra ses forces dans la citadelle intérieure qu'il continua de défendre.

Désireux de soulager la ville, les Français cherchèrent à créer une diversion en lançant sur Bruxelles une attaque menée par le duc de Villeroi. Les bombardements causèrent d'importants dégâts et suscitèrent la réprobation de l'Europe entière : l'agression d'une population civile était contraire aux règles de la guerre. Cette diversion ne réussit pas à mettre un terme au siège et l'armée de Villeroi ne put marcher sur Namur. Boufflers signa la reddition de la citadelle le 1er septembre, après que la garnison française eut perdu deux tiers de ses hommes. La perte de Namur força la France à rechercher la paix, laquelle fut signée en 1697. Toutefois, l'ambition démesurée de Louis XIV devait aboutir quatre ans plus tard à une nouvelle guerre en Europe. **TB**

Pertes : alliés, 15 000 morts ou blessés sur 60 000 hommes ; Français, 9 000 morts ou blessés sur 15 000 hommes

< *Neerwinden 1693*

Guerres sino-dzoungars

Jao Modo 12 juin 1696

À la fin du XVIIe siècle, et dans la tradition des Mongols de Gengis Khan, les tribus dzoungars et leur chef inspiré, Galdan, créèrent le dernier des empires nomades d'Asie. C'est en 1696 que Kangxi, l'empereur Qing, lança contre eux une expédition militaire.

Il était rare qu'un empereur de Chine parte personnellement en campagne, mais Kangxi tenait absolument à juguler les pouvoirs sans cesse croissants de Galdan. La Chine avait la puissance militaire nécessaire pour écraser les cavaliers des steppes, mais les Dzoungars, très mobiles, savaient éviter les combats qu'ils n'avaient pas eux-mêmes initiés. En mars 1696, trois armées quittèrent la Chine pour la terre des Dzoungars, de l'autre côté du désert de Gobi. Elles totalisaient plus de 70 000 hommes et emportaient avec elles plus de 300 canons. Deux d'entre elles survécurent à des conditions extrêmes – pluie, neige, sable, sécheresse – et, conduites par l'empereur et son général, Fianggyu, elles resserrèrent leur étau autour de Galdan. Mais les réservées étaient épuisées et la famine menaçait. L'empereur revint au pays, mais pas sans avoir poursuivi l'armée de Galdan et l'avoir mise sur le chemin de Fianggyu et de ses 14 000 hommes.

Les deux armées se rencontrèrent à Jao Modo. Dès que les Chinois se furent assuré le contrôle des hauteurs, leurs canons commencèrent à décimer les combattants dzoungars. Une charge de l'infanterie chinoise suivie d'une autre de la part de la cavalerie anéantit les forces ennemies. Après plus de 2 400 km de route et 90 jours de voyage, l'empereur Kangxi arriva à Beijing pour proclamer la victoire. Les Dzoungars continuèrent toutefois à demeurer actifs jusqu'au quasi-génocide perpétré au milieu du XVIIIe siècle par l'empereur Qianlong, successeur de Kangxi. **RG**

Pertes : Chinois, chiffres inconnus ; Dzoungars, 5 000 morts ou prisonniers

< *Penghu 1683*

Guerre de la Ligue d'Augsbourg

Dogger Bank 17 juin 1696

La bataille navale de Dogger Bank vit s'affronter une force française menée par le célèbre corsaire français, Jean Bart, et une escadre de vaisseaux hollandais escortant un convoi de plus de 100 navires de commerce. Elle se déroula dans le cadre de la guerre de la Ligue d'Augsbourg.

Près d'un an après sa victoire sur une escadre hollandaise dans ce qu'il est convenu d'appeler l'Action du 29 juin, le corsaire Jean Bart patrouillait dans la zone de Dogger Bank, en mer du Nord et à 96 km des côtes anglaises, quand il aperçut un important convoi regroupant plus de 100 navires de commerce qu'escortaient cinq vaisseaux hollandais. Les jours précédents, Bart avait habilement évité une escadre anglaise prévenue de sa présence et cherchant à le faire prisonnier. Jouant au dangereux jeu du chat et de la souris, il décida de lancer ses douze navires contre le convoi ennemi.

Même si ses embarcations étaient plus puissantes, Bart se devait d'être rapide parce que les Anglais, sous le commandement de l'amiral Benbow, n'étaient pas très loin. Bart attaqua le navire amiral hollandais, le *Radhi Van Haarlem* ; il fut détruit au bout de quelques heures et son capitaine tué. Les quatre autres vaisseaux hollandais se rendirent après avoir été lourdement endommagés ; d'ailleurs trois d'entre eux couleront ultérieurement. Bart put s'emparer 25 navires marchands et les détruire avant de voir arriver l'escadre de Benbow et de prendre la direction des côtes du Danemark. Le jeu se poursuivit pendant deux mois, mais Bart s'échappait sans cesse et c'est en septembre qu'il rentra au port de Dunkerque. Une fois encore, il avait été le grand vainqueur de cette guérilla navale, et cela ne manqua pas de renforcer le statut de héros national qui était déjà le sien. **TB**

Pertes : alliés, 5 vaisseaux et 25 navires marchands ; Français, pertes minimes

< *Action du 29 juin 1694* *Baie de Vigo 1702* >

Guerres ottomanes

Zenta 12 septembre 1697

En 1697, le prince Eugène de Savoie commandait l'armée autrichienne des Habsbourg quand il surprit une importante armée ottomane en train de franchir la rivière Tisza, en Serbie. Cette victoire fit de lui l'un des plus grands généraux européens et contribua au déclin de la puissance ottomane.

Battus à Vienne en 1683, les Ottomans furent chassés de Belgrade et d'une grande partie de l'Europe centrale. L'implication des Autrichiens dans la guerre avec la France permit toutefois à l'Empire ottoman de lancer une contre-attaque qui s'acheva par la reprise de Belgrade en 1690. En 1697, le prince Eugène de Savoie-Carignan entreprit d'arrêter l'armée ottomane alors qu'elle marchait vers la ville hongroise de Szeged.

Dès qu'ils furent mis au courant du projet du prince, les Ottomans abandonnèrent l'idée de prendre Szeged et se retirèrent en Roumanie. Eugène de Savoie surprit l'armée ottomane sur la rive de la Tisza, non loin de la ville de Zenta. Les Ottomans étaient retranchés derrière des fortifications, le dos tourné à la rivière qu'ils commençaient à franchir sur un pont unique. Le prince lança une attaque surprise, enserrant ainsi les Turcs entre son armée et la rivière. L'artillerie autrichienne décima les Ottomans qui cherchaient à battre en retraite et l'infanterie réussit à s'emparer du pont. Pris au piège, les troupes ottomanes furent massacrées : des milliers d'hommes se noyèrent et des milliers d'autres périrent dans leur campement encerclé.

Zenta fut une terrible défaite pour l'Empire ottoman, qui fut contraint de signer le traité de Karlowitz en 1699, cédant ainsi la Hongrie et la Transylvanie à l'Autriche, et la majeure partie de la Dalmatie à Venise. C'en était fini des projets de conquête de l'Europe centrale. **TB**

Pertes : Ottomans, 30 000 morts ou blessés sur 60 000 hommes ; Habsbourg, 1 500 morts ou blessés sur 50 000 hommes

< *Vienne 1683*

Eugène mène une attaque surprise contre l'armée ottomane dans cette peinture du XVIIIe siècle, La Battaille de Zenta. ➔

de 1700 à 1799

Avec des puissances européennes dont la stratégie est de plus en plus mondiale, la marine accroît son rôle au XVIIIe siècle. Durant la guerre de Sept Ans, la France et l'Angleterre s'affrontent jusqu'en Asie et en Amérique. De même, lors de la guerre d'indépendance des États-Unis. Frédéric le Grand s'impose comme le grand stratège de l'époque en Europe. Soumis à une discipline de fer, ses soldats sont rigoureusement entraînés, capables de manœuvres rapides. La Prusse entre dans le concert des grandes puissances. La Russie s'insère également dans l'équilibre européen. Mais la Révolution française bouscule bientôt le modèle des guerres entre souverains : elle fait des peuples et des nations de véritables acteurs des relations internationales. De l'autre côté du monde, la Chine, après une période d'expansion et de prospérité, amorce sa décadence, ce qui modifie la donne en Asie orientale.

Scène de la bataille d'Ouessant (1778), vue par le peintre français Théodore Gudin (1802-1880).

Narva 30 novembre 1700

En 1700, le tsar Pierre Ier de Russie s'allia avec le Danemark et la Saxe-Pologne-Lituanie pour remettre en cause la domination suédoise sur la Baltique. En novembre, les Suédois triomphèrent des Russes à Narva, premier engagement majeur de la grande guerre du Nord.

Après avoir déclaré la guerre à la Suède, les Russes envahirent l'Estonie et assiégèrent Narva en septembre 1700. En novembre, le roi Charles XII de Suède avait déjà réussi à écarter le Danemark de la guerre. Il mena alors ses hommes en Estonie pour affronter ses derniers ennemis. L'armée de la Saxe-Pologne-Lituanie venait de se retirer pour l'hiver, ce qui laissait la voie libre à l'armée suédoise et lui permettait de libérer Narva en prenant par surprise les Russes, pourtant quatre fois plus nombreux.

Les forces suédoises étaient à la fois bien dirigées et très disciplinées alors que les Russes étaient mal entraînés et commandés par des officiers étrangers. Le tsar Pierre Ier avait personnellement pris la tête de ses troupes mais, peu avant l'arrivée des Suédois, il avait regagné la Russie et laissé en place un commandant inexpérimenté, Charles Eugène de Croy.

L'armée suédoise arriva à Narva le 30 novembre et tira aussitôt profit de la tempête de neige qui soufflait sur les Russes. Infanterie et cavalerie attaquèrent en deux colonnes, trop rapidement pour que les Russes déploient leur artillerie. Après de rudes combats, la cavalerie russe du flanc gauche prit la fuite, puis l'infanterie du flanc droit battit en retraite. Les derniers Russes se rendirent et Croy fut également capturé. Narva avait débarrassé la Suède de toute menace russe sur son territoire balte, mais Charles XII se montra incapable de profiter de sa victoire en frappant un coup décisif en Russie. **JF**

Pertes : Suédois, 2 000 sur 8 000-11 000 ;
Russes, 8 000-10 000 sur 24 000-35 000

Holowczyn 1708 >

Gravure représentant Charles XII à cheval au cœur de la bataille de Narva. 

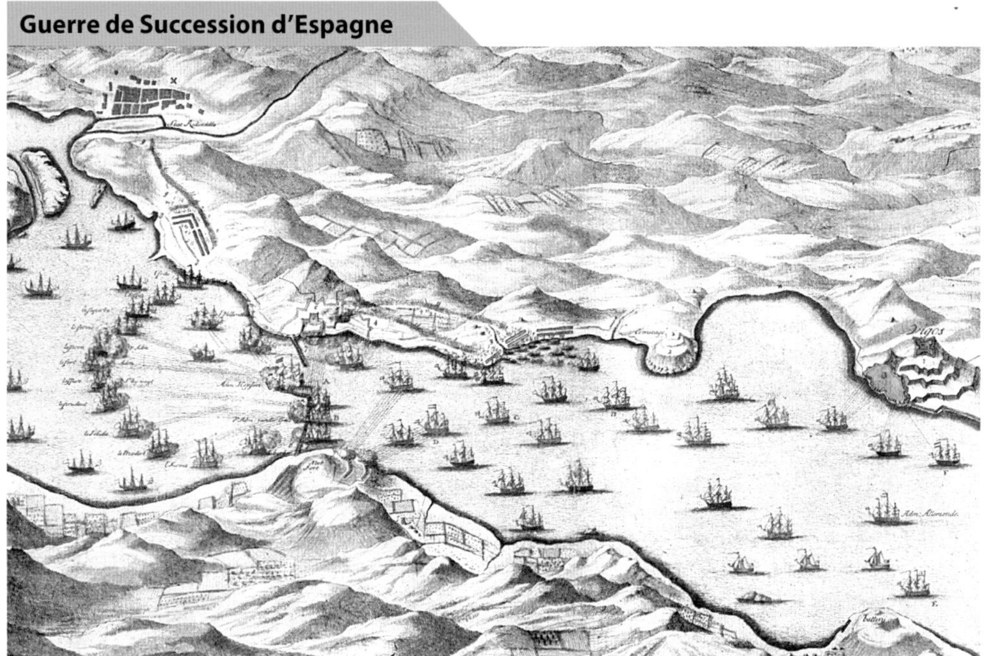

Vigo 22 octobre 1702

La bataille de la baie de Vigo fut l'un des premiers combats navals de la guerre de Succession d'Espagne. Livrée entre une flotte anglo-hollandaise et une force coalisée franco-espagnole, elle avait pour but de s'emparer de l'argent espagnol venu d'Amérique.

La guerre de Succession d'Espagne eut pour objet d'empêcher la France et l'Espagne de s'unir sous un monarque bourbon unique et de dominer l'Europe. Les attaques menées contre les navires espagnols chargés de richesses jouèrent un rôle important. En octobre 1702, la nouvelle de l'arrivée d'un important chargement de minerai d'argent se répandit. Vers la mi-octobre, Sir George Rooke apprit que le trésor était arrivé dans la baie de Vigo. Il fit alors voile vers le nord pour arriver sur place le 22 du même mois.

Une force hollandaise débarqua et prit d'assaut le fort de Rande avant que Rooke ne décide de détruire le barrage défensif que les Français avaient dressé en travers du port. Rooke envoya son premier navire, le *Torbay*, fort de 80 canons, détruire le barrage en question et faire une percée. La défense fut vigoureuse et le vent tomba brusquement, empêchant le reste de l'escadre de suivre. Les Français attaquèrent alors le *Torquay* à l'aide de boutefeux. Puis le vent reprit ; quand le navire amiral de Rooke permit au reste de l'escadre anglo-hollandaise de pénétrer dans le port, les Français incendièrent leurs propres vaisseaux pour ne pas les voir tomber aux mains de leurs ennemis. Même ainsi, une partie du trésor fut récupérée.

Vigo fut un désastre militaire plutôt que financier pour la marine française avec la perte de quinze bâtiments. Pour l'Espagne, ce fut pire encore : le Portugal comprit que la suprématie navale était anglo-hollandaise, et un traité avec les deux pays fut signé en 1703. **TB**

Pertes : alliés anglo-hollandais, aucun vaisseau, 800 victimes ; alliés franco-espagnols, 17 navires, 2 500 victimes

< *Dogger Bank 1696* *Schellenberg 1704* >

↑ *Ce plan de bataille révèle l'intention de manœuvre de la flotte hollandaise dans la baie de Vigo.*

Raid sur Deerfield 29 février 1704

L'attaque de la colonie anglaise de Deerfield, dans le Massachusetts, est un exemple du type d'incident que connut l'Amérique du Nord pendant la guerre de la reine Anne (1702-1713). Ce raid se traduisit par la capture de colons civils, contraints à se rendre à pied au Québec, distant de plus de 480 km.

La guerre de la reine Anne opposant la France et l'Angleterre pour le contrôle de l'Amérique du Nord entrait dans le cadre plus vaste de la guerre de Succession d'Espagne. À partir de 1703, un certain nombre de villages isolés de Nouvelle-Angleterre furent attaqués par les soldats français et des miliciens canadiens renforcés de leurs alliés indiens. Le raid sur Deerfield prit totalement par surprise cette petite colonie, avec ses 250 habitants et ses soldats dont le nombre n'arrivait pas à 20.

L'attaque fut menée par Jean-Baptiste Hertel de Rouville, avec 47 Français et Canadiens français ainsi que plusieurs centaines de guerriers algonquins et mohawks. Ils se mirent en marche avant le lever du jour, avançant en silence sur le sol recouvert de neige, et s'élancèrent contre les palissades du village. Même s'ils ne s'y attendaient pas, soldats et colons réagirent promptement en tuant une quarantaine d'agresseurs. Ils furent cependant supplantés et une soixantaine d'Anglais, hommes, femmes et enfants confondus, perdirent la vie.

De plus, une centaine de colons furent faits prisonniers et contraints à gagner le campement mohawk de Caughnawaga, au Québec. La rigueur hivernale et la captivité entraînèrent la mort de nombre d'entre eux. Les colons de Nouvelle-Angleterre lancèrent des raids de représailles contre les positions françaises et firent des prisonniers susceptibles d'être échangés contre ceux de Deerfield. **TB**

« [Mon épouse] fut plongée la tête dans l'eau, après quoi elle n'alla pas loin, un sauvage cruel et assoiffé de sang l'ayant frappée de sa hachette. »

Mémoires du révérend John William, Le Prisonnier échangé revient à Sion *(1707)*

↑ *Ancienne carte du Massachusetts : Deerfield se situe dans les terres, à l'ouest de Cambridge.*

Pertes : Colons anglais, 60 morts et plus de 100 prisonniers (nombre de survivants inconnu) ; Français et Amérindiens, 50 morts ou blessés sur 300

< *Santa Fe 1680*

Schellenberg 2 juillet 1704

Les Britanniques, l'Autriche et la République hollandaise avaient pour ennemis la France et ses alliés. Pendant l'été 1704, le duc de Marlborough et son armée traversèrent l'Allemagne pour sauver Vienne d'une attaque imminente de la part des Français et de Maximilien II Emmanuel de Bavière.

L'Électeur de Bavière apprit que Marlborough voulait franchir le Danube à Donauworth et envoya une force avancée franco-bavaroise s'installer sur les hauteurs dominant Schellenberg. Dès son arrivée, Marlborough entreprit d'attaquer ce qu'il croyait être la partie la plus faible des fortifications. Il savait que les pertes seraient lourdes, mais craignait que son ennemi fût impossible à déloger une fois installé. Il redoutait également l'arrivée de la force franco-bavaroise qui n'était plus qu'à quelques jours de marche.

Marlborough bombarda les positions ennemies et son premier assaut emporta de nombreuses victimes. Un deuxième assaut fut lui aussi repoussé sous le feu nourri des mousquets et de la mitraille. La percée se fit lorsque les alliés lancèrent une attaque sur deux fronts. Les Autrichiens affrontèrent le flanc gauche, exposé, des Bavarois et s'emparèrent de la ville ; les soldats anglais de Marlborough attaquèrent quant à eux la colline. Marlborough dut renoncer aux formations serrées et disposa ses hommes en ligne, réduisant ainsi l'impact des mousquets bavarois. Mis en déroute, les Bavarois s'enfuirent, poursuivis par la cavalerie de Marlborough. La victoire de celui-ci sécurisa le Danube mais, pendant la période assez floue qui suivit, l'armée coalisée ravagea la Bavière tandis que Marlborough et ses commandants alliés s'interrogeaient sur l'attitude à tenir. **TB**

Pertes : alliés des Anglais, 5 000 morts ou blessés sur 20 000 ; alliés franco-bavarois, 6 000 morts ou blessés et 2 000 prisonniers sur 15 000

< *Vigo 1702* *Blenheim 1704* >

« Pendant dix campagnes, il commanda aux armées d'Europe unies contre la France. Il ne livra jamais de bataille qu'il ne remportât ni assiégea de forteresse qu'il ne prît… »

Sir Winston Churchill, à propos du duc de Marlborough

↑ Le Prince Eugène de Savoie sur le champ de bataille, *par Pietro Longhi (1701-1785) : le prince se prépare à soutenir Marlborough.*

Blenheim 13 août 1704

La bataille de Blenheim permit au duc de Marlborough et au prince Eugène de Savoie d'écraser une armée franco-bavaroise. Elle marqua un tournant dans la guerre de la Grande Alliance contre Louis XIV et fit de Marlborough un héros national britannique.

Après la victoire de Schellenberg, le duc de Marlborough voulut impliquer l'Électeur de Bavière, Maximilien II Emmanuel, avant qu'il ne s'allie à l'armée française du maréchal Tallard et ne lance une attaque sur Vienne. Maximilien ne céda pas, même si l'Alliance chercha à l'influencer en dévastant la majeure partie de la Bavière. Maximilien et Tallard finirent par unir leurs forces au début du mois d'août. Entre-temps, Marlborough avait été rejoint par l'armée autrichienne du prince Eugène. Bien qu'inférieurs en nombre, ils décidèrent de passer à l'offensive contre les forces franco-bavaroises, et ce sur les bords du Danube, non loin du village de Blenheim.

L'armée franco-bavaroise avait pris position sur une bande de terre de 6,5 km de longueur. Les divisions françaises de Tallard s'étiraient du Danube et de Blenheim à gauche jusqu'au village d'Oberglau, au centre. Les Bavarois occupaient le flanc droit, du champ de bataille jusqu'aux collines et aux forêts de pins proches du hameau de Lutzingen. Devant l'armée franco-bavaroise s'étendaient des terrains marécageux connus sous le nom de Nebel.

« [Je rends hommage à] la gloire du prince Eugène, dont le feu et l'esprit ont exhorté les efforts de ses hommes. » *Sir Winston Churchill*

Le prince Eugène avait pour mission de prendre Lutzingen tandis que le général de corps d'armée John Cutts devait s'emparer de Blenheim. Cutts lança son attaque sous le couvert d'un bombardement d'artillerie mais son infanterie fut repoussée par les tirs émanant des barricades françaises, et les pertes furent assez lourdes. Après des attaques répétées, il réussit tout de même à percer et à repousser les Français. Son avancée fit que le commandant français, Clérambault, s'écarta du gros des troupes, affaiblissant ainsi la ligne de Tallard et supprimant son avantage numérique sur Marlborough. Celui-ci se saisit de l'occasion et ordonna à Cutts de retenir Clérambault à Blenheim pour que les renforts de Tallard soient tenus à l'écart de l'endroit où ils auraient été le plus utiles.

À l'autre extrémité du champ de bataille, le prince Eugène était immobilisé par l'armée bavaroise de Maximilien. Il lança des attaques répétées que la nature du terrain combinée à une forte défense bavaroise fit tourner chaque fois à l'échec. Alors qu'Eugène poursuivait son offensive, Marlborough attaqua le centre de Tallard à Oberglau. Après plusieurs charges et de lourdes pertes au sein de l'infanterie, la cavalerie de Tallard fut vaincue et les forces de Marlborough avancèrent pour mettre en déroute l'infanterie française. Les renforts de Tallard étaient retenus à Blenheim par Cutts et ses lignes se désintégraient : les soldats français s'enfuirent tandis que les Bavarois défendant Lutzingen battaient aussi en retraite. Clérambault continua de lutter à Blenheim, espérant tenir le village jusqu'à une contre-attaque française. Cependant l'armée franco-bavaroise s'était retirée en direction du sud-ouest, et le commandant français se rendit à la tombée de la nuit.

La victoire alliée de Blenheim porta un coup sévère à Louis XIV. Elle renversa le cours de la guerre et mit l'alliance française sur la défensive. À court terme, Vienne fut sauvée d'une attaque qui aurait pu entraîner la fin de la Grande Alliance. Marlborough y gagna un ascendant moral durable sur ses adversaires. **TB**

Pertes : Grande Alliance, 15 000 sur 50 000 ; alliés franco-bavarois, 35 000 morts ou prisonniers sur 60 000

Schellenberg 1704 — *Ramillies 1706*

Plan militaire indiquant la position des troupes lors de la bataille de Blenheim. 

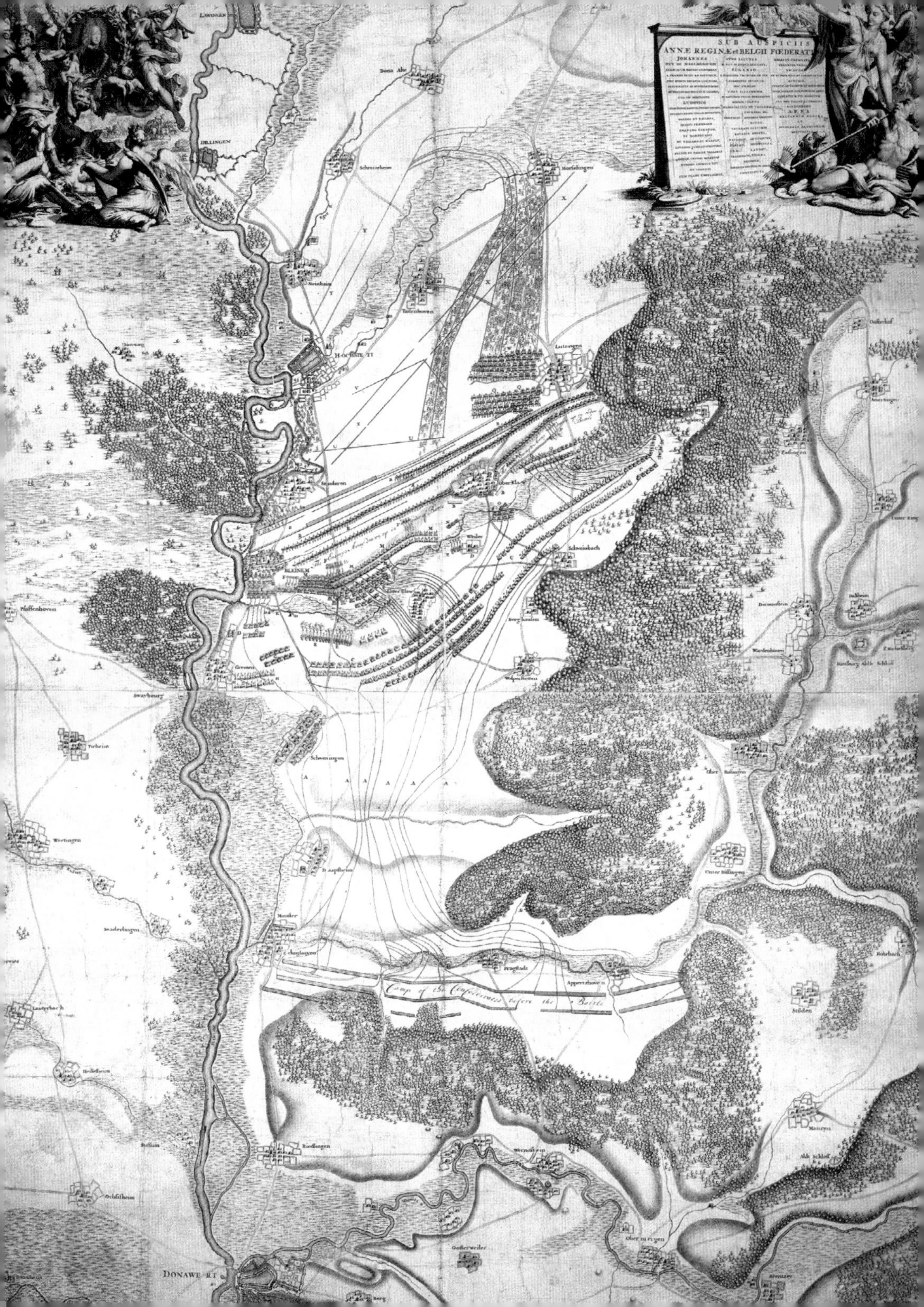

SUB AUSPICIIS
ANNÆ REGINÆ et BELGII FŒDERATI
JOHANNES
EUGENIO
LUDOVICO
ANNA
LAWINGEN
DILLINGEN
HOCHSTET
BLENHEIM
Camp of the Confederates before the Battle
DONAWERT

Ramillies 23 mai 1706

La bataille de Ramillies, qui opposa la Grande Alliance menée par le duc de Marlborough à une armée franco-bavaroise commandée par le duc de Villeroi, fut l'un des engagements majeurs de la guerre de Succession d'Espagne. Vaincu, Louis XIV ne parvint pas à reprendre l'initiative.

La défaite de Blenheim poussa Louis XIV à adopter une attitude défensive, mais les alliés ne réussirent pas à mettre un terme à la guerre. En 1706, les Français l'emportèrent en Alsace – pour renforcer leur position à la table des négociations – et le roi ordonna au duc de Villeroi d'attaquer Marlborough. L'armée franco-bavaroise rencontra celui-ci près des villages de Ramillies et de Taviers.

La première attaque fut lancée sur Taviers par les forces hollandaises de Marlborough. Après de violents affrontements, les Français furent repoussés, ce qui menaça le flanc droit de Villeroi. Ce dernier réagit par une charge d'infanterie, mais elle fut contrecarrée par la cavalerie hollandaise. Marlborough ordonna alors au duc d'Orkney d'attaquer la gauche française. Villeroi déplaça ses hommes du centre vers la gauche afin de la renforcer. Marlborough attaqua un centre français affaibli et retira Orkney, déplaçant aussi ses soldats pour qu'ils participent à l'attaque contre la section vulnérable de Villeroi.

Villeroi ne comprit pas le mouvement d'Orkney et les lignes françaises ne tardèrent pas à se briser. Le commandant français hésita à engager ses renforts de cavalerie pensant qu'il pourrait en avoir besoin ultérieurement, et quand il s'y résolut, c'était trop tard. Les troupes alliées mirent en fuite l'armée franco-bavaroise. La victoire de la Grande Alliance se traduisit par la prise de la majeure partie des Pays-Bas espagnols, et Louis XIV fut contraint de rechercher la paix pour protéger la France de l'invasion. **TB**

Pertes : Grande Alliance, 4 000 morts ou blessés sur 60 000 ; alliés franco-bavarois, 12 000 morts ou blessés sur 62 000

< *Blenheim 1704* *Cap Lizard 1707* >

Guerre de Succession d'Espagne

Cap Lizard 21 octobre 1707

Pendant la guerre de Succession d'Espagne, et en dépit de sa supériorité navale, la Grande-Bretagne eut du mal à sécuriser ses lignes maritimes. L'interception d'un convoi militaire au large de la Cornouailles par des corsaires et des navires de ligne français porta un coup très dur à sa marine.

En octobre 1707, quatre vaisseaux de la Royal Navy commandés par Richard Edwards escortaient un convoi composé de 80 transports de troupes et de navires ravitailleurs destinés à l'armée britannique en Espagne. Il fut repéré par l'amiral français Claude de Forbin, à la tête d'une escadre de six bâtiments. Il suivit le convoi mais ne l'attaqua que lorsqu'il eut été rejoint par une seconde escadre, menée par un corsaire de Saint-Malo, René Duguay-Trouin. Cela se passa au large de la péninsule de Lizard, en Cornouailles, au sud-ouest de l'Angleterre.

Forbin hésita dans un premier temps, mais Duguay-Trouin, plus agressif, lança l'attaque, contraignant le convoi à s'enfuir tandis qu'Edwards montait une défense avec ses cinq navires de ligne. Leur avantage numérique fit que les vaisseaux français infligèrent de très lourdes pertes à leurs homologues anglais. Lors de l'engagement, trois bâtiments – le *Cumberland*, le *Chester* et le *Ruby* – furent capturés. Après s'être vaillamment battu jusqu'au crépuscule, le *Devonshire* fut détruit et tous ses hommes périrent (plus de 800) dans l'explosion des réserves de poudre. Seul le *Royal Oak* parvint à s'en tirer avant de se réfugier à Kinsale, sur la côte irlandaise.

La bravoure et la résistance des navires d'escorte permirent à la plupart des navires ravitailleurs de s'échapper, mais un certain nombre (variable selon les sources françaises ou anglaises) furent capturés. Rien ne put toutefois dissimuler l'ampleur de cette défaite navale britannique. **TB**

Pertes : Royal Navy, 4 vaisseaux sur 5 ; Français, aucun navire

< *Ramillies 1706* *Audenarde 1708* >

Grande guerre du Nord

Holowczyn (Golovchin) 14 juillet 1708

Charles XII de Suède avait réussi en 1706 à éloigner le Danemark et la Saxe-Pologne-Lituanie de la grande guerre du Nord. L'année suivante, il envahit la Russie, ultime pays ennemi, et fit suivre son triomphe à Narva d'une autre victoire sur une armée russe supérieure en nombre.

L'armée de Charles XII traversa la Pologne-Lituanie pour aller menacer Moscou. Les 38 000 hommes du maréchal Boris Cheremetiev se regroupèrent à Holowczyn, au bord de la rivière Vabitch. Charles décida d'affronter directement l'ennemi et mena ses 20 000 soldats à travers les bois. Il trouva les Russes retranchés derrière la Vabitch. Ils avaient formé deux groupes distincts, séparés par des forêts et des terrains marécageux. Cheremetiev conduisait l'un d'eux et le général Anikita Repnine, l'autre. Charles passa plusieurs jours à étudier le terrain.

Le 14 juillet, à minuit, le roi ordonna à son armée de se préparer discrètement à la bataille et mit en branle son artillerie. À l'aube, les Suédois jetèrent des pontons sur la rivière. Charles avait décidé de s'avancer entre les camps russes pour attaquer Repnine. L'infanterie suédoise attaqua son homologue russe et il y eut un échange de tirs de mousquet nourri. La cavalerie suédoise dut quant à elle charger à plusieurs reprises une cavalerie russe bien supérieure en nombre avant que celle-ci ne cède.

À 19 heures, les forces de Repnine commencèrent à s'enfuir. Les Suédois ne purent les pourchasser parce que cela laissait leurs arrières trop dégagés. Entre-temps, Cheremetiev battit en retraite après avoir tenté d'attaquer le camp suédois. Il fut traduit en cour martiale pour le rôle qu'il joua dans la défaite. La route de Moscou était ouverte, mais les Russes s'installaient dans de nouvelles positions défensives avec leurs forces relativement intactes. **TB**

Pertes : Russes, 1 000 morts et 700 blessés sur 38 000 ; Suédois, 250 sur 20 000

< *Narva 1700* *Poltava 1709* >

Guerre de Succession d'Espagne

Audenarde 11 juillet 1708

La bataille d'Audenarde fut l'une des rencontres clés de la guerre de Succession d'Espagne et opposa les forces françaises du duc de Bourgogne et du duc de Vendôme aux forces combinées de la Grande Alliance, dirigées par le duc de Marlborough et le prince Eugène de Savoie.

En mai 1708, l'armée française avait lancé une nouvelle offensive et était entrée en Flandre, prenant Gand et Anvers et menaçant Audenarde, dernière forteresse alliée. Si elle tombait, ses hommes seraient pris au piège en Flandre. Marlborough se lança alors dans une des plus célèbres marches forcées de l'histoire, au cours de laquelle plusieurs ponts provisoires furent construits pour franchir l'Escaut et positionner quelque 100 000 hommes entre Audenarde et les Français qui ne cessaient d'avancer.

La première phase cruciale de la bataille fut la lutte pour le contrôle du point de passage le plus proche de la forteresse. Une division de cavalerie avancée fut envoyée s'emparer du pont tandis que Marlborough et son armée s'en approchaient. Surpris par la puissance de l'avant-garde de Marlborough, les Français hésitèrent assez longtemps pour que le prince Eugène traverse à son tour la rivière avec un fort contingent de cavalerie prussienne. Devant les forces alliées, les deux commandants français eurent des opinions divergentes sur la tactique à adopter : Bourgogne penchait pour une attaque alors que Vendôme se montrait plus prudent. En fin de compte, les Français lancèrent deux attaques, sans grande coordination.

Marlborough déploya ses forces de manière magistrale, débordant par le flanc son ennemi en déployant son armée hollandaise, mais le manque d'unité dont firent preuve les Français fut aussi pour beaucoup dans la victoire alliée. **TB**

Pertes : Grande Alliance, 5 000 morts ou blessés sur 100 000 ; Français, 20 000 morts, blessés ou déserteurs sur 100 000

< *Cap Lizard 1707* *Malplaquet 1709* >

Poltava 8 juillet 1709

La bataille de Poltava marqua un tournant dans la grande guerre du Nord. Ce fut un moment clé dans l'accession de la Russie au statut de grande puissance. L'armée du tsar écrasa en Ukraine les forces d'invasion de Charles XII de Suède.

Malgré ses précédentes victoires sur les Russes, Charles XII n'avait pas réussi à défier Moscou. Pendant l'hiver 1708, par un temps glacial et sans grand ravitaillement, il se dirigea vers le sud et l'Ukraine. Les conditions de vie des soldats étaient telles que 5 000 à 8 000 d'entre eux moururent avant l'arrivée du printemps. L'armée en comptait encore quelque 25 000 et Charles décida de s'emparer de la forteresse russe de Poltava, sur la rivière Vorskla. Le tsar Pierre Ier mobilisa ses forces pour défendre ladite citadelle.

Le 27 juin, lors des premières escarmouches, une balle perdue russe toucha Charles au pied. La blessure était si grave que le roi demeura deux jours entre la vie et la mort. Il guérit enfin mais ne fut plus capable de commander personnellement son armée. La responsabilité échut au maréchal Carl Gustav Rehnskiöld et au général Adam Ludwig Lewenhaupt. Sachant que les Suédois manquaient de cohésion à leur tête, Pierre traversa la Vorskla et positionna ses 40 000 hommes près de Poltava. Il établit dans les bois une série de redoutes en forme de T, au sud-ouest de sa position et le long de la route que les Suédois emprunteraient pour attaquer, permettant ainsi des tirs latéraux qui contribueraient à la protection du campement principal.

« J'ai résolu de ne jamais déclencher de guerre injuste mais de ne jamais en terminer de légitime sans avoir défait mes ennemis. » Charles XII

Le 8 juillet, les Suédois prirent l'initiative et attaquèrent peu avant l'aube. Lewenhaupt était à la tête de l'infanterie, laquelle avança vers le campement principal. Ses ordres négligeaient les redoutes mais certains officiers prirent sur eux de s'emparer de certaines, faisant ainsi perdre aux Suédois pas mal de temps et de vies humaines. Un bataillon d'infanterie de 26000 hommes attaqua les redoutes l'une après l'autre. Totalement isolées, elles durent se rendre ; deux tiers de l'infanterie suédoise avait péri. Le reste avait atteint vers 8 h 30 la plaine s'étendant devant le camp russe. Ils attendirent deux heures le reste de leur formation. Pierre décida alors de faire sortir du camp ses 20 000 fantassins et de les disposer selon deux lignes renforcées par 68 canons.

Après 45 minutes de barrage d'artillerie, les deux forces s'avancèrent l'une vers l'autre. La supériorité numérique des Russes leur valut de déborder par les deux flancs l'infanterie suédoise, privée d'un soutien cohérent de la part de sa cavalerie. Lewenhaupt put forcer la première ligne russe mais n'alla pas plus loin, et les Russes repoussèrent facilement les soldats suédois épuisés. Quand les 10 000 cavaliers russes entrèrent dans la bataille, celle-ci tourna à la déroute et l'armée suédoise battit en retraite dans le plus grand désordre.

Les pertes suédoises à Poltava s'élevèrent à plus de 10 000 morts, blessés ou prisonniers. Trois jours plus tard, la plupart des survivants se rendirent aux Russes à Perevolotchna. L'armée suédoise avait pratiquement cessé d'exister. Charles XII réussit à s'enfuir vers le sud, vers l'Empire ottoman, où il resta exilé cinq ans. Après la bataille de Poltava, la Russie put dominer les terres baltes et polonaises sans rencontrer l'opposition des Suédois, et Pierre Ier devint le véritable maître de la région. **JF**

Pertes : Suédois, au moins 10 000 morts, blessés ou prisonniers sur 25 000 ; Russes, 4 500 morts ou blessés sur 40 000

< *Holowczyn 1708* *Gangut 1714* >

Pierre le Grand à la bataille de Poltava, *par Gottfried Tannauer (1680 - v. 1737), un des peintres préférés du tsar.* 

Malplaquet 11 septembre 1709

Dernière grande victoire du duc de Marlborough, Malplaquet fut aussi très lourde en pertes humaines. Vaincu, le commandant français, Claude de Villars, put dire à Louis XIV : « Si Dieu nous fait la grâce de perdre encore une pareille bataille, Votre Majesté peut compter que ses ennemis seront détruits. »

Après Audenarde, une campagne concertée en France fut retardée par la venue de l'hiver. Marlborough lança une nouvelle offensive en juin 1709. En septembre, Louis XIV demanda au maréchal Claude de Villars de mettre un terme à l'avance alliée et les deux armées se rencontrèrent à Malplaquet.

Marlborough envoya en premier ses troupes autrichiennes afin qu'elles attaquent l'aile gauche française, laquelle avait pris place devant une zone boisée. L'attaque fit reculer les Français et, peu après, l'armée hollandaise lança une attaque sur l'aile droite française. Villars la repoussa et infligea des pertes lourdes et inattendues aux Hollandais. Le prince Eugène de Savoie déploya alors toutes ses forces pour les soutenir. Il réussit à affaiblir les lignes françaises et Boufflers, commandant en second de Villars, dut faire appel aux troupes positionnées au centre. Le comte d'Orkney vit le redéploiement français et chargea le centre avec sa cavalerie, que soutinrent de violents tirs d'artillerie. Tandis que les Français et la cavalerie ennemie se battaient farouchement, l'infanterie alliée passa à l'action pour les repousser, là encore en subissant de lourdes pertes. Villars fut blessé par un tir de mousquet et Boufflers assura le commandement en ordonnant une retraite stratégique. Les Français abandonnèrent le terrain pour que l'issue ait tout d'une victoire alliée. Ce fut cependant une victoire à la Pyrrhus et l'ampleur des pertes ternit la réputation de Marlborough. **TB**

Pertes : Grande Alliance, 22 000 morts ou blessés sur 80 000 ; Français, 10 000 morts ou blessés sur 70 000

< *Audenarde 1708* *Villaviciosa 1710* >

Gravure du XVIIIe siècle montrant Marlborough attaquant l'aile gauche française.

Villaviciosa 10 décembre 1710

Les troupes anglaises et autrichiennes qui soutiennent la cause des Habsbourg contre les Bourbons quittent Madrid le 9 novembre 1710 et remontent vers le nord-est, en direction de la Catalogne. Elles forment deux colonnes, vite rattrapées par l'armée du duc de Vendôme.

L'Anglais Stanhope est attaqué le premier au soir du 8 décembre 1710, à Brihuega. Il capitule le lendemain après de violents combats et est fait prisonnier avec 3 000 hommes. Mais il a eu le temps d'envoyer un messager à l'Autrichien Starhemberg, qui aussitôt se porte à son secours et se heurte à la cavalerie française. Le 10 décembre, les deux armées se font face à Villaviciosa de Tajuña. La canonnade commence vers trois heures de l'après-midi. Populaire, Vendôme s'enquiert du sort de ses soldats en parcourant les lignes et en donnant ses instructions. Le moral est bon, malgré le froid. Pour les Espagnols, et les quelques Français et Irlandais qui composent l'armée de Philippe V, l'heure de la revanche a sonné après la défaite de Saragosse quatre mois plus tôt.

Le petit-fils de Louis XIV en personne mène la charge de cavalerie à droite, tandis qu'à gauche Vendôme prend la tête de l'infanterie. Les canons autrichiens sont neutralisés. Starhemberg résiste avec un carré de combattants, mais doit abandonner le terrain. Il profite du brouillard pour s'échapper et parvient à rejoindre Barcelone, restée fidèle à l'archiduc Charles.

Cette bataille marque un tournant dans la guerre de succession d'Espagne. Philippe V est désormais assuré de conserver le trône de Madrid. Reconnaissant, il fera inhumer le duc de Vendôme à l'Escurial. **LV**

Pertes (Brihuega et Villaviciosa) :

Anglais et Autrichiens : 6000 morts ;

Espagnols, Français, Irlandais : 2500 morts

< *Malplaquet 1709* | *Barcelone 1714* >

Philippe V et Vendôme soutiennent la cause des Bourbons ↑ *dans* La Bataille de Villaviciosa, *de Jean Alaux (1786-1864).*

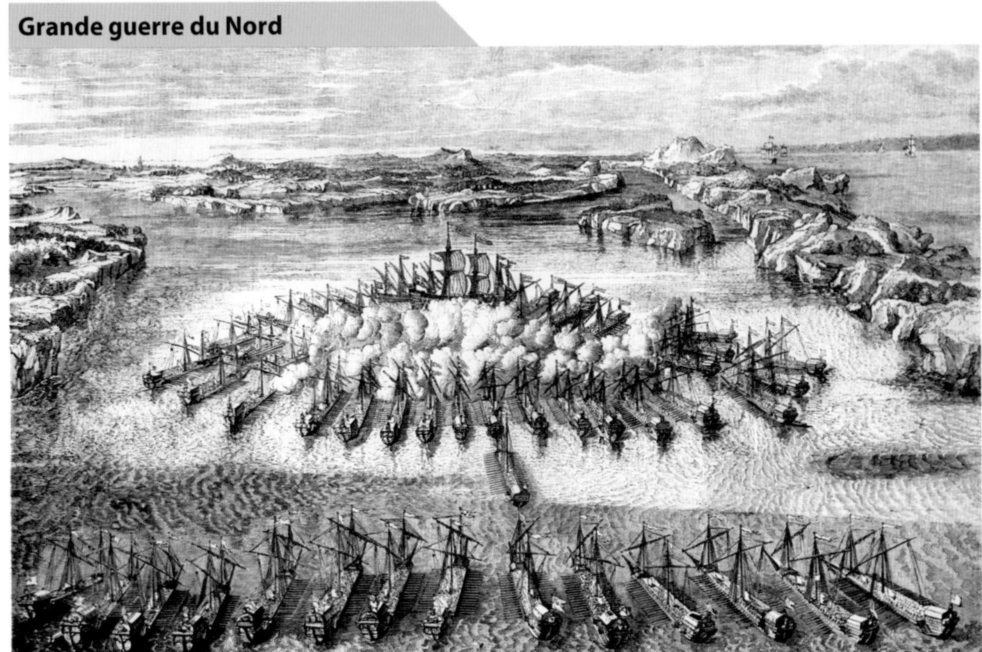

Gangut 6 août 1714

Gangut fut la première grande victoire de la marine russe créée par Pierre le Grand. Après son triomphe à Poltava, le tsar avait envahi la Finlande en 1713. Ses galères affrontèrent une flotte suédoise près de la péninsule finlandaise de Gangut.

Pierre le Grand avait déployé ses galères autour de la Finlande pour soutenir ses armées. Son capitaine, l'amiral Fiodor Apraksine, fit voile vers Åbo, base militaire russe en Finlande. À Gangut, il trouva en face de lui une flotte suédoise bien décidée à contrecarrer sa progression vers l'ouest. Il chercha refuge en repartant vers l'est et le littoral. Il voulut faire traverser la péninsule à ses galères, mais renonça quand l'une d'elles se brisa pendant le transport.

Le capitaine suédois, Gustav Wattrang, décida d'attaquer les Russes. L'engagement échoua, le vent étant retombé entre-temps. Le 6 août, la plupart des galères, à fond relativement plat, avaient réussi à éviter la flotte suédoise en longeant le littoral. La seule chose susceptible de bloquer les déplacements russes vers l'ouest était un détachement de neuf vaisseaux placés sous le commandement de Nils Ehrensköld, avec pour mission d'intercepter toute embarcation cherchant à forcer le blocus suédois.

Ehrensköld positionna ses navires dans un chenal étroit et plaça au centre son navire amiral, l'*Elefant*. À 14 heures, Apraksine envoya 35 galères affronter Ehrensköld, mais son attaque fut repoussée, de même qu'une seconde vague de 80 galères. Enfin, Apraksine déploya l'ensemble des 95 galères dont il disposait. Elles attaquèrent les bâtiments qui flanquaient l'*Elefant* avant d'encercler le navire amiral et de l'aborder. La bataille prit fin vers 17 heures et la Russie put ravitailler ses forces en Finlande sans être interceptée par la Suède. **JF**

Pertes : Suédois, 350 morts et 350 prisonniers sur 950, tous les 9 navires détruits ; Russes, 125 morts et 350 blessés, 2 galères détruites sur 100 environ

< *Poltava 1709*

*Les Suédois prennent au piège la flotte russe à Gangut (gravure parue dans l'*Illustrated London News*).*

Preston 9-14 novembre 1715

Dernier grand siège d'une ville anglaise, Preston opposa l'armée britannique du roi hanovrien George Ier à une armée jacobite tentant de restaurer les Stuarts en la personne du Prétendant, le prince Jacques, fils du roi Jacques II, jadis déposé.

Après une série de campagnes en Écosse où le comte de Marl s'était emparé d'une grande partie des Highlands et de la ville de Perth, l'armée jacobite fit route vers le sud sans rencontrer de résistance de la part de l'armée britannique et espérant être rejointe par plus de 20 000 partisans dans le Lancashire. Le soutien en question fut toutefois assez décevant et les jacobites entrèrent dans Preston le 9 novembre 1715, rejoints par moins de 2 000 hommes commandés par Thomas Forster, membre de la noblesse du Northumberland.

Le 12 novembre, le général Charles Willis assiégea Preston. Le premier assaut fut repoussé : les barricades empêchèrent les forces britanniques de passer et les balles tirées des maisons causèrent de lourdes pertes. Un grand nombre de jacobites du Lancashire désertèrent au cours de la nuit du 12 ; le lendemain, les forces gouvernementales bénéficièrent de renforts qui se déployèrent pour empêcher les jacobites de s'échapper. Forster ouvrit des négociations en vue d'une reddition mais Willis refusa parce qu'il savait que les Highlanders voulaient continuer à se battre. C'est seulement quand il reçut la confirmation que lesdits Highlanders étaient désarmés que les forces gouvernementales entrèrent en ville, le 14 novembre. Les récits varient quant au sort des jacobites, et, selon certains, beaucoup furent déportés en Amérique. On parle aussi d'exécutions ; on raconte enfin que nombre de Highlanders parvinrent à regagner l'Écosse. **TB**

Pertes : gouvernement britannique, 300 morts ou blessés sur 3 000 ; jacobites, 50 morts ou blessés sur 1 500 (plus de nombreux déserteurs)

Culloden 1746 ›

↑ *Les forces gouvernementales se battent pour empêcher les cavaliers jacobites de Preston de s'enfuir.*

Denain 24 juillet 1712

Dans le nord de la France, le prince Eugène de Savoie, malgré le retrait de ses alliés anglais et de leur chef Malborough, enchaîne les victoires. Louis XIV est en passe de perdre la guerre de Succession d'Espagne. En 1712, il confie sa dernière armée au maréchal de Villars.

Esprit vif et rapide, Villars fait preuve d'audace et retourne une situation désespérée en quelques jours. Le prince Eugène compte faire sauter le dernier verrou qui l'empêche de marcher sur Paris par la vallée de l'Oise. Les principales places fortes du nord du royaume sont déjà tombées. Reste Landrecies, sur la Sambre. Mais là les soldats autrichiens et hollandais se heurtent à une vive résistance. Le prince Eugène est obligé d'organiser un siège. En conséquence, ses troupes vont s'étirer sur une ligne d'une trentaine de kilomètres, allant de Marchiennes au nord, où sont stockés les vivres et les munitions, à Denain au centre, où est installée une garnison de 8000 Hollandais sous les ordres du comte d'Albemarle, et à Landrecies au sud.

Conseiller par Robert Lefebvre d'Orval, notable de Douai, le maréchal de Villars attaque les troupes qui assiègent Landrecies le 23 juillet. Il s'agit d'une manœuvre de diversion. Dans la nuit, le reste de l'armée française marche en direction de l'Escaut et de Denain, parcourant trente kilomètres en quelques heures. Le 24 au matin, Villars peut lancer son attaque contre Denain, sans avoir laisser le temps au prince Eugène de réagir. Le comte d'Albemarle est fait prisonnier. La reconquête de la Flandre commence. Villars a sauvé la France de l'invasion. Parvenue à la Fontainebleau, où réside le roi, la nouvelle crée « un débordement de joie », écrit Saint-Simon, qui tacle pourtant le « matamore » Villars, toujours assez mal vu à la cour. **LV**

Pertes : Français : 500 morts ;
Autrichiens, Néerlandais : 1800 morts

⟨ *Villaviciosa 1710* *Barcelone 1714* ⟩

Guerre de Succession d'Espagne

Barcelone 25 juillet 1713-11 sept. 1714

Les Catalans défendent pied à pied leurs libertés contre le petit-fils de Louis XIV, Philippe V. En position d'infériorité, disposant de quelques milliers de soldats tout au plus, Barcelone soutient un siège de treize mois, qui mobilise une armée de 45 000 hommes du côté français et espagnol.

Privé du soutien anglais et lâchés par les Habsbourg, qu'elle avaient soutenus contre les Bourbons, la Catalogne est conquise par les troupes de Philippe V en 1713. Mais Barcelone décident de résister jusqu'au bout et se met en état de défense en juillet 1713. L'armée franco-espagnole encercle la ville, tandis qu'une flotte établit un blocus maritime. Au printemps 1714, l'artillerie française est renforcée. Les bombardements deviennent incessants. En juillet, Louis XIV choisit le duc de Berwick, grande figure militaire de la guerre de Succession d'Espagne, pour mener à bien la prise de Barcelone. Un disciple de Vauban, spécialiste de la guerre de siège, le chevalier d'Asfeld, est également dépêché sur place. Des renforts sont déployés. Les remparts sont pilonnés. Non sans difficulté, et au prix de lourdes pertes, Berwick enlève plusieurs bastions et courtines. Comme les autorités de la ville refusent toujours de se rendre, la ville est investie le 11 septembre 1714 et commence à être conquise rue par rue. Privés de munitions, repoussés dans leurs derniers retranchements, les Catalans finissent par capituler.

Comme son aïeul en France, Philippe V adopte une politique centralisatrice et supprime d'un trait de plume les droits particuliers de la Catalogne. La résistance héroïque des Barcelonais est aujourd'hui célébrée chaque 11 septembre par la *generalitat*. **LV**

Pertes : Franco-espagnols : 15 000 morts ;
Catalans : 6000 morts

⟨ *Villaviciosa 1710*

Belgrade août 1717

Le siège de Belgrade fut un épisode de la guerre austro-turque (1716-1718) au cours duquel le prince Eugène de Savoie se battit contre les forces ottomanes du sultan Ahmed Khan III. La chute de la ville mit un terme au contrôle ottoman sur la Serbie et aux ambitions de conquête de la Hongrie.

Après l'échec de la prise de Corfou en 1716, les Ottomans entreprirent de conquérir le reste de la Hongrie. Le prince Eugène rencontra l'armée d'invasion ottomane du grand vizir, Damat Ali Pacha, à Petrovardin, au nord du Danube. Il attaqua avant même que les Turcs puissent s'emparer de la forteresse et infligea une cruelle défaite à l'armée turque, affligée par la mort d'Ali Pacha. Les Ottomans abandonnèrent leur projet d'invasion de la Hongrie et battirent en retraite.

Eugène s'empressa de marcher sur Belgrade : il assiégea la ville en juin et la bombarda pendant plusieurs semaines, détruisant une grande partie de ses murs. Il n'eut pas le temps d'attaquer car le reste de l'armée ottomane arriva, conduite par un nouveau grand vizir, Halil Pacha. Elle se déploya sur un plateau dominant les positions autrichiennes, qu'elle soumit à de forts bombardements.

La situation d'Eugène était plus que délicate, mais une occasion se présenta soudain : le 16 août, l'épais brouillard qui recouvrait Belgrade fit taire les canons ennemis. Le prince n'hésita pas et lança sur le plateau une attaque qui prit complètement par surprise l'armée du vizir. Les Autrichiens mirent en déroute les Ottomans, qui laissèrent Belgrade à la merci de leurs adversaires. La ville tomba une semaine plus tard et la guerre fut gagnée. Les Ottomans signèrent le traité de Passarowitz en 1718 : c'en était fini de la domination turque en Hongrie. **TB**

Pertes : chiffres inconnus

« Mon campement était si près de Belgrade que les balles volaient au-dessus de ma tête. »

Prince Eugène de Savoie, manuscrit original

Détail d'une peinture de Johann Gottfried Auerbach (1697-1753) représentant le prince Eugène de Savoie au siège de Belgrade.

Fredriksten 1718

Après la défaite de Dynekilen, la cause suédoise fut encore affaiblie quand la Suède échoua à s'emparer de la forteresse de Fredriksten dans le cadre du projet d'invasion de la Norvège, en 1718. Le roi de Suède, Charles XII, fut tué pendant le siège et son armée se retira de la Norvège.

Pendant l'automne 1718, Charles XII et son armée de 40 000 hommes envahirent la Norvège, alors unie avec le Danemark. Un des tout premiers objectifs fut la prise de la forteresse de Fredriksten, non loin de la frontière suédo-norvégienne. Susceptible d'être approvisionnée par voie de mer, elle pouvait constituer une grave menace pour l'arrière de l'armée suédoise.

Fredriksten ne disposait que d'une petite garnison de 1 400 hommes mais elle était bien construite et ceinte de trois ouvrages extérieurs. À la fin novembre, les Suédois l'avaient complètement isolée de la campagne environnante et avaient disposé leur artillerie lourde sur une colline la dominant. Le 5 décembre, les sapeurs suédois entreprirent, sous le couvert de la nuit, de creuser des tranchées en direction de la forteresse. Au bout de trois jours, ils s'emparèrent d'un des ouvrages extérieurs. Plus les tranchées suédoises se rapprochaient de Fredriksten, plus les sapeurs étaient vulnérables aux tirs de mousquet des défenseurs, qui lançaient des fusées pour mieux éclairer leurs positions. Plus de 100 d'entre eux furent ainsi tués, mais le 11 décembre l'artillerie et les tranchées suédoises furent en mesure de porter le coup ultime à la forteresse. Le soir même, Charles XII passa la tête hors du parapet pour observer le déroulement du siège depuis une tranchée. Une balle norvégienne lui perfora le crâne. Le roi de Suède était mort ; l'invasion suédoise de la Norvège fut abandonnée. **JF**

Pertes : Suédois, 113 sur 40 000 ; Norvégiens-Danois, chiffre négligeable sur une garnison de 1 400 individus

Ezel 1719 >

Grande guerre du Nord

Ezel 4 juin 1719

Au cours de ce combat naval entrant dans le cadre de la grande guerre du Nord, les Russes battirent les Suédois près de l'île d'Ezel, dans la Baltique. Ce fut la première grande victoire de la marine russe de haute mer et un nouveau revers pour les Suédois, dont le roi était mort à Fredriksten.

En 1719, la Russie s'imposa comme première puissance navale en mer Baltique et défia avec succès la Suède. Le 11 mai, le commandant de la flotte russe apprit qu'un convoi de trois navires de ligne quittait le port de Baltiisk pour Stockholm afin de protéger les navires de commerce présents dans la région. L'amiral russe, Fiodor Apraksine, ordonna au capitaine Naum Senyavine de faire sortir une escadre de sept vaisseaux du port de Tallinn et de partir à la recherche des Suédois.

À l'aube du 4 juin, Senyavine aperçut l'escadre suédoise en pleine mer, entre les îles d'Ezel et de Gotska Sandön. Les Suédois prirent la direction du nord et les Russes les pourchassèrent avant d'engager le combat. Les deux principaux bâtiments russes (le navire amiral *Portsmouth* et le *Devonshire*) s'attaquèrent au navire amiral suédois, le *Wachtmeister*. Au cours du combat, le *Portsmouth* perdit deux de ses voiles mais parvint tout de même à endommager assez sérieusement un autre navire suédois, le *Karlskrona Vapen*, qui fut contraint de se rendre, au même titre que le *Bernhardus*. Le *Wachtmeister* chercha à s'esquiver et était sur le point d'y parvenir quand deux navires russes (le *Rafail* et le *Yagudill*) se placèrent de part et d'autre. Les Suédois se battirent vaillamment pour défendre leur navire mais durent se rendre après deux heures de rude combat. Senyavine rentra en toute sécurité à Tallinn avec une flotte intacte et trois vaisseaux ennemis capturés. **JF**

Pertes : Suédois, 50 morts et 15 blessés, les 3 navires capturés ; Russes, 18 morts ou blessés, aucun vaisseau sur 7

< *Fredriksten 1718* *Grengam 1720* >

Grengam 7 août 1720

Grengam fut le dernier engagement naval d'importance de la grande guerre du Nord avant que la Suède et la Russie ne signent le traité de paix de Nystad, en 1721. Les Russes avaient vaincu une escadre suédoise à Ezel en 1719 mais, à Grengam, les deux parties se déclarèrent victorieuses.

En 1720, les Suédois envoyèrent des frégates estimer la force russe dans les îles Åland, placées sur une importante route commerciale reliant la Suède à la Finlande. Le 6 août, les marins aperçurent une flotte russe constituée de 61 galères et de 29 autres navires à l'ancre près de l'île de Grengam. Contrairement aux ordres donnés par l'amiral suédois, Karl Wachtmeister, une escadre de huit navires commandés par Carl Georg Siöblad attaqua les Russes dès le lendemain. L'amiral russe, le général Mikhaïl Golitsyne, battit en retraite vers la côte pour tenter d'attirer les Suédois vers les hauts-fonds où leurs vaisseaux, bien plus gros que les siens, seraient moins faciles à manœuvrer.

L'escadre suédoise avançait quand les Russes changèrent de cap pour l'attaquer. Les Suédois tentèrent de mettre en œuvre leurs canons, mais quatre de leurs navires s'échouèrent sur la côte et furent capturés. Plus d'une centaine de marins et soldats suédois furent tués au cours des combats, ce qui n'empêcha pas les Suédois d'infliger de lourdes pertes aux Russes et de détruire les trois quarts de leurs galères. Siöblad réussit à s'enfuir sur son navire amiral, le *Pommern*, et à regagner des eaux plus sûres. La bataille de Grengam n'eut pas de véritable impact stratégique, la Russie et la Suède signant un traité de paix à Nystad le 10 septembre 1721 : la Suède reconnaissait les conquêtes russes en terres baltiques tandis que la Russie lui cédait la majeure partie de la Finlande. **JF**

Pertes : Suédois, 103 morts, 4 navires capturés sur 8 ; Russes, 82 morts et 246 blessés, 45 galères sur 61 et 29 autres navires

< *Ezel 1719*

« [Il avait] une réputation d'intelligence naturelle… et ne perdait sa présence d'esprit en aucune situation. » *Biographe du général Golitsyne*

↑ La bataille de Grengam, *gravure de l'artiste russe Alexeï Zubov (1721).*

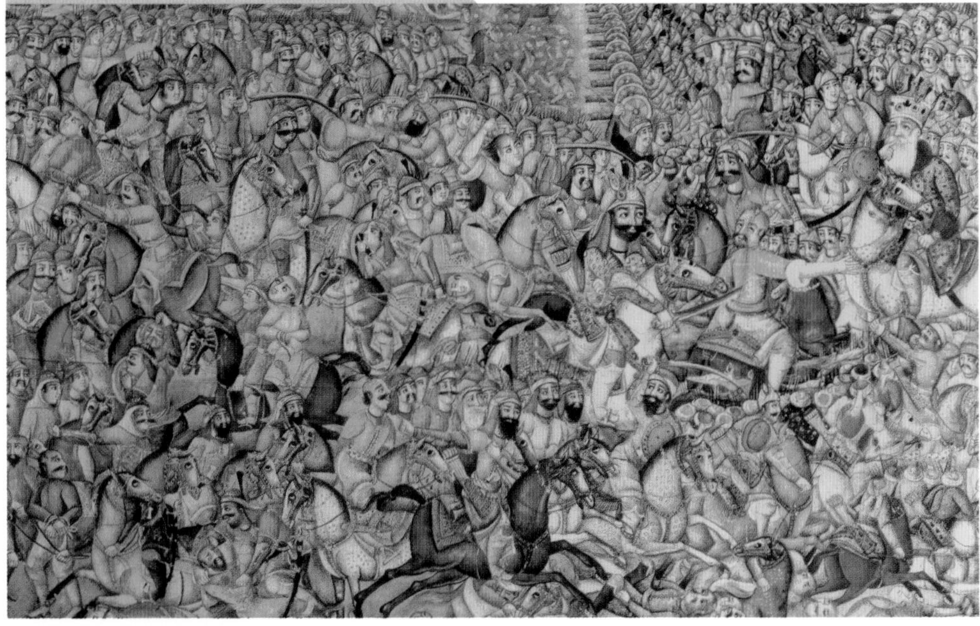

Karnal 24 février 1739

La bataille de Karnal vit le triomphe suprême de Nâdir Shâh, le grand commandant militaire et souverain persan. À Karnal, dans le nord de l'Inde, les Persans écrasèrent l'armée supérieure en nombre de Muhammad Shâh avant d'entrer dans sa capitale, Delhi.

La victoire de Nâdir Shâh à la bataille de Damghan, en 1729, consolida le contrôle qu'il exerçait sur la Perse et il put accéder au trône en 1736. Après avoir réussi à envahir l'Afghanistan, en 1738, il entra dans l'Empire moghol, déjà très affaibli par la guerre et des conflits intérieurs. L'armée moghole campait près de Karnal, au nord de Delhi.

Le 24 février, les Persans marchèrent sur Karnal et les Moghols envoyèrent une force à leur rencontre, dont des chameaux chargés de réserves de pétrole et plusieurs éléphants de guerre à la trompe hérissée de lames. Le front moghol s'étendait sur plus de 3 km de long et autant de profondeur. Ses hommes n'étaient en rien comparables à l'armée bien disciplinée de Nâdir Shâh. Les Persans attendirent que les Moghols soient assez près pour les soumettre à un tir nourri d'armes à feu, les éléphants faisant des cibles immanquables. Les Moghols perdirent deux de leurs chefs : Khan Duran fut grièvement blessé et contraint à se retirer (il mourrait le lendemain) et Sa'âdat Khan fut arraché à son éléphant et fait prisonnier. Les lignes mogholes s'effritèrent au bout de deux heures et les soldats s'enfuirent vers leur campement.

La bataille tourna rapidement à la déroute. Les Persans poursuivirent Muhammad Shâh et le rattrapèrent. L'armée de Nâdir Shâh put marcher jusqu'à Delhi et piller la ville, s'emparant ainsi de joyaux et de métaux précieux avant de revenir en Perse. Muhammad Shâh conserva son trône, mais Karnal et ses conséquences nuirent au prestige de l'Empire moghol, et en hâtèrent le déclin. **JF**

Pertes : Persans, 400 morts et 700 blessés sur 100 000-125 000 ; Moghols, 10 000 sur 200 000

Couverture d'un livre persan du XVIIIe siècle : Nâdir Shâh était un génie militaire à la cruauté légendaire. 

Porto Bello 20-21 novembre 1739

Des problèmes de droits commerciaux et le prétendu mauvais traitement infligé à ses marins amenèrent la Grande-Bretagne à déclarer la guerre à l'Espagne en 1739. Les combats se déroulèrent dans les Caraïbes et en Amérique du Nord. Tout commença par l'attaque de la base espagnole de Porto Bello.

La guerre anglo-espagnole qui se déroula de 1739 à 1742 fut appelée « guerre de l'Oreille de Jenkins » en référence à un capitaine de la marine britannique qui aurait été mutilé par les autorités espagnoles des Indes occidentales. Edward Vernon, amiral britannique irascible et fantasque mais aussi membre du Parlement, s'était vanté de pouvoir s'emparer aisément du comptoir espagnol de Porto Bello. Quand la guerre éclata, il commandait les forces britanniques en Jamaïque, et c'est avec six navires seulement qu'il mit ses promesses à exécution.

Vernon planifia soigneusement son attaque et s'assura que ses capitaines avaient des ordres bien précis. En réalité, les défenses de Porto Bello n'avaient rien d'impressionnant : en sous-effectif, elles ne disposaient que de quelques canons en état. Les navires anglais arrivèrent devant la ville le 20 novembre 1739 et entrèrent immédiatement en action, tirant sur une batterie pratiquement à bout portant et faisant débarquer des hommes pour se charger d'une autre. Les Espagnols se rendirent le lendemain matin. Les hommes de Vernon passèrent quelques semaines à démolir les fortifications de la ville puis ils repartirent.

Ce fut un triomphe en Angleterre. Pour le célébrer, Thomas Arne composa l'air du célèbre *Rule, Britannia!*, des quartiers de Londres et d'autres villes reçurent le nom de la bataille et le demi-frère de George Washington, Lawrence, rendit hommage à l'amiral britannique en rebaptisant « Mount Vernon » la propriété familiale de Virginie. **DS**

Pertes : moins de 100 hommes de chaque côté ;
1 navire espagnol coulé

Carthagène des Indes 1741 ›

La Prise de Porto Bello, *de Peter Monamy (1689-1749) : Vernon fait entrer ses six navires dans le port.*

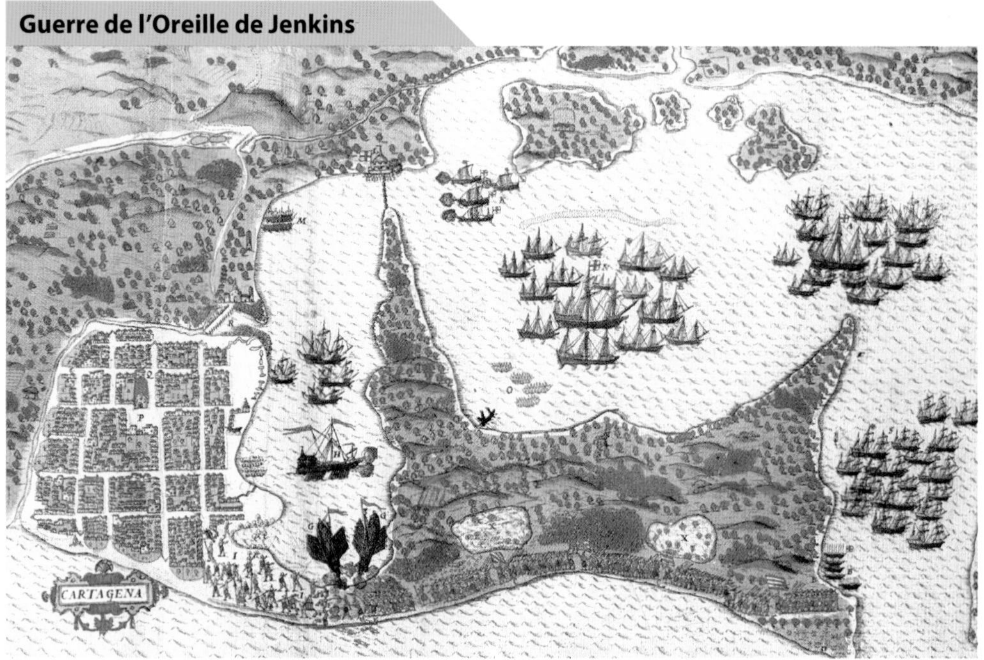

Carthagène des Indes mars-mai 1741

Après l'attaque éclair de Porto Bello, les Britanniques décidèrent de poursuivre la guerre de l'Oreille de Jenkins en s'emparant du plus important port de la région caraïbe : Carthagène des Indes, sur le littoral de la Colombie moderne. Cette attaque allait se révéler désastreuse.

Dès le début, l'expédition britannique vers Carthagène rencontra des difficultés. La force était si importante (plus de 30 000 hommes à bord de quelque 190 navires) qu'elle était quasiment ingérable. Pour ne rien arranger, les deux capitaines, l'amiral Vernon et le général Wentworth, ne cessaient de se quereller. De plus, les hommes étaient frappés par des maladies tropicales que les connaissances de l'époque ne permettaient pas d'éviter.

Si Carthagène disposait de 5 000 hommes et de solides fortifications, la force britannique était assez imposante pour en venir à bout si elle pouvait mener une attaque rapide et organisée. Au lieu de ça, les attaquants arrivés le 4 mars mirent plusieurs jours à donner les ordres nécessaires à tous les navires, laissant le temps de se préparer aux capitaines espagnols, dont l'amiral Blas de Lezo.

Après un long bombardement initial, des attaques terrestres – retardées en partie par l'incompétence de Wentworth – vinrent à bout de quelques fortins espagnols, mais, début avril, l'assaut contre les défenses principales faillit se solder par un échec. Des milliers de soldats britanniques mouraient de la fièvre jaune et la saison des pluies commençait. Fin avril, les capitaines anglais décidèrent d'abandonner et les derniers hommes furent évacués à la mi-mai. Après une attaque malheureuse contre La Havane en 1941, les Anglais abandonnèrent toute opération offensive contre l'Empire espagnol. **DS**

Pertes : Britanniques, 16 000 morts ou blessés, 50 navires abandonnés ; Espagnols, 2 000 morts ou blessés, 6 navires perdus

< *Porto Bello 1739*

Détail d'une carte du XVIIIe siècle représentant l'attaque navale de Carthagène des Indes. ↑

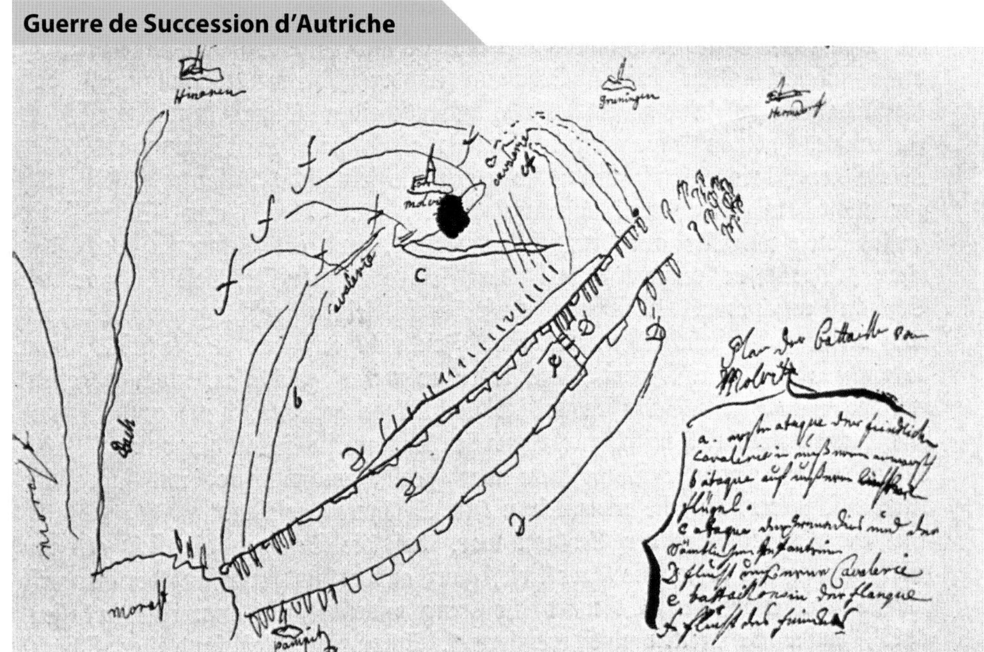

Mollwitz 10 avril 1741

En 1740, Frédéric II monta sur le trône prussien et ne mit pas six mois pour déclarer la guerre à l'Autriche. Il serait surnommé Frédéric le Grand pour ses talents guerriers, mais cette première expérience du commandement, à Mollwitz, ne présagea en rien de son génie militaire à venir.

En décembre 1740, Frédéric envahit la Silésie, riche province de l'Empire autrichien, espérant bénéficier de la faiblesse autrichienne, après l'accession contestée au trône d'Autriche de l'impératrice Marie-Thérèse. Cette invasion déclencha la guerre de Succession d'Autriche, premier conflit européen généralisé depuis 1714.

Frédéric hérita de son père, Frédéric-Guillaume Ier, une armée forte ayant pour cœur une infanterie à la discipline rigide. Le jeune souverain n'avait toutefois aucune expérience de la guerre. Il occupa facilement la Silésie à la suite d'une attaque inattendue mais fut désarçonné par un retour offensif autrichien. Le commandant autrichien, Reinhard von Neipperg, conduisit son armée en Silésie sans attendre la fonte des neiges hivernales. Il franchit les lignes de communication de Frédéric et le contraignit à la bataille.

Frédéric localisa les Autrichiens à Mollwitz et les deux armées se mirent en ligne de bataille dans la neige. La cavalerie autrichienne chargea et écarta son homologue prussienne du flanc gauche, ce qui dénuda complètement l'infanterie placée au centre. Dubitatif quant aux qualités militaires du jeune souverain, le maréchal prussien expérimenté qu'était Kurt Christoph von Schwerin s'empressa de faire évacuer Frédéric pour le mettre en sécurité. Il prit le commandement, conduisit une riposte et déclara à un officier que la seule façon de quitter le terrain serait de passer « sur le corps de nos ennemis ». Les tirs de mousquet précis de l'infanterie prussienne renversèrent la situation et mirent en déroute les Autrichiens. **RG**

Pertes : Autrichiens et Prussiens, 4 000 sur 20 000

Prague 1741 >

↑ *Ébauche de plan de bataille de la main même de Frédéric II.*

Prague 25-26 novembre 1741

On a souvent dit que les armées européennes du XVIIIe siècle étaient sans imagination, lentes et trop rigides. La prise de Prague par les Français dans le cadre de la guerre de Succession d'Autriche défie ces idées reçues : ruse et rapidité donnèrent la victoire avec un minimum de pertes humaines.

Au moment même où les Prussiens envahissaient la Silésie, la France envoya une armée commandée par le duc de Belle-Isle attaquer l'Empire autrichien, soutenant ainsi les prétentions au trône d'Autriche de l'Électeur Charles Albert de Bavière. Aux côtés de contingents bavarois et saxons, les Français marchèrent d'abord sur Vienne pour ensuite entrer en Bohême.

Les Autrichiens perdirent la trace d'un corps français mené par Maurice de Saxe lors de son avance vers Prague, capitale de la Bohême. Commandant expérimenté, imprégné des principes de la guerre, Saxe s'avança discrètement pour juger par lui-même des défenses de la ville et calculer l'opportunité d'une opération surprise. Assisté d'un de ses meilleurs officiers, le colonel François de Chevert, il conçut un plan hardi : un corps de grenadiers irait de nuit prendre les murailles de la ville. Pour ne pas alerter la garnison praguoise, l'assaut se ferait sans le moindre tir de mousquet ; seules des baïonnettes viendraient à bout des soldats en faction.

La nuit du 25 au 26 novembre, Chevert et ses hommes se servirent d'échelles pour grimper sur le parapet d'une section mal protégée des murs et en prirent possession avant même que la garnison comprenne ce qui se passait. Les portes de la ville s'ouvrirent et la cavalerie de Saxe entra, ne laissant aux défenseurs de Prague d'autre choix que se rendre. Couronné roi de Bohême dès le lendemain, Charles Albert détiendra brièvement le titre d'empereur du Saint Empire. **RG**

Pertes : chiffres inconnus mais minimes

< *Mollwitz 1741* *Chotusitz 1742* >

Guerre de Succession d'Autriche

Chotusitz 17 mai 1742

Humilié par sa première expérience de commandant militaire, Frédéric II se jura de ne plus jamais abandonner ses armées sur le terrain. Sa présence indéfectible lors du bain de sang de Chotusitz fit taire ceux qui doutaient de ses capacités et assura le contrôle prussien de la Silésie.

Au printemps de l'année 1742, une armée autrichienne menée par Charles de Lorraine chercha à reprendre le contrôle de la capitale de la Bohême, Prague. Les forces prussiennes de Frédéric II manœuvrèrent pour lui barrer le chemin. D'importance à peu près égale, les deux armées se rencontrèrent près du village de Chotusitz (actuel Chotusice, en République tchèque), dans la vallée de l'Elbe.

Les combats débutèrent à 8 heures du matin. L'infanterie autrichienne fit une percée jusqu'à Chotusitz et s'empara du village, qu'elle ne tarda pas à incendier. Sur les flancs, les cavaleries des deux parties s'affrontèrent dans des charges furieuses. En règle générale, les Autrichiens avaient le dessus lors des duels de cavalerie mais, en repoussant et en poursuivant les cavaliers prussiens, ils laissèrent leur infanterie sans protection. Au summum de la bataille, Frédéric ordonna à son infanterie d'aller de l'avant sous la protection de l'artillerie. Les tirs combinés des mousquets et des canons furent trop puissants pour que les fantassins autrichiens continuent à tenir le terrain.

Vers midi, Charles de Lorraine fut contraint d'ordonner la retraite quand il vit son infanterie se désintégrer. Les deux armées avaient été sérieusement touchées, avec un soldat sur quatre mort ou blessé. Ce fut un lourd prix à payer pour une bataille dont l'issue ne fut décisive pour personne. Un mois plus tard, l'Autriche et la Prusse signaient le traité de paix de Breslau et la Prusse prit le contrôle de la Silésie. **RG**

Pertes : Autrichiens, 7 000 morts ou blessés sur 30 000 ; Prussiens, 7 000 morts ou blessés sur 28 000

< *Prague 1741* *Dettingen 1743* >

Dettingen 27 juin 1743

Épisode de la guerre de Succession d'Autriche, la bataille de Dettingen est célèbre en ce qu'elle vit pour la dernière fois un monarque anglais, George II, mener lui-même ses troupes au combat. Ce succès militaire permit aux Anglais et à leurs alliés allemands d'échapper à une situation périlleuse.

L'Angleterre entra en guerre pour contrer une éventuelle menace française sur le Hanovre, État allemand dont George était originaire. Une force combinée anglo-hanovrio-autrichienne, l'« armée pragmatique », quitta les Pays-Bas et marcha vers le sud en traversant l'Allemagne. Commandant français expérimenté, le duc de Noailles fit brillamment manœuvrer ses forces pour qu'elles prennent au piège l'armée pragmatique, la canalisant dans un défilé entre le Main et les collines de Spessart. La seule issue possible, à hauteur du village de Dettingen, était contrôlée par les hommes du duc de Gramont.

Vulnérable devant les canons français positionnés sur les hauteurs, le roi George aurait dû se rendre et être fait prisonnier par la France. La perspective d'une glorieuse victoire française fut balayée par l'indiscipline de Gramont. Avec sa cavalerie et son infanterie, il lança au coup par coup des attaques qui pénétrèrent au cœur des lignes ennemies mais laissa aussi ses forces exposées à une contre-attaque. Déterminée, l'armée pragmatique infligea de lourdes pertes avec ses mousquets et son artillerie.

Après de rudes combats, l'infanterie de Gramont céda et les hommes s'enfuirent de l'autre côté de la rivière, certains se noyant lors du chavirement des ponts flottants. Anglais, Hanovriens et Autrichiens pouvaient marcher sans encombre jusqu'à Hanau. Le roi George s'était battu à pied quand son cheval s'était sauvé et avait fait preuve ce jour-là d'un grand courage personnel. **RG**

Pertes : allliés (armée pragmatique), 2 000 morts ou blessés sur 35 000 ; Français, 4 000 morts ou blessés sur 23 000

Chotusitz 1742 | *Fontenoy 1745*

« Les gars, vous voyez ces idiots sur les collines, mieux vaut les tuer avant qu'ils vous tuent. »

Sir Andrew Agnew de Lochnaw à son régiment

Gravure de I. Pano représentant la bataille de Dettingen. Pour la dernière fois, l'armée britannique est commandée par un monarque en titre.

Fontenoy 11 mai 1745

« La guerre est une science si obscure et imparfaite qu'on ne peut, en général, tirer nulle règle de conduite. »

Maurice de Saxe, Mes rêveries

Les hommes se font face en formation serrée. Détail de La bataille de Fontenoy, *de Félix Philippoteaux (1815-1884).*

Épisode capital de la guerre de Succession d'Autriche, la bataille de Fontenoy est pour les Français le chef-d'œuvre de leur commandant, Maurice de Saxe, et pour les Anglais l'exemple même du courage et de la résolution d'une infanterie soumise à rude épreuve.

Au printemps 1745, Saxe menaça les Pays-Bas autrichiens (la Belgique moderne) en faisant le siège de Tournai. L'armée pragmatique (Britanniques, Hanovriens, Hollandais et Autrichiens) se mit en marche pour libérer la ville. Saxe forma une ligne défensive centrée sur le village de Fontenoy. Ses troupes étaient positionnées au sommet d'une colline et leurs positions étaient renforcées par des remparts de terre.

Commandés par le duc de Cumberland, fils du roi George II, les Anglais attaquèrent la section des lignes françaises comprise entre Fontenoy et le bois de Barry. Deux colonnes de fantassins anglais et hanovriens s'engagèrent sur le versant de la colline. Les canons français firent de nombreuses victimes. Selon Voltaire, l'officier britannique Charles Hay sortit alors une flasque d'alcool et but en se moquant des Français. Ceux-ci crurent à une invitation à faire feu, ce à quoi ils répondirent : « Messieurs les Anglais, tirez les premiers ! »

Les tirs nourris des mousquets anglais durèrent toute la journée, semant la perturbation parmi les lignes françaises. Bien que très malade, Saxe partit à cheval organiser des contre-attaques répétées. Meurtris par les charges de cavalerie, les tirs d'artillerie et les attaques furieuses des « oies sauvages » (une brigade irlandaise combattant pour la France), les hommes de Cumberland durent battre en retraite. Saxe put alors occuper la majeure partie des villes des Pays-Bas autrichiens. **RG**

Pertes : alliés, 7 500 morts ou blessés sur 50 000 ; Français, 7 500 morts ou blessés sur 50 000

Dettingen 1743 | *Hohenfriedberg 1745*

Hohenfriedberg 4 juin 1745

En 1744, Frédéric II de Prusse s'engagea à nouveau dans la guerre de Succession d'Autriche, dont il s'était pourtant retiré après Chotusitz. Il attaqua à nouveau l'Autriche mais se trouva sur la défensive en Silésie au printemps 1745. Le roi de Prusse remporta alors une de ses plus éclatantes victoires.

Le commandant autrichien, Charles de Lorraine, plaça ses troupes et leurs alliés saxons dans une solide position défensive, au-delà de la rivière Striegau. Persuadé que les Saxons constituaient l'élément le plus faible, Frédéric planifia une attaque nocturne surprise contre l'extrémité de leur ligne défensive. Après avoir laissé allumés leurs feux de camp pour mieux tromper l'ennemi, les Prussiens marchèrent en silence jusqu'à un pont jeté sur la Striegau et commencèrent à franchir la rivière, quand la rencontre d'avant-postes saxons déclencha une fusillade.

L'aube se leva. Frédéric était, théoriquement, en position difficile car seule une moitié de son armée avait traversé la rivière. Les mousquets et les canons prussiens ne tardèrent pas cependant à semer la panique parmi les Saxons pendant que le reste de l'armée prussienne trouvait des gués pour traverser. Très disciplinée, l'infanterie prussienne manœuvra avec une perfection quasi mécanique dans ce déluge de feu, mais c'est la bravoure de la cavalerie qui fit la différence. Menés par le comte von Gessler, les dragons de Bayreuth virent l'opportunité de charger l'infanterie autrichienne, qu'ils sabrèrent impitoyablement avant de faire un grand nombre de prisonniers. Les Autrichiens battirent en retraite à 20 heures. Enchanté, Frédéric écrivit qu'il n'avait pas connu de « défaite si décisive depuis Blenheim ». Il faudra cependant d'autres combats pour confirmer le contrôle prussien sur la Silésie. **RG**

Pertes : Autrichiens et Saxons, 8 600 morts ou blessés et 5 000 prisonniers sur 60 000 ; Prussiens, 8 000 morts ou blessés sur 60 000

< *Fontenoy 1745* *Kesselsdorf 1745* >

Kesselsdorf 15 décembre 1745

Livrée à l'ouest de la capitale saxonne, Dresde, la bataille de Kesselsdorf fut un triomphe personnel pour le prince Léopold de Anhalt-Dessau. Il donna aux Prussiens une victoire qui persuada l'Autriche de faire la paix, confirmant ainsi la domination prussienne sur la Silésie tant convoitée.

Après la victoire de Hohenfriedberg en juin 1745, les Prussiens ne baissèrent pas la garde. À l'approche de l'hiver, avec un sol gelé et recouvert de neige, Autrichiens et Saxons virent leur avance sur Berlin contrecarrée par un mouvement prussien en direction de Dresde.

Les forces saxonnes et autrichiennes du comte Rutowski adoptèrent une position défensive sur une crête proche de l'Elbe, à Kesselsdorf, sur la route empruntée par une colonne prussienne dirigée par le prince Léopold. Luthérien convaincu, âgé de 70 ans, il pria ainsi avant la bataille : « Seigneur Dieu, fais que ma vieillesse ne soit pas déshonorée. Si tu me refuses ton aide, du moins ne l'accorde pas à ces voyous. » L'aide divine parut lui être refusée. Léopold lança son infanterie dans un assaut frontal contre la ville de Kesselsdorf, que les Saxons avaient fortifiée et armée de canons. Les fantassins prussiens furent à deux reprises repoussés avec de lourdes pertes mais, trop sûrs d'eux, les Saxons abandonnèrent leurs positions défensives pour pourchasser un ennemi apparemment défait. La cavalerie prussienne contre-attaqua en terrain découvert et les poursuivit jusqu'en ville. Les Saxons se rendirent en grand nombre ou prirent la fuite. Rejoint par le roi de Prusse, Frédéric II, Léopold occupa Dresde trois jours plus tard.

Ce furent ensuite des négociations de paix : Marie-Thérèse, impératrice d'Autriche, céda la Silésie contre la reconnaissance de son droit au trône autrichien. **RG**

Pertes : Autrichiens et Saxons, 4 000 morts ou blessés et 6 500 prisonniers sur 35 000 ; Prussiens, 5 000 morts ou blessés sur 30 000

< *Hohenfriedberg 1745* *Lauffeld 1747* >

Culloden 16 avril 1746

Le rêve du retour des Stuarts sur le trône britannique prit fin sur une lande désolée du nord de l'Écosse. La défaite du prétendant jacobite au trône, Charles Édouard Stuart – surnommé Bonnie Prince Charlie – fut en cela décisive.

Charles Édouard Stuart était le petit-fils de Jacques II, roi Stuart déposé en 1688 par son gendre, Guillaume d'Orange. Son père, Jacques, le « Vieux Prétendant », avait vainement tenté en 1715 de reprendre le trône à la dynastie royale hanovrienne. En 1745, Charles, le « Jeune Prétendant », avait fait de même. La Grande-Bretagne était alors en guerre contre la France mais sa défaite à Fontenoy la rendait vulnérable. Charles saisit l'occasion et débarqua en juillet 1745 dans les Hébrides extérieures avec le soutien des Français. Des milliers d'hommes se rallièrent à sa cause et il marcha bientôt sur Édimbourg.

Après avoir battu une armée britannique en septembre à Prestonpans, il franchit la frontière et se dirigea vers Londres avec 6 000 compagnons. Il alla jusqu'à Swarkestone Bridge, dans le Derbyshire, mais peu de jacobites anglais le rejoignirent, et la flotte d'invasion promise par les Français était encore en préparation. À l'approche de deux armées britanniques, son conseil de guerre décida de regagner l'Écosse. Le 6 décembre, Charles et ses hommes repartirent vers le nord, se ravitaillant à Glasgow et battant une armée britannique à Falkirk avant de continuer vers Inverness. En janvier 1746, une importante force britannique menée par Guillaume, duc de Cumberland et fils de George II, arriva à Édimbourg. Elle marcha vers la côte est et Aberdeen, où elle passa six semaines à se préparer puis repartit vers l'ouest affronter les jacobites.

Les deux armées étaient de même importance mais très différentes de par leur composition. L'armée jacobite

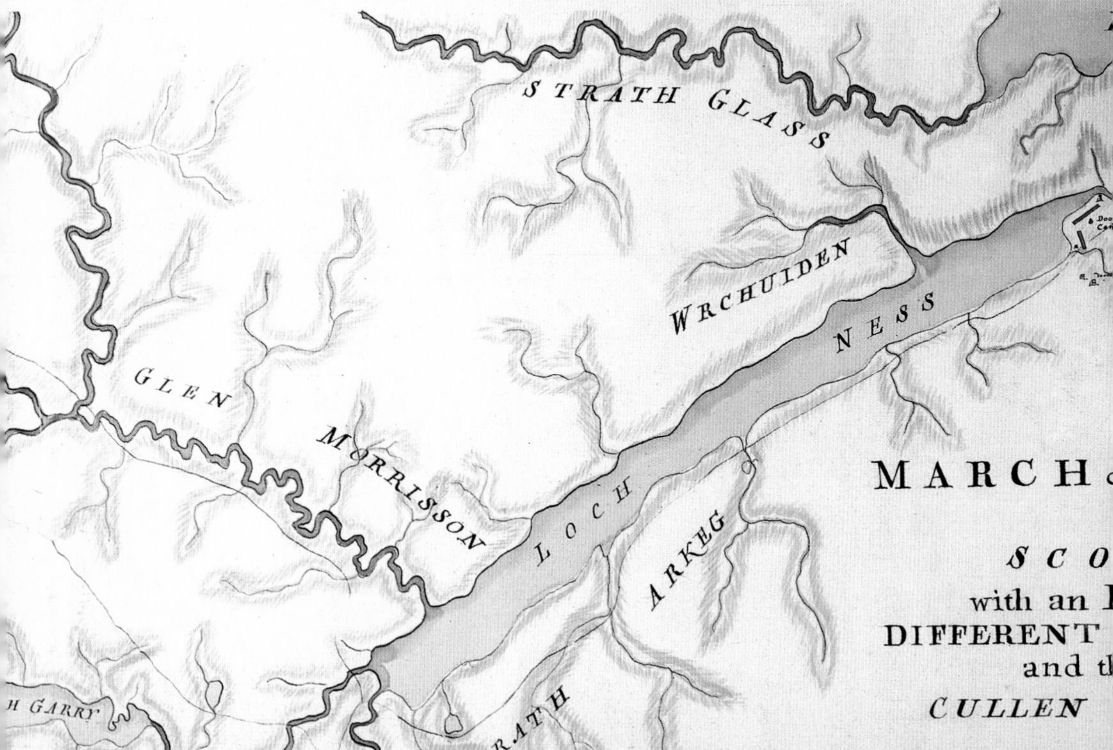

consistait principalement en Highlanders d'Écosse renforcés de quelques Écossais des Lowlands, d'Anglais de Manchester, de 350 soldats français et de 302 Irlandais servant dans l'armée française. L'armée britannique était en majeure partie anglaise, avec quelques Écossais des Highlands et des Lowlands, un bataillon d'hommes venus d'Ulster et enfin un petit nombre d'Autrichiens et de Hessiens. Les deux parties étaient bien équipées en armes à feu ; en revanche les jacobites ne disposaient pas de lourds canons comme l'artillerie royale. Ils souffraient également d'un manque d'officiers aguerris et nombre de leurs hommes avaient déserté avant la bataille.

Les combats se déroulèrent sur une lande tourbeuse et sinistre, à l'est d'Inverness. Les troupes britanniques avançaient sans encombre tandis que les jacobites subissaient la pluie battante et la neige fondue. Un bombardement de l'artillerie britannique éclaircit les rangs des jacobites, puis leur infanterie répondit en chargeant les lignes britanniques. L'impact fut considérable avant qu'une contre-attaque britannique ne parvienne à enserrer sur trois côtés l'aile droite jacobite. Sur l'aile gauche, la charge des régiments de Macdonald fut brisée et deux autres petites unités furent anéanties. Les Britanniques saisirent leur chance et attaquèrent, provoquant la chute de l'aile gauche jacobite. Dans la déroute qui s'ensuivit, les régiments jacobites fuyant vers Inverness furent décimés par les dragons anglais. C'en était fini de la rébellion jacobite et, après cinq mois d'errance, Bonnie Prince Charlie s'enfuit en France, travesti en servante. **SA**

Pertes : Britanniques, 50 morts, 259 blessés sur 8 000 ; jacobites, 1 500 à 2 000 morts ou blessés, 376 prisonniers sur 7 000

‹ *Preston 1715*

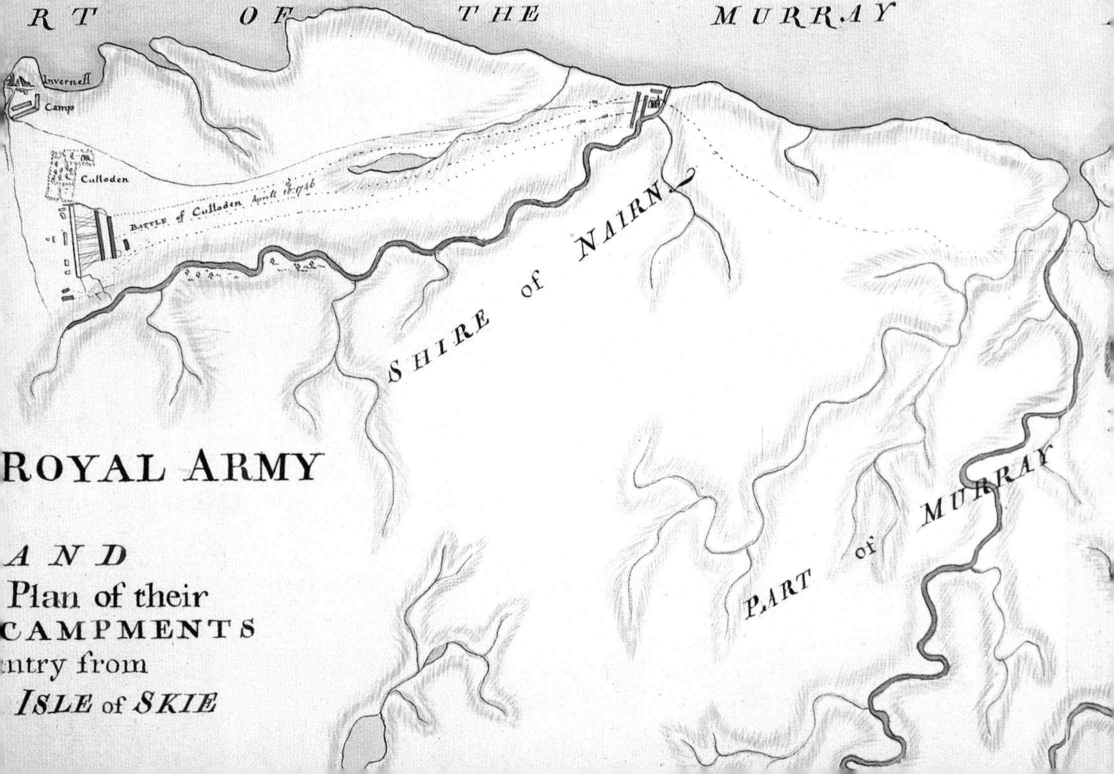

Carte du XVIIIe siècle de la bataille de Culloden.

Guerre de Succession d'Autriche

Lauffeld

2 juillet 1747

À la fin de la guerre de Succession d'Autriche, l'armée française commandée par Maurice de Saxe imposa sa supériorité sur les champs de bataille européens, battant à plusieurs reprises les armées coalisées britanniques, hollandaises et autrichiennes. Lauffeld fut la dernière grande bataille terrestre.

Le retrait de la Prusse de la guerre de Succession d'Autriche en 1745 aurait pu désavantager une France désormais isolée, mais Saxe profita de sa victoire à Fontenoy pour occuper les Pays-Bas autrichiens et menacer d'envahir la Hollande. Pendant l'été 1747, les armées françaises et alliées cherchèrent à s'emparer de Limbourg, à l'ouest de la Meuse. Grâce à une marche forcée, Saxe surprit le commandant britannique, le duc de Cumberland, à Lauffeld, aux abords de Maastricht. Les alliés se disposèrent en ligne à la hâte – Autrichiens à droite, Hollandais au centre, Britanniques et Hanovriens à gauche. Saxe bascula le poids de ses troupes vers la droite et attaqua les Britanniques qui défendaient pied à pied les villages de Lauffeld et de Vlytingen, faisant de nombreuses victimes au passage.

La désintégration des troupes hollandaises, au centre, rendit cependant vulnérable le flanc britannique. Chassée des villages, l'infanterie britannique fut poursuivie par la cavalerie française. Pour couvrir sa retraite, le général John Ligonier, responsable de la cavalerie britannique, lança une contre-attaque de masse sur les fantassins et les cavaliers français. Malgré de lourdes pertes – Ligonier en personne fut fait prisonnier –, les charges de cavalerie britanniques permirent à l'infanterie de se retirer dans l'ordre. La guerre s'acheva l'année suivante avec le traité d'Aix-la-Chapelle, mais la France ne tira pas grand profit de ses victoires militaires. **RG**

Pertes : alliés, 6 000 morts ou blessés sur 60 000 ; Français, 9 000 morts ou blessés sur 80 000

< *Kesselsdorf 1745* *Cap Finisterre, 2e bataille 1747* >

Guerre de Succession d'Autriche

Cap Finisterre, 2e bataille

25 octobre 1747

La guerre de Succession d'Autriche ne se résume pas à des batailles terrestres en Europe ou dans les colonies. Il y eut aussi des affrontements navals dans l'Atlantique, sur les routes reliant les colonies françaises et britanniques des Amériques à leurs pays d'attache.

Pendant l'été 1747, les autorités britanniques apprirent qu'un convoi de navires de commerce français était en formation au port de La Rochelle pour ravitailler les possessions françaises des Indes occidentales. L'amiral Edward Hawkes eut pour mission de l'intercepter avec quatorze navires de ligne. La force française était pour sa part constituée de 252 navires marchands et de huit vaisseaux de ligne. La flotte de Hawke rejoignit les Français le 25 octobre.

Bien qu'appelée bataille du cap Finisterre, à la pointe nord-ouest de l'Espagne, le combat se déroula plus loin dans l'Atlantique. Hawke se demandait s'il devait passer à l'action dès l'instant où il serait à portée des Français ou former une ligne de bataille, plus sûre mais susceptible de laisser échapper les Français. Finalement, après avoir tergiversé, Hawke donna l'assaut général, permettant ainsi à ses navires de se battre individuellement. Les Français formèrent une ligne entre les Anglais et leurs navires marchands.

Les combats furent rudes et huit vaisseaux français sur dix furent capturés. Presque tout le convoi parvint à s'enfuir, mais un cinquième des navires sera capturé ultérieurement. Ce succès confirma la supériorité navale britannique dans l'Atlantique. En touchant sérieusement la France et son économie, la Grande-Bretagne marqua un point dans les négociations de paix de l'année suivante. **DG**

Pertes : Britanniques, 600 morts ou blessés, aucun navire perdu ; Français, 6 navires capturés, 4 000 morts, blessés ou prisonniers

< *Lauffeld 1747*

La Bataille de Lauffeld *par Pierre L'Enfant (1704-1787) : Louis XV indique la direction du village à Maurice de Saxe.*

Jumonville Glen 26 mai 1754

Le monopole du commerce des fourrures avec les tribus indiennes poussa Français et Anglais à entrer en conflit dans la vallée de l'Ohio. Rejetant tout avertissement, la France commença à construire des avant-postes, le gouverneur royal de Virginie envoya une expédition sécuriser les fourches de l'Ohio.

En juillet 1754, une compagnie du régiment des volontaires de Virginie fut envoyée construire un port à la confluence stratégique des rivières Monongahela et Allegany (les « fourches »), lieu de naissance de l'Ohio. Les Virginiens furent chassés par les troupes françaises qui entreprirent d'édifier Fort Duquesne sur ce site. En guise de réponse, une importante expédition fut décrétée fin avril, menée par le lieutenant-colonel George Washington, commandant en second du régiment.

Le 24 mai, sa troupe arriva à Great Meadows, vaste zone marécageuse située à 96 km au sud-est des fourches où le campement était établi. Trois jours plus tard, des Indiens amicaux informèrent Washington que 32 Indiens et soldats français campaient dans un ravin discret à 11 km de là. Convaincu que les Français avaient l'intention d'attaquer, Washington décida de frapper le premier.

Au cours de la nuit pluvieuse du 27 au 28 mai, Washington envoya un groupe de 40 Virginiens et Indiens repérer les lieux. À l'aube, ils se mirent en place autour du ravin, mais un coup de feu fut tiré. Surpris, les Français, commandés par le lieutenant Joseph de Villiers, répliquèrent au mousquet pendant un quart d'heure avant de se rendre. Villiers était au nombre des victimes, mortellement blessé par un Indien. Un des survivants français revint à travers bois pour faire part de l'attaque à Fort Duquesne. Les autres furent faits prisonniers et déportés en Virginie. **RB**

Pertes : Français et Indiens, 10 morts, 1 blessé, 21 prisonniers ; Virginiens, 1 mort, 2 blessés

Fort Necessity 1754 [>]

Alliance franco-indienne

Fort Necessity 3 juillet 1754

George Washington, lieutenant-colonel du régiment de Virginie, savait qu'avec la fuite d'un survivant à son raid sur Jumonville Glen, la contre-attaque française n'était qu'une affaire de temps. Il fortifia son campement de Great Meadows et attendit l'arrivée du reste de son régiment.

Quand les dernières compagnies du régiment de Virginie arrivèrent le 9 juin, Washington apprit que leur colonel était mort en route, le laissant à présent responsable de ses 293 officiers et hommes du rang. Washington employa ses subalternes à la construction d'une petite palissade de bois, entourée d'une tranchée profonde et d'un monticule de terre. Il lui donna le nom de Fort Necessity. Mal situé, au pied de terrains boisés, il était sujet aux inondations et à portée de mousquet. Les renforts arrivèrent quand la Compagnie indépendante de la province de Caroline du Sud débarqua avec sa centaine d'hommes.

Le 3 juillet, sous une pluie battante, une force de 800 Indiens et Français fit son apparition, commandée par le frère aîné de l'officier tué en route. Washington organisa ses hommes pour qu'ils aillent se battre en dehors du fort, mais cela ne correspondait pas aux projets franco-indiens. Ceux-ci entourèrent le fort et ouvrirent le feu depuis les bois. Quatre heures plus tard, la tranchée de Washington était inondée et soumise aux tirs d'enfilade, une grande partie de ses maigres réserves de poudre était humide et bon nombre de ses hommes étaient soit morts soit blessés. Au crépuscule, le commandant français demanda la trêve et imposa ses conditions. Ne pouvant espérer aucun renfort, Washington signa sa reddition sans se rendre compte qu'il avouait ainsi le « meurtre » de l'officier français en mai. À l'aube du 4 juillet, Washington et ses survivants sortirent du fort. **RB**

Pertes : Français et Indiens, 100 morts ou blessés ; Virginiens et Sud-Caroliniens, 100 morts ou blessés, 2 prisonniers

[<] *Jumonville Glen 1754*

Monongahela 1755 [>]

Monongahela 9 juillet 1755

La défaite de Fort Necessity montra au gouverneur royal de Virginie que sa colonie ne pouvait chasser seule les Français de son territoire. L'appel au secours lancé à Londres se traduisit par l'arrivée de deux régiments d'infanterie commandés par le général de division Edward Braddock.

Commandant en chef des forces britanniques en Amérique du Nord, Braddock arriva en février 1755. Des réserves furent faites et des hommes recrutés pour donner de la vigueur aux régiments réguliers ainsi qu'aux deux compagnies de volontaires virginiens et de conducteurs de bestiaux. En mai, Braddock disposait de plus de 2 200 hommes, qu'il rassembla en Virginie-Occidentale. George Washington était du nombre, colonel dans l'état-major de Braddock. Un détachement ouvrait la voie mais la progression du groupe était fort lente. Washington suggéra alors qu'un autre détachement, plus rapide, constitué de 1 200 hommes et soutenu par l'artillerie, prenne la tête des opérations.

Le 9 juillet, Braddock franchit la rivière Monongahela. Tout à coup, sa garde avancée rencontra une force française constituée de 900 soldats et Indiens venus l'intercepter. Des coups de feu furent échangés et les Français réagirent sans tarder. À travers broussailles et ravins, les Indiens s'avancèrent vers les deux flancs de la colonne. L'avant-garde et les flancs de Braddock cédèrent tandis que les volontaires virginiens fuyaient se mettre à couvert. La plupart des soldats réguliers cherchèrent toutefois à continuer à combattre. Après trois heures, de nombreux officiers anglais avaient été tués ou blessés, les munitions étaient épuisées et les hommes devenus incontrôlables. Braddock mourut de ses blessures et l'armée en débandade retraversa la rivière. **RB**

Pertes : Français et Indiens, moins de 100 morts ou blessés ; Britanniques et Virginiens, de 800 à 900 morts ou blessés

◁ *Fort Necessity 1754* *Fort Oswego 1756* ▷

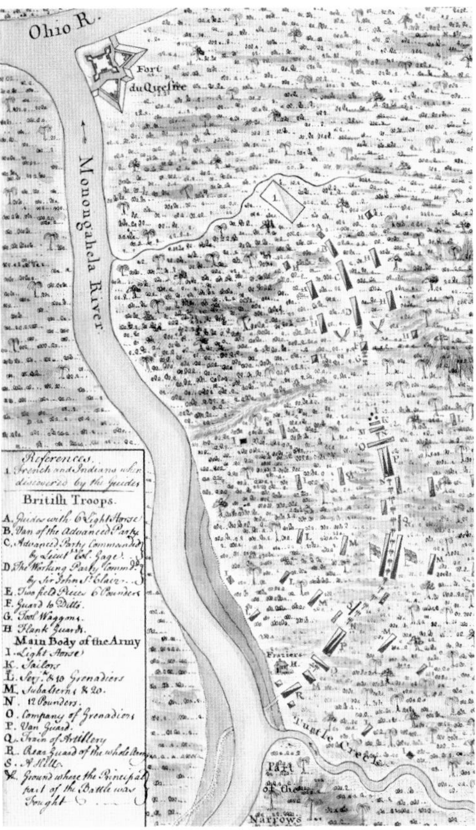

« [Les soldats] étaient frappés d'une telle panique qu'ils se comportaient avec plus de couardise qu'il n'est possible de concevoir. » George Washington

Plan détaillé du champ de bataille de Monongahela de la main d'un soldat britannique qui participa au combat.

Minorque 20 mai 1756

Sans déclaration de guerre, un conflit anglo-français avait éclaté en Amérique du Nord en 1756. Il se répandit en Europe dans le cadre de la guerre de Sept Ans. La victoire française à Minorque mit brièvement en question la supériorité britannique mais entraîna l'exécution de l'amiral Byng.

En 1755, après plusieurs affrontements navals et bien que la guerre n'eût pas été déclarée officiellement, la France prépara une force expéditionnaire dans sa base méditerranéenne de Toulon. La Grande-Bretagne fut lente à réagir, concentrant sa mobilisation en Atlantique, au large de l'Amérique du Nord. Une flotte britannique menée par l'amiral John Byng reçut pour mission de bloquer toute sortie française de Toulon, mais les Français firent débarquer leurs hommes sur l'île de Minorque (importante base anglaise), assiégeant Port Mahon, son port principal.

Le 20 mai 1756, Byng arriva à Minorque avec ses douze navires de ligne et trouva la force française, elle aussi constituée de douze vaisseaux mais mieux armée, prête à l'affronter. Byng attaqua sur-le-champ, cependant son approche des lignes françaises tourna mal et seuls quelques-uns de ses navires rencontrèrent l'ennemi. Capitaine sans imagination, il ne sut pas faire manœuvrer sa flotte pour remédier à son erreur initiale. Après une bataille incertaine, il décida d'abandonner toute tentative de libération de Minorque et regagna Gibraltar. Port Mahon tomba quelques jours plus tard.

La réaction des Anglais fut terrible. Byng fut jugé pour avoir refusé le contact avec l'ennemi. Il fut reconnu coupable, à juste titre, mais aussi condamné à mort. Les appels à la clémence n'aboutirent pas, et un an plus tard il fut fusillé sur le pont d'un bateau dans le port de Plymouth. **DS**

Pertes : inférieures à 200 morts et blessés de part et d'autre ; aucun vaisseau détruit

Lagos 1759 ›

La flotte anglaise en déroute se réfugie à Gibraltar (gravure du XVIIIe siècle). ↑

Fort Oswego 12-14 août 1756

Après la défaite britannique de Monongahela, en 1755, la France envoya au Canada des hommes de son armée régulière menés par un soldat de métier expérimenté, Louis-Joseph de Montcalm. Pendant l'été 1756, il attaqua l'avant-poste britannique de Fort Oswego, sur les rives du lac Ontario.

Habitué à l'aspect formel de l'art de la guerre à l'européenne, Montcalm méprisait la milice française du Canada et désapprouvait l'appel fait aux Amérindiens. Ses troupes régulières n'étaient toutefois pas assez nombreuses pour écarter les forces locales et il marcha sur Fort Oswego à la tête de 1 300 fantassins et artilleurs français, de 1 500 Canadiens et de plusieurs centaines d'Indiens.

Il y avait en fait deux forts à l'endroit où la rivière Oswego se jetait dans le lac Ontario : Fort Ontario à l'est de la rivière et Fort Oswego à l'ouest. La garnison, une milice provinciale commandée par le lieutenant-colonel James Mercer, était dépassée en nombre par les assaillants français et leurs armes. Montcalm fit édifier des ouvrages de terre à l'extérieur de Fort Ontario en vue du bombardement ultérieur de sa palissade. Mercer comprit que le fort était indéfendable et l'abandonna le 13 août pour concentrer ses hommes dans Fort Oswego. Cela permit à Montcalm d'installer ses canons sur les hauteurs dominant le fort abandonné. Fort Oswego fut bombardé dès le lendemain matin et Mercer fut tué, la tête arrachée par un boulet. Quand les forces françaises et indiennes traversèrent la rivière pour ouvrir le feu depuis une clairière proche des remparts démolis, les Anglais se rendirent. Montcalm ramena triomphalement 1 700 prisonniers à Québec et sa victoire persuada de nombreuses tribus indiennes de se rallier aux Français. **TB**

Pertes : Français, moins de 50 morts ou blessés sur 3 000 ; Britanniques, 200 morts ou blessés sur 1 000, 1 700 prisonniers (dont des non-combattants)

〈 *Monongahela 1755* *Fort William Henry 1757* 〉

↑ *Vue d'Oswego à l'endroit où la rivière se jette dans le lac Ontario (1760).*

Plassey 23 juin 1757

La victoire de la Compagnie anglaise des Indes orientales à Plassey marqua le début de près de deux siècles de domination britannique. Si l'événement fut lourd de conséquences, l'affrontement militaire fut quant à lui décevant et la défaite du nawâb du Bengale dut beaucoup à la trahison.

Aux Indes, la Grande-Bretagne était représentée par la Compagnie anglaises des Indes orientales, qu'une charte royale de 1600 autorisait à commercer dans la région et à se doter de sa propre armée. Il en allait de même pour la Compagnie française des Indes orientales. Dès 1746, les deux sociétés s'affrontèrent dans le cadre des guerres carnatiques, chacune cherchant à imposer ses comptoirs et à bénéficier de l'appui des souverains locaux. En 1755, Sîrâj ud-Daulâ devint nawâb (nabab) du Bengale et adopta une politique profrançaise. Il se rendit maître des comptoirs britanniques où les prisonniers anglais croupissaient dans ce que l'on a appelé le « trou noir de Calcutta », c'est-à-dire la salle des gardes du vieux Fort William – un détail historique sujet à caution, doit-on préciser. Le lieutenant-colonel Robert Clive quitta Madras pour reprendre Calcutta où il songea à renverser le nawâb. Mécontent de la politique de celui-ci, Mîr Jafar, un de ses compagnons, fut approché en secret par les Anglais avec la promesse de monter sur le trône s'il les soutenait.

> *« La guerre est si contraire à nos intérêts que nous déclamons, trop souvent, notre aversion. »*
>
> *Compagnie anglaise des Indes orientales, 1681*

Clive marcha sur la capitale bengalie, Murshidâbâd, et se retrouva en face de l'armée du nawâb à Plassey (Palasî), près de la rivière Bhaghîrati. L'équilibre des forces en présence semblait rendre impossible toute victoire anglaise. L'armée du nawâb comptait 50 000 hommes dont deux tiers de fantassins armés de mousquets à platine à mèche. Les Français avaient envoyé des artilleurs soutenir les canonniers bengalis. En face d'eux, Clive disposait de 3 000 hommes du rang européens et cipayes et d'une artillerie de moindre importance.

L'artillerie française ouvrit le feu en premier, suivie des canons bengalis, ce à quoi les Britanniques répliquèrent. La proximité de la cavalerie bengalie et des canons français fit que les bombardements de Clive ratèrent l'artillerie mais causèrent de grands dégâts dans la cavalerie, contraignant le nawâb à la rappeler. Quand l'infanterie de ce dernier s'avança, les canons de Clive projetèrent de la mitraille, soutenus par le feu des mousquets des fantassins, et les troupes bengalies furent tenues en respect. Mîr Jafar et un tiers de l'armée bengalie ne se joignirent pas aux combats malgré les supplications du nawâb.

La bataille semblait dans l'impasse quand il se mit à pleuvoir. Clive disposait de bâches pour protéger ses canons mais pas les Bengalis. Persuadé que les réserves de poudre anglaises étaient aussi inutilisables que les siennes, le nawâb ordonna à sa cavalerie de charger. Les canons anglais ouvrirent le feu, décimant la cavalerie et tuant son commandant, Mîr Madan Khan. Pris de panique, le nawâb ordonna la retraite, exposant ainsi le contingent d'artillerie français, que les Anglais s'empressèrent de neutraliser. Une fois les canons français pris, les Britanniques bombardèrent sans répit les positions du nawâb. Celui-ci s'enfuit à dos de chameau et Mîr Jafar monta sur le trône, véritable gouvernant fantoche à la solde des vainqueurs. La victoire avait coûté la vie à 22 soldats anglais et ouvert la voie à la domination britannique des Indes. **TB**

Pertes : Bengalis et Compagnie française des Indes orientales, 1 500 victimes sur 50 000 ; Compagnie anglaise des Indes orientales, 22 sur 3 000

Wandiwash 1760 ›

Le lieutenant-colonel Robert Clive à la tête de son armée. 

Les Français du duc d'Estrées face aux troupes alliées de Cumberland (gravure sur cuivre, 1758).

Hastenbeck 26 juillet 1757

La bataille de Hastenbeck opposa la France aux États de Grande-Bretagne, d'Hanovre, de Hesse-Kassel et de Brunswick. La victoire française entraîna une brève occupation du Hanovre jusqu'à ce que les alliés contre-attaquent en 1758.

En juin 1757, la France envahit le Hanovre, berceau du roi hanovrien de Grande-Bretagne, George II. L'armée hanovrienne était commandée par le duc de Cumberland, deuxième fils de George. Les Français avaient formé une alliance avec l'Autriche afin de briser celle de la Grande-Bretagne avec les autres États allemands. Devant l'avance française, Cumberland se mit sur la défensive dans le village de Hastenbeck. Il disposa son flanc droit près de la rivière Hamel, son centre et sa batterie principale au nord du village, enfin son flanc gauche et son infanterie sur les hauteurs d'Obensburg. Sa méconnaissance du terrain lui fit croire à une meilleure protection de la part des positions élevées.

Les Français attaquèrent le 26 juillet et débordèrent le flanc hanovrien gauche, trop exposé. Cumberland fit venir des troupes du centre, lequel subit de plein fouet l'attaque française. La batterie hanovrienne placée au nord de la ville infligea de lourdes pertes aux Français, qui se replièrent. La bataille devint alors assez confuse, quand les renforts hanovriens avancèrent et reprirent le flanc gauche. Les deux commandants furent momentanément convaincus d'avoir perdu la bataille mais les renforts hanovriens ne tardèrent pas à être chassés par les Français, qui purent alors occuper le Hanovre. **TB**

Pertes : Français, 2 500 morts ou blessés sur 50 000 ; Britanniques et alliés, 1 500 morts ou blessés sur 30 000

< *Minorque 1756* — *Rossbach 1757* >

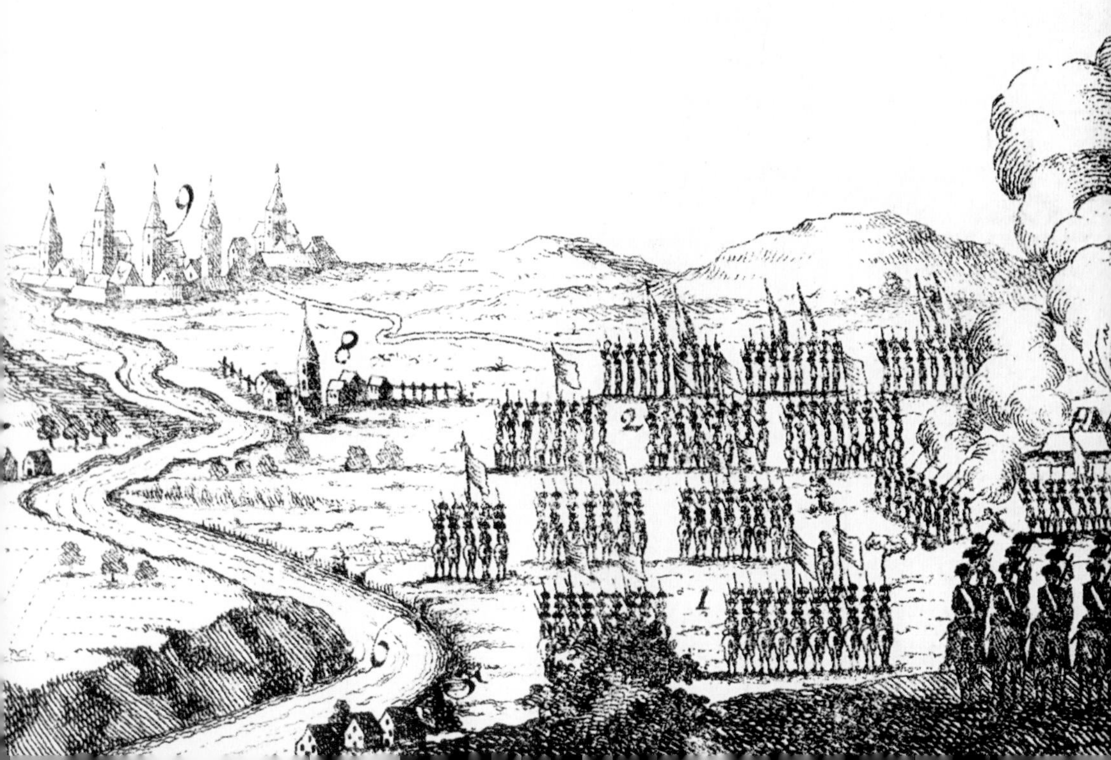

Fort William Henry 3-9 août 1757

La France ne pouvait rester sur sa victoire de Fort Oswego. En 1756, le général Louis-Joseph de Montcalm prit pour objectif Fort William Henry, à la frontière de la province britannique de New York et du Canada contrôlé par la France.

Les Français purent recruter un grand nombre d'Indiens impressionnés par leur victoire à Fort Oswego, l'année précédente. Quelque 2 000 guerriers accompagnèrent les 4 000 hommes de Montcalm (soldats français et milice locale), qui apportaient aussi leur artillerie lourde.

Les Français lancèrent le 3 août leur attaque sur la garnison de Fort William Henry, composée de 2 500 soldats anglais et de miliciens coloniaux. Le commandant du fort, le lieutenant-colonel George Monro, refusa de se rendre et les bombardements commencèrent. Le tir de barrage français fit de gros dégâts et les troupes se trouvèrent au plus près du fort le 8 août. Monro comprit qu'il valait mieux assurer la sécurité des soldats retranchés et accepta de discuter avec Montcalm. Le 9 août, il fut convenu que la garnison britannique pourrait se retirer de manière honorable mais sans ses munitions. Montcalm voulut s'assurer que ses alliés indiens comprenaient les termes de l'accord, mais le lendemain se déroula l'une des pires atrocités de la guerre. Sans défense, soldats de Monro, milice, femmes et enfants furent sauvagement attaqués par les Indiens. Il y eut 185 morts et plus de 2 000 enlèvements. Cette attaque horrifia le commandement britannique en Amérique du Nord et contribua beaucoup à la mobilisation de masse au sein des milices de Nouvelle-Angleterre. **TB**

Pertes : Français, moins de 50 morts ou blessés sur 6 000 ; Britanniques, 200 morts ou blessés, 2 000 prisonniers sur 2 500

< *Fort Oswego 1756* — *Louisbourg 1758* >

Rossbach 5 novembre 1757

À la bataille de Rossbach, pendant la guerre de Sept Ans, la Prusse battit, sans pertes majeures, une armée franco-autrichienne près de deux fois supérieure. Ce fut une grande victoire pour Frédéric II de Prusse, dont les décisions surprirent ses adversaires.

Après Hastenbeck, en juillet 1757, les Français avaient provisoirement mis à l'écart de la guerre le Hanovre, allié de la Prusse. Les armées de Frédéric venaient de plus d'être battues en Bohême et en Prusse orientale alors que l'Autriche avançait en Silésie. Frédéric chercha à reprendre la main en entrant en Saxe pour attaquer l'armée franco-autrichienne.

Après une période de manœuvres non suivies d'engagements, les belligérants se rencontrèrent en novembre. Les 22 000 hommes de l'armée prussienne avaient établi leur campement au nord de Rossbach et les 41 200 coalisés, à l'ouest, sur un terrain plus élevé – deux tiers de Français et un tiers d'Autrichiens. Les princes Charles de Soubise et Joseph de Saxe-Hildburghausen commandaient respectivement les forces françaises et autrichiennes. Le 5 novembre, tôt le matin, le détachement français du comte de Saint-Germain occupa les hauteurs faisant face aux Prussiens et les bombarda. À midi, le reste des alliés marcha vers le sud pour tenter de contourner les Prussiens et d'attaquer leur flanc gauche. Dans un premier temps, Frédéric crut qu'ils battaient en retraite, mais il ne tarda pas à comprendre leurs véritables intentions. L'armée prussienne quitta à la hâte son campement pour marcher vers l'est. La manœuvre alliée exposerait leur flanc et Frédéric chercha à exploiter la situation en les piégeant alors qu'ils le contournaient.

> *« Alors qu'il restait fort à faire, Seydlitz fit preuve d'une qualité rare chez les commandants de cavalerie : la maîtrise de soi. »*
>
> *Simon Millar,* Rossbach et Leuthen 1757

Le général de division Friedrich Wilhelm von Seydlitz avança en premier à la tête de la cavalerie pour se mettre en place avant les alliés. Frédéric le suivit avec son infanterie. Les collines masquaient le mouvement des Prussiens, de sorte que les alliés se hâtèrent d'avancer en croyant que leur ennemi battait en retraite. La précipitation fit que la cavalerie et les fantassins alliés furent séparés, les 7 000 cavaliers alliés restant sans soutien de la part de l'infanterie. Frédéric disposa 18 canons en terrain élevé et fit ouvrir le feu sur les alliés. La bataille fut vraiment gagnée quand Seydlitz fondit sur le flanc droit de la cavalerie alliée, qui ne s'y attendait pas ; les pertes furent très lourdes et elle battit en retraite en moins d'une demi-heure. L'infanterie alliée entra en jeu et échangea des tirs nourris avec son homologue prussienne ; elle tint bravement ses positions malgré l'imposante attaque frontale de l'infanterie et de l'artillerie prussiennes.

Le coup de grâce fut porté quand Seydlitz rallia ses troupes et lança une seconde charge sur la cavalerie alliée en déroute. La bataille s'acheva dans le chaos le plus total. L'armée franco-prussienne était disséminée sur tout le terrain. Les Prussiens purent s'emparer de la majorité de ses 72 canons et de son train de bagages. Les alliés comptaient 3 000 morts ou blessés et 5 000 prisonniers. Ce chiffre aurait pu être plus élevé si des actions d'arrière-garde déterminées et la tombée de la nuit n'avaient mis un terme aux poursuites prussiennes. Les forces françaises et autrichiennes s'empressèrent d'abandonner Rossbach. Le triomphe de Frédéric était absolu et il put revenir en Silésie pour y affronter l'armée autrichienne. **JF**

Pertes : Franco-Autrichiens, 3 000 morts et blessés et 5 000 prisonniers sur 41 200 ; Prussiens, 165 morts et 376 blessés sur 22 000

< *Hastenbeck 1757* *Leuthen 1757* >

Détail de Seydlitz à la bataille de Rossbach *(v. 1795), par Johann Christoph Frisch (1738-1815).* 

Guerre de Sept Ans

Leuthen 5 décembre 1757

Après sa victoire à Rossbach, Frédéric II de Prusse entra en Silésie pour y défier les Autrichiens, désireux de reprendre la région. Ils se rencontrèrent à Leuthen ; là, d'habiles manœuvres permirent aux Prussiens de battre une armée ennemie deux fois supérieure en nombre.

Le prince Charles-Alexandre de Lorraine avait permis la prise de Breslau par les Autrichiens en novembre 1757, et il quitta la ville avec ses 80 000 hommes pour affronter les 34 000 soldats de l'armée prussienne. Tôt le 5 décembre, Frédéric découvrit les Autrichiens à la perpendiculaire de la route que lui-même suivait. Ils s'étiraient en une longue colonne de près de 8 km ayant pour centre Leuthen. Les collines dissimulaient les mouvements des Prussiens, de sorte que Frédéric put diriger ses troupes vers le sud et attaquer l'aile gauche ennemie sans être observé.

Entre-temps, Charles-Alexandre avait transféré des hommes vers son aile droite. À 13 heures, les Prussiens avancèrent en diagonale vers l'aile gauche autrichienne, qu'ils battirent en peu de temps et forcèrent à se retirer vers Leuthen. Charles-Alexandre réussit à redéployer sa droite et son centre pour faire face aux Prussiens, et les Autrichiens tinrent bon devant la ville. La bataille bascula quand la droite autrichienne chargea vainement le flanc gauche prussien. Les Prussiens avancèrent et contournèrent leurs ennemis pour s'en prendre à leur arrière et à leur flanc. Les soldats autrichiens prirent la fuite en abandonnant 116 canons derrière eux. La tombée de la nuit empêcha les Prussiens de les pourchasser comme ils l'auraient voulu, ce qui limita le nombre de victimes. Les pertes subies par l'armée autrichienne furent très lourdes et Frédéric put reprendre la majeure partie de la Silésie. **JF**

Pertes : Autrichiens, 10 000 morts et blessés et 12 000 prisonniers sur 80 000 ; Prussiens, 6 200 morts et blessés sur 34 000

〈 *Rossbach 1757* *Zorndorf 1758* 〉

Alliance franco-indienne

Louisbourg 8 juin - 26 juillet 1758

Le siège de Louisbourg marqua une étape décisive dans le conflit opposant la France et la Grande-Bretagne pour la suprématie en Amérique du Nord. La prise du fort eut pour conséquence la conquête du Québec par les Anglais et la défaite de la France au Canada.

Fort Louisbourg dominait le Saint-Laurent et les Britanniques étaient parfaitement conscients qu'il leur faudrait s'en emparer avant de pouvoir songer à attaquer Québec. En mai 1758, le général de division Jeffrey Amherst réunit une force d'intervention anglaise à Halifax, où une flotte vint soutenir l'armée terrestre. Les Français avaient des projets pour annihiler la Royal Navy mais ils durent y renoncer quand leur escadre fut interceptée et capturée au large des côtes espagnoles.

Pendant les premiers jours de juin, l'attaque britannique sur Fort Louisbourg fut contrecarrée par le mauvais temps et réduite à un bombardement. L'assaut terrestre débuta le 8 juin quand le général de brigade James Wolfe établit une tête de pont et avança au point de contraindre les Français à regagner leur forteresse.

Le siège proprement dit débuta le 19 juin quand les Anglais ouvrirent le feu depuis une batterie postée à l'entrée du port, et ce après une opération couronnée de succès menée par Wolfe. Le 21 juin, un navire de guerre français, *L'Entreprenant*, fut détruit avec deux autres vaisseaux ; deux jours plus tard, la batterie anéantissait le quartier général du fort. Les Français tinrent bon encore un mois mais durent oublier leurs projets sur Québec. Le fort étant désormais aux mains des Britanniques, la Royal Navy pouvait remonter le Saint-Laurent et soutenir une attaque de la ville de Québec l'année suivante. **TB**

Pertes : Français, 400 morts ou blessés, 6 000 prisonniers, 4 navires détruits ; Britanniques, 500 morts ou blessés sur 20 000

〈 *Fort William Henry 1757* *Fort Carillon 1758* 〉

Sur ce plan de bataille, les navires de la Royal Navy acheminent des hommes en vue du siège de Louisbourg. ➔

PLAN
DU CAP BRETON
DIT LOUISBOURG
AVEC CES ENVIRONS
PRIES PAR LAMIRALLE
BOCKOUNE LE 26 jullET
1758

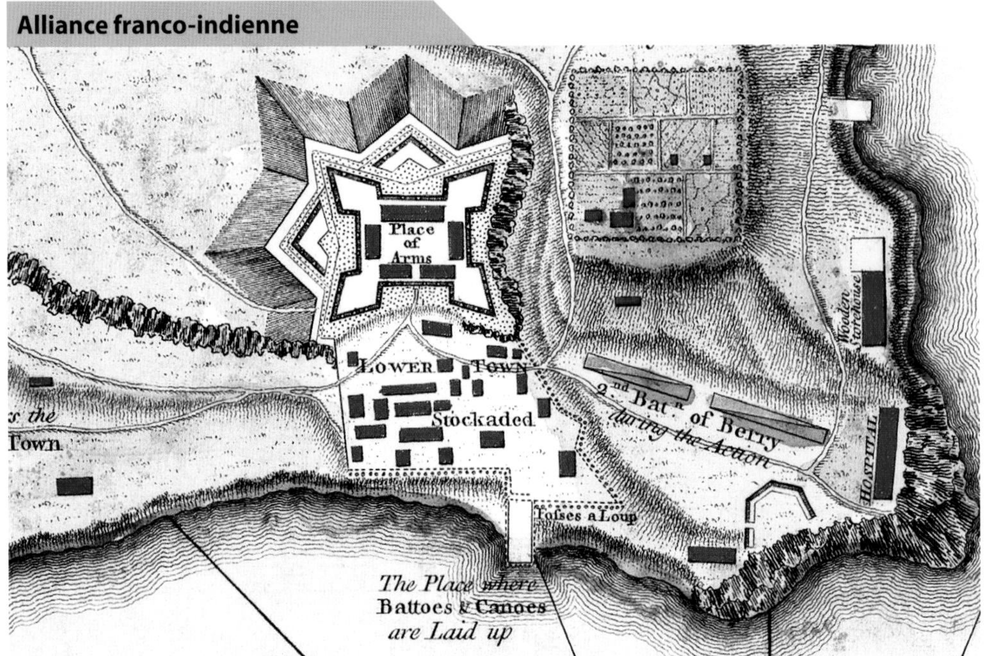

Fort Carillon 8 juillet 1758

Le massacre de colons anglais par des Indiens alliés de la France à Fort William Henry en 1757 fut suivi de représailles qui prirent la forme de l'attaque de Fort Carillon. Contre toute attente, la victoire échut au commandant français de la place, Louis-Joseph de Montcalm.

En juin 1758, le général britannique James Abercromby rassembla une importante armée constituée de soldats réguliers et de miliciens et marcha sur Fort Carillon, base à partir de laquelle avait été lancée l'attaque française de Fort William Henry. Le 6 juillet, il débarqua sur la grève du lac George, à 6,5 km du fort, et Montcalm s'empressa de faire édifier des ouvrages de terre afin d'assurer la défense de celui-ci.

Le 7 juillet, Abercromby envoya une colonne prendre la mesure des défenses du fort. En chemin, elle rencontra une force française dont le commandant fut tué au cours de l'affrontement, mais Abercromby apprit avec joie que ses troupes étaient quatre fois supérieures en nombre à celles de l'ennemi. Il ordonna de marcher sur le fort le 8 juillet et décida de laisser derrière lui son artillerie, certain que sa supériorité numérique ferait la différence. Quand ses hommes se heurtèrent aux positions françaises retranchées, le général ignora l'avis de ses officiers, plus favorables à un siège ou à un mouvement tournant destiné à attaquer le flanc des Français.

Abercromby préféra à cela une série d'assauts directs sans le moindre soutien de l'artillerie. Résolus, les défenseurs français infligèrent de lourdes pertes aux assaillants. Ce n'est qu'à la tombée du jour qu'Abercromby reconnut toute l'ampleur du désastre. Les Britanniques battirent en retraite dans le plus grand désordre pour traverser à nouveau le lac George le lendemain. **TB**

Pertes : Français, moins de 500 morts ou blessés sur 4 000 ; Britanniques, 3 500 morts ou blessés sur 16 000

< *Louisbourg 1758* *Fort Niagara 1759* >

Fort Carillon, futur Fort Ticonderoga, commandait le chenal reliant les lacs George et Champlain. ↑

Zorndorf 25 août 1758

La cause prussienne dans la guerre de Sept Ans semblait entendue après la victoire de Leuthen. En août 1758, les Russes envahirent le Brandebourg et Frédéric II rappela son armée d'invasion de la Bohême pour aller les affronter. Zorndorf allait être l'une des plus sanglantes batailles de la guerre.

Frédéric II de Prusse arriva au Brandebourg et plaça quelque 35 000 hommes à Francfort-sur-l'Oder. Pendant ce temps, les 45 000 soldats de l'armée russe de William Fermor assiégeaient Küstrin, non loin de là, et Frédéric résolut de libérer la ville. Fermor leva alors le siège pour adopter une position défensive sur les hauteurs de Zorndorf et déployer ses forces en trois groupes irréguliers.

Les Prussiens attaquèrent les Russes au matin du 25 août. La bataille devait durer dix heures, dans la plus grande sauvagerie. Les Prussiens ne firent pas de quartier après avoir appris que les Russes avaient commis des atrocités lors de l'invasion du Brandebourg. L'infanterie de Frédéric contourna les Russes pour attaquer leur flanc mais ceux-ci se battirent avec détermination et ne cédèrent pas. Les Prussiens eurent tout de même quelque satisfaction quand leur célèbre commandant de cavalerie, Friedrich Wilhelm von Seydlitz, chargea en terrain marécageux.

Frédéric renouvela ses efforts mais l'infanterie prussienne ne pouvait toujours pas avancer. En fin d'après-midi, les deux parties manquèrent de munitions et les hommes se battirent au corps-à-corps avec leurs sabres, leurs baïonnettes et les crosses de leurs mousquets. Quand l'affrontement prit fin avec la nuit, les deux camps avaient perdu 40 % de leurs effectifs, et aucun ne semblait avoir remporté la victoire. Les Russes finirent par se retirer en Pologne et Frédéric put conduire son armée en Saxe pour soulager son frère, le prince Henri, attaqué par les Autrichiens. **JF**

Pertes : Russes, 20 000 morts ou blessés sur 45 000 ; Prussiens, 13 000 morts ou blessés sur 35 000

< *Leuthen 1757* *Hochkirk 1758* >

↑ *Les Russes (en blanc) affrontent les Prussiens à Zorndorf (peinture d'Emil Hünten, 1858).*

Une partie du plan de la bataille de Hochkirk, d'après une gravure sur cuivre anonyme du XVIIIe siècle.

Hochkirk 14 octobre 1758

Frédéric II de Prusse affrontait les Russes à Zorndorf alors même que les Autrichiens menés par Leopold Joseph von Daun envahissaient la Saxe. Il se hâta pour les intercepter et les rencontra à Hochkirk mais fut défait suite à une erreur tactique assez étonnante de sa part.

L'armée prussienne du prince Henri, frère de Frédéric, stationnait en Saxe mais elle était écrasée par une armée autrichienne trois fois plus nombreuse, puisqu'elle comptait quelque 90 000 hommes. Avant que Daun puisse tirer parti de la situation, les 37 000 soldats de Frédéric arrivèrent sur place après avoir parcouru 193 km en sept jours. Il tenta de pousser les Autrichiens à l'affrontement, mais Daun préféra laisser son armée sur la défensive.

Frédéric ayant imprudemment posté son armée près de Hochkirk, position défendue par les Autrichiens, Daun saisit l'occasion d'attaquer. Le 14 octobre à 5 heures du matin, les Autrichiens fondirent sur les Prussiens encore endormis. La surprise fut totale.

Bien disciplinés, ils réussirent tout de même à se ressaisir et à prendre les armes ; ce fut alors une résistance farouche autour de Hochkirk et ils parvinrent même à lancer une contre-attaque. Après cinq heures de combat, les Prussiens quittèrent Hochkirk en bon ordre. Ils avaient perdu 101 canons et près du quart de leurs effectifs mais la surprise n'avait pas entraîné de déroute. Frédéric était parvenu à rallier ses hommes, de sorte que Daun n'avait pu pleinement profiter de sa victoire. Frédéric se replia 3 km plus loin pour appeler ses renforts. **JF**

Pertes : Autrichiens, 8 000 morts ou blessés sur 90 000 ; Prussiens, 9 000 morts ou blessés sur 37 000

Zorndorf 1758

Minden 1759

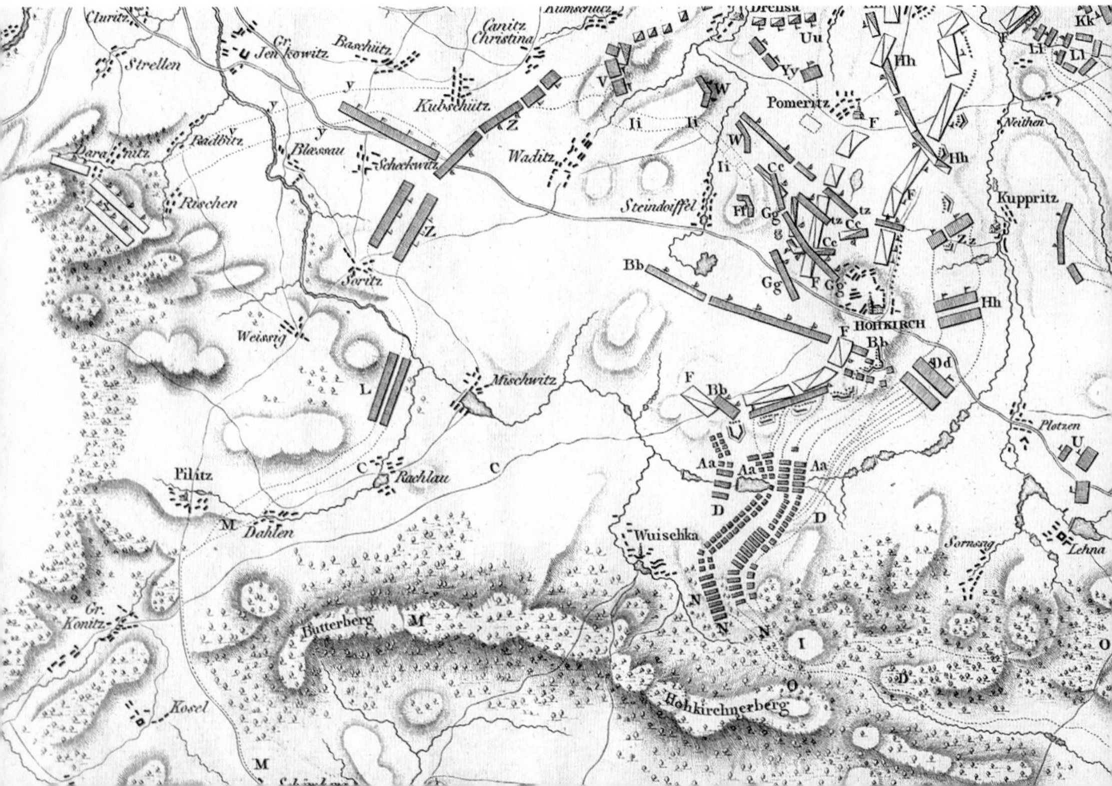

Fort Niagara 6-26 juillet 1759

Le siège de Fort Niagara fut l'un des principaux événements de la fin de la guerre opposant la France et la Grande-Bretagne en Amérique du Nord. Rendu possible par la victoire anglaise à Fort Louisbourg en 1758, il contribua à précipiter la défaite française au Québec.

Après les victoires de Louisbourg et de Lighthouse Point, James Wolfe fut nommé général de division avec pour mission de commander la campagne d'invasion du Québec depuis l'est. Son attaque devait être soutenue par une avance sur le front ouest et il était capital de s'emparer de Fort Niagara avant l'ouverture de ce second front. Commandée par le capitaine Pouchot, la garnison française y avait été renforcée.

L'attaque contre Fort Niagara fut menée par le général de brigade John Prideaux : il avait quitté Fort Oswego en juillet et traversé le lac Ontario avec ses soldats réguliers, une milice new-yorkaise et un nombre important d'Iroquois. La flotte d'invasion britannique échappa aux navires français patrouillant sur le lac à la recherche de l'ennemi et Prideaux put débarquer discrètement non loin du fort, le 6 juillet. Le siège débuta. Les Français opposèrent une farouche défense. Prideaux mourut déchiqueté par un shrapnel émanant d'un canon britannique.

Le 24 juillet, des renforts français furent interceptés par les Anglais et les Iroquois à 3 km au sud de Fort Niagara. Ils subirent de lourdes pertes et furent contraints de faire demi-tour. Pouchot se rendit le 26 juillet quand il apprit que les renforts n'arriveraient plus. **JF**

Pertes : Français, 120 morts ou blessés sur 500 ; Britanniques, milice américaine et Iroquois, 250 morts ou blessés sur 4 000

< *Fort Carillon 1758* *Québec 1759* >

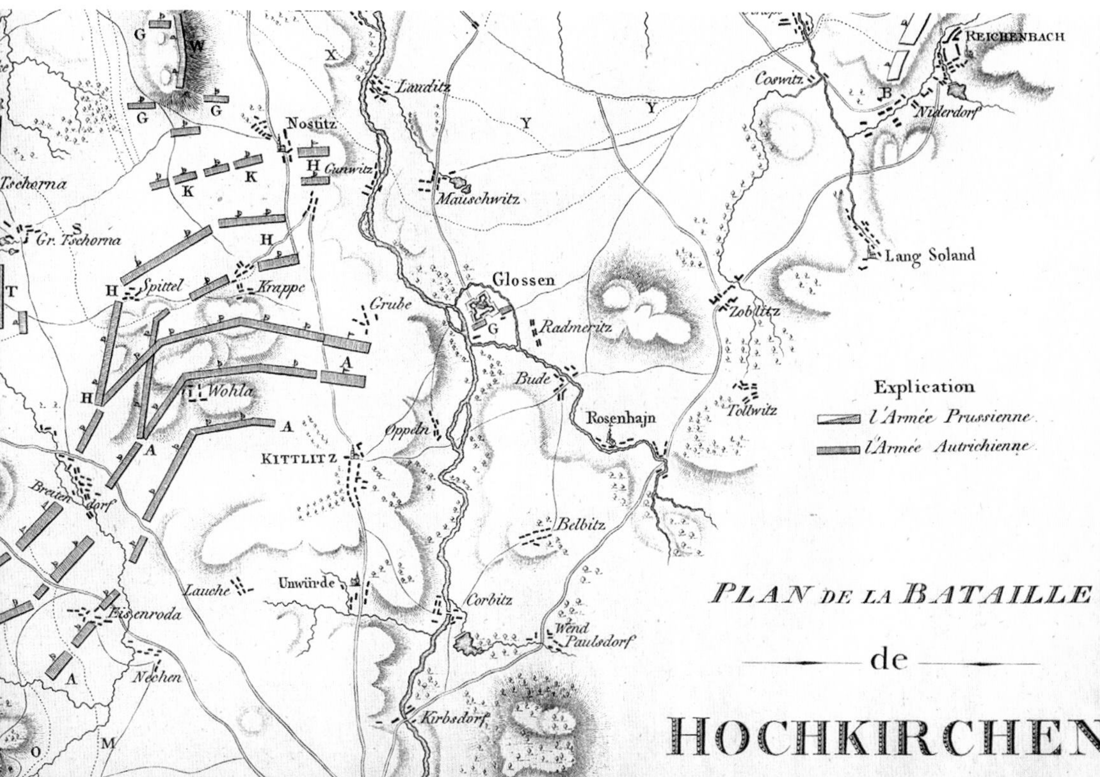

Minden 1er août 1759

« Il est de l'opinion de cette cour que le ci-devant Lord Sackville est indigne de servir Sa Majesté à quelque poste militaire que ce soit. » Cour martiale de Sackville

↑ *L'infanterie bien disciplinée va de l'avant (détail d'une gravure coloriée de la bataille de Minden).*

Minden fut l'une des batailles décisives de la guerre de Sept Ans. Elle opposa les forces françaises du marquis de Contades à une alliance, réunissant la Grande-Bretagne et un certain nombre d'États allemands, commandée par un maréchal prussien, Ferdinand, duc de Brunswick.

Les Français occupèrent le Hanovre en 1757 après leur victoire à Hastenbeck mais furent contraints de retraverser le Rhin en 1758 quand Ferdinand de Brunswick contre-attaqua. Cela ne les empêcha pas de lancer une autre invasion en 1759. Après avoir battu Ferdinand à Bergen, le marquis Érasme de Contades s'arrêta à Minden, où il établit une forte position défensive. Il commit toutefois une grave erreur en quittant sa position pour affronter Ferdinand. Contades était persuadé qu'une victoire française très nette à Minden mettrait un terme aux appétits belliqueux de la Grande-Bretagne.

Pendant toute une partie de la bataille, les deux armées se bombardèrent pour mieux soumettre leur adversaire, et quand Lord Sackville, commandant du contingent britannique, refusa de lancer sa cavalerie, la victoire française parut à portée de main. Cependant la phase décisive eut lieu lorsque six divisions de l'infanterie britannique perpétrèrent une série d'attaques contre la cavalerie française, unique protection accordée par Contades à son artillerie. La cavalerie française dut battre en retraite et l'artillerie fut anéantie. À présent que les canons français s'étaient tus, les alliés pouvaient s'élancer pour chasser les Français du champ de bataille. L'offensive française de 1759 avait échoué et la victoire de Minden permit à l'Angleterre d'envoyer une armée plus importante en Allemagne en 1760. **JF**

Pertes : Français, 12 000 morts ou blessés sur 50 000 ; Britanniques et alliés allemands, 3 000 morts ou blessés sur 40 000

〈 *Hochkirk 1758* — *Kunersdorf 1759* 〉

Kunersdorf 12 août 1759

Les alliés anglo-allemands de la Prusse avaient remporté une grande victoire à Minden mais onze jours plus tard les Prussiens furent battus à plate couture à Kunersdorf. Une armée russo-autrichienne mit en déroute les forces de Frédéric II, qui connut là la pire défaite de sa carrière militaire.

En juillet 1759, les 60 000 soldats de l'armée russe de Piotr Saltykov prirent Francfort-sur-l'Oder. Ils furent rejoints par les 18 000 Autrichiens du baron Ernst Gideon von Laudon. Les Russes avaient installé leur campement sur les hauteurs, à l'est de la ville, tandis que les Autrichiens, à l'ouest, se montraient prêts à les aider.

Le 12 août, à midi, Frédéric et ses 50 000 hommes attaquèrent les Russes. Les Prussiens prirent rapidement le dessus et leurs adversaires furent mis en déroute en milieu d'après-midi. Les généraux de Frédéric lui demandèrent de tout arrêter, l'armée prussienne étant accablée par la chaleur, mais il s'obstina. Il était si persuadé de pouvoir l'emporter qu'il envoya à Berlin un messager annoncer la bonne nouvelle.

C'était prématuré. Grâce aux soldats autrichiens et à des renforts, les Russes résistèrent vaillamment contre les Prussiens. Frédéric fit entrer sa cavalerie mais cela ne changea rien au problème. Vers 17 heures, les Prussiens épuisés durent battre en retraite. Leur déroute tourna au carnage quand la cavalerie autrichienne fondit sur eux : ils perdirent alors 20 000 hommes et l'intégralité de leur artillerie. Le reste de l'armée était si épars que le malheureux Frédéric ne put réunir que 3 000 soldats. La ville de Berlin était désormais ouverte aux ennemis de la Prusse, néanmoins ceux-ci ne prirent aucune initiative et, en moins d'une semaine, Frédéric réussit à réorganiser les survivants pour monter une armée digne de ce nom. **JF**

Pertes : Austro-Russes, 15 700 morts ou blessés sur 78 000 ; Prussiens, 20 000 morts, blessés ou prisonniers sur 50 000

< *Hochkirk 1758* — *Torgau 1760* >

Lagos 18-19 août 1759

La France projetait d'envahir la Grande-Bretagne : sa flotte en Méditerranée devait rejoindre celle de l'Atlantique pour créer une force navale assez puissante pour protéger le débarquement de ses hommes sur le littoral anglais. Une défaite au sud du Portugal mit un terme à ses ambitions.

La perte de Minorque en 1756 explique en partie pourquoi la flotte britannique en Méditerranée, commandée par l'amiral Edward Boscawen, fut incapable de surveiller la base française de Toulon. Le 17 août, les quatorze navires de ligne de Boscawen étaient à l'ancre à Gibraltar quand douze vaisseaux français commandés par l'amiral de La Clue passèrent au large, en direction de l'Atlantique. Boscawen et ses hommes achevèrent au plus vite leurs préparatifs et entreprirent de les suivre.

Cette nuit-là, cinq des vaisseaux français se séparèrent pour entrer dans le port espagnol de Cadix. Le 18 août, les Britanniques rattrapèrent les forces françaises. Un navire français fut contraint de se rendre après une bataille qui dura jusqu'à la tombée du jour. Le navire amiral de Boscawen fut aussi touché au cours de la nuit, deux autres bâtiments français s'échappèrent et les quatre derniers se réfugièrent dans les eaux territoriales portugaises, dans la baie de Lagos. Au mépris des restrictions imposées par la neutralité du Portugal, Boscawen les y suivit le 19 août, en détruisant deux et en capturant deux autres.

Puis plusieurs navires de Boscawen bloquèrent les vaisseaux français à l'ancre à Cadix tandis que les autres partaient apporter du renfort aux forces britanniques. Nombre de vainqueurs de la baie de Lagos se rendraient en novembre dans la baie de Quiberon ; ce combat naval devait écarter définitivement toute menace d'invasion française. **DS**

Pertes : Français, 3 navires capturés et 2 détruits ; Britanniques, aucun navire perdu

< *Kunersdorf 1756* — *Quiberon 1759* >

Québec (plaines d'Abraham) 28 juin - 13 septembre 1759

La bataille des plaines d'Abraham fut un épisode décisif de la lutte opposant la France et la Grande-Bretagne en Amérique du Nord. La victoire anglaise déboucha sur la création du Canada; James Wolfe devint un héros pour l'Empire britannique.

En 1759, la Grande-Bretagne remporta des victoires sur tous les fronts au point que l'on parla d'*annus mirabilis* («année des miracles»). L'apogée en fut certainement la prise de Québec, une victoire due à l'une des plus extraordinaires opérations conjointes marine-armée que l'armée britannique ait jamais mises sur pied. En effet, la Royal Navy de l'amiral Charles Saunders, forte de 50 navires et près de 150 engins amphibies, vint soutenir les 8 000 hommes de Wolfe.

Saunders ordonna une longue période d'observation permettant, sous les ordres du capitaine James Cooke, d'identifier le terrain le plus favorable à un débarquement. Cela permit à l'armée de Wolfe de débarquer sur l'île d'Orléans le 28 juin tandis que la marine repoussait une escadre française tentant de contrecarrer l'opération à l'aide de boutefeux. Le lendemain, Wolfe mit le pied sur la rive sud du Saint-Laurent et entreprit de bombarder Québec. À la fin juillet, les canons britanniques avaient déjà causé pas mal de dégâts.

«Je vous ai conduits à ces rochers escarpés et dangereux pour que vous puissiez voir l'ennemi, à votre portée.» *Discours du général Wolfe, avant la bataille*

La première tentative de débarquement de Wolfe sur la rive nord s'était soldée par un échec et ses 4 000 hommes furent repoussés le 31 juillet par la puissance de feu française associée à un terrible orage. Entre-temps, la marine continuait de tester les défenses françaises, et finit par trouver le point faible de leurs lignes à hauteur de l'anse du Foulon. La Royal Navy lança une attaque de diversion destinée à attirer les forces françaises du général Louis-Joseph de Montcalm et Wolfe débarqua le 12 septembre avec sa flottille d'engins amphibies. Il entreprit d'emprunter une montée étroite non défendue et, à l'aube, il surprit les Français en réunissant sur les plaines d'Abraham une armée constituée de 4 500 soldats de l'armée anglaise et d'une milice américaine.

Pris au dépourvu, Montcalm demanda au gouverneur de la ville les canons installés sur les remparts mais ne fut autorisé qu'à en déplacer trois. Croyant que cela suffirait, le général français décida de chasser Wolfe des plaines. Quand les lignes françaises marchèrent sur lui, Wolfe ordonna à ses hommes de se coucher à terre puis de se relever pour tirer de manière coordonnée quand l'ennemi ne serait plus qu'à 32 mètres. Cette tactique fut couronnée de succès. Les premières salves fauchèrent les lignes françaises et permirent aux Britanniques d'avancer pour bientôt forcer l'armée française à évacuer le terrain. Montcalm périt dans l'affrontement. En apprenant qu'il ne lui restait plus que quelques heures à vivre, il dit : « Tant mieux, je ne verrai pas les Anglais à Québec. »

Au moment de la victoire, Wolfe fut également touché, à la main dans un premier temps puis à la poitrine et au ventre. Il vivait ses derniers instants quand on lui apprit la défaite française. Après avoir ordonné au général George Townsend de prendre le commandement et de couper la retraite française, Wolfe rendit l'âme. La majorité de la garnison française se replia. En dépit d'une contre-attaque française et d'une victoire à la bataille de Sainte-Foy, en 1760, Québec demeura sous contrôle britannique ; l'avenir du Canada était joué. **JF**

Pertes : Français, 1 500 morts ou blessés sur 4 000 soldats, miliciens et Indiens ; Britanniques, 700 morts ou blessés sur 4 500 soldats et miliciens

‹ *Fort Niagara 1759* *Sainte-Foy 1760* ›

Le 13 septembre, le général Wolfe meurt sur les plaines d'Abraham (détail d'une peinture de Benjamin West, v. 1771). ➔

Cette peinture de Richard Paton (1717-1791) exprime bien la violence d'un combat naval par gros temps.

Quiberon 20-21 novembre 1759

Lors de ce combat naval, le plus décisif de la guerre de Sept Ans, les derniers bâtiments français furent neutralisés par une audacieuse attaque anglaise. La France n'envisagea plus d'envahir la Grande-Bretagne et vit ses dernières colonies tomber aux mains des Anglais.

Sa défaite navale à Lagos n'empêcha pas la France de continuer à vouloir envahir l'Angleterre. Le gros de sa flotte de guerre était basé à Brest et les navires destinés à l'invasion s'étaient regroupés dans les ports du littoral atlantique. Brest était sous le contrôle de la flotte britannique principale, placée sous les ordres de l'amiral Hawke, mais quand celle-ci fut déplacée par un orage, les 21 navires français de l'amiral de Conflans parvinrent à quitter le port pour tenter de faire la jonction avec les forces de débarquement. Alerté par ses éclaireurs, Hawke les pourchassa.

Le 20 novembre 1759, les belligérants se rencontrèrent non loin de l'estuaire de la Loire : Hawke disposait alors de 23 navires de ligne. Les équipages de Conflans, trop inexpérimentés, allèrent trouver refuge dans la baie de Quiberon, non loin de là. Le temps était à l'orage et les Anglais ne disposaient pas de cartes précises ; malgré tout, Hawke prit la décision de suivre les Français.

Les combats débutèrent le soir pour durer jusqu'au matin. Deux navires français coulèrent avec leurs équipages. Des vaisseaux anglais et français se brisèrent sur la côte. Quelques bâtiments français parvinrent à s'échapper après avoir jeté leurs canons par-dessus bord. Au matin, la plupart des navires français étaient hors d'usage. **DS**

Pertes : Français, 7 navires capturés ou détruits ; Britanniques, 2 navires échoués

< *Lagos 1759* *Ouessant 1778* >

Wandiwash (Vandivasi) 22 janvier 1760

La bataille de Wandiwash s'inscrit dans le cadre de la campagne opposant la France et la Grande-Bretagne lors de la guerre de Sept Ans. Décisive pour leur présence en Inde, elle se déroula après que les Britanniques eurent repoussé la tentative française de prendre Madras en février 1759.

Avec l'arrivée des renforts tant attendus, les Britanniques contraignirent les Français à renoncer au siège de Madras et poursuivirent leur offensive en Inde. À mi-chemin entre Madras et le comptoir français de Pondichéry, Wandiwash tomba le 27 novembre sous les coups portés par le commandant anglais, Sir Eyre Coote. Commandés par le comte de Lally, les Français contre-attaquèrent, soutenus par 2 000 soldats marathes. Le fort fut détruit mais la garnison tint assez longtemps pour que Coote arrive et affronte les forces de Lally le 22 janvier 1760.

Lally ordonna à sa cavalerie d'attaquer mais elle refusa par crainte de l'artillerie britannique. Le temps d'en remplacer le commandant, l'avantage qu'il aurait pu tirer d'une action précoce s'était évanoui et les Britanniques marchèrent vers les lignes françaises. Un boulet anglais tomba sur un chariot bourré de munitions dont l'explosion provoqua la panique parmi les Français. La position de Lally empira encore avec la désertion des Marathes.

Les Français abandonnèrent Wandiwash et battirent en retraite vers Pondichéry, qui résista quatre mois à un siège anglais. La campagne française en Inde prit fin quand le fort se rendit à Coote en janvier 1761. **TB**

Pertes : Compagnie anglaise des Indes orientales, 300 morts ou blessés sur 2 000 ; Compagnie française des Indes orientales, 600 sur 2 000

< *Plassey 1757* *Panipat, 3e bataille 1761* >

Alliance franco-indienne

Sainte-Foy 28 avril 1760

Sainte-Foy fut la dernière grande bataille remportée en Amérique du Nord par les Français et leurs alliés indiens. Placés sous le commandement du chevalier de Lévis, ils battirent les Anglais du général James Murray mais ne parvinrent pas à reprendre Québec après un siège assez court.

Après la victoire décisive du général Wolfe sur les plaines d'Abraham, en septembre 1759, les Français s'étaient repliés vers Montréal sous le commandement du général Lévis. En avril 1760, ils contre-attaquèrent avec quelque 8 000 hommes. Le délabrement des murailles de Québec et l'état de santé de ses hommes après un rude hiver firent que le général Murray opta pour un engagement sur un champ de bataille. Les forces de Lévis étaient supérieures en nombre et il devait frapper vite avant que son adversaire ne se déploie.

Cette stratégie fut d'abord couronnée de succès, mais Lévis ne tarda pas à bénéficier de renforts et la bataille tourna à l'affrontement sanglant. Lévis voulait que ses forces s'interposent entre les Britanniques et la citadelle afin d'empêcher Murray de battre en retraite vers Québec, mais quand les lignes anglaises s'effondrèrent, une division française se porta à gauche pour tirer plus vite parti de l'avantage ; cela permit inopinément à Murray de s'enfermer dans la citadelle.

La France l'emporta à Sainte-Foy mais Lévis fut contraint d'assiéger Québec et d'attendre des renforts navals, or les navires n'arrivèrent jamais vu la supériorité britannique sur les mers. En mai, il abandonna tout espoir de reprendre la ville. Une escadre de la Royal Navy apparut et Lévis battit en retraite vers Montréal. Il dut se rendre le 6 septembre au général Amherst. C'en était fini de la campagne française en Amérique du Nord. **TB**

Pertes : Français, 500 morts ou blessés sur 5 000 soldats et miliciens ; Britanniques, 1 200 sur 3 500 soldats

< *Québec 1759*

Guerre de Sept Ans

Torgau 3 novembre 1760

La lourde défaite des Prussiens à Kunersdorf fut, pour leurs alliés et pour eux-mêmes, suivie d'une série de revers. Frédéric II reprit les choses en main en l'emportant sur les Autrichiens à la bataille de Torgau mais les deux armées subirent de très lourdes pertes.

Le 9 octobre, Frédéric était en campagne quand une armée austro-russe s'empara de Berlin et incendia en partie la ville. Les Russes rentrèrent chez eux en voyant arriver l'armée de libération de Frédéric et les Autrichiens se replièrent en Saxe. Le commandant autrichien, Leopold von Daun, ordonna d'attaquer les Prussiens et commença par placer son armée en position défensive à Torgau, sur des hauteurs à l'ouest de l'Elbe. Frédéric arriva du nord pour lancer une attaque frontale contre Daun. Il envoya également un détachement, dirigé par le général Hans Joachim von Zieten, contourner le flanc droit autrichien pour attaquer leurs arrières par le sud.

Le projet tourna court quand les forces de Zieten furent contraintes d'affronter un groupe d'Autrichiens. En entendant la canonnade, Frédéric s'empressa d'attaquer et ordonna à ses soldats de grimper à flanc de colline. Il finit par jeter ses renforts dans la bataille mais, après des heures de combat, les Autrichiens tenaient encore bon et les Prussiens subissaient de très lourdes pertes. Frédéric et Daun furent tous deux blessés dans la bataille. Au coucher du soleil, l'affrontement tourna en faveur des Prussiens. Les troupes de Zieten finirent par arriver et combattirent le gros des forces autrichiennes. Daun était désormais attaqué sur deux flancs et les Prussiens finirent par prendre position sur les hauteurs. À l'aube, l'armée autrichienne battit en retraite vers Dresde. **JF**

Pertes : Autrichiens, 4 000-8 000 morts ou blessés et 7 000 prisonniers sur 55 000-65 000 ; Prussiens, 13 000-16 000 morts ou blessés sur 45 000-50 000

< *Minden 1759*

Freiberg 1762 >

Conflit Marathes-Pachtouns

Panipat, 3e bataille 14 janv. 1761

Événement majeur de l'histoire de l'Inde, la bataille de Panipat opposa l'Empire marathe de Sadashivrao Bhau à l'Empire afghan d'Ahmad Shâh Durrani. La défaite marathe affaiblit un peu plus un pouvoir indien qui aurait été susceptible de résister à l'expansion impériale britannique.

Après la mort de l'empereur Aurangzeb et le déclin de l'empire moghol, la Confédération marathe s'était vite déployée, au point de menacer l'Empire afghan et la dynastie Durrani. Ahmad proclama le djihad et lança une campagne au cours de laquelle tombèrent d'importantes régions du Pendjab. Les Marathes réagirent en levant une armée qui, sous les ordres de Sadashivrao Bhau, reprit la ville de Delhi. La campagne d'Ahmad avait pour objectif de couper les Marathes de leur ravitaillement. Au même moment, il leva au sud une armée de 40 000 hommes pour prendre au piège les Marathes au Pendjab.

Coupé de tout, affamé, Bhau décida de briser le blocus d'Ahmad, et les deux armées se rencontrèrent à Panipat. Bhau chercha à pulvériser l'armée d'Ahmad avec un bombardement d'artillerie massif puis à utiliser sa supériorité numérique pour briser le blocus et aller vers le sud. Ses objectifs furent toutefois sapés par des rivalités intestines et le besoin de protéger les populations civiles. Durrani lança une attaque surprise avant que l'artillerie ne fasse trop de dégâts et le propre neveu de Bhau fut tué. Le commandant marathe se jeta dans la bataille pour retrouver son corps. Ses troupes le crurent alors mort et leur moral s'en ressentit. Bien que plus petite, l'armée de Durrani prit le dessus et les mit en déroute. Bhau s'enfuit mais mourrut peu après. L'armée marathe était anéantie et l'unité de l'Empire, brisée. **TB**

Pertes : Marathes, 40 000 morts ou blessés et 30 000 prisonniers sur 80 000 ; Durrani, 5 000 morts ou blessés sur 40 000-75 000

〈 *Wandiwash 1760* *Buxar 1764* 〉

Guerre de Sept Ans

Freiberg 29 octobre 1762

À la bataille de Freiberg, le prince Henri, frère cadet de Frédéric II de Prusse, vainquit une armée autrichienne. Ce fut le dernier véritable affrontement de la guerre de Sept Ans mais aussi la seule grande victoire prussienne où Frédéric ne commanda pas personnellement.

Après Torgau, la capacité militaire de la Prusse augmenta dans des proportions inattendues : en effet, le tsar Pierre III s'allia à elle quand il succéda à Élisabeth de Russie, décédée en janvier 1762.

Piqué au vif par la façon dont Frédéric avait critiqué ses prouesses militaires, le prince Henri entreprit de s'emparer de la ville de Freiberg, en Saxe, alors tenue par les Autrichiens. Le 28 octobre, sans attendre l'arrivée de renforts, Henri marcha vers son objectif, une ligne de fortifications érigées sur les collines, au nord-ouest de Freiberg. Il avait divisé ses forces en quatre colonnes et celles-ci avancèrent vers Freiberg le 29 dès 5 heures du matin.

L'ambitieuse stratégie d'Henri reposait sur un principe simple : les colonnes devaient passer à l'action simultanément mais indépendamment les unes des autres. La plus forte devait attaquer par le sud pour prendre un monticule dit des Trois Croix. Une deuxième colonne attaquerait par le sud, elle aussi, pour opérer un mouvement de tenailles. La troisième procéderait à une attaque frontale par les bois, lesquels dissimuleraient son avance. Quant à la quatrième, elle protégerait les arrières prussiens. Les attaques furent parfaitement coordonnées et les Prussiens convergèrent par trois côtés sur les Autrichiens. Après trois heures de combats éprouvants, ceux-ci battirent en retraite. Ce fut la dernière bataille de la guerre en Europe. En février 1763, la Prusse prenait le contrôle de la Silésie. **JF**

Pertes : Autrichiens, 3 000-4 000 morts ou blessés et 4 000 prisonniers sur 30 000-40 000 ; Prussiens, 1 500-2 500 morts ou blessés sur 22 000-24 000

〈 *Torgau 1760*

Guerre anglo-bengalie

Buxar 23 octobre 1764

La bataille de Buxar, en Inde orientale, fut une rencontre décisive entre la Grande-Bretagne et une alliance d'États indiens dont le Bengale, l'Awadh et l'Empire moghol. La victoire britannique allait soumettre à la puissance impériale anglaise une vaste partie du sous-continent.

Après avoir consolidé les acquis de la bataille de Plassey en 1759, la Compagnie anglaise des Indes orientales réunit une armée constituée principalement de Cipayes et d'une cavalerie indienne et chercha à s'assurer le contrôle du Bengale au détriment de l'Empire moghol.

En octobre, les forces indiennes coalisées affrontèrent les Britanniques près de la ville de Buxar. Placés sous les ordres de Sir Hector Munro, les Anglais étaient divisés en trois sections. Sur le flanc gauche, le major Stibbert commandait des troupes régulières ; sur la droite se trouvaient les soldats bengalis du major Champion, soutenus au centre par la cavalerie bengalie, renforcée par quatre compagnies de Cipayes. Champion avança en premier et attaqua un petit village proche de la ville qu'il occupa après une série d'affrontements sanglants. Pendant ce temps, la force indienne principale marchait en direction des troupes régulières de Stibbert. Après avoir sécurisé le village, Champion put repartir au combat et déborder l'avance indienne. Malgré leur supériorité numérique, les Indiens furent encerclés et subirent de lourdes pertes. Un détachement de cavalerie durrani fut incapable de reprendre les choses en main et les Indiens battirent en retraite.

Le traité d'Allahabad fut signé en 1765 : l'empereur moghol abandonnait aux Anglais la souveraineté sur le Bengale, et Lord Clive, vainqueur de Plassey, en devenait le premier gouverneur. **TB**

Pertes : Compagnie anglaise des Indes orientales, moins de 1 000 morts ou blessés sur 8 000 ; États indiens, 6 000 sur 35 000

❮ *Panipat, 3e bataille 1761* *Pondichéry 1778* ❯

Révolution corse

Ponte Novu 8 mai 1769

La bataille de Ponte Novu mit un terme à la brève période d'indépendance de la Corse. L'île s'était séparée de Gênes en 1755. En 1769, une armée d'invasion française battit les républicains corses de Pascal Paoli. La Corse fut intégrée à la monarchie française en 1770.

En 1768, la France avait acheté à Gênes les droits de propriété sur la Corse. En mai 1769, les envahisseurs français dirigés par le comte de Vaux commencèrent à repousser les Corses. Pour contrecarrer l'avance française vers le sud, Paoli entreprit d'interdire le franchissement de la rivière Golo à Ponte Novu, plaçant pour cela des détachements dans les villages voisins.

Le 8 mai, les hommes postés près du pont entendirent des tirs de mousquet provenant d'un village voisin, Lento, et s'empressèrent de se joindre à la bataille. Les Français avaient déjà pris Lento ; c'était une résistance pour la forme. Les Corses se précipitèrent vers Ponte Novu mais nombre d'entre eux se réfugièrent dans les montagnes. Un des commandants corses chercha à restaurer l'ordre en demandant à une compagnie de mercenaires suisses et prussiens de tenir l'extrémité sud du pont pendant qu'il réorganiserait les défenses du côté nord. Dans la panique, des Corses attaquèrent des Prussiens, qui leur tirèrent dessus.

Les lignes corses étaient en proie au chaos et des rumeurs de trahison circulaient dans l'armée. Les Français avancèrent vers Ponte Novu et n'eurent aucun mal à balayer les Corses ; un certain nombre de soldats français traversèrent la vallée pour attaquer leurs arrières par le sud. Au crépuscule, les Corses cessèrent de se battre et disparurent dans les bois environnants. La France était devenue maîtresse de la Corse ; Paoli s'exila en Angleterre. **JF**

Pertes : Corses, chiffre inconnu mais élevé sur 12 000-16 000 ; Français, pertes légères sur une force d'invasion de 30 000 individus

Tchesmé (Çeşme) 5-7 juillet 1770

En 1768, Catherine la Grande, impératrice de Russie, partit en guerre contre la Turquie ottomane. La flotte de la Baltique fut envoyée en Méditerranée où, dans la baie de Tchesmé, elle imposa une lourde défaite à la marine ottomane. Ce fut la preuve indiscutable du pouvoir croissant de la Russie.

Placée sous le commandement d'un homme de cour accompli, le comte Alexeï Orlov, la marine russe de la Baltique fut envoyée en Méditerranée afin d'inciter la population grecque à se révolter contre la domination turque. La marine russe l'attendait dans la baie de Tchesmé, entre Chios et l'Anatolie.

Le 5 juillet 1770, cinq navires de ligne russes et onze autres vaisseaux commandés par l'amiral Grigori Spiridov se trouvèrent face aux quatorze navires de ligne turcs de Hassan Bey, à de nombreux vaisseaux de plus petite taille et à un grand nombre de transporteurs à l'ancre sur deux lignes défensives, une position destinée à maximiser leur puissance de feu. Bien qu'inférieurs en nombre, les Russes attaquèrent. Le *Yevstafy*, navire amiral de Spiridov, tira à bout portant sur le *Real Mustafa* d'Hassan Bey. Un incendie éclata et les deux bâtiments furent détruits, tuant la majeure partie des équipages. Peu après, les combats cessèrent et les Turcs se replièrent plus loin dans la baie.

Le lendemain matin, d'autres navires russes arrivèrent sur place, commandés par l'amiral John Elphinston, un des nombreux officiers britanniques au service des Russes. Sous sa direction, les Russes envoyèrent des boutefeux sur les vaisseaux turcs, accompagnés le soir par un bombardement naval. Peu après minuit, le 7 juillet, un navire turc prit feu et explosa. L'incendie se propagea aux autres bâtiments ; seul un navire de ligne turc en réchappa. **DS**

Pertes : Turcs, 13 navires de ligne, jusqu'à 200 autres vaisseaux et 10 000 morts ; Russes, 1 navire de guerre, plus de 500 morts

Kinburn 1787 ›

« Preuve de la montée en puissance de la Russie, Catherine [avait] ordonné la circumnavigation de l'Europe. » *Scott Powell, historien*

↑ Le Naufrage du *Yevstafy* pendant le combat naval de Tchesmé, *de Jacob Philipp Hackert (1771).*

Confédération de Bar

Lanckorona 23 mai 1771

La confédération de Bar vit le jour en 1768 pour défendre les droits de la noblesse et s'opposer à l'intervention croissante de la Russie dans les affaires polono-lituaniennes. En 1771, Alexandre Souvorov battit les confédérés à Lanckorona. Cette défaite annonça la fin de la confédération et le premier partage formel de la Pologne-Lituanie.

La confédération de Bar commença par remporter plusieurs victoires quand ses armées battirent les forces envoyées combattre son influence. La France avait délégué un conseiller militaire, Charles François Dumouriez, pour aider à organiser ces armées qui, en 1771, lancèrent une offensive couronnée de succès par la prise de Cracovie.

Le 23 mai, non loin de là, à Lanckorona, l'armée russe de Souvorov rencontra le colonel Dumouriez. Celui-ci avait déployé les confédérés sur une crête avec la forteresse de Lanckorona et 30 canons sur son flanc gauche, des bois protégeant son flanc droit et le centre. D'épaisses broussailles recouvraient la pente menant à leurs lignes. L'attaque de Souvorov sur cette position défensive privilégiée fut extrêmement audacieuse. Sans attendre le soutien de son infanterie, il lança contre le centre confédéré une charge de cavalerie regroupant Cosaques et carabiniers. Dumouriez ordonna à ses hommes d'attendre pour tirer mais, à la vue et au son de la cavalerie, les confédérés, peu disciplinés, préférèrent s'enfuir.

Dumouriez tenta de lancer une contre-attaque contre l'infanterie russe qui progressait vers lui mais l'issue de la bataille était déjà écrite. Les confédérés réussirent à se retirer dans la forteresse, que les Russes furent contraints d'éviter par manque d'artillerie lourde. Peu après, Dumouriez regagna la France. L'armée confédérée se retrouva sans chef expérimenté et fut défaite en 1772. **JF**

Pertes : confédérés, 500 sur 2 000 ;
Russes, pertes minimes sur 20 000

Praga 1794 ›

Guerre d'Indépendance américaine

Concord (Lexington) 18 avril 1775

La tentative de prise d'une cache d'armes appartenant au Congrès de la province du Massachusetts déclencha les premiers heurts de la guerre d'Indépendance américaine. Cette action préventive destinée à désarmer la milice locale et à démontrer les pouvoirs du souverain anglais se transforma en un affrontement sanglant.

Le jour n'était pas encore levé quand 700 soldats britanniques et Royal Marines aux ordres du lieutenant-colonel Francis Smith quittèrent par bateau Boston pour Charlestown (Massachusetts). Les agents américains répandirent la nouvelle tout au long du trajet menant à Concord, où étaient entreposées des armes et des munitions. Smith ne s'attendait à aucune résistance, de sorte qu'il n'avait ni artillerie ni ravitaillement ; chaque soldat n'avait touché que 36 cartouches.

Le beau temps favorisa l'avance vers Lexington, où l'itinéraire passait non loin du pré communal. C'est là que s'étaient réunis 130 *minutemen*, des miliciens toujours prompts à intervenir. Leur commandant leur demanda de s'écarter mais un coup de feu malencontreux déclencha les hostilités. La milice s'enfuit, laissant huit morts derrière elle. Les Britanniques se reformèrent et continuèrent jusqu'à Concord, à 96 km de là, où la route franchissait un pont. Des miliciens les y attendaient ainsi que dans d'autres endroits. Smith posta ses hommes en sécurité près du pont et en envoya d'autres fouiller la ville.

Vers midi, les Américains s'avancèrent vers le pont et le détachement de sécurité ouvrit le feu. Après plusieurs salves, les Anglais reculèrent. Manquant de munitions, Smith ordonna de battre en retraite. En chemin, ses soldats furent soumis aux tirs incessants des 3 500 miliciens et ne furent en sécurité qu'à Lexington. **RB**

Pertes : Américains, 49 morts, 41 blessés, 5 disparus ;
Britanniques, 73 morts, 174 blessés, 26 disparus

Bunker Hill 1775 ›

Une colonne de Britanniques en tenue rouge passe devant Lexington en feu (gravure non datée). ➔

Bunker Hill (Breed's Hill) 17 juin 1775

Après les affrontements de Lexington et de Concord, les forces britanniques se replièrent dans Boston, où elles furent assiégées par la milice du Massachusetts. L'attaque des positions américaines à Bunker Hill et Breed's Hill se traduisit par une victoire tactique coûteuse pour les Britanniques.

Au cours de la nuit du 16 au 17 juin, des miliciens commandés par le colonel William Prescott furent envoyés fortifier des ouvrages de terre britanniques abandonnés sur Bunker Hill, une des nombreuses collines dominant la péninsule de Charlestown, dans la baie de Boston. Prescott décida toutefois que Breed's Hill, pas aussi élevée mais plus proche de la mer, ferait une meilleure position. Une redoute de terre dominant Charlestown et longue de 41,5 m fut pratiquement achevée à l'aube ainsi que plusieurs parapets. Au matin, d'autres unités de la milice arrivèrent avec au total quelque 1 400 défenseurs. Les positions américaines s'étiraient le long d'une clôture de pierre allant sur la gauche de la redoute de Breed's Hill, quasiment jusqu'à la Mystic River, où un parapet dominait la grève.

« Charleston était en flammes, femmes et enfants quittaient les maisons en feu pour chercher refuge… » Dorothea Gamsby, témoin oculaire

Le général Thomas Gage, commandant en chef britannique, comprit le danger que représentaient des canons placés sur Breed's Hill et ordonna la prise immédiate de la colline. Le 17 juin, une journée très chaude, 2 500 soldats et fusiliers marins britanniques commandés par le général de division William Howe cherchèrent vers midi à franchir la rivière Charles sur des barges. Soutenus par le feu des canons des navires de ligne tirant également sur Charlestown, les Britanniques débarquèrent sans encombre sur l'autre rive. Howe envisageait de circonscrire les positions américaines. Une attaque sur deux fronts visa la redoute pour y fixer ses défenseurs tandis que des compagnies d'infanterie légère longeaient la Mystic River pour contourner le flanc gauche américain et attaquer par-derrière.

L'infanterie légère ne tarda pas à donner l'assaut au parapet et à la clôture où les attendaient plusieurs centaines de miliciens placés sous les ordres du colonel John Stark. À 45 m, la ligne britannique fut accueillie par des salves de mousquets. Après deux nouvelles tentatives, l'infanterie légère se replia avec de lourdes pertes, abandonnant derrière elle cadavres et blessés. Un assaut mené par des grenadiers fut tout aussi désastreux.

Entre-temps, soutenues par leur artillerie, les compagnies anglaises attaquèrent les positions américaines. L'infanterie, grenadiers en tête, fut elle aussi accueillie par des tirs rapprochés et repoussée par deux fois, là encore avec de lourdes pertes, principalement des officiers. La milice américaine n'avait plus de munitions et que peu de baïonnettes. Howe reforma ses lignes et des renforts lui permirent un troisième assaut de la colline. Les Américains tirèrent une dernière fois avant que les Britanniques ne franchissent les murs et encerclent la redoute. Après un bref combat au corps-à-corps, les miliciens pris de panique se replièrent vers Bunker Hill où des renforts auraient dû être prêts à intervenir. Ce ne fut pas le cas, et Prescott dut ramener sa milice vers l'intérieur des terres.

Décimés, les Britanniques n'étaient pas en état de les pourchasser. Après plusieurs jours, Gage ramena ses hommes à Boston. Le moral américain s'améliorait malgré la défaite, et le désir d'indépendance ne fit qu'augmenter. En mars 1776, les Anglais durent évacuer Boston. **RB**

Pertes : Américains, 140 morts, 301 blessés, 30 prisonniers ; Britanniques, 1 154 morts et blessés

< *Concord 1775* *Long Island 1776* >

Détail d'une peinture de Winthrop Chandler (v. 1776) représentant la bataille de Bunker Hill. 

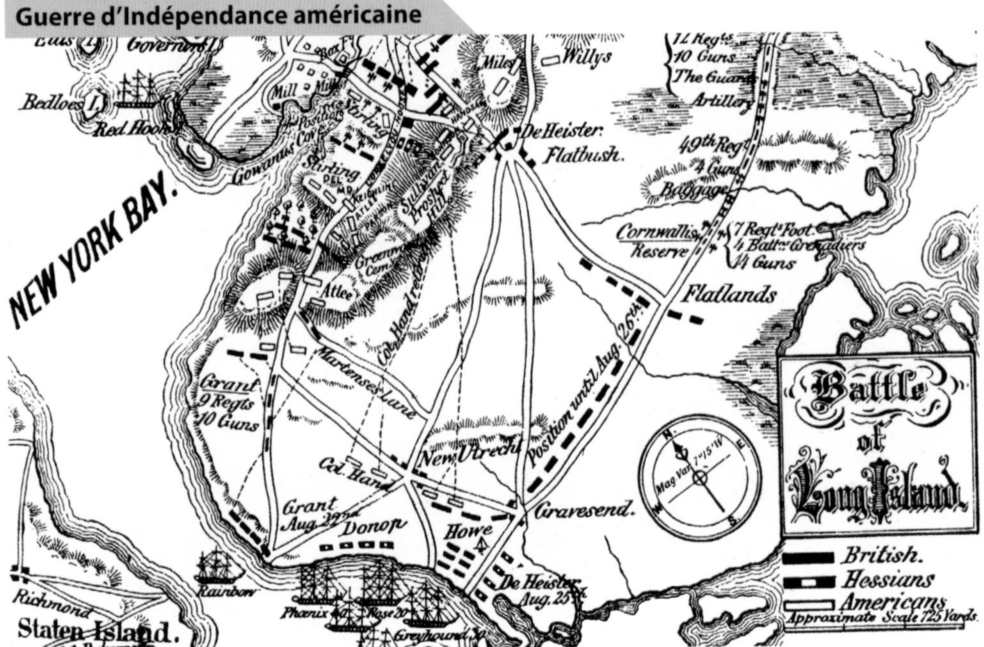

Long Island (Brooklyn) 27-29 août 1776

Le général de division William Howe voulut reprendre l'initiative après avoir été chassé de Boston lors du siège du général George Washington. Il réunit une flotte importante et, soutenu par des forces à terre, attaqua l'armée américaine à Long Island, première étape vers la prise de New York.

La division de l'armée continentale du général de division Nathanael Greene occupait des fortifications dressées sur Brooklyn Heights, à Long Island, sur la rive de l'East River faisant face à New York. Howe voulait attaquer par la terre tandis que les navires de ligne contrôleraient le détroit, prenant ainsi au piège les Américains. Le 22 août, 30 000 hommes, soldats britanniques et mercenaires allemands, débarquèrent dans la partie sud de Long Island. Les Américains renforcèrent leurs troupes jusqu'à avoir 9 000 hommes mais Greene, malade, fut remplacé par le général de division Israel Putnam, soldat moins expérimenté. Quelque 6 500 hommes gérèrent les positions américaines tandis que les autres étaient chargés de contrôler les trois routes menant aux Heights, et Howe forma trois sections d'assaut.

Le 27 août, après minuit, les colonnes de gauche et du centre de Howe avancèrent et Putnam dut déplacer ses unités pour affronter la menace. L'attaque britannique principale se porta à droite, quelques soldats attaquant les positions arrière américaines. Surprises, les unités américaines s'enfuirent vers la ligne de défense principale. Plusieurs régiments menèrent en vain des actions d'arrière-garde. Bien que victorieux, Howe prit deux jours de pause destinés à préparer l'assaut final. Un orage repoussa en aval les navires britanniques et Washington en profita pour abandonner Long Island. La nuit du 29 août, le gros de l'armée américaine franchit la rivière et s'échappa. **RB**

Pertes : Américains, 300 morts, 650 blessés, 1 100 prisonniers ; Britanniques et Allemands, 63 morts, 314 blessés

< *Bunker Hill 1775* | *Trenton 1776* >

Plan de la bataille de Long Island dû au colonel Henry Carrington, historien (1824-1912).

Île Valcour 11-13 octobre 1776

La campagne américaine au Canada se solda par un retrait près du lac Champlain, dans l'est de la province de New York, avec une présence britannique toute proche. Les Anglais voulaient contrôler le lac avant la venue de l'hiver. Chaque clan construisit une flottille avant d'affronter son ennemi.

Le général de division Guy Carleton, gouverneur général du Canada, avait cinq vaisseaux lourdement armés dont l'*Inflexible*, avec ses 18 canons, 20 canonnières et 28 barges remplies de soldats et d'Indiens. Le général de brigade américain Benedict Arnold disposait pour sa part de quinze goélettes, galères et canonnières.

Les Britanniques se dirigèrent vers le sud du lac et Arnold plaça ses navires dans le chenal étroit séparant l'île Valcour de la rive occidentale. Au matin du 11 octobre, les Anglais passèrent devant eux mais ne les virent que trop tard. Carleton revint contre le vent pour bloquer l'entrée du chenal. Ses gros vaisseaux étaient difficiles à manœuvrer ; il s'obstina et entama une bataille qui dura jusqu'à la tombée de la nuit. Le *Royal Savage* américain fut très tôt endommagé et brûla, mais les forces britanniques furent elles aussi lourdement touchées.

Au crépuscule, l'*Inflexible* lâcha cinq bordées qui rendirent de nombreux canons américains inutilisables. Arnold comprit qu'il ne survivrait pas à une seconde journée d'affrontement et, quand le brouillard descendit sur le lac, il ordonna à ses équipages d'envelopper les rames et de laisser ses navires plongés dans l'obscurité passer l'un après l'autre devant les Anglais. Le stratagème fut découvert au matin et donna lieu à deux jours de poursuite. Les Américains furent rattrapés. Désespéré, Arnold ordonna à ses hommes de repasser devant les Anglais et d'atteindre une baie où les vaisseaux furent échoués et incendiés. **RB**

Pertes : Américains, 673 morts ou prisonniers ; Britanniques, 50 morts, blessés ou disparus

Fort Ticonderoga 1777 ›

↑ *La flotte britannique lâche une bordée le 11 octobre, premier jour de la bataille sur le lac Champlain.*

Trenton 26 décembre 1776

La défaite américaine à Long Island initia une série d'engagements mineurs quand le général George Washington para les tentatives du général de corps d'armée britannique William Howe pour l'entraîner dans une bataille décisive. Washington réussit à éviter Howe jusqu'à ce que l'armée américaine soit en sécurité de l'autre côté du fleuve Delaware.

Pour franchir le fleuve, le 8 décembre, Washington s'empara de tous les navires disponibles, mettant fin à la poursuite des Britanniques. Howe regagna New York, laissant le général de division Cornwallis en poste pour l'hiver. Celui-ci plaça une garnison de 1 200 Hessiens commandés par le colonel Johann Rahl dans la ville fluviale de Trenton, transformée en avant-poste.

Le moral déclinait et les engagements se faisaient rares, et Washington sut qu'il devait l'emporter pour conserver son armée. Il vit l'occasion d'agir quand des espions lui signalèrent que la sécurité à Trenton était relâchée. Dans la nuit neigeuse du 25 au 26 décembre, il fit traverser le fleuve à ses hommes. Il voulait placer des unités sur trois sites, mais la tempête ne permit qu'à 2 400 hommes et à 18 canons de passer. Washington forma alors deux groupes d'assaut puis parcourut les 14 km menant à Trenton. Ils arrivèrent bien après l'aube. Un groupe partit vers l'ouest, l'autre emporta les canons vers le nord de la ville. Les Hessiens, surpris par l'attaque, descendirent dans la rue et répliquèrent aux tirs de mousquets américains. Rahl fut mortellement blessé dans les combats au corps-à-corps. Des effectifs plus importants et des tirs d'artillerie précis chassèrent les Allemands de la ville ; ils se réfugièrent dans un verger et résistèrent brièvement avant de se rendre ou de prendre la fuite. Washington repassa sur l'autre rive et retrouva du crédit auprès du Congrès. **RB**

Pertes : Américains, 4 morts, 8 blessés ; Hessiens, 40 morts, 66 blessés, 918 prisonniers

< *Long Island 1776* *Princeton 1777* >

Washington franchit le Delaware, *peinture de 1851 due à Emmanuel Gottlieb Leutze.* ↑

Princeton 3 janvier 1777

La victoire de Trenton encouragea George Washington à renouveler l'expérience auprès des avant-postes britanniques. Il franchit à nouveau le Delaware le 30 décembre, regroupa son armée à Trenton et attendit l'arrivée des forces anglo-allemandes du commandant britannique, le général de division Charles Cornwallis.

Cornwallis laissa 1 200 hommes à Princeton, à 19 km au nord de Trenton, avant d'attaquer Washington. Le harcèlement américain ralentit l'avance britannique et Cornwallis n'atteignit Trenton que le 2 janvier. Il trouva l'armée de Washington déployée sur la rive opposée d'une crique, en dehors de la ville, et envisagea d'attaquer le lendemain.

Pendant la nuit, Washington laissa brûler ses feux et s'en alla discrètement avec ses hommes afin d'attaquer Princeton. À l'aube, alors que les Américains resserraient leur étau sur la ville, une force américaine chargée de barrer la route principale rencontra deux régiments britanniques en route pour Trenton et la fusillade éclata. Cornwallis ne tarda pas à découvrir le subterfuge américain et se hâta de lancer ses hommes à leur poursuite. Pendant près d'une heure, les combats redoublèrent d'intensité au sud de Princeton. La milice américaine commençait à céder du terrain quand des unités continentales arrivèrent avec George Washington. Ils chassèrent les Anglais puis marchèrent sur Princeton, où il ne restait plus que 200 soldats britanniques. Ceux-ci se réfugièrent dans une maison en pierre mais le bombardement de celle-ci les contraignit à se rendre. Avant que Cornwallis n'arrive avec les siens, Washington rassembla les prisonniers et marcha vers l'ouest. Les Britanniques avaient perdu le contrôle de la majeure partie du New Jersey et les Français commencèrent à soutenir sérieusement la révolte américaine. **RB**

Pertes : Américains, 23 morts, 20 blessés ; Britanniques, 28 morts, 58 blessés, 187 disparus ou prisonniers

< *Trenton 1776* *Brandywine Creek 1777* >

La mort du général de brigade américain Hugh Mercer à Princeton, peinte par John Trumbull (1756-1843).

Fort Ticonderoga 2-7 juillet 1777

L'été suivant leur victoire à Valcour, les Britanniques renouvelèrent leur projet d'invasion. Le général de division John Burgoyne partit avec 9 100 hommes vers le sud du lac Champlain pour prendre Fort Ticonderoga aux Américains.

Fortification robuste édifiée en un point stratégique, Fort Ticonderoga était toutefois vulnérable aux tirs d'artillerie depuis les collines voisines : Mount Hope, Sugar Loaf Hill et Mount Independence. Chacune était fortifiée mais mal équipée en hommes. Une défense correcte dépassait les capacités des 4 000 Américains du général de division Arthur St-Clair dont le projet était de tenir le plus longtemps possible puis d'utiliser une tête de pont pour traverser le lac et se mettre en sécurité sur Mount Independence.

Burgoyne et le gros de ses troupes débarquèrent le 30 juin sur la rive ouest, non loin du fortin. Sur la rive opposée, les Hessiens marchèrent vers Mount Independence pour interdire toute solution de repli américaine. Le 4 juillet, St. Clair observa l'artillerie britannique postée sur Sugar Loaf. Le 5 juillet, au crépuscule, il évacua ses malades et ses blessés par bateau puis fit traverser le lac à ses hommes. De l'autre côté, il ordonna à son dernier commandant de détachement, le colonel Seth Warner, d'attendre l'arrière-garde avant de rejoindre le gros des troupes.

Warner ne tint pas compte de cet ordre et fit étape pour la nuit à Hubbarton. Le lendemain, à l'aube, les Britanniques attaquèrent par surprise et de rudes combats s'ensuivirent. L'armée continentale de Warner allait l'emporter quand les renforts hessiens arrivèrent pour donner la victoire aux Britanniques. Les hommes de Warner furent mis en déroute mais les troupes de St-Clair réussirent à s'enfuir. **RB**

Pertes : Américains, 40 morts, 40 blessés, 234 prisonniers ; Britanniques et Hessiens, 35 morts, 150 blessés

◁ *Île Valcour 1776* — *Bennington 1777* ▷

Guerre d'Indépendance américaine

Bennington 13-16 août 1777

Après avoir pris Fort Ticonderoga, John Burgoyne poussa vers Albany. Des hommes furent envoyés prendre leurs réserves aux Américains. Le raid contre Bennington déclencha la première bataille de la campagne de Saratoga.

Originaire de Brunswick, le colonel allemand Friedrich Baum eut pour mission de conduire une force composée de 800 Allemands, Britanniques, loyalistes et Indiens et de s'emparer du ravitaillement américain. Partis le 9 août, ils pillèrent la campagne pendant cinq jours. Le 14 août, un groupe de miliciens envoyés par un général de brigade du Vermont, John Stark, perdit près de Bennington une escarmouche contre les pillards de Baum. Les forces américaines passèrent à 1 100 hommes le lendemain matin quand Stark et ses renforts arrivèrent, sous une pluie battante. Baum comprit tout de suite son infériorité numérique. Il envoya un message à Burgoyne pour lui demander des renforts et fit construire des ouvrages de terre défensifs.

Le 16 août, Stark et sa milice attaquèrent les positions de Baum en plusieurs points. Bien que complexe, le plan américain fonctionna parfaitement et les positions étaient frappées de plusieurs endroits à la fois. Loyalistes et Indiens s'enfuirent dès la première salve, mais les soldats anglais et allemands défendirent farouchement leur redoute pendant deux heures, jusqu'à épuisement des munitions. Baum tenta une sortie en envoyant ses cavaliers hessiens charger à pied et sabre au clair, mais il fut tué et les survivants se rendirent. Les renforts de Burgoyne arrivèrent après la bataille à cause de la pluie. Stark reforma ses hommes pour les attaquer. Le commandant allemand fut tué dans l'affrontement et ses hommes durent battre en retraite. **RB**

Pertes : Américains, 14 morts, 42 blessés ; Britanniques et loyalistes, 207 morts, 700 prisonniers

◁ *Fort Ticonderoga 1777* — *Saratoga 1777* ▷

Brandywine Creek 11 septembre 1777

Pendant l'été 1777 débuta la campagne du général de corps d'armée anglais William Howe, pour s'emparer de la capitale américaine, Philadelphie. Sûr de son succès, Howe chercha à attirer Washington et son armée continentale dans une bataille décisive.

En juillet, Howe réunit une force constituée de Britanniques, d'Allemands et de loyalistes et s'engagea dans la baie de Chesapeake pour débarquer à 80 km au sud de Philadelphie. Washington envoya des unités de son armée continentale harceler les Britanniques. Howe divisa son armée, conduisant une colonne de 6 000 hommes tandis que le général de corps d'armée Wilhelm von Knyphausen en commandait 5 000 autres. Washington choisit des positions contrôlant plusieurs gués de l'autre côté de la rivière Brandywine, à 40 km de Phiiadelphie. Deux divisions renforcées d'artillerie furent postées au gué de Chadd, sur la route principale.

La garde avancée de Knyphausen fut aussitôt prise pour cible. Les combats diminuèrent en intensité quand une incursion américaine fut repoussée. Entre-temps, Howe remonta la rivière jusqu'à un gué non gardé et traversa pour aller attaquer le flanc droit et les arrières américains. Washington ne réagit pas tout de suite. Vers 14 heures, l'avance de Howe fut confirmée et Washington envoya l'affronter toutes ses divisions sauf une. La manœuvre devint assez confuse et les unités américaines ne purent former une défense cohérente même si elles se battirent pendant deux heures avec acharnement. Washington envoya trop tard sa dernière division, qui ne put servir que d'arrière-garde aux autres unités. Knyphausen força les défenses à Chadd et rejoignit Howe. La traque aux Américains ne s'acheva qu'à la tombée de la nuit. **RB**

Pertes : Américains, 200 morts, 500 blessés, 400 prisonniers ; Britanniques et Allemands, 89 morts, 488 blessés, 6 disparus

< *Princeton 1777* *Germantown 1777* >

« Peu importent les malheurs du jour, je suis heureux de voir les hommes garder le moral et j'espère qu'une autre fois nous compenserons les pertes subies. »

Général Washington, lettre à John Hancock, écrite le 12 septembre 1777 après minuit

↑ *Illustrations des régiments de fusiliers Von Bose (en haut) et Von Donop (en bas) commandés par Knyphausen.*

Saratoga 19 septembre - 17 octobre 1777

La défaite à Bennington posa plus de problèmes à l'armée du général John Burgoyne qu'il ne l'aurait imaginé. Selon les plans de campagne britanniques, trois expéditions devaient converger vers Albany, dans la province de New York, mais seule l'armée de Burgoyne était en marche – et elle était affaiblie.

En septembre 1777, le général Horatio Gates, récemment nommé commandant supérieur pour l'Amérique du Nord, posta les 7 000 membres de son armée continentale et de la milice sur la route que devait suivre Burgoyne, le long de l'Hudson. Les hommes de Gates avaient procédé à de grands travaux de fortification à Bernis Heights, position dominant le fleuve. Burgoyne n'avait que peu d'informations relatives à l'importance numérique et à l'emplacement de l'armée de Gates et il tenta de passer.

Quand les troupes britanniques s'avancèrent jusqu'à Freeman's Farm, à 5 km de Bernis Heights, le général de brigade américain Benedict Arnold convainquit Gates pourtant hésitant de l'envoyer avec le colonel Daniel Morgan, les fusiliers et l'infanterie attaquer la garde avancée. De nombreux officiers britanniques furent fauchés en terrain découvert par les tirs à longue portée des tireurs d'élite embusqués dans les bois touffus. Démoralisée, la garde britannique commençait à se disperser quand le gros de l'armée anglaise arriva, bientôt suivi de renforts allemands qui enfoncèrent le flanc américain. Les continentaux tinrent bon et les combats durèrent jusqu'à la tombée de la nuit. Furieux, Gates priva Arnold de commandement. Burgoyne espérait les renforts du général Henry Clinton, et il décida d'attendre, construisant ses propres ouvrages de terre défensifs de Freeman's Farm jusqu'au fleuve. Gates renforça également ses positions et d'autres unités américaines arrivèrent pour porter à 11 000 le nombre de ses hommes. Burgoyne voyait quant à lui ses provisions diminuer dangereusement.

« Cet officier est le général Fraser… Postez-vous dans ces buissons et faites votre devoir. »

Colonel Daniel Morgan, ordonnant à ses tireurs de tuer Fraser

Burgoyne finit par ne plus vouloir attendre Clinton. Ses officiers lui proposèrent de se retirer mais il refusa. Le 7 octobre, il envoya 1 500 hommes, répartis en trois colonnes commandées par le général de brigade Simon Fraser, sonder le flanc gauche ennemi. Fraser s'arrêta pour reformer ses unités à moins de 1,5 km des ouvrages de terre américains. Une division de l'infanterie continentale, dont les fusiliers de Morgan, les attendait dans les bois et ouvrit le feu sur les Britanniques. Fraser fut tué en essayant de rallier ses hommes alors que l'assaut repoussait Britanniques et Allemands vers leurs redoutes, à Freeman's Farm. L'assaut américain commençait à chanceler quand l'indiscipliné Arnold arriva sur son cheval à la tête d'une brigade et chargea les positions britanniques jusqu'à ce qu'il soit blessé. Dans leur redoute, les Allemands résistèrent aux assauts américains mais furent finalement écrasés.

La chute de cette redoute rendit vulnérables celle de Burgoyne et les autres ouvrages du même genre mais le crépuscule empêcha qu'ils soient attaqués. Pendant la nuit, Burgoyne ordonna de battre en retraite vers Saratoga, plus au nord. Il atteignit la ville, comprit qu'il ne pouvait aller plus loin et préféra négocier sa reddition avec Gates. Le 12 octobre, le général de brigade John Stark arriva de Bennington et coupa la route au nord de Saratoga pour empêcher toute sortie de Burgoyne. Gates et Burgoyne parvinrent à un accord le 17 octobre et les survivants de l'armée anglaise déposèrent les armes. **RB**

Pertes : Américains, 215 morts, 300 blessés, 36 disparus ; Britanniques et Allemands, 1 200 morts ou blessés, 5 800 prisonniers

< *Bennington 1777* *Germantown 1777* >

Le général Burgoyne (à droite) remet son épée après Saratoga ; peinture de John Trumbull (1756-1843). 

Guerre d'Indépendance américaine

Germantown 4 octobre 1777

Les défaites américaines à Brandywine et Paoli contraignirent le Congrès à évacuer Philadelphie. Le 26 septembre, un détachement britannique occupa la ville tandis que les 11 000 hommes de l'armée du général William Howe stationnaient à Germantown, à 8 km de là. George Washington décida de réagir.

La stratégie de Washington consistait à pousser les Britanniques dans Philadelphie puis de couper leurs lignes d'approvisionnement. Le 3 octobre, à la nuit tombante, il lança contre Germantown 11 000 soldats continentaux et miliciens pour frapper Howe simultanément avec trois colonnes convergeant de directions différentes – une tactique délicate pour une armée inexpérimentée.

Washington mena l'attaque centrale pour repousser en ville les Anglais. L'attaque de droite fut toutefois contrecarrée par la résistance des Hessiens alors que les unités américaines de la colonne de gauche étaient immobilisées par le brouillard et ce jusqu'à ce que les combats soient bien engagés. Un groupe de Britanniques se réfugia dans une maison aux épais murs de pierre que les hommes de Washington bombardèrent alors qu'ils l'avaient négligée dans un premier temps. Entendant la canonnade, une brigade du flanc gauche américain partit dans cette direction mais, perturbée par la fumée et le brouillard, tira dans le flanc d'une unité du centre. Celle-ci se crut attaquée par les Britanniques et se replia, à court de munitions.

Devant la résistance britannique, les flancs des diverses unités se retirèrent. Les renforts anglais arrivèrent et, sentant vaciller les lignes américaines, Howe contre-attaqua et prit au piège une des unités des continentaux. Washington se replia dans de bonnes conditions sur 16 km, mettant ainsi un terme à la bataille. **RB**

Pertes : Américains, 152 morts, 521 blessés, 400 prisonniers ; Britanniques et Hessiens, 71 morts, 450 blessés, 14 prisonniers

[<] *Saratoga 1777* *Monmouth 1778* [>]

Guerre d'Indépendance américaine

Monmouth 28 juin 1778

La reddition britannique à Saratoga fit entrer les Français dans la guerre en février 1778 en tant qu'alliés des Américains. Le général Henry Clinton reçut l'ordre d'opter pour une stratégie défensive et de consolider ses forces à New York. Il abandonna Philadelphie et son armée marcha vers le nord.

Pour rattraper Clinton, Washington conduisit son armée sur une route croisant celle des Britanniques à hauteur de Monmouth County Court House, non loin de Freehold, dans le New Jersey. Placée sous la direction du général de division Charles Lee, une garde avancée américaine de 5 000 hommes rencontra les 1 500 éléments du détachement arrière britannique et la bataille s'engagea. Devant les 5 000 Anglais commandés par Clinton, Lee perdit le contrôle des événements : ses instructions vagues n'avaient entraîné que confusion et retraite.

Washington arriva vers midi avant le gros de son armée pour voir les hommes de Lee fuir le champ de bataille. Furieux, il les rallia et attendit que ses propres unités soient en ligne de bataille. Il y eut de part et d'autre des attaques et des contre-attaques pendant l'après-midi ; les victimes furent nombreuses, les canons anglais et américains pilonnant le terrain au long du plus grand duel d'artillerie de la guerre. La gauche américaine tint bon alors que l'aile droite du général de division Nathanael Greene était repoussée. Greene reforma ses unités au sein de la ligne de combat principale et continua de se battre. L'instruction reçue pendant l'hiver à Valley Forge permit aux continentaux de repousser les soldats anglais et de contre-attaquer à la baïonnette. En fin d'après-midi, les belligérants étaient épuisés et les combats cessèrent. Vers minuit, Clinton ramena ses hommes vers la côte, où ils furent évacués par la Royal Navy. **RB**

Pertes : Américains, 109 morts, 161 blessés, 130 disparus ; Britanniques, 207 morts, 170 blessés

[<] *Germantown 1777* *Savannah 1778* [>]

Ouessant 27 juillet 1778

Pendant l'été 1778, la France entra en guerre contre la Grande-Bretagne en tant qu'alliée des Américains. La bataille d'Ouessant montra que les Anglais n'avaient plus la suprématie sur mer : la Royal Navy fut incapable d'empêcher la marine française renaissante de prendre le dessus en Atlantique.

Depuis la fin de la guerre de Sept Ans, en 1763, les Français avaient énormément investi dans la construction navale tout en réformant l'organisation de leur marine. La Grande-Bretagne avait besoin d'enfermer la flotte de l'Atlantique et celle de la Méditerranée respectivement dans les ports de Brest et de Toulon, mais elle manquait de puissance navale pour parvenir à ses fins.

En juillet 1778, la flotte de l'Atlantique du comte d'Orvilliers tentait une sortie quand elle fut contrainte au combat par l'escadre britannique occidentale de l'amiral Augustus Keppel, à 180 km au large d'Ouessant. Dans la plus pure tradition de la Royal Navy, Keppel fit voile pour attaquer, mais il fut contrecarré par les Français quand les canons de leurs vaisseaux les plus modernes tirèrent sur l'arrière britannique de l'amiral Hugh Palliser. Remarquablement formés, les canonniers français infligèrent de lourds dégâts structurels aux navires de Palliser et décimèrent leurs équipages.

Keppel ordonna de se lancer à la poursuite des bâtiments français qui rentraient au port, mais Palliser avait vu assez de combat pour la journée et n'exécuta pas les manœuvres nécessaires. La bataille navale fut suivie d'une longue controverse entre Keppel et Palliser à propos des mauvaises performances de l'escadre occidentale, ce qui n'améliora en rien le moral des marins. Entre-temps, la flotte de la Méditerranée traversait l'Atlantique et arrivait à New York. **RG**

Pertes : Britanniques, aucun navire sur 30, 1 200 morts ou blessés ; Français, aucun navire, 27 500 morts ou blessés

< *Quiberon 1759* *Cap Saint-Vincent 1780* >

« Si l'ennemi cherche à nous pousser [à l'engagement naval], il sera difficile de s'esquiver. »

Comte d'Orvilliers

↑ *Détail d'une gravure française du XVIIIe siècle représentant le combat naval d'Ouessant opposant Français et Britanniques.*

Guerres anglo-françaises en Inde

Pondichéry 21 août - 18 octobre 1778

La France avait apporté son soutien aux États-Unis d'Amérique rebelles et la guerre qui l'opposa à la Grande-Bretagne eut des répercussions inattendues en Inde. Les hostilités permirent aux Anglais de s'attaquer aux dernières colonies françaises du sous-continent indien ainsi qu'à leur capitale, Pondichéry.

Les soldats britanniques étaient commandés par le général Hector Munro et la garnison française de Pondichéry était placée sous les ordres de son gouverneur, Guillaume Léonard de Bellecombe. Ce dernier entreprit de consolider les défenses de sa ville. Des batteries de canons furent rapprochées du rivage, et la garnison française bénéficia de l'arrivée des soldats ayant battu en retraite après la chute de Karikal, le 10 août.

Le général Munro assiégea Pondichéry le 21 août puis une série d'affrontements navals contraignit les navires français à se retirer plus au sud. Les Anglais firent venir des batteries pour bombarder la forteresse en septembre puis lancèrent un premier assaut. Ils subirent toutefois de lourdes pertes et durent se résoudre à tenir un long siège. Pendant tout le mois de septembre, les Français firent plusieurs sorties plus ou moins couronnées de succès. Au cours de l'une d'elles, le 4 octobre, Bellecombe fut blessé et contraint de se retirer alors que les bombardements britanniques redoublaient d'intensité, réduisant à néant des parties des bastions sud et nord-ouest. Devant l'imminence de l'assaut final, Bellecombe, tombé malade après sa blessure, se rendit le 18 octobre. En hommage aux 36 jours de résistance française, Munro autorisa les hommes de Bellecombe à sortir du fortin avec les honneurs militaires qui leur étaient dus. **TB**

Pertes : Britanniques, 200 victimes sur 1 500 hommes de troupe, 800 victimes sur 7 000 Cipayes ; Français, 300 victimes sur 800 hommes, 150 victimes sur 500 Cipayes

< *Buxar 1764* *Pollilur 1780* >

Guerre d'Indépendance américaine

Savannah 29 décembre 1778

La guerre contre les Américains au nord du continent mais aussi les attaques françaises dans les Caraïbes obligèrent les Britanniques à sécuriser leurs colonies américaines du Sud. L'objectif premier fut la prise du port de Savannah, en Géorgie, et des soldats de l'armée régulière furent envoyés soutenir cette opération.

Le général de corps d'armée Henry Clinton imagina un effort britannique combiné faisant appel aux troupes stationnées en Floride orientale, mais celles-ci furent rapidement repoussées par les avant-postes américains avant même que les navires anglais n'arrivent avec leurs 3 500 hommes placés sous les ordres du lieutenant-colonel Archibald Campbell. Ils remontèrent la rivière Savannah pour déposer Campbell et ses troupes à 5 km de Savannah le 29 décembre.

La défense américaine constituée de l'armée continentale et de la milice du général de division Robert Howe ne put réunir que 850 hommes. Howe les posta à la limite sud de Savannah, et la milice locale, peu expérimentée, se retrouva à l'extrême droite, bien au-delà de l'endroit où les Britanniques devaient arriver. Howe attendit, persuadé que les marais ralentiraient l'avance de Campbell.

Un esclave indiqua à Campbell un sentier caché permettant de contourner le flanc droit américain. Le général anglais envoya une force d'assaut dans cette direction alors qu'un autre groupe disposant de canons faisait diversion. La milice américaine de droite s'enfuit dès qu'elle aperçut les militaires britanniques. Campbell mena alors un assaut contre le centre et la ville fut prise après moins d'une heure de combats plutôt légers. Howe et d'autres réussirent à s'enfuir, mais la Grande-Bretagne disposait désormais d'une base opérationnelle. **RB**

Pertes : Américains, 83 morts ou blessés, 453 prisonniers ; Britanniques, 3 morts, 10 blessés

< *Monmouth 1778* *Camden 1780* >

Flamborough Head 23 sept. 1779

Depuis sa création fin 1775, la marine américaine ne cessa d'accroître son efficacité. De hardis capitaines firent que quelques navires de ligne purent sillonner les eaux internationales dès 1776 et traquer les ravitailleurs anglais. Comme le *Bonhomme Richard*, fourni par la France, il s'agissait souvent de bâtiments de commerce reconvertis.

La reddition à Saratoga du général de division John Burgoyne encouragea la France à soutenir les Américains. Un accord permit de transformer en un vaisseau de guerre fort de 42 canons un navire marchand « prêté » au capitaine John Paul Jones. Celui-ci lui donna le nom de *Bonhomme Richard* et lui fit prendre la mer. En septembre 1779, au large de Flamborough Head, Jones rencontra l'imposante flotte commerciale britannique de la Baltique escortée par le *Serapis*, doté de 44 canons répartis sur deux ponts, plus sept autres.

Voyant Jones s'approcher, le capitaine Richard Pearson, méfiant, prépara à l'action le *Serapis*. Jones n'en était plus qu'à 90 m quand il hissa le pavillon américain et que la canonnade commença. Dès la deuxième bordée, deux des canons de Jones explosèrent, entraînant des dégâts importants et réduisant sa puissance de feu. Il vira alors vers la proue du *Serapis* mais ne réussit pas à prendre le vent. La proue du *Serapis* percuta le *Bonhomme Richard* et les deux vaisseaux s'emmêlèrent. Les canonnades se firent à bout portant, et après trois heures le *Bonhomme Richard*, ravagé, coula. Malgré tout, Jones refusa de se rendre.

Les combats faisaient toujours rage quand un homme d'équipage américain grimpa dans le gréement et lança une grenade dans l'écoutille du *Serapis*. L'explosion fit de nombreuses victimes et détruisit le pont inférieur, obligeant Pearson à se rendre. **RB**

Pertes : Américains, 150 morts ou blessés sur 332 ;
Britanniques, 130 morts ou blessés sur 284

Guerre d'Indépendance américaine

Cap St-Vincent 16-17 janvier 1780

En 1780, la Grande-Bretagne ne se battait pas seulement contre les États-Unis rebelles mais aussi contre la France, l'Espagne et la république de Hollande – trois grandes puissances navales. La victoire sur les Espagnols lors de la « bataille au clair de lune » disputée au cap Saint-Vincent fut un soulagement pour une Royal Navy en difficulté.

Placée sous les ordres de l'amiral George Rodney, une flotte britannique constituée de 20 navires de ligne et de six frégates fut envoyée libérer Gibraltar, dont les Espagnols faisaient le siège sur terre comme sur mer. Au large de la côte de l'Algarve, au sud du Portugal, Rodney rencontra une escadre composée de neuf navires de ligne et de deux frégates, aux ordres du commodore Don Juan de Lángara. C'était un officier courageux mais, face à une force bien supérieure, il eut l'intelligence de choisir de se réfugier dans le port de Cadix. Rodney lança ses capitaines dans une « traque générale », permettant à chacun de poursuivre les Espagnols comme il l'entendait.

Grâce au revêtement en cuivre de leurs coques (une invention récente), les navires britanniques les plus rapides rattrapèrent les Espagnols en deux heures à peine. La canonnade débuta vers 16 heures. La nuit ne tarda pas à tomber mais les Britanniques ne voulaient pas lâcher leurs proies et continuèrent de se battre à la clarté de la lune. L'affrontement était risqué, le vent poussant les bâtiments vers la côte de l'Algarve. Les Espagnols luttèrent avec bravoure mais l'équilibre des forces leur était défavorable. Équipé de 70 canons, le *Santo Domingo* explosa, tuant tout son équipage. *El Felix*, navire amiral de Lángara, fut le dernier à se soumettre et baissa pavillon à 2 heures du matin. Six navires espagnols s'échappèrent alors que les Britanniques essayaient de ne pas s'échouer. **RG**

Pertes : Britanniques, aucun navire perdu ;
Espagnols, 1 navire détruit, 4 capturés

< *Ouessant 1778* *Baie de Chesapeake 1781* >

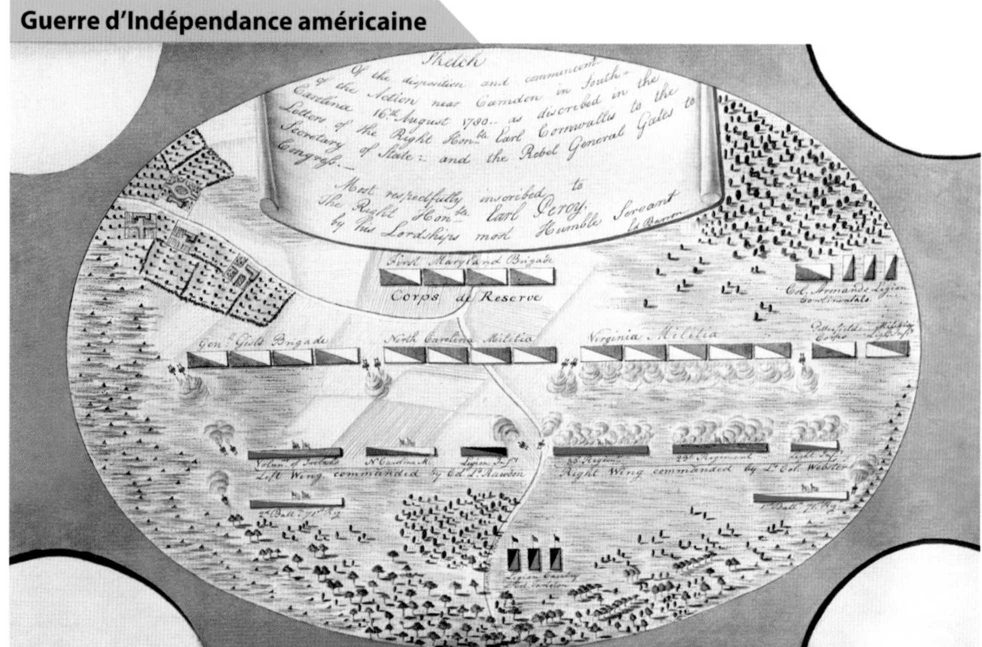

Camden 16 août 1780

La soumission des colonies rebelles du Sud passait par le contrôle des avant-postes et des dépôts de ravitaillement. Le plus important était celui de Camden, en Caroline du Sud, à près de 200 km du littoral. En août 1780, les forces du général de division Horatio Gates partirent s'en emparer.

Mis au courant de l'arrivée de Gates, le général de corps Charles Cornwallis quitta Camden avec 2 200 soldats pour affronter les Américains plus au nord. Gates était un piètre militaire : la victoire à Saratoga, qui lui avait apporté le commandement du sud du pays, était en réalité due à des chefs plus doués. Les 3 700 hommes de son armée sudiste appartenaient pour la plupart à la milice locale ; seuls 900 vétérans de l'armée continentale venaient du Maryland et du Delaware. Les deux armées s'avancèrent l'une vers l'autre, ignorant tout de leur présence réciproque.

Le 15 août, les hommes de Gates entreprirent une marche de nuit en direction de Camden. Le lendemain, peu avant l'aube, ses forces avancées rencontrèrent les éclaireurs britanniques et les deux armées firent halte jusqu'au lever du jour.

Les deux commandants placèrent leurs meilleures troupes sur la droite de sorte que les soldats du lieutenant-colonel James Webster se retrouvèrent en face de la milice américaine, plus faible. Comme à Saratoga, Gates prit place à l'arrière. Quand les hommes de Webster avancèrent, la milice s'écroula sans avoir pratiquement tiré. Webster bifurqua alors vers la gauche et les deux régiments de continentaux menant la vie dure aux loyalistes. Pris au piège, inférieurs en nombre, les continentaux furent vaincus. Gates s'enfuit à cheval et ce fut la pire défaite américaine de la guerre. Les Britanniques étaient provisoirement maîtres des colonies du sud. **RB**

Pertes : Américains, 250 morts, 800 blessés et prisonniers ; Britanniques et loyalistes, 68 morts, 256 blessés

< *Savannah 1778* *Kings Mountain 1780* >

Gravure de 1780 représentant la bataille de Camden. Les soldats britanniques sont en bas à droite.

Pollilur 10 septembre 1780

La bataille de Pollilur s'acheva par l'une des pires défaites britanniques en Inde et une victoire mémorable pour Tipû Sâhib, futur sultan du Mysore. Cet événement le rendit si heureux qu'il fit orner les murs de son palais d'été de fresques représentant les grands moments de la bataille.

Après la prise de Pondichéry en 1778, la Compagnie anglaise des Indes orientales renforça son contrôle du pays aux dépens des Français. Cette situation mit les Britanniques en conflit avec l'allié de la France, Haidar Alî, souverain du Mysore. Haidar forma une alliance non seulement avec la France mais aussi avec les Marathes et les nizâm de l'Hyderabad. Il put ainsi réunir une impressionnante armée qui envahit l'État du Karnataka puis dispersa et désorganisa les forces britanniques.

Le commandant britannique, Sir Hector Munro, décida de concentrer ses forces à Conjeeveram (moderne Kanchipuram) mais, le 6 septembre 1780, un détachement conduit par le colonel William Baille allait rejoindre Munro quand il fut intercepté par l'armée plus puissante du fils d'Haidar, Tipû. Munro envoya 1 000 hommes à la rescousse de Baille mais cela ne suffit pas. Le 10 septembre, Baille chercha à s'échapper vers Conjeeveram mais il fut rattrapé par les 10 000 éléments de l'armée de Tipû. Il forma un vaste carré défensif, mais les charges répétées de Tipû et le feu des artilleurs du Mysore en vinrent facilement à bout. Baille se rendit pour éviter l'anéantissement.

Deux cents soldats britanniques furent faits prisonniers et allèrent croupir dans les geôles du Mysore ; beaucoup n'y survécurent pas, dont Baille. Les Britanniques purent lancer une contre-attaque en 1781, battant Haidar à Porto Novo, mais deux décennies s'écouleraient avant que Pollilur soit vraiment vengé, à Seringapatam, en 1799. **TB**

Pertes : Britanniques, lourdes, une minorité de survivants sur plus de 4 000 ; Mysore, chiffres inconnus

⟨ *Pondichéry 1778* — *Trinquemalay 1782* ⟩

L'armée de Tipû attaque les Britanniques à Pollilur (grande fresque du palais d'été de Tipû).

Kings Mountain 7 octobre 1780

Après les victoires de Charleston en mai et de Camden en août, le général Charles Cornwallis entreprit d'affronter les Américains en Caroline du Nord. Il confia au major Patrick Ferguson la tâche de sécuriser la région située à l'ouest des montagnes.

Ferguson était un officier britannique compétent, familier du style de guerre pratiqué sur la « frontière » : il se servait d'un sifflet en argent pour diriger ses loyalistes pendant les batailles. Il réussit dans un premier temps à disperser les miliciens rebelles, nombreux mais mal organisés, à l'est des Blue Ridge Mountains. Toutefois, quand il entreprit de franchir ces montagnes vers l'ouest et de pénétrer dans les paysages ruraux des « transmontagnards », il rencontra des hommes n'ayant pas juré allégeance au roi et ne fit que raviver leur esprit de résistance.

Les 900 miliciens du colonel William Campbell partirent à la recherche de Ferguson et de ses 1 000 loyalistes. Inquiet, l'officier anglais demanda des renforts à Cornwallis et établit son campement sur Kings Mountain, longue et étroite crête rocheuse aux pentes accidentées. Il ne prépara pas de positions défensives mais concentra ses hommes à chaque extrémité. Campbell divisa ses miliciens en huit petits groupes chargés d'entourer et de prendre l'arête rocheuse. Bientôt ils grimpèrent le long des pentes tout en faisant feu.

Quand les loyalistes contre-attaquèrent à la baïonnette, les Américains se replièrent dans la partie accidentée puis revinrent à l'attaque. Peu à peu, l'étau se referma sur les loyalistes, coincés à l'extrémité nord de la crête. Ferguson fut tué sur son cheval en essayant de fuir et un officier supérieur loyaliste brandit un drapeau pour indiquer sa reddition. La victoire américaine affaiblit le soutien loyaliste au sud et écarta Cornwallis des responsabilités. **RB**

Pertes : Américains, 29 morts, 58 blessés ;
loyalistes, 250 morts, 163 blessés, 688 prisonniers

< *Camden 1780* *Cowpens 1781* >

Cowpens 17 janvier 1781

Le général de division Nathanael Greene prit le commandement de l'armée américaine du sud après le désastre de Camden. Le général de brigade Daniel Morgan le rejoignit en Caroline du Sud, pour préparer la défaite du général Cornwallis.

Greene donna à Morgan un millier d'hommes pour affronter les Britanniques. Cornwallis était déterminé à capturer Greene et ne pouvait se permettre de voir menacer ses arrières. Il confia au lieutenant-colonel Banastre Tarleton le soin d'éliminer Morgan. En janvier, Tarleton apprit que Morgan se trouvait sur une vaste prairie appelée « the Cowpens » et se hâta d'y arriver. Morgan avait choisi cet endroit pour y regrouper miliciens et anciens continentaux. Il disposa la milice sur deux lignes soutenues par une troisième ligne de continentaux, avec des fusiliers et des hommes à cheval sur chaque flanc et en renfort.

Tarleton envoya d'abord sa cavalerie mettre en déroute l'ennemi mais un feu nourri la contraignit à reculer. Il fit ensuite donner son infanterie. La première ligne de miliciens tira à deux reprises puis se replia. Les Anglais s'avancèrent et la deuxième ligne tira à son tour avant de passer à l'arrière. Comme les Britanniques continuaient d'avancer et d'échanger des coups de feu avec les continentaux, Tarleton fit appel à son infanterie et à ses réserves à cheval.

La position américaine allait céder et les hommes prirent un réalignement de leur unité pour la retraite générale. Morgan et ses officiers reprirent le contrôle de la situation. Les continentaux tirèrent à bout portant puis chargèrent à la baïonnette. Dans le même temps, la milice entrait en jeu alors que les dragons de Morgan s'attaquaient au flanc droit britannique. L'infanterie anglaise baissa les armes et les loyalistes de Tarleton prirent la fuite. **RB**

Pertes : Américains, 12 morts, 60 blessés ;
Britanniques, 110 morts, 229 blessés, 600 prisonniers

< *Kings Mountain 1780* *Guilford Court House 1781* >

Les Américains affrontent les Britanniques à cheval à Cowpens (peinture de William Ranney, 1845). 

Guilford Court House 15 mars 1781

Humilié par la défaite de Cowpens et la traque infructueuse de l'armée américaine du général Nathanael Greene, le général Charles Cornwallis passa à l'action dès qu'il eut appris la présence de Greene à Guildford Court House et imposa une marche forcée à ses 1 900 soldats et loyalistes.

Des renforts permirent à Greene d'envisager un affrontement direct mais il voulait protéger son armée. Il choisit le champ de bataille et attendit avec ses 4 500 continentaux et miliciens. Il disposa ses forces selon trois lignes de bataille avec des cavaliers et des fusiliers sur chaque flanc, sans cependant se doter de réserve. La milice, moins fiable, et deux canons se retrouvèrent en première ligne avec l'ordre de tirer, de reculer puis de se reformer. Aux vétérans revenait la troisième ligne.

Les troupes de Cornwallis se déployèrent aussitôt, artillerie légère au centre, grenadiers et Allemands de part et d'autre. Ils tirèrent sur la première ligne américaine embusquée derrière une clôture mais furent eux-mêmes accueillis par une salve nourrie. La milice se replia mais, au grand désespoir de Greene, la majeure partie quitta le champ de bataille. Les Britanniques pénétrèrent plus avant dans les bois, où ils rencontrèrent la deuxième ligne ; après un combat plus âpre, ils réussirent à faire reculer les Américains. Des combats séparés eurent lieu sur les flancs et des unités durent être retirées du centre. La gauche britannique poussa la ligne américaine principale mais fut vivement refoulée. Pendant ce temps, au centre, les soldats de Cornwallis se battaient au corps-à-corps avec les Américains. Les contre-attaques de la cavalerie américaine et des continentaux ne réussirent pas à venir à bout des Anglais, dont l'artillerie et la cavalerie de réserve prirent le dessus. Greene fit cesser les combats. **RB**

Pertes : Américains, 78 morts, 183 blessés, 1 046 disparus ; Britanniques, 93 morts, 413 blessés, 26 disparus

< *Cowpens 1781* *Baie de Chesapeake 1781* >

Les forces de Greene reprennent l'artillerie anglaise à Guilford Court House (illustration du XIXe siècle).

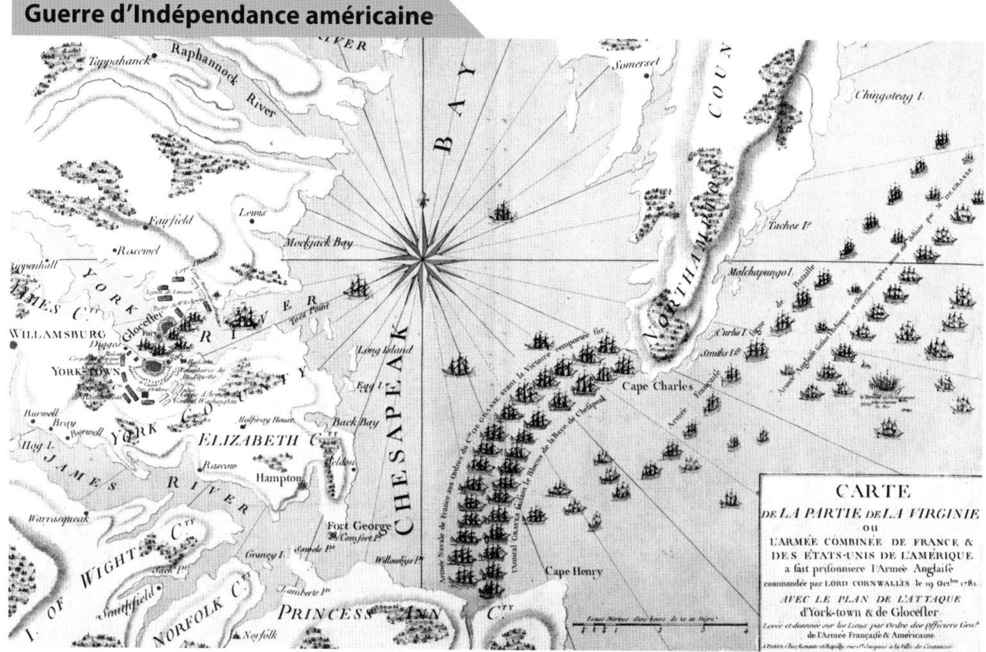

Baie de Chesapeake (caps de Virginie) 5 septembre 1781

La perte d'hommes et de provisions à Guilford Court House contraignit le général Cornwallis à mettre un terme à sa campagne dans le Sud à la fin de l'été 1781. Lorsque le général Clinton lui ordonna de trouver un port en eau profonde pour servir de base d'opération, il fit entrer son armée en Virginie.

Cornwallis choisit comme base Yorktown, en Virginie, un port où le fleuve York se jetait dans la baie de Chesapeake. Il fortifiait la ville quand Clinton apprit qu'une importante flotte française venue des Indes occidentales se dirigeait vers Chesapeake et confia le soin de l'intercepter à une flotte britannique – 19 navires de ligne et sept frégates sous les ordres du contre-amiral Thomas Graves. Ce dernier tarda à réagir : quand il entra dans la baie, le 5 septembre, ce fut pour y trouver l'armada française du contre-amiral François de Grasse – 25 navires et cinq frégates.

La flotte française profita de la marée de l'après-midi pour se mettre en formation de bataille. Venue du nord-ouest, celle de Graves avait le vent en poupe ; il ordonna une formation semblable quand les deux flottes s'orientèrent vers le sud selon des routes vaguement convergentes. La bataille commença à 16 heures par un échange de bordées lâchées à bout portant. Une mauvaise interprétation des signaux échangés entre capitaines britanniques fit que plusieurs navires n'entrèrent pas dans le combat. La puissance de feu des navires français, bien plus massifs, fit payer un lourd tribut aux Britanniques. Graves dut se replier à la tombée de la nuit. Après deux heures de canonnade, les deux flottes prirent lentement la direction du sud jusqu'à ce que De Grasse perde de vue Graves et reparte vers le nord afin de bloquer l'entrée de la baie. **RG**

Pertes : Britanniques, 90 morts sur 13 000, 246 blessés, 1 navire sabordé, 6 navires très endommagés ; Français, 200 morts ou blessés sur 19 000, aucun navire perdu

< *Guilford Court House 1781* *Yorktown 1781* >

Carte du XVIIIe siècle montrant les navires français bloquant la flotte anglaise devant Yorktown.

Yorktown 28 septembre - 19 octobre 1781

Le 22 août, le général anglais Charles Cornwallis conduit les 7 200 hommes de son armée vers Yorktown, en Virginie, et entreprit de transformer le port fluvial en base fortifiée. Le général de division Marie-Joseph de La Fayette se hâta d'en informer le général George Washington.

Washington était à New York aux côtés du gros de l'armée américaine quand il apprit l'arrivée tant attendue de la flotte et des hommes du contre-amiral François de Grasse en baie de Chesapeake. Il vit là l'occasion de prendre Cornwallis au piège. Washington et le général de corps d'armée Jean-Baptiste Rochambeau, commandant des forces françaises, décidèrent d'envoyer leurs armées en Virginie. Pour tromper les Britanniques et les maintenir à New York, la moitié de l'armée américaine resta sur place alors que le reste se joignait aux soldats de Rochambeau et se dirigeait vers les ports du Maryland. La victoire de De Grasse dans la bataille des Caps de Virginie, le 5 septembre, avait permis de transporter de l'autre côté de la baie l'artillerie lourde, les soldats et le ravitaillement de Washington. Vers la mi-septembre, près de 16 000 Français et Américains se trouvaient déjà sur place ; le 28, ils étaient à moins de 2 km de Yorktown.

« Je suis mortifié de devoir vous annoncer que j'ai été contraint d'abandonner les postes à York et à Gloucester. » *Cornwallis, à Clinton*

Cornwallis avait édifié des ouvrages de terre à Yorktown et de l'autre côté du fleuve, à Gloucester Point. Informé par le général Henry Clinton qu'une deuxième flotte britannique et des renforts lui avaient été envoyés, il décida de tenir Yorktown avec ses défenses intérieures. Cela explique pourquoi, deux jours plus tard, les alliés trouvèrent trois des avant-postes abandonnés. L'artillerie alliée y fut installée en vue du siège et du bombardement, et des hommes, la cavalerie française en particulier, furent envoyés stopper les positions britanniques à Gloucester Point. Après un bref affrontement de cavalerie le 3 octobre, les Britanniques ne se manifestèrent plus.

Washington répartit ses Américains en trois divisions et les plaça à droite et au centre de la ligne de siège tandis que les troupes françaises de Rochambeau en occupaient la partie gauche. Le 6 octobre, les Français harcelaient la redoute britannique de droite quand les hommes de Washington commencèrent de creuser la première tranchée parallèle aux ouvrages de terre anglais. Dix canons alliés bombardèrent la ville dès le 9 octobre et d'autres furent transportés sur place, ce qui porta leur nombre à 46, contraignant Cornwallis à chercher refuge derrière les promontoires du fleuve. Plusieurs petits navires anglais furent coulés. La tranchée d'approche fut rapidement terminée mais une seconde, parallèle et plus proche des redoutes, fut soumise aux tirs des canons britanniques.

La nuit du 14 au 15 octobre, deux groupes d'assaut, un français et un américain, attaquèrent simultanément les redoutes et s'en emparèrent après une brève lutte au corps-à-corps. Deux nuits plus tard, une sortie britannique visant à détruire les canons de la seconde tranchée ne fut pas vraiment couronnée de succès : rapidement réparés, ils purent tirer à bout portant sur les défenses ennemies.

Un orage éclata dans la nuit du 16 au 17, interdisant à Cornwallis d'évacuer ses hommes vers Gloucester Point. C'en était fini ; à l'aube, un homme porteur d'un drapeau blanc vint réclamer une trêve. Les termes de la reddition furent établis le lendemain et, le 19 octobre, l'armée britannique déposa les armes. La fin de la guerre était proche. **RB**

Pertes : Américains, 23 morts, 65 blessés ; Français, 52 morts, 134 blessés ; Britanniques, Allemands et loyalistes, 156 morts, 326 blessés, 7 157 prisonniers

< *Baie de Chesapeake 1781* *Les Saintes 1782* >

L'armée américaine marche sur Yorktown, alors aux mains des Anglais. On voit au fond le fleuve York.

Les Saintes 12 avril 1782

Après Yorktown, l'indépendance des jeunes États-Unis était assurée, cependant la France et la Grande-Bretagne s'affrontaient toujours dans les Caraïbes à propos des territoires coloniaux. La victoire des Saintes redora le blason de la Royal Navy dans les Antilles, mais ce ne fut que provisoire.

Les Français projetaient d'attaquer la Jamaïque, possession de la couronne britannique, et la flotte anglaise de l'amiral George Rodney fut envoyée sur place les contrecarrer. Au début d'avril 1782, elle rencontra effectivement celle de l'amiral de Grasse au nord de la Dominique, près d'un groupe d'îles appelé les Saintes. Après quelques manœuvres initiales et affrontements mineurs, la bataille proprement dite eut lieu le 12 avril, opposant les 36 navires anglais aux 21 français.

Au début de l'engagement, les deux flottes se positionnèrent parallèlement l'une à l'autre. Les Britanniques lâchèrent de meilleures bordées, notamment parce qu'une partie de leur armement était équipée de nouveaux systèmes de mise à feu. La ligne française présentait un certain relâchement et Rodney exploita un brusque changement de direction du vent pour l'enfoncer et tirer sur les bâtiments placés de part et d'autre. D'autres navires britanniques imitèrent leur capitaine et les Français perdirent toute formation, durement éprouvés au cœur de la mêlée. De Grasse et son navire amiral se rendirent en fin de journée ; 400 hommes d'équipage avaient été tués. Quatre autres vaisseaux français furent également capturés et un détruit dans une explosion survenue à la tombée de la nuit. La victoire aurait pu être totale si Rodney, amiral assez conservateur, avait organisé une poursuite plus vigoureuse du reste de la flotte française. **DS**

Pertes : Britanniques, aucun navire perdu, 1 000 morts ou blessés ; Français, 4 navires capturés, 1 détruit, 5 000 morts, blessés ou prisonniers

< *Yorktown 1781* *Trinquemalay 1782* >

Les navires britanniques lâchent des bordées dévastatrices dans La Bataille des Saintes *de Thomas Luny (1759-1837).* ↑

Trinquemalay 3 septembre 1782

Les efforts français pour contrer l'expansion britannique en Inde furent sapés par la supériorité de la Royal Navy. En 1781, la France trouva un capitaine d'excellence en Pierre André de Suffren. Bien qu'incapable d'instaurer un progrès durable en Inde, il redora le blason de la marine française.

La bataille de Trinquemalay fut le dernier d'une série de rudes engagements opposant en 1782 Suffren à l'amiral anglais Sir Edward Hughes. Les Français s'emparèrent de Trinquemalay (dans l'actuel Sri Lanka) le 1er septembre quand l'amiral Suffren entra dans le port et contraignit la garnison à la reddition. Deux jours plus tard, Hughes s'approcha du port et Suffren ordonna à ses vaisseaux de lever l'ancre pour aller l'affronter.

La bataille fut violente. À bord de son navire amiral, le *Héros*, Suffren pénétra au cœur de l'escadre britannique, soutenu par deux autres bâtiments, et attaqua le navire amiral de Hughes, le *Superb*, armé de 74 canons. Hughes avait le soutien de trois autres navires de ligne mais ceux-ci furent endommagés par les Français. Suffren fut obligé de se replier quand son grand-mât se brisa et qu'il se trouva à court de munitions. En revanche, à l'autre extrémité de la ligne anglaise, les bâtiments français mettaient hors d'état l'*Exeter* et ses 64 canons, tuant son capitaine au passage. La bataille se poursuivit pendant des heures et les Français infligèrent de lourdes pertes à la Royal Navy. La nuit obligea les deux flottes à se retirer. Les Anglais regagnèrent Madras alors que les Français rentraient à Trinquemalay. Même si la Royal Navy ne perdit aucun navire, les dégâts étaient si importants que Madras ne pouvait plus être protégé par la mer et que des troupes furent amenées sur place au cas où les Français lanceraient une invasion. **TB**

Pertes : Britanniques, 320 morts ou blessés, lourds dégâts sur 12 navires ; Français, 350 morts ou blessés, lourds dégâts sur la plupart des 14 navires

‹ *Les Saintes 1782* — *Cuddalore 1783* ›

Cette toile de Dominique Serres (1719-1793) souligne la discipline des flottes en présence.

Cuddalore 20 juin - 25 juillet 1783

Cuddalore marqua la fin de la guerre anglo-française en Inde, conduite en parallèle avec la guerre d'Indépendance américaine, et de la seconde guerre du Mysore. Les combats faisaient rage quand la nouvelle d'un accord de paix arriva d'Europe.

Depuis la défaite de Pollilur, les Britanniques avaient eu davantage de chance dans leur guerre contre le Mysore, mais la fin du conflit n'était pas en vue. En décembre 1782, la mort subite d'Haidar Alî, souverain de ce royaume, les poussa à chercher la victoire sur Mysore en attaquant le port de Cuddalore, position clé au sud-est du pays.

Le 20 juin, une force terrestre britannique commandée par le général James Stuart avança vers la forteresse. La garnison française et les soldats du Mysore lancèrent une attaque contre les Anglais et leur infligèrent de lourdes pertes. Les opérations de siège britannique furent un peu plus mises à mal quand une flotte française placée sous le commandement de Suffren reprit les hostilités contre son équivalent anglais dirigé par l'amiral Hughes. Suffren le contraignit à se retirer de Madras et à abandonner son projet de soutien du siège. La flotte française mouilla dans le port et Suffren fit débarquer plus de 2 000 hommes.

Pendant ce temps, en Europe, la France et la Grande-Bretagne s'étaient mises d'accord sur un cessez-le-feu qui déboucherait sur la signature du traité de Paris le 3 septembre. La nouvelle n'arriva cependant pas en Inde avant que la garnison n'attaque pour la seconde fois les opérations de siège britanniques. Les redoutes anglaises subirent des dégâts accompagnées de pertes humaines, mais cela ne mit pas un terme au siège. L'affrontement cessa le 25 juillet quand un navire anglais entra dans le port en arborant un drapeau blanc. **TB**

Pertes : Britanniques, 1 500 morts ou blessés sur 12 000 ; Français et royaume du Mysore, 1 100 morts ou blessés sur 9 000

Trinquemalay 1782 — *Seringapatam 1799*

Kinburn 1er octobre 1787

La guerre russo-turque vit l'Empire ottoman reprendre le contrôle de territoires qu'il avait perdus après 1774. En 1787, les Turcs attaquèrent la forteresse russe de Kinburn mais furent repoussés par une défense déterminée.

Quand la guerre éclata entre la Russie et les Turcs, le général Alexandre Souvorov fut chargé du commandement des opérations en Crimée. Son premier geste fut d'organiser la défense de la forteresse russe de Kinburn, à la pointe occidentale d'une longue et étroite péninsule de la mer Noire, au sud de l'estuaire du Dniepr.

Les Turcs entamèrent le 29 septembre un bombardement qui devait durer trois jours. Le 1er octobre, à 9 heures du matin, quelque 5 000 soldats turcs débarquèrent sur la péninsule pour prendre d'assaut la forteresse. Souvorov ne tenta pas d'arrêter ce débarquement ni la construction de quinze lignes de tranchées fortifiées arrivant à 900 m de la forteresse. À 3 heures de l'après-midi, il lança une salve d'artillerie et donna l'ordre d'attaquer les lignes turques. Les Russes avancèrent sur deux lignes d'infanterie suivies de la cavalerie pour aboutir à de violents affrontements corps à corps.

La première charge russe fit reculer de dix tranchées les Turcs, qui réagirent et contre-attaquèrent. Alexandre Souvorov faillit alors être tué par un soldat ennemi. Les Russes se regroupèrent et repoussèrent à nouveau les Turcs, mais ceux-ci lancèrent une autre contre-attaque couronnée de succès. Souvorov dut alors faire appel à l'ensemble de ses forces pour une troisième et ultime attaque. Les Russes avancèrent et rejetèrent les Turcs à la mer. À la fin de la journée, plus de 80 % de l'armée turque gisait au fond des tranchées ou s'était noyée en tentant de s'enfuir. **JF**

Pertes : Turcs, 4 000 sur 5 000 ; Russes, 250 morts et 750 blessés sur 3 000

Tchesmé 1770 — *Otchakov 1788*

La guerre du Mysore dura trois décennies. Tipû Sultân fut tué en 1799 à Seringapatam.

Otchakov

juin - 17 décembre 1788

L'année qui suivit leur défaite à Kinburn, les Ottomans perdirent la ville d'Otchakov, sur la mer Noire. Le siège prit fin quand le prince Grigori Potemkine lança l'assaut et s'empara de la ville avant de massacrer la garnison turque.

À l'embouchure du Dniepr et de la rivière Bug, Otchakov occupait une position stratégique de premier plan, essentielle au contrôle de la Crimée. Des fortifications et une garnison de quelque 20000 hommes en faisaient un objectif militaire difficile. L'armée de Grigori Potemkine comptait quelque 40000 éléments ; avec le soutien de Souvorov, il décida en juin 1788 de s'emparer de la forteresse, commençant par un bombardement d'artillerie qui aurait dû pousser les Turcs à se rendre, or il n'en fut rien.

Souvorov pressa Potemkine de prendre Otchakov par la force. Potemkine s'y refusa et le siège se poursuivit. En août, les Turcs tentèrent une sortie ; Souvorov les poursuivit, sans la permission de Potemkine. Les Russes perdirent ainsi 200 soldats. Tombé provisoirement en disgrâce, Souvorov fut contraint de se retirer à Kilburn. Une autre tentative turque eut lieu le mois suivant puis le siège s'installa dans la monotonie.

La marine russe empêcha l'arrivée de tout renfort turque. En décembre, Potemkine décida de lancer une attaque directe. Le 17, à 4 heures du matin et par une température très basse (– 23 °C), les Russes s'avancèrent vers Otchakov sur six colonnes. Ils franchirent les murailles et entrèrent dans la ville, dont ils se rendirent maîtres en quelques heures seulement. À la fin des combats, la garnison turque était entièrement détruite et les Russes purent piller impunément la ville privée de défense. **JF**

Pertes : Russes, 15 000 sur 40 000 (1 000 morts et 2 000 blessés lors de l'assaut final) ; Turcs, toute la garnison (20 000 hommes dont 9 500 morts pendant l'assaut final)

< *Kinburn 1787* *Focşani 1789* >

Focşani

1er août 1789

Après sa victoire à Otchakov, l'armée russe entra en Valachie et infligea une autre défaite aux Ottomans. Avec ses alliés autrichiens, Alexandre Souvorov écrasa les forces turques et les contraignit à se replier vers le Danube.

En 1789, les forces russes et autrichiennes en Roumanie étaient dispersées. Les Turcs massés près de Focşani cherchèrent à profiter de la situation en attaquant à Adjud les Autrichiens commandés par le prince Josias de Saxe-Cobourg ; ils s'en prendraient ensuite aux Russes. Saxe-Cobourg réclama de l'aide et, le 28 juillet, Souvorov quitta Bârlad pour arriver à Adjud le lendemain : en vingt-huit heures, son armée avait parcouru quelque 64 km.

Pour attaquer les Turcs, les armées alliées s'organisèrent sur deux colonnes, Russes à gauche et Autrichiens à droite. Le 31 juillet vit le premier affrontement avec les Turcs, qu'ils parvinrent à repousser jusqu'à Focşani. Les véritables combats débutèrent le lendemain matin à 9 heures, quand les Austro-Russes s'approchèrent de cette ville que l'armée turque protégeait par une série de tranchées. Les Turcs chargèrent sur tous les fronts mais les mousquets et l'artillerie alliés les tinrent en respect. Souvorov s'en prit alors à la droite turque. Sa cavalerie fut d'abord repoussée, cependant son infanterie joua un rôle déterminant en obligeant les Turcs à regagner leurs tranchées et en leur tirant dessus à bout portant. Sur l'autre flanc, l'infanterie autrichienne se révéla tout aussi efficace et les Turcs prirent la fuite. Vers 4 heures de l'après-midi, la victoire austro-russe était totale, sans grande influence stratégique toutefois, les Russes et les Autrichiens n'ayant pas les ressources nécessaires pour pénétrer plus avant dans l'Empire ottoman. **JF**

Pertes : Turcs, 1 500 morts et 2 500 blessés sur 30 000 ; Austro-Russes, 800 sur 25 000

< *Otchakov 1788* *Tendra 1790* >

Guerre russo-suédoise

Svensksund, 2e bataille

3 et 9 juillet 1790

Phase finale de la guerre entre la Russie et la Suède, la seconde bataille de Svensksund fut le dernier grand affrontement naval où les navires propulsés à la rame jouèrent un rôle déterminant. La victoire suédoise sera suivie d'un traité de paix favorable.

La guerre débuta par une attaque suédoise contre la Russie mais les revers furent nombreux, parmi lesquels une défaite navale au large de la Finlande en août 1789 (première bataille de Svensksund). En 1790, plusieurs autres petites défaites virent début juin le gros des forces navales suédoises pris au piège dans la baie de Vyborg.

Les deux parties disposaient de nombreux bâtiments naviguant au vent ou à la rame. Les eaux relativement abritées de la Baltique et les chenaux étroits et peu profonds séparant les petites îles valaient aux galères et canonnières mues à la rame un rôle important dans la région alors que les autres marines européennes les avaient déjà abandonnées. Chaque pays disposait d'au moins 40 navires de ligne soutenus par d'innombrables vaisseaux de moindre tonnage.

Au début de la bataille, le 3 juillet, les Suédois sortirent de la baie de Vyborg pour aller chercher un mouillage plus sûr près de la forteresse de Sveaborg. Les pertes furent lourdes quand un navire amiral changea de route pour finir par exploser au cœur de la flotte suédoise. Cet engagement reçoit parfois le nom de bataille de Vyborg. Le 9 juillet, les Suédois prirent leur revanche en attaquant les Russes, trop sûrs d'eux-mêmes, et en détruisant un tiers de leurs forces. Les Suédois ne perdirent que six bâtiments contre 50 pour leurs adversaires. Ce fut probablement le plus grand combat naval jamais disputé en mer Baltique. **DS**

Pertes : Russes, 55 navires et 9 000 morts ; Suédois, 25 navires et 4 500 morts (deux engagements)

Guerres russo-turques

Tendra

8-9 septembre 1790

Au cours de cet engagement naval, les Russes affrontèrent les Turcs près de Tendra, en mer Noire. Un an après la victoire russe à Focşani, l'amiral Fiodor Ouchakov mena sa marine à la victoire et donna à son pays la maîtrise totale de la mer Noire.

Le 8 septembre, à 6 heures du matin, la flotte d'Ouchakov croisait en mer Noire quand elle découvrit des navires turcs au mouillage à Tendra. L'amiral turc, Hussein Pacha, ordonna aussitôt de lever l'ancre et de partir au large. Ouchakov se lança à sa poursuite. Après quelques manœuvres, les deux flottes en vinrent à former des lignes parallèles. Les canons ne tardèrent pas à tonner et les Russes prirent le dessus. Vers 8 heures du soir, les bâtiments turcs avaient réussi à s'enfuir sans grandes pertes, même si plusieurs d'entre eux déploraient de lourdes avaries.

Le lendemain matin, les Russes aperçurent la flotte turque, vers laquelle ils firent voile. Un des vaisseaux turcs, le *Melike Bahri*, abandonna sur-le-champ sans même de s'être battu. Un autre, le *Kapitana*, engagea un rude combat qui débuta vers 10 heures du matin, mais à midi les navires russes l'avaient déjà encerclé. Deux heures plus tard, le *Rojdestvo Christovo*, navire amiral russe, parvint à démâter le *Kapitana*, qui se rendit moins d'une heure plus tard. Malheureusement, il prit feu et explosa, tuant la majorité de son équipage, avant que les Russes puissent le capturer. Entre-temps, d'autres navires russes avaient repéré le reste de la flotte turque, mais, incapables de les affronter, ils avaient été rappelés. Les derniers bâtiments turcs firent voile vers Constantinople. Plusieurs sombrèrent en chemin ou furent capturés par la marine russe. **JF**

Pertes : Turcs, 1 navire capturé et 1 coulé sur 22, 1 500 prisonniers et 700 morts ; Russes, aucun navire perdu sur 16, 25 morts et 25 blessés

< *Focşani 1789* *Izmaïl 1790* >

Izmaïl mars - 22 décembre 1790

La Russie avait repris le contrôle de la mer Noire après la bataille de Tendra. En décembre 1790, le général Souvorov s'empara d'Izmaïl, que les Russes assiégeaient depuis mars. La majeure partie de la garnison turque fut tuée lors de cet affrontement.

Le prince Grigori Potemkine assiégeait depuis mars 1790 la ville d'Izmaïl, située à l'endroit où le Danube se jette dans la mer Noire. Ses efforts se révélant assez peu fructueux, il chargea Souvorov de s'en emparer, et celui-ci arriva sur place le 13 décembre avec un formidable défi à relever.

Izmaïl disposait d'une impressionnante garnison (35 000 hommes) et était ceinte de 6,5 km de murs et de fossés ; elle était de plus protégée par 200 canons ainsi que par des canonnières en patrouille sur le Danube. Souvorov installa deux batteries à l'ouest et à l'est de la ville et ses 30 000 soldats se préparèrent à l'attaque. Dans la nuit du 21 décembre, l'artillerie russe entreprit un bombardement intense qui dura jusqu'à 3 heures du matin. Les Russes s'élancèrent vers la ville à 5 h 30. Six colonnes attaquèrent depuis le nord, l'est et l'ouest, et trois débarquements furent effectués au sud. Les premières avancées se firent à l'est et à l'ouest, où les canons russes avaient le plus endommagé les murailles. Au nord, les fortifications étaient pratiquement intactes, mais les Russes parvinrent à percer après de rudes combats.

Vers 8 heures du matin, les Russes pénétrèrent dans Izmaïl, où une résistance acharnée les obligea à se battre maison après maison. La ville tomba enfin à 11 heures : 26 000 membres de la garnison avaient été tués et les survivants faits prisonniers. Victorieux, les Russes passèrent trois jours à dévaster et à piller Izmaïl. **JF**

Pertes : Russes, 10 000 morts ou blessés sur 30 000 ; Turcs, 26 000 morts et 9 000 prisonniers sur 35 000

< *Tendra 1790*

Les flammes ravagent la ville dans Prise de la forteresse turque d'Izmaïl, *de Mikhaïl Gratchev (1953).*

Wabash 4 novembre 1791

C'est aux abords de l'actuelle ville de Fort Recovery, dans l'Ohio, que l'armée des États-Unis connut l'une de ses pires défaites. La Confédération occidentale amérindienne humilia les forces mal préparées et mal équipées de la jeune République américaine.

Par le traité de Paris (1783), les puissances européennes avaient accepté la domination américaine sur la région située au sud des Grands Lacs et à l'est du Mississippi. Les populations des territoires du Nord-Ouest n'avaient cependant pas été consultées, en partie parce que les gouvernements signataires voyaient en eux à peine plus que des « sauvages ».

Little Turtle, chef des Miamis (Ohio), voyait les choses d'un autre œil, de même que Blue Jacket, chef des Shawnees, et le chef des Delawares, Buckongahelas. Ils pouvaient faire appel à des milliers de guerriers très motivés issus d'une coalition de nations à une époque où leurs adversaires américains s'efforçaient encore de former une armée crédible. Le général Arthur St. Clair avait du mal à garder auprès de lui des soldats aguerris et à leur apporter chevaux et approvisionnement. Le moral des troupes était si bas que le taux de désertion avoisinait les 50 %. Malgré tout, le président George Washington insista pour que St. Clair mène une stratégie agressive et entre en Ohio pour soumettre les tribus de la région.

Le 4 novembre, Little Turtle et Blue Jacket lancèrent à l'aube une attaque surprise. Les hommes bien entraînés furent prompts à prendre leurs mousquets pour tirer des salves, mais la majorité, inexpérimentée, s'enfuit terrorisée ; ceux qui échappèrent au massacre par les guerriers indiens semèrent la confusion parmi leurs camarades. Une charge à la baïonnette se solda par un effroyable carnage : seuls survécurent 48 soldats américains. **MK**

Pertes : Amérindiens, 40 ; États-Unis, plus de 500

Fallen Timbers 1794 ›

Gravure du XIXe siècle représentant New Harmony, sur l'une des rives de la rivière Wabash.

Valmy 20 septembre 1792

Ce fut à peine plus qu'une escarmouche, pourtant Valmy reste l'une des batailles décisives de l'histoire : les Prussiens marchant sur Paris pour restaurer la monarchie furent arrêtés, et la Révolution française, sauvée. La France put alors envisager de réitérer son invasion des Pays-Bas autrichiens.

Alarmées par la radicalisation accrue de la Révolution française, l'Autriche et la Prusse signèrent en août 1791 la déclaration de Pillnitz, menaçant d'user de la force si la tendance française vers le républicanisme se poursuivait. Cela ne réussit qu'à encourager les révolutionnaires à renforcer leur action et à emprisonner leur souverain, Louis XVI. La Prusse et l'Autriche mobilisèrent leurs forces, rejointes par des royalistes émigrés français résolus à renverser la révolution. Le conflit était inévitable ; le gouvernement français réagit en déclarant la guerre à l'Autriche le 20 avril 1792 et en envahissant les Pays-Bas autrichiens.

Les tumultes de la Révolution avaient lourdement affecté l'efficacité de l'armée française et un grand nombre de ses officiers, des aristocrates, s'étaient exilés à l'étranger. L'instabilité de l'armée se révéla dans toute son ampleur avec l'échec de l'invasion des Pays-Bas autrichiens : certaines unités se dispersèrent après avoir tué leurs officiers. Les puissances monarchiques se sentirent évidemment encouragées par ce genre d'événement : Prussiens, Autrichiens, mercenaires allemands et émigrés français rassemblèrent leurs forces. L'armée prussienne du duc de Brunswick envahit en août l'est de la France, s'emparant des villes fortifiées de Longwy et de Verdun, prélude à une marche sur Paris. Deux petites armées françaises s'opposèrent aux Prussiens : l'armée du Nord du général Charles Dumouriez et celle du Centre, du général François Kellermann. Elles arrivèrent chacune de leur côté, puis Dumouriez positionna ses troupes devant la ligne prussienne. Il fut rejoint par Kellermann, qui le dépassa pour s'installer sur des hauteurs, aux abords du village de Valmy, juste en face des Prussiens. Kellermann installa son poste de commandement près d'un moulin, au centre des lignes françaises. Les forces françaises réunissaient des volontaires enthousiastes mais peu expérimentés et des soldats de métier de l'ancienne armée royale, soutenus par une artillerie très efficace du point de vue technique.

« L'armée de Kellermann rangée sur le plateau de Valmy s'enfonça tel un cap dans les rangs des baïonnettes prussiennes. »

Edward Shepherd Creasy

Quand la brume se leva, le 20 septembre, la France et la Prusse entamèrent un duel d'artillerie à longue portée qui ne fit que peu de victimes. Brunswick ordonna alors à ses hommes d'avancer, dans l'espoir que les Français s'enfuiraient à la vue de l'infanterie prussienne si renommée. Les Français tinrent bon cependant et Brunswick rappela ses troupes pour que son artillerie continue à affaiblir les positions ennemies. Un second assaut fut ordonné et, en même temps, un boulet prussien fit exploser un chariot de munitions, non loin du moulin, pourtant la ligne française ne céda pas. Sous le feu des mousquets, les Prussiens durent se replier.

Ainsi s'acheva la bataille, même si les deux armées continuèrent à se faire face pendant plusieurs jours. Enfin les Prussiens quittèrent le sol français. Témoin de la bataille, le grand poète Goethe put écrire ces mots prophétiques : « D'aujourd'hui et de ce lieu date une ère nouvelle dans l'histoire du monde et vous pourrez dire : J'y étais ! » **AG**

Pertes : 300 morts ou blessés sur 32 000 engagés ; Prussiens, 180 morts ou blessés sur 34 000

Jemappes 1792 ›

Détail de La Bataille de Valmy *de Jean-Baptiste Mauzaisse (1835), où l'on voit les troupes françaises et le célèbre moulin.* →

Jemappes 6 novembre 1792

La bataille de Jemappes démontra la valeur de la levée en masse. Les armées de la Révolution étaient capables d'affronter et de vaincre des soldats de métier. Cette victoire française permit à l'armée du Nord de s'emparer de Bruxelles et du reste des Pays-Bas autrichiens.

La victoire française à Valmy permit au général Dumouriez, commandant de l'armée du Nord, de poursuivre son projet d'invasion des Pays-Bas autrichiens. Sur la route principale menant à Bruxelles, les Français rencontrèrent l'armée autrichienne du duc Albert de Saxe-Teschen, assignée à la défense d'une corniche située entre Mons et Jemappes. Les Français jouissaient d'un avantage numérique certain sur les Autrichiens, et Dumouriez décida de les contourner par les deux flancs pour leur ôter toute chance de repli vers Bruxelles.

Après un bombardement d'artillerie préliminaire au petit matin, les Français attaquèrent sur les deux flancs mais, en dépit de leur supériorité numérique, leur avance fut assez minime. Le duc Albert avait été contraint d'envoyer des troupes renforcer ses flancs, ce qui avait nécessairement affaibli son centre.

À midi, Dumouriez ordonna d'attaquer le centre autrichien. Cependant, quand ses hommes se déployèrent, passant de la colonne à la ligne comme le voulaient les théories tactiques de l'époque, ils furent surpris et dispersés par une charge de cavalerie. Les Français ne tardèrent pas à se reformer et à avancer sous la forme d'une large colonne qui obligea les Autrichiens à abandonner la corniche. Parallèlement, l'attaque latérale contre Jemappes donna enfin des résultats. Craignant de voir ses forces submergées, le commandant autrichien ordonna la retraite générale, laquelle se déroula en bon ordre. **AG**

Pertes : Autrichiens, 1 250 morts ou blessés sur 14 000 ; Français, 2 000 morts ou blessés sur 40 000

< *Valmy 1792* *Neerwinden 1793* >

Gravure représentant la bataille de Jemappes : les Français mènent une action décisive contre les Autrichiens. ↑

Neerwinden 18 mars 1793

La confiance en soi excessive des armées de la Révolution française explique en grande partie leur défaite devant les forces autrichiennes. Ce revers valut à la France de perdre provisoirement le contrôle des Pays-Bas autrichiens et entraîna la chute du vainqueur de Jemappes, Dumouriez.

Enhardi par ses victoires aux Pays-Bas autrichiens, le gouvernement révolutionnaire français déclara la guerre aux Pays-Bas et à la Grande-Bretagne en février 1793. Le commandant français, Dumouriez, envahit les Pays-Bas et connut quelques succès, jusqu'à ce qu'une contre-attaque autrichienne l'oblige à se replier vers les Pays-Bas autrichiens. Avec le renfort de troupes fraîches, il reprit l'offensive.

Les forces autrichiennes du prince Frédéric de Saxe-Cobourg détenaient une position sur la route reliant Liège à Bruxelles, non loin du village de Neerwinden. Dumouriez divisa son armée en huit colonnes : trois sur l'aile droite, deux au centre et trois à gauche, et donna l'ordre général d'attaquer. La droite et le centre français progressèrent peu alors que la gauche était repoussée par les hommes de l'archiduc Charles d'Autriche et subissait de lourdes pertes. Dumouriez avait pensé que l'impétuosité des soldats français suffirait à briser les lignes ennemies, mais l'infanterie autrichienne de métier se révéla particulièrement vaillante. Alors que son centre était dangereusement isolé, le général Dumouriez ordonna la retraite générale. Les Autrichiens ne donnèrent pas suite.

Dumouriez en personne fut également victime de cette bataille. Il s'était fait un certain nombre d'ennemis dans les rangs des révolutionnaires et, craignant de devoir affronter la Convention et la guillotine, il se rendit aux Autrichiens le 5 avril. **AG**

Pertes : Autrichiens, 2 000 morts ou blessés sur 39 000 ; Français, 4 000 morts ou blessés sur 45 000

< *Jemappes 1792* *Wattignies 1793* >

La tête de William Pitt offerte sur un plateau à Dumouriez sur cette caricature de James Gillray (1793).

Wattignies 15-16 octobre 1793

À Wattignies, l'avantage numérique permit aux Français de l'emporter sur des Autrichiens qui se battirent avec bravoure et infligèrent de lourdes pertes à leurs adversaires. La victoire française les obligera à mettre un terme au siège de Maubeuge.

Le 30 septembre 1793, une armée autrichienne commandée par le prince Frédéric de Saxe-Cobourg il assiège la ville de Maubeuge et sa place forte. L'événement causa une grande inquiétude au sein du gouvernement révolutionnaire : la chute de Maubeuge ouvrirait une brèche dans les défenses françaises et permettraient de marcher sur Paris. Le général Jourdan reçut le commandement de l'armée du Nord avec pour instructions de mettre fin au siège et de battre les forces autrichiennes. Il était accompagné de l'influent ministre de la Guerre, Lazare Carnot.

L'armée de Jourdan étant deux fois plus forte que celle de son adversaire, il perdit peu de temps en attaquant les lignes autrichiennes le 15 octobre. Les Français avancèrent comme pour une escarmouche, sans grande manœuvre tactique, et furent repoussés par le feu nourri de l'infanterie autrichienne et par une série de contre-attaques menées par la cavalerie. Les deux armées cessèrent le combat au crépuscule. Jourdan et Carnot débattirent alors de la meilleure façon d'écraser l'ennemi quand la bataille reprendrait, le lendemain matin.

Les chefs français décidèrent de se concentrer sur l'aile gauche autrichienne. Ils chargèrent plusieurs fois, infligeant de lourdes pertes à une ligne autrichienne qui refusait de céder. La supériorité numérique française finit par l'emporter, et l'aile gauche autrichienne recula lentement vers Wattignies. Le reste de l'armée autrichienne se replia à son tour, laissant le champ de bataille aux Français. **AG**

Pertes : Autrichiens, 6 000 morts ou blessés sur 21 000 ; Français, 4 000 morts ou blessés sur 45 000

< *Neerwinden 1793* *Cholet 1793* >

Gravure d'après une peinture d'Eugène Lami (1837) : les deux armées subissent de lourdes pertes sur le plateau de Wattignies.

Cholet 17 octobre 1793

La Vendée fit l'objet d'une révolte qui menaça le gouvernement républicain. Lors de la bataille de Cholet, les forces rebelles furent écrasées. Les soulèvements ne devaient pas s'arrêter pour autant, mais tout espoir de victoire était définitivement balayé.

Des mouvements hostiles à la Révolution éclatèrent dans plusieurs départements, notamment dans l'ouest, et surtout en Vendée. Quand le gouvernement français porta atteinte aux libertés du clergé et imposa la conscription, l'opposition passa à l'insurrection ouverte en février 1793. Les rebelles vendéens (les chouans) attaquèrent et tuèrent des représentants du gouvernement révolutionnaire, ce qui déclencha une réaction violente des autorités. Dans un premier temps, les rebelles vainquirent non seulement des milices locales mais aussi des forces régulières.

En septembre et octobre 1793, les renforts envoyés par le gouvernement commencèrent à prendre le dessus. Le 15 octobre, les Vendéens furent battus à la bataille de La Tremblaye par une puissante armée républicaine commandée par le général Jean-Baptiste Kléber, et contraints de se replier vers la petite ville de Cholet. Même s'ils manquaient de munitions et d'artillerie, ils décidèrent d'attaquer les républicains. Les rebelles avancèrent en bon ordre ; une partie de leurs lignes mit le feu à la bruyère pour dissimuler leur progression aux artilleurs ennemis. Il régna alors une certaine confusion chez les républicains, mais l'intervention des renforts de Kléber restaura l'ordre. Après la mort d'un certain nombre de chefs vendéens, les chouans se replièrent vers la Loire. Ils furent en secret transportés vers la rive nord pour échapper à de nouveaux affrontements. Kléber leur rendit hommage en déclarant : « Les rebelles combattaient comme des tigres et nos soldats comme des lions. » **AG**

Pertes : républicains, 4 000 morts ou blessés sur 26 000 ; Vendéens, 8 000 morts ou blessés sur peut-être 40 000

< *Wattignies 1793* *Toulon 1793* >

↑ La Déroute de Cholet, *peinture de Jules Girardet (1856-1938).*

Toulon 27 août - 19 décembre 1793

« [Dugommier] était bon, quoique vif, très actif, juste, avait le coup d'œil militaire, du sang-froid et de l'opiniâtreté. » Bonaparte

L'amiral Hood s'enfuit de Toulon (caricature de James Gillray, 1793).

Principale base navale française, Toulon était détenue par les royalistes, et les forces républicaines consacrèrent beaucoup d'efforts à sa prise. Cet engagement vit aussi s'imposer un brillant chef militaire qui ne tarderait pas à imposer sa marque sur les nations européennes : Napoléon Bonaparte.

En 1793, l'agitation fédéraliste dans le sud de la France aboutit en août à la prise de Toulon par les royalistes. Ils livrèrent la place à l'amiral anglais Hood, ainsi que 70 navires, soit près la moitié française. Dans la ville les jacobins furent arrêtés et plusieurs exécutés.

La Convention réagit en encerclant le port et un siège débuta le 8 septembre. Les troupes républicaines comptaient en leur sein un jeune officier d'artillerie, un certain Napoléon Bonaparte, qui imagina un plan destiné à chasser l'ennemi de Toulon. Il dut malheureusement composer avec deux supérieurs incompétents, mais ceux-ci ne tardèrent pas à être remplacés par le général Dugommier, qui vit tout de suite les mérites du plan proposé. Commandés par le jeune officier, les républicains s'emparèrent des redoutes surplombant le port puis attaquèrent le Petit Gibraltar, fort dominant les deux ports de la ville.

La nuit du 16 décembre, les républicains lancèrent leur offensive. Bonaparte reçut à la cuisse un coup de baïonnette porté par un soldat anglais, mais les royalistes furent chassés du fort. Les canons furent aussitôt pointés vers les navires à l'ancre afin de les incendier. Dans le plus grand désordre, la flotte anglo-espagnole profita d'un vent favorable pour prendre la fuite, abandonnant ainsi Toulon aux républicains. La ville tomba le 19 décembre et les royalistes furent victimes d'une répression féroce. **AG**

Pertes : alliés, 4 000 morts ou blessés sur 16 000 ; Républicains, 2 000 morts ou blessés sur 62 000

< *Cholet 1793*

Tourcoing 1794 >

Tourcoing 18 mai 1794

L'espoir des Autrichiens et des Anglais de porter un coup décisif aux armées révolutionnaires en Belgique, fut compromis par leur manque de coordination. La bataille de Tourcoing, suivie par celle de Fleurus, entraîna le retrait des Autrichiens et l'invasion de la Belgique par les Français.

La participation anglaise à la guerre contre la France offrit à l'armée autrichienne les renforts dont elle avait tant besoin aux Pays-Bas autrichiens, même si elle se fit principalement par le biais de mercenaires allemands et hanovriens. Le commandant autrichien, le général Karl Mack von Leiberich, proposa un plan pour détruire l'armée du Nord, alors placée sous le commandement provisoire du général Joseph Souham. Les Français étaient relativement dispersés au nord de Lille et les armées alliées formaient un vaste cercle autour d'eux. Mack ordonna que les forces anglo-austro-allemandes se concentrent sur le champ de bataille – un plan assez ambitieux quand on sait les problèmes inhérents à la direction d'une armée multinationale.

Les alliés marchèrent contre la France répartis en six colonnes. Opérant sur ses lignes intérieures, une division française résista aux forces autrichiennes supérieures en nombre venues du nord tandis que le gros de l'armée française attaquait les colonnes menées par Frédéric, duc d'York et d'Albany, et le maréchal Otto. Une série d'engagements assez confus fut défavorable aux alliés, dont la position fut bientôt rendue intenable par l'incapacité d'avancer des colonnes menées par l'archiduc Charles et le comte François-Joseph von Kinsky. Les troupes alliées battirent en retraite de façon assez pitoyable, laissant le champ de bataille aux Français, qui, épuisés, ne les pourchassèrent pas. **AG**

Pertes : alliés, 5 500 sur 48 000 engagés (74 000 au total) ; Français, 3 000 sur au moins 70 000

< *Toulon 1793* *13 prairial An II 1794* >

Guerres de la Révolution française

13 prairial An II 1er juin 1794

Le premier grand combat naval de la Révolution, au milieu de l'Atlantique, fut acharné. Les Anglais le surnomment « Glorieux Premier Juin». Mais si l'amiral anglais Howe remporta une victoire tactique, il n'atteint pas son objectif, qui était d'intercepter un important convoi de grains.

Au printemps 1794, la France était sous la menace d'une grande famine et un convoi constitué de 300 navires chargés de grain quitta les États-Unis. La flotte de la Manche de l'amiral anglais Howe eut pour mission d'intercepter ledit convoi et Villaret de Joyeuse, responsable des escadres françaises de Brest, de le protéger.

Les 25 bâtiments de Howe trouvèrent le 28 mai les 26 navires français. Après un bref engagement, la venue du brouillard obligea à remettre la bataille au 1er juin. Le combat se déroula à plus de 720 km à l'ouest d'Ouessant, à la pointe nord-ouest de la France, ce qui lui valut d'être plus connu par sa date que sa localisation géographique.

Howe était convaincu que ses navires et leur équipage étaient supérieurs à ceux de l'ennemi en combat rapproché : en renonçant à une formation rigoureuse, ils pourraient provoquer ce genre de rencontre et l'emporter. Howe voulait que chacun de ses vaisseaux pénètre individuellement au cœur des lignes adverses et prédisait qu'un navire ennemi serait détruit chaque fois qu'un bâtiment anglais y parviendrait. Et il eut raison. Après des heures de rudes combats, les deux flottes s'écartèrent l'une de l'autre ; sept navires anglais avaient forcé les lignes françaises et sept navires français avaient été capturés ou coulés. Les survivants étaient trop épuisés pour continuer à se battre, et le convoi de grain parvint à échapper aux Britanniques. **DS**

Pertes : Français, 7 navires et 5 000 morts, blessés ou prisonniers ; Britanniques, aucun navire, 1 200 morts ou blessés

< *Tourcoing 1794* *Cap Saint-Vincent 1797* >

Fleurus 26 juin 1794

La victoire de la France révolutionnaire à Fleurus eut d'importantes conséquences stratégiques. La cour de Vienne renonça à défendre la Belgique, dominée par les Habsbourg depuis le XVIe siècle, et qui fut bientôt transformée en départements français.

À la fin mai 1794, le général Jean-Baptiste Jourdan reçut le commandement d'une force récemment créée, l'armée de Sambre-et-Meuse, avec ordre de prendre la forteresse de Charleroi pour préparer la reconquête de la Belgique. Le gouvernement révolutionnaire français attachait une grande importance à cette opération, c'est pourquoi il envoya superviser les opérations Saint-Just, sinistre lieutenant de Robespierre au sein du Comité de salut public jacobin.

La ville de Charleroi fut assiégée par les Français en juin et une armée mixte austro-hollandaise commandée par le prince Frédéric de Saxe-Cobourg fut envoyée mettre un terme à cet état de fait. Jourdan déploya ses forces en cercle autour de Charleroi afin de protéger les assiégeants

« Servir son pays avec courage, loyauté et désintéressement, voilà le devoir imposé à tout républicain. » Jean-Baptiste Jourdan

des alliés. La fortune lui sourit : son avantage numérique sur Saxe-Cobourg était considérable, et la garnison de Charleroi se rendit au moment où les forces coalisées arrivaient à hauteur des positions françaises. De la sorte, les forces de siège du général de division Hatry purent être redéployées et servir de renfort à l'armée française.

Les alliés déployèrent leurs forces selon cinq colonnes et avancèrent vers la ligne française avec une farouche détermination. À l'extrême droite de la ligne des coalisés, les soldats hollandais du prince d'Orange enfoncèrent les Français dans la plus grande confusion ; ils ne furent sauvés que par l'arrivée inopinée de la brigade de Charles Daurier. Sur le flanc gauche allié, le général autrichien Johann Pierre de Beaulieu connut le même succès et perça les défenses françaises, trop étirées. Au centre, l'archiduc Charles et le général von Quasdanovitch progressèrent bien sans toutefois passer.

La situation semblait critique pour les Français, mais Jourdan agit avec calme et réflexion. Il bénéficiait aussi d'une nouvelle invention, le ballon d'observation gonflé à l'hydrogène. Retenu au sol par une corde pendant toute la durée des combats, il accueillait dans sa nacelle deux observateurs qui pouvaient faire glisser le long d'un câble des messages relatifs à la position des troupes ennemies : un de ces deux hommes était le capitaine Coutelle, tout juste nommé premier officier d'aéronautique par la Convention. Sur ordre de Jourdan, la cavalerie française chargea les troupes de l'archiduc Charles, brisant la première ligne d'infanterie autrichienne et obligeant la deuxième à adopter une formation en carré. Une fois le centre sécurisé, Jourdan envoya la division de Hatry, celle qui avait assiégé Charleroi, renforcer la droite française chancelante. Les Autrichiens du général Beaulieu durent reculer devant les renforts français.

Saxe-Cobourg comprit que la bataille tournait à son désavantage et ordonna la retraite générale. Les Autrichiens franchirent le Rhin, laissant la Belgique aux mains des Français. La peur d'une invasion alliée de Paris s'étant éloignée, le contrôle des jacobins sur la Révolution s'amoindrit jusqu'à ce qu'ils soient renversés. Ironie du destin, Saint-Just se retrouva sous le couperet de la guillotine le 28 juillet, quelques semaines seulement après son retour triomphal à Paris. **AG**

Pertes : alliés, 5 000 morts ou blessés sur 52 000 ;
Français, 5 000 morts ou blessés sur 70 000

< *13 prairial An II 1794*   *Lodi 1796* >

Représentation en 1908 du premier ballon d'observation par le dessinateur et illustrateur français Jacques Onfray de Bréville, dit JOB.

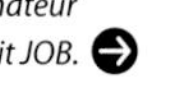

Guerre indienne du Nord-Ouest

Fallen Timbers 20 août 1794

En 1790 et 1791, l'armée des États-Unis avait connu deux terribles défaites en affrontant les Indiens du territoire de l'Ohio. Bien décidé à se venger et à écarter toute opposition, le président Washington fit reprendre du service au général de division en retraite Anthony Wayne.

Wayne recruta et entraîna une nouvelle armée en faisant appel à un concept original, celui de « légion », qui regroupait artillerie, infanterie et cavalerie. Tout au long de 1792 et 1793, il réussit à constituer une équipe disciplinée à partir de jeunes civils sans expérience aucune.

Au printemps 1794, avec une légion comptant 1 200 éléments renforcée par une milice à cheval du Kentucky et des éclaireurs indiens, Wayne entra en territoire indien, détruisant systématiquement villages et cultures. Le 20 août, la légion se dirigeait vers le nord, le long de la rivière Maumee ; ses flancs et ses arrières étaient protégés par des éléments d'infanterie légère et de troupes montées. La ligne de front très large avait pour but de parer à tout enveloppement.

À 8 km du poste de ravitaillement britannique de Fort Miami, un millier d'Indiens les attendaient, cachés dans un entremêlement de buissons et d'arbres morts. La légion approchait quand un groupe d'Indiens chargea et éparpilla l'avant-garde, mais la ligne de front américaine les mit en fuite. La charge était prématurée et elle nuit à l'embuscade planifiée par le reste des Indiens et Canadiens. La légion avança, tira une salve et s'élança vers les broussailles, baïonnette au canon. Après quarante-cinq minutes de combat, l'ennemi se dispersa, poursuivi par les dragons. Wayne demanda que les Britanniques évacuent le fort mais cela lui fut refusé. Dans l'impossibilité de les y contraindre, il se retira au bout de quelques jours. **RB**

Pertes : États-Unis, 33 morts, 100 blessés ; Indiens, 19 morts, 2 blessés

Wabash 1791 — *Tippecanoe 1811*

Soulèvement polonais

Praga 4 novembre 1794

Les années suivant la bataille de Lanckorona, la Russie pratiqua deux partitions de la Pologne-Lituanie et annexa la moitié de son territoire. En 1794, Tadeusz Kościuszko prit la tête d'un soulèvement, mais la répression russe fut terrible, faisant 20 000 victimes dans le faubourg de Praga.

En 1794, le général Kościuszko avait pris la tête des forces armées polonaises et remporté un certain nombre de victoires sur la Russie. En octobre, il fut fait prisonnier et emmené à Saint-Pétersbourg. Les Russes avancèrent alors vers Varsovie. Situé de l'autre côté de la Vistule, le quartier de Praga se trouvait sur leur chemin.

Le peuple de Varsovie avait renforcé les défenses de Praga en construisant une formidable ligne d'ouvrages de terre, de redoutes et de batteries. En plus des soldats, des centaines de civils sans expérience veillaient sur les fortifications. Commandée par Alexandre Souvorov, l'armée russe se présenta devant Praga le 2 novembre et déclencha deux jours après un lourd barrage d'artillerie. Souvorov ordonna de donner l'assaut contre Praga le lendemain matin. Sept colonnes devaient attaquer directement les fortifications et, à 5 heures du matin, les Russes balayèrent les défenses et entrèrent en ville. De nombreux Polonais cherchèrent en vain à se replier sur l'autre rive de la Vistule : les Russes avaient incendié les ponts reliant Praga à Varsovie. Les flammes touchèrent le faubourg et des milliers de soldats et de civils polonais furent pris au piège.

La bataille tourna au carnage quand les Russes massacrèrent indifféremment militaires et civils. Varsovie ne tarda pas à se rendre. Les Russes étaient désormais maîtres de la Pologne ; il lui faudrait attendre plus d'un siècle pour recouvrer son indépendance. **JF**

Pertes : Russes, 2 000 sur 25 000-30 000 ; Polonais, 13 000 morts et 11 000 prisonniers sur 30 000, plus 7 000 morts civils

Lanckorona 1771

Lodi 10 mai 1796

Porté à la tête de l'armée d'Italie à 26 ans, le général Napoléon Bonaparte transforma un corps militaire mal équipé et peu discipliné en une armée triomphante. Bien que modeste, la victoire de Lodi fut une première étape dans la genèse de la légende napoléonienne.

Après avoir vaincu le Piémont, allié de l'Autriche en Italie du Nord, Bonaparte ne perdit pas de temps à fêter ses exploits. Il avança vers l'est, le long de la rive sud du Pô, dans l'espoir de déborder par le flanc l'armée autrichienne, qui battait en retraite sur la rive nord. Les Français réussirent à franchir le Pô à Plaisance, le 6 mai, et poussèrent vers le nord jusqu'à la petite ville de Lodi, sur la rivière Adda. Le gros de l'armée autrichienne avait cependant réussi à s'échapper, ne laissant derrière lui qu'une petite force commandée par le général Karl Philipp Sebottendorf van der Rose.

Les Français réussirent à s'emparer de Lodi, mais l'arrière-garde autrichienne avait pris position sur la rive opposée de l'Adda et son infanterie était soutenue par l'artillerie. Un pont de bois séparait les belligérants. Bonaparte, en attendant la venue des renforts du général Masséna, envoya sa cavalerie à la recherche d'un gué dont le franchissement lui permettrait de déborder les Autrichiens. À l'arrivée de Masséna, il harangua ses fantassins pour qu'ils se précipitent vers l'autre rive. À mi-chemin, le feu autrichien faillit mettre leur entreprise en péril. L'attaque fut renouvelée avec succès par des troupes fraîches, commandées par Masséna et deux futurs maréchaux de France, Louis Berthier et Jean Lannes. Les combats se poursuivirent, mais l'arrivée de la cavalerie française sur l'autre rive de l'Adda poussa les Autrichiens à battre en retraite. **AG**

Pertes : Autrichiens, 2 000 morts ou blessés sur 10 000 ; Français, 1 000 morts ou blessés sur 15 000

< *Fleurus 1794* *Arcole 1796* >

« Les soldats de la liberté étaient seuls capables de souffrir ce que vous avez souffert. »

Général Bonaparte à ses soldats, 1796.

En dirigeant personnellement ses troupes à Lodi, Bonaparte se convainquit de sa propre efficacité militaire (tableau de P. Bignami).

Arcole 15-17 novembre 1796

La bataille pour le village d'Arcole vit la souplesse agressive des soldats de l'armée d'Italie de Napoléon Bonaparte s'opposer à la ténacité et à la détermination de l'armée autrichienne. Bonaparte finit par l'emporter grâce à l'intervention opportune du général Masséna.

En novembre 1796, les Autrichiens envoyèrent deux armées dans le nord de l'Italie afin de libérer une garnison assiégée à Mantoue. Napoléon Bonaparte organisa une opération destinée à contenir la plus petite des deux, celle qui passait par la vallée de l'Adige, dans les contreforts des Alpes, tandis que lui-même ferait face au gros des troupes, commandé par le général Joseph Alvinczi.

Napoléon prit l'initiative et ordonna à ses hommes de franchir l'Adige à son confluent avec la petite rivière Alpone, situé en terrain marécageux non loin du village d'Arcole. Le 15 novembre, les soldats français empruntèrent une chaussée artificielle jetée sur l'Alpone, qui les rendit cependant très vulnérables au feu autrichien. Bonaparte chercha à rallier ses troupes en se saisissant d'un drapeau qu'il brandit ensuite sur la chaussée – un épisode dont s'empareront de nombreux peintres (dont Horace Vernet et Antoine Gros) pour embellir la légende napoléonienne.

Les efforts de Bonaparte se révélèrent vains : les Français ne purent passer et durent se replier. Il en alla de même le deuxième jour des combats. Le 17 novembre, les Français épuisés semblaient près d'être défaits quand la division de Masséna arriva de façon opportune et menaça de contourner le flanc des positions autrichiennes. Alvinczi ordonna alors une retraite générale vers la ville de Vicence. **AG**

Pertes : Autrichiens, 2 500 morts ou blessés et 4 000 prisonniers sur 24 000 ; Français, 3 500 morts ou blessés et 1 300 prisonniers sur 20 000

〈 *Lodi 1796* *Rivoli 1797* 〉

Bataille du pont d'Arcole, *peinture de Louis Bacler d'Albe, conseiller stratégique de Napoléon.*

Rivoli 14-15 janvier 1797

La victoire de Napoléon Bonaparte à Rivoli bouleversa la campagne d'Italie avec la reddition de la forteresse de Mantoue et le départ des Autrichiens du nord de l'Italie. De plus en plus populaire en France, le général força les Autrichiens à signer le traité de Campo Formio.

Dans le cadre de la tentative autrichienne de libérer Mantoue et de reprendre le nord de l'Italie, le général Alvinczi entreprit de franchir les Alpes en passant par la vallée de l'Adige. Le gros de l'armée de Bonaparte l'attendait dans la vallée du Pô ; la seule formation défendant l'Adige était la division du général Barthélemy Joubert, forte de 10 000 hommes.

Le plan autrichien sous-estima les forces françaises. Le 14 janvier, trois colonnes autrichiennes lancèrent une attaque frontale sur le plateau de Rivoli tandis que les 7000 soldats du général Quasdanovitch tentaient de déborder par le flanc la droite française, soutenus en cela par l'artillerie autrichienne placée sur l'autre rive de l'Adige. Une dernière colonne, menée par le général Lusignan, devait opérer un vaste mouvement tournant et prendre les Français à rebours. Dès qu'il eut compris que la menace principale venait d'Alvinczi, au nord, Bonaparte envoya des hommes soutenir Joubert. La division de Masséna contribua à consolider le centre français avec une brigade déployée pour couvrir la menace incarnée par Lusignan, pendant que Bonaparte et Joubert repositionnaient leurs forces pour repousser l'attaque de Quasdanovitch. La colonne de Lusignan fut écrasée par les renforts français des généraux Rey et Victor. Le lendemain, Joubert fit 11 000 prisonniers. Les Français prirent Mantoue dans la foulée. **AG**

Pertes : Autrichiens, 14 000 morts ou blessés, 11 000 prisonniers sur 28 000 ; Français, 4 000-5 000 morts ou blessés sur 20 000

< *Arcole 1796* *Cap Saint-Vincent 1797* >

Bonaparte change de cheval dans la Bataille de Rivoli *de Félix Philippoteaux (1844).*

Cap Saint-Vincent 14 février 1797

Après le « Glorieux Premier Juin », la bataille du cap Saint-Vincent fut la deuxième d'une série de grandes victoires navales britanniques sur la France et ses alliés. La supériorité de la marine anglaise se confirmait alors que l'amiral Horatio Nelson se taillait une enviable réputation.

L'Espagne s'était alliée à la France révolutionnaire en 1796, obligeant de fait la Grande-Bretagne à transférer vers l'Atlantique sa flotte de Méditerranée, largement dominée en nombre par ses ennemis. Au début de l'année 1797, les Espagnols envoyèrent leur flotte vers l'Atlantique afin d'escorter un convoi de grande valeur vers Cadix, port surveillé par l'ancienne flotte anglaise en Méditerranée.

Commandée par l'amiral Jervis, c'était une flotte d'élite dont les artilleurs et les équipages comptaient parmi les meilleurs au monde. Au large du cap Saint-Vincent, au sud du Portugal, les quinze navires anglais rencontrèrent les 27 vaisseaux espagnols de l'amiral de Cordova et Jervis n'hésita pas à attaquer. La flotte espagnole s'étant scindée en deux, il s'en prit au groupe le plus important, soit 18 bâtiments. Le navire d'Horatio Nelson, récemment nommé commodore, était positionné derrière la ligne de Jervis au début de la bataille. Quand il comprit que son capitaine avait mal interprété sa manœuvre et que les Espagnols pourraient réunir leurs forces, il quitta sa formation (un geste passible de la cour martiale) et se dirigea vers le navire amiral de De Cordova. Cela retarda assez longtemps les Espagnols pour que le reste des vaisseaux de Jervis entre en jeu. Quatre navires espagnols furent capturés ; les autres parvinrent à s'échapper, très endommagés toutefois. La marine espagnole, démoralisée, ne chercha plus à défier la Grande-Bretagne. **DS**

Pertes : Espagnols, 4 navires capturés, 800 morts ou blessés, 3 000 prisonniers ; Britanniques, 500 morts ou blessés

< *Rivoli 1797* *Camperdown 1797* >

Représentation de la bataille du cap Saint-Vincent (anonyme, 1798).

Camperdown 11 octobre 1797

En 1795, les Hollandais étaient devenus un peu malgré eux des alliés des Français contre la Grande-Bretagne. En octobre 1797, leurs dirigeants envoyèrent leur flotte au large, espérant vaincre les forces anglaises en mer du Nord, affaiblies par des mutineries. L'aventure ne leur fut pas favorable.

Les dirigeants français voulaient préparer une invasion de l'Irlande malgré les revers subis l'hiver précédent et la défaite de leurs alliés espagnols au cap Saint-Vincent. Les mutineries ayant éclaté dans les bases navales britanniques de mai à juin 1797 leur donnèrent une nouvelle occasion de passer à l'action, conjointement aux Hollandais, mais ils se révélèrent trop lents pour tirer parti de la situation. Quand les Hollandais prirent la mer, le 8 octobre, l'escadre anglaise de l'amiral Duncan était prête à les affronter.

Duncan rattrapa les Hollandais trois jours plus tard, au large de Camperdown (ou Kamperduin), sur le littoral hollandais. Duncan disposait de quatorze navires de ligne et l'amiral De Winter, de onze. Des deux côtés, un certain nombre de navires de ligne de plus petite taille participèrent pleinement au combat, fait inhabituel pour l'époque.

Quand les deux flottes se rencontrèrent, Duncan ordonna d'attaquer sans même attendre d'avoir disposé ses navires en formation. Comme les Britanniques, dans cet affrontement et dans bien d'autres, les Hollandais concentraient leurs tirs sur les coques des vaisseaux ennemis au lieu de viser la mâture et le gréement comme le faisaient les Français. Les pertes furent lourdes de part et d'autre, mais les Hollandais furent finalement écrasés. Près de la moitié de leur flotte fut capturée ; le reste s'échappa, mais les dégâts subis étaient tels, et les équipages si démoralisés, que les Hollandais ne jouèrent plus qu'un rôle minime dans la guerre. **DS**

Pertes : Hollandais, 11 navires sur 26, 1 160 morts ou blessés ; Britanniques, aucun navire, 825 morts ou blessés

< *Cap Saint-Vincent 1797* *Les pyramides 1798* >

À Camperdown, un équipage hollandais abandonne son navire en feu ; peinture de Thomas Whitcombe (1760-1824).

Vinegar Hill 21 juin 1798

En 1798, les Irlandais unis se révoltèrent contre l'autorité britannique. Influencés par les révolutions américaine et française, ils espéraient fonder une république d'Irlande indépendante. Leurs espoirs furent balayés à Vinegar Hill. Leur rêve devra attendre plus d'un siècle pour devenir réalité.

La Société des Irlandais unis vit le jour à Belfast en 1791. Contrairement aux futurs mouvements républicains, elle s'appuyait à la fois sur les catholiques et les protestants. Les Irlandais profitèrent de ce que la Grande-Bretagne ne songeait qu'à la guerre avec la France pour se révolter le 23 mai 1798. Les rebelles ne tardèrent pas à se rendre maîtres du comté de Wexford. Quelque 20000 soldats anglais l'encerclèrent, prêts à mater le soulèvement. Les chefs rebelles demandèrent à leurs partisans de se regrouper sur Vinegar Hill et d'affronter les Britanniques. Environ 20 000 hommes répondirent à leur appel, mais ils étaient mal équipés.

Placés sous les ordres du général Lake, les Britanniques entourèrent la colline et, le 21 juin, peu avant l'aube, firent jouer leur artillerie. Au fur et à mesure que les unités avancées gagnaient du terrain, l'artillerie suivait, et l'étau se refermait sur les positions rebelles. Quand les Britanniques parvinrent sur la crête est de la colline, les rebelles cherchèrent à s'enfuir par un trou laissé dans les lignes ennemies. Lake envoya sa cavalerie à leur poursuite. Des centaines de personnes furent massacrées, dont des femmes et des enfants venus se réfugier sur la colline.

Alors que la bataille faisait rage, les Britanniques prirent la ville voisine d'Enniscorthy pour empêcher les rebelles de franchir le fleuve Slaney. Ceux qui y parvinrent poursuivirent leur campagne pendant un mois avant d'être eux-mêmes vaincus. **SA**

Pertes : Britanniques, 100 sur 18 000 ; Irlandais unis (civils compris), 500-1 000 sur 20 000

Insurrection de Pâques 1916 ▷

La Défense par les rebelles à Vinegar Hill, *tableau de George Cruikshank (1792-1878).* 

Les pyramides 21 juillet 1798

En 1798, Napoléon Bonaparte se couvrit de gloire en menant une expédition militaire en Égypte. Près des pyramides, il poussa les Égyptiens à livrer une bataille rangée contre ses propres forces, supérieures en nombre. Les Français allaient pouvoir occuper Le Caire et dominer l'Égypte.

Après avoir débarqué en Égypte, alors contrôlée par les Ottomans, et pris Alexandrie le 2 juillet, l'armée française de Bonaparte suivit le Nil en direction du Caire. Son adversaire était Mourad Bey, qui avait réussi à regrouper 6 000 cavaliers d'élite mamelouks et 15 000 fellahs (milice paysanne). L'autre rive du Nil était occupée par une armée égyptienne plus nombreuse, commandée par Ibrahim Bey.

Quand les Français approchèrent des Égyptiens gardant les accès au Caire, Bonaparte adopta la tactique nouvelle consistant à déployer l'armée en cinq grands « carrés », avec la cavalerie et les bagages au centre et l'artillerie aux coins. Les carrés avançaient vers la position fortifiée d'Embedeh quand les Mamelouks de Mourad Bey attaquèrent sans prévenir. Bien disciplinée, l'infanterie française ne se laissa pas intimider, et ses tirs précis firent de nombreuses victimes parmi les cavaliers armés de cimeterres.

Sur la gauche française, Embedeh fut rapidement prise. Les survivants s'échappèrent en sautant dans le Nil, mais des centaines furent abattus dans l'eau par les fusils français ou se noyèrent. Incapables d'impressionner les carrés français, les Mamelouks de Mourad Bey battirent en retraite le long du Nil. L'armée commandée par Ibrahim Bey n'avait pu jouer sur le cours de la bataille ; en voyant les pertes subies par Mourad Bey, elle évacua Le Caire pour se replier en Palestine et en Syrie. Le lendemain, Bonaparte entra au Caire. **AG**

Pertes : Égyptiens, 2 000 Mamelouks et plusieurs milliers de fellahs sur 21 000 ; Français, 29 morts et 260 blessés sur 25 000

< *Camperdown 1797* *Aboukir (Nil) 1798* >

↑ La Bataille des Pyramides, *par Louis Lejeune (1775-1848), dans laquelle Bonaparte surpassa les Égyptiens.*

Aboukir (Nil) 1er-2 août 1798

À la bataille d'Aboukir, l'amiral Horatio Nelson lança une attaque audacieuse contre une force ennemie supérieure, à l'ancre dans une rade, et remporta sa plus éclatante victoire, mettant un terme au rêve napoléonien d'un empire d'Orient.

Au début de l'année 1798, les Britanniques apprirent que Bonaparte préparait une grande expédition à partir de Toulon ; en revanche, ils ignoraient que son objectif était l'Égypte. L'amiral Jervis maintint le blocus de la flotte espagnole à Cadix, mais envoya ses meilleurs vaisseaux en Méditerranée, sous le commandement de l'amiral Nelson.

Les bâtiments français prirent la mer le 19 mai ; Nelson ne tarda pas à les localiser. À deux reprises, il faillit rattraper sa proie, ce qui aurait certainement mis un terme à la carrière militaire de Bonaparte et changé le cours de l'histoire. Quand Nelson trouva enfin la flotte française à l'ancre dans la baie d'Aboukir, un peu à l'est d'Alexandrie, l'armée de Bonaparte avait déjà débarqué à terre et remporté la bataille des Pyramides.

« La baie tout entière était recouverte de corps entremêlés, déchiquetés, sans autre habit que leurs pantalons. » *John Nicol, marin*

Nelson n'était pas un grand marin mais un chef charismatique et prévoyant. Grâce à la discipline stricte de Jervis et à l'intérêt qu'il portait au bien-être de ses hommes, Nelson disposait d'équipages remarquables au moral élevé. Il s'assurait toujours que ses capitaines comprennent bien ses plans et les appliquent intelligemment quelles que soient les circonstances.

À l'inverse, les Français étaient mal préparés. L'amiral Brueys avait dû penser que les hauts-fonds de la rade dissuaderaient les Anglais d'attaquer, car il n'avait rien prévu dans ce cas. Un quart peut-être des hommes d'équipage étaient à terre quand les Britanniques furent en vue, le 1er août en fin d'après-midi.

Nelson n'attendit pas. Il voulait que certains de ses navires attaquent des deux côtés la ligne ennemie et prennent un par un ses meilleurs éléments en dépit du danger que présentait une navigation en eaux peu profondes à la tombée de la nuit. Un des treize bâtiments de Nelson fut effectivement drossé sur le rivage, mais les autres suivirent son plan avec précision. Les Français disposaient eux aussi de treize vaisseaux de ligne et d'une meilleure puissance de feu. Les marins de l'époque utilisaient rarement les canons de bâbord et de tribord de manière simultanée : l'opération était en effet très délicate. En forçant les Français à se battre ainsi, Nelson se dotait d'un avantage énorme.

La bataille commença peu avant le coucher du soleil. Au début, huit navires britanniques concentrèrent leur feu sur les cinq vaisseaux français principaux et les mirent hors d'usage. D'autres navires anglais continuèrent d'avancer vers les trois derniers bâtiments français. Le vaisseau amiral, *L'Orient*, fort de 118 canons, prit feu et explosa. L'amiral Brueys ne fut pas au nombre des survivants. L'affrontement dura jusqu'au matin. Seuls deux navires de ligne français et deux vaisseaux de soutien parvinrent à quitter une rade jonchée de cadavres et de débris.

Cette victoire fit de l'amiral Nelson un héros et lui valut l'admiration de tous les Britanniques. Elle garantit l'échec de la campagne d'Égypte de Napoléon et aida à persuader la Russie et l'Autriche de faire partie d'une nouvelle alliance antifrançaise. La Grande-Bretagne continua de conquérir des bases en Méditerranée et s'en servit pour asseoir sa suprématie sur les mers. **DS**

Pertes : Français, 11 navires capturés ou détruits, plus de 6 000 morts, blessés ou prisonniers ; Britanniques, aucun navire perdu, 900 morts ou blessés

< *Les pyramides 1798* *Saint-Jean-d'Acre 1799* >

La Bataille du Nil, *lithographie extraite de* Batailles britanniques sur terre et sur mer *de B. F. Gribble (v. 1910).* 

Saint-Jean-d'Acre 18 mars - 20 mai 1799

Le siège malheureux de Saint-Jean-d'Acre fut le premier revers de Bonaparte dans sa campagne d'Égypte et anéantit tout rêve de constitution d'un empire d'Orient. De plus, la suprématie britannique en Méditerranée faisait perdre toute pertinence à l'expédition d'Égypte.

Isolé en Égypte après la bataille du Nil, Bonaparte décida de poursuivre la guerre contre les Turcs ottomans et marcha vers la Palestine. Le 18 mars, ses forces se présentèrent devant la ville fortifiée de Saint-Jean-d'Acre (ou Acre) où une garnison comptant 5 000 hommes était soutenue par deux navires de la Royal Navy commandés par l'amiral William Sidney Smith. Les Britanniques avaient capturé une flottille transportant la moitié des canons de Bonaparte et les fortifications de la ville avaient été renforcées par Smith et Phélippeaux, un officier français émigré.

Plusieurs assauts d'infanterie furent repoussés, contraignant Bonaparte à être l'instigateur d'opérations de siège plus formelles. Pour ne rien arranger, les Turcs avaient envoyé une importante armée destinée à faire lever le siège. Le général Jean-Baptiste Kléber reçut l'ordre de les repousser et, bien que très inférieur en nombre, il leur infligea une cuisante défaite lors de la bataille du mont Thabor, le 16 avril.

Fin avril, les Français avaient réuni suffisamment d'artillerie pour faire une brèche dans les murailles de la ville. Cinq assauts désespérés eurent lieu du 1er au 10 mai ; les attaquants franchissaient les murs pour découvrir que les défenseurs avaient construit une série de fortifications intérieures tout aussi impressionnantes. Acre était toujours ravitaillée par la mer alors que les Français, démoralisés, manquaient de vivres et étaient en proie aux maladies. Bonaparte accepta la défaite et regagna l'Égypte. **AG**

Pertes : Français, 2 200 morts, 2 000 blessés ou malades sur 13 000 ; Turcs ottomans, chiffres inconnus

< *Aboukir (Nil) 1798* *Aboukir 1799* >

Les Français tentent de franchir les fortifications d'Acre (gravure du XIXe siècle). ↑

Seringapatam (Srirangapatana) 5 avril - 4 mai 1799

La bataille de Seringapatam fut la dernière d'une longue série de conflits opposant la Grande-Bretagne, représentée par la Compagnie anglaise des Indes orientales, et le royaume du Mysore. Son dirigeant, Tipû Sultân, fut tué lorsque les Britanniques prirent d'assaut la citadelle.

Surnommé le Tigre du Mysore, Tipû Sultân fut sa vie durant un ennemi de la Grande-Bretagne. Il décora son palais de fresques représentant la défaite anglaise à Pollilur, en 1780, et possédait un automate figurant un tigre dévorant un soldat anglais. En 1799, quand la campagne d'Égypte de Bonaparte menaça potentiellement la puissance britannique en Inde, les Anglais ne tolérèrent plus qu'un État indépendant et hostile comme le Mysore puisse s'allier aux Français.

Une armée mixte – britannique et Compagnie des Indes – quitta Madras pour aller attaquer Seringapatam, la capitale de Tipû Sultân, soutenue par les hommes envoyés par le nizâm de l'Hyderabad. Le 5 avril, les Britanniques assiégèrent la ville et le bombardement d'artillerie finit par venir à bout des parties les plus anciennes des murailles. Les soldats se précipitèrent dans la brèche, conduits par le général de division David Baird, qui avait été quatre ans prisonnier de Tipû Sultân. Le colonel Arthur Wellesley, futur duc de Wellington, le suivit à la tête d'une force plus importante, destinée à sécuriser les positions.

Le 4 mai, ce fut au tour de l'avant-garde de s'en prendre aux remparts. Le gros des troupes entra en ville, parmi lesquelles de nombreux fantassins de l'Hyderabad. Les soldats ne cessèrent d'affluer et Tipû Sultân mourut en défendant sa citadelle. Le Mysore devint un État princier placé sous contrôle britannique. **TB**

Pertes : Britanniques et alliés indiens, 1 500 morts ou blessés sur 50 000 ; Mysore, 6 000 morts ou blessés sur 30 000

〈 *Cuddalore 1783* *Assaye 1803* 〉

↑ *Baird et ses hommes donnent l'assaut dans* La Prise de Seringapatam en 1799 *par Antoine Cardon (1801).*

Aboukir 25 juillet 1799

« Vous êtes grand comme le monde, mais le monde n'est pas assez grand pour vous. »

Kléber à Bonaparte

Détail de La Bataille d'Aboukir *par Louis Lejeune (1775-1848) : la cavalerie française charge les fantassins turcs.*

Dernière tentative des Turcs ottomans pour reprendre l'Égypte à la France, la bataille d'Aboukir se solda par un échec. Napoléon Bonaparte aurait pu profiter de cette occasion, mais il avait déjà pris sa décision : revenir en France avec ses troupes.

Peu après le retour de l'armée française en Égypte, une force turque constituée de 15 000 hommes dirigés par Mustapha Pacha débarqua dans la rade d'Aboukir, non loin d'Alexandrie. Bonaparte était au Caire quand il apprit la nouvelle : il rassembla toutes les forces disponibles et se porta vers l'ennemi. Lors de ses actions précédentes, il avait compté sur son infanterie mais, voyant que les Turcs avaient des cavaliers, il comprit que sa propre cavalerie (1 000 hommes placés sous le commandement du général Joachim Murat) pourrait jouer un rôle décisif dans la bataille.

Les Turcs avaient constitué une série de positions retranchées leur permettant de défendre leur tête de pont. L'infanterie française ouvrit le combat et enfonça les lignes turques. L'affrontement fut rude, mais les Français furent aidés par une tradition turque, celle d'abandonner le combat pour dépouiller les morts et leur couper la tête. Murat profita de la confusion pour lancer une charge de cavalerie si violente que les Turcs reculèrent, épouvantés. À la tête de ses troupes, Murat parvint jusqu'à la tente de Mustapha et captura le chef ennemi, qui en tirant sur lui le blessa grièvement au visage. Murat répliqua en lui coupant trois doigts. Privé de leur commandant, les Turcs ne tardèrent pas à s'enfuir en tous sens. Beaucoup se noyèrent en essayant de rejoindre les navires de transport britanniques à l'ancre dans la baie. D'autres parvinrent à se replier vers le château d'Aboukir, cependant le manque de nourriture les obligea à se rendre une semaine plus tard. **AG**

Pertes : Français, 220 morts, 750 blessés sur 10 000 ; Turcs, au moins 8 000 morts ou blessés sur 15 000

< *Saint-Jean-d'Acre 1799* *Novi 1799* >

Novi 15 août 1799

Alors que Bonaparte était en Égypte, l'entrée de la Russie en guerre mit en péril le Directoire. À Novi, une armée austro-russe sous les ordres du général Alexandre Souvorov mit provisoirement fin à la présence française en Italie.

En 1799, l'armée d'Italie avait subi un certain nombre de revers militaires de la part d'une armée coalisée austro-russe. Le général Joubert se vit confier la tâche de reprendre la situation en main. Il commença par rassembler les formations françaises éparses dans tout le pays puis quitta sa base de Ligurie, dans la vallée du Pô. Très vite, il rencontra les armées russes et autrichiennes, commandées respectivement par le général Alexandre Souvorov et le général Michael von Melas.

Surpris par l'importance de cette force de coalition, Joubert adopta une position défensive. Menés par Souvorov, les coalisés lancèrent un assaut général destiné à enfoncer les deux flancs français. Les Autrichiens chargés de l'aile gauche furent soumis à un feu nourri et leur attaque prit fin. Conscient de l'importance qu'il y avait à tenir cette partie de ses lignes, Joubert se rendit sur place à la tête d'une colonne de grenadiers qui repoussèrent les Autrichiens. C'est à ce moment qu'il fut mortellement blessé par un tir de mousquet ; le commandement français échut au général Jean Victor Moreau.

Les Français conservèrent leurs positions et repoussèrent de nouvelles attaques alliées. La situation changea en fin d'après-midi avec l'arrivée de Melas, dont les troupes fraîches n'eurent aucun mal à percer les lignes ennemies. Épuisés, les soldats français durent battre en retraite. La pression incessante des Austro-Russes fut telle qu'un grand nombre d'entre eux furent faits prisonniers. **AG**

Pertes : alliés, 1 800 morts, 5 200 blessés sur 50 000 ; Français, 1 500 morts, 5 000 blessés, 4 600 prisonniers sur 35 000

< *Aboukir 1799* *Zurich 1799* >

Guerres de la Révolution française

Zurich 25 septembre 1799

Cette victoire française aux abords de Zurich chassa les alliés de Suisse et poussa la Russie à se retirer de la coalition contre la France. La bataille confirma aussi la stature du général Masséna, un des meilleurs chefs militaires de la France révolutionnaire.

Les armées coalisées d'Autriche, de Russie et de Grande-Bretagne infligèrent une série de défaites à la France pendant l'été 1799. Placées sous la direction de l'archiduc Charles, les forces alliées entrèrent en Suisse, alors tenue par les Français, et battirent en juin devant Zurich l'armée du général Masséna. Les alliés ne surent pas exploiter cette victoire, confiant à Charles la campagne du Rhin tandis que la tête des troupes alliées en Suisse était attribuée au général Alexandre Souvorov, le vainqueur de la bataille de Novi. Souvorov avançait vers la Suisse quand le commandement des forces alliées dans ce pays fut provisoirement transmis au général Alexandre Korsakov.

Masséna disposait d'un avantage numérique sur son adversaire ; il prit l'initiative et fondit sur les forces dispersées de Korsakov avant même qu'elles reçoivent les renforts de Souvorov. Le général de division Nicolas Soult attaqua et battit une force autrichienne de moindre importance ; son commandant, le général Friedrich von Holtze, fut tué lors de l'affrontement. Dans le même temps, Masséna avança vers Korsakov, dont les troupes tenaient une ligne défensive devant Zurich. Alors que les Français clouaient sur place le gros des forces russes, une division française entreprit de repousser les troupes russes déployées au nord de Zurich, menaçant ainsi leur ligne de retraite. En apprenant la défaite de Holtze, Korsakov ordonna la retraite générale. Les Français couronnèrent leur victoire par la prise de 80 pièces d'artillerie. **AG**

Pertes : alliés, 8 000 morts ou blessés sur 27 000 ; Français, 4 000 morts ou blessés sur 35 000

< *Novi 1799* *Marengo 1800* >

de 1800 à 1899

Le XIXe siècle s'ouvre avec les batailles de Napoléon. Forte de centaines de milliers d'hommes, la Grande Armée parcourt toute l'Europe et se couvre de gloire, avant de s'incliner en 1815 devant la coalition des souverains européens. Napoléon rêvait d'un empire continental, le congrès de Vienne renoue avec l'équilibre européen. La Sainte Alliance des rois et des empereurs espère contenir les idées révolutionnaires. En vain, car les aspirations libérales et nationales ne cessent de grandir. Les débuts de l'industrialisation augmentent la puissance de feu des armées, transforment les marines de guerre. La Royal Navy règne sur les mers et les océans. L'Empire britannique atteint son apogée. En Afrique, en Asie, en Océanie, la France, l'Allemagne, l'Italie, sont aussi avides de conquêtes coloniales que l'Angleterre. Le déclin de la Chine des Qing attise bien des convoitises, y compris celles des États-Unis et du Japon, nouveaux venus sur la scène internationale.

Détail d'un tableau représentant Napoléon Bonaparte lors de sa campagne de 1814, par Ernest Meissonier (1815-1891).

Marengo 14 juin 1800

Si Napoléon considérait Marengo comme l'une de ses plus belles victoires, l'excès de confiance dont il fit preuve avant la bataille faillit le conduire au désastre. Sa victoire doit beaucoup à la détermination de l'infanterie française et aux interventions décisives des généraux sous ses ordres.

De retour d'Égypte en octobre 1799, Napoléon profita de la confusion régnant dans la politique française pour s'emparer du pouvoir et s'autoproclamer Premier consul en décembre. Portant son attention sur les forces présentes en Europe, il décida de mener une armée à travers les Alpes suisses pour attaquer les Autrichiens au nord de l'Italie, tandis que le général Moreau marchait vers le sud de l'Allemagne.

L'armée de réserve de Napoléon franchit le col du Grand-Saint-Bernard, atteignant la vallée du Pô le 24 mai, avec 40 000 hommes mais seulement six canons. L'un des principaux objectifs de la campagne était de venir en aide à la garnison française assiégée par les Autrichiens à Gênes, mais la ville tomba aux mains des Autrichiens le 4 juin. Néanmoins, Napoléon avait déployé ses troupes en travers des lignes de communication autrichiennes, obligeant le général autrichien Michael von Melas à retirer ses troupes de la frontière franco-italienne pour combattre les Français près de la ville fortifiée d'Alexandrie.

« Par une charge décisive, [le général Kellermann] a su confirmer une victoire encore incertaine. »

« Rapport officiel » de Murat

Croyant les Autrichiens sur le point de battre en retraite, Napoléon détacha plusieurs colonnes pour leur barrer la route. Aussi, lorsque les Autrichiens levèrent le camp pour traverser la Bormida, les Français furent pris au dépourvu. Au début, Napoléon crut à une manœuvre de diversion, mais lorsqu'il fut évident qu'il s'agissait d'un assaut de grande envergure, il ordonna instamment aux divisions françaises, désormais dispersées, de marcher sur Marengo.

Les Autrichiens avançaient en trois colonnes : Melas au centre, les généraux Ott et Reily attaquant sur les côtés. Le bataillon du général Victor subit le gros de l'attaque autrichienne, mais sa résistance permit aux Français de gagner du temps. Au final, la supériorité numérique des Autrichiens força les Français épuisés à se replier vers une nouvelle position : Saint-Guiliano Vecchio. Les contre-attaques françaises furent tour à tour repoussées, et la victoire autrichienne semblait acquise. Du moins, c'était ce que croyait Melas, qui se replia du champ de bataille pour faire soigner une blessure mineure, confiant le commandement à son chef d'état-major, le général Anton Zach.

À l'insu des Autrichiens, les renforts français commençaient à arriver, dont les formations des généraux de division Louis Desaix et Jean Boudet. Desaix, l'un des plus fidèles lieutenants de Napoléon, mena la contre-attaque. Soutenus par l'artillerie française et la cavalerie lourde du général François Kellerman, les Français chargèrent les Autrichiens. Desaix fut tué, mais la pression française et l'explosion d'un wagon de munitions autrichien fournirent à Kellermann l'occasion de faire la différence : ses cuirassiers chargèrent le flanc autrichien, provoquant un désordre qui vira à la déroute lorsque la cavalerie légère du général Joachim Murat se joignit à l'attaque. Toute la ligne française passa à l'offensive, obligeant les Autrichiens à refluer vers Alexandrie avec de lourdes pertes. Acculé par les Français, Melas fut contraint de demander un armistice, qui entraîna la perte de la Lombardie au profit de la France. **AG**

Pertes : Autrichiens, au moins 9 500 morts sur 31 000 ; Français, 5 000 morts sur 28 000

< *Zurich 1799* *Hohenlinden 1800* >

Napoléon regarde au loin dans ce détail de la Mort du général Desaix, *par Jean Broc (XIXe siècle).* 

Hohenlinden 3 décembre 1800

Composée d'une série d'affrontements confus, la bataille de Hohenlinden mit en lumière la supériorité de l'initiative des généraux français, qui surent travailler de concert et saisir les opportunités lorsqu'elles se présentèrent, contrairement aux timides Autrichiens qui œuvrèrent dans l'isolement.

Pendant que Napoléon luttait pour reprendre le nord de l'Italie, le général Moreau lança une offensive au sud de l'Allemagne. En décembre 1800, alors que les troupes de Moreau menaçaient Munich, les Autrichiens envoyèrent une armée commandée par Jean, jeune archiduc, pour repousser les Français. Soutenus par un contingent bavarois, les Autrichiens marchèrent en direction de Moreau en quatre colonnes décousues. Le terrain vallonné et boisé ainsi que le froid rendirent leur avancée très difficile.

Les Français étaient déployés en deux bataillons, chacun constitué de trois divisions d'infanterie, avec la cavalerie en soutien. Sur la gauche, le général Grenier mena une opération défensive astucieuse contre les Autrichiens. Sur la droite, deux divisions des corps de réserve de Moreau, menées par le général Richepanse, entamèrent une manœuvre de débordement contre le flanc gauche autrichien. L'une des brigades de Richepanse fut durement touchée lors d'une attaque des grenadiers autrichiens. Nullement découragé, il poursuivit sa manœuvre, faisant basculer la bataille en faveur des Français. Moreau ordonna alors une contre-attaque et les Autrichiens se replièrent en désordre, perdant de nombreux prisonniers et au moins 50 canons. Après la bataille, Moreau marcha sur l'Autriche et, lorsque ses troupes ne furent plus qu'à 80 km de Vienne, les Autrichiens demandèrent un armistice. **AG**

Pertes : Autrichiens et Bavarois, 4 600 morts ou blessés et 9 000 prisonniers sur 57 000 ; Français, 3 000 morts ou blessés sur 55 000

< *Marengo 1800* *Copenhague 1801* >

Bataille de Hohenlinden, *1800, par Jean-François Louis Couche (1782-1849).* ↑

Copenhague 2 avril 1801

Afin d'entraver le commerce de l'ennemi français, les Britanniques arraisonnaient les navires des pays neutres. La Grande-Bretagne entra en conflit avec le Danemark de 1801 à 1802, puis lança une attaque contre Copenhague qui entraîna la dissolution d'une ligue antibritannique.

Début 1801, Russie, Prusse, Suisse et Danemark formèrent une coalition pour protéger leurs expéditions et empêcher la Grande-Bretagne de s'approvisionner en bois et autres denrées essentielles à sa marine. Cette dernière envoya alors une flotte pour rompre la coalition, commandée par l'amiral Parker, un officier aguerri mais peu entreprenant, secondé par Nelson.

La flotte atteignit le Danemark le 21 mars. Après des négociations infructueuses, Nelson, à bord du HMS *Elephant*, mena douze vaisseaux de ligne contre les navires et batteries danois près de Copenhague le 2 avril. Ce plan était risqué car les Britanniques naviguaient en eaux peu profondes et trois navires s'échouèrent dès le début du combat. Estimant que la flotte de Nelson subissait des pertes inacceptables, Parker ordonna de battre en retraite. Nelson, qui était aveugle d'un œil, fit mine de ne pas voir les signaux et continua le combat. En fin de journée, lorsqu'il devint évident que les Britanniques avaient le dessus, les négociations reprirent et un accord fut conclu, largement motivé par l'annonce de l'assassinat du tsar Paul, auquel succédait Alexandre, connu pour ses sympathies probritanniques. On cite souvent Copenhague comme une grande victoire de Nelson, ce qui est inexact car les Danois étaient loin d'être vaincus, mais elle permit de mettre un terme à une grande menace envers la puissance britannique. **DS**

Pertes : Danois, 12 vaisseaux capturés ou détruits, 1 000 morts ou blessés ; Britanniques, plusieurs vaisseaux échoués mais remis à flot plus tard, 1 000 morts ou blessés

< *Hohenlinden 1800* *Algésiras 1801* >

Un toast au combat dans Avant Copenhague : le carré des officiers du HMS *Elephant (1898) par Thomas Davidson.*

Alfred Paris
Roug. Vig. sc.

Algésiras 6,12 et 13 juillet 1801

Après un premier revers dans cette bataille en deux parties, la flotte britannique finit par vaincre ses ennemis franco-espagnols, mettant fin aux derniers espoirs de sauver les troupes françaises abandonnées en Égypte. De nouveau, la discipline et le talent des équipages britanniques tranchèrent avec la timidité et l'incompétence de leurs adversaires.

Afin de secourir l'armée française en Égypte, la France et l'Espagne projetaient de regrouper une force navale dans le port de Cadix. La première étape consistait à envoyer quatre vaisseaux français de Toulon à Cadix. Repérés lorsqu'ils passèrent devant Gibraltar, ils s'arrêtèrent dans la rade d'Algésiras, une base espagnole fortifiée.

Le 6 juillet 1801, six navires britanniques attaquèrent les Français à Algésiras mais ils subirent une grave défaite. L'un des vaisseaux s'échoua et dut se rendre ; le reste souffrit d'importants dégâts. L'amiral britannique Samaurez reconduisit ses navires au port de Gibraltar pour les réparer tandis que l'amiral français Linois envoyait un message à Cadix demandant des renforts.

Le 12 juillet, neuf vaisseaux français et espagnols mouillaient à Algésiras, alors que quatre navires britanniques avaient été réparés et qu'un cinquième avait atteint Gibraltar. Malgré sa supériorité, la force alliée mit le cap sur Cadix pourchassée par les Britanniques, dont le seul navire capable de les rattraper était le *Superb*. À la nuit tombée, le *Superb* engagea le combat avec les deux plus gros vaisseaux espagnols. Croyant le *Superb* à portée de canon, les deux navires espagnols continuèrent à tirer – l'un sur l'autre – puis prirent feu avant d'exploser. Un second navire français fut capturé le lendemain tandis que les autres s'échappaient vers Cadix. **DS**

Pertes : Espagnols, 2 navires coulés ; Français, 2 navires capturés, plus de 2 000 morts ; Britanniques, 1 navire capturé, 150 morts

< *Copenhague 1801* *Trafalgar 1805* >

Assaye 23 septembre 1803

La bataille d'Assaye, qui se déroula dans l'ouest de l'Inde, opposa la Confédération marathe, menée par le mercenaire hanovrien Anthony Pohlmann, aux troupes placées sous le commandement du général Arthur Wellesley, futur duc de Wellington. Plus tard, le duc décrira la victoire d'Assaye comme le plus grand exploit militaire de sa carrière.

En 1802, le traité de Bassein divisa la Confédération marathe et conduisit à la guerre contre les chefs marathes qui s'opposaient au Peshwâ. Wellesley scinda son armée en deux, espérant prendre la Confédération au piège avant qu'elle n'ait pu avancer vers le sud et attaquer Hyderabad. Mais son plan échoua lorsque Wellesley surprit les Marathes en un lieu contraire aux informations que ses espions lui avaient transmises. Même si Wellesley fut surpris par la taille et les ressources de l'armée marathe, qui s'était enflée de plusieurs divisions d'infanterie, il décida d'attaquer rapidement plutôt que d'attendre sa troupe d'appui, commandée par le colonel Stevenson.

La bataille qui suivit fut dévastatrice pour les Marathes, incapables de déployer leur cavalerie. L'infanterie de Wellesley chargea la batterie marathe qui causait des ravages parmi leurs rangs. La batterie fut prise et de nombreux Marathes s'enfuirent. Le flanc droit de Wellesley fut moins chanceux, ne devant son salut qu'au redéploiement d'une division de cavalerie. Le combat fut scellé lorsque l'artillerie marathe fut réduite au silence. Quand Wellesley ordonna un assaut à la baïonnette sur le centre de Pohlmann, l'armée marathe fut mise en déroute. Les Britanniques ne les poursuivirent pas, mais après Assaye, ils connurent une nouvelle victoire à Aragon, qui leur assura le contrôle du centre de l'Inde. **TB**

Pertes : Britanniques, 1 500 victimes sur 10 000 ; Confédération marathe, 6 500 sur 50 000

< *Seringapatam 1799*

← La bataille d'Algésiras, 6 juillet 1801, *aquarelle d'Alfred Paris datée de 1895.*

Tripoli 3 août 1804

Au début du XIXe siècle, les pirates basés dans les ports des côtes nord-africaines étaient une grave menace pour les navires marchands croisant en Méditerranée. En 1804, la marine américaine lança une attaque contre Tripoli, en Libye, l'un des États voyous qui soutenaient ces terroristes de la mer.

Alors que l'escadrille navale envoyée en Méditerranée était menée par le contre-amiral Edward Preble, le vrai héros de cette guerre fut en réalité le lieutenant Stephen Decatur, du Maryland. Une nuit de février 1804, il mena un raid contre la baie de Tripoli pour détruire le *Philadelphia*, une frégate américaine capturée par les Libyens. Cet acte audacieux lui valut de devenir le plus jeune lieutenant à être promu capitaine dans toute l'histoire de la Navy. Ce fut donc lui qui fut choisi en août pour mener un assaut de grande envergure contre le port ennemi.

Preble lui confia le commandement de la moitié d'une flottille constituée de six canonnières et deux bombardes (petits navires à fond plat transportant de gros canons et des mortiers) pour pénétrer la baie et attaquer les canonnières libyennes. Les batteries côtières de Tripoli devaient être réduites au silence par les canons de la frégate *Constitution* qui mouillait au large.

Mais l'opération ne se déroula pas sans accroc. Les navires ancrés dans la baie opposèrent une résistance féroce. Decatur aborda deux canonnières ennemies et ses troupes, armées de sabres et de pistolets, s'engagèrent dans un violent corps-à-corps. Decatur lui-même se retrouva aux prises avec un pirate.

À la fin de la manœuvre, les Américains avaient capturé trois canonnières et leur équipage. L'année suivante, le débarquement de marines à Tripoli conduisit à un compromis qui mit fin au combat. **RG**

Pertes : Libyens, au moins 47 morts, 49 prisonniers, 3 canonnières prises ; Américains, 13 victimes

Détail d'un tableau d'Edward Moran, de 1897, montrant le Philadelphia *brûlant dans la baie de Tripoli.* 

Ulm 26 septembre-28 octobre 1805

L'anéantissement de l'armée du général Mack à Ulm fut l'une des plus belles victoires de Napoléon. Faisant preuve d'une grande ruse, il coordonna son armée sur de grandes distances avec une incroyable précision. Le peu de combats livrés au cours de la bataille témoigne du génie stratégique de Napoléon.

Audacieux, rusé et précis, l'empereur se lança alors dans sa plus belle campagne. Il décida de passer à l'offensive contre l'Autriche avant que la Russie ne puisse lui venir en aide. Le plus gros de la Grande Armée (plus de 200 000 hommes répartis en sept corps d'armée) se déploya à travers le nord de la France et les Pays-Bas jusqu'à Hanovre, puis entama une marche discrète vers le sud de l'Allemagne début septembre. Même s'ils pensaient que la principale attaque française aurait lieu en Italie, les Autrichiens envoyèrent une armée commandée par le général von Leiberich envahir la Bavière (devenue alliée de la France) et prendre position près de la ville d'Ulm.

Les Français traversèrent le Rhin le 26 septembre. Pendant que la cavalerie du maréchal Murat traversait la Forêt-Noire pour attirer l'attention de Mack, la majeure partie de la Grande Armée décrivait un grand arc à l'est d'Ulm, coupant la route aux Autrichiens venus de Vienne et à d'éventuels renforts. Lorsque Mack comprit ce qui se passait, il était trop tard ; le piège français s'était refermé sur les Autrichiens. Il fit plusieurs tentatives pour percer les lignes françaises mais la plupart échouèrent. Les seuls combats d'envergure eurent lieu à Elchingen, lorsque le maréchal Ney repoussa une attaque, infligeant de lourdes pertes aux Autrichiens. Le 20 octobre, Mack se rendit, livrant à Napoléon près de 30 000 hommes (dont 18 généraux), 65 canons et 40 étendards. **AG**

Pertes : Autrichiens, 12 000 morts ou blessés, 30 000 prisonniers sur 50 000 ; Français, 6 000 morts ou blessés sur 150 000

< *Hohenlinden 1800* *Austerlitz 1805* >

↑ La reddition d'Ulm *(1815) par Charles Thévenin : Napoléon reçoit la capitulation autrichienne.*

Trafalgar 21 octobre 1805

Au cours de ce combat naval décisif, la flotte de l'amiral Nelson anéantit toute menace française ou espagnole envers la suprématie maritime britannique. Désormais à l'abri de toute invasion, le Royaume-Uni allait prospérer, fournissant aux nombreux ennemis de Napoléon les ressources financières qui contribueraient à sa chute.

Après la rupture de la paix d'Amiens, Napoléon projeta d'en finir avec l'ennemi en préparant une invasion. Celle-ci n'était possible que si la marine française contrôlait la Manche au moins quelques heures.

Pour tenir tête à la Royal Navy, il fallait rassembler les flottes de l'Atlantique et de la Méditerrannée, auxquelles se joindraient la flotte espagnole. Poursuivant cet objectif, 33 navires français et espagnols se retrouvèrent à Cadix.

Fin septembre 1805, Nelson arriva au large de Cadix pour prendre le commandement des opérations, le lendemain du jour où l'amiral Villeneuve, commandant des forces franco-espagnoles, eut reçu l'ordre de faire route vers la Méditerranée. Villeneuve savait qu'il était en supériorité numérique et matérielle, mais il savait aussi que ses équipages étaient inexpérimentés, démoralisés et, pour l'essentiel, inaptes au combat.

Côté britannique, le moral était au plus haut. Si les Français et les Espagnols envisageaient uniquement le combat naval comme un recours nécessaire à d'autres buts, les officiers britanniques cherchaient l'affrontement en toute occasion et, lorsqu'ils ne combattaient pas, gardaient leurs vaisseaux au large pour exercer leur équipage à la navigation et au tir au canon. Dans le mémorandum qu'il rédigea avant la bataille, Nelson écrivit que, dans la confusion du combat, aucun capitaine

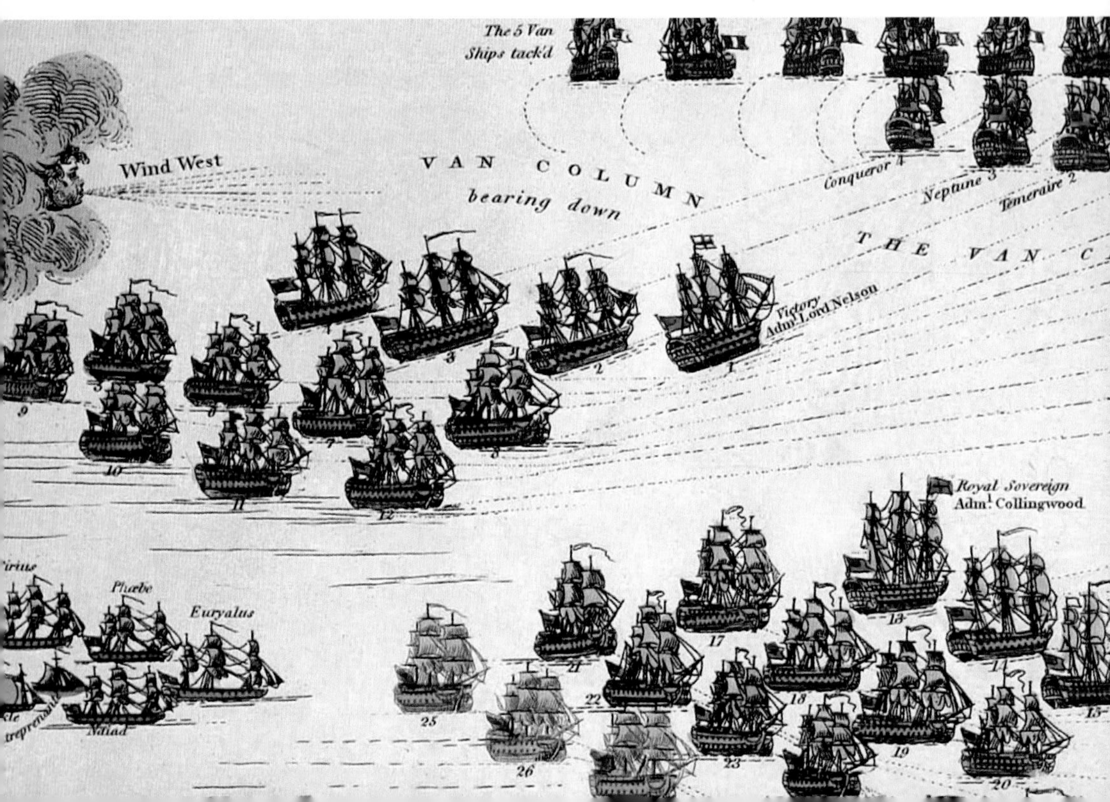

britannique « ne commettrait de faute s'il plaçait son navire bord à bord avec celui d'un ennemi ». Si Nelson prônait cette tactique, c'est parce qu'il savait qu'un combat rapproché tournerait nécessairement à son avantage. Par ailleurs, il décida d'attaquer en deux groupes : le premier se concentrant sur le centre de la ligne alliée et l'autre sur l'arrière ; un plan explicitement conçu pour provoquer le combat rapproché qu'il désirait tant.

La flotte alliée, composée de 18 vaisseaux français et de 15 vaisseaux espagnols, appareilla le 19 octobre. Nelson, avec 27 vaisseaux, arriva en vue deux jours après. Les alliés ne parvinrent pas à infliger des dégâts importants aux navires de tête ennemis et la bataille devint de plus en plus inégale. La première bordée du *Victory* de Nelson tua près de 200 hommes à bord du *Bucentaure* de Villeneuve ; d'autres vaisseaux alliés furent tout aussi durement touchés. Aveuglés par la fumée des tirs de canon, les vaisseaux s'entrechoquaient et combattaient à bout portant. Inévitablement, les deux camps subirent de lourdes pertes mais les Britanniques tiraient bien plus vite et avec plus de précision.

Le *Victory* engagea alors le combat contre le *Redoutable*. Nelson fut gravement blessé. Lorsqu'il mourut trois heures plus tard, le combat était presque terminé. Plus de la moitié de la flotte franco-espagnole s'était rendue. Grâce à cette victoire décisive, la Grande-Bretagne assura sa suprématie sur les mers. Napoléon ne pouvait plus l'attaquer directement. Aussi lui imposa-t-il le Blocus continental. **DS**

Pertes : allíés, 18 vaisseaux capturés ou détruits, plus de 7 000 morts, blessés ou prisonniers ; Britanniques, aucun navire perdu, 1 600 morts ou blessés

〈 *Algésiras 1801*   *Santo Domingo 1806* 〉

Plan militaire (1805) de John Fairburn montrant l'attaque victorieuse de Nelson sur les flottes française et espagnole.

Austerlitz 2 décembre 1805

La victoire de Napoléon sur les armées austro-russes à Austerlitz fut un chef-d'œuvre tactique, l'empereur français imposant sa volonté sur l'ennemi avant même le début de la bataille. Les troupes alliées combattirent avec courage mais elles n'étaient pas de taille à lutter contre l'ardeur de la Grande Armée.

Après sa victoire à Ulm, Napoléon poursuivit sa marche sur Vienne, qui tomba le 12 novembre 1805. Son principal objectif était de s'attaquer à l'armée du général russe Mikhaïl Koutouzov, mais pour gagner du temps, Koutouzov se replia au nord-est dans l'espoir de disperser les Français et de rejoindre les renforts russes et autrichiens. L'hiver approchant, les Français se retrouvèrent dans une situation difficile et le 23 novembre, Napoléon ordonna une halte afin de réorganiser et ravitailler ses troupes.

Napoléon feignit alors la faiblesse pour amener les forces austro-russes à lancer un assaut de grande envergure près du village d'Austerlitz, que les Français avaient étudié minutieusement. Il abandonna le plateau de Pratzen, lieu hautement stratégique, et retrancha ses troupes derrière la ligne d'un ruisseau, le Goldbach. Pour parfaire son stratagème, il affaiblit délibérément son aile droite afin d'amener les alliés à tenter une manœuvre d'encerclement. Contre l'avis de Koutouzov, les empereurs François d'Autriche et Alexandre de Russie décidèrent de mener une attaque de flanc, tombant ainsi dans le piège de Napoléon.

Les alliés marchèrent sur le plateau de Pratzen, tandis que le bataillon du général Buxhowden fondait sur le flanc droit des Français. Les événements paraissaient prometteurs pour les alliés, jusqu'à ce que l'arrivée soudaine du bataillon du maréchal Davout sur l'aile droite française

Le général Rapp rapporte la défaite de la garde impériale russe à Napoléon dans La Bataille d'Austerlitz *(1810) par François Gérard.* 

interrompe la manœuvre d'encerclement. Ceci encouragea les alliés à quitter Pratzen (au centre de la position alliée) pour aider leurs camarades sur le flanc droit. Ce déploiement ne pu que faire jouer le jeu des Français, et au petit matin, la division du maréchal Soult franchit le Goldbach, cachée par le brouillard, pour attaquer le Pratzen. Pendant ce temps, les formations commandées par les maréchaux Lannes et Murat acculèrent l'aile droite alliée, l'empêchant d'envoyer des renforts au centre.

Conscient du danger qui menaçait ses troupes sur le plateau de Pratzen, Koutouzov envoya une série d'escadrons pour tenir la position. Jouant sa dernière carte, il fit intervenir la garde impériale russe mais fut mis en échec par Napoléon dont la propre garde impériale chassa les alliés du Pratzen. Pendant ce temps, le bataillon de Soult avait viré au sud pour attaquer l'aile droite alliée qui s'était dangereusement étendue. Totalement isolées, les troupes alliées tentèrent de s'échapper en traversant les lacs et marais gelés en direction du sud. Un grand nombre de soldats périrent lorsque la glace se rompit sous l'impact des tirs des canons français.

Le bataillon du maréchal Bernadotte fut habilement transféré du flanc gauche français afin de parer à la dernière contre-attaque russe contre le Pratzen. Aux dernières lueurs du jour, Koutouzov ordonna la retraite, obligeant les unités alliées du Sud à se rendre aux Français. Au matin du 4 décembre, les Autrichiens négocièrent une trêve tandis que le reste de l'armée de Koutouzov se repliait en Russie. **AG**

Pertes : alliés, 16 000 morts ou blessés, 11 500 prisonniers sur 85 000 ; Français, 8 000 morts ou blessés sur 73 000 hommes

‹ *Ulm 1805* — *Iéna-Auerstaedt 1806* ›

Santo Domingo 6 février 1806

Après la cuisante défaite de Trafalgar, la marine française, peu encline à affronter la Grande-Bretagne, tenta néanmoins quelques raids contre les navires britanniques afin de mettre à mal leur commerce avec les colonies.

Une grande partie de la flotte française avait été détruite lors de la bataille de Trafalgar, mais les escadres de Brest n'avaient pas pris part au combat. Fin 1805, deux d'entre elles quittèrent Brest. La première, commandée par l'amiral Willaumez, revint en 1806 après avoir subi de lourdes pertes. L'autre, commandée par l'amiral Leissègues et comprenant cinq bâtiments de ligne (dont le puissant *Impérial* et ses 120 canons), se fit prendre en chasse par les Britanniques quelques jours après avoir appareillé.

L'escadre britannique était menée par l'amiral Duckworth, qui s'attira la colère de ses supérieurs en abandonnant le blocus de Cadix pour pourchasser les Français. Ces deniers se dirigeaient vers Santo Domingo, une colonie espagnole sous occupation française. Les Britanniques arrivèrent en vue le 6 février 806, avec sept bâtiments de ligne.

Au cours de la bataille qui suivit, Duckworth captura trois navires français puis se concentra sur l'*Impérial* et le reste de son escorte. Poussés vers le rivage, ils s'échouèrent. Une grande partie du combat se déroula à bout portant dans un nuage de fumée de canons. Plusieurs collisions eurent lieu et des navires alliés furent touchés par méprise. Les deux camps subirent de lourdes pertes. S'il n'avait pas fini par gagner la bataille, Duckworth aurait été conspué ; au lieu de cela, on le félicita d'avoir sauvé le commerce colonial d'un grave péril. **DS**

Pertes : Britanniques, 340 morts ou blessés ; Français, 1 500 morts ou blessés, 5 vaisseaux capturés ou détruits

Trafalgar 1805 — *Copenhague 1807*

Guerres napoléoniennes

Iéna-Auerstaedt 14 octobre 1806

L'invasion de la Prusse par Napoléon fut une nouvelle preuve de sa supériorité stratégique. Sur les champs de bataille d'Iéna et d'Auerstaedt, la Grande Armée s'imposa de nouveau par son habileté tactique.

Lorsque les hostilités éclatèrent entre la Prusse et la France, la Grande Armée de Napoléon, divisée en trois colonnes, quitta la Bavière en direction du nord. Le maréchal Lannes affronta les Prussiens près d'Iéna le 13 octobre. Croyant avoir affaire à l'armée principale, Napoléon ordonna à tous les autres commandants d'apporter leur renfort. Il s'agissait en fait d'une arrière-garde de 38 000 hommes, commandée par le prince Hohenlohe ; le gros des Prussiens, mené par le duc de Brunswick, se trouvait au nord, près du village d'Auerstaedt.

L'attaque française contre les troupes de Hohenlohe débuta le 14 octobre. L'avance précipitée du maréchal Ney fut contrée par les Prussiens, qui repoussèrent aussi une attaque de Lannes. Mais vers midi, la supériorité française se fit ressentir et, lorsque les deux flancs prussiens commencèrent à céder, Hohenlohe ordonna un repli.

Les deux bataillons français commandés par les maréchaux Davout et Bernadotte se trouvaient au nord. Lors de sa marche sur Iéna, Davout affronta l'armée de Brunswick à l'est d'Auerstaedt (malgré les ordres de Napoléon, Bernadotte se garda d'intervenir). Largement dépassées en nombre, les troupes de Davout tinrent tête à l'ennemi avant de prendre l'offensive. La mort de Brunswick déstabilisa le commandement prussien, dont les troupes se replièrent en désordre. La cavalerie française poursuivit les Prussiens sans relâche et les Français occupèrent Berlin le 25 octobre. **AG**

Pertes : Français, 2 500 victimes sur 90 000 (Iéna), 4 350 sur 27 000 (Auerstaedt) ; Prussiens, 28 000 victimes sur 38 000 (Iéna), 18 000 sur 60 000 (Auerstaedt)

Austerlitz 1805 — *Eylau 1807*

Eylau 8 février 1807

Toujours victorieux depuis 1805, Napoléon affronta Russes et Prussiens à Eylau dans des conditions difficiles. La rigueur de l'hiver ajouta à l'horreur du combat lorsque les blessés moururent de froid à l'issue de la bataille.

Après son triomphe contre la Prusse, Napoléon s'enfonça en Pologne pour attaquer les Russes. Alors qu'il semblait que les deux armées allaient prendre leurs quartiers d'hiver, le général Levin Bennigsen, commandant des forces russes, mena une attaque de reconnaissance, provoquant l'avancée de Napoléon vers la ville d'Eylau, détenue par les Russes. Dans l'après-midi du 7 février, les Français attaquèrent et saisirent Eylau, cherchant à s'abriter du froid.

Le lendemain matin, le combat reprit sous de fortes averses de neige. Malgré leur infériorité numérique, les Français décidèrent d'attaquer le centre russe, dans l'espoir d'arrêter les troupes de Bennigsen en attendant les renforts des maréchaux Davout et Ney. Le maréchal Augereau et ses troupes avancèrent vers la ligne russe, se perdirent dans la neige et furent décimés par une batterie de 70 canons. Par ailleurs, une contre-attaque russe menaça le centre français, qui fut sauvé *in extremis* par une charge héroïque des 10 000 cavaliers commandés par Murat.

L'assaut du bataillon de Davout contre le flanc gauche russe sembla faire pencher la bataille en faveur des Français, mais l'arrivée de renforts prussiens força Davout à reculer. Les combats se poursuivirent jusqu'à la tombée de la nuit, et l'arrivée du bataillon de Ney sur la gauche française donna enfin aux Français une parité numérique approximative. Bennigsen dut battre en retraite, sans que Napoléon soit en mesure de le poursuivre. D'où une victoire française incomplète. **AG**

Pertes : alliés, 15 000 victimes sur 80 000 ;
Français, au moins 15 000 victimes sur 75 000

< *Iéna-Auerstaedt 1806* *Friedland 1807* >

Friedland 14 juin 1807

Après une victoire en demi-teinte à Eylau, Napoléon reprit l'initiative contre les Russes à Friedland. Elle obligea le tsar Alexandre Ier à accepter les conditions françaises lors du traité de Tilsit, qui fit de Napoléon le maître incontestable de l'Europe continentale.

Déterminé à attaquer l'armée du général Bennigsen, Napoléon trouva les Russes devant la ville de Friedland le 14 juin. Au début, seul le bataillon du maréchal Lannes s'opposa aux Russes, mais au cours de la journée, les autres bataillons de la Grande Armée commencèrent à arriver sur le champ de bataille. À 16 heures, Napoléon, disposant désormais de 80 000 hommes et constatant que les forces de Bennigsen étaient mal déployées sur les rives de l'Alster, lança une attaque malgré l'heure tardive.

Le plus gros de l'attaque française, menée par le bataillon de Ney, fut dirigé contre le flanc gauche de l'ennemi. L'assaut fut donné mais l'ennemi opposa une résistance farouche et Ney ne progressa que très lentement avant l'arrivée des renforts du bataillon de Victor. Au centre, Napoléon poussa ses canons en avant pour faire feu à courte portée des Russes, qui subirent de lourdes pertes. Les Russes tentèrent une attaque désespérée contre les canons, mais furent repoussés par l'infanterie de Lannes et de Mortier. Pendant ce temps, Ney commençait à percer les lignes du flanc gauche ennemi, atteignant Friedland en fin de journée.

Comprenant que la bataille était perdue, Bennigsen s'efforça de sauver un maximum de soldats et replia ses unités de l'autre côté de l'Alster. Bien que de nombreux soldats se soient noyés, l'armée russe échappa à l'anéantissement total grâce au refus du général Emmanuel de Grouchy d'envoyer sa cavalerie pourchasser l'aile droite qui battait en retraite. **AG**

Pertes : Français, 8 000 victimes sur 80 000 ;
Russes, 20 000 victimes sur 60 000

< *Eylau 1807* *Eckmühl 1809* >

Copenhague 2-6 septembre 1807

Craignant qu'avec ses victoires sur la Russie et la Prusse, Napoléon ne prenne le contrôle des flottes des puissances baltiques, la Grande-Bretagne sévit en neutralisant la marine danoise. La flotte danoise fut livrée aux Britanniques après le bombardement de Copenhague.

Début 1807, la Grande-Bretagne vivait dans la crainte que la France prenne le contrôle des flottes russe, danoise et suédoise, réunissant ainsi une force assez puissante pour menacer leur suprématie sur les mers. De plus, la Baltique constituait une source vitale d'approvisionnement pour la marine britannique.

La Grande-Bretagne prépara alors une énorme expédition (29 000 soldats, plus de 400 navires de guerre et de transport), parvenant à garder sa destination secrète. L'expédition atteignit le Danemark début août 1807 et exigea que les Danois soumettent leur flotte au contrôle britannique. Le refus danois signa le début des hostilités.

Les troupes britanniques menées par Wellesley (futur duc de Wellington) débarquèrent près de Copenhague et encerclèrent la ville. Après l'échec de nouvelles négociations, la flotte britannique, menée par l'amiral Gambier, entama un bombardement féroce le 2 septembre. Bientôt, la ville fut ravagée par les flammes et les Danois furent contraints de se rendre. Les Britanniques s'en allèrent avec plus de 60 navires danois et de grandes quantités de matériel naval.

La guerre se poursuivit pendant plus de six ans, le Danemark parvenant à capturer quelques navires marchands, ce qui obligea la Grande-Bretagne à escorter ses navires croisant dans la Baltique. Malgré quelques escarmouches en mer, il n'y eut plus aucun combat terrestre. **DS**

Pertes : Danois, 2 000 morts, 60 vaisseaux capturés ; Britanniques, 200 morts ou blessés

< *Santo Domingo 1806* *La rade des Basques 1809* >

Tableau anonyme représentant le bombardement de Copenhague.

Madrid 2 mai 1808

Les officiers français postés en Espagne étaient des soldats aguerris et brillants, mais ils sous-estimèrent le climat incendiaire qui régnait sur la vie politique, religieuse et sociale espagnole. Ce qu'ils considérèrent comme le juste châtiment d'une contestation se transforma en appel à l'insurrection.

En mars 1808, la Grande Armée envahit l'Espagne, pour la contraindre à appliquer le Blocus continental contre l'Angleterre. Napoléon commença également à se mêler de la politique espagnole, avec l'abdication du roi d'Espagne, qui fut remplacé par le frère aîné de Napoléon, Joseph. Naturellement, ceci plongea le peuple espagnol dans une consternation profonde, qui atteignit son paroxysme lorsque Joachim Murat entreprit d'emmener les enfants de la famille royale en France. Même si les Français occupaient Madrid depuis le 23 mars, ils n'étaient pas préparés à l'ardeur nationaliste de ses citoyens, qui dégénéra en violentes manifestations le 2 mai 1808.

Une foule se massa autour du palais royal dans l'espoir d'empêcher le départ des enfants. Informé de cette nouvelle, Murat envoya un bataillon de grenadiers de la garde impériale et une batterie d'artillerie pour dégager un passage ; lorsque les Français ouvrirent le feu sur les Espagnols, la manifestation tourna à la rébellion. La cavalerie française chargea alors à travers les rues, matant les manifestants à coups de sabre.

Le lendemain, les Français engagèrent des mesures pour mater la révolte : tous les hommes armés (et de nombreux autres) furent abattus. Murat et les autres officiers étaient persuadés que cela mettrait un terme aux manifestations. Ce fut une grave erreur de jugement. Les événements du « Dos de Mayo » furent l'étincelle qui embrasa le peuple contre la domination française. **AG**

Pertes : Français, inconnues ; Espagnols : 500 morts (dont 100 hommes exécutés le 2 mai)

Bailén 1808 ›

↑ El tres de mayo *(1808-1814) par Francisco de Goya représente la répression française de la révolte.*

Bailén 15-21 juillet 1808

La capitulation de tout un bataillon d'armée à Bailén fut un coup très rude pour les Français, semant la révolte contre Napoléon tant en Espagne qu'à travers toute l'Europe. En Autriche, la nouvelle du désastre français encouragea l'empereur François Ier à se préparer à la guerre contre les Français.

En réaction à l'insurrection espagnole de 1808, les Français envoyèrent des colonnes mobiles contre les centres de résistance et le général Dupont reçut l'ordre de saisir le port stratégique de Cadix. Renforcé par les 10 000 hommes du général Vedel, le bataillon de Dupont entama sa marche à travers le sud de l'Espagne. Presque aussitôt, les Français se heurtèrent aux troupes de l'armée d'Andalousie, commandée par le général Francisco Castaños et le général Theodor von Reding. En atteignant Córdoba, Dupont fit une halte ; jugeant qu'il n'avait aucune chance de prendre Cadix, il décida de rentrer à l'abri en traversant la chaîne de montagnes de la Sierra Morena.

La retraite française fut extrêmement lente, ralentie par 1 200 soldats malades et blessés ainsi que 500 chariots de marchandises. En apprenant que les Espagnols bloquaient la route de la Sierra Morena, Dupont affaiblit son commandement en envoyant la division de Vedel ouvrir la voie. Tandis que Castaños immobilisait la colonne de Dupont, Reding parvint à s'interposer entre Dupont et Vedel à Bailén le 17 juillet.

Encerclé, Dupont effectua trois tentatives désespérées pour percer les lignes ennemies, mais les Espagnols le repoussèrent chaque fois. Vedel s'efforça à plusieurs reprises de venir au secours de Dupont mais sans parvenir à avancer. Manquant d'eau et de nourriture, les troupes de Dupont (ainsi que celles de Vedel) capitulèrent et se rendirent aux Espagnols le 21 juillet. **AG**

Pertes : Français, 2 500 morts ou blessés, 17 600 prisonniers sur 24 500 ; Espagnols, 1 000 morts ou blessés sur 30 000

< *Madrid 1808* *Vimeiro 1808* >

La Reddition de Bailén *(1864) par José Casado de Alisal, un tableau emblématique dans le style de Velázquez.*

Vimeiro 21 août 1808

L'arrivée de l'armée britannique allait changer le cours de la guerre dans la péninsule Ibérique ; le général Wellesley fit preuve de génie tactique contre les attaques françaises maladroites et mal coordonnées – un schéma qui allait se répéter lors de nombreux assauts.

La Grande-Bretagne encouragea activement l'insurrection ibérique contre les Français et, le 1er août 1808, un corps expéditionnaire débarqua au Portugal sous le commandement du lieutenant général Arthur Wellesley. Le général Junot, commandant des troupes françaises au Portugal, avança vers les positions britanniques au nord de Lisbonne. Bien qu'en nette supériorité numérique, Wellesley se retrancha prudemment sur une crête s'étendant de chaque côté de la ville de Vimeiro et attendit l'assaut français.

Junot avait l'intention d'attaquer le centre de la ligne britannique tout en envoyant des troupes encercler le flanc gauche ennemi. Devinant son plan, Wellesley redéploya sa ligne pour parer à l'attaque. Malheureusement pour Junot, le terrain accidenté sépara les deux unités de son assaut, lequel dégénéra rapidement en une série d'attaques isolées qui furent aisément repoussées par les salves de mousquets de l'infanterie britannique postée sur la crête.

Voyant qu'il ne pourrait déloger les Britanniques, Junot retira son armée. Isolé des autres troupes françaises en Espagne, il comprit que sa position était critique. En conséquence, il négocia sa reddition avec les Britanniques. Entre-temps, Wellesley avait été remplacé par deux commandants plus expérimentés qui lors de la convention de Cintra (30 août) autorisèrent la Royal Navy à rapatrier l'armée de Junot dans sa totalité. Ces conditions généreuses suscitèrent l'indignation à Londres. **AG**

Pertes : Britanniques, 720 morts ou blessés sur 18 000 ; Français, 2 000 victimes sur 13 000

< *Bailén 1808* *La Corogne 1809* >

La cavalerie essuie de lourdes pertes dans La 20e Division légère à la bataille de Vimeiro *par Richard Simkin (1840-1926).*

Guerre d'indépendance espagnole

La Corogne 16 janvier 1809

Au cours de l'avancée vers Madrid, la troupe britannique menée par Sir John Moore dut se replier en toute hâte à travers une grande partie de l'Espagne. Cependant, l'ardeur de la résistance britannique à La Corogne contribua à effacer l'humiliation de cette retraite.

Pour soutenir l'insurrection espagnole contre la France, l'armée britannique commandée par le lieutenant général Sir John Moore marcha sur l'Espagne en novembre 1808. Lorsqu'il atteignit Salamanque, Moore apprit que Napoléon venait de mener une grosse armée en Espagne et menaçait d'encercler la sienne, de plus en plus isolée. À contrecœur, il commença à se replier vers le port de La Corogne, au nord-ouest de l'Espagne, où une flotte de la Royal Navy devait évacuer ses troupes. Ayant échoué à encercler l'ennemi, Napoléon confia à Soult le soin de poursuivre l'armée battant en retraite.

La longue retraite de l'armée de Moore – à travers les montagnes dans un froid glacial – faillit l'anéantir, mais une longue série de combats d'arrière-garde permit de repousser les Français jusqu'à l'arrivée à La Corogne, le 11 janvier 1809. La flotte n'étant pas au rendez-vous, Moore fut obligé de combattre les Français. Le 15 janvier, les troupes de Soult enfoncèrent les avant-postes britanniques et se préparèrent au combat. Les navires étaient depuis arrivés, mais les Français attaquèrent la principale ligne britannique dans l'après-midi du 16. La plupart des combats eurent lieu autour du village d'Elvina, qui changea de main à plusieurs reprises. Alors qu'il ralliait une unité, Moore fut mortellement blessé, mais les Français interrompirent les opérations au crépuscule. Durant la nuit, les Britanniques parvinrent à s'échapper pour achever l'évacuation. **AG**

Pertes : Britanniques, 900 morts ou blessés sur 16 000 ;
Français, 1 000 morts ou blessés sur 16 000

< *Vimeiro 1808* *Talavera 1809* >

Guerres napoléoniennes

La rade des Basques 11-12 avr. 1809

L'escadre française, partie de Brest pour renforcer les forces armées présentes en Martinique s'ancra au large de Rochefort et n'atteignit jamais sa destination. Attaquée en pleine nuit, elle subit de lourds dégâts, mais des désaccords côté britannique lui permirent d'échapper à la destruction.

En 1809, la Martinique était l'une des rares colonies françaises à ne pas avoir été prise par la Grande-Bretagne. Dans le but d'aller la défendre, une puissante escadre française s'échappa du blocus de Brest, mais au lieu de rejoindre les autres escadres mouillant à Lorient et Rochefort, elle se réfugia dans la rade des Basques, au large de Rochefort. Les Britanniques s'empressèrent alors de lancer une attaque.

Le mouillage était couvert par les batteries côtières et les bas-fonds rendaient la navigation difficile. L'amiral Gambier, qui commandait la flotte de la Manche, décida de ne pas mettre en danger ses principaux vaisseaux de ligne. Au lieu de cela, il proposa d'envoyer des brûlots ; ses supérieurs acceptèrent, mais chargèrent un jeune et audacieux officier, Lord Cochrane, de l'attaque.

Le 11 avril, au crépuscule, les Britanniques détruisirent l'estacade établie aux abords du mouillage grâce à deux petits navires bourrés d'explosifs ; une force composée de 20 brûlots suivait derrière. La plupart des brûlots n'atteignirent jamais les vaisseaux ennemis, mais les Français paniquèrent, coupèrent leurs cordages d'ancre et leurs vaisseaux dérivèrent.

Au petit jour, la plupart des bâtiments français s'étant échoués, Cochrane demanda des renforts à Gambier pour achever leur destruction. Mais Gambier refusa de mettre en danger sa flotte et seuls quelques vaisseaux français furent détruits. **DS**

Pertes : Britanniques, aucun navire ;
Français, 4 bâtiments de ligne et une frégate

< *Copenhague 1807* *Grand Port 1810* >

Eckmühl 21-22 avril 1809

Comme à Austerlitz et Auerstaedt, Napoléon put compter sur le talent du maréchal Davout, qui tint sa position face à un ennemi en supériorité numérique. Lors de cette bataille, l'archiduc Charles, frère de l'empereur d'Autriche, parvint à s'échapper en se repliant de l'autre côté du Danube.

En avril 1809, l'invasion de la Bavière par l'archiduc Charles-Louis d'Autriche raviva la guerre contre la France et Napoléon s'empressa de quitter Paris pour mettre en ordre de bataille ses troupes au sud de l'Allemagne. Le 21 avril, alors que Napoléon progressait le long de la vallée du Danube, le corps d'armée épuisé et isolé du maréchal Davout subit l'attaque d'une troupe composée de 70 000 hommes. Ignorant l'ampleur de cette attaque, Napoléon ordonna à Davout de tenir bon et lui envoya le renfort de troupes bavaroises commandées par le maréchal Lefebvre.

Avec son flegme habituel, Davout repoussa les attaques autrichiennes, mais au matin du 22 avril, il informa de nouveau le commandant en chef français de la difficulté de sa position et de son manque de munitions. Comprenant que Davout faisait face au gros de l'armée autrichienne, Napoléon redéploya ses troupes pour lui venir en aide. Davout et Lefebvre passèrent à l'offensive pour stopper la progression des Autrichiens pendant que Napoléon fondait sur l'aile gauche ennemie. Sous la force de l'assaut, les Autrichiens reculèrent et l'archiduc Charles-Louis commença à se replier vers la ville fortifiée de Ratisbonne, puis vers la rive nord du Danube. Alors que la nuit tombait, Napoléon ordonna à sa cavalerie de pourchasser l'ennemi, mais les Autrichiens purent se replier vers Ratisbonne. En récompense de sa bravure, Davout reçut le titre de prince d'Eckmül. **AG**

Pertes : Autrichiens, 12 000 sur 35 000 ;
Français et alliés, 6 000 victimes sur 36 000 à 60 000

< Friedland 1807 — Aspern-Essling 1809 >

Guerres napoléoniennes

Aspern-Essling 21-22 mai 1809

Premier revers subi par Napoléon en Europe, la défaite française d'Aspern-Essling redonna espoir aux nombreux ennemis de l'Empereur à travers le continent. Parmi la longue liste des victimes françaises se trouvait le maréchal Lannes, mortellement blessé au second jour du combat.

Après la victoire d'Eckmühl, Napoléon marcha sur Vienne le 10 mai, alors que les Autrichiens, menés par l'archiduc Charles, disposaient encore de forces puissantes sur la rive nord du Danube. Tous les ponts dans et autour de Vienne avaient été détruits, si bien que Napoléon fut obligé de déployer des ponts flottants, utilisant l'île de Lobau comme pierre de gué pour gagner la rive opposée.

Dans la nuit du 20 au 21 mai, les ingénieurs de Napoléon jetèrent des ponts entre Lobau et la rive nord, et les troupes des maréchaux Lannes et Masséna traversèrent aussitôt le fleuve, s'emparant des villages d'Aspern et d'Essling. Les Autrichiens attendirent jusqu'à midi – laissant volontairement traverser une importante division française – avant de frapper. Les Français furent pris par surprise et des combats rapprochés s'ensuivirent, les villages changeant plusieurs fois de mains avant que la nuit ne mette provisoirement fin aux combats.

La position française devint encore plus périlleuse lorsque les ponts furent emportés par les eaux en crue et sabotés par l'ennemi, freinant l'arrivée des renforts. Pendant la nuit, les ponts furent réparés, mais lorsque les combats reprirent le 22 mai, les Français étaient restreints à une ligne s'étendant entre Aspern et Essling. Après qu'une dernière attaque au centre eut été repoussée par l'intervention personnelle de l'archiduc Charles, Napoléon ordonna à ses troupes de se replier de l'autre côté du Danube, laissant le champ de bataille aux Autrichiens. **AG**

Pertes : Autrichiens, 23 000 victimes sur 95 000 ;
Français, 23 000 victimes sur 70 000

< Eckmühl 1809 — Wagram 1809 >

Wagram 5-6 juillet 1809

Dernière grande bataille de la campagne d'Autriche, la victoire de Wagram, au prix de lourdes pertes, permet à Napoléon d'imposer des négociations de paix à l'empereur François II et ouvre la voie à son mariage avec la fille de ce dernier, l'archiduchesse Marie-Louise.

Dans un regain d'énergie après la défaite d'Aspern-Essling, Napoléon utilisa des renforts venus d'Allemagne et du nord de l'Italie pour transformer l'île de Lobau en une vaste forteresse. Ayant tiré des leçons des échecs de la précédente bataille, Napoléon bâtit une série de ponts solides et puissamment défendus pour relier la rive droite du Danube. L'archiduc Charles demeura, lui, dans une sorte de défense léthargique ; hormis faire appel aux 15 000 soldats de l'archiduc Jean, il laissa Napoléon prendre l'initiative militaire.

Napoléon commença par lancer une attaque secondaire en direction du nord – entre Aspern et Essling – tandis que le gros des troupes prenait la route de l'est dans la nuit du 4 au 5 juillet. Les Autrichiens furent pris par surprise ; au matin, plus de 130 000 soldats occupaient la rive nord du Danube. Alors qu'ils avaient usé de tactiques judicieuses à Aspern-Essling, les Autrichiens commirent l'erreur fatale de se retrancher à quelques kilomètres du fleuve, permettant ainsi aux Français de déployer leurs forces à loisir. Au cours du 5 juillet, les deux armées s'affrontèrent, s'infligeant d'énormes pertes sans résultat probant. Soutenus par leurs alliés allemands, les Français tentèrent de vaincre l'armée autrichienne mais furent repoussés.

Le lendemain, l'archiduc Charles essaya de reprendre l'initiative en lançant plusieurs attaques le long de la ligne française, bien que le principal assaut fût dirigé contre l'aile

La bataille de Wagram, 6 juillet 1809, *par Joseph Swebach-Desfontaines (1769-1823).*

gauche. Sur la droite française, tenue par le bataillon du maréchal Davout, les attaques autrichiennes n'aboutirent à rien et les Français continuèrent d'avancer. En revanche, sur le flanc gauche, les Autrichiens progressèrent mais leur plus grand succès eut lieu au centre gauche, lorsque le bataillon de Saxons mené par le maréchal Bernadotte céda et s'enfuit. Au cours d'un réajustement tactique audacieux, le bataillon de Masséna fut redéployé pour couvrir le flanc gauche, tandis que l'espace laissé au centre gauche était comblé par la réserve, constituée de la garde impériale et d'autres troupes d'élite.

Sentant que la bataille pouvait tourner en sa faveur, Napoléon déploya une puissante artillerie pour rompre l'attaque autrichienne contre son centre, avant d'ordonner au bataillon du général Macdonald de passer à l'offensive. Macdonald déploya ses 8 000 fantassins en un immense carré et avança sur l'ennemi, subissant d'énormes pertes sous les tirs de l'artillerie autrichienne. Malgré le soutien de la cavalerie française, la formation de Macdonald fut finalement arrêtée par la défense autrichienne.

La France connut plus de succès sur sa droite, lorsque Davout, soutenu par Oudinot, commença à attaquer la gauche autrichienne, et qu'il devint évident que les troupes de l'archiduc Jean n'arriveraient pas à temps. Napoléon ayant pris le dessus, l'archiduc Charles se retira du champ de bataille. Après quelques escarmouches contre les Français, les Autrichiens finirent par admettre leur défaite et négocièrent avec Napoléon, mettant un terme à la cinquième coalition contre la France. **AG**

Pertes : Autrichiens, plus de 40 000 victimes sur 160 000 ; Français, 38 000 victimes sur 180 000

< *Aspern-Essling 1809* *Smolensk 1812* >

Talavera 27-28 juillet 1809

L'armée française enregistra quelques succès au cours de la guerre d'indépendance espagnole. Mais l'isolement des deux généraux en charge des opérations favorisa les Britanniques, dont les troupes aguerries repoussèrent de nombreux assauts.

Après avoir chassé l'armée du maréchal Soult du Portugal en mai 1809, le lieutenant général Wellesley marcha sur l'Espagne avec 20000 soldats. En juillet, il joignit ses forces aux 35000 hommes de l'armée espagnole, menée par le général de la Cuesta et avança vers Madrid. Leurs armées pourchassèrent le bataillon du maréchal Victor, mais, après qu'il eut reçu le renfort de troupes menées par le roi Joseph Bonaparte, les Français passèrent à l'offensive. Les alliés se positionnèrent sur la droite avec les Espagnols, près de Talavera, et les Britanniques sur la gauche, avec la colline de Medellín comme pièce maîtresse du dispositif.

Posté sur la droite de la ligne française, Victor lança une attaque hardie au soir du 27 juillet, avec ses propres troupes. Même s'il provoqua la confusion chez les Britanniques, l'assaut fut repoussé. La bataille se poursuivit le lendemain, les Français lançant des attaques répétées contre les lignes ennemies, toutes repoussées par le feu nourri des mousquets.

Une tentative française pour déborder la gauche de Wellesley fut également déjouée, alors qu'une brusque charge de la cavalerie britannique fut anéantie par les Français. Au soir du 27 juillet, les Français se replièrent vers Madrid, mais les alliés se replièrent également en apprenant que l'armée de Soult fondait sur eux. Wellesley, doté du titre de vicomte de Wellington, se replia en bon ordre au Portugal. **AG**

« J'ignore quel effet auront ces hommes sur l'ennemi, mais par Dieu, ils m'effraient. »

Arthur Wellesley, à propos de ses nouvelles troupes.

Wellesley mène ses tuniques rouges au gré de la bataille dans un détail de La Bataille de Talavera *(1819).*

Pertes : Anglais et Espagnols, 5 500 victimes britanniques et 1 200 Espagnols sur 55 000 ; Français, 7 300 victimes sur 46 000

< *La Corogne 1809* — *Ocaña 1809* >

Ocaña 19 novembre 1809

La défaite d'Ocaña confirma l'incapacité de l'armée espagnole à combattre les Français en terrain découvert. Pour les Français, Ocaña fut une véritable revanche sur l'humiliation de Bailén et ouvrit la voie à la conquête de l'Andalousie.

Au cours de l'automne 1809, les Espagnols tentèrent encore une fois d'arracher Madrid aux Français. Deux armées furent formées pour saisir la capitale. Celle du Sud, commandée par le général Juan Carlos Aréizaga, quitta la Sierra Morena et prit les Français par surprise. Malheureusement pour les Espagnols, Aréizaga ne parvint pas à exploiter son avantage, laissant le temps aux Français d'envoyer une troupe, commandée par le roi Joseph et le maréchal Soult, pour marcher sur les Espagnols.

En dépit de leur supériorité numérique, les troupes espagnoles, inexpérimentées et mal encadrées, n'étaient pas de taille à lutter contre leurs adversaires. Aréizaga disposa ses troupes en deux lignes, ancrant sa gauche à la ville d'Ocaña, mais laissant sa droite exposée sur une plaine, la rendant vulnérable malgré la protection de sa cavalerie.

Le 19 novembre, après des tirs de barrage, Soult ordonna à son infanterie de charger les Espagnols. Ces derniers résistèrent, menaçant même de repousser l'ennemi, jusqu'à ce que Soult fasse intervenir sa réserve pour étayer la ligne. Sur la droite espagnole, la cavalerie fut totalement débordée par une charge française. Les cavaliers espagnols s'enfuirent tandis que les Français pivotaient pour mener une attaque de flanc contre l'infanterie, désormais sous le feu de l'infanterie et l'artillerie de Soult. À ce stade, la quasi-totalité de l'armée espagnole céda et s'enfuit, les Français s'emparant d'un grand nombre de prisonniers et d'armes. **AG**

Pertes : Français, quelques centaines de morts ou blessés sur 34 000 ; Espagnols, 14 000 prisonniers sur 51 000

< *Talavera 1809* *Buçaco 1810* >

Grand Port 22-27 août 1810

L'île Maurice fut l'une des dernières colonies françaises à être prises par la Grande-Bretagne. Cette île servit de base pour des raids contre le commerce britannique jusqu'en 1810 ; Grand Port fut le théâtre d'une des rares défaites navales des Britanniques.

Tout au long des guerres napoléoniennes, l'île Bonaparte et l'île de France (désormais appelées île de La Réunion et île Maurice) servirent de bases d'attaques contre le commerce pratiqué par la Grande-Bretagne avec l'Inde et l'Orient. Après plusieurs escarmouches et quelques vaisseaux capturés dans chaque camp, l'île Bonaparte fut prise par les Britanniques en juillet 1810 et le reste des combats se concentra alors autour de l'île de France.

Les Britanniques commencèrent par une série d'attaques contre Grand Port, au sud de l'île. Peu après, une escadre française de trois navires de guerre français s'insinua dans le mouillage après un bref combat. Le capitaine Pym, commandant des forces britanniques, décida d'attaquer les Français, tout en sachant que ses vaisseaux ne pourraient traverser l'étroit chenal qu'en file indienne.

L'attaque, qui eut lieu le 22 août, vira au fiasco. Le seul navire britannique qui put s'approcher des Français ne parvint pas à faire porter la plupart de ses tirs et fit naufrage par la suite.

Le lendemain, deux autres bâtiments britanniques furent incendiés par leur équipage après s'être retrouvés coincés, et le 27 août, le dernier navire, qui essayait toujours de s'échapper de la baie, capitula lorsque des renforts français arrivèrent. La victoire française fut de courte durée. Une importante flotte britannique atteignit peu après la zone et acheva la conquête de l'île de France en décembre 1810. **DS**

Pertes : Britanniques, 4 frégates, 300 morts ou blessés ; Français, aucun navire perdu, 150 morts ou blessés

< *La rade des Basques 1809*

Buçaco 27 septembre 1810

Mal coordonnées, les attaques françaises sur Buçaco durant la guerre d'indépendance espagnole furent facilement repoussées par les Britanniques. Cependant, Masséna ne se laissa pas décourager et poursuivit son avancée à travers un pays dévasté par la politique de la terre brûlée de Wellington.

En septembre 1810, face à une armée française supérieure en nombre, Wellington et son armée anglo-portugaise se replièrent jusqu'aux lignes de Torres Vedras (lignes de fortification défendant Lisbonne). Toutefois, au cours de la retraite, Wellington décida d'engager le combat contre les Français menés par le maréchal Masséna. Wellington prit position sur une crête en granit et, comme à son habitude, déploya le gros de ses forces sur la pente opposée pour les cacher et les protéger des tirs ennemis.

N'ayant aucune certitude quant au déploiement britannique, Masséna ordonna un assaut d'infanterie sans prendre la précaution de reconnaître le terrain. Le général Reynier mena les premières troupes au combat ; après avoir escaladé la colline de Buçaco, elles émergèrent de la brume matinale pour se retrouver sous le feu de l'infanterie britannique. Les Français combattirent ardemment, mais, attaqués de trois côtés, ils furent chassés de la colline. Le bataillon du maréchal Ney, opérant sur la droite de Reynier, fut pris en embuscade par la division légère britannique et par une brigade d'infanterie portugaise. Ils furent repoussés par les baïonnettes britanniques et subirent de lourdes pertes. Les combats diminuèrent avant que Masséna ne découvre un chemin lui permettant d'attaquer de flanc. Wellington se replia derrière les fortifications de Torres Vedras, laissant l'armée française mourir de faim au cours de l'hiver. **AG**

Pertes : Anglais et Portugais, 1 250 morts ou blessés sur 52 000 ; Français, 4 500 morts ou blessés sur 65 000

Ocaña 1809 — *Fuentes de Oñoro 1811*

Fuentes de Oñoro 3-5 mai 1811

La bataille de Fuentes de Oñoro mit un terme lors d'un violent affrontement au siège britannique d'Almeida (les Français abandonnant le fort pour se retrancher derrière leurs lignes) ainsi qu'au commandement de Masséna en Espagne, remplacé par le maréchal Marmont.

Après avoir chassé l'armée de Masséna du Portugal, Wellington décida d'assiéger la forteresse protégeant la frontière avec l'Espagne. En mai 1810, Masséna mena une attaque pour lever le siège d'Almeida, mais fut tenu en échec par Wellington près du village fortifié de Fuentes de Oñoro. Le premier volet de la bataille eut lieu le 3 mai, les Français bombardant l'aile gauche britannique tandis que l'infanterie attaquait le village de Fuentes de Oñoro, point d'appui de la ligne britannique. Les Français répondirent violemment, menaçant même de prendre le village avant d'être repoussés par une contre-attaque britannique.

Le 5 mai, Masséna reprit son offensive contre Fuentes de Oñoro et lança une vaste attaque pour déborder le flanc droit britannique affaibli. La bataille pour le village fut féroce, attaques et contre-attaques se succédant tout au long de la journée ; au cours d'un de ces assauts, une centaine de grenadiers français furent piégés par les Britanniques et tuée à la pointe de la baïonnette. Sur le flanc droit britannique, les Français connurent d'abord quelques succès, menaçant de déborder la 7e division, avant que les renforts de Wellington ne lui sauvent la mise. À la nuit tombée, la bataille était terminée. Les Français demeurèrent quelques jours sur le champ de bataille, mais lorsque Masséna comprit qu'il ne parviendrait pas à rompre la ligne de Wellington, il se replia en Espagne. **AG**

Pertes : Anglais et Portugais, 1 711 morts ou blessés sur 37 000 ; France, 2 844 morts sur 48 000

Buçaco 1810 — *Albuera 1811*

Albuera 16 mai 1811

Albuera constitua un épisode sanglant de la guerre d'indépendance espagnole. Au cours de cette bataille, les troupes alliées parvinrent à repousser l'avancée du maréchal Soult sur la ville de Badajoz. Une grande partie de la victoire est due à la défense tenace de l'infanterie espagnole.

En mai 1811, la force anglo-portugaise menée par le maréchal Sir William Beresford fut rejointe par l'armée espagnole commandée par le général Blake. Tous deux avancèrent sur Albuera pour contrer la marche du maréchal Soult sur Badajoz. Beresford déploya ses forces sur une crête, de chaque coté du village d'Albuera : les Portugais à gauche, les Britanniques au centre et les Espagnols à droite. Beresford fut conforté dans sa stratégie lorsque l'infanterie française marcha sur le village. Mais en fait, Soult avait décidé de mener sa principale attaque contre la droite de la ligne ennemie.

Beresford et Blake tardèrent à réagir, mais lorsqu'ils virent deux divisions françaises fondre sur quatre bataillons d'infanterie espagnole, ils envoyèrent aussitôt des troupes pour contrer l'attaque. L'armée de Blake comprenait la crème de l'armée espagnole et malgré son infériorité numérique, l'infanterie espagnole tint bon jusqu'à l'arrivée des renforts. La première formation à arriver fut la 2e division du général Stewart, qui forma une ligne pour combattre les Français au moment où une tempête éclata, rendant les mousquets inutilisables. C'est à cet instant que la cavalerie française fondit sur les hommes de Stewart, un régiment de lanciers polonais anéantissant presque une brigade britannique. Le désastre ne fut évité que lorsque la 4e division du général Cole combla la trouée dans la ligne alliée. Incapables d'avancer plus loin, les Français se replièrent. **AG**

Pertes : Alliés, 5 380 morts ou blessés sur 35 000 ; Français, au moins 6 000 morts ou blessés sur 24 000

Fuentes de Oñoro 1811 — *Ciudad Rodrigo 1812*

Tippecanoe 6-7 novembre 1811

Malgré la défaite de Fallen Timbers et les traités qui s'ensuivirent, les Amérindiens résistaient toujours face à l'expansion américaine en Ohio. La victoire américaine brisa l'autorité de Tecumseh et mit un terme à la menace d'une confédération indienne, Tecumseh ralliant les Britanniques au Canada.

Le chef Shawnee Tecumseh et son frère « Le Prophète » œuvraient pour former une confédération de tribus, du Michigan à la Géorgie, afin de résister aux colons. Les attaques indiennes dans le territoire de l'Indiana persistaient malgré les rencontres avec le gouverneur Harrison et les avertissements de ce dernier.

Au cours de l'été 1811, Harrison assembla une force de 950 miliciens et fantassins. En septembre, il marcha vers le nord en direction de Prophetstown, située près de la rivière Tippecanoe. Tecumseh était absent, mais le 6 novembre, une délégation envoyée par Le Prophète proposa qu'une rencontre ait lieu le lendemain. Harrison fit alors bivouaquer ses hommes sur une petite colline près du village. Craignant une ruse, il les déploya en rectangle avec l'ordre de rester en alerte. Des munitions furent distribuées, des sentinelles postées et des baïonnettes apprêtées.

Le 7 novembre, vers 4 heures du matin, des centaines d'Indiens attaquèrent le camp, d'abord au nord, puis de toutes parts. La bataille dura plus de deux heures avec de violents corps-à-corps en pleine nuit. Quelques guerriers essayèrent de tuer Harrison sans toutefois y parvenir. À trois reprises, les Indiens chargèrent, Harrison repoussant chaque attaque à la tête de sa petite réserve. À l'aube, tandis que les Indiens se repliaient pour se regrouper, Harrison contre-attaqua. Pris par surprise, les Indiens se dispersèrent, pourchassés par les troupes à cheval. Le village et les cultures furent détruits. **RB**

Pertes : Américains, 66 morts, 151 blessés ; Amérindiens, plus de 100 morts ou blessés

Fallen Timbers 1794 — *La rivière Thames 1813*

Ciudad Rodrigo 7-20 janvier 1812

La prise de Ciudad Rodrigo permit aux Britanniques non seulement de s'emparer de l'arrière-garde de l'armée française mais aussi d'ouvrir la voie nord menant du Portugal à l'Espagne. Wellington put ainsi assiéger Badajoz, point stratégique pour dégager l'autre accès principal à l'Espagne.

Lorsque Wellington apprit que ses adversaires français s'étaient retirés, il partit aussitôt assiéger Ciudad Rodrigo. Par un froid glacial, Wellington arriva aux portes de la forteresse le 7 janvier 1812. Le lendemain, ses troupes capturèrent le Grand Tesson, la redoute qui surplombait la position. Après un premier affrontement, les travaux de siège débutèrent.

Ciudad Rodrigo n'était pas une forteresse particulièrement puissante et les 2 000 soldats composant la garnison française n'étaient pas suffisants pour tenir la position. Wellington disposait d'une petite arrière-garde et ses canons percèrent deux brèches dans les murailles tandis que ses soldats creusaient des tranchées d'assaut pour protéger les attaquants. Craignant d'avoir à lever le siège en cas d'arrivée de renforts français, Wellington ordonna d'attaquer au soir du 19 janvier.

La 3e division du général Thomas Picton prit d'assaut la « grande » brèche tandis que la division légère du général Robert Crauford se frayait un chemin à travers la « petite ». Bien que l'artillerie et les pièges français leur aient infligé de lourdes pertes – Crauford fut mortellement blessé –, les Britanniques parvinrent à franchir les deux brèches et à investir la ville. Comme il était de coutume à l'époque, les troupes d'assaut pillèrent la cité de fond en comble, engloutissant de grandes quantités d'alcool et refusant d'obéir aux ordres des officiers. **AG**

Pertes : Britanniques, 1 700 morts ou blessés sur 10 700 ; Français, 530 morts ou blessés, 1 460 prisonniers sur 2 000

< *Albuera 1811* *Badajoz 1812* >

Guerre d'indépendance espagnole

Badajoz 16 mars-6 avril 1812

Parmi les nombreux sièges qui émaillèrent la guerre d'indépendance espagnole, Badajoz se distingue par l'extraordinaire intensité des combats et l'effroyable sauvagerie dont firent preuve les soldats britanniques après le siège en se lançant dans une frénésie destructrice au sein de la ville « libérée ».

Afin de sécuriser leurs lignes de communication en Espagne, Britanniques et Portugais, menés par Wellington, marchèrent sur la forteresse de Badajoz, tenue par les Français. La garnison française était commandée par Armand Philippon, général déterminé, qui après avoir résisté à un siège britannique en 1811 avait largement renforcé les fortifications déjà redoutables de la ville.

Le 16 mars, Badajoz fut investi par les troupes de Wellington ; des tranchées furent creusées tandis qu'on installait des canons pour pilonner les principaux bastions français. Ceux-ci firent de leur mieux pour perturber les opérations, même si l'un de leurs principaux raids, le 19 mars, fut repoussé. Le 25 mars, les Britanniques s'emparèrent de la redoute de Picurina, qui servit alors de plateforme pour percer des brèches dans la muraille.

Au 6 avril, deux larges brèches avaient été faites et une troisième, plus petite, avait été percée dans la muraille de la citadelle. Ce soir-là, la division légère et la 4e division donnèrent l'assaut aux deux principales brèches , malgré tous leurs efforts, les assaillants furent tenus en échec par les Français. Wellington était sur le point d'abandonner l'assaut quand il apprit que la 3e division avait escaladé la citadelle et pénétré dans la ville. La garnison française se retrancha dans le bastion de San Vincente et capitula le lendemain. Les troupes britanniques saccagèrent la ville pendant trois jours ; lorsque l'ordre fut restauré, près de 4 000 civils avaient été tués. **AG**

Pertes : Anglais et Portugais, 4 800 victimes sur 27 000 ; Français, 1 500 morts ou blessés, 3 500 prisonniers sur 5 000

< *Ciudad Rodrigo 1812* *Salamanque 1812* >

← L'Invasion de Ciudad Rodrigo, le 19 janvier 1812, *illustration anonyme.*

Salamanque 22 juillet 1812

Tournant de la guerre d'indépendance espagnole, la bataille de Salamanque est considérée comme le chef-d'œuvre de Wellington. Même si l'armée française parvint à éviter l'anéantissement total, c'est à cette occasion que le commandant britannique prouva qu'il pouvait mener des opérations de défense et d'attaque avec tout autant de talent.

Au printemps 1812, Wellington et son armée anglo-portugaise – soutenue par des unités espagnoles – s'enfoncèrent en Espagne, pour combattre l'armée française commandée par le maréchal Marmont. Les deux commandants tentèrent de déjouer les plans ennemis, chacun espérant exploiter la moindre erreur adverse. Avançant presque parallèlement aux forces de Wellington, Marmont poussa vers le sud de la ville de Salamanque, dans l'espoir de couper les lignes de communication ennemies avec le Portugal. Marmont croyait à tort que Wellington se préparait à battre en retraite et poussa ses divisions en avant. Ce faisant, il les exposa dangereusement. Wellington ne manqua pas de saisir l'occasion et, dans l'après-midi du 22 juillet, ordonna à ses troupes de fondre sur les Français.

La brigade de Thomières, postée à l'avant de la ligne française, s'élança contre la 3e division britannique ; le commandant français fut tué et ses hommes vaincus. Apercevant la cavalerie britannique, le général Maucune, commandant de la seconde division française, déploya ses troupes en carré, formation appropriée en ces circonstances. Cependant, la cavalerie abritait la 5e division britannique, dont les tirs d'infanterie soutenus brisèrent les carrés français, qui furent alors dispersés par la cavalerie lourde du général Le Marchant. Ce dernier se tourna ensuite vers les troupes de Bernier, mais fut tué au cours

Détail de La Bataille de Salamanque *(1821) par William Heath : Wellington y aurait « vaincu une armée de 40 000 hommes en 40 minutes ».*

de l'attaque. Salamanque fut l'un des hauts faits de la cavalerie britannique et l'un des rares affrontements où elle joua un rôle majeur.

Pour ne rien arranger, côté français, Marmont et son commandant en second furent touchés par des tirs d'artillerie et gravement blessés lorsque l'infanterie et la cavalerie britanniques enfoncèrent la ligne française, laissant leurs troupes sans commandement durant l'une des phases critiques de la bataille. Le commandement fut transmis au général Clausel, qui exhiba toutes les qualités d'un général de brigade aguerri, stabilisant la ligne et repoussant une attaque alliée. Encouragé par ce succès, Clausel lança une contre-attaque avec sa propre division et celle de Bonet. Cependant, l'impulsion anglo-portugaise était trop forte et les Français furent repoussés.

Voyant que la bataille était perdue, Clausel entreprit d'organiser la retraite, faisant appel aux divisions de Ferry, Sarrut et Foy – qui n'avaient joué qu'un rôle mineur jusqu'alors – pour couvrir le repli français. La division de Ferry fut la première à entrer en action, supportant seule les assauts des forces de Wellington. Malgré une résistance acharnée, la division céda lorsque son commandant fut tué. À la tombée de la nuit, l'avancée britannique commença à marquer le pas, permettant à la division de Foy, dernière formation de la ligne française, d'empêcher de nouveaux assauts contre les troupes françaises. Avec le retrait des troupes de Marmont, Wellington put marcher sur Madrid. Bien qu'il fût forcé de se replier par la suite, ce fut une grande humiliation pour le régime de Joseph Bonaparte en Espagne. **AG**

Pertes : alliés, 5 000 victimes sur 52 000 ; Français, 6 000 morts ou blessés, 7 000 prisonniers sur 50 000

< *Badajoz 1812* — *Vitoria 1813* >

Smolensk 16-18 août 1812

Cinq ans après l'entrevue de Tilsit et la signature d'une alliance avec la Russie, Napoléon rompt avec le tsar Alexandre Ier. Il réunit une armée de 600 000 hommes. En juin 1812, il franchit le Niémen. Dès la bataille de Smolensk, il est contraint de s'enfoncer toujours davantage en territoire russe.

Napoléon avait pour but d'encercler l'armée russe dans les premières semaines de la campagne. Cependant, les Russes, largement dépassés en nombre, reculèrent plutôt que de tout risquer en un seul combat. Napoléon espérait qu'ils seraient contraints de se battre à Smolensk, l'une des villes les plus sacrées de Russie. En cela, il avait raison ; le tsar et son peuple refusèrent de se rendre docilement.

Deux colonnes françaises traversèrent le Dniepr de nuit et ce n'est qu'à 48 km de Smolensk qu'ils se heurtèrent à une résistance. L'obstination de l'arrière-garde laissa le temps aux Russes de mettre en branle les vieilles défenses de la ville tandis qu'aux abords de Smolensk une bataille confuse faisait rage, les Français tentant de prendre la ville d'assaut.

L'artillerie française pilonna une grande partie de la ville, mais l'infanterie russe défendit ses positions avec une incroyable ténacité. Napoléon voulait encercler la ville. Mais craignant ce genre de manœuvre, les commandants russes ordonnèrent la retraite pendant la nuit. De nouveau, la ténacité de l'arrière-garde s'avéra capitale. Dix régiments luttèrent avec acharnement tandis que la première troupe de Napoléon (constituée en majorité de conscrits allemands et portugais) investissait la ville. Les Russes se réfugièrent de l'autre côté du fleuve et brûlèrent les ponts derrière eux, ne laissant qu'un tas de ruines calcinées aux mains de Napoléon. **JS**

Pertes : Russes, 12 000 à 14 000 morts ou blessés sur 125 000 ; Français, 10 000 morts ou blessés sur 185 000

< *Wagram 1809* *Borodino 1812* >

La Bataille de Smolensk, 1812, *au cours de laquelle la ville fut ravagée par les forces russes et françaises.*

La *Constitution* contre la *Guerrière* 19 août 1812

Les États-Unis déclarèrent la guerre à la Grande-Bretagne le 18 juin 1812 suite à de nombreux griefs, dont un semi-blocus des ports américains. Parmi les bâtiments de guerre britanniques croisant dans les eaux américaines se trouvait la *Guerrière*, frégate de 38 canons commandée par le capitaine Dacres.

Dacres n'avait aucun respect pour la marine américaine et était en quête d'action. Le 19 août, il repéra à 644 km au sud d'Halifax un navire de guerre américain en provenance du nord. Il s'agissait de la *Constitution*, une grosse frégate de 44 canons commandée par le capitaine Hull. Comme il était de coutume, les deux bâtiments transportaient plus de canons que leur dotation officielle (la *Constitution* en avait 44 et la *Guerrière* 49), principalement des caronades, de lourds canons à courte portée.

Dacres effectua deux tirs à longue portée sans aucun résultat. Hull attendit qu'il se rapproche avant de répliquer. Les soldats des deux navires tirèrent alors des rafales de mousquets en direction des équipages et des officiers adverses. Au cours d'un échange de bordées, l'artimon de la *Guerrière* s'abattit et les navires entrèrent brièvement en collision. Quelques bordées furent tirées à courte portée tandis que Hull faisait tourner la *Constitution* avant de tirer de nouveau.

Ses canons endommagèrent la coque, et le mestre de la *Guerrière* s'effondra, provoquant une nouvelle collision. Avant que les capitaines ne puissent ordonner l'abordage, les deux navires se séparèrent. Tandis que l'équipage de la *Guerrière* déblayait les débris, Hull s'approcha, prêt à mitrailler le pont de la *Guerrière*. Blessé, incapable de contrôler son navire dont les canons étaient inondés, Dacres consulta ses officiers qui convinrent de mettre pavillon bas. **RB**

Pertes : Américains, 9 morts, 13 blessés sur 476 ; Britanniques, 21 morts, 57 blessés sur 263

Fort George 1813 ›

↑ Duel naval entre la *Constitution* et la *Guerrière, lithographie en couleurs de 1893.*

Borodino 7 septembre 1812

Après sa victoire de Smolensk, Napoléon tenta une nouvelle fois de détruire l'armée russe. Il fut victorieux à la Moskova (Borodino pour les Russes, qui revendiquent également la victoire). La route de Moscou lui était ouverte, mais la guerre était loin d'être gagnée.

Après Smolensk, Napoléon se retrouva face à une décision difficile : occuper la ville – voire se replier en territoire polonais pour passer l'hiver – ou avancer vers Moscou et arracher la victoire totale dont il avait besoin. Cette dernière option impliquait une campagne d'hiver pour laquelle son armée était mal équipée. Mais ayant toujours préféré anéantir un ennemi en train de ployer, il décida de marcher sur Moscou. Pendant ces hésitations, les Russes avaient nommé le vieux général Koutouzov commandant suprême, avec ordre de défendre Moscou.

Koutouzov choisit de combattre derrière le fleuve Kalatcha, en travers d'un front de 8 km situé en terrain vallonné, qui se prêtait à la défense et que ses troupes renforcèrent en construisant des fortifications et des tranchées. La clé de leur défense était la grande redoute, qui renfermait une importante garnison et dont l'artillerie était positionnée de manière à dévaster les rangs français. Le flanc sud était faible en comparaison, et lancer une attaque à cet endroit aurait pu forcer les Russes à se replier.

Mais Napoléon ne voulait pas de retraite. Les Français lancèrent donc une série d'attaques frontales, peu subtiles mais extrêmement violentes. L'artillerie causa de lourdes pertes des deux côtés, mais la ténacité de l'infanterie fut de nouveau la plus grande force de l'armée russe. Quand ils furent chassés des villages d'Ulitsa et de Borodino, les Russes lancèrent de terribles contre-attaques alors que certains se repliaient en bon ordre vers de nouvelles

L'Artillerie française de la Grande Armée devant Borodino, *lithographie d'Albrecht Adam, 1827.*

positions, refusant de paniquer devant les charges répétées de la cavalerie. Pendant ce temps, les Français subissaient les erreurs de leurs officiers : leur artillerie étant hors de portée des Russes, ils durent la déplacer en pleine bataille, laissant des troupes exposées inutilement. Les Français investirent enfin la grande redoute, où quatre régiments russes luttèrent jusqu'au dernier combattant. Lorsqu'il sembla que les Russes cédaient et qu'un dernier effort pourrait transformer la retraite en déroute, les cavaliers russes lancèrent une contre-attaque désespérée qui empêcha les Français d'exploiter leur succès. Après douze heures de combat, 90 000 salves d'artillerie, deux millions de tirs de mousquet et l'intervention croissante des réserves françaises, les Français n'avaient avancé que de 1,6 km. Les seules troupes qui n'avaient pas encore combattu étaient celles de la garde impériale, que Napoléon refusa d'impliquer.

Le combat prit fin par épuisement mutuel des forces et, pendant la nuit, Koutouzov se replia en bon ordre. Napoléon avait encore échoué à exterminer son ennemi. La route vers Moscou était libre et, sept jours plus tard, l'armée française pénétra dans la ville. Mais les Russes refusaient toujours de se soumettre, l'ardeur de la guerre ayant même développé une ferveur patriote parmi le peuple russe. Les armées russes devenaient chaque jour plus puissantes, tandis que l'armée française souffrait de l'usure de la guerre, de la maladie, des désertions et du manque de territoires. Tout ce que Napoléon avait gagné était une avancée de 563 km en plein territoire ennemi, où ses troupes devenaient de plus en plus vulnérables. **JS**

Pertes : Russes, 30 000 morts ou blessés sur 120 000 ; Français, 30 000 à 50 000 morts ou blessés sur 131 000

‹ *Smolensk 1812* *Maloyaroslavets 1812* ›

Maloyaroslavets 24 octobre 1812

La retraite française de Moscou en 1812 fut une catastrophe pour Napoléon. L'affrontement de Maloyaroslavets contre les forces russes gênant sa retraite fut une victoire, mais lui ferma sa meilleure voie de fuite. Ce combat joua un rôle majeur dans la destruction de l'armée française.

Après la conquête de Moscou, dont une grande partie fut détruite, Napoléon attendit plusieurs semaines la soumission des Russes. Lorsqu'il comprit qu'elle n'arriverait pas, il ordonna la retraite, peu de temps avant le début de l'hiver. Napoléon décida alors de faire marcher son armée vers Kalouga, où il trouverait une région prospère. Mais, accablé de soldats blessés ou chargés de butin, il ne progressait que très lentement. Cependant, le général russe Koutouzov le pourchassait avec une égale lenteur.

Les Français arrivèrent à Maloyaroslavets, sur la rive droite de la Lusha, et prirent facilement la ville. Mais les troupes russes approchaient et, au cours d'une attaque nocturne, les Français furent chassés. L'artillerie russe se déploya pour protéger les ponts et, le lendemain, la ville fut l'objet de combats intenses.

Il fallut toute l'artillerie d'un bataillon français pour réduire au silence les canons russes pilonnant les ponts. Des conscrits italiens soutinrent le plus fort du combat avec détermination et courage ; prenant rapidement la ville à la pointe de la baïonnette, ils la perdirent au cours d'une contre-attaque.

La ville changea de mains à plusieurs reprises pendant la matinée et sept généraux français furent tués au cours de combats acharnés. Les Français prirent la ville, mais les canons russes contrôlaient toujours la Lusha, ne laissant à l'envahisseur qu'une seule voie de retraite, à travers le territoire qui avait été ravagé durant son avancée. **JS**

Pertes : Russes, 6 000 morts ou blessés sur 25 000 ; Français, plus de 4 000 morts ou blessés sur 20 000

< *Borodino 1812* *Berezina 1812* >

Berezina 27-28 novembre 1812

Après le calvaire de la retraite de Moscou, la Grande Armée de Napoléon n'était plus que l'ombre d'elle-même. Toutefois, l'Empereur accomplit un extraordinaire fait d'armes pour échapper aux Russes près de la Berezina. Mais s'il survécut pour reprendre le combat, la plupart de ses troupes périrent.

Au cours de la retraite de Moscou, l'armée française commença à se désagréger. Napoléon menait encore 90 000 hommes, mais près de la moitié étaient des "traînards" – des hommes dont les régiments s'étaient désintégrés, qui avaient abandonné les armes ou qui n'avaient aucun potentiel offensif et restaient avec l'armée par crainte des maraudeurs cosaques.

Alors qu'ils approchaient de la rivière Berezina, ils trouvèrent les Russes tenant la ville de Borisov et les principaux ponts. L'armée du général Koutouzov approchait par l'arrière et la catastrophe semblait imminente. Mais ne voyant pas l'intérêt de sacrifier des vies, Koutouzov ne se hâta pas à ses trousses. Le salut vint quand la cavalerie française repéra un gué. Lançant des opérations de diversion au sud, Napoléon put faire traverser suffisamment de troupes pour protéger ses ingénieurs qui travaillaient dans l'eau glaciale pour construire deux ponts flottants. Une tête de pont fut établie avant que les Russes ne comprennent le plan français. Au cours de combats acharnés, les Français tinrent leur tête de pont, tandis que l'arrière-garde combattait pour repousser l'assaut tardif des Russes. La cavalerie française chargea pour permettre aux derniers soldats de s'échapper, mais rien n'avait été prévu pour évacuer les "traînards". Alors que la foule hystérique se battait pour traverser, Napoléon ordonna de détruire les ponts. Des milliers d'hommes périrent noyés ou furent laissés en pâture aux Cosaques. **JS**

Pertes : Français, 15 000 à 25 000 morts et blessés sur 89 000 ; Russes 15 000 à 20 000 morts ou blessés sur 64 000

< *Maloyaroslavets 1812* *Bautzen 1813* >

Guerres d'indépendance en Am. du Sud

San Lorenzo février 1813

Ce qui ne fut en fait qu'une escarmouche allait peser lourd dans l'imaginaire latino-américain. C'est lors de la bataille de San Lorenzo, dans le feu du combat, que le grand combattant pour la liberté San Martín fut sauvé par le sacrifice héroïque d'un de ses hommes.

La bataille de San Lorenzo se déroula près du monastère qui surplombait le Paraná, dans la province de Santa Fe. À cette époque, les Espagnols revendiquaient encore leur autorité sur la totalité de l'Argentine. Mais un mouvement indépendantiste s'était développé parmi les colons, surtout dans les provinces du Nord (y compris celles qui par la suite allaient former l'Uruguay.)

En février 1813, une flottille de onze navires transportant des soldats espagnols et des partisans de la couronne remonta le Paraná avec pour but d'attaquer les positions rebelles le long des rives du fleuve. Le gros des soldats était des fusiliers marins. Ce qui était un désavantage contre les grenadiers montés du commandant des rebelles, José de San Martín, issus des gauchos sauvages de la Pampa.

Du haut de la tour du monastère, San Martín vit l'ennemi jeter l'ancre, et fut ainsi prêt lorsque 200 hommes débarquèrent puis gravirent la colline. Bien qu'en sous-nombre, ses cavaliers fondirent sur eux avec l'avantage de la surprise. Les Espagnols furent pris au dépourvu. Cette victoire banale prit une tournure épique lorsque San Martín se retrouva avec la jambe coincée sous son cheval tué. Alors que les Espagnols s'apprêtaient à le tuer, le sergent Juan Bautista Cabral se rua à travers les soldats ennemis pour libérer son commandant. San Martín fut sauvé, mais Cabral fut tué. **MK**

Pertes : Espagnols, 40 morts ; Argentins, 15 morts

Chacabuco 1817 ›

Guerre de 1812

Fort George 25-27 mai 1813

En 1812, les États-Unis voulaient mener une invasion en quatre axes des positions clés canadiennes, principalement près du Niagara. Mais d'autres batailles détournèrent leurs troupes jusqu'au printemps 1813. En avril, ils traversèrent le fleuve pour fondre sur York, capitale du Haut-Canada.

La victoire américaine lors du raid amphibie contre le chantier naval de York encouragea le major général Henry Deaborn à ourdir d'autres attaques contre le Canada. Hommes et équipements furent rassemblés dans des camps le long du Niagara jusqu'à ce que plus de 4 000 hommes, dont de nombreuses nouvelles recrues, fussent réunis. Parmi les arrivants se trouvait Winfield Scott, jeune colonel d'artillerie qui fut nommé adjudant-major de Deaborn. Scott établit alors un plan détaillé pour une opération conjointe de l'armée et de la Navy contre Fort George.

Le fort, situé à l'embouchure du Niagara sur la rive sud du lac Ontario, était défendu par le brigadier général John Vincent, soutenu par 1 100 soldats britanniques et par la milice canadienne. Pendant deux jours, le fort fut bombardé puis, dans la brume matinale du 27 mai, Scott débarqua pour mener le premier assaut. Il rencontra une résistance à la tête de pont, mais avec l'aide des canons de la Navy et l'arrivée de renforts, les forces anglo-canadiennes furent repoussées. Après l'échec d'une contre-attaque britannique, Vincent abandonna le fort et se replia pour conserver ses troupes, dépassées en nombre, puis fit poser des charges et exploser les dépôts de poudre. Scott se précipitait dans le fort au moment où l'un des dépôts explosa. Désarçonné, il se brisa une clavicule, mais réussit à désamorcer les autres charges. **RB**

Pertes : États-Unis, 39 morts, 111 blessés ; Britanniques et Canadiens, 52 morts, 44 blessés, 262 prisonniers

‹ *La* Constitution *contre la* Guerrière *1812* *Le* Chesapeake *1813* ›

Bautzen 20-21 mai 1813

« *Depuis les campagnes de 1792, 93, 94, les militaires français n'avait pas montré une telle ardeur.* »

Dominique-Jean Larrey, Mémoires de chirurgie militaire.

Les Français (à gauche) et les Prussiens s'affrontent derrière la cavalerie russe à Bautzen, dans cette gravure du XIXe siècle.

Malgré le désastre subi en Russie en 1812, Napoléon représentait toujours une grande puissance. Face à une alliance hostile comprenant la Russie, la Prusse, l'Autriche et la Suède, il leva de nouvelles armées et parvint à infliger de cuisantes défaites, même s'il ne regagna jamais l'initiative stratégique.

La force russo-prussienne qui se retrancha derrière l'Elbe avait déjà été mise à mal par Napoléon à Lützen. Elle occupait néanmoins une position solide, avec une série de crêtes fortifiées. Napoléon avait l'intention de lancer une attaque frontale avec trois bataillons pour stopper la progression de l'ennemi et lui infliger de lourdes pertes, tandis qu'un quatrième bataillon mené par le général Ney déborderait le flanc droit ennemi et prendrait le village de Hochkirk par l'arrière. Sa retraite coupée, l'ennemi ne pouvait plus que reculer jusqu'à la frontière de l'Autriche, pays neutre, où soit il capitulerait, soit il serait anéanti.

Cependant, Ney, qui semble n'avoir jamais compris son rôle dans la bataille, passa la plupart de la journée à se mettre en position. Pendant ce temps, les Français lancèrent des attaques rageuses contre les lignes russo-prussiennes. Avec grand courage, les ingénieurs bâtirent des ponts en travers de la Spree sous un feu d'artillerie intense. L'infanterie attaqua et, le soir, s'empara des positions avant. Les forces russo-prussiennes subirent une telle pression que les Français en oublièrent Ney ; le combat, croyaient-ils, serait décidé au centre. Le lendemain, Ney était en position, mais au lieu de foncer vers Hochkirk, il consacra du temps et des vies à attaquer Preititz, un village sans importance, et rata sa chance. Et avec elle, celle de Napoléon d'anéantir son ennemi. Les troupes russo-prussiennes se replièrent pendant la soirée. **JS**

Pertes : Français, 20 000 morts et blessés sur 100 000 ; Prussiens et Russes, 20 000 morts et blessés sur 96 000

Berezina 1812

Leipzig 1813

Le *Chesapeake* 1er juin 1813

À partir de 1812, la stratégie américaine consista surtout à attaquer les navires commerçants britanniques. Le Congrès contrôlant très étroitement les dépenses de la Navy, de nombreux bâtiments de guerre étaient de vieux vaisseaux rénovés, tel l'USS *Chesapeake*, une petite frégate de 50 canons.

Le *Chesapeake* était un navire qui avait eu le malheur de subir un droit de visite et de reprise en 1807 de la part du HMS *Leopard*. Aussi, son nouveau commandant, le capitaine Lawrence, éprouva les plus grandes peines à recruter un équipage et des officiers expérimentés. Il joua encore de malchance lorsqu'il appareilla du port de Boston le 1er juin. À 29 km de là l'attendait le HMS *Shannon*, une frégate britannique de 52 canons. Son capitaine, Philip V. Broke, était un expert en artillerie et, contrairement à de nombreux capitaines, entraînait quotidiennement son équipage à tirer avec vitesse et précision. Il brûlait de se confronter à un navire américain.

Sans hésitation, les deux navires se placèrent bord à bord et ouvrirent le feu. Ils se pilonnèrent de bordées, infligeant de lourds dégâts aux coques. Alors que les obus et les éclats de bois pleuvaient, Lawrence fut mortellement blessé et plusieurs de ses officiers furent tués ou blessés. Inexpérimentés et effrayés par la précision des tirs britanniques, quelques tireurs de l'équipage américain désertèrent leur poste.

En pleine manœuvre, l'ancre du *Shannon* se prit dans celle du *Chesapeake*, rapprochant davantage les deux navires. Broke s'arrima au *Chesapeake* et aborda le pont, où un combat au corps à corps eut lieu pendant plusieurs minutes. Les marines américains furent les derniers à être vaincus. Quinze minutes après le début du combat, les Américains mirent pavillon bas. **RB**

Pertes : États-Unis, 61 morts, 85 blessés sur 379 ; Britanniques, 33 morts, 50 blessés sur 330

< *Fort George 1813* — *Lac Érié 1813* >

Vitoria 21 juin 1813

Même si Wellington fut frustré que le gros de l'armée française échappe à son piège, la bataille de Vitoria signa la fin de l'Espagne napoléonienne. La retraite du roi Joseph Bonaparte au-delà des Pyrénées permit à Wellington de préparer l'invasion de la France.

Pendant la campagne de 1813, l'armée alliée de Wellington avança à travers l'Espagne, pourchassant une division française commandée par le roi Joseph et le maréchal Jourdan. Les Français décidèrent de regrouper leurs forces et de se retrancher le long de la vallée du Zadorra. Wellington divisa son armée en quatre colonnes. La première, menée par le lieutenant général Sir Rowland Hill, devait s'engager le long de la vallée et attaquer le front ennemi, tandis que les trois autres débordaient le flanc droit français à partir du nord.

Les deux colonnes alliées centrales, menées par Wellington et le lieutenant général Dalhousie, attaquèrent le flanc droit français avec succès ; après avoir traversé le Zadorra, elles entreprirent de faire reculer les Français vers Vitoria. Sous la pression alliée, la retraite française dégénéra en déroute. La quatrième colonne britannique, dirigée par Thomas Graham, devait marcher sur Vitoria depuis le nord – à l'arrière de la principale troupe française – et couper la ligne de retraite française, mais le manque de vigueur de Graham permit au général Reille de mettre en place une force de barrage. La majorité de l'armée française s'échappa ainsi par la route menant à Salvatierra.

Les Français abandonnèrent une grande partie de leur matériel, dont 151 canons et un énorme butin que les soldats alliés entreprirent aussitôt de piller plutôt que de poursuivre les Français qui battaient en retraite. **AG**

Pertes : Alliés, 5 000 victimes, 85 blessés sur 379 ; Français, 8 000 victimes sur 57 000

< *Salamanque 1812* — *Toulouse 1814* >

Lac Érié (Put-in-Bay) 10 septembre 1813

Le contrôle des lacs Ontario et Érié était crucial pour le succès des opérations le long de la frontière canado-américaine. En 1813, les officiers britanniques et américains entamèrent une course à l'armement pour construire et armer des vaisseaux capables de leur donner la maîtrise de ces deux lacs.

En août, une flotte américaine de dix navires menée par le contre-amiral Perry s'était formée autour de l'USS *Lawrence* et l'USS *Niagara* (20 canons chacun). Perry établit une base à Put-in-Bay sur le lac Érié tandis que le capitaine de la Royal Navy, Robert Barclay, préparait ses navires, dont le HMS *Queen Charlotte* (17 canons). Le 10 septembre, les deux flottes s'affrontèrent au large de la baie. Barclay comptait garder ses distances et tirer à longue portée. Perry, avec neuf navires armés de canons plus courts mais de caronades plus lourdes, voulait un combat rapproché. Il s'approcha de Barclay et les flottes échangèrent des bordées. Perry, à bord du *Lawrence*, voulait combattre le *Queen Charlotte* tandis que le *Niagara* se chargerait du HMS *Detroit* (11 canons), mais le *Niagara* resta à l'écart, laissant Perry combattre le *Detroit*. Il affronta les deux navires britanniques pendant plus de deux heures tandis que les deux flottes se pilonnaient.

À la fin de la journée, les deux navires britanniques étaient gravement avariés, mais le *Lawrence* coulait. Perry embarqua dans une chaloupe avec son pavillon et sa flamme, puis rama jusqu'au *Niagara* dont il prit le commandement et reprit le combat. Barclay était blessé. En manœuvrant jusqu'à Perry, le *Detroit* et le *Queen Charlotte* s'accrochèrent. Le *Niagara* fit feu sur le *Detroit* et rompit la ligne des navires britanniques. Trente minutes plus tard, le *Detroit* et le *Queen Charlotte* capitulèrent, suivis par le reste de la flotte. **RB**

Pertes : Américains, 27 morts, 96 blessés ;
Britanniques et Canadiens, 41 morts, 94 blessés

< *Le* Chesapeake *1813* *Rivière Thames 1813* >

Le contre-amiral Perry rejoint le Niagara, *dans un tableau de 1873 peint par William Henry Powell.* ↑

Rivière Thames 5 octobre 1813

La victoire américaine sur le lac Érié et l'échec des attaques britanniques et indiennes contre les forts de l'Ohio forcèrent le major général Henry Proctor à se retrancher dans sa base de Fort Walden au Canada. L'armée américaine du Nord-Ouest, menée par le major général William Harrison, lui emboîta le pas.

Lorsque 4 000 Américains débarquèrent près de Fort Malden, Proctor se replia en amont de la rivière Thames, accompagné du chef indien Tecumseh. Le 1er octobre, Harrison, soutenu par 3 500 nouveaux soldats, traversa la rivière Detroit et envahit le Canada. Ses troupes étaient constituées de soldats de métier, de miliciens et d'un régiment de cavalerie commandé par le colonel Johnson.

La marche britannique était ralentie par des navires et chariots de ravitaillement qui furent vite abandonnés. Malgré une brève escarmouche contre les Indiens, Harrison progressait rapidement. Proctor se retrancha alors le long de la Thames. Il disposa son infanterie, armée d'un canon, sur la gauche, entre la route et la rivière, pendant que Tecumseh et ses Indiens se déployaient sur la droite. Johnson, voyant que le 41e régiment était déployé en ordre lâche, persuada Harrison de laisser son régiment charger. Divisant ses hommes en deux bataillons, il en envoya un contre l'infanterie pendant qu'il menait l'autre à travers bois pour frapper le flanc indien. L'infanterie fut débordée par la charge et capitula, mais le bataillon de Johnson fut arrêté par des broussailles trop épaisses pour les chevaux. Descendant de cheval, les soldats engagèrent un féroce corps-à-corps contre les Indiens, au cours duquel Tecumseh fut tué. Dépassés, les Indiens s'enfuirent à travers bois. Le combat fut terminé en 30 minutes, mais Proctor et ses officiers s'échappèrent. **RB**

Pertes : Américains, 15 morts, 30 blessés ; Britanniques (campagne entière), 634 morts ou prisonniers ; Amérindiens, 33 morts

< *Lac Érié 1813* *Horseshoe Bend 1814* >

↑ *Œuvre du XIXe siècle représentant la mort du chef Shawnee Tecumseh lors de la bataille de la rivière Thames.*

Leipzig 16-19 octobre 1813

Au cours de la bataille de Leipzig (ou « bataille des nations »), Napoléon subit une cuisante défaite dont il ne se remit jamais. Opposant la France à une large coalition incluant la Russie, la Prusse, l'Autriche et la Suède, ce fut la plus grande bataille de l'Histoire européenne avant la Première Guerre mondiale.

Napoléon voulait exploiter la victoire de Bautzen et reprendre l'initiative stratégique. Mais l'alliance contre lui grandissait et, après les terribles pertes subies par sa cavalerie en Russie, il n'avait pas la mobilité nécessaire pour localiser et vaincre ses ennemis séparément. Avec une grande partie de l'Allemagne au bord de la révolte, ses armées affamées et démoralisées, il n'eut d'autre choix que de se replier derrière l'Elbe et concentrer ses forces à Leipzig, faisant le jeu des alliés, qui avaient l'intention de couper ses lignes de communication avec le Rhin.

Tandis que de puissantes troupes convergeaient vers lui, Napoléon prit position dans les nombreux villages entourant la ville. Le terrain vallonné était propice à la défense et les nombreuses zones à découvert se prêtaient aux manœuvres de cavalerie. Le plan de Napoléon était de contenir les Suédois et les Prussiens jusqu'à ce qu'il eût anéanti les Russes et les Autrichiens. Mais le maréchal prussien von Blücher arriva plus tôt que prévu et se déploya au nord, en travers de la ligne d'attaque prévue par Napoléon pour freiner les Autrichiens et les Russes.

« Si à Leipzig j'avais eu 30 000 coups de canon le 18 au soir, je serais aujourd'hui le maître du monde. »

Napoléon

Le 16 octobre, à la faveur de la brume, quatre colonnes autrichiennes et russes avancèrent sur les Français en trois axes, mais leur manque de coordination leur valut d'être repoussées sur tous les fronts. Napoléon avait alors l'occasion de lancer une contre-attaque et de les écraser, mais il se retrouva incapable de rassembler suffisamment de troupes pour porter le coup de grâce. L'arrivée de réserves autrichiennes permit aux colonnes éprouvées de se replier en bon ordre. Tout au long de la journée, attaques et contre-attaques se succédèrent et les positions changèrent de mains à plusieurs reprises. Les deux camps déployèrent alors le gros de leur artillerie, faisant subir de lourdes pertes à l'infanterie. La journée se termina par une impasse alors que la puissance des alliés grandissait rapidement au fil de l'arrivée de nouvelles troupes.

Napoléon aurait alors pu ordonner une retraite, mais il hésita dans l'espoir que ses ennemis commettraient une erreur fatale. Ce ne fut pas le cas ; bien au contraire, ils parvinrent à améliorer la coordination de leurs attaques, frappant la ligne française en plusieurs points, dispersant les réserves et les affaiblissant en tous lieux. Au moment où l'ordre fut donné de construire un pont pour se retirer en bon ordre, le secteur est subissait une telle pression que la garde impériale dut stabiliser la ligne.

Napoléon subit alors la trahison de ses troupes saxonnes et sa situation devint critique : les troupes françaises retranchées aux environs de Leipzig commençaient à manquer de munitions et enduraient de plus en plus de pertes. L'arrière-garde livra alors des combats de rue farouches tandis que le gros de l'armée entamait sa retraite. Alors que les Français semblaient en passe de s'échapper, le sort joua contre eux. L'officier chargé de démolir les ponts abandonna son poste, laissant les explosifs aux mains d'un caporal, qui paniqua et les alluma alors que les troupes étaient encore massées sur le pont. L'arrière-garde et de nombreux autres soldats furent pris au piège. **JS**

Pertes : Français, 73 000 morts, blessés ou prisonniers sur 195 000 ; alliés, 54 000 morts ou blessés sur 365 000

< *Bautzen 1813* *La Rothière 1814* >

Carte du XIXe siècle représentant les positions alliées et françaises lors de la bataille de Leipzig. ➔

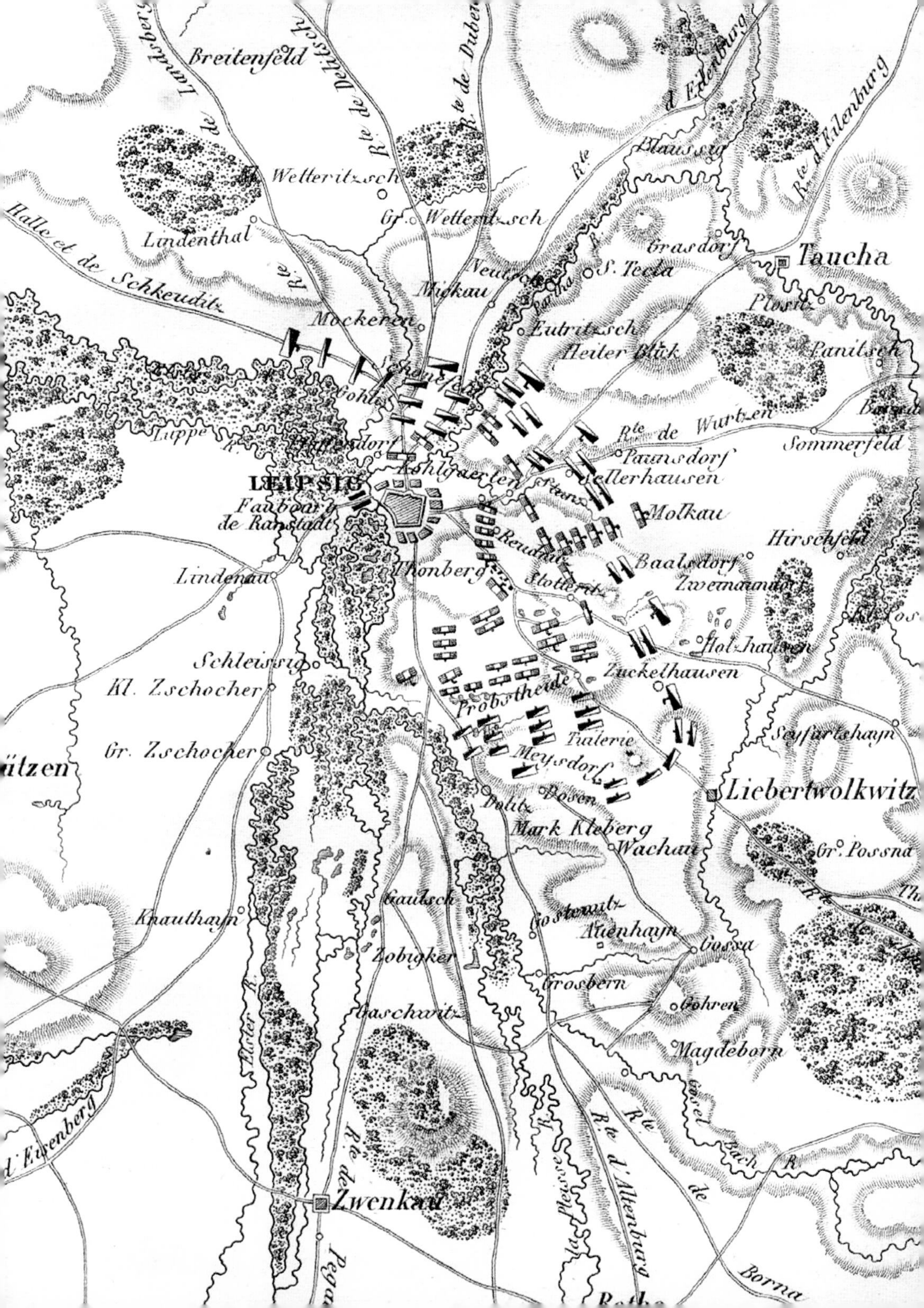

Breitenfeld
R.te de Landsberg
R.te de Delitsch
R.te de Duben
R.te d'Eilenburg
R.te d. Eilenburg
Kl. Wetteritzsch
Gr. Wetteritzsch
Lindenthal
Halle et de Schkeuditz
R.te
Blausig
Grasdorf
Taucha
Neutzsch
Mockau
Parthe
S. Tecla
Mockeren
Eutritzsch
Heiter Blick
Plositz
Panitsch
Schonefeld
Gohlis
Luppe R.
Pfaffendorf
R.te de Wurtzen
Sommerfeld
Paunsdorf
Sellerhausen
Kohlgaerten
LEIPSIG
Faubourg de Ranstadt
Molkau
Reudnitz
Hirschfeld
Baalsdorf
Zweinaundorf
Lindenau
Thonberg
Stotteritz
Holzhausen
Schleissig
Kl. Zschocher
Zuckelhausen
Probstheide
Seyfartshayn
Gr. Zschocher
Tialerie
Meysdorf
Lützen
Liebertwolkwitz
Dolitz
Dosen
Mark Kleberg
Wachau
Gr. Possna
Gaulsch
Knauthayn
Gostewitz
Auenhayn
Gossa
Zobigker
Grosbern
Gohren
Gaschwitz
Magdeborn
Elster R.
R.te d'Eisenberg
R.te de Pegau
Zwenkau
la Pleisse
R.te d'Altenburg
R.te de Borna
Gosel Bach R.
Rotha

La Rothière 1er février 1814

Après leur victoire à Leipzig, les alliés envahirent la France. Convaincu qu'il pourrait se remettre de ses revers, Napoléon mena une brillante campagne défensive. Mais sa nation, lasse de la guerre, commença à se fissurer lorsqu'il subit une nouvelle défaite à La Rothière.

Napoléon et son armée exténuée se retrouvèrent face à une énorme coalition prête à converger sur Paris. Il savait qu'il devait empêcher ses ennemis de se rassembler et les vaincre séparément mais, malgré sa victoire sur les Prussiens à Brienne, le rassemblement des armées avait eu lieu lorsque sa marche le conduisit à La Rothière.

Napoléon était alors largement dépassé en nombre, mais une tempête de neige l'empêchait de voir le danger. Croyant qu'il n'avait affaire qu'à une troupe de reconnaissance, il attaqua, et toute son armée était engagée lorsqu'il réalisa l'ampleur de l'armée ennemie. Les Français connurent quelques succès et la cavalerie attaqua l'artillerie russe – les canons étaient placés trop haut et de nombreux artilleurs furent tués. Mais la cavalerie russe contre-attaqua et un combat de cavalerie acharné s'ensuivit.

Pendant ce temps, l'infanterie française positionnée à La Rothière était pilonnée par l'artillerie alliée. L'infanterie russe marcha sur elle, apparemment insensible aux tirs qu'elle essuya. Chassés du village, les Français contre-attaquèrent puis le reprirent, mais un corps-à-corps acharné dans les bois environnants menaça de les engloutir. Ils furent sauvés de la catastrophe lorsque la cavalerie de Würtemburg confondit ses alliés bavarois avec des Français et les attaqua. Ceci permit à Napoléon de se retirer en bon ordre, la garde impériale formant une solide arrière-garde. Cependant, la défaite de Napoléon sur le sol de sa patrie eut un effet dévastateur sur le moral des Français. **JS**

Pertes : Français, 6 000 morts et blessés sur 40 000 ; alliés, 6 000 morts et blessés sur 110 000

< *Leipzig 1813* *Montereau 1814* >

Montereau 18 février 1814

Alors que les armées de la coalition sont à 50 kilomètres de Paris, Napoléon parvient à les stopper et à les repousser. Contre l'armée du Prussien Blûcher, il remporte les victoire de Champaubert et de Montmirail. Il affronte ensuite l'armée du prince autrichien Schwarzenberg et démontre son génie militaire.

L'objectif de l'Empereur est de prendre Montereau, tenue par 15 000 Wurtembergeois et Autrichiens, au confluent de la Seine et de l'Yonne. Deux ponts importants s'y trouvent. Le 17 juin, un peu plus au nord, il déloge les Russes du village de Mormant. Dans la foulée, il ordonne au maréchal Victor d'attaquer Montereau, mais celui-ci tergiverse, laissant le temps au prince royal de Wurtemberg de se fortifier. La colère de Napoléon s'abat sur Victor, qui est remplacé par le maréchal Gérard.

Au matin du 18 février, la bataille s'engage par quelques charges de la cavalerie française, sans grand succès. Après d'autres engagements confus autour de la petite ville, les troupes de Gérard arrivent enfin sur le terrain. L'Empereur organise ses 25 000 hommes en quatre colonnes qui marchent sur Montereau. Autrichiens et Wurtembergeois se replient en désordre, au milieu de furieux combats. La charge de la colonne du général Pajol les empêche de faire sauter les ponts sur l'Yonne et la Seine. Au plus fort de la bataille, Napoléon voit les boulets de canon tomber autour de lui. À ceux qui s'inquiètent de son sort, il répond : « Le boulet qui me tuera n'est pas encore fondu ! » L'anecdote témoigne de sa confiance intacte, alors que les périls s'amoncellent sur sa couronne.

La prise de Montereau oblige l'ennemi à battre en retraite et à s'éloigner de Paris. Mais Napoléon ne peut pas profiter de son avantage pour infléchir durablement le cours de la guerre. **LV**

Pertes : Français, 2 000 tués et blessés ; Autrichiens et Wurtembergeois : 6 000 tués, blessés et prisonniers.

< *La Rothière 1814* *Arcis-sur-Aube 1814* >

Napoléon arrive sur l'île d'Elbe en avril 1814 après son abdication.

Horseshoe Bend 27 mars 1814

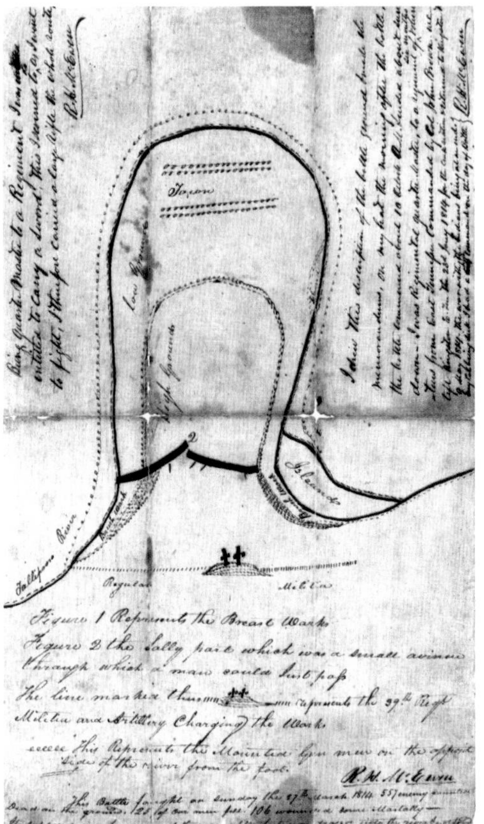

La mort du chef Tecumseh n'entraîna pas la fin du conflit opposant les États-Unis aux tribus amérindiennes. Au sud-est du Mississippi, des guerriers Creek (les Bâtons rouges) attaquèrent des colons, initiant une guerre intratribale et menaçant l'alliance avec les Espagnols probritanniques en Floride.

Privés de leurs troupes mobilisées par les campagnes canadiennes, les États-Unis durent mobiliser la milice territoriale pour attaquer les Bâtons rouges. À l'automne 1813, des colonnes furent déployées. Mais malgré plusieurs combats et l'incendie de nombreuses villes indiennes, les Bâtons rouges tenaient bon. Début 1814, la milice du Tennessee du major général Jackson reçut le renfort du 39e régiment d'infanterie et de nouveaux miliciens, qui formèrent une troupe disciplinée de 2 700 hommes.

Le 27 mars, la force de Jackson, appuyée par les Cherokees et la tribu creek des Bâtons blancs, encercla le village des Bâtons rouges de Tohopeka. Le village était niché dans une courbe de la rivière Tallapoosa, avec la rivière sur trois côtés et un épaulement sur le quatrième.

La milice du colonel Coffee et les alliés indiens occupaient la rive opposée au village. Lorsque l'offre de Jackson d'évacuer femmes et enfants fut refusée, il déploya deux petits canons pour bombarder le village. Ces derniers infligèrent peu de dégâts à l'épaulement mais ils créèrent une diversion au cours de laquelle les hommes de Coffee s'emparèrent des canoës et traversèrent la rivière pour attaquer l'arrière du village.

Jackson ordonna alors à ses troupes de charger. Ils menèrent l'assaut contre l'épaulement à l'aide de baïonnettes et de mousquets. Les Bâtons rouges luttèrent mais furent écrasés après cinq heures de corps-à-corps à travers le village en flammes. **RB**

« Si j'avais su que Jackson nous chasserait de nos foyers, je l'aurais tué. »

Le chef cherokee Junaluska qui aida Jackson au combat

Schéma de Horseshoe Bend dessiné par R. H. McEwen, un intendant qui prit part au combat.

Pertes : États-Unis, 24 blessés ; alliés amérindiens, 23 morts, 46 blessés ; Bâtons rouges, 557 morts, 500 prisonniers

Rivière Thames 1813

Arcis-sur-Aube 20-21 mars 1814

Dernière bataille de Napoléon avant son abdication, Arcis-sur-Aube témoigne de sa ténacité. Avec des effectifs de plus en réduits, il trouve encore les moyens de mettre ses ennemis en difficulté. Mais certains de ses maréchaux et ses ministres doutent et envisagent une capitulation.

Conforté par la victoire de Montereau, suivie d'une autre à Reims, Napoléon reste convaincu qu'il peut, sinon l'emporter, du moins aboutir à un traité de paix avantageux. Il décide de foncer sur la Marne pour regarnir ses rangs avec les garnisons de Verdun et de Metz. Il avance vers Arcis-sur-Aube, où se trouve le général autrichien Schwarzenberg, dont l'armée de 100000 hommes est cependant dispersée. Les Français attaquent par les deux rives de l'Aube, repoussent la cavalerie autrichienne et pénètrent dans le village le 20 mars au matin. Napoléon remet au lendemain la poursuite des opérations. Schwarzenberg, positionnant discrètement son armée en arc de cercle autour du village, lance une vigoureuse contre-offensive. L'avant-garde française, soumise à de rudes bombardements, recule. Il faut toute l'énergie de l'Empereur pour mettre fin à la panique et organiser un repli en bon ordre de l'autre côté de l'Aube. Les Français ne sont pas poursuivis par Schwarzenberg, trop hésitant. Demie défaite ou demie victoire, ce beau fait d'armes influe peu sur le cours des événements. Napoléon a certes mené une belle et courageuse campagne de France, parvenant à retarder l'avancée des coalisés, mais ces derniers, à l'initiative du tsar Alexandre Ier, se sentent assez forts pour marcher sur Paris. Abandonné par ses maréchaux, trahi par les dignitaires du régime, l'Empereur signe son acte d'abdication à Fontainebleau le 6 avril suivant. **JS**

Pertes : Français, 3000 morts ou blessés sur 28 000 ;
Autrichiens, 40 000 morts ou blessés sur 80 000

< *Montereau 1814* *Toulouse 1814* >

Toulouse 10 avril 1814

Cette ultime bataille, livrée dans le sud de la France, apporta la preuve que les Français étaient toujours déterminés et capables de se battre. Néanmoins, elle s'avéra totalement inutile ; quatre jours plus tôt, à l'insu des officiers français et britanniques, Napoléon avait capitulé devant la sixième coalition.

En 1814, le maréchal Wellington et ses alliés commencèrent à avancer dans le sud de la France. Le maréchal Soult, commandant des troupes françaises, se replia vers Toulouse pour reconstituer son armée, talonné par Wellington et une coalition de troupes britanniques, portugaises et espagnoles.

Wellington encercla la villa sur trois côtés. À l'ouest, il envoya la 2e division du lieutenant général Hill, appuyée par la division portugaise, conquérir la banlieue de Saint-Cyprien et chasser les troupes de Soult. Au nord, la 3e division, dirigée par le lieutenant général Picton, et la division légère mèneraient des attaques de feinte, tandis qu'à l'est, le principal assaut serait livré contre les hauteurs du Calvinet. Cette attaque serait conduite par deux divisions commandées par le maréchal Beresford, soutenu par deux divisions espagnoles, sous le commandement du général Freires.

Le 10 avril, les forces de Hill prirent Saint-Cyprien, mais au nord, les troupes de Picton furent repoussées avec de lourdes pertes. Beresford eut d'abord quelques difficultés à rejoindre sa ligne de départ, et les Espagnols, attaquant sans soutien britannique, furent chassés des hauteurs avec de lourdes pertes. Finalement, Beresford parvint à conquérir la position. Comprenant le danger, Soult s'esquiva discrètement en direction du sud pour accepter les termes d'un armistice avec Wellington après avoir appris l'abdication de Napoléon. **AG**

Pertes : alliés, 4 600 victimes sur 50 000 ;
Français, 3 200 victimes sur 42 000

< *Arcis-sur-Aube 1813* *Ligny et Quatre-Bras 1815* >

Lundy's Lane 25-26 juillet 1814

Malgré sa victoire à Chippewa, le manque d'approvisionnement et de soutien naval obligea le major général Brown à abandonner toute nouvelle offensive et à replier l'armée américaine du Niagara jusqu'à Fort Érié. Les forces britanniques menées par le major général Riall suivirent Brown de loin.

Lorsque Brown apprit la menace d'un raid britannique contre sa base de ravitaillement, il ordonna au brigadier général Scott de repartir au nord pour faire diversion en menaçant Queenstown. Au soir du 25 juillet, Scott arriva au nord de Chippewa et découvrit la troupe de Riall (près de 1 000 soldats et miliciens armés de canons) occupant une route nommée Lundy's Lane. Bien qu'à découvert, Scott refusa de se replier, demanda des renforts à Brown et avança. Croyant qu'il affrontait la totalité de l'armée américaine, Riall entama un repli au moment même où le lieutenant général britannique Drummond arrivait avec des renforts, leur ordonnant de tenir la crête.

La brigade de Scott subit de lourdes pertes sous le feu britannique, tandis qu'un régiment parvenait à traverser les bois pour frapper le flanc britannique. Riall fut capturé mais le bataillon de Drummond repoussa l'attaque. Arrivé au crépuscule, Brown remplaça la brigade de Scott par les hommes du brigadier général Ripley. Ses hommes chassèrent les Britanniques de la colline, résistant à trois contre-attaques ennemies. L'artillerie changea plusieurs fois de main pendant la nuit jusqu'à ce que le combat perde en intensité peu après minuit. Les Américains tenaient la crête, mais Brown, blessé, ordonna à Ripley de se replier avant d'être évacué. Plus tard, Ripley reçut l'ordre de revenir chercher les canons, mais les Britanniques ayant effectué un retour en force, il dut abandonner. **RB**

Pertes : Américains, 171 morts, 573 blessés, 117 disparus ou capturés ; Britanniques, 81 morts, 562 blessés, 233 disparus ou capturés

Bladensburg 1814 ›

Bladensburg 24 août 1814

En 1814, les Britanniques décidèrent de créer une diversion sur la côte est des États-Unis pour alléger la pression américaine au Canada. Le plan prévoyait de grands raids dans les environs de la baie de Chesapeake où la petite flotte du vice-amiral Cockburn effectuait des raids depuis plus d'un an.

Le corps expéditionnaire mené par le vice-amiral Cochrane et le major général Ross remonta la rivière Patuxent (Maryland). À environ 48 km au sud-est de Washington, 4 000 soldats britanniques débarquèrent. Des navires furent envoyés au nord du Potomac pour faire diversion. Tandis qu'il mobilisait une force de défense, le brigadier général Winder reçut des rapports contradictoires sur les mouvements britanniques. Peu de soldats étaient disponibles et la plupart de ses hommes étaient des miliciens inexpérimentés en provenance du Maryland.

Les Britanniques choisirent une route qui traversait la rivière Anacostia à Bladensburg. Apprenant la nouvelle, Winder déploya 6 000 hommes et leur artillerie en trois endroits successifs le long de la rive ouest. Pendant ce temps, le président Madison et le secrétaire d'État Monroe faisaient route vers lui. À l'insu de Winder, Monroe repositionna les unités, les disposant bien trop loin les unes des autres pour qu'elles puissent se soutenir mutuellement.

Vers midi, l'infanterie britannique traversa la rivière et attaqua. Après quelques combats, la première ligne de milice se dispersa. Attaqués sur les flancs, les miliciens des deuxième et troisième positions battirent également en une retraite qui vira à la déroute. Après une courte pause, les Britanniques occupèrent Washington et incendièrent les bâtiments publics. Le soutien américain pour la guerre fut galvanisé par cet événement et le nombre des enrôlements volontaires s'envola. **RB**

Pertes : Américains, 26 morts, 51 blessés ; Britanniques, 64 morts, 185 blessés

‹ *Lundy's Lane 1814* *Lac Champlain 1814* ›

Lac Champlain 11 septembre 1814

Renforcé par l'arrivée de nouvelles troupes britanniques, le lieutenant général Prevost, gouverneur général du Canada, mit en œuvre son plan pour capturer la base de Plattsburgh (New York) et détruire la flotte américaine sur le lac Champlain, avec pour objectif de prendre le contrôle du lac.

Prevost envisageait une attaque combinée sur terre et sur lac. Il fit avancer 10 350 soldats britanniques le long de la rive sud du Champlain et, le 6 septembre, occupa Plattsburg, à l'ouest de la rivière Saranac. De l'autre côté de la rivière se trouvaient les soldats américains défendant les ponts.

Au large du lac était ancrée la flottille américaine, commandée par le capitaine Macdonough : les USS *Saratoga* (26 canons), *Eagle*, *Ticonderoga* et *Preble*, ainsi que 10 canonnières. L'assaut devait être coordonné avec une attaque contre Macdonough, menée par l'escadre du capitaine Downie : les HMS *Confidence* (37 canons), *Linnet*, *Chubb* et *Finch*, soutenus par douze canonnières.

Downie arriva le 11 septembre. Ses quatre navires se tenant bord à bord, il ouvrit le feu sur la ligne américaine avec ses canons à longue portée. Macdonough était armé de canons plus courts mais plus lourds. Le vent tomba, semant le désordre dans la formation de Downie. Quand les batteries de tribord du *Saratoga* et de l'*Eagle* furent endommagées, Macdonough manœuvra pour tirer de bâbord. Downie fut tué et le *Confidence*, gravement avarié, se rendit peu après. Le *Ticonderoga* et le *Preble* forcèrent le *Finch* à s'échouer. Le *Chubb* et le *Linnet* combattirent quelque temps puis mirent pavillon bas après avoir été touchés par plusieurs bordées. Contemplant le désastre, Prevost interrompit son attaque. Le lendemain, il se replia au Canada. **RB**

Pertes : Américains, 89 morts, 120 blessés ; Britanniques, 92 morts, 119 blessés, plus de 300 prisonniers ou déserteurs

‹ *Bladensburg 1814* *Baltimore 1814* ›

Baltimore 12-14 septembre 1814

Après leur raid sur Washington et la prise d'Alexandrie en Virginie, les officiers britanniques (les vice-amiraux Cochrane et Cockburn et le major général Ross) décidèrent de frapper la baie de Chesapeake en visant le port de Baltimore, la troisième ville la plus importante d'Amérique.

Les habitants de Baltimore avaient travaillé sur ses défenses pendant plus d'un an. La plus imposante était le fort McHenry, au sud du port, défendu par la garnison du major général Armistead. La milice gérait d'autres ouvrages. L'entrée du port était bloquée par une énorme chaîne et des épaves. Les Britanniques projetaient une attaque terrestre contre la ville soutenue par des tirs de navires ancrés dans la baie.

Le 12 septembre, Ross et 4 700 soldats débarquèrent au nord du port, mais 3 200 miliciens commandés par le brigadier général Stricker leur barraient la route. En fin d'après-midi, l'infanterie de Ross affronta les tirailleurs de Stricker. Ross s'avança et fut tué. Prenant le commandement, le colonel Brooke contourna la gauche américaine et attaqua le centre. Après un court combat, Stricker recula jusqu'à une seconde ligne de défense et au crépuscule, il se replia dans la ville.

Pendant ce temps, 16 navires britanniques s'étaient approchés de Fort McHenry. Le lendemain, ils entamèrent un long bombardement du fort. Brooke s'avança jusqu'à apercevoir les puissantes fortifications de la ville et en conclut que seule une attaque nocturne soutenue par des tirs navals pourrait en venir à bout. Cependant, la chaîne bloquant le port et l'artillerie d'Armistead empêchèrent les navires d'attaquer le fort et le débarquement de marines échoua dans la nuit. Le 14 septembre, jugeant l'attaque impossible, les Britanniques s'en allèrent. **RB**

Pertes : Américains, 29 morts, 153 blessés, 50 prisonniers ; Britanniques, 46 morts, 300 blessés

‹ *Lac Champlain 1814* *La Nouvelle-Orléans 1815* ›

La Nouvelle-Orléans 8 janvier 1815

Le traité de Gand du 24 décembre 1814 fut signé trop tard pour contrer l'opération britannique visant à s'emparer de La Nouvelle-Orléans et bloquer le Mississippi. Le 23 décembre, la flotte du vice-amiral Cochrane avait sécurisé une tête de pont, débarqué des troupes britanniques et campait près de la ville.

En arrivant à La Nouvelle-Orléans le 1er décembre, le major général Jackson constata que rien n'avait été fait pour défendre la ville. Il déclara la loi martiale et fit construire des épaulements, du Mississippi sur la droite jusqu'à un marais sur la gauche. Des rondins, de la terre et de grandes balles de coton recouverts de boue furent utilisés pour protéger quatre batteries de canons. Puis Jackson posta son armée derrière un fossé.

Le 24 décembre, Jackson lança une attaque infructueuse contre le camp britannique. Arrivé le lendemain, le lieutenant général britannique Pakenham tenta une sortie qui fut repoussée le 28 décembre. Des renforts arrivèrent des deux côtés, faisant passer les Britanniques à plus de 6 000 hommes et les Américains à environ 5 300.

Le 8 janvier, peu avant l'aube, Pakenham lança une attaque en deux parties. Près de 1 000 hommes traversèrent le fleuve pour prendre d'assaut les batteries américaines sur la rive ouest tandis qu'une force plus importante attaquait la rive est. Là, une brigade renforcée se dirigea vers la gauche de la ligne de Jackson, considérée comme la plus faible par Pakenham ; il se trompait. Une autre brigade attaqua la droite. Les tirs américains décimèrent les colonnes britanniques. Deux heures plus tard, Pakenham et de nombreux officiers étaient morts et les attaques totalement brisées. Le détachement sur la rive ouest captura la batterie mais trop tard, et les Britanniques se replièrent. **RB**

Pertes : Américains, 13 morts, 39 blessés et 19 disparus ; Britanniques, 300 morts, 1 262 blessés, 484 prisonniers

Baltimore 1814

Le lieutenant général Pakenham gisant à La Nouvelle-Orléans, dans une gravure de 1817 d'après Benjamin West.

Ligny et Quatre-Bras 16 juin 1815

En 1815, Napoléon, de retour d'exil, prit les Alliés de vitesse en lançant une invasion audacieuse et rapide de la Belgique. Mais l'hésitation du maréchal Ney devant Quatre-Bras et la mauvaise gestion du bataillon du général d'Erlon allaient avoir des conséquences désastreuses sur les espoirs de victoire français.

En juin, Napoléon Bonaparte mena une campagne contre les armées prussienne et britannique avant de se déployer aux Pays-Bas. Avançant furtivement, Napoléon espérait séparer les Britanniques des Prussiens et les vaincre séparément. Conscients que les Prussiens étaient bien décidés à tenir Ligny, Napoléon et le gros de son armée marchèrent contre eux, pendant que Ney, commandant l'aile gauche, était chargé de prendre le nœud routier de Quatre-Bras avant d'avancer sur Ligny pour achever les Prussiens. À Quatre-Bras, Ney hésita à attaquer la petite force anglo-néerlandaise qui s'y trouvait, laissant ainsi le temps à Wellington de renforcer sa position. Lorsque les Français finirent par attaquer, la ligne alliée sembla flancher, mais l'arrivée de renforts britanniques lui permit de tenir bon.

Ney avait espéré utiliser les 2 000 soldats composant le puissant bataillon du général d'Erlon, mais Napoléon ordonna à ce dernier de soutenir son attaque à Ligny, ordre que Ney annula. Les troupes de D'Erlon firent ainsi l'aller-retour entre les deux batailles sans jamais combattre. À Ligny, Napoléon s'imposa sur les Prussiens commandés par le maréchal Gerhard von Blücher. Vaincus sans être écrasés, les Prussiens se replièrent au nord pour maintenir le contact avec les forces de Wellington. **AG**

Pertes : Ligny : Français, 8 000 victimes sur 70 000 ;
Prussiens, 16 000 victimes sur 84 000 ;
Quatre-Bras : Français, 4 000 victimes sur 24 000 ;
alliés, 5 000 victimes sur 8 000 à 36 000

< *Toulouse 1814* *Waterloo 1815* >

Les forces anglo-néerlandaises se déploient au premier plan de cette aquatinte de Quatre Bras par Thomas Sutherland.

Waterloo 18 juin 1815

Cette bataille signa la fin des guerres napoléoniennes et de la carrière d'un des plus grands stratèges de l'Histoire. Mais à Waterloo, Napoléon ne fut que l'ombre de lui-même, permettant à ses subordonnés d'initier une série d'attaques mal coordonnées contre la ligne tenue par l'armée du duc de Wellington.

Après la bataille de Ligny, Napoléon ordonna au maréchal Emmanuel de Grouchy et aux 33 000 soldats du flanc droit de pourchasser les troupes défaites du maréchal prussien Blücher. Avec le reste de ses troupes, Napoléon marcha alors sur l'armée de Wellington, qui s'était retirée de Quatre-Bras pour se retrancher au sud du village de Waterloo, Wellington ayant reçu l'assurance d'une aide prussienne en cas d'attaque française.

Les troupes de Wellington (composées de Britanniques, de Hollandais et d'Allemands) furent déployées le long d'une crête, le gros de l'armée restant caché sur la pente opposée. Sa ligne était renforcée par deux places fortes : le château de Hougoumont sur la droite alliée et la ferme de La Haye-Sainte au centre. Les Français prirent position le 17 juin, prêts à combattre le lendemain. Napoléon décida d'exploiter la supériorité de son artillerie mais en raison des fortes pluies de la veille, il attendit toute la matinée du 18 que le sol sèche.

« Croyez-moi. Rien à part une bataille perdue ne peut être aussi triste qu'une bataille gagnée. »

Le duc de Wellington, écrivant sur le champ de bataille

Ce fut une erreur fatale, car le temps était un facteur essentiel dans la bataille ; Grouchy n'était pas parvenu à écraser les Prussiens qui marchaient sur Waterloo pour soutenir Wellington, ne laissant qu'une petite division affronter Grouchy. Le plan de Napoléon était d'attaquer Hougoumont afin d'attirer les réserves de Wellington, tandis que l'infanterie du 1er corps de D'Erlon attaquerait en masse le centre gauche allié.

La bataille commença juste avant midi. L'artillerie française pilonna les hommes de Wellington mais la plupart étaient cachés ou à plat ventre, minimisant les pertes. Le combat tournait mal pour les Français. L'attaque contre Hougoumont n'attira pas les réserves de Wellington et engloutit un grand nombre de soldats français. L'assaut de D'Erlon par quatre divisions fut stoppé par des tirs d'infanterie féroces avant que deux formations ne soient rompues par une charge de cavalerie britannique.

À 14 heures, Napoléon, voyant les forces prussiennes avancer contre son flanc droit, consacra une grande partie de ses réserves à le renforcer. Cependant, le combat n'était pas terminé. La pression française commençait à éprouver la ligne alliée. Le maréchal Ney mena personnellement une série de charges acharnées contre le centre de Wellington, tandis que vers 18 heures, La Haye-Sainte était conquise par les Français. Ce fut l'instant crucial où tout bascula car Ney demanda désespérément des renforts que Napoléon lui refusa, craignant la menace prussienne grandissante. À 19 heures, Napoléon lança l'infanterie de la garde impériale dans une dernière attaque contre la ligne de Wellington, mais sa ligne de marche vira vers la gauche, pour y affronter les meilleures troupes britanniques. Décimée par les volées de tirs de mousquet, la garde se retira. Pressentant la victoire, Wellington ordonna une attaque générale et, avec l'avancée simultanée des Prussiens, la retraite française vira à la déroute. Les restes de l'armée de Napoléon fuirent le champ de bataille, pourchassés par la cavalerie de Blücher. **AG**

Pertes : alliés, 24 000 victimes sur 118 000 (dont 50 000 Prussiens) ; Français, 25 000 morts ou blessés, 8 000 prisonniers et 15 000 disparus sur 72 000

⟨ *Ligny et Quatre-Bras 1815*

Carte provenant du British Military Office et décrivant les déploiements de la bataille de Waterloo. 

Merbe Braine
To Waterloo and Bruss
Village of Mont St. Jean
Farm of Mt. St. Jean
C
E
Haye St.
Papelotte
B
Hougoumont
A
Belle Alliance
Planchenoit
Rossomme
Observatory
Maison du Roi
Neuve Court
British
Prussians
French
Scale
Caille. Napoleons Hd. Qrs. on the

Chacabuco 12 février 1817

Pendant les guerres napoléoniennes, l'emprise espagnole sur les colonies sud-américaines s'était affaiblie. En 1817, le général argentin San Martín mena une armée à travers les Andes afin de libérer le Chili. Sa victoire à Chacabuco fut une étape décisive dans la lutte pour l'indépendance sud-américaine.

La traversée des Andes effectuée par San Martín avec 5 000 hommes, chevaux, mules, armes et munitions fut un exploit militaire au cours duquel périrent néanmoins de nombreux hommes et animaux. L'arrivée inattendue de son armée des Andes au Chili stupéfia les autorités coloniales. Malgré une lourde infériorité numérique, ils décidèrent de combattre à Chacabuco, aux environs de Santiago.

La bataille commença prématurément lorsque l'impétueux patriote chilien Bernardo O'Higgins lança ses hommes à l'attaque avant que le reste de l'armée de San Martín ne fût rassemblé. Les Espagnols entreprirent de les massacrer, mais le général chilien reçut bientôt le soutien qu'il attendait lorsque José de San Martín avança contre la droite espagnole avec ce qui devait constituer la réserve. Pendant ce temps, la cavalerie du général argentin Soler, s'étant approchée discrètement d'une crête escarpée, fondit sur le flanc gauche de la force espagnole. Assiégées et paniquées, les troupes de la Couronne répliquèrent sauvagement.

Le général espagnol Elorreaga fut tué, mais le régiment d'élite de Talavera, sous le commandement du général Maroto, mena une courageuse contre-attaque. L'issue redevint incertaine, mais la cavalerie de Soler parvint à encercler les Espagnols, leur coupant toute retraite. Pris au piège, ils furent taillés en pièces par les rebelles. **MK**

Pertes : royalistes, 600 victimes et 500 prisonniers sur 1 500 ; républicains, 100 victimes sur 4 000

〈 *San Lorenzo 1813* *Maipú 1818* 〉

Le général républicain San Martín (sur le cheval blanc) à Chacabuco, dans un tableau de Pedro Subercaseaux (1880-1956).

Maipú 5 avril 1818

Maipú marqua une étape importante dans la quête d'indépendance latino-américaine. La victoire du général San Martín rompit le joug espagnol pesant sur le Chili et la puissance coloniale resta sonnée par l'audace de son triomphe. San Martín proclama même l'indépendance du Pérou, alors que le combat était loin d'être terminé.

« Le Chili est à nous », s'écria San Martín après la victoire rebelle de Chacabuco, mais il parlait trop vite. Voyant la situation en Amérique du Sud lui échapper, la couronne d'Espagne envoya des renforts. Le 16 mars 1818, l'armée des Andes fut durement éprouvée par la force du général Osorio lors de la seconde bataille de Cacha Rayada, où la retraite bâclée de San Martín avait permis aux Espagnols de lancer une attaque surprise audacieuse.

Cependant, la détermination de San Martín ne fut que renforcée par cette humiliation et, en quelques semaines, il avait regroupé ses troupes de rebelles. Conscient qu'au fil du temps la présence espagnole ne ferait que s'ancrer davantage, San Martín savait qu'il fallait agir. En conséquence, il affronta l'armée de Rosario alors qu'elle traversait un haut plateau surplombant la rivière Maipú dans les Andes, au sud de Santiago. Les grenadiers à cheval attaquèrent le flanc gauche espagnol avec succès, mais le flanc droit s'avéra plus tenace que prévu, les Burgos (un redoutable régiment d'élite espagnol) leur infligeant de lourdes pertes. San Martín fit intervenir sa réserve, commandée par le colonel de la Quintana et soutenue par de lourds bombardements d'artillerie. Certes elle n'était pas de taille à lutter contre les Burgos, mais la force d'élite avança si rapidement qu'elle rompit sa formation, permettant aux rebelles de reprendre l'initiative et de gagner la bataille. **MK**

Pertes : Espagnols et royalistes, 2 000 morts ; républicains, 1 000 morts

< *Chacabuco 1817* *Boyacá 1819* >

Le général San Martín, épée au clair à Maipú, dans un tableau de Théodore Géricault (1791-1824).

Boyacá 4 août 1819

« C'est à ces soldats libérateurs que reviennent ces lauriers. »

Simón Bolívar à propos des volontaires britanniques

Gravure du XIXe siècle représentant la bataille entre les royalistes espagnols et l'armée républicaine de Simón Bolívar.

Au bord de la rivière Boyacá, Simón Bolívar démontra qu'il n'était pas qu'un rêveur idéaliste et déjoua les plans du commandant espagnol envoyé à son encontre. Le « Libérateur » entraîna l'indépendance de la Colombie après cet affrontement au sud de Bogota.

En 1815, le jeune Vénézuélien Simón Bolívar jura de ne jamais connaître le repos avant que les Amériques aient brisé le « joug des tyrans » coloniaux. Début 1919, il avait libéré son pays natal malgré une féroce résistance espagnole. Mais il voulait aller plus loin : bâtir une *Gran Colombia* indépendante dans la vice-royauté de Nueva Granada, qui couvrait le Panamá et la Colombie actuels.

Soutenu par une armée de paysans et de *llaneros* (littéralement « hommes de la plaine » ou cow-boys), complétée par les volontaires britanniques de sa légion d'Albion, il effectua une traversée épique des Andes. Malgré l'épuisement, ses hommes vainquirent l'armée royaliste de Barreiro le 25 juillet près du marais de Vargas. En se repliant, Barreiro se hâta vers Bogota, espérant occuper la ville avant l'armée de Bolívar et barrer la route des républicains.

Le 4 août, Bolívar fit mine de se diriger vers la ville de Chicamocha, se repliant discrètement au crépuscule. Tournant en rond pour éviter un piège imaginaire, Barreiro tomba dans un traquenard quand sa cavalerie, pourchassant ce qu'ils prenaient pour un petit groupe de *llaneros*, traversa un pont étroit. Non seulement il s'agissait de l'avant-garde républicaine qui les massacra, mais en quittant sa position, la cavalerie avait laissé la principale colonne royaliste exposée près de la rivière. S'étendant le long d'une ligne en ordre dispersé, ils furent attaqués d'un côté par la légion d'Albion et de l'autre par les *llaneros*. La route de Bogota – et de la *Gran Colombia* – était ouverte. **MK**

Pertes : Espagnols, 500 morts ; républicains, 13 morts

Maipú 1818 *Valdivia 1820*

Guerres d'indépendance en Am. du Sud

Valdivia 3-4 février 1820

Malgré les victoires rebelles de Chacabuco et Maipú, les royalistes espagnols continuèrent de résister aux forces indépendantistes présentes au Chili. Employé par les rebelles chiliens, l'amiral britannique Cochrane lança une attaque contre la base navale royaliste de Valdivia.

Valdivia, au sud du Chili, occupait un périmètre de défense naturelle dans un bras de rivière dont les abords étaient gardés par sept forteresses armées de 120 canons et d'une garnison de 1 600 soldats. Cochrane possédait une petite escadre, dont un seul bâtiment de guerre (une frégate) et 300 hommes.

La carrière de Lord Cochrane au sein de la marine britannique avait connu une fin honteuse après une fraude boursière mais, excellent marin et commandant expérimenté, l'aventurier écossais ne manquait pas de courage. Il établit un plan pour prendre Valdivia, le « Gibraltar du Chili », par voie terrestre. Dans la nuit du 3 février 1820, il débarqua sur la côte sud des fortifications, puis fondit sur le « fort anglais », prenant sa garnison par surprise, avant d'avancer rapidement pour prendre, dans la confusion qui suivit, deux autres forts.

L'audace de Cochrane alliée à la démoralisation des défenseurs favorisa la réussite d'un plan si ambitieux qu'il n'aurait jamais dû aboutir. La position des rebelles, malgré leurs premiers succès, était extrêmement vulnérable au matin du 4 février, mais Cochrane ordonna à sa petite escadre de s'approcher de la baie.

Les navires avaient été laissés avec un équipage réduit au minimum, mais leur apparition en plein jour persuada les garnisons espagnoles qu'une nouvelle vague d'assaillants arrivait. Désertant en masse, ils épargnèrent à Cochrane la peine de mettre Valdivia à sac en s'en chargeant eux-mêmes. **MK**

Pertes : Espagnols, 100 morts ; républicains, 7 morts

◁ *Boyacá 1819*

Expédition d'Espagne

Trocadéro 31 août 1823

En face de Cadix, le fort du Trocadéro fut le théâtre d'une bataille entre les troupes françaises commandées par le duc d'Angoulême et les libéraux espagnols qui retenaient prisonnier le roi Ferdinand VII. En France, le retour des héros du Trocadéro est célébré avec faste.

Cet épisode militaire, le seul de la Restauration avec la prise d'Alger, marque le retour de la France sur la scène internationale. Rétabli après la chute de Napoléon, Ferdinand VII refusa d'appliquer la constitution de 1812. Majoritaire aux Cortès, les libéraux voulurent l'y contraindre. Le roi fit alors appel à la Sainte-Alliance. En janvier 1823, au congrès de Vérone, les ambassadeurs des souverains européens mandatèrent la France pour rétablir l'absolutisme en Espagne. Chateaubriand, envoyé de Louis XVIII, en fait une affaire personnelle. « Ma guerre d'Espagne, le grand événement politique de ma vie, était une gigantesque entreprise », écrit-il dans ses Mémoires. Louis XVIII envoie 100 000 « fils de saint Louis » de l'autre côté des Pyrénées. Madrid tombe. Secondé par d'anciens généraux de Napoléon, le duc d'Angoulême descend en Andalousie. 15 000 hommes sont retranchés à Cadix. En face de la ville, construite sur une presqu'île étroite, se dressent les forts de Puerto Real. Celui du Trocadéro est le plus important. Les Français l'attaquent baïonnette au canon, en profitant de la marée basse. Le drapeau blanc fleurdelisé flotte bientôt sur le fort. Acculés, les libéraux libèrent le roi Ferdinand VII, qui promet vaguement de respecter les libertés et s'empresse d'oublier sa promesse. L'Espagne entre dans une longue période d'instabilité politique. Les Bourbons renouent avec la gloire militaire. Mais le souvenir de l'expédition d'Espagne est diffus, seul demeure le nom de Trocadéro donné à une place sur la colline de Chaillot à Paris. **LV**

Pertes : Français : 35 morts ; Espagnols : 500 morts

L'infanterie suivant le drapeau républicain de l'Équateur dans une représentation héroïque de la bataille de Pichincha.

Pichincha 24 mai 1822

Les pentes du volcan actif dominant Quito offrirent un décor théâtral à l'une des batailles les plus spectaculaires de la guerre d'indépendance de l'Amérique latine. Antonio José de Sucre vainquit l'armée royaliste de Melchor Aymerich, libérant l'Équateur du joug espagnol.

Les armées de la nouvelle République colombienne avaient déjà tenté de libérer l'Équateur en 1820 puis en 1821. Ce fut seulement à la troisième tentative que l'ami de Simón Bolívar parvint à renverser l'autorité espagnole. Au cours des deux attaques précédentes, Sucre avait tenté de marcher directement sur Quito, la capitale, en partant de la ville côtière de Guayaquil. Cette fois, il décida d'approcher par le sud après avoir traversé les Andes, puis de livrer son attaque finale sur les hauteurs du volcan Pichincha.

L'idée était de prendre les Espagnols par surprise, ce qui aurait pu fonctionner si son avancée n'avait pas été ralentie par la difficulté qu'eurent ses hommes à escalader le volcan. À 3 350 m d'altitude, ses troupes succombèrent au mal des montagnes, tandis que les pluies incessantes transformaient la cendre volcanique en boue. Sucre fut contraint d'ordonner une halte, alors que, privée de la légion d'Albion, sa force était particulièrement vulnérable.

Voyant la scène se dérouler sous ses yeux, Aymerich envoya son bataillon d'Aragón franchir la crête du volcan pour prendre l'armée de Sucre à revers. Mais la déroute républicaine vira au désastre royaliste lorsque la légion d'Albion arriva enfin et remporta la bataille. Sucre entra triomphalement à Quito. **MK**

Pertes : républicains, 200 morts ; Espagnols, 400 morts

Lac Maracaibo 1823 ›

Lac Maracaibo 24 juillet 1823

José Prudencio Padilla mena à la victoire la petite flotte de *Gran Colombia* contre l'imposante escadre espagnole menée par Ángel Laborde y Navarro. Compensant son infériorité numérique par son audace et son esprit tactique, il vainquit l'ennemi, garantissant l'indépendance du Venezuela.

Le lac Maracaibo est une étendue d'eau à mi-chemin entre une baie et un lac, avec un détroit séparant ses eaux de la mer. C'est là que, début juillet 1823, les flottes républicaine et espagnole se livrèrent à quelques escarmouches avant que les républicains ne se replient dans le port de Morporo pour y faire des réparations et se ravitailler.

Dans l'après-midi du 23 juillet, Padilla fut officiellement défié par Laborde dont la flotte s'était alignée en formation de combat près de la rive ouest du Maracaibo. L'emprise de l'Espagne sur le Venezuela était hésitante depuis sa défaite à Carabobo deux ans auparavant, mais sa présence était toujours assurée par sa puissance navale. Cette situation semblait devoir perdurer puisque Padilla, cherchant manifestement à éviter l'affrontement, prit la direction de l'est, pour se réfugier à l'embouchure du lac.

Le lendemain à l'aube, il donna des instructions à ses capitaines, mais attendit midi pour donner l'ordre de lever l'ancre, heure à laquelle sa flotte s'élança au combat. Bien armés, les royalistes ouvrirent le feu en premier tandis que les républicains attendirent d'être à bout portant pour tirer une salve meurtrière. Se rapprochant à vive allure, ils capturèrent rapidement les vaisseaux qui n'avaient pas été coulés pendant le bombardement. Seuls trois d'entre eux parvinrent à s'échapper de ce carnage. **MK**

Pertes : inconnues

‹ *Pichincha 1822* *Junín 1824* ›

Junín 6 août 1824

Pas un seul coup de feu ne fut tiré lors de cette bataille livrée à coups de lances et d'épées près d'un lac de montagne à Junín. Mais malgré l'aspect romantique de la situation, ce combat provoqua un véritable bain de sang qui allait ouvrir la voie à la libération du Pérou par Simón Bolívar.

« Soldats, s'exclama Simón Bolívar, vous allez [...] sauver tout un monde de l'esclavage ! » D'une certaine manière, la bataille de Junín fut à la hauteur de ce discours exalté – même si elle ne provoqua pas l'indépendance qu'il espérait. L'armée de Bolívar venait d'accomplir un périple cauchemardesque à travers des déserts brûlants, des cols escarpés et des champs de neige glacials lorsqu'elle atteignit le bassin du lac Junín, situé à plus de 3 650 m d'altitude dans les Andes.

C'est là que, passant outre les ordres de ses supérieurs, le général espagnol de Canterac avait pris ses quartiers, persuadé d'être à l'abri des troupes du «Libérateur». Stupéfait de se retrouver menacé par son ennemi, Canterac fit descendre son armée le long des pentes du lac pour l'affronter, mais rebroussa brutalement chemin lorsqu'il se rendit compte que les hommes de Bolívar escaladaient la rive opposée et menaçaient de le couper de sa base au sommet de la vallée.

Il s'ensuivit une course effrénée des deux côtés, la cavalerie gagnant le sommet avant l'infanterie. Les cavaliers s'affrontèrent alors dans les marais, les Espagnols prenant les *llaneros* républicains au dépourvu. Mais alors que les Espagnols balayaient triomphalement la plaine, ils dépassèrent un détachement de hussards républicains, qui les prirent à revers pendant que les *llaneros* chargeaient de l'autre côté. Victoire mineure en soi, la bataille priva Canterac de l'initiative et Bolívar put marcher relativement sans encombre sur le Pérou. **MK**

Pertes : Républicains, 150 morts ; Royalistes, 250 morts

< *Lac Maracaibo 1823* *Ayacucho 1824* >

Simón Bolívar mène personnellement ses troupes républicaines à Junín, dans une fresque (1931-1933) de Fernando Leal.

Ayacucho 9 décembre 1824

Antonio José de Sucre, leader indépendantiste, fut en première ligne de la bataille qui signa l'indépendance du Pérou mais également de toute l'Amérique latine. La capitulation espagnole rendit la fin de la colonisation inévitable, exauçant ainsi le rêve de Simón Bolívar.

Sur la côte péruvienne, Bolívar s'apprêtait à prendre Lima lorsque son ami Antonio José de Sucre affronta l'armée du vice-roi, José de la Serna. Coincés sur un plateau surplombé par l'armée royaliste, les républicains étaient largement dépassés en nombre et en armes et, au début du moins, totalement dominés par leur adversaire.

Le général Váldez, commandant l'armée espagnole, sentit la faiblesse des volontaires républicains. En ordonnant à son artillerie de pilonner l'ennemi, il ravagea leurs rangs et mit à mal l'unité de l'armée de Sucre, malgré les renforts arrivant pour combler les rangs décimés. La bataille, qui jusqu'ici semblait tourner à l'avantage des royalistes, prit un tour totalement différent suite au geste désespéré du commandant républicain. Descendant de cheval, Sucre abattit sa monture d'un geste théâtral devant ses soldats médusés ; il avait décidé de vaincre ou de périr debout.

Lorsque les cavaliers espagnols descendirent pour administrer le coup de grâce, ils furent sidérés de voir les fantassins républicains surgir devant eux, brandissant leurs lances devant les chevaux espagnols, qui se cabrèrent d'effroi, coupant l'élan de l'armée. Une demi-heure de corps-à-corps s'ensuivit, au cours de laquelle la cavalerie de Váldez fut fauchée tandis que les républicains escaladaient la colline pour prendre l'artillerie espagnole. Lorsque le vice-roi fut capturé, La Serna se rendit et fut autorisé à rentrer en Espagne. **MK**

Pertes : républicains, 310 morts ; royalistes, 1 900 morts

‹ *Junín 1824*

↑ *Œuvre du XIXe siècle représentant le champ de bataille d'Ayacucho sur un plateau dominé par les Andes.*

Guerre d'indépendance grecque

Missolonghi 10 avril 1826

Les Grecs entamèrent une guerre d'indépendance contre la Turquie ottomane en 1821. En 1826, après un an de siège, les forces turques et égyptiennes prirent l'un des foyers de la rébellion, Missolonghi, à l'ouest de la Grèce. Pourtant, ce revers s'avéra bénéfique pour la popularité de la cause grecque.

Missolonghi était connue à travers toute l'Europe car le célèbre poète Lord Byron y était mort en 1824, après avoir consacré sa vie à la cause de la liberté grecque. Au cours de l'année qui suivit sa mort, la guerre avait brusquement tourné en défaveur des Grecs avec l'arrivée de l'armée envoyée par le vassal égyptien du sultan turc, Méhémet Ali, et menée par son fils, Ibrahim Pacha. Les Égyptiens étaient bien équipés, disciplinés et impitoyables. Face aux forces turques et égyptiennes, la révolte grecque s'essouffla.

En avril 1825, Missolonghi fut assiégée, ce qui donna lieu à un blocus, Turcs et Égyptiens considérant un assaut comme trop coûteux. Le ravitaillement fut peu à peu coupé, si bien qu'en avril 1826 les défenseurs de Missolonghi n'eurent d'autre choix que de se rendre ou de tenter une sortie. Le 10 avril, Yeóryios Karaïskális, l'un des héros de la lutte indépendantiste, mena une attaque de diversion tandis que les assiégés encore valides (environ 7 000 personnes) tentaient de s'échapper. Le plan fut un échec.

Alors que les forces ennemies ouvraient le feu, seuls 1 000 Grecs réussirent à s'enfuir. Les autres se retranchèrent dans Missolonghi, qui fut prise d'assaut. Environ 3 000 Grecs furent massacrés, le reste fut réduit en esclavage. L'opinion européenne fut scandalisée par les événements de Missolonghi. Les gouvernements britannique et français furent pressés d'intervenir, entraînant la bataille de Navarin, en 1827. **RG**

Pertes : Grecs, au moins 3 000 morts ; Ottomans, inconnues

Navarin 1827 ›

Guerre argentino-brésilienne

Juncal 8-9 février 1827

Ce combat naval décisif qui se déroula pendant la guerre opposant la République argentine à l'Empire brésilien (1825-1828) fut livré au large de l'île de Juncal, en Argentine. Par la suite, l'amiral William Brown, commandant de la flotte argentine, fut considéré comme un héros national.

La guerre qui mit aux prises l'Argentine et le Brésil avait comme enjeu le contrôle de la Banda Oriental, territoires qui allaient former l'Uruguay actuel. La marine argentine était largement dépassée en nombre et en armes par son adversaire brésilien, mais les Argentins avaient des atouts non négligeables : la maniabilité de leurs petits navires, ainsi que le talent, l'expérience et l'audace de leurs commandants. En outre, les espaces confinés et les bas-fonds imprévisibles du Río de la Plata leur donnaient un net avantage sur les gros vaisseaux brésiliens.

En février 1827, les Brésiliens avaient scindé leurs forces navales pour les affecter à différentes tâches, offrant à Brown un rapport de force plus avantageux. La 3e division brésilienne, menée par Sena Perreira, devait contrôler le fleuve Uruguay pour couper les lignes de communication des troupes terrestres argentines dans la Banda Oriental.

Déterminés à l'en empêcher, les 15 navires argentins de Brown affrontèrent les 17 navires de Sena Perreira. Au premier jour de la bataille, les Brésiliens avaient l'avantage du vent et l'utilisèrent pour éviter un combat rapproché. Le lendemain, le vent favorisa Brown, qui lança une attaque dévastatrice. Les Brésiliens, répondant de manière chaotique à des ordres confus, ne parvinrent pas à maintenir leur formation et tous leurs navires furent capturés ou détruits. L'*Oriental*, vaisseau amiral de Sena Perreira, fut pris à l'abordage et l'amiral fait prisonnier. Brown rentra à Buenos Aires où il fut accueilli en héros. **MK**

Pertes : Brésiliens, 12 vaisseaux capturés, 3 détruits ; Argentins, aucun navire perdu

Ituzaingó 1827 ›

Le siège de Missolonghi, un des tableaux de Panagiotis Zografos représentant la guerre d'indépendance grecque.

Guerre argentino-brésilienne

Ituzaingó 20 février 1827

Le général Carlos María de Alvear offrit à l'Argentine une victoire décisive – mais guère convaincante – contre les forces de l'empire du Brésil. La bataille se déroula dans une petite vallée près de la frontière entre le Brésil et le territoire de l'actuel Uruguay.

La Banda Oriental, entre le Río de la Plata et le fleuve Uruguay, correspondait plus ou moins à l'actuel Uruguay. En 1821, la région fut annexée par les Portugais et ajoutée à leurs vastes territoires brésiliens. Quatre ans plus tard, avec le soutien de l'Argentine, les colons qui s'étaient installés dans la Banda Oriental déclarèrent leur indépendance vis-à-vis du Portugal et du Brésil. En 1826, le roi Pierre IV du Portugal, qui avait été élevé au Brésil pendant que son pays subissait l'occupation de la France napoléonienne, se proclama empereur du Brésil. En réaction à la déclaration d'indépendance de la Banda Oriental, il déclara la guerre contre l'Argentine.

Le 20 juin 1827, le général argentin Carlos María de Alvear quitta la Banda Oriental et traversa la frontière brésilienne. Le marquis de Barbacena, commandant l'armée brésilienne, marcha à sa rencontre. La manœuvre d'Alvear était un stratagème conçu pour attirer Barbacena sur un terrain qu'il avait choisi, à Ituzaingó, au bord d'un affluent de la rivière Santa María. Même si les Brésiliens repoussèrent d'abord les Argentins, allant jusqu'à capturer leur artillerie, le terrain favorisait la cavalerie argentine, qui mena une charge dévastatrice. Malgré ce succès, les Argentins furent incapables de pourchasser l'ennemi, et les hommes de Barbacena se replièrent en bon ordre, prêts à combattre un autre jour. Ituzaingó fut la seule bataille majeure de cette guerre mais, avec la victoire navale de Juncal, elle suffit à tenir le Brésil en échec. En 1828, un traité négocié par les Britanniques reconnut l'indépendance de l'Uruguay. **MK**

Pertes : Brésiliens, 200 morts ; républicains, 150 morts

‹ *Juncal 1827*

Guerre d'indépendance grecque

Navarin 20 octobre 1827

Avec le soutien de l'Égypte, les Turcs avaient pris le dessus dans la guerre d'indépendance grecque. La France, la Russie et la Grande-Bretagne intervinrent de façon décisive, battant la flotte ottomane lors de la dernière bataille de la marine à voiles.

La lutte indépendantiste grecque rencontra un soutien considérable en Grande-Bretagne et en France ; la Russie était traditionnellement hostile à la Turquie et solidaire de ses coreligionnaires orthodoxes en Grèce. Confrontées à l'éventualité d'une défaite grecque et aux informations faisant état de massacres, les puissances alliées envoyèrent chacune une escadre pour appuyer leurs appels à un armistice.

Le blocus de la flotte turco-égyptienne dans la baie de Navarin, sur la côte ouest du Péloponnèse, n'eut aucun effet. L'amiral britannique Codrington convint avec ses alliés d'entrer dans la baie pour forcer leurs adversaires à accepter un armistice sous peine de voir leurs navires détruits. La flotte alliée était en sous-nombre mais la plupart des vaisseaux ennemis étaient petits et mal armés. Les alliés mouillèrent donc parmi les navires turcs et égyptiens et tentèrent d'ouvrir les négociations. Mais lorsque les Turcs tirèrent sur un navire transportant un message britannique, toute la flotte alliée ouvrit le feu.

Ce fut un combat totalement inégal. L'artillerie britannique et française était largement supérieure. En quelques heures, près des deux tiers des navires turcs et égyptiens furent coulés ou incendiés par leurs propres équipages pour éviter d'être capturés. Cet affrontement s'avéra la dernière grande bataille opposant des navires à voiles. Quelques mois après, la Russie déclara la guerre à la Turquie pour soutenir l'indépendance grecque, qui fut reconnue par un traité signé en 1832. **DS**

Pertes : alliés, 700 morts et blessés ; Turcs et Égyptiens, 4 000 morts et blessés, 60 navires détruits

‹ *Missolonghi 1826*

La Bataille de Navarin, *par le peintre grec Panagiotis Zografos.* 

Conquête d'Alger 14 juin-4 juillet 1830

La première grande aventure coloniale de la France débuta en 1830, lorsque Charles X lança une expédition contre la ville d'Alger, en Afrique du Nord. Le dey d'Alger n'avait rien à opposer à la technologie militaire et à la puissance de feu européenne, mais le peuple algérien ne fut pas si facilement réprimé.

Pour calmer les troubles dans son pays, Charles X, roi de France, se mit en quête de distraction pour ses sujets. Et quoi de mieux qu'une guerre à l'étranger, avec en ligne de mire un territoire faible et appauvri appartenant à un Empire ottoman en plein déclin ?

Accusée d'abriter les pirates barbaresques qui s'attaquaient au commerce européen, Alger avait déjà été bombardée par la marine britannique en 1816. La France perçut comme un affront supplémentaire le fait que le régent d'Alger, Hussein Dey, exige le paiement d'une dette contractée par Napoléon pendant sa campagne égyptienne, près de 30 ans auparavant.

Le 14 juin, les Français arrivèrent en force. Après un féroce bombardement, 37 000 soldats débarquèrent et attaquèrent le fort de Sultan-Khalessi, à l'extérieur de la ville. Hussein tarda à réagir, mais en quelques jours, il avait rassemblé quelque 10 000 hommes – Turcs, Berbères et Arabes. Ils contre-attaquèrent courageusement mais en vain. Alger tomba le 4 juillet, avant d'être totalement pillée par les Français qui s'emparèrent également d'autres villes le long et à l'intérieur de la côte.

Charles X n'allait pas savourer son triomphe bien longtemps ; il fut renversé quelques semaines plus tard lors de la révolution de juillet et Louis-Philippe hérita de sa nouvelle colonie nord-africaine. Cependant, la conquête française ne fut pas totale ; même si la régence ottomane fut facilement renversée, la résistance populaire au niveau local allait perdurer pendant presque un demi-siècle. **MK**

« Ils ont fouillé dans les tombes de nos pères/et ils en ont éparpillé les os… »

Poème pleurant la profanation d'Alger après le siège

↑ *L'artillerie française bombarde le port d'Alger et les positions environnantes dans cette gravure en couleurs du XIXe siècle.*

Pertes : Français, 415 morts ; Algériens, jusqu'à 1 500 morts

Isly 1844 ›

Anvers 26 décembre 1832

En 1815, au congrès de Vienne, la Belgique fut donnée au roi des Pays-Bas, Guillaume Ier. Mais l'union entre les provinces protestantes du nord et les provinces catholiques du sud fut brisée lors de la révolution de 1830. La question belge provoque l'intervention directe de la France et de l'Angleterre.

La Belgique proclama son indépendance le 4 octobre 1830. Quelques mois plus tard Léopold de Saxe-Cobourg devint roi des Belges, avec la bénédiction de la France et de l'Angleterre. L'armée néerlandaise envahit alors le nouvel État, mais dut se retirer dix jours plus tard face à une intervention française. Elle conserva cependant la citadelle d'Anvers.

Le général Chassé, ancien officier de l'armée napoléonienne rallié au roi des Pays-Bas, y commandait une garnison de 5 000 hommes. Lorsque des volontaires belges entrèrent dans la ville, et après une tentative avortée de trêve, il la fit bombarder depuis la citadelle. Près d'une centaine de civils périrent et de nombreux bâtiments furent détruits, ce qui acheva de ruiner la cause hollandaise à Anvers.

La marine britannique organisa le blocus des Pays-Bas. Léopold Ier fit appel à une armée française et modernisa en toute hâte ses propres troupes, qui se chargèrent de la défense des digues de l'Escaut. Le maréchal Gérard, envoyé par Louis-Philippe, mit le siège devant Anvers à la fin du mois de novembre 1832. Un spécialiste des fortifications, le général Haxo, coordonna l'attaque de la citadelle, dont l'intérieur fut pilonné par l'artillerie. Chassé capitula le 26 décembre. Guillaume Ier ne reconnut l'indépendance de la Belgique qu'en 1839. **LV**

Pertes : Français : 370 morts ;
Hollandais : 560 morts

Alegria de Alava 27-28 oct 1834

Les guerres carlistes espagnoles, qui se déroulèrent entre les années 1830 et 1870, opposèrent les libéraux espagnols (appelés *Cristianos*) aux rebelles traditionalistes carlistes. Les carlistes trouvèrent un commandant militaire inspiré en la personne du général basque Zumalacárregui.

Zumalacárregui combattit d'abord en tant que chef de guérilla car la relative faiblesse des forces carlistes l'obligeait à éviter les batailles conventionnelles. En octobre 1834, il se retrouva face à une armée de libéraux, menée par le général O'Doyle, près de Vitoria, au Pays basque. O'Doyle avait l'avantage du nombre mais ses troupes étaient dispersées. En outre, Zumalacárregui savait exactement où étaient les soldats de Doyle, tandis que les manœuvres carlistes n'avaient pas été repérées. O'Doyle lui-même se trouvait dans le village d'Alegria de Alava.

Zumalacárregui lança une attaque de diversion 10 km plus loin. Comme prévu, O'Doyle marcha vers l'origine des tirs et se fit prendre en embuscade par les forces de Zumalacárregui. Les *Guias* de Navarra, des soldats libéraux qui avaient rallié les carlistes en échange de leur vie sauve, combattirent avec une extrême férocité. La bataille vira au bain de sang : les *Cristianos* furent pourchassés à travers la forêt et massacrés à la baïonnette. O'Doyle et d'autres officiers prisonniers furent tués par un peloton d'exécution.

Quelques centaines de *Cristianos* se replièrent en bon ordre, atteignant la ville d'Arrieta, où ils se barricadèrent dans l'église. Le lendemain, une colonne de soutien fut envoyée à Arrieta mais elle fut à son tour prise en embuscade par les guérilleros de Zumalacárregui à Venta de Echavarri. Les troupes coincées à Arrieta s'échappèrent la nuit suivante, mettant un terme au conflit. **RG**

Pertes : libéraux, environ 1 000 morts ;
carlistes, inconnues

Fort Alamo 23 février-6 mars 1836

La révolution texane débuta en octobre 1835 par une kyrielle de victoires texanes qui chassèrent les troupes fédérales mexicaines au sud du Rio Grande. Le succès fut de courte durée. L'armée mexicaine menée par le général Antonio López de Santa Anna marcha vers le nord pour mater les rebelles.

En 1835, la majeure partie de l'armée rebelle du Texas, composée de volontaires anglais et espagnols, rentra chez elle. De petites garnisons demeurèrent dans quelques villes, dont San Antonio, où les Texans occupèrent une ancienne mission espagnole nommée Fort Alamo. Composée de trois bâtiments à un étage, elle était flanquée de palissades cernant des terrasses ouvertes. Dix-neuf canons étaient alignés contre les murs.

Refusant de croire à l'arrivée de Santa Anna, les deux commandants, William Travis et James Bowie, ne prirent aucune disposition pour stocker de la nourriture, du matériel ou des munitions. C'est donc avec surprise qu'ils virent arriver, le 23 février, Santa Anna avec son détachement de 1 400 hommes. Son offre de reddition sans condition fut accueillie par un coup de canon. Furieux, il ordonna de ne pas faire de quartier et un siège débuta. Les Mexicains installèrent leur artillerie en face des murs sud et est, puis entamèrent un bombardement auquel les Texans répliquèrent jusqu'à ce qu'ils reçoivent l'ordre d'économiser la poudre. L'infanterie de Santa Anna se rapprocha du fort tout en prenant soin de rester hors de portée des fusils texans.

« Nous ne sommes pas là pour tenter vainement de sauver nos vies, mais pour choisir la manière dont nous mourrons. »

William Davis s'adressant à la garnison

Le froid rendit la situation difficile pour les deux camps. De petites escarmouches firent quelques blessés. À deux reprises, un petit groupe de renfort perça les lignes mexicaines, faisant passer la garnison à 188 hommes, mais 1 000 hommes rallièrent Santa Anna. De temps à autre, des messagers texans parvenaient à se glisser au-dehors pour supplier d'envoyer des renforts, mais le gouvernement provisoire du Texas fut incapable de rassembler une force de soutien. Le 3 mars, la dernière unité de Santa Anna arriva et il s'apprêta à lancer l'assaut.

Le 6 mars avant l'aube, quatre colonnes d'infanterie mexicaines attaquèrent. En l'absence de créneaux, les défenseurs durent s'exposer pour tirer par-dessus les murs. Les canons texans, chargés de clous, de fers à cheval et de ferraille, firent feu sur les Mexicains et, appuyés par les tirs de fusil, repoussèrent le premier assaut. L'infanterie mexicaine fit une nouvelle tentative mais fut encore repoussée. Travis mourut en repoussant une attaque qui finit par pénétrer l'enceinte. Lorsqu'un canon couvrant le sud fut tourné pour contrer l'attaque, les Mexicains attaquèrent et s'emparèrent du canon.

Quand les défenseurs texans se retranchèrent dans les bâtiments, les Mexicains firent exploser les lourdes portes à coups de canon. L'infanterie se précipita à l'intérieur et le combat (au cours duquel Bowie mourut) dura plus d'une heure. Deux groupes de Texans qui tentaient de s'échapper furent fauchés par la cavalerie postée à cet endroit. Le dernier bastion à tomber fut la chapelle, où un petit détachement texan manœuvrait le dernier canon. Ils firent feu dès que l'infanterie ennemie enfonça les portes et furent tués dans le combat qui suivit. Les familles texanes terrifiées qui s'y étaient abritées furent épargnées par les Mexicains, mais tous les combattants ayant survécu furent exécutés. **RB**

Pertes : Texans, 180 morts ;
Mexicains, 400 à 600 morts ou blessés

San Jacinto 1836 ›

C'est dans cette demande d'aide que William Travis insista sur cette célèbre phrase : « la victoire ou la mort ». 

& everything dear to the American
character, to come to our aid,
with all dispatch — The enemy is
receiving reinforcements daily &
will no doubt increase to three or
four thousand in four or five days.
If this call is neglected, I am deter
mined to sustain myself as long as
posible & die like a soldier
who never forgets what is due to
his own honor & that of his
country —

Victory or Death

William Barret Travis

Lt. Col. comdt

P. S. The Lord is on our side —
When the enemy appeared in sight
we had not three bushels of corn —
We have since found in deserted
houses 80 or 90 bushels & got into
the walls 20 or 30 head of Beeves —

Travis

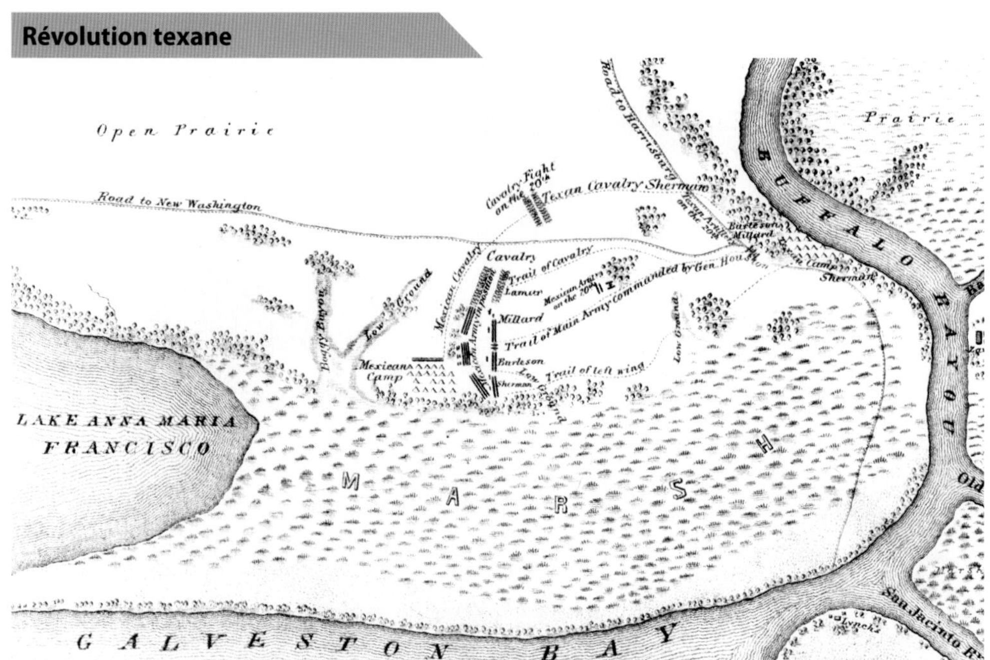

San Jacinto 21 avril 1836

Les citoyens de la nouvelle république du Texas furent horrifiés par la destruction de Fort Alamo et le massacre des Texans capturés à Goliad. Des compagnies de volontaires rejoignirent l'armée du général Houston. Pendant ce temps, le général mexicain Santa Anna faisait marcher son armée pour écraser les rebelles républicains.

Houston évita d'affronter l'armée mexicaine jusqu'à ce que son armée soit suffisamment forte et entraînée. Santa Anna, lui, divisa ses troupes, envoyant des unités sécuriser sa longue chaîne de ravitaillement pendant que d'autres tentaient de capturer le gouvernement provisoire texan. Il mena personnellement les 600 hommes restants à la poursuite de Houston.

Le 20 avril, les deux armées s'affrontèrent dans une zone marécageuse près du fleuve San Jacinto. Santa Anna tenta en vain de localiser l'ennemi et il y eut un échange de tirs d'artillerie. Après l'arrivée de renforts, Santa Anna décida de laisser ses troupes se reposer, oubliant de poster des sentinelles. C'est alors que Houston lança ses 900 Texans dans une attaque surprise. Ses troupes montées contournèrent les flancs mexicains pendant que la ligne de front traversait rapidement la prairie. Ils n'étaient qu'à une centaine de mètres du camp mexicain lorsqu'ils furent repérés. À cet instant, l'artillerie de Houston ouvrit le feu et l'infanterie texane chargea. Ils tirèrent à courte portée et détruisirent les épaulements mexicains. La défense de Santa Anna céda tandis que les Mexicains paniqués fuyaient la cavalerie à travers les marais. Après quelques minutes de combat, la dernière résistance mexicaine se rendit, mais Santa Anna s'échappa dans un uniforme de simple soldat. Il fut finalement capturé le 22 avril et signa un traité le 14 mai. **RB**

Pertes : Mexicains, 630 morts, 208 blessés, 730 prisonniers ; Texans, 9 morts, 30 blessés

< *Fort Alamo 1836* *Campeche 1843* >

Gravure du XIXe siècle représentant le terrain de la bataille de San Jacinto.

Saint-Eustache 14 décembre 1837

La bataille de Saint-Eustache se déroula pendant la rébellion contre l'autorité britannique au Bas-Canada (Québec), connue sous le nom de rébellion des Patriotes. La bataille opposa les troupes rebelles commandées par Jean-Olivier Chénier aux soldats et aux colons fidèles au gouvernement colonial.

La rébellion au Bas-Canada éclata en novembre ; la loi martiale fut déclarée. Le premier affrontement eut lieu lors de la bataille de Saint-Charles, qui vit les Britanniques reprendre le contrôle de la région de Richelieu, au sud-ouest du Québec. Tandis qu'une force de 1 200 soldats et de 200 miliciens avançait vers le nord, les patriotes dressèrent des barricades autour de l'église et du couvent de Saint-Eustache avant d'occuper le centre du village.

L'attaque britannique était commandée par le maréchal Colborn. Ce dernier encercla le village et déploya une batterie qui commença à tirer au centre, où le gros des patriotes attendait. Trois heures après, les Britanniques prirent le couvent et l'église d'assaut puis les incendièrent. Alors qu'ils sortaient des bâtiments en flammes, les patriotes furent attaqués et beaucoup furent tués. Cette attaque unilatérale dura plusieurs heures et l'armée britannique ne subit qu'un minimum de pertes comparé aux patriotes, qui perdirent la moitié de leurs rangs.

La défaite des patriotes signifiait que le Canada allait demeurer une colonie, mais la lutte pour l'autonomie se poursuivit. Finalement, les Britanniques furent contraints de faire des concessions. Le Haut et le Bas-Canada fusionnèrent pour devenir le Canada-Uni. L'unification fut accompagnée de la création d'une assemblée législative en 1841. **TB**

Pertes : Britanniques, 5 victimes sur 1 400 soldats et miliciens ; patriotes, 80 victimes, le reste de leurs 200 hommes capturés

Batoche 1885 ›

↑ *L'armée britannique neutralise les forces rebelles près de l'église Saint-Eustache dans cette illustration de 1840.*

Guerres séminoles

Lac Okeechobee

25-28 décembre 1837

En Floride, le conflit opposant colons américains et Amérindiens séminoles connut une flambée de violence fin 1835. Des guerriers séminoles assassinèrent un représentant indien et un officier de l'armée américaine, puis massacrèrent une colonne de soldats, provoquant la seconde guerre séminole.

En septembre 1837, le major général Thomas Jessup, commandant d'armée en Floride, reçut des renforts. Parmi ces unités se trouvait le 1er régiment d'infanterie mené par le colonel Taylor. On assigna à ce dernier une zone d'opération près du lac Okeechobee ainsi que 1 032 hommes (soldats, volontaires à cheval et éclaireurs) pour traquer l'ennemi.

Le 25 décembre, un Séminole fut capturé dans un camp désert. Il indiqua l'emplacement des autres guerriers. Menés par trois chefs de guerre, 400 guerriers séminoles attendaient derrière des épaulements faits de rondins. Des allées de tir avaient été tracées à travers l'herbe pour les tirs de mousquet.

Taylor plaça des volontaires et des éclaireurs sur la ligne de front, suivis par une rangée composée des 4e et 6e corps d'infanterie. Il tint le 1er régiment d'infanterie et l'artillerie en réserve. Pataugeant dans la boue, les volontaires et le 6e d'infanterie subirent de lourdes pertes. Le commandant et de nombreux officiers furent tués. La plupart des sergents du 6e furent abattus. Voyant ses rangs lourdement engagés et ne progressant que lentement, Taylor envoya sa réserve attaquer le flanc droit séminole. Ils traversèrent péniblement le marais, mais finalement, les chefs de guerre séminoles comprirent qu'ils étaient menacés d'encerclement. Après trois heures de combat intense, la défense des guerriers céda. **RB**

Pertes : Américains, 26 morts, 112 blessés, 1 disparu ; Séminoles, 11 morts, 14 blessés, 180 prisonniers

〈 *Horseshoe Bend 1814* *Wagon Box 1867* 〉

Guerre boer-zouloue

Rivière de Sang

16 décembre 1838

En Afrique du Sud, la rivière Ncome acquit le surnom de rivière de Sang après les événements de décembre 1838. Les guerriers zoulous de Dingane, espérant prendre un groupe de Boers par surprise, se retrouvèrent dépassés par la puissance de feu des Européens. Le sang colora la rivière en rouge.

Au cours des années 1830 se succédèrent plusieurs vagues de Voortrekkers : des Boers ou Afrikaners d'origine néerlandaise quittaient la colonie du Cap, dominée par les Britanniques, pour de nouveaux territoires au cœur de l'Afrique du Sud. Là, ils entrèrent en conflit avec des peuples indigènes qui, jusqu'alors, n'avaient pas été affectés par la colonisation autour de la côte.

L'un de ces peuples était celui de la nation zouloue. Les guerriers zoulous étaient devenus de grands combattants qui menèrent des campagnes de conquête pour le roi Shaka dans les années 1820. Dingane, demi-frère, successeur et assassin de Shaka, accueillit d'abord favorablement les Boers, principalement parce qu'il convoitait leurs troupeaux. Mais début 1838, il massacra quelque 600 immigrants et vola leurs troupeaux. Andries Pretorius mena une expédition punitive contre Dingane. Arrivé sur les rives de la Ncome et craignant une attaque zoulou, il fit disposer les chariots en cercle dans un endroit partiellement abrité par une courbe de la rivière pour former un abri de fortune. Environ 20 000 guerriers se massèrent pour attaquer ; les Boers n'étaient que 470.

La puissance de feu fit la différence. Les deux canons des Afrikaners décimèrent les rangs zoulous pendant qu'ils maintenaient un flux incessant de tirs de mousquet ; femmes et enfants rechargeaient pour les hommes. Alors que les Zoulous moururent par milliers, seuls trois Boers furent blessés. **MK**

Pertes : Zoulous, plus de 3 000 ; Boers, 3 blessés

Isandlwana 1879 〉

Seconde guerre turco-égyptienne

Nezib

24 juin 1839

Mahmud II, sultan de l'Empire ottoman, brûlait de prendre sa revanche après l'humiliante défaite infligée par l'Égyptien Ibrahim Pacha à Konya en 1832. Mais malgré le soutien des conseillers militaires prussiens, les forces ottomanes subirent un nouveau revers à Nezib.

De son lit de mort, le sultan Mahmud II envoya une armée attaquer les Égyptiens en Syrie. Même s'il avait tenté de moderniser ses forces armées en supprimant les janissaires réactionnaires et en important des spécialistes militaires européens, la corruption et l'incompétence restaient la norme. L'armée qui marcha vers la Syrie avait comme responsable de l'artillerie Helmuth von Moltke, futur chef du grand état-major prussien, mais elle était commandée par le malheureux Hafiz Pacha. Tandis que les Égyptiens traversaient la frontière pour contrer l'avancée des Turcs, ses conseillers l'exhortèrent en vain à se retrancher. Au lieu de cela, Hafiz Pacha choisit d'affronter directement l'ennemi.

Les troupes égyptiennes étaient déterminées malgré le feu des canons de Moltke ; au contraire, les troupes ottomanes vacillèrent pendant que l'artillerie égyptienne pilonnait ses rangs. Quand l'infanterie céda, l'avant-garde ottomane fut repoussée et des milliers de soldats ottomans prirent la fuite. Hafiz Pacha fut incapable de rassembler son armée. D'après Moltke, « les Turcs abandonnèrent leur artillerie et leurs munitions, fuyant de toutes parts ».

Le sultan Mahmud mourut cinq jours après la bataille. Son empire survécut grâce à l'intervention des puissances européennes, mais Méhémet-Ali, le père d'Ibrahim Pacha, obtint le gouvernement héréditaire de l'Égypte, fondant une dynastie qui demeura au pouvoir jusqu'en 1951. **RG**

Pertes : Égyptiens, 4 000 victimes sur 46 000 ; Ottomans, aucun chiffre fiable, 10 000 prisonniers sur 80 000

< *Konya 1832*

Guerres anglo-afghanes

Retraite de Kaboul

6-13 janvier 1842

En 1839, la Grande-Bretagne avait envahi l'Afghanistan pour contrer l'influence russe dans le pays. Après un premier succès, l'intervention militaire se termina par un horrible bain de sang. Les Britanniques étaient destinés à ne jamais établir leur autorité sur les tribus afghanes indépendantes.

Soupçonnant l'émir afghan, Dost Mohammed, de tendances prorusses, la Grande-Bretagne comptait le remplacer par un candidat probritannique, Shuja Shah. Bravant le terrain accidenté et les mauvaises conditions météorologiques, les troupes britanniques et indiennes de Sir Willoughby Cotton pénétrèrent dans Kaboul en août 1939. L'émir prit la fuite et Shuja Shah fut intronisé.

Trop confiants, les Britanniques remplacèrent Cotton par le vieux William Elphinstone, malgré une hostilité croissante envers leur présence. En 1841, le fils de Dost Mohammed, Akbar Khan, appela à la révolte. Après le meurtre d'officiers envoyés parlementer avec Akbar, Elphinstone comprit la menace. Le 6 janvier 1842, ses troupes quittèrent Kaboul avec la promesse d'un passage sans encombre.

Leur but était d'atteindre Jalalabad où étaient stationnés les Britanniques. Alors qu'ils pénétraient dans la montagne, ils furent attaqués par des membres de tribus. L'hiver était rude, des milliers d'hommes périrent dans la neige. Elphinstone se rendit à Akbar Khan tandis que ses troupes continuaient de lutter. Le 13 janvier, les derniers survivants de l'infanterie britannique, encerclés au sommet de la passe de Gandamak, furent tués ou faits prisonniers. William Brydon, un chirurgien de l'armée, atteignit Jalalabad. Quand on lui demanda où était l'armée, il répondit : « Je suis l'armée. » Plus de 16 000 soldats avaient péri. **MK**

Pertes : Britanniques, plus de 16 500 ; Afghans, inconnues

Maiwand 1880 >

Guerre mexicano-texane

Campeche 30 avril et 16 mai 1843

La bataille navale de Campeche, qui fit partie de la lutte de la république du Texas pour s'émanciper du Mexique, fut sans doute la seule bataille jamais gagnée par voiliers contre vapeurs. Ce fut également la dernière qui opposa des équipages britanniques à des équipages américains.

Après la bataille de San Jacinto, le Texas devint une république autonome, mais redoutait encore les intentions du gouvernement mexicain. Plus au sud, le Yucatán luttait pour s'émanciper de la tutelle mexicaine.

Le Mexique instaura un blocus de la côte du Yucatán, mobilisant deux vapeurs manœuvrés par des Britanniques : le *Guadalupe*, une grosse frégate à coque d'acier et roue à aubes, et le *Moctezuma* à coque cuirassée. La marine texane était en assez mauvais état, les marins s'étant mutinés faute de paye. Le contre-amiral Edwin Ward Moore, commandant de la marine texane, accepta alors de l'argent de la part des rebelles du Yucatán pour les aider à lutter contre les Mexicains. Moore commandait deux voiliers en bois : la goélette *Austin* et le brick *Wharton*. Le 30 avril, soutenu par la flottille yucatane, il pénétra dans le port de Campeche. Il y resta coincé, pendant que le *Guadalupe* et le *Moctezuma* l'attendaient au large. Imperturbable, Moore passa quinze jours à armer ses navires de canons à plus longue portée, qui lui donneraient plus de chances de s'échapper.

Les Texans se lancèrent à l'assaut des vapeurs le 16 mai. Au cours de l'échange de tirs, l'*Austin* subit de lourds dégâts, mais ses bordées firent des ravages parmi les Mexicains. Les Texans revinrent à Galveston où ils furent accueillis en héros, empêchant le président texan Sam Houston de les arrêter pour avoir vendu leurs services à un autre pays. **RG**

Pertes : Texans, 30 victimes ; Mexicains, 90 victimes ; aucun navire des deux côtés

< *San Jacinto 1836* *Palo Alto 1846* >

Première guerre franco-marocaine

Isly 14 août 1844

Aux abords de la ville nord-africaine d'Oujda, en août 1844, l'armée française du maréchal Bugeaud mit en déroute une force marocaine de quatre fois sa taille. Le sultan du Maroc fut autorisé à rester au pouvoir, mais la victoire d'Isly fut capitale pour la consolidation du contrôle de la France sur l'Algérie.

Il n'avait fallu que quelques jours aux Français pour prendre Alger et d'autres lieux clés en 1830 ; mais des années plus tard, la résistance persistait. Abd al-Qadir s'était montré un chef de guérilla ingénieux et très efficace ; les forces françaises avaient dû lutter pour maintenir un semblant d'ordre. La répression par la force et par la politique de la terre brûlée n'avait pour effet que d'augmenter la détermination des rebelles algériens.

La France devenait de plus en plus exaspérée vis-à-vis du rôle joué par le Maroc, dont le sultan était connu pour soutenir l'insurrection. Craignant que son royaume ne devienne la prochaine cible de la France impérialiste, le chef alaouite Abd ar-Rahman avait aidé Abd al-Qadir en coulisse. D'où l'incursion de Bugeaud à la tête d'une armée de 13 000 hommes dans un pays qu'il n'avait aucune intention de conquérir. Une force de 60 000 hommes, sous le commandement du fils du sultan, vint à sa rencontre. Mais ces derniers étaient aussi mal armés que mal dirigés. Loin d'être intimidés à la vue d'un tel ennemi, les hommes aguerris de Bugeaud avancèrent. Tenant leur formation, ils enfoncèrent les lignes marocaines et les mirent en déroute. Malgré leur infériorité numérique, ils s'en sortirent indemnes alors que l'armée du sultan perdit 800 hommes.

Après cette véritable leçon, Abd ar-Rahman fut autorisé à rester au pouvoir au Maroc, la campagne de contre-insurrection s'intensifia et Bugeaud reçut le titre de duc d'Isly. **MK**

Pertes : Marocains, 800 morts ; Français, aucune perte

< *Conquête d'Alger 1830* *Sidi Brahim 1845* >

Le triomphe du maréchal Bugeaud dans le désert, d'après un tableau d'Horace Vernet (1789-1863). 

Sidi Brahim 21-25 septembre 1845

La campagne de résistance au colonialisme français menée par Abd al-Qadir en Algérie fut en tout point conforme à une opération de guérilla. À Sidi Brahim, les insurgés encerclèrent et décimèrent une troupe de cavalerie française, mais l'honneur français fut sauvé par l'incroyable courage de quelques héros.

La résistance algérienne envers l'occupation française avait été entravée par la perte du soutien marocain après la défaite d'Isly, mais Abd al-Qadir et ses fidèles Berbères étaient déterminés à poursuivre le combat pour la liberté de l'Algérie. Le 21 septembre 1845, le lieutenant-colonel français Lucien de Montagnac, à la tête d'un escadron de hussards et d'un détachement de chasseurs totalisant environ 450 hommes, tomba dans une embuscade tendue par des troupes rebelles en nombre bien supérieur, près de la frontière avec le Maroc. Montagnac commit l'erreur d'ordonner à ses troupes de charger l'ennemi. La charge des hussards fut rapidement écrasée par la masse des troupes rebelles. Seuls 80 chasseurs survécurent pour se réfugier dans un marabout, d'où ils repoussèrent désespérément les assauts ennemis. Coincés, manquant d'eau et de munitions, ils savaient qu'ils allaient vers une mort certaine, mais décidèrent de résister.

On raconte qu'Abd al-Qadir ordonna à un officier français prisonnier d'exiger la reddition des hommes. Au lieu de cela, le Français les exhorta à combattre et fut décapité. Le chef rebelle demanda alors au clairon français de sonner la retraite ; il sonna la charge. Finalement, ayant depuis longtemps épuisé leurs munitions, les quelques survivants décidèrent de tenter une sortie et chargèrent à la baïonnette. Seuls seize d'entre eux survécurent ; Montagnac n'en faisait pas partie. Au bout du compte, cette victoire fut totalement inutile car Abd al-Qadir se rendit deux ans plus tard. **MK**

Pertes : Algériens, inconnues ; Français, 435 morts

Isly 1844

Aquarelle du XIXe siècle par Gaspard Gobaut représentant l'armée française forcée de battre en retraite.

Ferozeshah 21-22 décembre 1845

Au début du XIXe siècle, le maharadjah Ranjit Singh créa un puissant Empire sikh au Pendjab, tandis que les Britanniques consolidaient leur emprise sur le reste du sous-continent indien. Dans les années 1840, les Britanniques et les sikhs livrèrent l'une des plus rudes batailles de l'Empire britannique.

Après la mort du maharadjah Ranjit Singh en 1839, l'Empire sikh devint instable à une époque où les Britanniques continuaient de menacer les frontières sud du territoire sikh. Finalement, la paix fut brisée lorsque les Britanniques, sous le commandement de Sir Hugh Gough, avancèrent vers l'État du Firozpur.

L'armée sikhe du Khālsā, menée par Lal Singh, répliqua en marchant vers le sud pour livrer une bataille peu concluante contre les Britanniques le 18 décembre. Les deux armées s'affrontèrent de nouveau lorsque les Britanniques atteignirent les positions défensives de Ferozeshah. Gough attaqua aussitôt mais subit de lourdes pertes de la part de l'artillerie sikhe qui avait été entraînée par des mercenaires européens. Son commandant en second, Sir Hardinge, fut tellement horrifié par ces pertes qu'il donna l'ordre de battre en retraite.

Le second jour, l'armée britannique reçut le renfort d'unités bengalies et parvint à repousser les sikhs. Juste après qu'elles furent parvenues à percer les lignes ennemies, un immense contingent de renforts sikhs arriva. Alors que Gough et Hardinge n'avaient d'autre choix que de se rendre sous peine de se faire massacrer, la deuxième force sikhe se retira inexplicablement et la bataille prit fin sans résultat concluant. Par la suite, les commandants sikhs furent accusés de trahison à Lahore, et l'interruption des hostilités permit aux Britanniques de renforcer leurs troupes pour continuer la guerre. **TB**

Pertes : Sikhs, inconnues ; Britanniques (East India Company), 2 500 victimes sur 16 000

Sobraon 1846 ›

↑ *L'armée sikhe combattit avec talent lors de la bataille de Ferozeshah mais souffrit des défaillances du commandement.*

Sobraon 10 janvier 1846

La bataille de Sobraon, dans la région du Pendjab au nord de l'Inde, fut l'affrontement décisif de la première guerre anglo-sikhe. Elle opposa les forces britanniques de l'East India Company, menées par Sir Hugh Gough, à l'armée Khālsā de l'Empire sikh, sous le commandement de Tej Singh et Lal Singh.

La bataille de Ferozeshah fut suivie de récriminations dans les deux camps. Les sikhs accusèrent Tej Singh de ne pas avoir envoyé ses renforts quand la victoire était à portée et Sir Hardinge accusa Gough d'imprudence. Cherchant à repousser les Britanniques et à rétablir leur honneur, les chefs Khālsā marchèrent vers le sud et établirent une tête de pont fortifiée en travers de la rivière Sutlej à Sobraon. Gough avait été suffisamment assagi par les accusations de Hardinge pour attendre l'arrivée des canons de siège avant d'attaquer les sikhs.

Les deux armées s'affrontèrent près de la rivière, le 10 février. Cette fois, Gough, même s'il brûlait d'avancer, fut convaincu de pilonner les positions sikhes avant de lancer un assaut en deux axes contre leurs flancs. Cependant, l'attaque sur la gauche s'effondra et fut repoussée par les sikhs, qui tuèrent tous les blessés. Outré par le massacre de ses camarades blessés, Gough ordonna un assaut général qui fut repoussé par la cavalerie sur la droite.

Il s'ensuivit un combat féroce au cours duquel les sikhs, refusant de capituler, perdirent des milliers d'hommes. Le 13 février, les Britanniques avaient assez avancé pour menacer la capitale et les sikhs furent contraints de céder une grande partie du Pendjab à l'East India Company en signant le traité de Lahore. **TB**

Pertes : Sikhs, 12 000 victimes sur 25 000 ; Britanniques (East India Company), 2 300 victimes sur 20 000

< *Ferozeshah 1845*   *Chillianwallah 1849* >

Aquarelle du XIXe siècle par un artiste de l'école du Pendjab représentant les troupes sikhes et britanniques au combat. 

Palo Alto 8 mai 1846

Le rejet mexicain du traité signé par le général Santa Anna après San Jacinto entraîna une querelle sur la zone située entre le Rio Grande (la frontière revendiquée par le Texas) et une ligne mal définie plus au nord, revendiquée par le Mexique. Pendant ce temps, le Congrès avait approuvé l'annexion du Texas.

Après l'annexion, une armée d'observation menée par le général Zachary Taylor fut envoyée pour établir une présence américaine. Il débarqua en juillet 1845 près de Corpus Christi et campa sur la côte du golfe du Mexique. Après l'échec de pourparlers, Taylor fut envoyé au Rio Grande en mars 1846.

Il déplaça sa base de ravitaillement à Point Isabel, sur le golfe, puis fit marcher ses troupes jusqu'à la rive nord, en face de Matamoras (au Mexique). Des patrouilles mexicaines, commandées par le major général Arista, réussirent à prendre en embuscade plusieurs détachements américains. Quand Arista traversa la rivière pour couper la route de la côte, Taylor marcha jusqu'à Point Isabel pour récupérer des renforts et se ravitailler. Son petit fort sur la rivière fut assiégé.

Le 7 mai, Taylor reprit la route avec 2228 hommes armés de canons, dont deux batteries d'artillerie mobile. Arista disposa ses 3 300 soldats sur la plaine de Palo Alto pour leur barrer le passage. Taylor avança avec sa force la plus puissante sur la droite. L'artillerie mexicaine fut inefficace et les tentatives d'Arista pour déborder la droite de Taylor avec sa cavalerie furent repoussées. Au même moment, les deux batteries mobiles américaines avancèrent rapidement afin de pilonner les flancs de l'infanterie mexicaine. Puis les canons de Taylor décimèrent la cavalerie mexicaine. Après trois heures de combat, les Mexicains se replièrent à une courte distance. **RB**

Pertes : Américains, 5 morts, 48 blessés ;
Mexicains, 102 morts, 129 blessés, 26 disparus

Campeche 1843 | *Monterrey 1846*

Représentation de Palo Alto par Carl Nebel en 1851.

Monterrey 21-23 septembre 1846

Le 13 mai, les États-Unis déclarent la guerre au Mexique. Ignorant la nouvelle, le major général Zachary Taylor traversa le Rio Grande le 18 mai pour atteindre le Mexique, après avoir battu les Mexicains à Palo Alto puis le lendemain à Resca de la Palma. Il occupa Matamoros et s'y arrêta, attendant des ordres.

Les victoires de Taylor incitèrent un grand nombre de volontaires à s'enrôler dans l'armée. Ils furent envoyés pour rejoindre Taylor, faisant passer son armée à plus de 6 000 hommes. Taylor organisa l'armée en trois divisions et marcha pour arriver au nord de la ville le 19 septembre.

La ville était protégée par des forts, dont plusieurs juchés sur des collines environnantes et défendus par plus de 5 000 soldats mexicains menés par le major général Pedro de Ampudia. Après une reconnaissance, la division du brigadier général Worth fut envoyée à l'ouest pour couper la route de Saltillo puis capturer Federation Hill et Independence Hill, pendant que les autres divisions attaquaient à l'est. Le 21 septembre, Worth repoussa une attaque de cavalerie et ses troupes parvinrent à saisir les deux bastions de Federation Hill. À l'est, Taylor avança sous un feu nourri mais parvint à prendre un pont fortifié et deux épaulements, puis il fit une percée dans la ville avant de se replier pour la nuit. Au matin, un détachement gravit Independence Hill avant de s'emparer de ses deux positions.

Le 23 septembre, les forces américaines attaquèrent à l'est et à l'ouest de Monterrey, livrant des combats de rue farouches. Des canons furent disposés dans les rues pour pilonner les murs. Le lendemain, à la demande d'Ampudia, Taylor négocia la reddition de la ville, permettant, une fois les forces mexicaines retirées, l'instauration d'un armistice de huit semaines. **RB**

Pertes : Américains, 5 morts, 48 blessés ; Mexicains, 102 morts, 129 blessés, 26 disparus

< *Palo Alto 1846* *Buena Vista 1847* >

Les troupes américaines investissent le palais de l'évêché de Monterrey, *d'après Samuel Chamberlain (vers 1846-1848).*

Buena Vista 22-23 février 1847

L'armistice de Monterrey prit fin en novembre 1846. Tandis que le major général Zachary Taylor étendait sa zone de contrôle, il trouva une armée sensiblement réduite. En janvier, la plupart des soldats reçurent l'ordre de rejoindre la nouvelle armée du lieutenant général Scott sur la côte.

Les forces de Taylor étaient concentrées autour de Saltillo. En février, Taylor apprit que le général Santa Anna approchait avec une armée mexicaine de 15 000 hommes. Taylor positionna ses 4 700 hommes près du ranch de Buena Vista et prit des troupes pour protéger sa base de ravitaillement de Saltillo.

Le 22 février, Taylor déclina l'offre de reddition de Santa Anna. Les troupes légères mexicaines utilisèrent alors les pentes des montagnes voisines pour attaquer le flanc droit américain, mais la cavalerie et les tireurs de Taylor tinrent bon. Le lendemain matin, Santa Anna lança ses principales attaques. L'assaut contre la droite de Taylor fut repoussé avec de lourdes pertes. Cependant, sur la gauche, deux divisions mexicaines firent céder la ligne américaine. Taylor envoya deux régiments et l'artillerie mobile pour retarder les Mexicains. Ils rallièrent les régiments en retraite et reformèrent la ligne de flanc gauche.

Pendant ce temps, la cavalerie mexicaine fit une percée et attaqua l'arrière-garde américaine près du ranch. Malgré la pression, l'infanterie, aidée par les dragons, tint bon. L'avancée américaine vers la première ligne de bataille se heurta à une nouvelle force d'assaut mexicaine qui désaxa de nombreuses unités américaines. L'arrivée de l'artillerie mobile et de deux régiments d'infanterie les sauva de ce péril et obligea les Mexicains à se retirer. Au crépuscule, Santa Anna entama une lente retraite sans être poursuivi par Taylor. **RB**

Pertes : Américains, 272 morts, 387 blessés, 6 disparus ; Mexicains, 591 morts, 1 048 blessés, 1 894 disparus

< *Monterrey 1846* *Cerro Gordo 1847* >

À Buena Vista, Taylor rétablit sa réputation de commandant et repoussa une offensive mexicaine majeure.

Cerro Gordo 17-18 avril 1847

En février, le major général Winfield Scott arriva à Tampico (Mexique), avec le projet de conquérir la ville de Mexico. Il passa un mois à monter son armée, puis débarqua début mars près de Veracruz et s'empara du port pour l'utiliser comme base. En avril, il marcha vers l'ouest, en direction de Mexico.

Le général Santa Anna espérait stopper les 8 500 hommes du major général Scott sur la côte mexicaine, ravagée par la maladie. Il déploya ses 12 000 hommes de manière à bloquer la route, entre de hautes collines et une rivière. Ses unités tenaient trois collines au sud de la route et deux au nord : La Atalaya et El Telégrafo. Lorsque l'avancée de Scott fut arrêtée par les tirs ennemis, il envoya des ingénieurs repérer les positions mexicaines à Cerro Gordo. Ces derniers trouvèrent une piste qui contournait la vallée. Scott y envoya la division du brigadier général pour contourner la gauche mexicaine tandis qu'une autre livrait une attaque secondaire contre les collines du Sud.

Le 17 avril, l'infanterie de Twiggs, repérée, se retrouva sous les tirs de La Atalaya. Twiggs lança une brigade contre la colline tandis que les deux autres continuaient leur chemin. Avec le soutien de l'artillerie, l'infanterie prit La Atalaya, mais fut arrêtée à El Telégrafo. Dans la nuit, Scott ordonna à Twiggs de s'emparer d'El Telégrafo et de continuer la manœuvre de débordement.

Le lendemain, après d'intenses combats, El Telégrafo fut prise et les canons mexicains furent utilisés contre le camp de Santa Anna. Au même moment, les autres brigades de Twiggs apparurent vers l'arrière-garde mexicaine et prirent le camp d'assaut, provoquant une retraite en panique. L'attaque secondaire au sud de la route échoua, permettant à de nombreux Mexicains de fuir. **RB**

Pertes : Américains, 63 morts, 368 blessés ; Mexicains, 1 000 morts ou blessés, 1 048 blessés, 1 000 prisonniers

Buena Vista 1847 | *Churubusco 1847*

Churubusco 19-20 août 1847

Après la victoire de Cerro Gordo, le major général Winfield Scott se dirigea vers l'ouest, sur la route de Mexico. Au sud de la ville se trouvait « El Pedregal », un immense champ de lave bordé de routes à l'est et à l'ouest. Au nord, ces routes convergeaient pour traverser le pont fortifié de Churubusco.

Le 13 août, les 8 500 hommes de Scott atteignirent El Pedregal. Lorsque ses ingénieurs trouvèrent une piste au sud du champ de lave, Scott divisa ses forces. Le major général Gideon Pillow prit la tête de deux divisions et suivit la piste pour atteindre la route ouest près de Contreras, où il vainquit une partie de l'armée du général Santa Anna avant de marcher sur Churubusco.

Pendant ce temps, la division du brigadier général avançait vers le nord en suivant la route est. Il élimina un point d'appui à San Antonio et poussa jusqu'au pont. Deux bastions protégeaient le couvent de San Mateo et l'entrée du pont.

Le 20 août, Pillow envoya quatre brigades s'emparer du couvent pendant que Worth attaquait l'entrée du pont. En ces deux lieux, plusieurs assauts d'infanterie furent repoussés avant qu'un combat au corps-à-corps ne permette aux Américains de s'imposer à la fin de la journée. Au couvent, un régiment d'infanterie escalada les murs et, après un combat acharné, accula les Mexicains et le bataillon de déserteurs américains de San Patricio. Le drapeau blanc envoyé par les défenseurs fut accepté. À l'entrée du pont, les assauts répétés des troupes de Worth finirent par faire céder la forte résistance mexicaine. Plusieurs régiments d'infanterie traversèrent la rivière à un autre endroit et se placèrent afin d'empêcher toute retraite vers Churubusco. Les dragons poursuivirent les Mexicains en fuite jusqu'aux portes de Mexico. **RB**

Pertes : Américains, 137 morts, 865 blessés ; Mexicains, 10 000 morts, blessés ou prisonniers

Cerro Gordo 1847 | *Chapultepec 1847*

Chapultepec 12-14 septembre 1847

Le château fortifié de Chapultepec était juché sur une colline surplombant des chaussées menant aux deux portes ouest de Mexico. Le major général Winfield Scott devait le prendre avant d'attaquer la ville, défendue par les 15 000 hommes du général Antonio López de Santa Anna.

Pour défendre le château, le général Santa Anna posta le général Bravo avec 1 000 hommes, 50 élèves officiers et des pièces d'artillerie dans des bâtiments et des épaulements. Le 12 septembre, l'artillerie du major général Scott commença à bombarder le château ; le lendemain, il lança sa principale attaque.

Deux divisions avancèrent côte à côte : la division du général Pillow, avec celle du brigadier général Worth en soutien sur sa gauche ; la division du brigadier Quitman avançant le long d'une chaussée. Les brigades de Pillow combattirent au pied de la colline de Chapultepec puis en haut de la côte avant de s'arrêter devant les murailles, faute d'échelles. Les hommes de Quitman furent également stoppés par l'artillerie défendant la chaussée. Il envoya une brigade attaquer de flanc et une autre apporter des échelles à Pillow.

Dès l'arrivée des échelles, les Américains prirent les murailles d'assaut et les troupes des trois divisions se frayèrent un passage à travers le château. À 9 h 30, le château était pris. Quitman mena alors l'infanterie le long de la chaussée sud pour s'emparer d'une porte, pendant que Worth (avec une section d'artillerie) avançait et s'emparait de l'autre. Au crépuscule, les troupes de Worth et Quitman étaient dans la ville, mais durent s'interrompre à la tombée de la nuit. Au matin du 14 septembre, une délégation mexicaine annonça à Scott que Santa Anna et son armée avaient fui la ville. **RB**

Pertes : Américains, 130 morts, 703 blessés, 29 disparus ; Mexicains, 3 000 morts, blessés ou prisonniers

Churubusco 1847

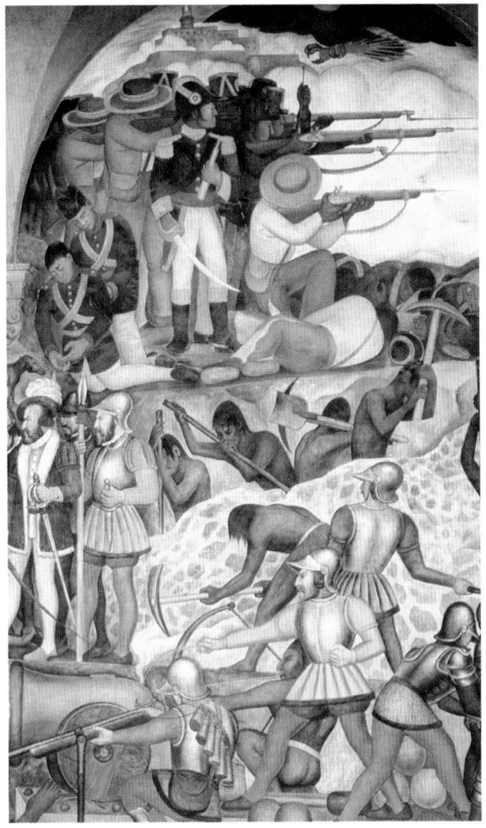

« [Chapultepec] était défendue par les canonniers les plus aguerris et les plus talentueux… dont la fine fleur de l'artillerie française. »

Edward Deering Mansfield, historien

Détail d'une fresque (v. 1929-1930) de Diego Rivera au palais national de Mexico représentant l'assaut contre Chapultepec.

Première bataille de Custoza 23-26 juillet 1848

En 1848, une vague de révoltes populaires balaya l'Europe. La monarchie piémontaise tenta d'exploiter cette flambée de violence pour chasser les Autrichiens hors d'Italie. Les Piémontais furent vaincus à Custoza mais se rapprochèrent du parti nationaliste italien, le Risorgimento.

Le roi Carlo Alberto du Piémont hésitait à tirer avantage des émeutes, même si une révolution en Italie empêchait l'Autriche de renforcer ses provinces italiennes. D'ailleurs, il hésita si longtemps que la vague révolutionnaire était en train de régresser au moment où il prit les armes, permettant à l'Autriche d'envoyer d'importants renforts.

Les Piémontais prirent Peschiera, l'une des quatre forteresses autrichiennes formant le « Quadrilatère », et s'installèrent en position de défense dans les collines de Custoza. Le maréchal Joseph Radetzki, commandant des forces autrichiennes, marcha vers eux avec une armée largement supérieure. Pendant deux jours de combat acharné, les Piémontais luttèrent avec courage et détermination, repoussant une série d'attaques. Cependant, les troupes subirent les maladresses de leurs officiers, des aristocrates dont bon nombre n'avaient même pas daigné s'entraîner sérieusement. Les rations étaient insuffisantes et aucune rotation n'avait été prévue pour que les troupes du front puissent se reposer.

L'épuisement des deux camps permit aux Piémontais de se replier dans des conditions honorables et l'autorité autrichienne fut rétablie. Néanmoins, les Piémontais avaient combattu sous le drapeau italien tricolore et la présence temporaire d'autres contingents italiens pendant la guerre laissait entrevoir une dynamique nationale, et non simplement piémontaise, qui allait s'avérer bien plus dangereuse pour les Autrichiens. **JS**

Pertes : Piémontais, plus de la moitié de 22 000 ; Autrichiens, plus de la moitié de 33 000

Novara 1849 ›

La Bataille de Custoza *par Giovanni Fattori (1825-1908), un maître des paysages réalistes et des scènes militaires.*

Chillianwallah 13 janvier 1849

En 1848, les sikhs menèrent une rébellion contre la domination britannique au Pendjab, précipitant le déclenchement de la seconde guerre anglo-sikhe. Même si les sikhs finirent par perdre la guerre et leur indépendance, ils infligèrent une coûteuse défaite aux forces britanniques à Chillianwallah.

La seconde guerre anglo-sikhe débuta lorsqu'une révolte éclata dans la ville de Multan, conduisant au meurtre de plusieurs officiers britanniques. Malgré des craintes quant à sa compétence durant la première guerre anglo-sikhe, Sir Hugh Gough fut chargé de mater la révolte.

Le 13 janvier 1849, il affronta une armée sikhe sous le commandement de Sher Singh Attariwalla. Malgré l'heure tardive, et sans tenir compte de ses officiers qui préconisaient la prudence et le bombardement des troupes ennemies, Gough ordonna un assaut général de l'infanterie et de la cavalerie, tout comme il avait fait à Ferozeshah quatre ans plus tôt. Le résultat fut un désastre. Les Britanniques peinèrent à se frayer un chemin à travers l'épaisse végétation sans aucun soutien d'artillerie. Ils perdirent leur cohésion et la chaîne de commandement se rompit. Certaines unités furent mises en déroute, abandonnant leurs drapeaux à travers le champ de bataille jonché de cadavres.

À la tombée de la nuit, Gough ordonna à son armée de se replier. Un carnage supplémentaire ne fut évité que grâce à la pluie qui tomba abondamment pendant trois jours, forçant les deux armées à se retirer. Gough vainquit les sikhs à Gujarat mais fut critiqué pour son imprudence et relevé de ses fonctions. Les Britanniques apprirent à respecter les combattants sikhs, qui furent plus tard recrutés en nombre par l'armée impériale britannique. **TB**

Pertes : sikhs, 3 700 victimes sur 22 000 ; Britanniques (East India Company), 2 500 victimes sur 16 000

< *Sobraon 1846* *Cawnpore 1857* >

↑ La Bataille de Chillianwallah *(vers 1849) par Charles Becher Young.*

Novara 22-23 mars 1849

Malgré leur défaite un an plus tôt à Custoza, les Piémontais reprirent leur combat contre l'Autriche. Le résultat fut une deuxième victoire écrasante pour le maréchal autrichien Joseph Radetzki. Pourtant, de nouveau, la cause de l'unification italienne en sortit renforcée.

Le roi Charles Albert fut contraint par le poids de l'opinion publique et la montée du républicanisme de renoncer à l'armistice qu'il avait signé après sa défaite à Custoza. Alors qu'il avait tenté de pallier la faiblesse de son armée, les autres États italiens avaient montré peu d'intérêt à soutenir sa campagne et ses propres troupes manquaient d'enthousiasme.

On envoya alors des volontaires lombards, commandés par le général Ramorino, occuper le territoire entre le Pô et le Tricino et retarder l'avancée autrichienne pendant que les Piémontais marchaient sur Milan. Cependant, Ramorino abandonna sa position (ce qui lui valut plus tard d'être exécuté), laissant la voie libre aux Autrichiens pour déborder les Piémontais. Les Piémontais furent vaincus à Sforesca et Mortara, avant la principale bataille, qui eut lieu à Novara. Malgré leur sous-nombre, les Autrichiens étaient bien plus aguerris et ce ne fut qu'à force d'opiniâtreté que l'infanterie piémontaise évita de se faire rapidement décimer.

Le contrôle de la ville de Bicocca étant crucial, c'est là que les combats furent les plus acharnés. La ville changea plusieurs fois de mains tandis que Charles Albert combattait en première ligne, refusant de se mettre à l'abri. L'arrivée de renforts autrichiens força les Piémontais à capituler sous des conditions très sévères. Charles Albert abdiqua peu après et mourut en exil, devenant une icône romantique : le roi qui avait risqué sa vie et tout perdu pour la cause de l'Italie. **JS**

Pertes : inconnues

⟨ *Première bataille de Custoza 1848* — *Rome 1849* ⟩

Guerres d'indépendance italiennes

Rome 30 avril-1er juillet 1849

En défendant l'éphémère République romaine, Giuseppe Garibaldi devint un héros des nationalistes italiens. La république fut renversée par les forces françaises et le pape remis au pouvoir. Cependant, la défaite de Rome ne fit que renforcer la cause de l'unification italienne.

En novembre 1848, le pape Pie IX perdit le pouvoir suite à la révolution qui embrasa ses États et fit appel aux puissances catholiques pour rétablir son autorité. Afin d'apaiser les catholiques français et éviter une invasion autrichienne, le président français fraîchement élu Louis Napoléon Bonaparte (qui allait bientôt s'autoproclamer empereur) décida d'intervenir.

En avril 1849, 10 000 soldats français marchaient sur Rome, persuadés d'être accueillis en libérateurs. La garnison romaine, commandée par Giuseppe Garibaldi, était composée de volontaires venant de toute l'Italie ainsi que de troupes papales qui avaient rallié la révolution ; elle totalisait 7 000 hommes déterminés à combattre. Stupéfaits de se retrouver sous le feu des canons lorsqu'ils approchèrent de la ville, les Français se replièrent. Un armistice leur permit de rassembler 30 000 soldats équipés d'artillerie de siège. Quand les hostilités reprirent, les Romains négligèrent d'avertir les avant-postes et l'emplacement stratégique de villa Pamphili fut pris d'assaut par les Français.

Une fois la ville quadrillée par les canons français, l'issue devint évidente. Quelques contre-attaques, futiles mais héroïques, furent lancées et les Romains résistèrent vaillamment au pied des murs. Lorsqu'ils cédèrent, ils luttèrent avec un grand courage et quand la ville tomba, Garibaldi mena les volontaires au-dehors pour continuer le combat, défendant son idéal avec ardeur. **JS**

Pertes : Inconnues

⟨ *Novara 1849* — *Magenta 1859* ⟩

Révolution hongroise

Temesvar 9 août 1849

En 1848, les nationalistes hongrois se rebellèrent contre l'autorité des Habsbourg. Les forces russes et autrichiennes écrasèrent la révolte à Temesvar et la Hongrie perdit son autonomie. Ce fut une grande victoire pour les forces de réaction, mais les aspirations nationalistes hongroises ne faiblirent pas.

La révolution hongroise de mars 1848 fut un grand triomphe mais entraîna certains problèmes dans son sillage, dont le rôle des minorités nationales, slaves pour la plupart, qui voulaient les mêmes droits que les Hongrois. Mais les Hongrois pensaient qu'ils ne pouvaient pas fragmenter leur nouvel État alors que les Habsbourg se remettaient à peine de la vague révolutionnaire qui avait déferlé sur l'Europe. Il fallut peu de temps aux Habsbourg pour bâtir une coalition antihongroise, parmi les minorités exclues, proclamer la loi martiale et lancer une invasion.

La déclaration d'indépendance de la Hongrie servit de prétexte à l'intervention russe. Peu après, une armée hongroise (dont des volontaires slaves qui détestaient et craignaient les Russes) se replia vers Temesvar. L'issue de l'affrontement était scellée avant même le premier coup de feu. Le gros du combat se déroula autour du village de Kisbecskerek, où les Hongrois connurent d'abord quelques succès grâce à une charge audacieuse qui repoussa les Autrichiens. Un duel d'artillerie eut lieu, duel que les Hongrois perdirent faute de munitions. Alors que leurs canons étaient réduits au silence et que l'ennemi se rapprochait, ils entamèrent leur retraite, mais tout espoir de s'échapper fut anéanti lorsqu'un mouvement de panique saisit l'arrière-garde, qui prit la fuite. Les survivants se dispersèrent et retournèrent chez eux – la révolution était terminée. **JS**

Pertes : Hongrois, plus de 10 000 morts ou blessés, 6 000 prisonniers sur 55 000 ; Autrichiens et Russes, moins de 5 000 morts ou blessés sur 90 000

Guerre civile argentine

Caseros 3 février 1852

La bataille livrée à Caseros, Buenos Aires, fut un tournant majeur dans l'histoire de l'Argentine. La confrontation mit un terme aux deux décennies de règne du dictateur Juan Manuel de Rosas et lança le pays sur la voie d'un gouvernement constitutionnel centralisé.

En tant que gouverneur de Buenos Aires, Rosas contrôlait la fédération de provinces qui constituaient l'Argentine dans les années 1830 et 1840. Mais en 1851, il se retrouva confronté à une alliance entre l'Empire brésilien, l'Uruguay et deux provinces du nord-est de l'Argentine : Entre Rios et Corrientes. Les Argentins constituaient le gros des forces qui combattirent lors du conflit qui suivit, qui était avant tout une guerre civile. Les adversaires de Rosas étaient menés par le général Urquiza, gouverneur d'Entre Rios.

Les troupes qui s'affrontèrent à Caseros étaient de force égale mais, parmi les rangs de Rosas, le moral était au plus bas. L'alliance anti-Rosas souffrait quant à elle d'un manque de coordination car les chefs des différents contingents alliés refusaient d'obéir aux ordres du général Urquiza. Les Brésiliens ne fournirent qu'une petite troupe de 3 000 soldats, mais c'étaient les seuls professionnels sur le champ de bataille et ils jouèrent un rôle capital, tout comme la cavalerie d'Urquiza. Après trois heures de combat, la résistance de l'armée de Rosas s'effondra lorsque son artillerie tomba à court de munitions. Rosas prit la fuite, démissionna de son poste de gouverneur et partit en exil. Urquiza triompha dans le sang, exécutant soldats et officiers. En 1854, il devint président de l'Argentine sous une nouvelle Constitution, mais il y eut encore quelques luttes internes avant que l'unité nationale ne soit établie dans les années 1860. **RG**

Pertes : Rosas, 1 500 victimes, 7 000 prisonniers sur 22 000 ; alliés, 600 victimes sur 24 000

Riachuelo 1865 ›

Sinope 30 novembre 1853

La bataille de Sinope, qui opposa la marine impériale russe à une flotte de l'Empire ottoman, fut l'événement qui précipita la guerre de Crimée. Ce fut aussi un tournant majeur dans l'histoire de la guerre navale, démontrant l'effet dévastateur des projectiles explosifs sur les navires à coque en bois.

En octobre 1853, l'Empire ottoman déclara la guerre à la Russie. Le tsar Nicolas Ier répliqua en envoyant une flotte commandée par l'amiral Nakhimov en mer Noire alors qu'une escadre ottomane bien plus faible, commandée par l'amiral Osman, mouillait dans le port de Sinope, au nord de la Turquie, pour se protéger du mauvais temps.

Nakhimov décida d'attaquer les six bâtiments de guerre turcs, dont les plus gros étaient des frégates. Six bâtiments de ligne russes pénétrèrent dans la baie en deux escadres et s'ancrèrent aux côtés des navires ottomans. Les Russes étaient équipés de canons à la Paixhans, qui tiraient des projectiles explosifs à courbe tendue. Les bâtiments de guerre russes tirèrent une série de bordées qui percèrent facilement les coques en bois des navires ottomans. Certains furent totalement détruits alors que d'autres prirent feu et s'échouèrent.

Après une heure de combat, seule une frégate à vapeur parvint à s'échapper. Cette bataille fut la première à impliquer des canons tirant des obus explosifs et les ingénieurs navals durent trouver de nouvelles parades, ce qui provoqua l'apparition des cuirassés. L'effet de la bataille sur l'opinion publique britannique et française fut décisif. Même s'il s'agissait d'un acte de guerre légitime, l'inégalité du combat fut dénoncée dans la presse comme un massacre. Les Britanniques et les Français soutinrent les Turcs contre les Russes, allant jusqu'à intervenir directement en Crimée. **TB**

Pertes : Ottomans, 7 frégates et 4 corvettes, 3 200 victimes ; Russes, aucune perte

Alma 1854 ›

* La Bataille navale russo-turque de Sinope *(1853)* *par Ivan Aïvazovski, connu pour ses paysages marins spectaculaires.*

Alma 20 septembre 1854

En septembre 1854, un corps expéditionnaire anglo-français débarqua en Crimée pour s'emparer du port russe de Sébastopol, en mer Noire. La force anglo-française fut confrontée à une armée russe commandée par le général Menchikov. La bataille de l'Alma fut la première de la guerre de Crimée.

L'armée russe occupait une position défensive protégée par d'immenses falaises, sur la rive sud de l'Alma. Afin d'avancer, l'armée alliée devrait prendre d'assaut deux collines à l'est à l'ouest, surplombées de redoutes russes. La vallée qui les séparait menait à Sébastopol, mais aucune avancée n'était possible tant que les Russes tenaient les deux collines.

Le général français Jacques Saint-Arnaud espérait traverser la rivière sous le couvert d'un bombardement naval et escalader les falaises avec un détachement de troupes françaises. Cette diversion permettrait ensuite aux Britanniques d'attaquer les redoutes. La partie française du plan connut un premier succès avant de s'essouffler, permettant aux Russes de rétablir leurs lignes. En conséquence, l'attaque britannique échoua et les bataillons s'entremêlèrent de manière chaotique.

Pendant ce temps, le commandant britannique, Lord Raglan, se mit en quête d'un point d'observation. Avançant jusqu'à un poste avancé, il trouva un emplacement qui surplombait l'arrière russe et ordonna qu'on y fasse venir les canons. Ces derniers ouvrirent le feu, surprenant les Russes et faisant basculer la bataille en faveur des alliés. Les deux collines furent prises après un combat acharné de l'infanterie, qui subit de lourdes pertes au cours d'assauts frontaux. L'armée alliée ne fut pas en mesure d'exploiter son avantage et les Russes purent se regrouper et battre en retraite sans encombre. **TB**

Pertes : Anglo-Français, 3 300 victimes sur 60 000 ; Russes, 5 600 victimes sur 37 000

< *Sinope 1853* — *Balaklava 1854* >

Illustration du XIXe siècle de l'invasion des hauteurs au sud de la vallée de l'Alma.

Balaklava 25 octobre 1854

La bataille de Balaklava est l'un des événements les plus (tristement) célèbres de l'histoire militaire britannique, particulièrement pour la « mince ligne rouge » de l'infanterie et pour la charge, héroïque mais malavisée, de la brigade légère, qui fut immortalisée par les vers d'Alfred Tennyson.

Après la défaite de la bataille de l'Alma, l'armée russe se regroupa au port fortifié de Sébastopol que les alliés avaient alors assiégé. Les Britanniques, menés par Lord Raglan, s'emparèrent du port de Balaklava, où ils pouvaient être ravitaillés et d'où ils protégeaient le flanc droit des opérations alliées. Les Russes décidèrent de rompre le siège avant que les troupes alliées ne puissent se retrancher et, sous le commandement du général Liprandi, attaquèrent les alliés à Balaklava.

Au début de la bataille, les Russes occupèrent les hauteurs de Vorontsov. Du haut de ces emplacements, ils pilonnèrent les positions alliées. L'infanterie russe attaqua une série de redoutes tenues par les Turcs et même si les

> *« Sans que les soldats sachent, quelqu'un a fait une gaffe [...] chargeant une armée quand le monde s'interroge. »* *Alfred Tennyson*

Turcs combattirent bravement, les Russes firent une percée pour menacer Balaklava. Entre la cavalerie russe et le port ne se tenait que l'infanterie du 93e Highlander de Sir Colin Campbell et quelques marines. Ayant reçu l'ordre de vaincre ou de périr, l'infanterie repoussa deux charges de cavalerie en formant une ligne sur la plaine et en tirant des salves méthodiquement. Ils devinrent connus sous le nom de la « mince ligne rouge », comme les présenta le correspondant de guerre William Russel. La cavalerie russe fut alors mise en déroute par la cavalerie lourde de Sir James Scarlett, composée des Gris écossais, de dragons et d'artillerie tractée. Le fait qu'ils attaquèrent au trot en grimpant une colline rend l'appellation de « charge de la brigade lourde » mal appropriée.

Pendant ce temps, Lord Raglan avait gagné un bon point de vue sur toute la zone de la bataille. Il observa les Russes déplacer leur artillerie des redoutes conquises vers les hauteurs de Vorontsov et envoya l'ordre d'interrompre l'opération à la brigade légère (lanciers, hussards et dragons légers) sous le commandement de Lord Cardigan. Raglan formula l'ordre ainsi : « ... avancer rapidement au front, suivre l'ennemi et tenter de l'empêcher de replier ses canons ». Cependant, le temps que l'ordre atteigne Cardigan, il était passé entre plusieurs commandants et ne se résumait plus qu'à « avancer rapidement ». Cardigan trouva l'ordre absurde mais devait obéir. Il mena une charge au centre de la vallée nord pour attaquer la batterie d'artillerie russe qui s'y trouvait. La brigade avança lentement au début puis chargea, sous le feu constant des canons russes déployés sur les hauteurs ainsi que de la batterie placée en face d'eux. Les alliés avaient subi de lourdes pertes au moment où ils atteignirent la batterie russe, où ils furent également menacés par une contre-attaque de la cavalerie russe. Sur plus de 600 hommes engagés dans cette charge, 110 furent tués et près de 160 furent blessés ou capturés.

Du haut de sa position, Lord Raglan, consterné, avait observé la charge sans rien pouvoir faire pour l'arrêter. Il abandonna toute tentative pour reconquérir les hauteurs et rassembla ses divisions pour former des positions défensives contre de nouvelles attaques russes sur Balaklava. Les Russes revendiquèrent la victoire car les positions qu'ils avaient gagnées entravèrent gravement le siège de Sébastopol. **TB**

Pertes : alliés, 615 victimes sur 4 500 ;
Russes, 627 victimes sur 25 000

〈 *Alma 1854* *Inkerman 1854* 〉

Détail de La Vallée de la mort, *après la charge de la brigade légère, photographie de Roger Fenton.* 

Inkerman 5 novembre 1854

La bataille d'Inkerman fut livrée par l'armée russe, menée par le général Alexandre Menchikov, contre les forces anglo-françaises, commandée par les généraux Lord Raglan et François Canrobert. Les Russes voulaient obliger les alliés à abandonner le siège de Sébastopol.

Après Balaklava, les voies d'approvisionnement alliées étaient exposées et formaient une longue ligne vulnérable aux attaques. Menchikov y vit l'occasion de vaincre les alliés et de lever le siège de Sébastopol. Son plan était de s'emparer de la ligne de crêtes du mont Inkerman. Les crêtes étaient tenues par la 2e division du brigadier général Pennefather.

Les Britanniques ayant érigé un mur et une redoute, Menchikov comptait lancer plusieurs attaques simultanées contre ces positions, à l'aide d'une force largement supérieure : plus de 40 000 soldats russes contre un peu moins de 3000 défenseurs. Cependant, au matin de l'attaque, les crêtes étaient enveloppées d'un épais brouillard. Une grande partie des troupes russes se trompa de chemin et fut stoppée au bord du ravin du Carénage. Les Russes subirent de lourdes pertes au cours d'un corps-à-corps chaotique et furent refoulés par le 47e régiment de la division légère britannique. Des renforts britanniques et français arrivèrent et les gardes repoussèrent la charge ennemie contre leur mur. La redoute changea de mains à plusieurs reprises mais fut gagnée par les alliés grâce à une contre-attaque française. Même lorsque les Russes parvinrent à avancer au-delà du ravin, ils se heurtèrent à une résistance farouche. À 14 h 30, les Russes battirent en retraite. Menchikov abandonna tout espoir de vaincre les alliés sur un champ de bataille et la guerre se concentra sur le siège de Sébastopol. **TB**

Pertes : alliés, 3 300 victimes sur 15 700 ;
Russes, 10 700 victimes sur 42 000

[<] *Balaklava 1854* *Malakoff 1855* [>]

Le capitaine Arthur Earle, le général de brigade Philip Macpherson et les officiers de la 4e division, photographie de Roger Fenton.

Malakoff 7 septembre 1855

La bataille de Malakoff fut le point culminant de la guerre de Crimée. Les forces françaises commandées par le général Mac-Mahon jouèrent un rôle majeur dans la défaite des forces russes commandées par le général Pavel Nakhimov. La victoire alliée mena à la prise de Sébastopol et à la fin de la guerre.

Sébastopol résistait depuis le mois d'octobre 1854 grâce à une défense orchestrée par l'ingénieur russe Eduard Totleben, malgré le bombardement constant des alliés. En août 1865, une sortie russe tenta de contraindre les alliés à abandonner le siège, mais échoua avec de lourdes pertes. Le 7 septembre, le commandement français estima que les fortifications de la redoute de Malakoff du côté sud de la ville étaient suffisamment fragilisées par le bombardement pour qu'un assaut puisse réussir.

À midi, alors que les Russes étaient occupés à relever leur garnison, les Français investirent les décombres et se lancèrent dans un corps-à-corps désespéré. Tout le long des lignes, la lutte fut sanglante et féroce, provoquant un nombre de victimes épouvantable des deux côtés. Les Français reprirent courage lorsqu'un détachement de zouaves prit la tour de Malakoff et que le drapeau français fut hissé au sommet de la redoute. L'assaut britannique contre l'un des redans fut repoussé, encourageant les Russes qui furent cependant pris pour cible par l'artillerie lourde. Finalement, subissant des pertes intenables, les Russes se replièrent et la redoute de Malakoff fut prise. Avec elle vint la chute de Sébastopol.

Le 11 septembre, les Russes incendièrent ce qui restait de la flotte de la mer Noire et se retirèrent totalement. La guerre était terminée, même s'il fallut attendre février 1856 pour qu'un armistice soit conclu. Au total, les combats et la maladie avaient coûté 128 000 victimes aux alliés, tandis que les Russes en déploraient 100 000. **TB**

Pertes : alliés, 10 200 victimes ; Russes, 12 900 victimes

< *Inkerman 1854*

Les ruines de la tour de Malakoff et de son sémaphore. Photographie de George Shaw Lefevre.

Cawnpore 5-25 juin 1857

Le siège de Cawnpore (Kânpur) fut un événement clé de la rébellion indienne de 1857, connue sous le nom de « mutinerie indienne ». La garnison britannique n'était pas préparée pour un long siège et capitula devant les Indiens. Par la suite, plusieurs femmes et enfants britanniques furent tués au cours de ce qui fut surnommé le « massacre de Bibighar ».

La révolte indienne (désignée comme première guerre d'indépendance indienne) commença par une mutinerie des cipayes de l'armée de la Compagnie anglaise des Indes orientales dans la ville de Meerut. En juin, les cipayes de Cawnpore se soulevèrent et assiégèrent la ville. Alors que le major général Wheeler, officier britannique en poste à Cawnpore, comptait sur le soutien de Nana Sahib, un chef marathe local, ce dernier prit la tête de la rébellion.

La garnison britannique n'avait pas suffisamment d'eau ni de nourriture pour soutenir un long siège. Après trois semaines, Wheeler accepta de se rendre à condition que la garnison, les femmes et les enfants puissent être évacués vers Allahabad. Alors que le groupe avançait vers les bateaux, l'arrière de la colonne fut attaqué par les cipayes et les soldats blessés furent tués.

Les cipayes attaquèrent ensuite le reste de la colonne, incendiant les bateaux, tuant les hommes et capturant femmes et enfants. Lorsque la nouvelle se répandit qu'une force de secours avait quitté Allahabad pour Cawnpore, les femmes et les enfants furent tués à coups de machette au cours de ce qui fut appelé le massacre de Bibighar. Les corps furent jetés dans un puits pour dissimuler les preuves, mais lorsque les Britanniques reprirent Cawnpore, les restes furent découverts. Les Britanniques menèrent alors des actions punitives d'une grande cruauté contre les cipayes et les civils indiens. **TB**

« Toute l'épouvante habituelle d'une multitude d'ennemis assiégeant un abri de fortune protégé par une faible garnison… »

Sir J. W. Kaye, historien

↑ *Les ruines de Cawnpore, où les rebelles perpétrèrent le pire massacre de la mutinerie indienne (photo de Felice A. Beato).*

Pertes : Anglais, 300 soldats et 600 civils morts ; Indiens, pertes inconnues

< *Chillianwallah 1849* *Delhi 1857* >

Delhi 8 juin-21 septembre 1857

La reconquête de Delhi, obtenue de haute lutte par l'armée britannique, joua un rôle majeur dans la répression de la rébellion indienne de 1857 et anéantit le rêve indien de rétablir l'autorité de l'Empire moghol. La rébellion perdit sa cohésion, permettant aux Britanniques de vaincre les dernières poches de résistance.

Après la prise de Delhi par les rebelles en mai, les Britanniques furent incapables de lancer une contre-attaque car leur armée était dispersée sur de grandes distances. Il fallut un bon moment aux Britanniques pour assembler une armée, mais en juin, deux colonnes furent alliées à une force de Gurkha.

Cette troupe improvisée n'était pas assez importante pour lancer un assaut. À l'intérieur de la ville se trouvaient plus de 30 000 mutins fidèles à Bahâdur Shâh, qui officiait en tant qu'empereur moghol. Au vu de leur nombre, les Britanniques ne pouvaient que patienter, et au fil des semaines, choléra et dysenterie commencèrent à décimer les rangs. Cependant, des renforts arrivaient progressivement du Pendjab, dont une arrière-garde comprenant 32 canons et 2 000 hommes sous le commandement du brigadier général John Nicholson.

À la mi-septembre, les Britanniques avaient rassemblé une force de 9 000 hommes, composée de 3 000 soldats et 6 000 sikhs, Pendjabi et Gurkha. Les canons firent feu et, au bout de quelques jours, parvinrent à percer des brèches assez larges pour lancer une attaque. L'assaut britannique se heurta à une résistance farouche mais après une semaine de violents combats, Delhi repassa sous contrôle britannique. Bahâdur Shâh fut arrêté et mourut en exil à Rangoon en 1862. Ce fut le dernier empereur moghol. **TB**

Pertes : Britanniques, 1 200 victimes, 4 600 blessés sur 9 000 ; Indiens, 5 000 morts ou blessés sur 40 000

< *Cawnpore 1857* *Lucknow 1857* >

Révolte indienne

Lucknow 16-22 novembre 1857

L'évacuation de Lucknow, qui eut lieu pendant la révolte indienne, désigne les deux tentatives britanniques visant à porter secours à un contingent de troupes indiennes et britanniques mené par Sir Henry Lawrence, ainsi qu'à plusieurs centaines de civils, assiégés pendant cinq mois au centre de Lucknow.

Le 30 juin 1857, Sir Henry Lawrence fut contraint de se replier à Lucknow. Protégée par des positions de batteries, la forteresse était néanmoins rendue vulnérable par la présence de tireurs et d'artilleurs rebelles occupant les bâtiments voisins. Malgré cette position précaire, et la mort de Lawrence au début du siège, soldats et civils parvinrent à tenir bon, grâce aux actions de quelques soldats qui furent plus tard décorés de la Victoria Cross.

La première tentative d'évacuation eut lieu le 25 septembre lorsqu'une force sous le commandement du major général Sir Henry Havelock se fraya un chemin à travers le territoire tenu par les rebelles et parvint jusqu'à Lucknow. Toutefois, au moment où il atteignit la forteresse, Havelock avait perdu tellement de soldats qu'il estima trop risqué de tenter d'évacuer les civils. Sa troupe se joignit à celle de la garnison, améliora les défenses et attendit une nouvelle force de secours.

Le 16 novembre, une troupe bien plus importante s'approcha de Lucknow, menée par le lieutenant général Sir Colin Campbell. La force prit d'assaut Secundra Bagh, une enceinte fortifiée bloquant la route menant à la forteresse. À cause du massacre de Cawnpore, les soldats britanniques ne montrèrent aucune pitié envers les rebelles. Le 22 novembre, Campbell fit évacuer la forteresse et se retira. Après avoir vaincu les rebelles en décembre, il revint en mars et reconquit Lucknow. **TB**

Pertes : Britanniques, 2 500 victimes sur 8 000 ; Indiens, pertes inconnues

< *Delhi 1857*

Sanhe 7-18 novembre 1858

La révolte des Taiping en Chine (1851-1864) fut l'un des conflits civils les plus sanglants de l'Histoire avec environ onze millions de morts. La bataille de Sanhe en 1858 illustre la nature du combat durant la première phase de la guerre, au cours de laquelle les rebelles furent la plupart du temps victorieux.

Le mouvement des Taiping fut fondé et dirigé par Hong Xiuquan, un visionnaire inspiré par une interprétation très particulière de la chrétienté. Alors que la dynastie des Qing était en pleine déliquescence, des millions de Chinois se rallièrent à la cause rebelle.

Les Taiping formèrent une armée qui s'empara facilement de la ville de Nankin en 1853. Tandis que l'armée des Quin semblait incapable de résister, dans la province du Hunan, le général Zēng Guófán recruta et entraîna des miliciens – l'armée de Xiang – qui se montrèrent bien plus efficaces. En 1858, une force de l'armée de Xiang sous les ordres du général Li Xubin avança du Hunan jusqu'à la province d'Anhui, arrachant plusieurs villes au contrôle des Taiping. En novembre, les troupes de Li Xubin atteignirent Sanhe, ville que les Taiping avaient cernée de murailles et de forts. Ayant laissé des garnisons dans chaque ville conquise, Li Xubin ne disposait que de 6 000 hommes, face à un ennemi au moins dix fois supérieur. Néanmoins, grâce à la qualité de leur entraînement, les troupes de Xiang parvinrent à s'emparer de quelques forts isolés, encerclant les Taiping à l'intérieur de la ville.

Cependant, le 16 novembre, l'armée de Xiang fut attirée dans une bataille ouverte au cours de laquelle ses troupes d'élite furent écrasées par la masse de l'ennemi. Se repliant dans les forts, les survivants résistèrent vaillamment, mais au bout de deux jours tous les forts étaient tombés et l'armée de Xiang fut anéantie. Li Xubin se suicida en se pendant à un arbre. **RG**

Pertes : Taiping, inconnues ; Xiang, 6 000 morts sur 6 000

Les forts de Taku 1859 >

Illustration populaire du XIXe siècle montrant les combats durant la révolte des Taiping. ↑

Magenta 4 juin 1859

L'empereur français Napoléon III s'allia avec le royaume du Piémont dans le but de chasser les Autrichiens du nord de l'Italie. Convoyant 130 000 hommes en train jusqu'en Italie, Napoléon III se retrouva pris dans un affrontement chaotique contre les Autrichiens à Magenta.

L'offensive que les Autrichiens menèrent contre le Piémont avant qu'il ne reçoive l'appui des Français aurait pu leur rapporter la victoire. Mais des manœuvres de corruption les en empêchèrent et ils reculèrent vers le Tessin pour établir une ligne défensive. Alors que les Français approchaient, les Piémontais auraient dû les soutenir, mais leurs commandants hésitèrent et les Français combattirent seuls.

Ils établirent des têtes de pont en travers de la rivière, au-dessus de ponts flottants construits au nord et à San Martino, en travers d'un pont que les Autrichiens n'avaient pu qu'endommager. Autour de San Martino, le combat fut féroce. Les grenadiers français se retrouvèrent plusieurs fois attaqués par les colonnes autrichiennes. Les renforts français durent courir sous une chaleur torride pour soutenir les grenadiers. Ce fut une bataille au cours de laquelle l'esprit combatif et la force des armes primèrent largement sur la tactique.

Alors que la bataille semblait terminée pour la journée, au nord, les troupes françaises du général Mac-Mahon, qui avaient été repoussées, rallièrent et attaquèrent la ville de Magenta. Tous les bâtiments avaient été fortifiés et investis par des tireurs d'élite et les maisons durent être prises d'assaut les unes après les autres. Finalement, la ville tomba et l'armée autrichienne se replia. Peu après, des soulèvements populaires allaient faire passer la Toscane, Parme et Modène aux mains des Piémontais. **JS**

Pertes : Français, plus de 4 500 morts ou blessés sur 54 000 ; Autrichiens, 5 700 morts ou blessés, 4 500 prisonniers sur 58 000

< *Rome 1849* *Solferino 1859* >

↑ *La prise de Magenta fut un affrontement sanglant, les Autrichiens menés par le maréchal Gyulai furent contraints de battre en retraite.*

Solferino 24 juin 1859

Cette bataille sanglante opposa les armées françaises de l'empereur Napoléon III à celles de l'empereur autrichien François-Joseph. Le Piémont, allié des Français, se rapprocha du commandement d'une Italie unie, mais au prix d'un massacre tel qu'il engendra la naissance de la Croix-Rouge.

Après la victoire de Magenta, une force franco-sarde se lança à la poursuite de la retraite autrichienne. Le Piémont voulait s'emparer des deux dernières provinces italiennes gouvernées par l'Autriche : la Lombardie et la Vénétie. Les Autrichiens se replièrent jusqu'au Mincio lorsque les Français les rattrapèrent en les prenant au dépourvu. Napoléon III et François-Joseph étant tous deux persuadés d'avoir affaire à de simples forces de reconnaissance, les premières heures de cet affrontement confus furent dominées par des actions de petite envergure.

Alors que le combat prenait de l'ampleur, les deux camps élaborèrent leur stratégie. Napoléon comptait attaquer le centre autrichien, alors que François-Joseph décida de tenir son centre tout en tentant d'encercler les flancs français. Cependant, les Autrichiens avaient un énorme désavantage : leurs commandants, issus de la plus haute aristocratie, n'en faisaient qu'à leur tête. Le général Wimpffen, sur la gauche, manqua de vigueur dans ses attaques et, sur la droite, le général Benedek subit la pression des troupes sardes dont le roi, Victor-Emmanuel, était déterminé à obtenir une victoire incontestable. Même si ses troupes avancèrent avec bravoure, ses officiers furent incapables de coordonner leurs attaques, qui furent tour à tour repoussées. Au centre, le combat fut particulièrement sanglant. L'infanterie autrichienne, équipée des nouveaux fusils à baïonnette, occupait des tranchées et des défenses construites à la hâte. Il fallut plusieurs charges à l'infanterie française, sous un feu nourri suivi de féroces combats à la baïonnette, pour repousser l'ennemi.

« J'ai par deux fois pris l'offensive et engagé mes dernières réserves. Je ne pourrai pas tenir bien plus longtemps. » Général Wimpffen à François-Joseph

Le sol était jonché de morts et de blessés. Les pertes parmi les officiers furent très lourdes ; pas moins de trois maréchaux et neuf généraux furent tués. Les fusils français à canon rayé firent des ravages parmi les Autrichiens, qui n'avaient que des armes à canon lisse. Avec le repli précipité du flanc gauche autrichien, le centre commença à se désintégrer. L'ordre de retraite fut donné, mais Benedek fit la sourde oreille et resta pour infliger un revers humiliant aux Sardes. Ces derniers ne parvinrent à occuper les positions autrichiennes qu'après le repli de Benedek.

Le reste de l'armée autrichienne parvint à se replier en ordre dispersé grâce à l'arrivée d'une tempête qui empêcha les Français de les pourchasser. Le sort de l'Italie était quasiment scellé. Alors que les Autrichiens étaient en situation de faiblesse, Napoléon III renonça à une nouvelle bataille par crainte des pertes qu'elle engendrerait et qui auraient sapé sa popularité en France. Les deux camps avaient leurs raisons de signer l'armistice de Villafranca, aux termes duquel le Piémont recevrait la Lombardie mais pas la Vénétie, compromis accueilli avec consternation par les nationalistes italiens. Autre conséquence de la bataille, l'homme d'affaires suisse Jean-Henri Dunant fut tellement horrifié par les souffrances des blessés qu'il fonda le comité international de la Croix-Rouge pour faire en sorte que ces atrocités ne se reproduisent jamais. **JS**

Pertes : Français et Piémontais, plus de 17 000 morts, blessés ou prisonniers sur 130 000 ; Autrichiens, plus de 20 000 morts, blessés ou prisonniers sur 120 000

‹ *Magenta 1859* *Calatafimi 1860* ›

Les Français célèbrent la victoire à Solferino, d'après un article de 1891 traitant de cette bataille. 

Les forts de Taku 24-26 juin 1859

En 1859, les troupes anglo-françaises attaquèrent les forts de l'estuaire de la rivière Hai près de Tianjin. Cette bataille fit partie de la seconde guerre de l'opium, dont le but était d'obliger les Chinois à ouvrir leurs ports au commerce étranger.

Après le traité de Tiensin, les forts de Taku furent rendus aux Chinois en 1858, mais la Chine continua de résister au commerce occidental et le général Rinchen réarma les forts. En juin 1859, une force britannique de 20 vaisseaux, sous les ordres de l'amiral Hope, s'approcha des forts avec l'intention de débarquer des troupes pour escorter les diplomates anglais et français jusqu'à Pékin. Les Chinois leur refusèrent l'entrée et rompirent les termes du traité.

Le 24 juin, les Britanniques attaquèrent à la faveur de l'obscurité et dégagèrent une partie de la baie, mais le lendemain, seuls quelques petits tirants d'eau purent avancer. Alors que le bombardement britannique débutait, les batteries de Rinchen répliquèrent, faisant couler quatre canonnières et en détruisant deux autres. Le *Plover*, vaisseau amiral de Hope, fut endommagé et la plupart de son équipage tué. Un vapeur américain vint à la rescousse du *Plover* et aida les Britanniques à manœuvrer l'artillerie.

Transgressant la neutralité américaine, l'équipage américain justifia son acte en répliquant : « Le sang est plus épais que l'eau. » Ce fut la première fois que les Britanniques et les Américains combattirent côte à côte. L'attaque fut abandonnée mais la guerre continua et les forts furent pris par une force britannique plus importante en 1860. **TB**

Pertes : Britanniques, 3 canonnières coulées, 3 échouées, 425 victimes sur 2 000 ; Français, 35 victimes ; États-Unis, 2 victimes ; Chinois, pertes inconnues

< *Sanhe 1858* *Palikao 1860* >

Un bas-relief de l'ossuaire construit près de Calatafimi en 1892, pour honorer les victimes tombées pendant l'invasion de la Sicile. ➔

Calatafimi 15 mai 1860

En 1860, Giuseppe Garibaldi prit la tête d'une force de 1 000 hommes appelés les « Chemises rouges » pour envahir la Sicile. Alors que ce plan semblait voué à l'échec, sa première victoire marqua un pas décisif vers l'unification de l'Italie.

Les Piémontais n'avaient jamais voulu faire autre chose que d'unir le Nord de l'Italie ; ils n'avaient aucune vue sur le royaume napolitain. Garibaldi avait l'intention de leur forcer la main, mais ses volontaires n'avaient que peu d'expérience et d'entraînement au combat, face à une armée imposante et professionnelle. Cependant, aidé par la chance, il débarqua sans peine en Sicile. Son premier affrontement contre une force napolitaine deux fois supérieure à la sienne témoigne de l'impact que peut avoir un chef charismatique empreint d'un élan révolutionnaire sur des troupes peu motivées.

Les troupes napolitaines prirent position à l'extérieur de Calatafimi, nerveuses à l'idée d'affronter un homme d'une telle vaillance. En outre, des groupes de bandits avaient déjà entravé leur avancée, détruisant leurs réserves. Lorsque les Chemises rouges chargèrent, Garibaldi à leur tête, ils firent preuve d'une sauvagerie intrépide qui fit fuir les Napolitains. Peu après, la rumeur se répandit à travers toute la Sicile que les Chemises rouges n'étaient pas des hommes mais des diables et que leurs chemises résistaient aux balles. Attirés par la promesse de réformes agraires et de justice, des milliers de Siciliens rallièrent Garibaldi. Cependant, lorsqu'il parla d'agir au nom de l'Italie, un grand nombre de ses nouvelles recrues se demandèrent qui était « La Talia » dont il parlait. **JS**

Pertes : inconnues

< *Solferino 1859*   *Volturno 1860* >

Palikao 21 septembre 1860

Lors de la seconde guerre de l'opium, les puissances européennes combattirent pour vaincre la résistance des dirigeants de la dynastie Qing à la pénétration des marchés chinois. Les troupes anglaises et françaises envahirent la Chine, occupèrent Pékin et brûlèrent le palais d'Été impérial.

En août 1860, les forces navales et terrestres anglo-françaises s'emparèrent des forts de Taku, puis avancèrent sur Pékin. Le pont de Palikao (Baliqiao) marquait la limite extérieure de la cité impériale et constituait un obstacle à la conquête de la ville.

Le 21 septembre, les Chinois firent une dernière tentative pour contrer l'armée alliée. À la tête des Chinois se trouvait le général Rinchen, qui avait repoussé une des attaques des forts en 1859. Les Britanniques étaient menés par le général Grant et les Français par le général Montauban. Alors que les forces alliées atteignaient le pont, Rinchen lança des vagues d'attaques en réponse aux salves tirées par l'infanterie. Les Chinois subirent de lourdes pertes et Rinchen ordonna à sa cavalerie d'élite mongole de charger. Après plusieurs charges suicidaires, la cavalerie fut pratiquement décimée.

Les alliés parvinrent à conquérir le pont et s'emparèrent de la capitale le 6 octobre. L'empereur Xianfeng prit la fuite et une grande partie de la cité impériale fut pillée ; le palais d'Été fut réduit en cendres. La victoire alliée mit un terme à la guerre et les Chinois acceptèrent la présence de diplomates étrangers dans la cité impériale ainsi que l'ouverture des marchés au commerce européen. **TB**

Pertes : Anglais et Français, 900 victimes sur 10 000 ; Chinois, 26 000 victimes sur 30 000

< *Les forts de Taku 1859* — *Cixi 1862* >

La Bataille du Volturno, *de Giovanni Fattori (1825-1908), représente l'artillerie en action.*

Volturno 1er-2 octobre 1860

Après sa victoire à Calatafimi, Garibaldi s'empara de Palerme et de Naples. Mais les forces napolitaines interdisaient toujours son avancée au nord. Malgré la défaite, leur résistance permit à la monarchie piémontaise de prendre le commandement de l'Italie unie à la place des républicains de Garibaldi.

Les Piémontais considéraient les victoires de Garibaldi avec inquiétude. C'était un révolutionnaire républicain désireux d'unir toute l'Italie, ce qui risquait d'entraîner une guerre contre la France. Afin d'y parvenir, il devait vaincre les troupes napolitaines. Une escarmouche sur le fleuve Volturno donna aux Napolitains leur première victoire, leur montrant que les « diables rouges » n'étaient pas invincibles. Ils lancèrent une offensive pour reprendre Naples.

Les Chemises rouges de Garibaldi étaient dépassées en nombre et fatiguées. Ils auraient pu être en réel danger si les Napolitains n'avaient pas fait le choix de diviser leurs forces et d'attaquer de deux côtés à la fois. Garibaldi prit position à Santa Maria et à Maddaloni qui étaient reliées par une ligne de voie ferrée, lui permettant de transférer des troupes si nécessaire. Les Napolitains combattirent avec courage, mais divisèrent de nouveau leurs forces à Maddaloni, perdant tout l'effet de leur avantage numérique. Finalement, leurs attaques furent repoussées, même s'ils barraient toujours la route de Rome. Les Piémontais en profitèrent pour convaincre les Français qu'il était préférable que ce soient eux qui occupent les États du pape plutôt que Garibaldi, tandis que l'armée piémontaise marchait vers le sud pour exiger la reddition de Naples. **JS**

Pertes : Napolitains, plus de 300 morts et 2 000 prisonniers sur 30 000 ; Chemises rouges, plus de 300 morts sur 20 000

< *Calatafimi 1860* *Seconde bataille de Custoza 1866* >

Fort Sumter 12-13 avril 1861

Le bombardement confédéré de Fort Sumter en Caroline du Nord marqua le début d'une guerre civile qui allait déchirer les États-Unis pendant quatre ans et coûter la vie à des milliers de personnes. Paradoxalement, le bombardement du fort eut lieu sans effusion de sang.

L'élection du candidat républicain, Abraham Lincoln, à la présidence des États-Unis le 6 novembre 1860 fut perçue dans les États du Sud comme une grave menace envers l'économie cotonnière, basée sur l'esclavage. Le 20 décembre, la Caroline du Sud fit sécession de l'Union ; dix autres États pro-esclavagistes firent de même en juin de l'année suivante.

Le président américain sortant, James Buchanan, ne prit aucune mesure pour empêcher les milices des États du Sud de s'emparer des bases et des arsenaux militaires locaux. Néanmoins, sur sa propre initiative, le major Robert Anderson occupa Fort Sumter dans la baie de Charleston le 26 décembre et refusa de le céder à la Caroline du Sud. En janvier 1861, l'artillerie sudiste fit feu sur un navire envoyé en renfort, l'obligeant à faire demi-tour. De nouvelles hostilités furent évitées jusqu'en avril lorsqu'une flotte de l'Union fut envoyée au secours de Fort Sumter. Les confédérés décidèrent d'attaquer le fort avant l'arrivée des navires.

Le 12 avril à 4 h 30, près de 500 sudistes menés par le général Beauregard firent feu à l'aide de 43 canons et obusiers. Les forces fédérales résistèrent pendant 33 heures jusqu'à l'épuisement de leurs vivres, puis capitulèrent. Accompagné de sept officiers et de 76 hommes, Anderson sortit du fort avec les honneurs de la guerre et tous furent envoyés au nord. Deux jours plus tard, le président Lincoln appela 75 000 volontaires pour mater la rébellion. La guerre de Sécession avait commencé. **SA**

Pertes : aucune des deux côtés

Première bataille de Bull Run 1861 ›

Des officiers nordistes sur le parapet de Fort Sumter, 13 avril 1861. Photographie de Matthew Brady. 

Première bataille de Bull Run (première bataille de Manassas) 21 juillet 1861

La première grande bataille de la guerre de Sécession fut un combat chaotique livré par des volontaires mal équipés. Elle se solda par la victoire des États confédérés menés par le général Beauregard. Le choc de la défaite conduisit l'Union à se mobiliser en vue d'une longue guerre.

Cédant à la clameur populaire exigeant des actions décisives, le président Lincoln ordonna au général McDowell de mener une armée de Washington vers la capitale confédérée, Richmond. Beauregard leur barra le passage à Manassas, à 40 km de Washington, déployant son armée le long de la rivière Bull Run. Il reçut l'appui des troupes du général Johnston qui avaient été envoyées par train depuis la vallée de Shenandoah.

Les soldats de l'Union arrivèrent à Bull Run épuisés par leur marche depuis Washington. Néanmoins, la bataille commença à leur avantage. McDowell créa la surprise en envoyant la plupart de ses troupes vers la gauche de la ligne confédérée, traversant la rivière sans encombre. Les soldats confédérés se défendirent avec acharnement et le général Jackson fut surnommé « Stonewall » pour avoir tenu bon face à l'assaut nordiste.

Dans l'après-midi, l'arrivée à Manassas de nouvelles troupes sudistes démoralisa les soldats de l'Union, déjà terriblement éprouvés. Alors qu'ils flanchaient, les sudistes les repoussèrent de l'autre côté de la rivière. Prises de panique, les troupes de l'Union s'enfuirent. Les journalistes et députés qui étaient venus observer la bataille se retrouvèrent pris dans une déroute. Heureusement pour l'Union, les sudistes n'étaient pas en état de les pourchasser. Le lendemain de la bataille, Lincoln signa un décret pour créer une armée de 500 000 hommes, enrôlés pour trois ans. **RG**

Pertes : confédérés, 400 morts, 1 600 blessés sur 18 000 ; nordistes, 460 morts, 1 100 blessés, 1 300 prisonniers sur 18 000

< *Fort Sumter 1861* *Fort Donelson 1862* >

Lithographie publiée par Currier et Ives montrant les soldats nordistes et confédérés s'affrontant lors de la première bataille de Bull Run.

Fort Donelson 11-16 février 1862

Première bataille sur le front ouest de la guerre de Sécession, la prise du fort confédéré de Donelson propulsa le brigadier général Ulysses S. Grant de l'obscurité à la gloire nationale. Lorsqu'il exigea la « capitulation sans condition » de la garnison du fort, il devint aussitôt une légende.

En tant que commandant de la future armée du Tennessee, Grant s'engagea dans une campagne navale et terrestre le long des rivières Tennessee et Cumberland. Le 6 février, Fort Henry, sur la rivière Tennessee, fut réduit en pièces par le feu des canonnières de l'officier général A. H. Foote. Grant dirigea alors ses troupes vers Fort Donelson sur la rivière Cumberland.

Les soldats confédérés barricadèrent le fort et envoyèrent le brigadier général J. B. Floyd prendre la tête de la défense. Cette fois, la flottille de Foote s'engagea dans un duel bien plus serré avec l'artillerie du fort, obligeant Grant à affronter 15 000 soldats retranchés. Il faisait un froid glacial et de nombreux soldats de l'Union manquaient de couvertures ou de vêtements chauds. Au matin du 15 février, alors que Grant était parti converser avec Foote, les soldats confédérés tentèrent une sortie. Prises au dépourvu, les troupes de l'Union furent repoussées après un combat acharné. Cependant, les commandants confédérés, choqués par le nombre de victimes, ne parvinrent pas à exploiter l'occasion et se replièrent derrière l'illusoire sécurité de leurs tranchées. Revenu pour encourager ses hommes, Grant déclara : « L'ennemi devra se presser s'il veut me devancer. » Admettant sa défaite, Floyd prit la fuite à bord d'un vapeur. Le lendemain matin, quelques confédérés s'échappèrent en perçant les lignes de l'Union ; le reste accepta la « capitulation sans condition et immédiate » exigée par Grant. **RG**

Pertes : conf., 327 morts, 1 127 blessés, 12 392 prisonniers sur 16 000 ; nordistes, 507 morts, 1 976 blessés, sur 24 000

< *Première bataille de Bull Run 1861* — *Shiloh 1862* >

Guerre civile américaine

Hampton Roads 8-9 mars 1862

La bataille de Hampton Roads, qui opposa la marine de l'Union à celle des États confédérés, fut la première à impliquer des cuirassés propulsés à la vapeur. Elle donna la preuve que les navires à voile et à coque en bois étaient obsolètes. Une nouvelle ère de la guerre navale avait commencé.

En 1861, les deux belligérants de la guerre de Sécession commencèrent à travailler sur des cuirassés. La Confédération construisit le CSS *Virginia* au chantier naval de Norfolk (Virginie), en recouvrant une frégate à coque en bois de plaques d'acier et en ajoutant un éperon à sa proue. À New York, les ingénieurs de l'Union développèrent le *Monitor*, un radeau semi submergé doté de canons dans une tourelle pivotante.

Le 8 mars, le CSS *Virginia* fit route vers les trois frégates nordistes bloquant le bras de mer de Hampton Roads. Ces dernières se montrèrent totalement impuissantes, leurs tirs rebondissant sur le blindage du *Virginia*. L'une d'elles fut éperonnée puis coulée, une autre détruite après s'être échouée. Le lendemain, le *Virginia* réapparut avec le lieutenant Jones aux commandes, bien décidé à en finir avec la troisième frégate. Il fut confronté au *Monitor*, qui avait été remorqué de New York à la hâte. Les deux mastodontes avancèrent lentement l'un vers l'autre, en se tirant dessus sans résultat concluant. L'intérieur des navires était exigu et rempli de vapeur. Le *Virginia* s'échoua mais fut renfloué en faisant tourner le moteur à son maximum. Le capitaine du *Monitor*, John Worden, fut blessé par un obus qui explosa dans sa cabine blindée. Finalement, la bataille se solda par une impasse et le *Virginia* revint au port. Il fut sabordé deux mois plus tard pour empêcher qu'il tombe aux mains de l'Union. Le *Monitor* coula à la fin de l'année, remorqué au beau milieu d'une tempête dans l'Atlantique. **RG**

Pertes : nordistes, 2 frégates, 261 morts ; confédérés, aucun navire, 7 morts

< *Fort Sumter 1861* — *Shiloh 1862* >

La tourelle du Monitor*, photographiée le 9 juillet 1862 sur la rivière James (Virginie).* ➔

Shiloh 6-7 avril 1862

Alors que les forces nordistes et confédérées combattaient à l'est pour le contrôle de la Virginie, une armée nordiste menée par le général Ulysses S. Grant était en train de conquérir des territoires à l'ouest. Même si elle fut obtenue à l'arraché, la victoire de Grant à Shiloh affaiblit gravement le camp confédéré.

En février 1862, les forces de l'Union menées par le général Grant s'emparèrent des forts Henry et Donelson à l'ouest du Tennessee. Nashville tomba le même mois, permettant à Grant de débarquer à Pittsburgh Landing, près d'une église appelée Shiloh, non loin de la principale base confédérée de Corinth, dans le Mississippi. Son plan était d'attendre l'arrivée de l'armée de l'Ohio, menée par le major général Buell.

Le général confédéré Albert Johnson avait d'autres plans ; avant que Grant ait eu le temps d'établir la moindre défense, Johnson lança une attaque surprise le 6 avril. Après un combat acharné, ses forces repoussèrent l'armée nordiste vers Pittsburgh Landing avant d'être arrêtées par l'artillerie de l'Union renforcée par deux canonnières postées sur la rivière. Johnson fut tué alors qu'il menait une charge désespérée et fut remplacé par le général Beauregard.

Cette nuit-là, une partie des troupes de Buell franchit la rivière. À l'aube, Grant lança une contre-attaque. Avec leurs réserves affaiblies, les forces confédérées furent repoussées et durent abandonner le combat pour se replier vers le sud de Corinth. La position des soldats confédérés était sérieusement affaiblie, et de nombreuses voix critiquèrent Grant pour son manque de préparation. Le président Lincoln les fit taire en répliquant : « Je ne peux pas le renvoyer. Cet homme se bat. » **SA**

Pertes : nordistes, 1 754 morts, 8 408 blessés sur 66 812 ;
confédérés, 1 728 morts, 8 012 blessés sur 44 699

< *Fort Donelson 1862* *Les forts du Mississippi 1862* >

Guerre civile américaine

Forts du Mississippi 18-27 avril 1862

L'un des objectifs majeurs des forces nordistes était d'arracher le contrôle de la vallée du Mississippi aux États confédérés, ce qui aurait scindé la Confédération en deux. La prise de La Nouvelle-Orléans, élément capital de cette stratégie, réduisit sérieusement la capacité de la Confédération à envoyer des renforts.

Avec leurs 115 canons, les forts Jackson et Saint-Philip protégeaient La Nouvelle-Orléans des deux côtés du Mississippi. Afin de conquérir la ville, le corps expéditionnaire nordiste, mené par David Farragut, devait d'abord traverser les bancs de sable à l'embouchure de la rivière, puis détruire la chaîne qui avait été installée par les soldats confédérés entre les deux forts. Pour cela, Farragut disposait de huit corvettes à vapeur, de neuf canonnières et de 19 vedettes chargées de mortiers capables de tirer des obus de 90 kg, ainsi que de navires transportant 15 000 soldats pour attaquer les forts par voie terrestre.

Le bombardement nordiste commença le 18 avril, mais malgré le pilonnage quotidien d'environ 1 000 obus, les canons du fort continuaient de répliquer. Farragut décida donc de forcer le passage. Le 20 avril, trois canonnières de l'Union parvinrent à se frayer un passage. Au matin du 24 avril, la flotte de l'Union s'engouffra à son tour. Les canons du fort firent feu, endommageant un navire et obligeant trois autres à faire demi-tour. Deux cuirassés de coton (des canonnières renforcées par des balles de coton) parvinrent à éperonner et à couler la canonnière à vapeur USS *Varuna*, mais la plupart des canonnières confédérées furent coulées. Une fois les forts passés, la flotte mit le cap sur La Nouvelle-Orléans, prenant la ville le lendemain après qu'elle eut été évacuée par les confédérés. Les forts capitulèrent deux jours plus tard. **SA**

Pertes : nordistes, 1 navire ;
confédérés, 1 cuirassé, 11 canonnières

< *Shiloh 1862* *Murfreesboro 1862* >

Puebla 5 mai 1862

Pour les Mexicains, la bataille de Puebla, célébrée chaque année lors des festivités de Cinco de Mayo, symbolise la résistance à l'impérialisme étranger. Livrée contre une armée française envoyée par Napoléon III, elle démontra la volonté mexicaine de résister, sans pour autant mettre un terme à l'intervention française.

En décembre 1861, des troupes espagnoles, françaises et britanniques occupèrent le port de Veracruz après la décision mexicaine de suspendre le remboursement des dettes étrangères. Britanniques et Espagnols négocièrent avec le président Juarez avant de se retirer, mais la France avait de plus grandes ambitions.

À la faveur de la guerre de Sécession, qui accaparait les Américains, Napoléon III espérait prendre le contrôle du Mexique. Le général Ignacio Zaragoza Seguin fut chargé de contrer l'avancée française de Veracruz à Mexico. Il prit position à l'extérieur de la ville de Puebla, où sa petite armée était soutenue par les canons des forts Loreto et Guadalupe. Le général français Latrille de Lorencez lança une attaque frontale contre les défenses mexicaines, misant sur l'expérience de ses zouaves pour remporter une victoire facile.

Le fort Guadalupe devint la cible principale des combats, bombardé par l'artillerie française et pris d'assaut à trois reprises par l'infanterie. Au cours de l'après-midi, les Français tombèrent à court de munitions et la venue d'un gros orage réduisit le champ de bataille à de la boue. Zaragoza fit alors intervenir sa cavalerie, obligeant les Français à reculer. Dans un message à Juarez, Zaragoza écrivit : « Les bras de la Nation ont été couverts de gloire. » Mais l'année suivante, les Français revinrent avec des troupes plus importantes pour occuper Puebla et Mexico. **RG**

Pertes : Français, 462 morts, 300 blessés sur 6 000 ; Mexicains, 83 morts, 131 blessés sur 4 000

Camerone 1863 ›

Seven Pines 31 mai-1er juin 1862

Fin 1862, l'armée du Potomac du général nordiste McClellan tenta de s'emparer de la capitale confédérée, Richmond, en attaquant au nord de la péninsule de Virginie. La contre-attaque de Seven Pines marqua l'échec de l'offensive de McClellan et conduisit Lee à prendre le commandement des forces confédérées.

Admiré par ses troupes, McClellan excellait en matière d'organisation, mais manquait d'esprit offensif. Afin d'éviter les principales défenses confédérées placées entre Washington DC et Richmond, il mit à profit la supériorité navale de l'Union en transportant ses troupes par la mer jusqu'à la péninsule. Mais une fois à terre, sa progression fut lente. Son adversaire confédéré, le général Johnston, était aussi un commandant prudent. Usant de manœuvres dilatoires, il se replia vers Richmond et se retrancha au-delà de la rivière Chickahominy. À la fin du mois de mai, McClellan fit traverser la moitié de ses troupes alors qu'il restait sur l'autre rive avec le reste de l'armée.

Poussé à agir par le président confédéré Jefferson Davis, Johnston conçut un plan pour attaquer, espérant écraser la force nordiste de son côté de la Chickahominy.

Lancée au matin du 31 mai, l'attaque confédérée fut mal exécutée. Si le flanc gauche progressa à travers le village de Seven Pines, le flanc droit subit une terrible contre-attaque à Fair Oaks. La bataille dégénéra rapidement en une série de petites actions chaotiques, livrées sur un terrain détrempé. Dans l'ensemble, la bataille fut un succès défensif pour l'Union, mais l'attaque agaça McClellan. Pendant ce temps, Johnston, grièvement blessé, fut remplacé sur le champ de bataille par le conseiller militaire de Davis, le général Lee. La campagne de la Péninsule avait atteint un tournant décisif. **RG**

Pertes : confédérés, 6 134 victimes dont 980 morts, sur 40 000 ; nordistes, 5 031 victimes dont 790 morts sur 40 000

‹ *Première bat. de Bull Run 1861* *Bataille des Sept Jours 1862* ›

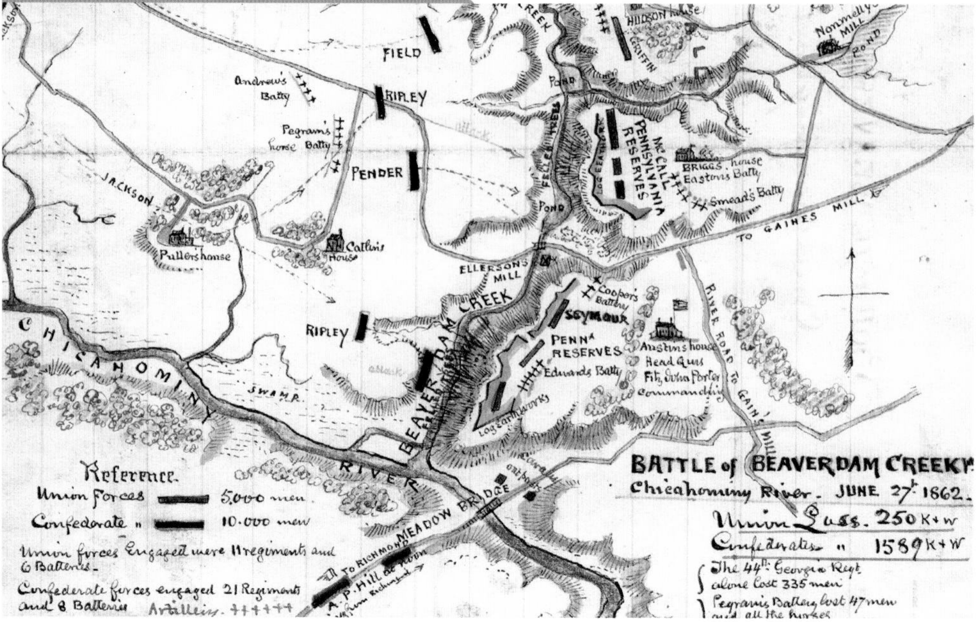

Bataille des Sept Jours 25 juin-1er juillet 1862

Après Seven Pines, le général Lee, à la tête de l'armée confédérée de Virginie du Nord, projeta une offensive pour chasser les forces nordistes loin de Richmond. Les combats qui suivirent furent marqués par une série d'erreurs dans les deux camps, Lee finissant néanmoins par prendre le dessus.

L'armée nordiste du Potomac, menée par le général McClellan, se trouvait près de Richmond. Lorsque les opérations de reconnaissance menées par la cavalerie confédérée lui apprirent que le flanc droit ennemi était exposé, Lee ordonna à l'armée du général Jackson de rentrer de sa campagne victorieuse dans la vallée de Shenandoah puis passa à l'attaque.

Il lança alors une série d'assauts frontaux tout en encerclant le flanc droit nordiste, obligeant le prudent McClellan à se retrancher au nord de la péninsule de Virginie. Lee maintint la pression, alors que plusieurs manœuvres visant à encercler les formations nordistes battant en retraite échouèrent les unes après les autres en raison d'une mauvaise exécution (principalement à cause de Jackson, qui tarda à régir). McClellan put ainsi retrancher ses troupes à Malvern Hill et partit lui-même se réfugier sur un bateau mouillant au large.

Le 1er juillet, l'armée de l'Union pilonna les assauts mal coordonnés de l'infanterie confédérée. Malgré ce succès, le carnage des combats alarma McClellan, qui retrancha ses troupes sur la côte, d'où elles furent évacuées en août. Même s'il avait sauvé Richmond, Lee fut horrifiée par ce massacre et lorsqu'il demanda au général Magruder pourquoi il avait persisté à attaquer Malvern Hill dans de telles conditions, ce dernier répondit : « Pour obéir à vos ordres, répétés deux fois. » **SA**

Pertes : confédérés, 6 134 victimes dont 980 morts, sur 40 000 ; nordistes, 5 031 victimes dont 790 morts sur 40 000

< *Seven Pines 1862*　　*Seconde bataille de Bull Run 1862* >

Carte de la bataille de Beaverdam Creek, dessinée au lendemain du combat de la bataille des Sept Jours. 

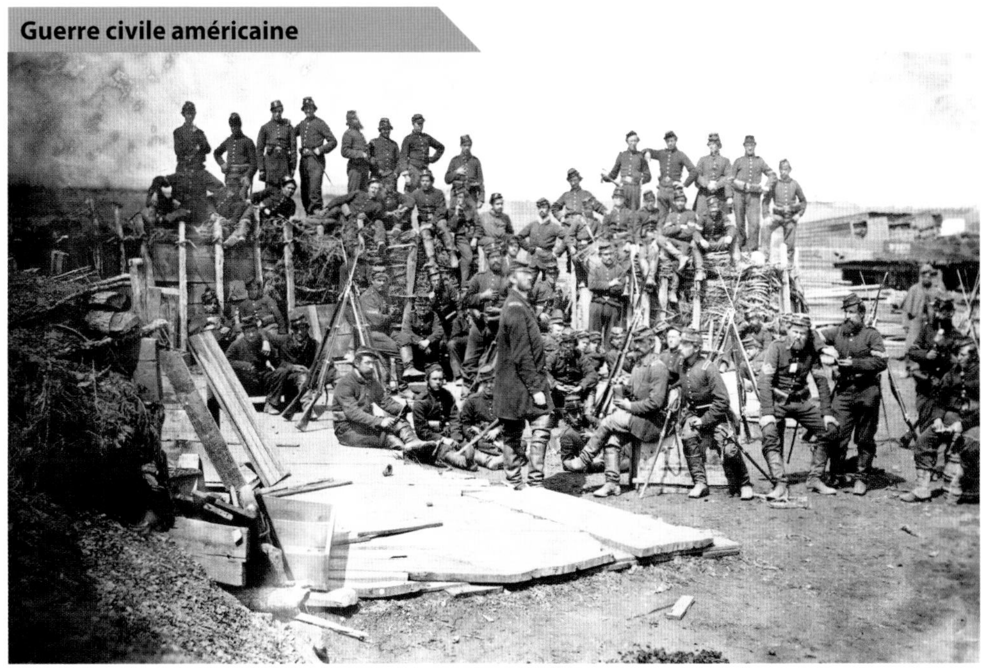

Seconde bataille de Bull Run (seconde bat. de Manassas) 28-30 août 1862

Livrée sur le même terrain que la bataille de juillet 1861, la seconde bataille de Bull Run fut le point culminant d'une offensive confédérée menée à grand train contre une armée supérieure en nombre mais au moral et au commandement défaillants. Elle ouvrit la voie à l'invasion confédérée du Maryland.

Le général Lee était persuadé que le seul espoir de la Confédération était de prendre l'offensive. Après sa victoire lors de la bataille des Sept jours, Lee et son armée de Virginie du Nord se dirigèrent vers le nord pour combattre l'armée menée par le général Pope. Le général confédéré Jackson entreprit une longue manœuvre de débordement au nord et à l'est pour s'emparer d'un dépôt de ravitaillement à Manassas Junction (menaçant les communications de Pope avec Washington) avant de se replier au nord-ouest et de prendre position à Stony Ridge. De là, il attaqua une colonne de l'Union le 28 août, mais sans résultat concluant. Le même jour, le général Longstreet perça les lignes nordistes à Thoroughfare Gap et s'approcha du champ de bataille principal. Le lendemain, convaincu qu'il avait piégé Jackson, Pope lança des attaques contre lui, qui furent repoussées avec de lourdes pertes dans chaque camp. Il fit la même chose le troisième jour, ignorant que Longstreet avait pris position sur le flanc droit de Jackson.

Alors que l'artillerie confédérée fondait sur les lignes nordistes du bataillon du général Porter, interrompant son avancée, les cinq divisions de Longstreet lancèrent le plus gros assaut simultané de toute la guerre, écrasant le flanc gauche nordiste et les chassant du champ de bataille. Une réaction de l'arrière-garde nordiste limita les conséquences de la défaite, mais Pope fut relevé de son commandement en septembre et envoyé combattre les Indiens. **SA**

Pertes : confédérés, 1 300 morts, 7 000 blessés sur 50 000 engagés ; nordistes, 10 000 morts ou blessés sur 62 000

< *Bataille des Sept Jours 1862* *Antietam 1862* >

Troupes de l'infanterie nordiste du 41e régiment de New York campant près de Bull Run.

Antietam 17 septembre 1862

La bataille la plus sanglante de la guerre de Sécession eut lieu près du ruisseau d'Antietam (Maryland). La victoire fut nordiste mais Lee parvint à s'échapper d'une situation dangereuse. Après la bataille, Lincoln publia sa « proclamation d'émancipation », libérant les esclaves confédérés.

La victoire confédérée lors de la seconde bataille de Bull Run confirma Lee dans sa décision de porter la guerre au nord. Le 3 septembre, il marcha sur l'État nordiste du Maryland à la tête de son armée de Virginie du Nord. Malheureusement pour lui, une copie de ses plans de bataille fut découverte dans une boîte de cigares par des soldats de L'Union. Ils apprirent ainsi que Lee avait divisé son armée en envoyant une partie de ses troupes à Harpers Ferry, à l'ouest de la Virginie, et l'autre à Hagerstown, dans le Maryland.

Revenu de la péninsule, le général nordiste McClellan avait l'occasion, s'il agissait rapidement, d'écraser tour à tour les deux parties de l'armée de Lee. Conscient de cette opportunité, McClellan attendit néanmoins 18 heures avant d'agir. Cette temporisation allait s'avérer funeste, car sa traversée des cols du Blue Ridge fut à son tour retardée par la résistance acharnée des soldats confédérés postés à South Mountain. Au lieu de se replier en Virginie, Lee ordonna à ses troupes de se concentrer près de Sharpsburgh, où il comptait livrer une bataille défensive. Le général Jackson, qui captura la garnison de l'Union à Harper's Ferry le 15 septembre, se hâta de rejoindre Lee, mais une partie du bataillon de Jackson était encore en route quand la bataille débuta. À l'aube du 17 septembre, McClellan lança sa première attaque contre l'armée de Lee, qui s'était étirée derrière Antietam Creek. Malgré un équipement et une supériorité numérique écrasante, sa prudence légendaire l'empêcha d'engager d'un coup le gros de ses troupes.

« On m'avait parlé de "montagnes de cadavres", mais je n'en avais jamais vu jusque-là. »

Le capitaine Emory Upton, 2e RA, à Antietam

La première charge fut menée par le bataillon du général Hooker à travers un champ de maïs contre le flanc gauche de Lee, qui faillit céder sous l'assaut. Au centre, les troupes confédérées combattirent pour contenir une attaque nordiste à Sunken Lane qui s'avéra concluante mais ne fut pas exploitée. Au cours de l'après-midi, la division du général Burnside opéra plusieurs tentatives pour traverser un petit pont en pierre surplombant le ruisseau mais ses hommes furent contrés par d'intenses tirs de fusils et d'artillerie confédérés. Burnside parvint finalement à traverser et la bataille commençait à pencher en faveur de McClellan lorsque le général confédéré Hill arriva de Harper's Ferry et lança une contre-attaque surprise qui repoussa les hommes de Burnside. Alors que Lee avait engagé la totalité de ses 38 000 hommes, MacLellan, surestimant grossièrement la force de ses adversaires, avait tenu en réserve plus d'un quart de ses 75 500 hommes. Interrompant le combat, les deux camps consolidèrent leurs lignes pour la nuit. Le lendemain, quelques escarmouches eurent lieu, mais Lee parvint à se replier de l'autre côté du Potomac, McClellan refusant de reprendre le combat.

Antietam fut une occasion ratée pour l'Union. Lee allait continuer à se battre pendant deux ans et demi. Deux mois après la bataille, le président Lincoln releva McClellan de son commandement. Plus important, la bataille encouragea Lincoln à publier sa « proclamation d'émancipation », qui prit effet le 1er janvier 1863. **SA**

Pertes : Union, 2 108 morts, 9 540 blessés sur 75 500 ; Confédération, 1 546 morts, 7 752 blessés sur 38 000

< *Seconde bataille de Bull Run 1862* *Fredericksburg 1862* >

Les morts jonchent le sol de Sunken Lane après l'assaut meurtrier de la 1re brigade nordiste contre le centre confédéré. 

Révolte des Taiping

Cixi 20 septembre 1862

En Chine, au début des années 1860, la révolte des Taiping devint une menace pour Shanghai, ville portuaire avec une importante population occidentale. Le mercenaire américain Frederick Townsend Ward joua un rôle majeur dans les combats qui eurent lieu autour de Shanghai, jusqu'à sa mort lors de la bataille de Cixi.

En 1860, Ward, un ancien marin parti de Salem (Massachusetts) pour devenir mercenaire, recruta un groupe d'Occidentaux qui s'étaient échoués à Shanghai et constitua un bataillon étranger pour combattre les Taiping. Bien qu'il ne rencontra qu'un succès mitigé et qu'il fut lui-même blessé, Ward attira l'attention des autorités impériales chinoises. En 1861, il fut chargé d'entraîner un groupe de paysans chinois et de Philippins aux tactiques de combat modernes. Cette division allait devenir connue sous le nom d'Armée toujours victorieuse. En 1862, les quelques milliers d'hommes de Ward repoussèrent les Taiping des environs de Shanghai, infligeant une série de défaites à des forces supérieures en nombre grâce à la modernité de leurs armes et à la précision de leurs tactiques.

L'attaque contre la ville fortifiée de Cixi, près du port de Ningbo, fut semblable aux nombreuses actions que l'Armée toujours victorieuse avait entreprises. Vêtus d'uniformes à l'occidentale et de turbans indiens, experts en maniement des fusils, ils détonnaient face à l'archaïsme des forces impériales chinoises. Comme toujours, Ward combattait au front (il fut blessé quatre fois en 1862). Les Taiping furent vaincus, notamment en raison de défaillances de commandement, mais au cours de la prise de la ville, Ward fut blessé à l'estomac. Il mourut à seulement 38 ans. Son successeur à la tête de l'Armée toujours victorieuse fut l'ingénieur britannique Charles Gordon. **RG**

Pertes : aucun chiffre fiable

< *Palikao 1860* *Nankin 1864* >

Guerre civile américaine

Fredericksburg 13 décembre 1862

La bataille sanglante mais peu concluante d'Antietam fut suivie d'une des batailles les plus décisives de toute la guerre de Sécession. Malgré un nouveau commandant, les forces de l'Union échouèrent de nouveau à prendre la capitale confédérée de Richmond, et la guerre entama sa troisième année.

Dans les jours qui suivirent le remplacement du général McClellan en tant que commandant de l'armée du Potomac, le général Burnside élabora un plan pour conquérir Richmond. Son idée était de leurrer le général Lee afin de traverser sans encombre la rivière Rappahannock, près de Fredericksburg, puis de se diriger vers le sud en suivant la voie ferrée menant à Richmond.

Le plan de Burnside échoua dès le premier obstacle, car contrairement à ses ordres, les ponts flottants nécessaires à sa traversée n'étaient pas à l'avant de son armée mais à l'arrière. Cette pagaille permit à la division du général confédéré Longstreet d'arriver en ville. Burnside aurait pu combattre cette armée avant l'arrivée du général Jackson, mais il rata cette nouvelle occasion. Lorsque les ponts furent mis en place, les tireurs d'élite confédérés étaient déjà en position et les hommes de Lee avaient disposé leur artillerie dans les collines à l'arrière de la ville.

Les 11 et 12 décembre, Burnside traversa la rivière et prit position. La bataille commença le 13 décembre par un des nombreux assauts de l'infanterie nordiste, lancé sous le feu nourri des canons et des fusils. Une attaque nordiste contre le flanc droit confédéré faillit porter ses fruits mais fut repoussée. Le lendemain, les deux armées tinrent leur positions jusqu'à ce que Burnside demande une trêve pour soigner ses blessés. Le jour suivant, l'armée de l'Union se replia honteusement de l'autre côté de la rivière. **SA**

Pertes : confédérés, 608 morts, 4 116 blessés sur 72 500 ; nordistes, 1 284 morts, 9 600 blessés sur 114 000

< *Antietam 1862* *Chancellorsville 1863* >

La route et le mur en pierre où le bataillon de Longstreet défendit Mary's Heights. ➔

Capt. Russell Phot

Guerre civile américaine

Murfreesboro 31 déc. 1862-2 janv. 1863

Pendant que l'Est était le théâtre de grandes batailles entre les capitales nordistes et confédérées, un combat d'égale intensité se déroulait pour le contrôle du Kentucky et du Tennessee. La bataille de Murfreesboro provoqua les plus lourdes pertes, proportionnellement aux forces engagées, de la guerre de Sécession.

En octobre 1862, l'armée confédérée du Mississippi, commandée par le général Bragg, abandonna l'invasion du Kentucky et se replia dans le Tennessee après avoir combattu l'armée nordiste du général Buell à Perryville. Buell n'ayant su exploiter sa victoire, le président Lincoln le remplaça par le général Rosecrans qui se mit à la poursuite de Bragg à la fin décembre. Les deux armées se retrouvèrent à Murfreesboro dans la vallée de Stones River et formèrent deux lignes parallèles s'étirant sur 6,5 km de long. Les deux commandants avaient l'intention d'encercler le flanc droit ennemi, la victoire devant aller à celui qui attaquerait le premier. Le 31 décembre, les soldats confédérés menèrent l'offensive et repoussèrent le flanc nordiste sur 8 km jusqu'à l'arrivée de renforts envoyés par Rosecrans pour stabiliser la ligne. Une deuxième attaque confédérée au centre fut contenue au prix de nombreuses pertes, et de nombreux canons furent perdus jusqu'à ce que le manque de munitions pousse les soldats confédérés à se replier. À la fin de la première journée, Bragg se crut victorieux.

Mais Rosecrans, avec ses troupes disposées en fer à cheval, tenait bon. Au cours des deux jours suivants, aucune attaque confédérée ne parvint pas à percer les lignes nordistes. Incapable d'empêcher l'armée nordiste de recevoir des renforts, et craignant de voir les eaux en crue diviser son armée, Bragg admit sa défaite en se repliant. **SA**

Pertes : nordistes, 1 730 morts, 7 802 blessés sur 43 00 ; confédérés, 1 294 morts, 7 945 blessés sur 37 712

< *Les forts du Mississippi 1862* *Vicksburg 1863* >

Intervention française au Mexique

Camerone 30 avril 1863

La bataille de Camerone fut un acte de défense héroïque qui se déroula pendant l'intervention française au Mexique et qui fut à l'origine de la légende de la légion étrangère française. Elle donna au capitaine Jean Danjou, qui mena les légionnaires, l'étrange distinction de voir sa main en bois être considérée comme une relique de guerre.

Près d'un an après leur revers à Puebla, le corps expéditionnaire français au Mexique reprit son avancée vers Mexico. Puebla était assiégée. Danjou reçut l'ordre de protéger un précieux convoi de ravitaillement se dirigeant vers Puebla de Veracruz. Avec 62 hommes et deux lieutenants sous son commandement, il affronta quelque 2 000 cavaliers et fantassins mexicains.

Danjou était un vétéran endurci qui avait perdu une main en combattant des rebelles en Algérie. Il retint la cavalerie mexicaine en disposant ses fantassins en carré, avant de se retrancher dans l'*Hacienda Camarón*, une auberge dotée de murs élevés. La situation était désespérée mais Danjou refusa de se rendre. Ses légionnaires jurèrent de combattre jusqu'à la mort. Barricadés dans l'hacienda, ils repoussèrent vague après vague l'infanterie mexicaine. Vers midi, Danjou fut tué d'une balle dans la poitrine. La résistance continua pendant quatre heures au cours desquelles le nombre de morts et de blessés s'éleva jusqu'à ce qu'il ne restât plus que six hommes : le lieutenant Maudet et cinq légionnaires. Refusant toujours de se rendre, ils chargèrent la ligne mexicaine. Seuls deux légionnaires survécurent, capturés avant de sortir avec les honneurs de la guerre. La France abandonna sa campagne mexicaine en 1866. Depuis cette bataille, la Légion exhibe chaque année la main en bois de Danjou pour célébrer l'anniversaire de la bataille de Camerone. **RG**

Pertes : Français, 43 morts, 20 blessés sur 65 ; Mexicains, 90 morts et plusieurs centaines de blessés sur 2 000

< *Puebla 1862* *Queretaro 1867* >

Chancellorsville 30 avril-6 mai 1863

Après la défaite nordiste de Fredericksburg, le général Hooker prit le commandement de l'armée du Potomac. À Chancellorsville, ses plans furent déjoués par une armée confédérée deux fois moins importante que la sienne. Cependant, la brillante victoire de Lee fut entachée par la mort du général Jackson.

« Fighting Joe » Hooker élabora un nouveau plan pour conquérir Richmond. Une partie de ses troupes stopperait l'avancée du général Lee à Fredericksburg, le gros des troupes avancerait à travers la forêt, sur la gauche confédérée. Mais le général nordiste avait sous-estimé le talent de Lee. Lee laissa une petite troupe à Fredericksburg et s'enfonça dans la forêt le 30 avril pour bloquer l'avancée de l'Union au croisement de Chancellorsville.

Le général Jackson, en qui Lee avait toute confiance, prit la tête d'une grande partie de l'armée pour mener un large mouvement de débordement qui l'amena contre le flanc droit de Hooker. L'attaque qu'il lança le 2 mai prit le 11e corps de l'armée de l'Union au dépourvu et plus de 4 000 nordistes furent faits prisonniers. Toutefois, Jackson fut blessé par les tirs « amis » d'un détachement confédéré qui revenait d'une reconnaissance des positions nordistes.

Le général de cavalerie Stuart, qui n'avait jamais commandé d'infanterie, prit la suite de Jackson et reprit l'attaque contre le flanc nordiste le lendemain, permettant aux confédérés de prendre Chancellorsville. Les forces de l'Union restèrent sur la défensive jusqu'à ce que, dans la nuit du 5 au 6 mai, Hooker se replie de l'autre côté de la rivière Rappahannock. La joie des confédérés devant ce succès fut éclipsée par la mort de Jackson, qui succomba à ses blessures le 10 mai. Ce fut une perte considérable pour la Confédération. **SA**

« Dites-lui de se remettre vite… Il a perdu son bras gauche, moi j'ai perdu mon bras droit. »

Message de Robert E. Lee au général Jackson

Pertes : confédérés, 1 665 morts, 9 081 blessés sur 60 892 ; nordistes, 1 606 morts, 9 672 blessés sur 133 868

Soldats blessés récupérant sous des arbres après la victoire du général Lee sur l'Union à Chancellorsville.

< *Fredericksburg 1862* *Gettysburg 1863* >

Vicksburg 19 mai-4 juillet 1863

Tandis que la bataille de Gettysburg se déroulait à l'est de la Confédération, un siège tout aussi épique prenait fin à l'ouest, autour du bastion confédéré de Vicksburg sur le Mississippi. La victoire nordiste en ce lieu, comme à Gettysburg, allait marquer un tournant décisif dans la guerre de Sécession.

Située sur la rive est du Mississippi, Vicksburg contrôlait toutes les expéditions en provenance et à destination de l'intérieur des États-Unis. La ville était d'une haute importance stratégique pour les États confédérés, leur président, Jefferson Davis, affirmant que Vicksburg était « le clou unissant les deux moitiés du Sud ». La ville était perchée sur une falaise surplombant le fleuve et entourée de marais qui interdisaient toute approche.

En décembre 1862, le général Grant, commandant de l'armée du Tennessee, entama des opérations visant à prendre la ville. Son plan était de scinder l'armée en deux, une moitié gagnant la ville par le nord tandis que l'autre partait à l'est pour pousser les soldats confédérés à sortir.

« Vicksburg est la clé. Tant que nous n'aurons pas cette clé dans notre poche, on ne pourra pas mettre un terme à cette guerre. »

Abraham Lincoln

Ce plan échoua, comme toutes les tentatives de creuser des tranchées à l'ouest de Vicksburg, hors de portée de son artillerie, ce qui lui aurait permis de transporter ses troupes du nord au sud en contournant la ville. Grant élabora alors un nouveau plan : faire descendre son armée du côté ouest du fleuve.

Le 16 avril, par une nuit sans lune, une petite flotte de sept canonnières et de trois transporteurs chargés de vivres descendirent le Mississippi en passant devant Vicksburg. Malgré leur silence, ils furent vite repérés et soumis aux tirs de l'artillerie confédérée. Mais le commandant nordiste se rendit compte que les obus ne touchaient que la partie supérieure de ses bateaux, ce qui signifiait que les confédérés étaient incapables d'abaisser leur angle de tir. Il navigua donc près de la rive est, si près qu'il entendit les ordres des commandants confédérés. À partir de cet instant, les obus confédérés passèrent bien au-dessus de la flotte, qui survécut sans dégâts majeurs. Une seconde flottille fit de même six jours plus tard. Grant avait désormais les navires nécessaires pour faire traverser ses hommes.

Entre le 29 et le 30 avril, Grant traversa le fleuve et se dirigea au nord-est vers Jackson, qu'il arracha au général confédéré Pemberton le 14 mai. De là, il marcha à l'ouest vers Vicksburg, repoussant les tentatives confédérées pour l'arrêter à Champion Hill et Big Black River Ridge. Le 19 mai, il ordonna un premier assaut contre la ville, mais ne fut jamais en mesure de percer les lignes confédérées.

À contrecœur, il entama les opérations de siège le 25 mai. Les soldats creusèrent des tranchées au nord et à l'est pour bloquer toutes les routes d'accès à la ville. Les espaces non défendus au sud des fortifications furent comblés par des renforts venus de l'autre côté de la rivière, amenant le total des troupes à 77 000 hommes (plus du double des soldats confédérés). L'artillerie pilonna régulièrement les défenseurs, soldats comme civils, qui se retrouvèrent aussi sous le feu des canonnières nordistes à l'ouest du fleuve. Sans renforts confédérés en vue, les habitants de Vicksburg furent rapidement à court de vivres. Le siège continua pendant tout le mois de juin, jusqu'à la reddition de la ville, le 4 juillet. Le Mississippi était désormais aux mains de l'Union. **SA**

Pertes : nordistes, 4 835 morts ou blessés sur 77 000 ; confédérés, 3 202 morts ou blessés sur 33 000

◁ *Murfreesboro 1862* *Chickamauga 1863* ▷

Une des batteries confédérées qui ne parvint pas à détruire les bateaux nordistes à Vicksburg. 

Gettysburg 1er-3 juillet 1863

La bataille de Gettysburg, qui fit rage pendant trois jours dans la petite ville de Pennsylvanie et ses alentours, fut un désastre pour la Confédération. Lorsqu'elle fut terminée, près de 8000 hommes étaient morts et le cours de la guerre avait changé en faveur de l'Union.

Après sa victoire à Chancellorsville, et sachant Richmond (la capitale confédérée) sécurisée, le général Lee décida de porter la guerre au nord. En juin, les 75 000 hommes de l'armée de Virginie du Nord traversèrent la vallée de Shenandoah et pénètrent en Pennsylvanie. Choqué par ce revirement de situation, le président Lincoln releva le général Hooker du commandement de l'armée du Potomac et installa le général Meade à sa place. Meade avait pour ordre de pourchasser et de détruire l'armée de Lee. Alors que l'armée de l'Union approchait, Lee ordonna à ses troupes dispersées de se rassembler à Gettysburg, une petite ville à la jonction d'une voie ferrée. Les premiers à arriver, au matin du 1er juillet, furent les soldats d'une division du général Hill, qui entrèrent dans la ville pour s'y procurer les bottes qui leur manquaient. Les hommes de Hill se retrouvèrent rapidement sous le feu de la cavalerie de l'Union, qui tenta de les contenir en attendant l'arrivée des renforts.

Une attaque massive des confédérés repoussa la cavalerie nordiste, désormais soutenue par deux corps d'infanterie, à travers la ville de Cemetery Hill. À la fin de la journée, 27000 confédérés et 22000 nordistes étaient engagés dans la bataille.

Le lendemain matin, 2 juillet, le reste de l'infanterie nordiste arriva et prit position le long des crêtes et des collines au sud de Gettysburg. Face à eux, à l'ouest, au nord et l'est, les forces confédérées formaient un grand U

Les soldats nordistes et confédérés jonchent le champ de bataille de Gettysburg. Photographie de Timothy O'Sullivan. ⬇

d'environ 8 km de long. Lee envisagea mais rejeta l'idée de déborder les lignes nordistes, préférant un assaut direct sur Cemetery Ridge, du côté ouest des collines. Ses hommes refoulèrent les troupes nordistes à travers un verger et un champ de blé mais furent arrêtés à Plum Run Valley et furent incapables de les déloger de la crête. Plus important, elles ne parvinrent pas à prendre le pic de Little Round Top, d'où leur artillerie aurait pu dominer les lignes de l'Union.

Le lendemain, la bataille commença tôt, tandis que les troupes nordistes sur la crête la plus proche de la ville bombardaient les lignes confédérées pour les chasser de Culp's Hill. Les confédérés répliquèrent par une attaque d'infanterie et le combat se poursuivit toute la matinée. Plus au sud, vers 13 heures, un bombardement d'artillerie confédéré commença à éclaircir les rangs nordistes, qui répliquèrent avec leurs 80 canons. Alors que le bombardement diminuait d'intensité, à 15 heures, près de 14 000 fantassins confédérés, commandés par le général Pickett, avancèrent à travers champs. Ils se retrouvèrent sous le feu de l'artillerie nordiste qui fut appuyée, lorsque l'infanterie confédérée s'approcha à 180 m, par les tirs des fantassins de l'Union cachés derrière les murs de pierre et les fortifications. Seuls 200 confédérés parvinrent à atteindre les lignes nordistes avant d'être finalement repoussés. Le lendemain, les deux camps échangèrent quelques salves, mais les hommes de Lee étaient épuisés et le 5 juillet, il donna l'ordre de se replier au sud, vers la Virginie. La menace d'invasion du Nord était levée. **SA**

Pertes : nordistes, 3 155 morts, 14 531 blessés sur 93 921 ; confédérés, 4 708 morts, 12 693 blessés sur 71 599

◁ *Chancellorsville 1863* *Wilderness 1864* ▷

Fort Wagner 18 juillet 1863

Au cours de cet épisode de la guerre de Sécession qui se déroula à Fort Wagner, en Caroline du Sud, le courage du 54e régiment d'infanterie du Massachusetts, composé de troupes noires, transforma l'image du soldat afro-américain et fit basculer l'opinion nordiste en faveur de la libération des esclaves.

Malgré la proclamation d'émancipation du président Lincoln, l'abolition de l'esclavage réunissait peu de partisans au sein de la population blanche des États nordistes, laquelle critiquait en outre l'aptitude des noirs à combattre. Le recrutement du 54e régiment d'infanterie – constitué de soldats noirs sous le commandement du colonel Shaw, issu d'une importante famille abolitionniste de Boston – remporta un vif succès. Aussi, lorsque le régiment reçut l'ordre de mener l'assaut contre Fort Wagner, situé sur Morris Island en Caroline du Sud, la mission fut considérée comme l'occasion de prouver que les Afro-Américains pouvaient se battre pour leur propre liberté.

L'accès à Fort Wagner se faisait par une bande de sable de 55 m de large, flanquée de l'Atlantique à l'est et d'un marais à l'ouest. Les troupes de l'Union durent ensuite traverser le fossé entourant le fort, lequel mesurait 685 m de large. L'assaut débuta avec dix régiments engagés au total. Les soldats du 54e se frayèrent un chemin jusqu'au parapet du fort et s'y maintinrent pendant plus d'une heure sous un feu nourri avant que l'attaque ne soit abandonnée deux heures plus tard. Le régiment noir avait subi plus de 50 % de pertes, dont le colonel Shaw, tué lors de l'assaut. Les soldats furent salués pour leur bravoure, et le recrutement d'Afro-Américains au sein de l'armée de l'Union s'envola suite à cette reconnaissance de l'opinion publique. **SA**

Pertes : confédérés, 174 morts ou blessés sur 1 800 ; nordistes, 1 515 morts, blessés ou prisonniers sur 5 000

< *Vicksburg 1863* *Chickamauga 1863* >

Les soldats noirs du 54e régiment du Massachusetts attaquent Fort Wagner sur cette lithographie publiée par Kurz & Allison.

Chickamauga 19-20 septembre 1863

La bataille de Chickamauga vit la victoire confédérée la plus impressionnante sur le front ouest de la guerre de Sécession, après un combat sanglant dont le nombre de victimes fut l'un des plus élevés de la guerre, juste après celui de Gettysburg. Elle plaça les forces de l'Union sur la défensive, sans pour autant parvenir à leur porter un coup fatal.

Début septembre 1863, l'armée nordiste du Cumberland, commandée par le général Rosecrans, chassa de Chattanooga l'armée confédérée de Braxton Bragg, les repoussant en direction de la Géorgie. Déterminé à contre-attaquer, le président Jefferson Davis renforça l'armée de Bragg par des troupes venues du Mississippi et par deux divisons de Virginie sous la direction du lieutenant général Longstreet. Le 17 septembre, Bragg fit demi-tour et se dirigea vers l'armée en marche de Rosecrans. Après quelques escarmouches, la bataille battit son plein au matin du 19 septembre.

Les hommes de Bragg chargèrent, sans parvenir à rompre la ligne nordiste du côté ouest de Chickamauga Creek. Le lendemain, ils reçurent l'aide involontaire de leur ennemi. Rosecrans fut informé, à tort, qu'il y avait une trouée dans ses lignes. En déplaçant ses unités pour la combler, il en créa une vraie, en plein sur la trajectoire de la 8e brigade confédérée. Cette attaque chassa près d'un tiers de l'armée nordiste, y compris Rosecrans. Mais les unités nordistes, menées par le major général Thomas, formèrent une ligne défensive sur Horseshoe Ridge, repoussant une série d'attaques confédérées jusqu'au soir. Alors que les forces de l'Union se repliaient sur Chattanooga, Bragg refusa de les poursuivre, choqué par la perte d'un tiers de son armée, dont dix généraux tués ou blessés. Au lieu de cela, les confédérés instaurèrent le siège de la ville. **SA**

Pertes : confédérés, 2 312 morts, 14 674 blessés sur 65 000 ; nordistes, 1 657 morts, 9 756 blessés sur 60 000

< *Vicksburg 1863* *Chattanooga 1863* >

Chattanooga 23-25 novembre 1863

Les combats qui se déroulèrent dans et autour de Chattanooga en novembre 1863 donnèrent à l'Union le contrôle total du Tennessee. La victoire ouvrit la voie du sud profond, permettant au général unioniste William Sherman d'occuper Atlanta et d'entamer sa Marche vers la mer l'année suivante.

La victoire confédérée de Chickamauga en septembre 1863 obligea l'armée nordiste du Cumberland à se replier sur Chattanooga, où elle subit un blocus de l'armée confédérée du Tennessee, menée par le général Braxton Bragg. Le général Ulysses S. Grant arriva alors à Chattanooga pour prendre en main les opérations, pendant que d'importants renforts issus de l'armée confédérée du Tennessee et de l'armée du Potomac étaient acheminés par train.

Grant ouvrit une ligne de ravitaillement (la *Cracker Line*) pour nourrir ses hommes et ses chevaux puis, lorsqu'il fut prêt, passa à l'offensive. Le 23 novembre, l'armée du Cumberland, sous les ordres du général Thomas, lança un assaut et s'empara de la colline d'Orchard Knob. Le lendemain, les troupes de l'armée du Potomac vainquirent les forces confédérées postées sur Lookout Mountain.

L'affrontement crucial eut lieu le 25 novembre. L'armée du Tennessee menée par Sherman n'arrivait pas à progresser dans son attaque contre le flanc droit de Bragg posté à Missionary Ridge. Pour détourner l'attention de Bragg, Grant autorisa le général Thomas à avancer jusqu'au pied de Missionary Ridge et à s'emparer des tranchées adverses. Ce qu'il fit, mais ses soldats se retrouvèrent sous le feu de la crête les surplombant. Cherchant un abri, ils escaladèrent la crête et dispersèrent les confédérés, qui se replièrent vers la Georgie. La victoire de l'Union fut totale. **SA**

Pertes : nordistes, 753 morts, 4 722 blessés sur 56 000 ; confédérés, 361 morts, 2 160 blessés sur 44 000

< *Chickamauga 1863* *Atlanta 1864* >

Assiégées par les confédérés, les nordistes détruisirent des maisons pour la défense de Chattanooga.

Nankin 1er mars-juillet 1864

À l'époque de la bataille de Sanhe en 1858, la révolte des Taiping semblait en mesure de renverser le règne des empereurs Qing. Mais en 1864, le gros des partisans de Hong Xiuquan fut assiégé dans la capitale taiping de Nankin. Leur résistance se solda par un bain de sang.

La Chine impériale avait eu la chance de trouver un général efficace et loyal en la personne de Zeng Guofan. En 1863 et au début de 1864, aidée par l'Armée toujours victorieuse, l'armée de Zeng Xiang resserra son emprise autour de Nankin, s'emparant de villes et coupant l'approvisionnement en nourriture.

La défense de la capitale taiping fut confiée au général Li Xiucheng. En mars 1864, Zeng avait barré l'accès à la ville par une ligne de forts et d'épaulements. Les soldats de Zeng creusèrent des dizaines de tunnels menant à la ville pour les bourrer d'explosifs et faire sauter les murailles. Les Taiping creusèrent des contre-mines, ce qui donna lieu à de violents combats souterrains. Alors que la population de Nankin était affamée et que ses défenses étaient bombardées par l'artillerie de Zeng, le « roi céleste » Hong Xiuquan tomba malade. Il mourut le 1er juin et fut remplacé par son fils, Tiangui Fu. Le règne du jeune monarque dura six semaines.

Le 19 juillet, les tunnels explosèrent, créant une brèche de 55 m dans l'enceinte de la ville. Les soldats de Zeng envahirent la ville, se lançant dans trois jours de massacres. Li Xiucheng fut capturé et exécuté. Zeng écrivit à l'empereur chinois : « Aucun des 100 000 rebelles nankin ne se rendit lorsque la ville fut prise. Au contraire, un grand nombre d'eux se rassemblèrent pour s'immoler. » Les combats continuèrent jusqu'en 1866, mais à partir de la prise de la ville, la cause des Taiping fut perdue. **RG**

Pertes : troupes impériales, 10 000 morts sur 200 000 ; Taiping, 100 000 morts sur 400 000 soldats et civils

< *Cixi 1862* *Fuzhou 1884* >

Illustration du XIXe siècle de la prise de Nankin.

Guerre des Duchés

Dybbol 18 avril 1864

La 2e guerre des Duchés opposa les Danois à une coalition prusso-autrichienne. Lorsque les troupes prussiennes envahirent la forteresse de Dybbol, le combat ne dura que quatre heures, mettant fin à la guerre. Mais les Danois commémorent encore le sacrifice de leurs soldats lors de ce combat.

Repoussés du « Danevirke », la ligne de fortification marquant leur frontière, les Danois furent assiégés dans la forteresse de Dybbol. Le siège débuta en 1864, mais un assaut d'infanterie semblait une perspective vaine. Le général prussien von Moltke suggéra alors de contourner le fort. Mais Berlin et Vienne redoutaient l'intervention des Britanniques si le fort continuait à résister. La coalition entama alors ce qui fut le plus lourd bombardement de l'Histoire, utilisant 120 canons, dont des canons de 24 livres et des mortiers.

Côté danois, les blockhaus en bois et les tranchées étroites n'étaient pas en mesure de résister et les pertes s'accumulèrent. Les canons danois, de plus courte portée, ne pouvaient pas répliquer. Dans les heures qui précédèrent l'assaut final, 8 000 obus s'abattirent sur les Danois. Puis l'infanterie prussienne sortit de ses tranchées et chargea. À l'intérieur des redoutes danoises, les combats furent principalement au corps-à-corps. Les défenseurs firent preuve d'un grand courage ; dans l'une des redoutes, 19 Danois combattirent plus d'un millier d'assaillants, faisant près de 150 victimes avant d'être écrasés. Alors que la position danoise flanchait, la 8e brigade lança une contre-attaque qui repoussa les Prussiens. Bien qu'elle ait subi de lourdes pertes, la brigade couvrit la retraite d'une grande partie de la garnison à travers un pont flottant jusqu'à l'île d'Als. Malgré leur défaite, les Danois avaient de bonnes raisons d'être fiers. **JS**

Pertes : Autrichiens et Prussiens, 1 201 morts et blessés sur 37 000 ; Danois, 5 000 morts, blessés ou prisonniers sur 11 000

Heligoland 1864 >

Guerres maories

Gate Pa 29 avril 1864

Pendant la phase d'expansion impériale de la Grande-Bretagne, les Maoris de Nouvelle-Zélande comptaient parmi les plus redoutables adversaires de l'armée britannique. Ils défendirent leurs bastions avec talent et courage, principalement à Gate Pa où ils infligèrent de lourdes pertes aux Britanniques.

Pour combattre les troupes britanniques équipées d'armes à feu et d'artillerie, les Maoris adaptèrent leurs « pa », des bastions traditionnels perchés sur des collines. Ils construisirent des systèmes complexes de palissades, redoutes, tranchées et bunkers pour résister aux bombardements et aux assauts de l'infanterie.

Gate Pa, situé à Tauranga sur l'île du Nord, fut attaqué par les Britanniques lors de la répression contre la monarchie maorie, formée en réaction aux expropriations territoriales menées par les colons blancs. Le général Cameron, vétéran de la guerre de Crimée, leva une force de 1 700 hommes pour prendre le bastion, qui n'était défendu que par 250 guerriers maoris. Le 29 avril, Cameron soumit le bastion à un long bombardement d'artillerie. En milieu d'après-midi, le pa semblant en ruine, une colonne de soldats fut envoyée pour le prendre d'assaut. Alors que les soldats pénétraient dans le pa, les Maoris, qui s'étaient réfugiés sous terre, sortirent avec leurs fusils à baïonnette. La confusion fut à son comble lorsqu'un seconde vague de soldats envahit le pa. De nombreux officiers britanniques furent tués et, dans l'obscurité, la plupart des soldats se replièrent en désordre.

À la tombée de la nuit, les Britanniques s'étaient retranchés à l'extérieur du pa et les Maoris en profitèrent pour s'échapper. Ils avaient réussi un formidable exploit en infligeant de nombreuses pertes à un ennemi mieux armé et sept fois plus nombreux. **RG**

Pertes : Britanniques, 38 morts et 73 blessés sur 1 700 ; Maoris, 25 morts

Wilderness 5-7 mai 1864

Au printemps 1864, le général unioniste Ulysses S. Grant entama l'Overland Campaign, une marche acharnée vers la capitale confédérée, Richmond (en Virginie). La première bataille – un affrontement sanglant mais peu concluant – donna le ton du reste de la campagne.

La bataille eut lieu dans la Wilderness de Spotsylvania, un terrain accidenté recouvert de broussailles impénétrables situé à quelques kilomètres à l'ouest de l'ancien champ de bataille de Chancellorsville. L'armée nordiste du Potomac, commandée par le général Meade sous les ordres du général Grant, traversa le fleuve Rapidan puis convergea près du barrage principal de Wilderness Tavern.

Meade n'avait aucune envie de combattre dans cette nature sauvage, contrairement au général Lee, qui, largement dépassé en nombre et en armes, préférait se battre en zone boisée, ce qui rendrait l'artillerie de Grant inefficace et permettrait à sa petite troupe de s'abriter. Le terrain défavorable réduisit la bataille à deux jours d'escarmouches, la vue des soldats étant gênée par la fumée de la poudre et des feux allumés par l'explosion des obus dans les broussailles. Les deux armées subirent de lourdes pertes et le général confédéré Longstreet fut touché par des tirs de son propre camp à quelques kilomètres de l'endroit où le général Jackson avait été touché de la même manière un an plus tôt. Pour ajouter à l'horreur, un feu de broussailles se déclara dans la nuit du 6 mai, tuant de nombreux blessés gisant sur le champ de bataille. Le 7 mai, de nouvelles escarmouches eurent lieu avant que l'affrontement ne prenne fin. Bien que peu concluante, la bataille profita au camp nordiste, les pertes de Lee s'avérant très élevées par rapport à la taille de son armée. **SA**

Pertes : nordistes, 2 246 morts, 12 037 blessés sur 101 895 ; confédérés, 1 495 morts, 7 928 blessés sur 61 025

Gettysburg 1863 — *Spotsylvania 1864*

Heligoland 9 mai 1864

Malgré sa faible ampleur, cette bataille navale fut l'une des plus grandes victoires danoises de la seconde guerre des Duchés. Sans changer le cours du conflit, qui prit fin trois jours plus tard, elle contribua néanmoins à mettre au jour la faiblesse navale des Prussiens.

Le blocus naval de la mer du Nord fut l'action danoise la plus efficace de cette guerre. Le commerce allemand subissait une telle menace que de nombreux navires allemands arborèrent pavillon russe pour éviter d'être interceptés. Exaspérés, les Prussiens persuadèrent l'Autriche de les aider à rompre le blocus. Les deux escadres s'affrontèrent au large de l'île de Heligoland, en mer du Nord. Sur les huit navires qui y participèrent (trois danois, deux autrichiens et trois prussiens), aucun ne dépassait la taille d'une frégate et tous étaient en bois à propulsion mixte (voile et vapeur). Le combat fut essentiellement danois-autrichien : les vaisseaux prussiens ne parvenaient pas à les suivre et quand ils ouvraient le feu, ils étaient trop loin pour atteindre leur cible. Au vu de la puissance supérieure des canons autrichiens, les forces étaient relativement égales et les deux camps se pilonnèrent en une terrible canonnade.

Les Danois concentrèrent leurs tirs sur le vaisseau amiral autrichien, le *Schwartzenberg*, endommageant plusieurs canons avant qu'un obus n'incendie le hunier. La pompe du navire étant détruite, le feu s'étendit au navire et les Autrichiens furent forcés de chercher refuge dans les eaux neutres britanniques. Les Danois perdirent toute chance de les rattraper lorsque le gouvernail du vaisseau amiral *Jylland* fut endommagé à son tour ; les Austro-Prussiens s'échappèrent dans la nuit. Aucun navire ne fut perdu, mais le blocus fut maintenu, conférant aux Danois une victoire incontestable. **JS**

Pertes : Danois, 14 morts, 55 blessés ; Autrichiens, 32 morts, 59 blessés ; Prussiens, aucune perte

Dybbol 1864 — *Sadowa 1866*

Spotsylvania 9-18 mai 1864

On aurait pu s'attendre à une accalmie après la bataille de la Wilderness de Spotsylvania, les deux armées étant désorganisées et épuisées. Mais le général Grant poursuivit sans relâche son offensive. Deux jours plus tard, il affronta de nouveau l'armée du général Lee, à 16 km au sud-est de Spotsylvania Court House.

Dans la nuit du 7 mai, quelques heures après la fin des combats dans la Wilderness, Grant commença à déplacer son armée pour reprendre son avancée. Il comptait s'emparer de Spotsylvania, un carrefour qui lui aurait permis de se placer entre l'armée de Lee et Richmond. Lee anticipa cette manœuvre et réagit rapidement. Le 9 mai, ses troupes creusèrent une ligne de fortification de 6,5 km de long au nord de Spotsylvania. Sa seule faiblesse était un saillant exposé surnommé Mule Shoe (« Fer à mulet »).

Le lendemain, les forces de l'Union attaquèrent Mule Shoe. Les troupes déterminées percèrent les lignes confédérées, mais les soldats de l'Union furent repoussés par des contre-attaques en fin de journée. Alors que Grant déplaçait ses troupes en prévision d'un nouvel assaut, Lee crut à une tentative de débordement et retira son artillerie pour l'affronter. En conséquence, l'attaque de Grant le 12 mai fut tout d'abord un succès, rompant les lignes confédérées avant que Lee ne fasse venir ses troupes pour combler la brèche. La bataille fit rage jusque dans la nuit, criblant le paysage de balles pendant que les soldats combattaient au corps-à-corps en un lieu qui fut surnommé Bloody Angle (« Angle sanglant »).

Le 13 mai, les soldats de Lee achevèrent une tranchée et s'y replièrent, cédant le saillant aux troupes de Grant. L'attaque du 18 mai contre cette nouvelle ligne fut vaine, obligeant Grant à abandonner. **SA**

Pertes : nordistes, 2 725 morts, 13 416 blessés sur 100 000 ; confédérés, 1 467 morts, 6 235 blessés sur 52 000

◀ *Wilderness 1864* *Cold Harbor 1864* ▶

Cold Harbor 3-12 juin 1864

Poursuivant son avancée vers Richmond, capitale confédérée, le général Grant ordonna un assaut frontal de l'infanterie contre les troupes confédérées de Lee, qui s'étaient retranchées à Cold Harbor. Le résultat, un désastre pour l'Union, n'ouvrit aucune perspective claire quant au dénouement de la guerre de Sécession.

Les batailles de la Wilderness et de Spotsylvania Court House, livrées en Virginie en mai 1864, n'offrirent la victoire à aucun camp, mais réduisirent les rangs de la petite armée confédérée et sapèrent le moral des combattants. Le général Grant était convaincu que l'armée du général Lee était à bout, mais il avait également subi de lourdes pertes et les soldats qui s'étaient enrôlés pour trois ans en 1861 commençaient à quitter l'armée en masse.

Grant paria alors sur une dernière attaque pour prendre Richmond. Le 3 juin, il lança un assaut frontal contre les défenses confédérées de Cold Harbor, à 9,6 km au nord de Richmond. Grant croyait que les troupes de Lee s'étaient trop déployées, mais Lee avait profité du fait que l'assaut de Grant avait été retardé d'un jour pour faire venir des renforts et améliorer ses fortifications. Le résultat fut un carnage ; les troupes de l'Union furent rapidement écrasées, les soldats qui parvenaient à percer la première ligne de défense se faisant massacrer dès qu'ils atteignaient la seconde. Plus de 7 000 soldats unionistes furent tués ou blessés en une heure avant que Grant n'interrompe l'attaque.

Au cours des neuf jours qui suivirent, les deux armées s'affrontèrent de leurs tranchées respectives, souvent à quelques mètres de distance, jusqu'à ce que Grant fasse marcher son armée sur le nœud ferroviaire de Petersburg. De son propre aveu, ce fut l'assaut qu'il regretta le plus. **SA**

Pertes : confédérés, 83 morts, 3 380 blessés sur 62 000 ; nordistes, 1 844 morts, 9 077 blessés sur 108 000

◀ *Spotsylvania 1864* *Le Cratère 1864* ▶

Un sudiste mort suite à l'attaque d'une position nordiste à Spotsylvania.

Cherbourg 19 juin 1864

Durant la guerre de Sécession, la marine de l'Union, qui avait la maîtrise des mers, instaura un blocus de la côte confédérée, mais les navires sudistes s'attaquaient encore au commerce du Nord. Le plus prospère d'entre eux, le CSS *Alabama*, fut détruit lors d'un célèbre duel au large de la côte française.

L'*Alabama*, une corvette à vapeur avec coque en bois, fut construite par un chantier naval britannique en 1862. Elle croisait en mer sous le commandement du capitaine confédéré Raphaël Semmes, détruisit plus de 60 navires marchands nordistes et coula le bâtiment de guerre USS *Hatterras* au large de la côte américaine en 1863.

En juin 1864, l'*Alabama* mouillait dans le port de Cherbourg pour y subir des réparations et se ravitailler. Le 14 juin, elle fut repérée par la corvette nordiste USS *Kearsarge*, commandée par le capitaine John Winslow. Tandis que le *Kearsarge* patientait au large, Semmes décida d'attaquer avant l'arrivée d'autres navires nordistes ; il lança ainsi un défi à Winslow, le priant de ne pas partir avant que l'*Alabama* soit prêt à combattre. Le 19 juin, l'*Alabama*, caché par un vaisseau français affecté à la protection de la baie, appareilla en direction du *Kearsarge*, faisant tonner ses canons.

Alors que le navire nordiste était renforcé par des chaînes entourant la coque en bois, l'*Alabama* n'avait aucune cuirasse. Le *Kearsarge* démontra également la supériorité de son artillerie, utilisant ses canons Dahlgren avec parcimonie mais de manière plus efficace. Au bout d'une heure de combat, le gouvernail de l'*Alabama* fut détruit et l'eau s'engouffra à travers une brèche dans la coque. Semmes mit rapidement pavillon bas avant de couler. La plupart de l'équipage fut secouru et quelque 40 marins furent repêchés par un voilier britannique. **RG**

Pertes : confédérés, 1 navire coulé, 9 morts, 21 blessés et 70 prisonniers ; nordistes, 3 blessés

< *Hampton Roads 1862*   *Baie de Mobile 1864* >

Le capitaine Winslow et son équipage posent à bord du Kearsarge *en juin 1864, avant d'engager le combat contre l'*Alabama. 

Atlanta 22 juillet 1864

Alors qu'au nord-est le général Grant attaquait Richmond, la capitale confédérée, le général Sherman quitta le Tennessee pour se diriger au sud-est, en direction d'Atlanta (Géorgie). La bataille du 22 juillet fut décisive, mais il fallut encore six semaines avant qu'Atlanta se rende.

En mai 1864, les trois armées nordistes du général Sherman quittèrent Chattanooga (Tennessee) et traversèrent la frontière avec la Gaorgie. Le général confédéré Joseph E. Johnston recula face à une armée en nombre supérieur, se retranchant de position en position avant de battre en retraite lorsque Sherman le déborda. Johnston fut rapidement relevé de son commandement, mais son successeur, le général texan John Bell Hood, ne fit pas mieux, subissant une défaite à Peachtree Creek le 20 juillet.

Pendant ce temps, l'armée de Sherman était aux portes d'Atlanta. Le 22 juillet, Hood décida de combattre. Il envoya un corps d'infanterie contourner le flanc gauche nordiste pendant que d'autres unités attaquaient le front et que sa cavalerie menaçait la ligne de ravitaillement nordiste. Mais Hood avait mal évalué le temps que prendrait sa manœuvre, permettant au général nordiste McPherson de faire venir ses renforts. Vers 16 heures, l'assaut confédéré perça la ligne de front mais fut repoussé. Les soldats confédérés subirent de lourdes pertes mais conservèrent le contrôle d'Atlanta. Sherman commença donc à bombarder la ville tout en envoyant des troupes à l'ouest et au sud pour couper les lignes d'approvisionnement. Le 1er septembre, Hood se retira de la ville, non sans avoir détruit les dépôts de ravitaillement. Le lendemain, le maire et d'autres personnages importants livrèrent la ville à Sherman. « Atlanta est à nous, et bien gagnée », télégraphia Sherman à Washington. **SA**

Pertes : nordistes, 3 641 sur 112 000 ; confédérés, 8 499 sur 60 000

[<] *Chattanooga 1863* *Nashville 1864* [>]

Les soldats nordistes du général Sherman détruisent les voies ferrées après avoir pris Atlanta.

Le Cratère 30 juillet 1864

Au cours de la dernière année de la guerre de Sécession, les forces de l'Union assiégèrent la ville de Petersburg, au sud de Richmond. Mais leur tentative de mettre un terme à la guerre des tranchées et de faire sauter les lignes confédérées se solda par un horrible fiasco.

Après son échec à Cold Harbor, le général Grant envoya son armée du Potomac traverser le fleuve James pour attaquer Richmond. Néanmoins, il ne parvint pas à s'emparer de la tête de ligne située à Petersburg. Le général confédéré Lee s'empressa de renforcer ses fortifications, obligeant Grant à instaurer un siège. Grant n'avait aucune envie de tenter un assaut frontal et chercha d'autres solutions.

Le lieutenant-colonel Henry Pleasants, un ingénieur des mines, eut l'idée de creuser un puits sous les lignes confédérées et de le bourrer d'explosifs. Non seulement l'explosion tuerait les défenseurs mais elle percerait également leur ligne de front. Pleasants et ses mineurs creusèrent un tunnel de 150 m de long qui débouchait sur une grande salle. Elle fut bourrée de 320 kg de poudre qui fut allumée aux premières heures du 30 juillet.

L'explosion tua près de 300 soldats confédérés et ouvrit un immense cratère de 52 m de long et 9 m de profondeur. Les troupes nordistes avaient désormais la voie libre pour envahir Petersburg, mais les premiers soldats à pénétrer dans le cratère estimèrent que c'était un bon endroit pour installer un poste de tir et restèrent sur place. En l'espace d'une heure, les troupes confédérées avaient rassemblé leurs forces et commencèrent à pilonner le cratère, tuant des centaines de soldats. Les renforts nordistes se retrouvèrent également sous un feu nourri et se replièrent. La réussite de l'explosion avait créé un piège mortel. **SA**

Pertes : confédérés, 361 morts, 727 blessés ; nordistes, 504 morts, 1 881 blessés

< *Cold Harbor 1864* *Cedar Creek 1864* >

Un jeune soldat, victime de la catastrophe nordiste du cratère de Petersburg.

Baie de Mobile 5 août 1864

Pendant la guerre de Sécession, les navires nordistes imposèrent un blocus aux ports confédérés. L'un des rares ports à défier le blocus fut Mobile, en Alabama. En 1864, l'amiral nordiste David Farragut fut chargé de combler cette brèche, qui sapait l'efficacité de l'étau nordiste sur le Sud.

Le mouillage du port de Mobile était protégé par deux forts et des rangées de piquets barrant l'accès aux bas-fonds, ainsi que par des mines flottantes qu'on appelait alors « torpilles ». Farragut planifia minutieusement son attaque. Aux premières heures du 5 août, sa flotte de quatre monitors et quatorze vapeurs en bois traversa le barrage à l'entrée de la baie. Les quatre monitors naviguaient à tribord de ses bâtiments de guerre pour les protéger des canons de Fort Morgan.

Devant eux, une escadre confédérée comprenant trois canonnières et le cuirassé CSS *Tennessee* patientait. À l'approche de la flotte nordiste, les canons de Fort Morgan ouvrirent le feu. Les nordistes répliquèrent, l'échange créant tellement de fumée que Farragut dut escalader le mestre de son vaisseau amiral, l'USS *Hartford*, pour voir ce qui se passait. La flotte confédérée se joignit alors au combat. Manœuvrant pour attaquer le *Tennessee*, le monitor USS *Tecumseh* toucha une « torpille » et coula, laissant peu de survivants. Tandis que l'escadre nordiste s'immobilisait sans savoir que faire, Farragut leur ordonna : « Au diable les torpilles ! En avant toute ! » Les navires nordistes pénétrèrent indemnes dans la baie et attaquèrent l'escadre confédérée. Après un combat acharné, ils parvinrent à percer la cuirasse du *Tennessee*. Blessé, l'amiral confédéré Franklin Buchanan hissa le drapeau blanc. Au cours des semaines qui suivirent, les nordistes s'emparèrent des deux forts du port, isolant la baie. **SA**

Pertes : nordistes, 1 monitor sur 18 navires ; confédérés, 1 cuirassé et 2 canonnières sur 4 navires

< *Cherbourg 1864*

↑ *Le phare de Mobile Point fut pris pour cible par l'artillerie nordiste pendant le siège de Fort Morgan.*

Au matin du 19 octobre, les confédérés repoussèrent l'Union à Cedar Creek ; les rôles s'inversèrent en fin d'après-midi.

Cedar Creek 19 octobre 1864

En 1864, le général nordiste Philip Sheridan fut envoyé dans la vallée de Shenandoah (Virginie) pour contrer l'avancée d'une troupe confédérée vers Washington. Le combat décisif de cette campagne eut lieu à Cedar Creek.

L'armée confédérée menée par le général Jubal A. Early remporta une série de victoires jusqu'à l'arrivée du général Sheridan, qui, non content de battre les forces d'Early au cours de plusieurs affrontements, incendia les cultures, les fermes et les usines pour priver l'armée confédérée de nourriture et de matériel. Sheridan considérait Early battu, mais le général confédéré pourchassa l'armée nordiste et lança une attaque surprise à Cedar Creek.

Pendant la nuit, les hommes d'Early contournèrent Massanutten Mountain puis – juste avant l'aube et par un intense brouillard – attaquèrent la gauche du camp nordiste, prenant l'ennemi au dépourvu. Sheridan était à 16 km de là, à Winchester. Le 8e corps de George Crook s'effondra rapidement, tout comme le 16e corps. Enfin, le 6e corps d'Horatio Wright lutta avec acharnement avant de se replier lentement sous la pression ennemie.

Croyant à tort qu'il avait gagné, Early omit de les pourchasser, permettant à Sheridan d'atteindre le champ de bataille et de rallier ses troupes. À 16 heures, les troupes nordistes contre-attaquèrent et percèrent les lignes confédérées, coupant leur voie de fuite à l'arrière. De nombreux soldats se rendirent rapidement, offrant une large victoire à Sheridan. La Confédération n'allait plus jamais menacer Washington. **SA**

Pertes : nordistes, 5 665 sur 31 945 ; confédérés, 2 910 sur 21 000

Le Cratère 1864 — *Five Forks 1865*

Nashville 15-16 décembre 1864

Après la chute d'Atlanta, l'armée nordiste du général Sherman se prépara à rallier Savannah via la Géorgie. L'armée confédérée menée par le général Hood comptait pénétrer dans le Kentucky. L'entreprise de Hood échoua aux portes de Nashville.

Hood était un jeune officier agressif qui croyait son armée en mesure de battre les troupes de l'Union malgré son infériorité numérique, son manque de ressources essentielles et son moral chancelant. Pendant ce temps, les forces de l'Union, menées par le général Thomas, se rassemblèrent dans les fortifications protégeant Nashville (Tennessee) à la fin novembre. Hood entama un siège, malgré le fait qu'il disposait de forces inférieures à celles des assiégés. Exaspéré par l'attentisme de Thomas, le général Grant était sur le point de se rendre à Nashville quand, le 15 décembre, Thomas lança sa contre-attaque. Deux fois plus nombreuses, les forces unionistes décimèrent la ligne de Hood, stoppant l'avancée de son flanc droit grâce à une attaque de division tout en lançant une masse de fantassins et de cavaliers contre sa gauche.

Au bout d'un jour de combat, Hood recula pour raccourcir sa ligne, mais au second jour, la pression se fit implacable. La cavalerie nordiste, armée de fusils à répétition, se fraya un chemin derrière le flanc gauche confédéré, et vers la tombée de la nuit, sous une pluie intense, la ligne défensive s'effondra. De nombreux soldats confédérés se rendirent ; d'autres jetèrent leurs armes et s'enfuirent. Seule la moitié de la force de Hood atteignit le Mississippi. Ce fut la dernière bataille majeure sur le front ouest. **RG**

Pertes : confédérés, 6 000 victimes et prisonniers sur 30 000 ; Union, 387 morts, 2 558 blessés sur 55 000

‹ *Atlanta 1864*

Five Forks

1er avril 1865

Le long siège nordiste de Petersburg (Virginie) se termina par ce qui fut surnommé le « Waterloo de la Confédération ». Les troupes de l'Union débordèrent leurs adversaires, obligeant l'armée de Virginie du Nord à abandonner Petersburg pour se diriger vers une ultime défaite une semaine plus tard.

Après sa campagne victorieuse dans la vallée de Shenandoah, le général nordiste Sheridan pourchassa l'armée confédérée de Pickett jusqu'à Five Forks, au sud-ouest de Petersburg. Pickett et ses hommes construisirent une ligne défensive de 2,8 km de long, dont les flancs étaient défendus par la cavalerie. En réponse, Sheridan comptait enfoncer la ligne avec sa cavalerie tandis que le 5e corps du gouverneur général Warren attaquait le flanc gauche confédéré.

L'approche de la ligne confédérée fut ralentie par les routes boueuses et la végétation touffue, empêchant Warren d'attaquer avant 16 heures. De mauvais renseignements avaient cependant mené Sheridan à imaginer le flanc gauche bien plus à l'est qu'il ne l'était. En conséquence, l'une des trois divisions de Warren passa totalement à côté de la ligne tandis qu'une autre se fit tirer dessus en frôlant le flanc confédéré. Les deux divisions nordistes hésitèrent quelque temps sur leurs positions, puis Sheridan prit la tête de l'une d'elles pour mener une charge qui perça le flanc confédéré. Alors que les confédérés tentaient d'organiser une nouvelle ligne défensive, la troisième division de Warren attaqua pendant que la cavalerie de Sheridan contournait l'autre flanc confédéré pour prendre l'ennemi à revers. La victoire nordiste fut décisive. Face à cette défaite majeure, le général Lee fut forcé d'évacuer Petersburg, cédant la ville à l'Union le lendemain. **SA**

Pertes : nordistes, 830 sur 17 000 ; confédérés, 2 950 sur 9 200

< *Cedar Creek 1864* *Appomattox Court House 1865* >

Guerre civile américaine

Appomattox Court House

9 avril 1865

Éprouvée, découragée, dépassée en nombre et en armes, l'armée confédérée du nord de la Virginie connut son ultime défaite le 9 avril 1865. Ce même après-midi, le général Robert E. Lee se rendit au général Ulysses S. Grant, mettant ainsi un terme à quatre années de guerre civile.

Vaincu à Five Forks le 1er avril et forcé d'évacuer Petersburg le lendemain, le général Lee abandonna alors Richmond, la capitale confédérée, pour se replier à l'ouest, espérant rallier le reste des forces confédérées en Caroline du Nord. Les forces nordistes pourchassèrent l'armée épuisée, capturant et obtenant la reddition de 10 000 confédérés à Sayler's Creek les 6 et 7 avril. Ceux qui n'avaient pas été pris marchèrent à l'ouest vers Lynchburg.

Comprenant la manœuvre de Lee, le général nordiste Philip H. Sheridan parvint à intercepter l'armée de Lee à Appomattox Court House le 8 avril, s'emparant de ses vivres et lui barrant la voie à l'ouest. Le lendemain à l'aube, le 2e corps confédéré attaqua la cavalerie de Sheridan et perça jusqu'à la crête à laquelle ils étaient adossés. Là, ils virent l'infanterie de l'armée de James, qui avait marché toute la nuit, arriver en masse et s'aligner en formation de combat. Face à une armée si nombreuse, Lee accepta l'inévitable et demanda un cessez-le-feu à Grant. Grant lui proposa de se rencontrer à l'endroit de son choix.

L'aide de camp de Lee partit inspecter le village d'Appomatox Court House et choisit une maison appartenant à Wilmer McLean. C'est là que, vers 16 heures, Lee effectua sa reddition. Ses hommes furent autorisés à rentrer chez eux après avoir rendu les armes. Les tentatives de poursuivre la résistance confédérée sur d'autres fronts échouèrent. Ce fut la fin de la guerre de Sécession. **SA**

Pertes : nordistes, 164 morts et blessés sur 120 000 ; confédérés, 500 morts et blessés sur 28 356

< *Five Forks 1865*

Guerre de la Triple Alliance

Riachuelo

11 juin 1865

Entre 1864 et 1870, le Paraguay connut la guerre de la Triple Alliance, conflit catastrophique qui coûta la vie à la majorité de la population paraguayenne. Le combat naval de Riachuelo, qui se déroula sur le fleuve Paraná au sud du Paraguay, marqua un premier tournant dans ces affrontements.

Dans les années 1860, le président paraguayen Francisco López leva une armée avant de menacer ses voisins brésiliens et argentins. Ces deux pays soutenaient les rebelles en Uruguay. Après que le Brésil eut envahi l'Uruguay, López lui déclara la guerre et l'envahit en décembre 1864. Lorsque sa demande de traverser l'Argentine pour parvenir en Uruguay fut refusée, López envahit l'Argentine, provoquant la formation, en mai 1865, d'une Triple Alliance comprenant l'Argentine, le Brésil et l'Uruguay.

López ordonna à la flotte paraguayenne (huit vapeurs et sept vedettes chargées de canons) d'approcher, à la faveur de l'obscurité, les navires brésiliens amarrés et de les capturer. Au lieu de cela, le capitaine paraguayen Meza descendit le fleuve Paraná et tira sur la flotte brésilienne lorsqu'il la croisa. Les Brésiliens montèrent à bord de leurs navires et répliquèrent, touchant un vapeur paraguayen.

Alors que les Paraguayens s'alignaient en aval de Riachuelo, la flotte brésilienne se lança à leur poursuite. Les Paraguayens ouvrirent le feu, faisant faire demi-tour par erreur à un navire brésilien, le *Jequitinhonha*, qui remonta le courant, suivi par tous les autres navires sauf un. Lorsque les Brésiliens redescendirent vers la flotte paraguayenne, l'amiral brésilien Barroso ordonna à son vapeur, l'*Amazonas*, d'éperonner deux vapeurs paraguayens. Deux autres vapeurs paraguayens subirent des dommages et toutes les vedettes furent coulées. **SA**

Pertes : Brésiliens, 1 navire coulé sur 9 ; Paraguayens, 4 navires et 7 vedettes coulées

< *Caseros 1852* *Campo Grande 1869* >

Guerre austro-prussienne

Seconde bataille de Custoza

24 juin 1866

Le 14 juin 1866, lorsque l'Autriche déclara la guerre à la Prusse, le royaume d'Italie nouvellement formé combattit l'Autriche pour obtenir le contrôle de la Vénétie – alors que les Autrichiens auraient offert la région en échange de la neutralité italienne. La soif de gloire italienne se termina en humiliation.

Tandis que les Autrichiens étaient engagés contre la Prusse, les Italiens comptaient envahir la Vénétie avec douze divisions attaquant depuis le Mincio et six autres depuis le Pô. Le révolutionnaire Giuseppe Garibaldi envahirait le Tyrol à la tête d'une force de volontaires.

Ce plan ne tenait pas compte des faiblesses de l'armée italienne : l'artillerie était obsolète, l'état-major, des plus hauts rangs aux jeunes officiers, était totalement inadapté, et les troupes (principalement des conscrits) n'avaient aucune envie de combattre. Les Autrichiens avaient leurs propres problèmes, notamment la fiabilité de certaines unités slaves et hongroises, mais alors que les Italiens avançaient à un rythme lent, détachant des unités pour assiéger les fortifications, les Autrichiens frappèrent dans le but de couper et d'anéantir la principale force italienne.

Au dernier moment, les Autrichiens furent repérés et les troupes italiennes se lancèrent à l'assaut des hauteurs tandis que les officiers rassemblaient leurs unités éparpillées. Il s'ensuivit une mêlée confuse, l'infanterie italienne lançant plusieurs attaques contre les Autrichiens, toutes repoussées par une artillerie bien supérieure et des charges de cavalerie déterminées. Une ultime charge brisa l'infanterie italienne pour la renvoyer jusqu'en Lombardie. Seules les victoires prussiennes offrirent à l'Italie la récompense qu'elle fut incapable de remporter par ses propres prouesses. **JS**

Pertes : Autrichiens, 6 000 morts, blessés ou prisonniers sur 75 000 ; Italiens, 8 000 victimes sur 120 000

< *Volturno 1860* *Sadowa 1866* >

Sadowa (Königgrätz) 3 juillet 1866

Grâce à la victoire prussienne de Sadowa, conçue par le chef d'état-major Helmut von Moltke, l'Autriche n'allait plus jamais se mêler des affaires allemandes. La voie était ouverte à l'unification de l'Allemagne sous l'égide de la Prusse, processus qui fut achevé dans les cinq années qui suivirent.

Le plan de campagne de Moltke était basé sur la mobilisation rapide de quelque 330 000 hommes, acheminés en train jusqu'à la zone de guerre avec leur équipement. Deux armées furent lancées à l'attaque de la Bohême tandis qu'une troisième pénétrait en Saxe. L'avancée prussienne, que Moltke coordonnerait en se servant du télégraphe, ne devait se réunir qu'en face de l'ennemi. Les Prussiens risquaient de perdre leurs forces en étant engagés séparément, mais la rapidité qu'offrait cette manœuvre en valait la peine.

Au cours de cette opération, le commandant autrichien Ludwig von Benedek se montra hésitant tandis qu'il prenait position entre Sadowa et Königgrätz, le moral de son armée – et celle de son alliée saxonne – ayant été durement éprouvé par de précédentes défaites. Benedek implora son gouvernement de faire la paix mais son empereur, François-Joseph, lui ordonna de combattre. Benedek opta pour une bataille défensive, estimant que, face à la puissance de feu prussienne, des assauts à la baïonnette auraient été désastreux. Ses fantassins, armés de fusils à chargement par la bouche devant être rechargés en position verticale, étaient grandement désavantagés face aux Prussiens dont les fusils à chargement par la culasse pouvaient être rechargés en position couchée. Cependant, tout ne se passa pas sans accroc pour les Prussiens. Leur système de ravitaillement faillit être interrompu, tout comme la coordination entre les différentes armées. Aux abords de Sadowa, les forces prussiennes furent divisées par l'Elbe et la seconde armée lança l'attaque avant que la première ne soit en position.

« La victoire des Prussiens… a été une victoire de la Prusse sur les maîtres autrichiens. »

Conseiller Peschel, in Ausland, *n° 19 (17 juillet 1866)*

L'infanterie prussienne se retrouva alors sous une pluie d'obus et pendant cinq heures demeura incapable d'avancer. Les défenses autrichiennes construites dans la forêt s'avérèrent extrêmement difficiles à conquérir. L'attaque que les Autrichiens lancèrent à cet instant aurait pu leur offrir la victoire, mais tandis que Benedek hésitait, le commandant en charge du flanc nord mena son infanterie dans une charge traditionnelle à la baïonnette. Avec son flanc exposé, Benedek n'osa pas lancer son centre dans un assaut qui aurait pu balayer la seconde armée.

La première armée arriva à cet instant et lança une manœuvre de débordement qui menaça d'encercler les Autrichiens, dont le flanc nord fut rapidement repoussé en désordre. Les réserves autrichiennes furent dilapidées dans de futiles contre-attaques. À ce stade, tout était perdu pour les Autrichiens et Benedek ne put qu'essayer de retirer son armée, désormais menacée de trois côtés, le long d'une unique route chargée de soldats et de chevaux. La retraite de l'infanterie autrichienne démoralisée vira rapidement à la déroute. Seule la bravoure de la cavalerie autrichienne (qui perdit près de 2 000 hommes en couvrant la retraite) et de l'artillerie sauva les Autrichiens de l'anéantissement. La guerre était terminée pour de bon, l'armée autrichienne ayant perdu toute capacité à combattre. **JS**

Pertes : Autrichiens et Saxons, 44 000 morts, blessés ou prisonniers sur 206 000 ; Prussiens, 2 000 morts et 7 000 blessés sur 221 000 engagés

< *Seconde bataille de Custoza 1866* *Lissa 1866* >

 Illustration du XIXe siècle montrant les tirs d'infanterie disciplinés des Prussiens contre les Autrichiens et les Saxons. 

C. Röchling

Guerres d'indépendance italiennes

Lissa 20 juillet 1866

La bataille de Lissa, opposant l'Italie à Autriche, fut livrée à un curieux moment des avancées de la technologie navale. L'éperonnement, largement employé dans l'Antiquité, était brièvement réapparu pour devenir la principale forme d'attaque, des éperons étant fixés à la proue des cuirassés à vapeur.

En 1866, l'Italie était alliée à la Prusse dans sa guerre contre l'Autriche. Les flottes italienne et autrichienne comprenaient toutes deux des voiliers obsolètes et des cuirassés modernes, mais la flotte italienne, plus importante, disposait de meilleurs canons. Alors que les Autrichiens avaient déjà été vaincus sur terre à Sadowa, l'Italie avait tout lieu de croire à sa prédominance en Adriatique. Des négociations de paix étaient déjà entamées lorsque la flotte italienne attaqua l'île dalmate de Lissa, dans l'espoir d'améliorer la position de l'Italie lors des pourparlers. Après avoir bombardé l'île, l'amiral Persano s'apprêtait à débarquer des troupes quand la flotte autrichienne approcha. L'amiral von Tegetthoff, attaquant en trois formations en V avec les plus puissants vaisseaux en tête, se rapprocha rapidement des Italiens pour les éperonner.

En cela, il réussit, principalement à cause de la confusion régnant côté italien. Persano ordonna à ses navires de former une ligne de bataille, puis décida de transférer son pavillon sur un autre bateau. La moitié de sa ligne ralentit, mais ses navires de tête continuèrent et ouvrirent une brèche. Les Autrichiens en profitèrent pour fondre sur eux. Le combat fut chaotique, les deux camps échangeant des tirs tout en tentant de s'éperonner. Après avoir perdu deux cuirassés, Persano concéda la défaite. Lissa fut le dernier combat naval livré par des navires conçus pour éperonner. **JS**

Pertes : Autrichiens, 38 morts ; Italiens, 620 morts, 2 cuirassés coulés

◁ *Sadowa 1866*

Guerres indiennes

« Wagon Box » 2 août 1867

Lorsque la guerre de Sécession prit fin en 1865, les concessions de terres aux vétérans et la découverte d'or provoquèrent un afflux de population vers les territoires de l'ouest des États-Unis, relançant le violent conflit entre les tribus amérindiennes nomades et les nouveaux colons.

Bozeman Trail était la principale route reliant le Wyoming au Montana, à travers des terres cédées par traité aux Sioux et aux tribus cheyennes du Nord. En 1866, les Indiens menés par Nuage Rouge renièrent le traité et prirent les armes. Défiant Nuage Rouge, des soldats arrivèrent en juillet 1866, pour construire le fort Phil Kearny.

Le 2 août 1867, Nuage Rouge attaqua un détachement du 27e d'infanterie, commandé par le capitaine Powell, qui protégeait des bûcherons à 11 km du fort. La base de Powell était un cercle formé par quatorze chariots (dénués de roues) placés bout à bout sur une plaine. Des meurtrières avaient été percées à travers les parois des chariots. Les soldats étaient dotés des nouveaux fusils Springfield à chargement par la culasse, ainsi que de revolvers Colt et d'une foule de munitions. Les Indiens attaquèrent d'abord les bûcherons, tuant plusieurs d'entre eux ; Powell les intercepta avant de se retrancher à l'intérieur de la barricade formée par les chariots. Il disposait de 32 hommes et officiers contre les milliers de guerriers de Nuage Rouge.

Les Indiens lancèrent des charges répétées qui furent rompues par le feu rapide et constant des Springfield. Les tentatives de pénétrer la barricade de chariots par des guerriers attaquant à pied échouèrent également avec des conséquences désastreuses pour les Indiens. Lorsque des renforts américains approchèrent, Nuage Rouge retira ses troupes anéanties. Le fort Phil Kearny ne fut abandonné qu'après la signature d'un traité en 1869. **RB**

Pertes : États-Unis, 1 mort, 2 blessés ; Sioux et Cheyennes, 1 000 morts ou blessés

Little Bighorn 1876 ▷

Expédition française au Mexique

Queretaro 14 mars-15 mai 1867

Le rêve de Napoléon III de fonder un empire latin en Amérique se heurte à la résistance des républicains mexicains et à l'hostilité des États-Unis. Au début de 1867, cinq ans après leur arrivée, les troupes françaises de Bazaine rembarquent à Vera Cruz et abandonnent Maximilien de Habsbourg à son sort.

Nombreux sont ceux qui conseillent à Maximilien d'abdiquer. Pourtant, il s'obstine. En février, il quitte Mexico pour se porter à la rencontre des troupes de Juarez, qui mène une guérilla sans merci contre les « impérialistes ». Il prend ses quartiers à Queretaro, ville coloniale entourée de collines, au nord-ouest de la capitale. Il dispose d'une dizaine de milliers d'hommes. Il fait fortifier la place avec des moyens limités.

Trois colonnes de Juarez sont annoncées. Faut-il passer à l'offensive ou attendre l'ennemi ? L'état-major impérial tergiverse. Le 14 mars, Queretaro, encerclée, est attaquée par les républicains mais résiste. Maximilien envoie le général Marquez chercher du secours à Mexico. Dans la ville assiégée, les pénuries se font sentir. Les munitions manquent. Deux tentatives de sortie échouent. Aucun secours ne vient, car Marquez a été écrasé par Porfirio Diaz.

Dans la nuit du 14 au 15 mai, les républicains lancent l'assaut final. Au matin, ils contrôlent la ville. Les cloches sonnent pour la victoire. Maximilien sort du couvent d'où il suit la bataille et se rend. Condamné à mort par un tribunal militaire, il est exécuté le 19 juin 1867 avec deux de ses généraux. La nouvelle de sa mort arrive à Paris au milieu des festivités de l'Exposition universelle. Le prestige de Napoléon III est atteint, alors que la puissance allemande devient menaçante en Europe. **LV**

Pertes : chiffres inconnus

Camerone 1863

Guerre de Boshin

Baie d'Hakodate 4-10 mai 1869

La restauration de la puissance impériale au Japon débuta par le renversement du shogunat au début de l'année 1868 et se solda par une victoire impériale lors d'un combat naval dans la baie d'Hakodate, au large d'Hokkaido. La marine japonaise était en train de gagner en puissance.

Le shogunat Tokugawa, qui gouvernait le Japon depuis 1603, commença à s'effondrer lorsque le Japon ouvrit ses ports aux États occidentaux après 1854, mettant fin à son isolement. En janvier 1868, un groupe de courtisans impériaux déclara la fin du shogunat et soutint le Meiji (« règne éclairé ») de l'empereur. La courte guerre civile qui suivit prit fin lorsqu'une partie de la marine du shogun, menée par l'amiral Enomoto Takeaki et plusieurs milliers de soldats, s'enfuit à Ezo, l'actuelle Hokkaido, où ils établirent une république rebelle.

La flotte républicaine ne comprenait que le navire à aubes *Kaiten* et quatre autres vapeurs. L'empereur Meiji, manquant de temps pour lever sa propre flotte, acheta le cuirassé *Kotetsu* aux États-Unis et se procura sept autres navires auprès de seigneurs japonais. La flotte impériale débarqua ses troupes à Hokkaido, détruisant des fortifications et attaquant les navires rebelles. Après s'être échoué, le *Chiyodagata* fut capturé le 4 mai et le *Kaiten* fut touché le 7 mai. Même si le navire rebelle *Benryu* parvint à couler le vaisseau impérial *Choyo*, il coula lui-même après avoir subi de lourds dégâts. Vaincue, la république d'Ezo se rendit et cessa d'exister le 27 juin. Le mois suivant, tous les navires furent intégrés à la marine japonaise. Parmi les combattants de l'empereur présents dans la baie d'Hakodate se trouvait Togo Heihachiro, qui devint plus tard célèbre en tant que commandant en chef durant la guerre de 1904-1905 contre la Russie. **SA**

Pertes : troupes impériales, 1 navire de guerre coulé sur 8 ; républicains, 2 navires de guerre coulés et 3 capturés sur 5

Shiroyama 1877

Guerre de la Triple Alliance

Campo Grande 16 août 1869

La guerre de la Triple Alliance sud-américaine, entamée en 1864, atteignit son point culminant à Eusebio Ayala au Paraguay en 1869. La défaite de l'armée paraguayenne (composée en majorité d'enfants) mena en 1870 à la mort de son président Francisco Solano López et à la fin de la guerre.

La volonté du Paraguay de devenir la puissance prédominante de la région l'amena, en 1864, à entrer en guerre contre le Brésil, qui forma une Triple Alliance avec l'Argentine et l'Uruguay en 1865. La supériorité numérique de cette alliance lui conféra rapidement une série de victoires. Au milieu de l'année 1869, l'armée paraguayenne était en fuite et la capitale, Asunción, fut occupée par les alliés. López refusa de se rendre. La plupart des Paraguayens avaient été tués ou capturés, si bien que López enrôla des enfants, dont certains se dessinèrent des moustaches pour dissimuler leur jeunesse. Au matin du 16 août, les troupes alliées affrontèrent les vestiges de l'armée paraguayenne, dont 3 500 enfants-soldats, sur la vaste plaine de Campo Grande.

Après un premier échange de tirs, les Paraguayens se replièrent de l'autre côté de la rivière Juquerí, incendiant le terrain pour couvrir leurs mouvements. L'infanterie alliée chargea mais fut repoussée. L'artillerie alliée ouvrit le feu, infligeant d'énormes pertes. Pendant ce temps, la cavalerie brésilienne avait atteint le champ de bataille depuis les lignes arrière et traversa la rivière, infligeant une nouvelle fois de lourdes pertes à l'infanterie paraguayenne disposée en carrés. Une nouvelle charge d'infanterie s'empara des huit canons paraguayens et rompit leurs lignes, mettant un terme à la bataille. En tout juste un an, le Paraguay avait réussi à perdre la guerre, son président, plus de la moitié de la population et de son territoire. **SA**

Pertes : alliés, 46 morts, 259 blessés sur 20 000 ; Paraguayens, 2 000 morts, 1 200 prisonniers sur 6 000

< *Riachuelo 1865* *Nanawa 1933* >

Guerre franco-allemande

Froeschwiller 6 août 1870

Le chancelier prussien Otto von Bismarck attira les Français dans une guerre inutile pour achever le processus d'unification allemande. Les Français s'attendaient à une victoire facile ; Frœschwiller, première grande bataille de la Guerre franco-allemande , fut le premier présage du désastre à venir.

Lorsque la guerre éclata, la mobilisation française fut chaotique : les généraux étaient séparés de leurs régiments, le système de ravitaillement embrouillé et de trop nombreuses unités en sous-effectif. Les Français étaient largement dépassés en nombre lors du premier affrontement en Alsace, face à une machine de guerre allemande plus efficace et plus expérimentée.

Après une première escarmouche près de Wissembourg, le maréchal français Mac-Mahon se retrancha sur le plateau boisé de Froeschwiller. Les troupes bavaroises attaquèrent les premières mais se heurtèrent à la résistance des Français, qui comprenaient des troupes nord-africaines aguerries, armées des nouveaux fusils Chassepot. L'artillerie allemande réduisit rapidement les canons français au silence et les Allemands entamèrent une manœuvre d'encerclement. Les Français contre-attaquèrent, et lancèrent des charges de cavalerie suicidaires. Malgré le massacre d'une unité de 700 cuirassiers par l'artillerie allemande, les attaques françaises se poursuivirent.

Mais toutes ces tentatives furent vaines et lorsque ses deux flancs furent débordés, Mac-Mahon dut se replier. La plupart de ses troupes atteignirent Châlons-sur-Marne. Privés de cavalerie, les Allemands ne purent les pourchasser. Mais la route de Paris était ouverte et les troupes françaises qui s'échappèrent ne firent que s'acheminer vers la catastrophe de Sedan. **JS**

Pertes : Français, 11 000 morts ou blessés et 6 200 prisonniers sur 46 500 ; Allemands, 9 200 morts ou blessés et 1 400 disparus sur 125 000

< *Sadowa 1866* *Mars-la-Tour 1870* >

Les Bavarois ouvrent le feu tandis que les cadavres français s'amoncellent. Détail d'une gravure du XIXe siècle. 

Mars-la-Tour 16 août 1870

Alors que la Guerre franco-allemande faisait rage, le maréchal Bazaine décida de retrancher son armée dans la forteresse de Verdun. Là, aux prises avec une force allemande plus petite, il connut lui-même un désastre. La dernière charge de cavalerie en Europe allait contribuer à son échec.

Après une série de défaites cuisantes, Bazaine décida d'abandonner la forteresse de Metz et d'opérer la jonction avec les forces françaises à Verdun. Lorsque les dragons hanovriens localisèrent son armée à Mars-la-Tour, une force de 30 000 Allemands fut envoyée. Un combat acharné s'ensuivit. Ce fut une « bataille de soldats » : l'initiative des commandants d'unités et l'esprit combatif des soldats allaient être la clé de la victoire.

Une mêlée de cavalerie éclata et dura presque une heure tandis que les deux côtés se pilonnaient sans résultat probant. Les Français étaient quatre fois plus nombreux que les Allemands mais Bazaine n'exploita jamais cette supériorité. Avançant prudemment, il renâcla à jeter le gros de ses forces dans la bataille. Les Allemands, en revanche, se lancèrent à corps perdu en faisant preuve d'une incroyable confiance en eux. Combattant toute la journée, les Allemands continrent la totalité de l'armée française jusqu'à ce qu'ils reçoivent des renforts.

Le tournant de la bataille eut lieu lorsqu'une brigade de cavalerie, dissimulée par la fumée de l'artillerie française, se lança soudain dans une charge, la célèbre « chevauchée de la mort » qui les emporta à travers la ligne des canons français. Près de la moitié de la cavalerie périt, mais l'attaque acheva de convaincre Bazaine qu'il ne pourrait pas remporter la victoire. Le combat prit fin par l'épuisement des deux camps, et le lendemain, Bazaine se replia sans encombre en direction de Metz. **JS**

Pertes : Français, 17 000 morts ou blessés sur 127 000 ; Allemands, 16 000 morts ou blessés sur 80 000

◁ *Froeschwiller 1870* *Saint-Privat 1870* ▷

La « chevauchée de la mort » qui fit tomber Mars-la-Tour aux mains des Allemands, dans un tableau de 1872 par Emil Hünten. 

Saint-Privat 18 août 1870

Après la défaite de Mars-la-Tour, le maréchal Bazaine, peu enclin à l'idée de rentrer à Metz car la ville manquait de vivres pour supporter un siège, préféra livrer bataille à Saint-Privat. Le refus de Bazaine de contre-attaquer lui ôta la victoire et condamna la France tout entière à la défaite.

Saint-Privat était sans doute l'une des positions défensives naturelles les plus solides en Europe. En occupant la crête, les Français obligeraient les Allemands à venir vers eux, et ils pourraient exploiter tout le potentiel de leur artillerie et de leurs fusils à chargement par la culasse. Le flanc gauche était protégé par le ravin de la Mance. Le droit, niché dans le village de Saint-Privat, était plus faible et les Français manquaient de matériel pour le renforcer.

Les vagues d'attaques allemandes furent toutes repoussées avec de lourdes pertes. Seule l'artillerie lourde, qui causait la plupart des pertes françaises, empêcha l'offensive allemande de s'effondrer. Malgré leur infériorité en nombre et en armes, les Français firent preuve d'une incroyable ténacité. Le ravin de la Mance fut finalement jonché de cadavres allemands.

Il fallut plusieurs attaques allemandes, au cours desquelles quasiment tous les officiers furent tués, pour que les gardes prussiens s'emparent de Saint-Privat après un combat acharné. Pourtant, la situation des Allemands, épuisés, était précaire. Si les Français avaient contre-attaqué en masse, ils auraient pu les écraser, mais Bazaine, d'une prudence excessive, décida de se replier sur Metz, où il attendit passivement des renforts qui ne vinrent jamais. L'armée française fut ainsi privée de sa force pendant tout le reste de la guerre, une véritable catastrophe pour la France. En octobre, Bazaine se rendit. **JS**

Pertes : Français, 8 000 morts ou blessés, 4 400 disparus ou prisonniers sur 113 000 ; Allemands, 20 000 morts ou blessés, près de 500 disparus ou prisonniers sur 188 000

〈 *Mars-la-Tour 1870* *Sedan 1870* 〉

Les cadavres jonchent le cimetière de Saint-Privat, dans cette représentation dramatique de la bataille par Alphonse de Neuville (1870).

Sedan 1er septembre 1870

Après avoir été vaincus à Saint-Privat, les Français n'avaient plus que l'armée du maréchal Mac-Mahon engagée dans la Guerre franco-allemande. Plutôt que de se replier pour défendre Paris, Mac-Mahon tenta de venir en aide au maréchal Bazaine, assiégé par les Allemands à Metz. L'échec de Mac-Mahon à Sedan provoqua la chute de la dynastie Bonaparte.

L'empereur Napoléon III, malade et souffrant de terribles douleurs, ne pouvait rentrer à Paris car un tel aveu d'échec aurait condamné les Bonaparte. Malgré ses nombreuses défaites contre les Allemands, Mac-Mahon, accompagné de Napoléon, décida de marcher vers la frontière belge, avant de tourner pour renforcer Metz. Les Allemands se déplacèrent pour les intercepter.

Harcelée par la cavalerie allemande et conspuée par les paysans français (qui refusèrent de nourrir les troupes affamées), l'armée était démoralisée avant même d'être rattrapée par deux armées allemandes à 96 km de Metz. Après de vifs affrontements à Nouart (le 29 août), Beaumont-sur-Meuse (le 30) et Bazielles (le 31), Mac-Mahon fut contraint de se replier dans la petite ville de Sedan. La situation y fut véritablement désespérée. La ville ne pouvait pas nourrir l'armée plus de quelques jours et, avec ses rues bondées de charrettes, de canons et de réfugiés, Sedan était trop petite pour abriter l'armée. De nombreux hommes furent piétinés dans la panique pour gagner l'enceinte de la ville. La seule option des Français était de sortir de Sedan, mais ils se retrouvèrent encerclés et largement dépassés en nombre.

« Le général Wimpffen cherchait à encourager ses troupes. Il criait : "Vive la France ! En avant", mais en vain. » Un officier français

La seule échappée possible était à travers la ville de La Moncelle, occupée par les Français. Malheureusement, les Allemands anticipèrent la manœuvre et déplacèrent leur artillerie pour leur barrer le passage. Alors que les deux camps investissaient des renforts dans une bataille de plus en plus féroce, une contre-offensive française aurait pu renverser la situation. Cependant, à mesure que l'artillerie allemande gagnait en efficacité, la situation française devenait de plus en plus intenable. Désespérée, la cavalerie française attaqua à trois reprises, montrant un courage salué par les artilleurs allemands qui décimaient leurs rangs. Mais malgré tous leurs efforts, ils ne parvinrent pas à s'échapper.

À l'intérieur de Sedan, le chaos s'accentua alors que les Français étaient pilonnés par plus de 400 canons allemands disposés en demi-cercle sur une hauteur de la ville. Napoléon rallia la ligne de bataille, préférant mourir au combat plutôt que de subir une humiliation, mais il était trop malade pour rester. À la fin de l'après-midi, tout était perdu. Pressé de prendre la tête de ses troupes pour une dernière tentative de sortie, Napoléon fut forcé d'admettre que résister plus longtemps ne ferait que conduire à un massacre inutile.

Le lendemain matin, il ordonna qu'on hisse le drapeau blanc et, les joues fardées pour cacher sa maladie, fut conduit jusqu'au roi Guillaume de Prusse, pour se rendre. Écœurées par leur disgrâce, de nombreuses troupes françaises lui tournèrent le dos. Lorsque la nouvelle atteignit Paris, un soulèvement populaire renversa le Second Empire, donnant naissance à la IIIe République. Ce ne fut cependant pas une bonne nouvelle pour les Allemands car le nouveau gouvernement n'était pas prêt à accepter les conditions allemandes, et la guerre continua. **JS**

Pertes : Français, 3 000 morts, 14 000 blessés, 103 000 prisonniers sur 120 000 ; Allemands, 2 320 morts, 5 980 blessés, 700 disparus sur 200 000

< *Saint-Privat 1870* | *Paris 1870* >

La lettre de reddition de Napoléon III après la bataille de Sedan, écrite à Guillaume Ier, roi de Prusse. →

Monsieur mon frère

N'ayant pas pu mourir
au milieu de mes troupes
il ne me reste qu'à remettre
mon épée entre les mains de
Votre Majesté

Je suis de votre Majesté
le bon frère

Napoléon

Sedan le 1 Sept. 1870

Paris 19 septembre 1870-28 janvier 1871

Après la défaite de Sedan, la nouvelle république n'acceptait pas les conditions de paix allemandes. Pour mettre un terme à la Guerre franco-allemande, les Allemands assiégèrent Paris. La durée du siège provoqua de graves dissensions politiques.

La garnison parisienne rassemblée en hâte était de qualité discutable mais les défenses de la ville étaient redoutables. Le maréchal Helmuth von Moltke, commandant les forces allemandes, n'avait aucune intention de gâcher des vies en envahissant la ville. Au lieu de cela, les Allemands décidèrent d'affamer Paris.

La garnison tenta à trois reprises de rompre le siège, mais sans résultat concluant. Au sein de la ville, alors que les provisions déclinaient, la « cuisine de siège » fit son entrée dans la mythologie française. Quasiment tous les animaux du zoo furent mangés au cours du siège. Cependant, s'il n'y eut que quelques morts dues à la famine, la mortalité infantile s'envola pendant que couvait le ressentiment de la classe ouvrière.

Perdant patience, les Allemands finirent par bombarder la ville, tirant 12 000 obus en trois semaines, mais en l'absence de canons de siège, ils tuèrent moins d'une centaine de Parisiens, ce qui n'eut guère d'impact sur le moral des habitants. Les choses changèrent lorsque la ville fut au bord de la famine. Aucun soutien ne vint et de nombreux Parisiens (notamment les classes ouvrières), ignorant la guérilla harcelant les communications allemandes ou la souffrance des armées françaises nouvellement levées, se sentirent abandonnés par la France. Au final, la ville capitula, les soldats furent faits prisonniers et les Allemands entreprirent une marche triomphale à travers la ville. Ces outrages allaient mettre du temps à s'effacer. **JS**

« Les portes de la ville sont bien gardées… sans doute y aura-t-il une nouvelle tentative de sortie désespérée… la dernière. »

Lettre de Helmuth von Moltke à son frère Fritz

Photographie (détail) représentant des soldats devant une barricade, place Vendôme, en mars 1871, après le siège de Paris.

Pertes : Français, 24 000 morts ou blessés, 146 000 capturés sur 400 000 + 47 000 civils morts ou blessés ; Allemands, 12 000 morts ou blessés sur 240 000

< *Sedan 1870* *Commune de Paris 1871* >

Guerre franco-allemande

Belfort 3 novembre 1870-13 février 1871

Fortifié par Vauban, Belfort fut déjà le théâtre d'une résistance acharnée des Français en 1815. Pendant la guerre de 1870, au milieu des désastres et des capitulations, un officier opiniâtre, le colonel Denfert-Rochereau, tient tête aux Prussiens.

À la fin de l'automne 1870, le nord de la France est envahi, Paris est cerné. Mais le gouvernement de la Défense nationale, Gambetta en tête, espère encore renverser le courant. Aux portes de l'Alsace, Belfort a consolidé ses fortifications. Les Allemands entourent la ville le 3 décembre 1870, sans parvenir à la prendre. Denfert-Rochereau, avec ses 15 000 hommes, est offensif. Il va au-devant de l'ennemi, attaque les points sensibles, reprend des villages, utilise efficacement son artillerie. L'enjeu est de taille : si les Allemands prennent Belfort, le centre de la France leur est ouvert. 40 000 d'entre eux commandés par les généraux von Werder et von Tresckow assiègent la place forte. Un mois après le début du siège, ce dernier fait bombarder la ville avec deux cents canons. L'hiver et les épidémies aggravent encore le sort des assiégés. Mais Denfert-Rochereau ne cède pas. Il continue le combat après la retraite d'une armée de secours, repousse de nouvelles attaques. Et même après la signature de l'armistice du 28 janvier 1871, la bataille se poursuit à Belfort, où les Allemands menacent désormais le cœur de la citadelle. Denfert-Rochereau se rend finalement le 13 février sur l'ordre du gouvernement de Thiers.

Napoléon III et Mac-Mahon avaient capitulé à Sedan. Bazaine avait remis Metz à l'ennemi d'une façon jugée honteuse. Denfert-Rochereau sauve l'honneur à Belfort. Mais il fait plus : au traité de Francfort, le 28 mars 1871, Bismarck accepte que la ville et ses environs ne soient pas annexés au nouvel Empire allemand comme le reste de l'Alsace. **LV**

Pertes : Français : 4 500 ; Allemands : 2 000

Paris 1870-1871

Guerres de la Révolution française

Commune de Paris 18 mars-28 mai 1871

Après la Guerre franco-allemande, une assemblée nationale essentiellement monarchiste fut élue en France. Après le siège de Paris, la classe ouvrière prit le pouvoir et tenta une révolution sociale, mais l'armée répondit violemment à cet élan.

La Commune, comme fut appelé le gouvernement parisien, était constituée d'un mélange d'anarchistes et de socialistes. Malgré le fait qu'elle détenait le plus grand parc d'artillerie en France et la garde nationale, la Commune était trop divisée pour organiser des actions militaires efficaces et la garde trop mal entraînée pour les effectuer. Au lieu de cela, la Commune resta passive, sans tenir compte du reste de la France.

Mais le reste de France n'allait pas laisser Paris lui dicter ses volontés ; la tradition révolutionnaire de la ville avait depuis longtemps été source d'antagonismes vis-à-vis de la France monarchique et rurale et le gouvernement était prêt à payer le prix fort pour conquérir Paris. Méthodiquement et avec acharnement, il s'attaqua aux forts entourant Paris, que les communards étaient trop incompétents pour soutenir avec efficacité, avant de ravager les défenses de Paris.

La fin, lorsqu'elle vint, fut rapide. La porte de Point-du-Jour fut gravement endommagée et ses défenseurs durent reculer pour échapper au bombardement. Les forces gouvernementales envahirent la ville et la « Semaine sanglante » débuta. La défense était complètement désorganisée, chaque quartier établissant ses propres barricades et se défendant avec plus ou moins d'habileté. De nombreux bâtiments publics furent incendiés, ajoutant à la fureur du gouvernement, qui se livra à l'exécution massive des prisonniers. La révolte fut totalement écrasée. **JS**

Pertes : communards, 20 000 à 30 000 morts, 40 000 prisonniers, 7 000 exilés ; gouvernement, 750 morts

Paris 1870

Little Bighorn 25-26 juin 1876

Le traité de 1868 établit une réserve sioux dans le territoire du Dakota et désigna une partie du Montana comme territoire de chasse réservé aux Indiens. En 1874, la découverte de gisements aurifères provoqua l'afflux massif de chercheurs d'or et d'immigrants illégaux dans le territoire sioux.

Incapable de contrôler cette invasion, le gouvernement américain ordonna aux Indiens de quitter la zone de chasse pour rejoindre les réserves. Encouragés par le chef sioux Sitting Bull, de nombreux Cheyennes et Sioux refusèrent de partir. Au printemps 1876, une campagne militaire fut lancée et plusieurs colonnes se mirent à la recherche des camps indiens. À la mi-juin, des éclaireurs signalèrent la présence de Sioux à proximité de la rivière Bighorn.

Le 21 juin, le brigadier général Terry divisa sa force en deux groupes qui devaient suivre des chemins différents pour se retrouver le 26 juin près de la rivière de Little Bighorn. À la tête du premier groupe, composé du 7e régiment de cavalerie, le lieutenant-colonel George A. Custer remonta les rives de la rivière Rosebud pour barrer la route aux Indiens avant de se diriger vers la Little Bighorn. Le 24 juin, Custer repéra une piste indienne et – par une manœuvre controversée – la suivit à l'ouest vers la Little Bighorn. Tout semblait indiquer qu'il s'agissait d'un vaste camp, comprenant quelque 1800 guerriers. Il marcha toute la nuit, comptant se reposer à couvert avant d'attaquer le 26 juin à l'aube. Néanmoins, le 25 juin vers midi, Custer, persuadé que son régiment avait été repéré, décida d'attaquer.

« Plus j'étudie les mouvements entrepris ici [Little Bighorn], *plus mon admiration pour Custer augmente. »* *Lieutenant général Nelson A. Miles*

Il divisa le régiment en trois bataillons. Custer commandait cinq compagnies (221 hommes) ; le major Reno trois compagnies (175 hommes) ; et le capitaine Benteen trois également (120 hommes). Une des compagnies fut assignée comme escorte du train de charge (136 hommes). Benteen fut chargé d'explorer le sud avant de rejoindre Custer. Le bataillon de Reno partit à l'ouest pour traverser la Little Bighorn et tourner au nord, vers le camp indien dont la majeure partie échappait aux regards. Custer suivait, mais peu avant la rivière, il tourna au nord.

Le train de charge suivait à un rythme bien plus lent. Alors que le bataillon de Reno s'était déployé en ligne d'escarmouche, il fut attaqué par des centaines de guerriers. Ils débordèrent rapidement le flanc gauche de Reno, qui ordonna une retraite à travers bois, le long de la rivière. Les cavaliers, en sous-nombre, combattirent jusqu'à ce que Reno panique et se replie.

Custer continua le long des crêtes, cherchant un endroit qui lui permettrait de fondre sur le camp. Une fois Reno stoppé dans son avancée, des centaines d'Indiens firent demi-tour et traversèrent la rivière. Encerclées par les Indiens, les compagnies de Custer tentèrent de refouler l'ennemi sur les crêtes. Toutes furent écrasées et les derniers soldats de Custer se réunirent pour tenter de résister une dernière fois avant d'être tués.

Le bataillon de Benteen et le train de charge atteignirent peu après la position de Reno. Malgré les supplications de ses officiers, Reno ne se porta pas à la rencontre de Custer. Finalement, un dernier et futile effort fut fait pour être aussitôt abandonné. Quelques escarmouches continuèrent jusque dans la journée du 26 juin. Le 27, les Indiens avaient disparu. Néanmoins, l'armée américaine entama une campagne acharnée et finalement victorieuse pour éradiquer les tribus restantes. **RB**

Pertes : États-Unis, 265 morts, 52 blessés ; Sioux et Cheyennes, 30 à 100 morts

‹ *« Wagon Box » 1867* *Wounded Knee 1890* ›

Bataille de Little Bighorn *(vers 1900) par Amos Bad Heart Buffalo, éclaireur indien de l'armée américaine.* 

Plevna 19 juillet-10 décembre 1877

La défense de Plevna pendant la guerre russo-turque de 1877-1878 suscita le soutien international de la cause turque. Inquiets pour les Turcs, et pour leurs intérêts, les grandes puissances forcèrent les Russes à modérer leurs conditions de paix.

Pressentant la fin de l'Empire ottoman en Europe, les Russes espéraient prendre Constantinople. Cependant, tandis qu'une armée russe marchait vers le sud, le commandant turc Osman Pacha reconnut l'importance stratégique de la ville de Plevna et mena ses troupes dans une marche forcée depuis sa base de Vidin pour préparer sa défense. À trois reprises, les Russes tentèrent d'investir la ville. Néanmoins, leurs assauts en rangs serrés et mal coordonnés se brisèrent contre les défenses turques et furent sauvagement repoussés avec de lourdes pertes. Les Russes décidèrent alors d'encercler la ville et de couper ses approvisionnements pour l'affamer jusqu'à ce qu'elle se rende.

Conscient que la ville ne tiendrait pas longtemps, Osman voulut se replier, mais à Constantinople, la défense de Plevna était considérée comme une affaire de prestige et il reçut l'ordre de rester en attendant des renforts, qui ne vinrent jamais. Début décembre, il devint évident que la garnison serait bientôt affamée. Une nuit, Osma tenta une sortie en lançant une attaque surprise. Mais son plan échoua et il fut blessé. Le lendemain, la garnison se rendit. Grâce à la résistance héroïque d'Osman, la Russie fut néanmoins obligée de revoir ses prétentions à la baisse lors du congrès de Berlin. **JS**

Pertes : Russes, 40 000 morts ou blessés sur 150 000 ; Turcs, 40 000 morts ou prisonniers sur 40 000

Catalca 1912 >

Shiroyama 24 septembre 1877

La dernière révolte contre le gouvernement Meiji du Japon se solda par une défaite militaire pour les soldats rebelles. L'écrasement de la rébellion de Satsuma mit fin à la domination de la classe des samouraïs dans la société japonaise.

En 1868-1869, la restauration de Meiji conforte la puissance impériale, qui avait disparu au profit des seigneurs féodaux du shogunat. Plusieurs groupes s'étaient opposés à la modernisation du Japon, notamment la classe des samouraïs, dont le statut privilégié avait été aboli.

L'opposition se concentrait dans le fief de Satsuma. Menés par Saigo Takamori, les rebelles assiégèrent en vain le château de Kumamoto puis livrèrent un combat désespéré à Tabaruzaka avant d'être quasiment anéantis près du mont Enodake. Seuls 400 rebelles s'échappèrent à Satsuma, où ils prirent la colline de Shiroyama, surplombant la capitale, Kagoshima. Ils furent alors encerclés par l'armée impériale menée par le général Yamagata Aritomo qui ordonna la construction de murs et de fossés pour interdire toute sortie et fit venir cinq bâtiments de guerre pour bombarder les samouraïs depuis la baie. Le 24 septembre, un bombardement massif affaiblit les assiégés avant que les forces impériales n'investissent la colline. Malgré tout leur talent, les samouraïs durent céder devant le nombre bien supérieur de leurs ennemis. À 6 heures, il ne restait plus que 40 samouraïs. Après que Saigo fut tué, le reste des samouraïs chargea les lignes impériales, où ils furent fauchés par les mitrailleuses Gatling. La dernière résistance des samouraïs était brisée. **SA**

Pertes : troupes impériales, pertes inconnues sur 30 000 ; samouraïs, 350 sur 400

< *Baie d'Hakodate 1869* *Fleuve Yalou 1894* >

Reddition des rebelles de Satsuma *selon une estampe de Yoshitoshi (1877).*

Isandlwana 22 janvier 1879

La bataille d'Isandlwana fut l'une des pires défaites de l'armée britannique. Lorsque Lord Chelmsford, commandant des forces britanniques en Afrique du Sud, envahit le royaume zoulou, un groupe de guerriers zoulous, menés par le roi Cetshwayo, supprima pratiquement toute une colonne britannique.

Lord Chelmsford sous-estima largement la menace posée par le royaume zoulou et divisa sa force d'invasion en trois colonnes. Celle du centre fut prise en chasse par les Zoulous alors qu'elle traversait leur territoire puis campait près de la colline d'Isandlwana. Le 22 janvier, le colonel Pulleine, en charge du camp, envoya des messagers à Chelmsford lorsqu'il apprit que les Zoulous étaient proches. Mais il était trop tard.

Alors qu'un groupe de reconnaissance était tombé sur les Zoulous et se repliait en toute hâte vers le camp, ils furent attaqués par plusieurs milliers de guerriers. Ces derniers descendirent en trombe de la colline et écrasèrent les Britanniques avant même qu'ils aient pu utiliser l'artillerie. Les Britanniques combattirent désespérément pour défendre leur camp, mais malgré leur puissance de feu supérieure, ils furent débordés par le nombre d'assaillants et encerclés. Une fois leur camp assiégé, ils tirèrent pour repousser les nombreuses vagues d'assaut mais tombèrent à court de munitions et furent débordés. De nombreux soldats s'enfuirent mais furent pourchassés et tués. Seuls les soldats à cheval parvinrent à s'échapper.

Alors qu'une brusque éclipse plongeait les lieux dans l'obscurité, les quelques survivants du camp tentèrent de s'abriter dans les buissons et furent massacrés. La complaisance avait mené à l'inconcevable ; lorsque la nouvelle parvint par télégraphe, l'Angleterre victorienne fut en état de choc. **TB**

Pertes : Britanniques, 1 300 morts sur 1 500 ; Zoulous, 2 000 victimes sur 15 000

◁ *Bataille de la Rivière de sang 1838* — *Rorke's Drift 1879* ▷

La colline isolée d'Isandlwana, d'après une série de photographies par George Froom du 94e régiment.

Rorke's Drift 23 janvier 1879

Lors de la bataille de Rorke's Drift, une petite garnison britannique défendit victorieusement une mission attaquée par 4 000 guerriers zoulous. Onze *Victoria Cross* furent décernées à l'issue du combat, le plus grand nombre jamais remis pour un seul affrontement.

Après avoir décimé une colonne britannique à Isandlwana, 4000 guerriers attaquèrent la mission de Rorke's Drift. Face à eux ne se trouvait que le 1er bataillon du 24e régiment à pied du Warwickshire, commandé par le colonel Chard et le major Bormhead, et sur 139 soldats, seule une centaine était en état de se battre. Alors que les Assegaï menaient plusieurs vagues d'assaut armés de lances, les Britanniques repoussèrent les attaques et les cadavres zoulous s'amoncelèrent devant les murs, trop hauts pour être escaladés. À un moment donné, les Zoulous rampèrent au bas des murs puis se hissèrent sur leurs propres morts pour s'emparer des baïonnettes britanniques et tenter d'arracher les fusils des mains des défenseurs. À 18 heures, Chard ordonna une retraite et évacua l'hôpital tandis que les Zoulous l'investissaient, perçant les murs et le plafond de leurs armes.

Tout au long de la nuit, les attaques persistèrent. Presque tous les survivants furent blessés lorsque les assaillants tentèrent un dernier assaut contre le bastion, renforcé à la hâte, qui protégeait l'entrepôt. Cependant, à l'aube, les Zoulous, épuisés et affamés, s'en allèrent, persuadés qu'une force de soutien britannique était en route. Après la défaite cuisante d'Isandlwana, la bataille de Rorke's Drift provoqua un regain d'assurance au sein de l'Empire britannique et l'héroïsme de ses défenseurs fut mis à l'honneur dans le film *Zoulou* (1964), avec Richard Burton en narrateur. **TB**

Pertes : Britanniques, 17 morts, 14 blessés sur 139 ;
Zoulous, 350 morts, plus de 500 blessés sur 4 000

< *Isandlwana 1879* *Ulundi 1879* >

Des survivants de la compagnie du 24e régiment à Rorke's Drift.

Ulundi 4 juillet 1879

La bataille d'Ulundi fut le dernier épisode de la guerre anglo-zouloue. Au cours de cet affrontement décisif, la force britannique était commandée par Lord Chelmsford tandis que les forces zoulouess étaient menées par le roi Cetshwayo. La bataille se solda par la défaite des Zoulous et la destruction du kraal royal d'Ulundi.

Le désastre d'Isandlwana obligea Lord Chelmsford à adopter une approche plus prudente lors de sa seconde invasion : il avança avec ses troupes et ordonna à sa cavalerie de protéger les flancs et l'arrière. Son objectif était de vaincre les Zoulous sur leurs terres en déployant son armée en formation de « carré creux ». C'était un rectangle dont les côtés, formés par l'infanterie légère, abritaient la cavalerie positionnée au centre ; la puissance de feu de l'infanterie était soutenue par des mitrailleuses Gatling et des canons de campagne de sept et neuf livres.

Les Britanniques se rapprochèrent du kraal royal d'Ulundi et se déployèrent en carré creux tandis que les Zoulous passaient à l'offensive. L'armée zouloue encercla la formation britannique puis chargea de tous les côtés. L'artillerie ouvrit alors le feu, soutenue par les tirs des canons et des mitrailleuses. Les Zoulous lancèrent plusieurs vagues d'attaques mais, après plusieurs heures de combat, pas une seule ne parvint à percer les lignes britanniques. Alors que les Zoulous, épuisés, se repliaient, des brèches se formèrent de chaque côté du carré, laissant échapper la cavalerie qui fondit sur les Zoulous pour achever la déroute.

Chelmsford ordonna la destruction du kraal mais Cetshwayo s'échappa et fut exilé à Londres. Il fut rétabli au pouvoir en 1884, mais le royaume zoulou était désormais soumis à la férule britannique. **TB**

Pertes : Britanniques, moins de 100 victimes sur 5 300 ; Zoulous, 1 500 victimes sur 12 000

Rorke's Drift 1879 — *Majuba 1881*

Angamos 8 octobre 1879

En 1879, la guerre du Pacifique éclata entre le Chili, la Bolivie et leur allié péruvien pour le contrôle du désert d'Atacama et de ses précieux gisements de salpêtre. Étant donné le manque de routes et de voies ferrées, la plupart des premiers combats eurent lieu en mer entre les marines chiliennes et péruviennes.

Le plan chilien était d'obtenir la suprématie navale avant de débarquer des troupes sur le territoire contesté. Cependant, le cuirassé péruvien *Huascar* était en train d'attaquer les ports chiliens et représentait une grave menace pour la marine chilienne. Aussi, une flotte chilienne prit la mer le 20 septembre avec l'intention de couler ou capturer le cuirassé.

Le *Huascar* était situé au large de Punta de Angamos, ancien territoire bolivien. Le 8 octobre, le cuirassé péruvien ouvrit le feu sur l'*Almirante Cochrane*, bâtiment chilien, qui continua de naviguer vers l'ennemi jusqu'à ce qu'il l'ait à portée de ses canons. Un des tirs de l'*Almirante Cochrane* perça la tourelle d'artillerie du *Huascar* tandis qu'un autre frappa la coque et coupa la drosse. Quelques minutes plus tard, un nouveau tir tua l'amiral Grau et détruisit le gouvernail. Le *Huascar* abaissa son pavillon, mais plutôt que de se rendre, l'équipage en profita pour réparer le gouvernail. Le pavillon fut alors de nouveau hissé et le combat reprit. Les deux navires chiliens se rapprochèrent, leurs tirs tuant la quasi-totalité de l'équipage du cuirassé péruvien dans la tour d'artillerie.

Ayant perdu de nombreux membres d'équipage, le lieutenant Garezon décida de couler le navire. Alors que le bateau s'enfonçait, les Chiliens parvinrent à monter à bord et à fermer les vannes de coque. La prise du *Huascar* donna aux Chiliens le contrôle des mers, ils purent ainsi entamer leur guerre terrestre. **SA**

Pertes : Chiliens, aucun navire ; Péruviens, 1 cuirassé capturé

Tacna 1880

La charge du 17e régiment de lanciers à Ulundi, le 4 juillet 1879 ; détail d'un tableau de 1880 par F. Fayel.

Guerre du Pacifique

Tacna 26 mai 1880

La guerre du Pacifique, qui opposa le Chili au Pérou et à la Bolivie pour le contrôle des gisements de salpêtre du désert d'Atacama, atteignit son paroxysme en 1880. Après cinq heures de combat, le Chili écrasa complètement la Bolivie, laissant le Pérou combattre seul.

Après la bataille navale d'Angamos en 1879, le Chili avait acquis le contrôle des mers, ce qui lui permit de lancer une invasion terrestre. Après avoir conquis les zones boliviennes au milieu des années 1880, il décida de s'attaquer aux régions de Tacna et d'Arica, alors sous contrôle péruvien.

Les deux camps s'affrontèrent sur le plateau d'Intiorko, à quelques kilomètres au nord de la ville de Tacna, les alliés étant déployés en une longue ligne défensive face à cinq divisions chiliennes. Un premier échange d'artillerie tourna court lorsque les obus s'enfouirent dans le sable sans exploser. Les Chiliens avancèrent alors vers la ligne alliée mais sans parvenir à la percer. Les tirs d'artillerie permirent d'entamer le flanc gauche avant que deux unités d'élite alliées obligent les Chiliens à reculer. Au bout d'un moment, les Chiliens parvinrent à prendre les deux unités sous un terrible feu croisé. Baïonnette à la main, l'infanterie chilienne en profita pour fondre sur la ligne alliée et parvint à percer les rangs, scindant la ligne en deux. Le flanc droit allié fut débordé et peu après, la totalité de la ligne rompit, les alliés fuyant le champ de bataille.

La bataille fut décisive. L'armée bolivienne se replia et se retira de la coalition. Un mois après, le Chili enregistra une nouvelle victoire contre l'armée péruvienne à Arica puis occupa la capitale péruvienne, Lima, mais le Pérou refusa d'admettre sa défaite. **SA**

Pertes : Chiliens, 2 200 victimes sur 14 000 ; Péruviens et Boliviens, 3 500 à 5 000 sur 12 000 au maximum

[<] *Angamos 1879* *Huamachuco 1883* [>]

Guerres anglo-afghanes

Maiwand 27 juillet 1880

En 1878, les forces britanniques postées en Inde envahirent l'Afghanistan pour contrer l'expansion russe. Comme lors de leur précédente campagne dans les années 1840, les combattants afghans s'avérèrent de redoutables adversaires. La défaite de Maiwand fut un terrible choc pour l'Angleterre.

En 1880, la Grande-Bretagne contrôlait une grande partie de l'Afghanistan, avec l'armée du major général Roberts installée à Kaboul. Mais Ayub Khan, malheureux prétendant au trône afghan, leva l'étendard de la révolte à Herat. Début juillet, le brigadier général Burrows quitta Kandahar à la tête de sa brigade pour intercepter l'armée d'Ayub Khan qui marchait vers la ville de Ghazni.

Malgré la désertion de ses alliés du Kandahar, dont un grand nombre rallièrent Ayub Khan, les troupes de Burrows avancèrent fièrement pour attaquer un ennemi qui s'avéra largement supérieur. Non seulement les troupes d'Ayub Khan étaient plus importantes mais elles disposaient également d'une meilleure artillerie. Burrows l'affronta sur une plaine poussiéreuse chauffée par un soleil de plomb, terrain mal choisi qui convenait parfaitement à la cavalerie afghane. Lorsque les troupes britanniques et indiennes furent attaquées de trois côtés à la fois, la discipline se rompit. Dans le chaos, les régiments qui tinrent leurs positions (notamment le 66e régiment à pied et les grenadiers de Bombay) subirent plus de 60 % de pertes. Les Afghans ne firent aucun quartier et lorsque les survivants de la brigade de Burrows se replièrent à Kandahar, de nombreux traînards furent massacrés par la cavalerie afghane. Cette cuisante défaite provoqua un élan de patriotisme en Grande-Bretagne. Bobbie, mascotte d'un régiment qui avait survécu au combat, reçut une médaille de la part de la reine Victoria. **TB**

Pertes : Britanniques, 969 morts, 177 blessés sur 2 500 ; Afghans, 3 000 victimes sur 12 000

[<] *Retraite de Kaboul 1842* *Kandahar 1880* [>]

Kandahar 1er septembre 1880

Après leur défaite à Maiwand, les forces britanniques furent assiégées à Kandahar. Le major général Frederick Roberts, commandant des forces britanniques à Kaboul, reçut la mission de rompre le siège et de restaurer le prestige de l'emprise britannique. Son succès fit de lui un héros national.

Tandis que la garnison britannique renforçait les défenses de Kandahar et résistait face à l'armée d'Ayub Khan, Roberts quitta Kaboul pour entamer sa fameuse marche sur Kandahar le 8 août, menant son armée sur un terrain difficile et en tenue de combat sous un soleil de plomb. Environ 500 hommes tombaient malades chaque jour et Roberts lui-même fut contraint d'effectuer les derniers jours de marche en litière.

Lorsque Roberts atteignit Kandahar le 31 août, il avait fait marcher son armée sur plus de 483 km en trois semaines dans les pires conditions imaginables. Il n'y eut aucun répit pour les troupes, la bataille commençant le lendemain matin par un bombardement d'artillerie sur les positions d'Ayub. Puis, le 92e Highlander et le 2e Gurkha se frayèrent un chemin au nord, combattant de village en village, tandis que le 72e Highlander et le 2e Sikh faisaient de même au sud. Vers midi, les deux forces convergèrent vers le camp afghan, avec la 3e brigade en renfort.

Les Britanniques épuisés s'attendaient à un combat acharné, mais lorsqu'ils investirent le camp, les Afghans avaient fui dans les collines de Herat après avoir abandonné leur artillerie et la majeure partie de leur matériel. L'Afghanistan se retrouva sous domination britannique et Roberts rentra en Grande-Bretagne pour recevoir les remerciements du Parlement ainsi que de nombreuses médailles. **TB**

Pertes : Britanniques, 250 victimes sur 11 000 ; Afghans, 1 500 victimes sur 13 000

< *Maiwand 1880*

Majuba 27 février 1881

L'expansion impériale en Afrique du Sud conduisit les Britanniques à entrer en conflit avec les Boers du Transvaal. La bataille de Majuba, qui vit la victoire des Boers contre la force du major général George Colley, persuada les Britanniques de conclure la paix et d'accepter l'autodétermination des Boers.

Les Boers ne possédaient pas d'armée régulière et recrutaient parmi les rangs des fermiers, qui formaient des « commandos » en temps de guerre. Doués pour la chasse et la traque, ils savaient tirer avec précision. Dépourvus d'uniformes, ils portaient des vêtements de couleur kaki ou neutre pour passer inaperçus. L'infanterie britannique portait des uniformes aux couleurs vives très visibles par les tireurs d'élite boers. Les soldats britanniques n'étaient pas entraînés au tir de précision et s'appuyaient sur des tirs coordonnés pour éliminer leurs ennemis. Ces facteurs furent déterminants à Majuba.

Pendant la nuit, Colley avait mené une force en haut d'une colline surplombant les positions boers. Alors qu'il ne disposait d'aucune pièce d'artillerie, il n'ordonna pas à ses hommes de creuser des fortifications tant il était sûr que les paysans boers ne tenteraient jamais un assaut contre des soldats aguerris. Pourtant, à l'aube, les Boers attaquèrent, tirant profit du moindre abri alors que de petits groupes fonçaient vers l'ennemi, couverts par les tirs de leurs camarades. Vers midi, ils s'emparèrent d'une butte qui surplombait les positions britanniques et de là abattirent leurs ennemis un par un. Colley fut tué lorsque les Britanniques cédèrent et prirent la fuite le long du versant opposé. Les Boers tirèrent de cette victoire une grande confiance en leurs compétences militaires, qui se refléta dans leur résistance acharnée au début de la seconde guerre des Boers, 18 ans plus tard. **TB**

Pertes : Britanniques, 92 morts, 134 blessés sur 400 ; Boers, 1 mort, 5 blessés sur 450

< *Ulundi 1879* — *Colenso 1899* >

Guerre anglo-égyptienne

Tel el-Kebir 13 septembre 1882

La bataille de Tel el-Kebir fut un affrontement entre une force de l'Empire britannique, commandée par le lieutenant général Garnet Wolseley, et l'armée nationaliste égyptienne, menée par le colonel Ahmed Urabi. Après la reddition d'Urabi, l'Égypte devint un protectorat britannique.

La guerre en Égypte débuta lorsque les nationalistes fidèles à Ahmed Urabi se révoltèrent contre le khédive Muhammad Tawfiq. Soucieux de leurs intérêts dans le canal de Suez, Français et Britanniques ne pouvaient pas laisser l'Égypte sombrer dans le chaos. Une flotte britannique de quinze cuirassiers bombarda Alexandrie le 11 juillet 1882, alors que des émeutes menaçaient les Européens vivant dans la ville. Ayant échoué à rallier Alexandrie depuis Le Caire, Wolseley achemina ses troupes par la mer, via le canal de Suez. Urabi rejoignit alors Tel el-Kebir, entre Le Caire et l'armée britannique.

Wolseley avança à la faveur de l'obscurité avec deux divisions d'infanterie, les Highlanders et les gardes, soutenus par une brigade de cavalerie et un contingent de troupes indiennes. À l'aube, les Égyptiens trouvèrent les troupes de Wolseley à quelques centaines de mètres de leurs lignes. Défiant les tirs de l'infanterie égyptienne, les Britanniques enfoncèrent les lignes égyptiennes en moins d'une heure et la cavalerie pourchassa les Égyptiens lorsqu'ils se replièrent dans le chaos.

Urabi et ses officiers se rendirent à leurs poursuivants et Wolseley investit Le Caire le 14 septembre pour rétablir Tawfiq au pouvoir. En échange, Tawfiq fut contraint de faire des concessions qui placèrent l'Égypte sous occupation militaire britannique et donnèrent à la Grande-Bretagne le contrôle effectif de l'administration égyptienne. Par la suite, Urabi fut exilé au Sri Lanka. **TB**

Pertes : Britanniques, 57 morts, 402 blessés sur 18 500 ; Égyptiens, 1 396 morts, 681 blessés sur 15 000

El Obeid 1883 >

Guerre du Pacifique

Huamachuco 10 juillet 1883

L'affrontement entre les forces chiliennes et péruviennes à Huamachuco, dans les Andes, fut la dernière bataille de la guerre du Pacifique. La victoire du Chili força le Pérou et la Bolivie à accepter une paix qui entraîna la perte d'un précieux territoire ainsi qu'un vif sentiment d'amertume.

Après que la victoire chilienne de Tacna eut évincé la Bolivie de la guerre du Pacifique, le Pérou fut occupé par les forces chiliennes. Les restes de l'armée péruvienne commandée par le général Caceres menèrent une campagne de guérilla dans les Andes. En 1883, des pourparlers furent entamés, mais le succès des guérillas de Caceres affaiblissait la position du Chili.

L'amiral Patricio Lynch, commandant chilien au Pérou, décida de monter une opération militaire majeure pour écraser Caceres. Les colonnes chiliennes pénétrèrent dans les Andes à la recherche des guérilleros. Début juillet, Caceres découvrit une colonne isolée dans la ville de Huamachuco. Tandis que les guérilleros prenaient position autour de la ville, le colonel Alejandro Gorostiaga, chef de la colonne, fit marcher ses hommes au sommet d'une colline, où des ruines incas servirent de fortifications. Après quelques échanges d'artillerie, les Péruviens prirent la colline d'assaut. Au bout de quatre heures d'un combat acharné, ils s'étaient frayé un chemin jusqu'à la crête, mais manquaient cruellement de munitions. Puis, ils perdirent leur soutien d'artillerie lorsqu'une charge de cavalerie chilienne submergea leurs canons. L'infanterie chilienne lança alors une contre-attaque. À court de munitions, les Péruviens se servirent de leurs armes comme de massues, mais la lutte tourna court. Le Pérou perdit deux de ses provinces au profit du Chili et la Bolivie son accès à la mer. **RG**

Pertes : Chiliens, 68 morts, 96 blessés sur 1 500 ; Péruviens, 800 victimes et prisonniers sur 1 700

< *Tacna 1880*

Lithographie représentant les Britanniques à la bataille de Tel el-Kebir.

El Obeid 3-5 novembre 1883

En 1883, le Soudan était gouverné par les Égyptiens de Khartoum. Muhammad Ahmad leva une armée pour obtenir l'indépendance soudanaise. Quand elle écrasa une force égyptienne sous commandement britannique à El-Obeid, le mouvement mahdiste fit la preuve de sa puissance.

Ayant renforcé leur mainmise sur l'Égypte après la bataille de Tel el-Kebir, les Britanniques étaient peu enclins à de se retrouver mêlés à une guerre contre le Soudan. Néanmoins, ils autorisèrent le gouverneur égyptien de Khartoum à lever une force pour marcher contre les mahdistes. Une grande partie des soldats égyptiens ayant été emprisonnés après Tel el-Kebir, ils furent libérés pour servir au Soudan.

Des officiers européens furent placés à la tête de l'armée menée par le colonel britannique William Hicks, laquelle fut plus tard décrite par Winston Churchill comme « sans doute la pire armée qui soit jamais partie à la guerre. » Son moral était effectivement bas comparé à la ferveur religieuse qui animait les fidèles d'Ahmad. Ayant reçu l'ordre de passer à l'offensive, Hicks partit à la recherche du mahdi, que l'on disait engagé dans le siège d'El Obeid.

Par traîtrise ou par accident, les éclaireurs de l'armée entraînèrent l'armée de Hicks dans un piège et elle se retrouva encerclée par une force au moins quatre fois supérieure. De nombreux soldats égyptiens désertèrent, rendant la situation encore pire pour les assiégés. Formant des carrés, ils repoussèrent les attaques des combattants mahdistes pendant deux jours avant d'être débordés. Tous les officiers, y compris Hicks, furent exécutés. Moins de 500 soldats échappèrent à ce massacre qui contribua à renflouer les rangs de l'armée du mahdi. **TB**

Pertes : Égyptiens, 7 000 morts, 2 000 blessés sur 11 000 ; mahdistes, pertes inconnues sur 45 000

Tel el-Kebir 1882 | *Khartoum 1884*

Les mahdistes écrasent l'armée égyptienne à El Obeid dans cette illustration de 1885 par Charles Auguste (Montbard) Loye. 

Fuzhou 23 août 1884

La destruction française de la flotte chinoise à Fuzhou est un exemple de l'impérialisme européen sous sa forme la plus cynique. L'attaque navale précipita une guerre entre la Chine et la France qui dura neuf mois et se solda par l'ajout du Tonkin à l'Empire français en Indochine.

Depuis 1883, la Chine et la France s'opposaient pour le contrôle du Tonkin, les Chinois soutenant la résistance vietnamienne. Néanmoins, les deux pays restèrent en paix, ce qui permit à une escadre française commandée par le vice-amiral Amédée Courbet de mouiller sans encombre dans le fleuve Min, à l'embouchure duquel se trouvait la ville de Fuzhou. Là, les cuirassés français se mêlèrent à la flotte chinoise du Fujian. Malgré les efforts de la Chine pour moderniser sa marine, elle restait encore obsolète. La flotte du Fujian était constituée de quelques vapeurs sans cuirasse, de vieux rafiots et de deux canonnières. La force de Courbet comprenait quatre croiseurs totalisant 40 canons et deux vedettes équipées de torpilles portées : des mines suspendues à des mâts devant la proue. Les Français déployèrent discrètement leurs navires pour livrer un combat auquel les Chinois n'étaient aucunement préparés. Courbet ouvrit le feu le 23 août peu avant 14 heures et tous les bâtiments chinois furent coulés ou endommagés, y compris les canonnières. Le *Yang Wu*, vaisseau amiral chinois, fut coulé par une torpille portée qui explosa contre sa coque.

Les artilleurs français se concentrèrent alors sur les cibles terrestres, détruisant les quais et l'arsenal. Au bout d'une heure, le combat était terminé. Assoiffée de gloire, la nation française acclama ses héros, même si la prise de Tonkin s'avéra plus difficile que prévu, tempérant quelque peu l'enthousiasme patriotique. **RG**

Pertes : Chinois, 9 navires coulés sur 11, 1 000 victimes ; Français, aucun navire, 60 victimes

Fleuve Yalou 1894 ›

↑ *Les navires de guerre français lancent une attaque impitoyable contre la flotte chinoise dans la baie de Fuzhou.*

Khartoum 13 mars 1884-26 janvier 1885

La mort du général Charles George Gordon à Khartoum (Soudan) fut l'un des épisodes dramatiques de l'ère impériale britannique. Gordon résista de son mieux au siège de la ville instauré par les forces du mahdi, menées par Muhammad Ahmad, mais les renforts arrivèrent trop tard.

Après la défaite égyptienne d'El Obeid en 1883, il devint évident que les mahdistes n'allaient pas tarder à s'emparer du Soudan. Le gouvernement britannique, qui contrôlait l'Égypte et n'avait aucune envie de combattre les mahdistes, demanda aux Égyptiens de se retirer du Soudan. Le général Gordon, un officier britannique célèbre pour ses exploits en Chine dans les années 1860, avait servi comme gouverneur général du Soudan de 1877 à 1879 ; fervent catholique, il semblait l'homme idéal pour superviser l'évacuation des Égyptiens de Khartoum. Rétabli dans ses anciennes fonctions de gouverneur, il arriva à Khartoum en mars 1884 et fut accueilli avec enthousiasme par la population. Cependant, Gordon, qui prônait la résistance au mahdi, ne s'empressa pas d'évacuer la ville. Peu après, toutes les routes reliant Khartoum à l'Égypte tombèrent sous contrôle mahdiste. La ville fut coupée et Gordon se prépara à un long siège.

« J'appréhende l'issue de tout engagement. Ce n'est pas la crainte de la mort… mais celle de la défaite et de ses conséquences. »

Extrait du journal de Charles George Gordon

Malgré la situation, Gordon était persuadé que la ville pourrait tenir jusqu'à l'arrivée des renforts britanniques. En outre, Gordon avait assez de vivres pour tenir six mois, ainsi qu'un stock impressionnant de munitions et une garnison de 7 000 hommes. Mais le gouvernement britannique de William Gladstone rechignait à lui venir en aide. Ce ne fut qu'après une longue campagne de presse et de manifestations que l'envoi de renforts fut autorisé. Commandés par le général Wolseley, ils ne quittèrent Le Caire qu'en novembre, huit mois après le début du siège, alors que les vivres commençaient à manquer.

En janvier 1885, l'expédition arriva au Soudan et Wolseley divisa ses forces en deux colonnes ; l'une descendit le Nil tandis que l'autre traversait le désert à cheval et à dos de chameau. La colonne du désert résista à une attaque des forces mahdistes à Abu Klea le 15 janvier, mais il était déjà trop tard. Prévenu de l'approche d'une force de soutien, le mahdi décida d'envahir Khartoum. Cette décision coïncidait avec l'arrivée de l'hiver, moment où le niveau du Nil baissait, exposant les côtés est et ouest de la ville que le fleuve avait jusqu'alors protégée. Les mahdistes traversèrent les eaux boueuses et investirent la ville, massacrant la garnison épuisée et affamée.

La façon dont Gordon trouva la mort est controversée. D'après certains rapports, il fut retrouvé gisant sur les marches de son quartier général en tenue d'apparat, un revolver à la main. D'autres racontent qu'il aurait été reconnu dans la rue et abattu alors qu'il tentait de rejoindre le consulat australien. Quoi qu'il en soit, sa tête fut mise au bout d'une pique et brandie à travers les rues.

Deux jours plus tard, les renforts arrivèrent en vue de la ville, trop tard pour empêcher le massacre de milliers d'Égyptiens. Khartoum et la majeure partie du Soudan furent laissées aux mains des mahdistes. Lorsque la nouvelle de la mort de Gordon parvint en Grande-Bretagne, le gouvernement fut ardemment critiqué. Les Britanniques allaient devoir patienter treize ans pour prendre leur revanche. **TB**

Pertes : Égyptiens, 7 000 soldats morts sur 7 000, plus 4 000 civils ; mahdistes, pertes inconnues sur 50 000

< *El Obeid 1883* *Omdorman 1898* >

Commémoration du général Charles Gordon, mort à Khartoum et représenté ici parmi ses officiers. ➔

SOUDAN HEROES.

Batoche 9-12 mai 1885

Au XIXe siècle, l'expansion canadienne vers les territoires de l'Ouest rencontra la résistance des métis, peuple qui descendait à la fois des Amérindiens et des Européens. Leur résistance, menée par Louis Riel, fut écrasée lors de la bataille de Batoche.

En 1867, la transformation de la confédération des colonies britanniques en dominion du Canada, puis l'extension du pouvoir du gouvernement canadien aux territoires du Nord-Ouest, entraînèrent un conflit avec les métis. En 1869, la rébellion de la rivière Rouge, qui eut pour conséquence la création de la province du Manitoba, fit passer Louis Riel au premier plan.

Contraint de s'exiler aux États-Unis pour ses actes pendant la rébellion, Riel fut rappelé pour prendre la tête du mouvement métis à Saskatchewan en 1885. Il instaura un gouvernement provisoire à Batoche et attendit la réponse du gouvernement canadien. Elle fut bien plus rapide et radicale qu'il ne l'avait prévu. Profitant de l'achèvement des voies du Canadian Pacifique, le major général Frederick Middleton ne mit que quelques semaines à acheminer sa force, composée de soldats et de miliciens, jusqu'à cette région lointaine. Malgré de lourdes pertes lors d'une embuscade à Fish Creek, Middleton avança sur Batoche accompagné d'un navire de transport naviguant sur la Saskatchewan Sud.

Le combat commença le 9 mai. Le navire de transport fut endommagé par une traille abaissée en travers de son chemin, mais l'artillerie de Middleton se mit à bombarder les métis. Agissant avec précaution, l'officier canadien attendit que les défenseurs soient affaiblis par le bombardement et commencent à manquer de munitions avant de lancer un assaut décisif le 12 mai qui lui permit de s'emparer de la ville. Riel fut capturé et pendu. **RG**

Pertes : Canadiens, 8 morts, 22 blessés sur 916 ; métis, 51 victimes sur 250

⟨ *Saint-Eustache 1837*

Après la bataille de Batoche, la force du dominion incendia les maisons des métis vaincus. ↑

Wounded Knee 29 décembre 1890

En 1890, les Indiens des plaines avaient perdu la guerre contre les États-Unis. Menacés de famine et désespérés, ils se convertirent à la Danse des Esprits, un culte qui prédisait le rétablissement de leur Ancien Monde, avant l'arrivée de l'homme blanc.

Voyant dans la Danse des Esprits un éventuel prétexte à une révolte indienne, les États-Unis décidèrent de réprimer le mouvement. Le 15 décembre 1890, leur tentative d'arrêter le célèbre Sitting Bull se solda par la mort du chef sioux. Cherchant à se mettre en sécurité, un groupe de Sioux Lakota menés par le chef Big Foot, se dirigea vers la réserve de Pine Ridge.

Le 28 décembre, ils se retrouvèrent face à un détachement du 7e régiment de cavalerie, sous les ordres du major Samuel Whitside. La cavalerie escorta les Lakota jusqu'à la crique de Wounded Knee, où ils établirent leur campement. C'est alors qu'arriva le reste du régiment de cavalerie, mené par le colonel James Forsyth. Ils encerclèrent le camp indien, disposant quatre mitrailleuses Hotchkiss autour du périmètre. Le lendemain matin, Forsyth ordonna que les Lakota soient désarmés. Il y eut une bousculade et un coup de feu fut tiré, après quoi le chaos gagna le camp américain, qui se mit à tirer tandis que des guerriers lakota s'emparaient de leurs fusils pour répliquer.

Pris de panique, les soldats tirèrent à la mitrailleuse sur le campement, tuant ennemis comme alliés. La fusillade s'interrompit au bout d'une heure environ, alors que la moitié des Lakota étaient morts, y compris plus de 60 femmes et enfants. Le lendemain du massacre, une autre fusillade eut lieu entre des danseurs des Esprits et le 7e régiment de cavalerie à Drexel Mission, mais le culte était terminé. **RG**

Pertes : Lakota, 151 morts, 50 blessés sur 350 ;
États-Unis, 31 morts, 33 blessés sur 500

< *Little Bighorn 1876*

↑ *Les éclaireurs du lieutenant Casey reviennent de Wounded Knee, où Casey fut tué par Plenty Horses.*

Conquête française du Bénin

Cana 2-6 novembre 1892

Alors qu'elle étendait son empire colonial en Afrique de l'Ouest, la France entra en conflit avec le royaume du Dahomey, un État bien organisé, habitué à la guerre et doté d'armes modernes. Son armée comprenait des régiments composés de femmes, les « Mino », que les Français appelaient « amazones ».

En 1890, les Français, qui s'étaient établis à Porto-Novo en Afrique de l'Ouest, livrèrent une courte guerre contre Béhanzin, roi du Dahomey. Après cet affrontement, le Dahomey importa d'Allemagne des fusils Mauser et des canons Krupp, anticipant une reprise des hostilités.

En 1892, les Français débarquèrent une armée à Porto-Novo, composée principalement de troupes sénégalaises et de légionnaires. Elle prit la direction d'Abomey, capitale du Dahomey, sous les ordres du général Dodds. L'armée du roi Béhanzin effectua plusieurs tentatives pour arrêter les Français, mais en novembre, ils furent refoulés jusqu'à Cana, ville sacrée où commençait la « route royale » menant à Abomey. Décidés à défendre Cana, les guerriers dahoméens lancèrent des assauts féroces contre le camp français mais furent repoussés avec de lourdes pertes.

Le 6 novembre, les Français lancèrent leur propre assaut contre Cana, l'artillerie ouvrant de larges brèches dans les murs de la ville. Les légionnaires et les Sénégalais chargèrent à la baïonnette pour se frayer un passage. Des combats rapprochés eurent lieu pendant plusieurs heures, les guerriers dahoméens se défendant à l'aide de machettes et d'épées courtes. Le combat se poursuivit jusqu'à la tombée de la nuit, les Français prenant possession de la ville au prix de 200 victimes. Dodds s'attendait à une nouvelle attaque, mais le roi Béhanzin abandonna et incendia la ville. La guerre était terminée et le Dahomey devint une colonie française. **RG**

Pertes : Français, 200 victimes sur 2 000 ; Dahoméens, pertes inconnues sur 1 500

Première guerre sino-japonaise

Fleuve Yalou 17 septembre 1894

Au cours de la seconde moitié du XIXe siècle, le Japon et la Chine consacrèrent d'immenses ressources à la création de marines modernes intégrant des cuirassés armés de canons tirant des obus explosifs. Lors de la bataille du fleuve Yalou en 1894, la marine impériale japonaise prouva sa nouvelle puissance.

Dans les années 1890, la Chine entra en guerre contre le Japon pour le contrôle de la Corée. Alors que la dynastie Joseon de Corée acceptait traditionnellement la suzeraineté de la dynastie Qing chinoise, le Japon décida de soumettre la Corée à sa propre domination.

En 1894, le Japon et la Chine envoyèrent des troupes en Corée. Les Coréens tirèrent profit des combats terrestres, qui se déplacèrent jusqu'à la frontière sino-coréenne, près du fleuve Yalou. Le 17 septembre, une force navale japonaise menée par l'amiral Sukeyuki Ito tenta d'intercepter des transports de troupes chinoises. La flotte du Nord chinoise, commandée par l'amiral Ting Juchang, était chargée de couvrir le débarquement des troupes. Les cuirassés des deux camps s'élancèrent au combat.

La violence des tirs fut extrême et une pluie d'obus explosifs s'abattit sur les combattants. Les artilleurs japonais, mieux entraînés, disposaient de munitions de meilleure qualité et gouvernaient leurs navires avec confiance et agressivité. Les Chinois, qui n'avaient pas saisi le besoin de prendre des mesures anti-incendie, furent pris au dépourvu lorsque la peinture de leurs navires s'enflamma. Le *Matsushima*, vaisseau amiral japonais, fut gravement endommagé lorsqu'un stock de munitions explosa à bord, mais à la tombée de la nuit, les Chinois avaient perdu cinq navires. À court de munitions et choqués par la violence des combats, les Japonais laissèrent l'amiral Ting s'échapper jusqu'au port de Weihaiwei. **RG**

Pertes : Chinois, 5 navires sur 14, 1 350 victimes ; Japonais, aucun navire, 300 victimes

< *Fuzhou 1884* | *Weihaiwei 1895* >

Détail d'une gravure sur bois de Kobayashi Kiyochika, datant d'octobre 1894, représentant la bataille du fleuve Yalou. 

扶桑
致遠

Weihaiwei 30 janvier-12 février 1895

La chute du port chinois de Weihaiwei, tombé aux mains des Japonais, fut le point culminant de la guerre sino-japonaise qui se déroula entre 1894 et 1895. La défaite de la Chine établit le Japon comme puissance dominante de l'Asie du Sud-Est et raviva sa volonté de prendre le contrôle de la Corée.

Après la défaite de Yalou, la flotte chinoise partit s'abriter à Weihaiwei, dans la péninsule de Shandong. Elle s'y trouvait protégée des attaques japonaises par des mines et des cordages en acier bloquant l'entrée du port. Les bâtiments de guerre chinois ne firent aucune tentative pour empêcher les Japonais de débarquer des troupes qui marchèrent en direction des forts.

Les opérations militaires furent interrompues par des tempêtes de neige. Soldats et marins éprouvaient de grandes difficultés dans des conditions extrêmes. Néanmoins, le 1er février, l'armée japonaise avait pris possession de certains forts, laissant la marine chinoise coincée entre les batteries côtières et les bâtiments de guerre japonais, commandés par l'amiral Sukeyuki Ito.

Après s'être frayé un chemin entre les mines chinoises et avoir rompu les cordages, la marine japonaise parvint à faire pénétrer de petits torpilleurs dans la baie à la faveur de l'obscurité. Ces attaques nocturnes coulèrent trois des plus gros navires chinois. En désespoir de cause, l'amiral chinois Ting Juchang tenta une sortie qui se solda par le naufrage ou la capture de tous ses navires. Le 13 février, sachant la situation désespérée, l'amiral Ting livra Weihaiwei et le reste de sa flotte avant de se suicider. Un traité de paix mit fin à la guerre deux mois plus tard. La Chine renonça à tout intérêt en Corée, cédant le territoire au Japon y compris l'île de Taïwan. **RG**

Pertes : Chinois, 1 navire de guerre, 2 croiseurs, 13 torpilleurs, 4 000 morts ; Japonais, aucun navire, 235 victimes

< *Fleuve Yalou 1894* *Pékin 1900* >

Détail d'une gravure sur bois du XIXe siècle intitulée La Grande Bataille navale à Weihaiwei.

Adoua 1er mars 1896

L'Éthiopie fut le seul pays africain à conserver son indépendance face à la vague d'expansion européenne qui se déroula entre la fin du XIXe et le début du XXe siècle. Elle dut cet exploit à la victoire d'une armée menée par le négus Ménélik II contre les Italiens lors de la bataille d'Adoua.

Paradoxalement, Ménélik accéda au trône en partie grâce au soutien de l'Italie, qu'il récompensa en acceptant le contrôle italien de l'Érythrée. Cependant, il s'opposa à ce que l'Éthiopie devienne un protectorat italien. En 1895, en réponse à des raids transfrontaliers opérés par les Italiens depuis l'Érythrée, Ménélik mena une grande armée au nord de la région du Tigray. Le général Baratieri, commandant des forces italiennes, se retrouva largement surpassé en nombre. Après qu'un détachement italien fut écrasé à Amba Alagi en décembre, Baratieri établit un périmètre défensif près d'Adoua. Ménélik se retrouva face à un dilemme. Il ne croyait pas à une victoire contre des troupes équipées d'armes modernes et solidement retranchées. Mais son armée, composée de soldats fournis par différents chefs locaux, n'allait pas tarder à se désintégrer s'il restait inactif alors que ses vivres s'amenuisaient.

Fin février 1896, Ménélik allait abandonner lorsque les Italiens passèrent à l'offensive. Le plan de Baratieri était de profiter de la nuit pour avancer jusqu'à des positions d'où il pourrait lancer un assaut à l'aube. Toutefois, perdus dans l'obscurité, les Italiens sombrèrent dans une totale désorganisation. Le lendemain matin, leurs forces étaient divisées en brigades isolées, encerclées par des nuées de guerriers éthiopiens armés d'épées, de fusils et de lances, et les Italiens furent mis en déroute. Cette défaite mit un terme aux ambitions italiennes de gouverner l'Éthiopie jusqu'à l'invasion de Benito Mussolini dans les années 1930. **RG**

Pertes : Italiens, 6 000 morts, 1 500 blessés, 3 000 prisonniers sur 17 700 ;
Éthiopiens, 12 000 sur 100 000

Soldat à cheval pendant la première guerre italo-éthiopienne, peint par un artiste éthiopien anonyme.

Guerre anglo-zanzibarienne

Zanzibar 27 août 1896

En 1896, la guerre opposant l'Empire britannique à l'île de Zanzibar, au sud-est de l'Afrique, fut sans doute la plus courte de toute l'Histoire : elle ne dura que 40 minutes. Les partisans du nouveau sultan de Zanzibar, Khaled bin Barghash, furent vaincus et contraints de payer des indemnités de guerre.

À la mort du sultan Hamad bin Thuwaini le 25 août, les Britanniques espéraient voir Hamoud bin Mahomed lui succéder. Toutefois, Khaled bin Barghash, qui n'était pas considéré comme favorable aux Britanniques, s'empara du pouvoir puis posta ses troupes ainsi que son artillerie autour du palais et du harem. Peu enclins à attaquer, les Britanniques envoyèrent une série de messages et d'ultimatums à Khaled pour l'exhorter à négocier. Mais Khaled était déterminé et persuadé que les Britanniques n'oseraient jamais attaquer son palais.

La Grande-Bretagne envoya alors une flotte de cuirassés. Lorsque le vice-amiral Rawson arriva à bord du croiseur *St-George*, cinq navires de la Royal Navy mouillaient au large de Zanzibar et des fusiliers marins furent débarqués pour rejoindre les troupes probritanniques au Zanzibar. Après le refus de Khaled de quitter le pouvoir au matin du 27 août, Rawson hissa un drapeau sur son vaisseau amiral pour avertir Khaled de représailles imminentes. Cinq minutes plus tard, le bombardement du palais commença. La situation de Khaled était désespérée, même s'il arma le *Glasgow*, une vedette offerte par la reine Victoria à son prédécesseur. Le *Glasgow* attaqua vaillamment le *St-George*, mais fut coulé et son équipage sauvé de la noyade. Après 40 minutes d'un combat totalement inégal, la plus courte guerre de l'Histoire était terminée, et dans l'après-midi, le favori des Britanniques, Hamoud bin Mahomed, était proclamé sultan. **TB**

Pertes : Britanniques, 1 victime sur 1 000 ; Zanzibarites, 500 victimes sur 3 000

Guerre hispano-américaine

Baie de Manille 1er mai 1898

Après l'explosion qui provoqua le naufrage de l'USS *Maine* à La Havane en février 1898, les États-Unis déclarèrent la guerre à l'Espagne le 25 avril 1898. L'attaque de la « nouvelle marine » américaine aux Philippines constitua un véritable désastre pour la flotte espagnole.

En avril 1898, l'escadre américaine du commodore George Drewey était ancrée dans la baie de Mirs, sur la côte est de la Chine. Il reçut l'ordre de faire route vers les Philippines – alors sous domination espagnole – malgré un inquiétant manque de munitions.

La flotte espagnole vieillissante, menée par l'amiral Patricio Montojo, était dépassée en armes et en cuirassés par la flotte américaine, plus moderne. Montojo décida de s'abriter près de la côte et de s'en remettre aux batteries côtières. Il s'ancra dans la baie de Manille, loin de la capitale, au large du chantier naval de Cavite. Le 30 avril, à la faveur de la nuit, Dewey, à bord du vaisseau amiral *Olympia*, mena son escadre dans la baie de Manille et arriva en vue des Espagnols peu après l'aube. L'artillerie espagnole ouvrit le feu mais Dewey attendit 30 minutes avant de répliquer. Passant à cinq reprises devant la flotte espagnole, les Américains pilonnèrent l'ennemi jusqu'à ce qu'ils s'interrompent, craignant de tomber à court de munitions.

Malgré des tirs peu précis, les États-Unis avaient coulé la plupart des vaisseaux espagnols. Ils reprirent le combat, envoyant par le fond le reste de la flotte et réduisant au silence les batteries côtières. Au cours de l'après-midi, Dewey s'ancra au large de Manille. L'Espagne avait perdu le contrôle des Philippines. Le traité de Paris, signé en décembre 1898, céda le contrôle des îles aux États-Unis. **SA**

Pertes : Américains, 9 blessés, aucun navire sur 6 bâtiments de guerre, 3 vaisseaux de soutien ; Espagnols, 381 morts ou blessés, 7 navires perdus sur 7

Las Guasimas 1898 ›

Las Guasimas 24 juin 1898

Les États-Unis déclarèrent la guerre à l'Espagne deux mois après le torpillage de l'USS *Maine* dans le port de La Havane. Malgré un manque total d'organisation, des troupes de soldats et de volontaires furent levées. En juin, une expédition se pressa sur des navires de transport et fit route vers Cuba.

L'objectif de la mission américaine était le port de Santiago, à la pointe sud-est de Cuba, où la marine américaine avait instauré un blocus de la flotte espagnole, puis ils voulaient conquérir la ville par voie terrestre. Pour ce faire, le 5e corps, commandé par le major général William Shafter, débarqua à Daiquiri, à 24 km de l'entrée du port, ainsi qu'à Siboney. À 5 km à l'intérieur des terres, une force espagnole de 1 500 fantassins et artilleurs occupait des positions défensives sur la crête de Las Guasimas.

Guidée par des insurgés cubains, la division de cavalerie de la 2e brigade de Young avança le 24 juin en deux colonnes parallèles, chacune comprenant entre 500 et 550 hommes. Sur la droite marchaient les deux escadrons de Young, l'un issu du 1er régiment de volontaires de cavalerie et l'autre du 10e régiment de cavalerie, armés de quatre canons. Sur la gauche, au cœur de la jungle, le colonel Leonard Wood menait deux autres escadrons du 1er régiment, armés de deux mitrailleuses.

Les tirs débutèrent lorsque les éléments de tête entrèrent en contact avec les avant-postes espagnols. Les hommes de Wood quittèrent la jungle pour un haut plateau et il déploya ses troupes en sept unités. Alors qu'ils gravissaient la crête, ils furent rejoints par les soldats du 10e régiment, menés par le capitaine Pershing et le deuxième escadron du 1er régiment. Après un court mais intense combat, le commandant espagnol ordonna la retraite. Peu après, la crête était prise par les Américains. **RB**

Pertes : Américains, 16 morts, 52 blessés ; Espagnols, 9 morts, 27 blessés

< *Baie de Manille 1898* *San Juan Hill 1898* >

« Personne ne fut autorisé à se baisser pour aider les blessés… La guerre est un jeu sinistre et nous n'avions pas le choix. »

Theodore Roosevelt, 1er régiment volontaire de cavalerie

↑ *L'avancée de soldats noirs, surnommés « Buffalo Soldiers » par les Amérindiens du 10e régiment de cavalerie, à Las Guasimas.*

San Juan Hill 1er juillet 1898

Après la bataille de Las Guasimas à Cuba, le major général William Shafter espérait conquérir Santiago. Des rapports l'informant de l'arrivée de renforts espagnols l'incitèrent à accélérer ses plans et il ordonna l'assaut de trois crêtes fortifiées qui constituaient les défenses extérieures de la ville.

Selon le plan de Shafter, la 2e division devait prendre El Caney, puis bifurquer au sud pour mener une attaque conjointe avec la 1re division, dirigée par le brigadier général Kent, et la division de cavalerie, commandée par le brigadier général Sumner, contre deux collines : San Juan Hill et Kettle Hill. Des tranchées, des blockhaus, des barbelés et plusieurs canons protégeaient les Espagnols.

Le plan de Shafter s'effondra rapidement. La marche fut retardée et le déploiement sombra dans le chaos lorsque les unités s'entassèrent sur la piste étroite mitraillée par l'ennemi. Le 1er juillet, l'artillerie se mit à tirer sur les positions espagnoles, puis s'interrompit pour éviter les tirs de contre-batterie. Alors qu'il était déjà tard lorsque la ligne de bataille fut formée, la 2e division était toujours lourdement engagée à El Caney. Finalement, l'assaut fut donné. Les deux brigades de la division de cavalerie, menées par le 1er régiment volontaire de cavalerie sous les ordres du colonel Roosevelt, chargèrent et s'emparèrent de Kettle Hill.

Pendant ce temps, les Espagnols postés à San Juan Hill repoussaient courageusement les fantassins de la 1re division. Deux mitrailleuses Gatling furent disposées, permettant à l'infanterie de renouveler leur charge et d'investir les tranchées espagnoles. Au même moment, les cavaliers attaquèrent de Kettle Hill, s'emparant d'une nouvelle section de San Juan Hill. Peu après, les dernières poches de résistance espagnole furent éliminées. **RB**

Pertes : Américains, 124 morts, 817 blessés ;
Espagnols, 58 morts, 170 blessés, 39 prisonniers

< *Las Guasimas 1898* *Santiago de Cuba 1898* >

Santiago de Cuba 3 juillet 1898

Après la déclaration de guerre des États-Unis contre l'Espagne en avril 1898, l'amiral espagnol Cervera fut chargé de mener ses forces à travers l'Atlantique pour soutenir les troupes engagées dans la défense de Cuba. Mais face à la puissance des nouveaux navires américains, la mission s'avéra impossible.

En arrivant à Santiago de Cuba, la flotte espagnole fut aussitôt retenue au port par les puissants cuirassés américains. Tant que les Espagnols restaient sous la protection des mines et des batteries côtières, ils ne pouvaient pas être attaqués, mais ils ne pouvaient pas non plus s'attaquer au blocus américain. Alors qu'en juillet la progression des forces américaines faisait peser la menace d'une attaque terrestre sur les navires de Cervera, ce dernier décida de tenter une sortie.

Le 3 juillet, quatre croiseurs et deux destroyers quittèrent Santiago de Cuba. Par chance, le vaisseau amiral de l'amiral William Sampson, commandant de l'escadre américaine, n'était pas à son poste. Tandis que les cuirassés espagnols longeaient la côte, le commodore Winfield Schley s'élança à leur poursuite à bord de l'USS *Brooklyn*. L'*Infanta Maria Theresa*, vaisseau amiral de Cervera, attaqua alors le *Brooklyn* afin de laisser une chance aux autres navires de s'échapper, mais en vain.

Pilonné par les canons du *Brooklyn*, le vaisseau amiral espagnol s'échoua, tout comme le croiseur *Vizcaya*, incendié à la suite d'un duel inégal contre le cuirassé USS *Texas*. L'équipage du croiseur *Oquendo* saborda son navire et les deux destroyers espagnols furent coulés. Le seul navire espagnol à rompre le blocus fut le croiseur *Cristobal Colón*. Fuyant vers l'ouest, il fut pourchassé sur 80 km par l'USS *Oregon* avant d'être rejoint. Le capitaine du *Colón* saborda son navire pour éviter des pertes inutiles. **RB**

Pertes : Espagnols, 474 morts ou blessés, 1 800 prisonniers, 6 navires sur 6 ; Américains, 1 mort, 1 blessé, aucun navire

< *San Juan Hill 1898*

← *Theodore Roosevelt et ses « Rough Riders » (1er régiment volontaire de cavalerie) à San Juan Hill.*

Omdourman 2 septembre 1898

La bataille d'Omdourman opposa une armée anglo-égyptienne, menée par le général Herbert Kitchener, à l'armée des musulmans mahdistes, qui dominaient le Soudan depuis la prise de Khartoum en 1885. Pour les Britanniques, la victoire vengea la mort à Khartoum de leur héros, le général Gordon.

Kitchener servait en tant que commandant en chef de l'armée égyptienne lorsqu'il reçut l'ordre d'envahir le Soudan et d'écraser les mahdistes. Méticuleux et méthodique, Kitchener prépara et exécuta l'expédition avec un soin particulier apporté à la logistique. Sa force comprenait environ 25 000 hommes, dont 8 000 soldats britanniques, le reste étant composé de troupes égyptiennes et soudanaises. Puis il fit construire une voie ferrée parallèle au Nil pour ravitailler sa force tandis qu'il avançait vers le sud, des bateaux se chargeant de transporter troupes et équipement. Au printemps 1898, l'avancée britannique commença à inquiéter le calife Abdullah, chef des mahdistes. Début avril, il ordonna à une armée d'attaquer

« Le calife commit une erreur fatale en ne tenant pas compte de la bravoure et la discipline de notre [armée]. » The Times *(Londres), 7 sept. 1898*

la force de Kitchener à Atbara, mais elle fut mise en déroute par une contre-attaque britannique. Les mahdistes se replièrent alors pour attendre les envahisseurs aux portes de la capitale, Omdourman, près de Khartoum.

Le 1er septembre, Kitchener établit son camp à El Ageiga, sur les rives du Nil, non loin d'Omdourman. Il envoya des canonnières pilonner la ville tandis que ses éclaireurs tentaient de localiser l'armée mahdiste. Pendant ce temps, le calife avait pris la décision d'attaquer l'armée de Kitchener dans une bataille rangée et ses 50 000 combattants quittèrent Omdourman pour prendre position autour du camp britannique. Après une nuit passée dans l'angoisse d'une attaque nocturne côté britannique, le combat commença à l'aube. Les forces mahdistes étaient réparties en cinq groupes, certains dissimulés derrière des collines tandis que le reste affrontait les Britanniques sur la plaine. L'infanterie de Kitchener formait un périmètre défensif flanqué de deux unités de cavalerie. Vêtus de blanc et brandissant des bannières criardes, un groupe de 8 000 mahdistes fonça droit sur les forces de Kitchener, sous le feu de l'artillerie et les tirs d'infanterie. Les vagues d'assaut furent fauchées devant les lignes britanniques par un déluge de balles tirées par les mitrailleuses Maxim – les premières à être autoalimentées et capables de tirer 600 coups à la minute.

Une fois cette première attaque repoussée, les Britanniques avancèrent sur Omdourman, ignorant le nombre de mahdistes dissimulés devant eux. Envoyé en reconnaissance, le 21e régiment de lanciers, accompagné du jeune correspondant de guerre Winston Churchill, tomba sur un groupe de mahdistes posté en embuscade qui fit 61 morts parmi les cavaliers. Le calife ordonna alors à ses soldats de quitter leurs abris et d'attaquer. Une brigade de troupes soudanaises, commandée par le général Macdonald, se retrouva isolée face à quelque 15 000 mahdistes ; résistant courageusement jusqu'à l'arrivée de renforts, ils repoussèrent l'ennemi grâce à des tirs coordonnés. L'échec de cette seconde phase d'attaques mahdistes ouvrit la voie d'Omdourman aux Britanniques. Kitchener ordonna la destruction de la tombe du mahdi, pendant que le calife se repliait au sud du Soudan, où il fut tué. Rejetant les demandes reconventionnelles de la France, la Grande-Bretagne transforma le Soudan en colonie anglo-égyptienne. **TB**

Pertes : Britanniques, 48 morts, 380 blessés sur 25 000 ; mahdistes, 10 000 morts, 14 000 blessés sur 50 000

Khartoum 1884

Une batterie de 40 livres à Wad Hamed, Omdourman, 1898. 
Photographie du major H. M. Dunn, du Royal Army Medical Corps.

Manille 4-5 février 1899

Alors que les Philippins espéraient que la défaite des colons espagnols par les États-Unis en 1898 signerait leur indépendance, les États-Unis annexèrent eux-mêmes les îles. La guerre commença par un bref mais sanglant affrontement entre les indépendantistes philippins et les troupes américaines à Manille.

Après leur victoire navale sur les Espagnols dans la baie de Manille en mai 1898, les troupes américaines occupèrent la capitale philippine. Les relations entre les troupes américaines et les Philippins se dégradèrent lorsqu'il devint clair que les Américains ne comptaient pas partir. Le 21 décembre 1898, le président américain, William McKinley, proclama la souveraineté américaine sur les îles du Pacifique. Le 1er janvier 1899, le dirigeant philippin Emilio Aguinaldo fut déclaré président d'une république indépendante. Une armée rebelle philippine prit position autour de Manille, alors occupée par les troupes américaines.

Alors que la tension montait, le 4 février, deux sentinelles américaines, postées près du pont de San Juan del Monte à Manille, tirèrent sur des Philippins tentant de traverser le pont. En quelques minutes, une fusillade éclata et les rebelles capturèrent deux pièces d'artillerie américaine. Le lendemain matin, le général américain Arthur MacArthur donna l'ordre d'attaquer les tranchées philippines. Au nord, les troupes américaines s'emparèrent d'une crête surplombant la ville, tandis qu'au sud, d'autres capturaient un village contenant des ravitaillements philippins. La population de la ville manqua de se soulever en soutien aux rebelles et les unités philippines continuèrent d'affronter les Américains aux abords de ville pendant plusieurs jours avant d'être repoussées. La bataille de Manille fut le prélude d'un conflit qui allait durer trois ans. **SA**

Pertes : Américains, 50 à 60 morts, 225 blessés sur 12 000 ; Philippins, 2 000 morts ou blessés sur 15 000

< *Baie de Manille 1898* — *Balangiga 1901* >

Les volontaires du Nebraska embarquent à Manille en juin 1899 alors que la guerre américano-philippine se poursuit. 

Colenso 15 décembre 1899

La bataille de Colenso fut un troisième désastre pour les Britanniques lors de la « semaine noire » de la seconde guerre des Boers. Envoyé renverser la situation, le corps d'armée du général Redvers Buller subit de lourdes pertes contre des adversaires bien armés et supérieurs d'un point de vue tactique.

En octobre 1899, la république boer du Transvaal et l'État libre d'Orange partirent en guerre contre les Britanniques en Afrique du Sud. Les miliciens boers, connus sous le nom de commandos, avaient prouvé leur valeur lors de la première guerre des Boers. À présent, ils étaient dotés d'armes de fabrication allemande : des fusils Mauser et des canons Krupp.

Prenant les Britanniques au dépourvu, les Boers assiégèrent Mafeking, Ladysmith et Kimberley. Arrivé de Grande-Bretagne, Buller divisa son bataillon en trois colonnes et partit à l'assaut des sièges. Au cours de la « semaine noire », les Britanniques furent vaincus à Magersfontein et Stromberg, avant qu'une colonne commandée par Buller n'affronte les Boers menés par le général Botha à Colenso. Botha déploya la majeure partie de ses unités de l'autre côté de la rivière Tugela. Après un bombardement peu concluant, Buller lança un assaut contre les positions boers le 15 décembre. Envoyée traverser la Tugela, une brigade se perdit et fut fauchée par les tirs boers. Les canons britanniques avancèrent trop loin, jusqu'à portée des Mauser boers, et les artilleurs subirent de lourdes pertes avant de se replier à l'abri pendant que la cavalerie de Buller était incapable de déloger les Boers du haut de la colline. Ne pouvant progresser, les Britanniques se replièrent, abandonnant dix pièces d'artillerie qu'ils ne purent récupérer, ultime coup du sort de cette « semaine noire ». **TB**

Pertes : Britanniques, 143 morts, 1 100 blessés ou disparus, 10 canons ; Boers, 23 morts, 27 blessés

< *Majuba 1881* *Spion Kop 1900* >

L'état-major et les troupes britanniques étudient les positions boers à Colenso.

de 1900 à 1938

À l'aube du XXe siècle, les États européens dominent le monde. Grâce à la révolution industrielle, ils se sont dotés d'armements d'une puissance inégalée. Mais le nationalisme exacerbe leurs rivalités. Deux systèmes d'alliance s'affrontent, l'un autour de la France, du Royaume-Uni et de la Russie, l'autre autour de l'Allemagne et de l'Autriche-Hongrie. La crise de l'été 1914 déclenche un conflit dont nul n'avait anticipé l'ampleur. Les généraux avaient imaginé une guerre de mouvement. Durant quatre ans, ils affrontent une guerre de tranchées. Livrer bataille, c'est tenter de percer un front inexpugnable. D'un côté comme de l'autre ces tentatives s'avèrent meurtrières, souvent inutiles. La victoire des Alliés aboutit en 1918 à une paix fragile. Avec dix millions de morts, des populations traumatisées, des frontières bouleversées, la Première Guerre mondiale multiplie les risques de conflictualités.

← *Silhouettes des troupes britanniques marchant vers les tranchées entourant Ypres, sur le front ouest de la Première Guerre mondiale.*

Spion Kop 23-24 janvier 1900

Après l'humiliation de Colenso, la bataille de Spion Kop fut un nouveau revers pour les forces britanniques menées par le général Redvers Buller. Cette défaite et les lourdes pertes qu'elle entraîna suscitèrent l'indignation en Grande-Bretagne.

Le général Buller comptait délivrer Ladysmith en lançant une double attaque. Le général Charles Warren traverserait la rivière Tugela à Trikhardt's Drift tandis que Buller traverserait à Potgieter's Drift. La force de Warren fut repérée par les Boers, qui vinrent couper son avancée. Pressé par Buller de passer à l'action, Warren décida d'occuper la Spion Kop, une colline qui dominait la plaine environnante.

Dans la nuit du 23 janvier, à la faveur de l'obscurité et de la brume, un détachement de troupes montées et de sapeurs britanniques gravit la colline et délogea quelques unités boers. Cependant, les sapeurs creusèrent des tranchées mal adaptées au sol rocailleux – erreur qui fut fatale car, le lendemain matin, il devint évident que la position était particulièrement vulnérable aux bombardements d'artillerie.

Ayant reçu l'ordre de reconquérir la colline, les Boers lancèrent un assaut frontal qui fut repoussé au cours d'un violent corps-à-corps. Les Britanniques lancèrent une attaque de diversion et s'emparèrent des sommets de Twin Peaks mais les troupes combattant sur la Kop continuaient de souffrir des bombardements d'artillerie, de la chaleur et de la soif. Tous les hauts gradés présents sur la colline furent tués, laissant le lieutenant-colonel Alexander Thorneycroft aux commandes. Sans ordre clair de ses supérieurs, Thorneycroft évacua la Kop à la fin de la journée, alors qu'elle était tombée aux mains des Britanniques, et les Boers reconquirent la colline. **TB**

Pertes : Britanniques, 383 morts, 1 054 blessés sur 13 000 ; Boers, 350 victimes sur 8 000

< *Colenso 1899* *Paardeberg 1900* >

Un commando de Boers armés attend dans un camp de Spion Kop.

Paardeberg 17-27 février 1900

Après la série de désastres subis en Afrique du Sud, la Grande-Bretagne envoya des renforts menés par de nouveaux officiers, Lord Roberts et Lord Kitchener. Paardeberg fut un exemple de la détermination britannique de vaincre les Boers.

Rétrospectivement, la décision boer d'assiéger les garnisons britanniques à Mafeking, Kimberley et Ladysmith fut une erreur de jugement, car tenir de telles positions les exposait à des contre-attaques décisives une fois les renforts britanniques arrivés. Le 15 février, le général French gagna Kimberley à la tête d'une importante division de cavalerie et poursuivit la retraite des commandos boers, menés par le général Piet Cronje. Rattrapant les Boers alors qu'ils traversaient la rivière Modder à Paardeberg, French ordonna à son artillerie mobile d'ouvrir le feu. Cronje décida de creuser des tranchées, laissant le temps aux forces britanniques de rallier la bataille en masse.

Rejetant l'option de soumettre les Boers par de simples bombardements d'artillerie, Lord Kitchener lança des assauts d'infanterie frontaux, tous repoussés par la puissance de feu boer, qui infligea de lourdes pertes aux troupes canadiennes et à celle des Highlands. Très critiqués, ces assauts du 18 février furent surnommés « Bloody Sunday » (« dimanche sanglant »). Toutefois, privés de défenses contre les tirs de canons qui détruisaient leurs ressources et tuaient la plupart de leurs chevaux, les Boers étaient dans une situation désespérée. Des commandos arrivèrent dans l'espoir de lever le siège, mais jugeant la position intenable, ils repartirent. Cronje se rendit le 27 février après qu'une compagnie d'infanterie canadienne se fut rapprochée de ses lignes. La défaite et la capture de l'armée de Cronje furent un tournant de la guerre. **TB**

Pertes : Britanniques, 348 morts, 1 213 blessés sur 30 000 ; Boers, 350 victimes, 4 500 prisonniers sur 7 000

< *Spion Kop 1900* *Libération de Mafeking 1900* >

Le 82e régiment d'artillerie lourde traverse la Modder à Paardeberg en quête de Cronje et de son armée.

Libération de Mafeking 17 mai 1900

Après 271 jours de siège, la garnison britannique de Mafeking fut secourue par une « colonne volante » menée par le colonel Bryan Thomas Mahon. La nouvelle fut reçue avec une immense jubilation en Grande-Bretagne, même si la guerre ne devait pas s'achever avant deux nouvelles années.

En 1899, au lendemain de la déclaration de guerre, le général Piet Cronje mena une armée jusqu'à Mafeking et ordonna au lieutenant général Robert Baden-Powell, commandant des forces britanniques, de se rendre. Après le refus de Baden-Powell, les Boers entamèrent le bombardement de la ville de Mafeking le 13 octobre.

La ville résista au siège boer grâce un mélange de ruse et de courage, ainsi que grâce au comportement honorable des Boers, qui autorisèrent des cessez-le-feu le dimanche pour que les civils puissent se rendre à l'église et organiser des matchs de cricket. Les Boers réalisèrent qu'un assaut contre les renforts de la ville serait trop risqué et leur force fut réduite de moitié en novembre, suite au redéploiement de 4000 soldats. Le siège continua jusqu'au 12 mai, lorsque la nouvelle de l'arrivée de renforts britanniques incita les Boers à tenter un dernier assaut.

Les assaillants percèrent les défenses ennemies et incendièrent une partie de la ville. Le siège se termina le 17 mai lorsqu'une colonne de 2000 volontaires sud-africains attaqua les Boers et les força à abandonner le siège. La nouvelle de la levée du siège donna lieu à des scènes de liesse à travers toute la Grande-Bretagne et Baden-Powell fut salué en héros. Aucune autre bataille n'allait émailler la guerre, mais il y eut encore deux ans de combats acharnés au cours desquels les Boers adoptèrent des tactiques de guérilla tandis que les Britanniques menaient une violente campagne de répression. **TB**

Pertes : Britanniques, 800 victimes sur 2 000 ; Boers, 2 000 victimes sur 8 000 (finalement réduites à 4 000)

[<] *Paardeberg 1900*

Détail d'une photographie prise le 30 novembre 1899 montrant les soldats boers dans les tranchées entourant Mafeking.

Pékin 20 juin-14 août 1900

Assiégés par des soldats chinois, les légations étrangères présentes à Pékin résistèrent 45 jours avant d'être sauvées par un corps expéditionnaire international. Ces événements sapèrent gravement l'autorité de la dynastie Qing, qui fut finalement renversée et remplacée par une république.

En 1899, la frustration des Chinois envers l'arrogante intervention d'étrangers dans leur pays se traduisit par des événements connus sous le nom de « révolte des Boxers ». Les attaques contre les étrangers et les chrétiens chinois étaient orchestrées par les « Poings de la justice et de la concorde ». En juin 1900, le mouvement s'était étendu à Pékin. Après beaucoup d'hésitation, l'impératrice chinoise Dowager Cixi décida de soutenir les rebelles.

Les étrangers et chrétiens chinois présents à Pékin s'abritèrent au siège des légations, à l'intérieur d'un périmètre défensif tenu par 409 soldats. Heureusement, les Chinois et les Boxers n'attaquèrent que par intermittence.

Le 17 juillet, une trêve fut conclue même si le siège fut maintenu. Les puissances étrangères s'empressèrent de débarquer une importante force de troupes britanniques, américaines, japonaises, françaises et russes à Tianjin. Le 4 août, ils entamèrent leur avancée sur Pékin. Les Chinois firent peu de tentatives pour les contrer. Mais lorsqu'ils approchèrent de la capitale, les assauts contre les défenses des légations reprirent. Le corps expéditionnaire atteignit Pékin le 14 août. Tandis que les marines américains escaladaient les murs de la ville, les troupes britanniques se frayaient un chemin jusqu'aux légations. L'impératrice Cixi quitta la ville et ne fut autorisée à revenir qu'en 1902 en ayant accepté des conditions de paix humiliantes. Son prestige brisé, la dynastie Qing fut finalement renversée en 1912. **RG**

Pertes : légations, 55 morts, 165 blessés sur 409, 13 civils morts, 24 civils blessés ; Chinois, chiffres inconnus

〈 *Weihaiwei 1895* *Longtan 1927* 〉

↑ *Les troupes chinoises marchent sur Pékin pendant la révolte des Boxers en 1900.*

Guerre américano-philippine

Balangiga 28 septembre 1901

En 1898, l'annexion américaine de l'archipel des Philippines incita les Philippins à combattre pour leur indépendance. La guérilla qui s'ensuivit fut brutale et le massacre de troupes américaines à Balangiga fut la pire défaite américaine depuis Little Bighorn en 1876.

La compagnie C du 9e régiment d'infanterie arriva à Balangiga sur la côte sud-est de l'île de Samar le 11 août 1901. D'abord cordiales, les relations entre les habitants se détériorèrent après que le capitaine Thomas W. Connell eut ordonné que la ville soit « nettoyée » en prévision de l'arrivée de l'inspecteur général de l'armée américaine. Ainsi, il plaça en détention les hommes de la ville et confisqua leurs *bolos*, les machettes qu'ils utilisaient dans la jungle. Valeriano Abanador, chef de la police locale, concocta sa revanche.

Sous couvert d'un festival local, Abanador fit venir des renforts, emmena femmes et enfants à l'abri, et couvrit leur disparition en déguisant trente-quatre hommes en femmes. Puis il fit servir du vin de palme aux soldats américains. Aux premières heures du 28 septembre, les Philippins attaquèrent les troupes américaines, dont une grande partie était en train de déjeuner. Pris au dépourvu et dans l'impossibilité de s'emparer de leurs fusils, les Américains répliquèrent à coups d'ustensiles de cuisine, de chaises et de tout ce qui leur tomba sous la main. La sentinelle fut assommée mais lorsqu'elle reprit ses esprits, elle empoigna un fusil et infligea de nombreuses pertes. Une fois l'effet de surprise passé, Abanador arrêta l'attaque, laissant les habitants enterrer leurs morts. Sur les 74 hommes de la compagnie C, seuls quatre s'en sortirent indemnes. Les Américains répliquèrent aussitôt en incendiant la ville et en tuant 2 000 à 3 000 habitants. **SA**

Pertes : Philippins, 28 morts, 22 blessés sur 500 ; États-Unis, 36 morts, 30 blessés, 4 disparus sur 74

‹ *Manille 1899* *Bud Dajo 1906* ›

Guerre russo-japonaise

Port Arthur février 1904

En 1904, la rivalité russo-japonaise vis-à-vis de la Corée et de la Chine dégénéra en guerre. Comme la flotte russe constituait une menace au déploiement de leurs troupes en Asie continentale, les Japonais menèrent une attaque surprise contre des cuirassés mouillant à Port Arthur avant de déclarer la guerre.

L'attaque fut conçue par l'amiral Heihachiro Togo. Dix destroyers armés de torpilleurs atteignirent Port Arthur le 9 février, juste après minuit. Inconscients du danger, les navires russes étaient ancrés tous feux allumés. Après s'être glissés dans la rade, les navires japonais torpillèrent le *Retvizan* et le *Tsesarevich*, deux des plus puissants bâtiments de guerre de la flotte russe, ainsi que le croiseur *Pallada*. Cependant, aucun navire ne fut détruit et l'efficacité de l'attaque fut limitée par les filets pare-torpilles qui protégeaient une grande partie de la flotte. Après le chaos initial, les Russes allumèrent leurs projecteurs et ouvrirent le feu, obligeant les Japonais à interrompre l'attaque.

Ignorant que le torpillage avait en partie échoué, Togo fit route vers Port Arthur le lendemain matin avec le reste de ses cuirassés, espérant achever l'escadre russe. À sa grande surprise, il fut vigoureusement attaqué par les cuirassés russes ainsi que par les batteries côtières. Bien qu'aucun cuirassé n'ait été perdu dans les deux camps, plusieurs furent endommagés, y compris le *Mikasa*, le navire amiral de Togo. Tandis que la flotte japonaise se repliait à bonne distance, les Russes revendiquèrent la victoire, alors que leurs cuirassés restèrent bloqués à Port Arthur. Au cours des mois suivants, les Russes tentèrent plusieurs sorties pour repousser les bâtiments de guerre de Togo. En mai, les Japonais débarquèrent des troupes et assiégèrent le port. Après d'énormes pertes des deux côtés, les Russes livrèrent Port Arthur le 2 janvier 1905. **TB**

Pertes : Russes, moins de 100 victimes, aucun navire ; Japonais, 150 victimes, aucun navire

‹ *Weihaiwei 1895* *Mer Jaune 1904* ›

Le croiseur russe Pallada *(à gauche) endommagé par des torpilles japonaises lors de l'attaque contre Port Arthur.* 

Mer Jaune 10 août 1904

En août 1904, les cuirassés russes bloqués à Port Arthur par la flotte japonaise tentèrent de s'échapper et de rejoindre le reste de la flotte russe du Pacifique à Vladivostok. La bataille qui en résulta fut l'une des premières livrées exclusivement par des cuirassés armés d'obus explosifs.

Doutant de ses chances, le vice-amiral Wilgelm Vitgeft entama à contrecœur la mission qu'il avait reçue sur ordre direct du tsar Nicolas II. Le 10 août, six cuirassés, quatre croiseurs et quatorze destroyers tentèrent une sortie. L'amiral Heihachiro Togo commandait la flotte du blocus, qui comprenait quatre cuirassés, dix croiseurs et dix-huit torpilleurs. Tardant à déployer ses navires en ligne de bataille, il ne put empêcher les Russes de forcer le blocus, mais les poursuivit et les rattrapa en mer Jaune.

Les deux flottes formèrent une ligne, et se pilonnèrent pendant plusieurs heures. Le *Misaka*, vaisseau amiral japonais, subit de lourds dégâts et Togo fut contraint de transférer le commandement au cuirassé *Asahi*. Peu après, l'*Asahi* fit mouche contre le *Tsesarevich*, vaisseau amiral russe, détruisant le pont, tuant Vitgeft et endommageant le gouvernail. Alors que le *Tsesarevich* était désemparé, le commandant du cuirassé russe *Revitzan* opéra une manœuvre audacieuse en faisant demi-tour avant de charger l'*Asahi* en faisant tirer tous ses canons. Les navires japonais concentrèrent leur feu sur le *Revitzan* jusqu'à ce qu'il s'éloigne à grand renfort de fumée pour couvrir sa retraite.

La plupart des navires russes endommagés retournèrent à Port Arthur. Certains, dont le *Tsesarevich*, cherchèrent refuge dans des ports neutres où ils restèrent confinés. Les navires mouillant à Port Arthur furent perdus lorsque le port assiégé se rendit en janvier 1905. **TB**

Pertes : Russes, 444 victimes ; Japonais, 226 victimes

[<] *Port Arthur 1904* *Liaoyang 1904* [>]

Liaoyang 25 août-4 septembre 1904

La bataille de Liaoyang fut un combat terrestre majeur pendant la guerre russo-japonaise. Extrêmement coûteuse pour les deux camps, elle avait pour but le contrôle d'un nœud ferroviaire stratégique sur la voie reliant Moukden à Port Arthur dans la province chinoise de la Mandchourie.

La guerre russo-japonaise fut le terrain d'expérience des dernières technologies militaires, y compris des canons tirant des obus explosifs au-delà de la ligne de mire et dirigés par des observateurs munis de téléphones, ainsi que des fantassins équipés de fusils à tir rapide et de mitrailleuses. La bataille de Liaoyang témoigne des ravages qu'une armée peut subir face à des troupes équipées de ce genre d'armes.

Sous les ordres du ministre de la Guerre Alexeï Kouropatkine, les Russes tentèrent une avancée pour lever le siège de Port Arthur. Le 25 août, leurs forces affrontèrent les Ire et IIe armées japonaises, commandées par le maréchal Iwao Oyama. Après l'échec de plusieurs tentatives pour déborder les Japonais, Kouropatkine se replia et forma une ligne défensive au sud de Liaoyang le 29 août, pour empêcher les Japonais de s'emparer de la ville.

Au cours des deux jours qui suivirent, les Russes résistèrent aux vagues d'assauts lancées par les Japonais. Au même moment, Oyama envoya une force de grande ampleur en amont, laquelle parvint à traverser au nord-est. Pour contrer cette avancée, Kouropatkine lança une série d'attaques qui connurent le même sort que les offensives japonaises. Incapable de repousser les Japonais, Kouropatkine décida de se replier sur Moukden, abandonnant tout projet de libérer Port Arthur. Privé de l'arrivée de renforts, Port Arthur ne tarda pas à tomber. La guerre basculait désormais vers une victoire japonaise. **TB**

Pertes : Russes, 6 000 morts, 17 000 blessés sur 125 000 ; Japonais, 3 600 morts, 16 400 blessés sur 240 000

[<] *Mer Jaune 1904* *Moukden 1905* [>]

Moukden 20 février-10 mars 1905

La bataille de Moukden (Shenyang) fut le point culminant de la guerre russo-japonaise. Livrée dans l'actuelle province du Lianing au nord-est de la Chine, cette bataille fut l'une des plus importantes juste avant la Première Guerre mondiale, avec plus de 500 000 soldats engagés.

Après la défaite russe de Liaoyang, le général Alexeï Kouropatkine se replia à Moukden et leva une armée de près de 260 000 soldats. La prise de Port Arthur au début de l'année permit aux Japonais de redéployer la IIIe armée pour rallier l'avancée du maréchal Oyama Iwao. Avec l'intégralité des forces japonaises engagées, Oyama entreprit d'écraser l'armée russe à Moukden.

La ligne défensive russe, émaillée de tranchées et de barbelés, s'étendait sur 145 km. Les Japonais tentèrent d'envelopper les Russes, attaquant les deux flancs, mais subirent d'énormes pertes sous les tirs d'artillerie et de mitrailleuses. Les Japonais finirent par entamer la droite russe, ce à quoi répondit Kouropatkine en transférant ses troupes du flanc gauche le 7 mars. Toutefois, un mouvement de troupes aussi important à travers un front si étendu ne pouvait que provoquer le chaos. Conscient que les forces russes étaient accaparées par ce défi logistique, Oyama ordonna à ses forces de redoubler leur offensive. Pour échapper à l'encerclement, Kouropatkine fut contraint de se replier en désordre, abandonnant ses blessés et son équipement.

Les deux camps étaient épuisés et Moukden fut la dernière bataille de la guerre. Le mécontentement populaire en Russie avait mené le pays au bord de la révolution. Après une nouvelle défaite lors de la bataille navale de Tsushima, les Russes acceptèrent les termes de paix japonais. **TB**

Pertes : Russes, 15 900 morts, 60 000 blessés sur 260 000 ; Japonais, 8 800 morts, 80 000 blessés ou disparus sur 270 000

‹ *Liaoyang 1904* *Tsushima 1905* ›

« Les Japonais avaient un meilleur moral, et l'Histoire nous a appris que c'est le facteur moral qui compte vraiment. »

Le général Alexeï Kouropatkine

↑ *L'infanterie du maréchal Oyama dans une tranchée sur les rives de la Sha.*

Tsushima 27-28 mai 1905

La bataille navale livrée dans le détroit de Tsushima entre le Japon et la Corée fut le dernier affrontement décisif de la guerre russo-japonaise. L'amiral Heihachiro Togo obtint une victoire digne de Nelson, son héros, et établit le Japon comme l'une des plus grandes puissances navales du monde.

En 1904, les Russes élaborèrent un plan ambitieux pour contrer la suprématie japonaise dans le Pacifique. La flotte russe de la Baltique allait parcourir 30 000 km vers l'Extrême-Orient et rallier la flotte du Pacifique pour lancer une attaque conjointe contre la marine japonaise. Le 15 octobre, 27 bâtiments de guerre quittèrent la Baltique, dont onze cuirassés et neuf destroyers, sous le commandement de l'amiral Rojdestvenski. En traversant la mer du Nord, ils firent feu sur des chalutiers britanniques qu'ils confondirent avec des torpilleurs japonais, provoquant un incident diplomatique, premier malheur d'un voyage éreintant qui mit à rude épreuve marins et navires. Après s'être vu refuser l'entrée du canal de Suez par les Britanniques, la flotte contourna l'Afrique et traversa l'océan Indien, se ravitaillant en charbon là où elle le put.

En mai 1905, Rojdestvenski arriva en mer de Chine méridionale. À cette époque, Port Arthur était depuis longtemps tombé aux mains des Japonais, si bien que Rojdestvenski prit la direction de Vladivostok où il pourrait rallier le reste de la flotte russe du Pacifique. Mais pour cela, il devait soit passer entre le Japon et la Corée, soit contourner le nord du Japon. Manquant de charbon, Rojdestvenski décida de traverser le détroit de Tsushima, l'itinéraire le plus court mais aussi le plus dangereux. Malheureusement pour lui, Togo devina que les Russes choisiraient cette option et se prépara à l'intercepter. Il disposait d'une flotte de 64 vaisseaux, dont quatre

Estampe japonaise du début du XXe siècle représentant la bataille de Tsushima.

cuirassés, 21 torpilleurs et 27 croiseurs, tous plus modernes que leurs rivaux russes. Le plan de Rojdestvenski était de se glisser dans le détroit à la faveur de la nuit, ses navires naviguant tous feux éteints pour éviter d'être localisés. Toutefois, une lumière sur un bateau-hôpital fut repérée et l'emplacement de la flotte russe fut transmis à Togo grâce à une technologie nouvelle : la radio. À son tour, Togo transmit un message au gouvernement : « La flotte russe a été repérée. Je vais l'attaquer et l'anéantir. »

Tirant avantage de la vitesse supérieure des cuirassés japonais et de la discipline de leurs équipages, Togo localisa la flotte russe le 27 mai dans l'après-midi et l'encercla. Avec son navire amiral, le *Misaka*, en avant-garde, il exécuta des manœuvres qui suscitent encore l'admiration des connaisseurs en batailles navales, effectuant des « demi-tours en série » et « barrant le T ». Pour les Russes, ce fut un enfer, car l'échange de tirs (à près de 5 000 m de portée) démontra la supériorité absolue de l'artillerie et de la technologie télémétrique japonaises. Au crépuscule, quatre cuirassés russes avaient été coulés, emportant la plupart de leur équipage avec eux. Rojdestvenski fut mis hors de combat lorsqu'un fragment d'obus vint se loger dans son crâne. Après la tombée de la nuit, les destroyers et torpilleurs japonais s'avancèrent, lançant une série d'attaques contre la flotte russe désorganisée. Le lendemain, quelques navires se rendirent ; d'autres s'échappèrent. Seuls trois navires parvinrent jusqu'à Vladivostok. La Russie avait perdu la guerre. **TB**

Pertes : Russes, 4 500 morts, 6 000 prisonniers, 17 navires coulés, 5 navires capturés sur 27 ; Japonais, 117 morts, 580 blessés, 3 torpilleurs coulés sur 64

< *Moukden 1905*

Révolte des Moros

Bud Dajo 5-7 mars 1906

Après avoir annexé les Philippines en 1898, les Américains durent se battre contre les républicains philippins et contre les Moros, des musulmans philippins vivant au Sud. Le conflit dura jusqu'en 1913 et provoqua la mort d'au moins 20 000 Moros, dont 1 000 furent massacrés à Bud Dajo.

Les Moros du sud des Philippines, qui n'avaient jamais accepté le contrôle espagnol, continuaient de résister à l'invasion américaine. En tant que musulmans, ils rejetaient l'occupation étrangère et chrétienne, et particulièrement les réformes américaines, telles que l'abolition de l'esclavage et l'imposition de la *cedula*, une taxe locale. La situation se dégrada lorsqu'un Moro nommé Pala fut pris de folie meurtrière à Bornéo et s'enfuit vers son île natale de Jolo. Il resta en cavale pendant quelques mois avant de se réfugier dans le cratère du volcan éteint de Bud Dajo. Là, il fut rejoint par des centaines de rebelles et de hors-la-loi moros.

Le 2 mars 1906, le colonel Duncan du 6e régiment d'infanterie reçut l'ordre de mener une expédition contre les positions rebelles. La bataille commença trois jours plus tard lorsque des canons tirèrent 40 volées de shrapnels dans le cratère. Le 6 mars, trois colonnes de soldats escaladèrent le volcan, se heurtant aux barricades défendues par les Moros. Une fois ces dernières tombées, les troupes américaines se frayèrent un chemin jusqu'au sommet et, pendant la nuit, hissèrent des canons à flanc de volcan. Au matin, les canons ouvrirent le feu, soutenus par l'artillerie navale de la canonnière *Pampaga*. Les Moros continuèrent de résister, prenant d'assaut les lignes américaines avant d'être fauchés. Les Américains chargèrent à la baïonnette, tuant tous les Moros sauf six. Le combat le plus sanglant de la révolte moro était terminé. **SA**

Pertes : États-Unis, 15 à 21 morts, 75 blessés sur 790 ; Moros, 6 survivants

Balangiga 1901

Révolution mexicaine

Ciudad Juárez 7 avril-10 mai 1911

Pour mettre fin à la dictature de Porfirio Diaz, les forces rebelles, menées par Pancho Villa et Pascual Orozco, attaquèrent les forces fédérales à Ciudad Juárez lors de la première bataille majeure de la révolution mexicaine. La force rebelle mit fin au règne de Diaz et mena Francisco Madero au pouvoir.

Fin 1910, l'opposition à la dictature de Porfirio Diaz avait donné lieu à une campagne de guérilla contre les soldats fédéraux. Ces attaques, menées par Francisco « Pancho » Villa, Pascual Orozco et Emiliano Zapata, persuadèrent le chef de l'opposition en exil Francisco Madero de retourner au Mexique. Le 7 avril, Madero, Villa et Orozco lancèrent une attaque, avec une force de 2 500 hommes non entraînés, contre Ciudad Juárez, ville située sur la frontière mexico-américaine. La ville était défendue par 700 soldats fédéraux commandés par le général Juan Navarro.

Sachant l'armée fédérale largement dépassée en nombre, Diaz tenta de négocier une trêve. Malgré un cessez-le-feu ordonné par Madero, Villa et Orozco poursuivirent l'offensive. De l'autre côté de la frontière, dans la ville d'El Paso, des milliers d'Américains se réunirent pour contempler la bataille. À l'aide de barricades et de mitrailleuses, Navarro avait parfaitement préparé ses défenses. Pour les contrer, les rebelles évitèrent d'attaquer directement à travers les rues, préférant se servir de dynamite pour se frayer un chemin à travers les rangées de maisons et rester à couvert. Le 8 mai, les troupes assiégées n'occupaient que quelques bâtiments au centre de la ville et manquaient d'eau. Les combats se réduisant exclusivement à des combats rapprochés, l'artillerie fédérale ne leur fut que de peu d'utilité. Deux jours plus tard, Navarro se rendit. Avec la bataille de Cuautla, Ciudad Juárez entraîna la démission de Diaz, ce qui amena Francisco Madero au pouvoir. **ND**

Pertes : chiffres inconnus

Cuautla 1911

Des tireurs rebelles embusqués prennent position aux abords de Ciudad Juárez, le 10 mai 1911. 

Cuautla 13-19 mai 1911

À Cuautla, une force rebelle considérable menée par Emiliano Zapata lança une attaque contre l'armée fédérale, fidèle à Porfirio Diaz. Au cours d'une des batailles les plus sanglantes de la révolution, Zapata et ses troupes vainquirent les troupes fédérales, mettant un terme à la dictature de Diaz.

Entre 1910 et 1911, l'opposition à la dictature de Porfirio Diaz au Mexique s'était accrue et des troubles agitaient tout le pays. Au sud, dans l'État de Morelos, Emiliano Zapata prit la tête d'un soulèvement armé. Après la défaite de l'armée de Diaz contre les forces rebelles à Ciudad Juárez, Zapata décida d'entraîner ses 4 000 combattants dans une offensive contre l'armée fédérale près de la ville fortifiée de Cuautla, le 13 mai.

La ville était défendue par près de 400 soldats fédéraux appartenant au 5e régiment de cavalerie. Même si les rebelles avaient l'avantage du nombre, les zapatistes étaient inexpérimentés et simplement équipés de machettes et de fusils. Les soldats fédéraux disposaient d'artillerie et de mitrailleuses, et occupaient de meilleures positions. Au second jour du combat, les rebelles avaient encerclé Cuautla et coupé tous ses liens dans et hors de la ville. Les troupes fédérales refusèrent de se rendre et, retranchées derrière des barricades, continuaient de soumettre les rebelles à des tirs d'artillerie. Ce violent combat dura six jours, soldats fédéraux et rebelles s'affrontant dans de féroces corps-à-corps à travers les rues de la ville. Le 19 mai, manquant de munitions et ayant perdu la majorité de leur régiment, les soldats fédéraux quittèrent la ville. La défaite de l'armée fédérale par les zapatistes à Cuautla entraîna la démission de Diaz, mettant ainsi fin à la première étape de la révolution mexicaine. **ND**

Pertes : rebelles, 1 500 victimes sur 4 000 ; troupes fédérales, la majeure partie des 400 soldats présents

〈 *Ciudad Juárez 1911* *Tierra Blanca 1913* 〉

Çatalca 17-18 novembre 1912

À l'automne 1912, la ligue balkanique (Bulgarie, Grèce, Serbie et Monténégro) partit en guerre contre la Turquie. Elle espérait prendre Constantinople, mais à Çatalca, les Turcs résistèrent lors d'un combat qui augurait la guerre des tranchées de la Première Guerre mondiale.

La position défensive turque à Çatalca s'étendait sur 48 km, de la mer de Marmara à la mer Noire. Bien que vétuste (elle avait été conçue en 1877), c'était un formidable réseau de tranchées, de postes de mitrailleuses et d'artillerie légère, soutenus par l'artillerie lourde à l'arrière. Les Turcs bénéficiaient également de lignes de ravitaillement courtes et étaient motivés par le fait qu'une défaite signerait la fin de leur empire. L'armée turque était affaiblie par le choléra et la dysenterie, tout comme l'était près d'un sixième de l'armée bulgare. Épuisées et manquant d'équipement, les troupes bulgares faisaient face à un objectif monumental, mais leurs généraux étaient revigorés par leurs récentes victoires et déterminés à prendre Constantinople.

Les Bulgares ne cherchèrent pas à faire dans la subtilité ; le plan était simplement de pilonner la ligne avant de faire charger l'infanterie. Mais un épais brouillard empêcha toute coordination. Le barrage d'artillerie n'était pas assez puissant pour détruire les positions fixes et l'infanterie ne connut que peu de succès, au prix de lourdes pertes. À un moment donné, une partie de la ligne fut occupée par un bataillon bulgare, mais dans la confusion, les Turcs contre-attaquèrent et les repoussèrent. Le lendemain, les Bulgares, à bout de force, durent abandonner l'attaque. Bien que revigorés par ce succès, les Turcs étaient trop épuisés pour l'exploiter. **JS**

Pertes : Bulgares, 1 500 morts, plus de 9 000 blessés, 1 400 disparus sur 176 000 ; Turcs, 10 000 morts, blessés ou disparus sur 100 000

Andrinople 1913 〉

← *Pancho Villa (assis à gauche) et Emiliano Zapata (assis à droite) en compagnie de rebelles mexicains, 1911.*

Andrinople 24 mars 1913

« Les canons de siège déchirent en chœur le silence… tam-touuumb… Prends-le vite, fracasse-le, disperse-le aux vents infinis, jusqu'au diable. »

Filippo Marinetti, Zang Tumb Tuuum

Des soldats bulgares tiennent une position d'artillerie tandis qu'ils tentent de percer les défenses « imprenables » d'Andrinople en 1913.

Andrinople était l'une des plus grandes villes de l'Empire ottoman. Lorsque les Bulgares l'investirent pendant la première guerre des Balkans, tout semblait indiquer qu'ils allaient devenir la plus grande puissance des Balkans et que les Turcs allaient être chassés du sol européen.

Andrinople était puissamment défendue par des batteries et des fortifications comprenant plusieurs ceintures de barbelés. Manquant d'informations précises sur ces défenses, les Bulgares hésitaient à attaquer, refusant de subir une nouvelle défaite après Çatalca. Leurs alliés serbes acceptèrent d'envoyer des troupes, mais un assaut contre les défenses d'Andrinople semblait encore trop risqué. Des tirs d'artillerie sporadiques eurent lieu, ainsi que quelques tentatives de bombardement aérien, mais les Bulgares infligèrent peu de dégâts et décidèrent d'instaurer un siège. Ce choix était néanmoins risqué car un investissement prolongé pouvait laisser le temps aux Turcs de faire venir des renforts d'Asie.

Le froid glacial, la faim et l'oisiveté sapaient le moral des Bulgares, mais la garnison turque souffrait, elle, du manque de nourriture. Le 24 mars 1913, un barrage d'artillerie bulgare, suivi d'une attaque d'infanterie, prit les Turcs totalement par surprise. Craignant une attaque principale en provenance du sud, des réserves y furent envoyées. Mais ce n'était qu'une diversion et l'infanterie attaqua en direction du mur est, pénétrant les barbelés.

Les Turcs résistèrent farouchement, mais lorsque les Bulgares rompirent les dernières défenses, le moral turc s'effondra et la ville tomba en quelques heures, offrant aux Bulgares les plus grands gains territoriaux de toute la guerre. Mais leurs alliés complotaient déjà contre eux. La seconde guerre des Balkans n'allait pas tarder à éclater. **JS**

Pertes : Bulgares, 1 600 morts, 8 000 blessés ;
Turcs, 15 000 morts ou blessés, 60 000 prisonniers

Catalca 1912 — *Kilkis 1913*

Seconde guerre des Balkans

Kilkis 30 juin-4 juillet 1913

Au cours de la seconde guerre des Balkans (juin-août 1913), la Bulgarie tenta en vain de conserver les territoires qu'elle avait gagnés lors de la première guerre. La défaite qu'elle subit à Kilkis allait l'empêcher de devenir la puissance prédominante des Balkans.

Lorsque leurs anciens alliés serbes et grecs se retournèrent contre eux (en invitant les Turcs à les rejoindre), les Bulgares se retrouvèrent dans une situation désespérée. Après avoir subi de lourdes pertes en combattant les Turcs, leurs troupes, mal ravitaillées et affamées, étaient au bord de la mutinerie. Ils lancèrent alors une attaque préventive contre les Grecs, espérant prendre Thessalonique rapidement, mais manquèrent de force pour accomplir leur projet.

Face à une force grecque déterminée à les encercler, et subissant le pilonnage de leurs côtes par la marine grecque, les Bulgares se replièrent à Kilkis, où ils avaient érigé de puissantes positions défensives, avec des tranchées soutenues par des canons dérobés aux Turcs. Les Bulgares étaient déterminés à résister, mais les troupes avaient conscience de l'écrasante supériorité de la coalition déployée contre eux, ce qui leur sapait le moral.

Une série de barrages d'artillerie, suivis d'attaques d'infanterie, poussèrent les Bulgares à quitter leurs positions pendant trois jours. Les Grecs avaient subi de lourdes pertes, mais le moral des Bulgares était en train de s'effondrer. Au moment où les renforts arrivèrent, ils ne purent que se joindre à une retraite générale qui menaçait de virer à la déroute. Attaquée par les Serbes et les Turcs (qui reprirent Andrinople) ainsi que par les Roumains, la position bulgare devint désespérée et la Bulgarie chercha à négocier la paix sous n'importe quelles conditions. **JS**

Pertes : Bulgares, 4 227 morts, 1 977 blessés, 767 disparus et 6 000 prisonniers ; Grecs, 8 700 morts ou blessés

< *Adrianople 1913*

Révolution mexicaine

Tierra Blanca 23-25 novembre 1913

Le combat opposant les forces rebelles de Pancho Villa à l'armée fédérale du général Victoriano Huerta atteignit son point culminant lors de la bataille de Tierra Blanca. La détermination de l'armée rebelle fit de cette bataille l'une des plus acharnées de la révolution mexicaine.

Après une bataille malheureuse à Chihuahua contre l'armée fédérale du général Victoriano Huerta en novembre 1913, Pancho Villa mena son armée rebelle au nord de la ville voisine de Tierra Blanca. Les troupes fédérales arrivèrent peu après en train et le combat débuta dans la nuit du 23 novembre.

Même si les deux armées étaient de taille similaire (environ 5 000 hommes), l'armée fédérale était mieux équipée. Pendant deux jours, la bataille ne fut qu'une série d'attaques et de contre-attaques. Néanmoins, les mitrailleuses et l'artillerie lourde de l'armée fédérale lui permirent d'infliger d'énormes pertes aux hommes de Villa. Voyant ses troupes décimées et manquant de munitions, Villa décida de tout miser sur une dernière attaque. Les troupes rebelles lancèrent un assaut frontal contre l'armée fédérale pendant que Villa ordonnait à sa cavalerie d'attaquer les flancs, semant la panique à travers les rangs ennemis. Villa envoya alors une locomotive bourrée de dynamite vers les troupes gouvernementales, qui percuta un train, créant une énorme explosion. Les troupes fédérales se replièrent, abandonnant quantité d'armes et de munitions dont les hommes de Villa s'emparèrent.

Après avoir obtenu ce qui devint sa plus célèbre victoire, Villa mena ses hommes vers la capitale, Chihuahua. Démoralisées, les troupes fédérales abandonnèrent la ville, et Villa fut déclaré gouverneur de Chihuahua au début du mois de décembre 1913. **ND**

Pertes : rebelles, 300 victimes sur 5 500 ; troupes fédérales, 1 000 victimes sur 5 500

< *Cuautla 1911* *Veracruz 1914* >

Veracruz 21-24 avril 1914

L'opposition croissante de l'administration américaine au régime militaire de Victoriano Huerta au Mexique entraîna l'envoi d'une force navale pour prendre le contrôle de la ville portuaire de Veracruz. La victoire des États-Unis se solda par l'occupation de la ville par les troupes américaines pendant six mois.

Début 1914, les États-Unis avaient retiré leur soutien au régime mexicain du général Victoriano Huerta. L'élection de Woodrow Wilson à la présidence des États-Unis entraîna l'opposition américaine à un régime que Wilson considérait comme illégitime, ainsi que l'instauration d'un embargo sur les armes à destination de Huerta. Les tensions s'accrurent en avril, suite à une confrontation entre les soldats mexicains et américains à Tampico. Peu après, les États-Unis découvrirent qu'une livraison d'armes allemandes devait arriver à Veracruz et Wilson envoya une escadre prendre le contrôle de la ville portuaire.

Le 21 avril, les cuirassés américains, commandés par l'amiral Fletcher, arrivèrent à Veracruz et près de 500 marines débarquèrent. Ils rencontrèrent peu de résistance lors de la prise du port. Cependant, des combats féroces eurent lieu contre les cadets de l'Académie navale de Veracruz, soutenus par 50 soldats mexicains et les citoyens de Veracruz. Les Américains subirent un grand nombre de pertes en tentant de prendre l'Académie navale, avant que les cuirassés américains ne se servent de canons longs pour bombarder le bâtiment, tuant presque tous les cadets barricadés à l'intérieur. Avec l'arrivée de nouveaux renforts, les forces américaines purent prendre le contrôle de la ville sans trop de difficulté. L'occupation américaine de Veracruz dura six mois et parvint à faire démissionner Huerta. **ND**

Pertes : États-Unis, 17 morts, 63 blessés sur 2 300 ; Mexicains, 126 morts, 195 blessés

< *Tierra Blanca 1913* *Celaya 1915* >

Les troupes fédérales passent à l'offensive dans une rue de Veracruz en 1914.

Les frontières 4-25 août 1914

Les officiers allemands et français croyaient que les premiers affrontements de la Première Guerre mondiale décideraient de son issue. Les deux camps attaquèrent avec férocité, mais l'incompétence française en matière de tactique (des attaques d'infanterie contre de l'artillerie et des mitrailleuses) faillit provoquer un désastre pour la France.

En 1914, la stratégie allemande consistait à écraser rapidement la France avant de prendre la Russie. Sept armées allemandes furent déployées. Selon le plan de Schlieffen, les trois plus importantes devaient envahir la Belgique et le nord de la France, tandis que les quatre autres armées contiendraient l'attaque française le long des frontières franco-allemandes. La stratégie française prévoyait une offensive en Lorraine, annexée par l'Allemagne en 1871.

Le 4 août, des éléments avancés de l'armée allemande pénétrèrent en Belgique, pensant rencontrer peu de résistance. Cependant, l'invasion d'un pays neutre provoqua l'entrée en guerre de la Grande-Bretagne contre l'Allemagne. Même si les Belges ne pouvaient pas grand-chose contre l'avancée allemande, ils persévérèrent dans leur résistance. L'arrivée d'un corps expéditionnaire britannique en Belgique provoqua la consternation du camp allemand, mais les affrontements de Mons et du Cateau furent insuffisants pour stopper l'avancée allemande.

L'offensive française en Lorraine et en Alsace tourna rapidement au désastre, chaque vague d'attaques étant repoussée avec de terribles pertes. En cinq jours, les Français avaient été refoulés vers leur ligne de départ, à l'exception d'une petite partie du territoire allemand remportée près de Mulhouse. Alors que les Allemands progressaient, les armées alliées furent forcées de se replier tout au long de la frontière. **AG**

Pertes : Alliés, plus de 200 000 victimes sur 1 500 000 ; Allemands, pertes inconnues sur 1 450 000

Liège 1914 ›

↑ *Des soldats allemands tirent depuis l'abri relatif de leurs fortifications de campagne.*

Liège 5-16 août 1914

Au début de la Première Guerre mondiale, les Allemands comptaient traverser la Belgique pour attaquer la France. Mais la voie était barrée par les forts entourant Liège. Les Allemands s'étaient alloué deux jours pour capturer Liège, mais le siège dura onze jours, faisant gagner du temps aux Alliés.

Alors que les stratèges allemands espéraient traverser la Belgique sans encombre, un corps expéditionnaire de 60 000 hommes (menés par Otto von Emmich) fut rassemblé pour prendre Liège. La force était équipée d'obusiers de 210 mm, mais, à l'insu des Belges, les Allemands disposaient également des derniers obusiers d'artillerie superlourde (les Skoda 305 mm) empruntés à l'armée austro-hongroise et de deux obusiers Krupp 420 mm.

Les défenses de Liège consistaient en une ceinture de douze forts souterrains entourant la ville. Ils étaient construits en béton et équipés d'artillerie installée dans des coupoles en acier, conçues pour prendre l'ennemi sous leurs feux croisés. De nombreux Belges croyaient la ville imprenable, mais les forts avaient été achevés en 1891 pour résister à des canons de 210 mm, et les Belges manquaient d'infanterie pour occuper les « intervalles » entre les forts.

Le 5 août, les Allemands exigèrent la reddition de Liège, ce qui fut refusé. Au cours des deux jours qui suivirent, les Allemands subirent de lourdes pertes, mais, sous le commandement inspiré du général Erich Ludendorff, une brigade d'infanterie allemande perça les défenses extérieures et s'empara de la ville le 7 août. Ayant déployé leur artillerie, les Allemands entamèrent la destruction systématique des forts. Les Belges combattirent avec une grande détermination, mais le 16 août, les deux derniers forts tombèrent aux mains des Allemands. **AG**

Pertes : Belges, 2 000 morts ou blessés, 4 000 prisonniers sur 36 000 ; Allemands, 2 000 victimes sur 60 000

< *Les Frontières 1914* *Mons 1914* >

La cavalerie belge évalue ses pertes après l'attaque allemande contre Liège, le 6 août 1914. ↑

Mons 23 août 1914

Connue pour être le premier engagement britannique de la Première Guerre mondiale, la bataille de Mons en Belgique n'eut pour effet que de retarder légèrement les Allemands. Lorsque les officiers britanniques prirent conscience de la supériorité de l'armée allemande, ils se replièrent en France.

Après son arrivée en France, la force expéditionnaire britannique (deux corps, chacun doté de deux divisions d'infanterie et d'une division de cavalerie) pénétra en Belgique pour prendre position sur la gauche de la 5e armée française. Le 21 août, ayant appris que la 5e armée subissait une lourde attaque, le maréchal John French, officier britannique, décida d'avancer vers le canal de Mons-Condé pour protéger le flanc gauche français exposé. Le 1er corps britannique fut tenu en réserve, le gros de l'attaque allemande à venir étant dirigé contre le 2e corps.

Au matin du 23 août, les Britanniques se retrouvèrent sous le feu de l'artillerie allemande, avant de subir une attaque lancée par des éléments de la Ire armée du général Alexander von Kluck. Même s'ils furent repoussés grâce à un feu précis, il devint clair que la boucle du canal laissait les défenses britanniques exposées à des attaques de flanc. Les Allemands exploitèrent cette faiblesse par des tirs renouvelés d'artillerie et de mitrailleuse.

Dans l'après-midi, alors que de nouvelles unités allemandes entraient en lice, il devint évident que les Britanniques allaient être débordés et la retraite fut ordonnée. La plupart des unités se replièrent en bon ordre, et au matin, elles s'étaient totalement désengagées de la bataille. Pendant ce temps, le maréchal French s'était rendu compte que la 5e armée s'était repliée sans l'avoir informé. Craignant d'être débordé avec de lourdes pertes, il donna l'ordre de retraite générale. **AG**

Pertes : Britanniques, 2 500 victimes sur 80 000 ; Allemands, 2 400 victimes sur 160 000

< *Liège 1914* *Le Cateau 1914* >

Les fusiliers royaux photographiés sur la Grand-Place, la place centrale de Mons, le 22 août 1914, avant la bataille.

Tannenberg 26-30 août 1914

Lors de ce premier affrontement sur le front est de la Première Guerre mondiale, l'armée russe subit sa plus cuisante défaite, davantage en raison d'un piètre commandement que de faiblesses intrinsèques. Si Tannenberg fit la réputation des généraux allemands Hindenburg et Ludendorff, elle entama également le processus de sape de l'État russe.

Les Russes prétendirent plus tard qu'ils attaquèrent trop tôt, dans un esprit de sacrifice pour soutenir leurs alliés français. Cependant, la mobilisation fut assez rapide et ils partirent au combat aussi prêts que possible. Craignant l'armée allemande, bien plus professionnelle, les plans russes étaient hésitants ; au lieu d'attaquer en masse l'est de la Prusse, seules deux armées sur six furent impliquées dans cette offensive, le reste allant faire face à l'armée austro-hongroise, bien moins redoutable.

La 1re armée du général Rennenkampf allait avancer depuis l'est et la 2e armée du général Samsonov depuis le sud. Ce qui signifiait qu'elles étaient trop éloignées pour se soutenir – bien qu'une coopération n'était pas envisageable, les deux généraux se haïssant. Après avoir remporté une victoire à Gumbinnen, Rennenkampf interrompit son avancée, abandonnant totalement Samsonov. Pendant ce temps, les Allemands confièrent le commandement au vétéran Hindenburg, avec Ludendorff comme aide de camp. Les deux hommes allaient se montrer très agressifs. En ne laissant que des troupes de reconnaissance face à Rennenkampf, les Allemands rassemblèrent une force bien plus importante que celle de Samsonov. Cette manœuvre aurait pu être risquée si Rennenkampf avait lancé une brusque avancée, mais les Allemands furent aidés par d'incroyables failles dans la sécurité russe : des messages radio non cryptés annonçant que Rennenkampf restait en position furent interceptés tandis que Samsonov continuait d'avancer.

« Si la bataille avait mal tourné, le nom d'Hindenburg aurait été vilipendé d'un bout à l'autre de l'Allemagne. » *Paul von Hindenburg*

L'armée de Samsonov avait connu des difficultés en route. Au cœur de la forêt dense, son infanterie ne put parcourir que 16 km par jour et fut incapable de maintenir ce rythme. En les pressant davantage, Samsonov épuisa ses hommes qui se retrouvèrent éparpillés sur un front de 96 km, au sein d'un territoire servant de terrain d'entraînement aux Allemands. Son armée tomba dans une embuscade, avec deux corps allemands devant eux et un troisième derrière pour leur couper la retraite. Samsonov réalisa trop tard le danger. Ses troupes stupéfaites étaient dispersées en poches isolées qui furent pilonnées sans merci par l'artillerie allemande. Privés de commandement, la confusion s'empara des soldats, dont bon nombre abandonnèrent leurs armes et s'enfuirent – droit vers les forces allemandes à l'arrière. Le reste se rendit en masse.

Rennenkampf entreprit finalement des efforts pour soutenir Samsonov, mais peu, et bien trop tard. À Tannenberg, le combat vira au massacre. En quatre jours, la 2e armée fut décimée. Moins de 10 000 Russes échappèrent au piège allemand, mais il est probable que bien plus auraient pu survivre si leur commandant s'était montré plus efficace. Que cette bataille ait détourné les forces allemandes du front ouest (où leur présence à la bataille de la Marne aurait pu être décisive) est sujet à controverse. Quoi qu'il en soit, la défaite russe fut le résultat d'une série de dysfonctionnements au plus haut niveau et un coup sévère porté au prestige de l'autocratie russe. **JS**

Pertes : Allemands, 20 000 morts ou blessés sur 166 000 ; Russes, 140 000 morts, blessés ou prisonniers sur 150 000

1re bataille des lacs de Mazurie 1914 >

Les ruines fumantes témoignent de l'ampleur du conflit de Tannenberg.

Le Cateau 26 août 1914

La bataille du Cateau fut une tentative désespérée de ralentir l'avancée allemande et de donner aux Britanniques le temps de rallier leurs forces. Même si les Allemands n'exploitèrent pas leur avantage, les pertes britanniques furent supérieures à celles subies par les troupes de Wellington à Waterloo.

Lorsque le British Expeditionary Force (BEF) se replia de Mons, il fut poursuivi par la Ire armée allemande. Les 1er et 2e corps furent séparés par la forêt de Mormal, avec le 2e corps mené par le général Horace Smith-Dorrien particulièrement harcelé par les Allemands. Au soir du 25 août, Smith-Dorrien jugea que ses troupes étaient trop épuisées pour poursuivre la retraite et, contrairement aux souhaits du commandant en chef du BEF, le maréchal French, fit une halte pour mener une action d'arrière-garde le lendemain.

Lorsque la bataille débuta le 26 août, l'artillerie ennemie fit des ravages parmi l'infanterie britannique, qui avait été incapable de se retrancher et d'établir un périmètre défensif approprié. Même si les Britanniques luttèrent férocement, leurs défenses, trop statiques, ne purent réagir efficacement face aux manœuvres allemandes. Alors que les pertes britanniques s'accumulaient, les assaillants étaient régulièrement renforcés.

Smith-Dorrien comprit qu'il devait se replier avant de se faire encercler. Déployant ses réserves, dont la division de cavalerie britannique et quelques escadrons de la cavalerie française du corps du général Sorder, le BEF se désengagea du champ de bataille, même si 38 canons furent perdus et près de 2 600 hommes faits prisonniers. Heureusement pour les Britanniques, les Allemands n'exploitèrent pas leur victoire et le BEF put poursuivre sa retraite sans trop d'encombres. **AG**

Pertes : Britanniques, 8 000 victimes sur 40 000 ; Allemands, 3 000 victimes sur un maximum de 120 000

< *Mons 1914* *1re bataille de la Marne 1914* >

Heligoland Bight 28 août 1914

Lors du premier engagement naval majeur de la Première Guerre mondiale, les flottes britanniques et allemandes s'affrontèrent férocement en mer du Nord, causant des dégâts des deux côtés jusqu'à l'intervention décisive d'une force de croiseurs britanniques.

Pour inaugurer la bataille, la Grande-Bretagne comptait attaquer les patrouilles de croiseurs et de destroyers allemands croisant près de l'île de Heligoland. L'amirauté décida également d'envoyer en soutien la force de croiseurs de bataille de la Grand Fleet, basée au nord de l'Écosse, mais omit d'en informer les autres officiers.

Le combat commença le 29 août alors que la brume et la confusion régnaient des deux côtés. Plusieurs phases de combat se succédèrent jusqu'en début d'après-midi tandis que des renforts arrivaient dans les deux camps. Le croiseur léger *Aethusa* fut gravement avarié pendant deux de ces phases, mais au final, les Allemands furent incapables de répliquer à la puissance de feu des cinq croiseurs de bataille de l'amiral Beatty lorsqu'ils entrèrent en scène (les bâtiments de ligne allemands étant toujours ancrés dans la rivière Jade). Beatty prit un risque en alignant ses plus précieux navires dans des eaux pleines de mines et de torpilleurs, mais sa décision paya ; trois croiseurs légers allemands furent coulés avant que la force britannique ne se replie.

Ce succès incontestable eut d'importants effets secondaires. Pour la marine britannique, il contribua à masquer la médiocrité de la planification et de l'exécution de l'opération, failles qui allaient devenir évidentes au cours de la guerre. Quant aux Allemands, ils devinrent excessivement prudents et peu enclins à risquer de défier la maîtrise des mers britannique. **DS**

Pertes : Britanniques, 100 morts ou blessés, aucun navire ; All., 1 200 morts, blessés ou prisonniers, 6 navires coulés

Coronel 1914 >

Les marins britanniques regardent les flammes dévorer le croiseur allemand Mainz *à Heligoland.* 

Première bataille de la Marne 25 août-12 septembre 1914

Les combats livrés à l'est de Paris en septembre 1914 furent des affrontements décisifs de la Première Guerre mondiale. En ratant leur principal objectif (écraser rapidement les Français), les Allemands furent contraints de livrer une guerre défensive sur deux fronts, ce qui s'avéra désastreux.

La bataille des frontières avait été catastrophique pour la France, et au 25 août, la situation des Alliés était critique. Partout, leurs armées avaient battu en retraite et l'avancée constante des colonnes allemandes avait semé la panique au sein du gouvernement français. Cependant, l'imperturbable général Joffre, commandant en chef des forces françaises, allait sauver la situation. Le plan d'origine (le plan XVII) ayant échoué, il repensa toute la stratégie et décida d'organiser ses troupes de manière à contrer l'avancée allemande. Pour cela, il transféra ses forces de l'est de la France (grâce à l'excellent réseau ferré français) pour former la 6e armée, menée par le général Michel Joseph Maunoury et la déployer sur l'extrême gauche française.

« L'heure est venue d'avancer coûte que coûte et de se faire tuer sur place plutôt que de reculer. »

Général Joffre à ses officiers lors de la bataille de la Marne

Joffre ordonna alors au général Charles Lanrezac, dont l'armée était de plus en plus isolée et surpassée en nombre, de lancer une attaque entre Guise et Saint-Quentin le 29 août. Malgré des réserves quant à l'issue de l'attaque, Lanrezac mena ses forces avec brio. La bataille débuta par une attaque française contre la Ire armée allemande, menée par le général Alexander von Kluck, mais lorsque la IIe armée allemande, sous les ordres du général Karl von Bülow, fixa l'aile droite de la 5e armée française, les troupes de Lanrezac traversèrent le champ de bataille et infligèrent un sérieux revers à la IIe armée. Bülow demanda aussitôt le soutien de la Ire armée de Kluck, si bien qu'au lieu d'envelopper Paris par l'ouest, comme il était prévu, la Ire armée infléchit sa marche vers le sud pour arriver à l'est de la capitale. Cette manœuvre compromettait le plan Schlieffen de 1905, impair qui fut aggravé par la décision du général général Helmuth von Moltke (chef de l'état-major allemand) d'autoriser un de ses subordonnés à retirer ses forces du flanc droit allemand pour préparer sa propre offensive locale.

Plus la Ire armée allemande avançait au sud, plus elle exposait son flanc droit aux attaques. Début septembre, la 5e armée de Maunoury était en place au nord de Paris. Le général Joseph Simon Gallieni, gouverneur militaire de la capitale, appela à une offensive menée par ses forces et celles de Maunoury contre le flanc de Kluck. Le 5 septembre, les Alliés s'étant repliés au sud de la Marne, Joffre accepta le plan d'attaque de Gallieni et ordonna également une contre-attaque tout au long du front français.

L'offensive française débuta par l'assaut de Maunoury contre la Ire armée allemande le long de l'Ourcq. Kluck résista à l'attaque française, mais le transfert de ses forces vers son flanc droit ouvrit une brèche entre ses hommes et la IIe armée de Bülow. La force de la contre-attaque française fut un choc pour les Allemands et lorsque le corps expéditionnaire britannique et la 5e armée française s'engouffrèrent dans la brèche, leur détermination vacilla. Le 8 septembre, les Allemands commencèrent à se replier. Six jours plus tard, Moltke fut relevé de son commandement, reflétant la gravité du revers allemand. Toutefois, les Alliés manquèrent de vigueur dans la suite de leur intervention, et les Allemands furent en mesure de se replier en bon ordre et d'adopter de nouvelles positions le long de l'Aisne. **AG**

Pertes : Alliés, 263 000 victimes sur 1 050 000 ; Allemands, plus de 220 000 victimes sur 1 250 000

< *Le Cateau 1914* *1re bataille de l'Aisne 1914* >

La cavalerie française pourchasse les Allemands à travers un pont flottant enjambant la Marne. 

1re bataille des lacs de Mazurie

9-14 septembre 1914

Après avoir écrasé la 2e armée russe à Tannenberg, Hindenburg et Ludendorff portèrent leur attention sur la 1re armée. Sur le front est de la Première Guerre mondiale, ils remportèrent une nouvelle victoire, mais qui ne fut pas aussi décisive : cette fois, la défaite russe ne vira pas à la débandade.

Après le désastre de Tannenberg, le commandant russe Rennenkampf était déterminé à ne plus prendre de risques offensifs. Ses troupes formèrent une ligne défensive entre la mer Baltique et les lacs de Mazurie, soutenues par une importante artillerie. Puis il posta ses réserves au nord, où selon lui le gros de l'attaque aurait lieu. En fait, Hindenburg et Ludendorff comptaient attaquer au nord dans le seul but de stopper l'avancée des Russes, alors que l'assaut principal porterait au sud, où ils comptaient percer et encercler l'intégralité de l'armée russe contre les rives de la Baltique.

Au nord, les Russes livrèrent un combat acharné, puis se replièrent en bon ordre quand ils furent repoussés. Au sud, les choses tournaient mal pour les Allemands, qui furent bientôt en danger d'être débordés. L'envoi de renforts pour les sauver renversa le cours de la bataille ; les Allemands percèrent le front ennemi et menacèrent d'encercler les Russes. Contrairement à Samsonov, Rennenkampf n'attendit pas qu'il soit trop tard pour sonner la retraite. Il donna d'ailleurs l'exemple, mais sa propre retraite fut si précipitée qu'il abandonna son armée, déplaçant son état-major à trois reprises en un jour et émettant même des ordres depuis son véhicule. Néanmoins, la plupart des formations russes se replièrent en bon ordre, et même si elles furent chassées du sol allemand, elles représentaient toujours une force considérable. **JS**

Pertes : Allemands, 40 000 morts ou blessés ; Russes, 145 000 morts, blessés ou prisonniers

< *Tannenberg 1914* — *2e bataille des lacs de Mazurie 1915* >

1re bataille de l'Aisne

13-28 septembre 1914

En adoptant une position défensive sur les hauteurs de l'Aisne, les Allemands reconnaissaient qu'ils n'étaient pas parvenus à vaincre les Français et les Britanniques en guerre ouverte. L'incapacité des Alliés à briser les défenses allemandes inaugura la guerre des tranchées sur le front ouest.

Alors que les Allemands se repliaient suite à la défaite de la bataille de la Marne, le général Helmuth von Moltke prit la décision de déployer ses armées de l'Ouest en position défensive et de « fortifier et défendre » les hauteurs situées sur la rive nord de l'Aisne. Ces dernières ne surplombaient l'Aisne que de quelques centaines de mètres mais elles constituaient une excellente position défensive. Même si les retranchements allemands étaient parfaitement visibles pour les Alliés, les Allemands avaient une excellente vue de l'avancée des forces anglo-françaises, leur permettant de diriger efficacement leurs obusiers.

L'attaque alliée fut constituée d'une série d'assauts frontaux menés par les 5e et 6e armées françaises, appuyées par le corps expéditionnaire britannique. Les Allemands avaient détruit la plupart des ponts enjambant l'Aisne, contraignant les Alliés à jeter des ponts flottants sous un feu nourri pour traverser. Une fois de l'autre côté, les troupes alliées gravirent la crête, pour se retrouver sous des tirs dévastateurs. Les Allemands résistèrent aux nombreux assauts alliés, et lorsque ces derniers progressaient, de féroces contre-attaques les refoulaient vers leurs lignes de départ. Le 18 septembre, la progression alliée avait ralenti, notamment en raison des attaques allemandes contre Reims qui tenaient les renforts français éloignés. Sur l'Aisne, les troupes allemandes et françaises commencèrent à améliorer leurs défenses, creusant de longues tranchées renforcées de barbelés. **AG**

Pertes : inconnues

< *1re bataille de la Marne 1914* — *Anvers 1914* >

Anvers

28 septembre-9 octobre 1914

La prise d'Anvers lors de la Première Guerre mondiale démontra la faiblesse des fortifications face à l'artillerie lourde allemande. Mais le siège révéla également le refus des Belges de se plier aux exigences allemandes ainsi que leur détermination à poursuivre le combat aux côtés des Alliés.

Après l'invasion allemande de la Belgique, la plupart de l'armée belge se retrancha dans la ville fortifiée d'Anvers. Même si la Ire armée allemande l'avait contournée, préférant envahir la France, les troupes belges étaient une source d'irritation pour les Allemands. Lorsqu'il devint évident que les Allemands avaient raté l'occasion d'écraser la France, le général Helmuth von Moltke redéploya ses forces pour éliminer cette nuisance. Le IIIe corps de réserve du général von Beseler, choisi pour attaquer Anvers, ne contenait que cinq divisions en sous-effectif, mais avait été renforcé par 173 pièces d'artillerie lourde, comprenant notamment les obusiers, si efficaces contre Liège et Namur.

Le 28 septembre, l'artillerie allemande entama le bombardement des forts. Craignant que la perte d'Anvers n'ouvre la voie à la conquête des ports de la Manche, les Britanniques acceptèrent d'envoyer des renforts aux Belges et commencèrent à débarquer des troupes d'infanterie navales, en promettant que la 7e division, fraîchement formée, ne tarderait pas à suivre.

Alors que les Allemands se rapprochaient, les officiers belges décidèrent d'abandonner la ville. Le 7 octobre, avant même que la 7e division britannique ne se soit mise en route, les Belges transférèrent leurs forces d'Anvers à Ostende pour continuer à combattre en terrain découvert. Deux jours plus tard, les troupes allemandes investirent la ville ; le siège était terminé. **AG**

Pertes : Alliés, 30 000 (surtout des prisonniers) sur 150 000 ; Allemands, pertes inconnues sur 66 000

< *1re bataille de l'Aisne 1914* | *1re bataille d'Ypres 1914* >

« Tout ira bien maintenant, monsieur le bourgmestre. Ne vous inquiétez pas. Nous allons sauver la ville. »

Winston Churchill, à son arrivée à Anvers

Les soldats de l'infanterie belge se replient en hâte de leurs tranchées à Anvers (détail).

Première bataille d'Ypres 19 octobre-22 novembre 1914

L'incapacité des Allemands à rompre les lignes alliées lors de la bataille d'Ypres fut le dernier épisode de la campagne sur le front ouest de 1914. Elle marqua la fin de la guerre de mouvement, les deux camps construisant un réseau de tranchées élaboré de la Suisse à la mer du Nord.

L'impasse de la bataille de l'Aisne incita les officiers allemands et alliés à chercher un autre théâtre pour porter un coup décisif à l'adversaire. Les deux camps entamèrent une série de manœuvres de débordement, progressant au nord vers le côté belge.

Tandis que le combat s'étendait au nord, l'armée belge adopta des positions défensives le long de l'Yser, qui formait alors la partie la plus septentrionale de la ligne alliée. Alors que la zone entourant l'Yser avait été inondée par les Belges le 24 octobre, les Allemands portèrent leur attention vers la campagne, plus au sud, autour de la vieille ville drapière d'Ypres, afin d'opérer une poussée significative vers les ports de la Manche.

« On n'était pas un soldat tant qu'on n'avait pas servi sur le front d'Ypres. »

Donald Fraser, soldat britannique

Renforcé par des troupes venues d'Angleterre, le British Expeditionary Force (BEF) avait été acheminé en train jusqu'au nord de la Flandre pour prendre position le 12 octobre autour de Béthune, Armentières et Ypres. Aux côtés du BEF se trouvait la 10e armée française et, sous l'impulsion du général Foch, les forces alliées avancèrent vers l'est, sans savoir que les IVe et VIe armées allemandes marchaient sur Ypres depuis la direction opposée. Au cours du combat qui suivit, les Alliés, manquant désespérément d'artillerie, furent contraints d'adopter une posture défensive. Les Allemands avaient l'avantage du nombre, bien que de nombreuses divisions fussent des troupes de réserve dont les recrues étaient soit des vieillards soit des volontaires sous-entraînés.

À partir du 20 octobre, une série d'attaques allemandes fit chanceler la ligne alliée, mais les combats rapprochés favorisaient les défenseurs, les troupes du BEF causant des ravages parmi les assaillants grâce à des tirs de fusil rapides et précis. Ces attaques furent suivies de contre-attaques alliées pour reprendre le terrain perdu et le nombre de victimes s'accentua. Les pertes infligées aux volontaires allemands furent surnommées *Kindermord* (« le massacre des innocents »).

Les Allemands attaquèrent de nouveau le 29 octobre et parvinrent presque à repousser les Alliés jusqu'à Ypres. Même si la ligne alliée fut stabilisée grâce à l'intervention judicieuse des réserves, la majeure partie des hauteurs entourant Ypres était tombée aux mains des Allemands, rendant la ville encore plus vulnérable à l'observation et aux tirs d'artillerie ennemis.

Conscient qu'Ypres était désormais encerclée de trois côtés par les Allemands, Foch élabora une attaque. Prévu pour le 6 novembre, le plan allié fut retardé en raison de la reprise d'une offensive allemande le 5. Les Allemands attaquèrent avec l'énergie du désespoir et douze divisions d'élite furent jetées dans la bataille le 11 novembre. Même si la ligne alliée fut rompue près de la route de Menin, les Allemands furent incapables de capitaliser leurs premiers succès. Les deux camps étant désormais à bout de forces, le combat s'essouffla pendant que l'hiver s'installait. Pour le petit BEF, composé de soldats de l'armée régulière d'avant-guerre, les pertes avaient été extrêmement lourdes et la bataille fut surnommée « le cimetière de la vieille armée britannique ». **AG**

Pertes : Alliés, 126 000 victimes ; Allemands, 134 000 victimes

< *Anvers 1914*   *Neuve-Chapelle 1915* >

Troupes à Houplines en Belgique, près d'Ypres, le 18 novembre 1914. 

Coronel 1er novembre 1914

La première bataille navale importante de la Première Guerre mondiale eut lieu au large du port chilien de Coronel. L'escadre de la Royal Navy fut battue par les croiseurs de la marine impériale allemande ; cette défaite eut un retentissement important au début de la guerre.

L'amiral Maximilian von Spee, qui commandait l'escadre allemande de l'Extrême-Orient, dut abandonner sa base de Qingdao peu après le début de la guerre, car elle risquait de se faire attaquer par les Japonais (alors alliés aux Britanniques). L'un des navires, l'*Emden*, manœuvrait en solitaire, mais Spee conserva deux croiseurs cuirassés et trois croiseurs légers. Spee tenta de traverser le Pacifique, mais un message radio intercepté révéla qu'il se dirigeait vers la côte sud-américaine.

L'amiral Christopher Cradock disposait d'un bâtiment de guerre obsolète, de deux vieux croiseurs cuirassés, d'un croiseur léger et d'un navire auxiliaire mal armé. Malgré sa désuétude, le bâtiment de guerre aurait pu facilement surclasser les navires allemands, mais Cradock préféra se passer de lui car il était trop lent.

Les deux escadres se retrouvèrent le 1er novembre 1914 en fin d'après-midi, à 80 km du port chilien de Coronel. Les navires allemands avaient une bien meilleure puissance de feu à longue portée et voyaient à l'ouest la silhouette des britanniques, tandis que ces derniers devaient essayer de viser dans la pénombre. Les deux croiseurs cuirassés britanniques furent réduits à l'état d'épaves et coulés en une heure, tandis que les navires de soutien reçurent l'ordre de fuir et y parvinrent. Choquées par cette défaite humiliante, les autorités britanniques déployèrent de nouvelles unités plus puissantes pour traquer l'amiral Spee. **DS**

Pertes : Britanniques, 1 600 morts, 2 croiseurs blindés coulés ; Allemands, 5 blessés

< *Heligoland 1914* *Îles Cocos 1914* >

Le croiseur blindé britannique HMS Monmouth fut coulé à la bataille de Coronel.

Tanga 2-5 novembre 1914

Le débarquement amphibie de Tanga, qui eut lieu en Afrique orientale allemande (Tanzanie), se solda par un fiasco pour les Britanniques. Leur incapacité à en faire une base pour de futures opérations mit fin aux espoirs d'occuper rapidement la colonie allemande.

Ne disposant que de peu de troupes en Afrique orientale, le général Arthur Aitken partit de Bombay avec le corps expéditionnaire « B ». Malheureusement, cette force comprenait un grand nombre de volontaires mal entraînés. Les Britanniques avaient très peu de renseignements sur les forces allemandes et l'élément de surprise fut gâché lorsqu'une trêve amena un officier britannique à informer les Allemands de l'attaque à venir.

Ceci permit au lieutenant-colonel allemand Paul von Lettow-Vorbeck de renforcer sa petite garnison de Tanga, composée majoritairement de soldats de la *Schutztruppe* africaine. Le 2 octobre, le débarquement d'Aitken fut contré par des tirs de mitrailleuses allemandes à l'est de la ville. Le 4, un assaut de grande ampleur fut tenté. Les troupes indiennes attaquèrent sous des tirs de fusil et de mitrailleuse et les pertes furent considérables. Lettow-Vorbeck lança alors une contre-attaque et les porteurs africains accompagnant les unités indiennes s'enfuirent. Prenant ces hommes pour la *Schutztruppe*, la panique gagna de nombreux régiments et l'attaque indienne s'effondra. À aucun moment on ne fit appel à l'artillerie terrestre ou navale pour soutenir l'assaut.

Voyant sa force totalement désorganisée, Aitken rembarqua ses hommes le lendemain. Après la bataille, Aitken fut relevé de son commandement, et Lettow-Vorbeck continua de livrer l'une des campagnes de guérilla les plus brillantes de l'Histoire. **AW**

Pertes : Indo-Britanniques, plus de 800 sur 8 000 ; Allemands, 60 sur 1 100

Mahiwa 1917 >

↑ *Des soldats de la Schutztruppe dans une ligne d'escarmouche lors de l'affrontement de Tanga.*

Îles Cocos 9 novembre 1914

Tandis que le reste de l'escadre allemande d'Extrême-Orient se dirigeait vers Coronel, le croiseur léger *Emden* fut envoyé pour attaquer le commerce indien. Deux mois plus tard, après des succès spectaculaires, l'*Emden* affronta le croiseur australien *Sydney* près des îles Cocos et fut coulé.

Tandis que l'amiral von Spee traversait le Pacifique en août 1914, le capitaine von Muller et le croiseur léger *Emden* mirent le cap sur l'océan Indien. En moins de deux mois, l'*Emden* coula 17 navires marchands et en captura quelques autres pour les utiliser comme charbonniers. Muller prenait toujours grand soin de ses prisonniers qui le saluèrent plus tard en ce sens. À cause de lui, le commerce britannique dans l'océan Indien fut paralysé pendant plusieurs semaines.

En plus de ces succès, l'*Emden* bombarda le port de Madras (aujourd'hui Chennai) en Inde, une humiliation pour le pouvoir britannique même s'il y eut peu de dégâts. Naturellement, plusieurs navires de guerre britanniques, français, russes et même japonais traquaient l'*Emden*, mais en vain. Le 28 octobre, l'*Emden* attaqua Penang en Malaisie, coulant un vieux croiseur russe et un destroyer français.

En novembre, Muller se dirigea vers les îles Cocos à l'est de l'océan Indien afin d'attaquer la station de radio britannique qui s'y trouvait. Malheureusement pour les Allemands, un convoi de troupes australiennes croisait dans les parages et l'une de ses escortes fut envoyée pour enquêter sur un SOS. Le HMAS *Sydney* était bien plus puissant que l'*Emden* et la bataille était jouée d'avance. En un peu plus d'une heure, l'*Emden* fut réduit à l'état d'épave et s'échoua pour éviter de couler. **DS**

Pertes : Australiens, 10 morts ou blessés ; Allemands, 200 morts ou blessés, 1 croiseur léger et 1 navire de ravitaillement coulé

< *Coronel 1914* *Malouines 1914* >

Le croiseur léger Emden, *gravement avarié. Muller et son équipage furent faits prisonniers de guerre.*

Malouines 8 décembre 1914

Victorieux à Coronel le mois précédent, l'amiral von Spee prévoyait de détruire la base britannique de Port Stanley en Malouine orientale, dans l'Atlantique Sud. Mais lorsqu'il arriva, Spee trouva une force britannique bien supérieure. Il fut vaincu en quelques heures.

Parmi les forces déployées pour se venger de Coronel, la pire défaite navale de la Grande-Bretagne depuis plus d'un siècle, se trouvait une escadre menée par deux croiseurs de bataille (l'*Invincible* et l'*Inflexible*) bien plus puissants et rapides que les principaux navires de Spee, le *Scharnhorst* et le *Gneisenau*.

Lorsque les Allemands arrivèrent en vue de Port Stanley au matin du 8 décembre 1914, ils réalisèrent rapidement le danger qui les menaçait et firent demi-tour pour tenter de fuir. Dès qu'ils les virent, les Britanniques appareillèrent et se lancèrent à leur poursuite. En début d'après-midi, comprenant qu'il n'arriverait pas à leur échapper, Spee fit demi-tour avec ses deux plus gros navires tandis qu'il ordonnait à ses trois croiseurs légers de prendre la fuite. L'amiral britannique Sturdee envoya ses cinq croiseurs à la poursuite des plus petits navires allemands (dont deux furent coulés et un s'échappa) et affronta Spee avec ses deux croiseurs de bataille.

L'artillerie britannique était de piètre qualité et les Allemands manœuvrèrent avec talent si bien qu'il fallut quelques heures avant que les Britanniques parviennent à tirer avec efficacité. Cependant, leurs obusiers finirent par faire mouche et les deux croiseurs cuirassés allemands furent coulés, laissant peu de survivants. La défaite de Coronel était vengée et le *Dresden*, seul rescapé de la bataille, fut rattrapé et détruit trois mois plus tard alors qu'il se cachait dans les eaux chiliennes. **DS**

Pertes : Brit., 10 morts, aucun navire coulé ; All., 100 morts ou prisonniers, 2 croiseurs blindés et 2 croiseurs légers coulés

< *Îles Cocos 1914* | *Dogger Bank 1915* >

Une vue de la proue du Scharnhorst *ballotté par les flots lors de la bataille des Malouines.*

Des centaines de marins allemands luttent pour évacuer le Blücher *avant son naufrage.*

Dogger Bank 24 janvier 1915

Lors de la Première Guerre mondiale, la bataille navale de Dogger Bank vit s'affronter les croiseurs britanniques et allemands en mer du Nord. Surclassée, la force allemande prit la fuite, mais des failles au niveau du commandement privèrent les Britanniques d'une victoire bien plus décisive.

Les premiers mois de la guerre furent marqués par des affrontements mineurs en mer du Nord, mais en janvier 1915, l'Allemagne projeta un nouveau raid. Les Britanniques furent avertis par leurs services de renseignements qui interceptèrent des signaux radio.

L'amiral Beatty disposait de cinq croiseurs de bataille ; l'amiral Hipper en avait trois, ainsi qu'un navire plus vieux, le *Blücher*. Bien qu'armés de lourds canons, ces croiseurs restaient rapides grâce à la finesse de leur cuirasse. Les deux camps étaient soutenus par plusieurs croiseurs et destroyers. Les deux flottes s'affrontèrent à l'est de Dogger Bank le 24 janvier. Dépassé en nombre, Hipper fit demi-tour et fut aussitôt pris en chasse. Après deux heures de tirs, le *Blücher* fut gravement avarié ; au même moment, le navire de Beatty, le *Lion*, fut touché. Beatty ordonna aux autres navires de continuer à traquer le gros de la force de Hipper, mais ses signaux furent mal interprétés. Comprenant qu'il devait achever le *Blücher*, son commandant en second laissa échapper le reste des Allemands.

Les erreurs de commandement britanniques les privèrent d'un affrontement décisif, mais étant donné la médiocrité de leur artillerie, rien ne dit qu'ils auraient pu gagner la bataille si elle s'était poursuivie. **DS**

Pertes : Brit., 50 morts ou blessés, aucun navire ; Allemands, 1 100 morts ou prisonniers, 1 croiseur blindé coulé

Malouines 1914 *Jutland 1916*

Seconde bataille des lacs de Mazurie 7-22 février 1915

Lors d'une offensive hivernale sur le front est de la Première Guerre mondiale, les généraux allemands Hindenburg et Ludendorff comptaient écraser les Russes et les faire sortir de la guerre. Ils remportèrent de nouveau une grande victoire, mais sans parvenir à l'anéantissement qu'ils espéraient.

Le plan allemand prévoyait une offensive autrichienne au sud pour détruire les armées russes par un large encerclement. L'objectif initial des Allemands était d'avancer du nord au sud de la ligne de l'Angrapa, de longer les lacs de Mazurie et d'encercler la 10ᵉ armée du général Siever. Lorsque les Russes furent attaqués au sud, ils furent totalement pris au dépourvu. Deux jours plus tard, alors qu'ils étaient refoulés mais toujours capables de livrer un farouche combat d'arrière-garde près de la ville de Lyck, l'armée allemande frappa au nord.

Les Russes étaient sérieusement menacés, mais ils furent sauvés grâce à l'intervention d'un corps sibérien qui livra une action d'arrière-garde héroïque dans la forêt d'Augustów pendant près de deux semaines avant de se rendre. Ceci permit au reste de la 10ᵉ armée de se replier en bon ordre, de nouveau vaincue mais sans être anéantie. Renforcés par la 12ᵉ armée, ils parvinrent à lancer une contre-attaque qui interrompit l'avancée allemande. Les forces autrichiennes au sud furent repoussées avec de lourdes pertes, et la manœuvre d'encerclement échoua. À la fin de l'année, les Russes furent chassés de Pologne, mais sans être terrassés comme Hindenburg et Ludendorff l'auraient voulu. **JS**

Pertes : Allemands, plus de 16 000 morts ou blessés ; Russes, 56 000 morts ou blessés, 100 000 prisonniers

< *1ʳᵉ bataille des lacs de Mazurie 1914* *Gorlice-Tarnów 1915* >

Neuve-Chapelle 10-13 mars 1915

Les Britanniques nourrissaient de grands espoirs lorsqu'ils échafaudèrent la première grande offensive contre les tranchées allemandes durant la Première Guerre mondiale. Mais les premiers succès furent suivis d'une série de revers, scénario qui allait se répéter souvent sur le front ouest.

Après les lourdes pertes subies à Ypres, l'armée britannique demeura sur la défensive jusqu'en mars 1915, lorsqu'une offensive fut proposée pour soutenir les forces françaises en difficulté. La 1re armée britannique, sous les ordres du général Douglas Haig, fut choisie pour mener l'attaque à Neuve-Chapelle. Le plan de bataille (l'un des premiers à se baser sur la photographie aérienne) fut répété minutieusement et le secret fut bien préservé.

Au matin du 10 mars, la bataille commença par un bombardement de 35 minutes de la ligne de front allemande. Alors que le barrage progressait, les quatorze bataillons de la force d'assaut traversèrent le no man's land et occupèrent rapidement les tranchées de la ligne de front allemande. Une percée semblait possible, mais l'avancée commença à s'enrayer. La résistance allemande postée dans des bastions isolés était plus importante que prévu ; les renforts inexpérimentés tardèrent à traverser le champ de bataille. Mais, surtout, le manque de communications causé par la coupure des lignes téléphoniques empêcha une gestion efficace de la bataille.

Alors que l'avancée britannique ralentissait, les Allemands se ressaisissaient. L'artillerie britannique ne parvint pas à stopper l'arrivée des renforts ennemis et l'artillerie allemande arrêta l'avancée des troupes britanniques assez facilement. La bataille continua pendant trois jours, et même si les Britanniques prirent le village, ils furent incapables de pousser plus loin. **AG**

Pertes : Britanniques, 11 200 victimes sur 40 000 ; Allemands, 10 600 victimes

[<] *1re bataille d'Ypres 1914* *2e bataille d'Ypres 1915* [>]

Troupes combattant dans des tranchées rudimentaires à Neuve-Chapelle. ↑

Dardanelles 18 mars 1915

Pour tenter d'évincer la Turquie, alliée de l'Allemagne, et ouvrir une voie de ravitaillement à travers la mer Noire jusqu'aux armées russes en mal d'équipements, la Grande-Bretagne et la France projetèrent d'attaquer le détroit des Dardanelles afin de menacer Constantinople.

Le plan allié prévoyait d'utiliser des bâtiments de guerre pour forcer un passage à travers le détroit reliant les mers Égée et Marmara. L'apparition d'une flotte alliée à Constantinople (actuelle Istanbul) obligerait, pensait-on, les Turcs à capituler, ce qui bénéficierait grandement à l'effort de guerre allié dans sa globalité.

L'opération fut affectée par une série de failles dans la planification et le commandement. Entre la péninsule de Gallipoli et l'Asie Mineure, le détroit des Dardanelles était truffé de mines et protégé par des batteries de canons. En outre, les Turcs furent avertis suffisamment à l'avance pour renforcer leurs défenses. L'amiral britannique Carden (plus tard remplacé par John De Robeck) disposait d'une bonne puissance de feu avec seize navires britanniques et français, mais les civils composant l'équipage des démineurs rechignaient à risquer leur vie.

Les fortifications turques furent peu à peu neutralisées et le 18 mars, De Robeck avança avec la quasi-totalité de sa flotte pour éliminer les mines et les batteries, ultime obstacle à une percée alliée. La puissance de feu turque était féroce, mais elle était en train de réduire (à l'insu des Français, les Turcs tombaient à court de munitions) lorsqu'un cuirassé français, le *Bouvet*, toucha une mine et coula en quelques minutes, causant la mort de 674 hommes. La panique gagna la flotte alliée lorsque d'autres navires heurtèrent des mines. Six cuirassés furent coulés ou gravement endommagés, et l'attaque navale fut abandonnée. **DS**

Pertes : Alliés, 3 navires de guerre coulés ;Turcs, inconnues

Débarquements de Gallipoli 1915 >

La flotte anglo-française forme une ligne à l'entrée du détroit des Dardanelles.

Celaya 13-15 avril 1915

La défaite de l'armée de Pancho Villa au nord de Celaya face aux constitutionnalistes de Venustiano Carranza fut largement due au génie tactique du général Alvaro Obregón. La bataille, qui compta parmi les plus féroces de la révolution mexicaine, mit un terme à l'influence politique de Villa.

Fin 1914, Pancho Villa et Venustiano Carranza étaient devenus rivaux dans la lutte pour la prise du pouvoir au Mexique. Cette rivalité atteignit son sommet en avril 1915 à Celaya, où Villa mena son armée du Nord contre les constitutionnalistes de Carranza, sous les ordres du général Alvaro Obregón. Malgré la défaite subie à Celaya face à Obregón la semaine précédente, Villa lança une nouvelle offensive le 13 avril.

Les 20 000 hommes de Villa dépassaient largement en nombre les 11 000 soldats d'Obregón. Comptant sur une victoire rapide, Villa ordonna à sa cavalerie de lancer une charge frontale, tactique qui lui avait auparavant réussi. Cependant, Obregón s'attendait à une telle attaque et ordonna donc à ses forces de creuser des tranchées et de dresser des barrières de barbelés. Alors que les hommes de Villa se frayaient un chemin à travers les barbelés, ils furent fauchés par les tirs des mitrailleuses ennemies. Obregón lança alors une contre-attaque, effectuant un mouvement en tenailles pour envelopper les forces de Villa et s'assurer une victoire décisive.

La défaite fut dévastatrice pour Villa. Ses forces subirent d'énormes pertes. Celaya constitua un tournant dans la révolution mexicaine : la défaite mit fin à l'influence politique de Villa et le génie militaire d'Obregón poussa les États-Unis à reconnaître Carranza comme président du Mexique. **ND**

Pertes : armée du Nord, 3 000 morts, 5 000 blessés, 6 000 prisonniers sur 20 000 ; constitutionnalistes, 200 victimes sur 11 000

< *Veracruz 1914* *Columbus 1916* >

Les forces de Carranza exhibent les armes enlevées aux troupes de Pancho Villa. ↑

Seconde bataille d'Ypres 22 avril-25 mai 1915

La seconde bataille d'Ypres, qui eut lieu pendant la Première Guerre mondiale, est célèbre pour l'introduction du gaz toxique. Si, au début, tout laissait à penser que les Alliés allaient céder le terrain, leurs lignes résistèrent grâce à l'extraordinaire bravoure des forces anglo-canadiennes.

Pour détourner les Alliés de leur offensive sur le front est, les Allemands lancèrent une attaque de faible ampleur contre le saillant d'Ypres, tenu par la 2e armée et deux divisions françaises de seconde ligne. L'offensive allemande prit les Alliés au dépourvu, mais la nature de l'assaut fut un choc encore plus grand.

Le 22 avril, après de lourds bombardements, une brume bleutée se dirigea vers la ligne alliée du côté nord du saillant. C'était un nuage de chlore, déversé par des cylindres contre une partie du front tenu par une division territoriale franco-algérienne. Tous ceux qui respirèrent le gaz en importantes quantités moururent dans d'atroces souffrances ; le reste, pris de panique, s'enfuit en toussant horriblement.

À la fin de la soirée, une dangereuse brèche de plus de 6,4 km s'était ouverte dans la ligne alliée ; heureusement pour les Alliés, les troupes allemandes rechignaient à pénétrer le nuage toxique, même en portant des masques à gaz. À un plus haut niveau, les officiers allemands, qui ne s'étaient pas attendus à un tel succès, ne parvinrent pas à exploiter leur avantage.

La brèche fut comblée par des troupes canadiennes et britanniques, qui subirent de lourdes pertes. Au cours des semaines qui suivirent, les Allemands menèrent une série d'attaques, à l'aide de gaz et d'artillerie, et même si les Alliés furent contraints de céder du terrain, le saillant d'Ypres résista. **AG**

Pertes : Alliés, 70 000 victimes ; Allemands, 35 000 à 40 000 victimes

[<] *Neuve-Chapelle 1915* *Bataille de l'Artois 1915* [>]

Les troupes de la 3e division de la Liverpool Scottish attaquent la ferme de Bellewaerde, au nord de Hooge dans le saillant d'Ypres.

Débarquements de Gallipoli 25 avril 1915

Après l'échec des Dardanelles, les Britanniques élaborèrent un débarquement sur la péninsule de Gallipoli pour tenter d'évincer la Turquie de la Première Guerre mondiale. Alors qu'ils comptaient sur une victoire facile mais décisive, l'opération se solda par une impasse et de lourdes pertes.

Au beau milieu des combats navals de février et mars 1915, la Grande-Bretagne et la France assemblèrent des troupes pour soutenir une attaque contre la Turquie. En apprenant que la flotte ne parvenait pas à se frayer un chemin jusqu'à Constantinople, les dirigeants alliés organisèrent des débarquements sur la péninsule de Gallipoli, dans l'espoir d'éliminer les batteries turques pour que la flotte puisse avancer comme prévu initialement.

Les préparatifs furent lents et n'offraient aucune sécurité. Les Turcs savaient qu'un débarquement se préparait (même s'ils en ignoraient l'emplacement exact) et eurent largement le temps de renforcer leurs défenses. La force alliée comprenait des troupes britanniques, australiennes, néo-zélandaises et françaises, sous le commandement du général britannique Ian Hamilton. Hamilton était un homme cultivé et intelligent, mais il manquait d'allant. Son homologue, le général allemand Liman von Sanders, était un officier compétent affecté aux forces turques et comptait parmi ses subordonnés le charismatique Mustafa Kemal, qui allait devenir président de la Turquie. Hamilton prévoyait des débarquements dans deux secteurs : le gros des troupes britanniques sur plusieurs plages autour du cap Helles, sur la pointe sud de Gallipoli, et une force de l'ANZAC (*Australian and New Zealand Army Corps*) près de Gaba Tepe, du côté ouest de la péninsule. L'attaque commença le 25 avril et vira presque dès le départ à une farce tragique.

« Je ne vous demande pas d'attaquer, je vous ordonne de mourir… [D'autres] prendront votre place. »

Mustafa Kemal

Les forces de l'ANZAC furent déviées de leur trajectoire et débarquèrent plus au nord que prévu. Puis elles durent traverser un labyrinthe de vallées arides et de crêtes déchiquetées. Elles avaient presque atteint le sommet d'une colline lorsqu'elles furent frappées par des attaques quasiment suicidaires menées par les troupes de Kemal. Au cap Helles, les deux principaux sites de débarquement étaient extrêmement bien défendus et les assaillants subirent d'énormes pertes. Ils reçurent néanmoins le renfort des troupes du général Hunter-Weston et finirent par s'imposer. En revanche, les troupes qui débarquèrent sur un site secondaire rencontrèrent peu de résistance. S'ils avaient avancé de manière plus agressive, ils auraient pu faucher de nombreux assaillants turcs et peut-être remporter la bataille ; au lieu de cela, ils s'interrompirent pour se préparer du thé et laissèrent l'occasion leur échapper.

À la fin de la journée, les forces alliées avaient établi leurs deux têtes de pont, mais malgré plusieurs mois d'intenses combats, ils ne parvinrent jamais à progresser. Au lieu de cela, la situation dégénéra en une version encore plus horrible de la guerre des tranchées, avec encore moins d'espace pour manœuvrer, et tout cela, sous un soleil de plomb. Hamilton tenta de relancer l'avancée, procédant même à de nouveaux débarquements dans la baie de Suvla en août. Mais rien ne venant à bout de l'impasse, les Alliés décidèrent d'abandonner la campagne. Les troupes furent évacuées en décembre 1915 et janvier 1916 au cours d'une opération menée avec brio et au prix de pertes négligeables. **DS**

Pertes : Alliés, 6 500 dans la première phase du combat ; Turcs, probablement similaires mais inconnues

< *Dardanelles 1915* *Baie de Suvla 1915* >

Soldat australien portant un camarade blessé, à Gallipoli. ➔

Offensive de Gorlice-Tarnów 2 mai-18 septembre 1915

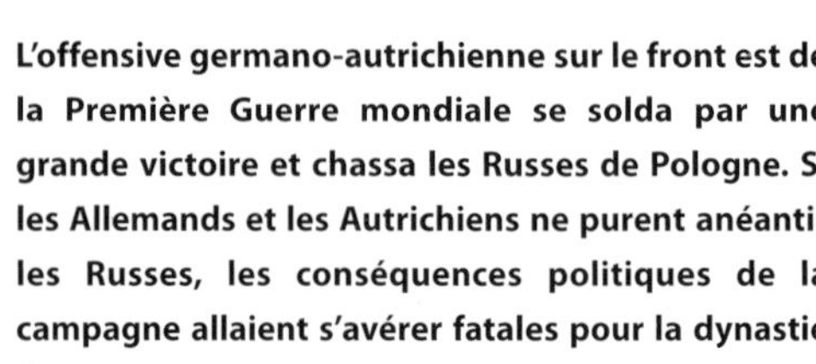

L'offensive germano-autrichienne sur le front est de la Première Guerre mondiale se solda par une grande victoire et chassa les Russes de Pologne. Si les Allemands et les Autrichiens ne purent anéantir les Russes, les conséquences politiques de la campagne allaient s'avérer fatales pour la dynastie des Romanov.

« La XIe armée doit attaquer au plus vite si elle veut remplir sa mission. »

Consignes du général Mackensen

Soldats russes transportés par camion depuis le champ de bataille de Gorlice (détail).

Le plan allemand était moins ambitieux que lors de l'offensive en Mazurie. Au lieu d'encercler toutes les armées russes, les Allemands allaient percer à plusieurs endroits puis encercler les Russes petit à petit. Ces derniers, éreintés et démoralisés, subissaient de graves problèmes de ravitaillement (dans certaines unités, un tiers des hommes manquaient de fusils). La XIe armée du général allemand Mackensen prépara son attaque entre Gorlice et Tarnów dans le plus grand secret et l'effet de surprise fut total. Alors que l'infanterie avançait après d'intenses tirs de barrage, les Russes, ébahis, coupèrent leurs propres barbelés pour faciliter leur reddition et la position russe s'effondra rapidement.

Les Allemands et les Autrichiens parcoururent 16 km par jour et les Russes semblaient perdus. Cependant, quelques unités échappèrent à l'encerclement, souvent au prix de terribles pertes. Le grand-duc Nicolas, commandant des forces russes, parvint à extirper le gros de ses troupes et les soldats allemands et autrichiens ne purent maintenir leur élan offensif indéfiniment. Quand ils furent épuisés, les Russes parvinrent à stabiliser leurs lignes en automne. Néanmoins, l'empereur Nicolas II prit la décision fatale d'endosser le commandement suprême, se rendant ainsi responsable des pertes et des échecs de ses armées. **JS**

Pertes : Allemands et Austro-Hongrois, 90 000 morts ou blessés ; Russes, les estimations varient, peut-être 240 000 morts ou blessés, 750 000 prisonniers

< *2e bataille des lacs de Mazurie 1915* *Offensive Broussilov 1916* >

Baie de Suvla 6-21 août 1915

Les troupes alliées attaquèrent à plusieurs reprises pour étendre les têtes de pont de l'anse d'Anzac et du cap Helles, conquises au début des débarquements de Gallipoli, mais en vain. La dernière tentative pour sortir de l'enlisement fut d'opérer un nouveau débarquement dans la baie de Suvla en août 1915.

En juin 1915, il devint évident que les forces alliées étaient incapables d'opérer une avancée significative contre la défense turque. Afin de sortir de cet enlisement, le gouvernement britannique décida d'envoyer des renforts en se basant sur un plan existant de l'ANZAC pour attaquer la crête de Sari Bahr. Dans l'anse d'Anzac, les opérations avaient toujours été handicapées par la taille limitée de la tête de pont. Par conséquent, les nouvelles divisions devaient débarquer plus au nord, dans la baie de Suvla, et avancer à partir de là.

Malheureusement, peu de leçons avaient été tirées de la série d'erreurs qui avaient émaillé les débarquements d'avril. Toujours commandant en chef, le général Hamilton omit une nouvelle fois de s'assurer que ses subordonnés avaient été correctement informés. Un général incompétent fut chargé de gérer le débarquement allié.

Du 6 au 7 août, 20 000 soldats britanniques débarquèrent à Suvla, face à une force d'à peine 1 000 Turcs. Jusqu'au soir du 8 août, peu de tentatives furent faites pour avancer, alors que les renforts turcs étaient déjà arrivés. L'avancée fut un échec sanglant. De vaines attaques se succédèrent jusqu'à la bataille de Scimitar, le 21 août. Handicapées par des mauvais préparatifs d'artillerie, les attaques frontales menées en haut des collines avaient peu de chances de réussir. Tout espoir de voir les débarquements de Gallipoli atteindre leurs objectifs disparut avec cet échec. **DS**

Pertes : au moins 20 000 dans chaque camp

< *Débarquements de Gallipoli 1915* *Lone Pine 1915* >

1914-1918 : campagne de Gallipoli

Lone Pine 6-10 août 1915

La bataille de Lone Pine illustre parfaitement le courage et le talent des troupes australiennes engagées à Gallipoli. Conçue comme une attaque de diversion dans un secteur calme des tranchées turques, elle se développa en un féroce combat rapproché au terme duquel sept Australiens reçurent la Victoria Cross.

Le brigadier général Harold Walker, commandant de la 1re brigade australienne, était peu enclin à lancer un assaut contre les tranchées turques pour servir de diversion aux débarquements de la baie de Suvla, mais ses soldats brûlaient de combattre. De grands efforts furent entrepris pour permettre aux Australiens de franchir les 100 mètres qui les séparaient du front turc : un bombardement détruisit les barbelés turcs, des tunnels furent creusés dans un no man's land pour établir un point de départ avancé et des mines furent posées entre les lignes pour « casser » le sol et permettre aux hommes de se mettre à couvert.

Le 6 août, des coups de sifflet annoncèrent le début de l'assaut. Les Australiens atteignirent la première tranchée avec peu de pertes, mais se retrouvèrent devant un toit fait de poutres et de terre. Pendant que certains tentaient d'entrer, d'autres sautèrent dans des tranchées adjacentes non couvertes. À la tombée de la nuit, les Australiens tenaient une partie du réseau, mais ils durent affronter des contre-attaques déterminées. Une bataille féroce commença dans le labyrinthe des tranchées, avec des grenades comme arme principale, parfois jetées puis relancées à trois reprises avant d'exploser. Évacuer les blessés était quasiment impossible et un grand nombre de soldats moururent sur place. Au 10 août, les Australiens avaient pris le contrôle des tranchées, mais leur succès n'eut aucun impact sur l'enlisement global des Alliés. **RG**

Pertes : Australiennes, 2 273 morts ou blessés ;
Turcs, 6 390 morts ou blessés

< *Baie de Suvla 1915*

Bataille de l'Artois 25 septembre-4 novembre 1915

Conçue pour retenir les forces allemandes et opérer une avancée décisive dans la Première Guerre mondiale, cette attaque anglo-française fut au contraire un échec pitoyable, qui entraîna le remplacement du commandant en chef britannique John French par le général Douglas Haig.

Livrée dans le secteur de l'Artois, sur le front ouest, la bataille devait soutenir la principale offensive française, qui avait lieu plus au sud (seconde bataille de Champagne). Sous le commandement du général Auguste Dubail, la 10e armée française lança une attaque contre la crête de Vimy mais fut repoussée avec de lourdes pertes. Quelques gains territoriaux furent enregistrés, y compris la prise de Souchez, mais globalement, l'attaque eut peu d'effet sur les lignes ennemies.

Lorsque les Français prirent conscience de la puissance des défenses allemandes, l'offensive fut abandonnée. La partie britannique de l'attaque était concentrée sur les abords du village de Loos, à gauche de l'assaut français. Les Britanniques manquaient d'artillerie lourde et même s'ils utilisèrent le gaz pour la première fois, ce fut en vain car le vent le renvoyait vers eux. Alors que les Français avaient commis l'erreur de déployer leurs réserves trop près du front, ce qui les exposait à l'artillerie allemande, les Britanniques tinrent leurs réserves trop en retrait.

Par conséquent, ils perdirent leurs gains initiaux et la bataille dégénéra en un combat de tranchées classique, au cours duquel les Allemands prirent l'avantage. Les réserves étaient issues de la nouvelle armée de Kitchener, des divisions inexpérimentées et relativement désorganisées pour qui Loos fut un effroyable baptême du feu. L'offensive fut renouvelée le 13 octobre, mais les Allemands, bien préparés, repoussèrent facilement les attaques britanniques. **AG**

Pertes : Brit., 48 000 ; Français, 40 000 ; All., 51 000

< *2e bataille d'Ypres 1915* *Verdun 1916* >

Les effets d'une attaque au gaz britannique, photographiés par un soldat de la London Rifle Brigade.

Kut 7 décembre 1915-29 avril 1916

En octobre 1914, les Britanniques envoyèrent d'Inde un corps expéditionnaire pour occuper Basra, en Mésopotamie. Une division commandée par le major général Charles Townshend se retrouva piégée à Kut-el-Amara et fut contrainte de se rendre après 147 jours de siège.

Les forces anglo-indiennes prirent Kut-el-Amara en septembre 1915. Elles avancèrent au nord en direction de Bagdad, mais après avoir combattu à Ctésiphon, se replièrent sur Kut. L'armée ottomane encercla la position britannique en construisant des fortifications. Leur commandant, le maréchal von der Goltz, s'attendait, avec raison, à voir les forces britanniques de Basra essayer de lever le siège et établir des défenses le long du Tigre.

Entre janvier et avril 1916, les Britanniques firent plusieurs tentatives pour percer jusqu'à Kut. Le général Fenton Aylmer mena le premier effort en janvier, livrant trois batailles à Sheikh Sa'ad, dans l'oued et le défilé d'Hanna, au cours desquelles ses forces subirent des milliers de pertes sans gain réel. Aymler attendit l'arrivée de renforts avant de lancer une nouvelle tentative de libération en mars lors d'un assaut contre la redoute de Dujaila. De nouveau repoussé, et ayant perdu plus de 3 000 hommes, Aymler fut remplacé par le général George Gorringe. Le nouveau commandant, renforcé par près de 30 000 nouveaux soldats, mena un assaut déterminé le 5 avril, mais après une série d'attaques, la dernière tentative britannique fut contrée à Sannaiyat le 22 avril.

À court de vivres et voyant s'évanouir tout espoir de libération, Townshend se rendit le 29 avril. Les Turcs capturèrent 12 000 soldats britanniques et indiens, dont la moitié mourut en captivité. Il fallut onze mois de plus aux Britanniques pour s'emparer de Bagdad. **TB**

Pertes : Britanniques et Indiens, 17 000 victimes, 12 000 prisonniers ; Ottomans, 10 000 victimes sur 40 000

Gaza 1917 >

↑ *Les Britanniques chargent un chaland sur le Tigre alors que le siège de Kut tire à sa fin.*

Verdun 21 février-18 décembre 1916

La bataille de Verdun fut peut-être la plus sanglante et la plus longue de la Première Guerre mondiale. Quelque 40 millions d'obus furent tirés pendant le conflit pensé par le général allemand Erich von Falkenhayn comme une bataille d'attrition pour « saigner à blanc l'armée française ».

Après une modeste offensive à Ypres en avril 1915, les Allemands adoptèrent une position défensive sur le front ouest. Cependant, en février 1916, ils résolurent de passer à l'offensive. Falkenhayn, chef suprême de l'armée allemande, décida de frapper un grand coup contre l'armée française, déjà affaiblie par la perte d'environ deux millions de soldats depuis le début de la guerre. Au lieu de tenter une percée, Falkenhayn prévoyait d'infliger un maximum de pertes en attaquant une partie de la ligne que les Français se sentiraient obligés de défendre à tout prix.

Les Allemands choisirent le saillant entourant la forteresse de Verdun comme terrain d'abattage ; cher au cœur des Français, il permettait également aux Allemands d'amasser un maximum d'artillerie pour peser sur les défenseurs. L'artillerie serait la pierre angulaire du plan allemand tandis que l'infanterie s'emparerait de points clés afin d'attirer les réserves françaises pour en faire de la chair à canon.

« Jamais l'ennemi ne put sécuriser de façon permanente ; jamais il ne put échapper à la pression allemande. » *Erich von Falkenhayn*

Le 21 février 1916, les 1 200 canons (dont plus de la moitié de lourd calibre) de la Ve armée allemande entamèrent le bombardement le plus dévastateur de toute l'Histoire. Un peu plus tard, des groupes d'assaut de l'infanterie allemande pénétrèrent dans les tranchées françaises ravagées. Au cours des jours qui suivirent, les Allemands continuèrent leur progression et capturèrent le fort de Douaumont le 25 février. Le haut commandement français avait été pris par surprise, mais le même jour, le général Pétain fut nommé à la tête de la 2e armée française défendant Verdun. Pétain était un excellent tacticien. Il avait également la réputation de se soucier de ses hommes et se mit immédiatement à organiser le ravitaillement, le renfort et le soutien des troupes en difficulté. La seule route menant à Verdun était soumise à un feu constant d'artillerie – le long de « la voie sacrée » – mais 3 000 camions persévérèrent quotidiennement pour ravitailler les hommes en munitions.

Tout au long de mars, avril et mai, la bataille fit rage sans diminuer d'intensité. Falkenhayn étendit la zone de combat et, au cours d'avril et mai, les Allemands livrèrent d'âpres combats pour s'emparer des collines et des crêtes sur la rive est de la Meuse. Une grande partie des combats était concentrée autour du Mort-Homme, qui fit tristement honneur à son nom. Pour les troupes des deux camps, l'enfer de Verdun devint quasiment un mode de vie.

À leur grande surprise, les Allemands se rendirent compte que leurs propres soldats se transformaient également en chair à canon. Le 1er juillet 1916, l'offensive alliée sur la Somme força les Allemands à interrompre leurs opérations à Verdun. À la fin du mois, les Français passèrent à l'offensive et, grâce à de féroces contre-attaques, regagnèrent la majeure partie des territoires perdus en début d'année. Pendant que l'armée française, éreintée, se battait bec et ongles pour défendre Verdun, l'instigateur du plan allemand, Falkenhayn, fut limogé et remplacé par l'équipe des généraux Paul von Hindenburg et Erich Ludendorff, fraîchement victorieux de leurs combats sur le front est. **AG**

Pertes : Français, environ 500 000 victimes ; Allemands, environ 425 000 victimes

< *Bataille de l'Artois 1915* *Fort de Vaux 1916* >

Les troupes françaises se retrouvent sous un feu nourri d'artillerie sur le champ de bataille de Verdun. ➔

Columbus 8-9 mars 1916

Pendant la révolution mexicaine, Pancho Villa, à court de vivres, entraîna ses hommes dans un raid à Columbus. Il se transforma rapidement en bataille rangée lorsqu'ils affrontèrent la cavalerie américaine. Après avoir subi de lourdes pertes, Villa dut se replier au Mexique.

Fin 1915, Pancho Villa avait perdu une grande partie du soutien qu'il avait gagné au début de la révolution mexicaine. Après avoir essuyé une série de défaites, Villa et les 500 derniers soldats de son armée du Nord manquaient de nourriture, de chevaux et d'armes.

En mars 1916, Villa décida d'un raid contre la garnison militaire de Colombus, une ville américaine au Nouveau-Mexique. Villa envoya des espions qui lui apprirent que la garnison n'était composée que de 50 hommes. Dans la nuit du 8 au 9 mars, Villa mena l'armée du Nord à Colombus et attaqua la garnison. Les hommes de Villa commencèrent aussi à piller la ville et à incendier les maisons.

Toutefois, au lieu des 50 soldats américains auxquels Villa s'était attendu, c'était 350 hommes, dont le 13e régiment de cavalerie, qui étaient stationnés là. Le raid se transforma rapidement en bataille féroce quand les troupes américaines, menées par le lieutenant Ralph Lucas, répliquèrent à l'aide de mitrailleuses. Un second détachement de soldats américains, commandés par le lieutenant Castleman, lança une contre-attaque qui força Villa et ses hommes à se replier, avant que la cavalerie ne les refoule de l'autre côté de la frontière mexicaine. Le raid fut un désastre, les forces de Villa subissant d'énormes pertes. En représailles, les forces américaines envahirent plus tard le Mexique à Carrizal, avec pour objectif de capturer Villa. **ND**

Pertes : armée du Nord, 190 victimes sur 500 ; Américains, 7 morts, 5 blessés sur 350, plus 8 civils tués, 2 civils blessés

Celaya 1915

Un soldat américain reste en faction parmi les ruines de Columbus suite au raid mexicain.

Insurrection de Pâques 24-29 avril 1916

Alors que la Première Guerre mondiale faisait rage, l'IRB (*Irish Republican Brotherhood*) décida d'organiser un soulèvement massif contre l'occupant britannique. L'insurrection de Pâques fut un échec militaire mais annonça la fin de l'autorité politique britannique sur l'Irlande du Sud.

L'insurrection avait été organisée par l'Irish Republican Brotherhood (IRB), mené par Padraic Pearse, et par la Citizen Army de James Connolly. L'Allemagne envoya une cargaison de fusils, mais suite à un malentendu, personne n'accueillit le cargo à son arrivée et il fut sabordé le vendredi saint. Le commandement rebelle se divisa alors, mais le 24 avril, lundi de Pâques, près de 1 300 membres de l'IRB et 300 membres de la Citizen Army, armés de fusils, occupèrent des bâtiments de Dublin tandis que Pearse proclamait la République irlandaise.

Disposant de peu de soldats à Dublin, les Britanniques s'empressèrent de dépêcher des troupes. Le major général britannique William Lowe utilisa son artillerie pour bombarder les bâtiments tenus par les rebelles, malgré la perte de civils occasionnée. Le 26 avril, les renforts britanniques subirent de lourdes pertes en tentant de gagner le pont de Mount Street.

Pendant ce temps, ballottés par les ordres et les contre-ordres, les républicains postés à l'extérieur de Dublin demeurèrent largement passifs tandis que les habitants de la ville étaient pour la plupart indifférents aux combats, ou même franchement en faveur des autorités. Le 29 avril, Pearse annonça une reddition. À la suite de l'insurrection, quinze de ses meneurs furent exécutés, y compris Pearse et Connolly, après avoir été jugés en cour martiale. Ils devinrent des héros pour le peuple irlandais. **RG**

Pertes : Britanniques, 132 morts, 400 blessés sur 17 000 ; Irlandais, 64 morts, 120 blessés sur 1 600, plus 300 civils morts, 2 000 civils blessés

< *Vinegar Hill 1798* — *Four Courts 1922* >

↑ *Le chaos règne dans Sackville Street, l'artère principale de Dublin, après l'insurrection de Pâques.*

Jutland 31 mai 1916

La bataille du Jutland opposa Britanniques et Allemands pendant la Première Guerre mondiale. Après un affrontement peu concluant, les Allemands, surpassés en nombre, prirent la fuite pour ne plus jamais contester la supériorité de la flotte britannique.

Pendant la course aux armements précédant la guerre, la Grande-Bretagne et l'Allemagne avaient construit d'immenses flottes. La Grande-Bretagne gagna la course, assurant son hégémonie sur mer, même si son commerce allait être de plus en plus menacé par les sous-marins allemands. Pour pouvoir peser sur les événements, la flotte allemande devait trouver un moyen de réduire la supériorité de la grande flotte britannique en mer du Nord. L'amiral britannique Jellicoe était conscient que sa supériorité serait perdue s'il touchait une mine ou se faisait torpiller. Même s'il brûlait d'attaquer les Allemands, il savait, comme l'avait déclaré Winston Churchill, qu'il pouvait « perdre la guerre en un simple après-midi ».

« L'artillerie allemande excellait en début de combat... Il aurait été peu judicieux de leur laisser l'avantage de l'initiative. » Amiral Jellicoe

Fin mai 1916, l'amiral allemand Scheer décida de tenter une sortie vers la Norvège, espérant attirer une partie de la flotte britannique dans un piège. Mais il avait peu de chance de créer la surprise, car les Britanniques étaient capables de décrypter les messages allemands, même si, faute d'organisation à Londres, ces renseignements n'étaient ni analysés ni distribués correctement. Les deux flottes avaient l'ensemble de leurs navires en mer lorsque leurs éclaireurs entrèrent en contact le 31 mai près de la rive du Jutland, à l'est de la mer du Nord. Jellicoe disposait de 150 navires, dont 28 navires de ligne et 9 croiseurs de bataille ; Scheer avait un peu moins de 100 navires, dont 22 navires de ligne (seize modernes et six plus anciens) et 5 croiseurs de bataille. Avec une telle disparité, un duel d'artillerie prolongé ne pouvait avoir qu'une seule issue.

Les flottes de croiseurs furent les premières unités majeures à entrer en contact. L'amiral allemand Hipper s'éloigna de l'amiral britannique Beatty pour attirer les Britanniques vers la force principale de Scheer. Lorsqu'elle fut en vue, Beatty se replia à son tour vers les navires de ligne de Jellicoe. Les Allemands tombèrent dans un piège. Même si Beatty et ses subordonnés avaient omis de transmettre à Jellicoe toutes leurs informations sur le déploiement ennemi, ce dernier parvint à se positionner de manière à pilonner la ligne de bataille allemande.

Après deux brefs échanges de tirs, l'occasion de remporter la victoire s'évanouit. Craignant les mines et les torpilles, Jellicoe ne tenta pas de se rapprocher et, à cause d'une mauvaise visibilité et de l'obscurité grandissante, les deux flottes s'éloignèrent. Mais les Britanniques étaient désormais positionnés entre les Allemands et leur base. Jellicoe espérait en finir au matin, mais les Allemands parvinrent à percer ses lignes de patrouille durant la nuit. De nouveau, les subordonnés de Jellicoe omirent de lui faire part des mouvements allemands ; Londres savait où allaient les Allemands mais n'en informa pas Jellicoe.

L'Allemagne s'en était tirée à meilleur compte que les Britanniques ; trois croiseurs de bataille britanniques explosèrent suite à des manipulations d'explosifs et les Britanniques ratèrent plusieurs occasions suite à des défaillances d'artillerie. Cependant, comme allait le résumer un journaliste américain, la flotte allemande avait attaqué son geôlier, mais demeurait prisonnière. **DS**

Pertes : Britanniques, 6 784 victimes, 3 croiseurs de bataille, 11 autres navires ; Allemands, 3 039 victimes, 1 croiseur de bataille, 10 autres navires

< *Dogger Bank 1915*

Flotte britannique de la bataille du Jutland, mai 1916. →

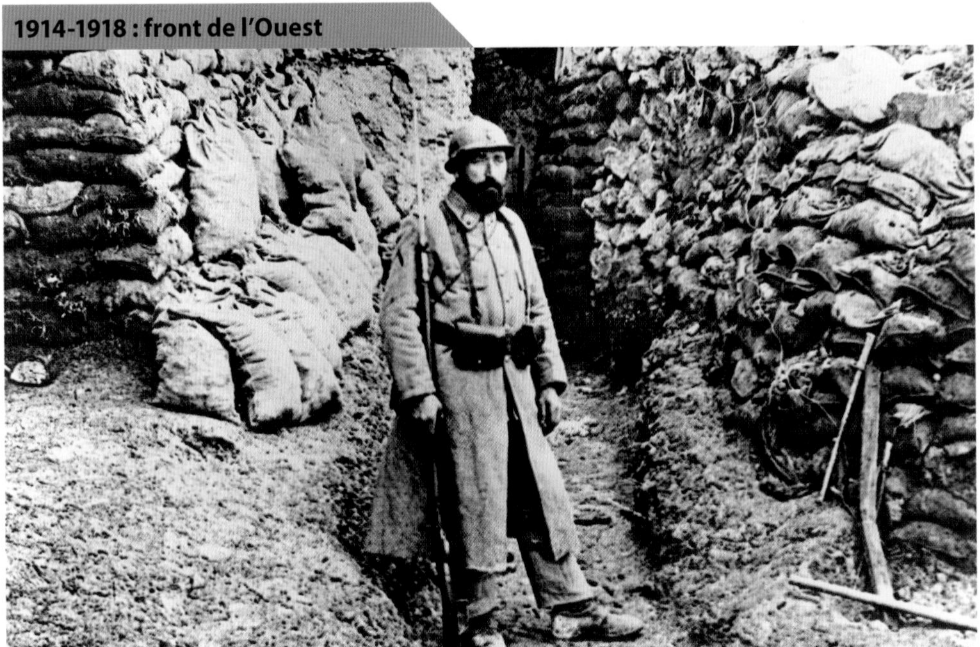

Fort de Vaux 31 mai-7 juin 1916

La défense française du fort de Vaux fut un épisode héroïque de la bataille de Verdun. La bravoure du commandant français, le major Raynal, fut saluée par le prince héritier allemand, qui, dans un geste chevaleresque, lui rendit son sabre après sa capture.

La ville de Verdun était protégée par une ceinture d'ouvrages, dont le fort de Vaux. Jugé trop vieux pour résister aux dernières pièces d'artillerie lourde, le fort avait été démantelé et désarmé. Cependant, en mai 1916, alors que les Allemands se rapprochaient de Verdun, il reprit un rôle majeur dans la ligne de défense française.

À la fin du mois de mai, le haut commandement français demanda aux officiers dans l'incapacité de combattre en première ligne de prendre le contrôle des forteresses. Se remettant à peine de sa troisième blessure, le major Raynal prit le commandement du fort de Vaux à la tête d'une compagnie d'infanterie renforcée et armée de mitrailleuses. Après un court mais intense bombardement, les Allemands attaquèrent, coupant le fort des lignes françaises. Si l'ouvrage était bien ravitaillé en vivres et munitions, les rations d'eau étaient insuffisantes. L'infanterie allemande sécurisa le toit du fort et tenta de chasser les défenseurs à l'aide de grenades, lance-flammes et gaz toxique. L'électricité fut coupée, laissant les hommes combattre sauvagement dans l'obscurité. Ce fut un enfer pour les défenseurs : des nuées de gaz s'amassaient dans les parties souterraines pendant qu'en haut ils étaient bombardés d'explosifs. Le pire vint quand ils tombèrent à court d'eau.

Lorsque ses hommes commencèrent à mourir de soif, Raynal se rendit le 7 juin. Mais sa résistance héroïque fut saluée par les Allemands, qui lui rendirent son sabre et autorisèrent les prisonniers à partir. **AG**

Pertes : inconnues

< *Verdun 1916* *Bataille de la Somme 1916* >

Soldat français devant le fort de Vaux en 1916.

Offensive Broussilov 4 juin-10 août 1916

Enfin dotés d'un commandant compétent en la personne du général Broussilov, les Russes infligèrent aux Austro-Hongrois une grave défaite. Malheureusement, les Russes manquèrent de ressources pour exploiter ou renouveler cet exploit.

Broussilov n'était pas un génie militaire, mais il avait du bon sens et la volonté de tirer des leçons du passé. Il disposait également d'une armée qui s'était vite remise de la défaite de Gorlice-Tarnów, avec des troupes reposées et des problèmes de ravitaillement résolus. Là où de nombreux généraux russes pensaient qu'une offensive était vouée à l'échec, Broussilov prétendait qu'avec un peu de surprise et de préparation, elle pouvait réussir. Ses troupes étaient parfaitement entraînées, l'artillerie avait été repérée grâce à des reconnaissances aériennes et le secret de l'attaque fut soigneusement préservé.

L'attaque stupéfia les Autrichiens qui n'auraient jamais cru les Russes capables d'un tel assaut. Les troupes de choc russes rompirent les lignes autrichiennes dès le premier jour. Les Autrichiens s'effondrèrent et de nombreuses unités slaves, qui haïssaient les Habsbourg, désertèrent en masse. De nombreux canons autrichiens furent capturés, au point que les Russes reconvertirent leurs usines dans la fabrication d'obus.

Alors que les Russes s'engageaient dans les Carpates, l'Autriche-Hongrie semblait sur le point de s'effondrer, si bien que l'empereur appela l'Allemagne à l'aide. Au nord, les commandants russes ne maintinrent pas la pression sur les Allemands, ce qui leur permit d'envoyer des renforts qui stabilisèrent le front. Cependant, le coup porté au prestige des Habsbourg fut irréversible, surtout parmi les minorités slaves. **JS**

Pertes : Russes, 500 000 à 1 000 000 de morts, blessés ou prisonniers ; Autrichiens, 1 000 000 à 1 500 000 morts, blessés ou prisonniers

< *Offensive de Gorlice-Tarnów 1915* *Kostiuchnowka 1916* >

Soldats russes attaquant pendant l'offensive de Broussilov.

Bataille de la Somme 1er juillet-18 novembre 1916

Si les terribles pertes subies par les Britanniques au premier jour de la bataille de la Somme (près de 20 000 morts en un jour) ont encore de quoi choquer, les mois qui suivirent virent l'armée britannique faire la démonstration de sa compétence.

Privés des renforts français engagés dans la bataille de Verdun, les Alliés maintinrent néanmoins leur attaque sur la Somme. Avec Douglas Haig en tant que commandant en chef, les Britanniques passèrent au premier plan. L'attaque principale fut menée par les onze divisions de la 4e armée britannique commandée par le général Rawlinson, soutenues par cinq divisions françaises au sud de la Somme. Les Britanniques misaient énormément sur l'ampleur de leur artillerie, qui comprenait plus de 2 000 pièces et d'immenses réserves de munitions. Lors d'un bombardement préliminaire qui dura huit jours, 1 732 873 obus furent tirés, ce qui aurait dû suffire pour détruire les défenses allemandes. Cependant, les Britanniques n'avaient pas suffisamment de canons de lourd calibre, près d'un tiers des obus étaient défectueux, et les abris allemands s'avérèrent plus résistants que prévu.

Persuadée que les canons avaient fait leur travail, l'infanterie britannique se lança à l'assaut au matin du 1er juillet 1916, avec l'ordre d'avancer à un rythme constant et par lignes successives. Lourdement chargés, les hommes furent fauchés par les tirs précis de l'artillerie et des mitrailleuses allemandes. Sur une force de 100 000 assaillants, plus de 57 000 furent mis hors de combat dès le premier jour, avec près de 20 000 tués sur le coup. L'attaque britannique fut arrêtée net, tandis que sur le flanc droit, l'armée française, plus sophistiquée dans sa tactique, parvenait à progresser.

Les troupes britanniques de la 34e division au premier jour de la bataille de la Somme pendant l'assaut sur La Boisselle. ⬇

Malgré ce terrible revers pour les Britanniques, le 1er juillet n'était que le premier jour d'une offensive qui allait durer jusqu'en novembre. Tirant des leçons de leurs échecs, les Britanniques adoptèrent des approches plus flexibles. L'attaque victorieuse menée au matin du 14 juillet fit la preuve de ce que les « nouvelles armées » de volontaires étaient capables de faire. Un nombre croissant de divisions furent jetées dans la bataille, y compris des troupes du Commonwealth. Les ruines de Pozières tombèrent après un assaut des Australiens le 23 juillet ; la brigade sud-africaine combattit pour le bois Delville tandis que les Canadiens et les Néo-Zélandais allaient être lourdement engagés dans des batailles ultérieures.

L'affrontement s'enlisa en une guerre de tranchées, surtout lorsque les Allemands lancèrent une série de vigoureuses contre-attaques. Le général Fritz von Below, commandant de la IIe armée allemande, ordonna à ses hommes de « tenir le terrain à tout prix », ajoutant : « L'ennemi devra se frayer un chemin à travers les montagnes de cadavres. » Ces ordres contribuèrent aux 330 attaques et contre-attaques allemandes qui ponctuèrent la bataille.

Le 15 septembre, les chars rallièrent la bataille de Flers-Courcelette. Mais, après de faibles gains, les espoirs qu'ils portaient s'évanouirent. La dernière phase de la bataille prit fin avec l'attaque britannique sur Beaumont-Hamel (lancée le 13 novembre), alors que la pluie et le froid avaient transformé le champ de bataille en une boue gelée. Comme à Verdun, la bataille de la Somme allait symboliser toute l'horreur de la guerre des tranchées. **AG**

Pertes : Brit. et Commonwealth, 420 000 victimes ; Français, 204 000 victimes ; Allemands, au moins 465 000 victimes

〈 *Fort de Vaux 1916*

Beaumont-Hamel 1er juillet 1916

« Les hommes de la première vague grimpèrent sur les balustrades, dans le tumulte, l'obscurité et la présence de la mort…»

John Masefield, The Old Front Line

Le corps d'un soldat allemand à Beaumont-Hamel.

L'un des objectifs de la bataille de la Somme était la reconquête de Beaumont-Hamel, mais l'attaque de cette position allemande échoua, illustrant la défaite généralisée des Britanniques dès le premier jour de la bataille. La zone fut finalement reconquise en novembre 1916, à la fin de la bataille de la Somme.

Les Allemands savaient que les alliés allaient mener une offensive dans la Somme au cours de la Première Guerre mondiale, et réalisèrent de vastes fortifications souterraines pour y résister. Beaumont-Hamel était l'un des neuf villages fortifiés constituant la ligne de front allemande. Des postes de mitrailleuses étaient disséminés dans le village, et dotés de champs de tir bien définis surplombant les lignes britanniques.

La 29e division britannique avait pour mission de reprendre Beaumont-Hamel. Pour aider les attaquants, un certain nombre de mines avaient été enterrées sous les tranchées de la ligne de front allemande ; celles-ci devaient être déclenchées deux minutes avant 7 h 30, l'heure de l'attaque prévue le 1er juillet. Une mine très puissante avait aussi été placée sous la redoute allemande à Hawthorn Ridge, tout près de Beaumont-Hamel. Cette mine fut déclenchée un peu tôt, à 7 h 20, ce qui laissa le temps aux Allemands, bien entraînés, d'occuper un côté du vaste cratère creusé par l'explosion et de tirer sur les deux brigades d'infanterie qui progressaient vers eux.

La concentration massive de l'artillerie des Allemands et la précision de leurs mitraillettes firent de très nombreuses victimes parmi les Britanniques. Le régiment de Terre-Neuve, constituant la réserve, fut anéanti en à peine quarante minutes. Dès le milieu de la matinée, l'attaque se révéla un échec complet. **AG**

Pertes : régiment de Terre-Neuve, 684 victimes sur 778 ; autres divisions britanniques, chiffres inconnus ; Allemands, chiffres inconnus

< *Fort de Vaux 1916* *Pozières 1916* >

Kostiuchnowka 4-6 juillet 1916

La bataille de Kostiuchnowka eut lieu durant l'offensive Broussilov dans le cadre de la lutte pour l'indépendance de la Pologne. Les légions polonaises combattirent au côté des troupes austro-hongroises contre les Russes, montrant une grande bravoure mais tirant peu profit de leurs efforts.

Sur le front de l'Est, la guerre se déroulait en majorité sur le territoire polonais, et les deux parties en présence se disputaient les faveurs de la Pologne. Beaucoup de Polonais se contentèrent de se demander laquelle l'emporterait et de quelle manière leurs aspirations nationales seraient comblées en échange de leurs services.

Józef Pilsudski créa les légions polonaises pour les mettre au service de la cause des pouvoirs centraux. Comme les positions autrichiennes commençaient à s'effondrer sous les assauts de Broussilov, Pilsudski se vit confier la responsabilité d'occuper une position sur la rivière Styr près de Lutsk. Ses troupes étaient moins nombreuses que celles de l'ennemi, et le soutien des troupes hongroises était incertain. Cependant, lorsque les Russes commencèrent à passer à l'attaque, les Polonais tinrent leur position et percèrent les lignes ennemies en les mitraillant. Ils durent cependant se retirer lorsque les Hongrois battirent en retraite, mais, durant les deux jours suivants, menèrent de violentes contre-attaques.

Les Polonais combattirent avec opiniâtreté jusqu'à ce qu'ils soient contraints de se retirer face à leurs ennemis, en surnombre. Toutefois, Pilsudski parvint à la conclusion que les pouvoirs centraux allaient être vaincus, et refusa de prêter serment de fidélité à leur cause. Il fut arrêté, et ses légions furent dissoutes, mais il avait acquis la réputation d'un héros national et allait devenir chef de l'État. **JS**

Pertes : Polonais, 2 000 morts ou blessés sur 5 500-7 300 ; Russes, 13 000 morts ou blessés sur 26 000

< *Offensive Broussilov 1916* — *Offensive Kerensky 1917* >

Pozières 23 juillet-7 août 1916

La prise de Pozières, village tenu par les Allemands, résulta de l'une des attaques les mieux planifiées des Britanniques au cours de la bataille de la Somme. Cette victoire, due à l'avance rapide des Australiens au moment de l'attaque et à leur résistance acharnée, fut obtenue au prix de nombreuses victimes.

Situé sur les lignes allemandes dans la Somme, le village de Pozières était une position stratégique que la 48e division britannique et trois divisions australiennes du 1er corps de l'ANZAC avaient choisi d'attaquer. Refusant de mener une offensive précipitée, le commandant de la 1re division australienne, le général major Harold Walker, fit soumettre Pozières à des bombardements avec utilisation de gaz. Le 23 juillet, ses hommes progressèrent en rampant sur le no man's land tandis que les bombardements se poursuivaient. Lorsque le barrage fut levé, les Australiens n'eurent plus qu'à se précipiter jusqu'aux barbelés allemands. Une fois qu'ils eurent traversé les tranchées de la ligne de front allemande, ils s'emparèrent de la quasi-totalité du village, mais la petite zone encore tenue par l'ennemi les exposa à une contre-attaque.

Au cours des sept journées suivantes, les Australiens endurèrent plusieurs bombardements intensifs, car l'artillerie allemande se concentra à Pozières. Le 27 juillet, la 1re division australienne, épuisée, fut remplacée par la 2e, dont les ordres étaient de s'emparer du reste du village. Une première attaque échoua, mais le 4 août l'objectif fut atteint. La 4e division perça la défense allemande et dut aussitôt faire face aux contre-attaques, parmi les plus violentes de la campagne de la Somme. Elle parvint cependant à faire échouer des offensives allemandes désespérées les 6 et 7 août. Les Allemands se résolurent à contrecœur à la perte de Pozières. **AG**

Pertes : Britanniques et Australiens, 23 000 victimes ; Allemands, chiffre inconnu

< *Somme 1916* — *Flers-Courcelette 1916* >

Bataille aérienne de Londres

2-3 septembre 1916

La première campagne de bombardements réguliers fut menée par les dirigeables allemands Zeppelin et Schütte-Lanz durant la Première Guerre mondiale. Londres en fut la cible principale. Le lieutenant William Leefe Robinson abattit le dirigeable SL 11 au cours d'un tournant crucial de la bataille aérienne.

Le soir du 2 septembre, seize dirigeables au total – d'immenses appareils d'environ 180 m de long transportant plusieurs tonnes de bombes – prirent la direction de Londres. La ville était dotée de batteries de canons et de projecteurs, mais, par expérience, les défenseurs savaient qu'il serait difficile de préserver Londres.

Leefe Robinson appartenait à une escadre de défense nationale du Royal Flying Corps. Il décolla dans un biplan BE2c vers 22 h 30 et vola des heures sans rien découvrir. Il s'apprêtait à rentrer lorsque le ciel fut éclairé par des bombes incendiaires lancées depuis le Schütte-Lanz SL 11. Il se rapprocha du dirigeable et le longea d'un bout à l'autre. Il utilisa de nouvelles munitions explosives et incendiaires, sans résultat. Leefe Robinson poursuivit le combat, esquivant les fusillades du dirigeable, avant de vider sa troisième batterie de munitions sur l'arrière du SL 11, qui s'embrasa. Le dirigeable s'écrasa, sous les acclamations de la foule amassée dans les rues de Londres.

L'assurance des équipages des dirigeables allemands fut sévèrement ébranlée. Comme les pertes s'accumulèrent, l'offensive des dirigeables se révéla de moins en moins efficace. Leefe Robinson acquit instantanément une grande popularité et reçut la Victoria Cross. Il fut tué l'année suivante au cours de son premier combat rapproché aérien au-dessus du front occidental. **RG**

Pertes : Britanniques, aucune ;
Allemands, 1 dirigeable et son équipage

Raid de Gotha sur Londres 1917 >

Flers-Courcelette

15-22 septembre 1916

Ce combat des Britanniques, qui figure parmi l'un des derniers de la bataille de la Somme, vit la première utilisation de véhicules blindés. S'ils ne comblèrent pas les attentes, les tanks British Mark I apportèrent l'espoir, qui se révéla illusoire, de venir à bout de l'impasse des tranchées de la Première Guerre mondiale.

Imaginant remporter une victoire décisive, le général Haig était favorable à l'utilisation de tanks non testés pour effectuer une percée dans le système de tranchées allemand, extrêmement bien défendu. En dépit de réserves émises par des spécialistes, 49 tanks furent réunis pour l'offensive, mais seuls 32 d'entre eux purent entreprendre une lente et incertaine traversée, le 15 septembre.

L'assaut fut donné par les troupes britanniques, ainsi que par la New Zealand Division et le Canadian Corps. Les tanks qui atteignirent la ligne de front allemande semèrent la consternation parmi ses défenseurs, et les premiers objectifs tombèrent aux mains des Alliés. Les Canadiens prirent Courcelette, tandis qu'un tank, suivi de troupes britanniques, progressait dans la rue principale de Flers. Les Néo-Zélandais s'emparèrent de la tranchée tristement célèbre qui avait vu mourir tant de soldats britanniques.

Le mauvais temps et la détermination des contre-attaques allemandes mirent fin à l'avance des Britanniques le 17. En dépit d'une attaque impressionnante de la division des gardes britanniques, l'offensive fut annulée le 22 septembre. Malheureusement pour les Alliés, les tanks s'étaient avérés trop lents et pas assez fiables pour jouer un rôle décisif dans la guerre, en raison de leurs pannes mécaniques et de leur vulnérabilité face à l'artillerie. Néanmoins, Haig fut impressionné et en fit aussitôt construire 1 000 autres. **AG**

Pertes : chiffres inconnus

< *Pozières 1916*

Arras 1917 >

Le dirigeable allemand SL 11 brûle dans les airs au cours de la bataille aérienne de Londres.

Gaza 26 mars et 17 avril 1917

Au cours de la Première Guerre mondiale, les Britanniques affrontèrent les Turcs pour contrôler le Moyen-Orient. Au printemps 1917, la Force expéditionnaire égyptienne, commandée par Archibald Murray, tenta de percer les défenses turques à Gaza en Palestine pour avancer vers Jérusalem.

Le 16 mars 1917, tandis que la cavalerie de la Colonne du désert du général Archibald Murray encerclait Gaza à l'est et au nord, l'infanterie des 53e et 54e divisions britanniques lança, le matin, une offensive sur les principales lignes de défense turques au sud de la ville. Si la division montée de l'ANZAC parvint à créer une surprise totale, s'emparant de nombreux avant-postes, l'offensive de l'infanterie fut reportée en raison d'un brouillard épais. Lorsqu'elle eut enfin lieu, l'infanterie s'avança jusqu'à un bastion clé, Ali Muntar. De longs combats rapprochés s'y déroulèrent, et les Turcs furent repoussés dans Gaza. Avec l'entrée de la division montée de l'ANZAC au nord de la ville, la victoire apparut certaine. Mais la venue de la nuit et l'apparition de renforts turcs conduisirent les Britanniques à prendre une mauvaise décision : celle de se retirer.

Le 17 avril, une seconde offensive fut lancée contre les lignes turques. En dépit du soutien de six tanks et de l'emploi de gaz de combat, l'offensive ne put percer les lignes ennemies. De nombreuses mitrailleuses et pièces d'artillerie turques permirent de résister à l'assaut obstiné des Britanniques et de neutraliser leur petit nombre de tanks. Les Britanniques luttèrent toute la journée mais ne purent l'emporter contre des contre-attaques turques résolues, qui montrèrent la qualité de l'infanterie turque en matière de combat défensif. Cette seconde défaite à Gaza coûta à Murray son poste de commandement. **AW**

Pertes : 1re offensive : Britanniques, 3 867 sur 22 000 ; Turcs, 2 447 sur 4 000 engagés (15 000 au total) ; 2e offensive : Britanniques, 6 444 sur 3 000 ; Turcs, 2 013 sur 20 000

‹ *Kut 1915* *Aqaba 1917* ›

Arras 9 avril-23 mai 1917

La bataille d'Arras avait pour objectif de faire diversion pour faciliter l'offensive Nivelle en Champagne. Elle se distingua par les conquêtes rapides des Britanniques au cours de sa première phase. De plus, le Corps canadien s'empara de la crête de Vimy, considérée comme quasi imprenable.

L'attaque d'Arras par les Britanniques marqua le début de l'offensive alliée en 1917. Le Corps canadien fut chargé de s'emparer de la crête de Vimy pour protéger le flanc gauche des troupes qui se trouvaient de part et d'autre d'Arras, constituées de la 3e armée du général Allenby. Les positions allemandes étaient bien défendues, mais les Britanniques avaient planifié leur offensive avec soin. La batterie d'artillerie fut portée à près de 3 000 canons, dont une grande part étaient des canons lourds, indispensables à la destruction de positions fortifiées.

Le 9 avril, les troupes britanniques se dépassèrent et réalisèrent une belle avancée. Les quatre divisions du Corps canadien combattirent sur la crête de Vimy, un ensemble de lignes de défense qui avaient mis les Français en échec et causé de nombreuses victimes. Après un rude combat qui leur coûta près de 10 000 hommes, les divisions canadiennes prirent le contrôle de ce poste stratégique. Plus au sud, les Britanniques eurent tout autant de succès, et quelques unités progressèrent de près de 5 km le premier jour.

Cependant, le commandement allemand évita une percée des Alliés en utilisant adroitement ses troupes de réserve, et la progression des Britanniques ralentit. Le plan britannique initial prévoyait de se battre uniquement en cas de résistance sérieuse, mais Haig prolongea l'offensive pour apporter son aide aux Français, une décision qui se solda par de lourdes pertes et peu de bénéfices. **AG**

Pertes : Britanniques, 158 000 victimes ; Allemands, 130 000 victimes

‹ *Flers-Courcelette 1916* *Offensive Nivelle 1917* ›

Offensive Nivelle (bataille du Chemin des Dames) 16 avril-9 mai 1917

L'échec de l'offensive Nivelle fut un grand choc pour l'armée française, qui pendant un certain temps fut au bord de l'effondrement. L'une des conséquences stratégiques des mutineries françaises fut l'émergence de la Grande-Bretagne en tant qu'allié majeur sur le front occidental en 1917.

Lorsque le général Robert Nivelle prit le commandement des opérations en décembre 1916, il s'engagea à mener une offensive décisive qui percerait le front allemand en l'espace de 48 heures. La Champagne fut le lieu déterminé pour la bataille, et de vastes troupes armées équipées de 7 000 canons et de tanks français Schneider furent réunies. Cependant, le secret fut mal préservé et les Allemands en eurent pleine connaissance.

Les Français attaquèrent le 16 avril sur un front large de 80 km. Ils franchirent des tranchées de la ligne de front allemande, mais leur avance ralentit bientôt, jusqu'à devenir minime. Le nombre de victimes françaises ne dépassa pas beaucoup les chiffres habituels sur le front occidental, mais les promesses de Nivelle avaient suscité des attentes dangereusement élevées au sein des troupes, qui furent déçues de ne pas parvenir à percer les lignes allemandes. Les combattants, démoralisés, étaient au bord de la mutinerie. Le 3 mai, certaines unités refusèrent de revenir dans les tranchées, et fin juin plus de 50 divisions refusaient d'obéir aux ordres. Beaucoup rejoignaient les tranchées mais refusaient d'attaquer.

Le remplacement de Nivelle par le populaire général Pétain permit de restaurer l'ordre, et comme les autorités tinrent compte de nombreuses plaintes des hommes, la crise commença à s'atténuer. Fin août, l'armée française se sentit assez en confiance pour organiser une offensive restreinte à Verdun. **AG**

Pertes : Français, 187 000 victimes sur 1 200 000 ; Allemands, 163 000 sur 480 000

< *Arras 1917* *Messines 1917* >

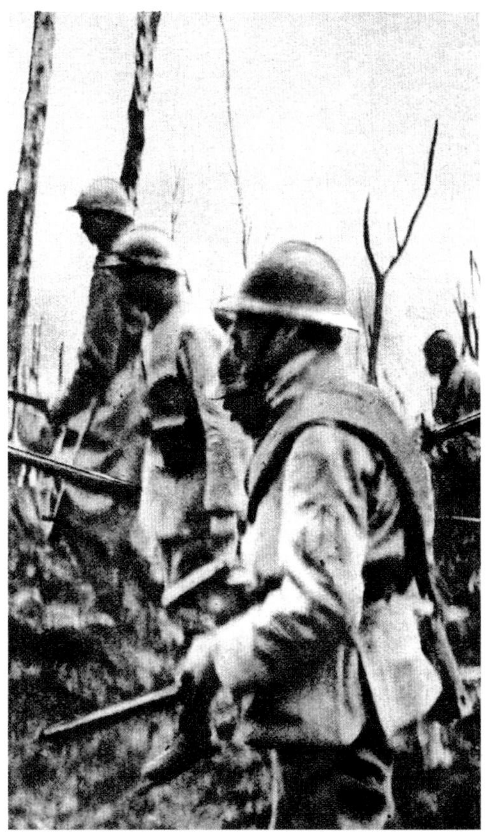

« [Pétain] considérait la façon dont il avait résolu la mutinerie comme son plus bel exploit. »

Stuart Robson, The First World War *(1998)*

L'infanterie française progresse sur le Mont des Singes ; la zone demeura complètement dévastée après l'offensive Nivelle.

1914-1918 : guerre navale

Détroit d'Otrante 15 mai 1917

Les marines alliées patrouillaient dans le détroit d'Otrante pour empêcher les navires et les sous-marins austro-hongrois de passer en Méditerranée. Dans cette bataille navale, la plus importante de la Première Guerre mondiale dans l'Adriatique, les Austro-Hongrois eurent le dessus.

En 1914, l'Empire austro-hongrois incluait de vastes territoires situés au nord et à l'est de l'Adriatique. L'Autriche, parallèlement à de nombreuses batailles terrestres, mena différentes batailles maritimes contre l'Italie (soutenue par les Alliés). Les Alliés souhaitaient contenir la marine autrichienne dans l'Adriatique. Ils y parvinrent pour ce qui est de ses navires de surface, mais il leur fut plus difficile d'en restreindre l'accès aux sous-marins.

Pour continuer de circonscrire les sous-marins ennemis, ils établirent un barrage sur le détroit d'Otrante, composé d'un réseau de filets « indicateurs », traînés par de petits bateaux de pêche. Cette tactique fut peu efficace, mais elle causa suffisamment de soucis aux Austro-Hongrois pour que ceux-ci décident d'attaquer durant la nuit les bateaux de pêche et leurs navires de soutien.

L'offensive fut lancée le 15 mai, aux premières heures. Trois croiseurs autrichiens dirigés par le capitaine Miklós Horthy attaquèrent et coulèrent quatorze bateaux de pêche. Au lever du jour, les croiseurs légers et les destroyers italiens et britanniques rejoignirent le lieu des combats; plusieurs batailles de courte durée eurent lieu, tandis que les navires autrichiens faisaient demi-tour. Le croiseur *Novara* de Horthy fut endommagé, et Horthy fut blessé. L'arrivée de navires autrichiens plus lourds mit fin à la poursuite des Italiens et des Britanniques. Horthy survécut. Il établit un régime dictatorial en Hongrie après la guerre. **DS**

Pertes : Austro-Hongrois, 2 croiseurs légers endommagés ; Alliés, 2 destroyers et 16 autres navires coulés, 1 croiseur léger endommagé

< *Jutland 1916* *Raid sur Zeebruges 1918* >

1914-1918 : front de l'Ouest

Messines 7-14 juin 1917

La conquête de la crête de Messines était une opération préliminaire à la troisième bataille d'Ypres, et eut lieu juste avant. Des mines bourrées d'explosifs placées sous les lignes allemandes causèrent d'énormes dégâts et le bruit de leur explosion fut même perçu à Londres, à environ 200 km de là.

La première étape de l'offensive britannique dans les Flandres consista à sécuriser la zone d'Ypres en s'emparant de la crête de Messines, située juste au sud de la ville. L'offensive avait été préparée un an à l'avance, en enterrant des mines sous la crête. Les troupes de mineurs de la 2e armée du général Herbert Plumer enfouirent dix-neuf mines contenant près d'un million de livres d'explosifs. La prudence avec laquelle Plumer prépara ses assauts permit d'épargner des vies et lui valut le respect de ses soldats.

L'attaque des Britanniques à Messines le 7 juin débuta par l'explosion des mines, dont l'effet fut presque équivalent à celui d'un tremblement de terre, et qui causa immédiatement la mort de 10 000 soldats allemands. Un bombardement massif des Allemands par 2 000 canons avant l'avancée de neuf divisions d'infanterie britanniques et australiennes se révéla un succès complet. L'artillerie fournit en effet un « barrage rampant » très efficace qui couvrit l'infanterie tandis que celle-ci gravissait la crête. L'infanterie ne rencontra qu'une faible opposition, beaucoup d'Allemands s'étant retrouvés plongés dans une grande confusion sur le champ de bataille. Environ 7 000 soldats furent faits prisonniers à cette occasion. Une fois que la crête fut aux mains des Britanniques, des pièces d'artillerie furent amenées vers l'avant pour prévenir les inévitables contre-attaques des Allemands, qui furent repoussées assez facilement. L'objectif fut ensuite de briser les lignes allemandes à Ypres. **AG**

Pertes : Britanniques, 17 000 victimes sur 216 000 ; Allemands, 25 000 sur 126 000

< *Offensive Nivelle 1917* *3e bataille d'Ypres 1917* >

Raid de Gotha sur Londres 13 juin 1917

Le raid des bombardiers allemands Gotha sur Londres en juin 1917 eut des conséquences capitales. Il conduisit à la création de la Royal Air Force (RAF), première armée de l'air indépendante du monde, et le bombardement des villes devint une tactique inévitable de l'art de la guerre moderne.

Le bombardier bimoteur Gotha G IV de l'armée allemande était le premier aéronef assez puissant pour transporter une quantité de bombes significative et d'une portée suffisante pour atteindre Londres. L'offensive aérienne des Allemands contre la Grande-Bretagne avait jusqu'à présent été un échec, mais le régime allemand pensait que le bombardement en plein jour de Londres par des Gotha saperait le moral des Britanniques et les inciterait à se retirer de la guerre.

Un raid de Gotha effectué au-dessus de Folkestone le 25 mai 1917, qui causa la mort de 95 personnes, aurait dû servir d'avertissement. Cependant, les Britanniques n'étaient pas du tout préparés lorsque le capitaine Ernst Brandenburg partit pour Londres avec les 20 Gotha du Kaghol 3 le matin du 13 juin. Quatorze avions bombardèrent la ville à l'aube. Curieux, les habitants sortirent dans les rues au lieu de s'abriter. Dans le quartier de Poplar, une bombe tombée sur une école tua 18 enfants. Le nombre total de victimes fut de 162.

Les avions britanniques tentèrent de les intercepter, mais les Gotha prirent le chemin du retour sans dommage. Des avions se désengagèrent du front occidental pour défendre Londres, mettant bientôt fin aux raids en plein jour, mais les raids nocturnes se poursuivirent jusqu'en 1918. Le gouvernement britannique réagit en bombardant des points stratégiques et en créant la RAF pour mener une guerre aérienne contre l'Allemagne. **RG**

« La rue entière sembla exploser, il y avait de la fumée et des flammes partout. Les cris des blessés et des mourants étaient pires que tout. »

Un témoin oculaire

Pertes : Britanniques, 162 civils morts, 432 blessés ; Allemands, aucune

Bataille aérienne de Londres 1916

Un soldat allemand place des bombes de 50 et 100 kg sur un bombardier Gotha en vue d'un raid en Grande-Bretagne.

Offensive Kerensky

1er-23 juillet 1917

La dernière offensive des Russes fut un échec complet. Elle affaiblit le Gouvernement provisoire, mis en place après le renversement du tsar Nicolas II, et le délitement de la société conduisit à la révolution bolchevique et à la victoire de la Triple Alliance sur le front de l'Est.

En février 1917, une révolution éclata à Petrograd. La dynastie des Romanov fut renversée, et le Gouvernement provisoire amené au pouvoir. Cette nouvelle fut joyeusement accueillie par les soldats russes qui souhaitaient une paix immédiate. Toutefois, le Gouvernement provisoire, qui avait besoin de moyens financiers et de la reconnaissance des Alliés, choisit de poursuivre le combat.

Alexandre Kerensky, ministre de la Guerre du Gouvernement provisoire, ordonna une offensive en Galicie, en direction de Lvov. Or chacune de ses unités avait élu son propre soviet (conseil) pour gérer ses affaires, les officiers avaient perdu leur autorité, les troupes ennemies fraternisaient à grande échelle et les désertions en masse étaient monnaie courante. Ainsi, le commandant de l'opération, Broussilov, passa des heures à discuter avec les soviets pour les convaincre d'accepter ses plans.

Lorsque l'offensive fut enfin lancée, les troupes autrichiennes étaient presque aussi épuisées que les Russes et cédèrent rapidement face à l'ennemi. Kerensky émit des communiqués grisants relatifs aux victoires d'une armée révolutionnaire organisée sur une base démocratique, mais ces succès furent de courte durée. Les troupes allemandes combattirent obstinément, et les assauts des Russes furent brisés par des tirs croisés meurtriers. Les unités abandonnaient leurs positions, les ordres étaient ignorés, et bientôt les Russes furent repoussés. Leur effondrement militaire avait commencé et ne fit que s'accélérer. **AG**

Pertes : Russes, au moins 40 000 morts, 20 000 blessés ; Allemands et Autrichiens, chiffres inconnus

< *Kostiuchnowka 1916* *Riga 1917* >

Troupes russes défilant devant Alexandre Kerensky et d'autres personnages officiels en juillet 1917. ↑

Aqaba 6 juillet 1917

Combattant les Turcs au Moyen-Orient, les Britanniques soutinrent la révolte des Arabes menée par l'émir Fayçal. La prise d'Aqaba permit aux troupes arabes de bénéficier d'une voie de ravitaillement maritime fiable. Elle fut aussi à l'origine de la réputation du capitaine T. E. Lawrence.

Lawrence se dirigea vers le nord début mai depuis la base de l'émir Fayçal, à Wejh, avec 36 Bédouins. Ayant reçu peu de renforts, il était accompagné par le chérif Nasir de Médine et Auda Abu Tayi, chef de la tribu des Howeitat. Il rassembla une troupe d'environ 2 000 Arabes et mena un assaut contre le chemin de fer du Hedjaz et des postes militaires turcs avant de parvenir à proximité d'Aqaba, le 6 juillet. Lawrence avait prévu à juste titre que la garnison turque ne s'attendrait pas à une attaque venant du désert. La plupart des troupes turques étaient prêtes à affronter une attaque venue de la mer, mais peu d'entre elles faisaient barrage entre la ville et les troupes arabes.

Durant sa progression, Auda lança une attaque contre un poste fortifié situé entre Aqaba et Ma'an. Après une rude bataille, le bataillon turc qui défendait le poste fut mis en déroute. Tandis que Lawrence et ses hommes approchaient d'Aqaba, le port était bombardé par des navires de guerre britanniques. Ce bombardement ainsi que l'apparition surprise des troupes arabes conduisirent la garnison de la ville à se rendre sans combattre. Lawrence parcourut alors 240 km à travers le désert du Sinaï avec 18 compagnons pour annoncer la nouvelle de la victoire au haut commandement britannique. En août, Fayçal transféra sa base à Aqaba, d'où il mena ses opérations. Lawrence fut promu commandant et devint le principal officier de liaison entre l'armée arabe du Nord de Fayçal et la Force expéditionnaire égyptienne du général Allenby. **AW**

Pertes : Arabes, 2 morts, moins de 10 blessés ;
Turcs, 300 morts, 700 prisonniers sur 1 000

< *Gaza 1917* *Beersheba 1917* >

Lawrence (à gauche) est accompagné par le journaliste Lowell Thomas, qui relata ses exploits dans le monde entier.

Troisième bataille d'Ypres 31 juillet - 10 novembre 1917

L'offensive des Britanniques à Ypres, menée sur un terrain difficile, leur permit de se rendre 8 km plus loin que trois mois auparavant, puis de s'arrêter au village de Passchendaele, ensemble de ruines qui donna son nom à la bataille. Pour les Allemands, cette bataille fut « le pire calvaire de la guerre ».

Après le succès des Britanniques à Messines, le maréchal Douglas Haig confia le principal assaut au nord à la 5ᵉ armée de Hubert Gough. Toutefois, les préparatifs des Britanniques furent lents et donnèrent aux Allemands l'occasion d'améliorer leur défense autour d'Ypres. Le concept de défense souple ou élastique s'était désormais généralisé dans l'armée allemande, les lignes avant n'étant que relativement protégées et le gros des troupes se tenant à l'arrière prêt à contre-attaquer. L'armée allemande utilisait également des abris fortifiés en béton armé fin de créer une série de bastions imbriqués sur les lignes avant. Les Allemands pensèrent que la plupart résisteraient à des bombardements préliminaires (excepté s'ils étaient touchés par un obus de gros calibre) et qu'ils seraient ensuite neutralisés par l'infanterie britannique, lentement et avec beaucoup de pertes humaines.

« Parfois cela devient si terrible… ce n'est qu'un immense enfer vibrant, palpitant, cahotant et grondant. »

Lieutenant Cyril Lawrence, Australian Engineers

Le 18 juillet, l'artillerie britannique entreprit de bombarder les lignes allemandes. Le 31 juillet, la 5ᵉ armée ouvrit l'offensive, neuf de ses divisions attaquant au nord-est d'Ypres. Les lignes allemandes furent repoussées de 3 km, mais des pluies exceptionnellement drues transformèrent le champ de bataille en marécage et entraînèrent un arrêt des combats. Le 16 août, une nouvelle offensive eut lieu contre les positions allemandes à Langemarck, où les progrès furent lents, et les victimes nombreuses.

Haig se tourna alors vers la 2ᵉ armée du général Plummer, dont la zone d'opération s'étendait vers le nord, incluant la route de Menin. Les préparatifs de l'offensive, qui allait se composer de trois assauts bien organisés ayant des objectifs limités, prirent de nouveau du retard. Il s'agissait d'attaquer les positions élevées des Allemands juste à l'est d'Ypres. Favorisées par le temps sec, les divisions britanniques, australiennes et néo-zélandaises remportèrent des victoires notables.

La première avancée sur la route de Menin (20-25 septembre) fut immédiatement suivie par l'attaque du bois du Polygone (26 septembre), et se termina par une poussée vers Broodseinde (4 octobre), qui fut particulièrement douloureuse pour les Allemands. Le moral de ces derniers était alors bas, et leurs réserves étaient limitées. Pour le commandement britannique, une percée semblait possible. L'arrivée de nouvelles troupes de réserve allemandes mit fin à cet espoir. Cependant, le 7 octobre, le temps devint froid et extrêmement humide. La bataille s'enlisa progressivement dans un océan de boue dans lequel les armes, les véhicules de transport, les mules et les hommes disparaissaient sans laisser de trace.

Bien qu'il lui ait été conseillé de mettre fin aux opérations, Haig était déterminé à sécuriser la crête de Passchendaele avant l'arrivée de l'hiver. Les Australiens reprirent les hostilités le 12 octobre dans des conditions terribles, remportant peu de succès. Le 26 octobre, les Canadiens furent envoyés pour passer à l'attaque et finirent par prendre les ruines de Passchendaele le 6 novembre. Quelques jours plus tard, la bataille s'acheva, la crête étant enfin entre les mains des Britanniques. **AG**

Pertes : Britanniques et Commonwealth, 245 000 victimes ; Allemands, chiffres inconnus mais probablement équivalents

◁ *Messines 1917* *Passchendaele 1917* ▷

Soldats australiens traversant sur une passerelle le paysage dévasté durant la bataille de Passchendaele. ➔

Riga 3 septembre 1917

À l'automne 1917, l'armée russe qui combattait sur le front de l'Est avait perdu beaucoup de sa splendeur. La victoire rapide des Allemands à Riga en Lettonie, attribuée aux habiles « tactiques d'infiltration » du général Oskar von Hutier, permit aux bolcheviques de s'emparer du pouvoir en Russie.

Après l'offensive Kerensky en juillet 1917, l'armée russe n'était plus très combative. Son nouveau commandant, le général Lavr Kornilov, avertit publiquement que si la discipline n'était pas restaurée, il ne pourrait ni tenir Riga ni défendre la capitale de la Russie, Petrograd. Les Russes savaient avec précision où et quand les Allemands allaient attaquer.

Lorsque les Allemands croisèrent le fleuve Dvina près d'Uxkull et s'approchèrent de Riga, quelques unités russes combattirent avec un courage exemplaire, mais tant d'hommes s'enfuirent que les Allemands avaient souvent l'impression de ne rencontrer aucune opposition. Riga tomba au bout de quelques heures de bombardements. La victoire fut joyeusement annoncée en Allemagne comme la preuve absolue que le pays pouvait et allait gagner la guerre.

La propagande alliée accusa les Allemands d'utiliser des gaz toxiques contre les civils de Riga. En Russie, la propagande bolchevique annonça que le Gouvernement provisoire avait organisé la chute de Riga, et qu'il ferait bon accueil aux Allemands à Petrograd pour détruire la révolution. Kornilov, décidant que le Gouvernement provisoire ne saurait réimposer la discipline, mena son armée vers Petrograd pour restaurer l'ordre. Le Gouvernement provisoire l'arrêta en armant la milice bolchevique, plaçant son sort entre les mains de ses ennemis politiques les plus implacables, qui s'emparèrent du pouvoir au cours du mois de novembre qui suivit. **JS**

Pertes : chiffres inconnus

< *Offensive Kerensky 1917* *Petrograd 1919* >

Troupes allemandes assemblées à Riga après y être entrées sans rencontrer beaucoup de résistance. ↑

Passchendaele 12 octobre - 10 novembre 1917

L'offensive des Britanniques à Passchendaele constitua la dernière phase de la troisième bataille d'Ypres, un enfer pour les armées des deux camps. La difficile prise de la crête de Passchendaele repoussa les Allemands hors des hauteurs dominant la ville d'Ypres, mais le prix à payer fut élevé.

L'attaque débuta le 12 octobre, par une action contre les positions allemandes à Poelcappelle, au nord-ouest de Passchendaele. L'assaut, donné par cinq divisions britanniques et trois divisions de l'ANZAC, fut un échec presque total. La boue empêcha la progression de l'artillerie de campagne destinée à soutenir l'avancée des troupes, et d'habiles contre-attaques allemandes contraignirent les forces britanniques et du Commonwealth à regagner leurs positions de départ tout en déplorant 13 000 victimes. Le moral chutait tandis que la pluie tombait.

La bataille reprit avec l'arrivée du Canadian Corps, comptant quatre divisions d'infanterie. Les Canadiens devaient prendre aussitôt la direction de Passchendaele, soutenus sur leurs flancs par les troupes britanniques et de l'ANZAC et par une division française. Le plan de bataille canadien prévoyait trois attaques consécutives et limitées. Le 26 octobre, les 3e et 4e divisions canadiennes menèrent l'offensive et s'emparèrent de la plupart de leurs objectifs dans des conditions difficiles. L'offensive reprit le 30 octobre et parvint à portée du village de Passchendaele.

Après une brève pause le temps que les Canadiens renouvellent leurs troupes, les 1re et 2e divisions se déployèrent pour mener l'attaque. Les hostilités reprirent le 6 novembre tandis que les deux divisions canadiennes luttaient dans la boue et s'emparaient de Passchendaele en quelques heures. Quelques jours plus tard, les troupes allemandes restantes furent chassées de la crête de Passchendaele ; la bataille d'Ypres était terminée. **AG**

Pertes : chiffres inconnus

< *3e bataille d'Ypres 1917* *Cambrai 1917* >

L'infanterie britannique, dans les fumées et les gaz toxiques, traverse le champ de bataille dénudé d'Ypres.

Mahiwa 17-18 octobre 1917

Le général allemand Paul von Lettow-Vorbeck évitait la plupart du temps de mener des batailles rangées. À Mahiwa, cependant, les troupes coloniales allemandes furent poussées au combat malgré un important désavantage numérique, et battirent les troupes de l'Empire britannique sous le commandement de l'Afrique du Sud.

En septembre 1917, le général Jacob van Deventer mena une offensive vers le sud en passant par l'Afrique orientale allemande. L'objectif était d'empêcher Lettow-Vorbeck de rassembler ses troupes et de se retirer en Afrique orientale portugaise (Mozambique). Le 15 octobre eut lieu une tentative d'encerclement et de destruction d'une colonne constituée de sections d'assaut allemandes sous les ordres du général major Kurt Wahle à Nyangao, mais Lettow-Vorbeck fournit rapidement des renforts à Wahle et fit de nombreuses victimes dans la brigade anglo-nigérienne dirigée par le général Gordon Beves.

Le jour suivant, les troupes allemandes reculèrent de 3 km et se préparèrent à une contre-attaque sur une crête à Mahiwa. Le matin suivant, Beves lança plusieurs assauts contre cette position allemande fortifiée. La bataille atteignit son paroxysme aux premières heures du 18 octobre. Bien que repoussées, les troupes britanniques et nigériennes refusèrent de céder du terrain. Cela aboutit à une impasse, aucune des forces en présence n'ayant assez d'hommes pour conclure la bataille. Cependant, le grand nombre de victimes parmi les troupes de Beves conduisit à l'annulation des assauts suivants et à une retraite. Peu après, Lettow-Vorbeck mena ses troupes vers le sud, s'apercevant de ses faibles réserves de munitions. Le 25 novembre, les Allemands entrèrent en Afrique orientale portugaise. **AW**

Pertes : Britanniques et Nigériens, 2 348 victimes sur 4 900 ; Allemands, 519 sur 2 800

< *Tanga 1914*

Caporetto 24 octobre - 2 décembre 1917

L'Italie se joignit au conflit de la Première Guerre mondiale en 1915, comme alliée de la Grande-Bretagne et de la France. Après une longue impasse sur la frontière nord de l'Italie, une offensive austro-allemande à Caporetto ébranla l'armée italienne. Les Britanniques et les Français durent envoyer des troupes pour soutenir leur allié défaillant.

Aux premières heures du 24 octobre, les artilleries autrichienne et allemande, regroupées, bombardèrent les lignes italiennes le long du fleuve Isonzo. Les troupes austro-allemandes réalisèrent rapidement une grande percée au sein de la 2e armée italienne. Utilisant des tactiques d'infiltration, elles contournèrent les points de résistance, prévoyant de les éliminer par la suite. Le chaos gagna rapidement les rangs italiens, et le 27 octobre, la 2e armée était devenue largement inefficace.

Le commandant en chef italien, le maréchal Luigi Cadorna, ordonna alors un retrait général vers des positions de repli le long du fleuve Tagliamento. La 3e armée, qui tenait encore la droite de la ligne d'Isonzo, fut balayée dans le chaos formé de milliers de réfugiés et de retardataires de nombreuses unités. C'est à ce moment crucial que les troupes allemandes commencèrent à souffrir de problèmes de ravitaillement. Le léger répit qu'elles leur laissèrent permit aux Italiens de traverser le Tagliamento le 31 octobre et de se préparer à la défense. La ligne de front italienne résista deux jours, jusqu'à ce que les Allemands parviennent à traverser le fleuve. Cadorna ordonna alors un repli vers le fleuve Piave. Le 10 novembre, le mouvement était achevé, mais Cadorna avait été remplacé par le général Armando Diaz. Les tentatives austro-allemandes de traverser le Piave du 16 au 25 novembre furent peu fructueuses, et l'offensive prit fin le 2 décembre. **AW**

Pertes : Austro-Allemands, 20 000 victimes ; Italiens, 40 000 victimes et 280 000 prisonniers

Vittorio Veneto 1918 >

Les troupes italiennes se replient vers le fleuve Tagliamento après leur défaite à Caporetto. 

1914-1918 : campagne de Palestine

Beersheba 31 octobre 1917

Réorganisée après sa défaite à Gaza au printemps 1917, la Force expéditionnaire égyptienne de Grande-Bretagne mena une nouvelle campagne en Palestine. Le général Edmund Allenby décida de briser la résistance turque de la ligne de Gaza en attaquant la garnison de Beersheba.

Pour maintenir l'élément de surprise, Allenby expédia quatre divisions d'infanterie du 20e corps ainsi que la cavalerie du Desert Mounted Corps du général Henry Chauvel vers l'est, en direction de Beersheba. L'approche de Chauvel, menée en dix nuits, constitua un modèle d'organisation et de commandement. Le matin du 31 octobre, l'artillerie britannique se mit à pilonner les tranchées turques entourant Beersheba. Contrairement aux opérations précédentes à Gaza, celle-ci fit l'objet de nombreuses reconnaissances préliminaires. Les renforts d'artillerie étaient en outre tout à fait appropriés à l'objectif visé. Dissimulée par la fumée et la poussière des bombardements, l'infanterie des 60e et 74e divisions progressa vers l'avant et ne mit qu'une heure à sécuriser ses objectifs à l'ouest et à l'avant de Beersheba. Cela permit au Desert Mounted Corps de conquérir la ville. Attaquant de l'est, où les défenses turques étaient moins importantes, les cavaleries australiennes et néo-zélandaises prirent de nombreuses positions mais furent retardées par les mitrailleuses turques. La 4e brigade de cavalerie légère chargea à travers les défenses turques et s'empara de Beersheba.

Au cours de la semaine suivante, Allenby réalisa à la fois des avancées vers l'ouest et le nord depuis Beersheba et des assauts contre la position principale de Gaza. Le nombre croissant de victimes contraignit les Turcs à abandonner Gaza, et à libérer une voie vers Jérusalem. **AW**

Pertes : Britanniques, 1 348 sur 40 000 hommes ;
Turcs, 500 victimes et 1 528 prisonniers sur une garnison de 4 000 hommes

< *Aqaba 1917* *Jérusalem 1917* >

1914-1918 : front de l'Ouest

Cambrai 20 novembre - 8 décembre 1917

La bataille de Cambrai permit de constater l'évolution technologique et tactique sur le front occidental. Théâtre du premier déploiement efficace de tanks, elle se distingua aussi par les tirs de barrage britanniques et les tactiques d'infiltration employées par les sections d'assaut allemandes.

La dernière offensive britannique de 1917, une attaque surprise de la 3e armée du général Julian Byng, fut lancée contre les lignes allemandes près de Cambrai. Le terrain plat permit d'utiliser des tanks à grande échelle, et l'effet de surprise fut assuré par des tirs de barrage.

Le matin du 20 novembre, 1 000 pièces d'artillerie ouvrirent simultanément le feu sur les Allemands, qui ne l'avaient pas prévu, et 378 tanks s'avancèrent à travers le brouillard. Dès la mi-journée, les Britanniques avaient opéré une percée de 6,5 km dans les imposantes défenses de la ligne Hindenburg. Cependant, la cavalerie britannique ne parvint pas à exploiter ce succès initial, et les Allemands continuèrent à occuper de solides positions sur les flancs de l'avancée britannique. Fait plus grave, la moitié des chars étaient hors d'usage à la fin de la première journée de combats, notamment en raison de problèmes mécaniques. La bataille dégénéra en une brutale guerre de tranchées.

Le 30 novembre, les Allemands surprirent à leur tour leurs adversaires par une contre-attaque menée par les sections d'assaut. Ces groupes spécialement entraînés utilisèrent des tactiques d'infiltration afin de déceler et d'exploiter les points faibles des lignes britanniques. Les Britanniques furent débordés par l'attaque allemande, brillamment organisée, et se retirèrent dans la confusion. Le 8 décembre, à la fin de la bataille, les Britanniques avaient perdu la plupart des territoires conquis. **AG**

Pertes : Britanniques, 44 200 victimes ;
Allemands, 45 000 victimes

< *Passchendaele 1917* *Offensive Kaiserschlacht 1918* >

Jérusalem 8-9 décembre 1917

La prise de Jérusalem par le général britannique Edmund Allenby entraîna la défaite des Turcs en Palestine. La victoire améliora également le moral des Alliés, après une série de revers incluant la défaite de l'armée italienne à Caporetto et la prise de pouvoir des bolcheviques en Russie.

Allenby conduisit ses troupes vers Jérusalem en traversant les collines de Judée. Le 27 novembre, le général Erich von Falkenhayn lança une contre-offensive contre les Britanniques. Le 3 décembre, les Turcs, battus, se trouvaient dans une impasse, et le 20e corps du général Chetwode se préparait à s'emparer de Jérusalem. Les troupes avaient reçu l'ordre de respecter le caractère sacré des sites religieux de la Ville sainte et de la ville voisine de Bethléem.

Les troupes se rassemblèrent pour avancer sous le couvert de la pluie et du brouillard. Le 8 décembre, l'infanterie des 60e et 74e divisions réalisa une avancée de 7 km sur le front ouest de Jérusalem. Tout se déroula sans encombre jusqu'à 11 heures, quand elle fut ralentie par des tirs intensifs des Turcs. Les opérations cessèrent pour la journée afin d'entreprendre la protection des zones conquises. Cela s'avéra difficile en raison du terrain rocailleux et de la fatigue des troupes. La boue compliquant les conditions de transport, l'infanterie manquait d'eau et de nourriture.

Les Britanniques se préparèrent à une seconde journée de combat, découvrant que leur assaut avait semé la panique parmi les Turcs. Le 11 décembre, Allenby entra officiellement dans Jérusalem à pied, par respect pour son statut de ville sainte. Deux semaines plus tard, Falkenhayn tenta de reconquérir la ville. Il échoua et les Britanniques reprirent l'offensive. Quatre siècles de domination turque sur Jérusalem s'achevaient. **AW**

Pertes : Britanniques, 18 928 (3 novembre-15 décembre) ; Turcs, 28 443 (31 octobre-31 décembre)

< *Beersheba 1917* *Megiddo 1918* >

« Le défilé eut lieu à pied, et à la porte de Jaffa, je fus reçu par les gardes [alliés]… La population me fit bon accueil. » General Allenby

Le général Allenby, accompagné par des dignitaires politiques et militaires, entre dans Jérusalem à pied par la porte de Jaffa.

Offensive Kaiserschlacht 21 mars - 18 juillet 1918

Les Allemands tentèrent le tout pour le tout lors d'une dernière grande offensive menée au printemps 1918, qui leur vaudrait la victoire absolue ou la défaite. Ils remportèrent quelques victoires tactiques, mais les Alliés tinrent bon.

Avant que l'arrivée de l'armée américaine ne fasse irrévocablement pencher la balance en défaveur de l'Allemagne, le haut commandement allemand avait décidé de lancer une vaste offensive contre les armées britanniques et françaises sur le front occidental. Capables de redéployer d'importantes troupes revenues du front de l'Est, les Allemands possédaient désormais un avantage numérique à l'ouest. Les divisions d'élite des sections d'assaut, rompues aux techniques d'infiltration, devaient mener l'offensive, qui serait soutenue par l'artillerie, utilisant les dernières techniques de tirs de barrage. L'excellente organisation de l'état-major allemand permit d'acheminer les pièces d'artillerie, les munitions, le ravitaillement et les hommes dans le plus grand secret.

Baptisée « opération Michael », l'offensive allemande devait être menée par trois armées totalisant 59 divisions, soutenues par la plus grande concentration d'artillerie réunie à ce jour : 6 473 canons et mortiers et 3 532 mortiers de tranchée. Le long d'une ligne de front de 80 km, les Allemands firent face aux 5e et 3e armées britanniques, totalisant 26 divisions. Or les travaux de défense de la 5e armée, récemment arrivée, étaient loin d'être achevés.

Le matin du 21 mars, l'artillerie allemande débuta l'offensive par un bombardement éprouvant d'une durée de cinq heures. Un brouillard épais se révéla un allié précieux pour les sections d'assaut allemandes, et le front britannique fut percé avec une relative facilité. À la fin de la journée, les deux armées britanniques battirent

Les troupes allemandes tentent une percée à travers le front britannique.

entièrement en retraite. Tandis que l'avancée des Allemands se poursuivait, les troupes alliées couraient le risque d'être séparées. C'est pourquoi, le 26 mars, suite à une suggestion du général Haig, le général Ferdinand Foch fut nommé commandant en chef des troupes britanniques et françaises. Les divisions françaises se dirigèrent alors vers le nord pour soutenir les Britanniques.

Le 28 mars, ayant opéré une percée de 65 km dans le front britannique, l'armée allemande commença à montrer des signes de faiblesse. La 3e armée britannique repoussa un assaut contre Arras, et le centre d'Amiens resta hors d'atteinte des Allemands. L'opération Michael n'ayant pas permis une victoire contre les Britanniques, une seconde offensive (l'opération Georgette) fut menée plus au nord, dans les Flandres, le long de la Lys. Celle-ci dura jusqu'au 30 avril, mais les Allemands ratèrent une nouvelle fois leur objectif.

Le haut commandement allemand tenta d'attirer les troupes de réserve hors des Flandres en s'en prenant au secteur français en Champagne. L'attaque (troisième bataille de l'Aisne) débuta tôt le 27 mai, créant une surprise totale chez les Français. Leur propre succès surprit les Allemands eux-mêmes ; dès le premier jour, la percée du front occidental fut la plus importante réalisée en une journée de toute la guerre. Le 3 juin, les Allemands venaient une fois de plus d'atteindre la Marne. Ils tentèrent d'avancer encore, sans réel succès, et les Français, soutenus par des divisions britanniques et américaines, se préparèrent à passer à l'offensive. Au final, la tentative allemande se solda par un échec. **AG**

Pertes : Britanniques, 418 000 victimes ;
Français, 433 000 victimes ; Allemands, 688 000 victimes

< *Cambrai 1917* *Bois de Belleau 1918* >

Raid sur Zeebruges 22-23 avril 1918

Pour contrer l'offensive des sous-marins allemands au cours de la Première Guerre mondiale, le contre-amiral britannique Roger Keyes conçut un plan audacieux afin de bloquer le canal de Bruges, qui reliait la base sous-marine allemande au large. Mené avec une grande détermination, le raid se solda cependant par un échec quasi total.

En menant des attaques incessantes contre les navires commerciaux britanniques à partir de 1917, la flotte de sous-marins allemands fut sur le point de gagner la guerre. Or l'une des principales bases sous-marines allemandes était accessible via un canal de Zeebruges relié à la mer. Les Britanniques envisagèrent de le bloquer en coulant à son entrée trois vieux croiseurs remplis de béton au cours d'un raid nocturne. Pour couvrir leur approche, un autre croiseur, le HMS *Vindictive*, et des navires de soutien, devaient débarquer des matelots et des marines pour attaquer les batteries d'artillerie sur le môle.

Mais dans la nuit du 22 au 23 avril, frappé par des tirs d'artillerie, le *Vindictive* accosta au mauvais endroit. Les assaillants essuyèrent de terribles pertes et ne parvinrent pas à neutraliser les batteries d'artillerie. L'artillerie allemande compliqua en outre la tâche des croiseurs destinés à bloquer le canal. Fortement touchées, les troupes britanniques se retirèrent, mais les Allemands n'eurent ensuite besoin que de quelques jours pour rouvrir le port. Un raid simultané organisé à Ostende n'eut pas davantage de succès. Pourtant, le caractère audacieux de l'opération, contrastant avec la prudence de la plupart des opérations navales de la Première Guerre mondiale, fut salué par les autorités et le public britanniques. Keyes reçut le titre de chevalier et l'héroïsme des participants fut récompensé par la remise de onze Victoria Cross. **DS**

Pertes : Britanniques, 600 morts ou blessés ; Allemands, 30 morts ou blessés

Détroit d'Otrante 1917

Les croiseurs coulés au cours du raid de Zeebruges ne bloquèrent que temporairement les sous-marins allemands.

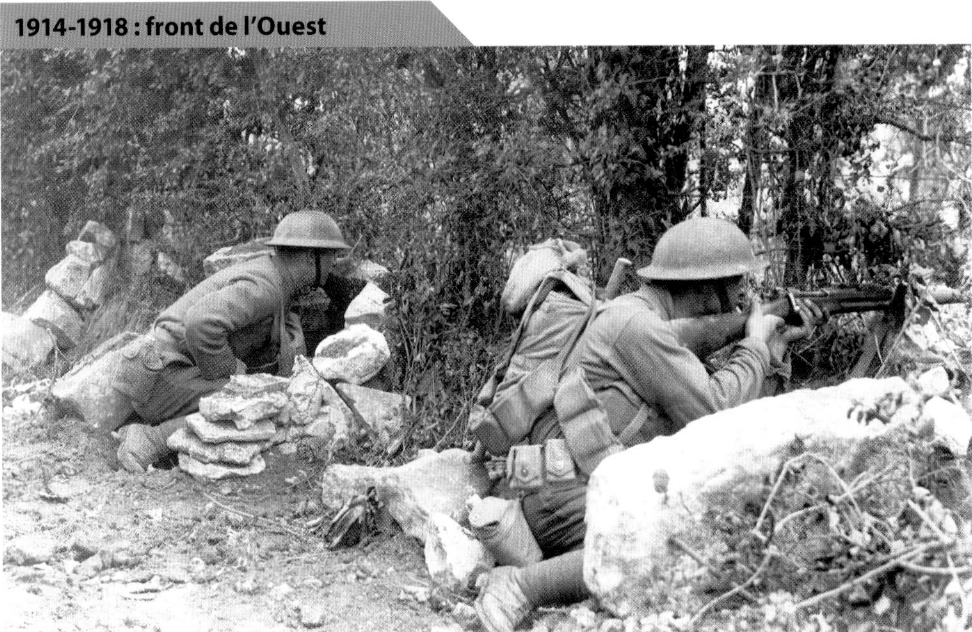

Bois de Belleau 1er-26 juin 1918

La bataille du bois de Belleau montra aux Allemands que l'armée américaine était arrivée en force sur le front occidental, et qu'elle était avide de combattre. Elle constitua un difficile baptême du feu pour les Américains, auxquels la persévérance et la détermination permirent de remporter leur première victoire importante en France.

Mis en échec à Château-Thierry, les Allemands traversèrent le bois voisin de Belleau et y croisèrent la plus grande partie de la 2e division et une brigade de marines américains. Les troupes françaises, non loin de là, commençaient à battre en retraite, et incitèrent les Américains à en faire autant, provoquant la célèbre réplique du capitaine de marine Lloyd W. Williams : « Nous retirer ? Bon Dieu, nous venons juste d'arriver ! »

Les Américains consolidèrent leurs positions et leur adresse au tir leur permit de résister à l'attaque allemande du 4 juin. Ils passèrent ensuite à l'offensive et attaquèrent les positions allemandes près du bois de Belleau le 6, subissant de lourdes pertes (les plus élevées de l'histoire du corps des marines américains jusqu'à la bataille de Tarawa en 1943). Un second assaut leur permit d'occuper un côté du bois, mais leur progression était très lente, leur ardeur au combat trouvant son pendant dans la détermination des Allemands à se défendre. Le combat fut acharné, se déroulant souvent au corps-à-corps, avec des baïonnettes, des couteaux ou à mains nues. Les Américains lancèrent six assauts avant de parvenir à chasser les Allemands du bois de Belleau le 26 juin.

Par la suite, les villages voisins de Vaux et Bouresches furent aussi conquis par les troupes américaines, tandis que les Allemands reculaient, occupant de nouvelles positions. **AG**

Pertes : Américains, 9 777 victimes ;
Allemands, 9 500 victimes dont 1 600 prisonniers

< *Offensive Kaiserschlacht 1918* | *Le Hamel 1918* >

Un marine américain vise l'ennemi durant la bataille du bois de Belleau.

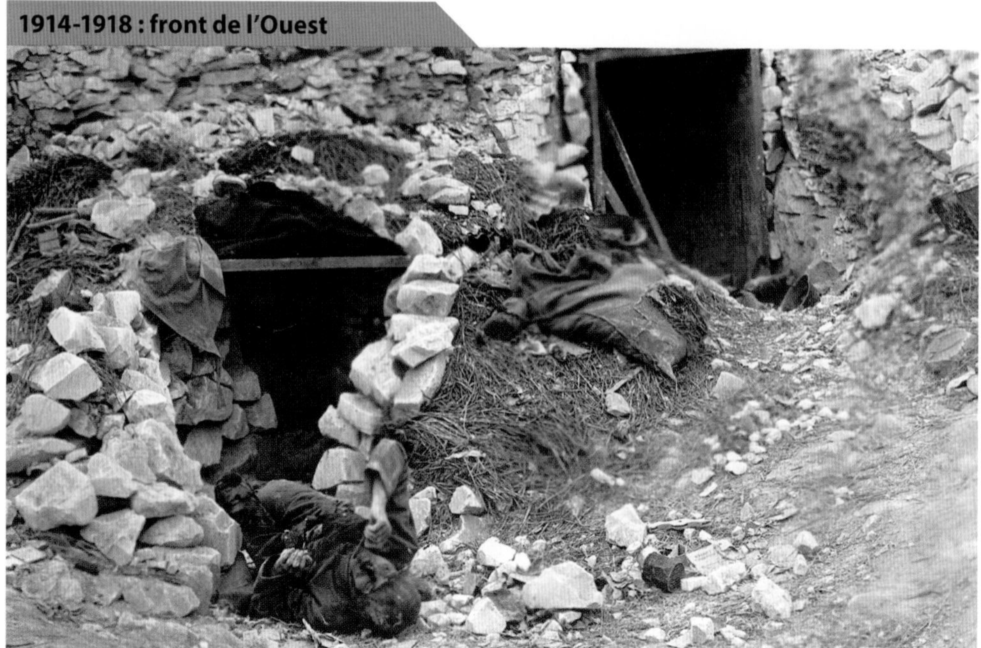

Le Hamel 4 juillet 1918

L'attaque contre les positions allemandes près du village du Hamel démontra les exceptionnelles qualités des troupes australiennes. L'assaut illustra aussi les progrès réalisés par les Alliés en associant l'infanterie, l'artillerie, les tanks et les forces aériennes pour obtenir une victoire avec un minimum de victimes.

L'attaque du Hamel fut menée par la 4ᵉ division australienne, dirigée par le lieutenant général John Monash. Des compagnies d'infanterie américaines étaient intégrées aux bataillons australiens. La planification de la bataille fut soigneusement réfléchie. Un bref bombardement d'artillerie devait précéder l'attaque, et les troupes devaient être protégées par un feu roulant sophistiqué. Les tanks Mark V les plus récents devaient être utilisés en renfort et assurer le ravitaillement de l'infanterie. Les avions de la Royal Air Force devaient attaquer les tranchées, mais aussi parachuter des munitions aux troupes qu'ils survolaient.

À 3 h 10 du matin, le 4 juillet, 600 canons britanniques et français commencèrent à bombarder l'ennemi, tandis que l'infanterie et les tanks progressaient sur le no man's land. Certaines troupes américaines souhaitaient si fort en découdre avec les Allemands qu'elles se précipitèrent au milieu du feu roulant et reçurent l'ordre de rester en arrière. Les Allemands, surpris, furent incapables d'opposer une véritable résistance.

En l'espace de 93 minutes, les Australiens s'emparèrent de leurs objectifs, modifiant la ligne de front allemande. Une fois en position, les troupes alliées furent bien ravitaillées, ce qui leur permit de repousser les contre-attaques allemandes, les avions de la RAF parachutant 100 000 batteries de munitions à destination des mitrailleurs australiens. **AG**

Pertes : Alliés, 1 300 victimes ; Allemands, 3 500 victimes dont 1 500 prisonniers

< *Bois de Belleau 1918* — *2ᵉ bataille de la Marne 1918* >

Un soldat allemand dans un abri au Hamel, après la bataille, le 4 juillet 1918.

Seconde bataille de la Marne 15 juillet - 6 août 1918

L'assaut allié, lors de l'offensive Kaiserschlacht des Allemands, modifia radicalement le cours des événements sur le front occidental. Comme les dernières attaques allemandes faiblissaient, cette offensive alliée marqua le début d'une série d'opérations qui allaient s'achever par la victoire finale de novembre 1918.

Tandis que les Alliés préparaient une offensive contre le saillant allemand sur la Marne, les Allemands les devancèrent en lançant eux aussi une offensive, le 15 juillet. L'attaque consistait à prendre en tenailles la ville de Reims, tenue par les Français. L'assaut allemand réussit en partie, les troupes parvenant à opérer des percées dans un certain nombre de zones de la Marne, mais il faiblit ensuite, du fait de l'offensive des Alliés, le 18 juillet.

Les troupes à disposition du commandant en chef, le général Ferdinand Foch, se composaient de 44 divisions françaises, de 8 (grandes) divisions américaines, de 4 divisions britanniques et de 2 divisions italiennes. La principale avancée fut effectuée par les 10e et 6e armées françaises à l'ouest, alors que la 9e armée française attaquait au sud et la 5e à l'est. Les Allemands, désormais en infériorité numérique, ne purent empêcher leur avance.

Redoutant un encerclement des troupes, le haut commandement allemand ordonna leur retraite générale le 20 juillet, et elles reculèrent vers une ligne fortifiée le long de l'Aisne et de la Vesle. Le général Foch, se conformant à la nouvelle vision stratégique alliée, ne poursuivit pas l'offensive, à laquelle il mit fin le 6 août.

À partir de cette date, l'armée allemande allait sans cesse s'interroger sur le prochain endroit où les Alliés frapperaient. **AG**

Pertes : Britanniques, 16 500 victimes ; Français, 95 000 victimes, Italiens, 9 300 victimes ; É-U, 12 000 victimes ; Allemands, 170 000 victimes dont 30 000 prisonniers

< *Le Hamel 1918* — *Château-Thierry 1918* >

↑ *Des prisonniers allemands sont emmenés sous la garde de soldats américains après l'offensive alliée.*

Château-Thierry 18 juillet 1918

La bataille de Château-Thierry révéla la confiance croissante accordée aux Américains au sein du commandement allié. Encadrant la division marocaine, la formation la plus décorée de l'armée française, deux divisions américaines délogèrent les Allemands de leurs positions retranchées.

La ville de Château-Thierry était le point le plus avancé du front allemand sur la Marne. Il s'agissait donc d'un secteur crucial lorsque les Alliés passèrent à l'offensive durant la seconde bataille de la Marne. Trois divisions devaient mener l'attaque contre la ville : la 2e division d'infanterie américaine, l'excellente division marocaine de l'armée française et la 1re division d'infanterie américaine. Leur objectif était de s'emparer de la crête au sud de la ville de Soissons et d'y créer un tremplin pour une offensive générale contre le saillant allemand.

L'attaque débuta à 4 h 35 le matin du 18 juillet, par un feu roulant bref mais intensif de l'artillerie alliée. La ligne de front allemande, très étirée, céda sous la pression. La 2e division américaine avança de 8 km durant le premier jour de la bataille et captura 3 000 hommes, mais déplora elle-même 4 000 victimes. La 1re division américaine souffrit davantage encore, avec 7 000 victimes en l'espace de quatre jours ; pendant cette période, elle progressa de 11 km environ, faisant 3 500 prisonniers et s'emparant de 68 canons. Ces deux divisions faisaient office de fer de lance de l'armée américaine, mais six autres divisions d'Américains participèrent aussi à la bataille au cours des jours suivants.

La forte volonté de combattre des Américains leur valut le respect de leurs adversaires et l'admiration de leurs alliés français, mais leur courage se solda par de nombreux morts et blessés au sein de leurs rangs. **AG**

Pertes : Américains, 11 000 victimes ;
Allemands, chiffre inconnu

< *2e bataille de la Marne 1918* *Amiens 1918* >

1914-1918 : front de l'Ouest

Amiens 8-12 août 1918

L'offensive du Commonwealth britannique contre les Allemands près d'Amiens fut la plus complète et la plus réussie de toute la guerre sur le front occidental. Elle eut un lourd impact sur le moral des Allemands : le général Erich Ludendorff décrivit le 8 août comme « le jour noir de l'armée allemande ».

Le 8 août, les Britanniques lancèrent une série d'offensives destinées à faire reculer les Allemands sur l'ancien champ de bataille de la Somme. Les Australiens, les Canadiens et le 3e corps de la 4e armée britannique, aux côtés de la 3e armée française, ouvrirent l'offensive près d'Amiens. Comme à Cambrai, leur succès initial fut assuré par des tirs de barrage, suivis d'un assaut par des tanks dissimulés par le brouillard. Les Canadiens et les Australiens enfoncèrent les lignes allemandes, et seuls les Britanniques se heurtèrent à de véritables difficultés.

À la fin de la première journée de combat, la 4e armée avait effectué une percée de 13 km dans les lignes de défense allemandes et capturé 15 000 hommes et 400 canons. Les Français (postés au sud des Britanniques) attaquèrent le 10 août et repoussèrent les Allemands, qui commençaient déjà à battre en retraite, au-delà de la voie ferrée passant par Montdidier, d'importance vitale. Le 12 août, un point d'arrêt fut mis à la bataille, afin de préparer une offensive ailleurs.

L'importance de cette bataille repose sur son impact sur le moral des Allemands. Pour la première fois durant la guerre, des divisions allemandes y battirent en retraite sans opposer leur résistance habituelle, et les renforts furent confrontés aux exactions des troupes qui se repliaient. Pour le général Ludendorff et le Kaiser, la défaite constitua un tournant psychologique, et ce dernier admit qu'il « fallait mettre fin à la guerre ». **AG**

Pertes : Britanniques et Commonwealth, 22 000 victimes ;
Allemands, 74 000 victimes dont 50 000 prisonniers

< *Château-Thierry 1918* *Saint-Mihiel 1918* >

1914-1918 : front de l'Ouest

Saint-Mihiel 12-16 septembre 1918

L'attaque des Alliés contre le saillant de Saint-Mihiel donna aux Américains l'occasion d'employer massivement leurs troupes sur le front occidental. Même si elle ne possédait pas l'habileté tactique des Français et des Britanniques, la 1re armée américaine fit preuve d'une grande détermination.

Le commandant en chef des Américains en France, le général John Pershing, s'était fréquemment opposé aux tentatives d'utiliser ses troupes de manière fragmentaire pour soutenir les opérations françaises et britanniques, préférant les maintenir sous la forme d'une armée à part entière. L'attaque du saillant de Saint-Mihiel, le 12 septembre, donna l'occasion à la 1re armée américaine de combattre pour la première fois. La partie de l'offensive menée par les Américains fut dirigée par deux corps d'élite, comprenant chacun trois divisions d'attaque et une division de réserve. Deux corps français moins importants devaient apporter leur soutien à l'ouest du saillant.

Le général Erich Ludendorff, désormais à court d'hommes et au courant de l'offensive alliée à venir, avait décidé de se retirer du saillant vers l'arrière, sur une ligne moins longue et plus facile à défendre. Tandis que les Allemands se retiraient, les Alliés attaquèrent. Une grande partie de leur artillerie étant mal placée, les Allemands étaient peu aptes à sauvegarder leur ligne de front, un avantage que les Américains furent prompts à exploiter. La relative facilité de la première attaque des Américains surprit Pershing, qui envoya des ordres à ses commandants pour qu'ils accélèrent leur avance. Le 13 septembre, des unités placées en tête de la 1re armée américaine croisèrent les troupes alliées venant de l'ouest. Trois jours plus tard, l'offensive s'arrêta, le saillant ayant été repris par les Alliés. Pershing expédia alors ses troupes vers l'ouest pour qu'elles participent à la future offensive Meuse-Argonne. **AG**

Pertes : Américains, 7 000 victimes ; Allemands, au moins 17 500

‹ *Amiens 1918* *Meuse-Argonne 1918* ›

1914-1918 : campagne de Palestine

Megiddo 19 septembre - 1er octobre 1918

Au plus fort de son offensive destinée à écraser l'armée turque en Palestine, l'attaque du général Edmund Allenby fut un excellent exemple d'une « bataille toutes armes confondues » ; l'assaut associa l'artillerie, l'infanterie, la cavalerie et les forces aériennes, qui assurèrent la victoire.

Au cœur de l'année 1918, l'armée turque était mal nourrie, mal vêtue et mal ravitaillée ; maladies et désertions se multipliaient. Pour mener son premier assaut, Allenby employa 35 000 hommes, 9000 cavaliers et 383 pièces d'artillerie contre les Turcs, défendus par 8000 hommes et 130 pièces d'artillerie. Tous les mouvements des troupes furent entrepris de nuit, des camps furent installés dans la vallée du Jourdain pour faire diversion et la RAF attaqua tous les avions de reconnaissance ennemis.

Le 19 septembre, l'infanterie du 21e corps et la cavalerie des troupes du désert percèrent les lignes turques. Vers midi, les Turcs opérèrent une retraite générale, qui se transforma en déroute lorsque la RAF bombarda et mitrailla le gros des troupes. Le succès fut complet, au point qu'après le 21 septembre les hommes d'Allenby ne furent plus confrontés à de gros combats d'infanterie. Une course débuta ensuite entre la cavalerie d'Allenby et les Arabes dirigés par Fayçal et Lawrence pour gagner Damas. Tous atteignirent la ville le 1er octobre, mais Lawrence arriva après la 3e brigade de cavalerie légère australienne. En 38 jours, les troupes d'Allenby progressèrent de 565 km et semèrent le désordre parmi les troupes turques de Palestine. Le succès fut dû en grande partie à l'avance rapide de la cavalerie et à la puissance des avions. Meggido constitua un tournant dans l'histoire en tant que dernière grande victoire de la cavalerie et premier exemple d'un usage décisif de la force aérienne. **AW**

Pertes : Britanniques et Commonwealth, 5 666 victimes ; Turcs, 8 000 victimes plus 75 000 prisonniers

‹ *Jérusalem 1917*

Meuse-Argonne 26 septembre - 11 novembre 1918

La bataille de Meuse-Argonne fut la plus grande et la plus rude bataille livrée par les Américains durant la Première Guerre mondiale. Elle montra leur manque d'expérience face aux Allemands, combattants invétérés.

Après sa victoire à Saint-Mihiel, la 1re armée américaine se redéploya pour rejoindre la 4e armée française qui traversait la forêt d'Argonne pour s'emparer de la gare ferroviaire vitale de Sedan. Cette attaque faisait partie d'une série d'offensives alliées sur le front occidental, dont l'objectif principal était de briser la ligne Hindenburg plus au nord. Les Américains du général John Pershing eurent très peu de temps pour préparer la bataille à venir, qui débuta par un assaut sur un front de 27 km à l'est de la forêt d'Argonne le 26 septembre. Au début, les Américains rencontrèrent peu de résistance dans les tranchées du front, qui comptaient peu de défenseurs, les Allemands faisant appel à une défense élastique consistant à tenir les troupes loin du front pour les préserver du barrage de l'ennemi et les préparer à riposter. La 1re armée rencontra également des problèmes en raison de la rapidité des mouvements à Saint-Mihiel – l'état-major n'ayant pas prévu de redéployer aussi vite de grandes troupes.

L'avance rapide des Américains fut brutalement stoppée lorsque ceux-ci se heurtèrent à la seconde ligne des Allemands, bien préparés. Le haut commandement américain perdit le contrôle de plusieurs unités, tandis que les contre-attaques allemandes contraignirent les Américains à se retirer dans de nombreuses zones. La ligne finit par se stabiliser et l'offensive reprit le 4 octobre. Les Allemands se retirèrent sur de nouvelles lignes défensives vers le 10. La bataille s'arrêta ensuite, donnant à Pershing l'occasion de réorganiser ses troupes le

Un énorme canon de 14 pouces monté sur des rails, tirant des obus de 540 kg environ, fut utilisé durant l'offensive Meuse-Argonne. ↓

12 octobre. Le commandement de la 1re armée fut ensuite confié au lieutenant général Hunter Liggett, tandis qu'une nouvelle 2e armée fut mise en place sous le commandement du lieutenant général Robert L. Bullard. Pershing devint alors le commandant des deux armées. Deux jours plus tard, l'offensive reprit. L'avancée fut lente et les pertes américaines furent élevées. Liggett décida de mettre fin à l'offensive afin que ses troupes puissent récupérer.

Le 1er novembre, celles-ci étant reposées et ayant été ravitaillées, il reprit l'offensive. Modifiant le plan de Pershing qui souhaitait mener un assaut frontal contre le bois de Bourgogne, bien défendu, Liggett incita ses troupes à déborder la position allemande avec la 4e armée française. La tactique fonctionna : les Américains franchirent les lignes allemandes et commencèrent à repousser l'ennemi vers Sedan assez rapidement. Pour la première fois au cours de cette bataille, les Américains avançaient plus vite que les Français, qui étaient sur leur gauche. L'organisation de l'état-major, nettement améliorée, permit de continuer à progresser sans prendre de retard, empêchant les Allemands de se ressaisir et se regrouper. Pershing avait ordonné à ses troupes de prendre Sedan, mais Liggett fit preuve d'un esprit chevaleresque en se retirant, laissant les Français reprendre la ville afin de laver en partie l'humiliation de 1870.

Le théoricien et historien militaire britannique Basil Liddell-Hart considéra la contribution américaine à la bataille comme « la preuve que l'armée américaine pouvait bénéficier d'un commandement et d'un état-major dignes des sacrifices héroïques des troupes ». **AG**

Pertes : Américains, 117 000 victimes ; Français, 70 000 victimes ; Allemands, 120 000 victimes

< *Saint-Mihiel 1918* — *Canal du Nord 1918* >

Canal du Nord

27 septembre 1918

Le canal du Nord était l'une des positions les plus solides de la ligne Hindenburg allemande sur le front occidental, mais une excellente planification et la détermination des soldats de Grande-Bretagne et du Commonwealth aboutirent à une victoire qui ouvrit la voie au succès final dans la guerre.

Après une série de défaites face aux Alliés en août et septembre 1918, le général Erich Ludendorff ordonna à ses troupes de se retirer derrière l'ancienne ligne Hindenburg, la ligne de défense la plus solide – mais aussi la dernière – dont disposait encore l'armée allemande. En 1918, la ligne Hindenburg, déjà impressionnante, avait encore été améliorée, avec des zones clés composées de fortifications qui s'étendaient vers l'arrière jusqu'à 16 km du front. Le canal du Nord, proche de l'ancien champ de bataille de Cambrai, était l'une de ces zones. Le canal était en grande partie asséchée, mais restait un formidable obstacle.

Les divisions de la 3e et de la 1re armée des Alliés étaient réunies pour attaquer ; les troupes d'assaut étaient composées de formations britanniques, canadiennes et néo-zélandaises. La principale avancée fut précédée d'un bombardement réparti sur une ligne de 48 km afin que les Allemands ne puissent localiser précisément le point d'attaque. Les Canadiens précédaient les troupes, et, sur un front étroit, parvinrent à traverser le canal et à réaliser une percée dans la ligne Hindenburg.

D'autres divisions purent s'engouffrer dans cette brèche. Combattant sur l'ancien champ de la bataille de Cambrai de 1917, l'armée britannique réalisa même l'exploit de parcourir près de 10 km en capturant 10 000 prisonniers et en s'emparant de 200 pièces d'artillerie. Le canal du Nord étaient désormais aux mains des Alliés. Il restait maintenant à conquérir la position du canal Saint-Quentin. **AG**

Pertes : chiffres inconnus

< *Meuse-Argonne 1918* *Canal Saint-Quentin 1918* >

1914-1918 : front de l'Ouest

Canal Saint-Quentin

29 septembre - 10 octobre 1918

Le point culminant de l'offensive alliée sur le front occidental fut atteint fin septembre, lors de l'assaut mené par les Britanniques contre la position Siegfried (Siegfried Stellung). Lorsque celle-ci fut prise, le haut commandement allemand n'avait guère d'autre choix que de demander la paix.

L'élément principal de la position Siegfried était le pont enjambant le canal Saint-Quentin dans le village de Bellenglise. La prise du pont était l'objectif de la 4e armée britannique, dont les troupes d'assaut étaient composées de formations britanniques et australiennes et de deux divisions de l'armée américaine. Le haut commandement britannique confia aux Américains la préparation de l'attaque principale, qui devait être menée par les Australiens, très expérimentés.

Le passage du canal à Bellenglise par la 46e division britannique (North Midland) fut spectaculaire : le canal, aux rives escarpées, fut traversé malgré le feu des mitrailleuses et de l'artillerie ennemies. Le soir du 2 octobre, la division avait perdu 800 hommes, mais capturé 4 200 ennemis. Le fait qu'une division de combat « ordinaire » remporte une telle victoire prouvait la transformation des tactiques de guerre sur le front occidental à l'automne 1918 – l'heure de gloire de l'armée britannique.

Au-delà du canal se trouvait la ligne Beaurevoir, troisième et dernière ligne des défenses Hindenburg, qui causa un certain nombre de difficultés aux troupes anglo-australiennes, jusqu'à sa conquête, le 10 octobre. Ce fut le début de la fin pour l'armée allemande, dont les commandants conclurent qu'ils devaient contacter immédiatement le président américain Woodrow Wilson pour conclure un armistice. **AG**

Pertes : chiffres inconnus

< *Canal du Nord 1918*

Soldats britanniques amassés sur une rive du canal Saint-Quentin après sa reconquête. 

1914-1918 : front italien

Vittorio Veneto 24 oct.-4 nov. 1918

Dernière offensive menée sur le front italien au cours de la Première Guerre mondiale, cet assaut des Italiens coïncida avec l'effondrement politique interne de l'empire multinational des Habsbourg. La défaite de l'armée austro-hongroise modifia la carte politique de l'Europe centrale.

Soumis à des pressions politiques afin d'agir avant que les Austro-Hongrois ne concluent des modalités d'armistice avec le président Woodrow Wilson, le commandant en chef de l'armée italienne, le général Armando Diaz, lança une offensive majeure au-delà du Piave, vers le nord, contre la position fortifiée du Monte Grappa. Le Piave étant en crue, Diaz attaqua d'abord le Monte Grappa le 24 octobre. Trois jours de combats intensifs ne donnèrent guère de résultats face à une défense acharnée.

Parvenant à franchir le Piave le 26, Diaz entreprit la seconde phase de l'opération. Le 29, la ligne austro-hongroise installée le long du fleuve commença à céder. L'effondrement de ses défenses coïncida avec les déclarations d'indépendance du gouvernement tchécoslovaque provisoire à Prague et avec la dissolution par les Hongrois de leur union avec l'Autriche.

À court de matériel, de vivres et d'hommes, l'armée austro-hongroise ne constituait plus une troupe cohérente. Certaines unités abandonnèrent leur position. Dès le 30 octobre, l'avance italienne fut ralentie uniquement par le nombre croissant de prisonniers capturés. Le 3 novembre, un armistice fut signé qui prit effet le 4. Le commandement austro-hongrois ordonna à ses hommes de cesser les hostilités après cette signature, mais les Italiens continuèrent de progresser, capturant davantage de prisonniers et atteignant la rive de l'Isonzo sans encombre. **AW**

Pertes : Italiens, 40 000 victimes ; Austro-Hongrois, 35 000 victimes et 430 000 prisonniers

⟨ *Caporetto 1917*

Guerre civile russe

Petrograd 3-24 octobre 1919

Le gouvernement bolchevique mis en place par Lénine en Russie en novembre 1917 fut attaqué à la fois par ses adversaires au sein du pays et par des troupes étrangères. Toutefois, il contrôlait les principaux centres du gouvernement, de l'industrie et la population.

Durant la guerre civile russe, les bolcheviques baptisèrent leurs ennemis « Blancs », ce qui sous-entendait, à tort, que tous souhaitaient restaurer le régime autocratique. Le commandant des Blancs au nord-ouest, le général Nikolai Yudenich, avait l'intention de marcher sur Petrograd, tandis que d'autres troupes menaçaient Moscou depuis le sud et l'est. Les troupes de Yudenich étaient restreintes, et son unique option consistait à obtenir le soutien de la Finlande et de l'Estonie, indépendantes depuis peu. Cependant, il ne souhaitait pas reconnaître leur indépendance et dut mener seul sa campagne.

Yudenich dut faire face à une armée rouge beaucoup plus importante que la sienne, mais la première manquait d'organisation et d'entraînement. Face à des troupes plus expérimentées, la 5e armée rouge s'effondra et abandonna son matériel. La ville semblait prête à tomber. Trotski arriva à Petrograd pour prendre le commandement, constatant que la population était prête à se rendre et que ses troupes étaient plongées dans la confusion. Il affirma qu'il avait mis fin à la retraite de l'armée et incité les citoyens à bâtir trois lignes de défense à l'intérieur et à l'extérieur de la ville, mais il est probable que les officiers qui avaient débuté leur carrière dans l'armée impériale songèrent à celle-ci en participant à l'organisation d'une défense efficace. Les troupes de Yudenich furent arrêtées par la ligne Pulkovo, bien conçue. Le lendemain, une contre-offensive préserva Petrograd et entraîna le départ de Yudenich de la Russie. **JS**

Pertes : chiffres inconnus

Varsovie 1920 ⟩

Une affiche de Nikolai Kochergin annonce : « L'ennemi est à nos portes ! Que tous se lèvent pour défendre Petrograd ! » 

ВРАГ У ВОРОТ!!!

ВСЕ НА ЗАЩИТУ ПЕТРОГРАДА

Varsovie 12-25 août 1920

Dans une guerre qui opposa la ferveur révolutionnaire bolchevique au nationalisme polonais, les bolcheviques russes subirent une humiliante défaite. La grande victoire des Polonais face à l'armée rouge près de Varsovie permit de préserver l'indépendance de la Pologne.

En 1920, les bolcheviques étaient sortis vainqueurs de la guerre civile russe, mais les frontières de l'État qu'ils gouvernaient étaient encore menacées. Les Polonais, affirmant leur récente indépendance, souhaitent intégrer la Biélorussie et l'Ukraine à l'est, ce qui entraîna des confrontations avec l'armée rouge, qui voulait étendre le régime bolchevique à l'ouest. Enthousiasmé par quelques victoires face aux troupes polonaises, Lénine conçut un projet discutable : exporter la révolution grâce aux baïonnettes de l'armée rouge. Cette dernière envahirait la Pologne, et, à l'approche de Varsovie, les communistes polonais mèneraient la classe ouvrière à la révolution et accueilleraient les soldats de l'armée rouge comme des libérateurs – un schéma qu'il faudrait ensuite répéter en Allemagne et au-delà. En vain, les Polonais avertirent Lénine que cette invasion des Russes unirait toutes les classes polonaises contre la Russie, leur oppresseur historique.

Le très redouté directeur de la Tcheka (police secrète bolchevique), d'origine polonaise, Félix Dzerjinski, fut placé à la tête d'un comité révolutionnaire polonais qui devait soutenir l'armée rouge et former un nouveau gouvernement. Lénine avait une confiance absolue dans sa réussite. Au début, tout se déroula bien, et en six semaines l'armée rouge parvint aux portes de Varsovie. Mais conformément à la mise en garde des communistes polonais, toutes les classes s'unirent, et il n'y eut aucun soulèvement dans la ville. Également commandant de l'armée polonaise, Józef Pilsudski conçut un projet de riposte audacieux, voire téméraire. L'armée polonaise devait se poster devant la ville pour la défendre, et lorsque l'armée rouge serait tout à fait engagée dans la bataille, les meilleures unités polonaises lanceraient une attaque latérale depuis le sud, couperaient les lignes de communication bolcheviques et encercleraient une grande partie de l'armée rouge. Certains généraux polonais étaient très inquiets face aux risques encourus, mais la situation désespérée ne semblait laisser aucune autre possibilité.

Lorsque l'armée rouge lança ce qui paraissait être l'assaut final contre Varsovie, Pilsudski préparait sa contre-offensive depuis 24 heures déjà, et certaines unités n'étaient pas encore en position car il craignait que Varsovie ne tombe s'il tardait. L'armée rouge combattit jusqu'au village d'Izabelin, à 13 km de la ville, mais l'offensive polonaise fonctionna au-delà des espérances les plus folles. S'engouffrant à travers une percée des lignes bolcheviques, les Polonais avancèrent rapidement, ne rencontrant que peu d'opposition. Au sein de l'armée rouge, un chaos total régnait : les commandants perdaient le contrôle de leurs unités, certaines divisions poursuivant leur avance vers Varsovie, d'autres s'enfuyant. Trois armées se désintégrèrent, et des milliers de soldats s'enfuirent vers l'est de la Prusse, où ils furent internés. Au cours d'un affrontement durant lequel les lanciers polonais chargèrent et débordèrent la cavalerie bolchevique, la 1re armée de cavalerie, piégée à Zamosc, fut mise en déroute.

La 4e armée se rendit après avoir été encerclée. Le maréchal Mikhaïl Toukhatchevski tenta de faire replier ses troupes, mais la situation était inextricable. D'autres affrontements suivirent, mais la Pologne avait vaincu. Lénine fut contraint d'accepter les termes d'une paix qui restituait une grande étendue de territoire dont la population n'était absolument pas polonaise et que l'armée rouge reviendrait revendiquer en 1939. **JS**

Pertes : Soviétiques, chiffres incertains, mais sans doute 50 000 morts ou blessés, 66 000 prisonniers et près de 40 000 internés en Allemagne ; Polonais, jusqu'à 5 000 morts et 22 000 blessés

⟨ *Petrograd 1919*

La légion féminine polonaise participa à la défense acharnée et réussie de Varsovie. ➔

Membres d'un détachement berbère, dans les montagnes durant la guerre du Rif.

Anoual 22 juillet - 9 août 1921

La victoire du chef berbère Abd el-Krim contre les troupes espagnoles dans la région du Rif, au nord du Maroc, constitua l'une des pires défaites militaires de l'Espagne, sans doute à l'origine de l'instauration de la dictature militaire du général Primo de Rivera en 1923.

Au début du XXe siècle, la France et l'Espagne se partagèrent le Maroc. La région montagneuse du Rif tomba dans la « sphère d'influence » espagnole, mais en réalité, l'Espagne ne contrôlait que les enclaves de Ceuta et de Melilla. Lorsqu'elle tenta d'étendre son influence sur le Rif, Abd el-Krim organisa la résistance des tribus berbères. En 1921, le général Manuel Silvestre conduisit une armée de conscrits espagnols vers l'intérieur des terres marocaines, installant des garnisons dans une série d'avant-postes qui dépendaient des lignes de communication vers la côte. Les Berbères commencèrent à s'en prendre à ces avant-postes et à massacrer leur garnison.

Le général Silvestre se trouvait à Anoual, avec 18000 hommes, lorsqu'il fut assiégé vers la mi-juillet. Bientôt, n'ayant plus ni eau, ni nourriture, les Espagnols effectuèrent une retraite qui se transforma en déroute. Silvestre fut tué, ainsi que la majorité de ses hommes. Les soldats espagnols d'autres avant-postes fuirent vers la côte, harcelés par les irréguliers d'Abd el-Krim. Le général Felipe Navarro fut envoyé de Melilla pour organiser une résistance au fort de Monte Arruit, mais il fut encerclé et contraint de se rendre le 9 août. En septembre, Abd el-Krim déclara l'indépendance de la république du Rif. **RG**

Pertes : Berbères, pas de chiffres fiables ;
Espagnols, 13 000 morts, blessés ou prisonniers sur 20 000

Alhucemas 1925 ›

La Sakarya 23 août - 13 septembre 1921

Mustafa Kemal, le héros de la bataille de Gallipoli, parvint à arrêter l'offensive grecque contre l'Anatolie, préservant son projet de fonder une République turque et contrant les ambitions des nationalistes grecs, désireux de créer une « Grèce plus vaste ».

L'effondrement de l'Empire ottoman en 1918 fut suivi d'une révolution nationale en Turquie, menée par Mustafa Kemal. Or la Grande-Bretagne et la France soutenaient les ambitions grecques, consistant à s'emparer d'une grande partie de l'Anatolie. Confronté à une invasion grecque, Kemal choisit de prendre position sur la rivière Sakarya.

Les deux armées étaient épuisées, mais les Turcs combattaient pour leur patrie et avaient donc meilleur moral. Kemal menait une bataille défensive, ordonnant que chaque unité repoussée de sa position crée une nouvelle position aussi proche de l'ennemi que possible – les unités voisines ne devant les imiter que si nécessaire. Cela se révéla extrêmement frustrant pour les Grecs, qui ne purent tirer parti de leurs victoires locales. Il s'ensuivit une difficile guerre d'usure qui aboutit à de lourdes pertes dans les deux camps. Enfin, Kemal organisa une impitoyable contre-attaque avec une troupe de réserve de 5 000 hommes, qui surprit ses adversaires.

Épuisés, les Grecs se retirèrent vers la côte ; les Turcs, trop las, les laissèrent filer. Les Français signèrent un accord de paix secret avec Kemal, tandis que Rome et Moscou acceptèrent de lui fournir des armes. Les Turcs se trouvèrent en meilleure position à la reprise des combats. **JS**

Pertes : Grecs, près de 23 000 morts ou blessés ;
Turcs, 12 000-38 000 morts, blessés ou disparus

Dumlupinar 1922 >

Guerre civile irlandaise

Four Courts 28-30 juin 1922

En décembre 1921, les nationalistes irlandais signèrent un traité avec le gouvernement britannique pour mettre fin à une guerre d'indépendance de deux ans. Mais une partie de l'IRA rejeta le traité, déclenchant une guerre civile qui débuta par le siège des Four Courts, en juin 1922.

Michael Collins, célèbre commandant de l'IRA durant la guerre d'indépendance, négocia le traité anglo-irlandais et devint le président du gouvernement provisoire de l'État libre d'Irlande en 1922. En avril, la fraction de l'IRA opposée au traité occupa le bâtiment des Four Courts à Dublin, le transformant en une forteresse entourée de barbelés, de mines et de barricades.

Collins subissait de plus en plus de pressions pour se débarrasser des opposants au traité de la part des Britanniques. Il dut accepter un prêt de l'artillerie britannique et fit disposer des canons de campagne face aux Four Courts. L'IRA refusant de quitter le bâtiment, celui-ci fut bombardé le 28 juin. Les irréguliers opposés au traité étaient équipés de fusils et de mitrailleuses, ainsi que d'un véhicule blindé. Les troupes de l'État libre envahirent le bâtiment le 30 juin, s'engouffrant par des brèches, et subirent d'importes pertes. Le combat se poursuivit à l'intérieur des Four Courts, quand une puissante explosion de munitions stockées dans le bureau des archives ébranla l'aile ouest de l'édifice. Quelques heures plus tard, la garnison opposée au traité se rendit. D'autres combats eurent lieu dans les rues de Dublin la semaine suivante, jusqu'à ce que la ville soit sécurisée et entre les mains de l'État libre.

Cette bataille eut des conséquences majeures. La guerre civile d'une année qui s'ensuivit (dont l'État libre sortit vainqueur) coûta des milliers de vie, dont celle de Michael Collins, et laissa des séquelles durables. **RG**

Pertes : irréguliers anti-traité, 172 prisonniers sur 200 ; État libre, 3 morts et 50 blessés sur 4 000

< *Insurrection de Pâques 1916*

Guerre gréco-turque

Dumlupinar 26-30 août 1922

La dernière bataille gréco-turque finit par l'écrasante victoire des Turcs. L'incendie qui s'ensuivit à Smyrne (actuel Izmir) marqua la fin de la présence grecque en Anatolie, qui remontait à des millénaires. Le commandant des Turcs, Mustafa Kemal, fut salué comme le plus grand héros du pays.

Après la bataille de la Sakarya, Kemal consacra une année à rééquiper, à réorganiser et à étoffer son armée. Les Grecs retirèrent leurs troupes de l'Anatolie à la Thrace pour préparer une offensive contre Istanbul (ancienne Constantinople) qui n'eut jamais lieu. Occupant une ligne défensive apparemment sûre de 400 km près de Smyrne, le long d'un terrain vallonné favorable à une tactique défensive, les Grecs attendaient la suite des événements.

Or l'attaque turque, lorsqu'elle survint, les surprit. Un tir de barrage extrêmement précis et efficace qui mit hors d'usage l'artillerie grecque fut suivi d'un assaut de l'infanterie. En 24 heures, les Turcs avaient pris la position d'Erkmentepe (une montagne). Une percée avait eu lieu dans les lignes grecques et la cavalerie turque s'y était engouffrée. Bientôt, les troupes grecques furent scindées en deux et leurs communications coupées. Le 1er corps des Grecs se replia vers Dumlupinar, mais la ville se retrouva encerclée, prise en tenailles par les Turcs. Un quart des troupes grecques se rendit alors. Le 2e corps grec se retira en désordre. Les Grecs, paniqués, s'enfuirent, abandonnant leur équipement et incendiant des villages derrière eux.

Pendant que Smyrne brûlait, les navires de guerre occidentaux présents dans le port ne firent aucun geste pour aider les réfugiés ou éteindre les incendies. La plupart des Grecs s'échappèrent, mais les mouvements de population prévus dans les termes de la paix ne leur permirent pas de revenir. **JS**

Pertes : Turcs, moins de 12 000 morts ou blessés ; Grecs, plus de 29 000 morts ou blessés, 50 000 prisonniers

< *La Sakarya 1921*

Guerre du Rif

Alhucemas 8-30 septembre 1925

L'offensive espagnole contre la république du Rif d'Abd el-Krim à Alhucemas (Alhoceima) fut une réussite en matière de guerre amphibie. Le colonel Francisco Franco y joua un rôle primordial; elle marqua par ailleurs un tournant dans la guerre du Rif, restaurant la fierté des Espagnols.

En 1925, Abd el-Krim n'était pas seulement en guerre contre l'Espagne, mais aussi contre la France, qui craignait que son propre territoire marocain ne soit menacé. Les Espagnols et les Français organisèrent donc des offensives coordonnées. Le maréchal Pétain devait diriger une invasion depuis le Maroc français, tandis que l'armée espagnole d'Afrique fit débarquer des troupes sur la côte près de la capitale du Rif, Ajdir.

Le 8 septembre, les navires de guerre espagnols et français bombardèrent les plages du débarquement, qui furent aussi mitraillées et bombardées depuis les airs. Les troupes espagnoles furent débarquées à l'aide de barges tirées par des remorqueurs et essuyèrent les tirs de l'artillerie rifaine. La présence de bancs de sable les contraignit à gagner la rive à pied, en laissant leur équipement lourd derrière elles. Cependant, après de rudes combats, elles établirent une tête de pont, perdant à cette occasion 124 hommes. L'armée du Rif se livra à de violentes contre-attaques, mais celle-ci furent repoussées grâce à la précision de l'artillerie navale. Le 20 septembre, les Espagnols avaient 15000 hommes à terre. La bataille la plus rude eut lieu deux jours plus tard, avec un assaut contre les troupes du Rif retranchées sur le mont Malmusi. Près de 700 soldats espagnols furent tués avant que la zone ne soit prise. Peu de défenseurs survécurent. Ajdir tomba début octobre. Abd el-Krim combattit jusqu'en mai 1926, date à laquelle il se rendit aux Français et s'exila définitivement. **RG**

Pertes : républicains du Rif, pas de chiffres fiables ; Espagnols, 1 000 morts sur 15 000

[<] *Anoual 1921* *Tolède 1936* [>]

Guerre civile chinoise

Longtan 25-30 avril 1927

Tchang Kaï-chek, le dirigeant du parti nationaliste chinois (Kuomintang), luttait pour unir la Chine, mais se heurta à l'opposition de puissants seigneurs de guerre. Sa victoire contre celui du nord Sun Chuangfang à Longtan plaça théoriquement tout le territoire chinois sous la domination du Kuomintang.

L'avancée de Tchang Kaï-chek vers le nord de la Chine pour en prendre le contrôle fut baptisée « expédition du Nord ». Au cours de sa campagne, sentant que les alliés des communistes devenaient puissants, Tchang les attaqua, ses troupes se livrant au massacre des communistes à Shanghai le 12 avril. Cela permit à l'armée du Nord de Sun Chuangfang de frapper, en s'emparant de Longtan et en menaçant Nankin.

Les troupes du Kuomintang opposèrent une résistance farouche, tenant la position essentielle qu'était le mont Wulongshan assez longtemps pour permettre l'arrivée de renforts. Elles furent bientôt à même d'attaquer la position du mont Qixiashan, tout aussi importante, réputée être défendue par l'artillerie des navires de guerre britanniques destinés à soutenir les troupes de Sun Chuangfang. Ce dernier contre-attaqua et reprit Qixiashan deux fois mais ne put conserver sa position. Dans la ville de Longtan, Sun Chuangfang dirigea la bataille, longue et amère. La ville changea de mains deux fois avant que six divisions du Kuomintang interviennent et que les troupes de Sun Chuangfang soient finalement repoussées.

Le seigneur de guerre s'enfuit sur le Yangzi Jiang à bord d'un petit bateau. Le gros de ses troupes fut moins favorisé, et se rendit. En 1928, Tchang Kaï-chek fut largement reconnu comme le seul souverain légitime de la Chine, mais ses conflits avec le Parti communiste chinois menèrent à une guerre civile. **JS**

Pertes : Nord, 8 000 morts ou blessés, 40 000 prisonniers sur 60 000-70 000 ; Kuomintang, chiffres inconnus

[<] *Pékin 1900* *Incident de Mukden 1931* [>]

Incident de Mukden 18 septembre 1931

Acte d'agression des troupes japonaises contre la Chine, cet incident non fortuit eut lieu sans l'autorisation du gouvernement japonais. Il conduisit à l'isolement international du Japon et est considéré comme un des événements ayant contribué au déclenchement de la Seconde Guerre mondiale.

Le Japon convoitait depuis longtemps la Mandchourie, une région en théorie indépendante de la Chine et dotée de précieuses ressources minérales et agricoles, car sa propre économie avait beaucoup souffert de la crise de 1929. Toutefois, la montée du nationalisme chinois paraissait menacer ses intérêts. Afin de trouver un prétexte pour limiter l'influence de la Chine, le lieutenant Suemori Komoto de l'armée japonaise présente au Guangdong enterra 42 paquets de nitrocellulose le long de la voie ferrée du sud de la Mandchourie contrôlée par le Japon. L'explosion fit peu de dégâts ; le premier train venu passa même sans s'arrêter. Mais l'armée du Guangdong affirma que l'acte était dû à des bandits chinois, et qu'elle devait rétablir l'ordre. Elle attaqua la ville de Mukden, dispersa sa garnison, plus nombreuse mais peu entraînée, et pilla les demeures de personnages officiels du gouvernement.

En l'espace de cinq mois, les Japonais occupèrent toute la Mandchourie. Ils ne se heurtèrent qu'à une résistance sporadique : les troupes, peu armées, n'étaient pas à la hauteur. Le dirigeant chinois Tchang Kaï-chek préféra laisser la communauté internationale s'occuper du Japon et n'opposa pas de résistance, mais les Chinois furent révoltés et boycottèrent les produits japonais, ce qui eut une forte incidence. Ils firent pression pour qu'une résistance soit opposée aux Japonais. Si la Société des Nations n'intervint pas, elle condamna l'occupation japonaise, et peu reconnaîtraient l'État fantoche de Mandchoukouo. Le Japon, semble-t-il, tira peu de bénéfices de cet événement. **JS**

Pertes : chiffres inconnus

< *Longtan 1927* *Guerre de Shanghai 1932* >

Troupes japonaises marchant sur la Mandchourie sous prétexte de rétablir l'ordre. ↑

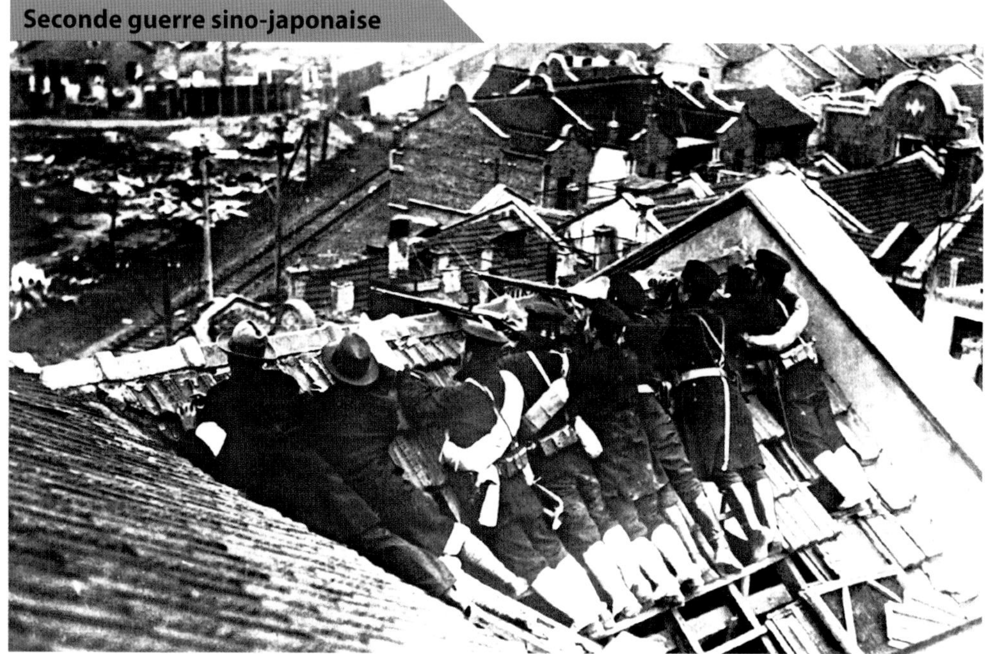

Guerre de Shanghai 28 janvier - 3 mars 1932

Après l'incident de Mukden, une offensive japonaise contre la ville portuaire de Shanghai accrut la pression exercée sur le gouvernement nationaliste chinois. Le Japon l'emporta, mais la vive résistance chinoise surprit désagréablement les agresseurs japonais.

Alarmés par la haine croissante envers les Japonais en Chine, et soucieux de faire oublier la Mandchourie, les militaires japonais provoquèrent de nouveau un affrontement, cette fois en déclenchant des émeutes à Shanghai.

Lorsque les troupes japonaises entrèrent à Shanghai, le leader nationaliste chinois Tchang Kaï-chek décida de défendre son port, d'importance vitale. Les deux parties y expédièrent des renforts et les combats s'intensifièrent. Les quartiers des classes ouvrières, foyers du nationalisme, furent la cible de lourds bombardements aériens et navals de la part des Japonais. La ville était le théâtre de combats de rue brutaux et les véhicules japonais étaient visés par des tireurs embusqués dans les rues étroites. Hors de la ville, Tchang Kaï-chek fit appel à certaines de ses meilleures troupes, qui accomplirent des exploits – une brigade aurait ainsi effectué cinq charges à la baïonnette en une heure. Lorsque les Japonais percèrent les lignes chinoises, ils furent repoussés par des contre-attaques héroïques et sanglantes, mais leur supériorité aérienne et leur puissance de feu leur permirent de l'emporter.

Un cessez-le-feu humiliant pour la Chine fut signé : ses militaires devaient se retirer de Shanghai et de quelques autres villes côtières, dont le maintien de l'ordre allait être assuré par les Japonais. Cependant, les Japonais hésitèrent encore cinq ans avant de se risquer à un nouveau conflit avec la Chine. **JS**

Pertes : Japonais, 385-800 morts, 2 000-4 000 blessés sur 47 000-100 000 ; Chinois, 4 000-6 000 morts, 10 000-11 000 blessés sur 50 000-63 000, jusqu'à 20 000 civils tués

‹ *Incident de Mukden 1931* *Pont Marco Polo 1937* ›

↑ *Des soldats japonais tentent de repérer des tireurs embusqués chinois depuis un toit de Shanghai.*

Guerre du Chaco

Nanawa 20-30 janvier 1933

De 1932 à 1935, les États sud-américains enclavés du Paraguay et de la Bolivie se disputèrent le contrôle de la région aride du Gran Chaco, en une guerre qui coûta 90 000 vies. La défense réussie de la place forte de Nanawa par le Paraguay constitua une étape importante vers la victoire du pays.

Des escarmouches entre les troupes boliviennes et paraguayennes survinrent dès les années 1920 dans le Gran Chaco, région peu peuplée. Lorsqu'une guerre à grande échelle éclata, l'été 1932, les deux adversaires avaient importé d'Europe des quantités substantielles de matériel moderne et accueilli des conseillers militaires, français pour les Paraguayens, allemands pour les Boliviens. Les combats visaient à contrôler des avant-postes isolés, appelés *fortín*. Celui de Nanawa, d'une importance stratégique, fut conçu sur le modèle des fortifications européennes.

En janvier 1933, la place forte fut attaquée par les troupes boliviennes commandées par le général Hans Kundt. Les Boliviens comptaient 6 000 cavaliers qui furent contraints de combattre à pied car leurs chevaux étaient morts de soif. La garnison paraguayenne était commandée par le colonel Luis Irrazábal Barboza. Ses troupes parvinrent à repousser les attaques des Boliviens, qui furent balayés par les lignes de défense bien préparées, avec des soldats équipés d'armes à feu modernes. Les Paraguayens commencèrent bientôt à manquer de munitions, mais une piste d'atterrissage fut improvisée et la totalité de la petite force aérienne du Paraguay fut réquisitionnée pour transporter les munitions, se posant et essuyant le feu ennemi. Au bout de dix jours, l'offensive bolivienne fut annulée et les Paraguayens célébrèrent leur victoire. Malgré sa population moins nombreuse, le Paraguay était parvenu à vaincre la Bolivie. **RG**

Pertes : Boliviens, 2 000 ; Paraguayens, 248

< *Campo Grande 1869*

Guerre d'Espagne

Tolède 20 juillet - 27 septembre 1936

Le siège de l'Alcázar de Tolède représenta une victoire symbolique pour les nationalistes. La forteresse, contrôlée par des soldats nationalistes, fut assiégée par les miliciens républicains pendant deux mois, avant l'arrivée de l'armée d'Afrique du général Franco, venue soutenir les défenseurs.

Suite à la rébellion nationaliste militaire, le gouvernement républicain espagnol envoya une milice d'environ 8 000 hommes s'emparer de Tolède en juillet 1936. Les troupes nationalistes de la ville prirent un certain nombre d'otages (membres des familles de gauchistes connus) et se retirèrent dans l'Alcázar, qui servait d'académie militaire depuis le XIXe siècle.

Environ 1 000 soldats nationalistes commandés par le colonel José Moscardó, le gouverneur militaire de Tolède, défendirent l'Alcázar contre une attaque des républicains durant près de 70 jours. La résistance nationaliste tint bon face aux lourds bombardements et au feu de l'artillerie, jusqu'à ce que l'armée d'Afrique du général Franco arrive en renfort et batte les républicains. Si d'un point de vue stratégique l'Alcázar avait peu de valeur pour les deux parties en présence, il possédait une valeur symbolique. La victoire alimenta une grande campagne de propagande nationaliste.

Les nationalistes massacrèrent ensuite à Tolède quantité de soldats républicains et de leurs soutiens, tuant même avec des grenades 200 soldats blessés dans l'hôpital de la ville. La décision de Franco de secourir les troupes de Tolède plutôt que d'avancer vers Madrid, comme beaucoup l'avaient prévu, fut prise en grande partie parce qu'il avait perçu la valeur de propagande de l'Alcázar. Franco devint le principal leader des nationalistes et fut proclamé généralissime. **ND**

Pertes : républicains, lourdes pertes (chiffres inconnus) ; nationalistes, 65 morts et 440 blessés

< *Alhucemas 1925*

Badajoz 1936 >

Badajoz 14 août 1936

L'attaque de la ville espagnole de Badajoz constitua l'une des victoires majeures de la rébellion nationaliste contre la République au cours de la guerre d'Espagne. La bataille fut suivie d'un massacre sanglant au cours duquel les nationalistes tuèrent des milliers de soldats et de civils républicains.

En juillet 1936, la rébellion militaire nationaliste contre la République espagnole était montée en puissance. Des soldats de l'armée d'Afrique, commandés par le général Franco, avaient été transportés par des avions allemands et italiens jusqu'au sud de l'Espagne, pour se rallier à l'offensive nationaliste. Bientôt, celle-ci rassembla les territoires nationalistes du nord et du sud de l'Espagne. Badajoz était le dernier avant-poste républicain sur la frontière portugaise, isolé du reste du territoire républicain.

Suivant les instructions du général Franco, le lieutenant-colonel Juan Yagüe mena avec une armée nationaliste, composée en grande partie de légionnaires étrangers et de mercenaires marocains, une offensive contre la ville. Badajoz était défendu par les miliciens républicains, qui avaient pris le contrôle de sa forteresse militaire. Le 14 août, l'attaque débuta par des tirs d'artillerie et des bombardements intensifs, qui permirent aux nationalistes de percer la ligne de défense. Les soldats nationalistes furent confrontés à une vive résistance de la part de la milice, mais finirent par prendre le contrôle de Badajoz.

Les nationalistes massacrèrent ensuite des milliers de soldats et de civils républicains de la ville. Beaucoup furent exécutés à la mitrailleuse dans les arènes. Le massacre de Badajoz était destiné à terroriser les citoyens fidèles à la République, notamment ceux de Madrid, principale cible de l'offensive nationaliste après cette victoire. **ND**

Pertes : républicains, 750 morts sur 8 000 durant la bataille initiale, puis 4 000 soldats et civils massacrés ; nationalistes, 285 morts sur 3 000

< *Tolède 1936* *Cap Spartel 1936* >

Cap Spartel 29 septembre 1936

Durant la guerre d'Espagne, une grande partie de la flotte espagnole resta dans le camp républicain. Les navires de guerre contrôlés par les nationalistes étaient principalement basés à El Ferrol, ville de naissance du général Franco, qui fut occupée en juillet 1936 après deux jours de combats sanglants.

Le 29 septembre 1936, les croiseurs nationalistes *Canarias* et *Almirante Cervera*, commandés par l'officier supérieur de la marine de Franco, le capitaine (futur amiral) Francisco de Moreno, quittèrent El Ferrol pour le détroit de Gibraltar, afin de briser le blocus instauré par les républicains. Or la majeure partie de la flotte de la République se trouvait dans la baie de Biscaye, et seule une petite escadre de destroyers bloquait le détroit.

Le *Cervera* combattit contre le destroyer *Gravina*, l'endommagea et le pourchassa vers Casablanca, avant de croiser l'*Almirante Ferrándiz*. Du fait de purges menées par les matelots républicains, le *Canarias* n'était plus tenu que par un équipage partiellement entraîné, avait perdu l'une de ses tourelles de mitrailleuses 8 pouces, et ses canons antiaériens étaient bricolés de toutes pièces. Cependant, ses canons plus lourds lui donnèrent l'avantage sur le *Ferrándiz*, commandé par un enseigne depuis la mort de son capitaine nationaliste au cours d'une purge.

Le *Canarias* ouvrit le feu à 6 h 40 et, agissant unilatéralement, resta à 13-18 km, une distance bien supérieure à la portée maximale du *Ferrándiz*. Réduit à une épave en flammes, le *Ferrándiz* explosa et coula à 7 h 20, avec 100 de ses hommes sur 160. Le *Canarias* ne subit pas de dommages ni ne perdit d'hommes. La victoire était modeste mais vitale, car elle ouvrit le détroit de Gibraltar aux nationalistes ; des renforts de l'armée d'Afrique purent ainsi être acheminés depuis le Maroc par voie de mer. **NH**

Pertes : républicains, 1 destroyer coulé ; nationalistes, aucun bateau

< *Badajoz 1936* *Madrid 1936* >

Madrid 8-23 novembre 1936

Après les premiers succès des nationalistes dans la guerre d'Espagne, les républicains faillirent perdre Madrid lors d'une puissante offensive nationaliste. Mais la capitale fut défendue avec force, et reçut le soutien des Brigades internationales. Les nationalistes laissèrent Madrid aux mains des républicains.

Début novembre 1936, près de 20 000 soldats nationalistes placés sous le commandement du général José Varela s'apprêtaient à lancer une offensive contre Madrid. Pour éviter des combats de rue, les nationalistes envisagèrent de concentrer leurs forces sur le parc de la Casa de Campo et d'attaquer le quartier de Carabanchel. Le soulèvement nationaliste contre la République espagnole était soutenu par l'Italie fasciste et l'Allemagne nazie, de sorte que les troupes nationalistes de Madrid, principalement composées de mercenaires marocains, reçurent le soutien de blindés italiens légers et de tanks allemands, ainsi que de renforts aériens de la Légion Condor allemande. Pensant que cette puissante armée nationaliste allait s'emparer de Madrid, le gouvernement républicain partit pour Valence le 6 novembre ; la défense de la ville fut confiée au général José Miaja.

« "L'offensive doit être arrêtée." L'ouvrier lutte contre le fasciste sur le sol espagnol. » *Lise Lindbæk, journaliste*

L'attaque débuta le 8 novembre. Les républicains, ayant découvert la stratégie qui sous-tendait l'offensive, envoyèrent 30 000 soldats mal équipés et inexpérimentés à la Casa de Campo et 12 000 autres à Carabanchel. Malgré la perspective décourageante de devoir défendre la ville face à une violente offensive des nationalistes avec des miliciens non entraînés, des efforts furent faits pour rallier la population de Madrid au cri devenu célèbre de *« No pasarán! »* (« Ils ne passeront pas ! ») lancé par les stations de radio de la ville. Le général Miaja fut favorisé par la décision de Franco de retarder l'offensive de Madrid afin de libérer l'Alcázar de Tolède. Cela laissa le temps aux renforts soviétiques de venir soutenir la République et permit de former les Brigades internationales, composées de volontaires antifascistes d'Europe, d'Amérique du Nord et d'ailleurs, venus en Espagne pour défendre la République contre la rébellion nationaliste. Le soir du 8 novembre, la première Brigade internationale, composée de 19000 hommes, arriva à Madrid, ce qui rasséréna les habitants.

Le jour suivant, la 11e Brigade internationale lança une attaque à la Casa de Campo. Contraints de reculer, les nationalistes concentrèrent leur offensive sur Carabanchel. Les troupes de mercenaires marocains subirent d'énormes pertes face aux combattants de la milice locale. Au cours des quelques jours suivants, les républicains lancèrent une série de contre-attaques, favorisées par l'arrivée de renforts sous la forme de 4000 miliciens du syndicat ouvrier CNT, dirigé par le légendaire anarchiste espagnol Buenaventura Durruti.

Le 19 novembre, les nationalistes lancèrent une dernière offensive dans le quartier de l'université de Madrid. De puissants tirs d'artillerie permirent aux troupes nationalistes de traverser le fleuve Manzanares. De rudes combats de rue prirent la suite, dont des combats au corps-à-corps dans les bâtiments de l'université, mais les républicains résistèrent et les nationalistes durent se replier. Ayant subi des pertes considérables, Franco abandonna l'idée de l'offensive pour s'emparer de Madrid, et demanda à l'aviation allemande de bombarder la ville durant plusieurs jours. Malgré un siège continu de la capitale, les républicains étaient parvenus à vaincre les nationalistes et tenaient toujours Madrid. **ND**

Pertes : républicains, 5 000 militaires et civils sur 42 000 ; nationalistes, 5 000 victimes sur 20 000

< *Cap Spartel 1936* *Jarama 1937* >

Affiche de propagande du siège de Madrid, disant : « Défendre Madrid, c'est défendre la Catalogne ».

martí
bas
del
S.D.P.

DEFENSAR MADRID
ES
DEFENSAR CATALUNYA!

Jarama 6-27 février 1937

Les efforts des Brigades internationales permirent en grande partie de mettre un terme à la violente offensive lancée par les nationalistes de Franco contre les républicains dans la vallée du Jarama. La bataille, qui allait aboutir à une impasse, fut l'une des plus sanglantes de la guerre d'Espagne.

Après avoir échoué à s'emparer de Madrid en novembre 1936, les troupes nationalistes lancèrent une offensive majeure dans la vallée du Jarama. Leur objectif était de couper Madrid de Valence, devenue entre-temps la capitale républicaine.

Les nationalistes, dirigés par le général Luis Orgaz, attaquèrent avec cinq colonnes composées d'un grand nombre de mercenaires marocains et de légionnaires étrangers. Des tirs d'artillerie intensifs couplés aux tactiques furtives des Marocains permirent aux nationalistes de traverser le Jarama (malgré les tentatives des républicains de faire sauter le pont). Les troupes nationalistes prirent le contrôle des collines de Pingarrón et des combats soutenus eurent lieu avec les Brigades internationales, postées sur les hauteurs de Pajares. Elles parvinrent à repousser l'attaque des nationalistes avec l'aide des tanks et de l'aviation soviétique (luttant contre les avions nationalistes), mais subirent des pertes épouvantables.

Les troupes républicaines lancèrent une contre-offensive le 14 février, qui, si elle ne permit pas de reconquérir le terrain perdu, interrompit de façon certaine la progression des nationalistes. À la fin de la bataille, les nationalistes avaient gagné quelques kilomètres, mais ne parvinrent pas à conquérir la route Madrid-Valence, n'obtenant donc aucune victoire stratégique. Cette bataille fut l'une des plus rudes de la guerre, les deux parties déplorant quantité de victimes. **ND**

Pertes : républicains, 25 000 victimes ;
nationalistes, 20 000 victimes

< *Madrid 1936* *Guadalajara 1937* >

Guadalajara 8-23 mars 1937

Soutenue par les nationalistes, l'armée italienne lança une offensive contre les républicains à Guadalajara. Favorisés par le mauvais temps, les républicains en sortirent vainqueurs. Si Guadalajara n'était qu'une victoire défensive mineure sur le plan stratégique, elle rasséréna les républicains.

N'étant pas parvenus à occuper Madrid en mars 1937, les nationalistes poursuivaient leurs efforts. Leurs alliés italiens avaient connu une récente victoire à Málaga, et se préparaient à lancer une autre offensive. Le 8 mars, visant l'encerclement de Madrid, les Italiens attaquèrent Guadalajara, ville située à 64 km au nord-est de Madrid.

L'offensive italienne débuta par des raids aériens et des tirs d'artillerie intensifs, puis se poursuivit par l'avancée de tanks. De nombreuses villes furent prises aux alentours, tandis que les républicains s'empressaient d'organiser leur défense. Les Italiens continuèrent de progresser, mais furent freinés par un épais brouillard et une forte tempête de neige, contre laquelle ils n'étaient pas équipés. Leur retard permit l'arrivée de renforts républicains. Suite à une nouvelle avancée des armées italienne et nationaliste, une division républicaine dirigée par le général Enrique Líster lança une contre-offensive le 21 mars.

Les Italiens furent de nouveau ralentis lorsque les avions de la Force aérienne légionnaire italienne furent immobilisés. Les positions italiennes devinrent des cibles faciles pour les avions de combat républicains, qui décollèrent d'aéroports aux pistes bétonnées. Malgré leurs effectifs inférieurs, les troupes républicaines repoussèrent les Italiens et reprirent beaucoup de villes. Toutefois, leur victoire à Guadalajara fut le dernier grand triomphe des républicains au cours de la guerre d'Espagne. **ND**

Pertes : républicains, 6 000 sur 100 000 ;
nationalistes et Italiens, 2 200 morts, 4 000 blessés et 300 prisonniers sur 52 000

< *Jarama 1937* *Guernica 1937* >

La milice républicaine, en train de défendre Guadalajara, acclame le photographe. 

Guernica 26 avril 1937

« L'air retentissait des cris des blessés. Je vis un homme… traînant ses jambes cassées… »

Juan Silliaco, survivant

Le bombardement de Guernica visait les quartiers résidentiels ; tout ce qui avait une valeur pour les nationalistes fut épargné.

Le bombardement de l'ancienne cité basque de Guernica par les avions italiens et allemands est le premier exemple de bombardements délibérés de civils. L'attaque, sujet de l'un des tableaux les plus connus de Picasso, est l'événement le plus tristement célèbre de la guerre d'Espagne.

Vers la fin avril 1937, Guernica avait acquis une très grande importance stratégique pour les troupes nationalistes du nord de l'Espagne, commandées par le général Emilio Mola. Les nationalistes reçurent le soutien aérien de la Légion Condor allemande, commandée par le lieutenant Wolfram von Richthofen, envoyé en Espagne par Hitler pour tester les capacités de combat de la Luftwaffe.

Peu de temps avant le bombardement, Mola avertit les Basques de l'attaque à venir et leur demanda de se rendre. L'attaque en trois étapes, baptisée « opération Rügen », eut lieu l'après-midi du 26 avril. La première consista à lancer des bombes explosives et des grenades manuelles. La seconde, à mitrailler les personnes courant dans les rues depuis des avions de combat. La troisième, à larguer sur la ville quantité de bombes incendiaires. Les frappes répétées anéantirent les trois quarts des édifices de la ville et réduisirent les autres à l'état de ruines. L'usage de bombes incendiaires, et le fait que le pont (une cible militaire importante) n'ait pas été touché, ne permirent plus de douter que les bombardements visaient directement des cibles civiles. Après ces bombardements, les nationalistes s'emparèrent de la ville sans rencontrer beaucoup de résistance.

L'attaque de Guernica est considérée comme le premier exemple de bombardement destiné à semer la terreur. La presse française et britannique rendit compte de l'événement dans les jours qui suivirent, déclenchant une indignation internationale. **ND**

Pertes : républicains, 300 civils morts

Guadalajara 1937 — *Brunete 1937*

Guerre d'Espagne

Brunete 6-26 juillet 1937

Tentant de soulager la pression croissante exercée sur Madrid et le nord, les républicains lancèrent une attaque surprise contre les nationalistes à Brunete. Ces derniers se défendirent avec virulence, infligeant d'importants dommages aux troupes républicaines et les contraignant à se retirer.

Au milieu de l'année 1937, la Madrid républicaine était de plus en plus souvent l'objet de pressions de la part des nationalistes. Pour y remédier, les républicains décidèrent de lancer une offensive à Brunete. Située à 24 km à l'ouest de Madrid, Brunete se tient sur la route de l'Estrémadure, alors souvent utilisée par les nationalistes pour ravitailler leurs troupes assiégeant Madrid.

L'attaque, dirigée par les généraux Juan Modesto et Enrique Jurado, débuta le matin du 6 juillet par des tirs intensifs de l'artillerie républicaine contre les positions nationalistes. Ces derniers furent pris par surprise, et les républicains s'emparèrent bientôt de Brunete et de la route de l'Estrémadure. Plusieurs jours de rudes combats s'ensuivirent, au cours desquels les républicains tentèrent d'avancer vers le sud, mais furent contrés par les nationalistes. Finalement, le 17 juillet, l'offensive républicaine fut stoppée.

Le jour suivant, les nationalistes lancèrent une contre-offensive sous le commandement du général José Varela. Soutenus par les tanks et un nouvel avion de combat allemands, ils parvinrent à repousser les républicains après de rudes combats. Le 26 juillet, lorsque la contre-offensive prit fin, les troupes républicaines avaient été repoussées vers leurs positions de départ et avaient perdu le contrôle de l'Estrémadure. Leur offensive ratée leur coûta très cher : plus de 20 000 de leurs meilleurs combattants ainsi que beaucoup de précieux matériel. **ND**

Pertes : républicains, 20 000 sur 80 000 ;
nationalistes, 10 000 victimes sur 65 000

< *Guernica 1937* *Belchite 1937* >

Seconde guerre sino-japonaise

Pont Marco Polo 7-9 juillet 1937

Une escarmouche entre les armées chinoise et japonaise près du pont Marco Polo, à proximité de Pékin, fut sans doute l'une des batailles les plus décisives du xxe siècle. Elle déclencha une guerre à grande échelle entre la Chine et le Japon et fut la première bataille de la Seconde Guerre mondiale en Asie.

Durant l'été 1937, les Japonais avaient pris le contrôle de la Chine au nord de Pékin. Le gouvernement nationaliste chinois de Tchang Kaï-chek souhaitait résister à l'intrusion des Japonais et passa un accord avec les communistes chinois de Mao Tsé-toung, afin de mettre fin à la guerre civile et de former un front uni contre le Japon.

C'est dans ce contexte tendu que, le 7 juillet, des troupes japonaises effectuèrent des exercices nocturnes près du pont Marco Polo, un édifice historique situé près de la ville de Wanping, une gare de jonction ferroviaire importante reliant Pékin au reste de la Chine nationaliste. Les troupes chinoises locales ouvrirent le feu au hasard sans toucher quiconque. Le lendemain matin, cependant, un soldat japonais fut porté manquant.

Le commandant japonais ordonna une offensive contre Wanping. Les combats s'accrurent rapidement, mettant aux prises plusieurs milliers de soldats. Le pont Marco Polo changea de mains, au gré des attaques. Le 9 juillet, un cessez-le-feu fut prononcé, mais les deux parties renforcèrent leurs troupes dans la zone du pont, et les violations du cessez-le-feu se multiplièrent jusqu'à ce qu'un combat à grande échelle éclate, la dernière semaine du mois. Tchang Kaï-chek annonça avec hargne : « Si nous autorisons la perte d'un pouce de notre terrain, nous serons coupables d'un crime impardonnable envers notre race. » La guerre éclata le 13 août entre la Chine et le Japon, les Chinois ayant attaqué des fusiliers japonais à Shanghai. **JS**

Pertes : Chinois, 96 morts sur 1 000 ;
Japonais, 660 victimes sur 5 600

< *Guerre de Shanghai 1932* *Shanghai 1937* >

Shanghai 13 août - 26 novembre 1937

Les combats qui se déroulèrent entre le Japon et la Chine à Shanghai en 1937 sont parfois considérés comme les premiers de la Seconde Guerre mondiale. Les Japonais l'emportèrent mais le pays fut pris dans une guerre coûteuse, impossible à gagner.

En juillet 1937, la reprise des hostilités entre la Chine et le Japon était imminente. Le leader chinois Tchang Kaï-chek, conscient des limites de son industrie, souhaitait éloigner le centre du conflit des vastes plaines du nord de la Chine, où les Japonais pourraient tirer meilleur parti de leurs blindés et de leur aviation, pour le déplacer vers Shanghai, où les rues étroites et la guerre urbaine limiteraient leur avantage. De plus, les combats y seraient observés en premier lieu par des étrangers, suscitant la sympathie et peut-être une intervention.

Tchang Kaï-chek donna donc l'ordre aux troupes de Shanghai, démilitarisées après la bataille de 1932, de menacer les positions japonaises. Le Japon envoya immédiatement des renforts. On ne sait exactement quel camp frappa le premier, mais au début les Chinois, en nombre bien supérieur, semblèrent sur le point de repousser les Japonais vers le fleuve Huangpu. Toutefois, ils manquèrent de la puissance de feu nécessaire à la destruction de bunkers ou de chars japonais, et les troupes japonaises reçurent du soutien le long du Yangzi Jiang, ce qui élargit leurs lignes de bataille à un front de 65 km et mit fin à l'avantage chinois. Le gros des meilleures troupes de Tchang Kaï-chek afflua pour participer aux combats et se révéla efficace. D'autres troupes, venues de lointaines provinces, étaient moins désireuses de combattre. Toutefois, les Japonais ne l'emportèrent pas facilement. Hors de la ville, ils furent confrontés à une défense chinoise coriace, à des marais froids et boueux, à des fossés d'irrigation et à des tranchées profondes protégées par des abris fortifiés, rendant les combats extrêmement difficiles.

Dans Shanghai, les combats de rue finirent en carnage dans les deux camps, et des milliers de civils furent massacrés. Les navires de guerre japonais pilonnèrent les positions chinoises, et les bombardements aériens furent particulièrement intensifs. Plus de 2500 tonnes de bombes furent larguées sur la ville en deux jours. Les combats se transformèrent en une guerre d'usure entre des lignes statiques, avec de lourdes pertes de part et d'autre.

Les généraux de Tchang Kaï-chek l'avertirent qu'il était impossible de remporter la bataille, mais celui-ci refusa d'autoriser une retraite. Le débarquement de 30000 Japonais dans la baie de Hangzhou, à 80 km au sud-ouest, se révéla crucial. Ceux-ci durent avancer péniblement sur un terrain très boueux, et durant deux semaines les Chinois défendirent chaque village, tentant désespérément de les refouler. Les villages furent dévastés et les victimes furent si nombreuses qu'il était, dit-on, impossible de les compter. Sur la dernière position défensive, un bataillon chinois reçut l'ordre de combattre jusqu'à la mort, et il en fut ainsi.

Finalement, les Japonais parvinrent en position de menacer l'arrière des troupes chinoises. Une retraite fut enfin ordonnée, et des incendies furent allumés à Shanghai pour la couvrir. Mais elle fut chaotique, laissant penser que l'armée chinoise avait été gravement touchée par la bataille.

Des observateurs occidentaux rapportèrent de terribles atrocités commises par des Japonais dans la ville, et les États-Unis exprimèrent leur colère face à cette agression. En octobre, le président Roosevelt la dénonça dans un discours qui fut interprété comme une menace directe par les Japonais. La guerre sino-japonaise allait inéluctablement entraîner une confrontation, puis une guerre avec l'Amérique. **JS**

Pertes : Chinois, 100 000-270 000 morts ou blessés sur 600 000 ; Japonais, 40 000-70 000 morts ou blessés sur 300 000 ; civils, chiffres inconnus

〈 *Pont Marco Polo 1937* *Nankin 1937* 〉

Soldats transportant de l'artillerie démontée près de la ligne de front à Shanghai. ➔

Belchite 24 août - 7 septembre 1937

Poursuivant leurs efforts pour arrêter la progression des nationalistes au nord de l'Espagne, les républicains lancèrent une offensive à Belchite, en Aragon. Les républicains s'emparèrent de la ville après une bataille très rude, mais leur offensive échoua bientôt, et ils ne purent continuer d'avancer.

Ayant échoué à conquérir Brunete en juillet, les républicains décidèrent de lancer une offensive en Aragon. Elle était destinée à mettre fin à l'avancée des nationalistes au nord du pays. L'objectif des républicains était de reconquérir la capitale de la région, Saragosse, et, en passant, de s'emparer de la ville fortifiée de Belchite.

Les républicains disposaient pour l'opérations de 80 000 hommes, de trois escadres aériennes et de plus d'une centaine de tanks. Ils suivirent le plan du général Vincente Rojo, consistant à prendre Saragosse en tenailles. Comme à Brunete un mois auparavant, ils l'emportèrent au début, mais furent bientôt arrêtés du fait de leurs communications défectueuses et de la virulence de la résistance nationaliste.

À Belchite, les républicains furent contenus un certain nombre de jours par près de 7 000 combattants nationalistes, avant de pouvoir, malgré de nombreuses victimes, encercler et prendre la ville. Néanmoins, le délai avait permis aux nationalistes d'envoyer des renforts dans la région, qui empêchèrent les républicains d'avancer vers Saragosse. Ainsi, malgré la conquête de Belchite, l'offensive en Aragon fut un échec. De plus, elle ne ralentit guère l'avancée des nationalistes.

Belchite, reconquise six mois plus tard, fut complètement détruite lors de l'attaque. Franco ordonna que les ruines de la ville demeurent intactes, en mémoire des soldats nationalistes morts durant la guerre. **ND**

Pertes : chiffres inconnus, mais élevés dans les deux camps

< *Brunete 1937* *Teruel 1937* >

Des hommes des Brigades internationales, faits prisonniers par les nationalistes à Belchite. ↑

Nankin 13 décembre 1937

Lorsque les troupes japonaises poursuivirent leur avancée après la bataille de Shanghai, au début de la guerre, le gouvernement chinois abandonna sa capitale, Nankin, et la ville tomba rapidement. Les massacres commis à l'époque furent les plus atroces du XXe siècle.

Tandis que la retraite des Chinois de Shanghai se transformait en déroute, les chances de conserver Nankin semblaient très faibles. La garnison de 90 000 hommes de Nankin fut très ébranlée. Le commandant des troupes chinoises, Tang Shengzhi, jura qu'il combattrait jusqu'à la mort, mais tenta bientôt de négocier un retrait avec les Japonais, peu disposés à accepter.

Après des tirs de barrage de deux jours qui percèrent les murs, un ordre de retrait tardif fut donné et les troupes chinoises furent rapidement gagnées par la confusion et la panique. Des milliers d'hommes se noyèrent en tentant de traverser le fleuve et des milliers de blessés furent abandonnés. Les Japonais qui entrèrent à Nankin ne se virent opposer presque aucune résistance. Des dizaines de milliers de femmes et de jeunes filles furent emmenées de force, subirent des viols collectifs et furent généralement assassinées. Des prisonniers servirent de cible d'entraînement à la baïonnette et beaucoup d'autres furent brûlés ou enterrés vivants. Deux officiers subalternes lancèrent un défi consistant à décapiter le plus grand nombre possible de Chinois, et tuèrent chacun plus de 100 victimes. Le « viol de Nankin » dura sept semaines et choqua le monde entier – jusqu'à des observateurs de l'Allemagne nazie, eux aussi horrifiés et qui tentèrent de protéger les Chinois lorsqu'ils le pouvaient. Les Chinois ne se soumirent pas pour autant, et les atrocités commises anéantirent tout espoir de négociation de paix. **JS**

Pertes : Japonais, chiffre inconnu ; Chinois, 40 000-300 000 morts (les chiffres sont très controversés)

< *Shanghai 1937* *Wuhan 1938* >

↑ *Les troupes japonaises suivent un char type 89B sur un pont partiellement reconstruit à Nankin.*

Teruel 15 décembre 1937 - 20 février 1938

L'offensive des républicains à Teruel se solda par quelques succès au début. Cependant, ils furent de nouveau arrêtés par la résistance nationaliste, les deux parties étant touchées par l'un des pires hivers que l'Espagne ait connus. Après l'une des plus rudes batailles de la guerre, les républicains durent se retirer.

Ayant découvert que Franco prévoyait une offensive sur Madrid, les républicains lancèrent une attaque préventive sur le front de l'Aragon à Teruel. L'attaque, organisée dans de terribles conditions climatiques, surprit les troupes nationalistes, dirigées par le colonel Rey d'Harcourt. L'aviation allemande et italienne était bloquée au sol par la glace, et les renforts nationalistes tardèrent à atteindre Teruel. Aussi, comme à Brunete et à Belchite, les républicains parvinrent à prendre la ville au début.

Les nationalistes tentèrent de lancer une contre-offensive, mais furent fortement affectés par le temps. Comme les conditions se détériorèrent encore, il ne restait guère d'autre choix à chacune des parties que d'écraser son adversaire. Beaucoup de soldats moururent de froid. Les nationalistes obtinrent l'avantage parce qu'ils disposaient de plus de soldats et d'armes, et grâce à des conflits internes surgis entre les républicains, dont le moral chutait.

Au cours du combat brutal qui suivit, les deux camps subirent d'énormes pertes. La ville changea de mains un certain nombre de fois tandis que la bataille faisait rage, et de rudes combats à mains nues se tinrent dans les édifices de la ville. Enfin, le 20 février, le général républicain Hernández Sarabia ordonna à ses troupes de se retirer et les nationalistes prirent Teruel. La victoire exprima clairement la suprématie militaire des nationalistes, et il apparut que ceux-ci allaient rapidement gagner la guerre. **ND**

Pertes : républicains, 30 000 victimes ; nationalistes, 57 000 victimes

⟨ *Belchite 1937* *Cap de Palos 1938* ⟩

Guerre d'Espagne

Cap de Palos 5-6 mars 1938

Si la marine républicaine montrait peu d'enthousiasme au combat, la marine nationaliste était très active. Concentrés à Palma de Majorque, les navires nationalistes, bien soutenus par l'aviation italienne, firent le blocus de la côte républicaine et escortèrent des convois de matériel de guerre italien jusqu'au pays.

Le 5 mars 1938, trois croiseurs nationalistes soutenus par des destroyers et des mouilleurs de mines prirent la mer pour escorter un convoi. À 1 heure du matin le 6 mars, les navires nationalistes naviguaient en direction de l'escadre républicaine de croiseurs, de destroyers et de torpilleurs du vice-amiral Luis Gonzáles Ubieta, qui devait attaquer la base nationaliste de Palma. Échappant à des torpilles républicaines, l'escadre nationaliste tenta de reculer, préférant repousser l'assaut à l'aube, mais Ubieta engagea une poursuite, et à 2 h 15 ses navires ouvrirent le feu au large du cap de Palos, près de Carthagène.

Tandis que les croiseurs étaient engagés dans un duel d'artillerie de longue portée, trois destroyers républicains arrivèrent subrepticement à portée de torpilles de ceux-ci. Chaque navire tira quatre torpilles, dont deux au moins touchèrent le croiseur nationaliste *Baleares*, vaisseau amiral du vice-amiral Manuel de Vierna. L'explosion détruisit ses arsenaux à l'avant ainsi que la proue du bateau et le pont, qui se désintégra et sombra, entraînant aussi Vierna. Tandis que les restes fumants du *Baleares* s'enfonçaient lentement, les autres navires nationalistes s'enfuirent. Sur un équipage de 1 206 hommes, 441 survivants furent recueillis par des destroyers britanniques. La bataille navale du cap de Palos fut la plus importante de la guerre d'Espagne, apportant une victoire aux républicains, sans toutefois mettre fin au blocus nationaliste. **NH**

Pertes : républicains, aucun bateau ; nationalistes, 1 croiseur lourd

⟨ *Teruel 1937* *Èbre 1938* ⟩

Un soldat républicain mort, tué alors qu'il fixait des lignes téléphoniques dans un arbre à Teruel.

Wuhan 9 juin - 25 octobre 1938

Avant que Nankin ne tombe aux mains des Japonais, le gouvernement nationaliste chinois s'était retiré à Wuhan, en amont sur le Yangzi Jiang. La ville devint le prochain objectif de l'avancée japonaise. Les envahisseurs l'emportèrent, mais n'obtinrent pas la victoire décisive dont ils avaient tant besoin.

L'offensive japonaise, lancée à la fois du Yangzi Jiang et du fleuve Jaune, se révéla longue, coûteuse et frustrante. Sans pitié aucune, les Chinois firent sauter des digues canalisant le fleuve Jaune. Cela retarda certes les Japonais, mais des millions de civils se retrouvèrent sans abri et sans ressources. Les Chinois ouvrirent en outre le feu sur des civils contraints de réparer les dégâts.

Au long d'une série d'affrontements, les Chinois combattirent souvent avec habileté, infligeant de pénibles revers aux Japonais. À Taierzhuang, des troupes japonaises furent attirées dans un piège par le général chinois Li Zongren. Les troupes de ce dernier, soutenues par une poignée de tanks fournis par les Soviétiques, anéantirent presque les Japonais, affirmant avoir fait 30 000 victimes. Parfois, les Chinois étaient moins efficaces. Bien qu'en surnombre par rapport à leurs ennemis, ils perdirent ainsi le port fluvial vital de Jiujiang. Néanmoins, les Japonais trouvaient que leur progression était lente, que le combat était difficile, que les victimes s'accumulaient et que le moral des Chinois restait bon.

Enfin, leur force aérienne permit aux Japonais de parvenir à 32 km de Wuhan, et le gouvernement chinois se retira alors à Chunking, dans le Sichuan. La grande bataille décisive souhaitée par les Japonais leur fut refusée. Les Chinois se dispersèrent dans les montagnes, où il devenait difficile pour les Japonais d'obtenir une victoire décisive, qui durent ainsi envisager une guerre prolongée. **JS**

Pertes : Japonais, 150 000 morts ou blessés ; Chinois, 400 000 morts ou blessés

[<] *Nankin 1937* *Changsha 1944* [>]

L'artillerie japonaise pilonne un poste fortifié près de Wuhan tandis que l'infanterie attend l'ordre d'attaquer. ↑

Èbre 24 juillet - 16 novembre 1938

Après un premier succès lors d'une offensive à la bataille de l'Èbre, les républicains, repoussés par les troupes nationalistes, subirent d'énormes pertes. Soutenus par les avions allemands et italiens, les nationalistes obtinrent une victoire décisive, qui scella le sort de la République espagnole.

Étant parvenus à défendre Valence contre les attaques nationalistes, les républicains tentèrent de reprendre pied en Catalogne en lançant une offensive sur l'autre rive de l'Èbre. L'attaque, menée par le général communiste Juan Modesto, prit de nouveau les nationalistes par surprise : 80 000 soldats républicains traversèrent le fleuve par bateau et attaquèrent les troupes nationalistes du général Juan Yagüe, leur infligeant des dommages substantiels. En atteignant la ville de Gandesa, en revanche, les républicains se virent opposer une vive résistance. Le terrain offrait peu de protection aux combattants, et les avions allemands et italiens purent repérer facilement leurs positions.

Déterminé à anéantir les républicains, le général Franco fit appel à d'imposants renforts pour une bataille qui allait durer trois mois. Même lorsque la défaite parut évidente, le chef du gouvernement de la République espagnole, Juan Negrín, ne put se résoudre à demander un retrait des troupes, tant la situation de la République était désespérée. Les deux camps subirent d'immenses pertes, mais pour les républicains celles-ci étaient insupportables.

La bataille de l'Èbre fut la dernière grande bataille de la guerre d'Espagne. Après la défaite, les républicains continuèrent à céder des territoires aux nationalistes jusqu'au 1er avril 1939, date à laquelle le général Franco déclara que la guerre était terminée, ce qui signifiait la fin de la République espagnole. **ND**

Pertes : républicains, 30 000 morts, 20 000 blessés et 20 000 prisonniers sur 100 000 ; nationalistes, 33 000 victimes sur 60 000

< *Cap de Palos 1938*

Soldats républicains sur la rive de l'Èbre en 1938.

de 1939 à aujourd'hui

Gigantesque affrontement, la Seconde Guerre mondiale consacre l'aviation, les blindés, les porte-avions et les sous-marins. Autant d'éléments qui modifient en profondeur l'art de la guerre. Les civils payent un plus lourd tribut. Après la défaite de l'Axe, la création de l'ONU n'empêche pas l'éclatement de la Guerre froide. Aucune lutte frontale entre les États-Unis et l'URSS, mais un conflit idéologique, une course aux armements effrénée, centrée sur la bombe atomique. Les batailles de cette guerre « improbable », baptisées « conflits périphériques », sont surtout localisées dans les anciens empires coloniaux. La victoire des États-Unis en 1991 résulte de leur supériorité technologique et économique. Si l'hypothèse d'un conflit généralisé s'éloigne, les risques s'éparpillent et changent de nature, l'essor du terrorisme étant un des faits majeurs de ce début du XXIe siècle.

Un soldat américain dans un désert au nord du Koweït, près de la frontière irakienne, lors de l'opération Tempête du désert en 1991.

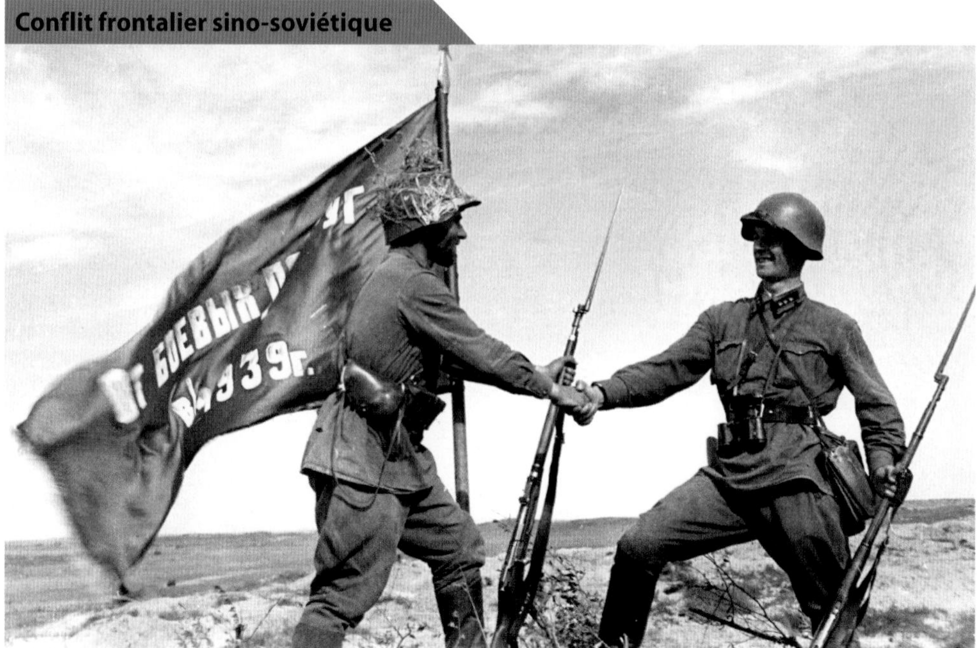

Halhin Gol 11 mai - 16 septembre 1939

Cet incident survenu dans le cadre d'une guerre non déclarée entre les forces japonaises et soviétiques fut largement ignoré du reste du monde. Cette bataille allait pourtant avoir une influence considérable sur la Seconde Guerre mondiale, à la fois en Europe et dans le Pacifique.

Le conflit débuta lorsqu'une unité de cavalerie de Mongolie (pays satellite de l'URSS) fut mise en déroute dans une région à la frontière contestée. En juin, les Japonais lancèrent une attaque aérienne sur la base soviétique de Tamsakbulak. Les dégâts furent considérables mais l'agression n'avait pas été validée par l'état-major japonais. Les attaques aériennes furent proscrites et l'armée se vit donc privée d'aide aérienne alors qu'elle s'apprêtait à lancer une offensive terrestre.

Cette offensive connut un réel succès au début mais une contre-attaque de l'armée soviétique repoussa bientôt les Japonais. Une seconde offensive permit aux Japonais de regagner du terrain, avant de devoir battre en retraite faute de munitions. Ils décidèrent alors de lancer une troisième attaque, mais l'armée rouge, commandée par le général Georgi Zhukov, frappa la première.

Zhukov lança son infanterie contre les positions japonaises afin d'acculer l'ennemi tandis que son artillerie et ses forces aériennes les pilonnaient et que les chars les encerclaient sur les deux flancs. Jamais plus les Japonais n'envisagèrent de se battre contre l'Union soviétique, préférant se lancer dans un processus qui conduirait à Pearl Harbor. Terrifié par la perspective d'une guerre sur deux fronts, Staline passa alors un pacte avec l'Allemagne (pacte Molotov-Ribbentrop), laissant ainsi à Hitler la voie libre pour envahir la Pologne. **JS**

Pertes : armée rouge : 8 000 morts, plus de 15 000 blessés ; Japonais, estimations variables, entre 17 000 et 61 000 morts ou blessés

Invasion de la Pologne 1939 ›

Deux soldats russes se félicitent après la victoire de Halhin Gol. ↑

Invasion de la Pologne

1er septembre - 5 octobre 1939

En dépit des promesses de la France et de la Grande-Bretagne d'aider la Pologne, Adolf Hitler était déterminé à entrer en guerre et certain que son pacte de non-agression avec l'Union soviétique lui laisserait carte blanche en Pologne. L'invasion allemande marqua le début de la Seconde Guerre mondiale.

À l'aube du 1er septembre 1939, l'Allemagne lança son attaque surprise sur la Pologne. Le groupe d'armées nord attaqua la Pologne par la Poméranie et la Prusse-Orientale et le groupe d'armées sud envahit le sud du pays par la Silésie et la Slovaquie. Dépassés, les Polonais partaient avec de faibles chances, ce qui facilita la stratégie d'encerclement menée par l'Allemagne.

La puissante Luftwaffe anéantit les forces aériennes polonaises en quelques jours, laissant l'armée polonaise à la merci des divisions de panzers germaniques. La rapidité avec laquelle les chars allemands forcèrent les lignes polonaises allait ajouter un terme au lexique de la guerre : la « blitzkrieg » ou guerre éclair. La déclaration de guerre contre l'Allemagne prononcée par la France et la Grande-Bretagne le 3 septembre ne put en rien aider la Pologne.

Les Polonais connurent un succès tactique limité entre le 9 et le 15 septembre près de la rivière Bzura, mais l'entrée des armées allemandes dans Varsovie le réduisit à néant. Le destin de la Pologne avait déjà été scellé lorsque, en accord avec les termes secrets du pacte germano-soviétique, l'armée rouge franchit la frontière polonaise par l'est le 17 septembre. Tandis que Varsovie et quelques garnisons parvenaient à résister, les vestiges des forces armées polonaises battirent en retraite vers les pays voisins – au moins 90 000 hommes. La Pologne fut partagée entre l'Allemagne nazie et l'Union soviétique. **AG**

Pertes : Allemands : 14 000 morts ou disparus, 30 000 blessés sur 1 250 000 ; Polonais : 66 000 morts, 130 000 blessés, 400 000 capturés sur 800 000

< *Halhin Gol 1939* — *Varsovie 1939* >

Les forces allemandes envahissent la Pologne en 1939.

Varsovie 8-27 septembre 1939

L'offensive allemande sur Varsovie prévoyait le bombardement délibéré de cibles civiles afin d'effrayer la population locale. La stratégie de bombardements aériens massifs allait devenir l'une des caractéristiques de la Seconde Guerre mondiale, qui vit souffrir également soldats et civils.

La Luftwaffe commença sa campagne contre Varsovie le premier jour de la guerre, le 1er septembre 1939, infligeant à la capitale polonaise des attaques par bombardements éprouvantes et répétées. Le 8 septembre, les divisions blindées allemandes atteignirent la banlieue ouest de Varsovie mais l'assaut terrestre ne serait finalisé que le 15. Le lendemain, les Allemands lancèrent une série d'attaques probatoires, espérant exploiter les faiblesses des lignes polonaises, mais ils furent massivement repoussés par une défense polonaise énergique. L'artillerie allemande et la Luftwaffe continuèrent à pilonner la ville. Les soldats allemands empêchèrent également les civils de quitter Varsovie, afin qu'ils épuisent plus vite le peu de vivres dont ils disposaient.

Les Allemands rassemblèrent leurs forces en prévision de l'assaut mené par neuf divisions d'infanterie fortement aidées par l'artillerie, le 26 septembre. La Luftwaffe avait concentré ses attaques sur les centrales électriques, les stations de pompage et d'épuration d'eau, et les minoteries. Les habitants de Varsovie étaient ainsi privés de vivres et contraints de boire l'eau de la Vistule, risquant une épidémie de typhoïde. Bien que les Polonais aient continué à défendre leurs positions, la situation était sans espoir. Afin d'éviter des souffrances supplémentaires aux civils, le commandant polonais se résolut à se rendre sans condition le 27 septembre. **AG**

Pertes : Allemands, 1 500 morts, 5 000 blessés sur 175 000 ; Polonais, 6 000 morts, 16 000 blessés, 100 000 prisonniers sur 124 000, et 28 500 civils morts et 50 000 blessés

< *Invasion de la Pologne 1939* *Norvège 1940* >

Adolf Hitler (au centre à droite) observe la parade de la victoire dans Varsovie, le 5 octobre 1939. ↑

Rio de la Plata 13-17 décembre 1939

Les espoirs de l'Allemagne nazie d'améliorer les tristes performances de leurs vaisseaux lors de la Première Guerre mondiale furent mis à mal lorsque l'un de leurs plus puissants navires fut purement sabordé à la suite d'un combat contre des forces britanniques loin d'être dominantes à ce moment.

La marine allemande avait construit une série de « cuirassés de poche » spécifiquement conçus pour les raids prolongés contre les navires marchands britanniques. Lorsque la guerre éclata en septembre 1939, l'un de ces cuirassés, le *Graf Spee*, faisait route vers l'Atlantique Sud. Il commença ses opérations contre les navires britanniques à la fin de septembre, coulant et capturant neuf vaisseaux avant décembre. Entre-temps, les Britanniques avaient déployé plusieurs navires de guerre à sa recherche.

Le 13 décembre, le *Graf Spee* rencontra plusieurs navires à l'embouchure du Rio de la Plata : trois croiseurs (deux britanniques, *Exeter* et *Ajax*, et un néo-zélandais, *Achille*), sous le commandement du commodore Henry Harwood. Les Allemands concentrèrent leurs tirs sur l'*Exeter* qui ne dut son salut qu'à l'intervention des deux plus petits croiseurs; l'*Ajax* fut lui aussi fortement touché. Quant au *Graf Spee*, il subit des dégâts sérieux mais loin d'être fatals. Le commandant allemand, le capitaine Hans Langsdorff, fit mettre le cap sur Montevideo afin de réparer son navire dans les eaux neutres de l'Uruguay.

Alors que le *Graf Spee* était amarré dans le port, les Britanniques tentèrent de faire venir des renforts et parvinrent à faire croire à Langsdorff que ces derniers étaient déjà arrivés. Le 17 décembre, Langsdorff fit saborder le *Graf Spee* dans l'estuaire du Rio de la Plata. Deux jours plus tard, il mettait fin à ses jours. **DS**

Pertes : Allemands, 100 morts ou blessés, 1 cuirassé ; Britanniques et Commonwealth, 100 morts ou blessés, 3 croiseurs endommagés

Naufrage du Bismarck *1941* ›

↑ *Le* Graf Spee *coule au large de Montevideo, sabordé par son propre équipage.*

Ligne Mannerheim 17 décembre 1939-15 février 1940

Lors de la guerre d'Hiver, l'Union soviétique attaqua la Finlande, qui avait rejeté ses demandes de cession de territoire et de bases navales. L'armée rouge s'attendait à une victoire facile. Mais ce premier revers lors de l'attaque de la ligne Mannerheim sur l'isthme de Carélie eut un impact désastreux sur le prestige de l'armée soviétique.

L'armée rouge, dont la plupart des officiers avaient été victimes des purges staliniennes à la fin des années 1930, révéla des carences majeures. Divisé entre officiers politiques et militaires, le commandement trahissait une désorganisation totale. Les Soviétiques mirent en place un tir de barrage massif, suivi de vagues d'infanterie et couvert par des chars répartis en petits groupes au lieu de former un seul bloc. Ils avançaient dans les champs de mines, sous la mitraille, tandis que l'infanterie finlandaise se perfectionnait dans la destruction des chars. Les rares percées effectuées se révélaient inexploitables. En réalité, la ligne Mannerheim était tout sauf imprenable. Les défenses étaient peu solides et constituées de lignes de tranchées défendues par des postes de tir en bois et en terre ; l'artillerie n'était présente que dans une minorité d'entres elles. C'est l'esprit guerrier finlandais qui fit la différence.

En décembre, les Finlandais lancèrent une contre-attaque visant à détruire une grande partie des forces soviétiques. La résistance acharnée des Soviétiques la fit échouer. Blessé dans sa fierté, le commandement soviétique réorganisa ses troupes et déploya des renforts massifs. L'offensive soviétique prit fin en février 1940, et l'armée rouge reprit la ligne Mannerheim en quinze jours. La Finlande se rendit en mars et consentit aux concessions exigées par l'Union soviétique. **JS**

Pertes : chiffres inconnus, mais la majorité des 25 000 Finlandais et 125 000 Soviétiques tués pendant la guerre périrent dans ce secteur

Suomussalmi 1939 ›

Un coupeur de câbles finlandais prépare la voie pour ses troupes, sur le front de bataille russo-finlandais. ↑

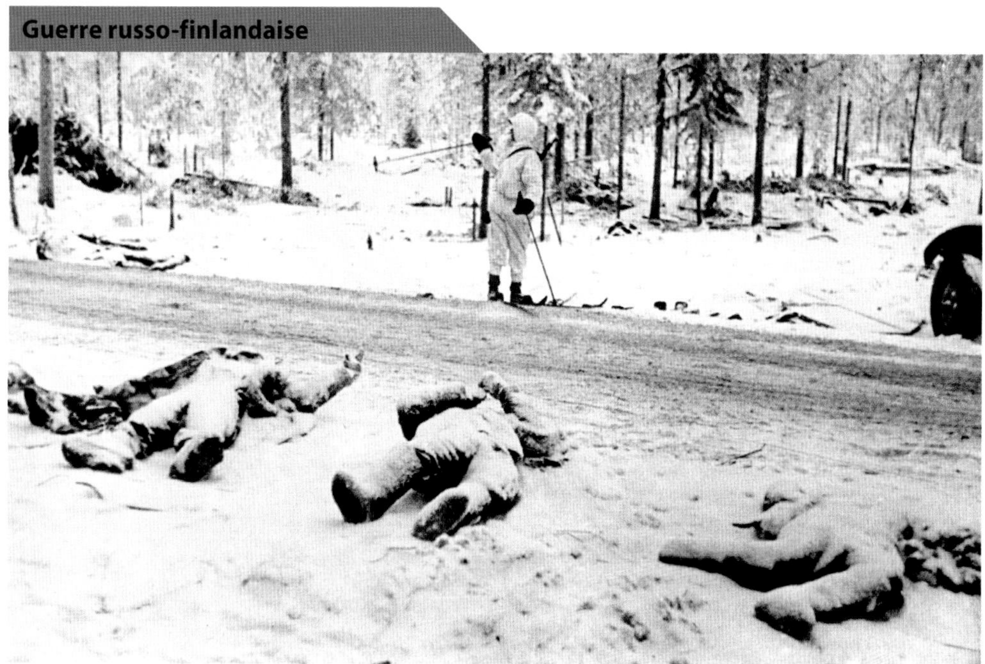

Suomussalmi 24 décembre 1939-8 janvier 1940

Lorsque l'Union soviétique envahit la Finlande lors de la guerre d'Hiver, elle concentra principalement ses efforts sur la ligne Mannerheim mais attaqua également la région nord, entre le lac Ladoga et la mer Blanche. C'est sur ce flanc que les Finlandais infligèrent à l'armée rouge une humiliation sans précédent à Suomussalmi.

Lorsque la 163e division de l'armée rouge lança son attaque au nord du lac Lagoda, le village de Suomussalmi contrôlait la seule route empruntable. Les Soviétiques s'emparèrent facilement du village mais les Finlandais étaient déterminés à les expulser.

On savait, notamment grâce à des messages radio non cryptés, que l'organisation de la campagne soviétique était chaotique. À Suomussalmi, l'armée rouge fut surprise par une force de contre-attaque bien plus restreinte qu'elle. Repoussés hors du village, les soldats soviétiques résistèrent, montrant une détermination et un courage sans faille pendant trois jours contre les attaques répétées des Finlandais, avant que leur moral ne s'effondre et que les hommes ne battent en retraite.

L'artillerie et les bombardiers finlandais intervinrent alors pour pilonner la glace sur les lacs gelés, provoquant la mort d'innombrables soldats. Les Finlandais se tournèrent alors vers la 44e division soviétique, qu'ils prirent en embuscade sur la route. Une fois encore, les soldats soviétiques combattirent courageusement mais inefficacement, et une autre déroute s'ensuivit. La victoire des Finlandais fut écrasante mais d'une incidence limitée sur le long terme puisqu'elle n'empêcha pas la Finlande de perdre la guerre. En résumé, la guerre d'Hiver ne fit que souligner la faiblesse militaire soviétique, confortant ainsi la tentation de l'Allemagne nazie d'attaquer l'Union soviétique. **JS**

Pertes : Soviétiques, plus de 30 000 morts, 2 000 prisonniers sur 35 000 ; Finlandais, 2 000 morts, blessés ou disparus

< *Ligne Mannerheim 1939* *Opération Barbarossa 1941* >

Les corps gelés des soldats de la 44e division soviétique le long de la route de Suomussalmi.

Norvège 9 avril - 8 juin 1939

Afin d'empêcher l'ingérence des Alliés dans le transport du fer suédois vers l'Allemagne, Hitler décida de s'emparer de la Norvège. Cette campagne de la Seconde Guerre mondiale fut un triomphe, sans comparaison avec les mesures insuffisantes et maladroites opposées par les Alliés.

L'invasion allemande de la Norvège débuta le 9 avril 1940 selon un plan audacieux mêlant des unités aériennes, navales et terrestres afin de sécuriser simultanément Oslo, Kristiansand, Stavanger, Bergen, Trondheim et Narvik. Le Danemark était également occupé par les Allemands, mais les Norvégiens étaient déterminés à résister. La Grande-Bretagne et la France détachèrent des troupes pour défendre la Norvège.

Les Allemands pensaient détenir une supériorité maritime dans les eaux entourant la Norvège mais virent plusieurs de leurs navires torpillés par les marines britannique et norvégienne. Pendant ce temps, les troupes aéroportées allemandes s'emparaient des aérodromes norvégiens, construisant des têtes de pont en vue de l'invasion, ce qui leur permit de redéployer la Luftwaffe pour contrer la Royal Navy. Les Norvégiens furent incapables de leur opposer une résistance sérieuse.

Soutenues par les troupes polonaises, les forces franco-britanniques atterrirent à Narvik (le 14 avril) et Trondheim (le 18) mais la tentative alliée de sécuriser Trondheim échoua et les soldats furent forcés de se rendre ou d'être évacués. Dans le port de Narvik, les Alliés s'en tirèrent mieux et finirent pas arracher la ville des mains des Allemands le 28 mai. La garnison isolée des Alliés basée à Narvik fut cependant abandonnée le 8 juin, laissant l'ensemble de la Norvège sous l'emprise allemande. **AG**

Pertes : Alliés, 6 800 morts, blessés ou disparus (y compris 1 800 Norvégiens) sur 24 000 ; Allemands, 5 500 morts, blessés ou disparus sur 10 000

< *Varsovie 1939* *Narvik 1940* >

1939-1945 : offensives allemandes

Narvik 9-13 avril 1940

La bataille navale de Narvik s'inscrivit dans le cadre de la campagne de Norvège de la Seconde Guerre mondiale. La marine allemande réussit à s'emparer des ports de Norvège, mais enregistra de lourdes pertes. Ses ressources navales seraient insuffisantes en cas d'invasion britannique dans l'année.

Narvik fut le port le plus au nord de la Norvège auquel la marine allemande s'attaqua. La flotte de guerre (Groupe 1) se composait de dix destroyers, transportant aussi l'infanterie allemande, et de plusieurs navires marchands protégés par les croiseurs *Gneisenau* et *Scharnhorst*. Le Groupe 1 atteignit Narvik sans encombre et le 9 avril, tandis que les deux croiseurs regagnaient la haute mer, les destroyers commencèrent à longer le fjord menant à Narvik. Vétustes, les deux vaisseaux norvégiens affectés à la défense du port furent torpillés et coulés. Après une brève résistance, Narvik se rendit aux Allemands.

Le commandant Bernard Warburton-Lee manqua de peu d'intercepter le Groupe 1. Le 10 avril, il mena ses cinq navires, de la 2e flottille de destroyers britannique, à Narvik. Il prit un groupe de cinq destroyers allemands par surprise, en coula deux, en endommagea un autre, et fit sombrer six navires marchands et un navire de ravitaillement. Les autres destroyers allemands assaillirent la flotte britannique, provoquant le naufrage d'un destroyer britannique (et la mort de Warburton-Lee) et une sévère détérioration d'un autre. Le 13 avril, neuf destroyers britanniques et le navire de guerre *Warspite* coulèrent les vaisseaux allemands restants. Hélas pour les Alliés, les Britanniques mirent du temps à se ressaisir après ce succès, ce qui permit à la garnison allemande éprouvée de Narvik de recouvrer ses forces. **AG**

Pertes : Britanniques, 1 destroyer coulé, 6 endommagés ; Norvégiens, 2 navires de défense coulés ; Allemands, 10 destroyers, 7 vaisseaux auxiliaires, 1 U-boot coulés

< *Norvège 1940* *Bataille de France 1940* >

Les soldats allemands débarquent dans le port d'Oslo le 27 avril 1940 dans le cadre de la campagne de Norvège.

Bataille de France 10 mai - 25 juin 1940

Les mois de mai et juin 1940 furent une période de triomphe pour la Wehrmacht. En six semaines, Hitler avait vaincu la France, la Belgique et les Pays-Bas, et contraint l'armée britannique à évacuer ses troupes sur la Manche, abandonnant derrière elle son arsenal et ses armes lourdes.

Après la défaite de la Pologne en septembre 1939, Hitler se tourna vers les Alliés occidentaux. Après des mois de débats intenses, l'état-major de l'armée allemande adopta un plan d'attaque particulièrement audacieux. Il prévoyait que le groupe d'armées B lance une offensive limitée aux Pays-Bas qui renverserait la Belgique et la Hollande, et attirerait en même temps les troupes françaises et britanniques dans la région. Entre-temps, le coup fatal serait porté plus au sud par le groupe d'armées A aidé de dix divisons blindées, dans la région vallonnée des Ardennes. Alors que les deux parties disposaient d'une puissance de feu et humaine globalement équivalente, les Allemands possédaient un avantage décisif en matière d'organisation, d'entraînement et de *leadership*.

« Les guerres ne se gagnent pas avec des évacuations. » *Winston Churchill*

Le 10 mai, le groupe d'armées B envahit les Pays-Bas et la Belgique en témoignant une grande maîtrise de ses troupes aéroportées afin de s'emparer des sites clés et de semer la terreur parmi la population civile. Les Néerlandais, rapidement écrasés, acceptèrent de se rendre après seulement cinq jours de combat.

Les Belges se replièrent sur leurs positions défensives et attendirent l'arrivée des renforts français et britanniques. Tandis que les meilleures troupes alliées se dirigaient vers la Belgique, les trois divisions de panzers, menées par les généraux Guderian, Reinhardt et Hoth, traversaient les paysages boisés des Ardennes pour renverser le 13 mai les fragiles défenses françaises postées sur la Meuse.

Ne rencontrant qu'une faible opposition, les panzers allemands gagnèrent rapidement la Manche. Dérouté, l'état-major des Alliés tenta d'endiguer la vague armée allemande mais c'était trop tard. Dix jours après le début de l'offensive, les chars du XIXe corps blindé de Guderian atteignirent la Manche à Abbeville et formèrent le « corridor des panzers » qui scinda l'armée alliée en deux.

Tandis que les blindés avançaient vers le nord, le corps expéditionnaire britannique, débordé et courant à sa perte, se retrancha à Dunkerque afin de préparer l'évacuation de ses troupes. Bien que cette manœuvre ait laissé les Français dans une position désespérée, la situation britannique allait s'avérer tout aussi intenable, en particulier après la reddition des Belges le 28 mai. L'évacuation d'environ 340 000 hommes à Dunkerque fut une prouesse certaine, mais n'en fut pas moins une retraite.

Après une brève période de réorganisation, les Allemands mirent le cap au sud pour s'attaquer aux survivants de l'armée française occupés à construire une nouvelle ligne de défense pour protéger Paris et les terres intérieures. Le 5 juin, précédée des divisions blindées, l'armée allemande rompit les défenses françaises. Le gouvernement français fuit Paris (déclarée ville ouverte) et le 14 juin les troupes allemandes victorieuses défilèrent sur les Champs-Élysées. Des unités de l'armée allemande continuant leur avancée vers le sud, le maréchal Philippe Pétain signa l'armistice avec les Allemands le 25, marquant ainsi la fin des hostilités. Le triomphe d'Hitler ne connut une ombre légère que lorsque la Grande-Bretagne refusa les termes de la paix proposée par l'Allemagne. **AG**

Pertes : Britanniques, 68 000 victimes sur 200 000 ; Français, 90 000 morts, 200 000 blessés, 1 450 000 prisonniers sur 2 000 000 ; Allemands, 27 000 morts, 18 500 disparus, 111 000 blessés sur 2 500 000

< *Narvik 1940* *Bombardement de Rotterdam 1940* >

Véhicules d'une division motorisée allemande envahissant le nord de la France à la fin du printemps 1940. 

Bombardement de Rotterdam 14 mai 1940

Au début de leur offensive de printemps, lors de la Seconde Guerre mondiale, les Allemands eurent besoin de franchir la ligne de défense hollandaise appelée « forteresse Hollande ». Ils menèrent un raid de bombardement dévastateur sur Rotterdam, l'un des bastions de la ligne. Ce raid accéléra la capitulation des Pays-Bas.

Le 13 mai 1940, les forces allemandes prirent le contrôle des ponts menant à Rotterdam, en vue d'un assaut sur la ville le lendemain. Le commandant allemand, le général Schmidt, demanda à la Luftwaffe une unité de bombardiers en piqué Ju-87 afin de sécuriser l'attaque. Au lieu de ceux-ci, la Luftwaffe distribua plus de 100 bombardiers Heinkel He-111 afin de viser des cibles précises.

Le 14 mai à l'aube, le général Schmidt tenta de persuader les Hollandais de se rendre avant le début de l'attaque. Les négociations allaient se conclure l'après-midi lorsque le rugissement de bombardiers se fit entendre. Les officiers allemands tentèrent de rappeler les pilotes mais 54 des He-111 ne reçurent pas le message et larguèrent 90 tonnes de bombes sur la ville. Un peu moins de 1 000 personnes furent tuées lors du raid, le centre-ville fut rasé et 85 000 habitants se retrouvèrent à la rue. Bien que ce raid ait probablement résulté d'une « erreur », il servit la cause allemande puisque le gouvernement hollandais se rendit le lendemain, son armée quasiment intacte.

La propagande alliée consigna ce raid comme un exemple de la barbarie sans limites des Allemands, comme elle l'avait fait pour la destruction de Varsovie, et gonfla les chiffres des victimes à 30 000. Ce raid eut pour autre conséquence de décider le gouvernement britannique à autoriser le bombardement de cibles industrielles civiles en Allemagne par la RAF. **AG**

« Le centre-ville était vidé de toute force militaire… en quelques minutes, des maisons et des rues entières furent en feu. » *Un témoin oculaire*

Des soldats allemands regardent flamber les bâtiments écroulés du centre de Rotterdam, bombardés par la Luftwaffe.

Pertes : Hollandais, près de 1 000 civils ; Allemands, aucunes

< *Bataille de France 1940*

Dunkerque 1940 >

Dunkerque 26 mai - 3 juin 1940

L'évacuation des troupes britanniques de Dunkerque sauva le corps expéditionnaire britannique de la destruction. Plus de 200 000 soldats regagnèrent la Grande-Bretagne par cette « délivrance miraculeuse », mais l'opération jeta un froid sur les relations franco-anglaises et confirma la supériorité allemande sur le champ de bataille.

Prises en étau par les forces allemandes au sud et à l'est, les troupes alliées du nord de la France se retranchèrent dans le port de Dunkerque. Tandis que les Français s'apprêtaient à mener un combat d'arrière-garde, les Britanniques projetèrent en secret de rapatrier leurs troupes vers la Grande-Bretagne. L'évacuation commença le 26 mai.

Alors que l'évacuation avait déjà commencé, les Allemands redoublèrent leur pression sur le périmètre de défense toujours plus restreint, mais l'arrière-garde britannique et française résista avec acharnement. Dans le ciel, la Luftwaffe et la RAF se livraient une lutte sans merci et enregistrèrent toutes deux de lourdes pertes, tandis qu'en mer les navires d'évacuation étaient pris sous le feu des bombardiers et E-boats allemands.

Le 29 mai, les Britanniques lancèrent l'appel aux *little ships* (petits bateaux), et quelque 700 embarcations permirent de transporter les soldats des plages jusqu'aux navires basés au large. C'est cet épisode célèbre qui marqua les esprits et l'imagination collective et qui est à l'origine de l'expression idiomatique *Dunkirk spirit*, qui remonta le moral des Britanniques. Le 2 juin, la majorité des troupes britanniques avait été évacuée vers la Grande-Bretagne et l'on se préoccupa du sort des soldats français. Le 4 juin, les Allemands entraient dans Dunkerque ; entre-temps, 338 226 soldats (dont plus d'un tiers de Français) avaient franchi la Manche. **AG**

Pertes : Alliés, 200 vaisseaux coulés, dont 9 destroyers, 177 avions de la RAF ; Allemands, 240 avions

◁ *Bomb. de Rotterdam 1940* *Bataille d'Angleterre 1940* ▷

Mers el-Kébir 3 juillet 1940

Après la reddition de la France en juin 1940, le Premier ministre britannique Winston Churchill craignit que la marine française ne passe sous le contrôle des Allemands et décida d'empêcher cette éventualité. Les négociations ayant échoué, un escadron britannique attaqua le plus puissant navire de la France dans le port algérien de Mers el-Kébir.

En 1940, la marine française était la quatrième plus grande du monde, bien plus importante que celle de l'Allemagne. Compte tenu de l'engagement de l'Italie et de sa flotte aux côtés de l'Allemagne à partir du mois de juin 1940, la situation des Britanniques aurait été compromise si les navires français étaient tombés aux mains des ennemis. L'armistice franco-allemand stipulait que la flotte française resterait neutre, mais pour les Britanniques cette promesse était vouée à rester lettre morte, comme toutes les précédentes promesses d'Hitler.

Certains navires français amarrés dans des ports britanniques furent pris d'assaut et désarmés sans effusion de sang. Il en alla autrement à Mers el-Kébir, où étaient basés les plus célèbres vaisseaux français. Les Britanniques envoyèrent l'amiral James Somerville, afin de présenter différentes propositions aux Français concernant la démobilisation de leurs navires. Les négociations firent chou blanc et Somerville, averti de l'arrivée imminente de renforts français, ouvrit le feu dans la soirée du 3 juin.

Atteint par une salve britannique, le cuirassé français *Bretagne* prit feu puis explosa. Le croiseur *Dunkerque* fut endommagé, mais le *Strasbourg* ainsi que plusieurs destroyers parvinrent à regagner Toulon. Pour la France, cette attaque fut un coup de poignard dans le dos par un ancien allié ; pour la Grande-Bretagne, elle fut regrettable mais nécessaire pour la survie nationale. **DS**

Pertes : Français, 1 297 morts, 1 navire de guerre coulé ; Britanniques, 6 morts

Tarente 1940 ▷

Bataille d'Angleterre 10 juillet - 12 octobre 1940

Pour conquérir la Grande-Bretagne, les Allemands devaient asseoir leur supériorité aérienne sur l'Angleterre. Mais l'incohérence des décisions de la Luftwaffe, la détermination et le talent des pilotes de la RAF ne l'ont pas permis.

En juillet 1940, la Luftwaffe commença à attaquer les convois maritimes britanniques dans la Manche et visa plusieurs ports de la côte sud. Le rythme des opérations s'intensifia de manière significative le 12 août, lorsqu'elle reçut l'ordre d'affronter directement la RAF. L'armée de l'air allemande jouissait d'une supériorité numérique considérable sur son adversaire britannique. Au début de la bataille, les forces allemandes comprenaient 1 260 bombardiers à longue portée, 320 bombardiers en piqué, 280 chasseurs bimoteurs et 800 chasseurs monomoteurs, alors que la RAF comptait quelque 900 chasseurs.

Mais les Britanniques bénéficiaient d'autres avantages vitaux. Un nouveau système de détection radar leur permettait de visualiser sur une photo (en général) de bonne qualité les points d'attaque des Allemands, permettant ainsi aux chasseurs British Hurricane et Spitfire

« Nous connaissons la barbarie allemande. Nous devons nous battre jusqu'à la victoire. » *George VI*

de repérer les positions des bombardiers ennemis. La RAF possédait en outre l'avantage de se battre sur son propre sol ; les pilotes britanniques ayant sauté en parachute pour sauver leur peau pouvaient repartir en avion le jour même, alors que les pilotes allemands finissaient dans un camp de prisonniers de guerre. Les différences de commandement étaient particulièrement flagrantes. Les deux principaux commandants britanniques, le maréchal de l'air Hugh Dowding et le vice-maréchal Keith Park, menèrent la bataille avec un réel sang-froid, distribuant les rares ressources là où elles étaient nécessaires et répliquant avec intelligence aux changements de tactique allemands. À l'inverse, l'état-major allemand sous-estima la RAF et manifesta un manque de cohérence criant dans son approche de la bataille.

Le 13 août, les Allemands lancèrent leur principale offensive (Eagle Attack). Les aérodromes de la RAF et les stations de radars étaient visées mais le mauvais temps empêcha toute destruction majeure. Deux jours plus tard, une seconde attaque se solda par de lourdes pertes : la Luftwaffe perdit 75 appareils et la RAF 34. La Luftwaffe poursuivit néanmoins ses attaques et jouit même d'un certain succès au début septembre, étant parvenue à rendre certains aérodromes de la RAF hors service et à épuiser les pilotes britanniques, constamment sollicités.

C'est à ce moment que la Luftwaffe décida de changer de stratégie et de délaisser la RAF pour bombarder Londres. Hitler avait initialement interdit les attaques directes sur Londres, mais lorsque des bombes furent lâchées par erreur sur Croydon, banlieue au sud de Londres, la RAF riposta par un raid de bombardement nocturne sur Berlin. Furieux, Hitler exigea des représailles, et le 7 septembre un raid fut lancé contre la capitale britannique. La RAF fut prise par surprise et les Allemands parvinrent à bombarder une grande partie des quartiers est de Londres. Le 15 eut lieu un deuxième raid, mais cette fois les Britanniques se tenaient prêts et abattirent 60 avions ennemis.

Les équipages allemands commencèrent alors à montrer des signes de fatigue et leur enthousiasme faiblit à mesure que la liste des victimes s'allongeait. Le 17 septembre, Hitler ajourna *sine die* son plan d'invasion de la Grande-Bretagne et, au début octobre, la Luftwaffe poursuivit par des raids de nuit afin de minimiser ses pertes et fit de Londres sa cible principale. La bataille d'Angleterre se fondait désormais dans le Blitz. **AG**

Pertes : Britanniques, 788 avions ; Allemands, 1 294 avions

< *Dunkerque 1940*   *Le Blitz 1940* >

Un chasseur allemand Heinkel He-111 survole l'île aux Chiens, à Londres, lors de la bataille d'Angleterre. ➔

Le Blitz septembre 1940 - mai 1941

Ayant échoué dans son combat contre la RAF lors de la bataille d'Angleterre, la Luftwaffe prit le parti de concentrer ses forces dans des raids nocturnes sur Londres et d'autres villes britanniques. Bien que les bombardiers allemands aient causé des destructions massives et de lourdes pertes civiles, les raids n'eurent qu'un effet limité sur la capacité de la Grande-Bretagne à poursuivre la guerre.

L'attaque de jour contre Londres du 7 septembre 1940 inaugura la phase de bombardements allemands contre la Grande-Bretagne, qui serait par la suite baptisée le Blitz (d'après le mot allemand *Blitzkrieg*, « guerre éclair »). Les premières attaques diurnes furent rapidement remplacées par des raids nocturnes, plus difficiles à contrer pour les Britanniques. Ceux-ci manquaient d'artillerie antiaérienne et de projecteurs efficaces, ainsi que de chasseurs de nuit capables de détecter et d'abattre un avion dans la pénombre. Londres subit les assauts de la Luftwaffe durant 76 nuits consécutives.

En novembre, l'offensive s'étendit aux grandes villes provinciales britanniques. L'attaque lancée sur Coventry fut particulièrement ravageuse. Guidés par des systèmes de radionavigation à faisceaux croisés, les 509 bombardiers de l'armée allemande détruisirent une grande partie du vieux centre-ville ; 380 civils y trouvèrent la mort et 865 furent blessés. Bien que les pertes humaines aient été très faibles, comparées à celles causées par les raids ultérieurs des Alliés sur l'Allemagne, le bombardement de Coventry devint le symbole de la barbarie de la guerre moderne.

Au début de l'année 1941, la marine allemande persuada Hitler de concentrer ses attaques sur les points maritimes névralgiques de la Grande-Bretagne. Entre février et mars, 46 raids furent lancés sur les ports, dont ceux de Plymouth, Portsmouth, Bristol, Swansea, Merseyside, Belfast, Clydeside, Newcastle et Hull, lourdement bombardés, mais qui parvinrent à se maintenir en activité. Au début de la bataille, les mesures de défense civiles destinées à protéger le peuple britannique étaient loin d'être adaptées : au lieu de construire de vastes abris anti-bombardements, comme c'était le cas en Allemagne, le gouvernement avait privilégié les initiatives semi-privées, comme celle des abris inadaptés de la famille Anderson. Le métro de Londres ne fut mis à la disposition des Londoniens qu'avec réticence ; cette décision permit pourtant de sauver des milliers de vies. L'héroïsme avec lequel les Britanniques, en particulier les habitants de Londres, résistèrent au Blitz marqua profondément les esprits des commentateurs neutres, et l'émission de radio du journaliste américain Ed Murrow contribua à convaincre le public américain que la Grande-Bretagne n'était pas une nation vaincue et luttait toujours contre l'Allemagne nazie.

Au cours du printemps 1941, la défense britannique commença à reprendre l'avantage. Le nombre de canons antiaériens et de projecteurs fut augmenté et, dans certaines régions, ces derniers furent équipés de radars pour plus de précision. Le problème du guidage des intercepteurs jusqu'à leurs cibles fut en partie résolu par l'introduction des Bristol Beaufighter, avions de combat lourdement armés et pourvus de leur propre radar. Ces améliorations se traduisirent par l'augmentation des pièces allemandes abattues, qui passèrent de 28 en janvier à 124 en mai.

Le Blitz prit réellement fin en mai 1941, lorsque Hitler décida d'envahir l'Union soviétique. La Luftwaffe ne disposant pas des ressources nécessaires pour mener une guerre sur deux fronts, ses effectifs furent redéployés à l'est. Ce qui ne l'empêcha pas de perpétrer une ultime agression : le 10 mai, un raid sur le centre de Londres fit 1 364 morts et 1 616 blessés sérieux, les chiffres les plus élevés de la bataille. **AG**

Pertes : Britanniques, 43 000 civils morts, 139 000 blessés ; Allemands, 600 bombardiers

< *Bataille d'Angleterre 1940* *Opération Chastise 1943* >

Lors du Blitz, les stations de métro de Londres servirent de refuges antiaériens aux habitants. 

Tarente

11-12 novembre 1940

Avant 1940, les partisans de la puissance aéronavale affirmaient que les transporteurs aériens rendaient les batailles navales caduques. L'attaque britannique sur le port italien de Tarente leur donna raison, et inspira le Japon pour élaborer son attaque.

La flotte méditerranéenne britannique eut rapidement le dessus lors des premiers affrontements avec l'Italie dans les semaines qui suivirent la déclaration de guerre de l'Italie en juin 1940. En novembre, l'amiral Cunningham planifia une attaque nocturne contre la base ennemie de Tarente, en Italie du Sud, avec l'aide des appareils du porte-avions *Illustrious* ayant récemment rejoint sa flotte. La force de frappe britannique était alors très faible et ne se composait que de 21 biplans bombardiers torpilleurs Swordfish obsolètes. L'opération se révéla un succès.

La surprise fut totale. Les attaquants procédèrent en deux vagues, comportant des avions lançant des fusées éclairantes afin d'illuminer les cibles et des bombardiers torpilleurs. Trois navires de guerre italiens furent mis hors d'usage par des tirs de torpilles, et deux autres navires furent endommagés ; les dépôts de carburant du port et la base d'hydravions furent sévèrement touchés. Seuls deux appareils britanniques furent perdus. Le raid confirma la supériorité des Britanniques sur les Italiens et il fallut attendre plusieurs mois avant que la marine italienne se lance à nouveau dans des opérations de grande envergure. Les puissances de l'Axe obtinrent toutefois leur revanche sur l'*Illustrious*, qui fut gravement endommagé par les appareils de la Luftwaffe en janvier 1941. Pendant ce temps, les aviateurs de la marine japonaise décortiquaient l'attaque de Tarente, afin de frapper de même la base américaine de Pearl Harbor. **DS**

Pertes : Italiens, plus de 600 morts ou blessés, 3 navires de guerre endommagés ; Britanniques, 2 morts, 2 avions

< *Mers el-Kébir 1940* *Cap Matapan 1941* >

Opération Compass

8 décembre 1940 - 9 février 1941

La Xe armée italienne, qui avait envahi l'Égypte en septembre 1940, fut attaquée par une petite force britannique qui la poussa à se retrancher en Libye. Une manœuvre classique permit aux Britanniques de capturer la quasi-totalité de l'armée italienne.

Placée sous le commandement du général d'armée Richard O'Connor, la Western Desert Force britannique reçut l'ordre de lancer une offensive limitée contre les Italiens. Les Britanniques donnèrent l'assaut dans la nuit du 8 au 9 décembre, prenant les Italiens par surprise. O'Connor décida ensuite de poursuivre ce premier succès par l'invasion de la Libye. La 4e division indienne fut alors remplacée par la 6e division australienne, fraîchement arrivée et inexpérimentée dans l'art de la guerre dans le désert. Heureusement pour les Britanniques, l'infanterie australienne s'avéra à la fois courageuse et efficace et, après un faible retard, l'armée lança son attaque contre la position fortifiée de Bardia le 3 juin 1941. Couronnée de succès, l'opération permit de faire 26 000 prisonniers.

O'Connor réalisa que s'il maintenait la pression sur les Italiens, ces derniers n'auraient aucune chance de s'en sortir ; il se hâta donc de s'emparer du port stratégique de Tobrouk le 22 janvier. Pour que la victoire soit complète, l'armée britannique fut dispersée de manière ingénieuse. Des unités d'avant-garde atteignirent Beda Fomm sur la côte méditerranéenne juste devant l'ennemi qui battait en retraite. Les Italiens ne parvinrent pas à percer les lignes de défense britanniques et, encerclés, furent forcés de se rendre. O'Connor voulut poursuivre vers Tripoli mais dut y renoncer, ses meilleures troupes lui ayant été retirées pour la campagne de Grèce et de Crète. **AG**

Pertes : Italiens, 3 000 morts, 130 000 prisonniers sur 150 000 ; Britanniques et Commonwealth, 500 morts, 1 373 blessés sur 36 000

Keren 1941 >

Keren

3 février - 8 avril 1941

La capture de la place forte de Keren sous contrôle italien était vitale pour les Britanniques, désireux d'asseoir leur autorité sur la colonie italienne que constituait l'Érythrée. La résistance acharnée des Italiens leur valut le respect de leurs ennemis.

Après la déclaration de guerre par l'Italie le 10 juin 1940, les troupes italiennes d'Afrique orientale s'emparèrent du Somaliland britannique et attaquèrent les colonies britanniques du Kenya et du Soudan. Mais au début de l'année 1941, les colonnes alliées conduites par les Britanniques se chargèrent d'éradiquer la présence italienne dans la région. Le lieutenant général William Platt prit le commandement d'une colonne indo-britannique qui partit du Soudan en janvier 1941 et envahit l'Érythrée.

Le commandant italien en Érythrée, le général Luigi Frusci, reçut l'ordre de se positionner dans la région montagneuse à l'ouest de Keren, que traversait la seule route praticable conduisant aux villes stratégiques d'Asmara et Massawa. Afin de gagner Keren, les troupes de Grande-Bretagne et du Commonwealth devaient passer par le col de Dongolaas. Les montagnes de granit abruptes qui encaissaient le ravin fournissaient aux Italiens une ligne de défense naturelle parfaite.

Les Britanniques tentèrent d'attaquer les positions italiennes en trois assauts majeurs entre le 5 février et le 27 mars. Les Italiens résistèrent aux deux premiers, et ce n'est qu'au cours de la troisième attaque, le 15 mars, qu'ils furent repoussés vers Keren. De là, ils durent battre en retraite vers la côte pour finalement se rendre, à Massawa, le 8 avril. Le 16 mai, toutes les forces italiennes d'Afrique orientale se rendaient aux Britanniques. **AG**

Pertes : Britanniques, 536 morts, 3 229 blessés sur 13 000 ; Italiens, 3 000 morts, 3 500 blessés, 17 000 prisonniers sur 23 000

< *Opération Compass 1940* *Tobrouk 1941* >

Cap Matapan

28 mars 1941

La flotte italienne tenta d'attaquer les convois de troupes britanniques en partance pour la Grèce mais dut battre en retraite. Les Britanniques rattrapèrent une partie des troupes en déroute au sud du cap Matapan, en Grèce.

Au début de l'année 1941, la Grande-Bretagne envoya des troupes et du matériel à sa nouvelle alliée dans la Seconde Guerre mondiale, la Grèce. Forts de la promesse d'un soutien aérien allemand, les Italiens dépêchèrent un escadron de navires afin de stopper ce trafic. Malheureusement pour les Italiens, les Britanniques interceptèrent les messages et l'aide aérienne promise n'arriva pas.

La flotte britannique de l'amiral Andrew Cunningham comportait trois navires de guerre, des croiseurs légers, des destroyers, ainsi que le *Formidable*. L'amiral Angelo Iachino possédait un navire de guerre, le *Vittorio Veneto*, six croiseurs lourds et une flotte de soutien. Le 27 mars, un hydravion britannique repéra les Italiens. La bataille commença dès le lendemain. Après les escarmouches survenues dans la matinée, Iachino ordonna le repli de la flotte mais le gros de la force britannique s'annonça en fin de journée. Une offensive aérienne du *Formidable* endommagea le navire de guerre italien et obligea le croiseur *Pola* à stopper sa course. La nuit tombant, les Britanniques s'activèrent dans l'espoir de rattraper le navire ennemi en fuite mais trouvèrent à la place le *Pola*, ainsi que deux autres croiseurs et trois destroyers envoyés à la rescousse. Disposant du double avantage des radars et d'un solide entraînement au combat nocturne, qui faisait défaut aux Italiens, les navires de guerre britanniques purent arriver très près sans être repérés. Les croiseurs et les deux destroyers furent détruits en quelques minutes. **DS**

Pertes : Italiens, 2 300 morts, 800 prisonniers, 5 navires ; Britanniques, 2 morts, aucun navire

< *Tarente 1940* *Crète 1941* >

Tobrouk 11 avril - 10 décembre 1941

En 1941, le lieutenant général Erwin Rommel fut nommé aux commandes de l'Afrika Korps. L'armée britannique de Libye était amputée d'une partie de ses troupes, envoyées en Grèce ; Rommel décida alors de passer à l'attaque. Seules les défenses du port de Tobrouk résistèrent à cet assaut.

L'Afrika Korps passa à l'offensive le 24 mars, provoquant la retraite chaotique d'unités britanniques désorganisées. Le 10 avril, les panzers allemands atteignirent Tobrouk et encerclèrent le port le lendemain. En tant que l'un des rares ports d'eau profonde de la côte libyenne, Tobrouk était une possession vitale en cas de progression allemande vers l'Égypte. Rommel lança une offensive totale dans l'espoir de s'emparer du port avant que les Britanniques puissent organiser une défense convenable.

Les défenseurs étaient constitués de la 9e division australienne, sous les ordres du lieutenant général Leslie Morshead, et de plusieurs unités d'ingénierie, d'artillerie et de chars britanniques ayant nettement amélioré les diverses positions défensives développées par les Italiens au tout début. Le premier mois, les défenseurs subirent des attaques répétées et intensives de la part des belligérants allemands et italiens et essuyèrent d'incessants tirs d'artillerie et bombardements aériens. Ces attaques se soldèrent par de lourdes pertes du côté des forces de l'Axe ; Rommel imagina alors de priver les défenseurs de vivres pour les contraindre à se rendre. En dépit d'une série de bombardements intensifs, le port resta ouvert et la Royal Navy put acheminer les vivres nécessaires à sa garnison. Le siège du port fut finalement levé grâce au succès de l'opération britannique Crusader à la fin novembre, et les Allemands se retirèrent à Tripoli. Tobrouk avait tenu bon durant 242 jours. **AG**

Pertes : Britanniques et Commonwealth, 3 000 morts sur 27 000 ; Allemands et Italiens, 8 000 morts sur 35 000

< *Keren 1941* *Opération Crusader 1941* >

Crète 20 mai - 1er juin 1941

Les Alliés chercheront à tirer les leçons du sérieux revers essuyé en Crète pour leurs propres forces aéroportées, cependant les lourdes pertes subies par l'Allemagne conduisirent Hitler à mettre un frein aux opérations aéroportées de grande envergure.

Après le lamentable échec des Britanniques à défendre la Grèce contre l'offensive allemande, les survivants des forces de Grande-Bretagne et du Commonwealth furent évacués vers la Crète, île d'une importance stratégique pour les deux parties. Jouissant d'une supériorité aérienne, les Allemands décidèrent d'exploiter cet avantage en s'emparant de l'île au cours d'un assaut massif mené par des troupes de parachutistes d'élite et de planeurs. En dépit de leur avantage en termes d'effectifs sur les Allemands, les défenseurs de Grande-Bretagne, du Commonwealth et grecs constituaient une force désorganisée, manquant de coordination et d'armes lourdes.

Bien que les Britanniques aient eu connaissance des plans d'invasion de la Crète grâce au décryptage des codes Enigma, la supériorité aérienne allemande rendit presque impossible la défense de l'île. L'assaut aéroporté eut lieu le 20 mai, avec un débarquement de quelque 9 350 hommes le premier jour. Malgré l'ampleur sans précédent des pertes allemandes, il restait suffisamment de soldats pour tenir jusqu'à l'arrivée des renforts. Le 26, le lieutenant général Bernard Freyberg, commandant les opérations du Commonwealth en Crète, ordonna une retraite générale. Ayant déjà subi de lourdes pertes, la Royal Navy perdit encore davantage de navires tandis qu'elle tentait d'évacuer ses troupes. L'opération fut abandonnée le 30 mai, laissant sur le sol crétois 5 000 hommes. **AG**

Pertes : Britanniques et Commonwealth, 4 000 morts, 2 000 blessés, 11 300 prisonniers sur 47 500, 9 navires coulés, 18 endommagés ; Allemands, 7 000 morts sur 22 000

< *Cap Matapan 1941* *Raid sur Alexandrie 1941* >

Naufrage du *Bismarck* 23-27 mai 1941

Le puissant cuirassé allemand *Bismarck* confirma la menace qu'il faisait peser sur la Grande-Bretagne dans l'Atlantique durant la Seconde Guerre mondiale lorsqu'il provoqua le naufrage du HMS *Hood* de la Royal Navy. Le *Bismarck* fut cependant pris en chasse et détruit trois jours plus tard.

Prêt à partir en opération au début de l'année 1941, le *Bismarck* était le plus puissant navire de guerre au monde. Accompagné du croiseur lourd *Prinz Eugen*, il appareilla pour son premier et dernier voyage le 18 mai, quittant la baie de Dantzig pour sillonner les voies commerciales de l'Atlantique. L'essentiel de la Royal Navy fut déployé pour retrouver le *Bismarck*. Il fut repéré le 23 mai dans le détroit de Danemark, entre l'Islande et le Groenland. Deux navires de guerre britanniques arrivèrent à hauteur du cuirassé le lendemain matin. Touché quelques minutes après la rencontre, le vieux croiseur britannique HMS *Hood* explosa, provoquant la mort de la quasi-totalité de l'équipage. Quant au navire de guerre *Prince of Wales*, il était si récent que, mal préparé à l'action, il fut bientôt écarté du combat. Le *Bismarck* ayant été endommagé, l'amiral allemand Günther Lütjens décida de se séparer du *Prinz Eugen* et d'atteindre un port français pour procéder aux réparations.

Mais les navires britanniques continuèrent à lui donner la chasse et, la nuit suivante, une attaque menée par un avion torpilleur Swordfish du porte-avions *Victorious* endommagea un peu plus le cuirassé allemand. Ils le perdirent un temps mais, le 26 mai, le *Bismarck* était de nouveau localisé et une torpille lancée par un Swordfish du porte-avions *Ark Royal* brisa son gouvernail. Le matin suivant, deux autres navires de guerre britanniques, *King George V* et *Rodney*, rattrapèrent le cuirassé allemand ; touché par des torpilles, il chavira et coula. **DS**

Pertes : Allemands, 2 000 morts, 1 cuirassé coulé ; Britanniques, 1 415 morts, 1 croiseur coulé

< *Rio de la Plata 1939*   *Convoi PQ17 1942* >

« Navire impossible à manœuvrer. Nous nous battons jusqu'à la dernière munition. Longue vie au Führer. » *Dernier message envoyé par le* Bismarck

↑ *Le croiseur britannique* HMS Dorsetshire *recueille les naufragés survivants du* Bismarck *le 27 mai 1941.*

Opération Barbarossa 22 juin - 6 octobre 1941

C'est en juin 1941 que s'ouvre le front de l'Est de la Seconde Guerre mondiale, lors de l'invasion de l'Union soviétique par les Allemands. La capacité de l'Union soviétique à rebondir allait sonner le glas de l'Allemagne nazie.

Staline pensait avoir acheté Hitler avec le pacte germano-soviétique et refusa de prendre en compte les avertissements (84 en tout, dit-on) d'une attaque imminente. Par conséquent, l'invasion causa un choc terrible. Bien que l'armée rouge fût en train d'être modernisée, la production de nouveau matériel (comme les chars T-34 et KV-1) commençait tout juste. Trop de matériel était obsolète et trop d'officiers expérimentés avaient été victimes des purges. Sans doute les Allemands avaient-ils raison d'espérer une victoire rapide. Leur plan était simple : le groupe d'armées nord devait progresser dans les États baltes pour atteindre Leningrad, le groupe d'armées centre devait rallier Moscou en passant par Smolensk, tandis que le groupe d'armées sud se rendrait à Kiev. Les Allemands supposaient que les ressources de ces régions étaient si précieuses que l'armée rouge ferait tout pour les défendre et serait par conséquent anéantie d'ici à la mi-octobre.

Le premier assaut fut dévastateur. Des centaines d'avions soviétiques furent détruits au sol, les troupes stationnées près des frontières furent abandonnées sans ordres. Persuadés depuis toujours être à l'abri dans leur patrie, les civils soviétiques assistaient, incrédules, à la catastrophe. Après douze jours de combat, Staline adressa toutefois un message radiophonique à son peuple désemparé, dans lequel il exhortait ses « frères et sœurs » à faire preuve de patriotisme russe, plutôt que bolchevique, et à promouvoir une politique de la terre brûlée et une guerre partisane. Les importantes forces soviétiques

Des chars soviétiques se dirigent vers le front de bataille le 22 juin 1941, premier jour de l'opération Barbarossa.

établies aux abords de Kiev et de Smolensk engagèrent une lutte déterminée et opposèrent aux Allemands une résistance sérieuse. Bien que les deux villes fussent tombées, les défenses soviétiques ralentirent la progression allemande et permirent de recruter de nouvelles forces. L'armée rouge viendrait bientôt à manquer d'armes mais l'Union soviétique allait bénéficier d'un vaste approvisionnement en matériel pour soutenir une guerre prolongée.

Hitler desservit sa propre cause en déportant ses troupes de Smolensk vers Kiev, retardant ainsi sa progression vers Moscou. Il ordonna également la destruction des troupes soviétiques encerclées au lieu d'attendre leur reddition, gaspillant ainsi des ressources qui auraient été davantage utiles ailleurs. La brutalité des troupes allemandes provoqua très rapidement la formation d'un nombre croissant d'unités partisanes résistantes. Les Allemands déplorèrent d'importantes pertes ; après six semaines, ils avaient perdu bien plus d'hommes que lors de l'invasion de la France et rencontraient toujours une forte résistance. Le terrain cahoteux et les routes en piteux état rendaient le ravitaillement, en carburant en particulier, difficile. En effet, les Allemands perdirent plus de chars du fait du terrain que des attaques de l'Union soviétique et certaines unités ne disposaient plus que d'un quart de leur arsenal. À la fin octobre, lorsque la progression vers Moscou reprit, la plupart des officiers allemands pensaient qu'ils n'atteindraient pas la ville avant l'hiver. L'offensive s'essoufflait et serait stoppée lors de la bataille de Moscou. **JS**

Pertes : Allemands, 250 000 morts, 500 000 blessés ; armée rouge, 1 000 000 de morts, 3 000 000 de blessés, 3 300 000 prisonniers

< *Suomussalmi 1939* *Leningrad 1941* >

Leningrad

4 septembre 1941 - 27 janvier 1944

« Certains devenaient fous à cause de la faim. Cacher les morts et utiliser leurs cartes de rationnement était devenu une pratique courante. » Un témoin oculaire

Lors de l'hiver 1941 et jusqu'en 1942, les Russes n'eurent d'autre choix que d'abandonner leurs maisons en ruine.

Après l'invasion de l'Union soviétique par l'Allemagne lors de l'opération Barbarossa, Leningrad fut assiégée. La perte de la ville aurait sévèrement atteint le moral des Soviétiques et le siège de 872 jours devint le symbole de la résistance du peuple soviétique.

Personne ne croyait que les Allemands parviendraient à Leningrad. La défense de la ville fut entreprise très tard. Des milliers de citoyens, y compris des écoliers, furent mobilisés pour creuser 547 km de fossés antichars et 2 575 km de tranchées. Bien que les Allemands aient réussi à couper Leningrad de toutes communications avec le pays, ils ne purent faire rentrer leurs chars dans la ville. Ils établirent alors le siège de la cité, projetant de couper les vivres aux habitants pour les forcer à se rendre. Ce fut la grande erreur de l'Union soviétique. Personne n'avait songé à constituer des réserves et aucune mesure n'avait été prise pour évacuer les enfants et les personnes âgées.

Tandis que l'hiver s'installait, la population commença à souffrir de la faim. Lorsque le lac Ladoga fut pris par les glaces, il devint possible de construire ce que l'on appela ensuite la « route de la vie » : une route gelée qui permit l'acheminement de quelques vivres. La ville résistait, à la grande stupéfaction des attaquants. L'année 1942 fut le théâtre de terribles batailles, tandis que l'armée rouge enregistrait de très lourdes pertes en tentant de briser le siège ; mais le blocus ne fut rompu qu'en janvier de l'année suivante. Le siège même dura encore une année, sous le feu constant des soldats allemands. Leningrad ne subit jamais plus la terrible famine du premier hiver ; elle avait enduré le siège le plus sanglant de l'histoire. **JS**

Pertes : Allemands, chiffres inconnus ; armée rouge, 1 000 000 de morts, blessés ou prisonniers, plus 1 000 000 de civils morts

Opération Barbarossa 1941 — *Moscou 1942*

1939-1945 : front de l'Est

Moscou

30 septembre 1941 - 7 janvier 1942

Sur le front de l'Est, la bataille de Moscou constitua l'apogée de l'opération Barbarossa. Les Allemands projetaient de s'emparer de la capitale soviétique, croyant ainsi briser la volonté de l'URSS de poursuivre le combat. Leur échec signa la condamnation du IIIe Reich.

La progression allemande vers Moscou vira vite au cauchemar. Les Allemands étaient stupéfaits de la capacité de l'Union soviétique à toujours trouver de nouvelles ressources. Certains officiers allemands pensaient Moscou inatteignable, mais ils n'eurent d'autre choix que de poursuivre leur avancée. Les Allemands parvinrent à encercler nombre de forces soviétiques à Viazma en octobre, mais ces mêmes troupes résistèrent et les retardèrent. Les soldats allemands percèrent les lignes de défense improvisées aux abords de Moscou et arrivèrent à 24 km de la ville ; ils pouvaient voir au loin les coupoles de l'église Saint-Basile sur la place Rouge. Cependant, la résistance ne cessait de se renforcer. Staline décida de rester à Moscou et assista aux célébrations annuelles de la place Rouge, affermissant ainsi le moral de son peuple.

Au début novembre, l'armée allemande commença à souffrir d'engelures et les soldats eurent de plus en plus de difficultés à utiliser leurs armes gelées. Le 5 décembre, les troupes sibériennes, transférées depuis la frontière chinoise, passèrent à l'attaque, sous un camouflage neige que les Allemands apprendraient vite à redouter. L'armée rouge espérait encercler et anéantir l'ennemi. Bien qu'ils ne soient pas parvenus à leur objectif, ils firent cependant reculer les Allemands parfois jusqu'à 250 km. Ceux-ci ne devaient plus compter sur une victoire rapide. **JS**

Pertes : Allemands, 250 000-400 000 morts ou blessés ; armée rouge, 600 000-1 300 000 morts, blessés ou prisonniers

Leningrad 1941 | *Stalingrad 1942*

1939-1945 : guerre en Afrique du Nord

Opération Crusader

18 novembre - 10 décembre 1941

Cette victoire britannique contre les forces de Rommel fut l'un des rares exemples de défaite du commandant de panzers lors d'une bataille tactique. Bien qu'il ait perdu son pari de gagner, il parvint à conserver intactes ses divisions en abandonnant le territoire aux Britanniques.

Le 18 novembre 1941, la 8e armée britannique lança une offensive destinée à déloger les forces italo-allemandes de la frontière entre la Libye et l'Égypte et à reprendre le port assiégé de Tobrouk. D'après le plan britannique, le 30e corps devait se rabattre vers le sud pour encercler la principale position des forces de l'Axe, tandis que le 13e corps devait forcer la ligne de l'ennemi et avancer le long de la côte jusqu'à Tobrouk.

Surprises, les troupes de l'Axe réagirent tardivement. La progression du 30e corps alla bon train jusqu'à sa confrontation avec la division blindée Ariete et les XVe et XXIe divisions de panzers aux abords de Sidi Rezegh. Dans ce ballet incessant de chars, l'avantage allait tantôt à l'une tantôt à l'autre partie. Pendant ce temps, le 13e corps progressait le long de la côte, tout en restant vulnérable aux attaques éventuelles des forces de l'Axe.

Rommel ordonna soudain à ses panzers de se désengager de la bataille contre le 30e corps pour se hâter vers les bases arrière britanniques. Il avait misé sur l'anéantissement de ses adversaires mais les Britanniques tenaient bon. Dans un rapide revers de fortune, les panzers allemands se retrouvèrent dans une position dangereuse et furent contraints de battre en retraite, à court de carburant et de munitions. Les Britanniques maintinrent leur pression et repoussèrent les Allemands hors de la Cyrénaïque. Tobrouk fut libéré le 10 décembre. **AG**

Pertes : puissances de l'Axe, 38 000 (prisonniers pour la plupart) sur 115 000 ; Britanniques, 18 000 sur 110 000

Tobrouk 1941 | *Gazala 1942*

Pearl Harbor 7 décembre 1941

L'attaque dévastatrice menée par la marine impériale japonaise contre la base américaine de Pearl Harbor, à Hawaï, plongea les États-Unis dans la Seconde Guerre mondiale. Bien qu'elle ait procuré au Japon des avantages à court terme, cette agression provoqua sa chute à long terme, en faisant entrer les Américains dans l'effort de guerre.

Cette attaque survint après des années de tensions entre les deux pays, en particulier à propos de la guerre brutale et non déclarée du Japon en Chine. Les Japonais dépendaient des matières premières américaines et, lorsque le gouvernement de Roosevelt imposa des sanctions au cours de l'été 1941, il leur fallut choisir : entrer en guerre ou abandonner toute ambition expansionniste. Les Japonais projetaient d'évincer les États-Unis de la quasi-totalité du Pacifique et de sécuriser parallèlement leurs matières premières en s'emparant des territoires coloniaux européens en Asie.

Le raid surprise sur Pearl Harbor fut pensé et dirigé par le commandant en chef de la marine japonaise, l'amiral Yamamoto Isoroku. En novembre, les porte-avions de la flotte aéronavale du vice-amiral Nagumo Chuichi quittèrent Kure. Une flotte de 31 navires dont six porte-avions parcourut alors 1 609 km sans se faire repérer, et parvint aux abords de Hawaï. Dirigée par le commandant Mitsuo Fuchida, la première vague de 181 avions décolla à l'aube du 7 décembre. Bien que les défenseurs de Pearl Harbor aient su qu'une guerre avec le Japon était envisageable, une attaque contre la base semblait improbable. Et lorsqu'une station radar établie sur la côte détecta les avions japonais, les opérateurs s'entendirent répondre qu'il s'agissait d'avions alliés. Juste avant 7 heures, un destroyer en patrouille attaqua un sous-marin japonais dans le port, mais il était déjà trop tard. À 7 h 53, la force aéronavale de Nagumo Chuichi survolait la base et le commandant Fuchida lançait son message radio « *Tora, Tora, Tora* » (« tigre ») signalant le début de l'attaque. La surprise fut presque totale ; les Japonais trouvèrent les défenses inoccupées et les chasseurs de l'île alignés aile contre aile afin d'éviter le sabotage. Les bombardiers en piqué et avions de chasse survolèrent les bases aériennes américaines, pilonnant les avions au sol. Des torpilleurs et autres bombardiers torpillèrent les navires de guerre au mouillage, au large de l'île de Ford. Quelques minutes plus tard, des bombes détruisaient le pont de l'USS *Arizona*, faisant exploser son arsenal perfectionné, pulvérisant la moitié du navire et tuant plus de 1 000 membres d'équipage. L'USS *Oklahoma* fut torpillé et sombra en provoquant la mort de nombreux marins ; quant au *California* et au *West Virginia*, ils furent tous deux sévèrement endommagés sous leur ligne de flottaison. Après une brève accalmie, une deuxième vague d'attaques fut déclenchée vers 9 heures, visant principalement les navires à quai. Le navire de guerre *Pennsylvania* fut endommagé et trois destroyers en cale sèche furent détruits. Les Japonais finirent par repartir vers 10 heures, pour rejoindre le corps expéditionnaire de Nagumo qui obliquait vers le nord, sans rencontrer de résistance.

Mené avec des pertes minimes, le raid japonais fut un succès écrasant. Trois porte-avions américains alors en mer échappèrent cependant à l'attaque et les forces de Nagumo laissèrent intacte une grande partie de l'infrastructure de la base. Le Japon avait, selon les mots apocryphes attribués à l'amiral Yamamoto, « réveillé un tigre assoupi », et une Amérique unie parée pour une longue guerre. Les porte-avions rescapés infligèrent par la suite à Nagumo une défaite sans précédent à Midway en juin 1942, amorçant la retraite du Japon qui se solderait par sa reddition dans la baie de Tokyo en septembre 1945. **NH**

Pertes : É-U, 2 400 morts, 1 250 blessés, plus 90 civils morts ou blessés, 4 cuirassés coulés, 4 endommagés, 3 autres navires de guerre coulés, 7 endommagés, 300 avions détruits ou endommagés ; Japonais, 64 morts, 29 avions, 4 sous-marins coulés

Prince of Wales *et* Repulse *1941* ›

Des marins américains de Pearl Harbor assistent à l'explosion de l'USS Shaw *lors de l'attaque surprise japonaise.* 

1939-1945 : guerre avec le Japon

Prince of Wales et *Repulse*

10 décembre 1941

Après Pearl Harbor, les seuls croiseurs de bataille alliés encore opérationnels dans la guerre contre le Japon étaient le *Prince of Wales* et le *Repulse*, qui appartenaient tous deux à la Force Z britannique, basée à Singapour. Devant attaquer les forces japonaises débarquées en Malaisie, ils ne bénéficièrent pas du soutien aérien attendu et furent coulés.

À la fin de l'année 1941, le gouvernement britannique décida d'aller soutenir ses forces navales en Extrême-Orient. Le fringant cuirassé *Prince of Wales* et le vieux croiseur *Repulse* furent les deux seuls navires importants envoyés. Dénommés Force Z, ils atteignirent la région moins d'une semaine avant l'attaque de Pearl Harbor. Le plan de guerre japonais prévoyait une invasion du nord-est de la Malaisie, contrôlé par les Britanniques, à partir de bases établies dans la colonie française d'Indochine. Cette attaque commença en même temps que celle de Pearl Harbor, à l'aube du 7 décembre, heure locale. Un peu plus tard dans la journée, la Force Z tenta de s'opposer aux envahisseurs mais devint bientôt la cible des Japonais.

Le matin du 10 décembre, les navires de la Royal Navy furent attaqués par des bombardiers basés au sol et des avions torpilleurs venant d'Indochine. Le commandant britannique, l'amiral Sir Tom Philips, maintenait le silence radio, persuadé à tort que ses collègues de Malaisie assureraient une couverture aérienne. Mais l'aviation japonaise put l'attaquer sans aucune gêne. Le *Prince of Wales* fut atteint d'emblée par une torpille qui endommagea la plupart de ses défenses antiaériennes. En l'espace de quelques heures, les deux plus grands navires britanniques avaient été coulés. Des destroyers britanniques récupérèrent les survivants ; l'amiral Philips n'en faisait pas partie. **DS**

Pertes : Britanniques, 840 morts, 2 navires ; Japonais, 3 bombardiers

[<] *Pearl Harbor 1941* — *Bataan 1941* [>]

1939-1945 : guerre en Méditerranée

Raid sur Alexandrie

18-19 décembre 1941

Une attaque menée par des « torpilles humaines » italiennes provoqua le naufrage de deux cuirassés britanniques dans leur base à Alexandrie, en Égypte. Après les pertes subies les semaines précédentes, la force navale britannique de Méditerranée se trouvait considérablement affaiblie. Malgré cela, les Italiens ne surent tirer profit de cette situation.

Bien que la marine italienne ait inclus de nombreux bâtiments à la fois modernes et puissants, ses principales forces terrestres avaient été défaites dans la plupart des batailles en 1940 et 1941. Cependant les Italiens avaient mis au point ce que l'on nommerait les « torpilles humaines » – une sorte de sous-marin de poche. Leurs utilisateurs les surnommaient *maiali* (« porcs ») car elles étaient extrêmement difficiles à manœuvrer. Les deux hommes d'équipage, vêtus d'une tenue de plongée, s'asseyaient sur une espèce de torpille orientable, de faible vitesse, pourvue d'une ogive détachable. Ils étaient chargés de fixer l'ogive à la coque d'un navire ennemi au mouillage et de s'échapper avant que la charge n'explose.

Les torpilles humaines remportèrent leur premier succès en septembre 1941 (elles firent couler trois navires alliés à Gibraltar), mais leur plus grand triomphe fut enregistré à Alexandrie trois mois plus tard. Trois *maiali* lancés du sous-marin principal parvinrent à pénétrer dans le port lorsque la défense ouvrit le feu pour permettre à certains navires britanniques de rentrer. Les torpilles humaines visaient les cuirassés *Valiant* et *Queen Elizabeth* et un navire-citerne, le *Sagona*. Les trois équipages placèrent leurs charges, endommageant gravement les trois cibles. Les Italiens avaient mis les derniers navires britanniques de Méditerranée hors service. **DS**

Pertes : Britanniques, 2 cuirassés et 1 navire-citerne coulés ; Italiens, 6 navires capturés

[<] *Crète 1941* — *Invasion de la Sicile 1943* [>]

Bataan

31 décembre 1941 - 9 avril 1942

L'attaque aérienne surprise menée contre les États-Unis et les Philippines fut suivie d'assauts amphibies conduits par la XIVe armée japonaise sur l'île de Luçon. Les Japonais avancèrent ensuite progressivement depuis le nord et le sud, à peine ralentis par les actions de retardement des divisions armées philippines.

Le général Douglas MacArthur, commandant de l'armée américaine en Extrême-Orient, tenta de combattre les Japonais sur les sites de débarquement mais échoua. La garnison américaine comptait quelque 30 000 soldats et près de 75 000 Philippins peu entraînés. Tandis que les Japonais approchaient, le 24 décembre, MacArthur déclara Manille ville ouverte et ordonna à toutes les unités de se battre. Le 1er janvier, le dernier pont reliant Bataan fut détruit et une série de lignes de défense virent le jour. En janvier et février, les tentatives japonaises de lancer des troupes derrière ces lignes furent repoussées.

Le combat se poursuivit en mars tandis que les Japonais cherchaient à encercler les lignes de défense. Une contre-offensive américaine permit de regagner temporairement du terrain mais, le 3 avril, une attaque japonaise d'envergure perça définitivement les dernières lignes de défense. Le 9 avril, à court de vivres et de munitions, 78 000 survivants furent livrés aux Japonais.

La chute de Bataan fournit aux Japonais une base d'artillerie pour attaquer Corregidor, dernière étape dans la conquête des Philippines. Elle signa en outre la sentence de mort de plus de 600 prisonniers américains et 10 000 Philippins au cours de la marche de la mort de Bataan, reconnue par la suite comme crime de guerre. **RB**

Pertes : États-Unis et Philippines, 21 000 morts ou disparus, 78 000 prisonniers, 3 000 évadés (à Corregidor) ; Japonais, 1 500 morts ou blessés

< Prince of Wales *et* Repulse *1941* *Chute de Singapour 1942* >

« De lourds camions roulaient sur le corps jusqu'à ce qu'il soit plat comme une galette… Les soldats japonais beuglaient de jubilation. »

Gene Boyt, survivant de la marche de la mort

Des soldats japonais célèbrent leur victoire le 1er janvier 1942, après s'être emparés d'un arsenal américain capital à Bataan.

Chute de Singapour 8-15 février 1942

Singapour était considéré comme la principale base de l'Empire britannique en Asie, mais ses défenses se révélèrent fragiles et sa garnison, mal entraînée et dirigée de manière incompétente. La chute de Singapour entraîna une reddition humiliante pour la Grande-Bretagne et scella la plus grande victoire de l'armée japonaise de la guerre de 39-45.

Bien que moins nombreuse que celle des Britanniques, la XXVe armée du général japonais Yamashita envahit la Malaisie en moins de deux mois après son débarquement dans le nord de l'île le 8 décembre 1941. Les forces britanniques se retirèrent sur l'île de Singapour, censée constituer une forteresse imprenable. Mais ses fortifications, édifiées avant la guerre, n'avaient pas été conçues pour affronter une attaque terrestre par le nord. Les hommes de la garnison (quelque 70 000 soldats indiens, britanniques et australiens) se battaient depuis les prémices de la campagne et étaient démoralisés.

Bien moins nombreux (environ 35 000), les Japonais bénéficiaient cependant du soutien des chars de combat et d'une emprise totale sur l'espace aérien. Ils lancèrent leur attaque dans la nuit du 8 au 9 février, avec le débarquement de leurs VIIIe et XVIIIe divisions rejointes la nuit suivante par la division des gardes impériale. Commandant de la garnison, le général Percival avait choisi de disperser ses forces pour défendre tous les points de débarquement possibles et ne parvint pas à opposer une résistance efficace aux troupes japonaises. Le 12 février, les troupes alliées avaient été repoussées aux portes de Singapour. Cédant à l'inévitable, Percival dut se rendre le 15. La plupart de ses troupes indiennes combattirent par la suite aux côtés des Japonais tandis que des milliers d'autres prisonniers allaient mourir en captivité. **DS**

Pertes : Britanniques et Commonwealth, 14 000 morts ou blessés, 70 000 prisonniers ; Japonais, 5 000 morts ou blessés

< *Bataan 1941* *Darwin 1942* >

Un soldat japonais escorte la délégation britannique défaite (à droite, le général Percival). ↑

Darwin 19 février 1942

Afin d'appuyer l'invasion progressive des Indes néerlandaises, l'état-major japonais décida d'envoyer sa principale force aérienne bombarder la ville de Darwin, au nord de l'Australie. Plusieurs navires alliés furent coulés et les installations portuaires largement endommagées. Les Japonais, eux, ne déplorèrent presque aucune perte.

Jusqu'au mois de février 1942, le port de Darwin avait servi de base d'approvisionnement aux forces alliées établies aux Indes orientales. Il était si éloigné de tout territoire japonais que nul n'avait songé qu'il faille le défendre. Le 15 février, quatre des porte-avions ayant mené l'attaque sur Pearl harbor décollèrent de Palau, dans les îles Carolines, pour bombarder la ville. Comme à Pearl Harbor, l'amiral Nagumo Chuichi commandait les opérations.

Situés dans la mer de Banda, les navires japonais lancèrent 188 avions, sous le commandement de Mitsuo Fuchida, pour mener l'attaque du 19 février. Outre sa puissance phénoménale, l'assaut provoqua une surprise totale ; elle détruisit un destroyer américain, plusieurs navires de commerce présents dans le port ainsi que les infrastructures portuaires. Mené par l'aviation terrestre, le raid qui suivit détériora sévèrement l'aérodrome de la ville.

Les raids aériens firent craindre au nord de l'Australie et à tout le pays une invasion japonaise, mais en réalité cela ne fut jamais concrètement envisagé. On peut douter que l'attaque d'une cible si insignifiante ait été réellement opportune pour la principale force navale japonaise. Après leur contribution à l'invasion des Indes orientales, ses navires allaient poursuivre leurs attaques dans l'océan Indien, jusqu'à Ceylan (Sri Lanka), à des milliers de kilomètres de leur principal ennemi, la flotte américaine du Pacifique. **DS**

Pertes : Alliés, 7 navires de commerce et 1 destroyer, 570 morts ou blessés ; Japonais, 1 avion

< *Chute de Singapour 1942* *Mer de Java 1942* >

↑ *La carcasse d'un bombardier américain Hudson dans les ruines d'un hangar de Darwin, après le raid japonais.*

1939-1945 : guerre avec le Japon

Mer de Java 27 février - 1er mars 1942

Les dernières forces navales des Alliés en lutte contre l'inexorable progression du Japon dans les Indes orientales furent pratiquement anéanties durant une série d'opérations navales au large de l'île de Java. Le Japon allait bientôt occuper tout l'archipel et l'ajouter à la liste de ses conquêtes en Malaisie, en Birmanie et aux Philippines.

À la fin février 1942, les forces japonaises avaient mis la main sur la plupart des Indes néerlandaises. Java était la prochaine cible des Japonais. Ses défenses incluaient une force navale hollandaise, britannique, américaine et australienne composée de cinq croiseurs et neuf destroyers, mais ces unités ne s'étaient pas entraînées ensemble et pouvaient à peine communiquer entre elles. Ils étaient dépassés en armement par les quatre croiseurs et quatorze destroyers de l'amiral Takagi envoyés pour couvrir les débarquements prévus par les Japonais.

La bataille s'engagea dans l'après-midi du 27 février au large de la côte nord de Java. Lors des affrontements qui se poursuivirent cette nuit-là, deux croiseurs hollandais furent coulés par les puissantes torpilles japonaises « Long Lance », et un croiseur britannique fut endommagé par des tirs. Avant de périr à bord de son vaisseau, le HNLMS *De Ruyter*, l'amiral Doorman ordonna aux deux croiseurs rescapés de s'enfuir. Mais la nuit suivante, ces mêmes navires, l'USS *Houston* et le HMAS *Perth*, furent coulés. Enfin, le 1er mars, le croiseur britannique endommagé, le HMS *Exeter*, fut intercepté et coulé par une escorte japonaise. En outre, cinq destroyers alliés furent anéantis dans les divers affrontements. Les Japonais ne perdirent de leur côté que deux navires de transport, coulés par le *Houston* et le *Perth*. À ce moment, le Japon conservait encore l'avantage pris à Pearl Harbor. **DS**

Pertes : Alliés, 5 croiseurs et 5 destroyers ;
Japonais, aucun navire

‹ *Darwin 1942* *Raid de Doolittle 1942* ›

1939-1945 : raids côtiers sur l'Europe

Opération Chariot 28 mars 1942

La défaite de la France livra à l'Allemagne le contrôle des ports de la côte atlantique, menaçant ainsi les couloirs de navigation menant à la Grande-Bretagne. Le raid britannique sur le port breton de Saint-Nazaire visait à rendre ce dernier inutilisable comme base pour le puissant cuirassé allemand *Tirpitz*. Un objectif parfaitement rempli.

La cale sèche de Saint-Nazaire était la seule infrastructure de la côte française suffisamment large pour accueillir le *Tirpitz*. Les Britanniques prévoyaient d'enfoncer les grilles de la cale avec un destroyer, le HMS *Campbeltown*, rempli d'explosifs. Le raid fut placé sous l'égide de la Royal Navy et des Commandos (forces spéciales entraînées aux attaques sur les territoires occupés en Europe).

Peu après minuit le 28 mars, le *Campbeltown* approcha de Saint-Nazaire, accompagné d'une flottille de vedettes et autres petits bateaux. Censé faire diversion, le raid de bombardement mené par la RAF sur le port ne réussit qu'à alerter les défenses allemandes, et les batteries terrestres ouvrirent le feu presque immédiatement. La plupart des vedettes furent détruites ou endommagées. Éclairé par les projecteurs allemands et les bateaux en flammes, le *Campbeltown* poursuivit sa route sous le feu ennemi et enfonça les portes de la forme Joubert juste après 1 h 30. Les explosifs dissimulés dans sa coque n'exploseraient que plusieurs heures plus tard. Les Commandos débarquèrent pour se battre contre les soldats allemands tout en installant des charges explosives. L'un des corps des Commandos tenta de traverser la ville, mais presque tous ses membres furent tués ou capturés. À midi, alors que les généraux allemands inspectaient le *Campbeltown*, le détonateur déclencha l'explosion des charges, tuant près de 360 personnes et détruisant la forme Joubert. **RG**

Pertes : Britanniques, 169 morts et 215 prisonniers sur 612 ;
Allemands, chiffres inconnus

‹ *Dunkerque 1940* *Débarquement de Dieppe 1942* ›

Raid de Doolittle 18 avril 1942

Des bombardiers lancés depuis un porte-avions américain menèrent une attaque surprise sur Tokyo. Même s'il causa peu de dégâts, le raid raffermit le moral des Américains. L'affront que représenta le raid à la fierté nationale japonaise motiva les gouvernants japonais à poursuivre les actions offensives de plus belle.

Après Pearl Harbor, le président Roosevelt exigea que les forces armées américaines trouvent un moyen de frapper directement le Japon. La seule méthode possible consistait à utiliser des avions amenés par porte-avions. Cependant la faible portée des engins de l'aéronavale aurait obligé ces porte-avions à naviguer trop près des côtes japonaises sous haute surveillance.

Au lieu de cela, une unité spéciale de bombardiers B-25 Mitchell de l'USAAF placée sous le commandement du colonel James Doolittle devait décoller du porte-avions USS *Hornet*. Ces appareils devaient lâcher leurs bombes sur le Japon puis atterrir dans une région de Chine contrôlée par les nationalistes pro-Alliés. Doolittle et ses 16 bombardiers décollèrent normalement le 18 avril. La force navale ayant été repérée par les Japonais, le lancement fut effectué à 1 000 km du Japon au lieu des 650 km initialement prévus. Les bombardiers arrivèrent au-dessus de l'archipel en plein jour mais ne subirent que des dégâts limités de la part de l'ennemi. Presque tous parvinrent à larguer leurs bombes sur les cibles japonaises, principalement à Tokyo, mais aussi à Kobe, Yokosuka et Osaka.

Après l'attaque, les appareils vinrent à manquer de carburant. L'un d'entre eux changea de cap et atterrit en Union soviétique. Les quinze autres se dirigèrent vers la Chine mais durent renoncer à atterrir. La totalité des appareils fut perdue et onze membres d'équipage furent tués. **DS**

Pertes : Japonais, 50 civils tués ; Américains, 3 morts, 8 prisonniers (4 morts en captivité)

< *Mer de Java 1942* *Mer de Corail 1942* >

1939-1945 : guerre avec le Japon

Mer de Corail 6-8 mai 1942

De cette première bataille navale entièrement livrée entre des flottes de porte-avions qui ne furent jamais à portée de canon, les États-Unis se sortirent mal d'un point de vue tactique mais obtinrent une victoire stratégique. Le Japon abandonna ses velléités d'envahir la Nouvelle-Guinée – son premier revers militaire notoire depuis décembre 1941.

Les Japonais prévoyaient de s'emparer d'autres positions dans les îles Salomon et d'envahir Port Moresby en Nouvelle-Guinée. Ils déployèrent plusieurs forces navales pour l'opération, dont l'une était conduite par les porte-avions *Shokaku* et *Zuikaku*. Mais les services d'écoute américains avaient décrypté leurs messages et le contre-amiral Frank Fletcher reçut l'ordre de contrer l'attaque. Il rassembla alors une force navale qui incluait les porte-avions USS *Lexington* et *Yorktown*.

La bataille commença le 6 mai : l'aéronavale américaine coula le *Shoho*, un porte-avions léger, tandis que les Japonais détruisirent un pétrolier et un destroyer. L'apogée de la bataille eut lieu le 8. Les porte-avions américains lancèrent leurs bombardiers en piqué et avions torpilleurs ; touché, le *Shokaku* prit feu, mais une tempête permit au *Zuikaku* d'échapper à ses agresseurs. L'aéronavale japonaise réitéra ses attaques toute la journée. Le *Yorktown* fut sévèrement endommagé et une bombe tombée sur le pont inférieur causa la mort de nombreux militaires. Touché à la fois par des bombes et des torpilles, le *Lexington* se saborda. Le Japon perdit moins de navires mais davantage d'avions et de membres d'équipage que son adversaire. Le *Yorktown* fut réparé mais ni le *Shokaku* ni le *Zuikaku* ne purent participer à la bataille de Midway le mois suivant. Le Japon abandonna en outre son plan d'invasion de Port Moresby. **DS**

Pertes : Japonais, 1 porte-avions, 77 avions, 1 074 morts ; Américains, 1 porte-avions, 1 destroyer, 66 avions, 543 morts

< *Raid de Doolittle 1942* *Baie de Sydney 1942* >

Gazala 26 mai - 21 juin 1942

« [Le retrait de la ligne de Gazala] fut l'un des coups les plus sévères reçus durant la guerre dont je me souvienne. » Winston Churchill

Le général allemand Erwin Rommel à Bir Hakeim, lors de la campagne de Libye.

L'attaque allemande de la ligne de Gazala, en Libye, démontra l'audace de son commandant Erwin Rommel, et l'aptitude de l'Afrika Korps à mener une bataille de blindés complexe. La 8e armée britannique, battue bien que dans l'ensemble meilleur stratège, fit preuve d'un courage désespéré.

L'offensive de printemps menée par Rommel en 1942 avait été freinée par la ligne de Gazala de la 8e armée britannique, une série de positions défensives (*boxes*) longeant la côte de Gazala vers le sud, jusqu'à Bir Hakeim, loin dans le désert. Les deux camps renforcèrent leur armée en vue d'une prochaine offensive, et l'Afrika Korps de Rommel frappa le premier, le 26 mai 1942. L'infanterie italienne de Rommel était chargée d'assurer un assaut frontal contre la ligne de Gazala tandis que ses unités blindées, majoritairement allemandes, devaient contourner Bir Hakeim par le sud afin d'attaquer par-derrière.

Les Britanniques déployèrent leurs unités blindées et acculèrent les panzers allemands contre les champs de mines britanniques de la ligne de Gazala. Cependant, ils ne surent mettre à profit ce premier succès et donnèrent à Rommel le temps de se retirer dans une position surnommée le « chaudron », dans laquelle il put réorganiser et ravitailler ses blindés. Une fois Bir Hakeim acquis aux Allemands le 11 juin, Rommel eut le champ libre pour réitérer son offensive depuis une position favorable.

Après la chute du box de « Knightsbridge », la ligne de Gazala devint intenable et l'ordre de retraite générale fut donné. Avec sa vélocité caractéristique, Rommel se saisit de cette opportunité pour capturer Tobrouk le 21 juin et progresser dans les terres égyptiennes jusqu'à El Alamein, à seulement 95 km d'Alexandrie. **AG**

Pertes : puissances de l'Axe, 32 000 morts ou blessés sur 110 000, plus 560 chars ; Alliés, 50 000 victimes sur 125 000, plus 850 chars

< *Opération Crusader 1941* *Bir Hakeim 1942* >

Bir Hakeim 26 mai - 11 juin 1942

La défense de Bir Hakeim par les Forces françaises libres dans le cadre de la bataille de Gazala, en Libye, contribua à retarder l'avancée des panzers de Rommel. En outre, elle prouva au monde qu'en dépit des désastres de 1940, la France n'avait perdu ni sa volonté ni son aptitude à se battre.

En tant que bastion sud de la ligne de Gazala, Bir Hakeim constituait un poste crucial du système défensif britannique. La responsabilité de tenir cette position incomba à la 1re brigade française libre, dirigée par le général Marie Pierre Kœnig. Comme l'exigeait son emplacement exposé, Bir Hakeim était équipé d'une artillerie terrestre et antichar et protégé par un champ de mines.

Les Allemands passèrent les premiers à l'offensive le 26 mai en lançant le mouvement de contournement prévu autour de Bir Hakeim. Les Français ne purent rien faire pour arrêter la manœuvre mais leur présence handicapa les Allemands, qui ordonnèrent à une division motorisée italienne d'attaquer la position. L'offensive s'enlisa dans les champs de mines et les quelques chars qui menaçaient les Français furent éliminés. L'aviation allemande soumit Bir Hakeim à des bombardements intenses. Les attaques menées par les forces terrestres allemande et italienne furent cependant refoulées.

Le 10 juin, la position des défenseurs était devenue désespérée et un signal envoyé par l'état-major de la 8e armée stipula aux Français de s'échapper et de rejoindre les lignes britanniques basées à l'est. La sortie eut lieu cette même nuit, dans le plus grand secret, à la surprise des unités de l'Axe environnantes. Sur les quelque 3 700 soldats présents au départ, près de 2 600 parviendraient à se retirer en lieu sûr. Hitler concéda : « Les Français sont, après nous, les meilleurs soldats de l'Europe. » **AG**

Pertes : puissances de l'Axe, 3 500 victimes sur 45 000 ; Alliés, 1 100 victimes sur 3 700

< *Gazala 1942* — *Alam el Halfa 1942* >

Baie de Sydney 31 mai - 1er juin 1942

L'attaque directe des Japonais sur Sydney provoqua un choc chez les Australiens, même si, par chance, les dégâts matériels furent restreints. L'opération fournit au Japon l'occasion de déployer ses sous-marins de poche et de prouver le courage suicidaire des membres d'équipages.

Stratégiquement, le raid mené dans la baie de Sydney faisait partie des opérations de diversion destinées à détourner l'attention des Alliés des préparatifs japonais en vue d'une attaque sur les îles Midway. Les sous-marins de poche furent amenés au large de Sydney dans des sous-marins traditionnels. Le 31 mai, en fin d'après-midi, trois d'entre eux furent lancés à environ 11 km de leur cible. Le port de Sydney n'était pas dépourvu de défenses contre une attaque sous-marine. Une boucle de détection avait été mise en place pour avertir de la présence de sous-marins, un filet anti-sous-marin installé à l'entrée du port et des patrouilleurs assignés à la défense de la baie. Mais les signaux de la boucle de détection étaient régulièrement ignorés et le filet était incomplet.

Le premier sous-marin de poche fut repéré vers 21 h 30. Un patrouilleur australien étant sur le point d'attaquer, les membres d'équipage du sous-marin activèrent leurs charges et périrent dans l'explosion. Les deux autres sous-marins pénétrèrent dans le port. Bien que les engins aient été soumis à des tirs et des grenades sous-marines, les dirigeants alliés furent lents à réagir et n'ordonnèrent l'extinction des feux qu'après 23 heures. L'un des sous-marins lança deux torpilles sur le croiseur lourd USS *Chicago* mais le manqua, coulant à la place le ferry *Kuttabul*, tuant 21 marins. Le sous-marin parvint à regagner la mer mais n'atteignit jamais son vaisseau-mère. Le troisième sous-marin fut traqué jusqu'à ce qu'il soit coulé, à l'aube. **RG**

Pertes : Alliés, 1 navire coulé, 21 morts, 10 blessés ; Japonais, 3 sous-marins de poche coulés, 6 morts

< *Mer de Corail 1942* — *Midway 1942* >

Midway 3-7 juin 1942

La défaite japonaise à Midway marqua un tournant décisif dans la guerre du Pacifique. La principale flotte de porte-avions du Japon fut écrasée et l'avantage passa dans le camp des Alliés. Bien qu'encore nullement battu, le Japon pouvait s'attendre à ce que d'autres défaites suivent tandis que l'effort de guerre américain s'intensifiait.

L'amiral Yamamoto, cerveau de l'opération de Pearl Harbor, avait parfaitement conscience que les forces navales américaines, en particulier la flotte des porte-avions, lui avait échappé. Il lui fallait donc vaincre cette flotte dans une grande bataille et son choix se porta sur les îles Midway, dans le Pacifique, avant-postes de la base principale américaine de Hawaï. Yamamoto échafauda un plan dangereusement complexe, divisa ses forces en plusieurs groupes dispersés et envoya une part non négligeable de ses troupes mener une opération de diversion contre les îles Aléoutiennes (Pacifique Nord). Il espérait surprendre les Américains et s'emparer de Midway dès la première phase de l'opération ; il serait alors bien placé pour mater leur riposte inéluctable. L'atout principal de sa flotte consistait en quatre porte-avions commandés par le vice-amiral Nagumo Chuichi.

Mais l'amiral Chester Nimitz, commandant de la flotte américaine du Pacifique, avait d'autres idées en tête. Les décrypteurs américains parvinrent à décoder nombre de messages japonais mais Nimitz joua un rôle crucial en interprétant avec justesse qu'ils présageaient une attaque sur Midway et en faisant en sorte que les trois porte-avions disponibles, les USS *Yorktown*, *Enterprise* et *Hornet*, soient déployés bien plus tôt que ce qu'envisageaient les Japonais. Outre la flotte de porte-avions, des avions terrestres étaient disponibles sur l'archipel.

Le 3 juin, l'aviation de Midway localisa la flotte japonaise et l'attaqua sans succès. La principale bataille se déroula le lendemain matin, alors que Nagumo ignorait encore la présence des porte-avions américains. Les bombardiers japonais venaient d'attaquer la base aérienne de Midway et d'apponter sur leurs porte-avions lorsque Nagumo reçut pour la première fois des rapports confus sur la présence de porte-avions américains dans les environs. À ce moment-là, l'aviation américaine était déjà en altitude, à la recherche de ses cibles. Les bombardiers torpilleurs des porte-avions *Hornet* et *Enterprise* allaient les premiers découvrir les porte-avions japonais. Un hasard malheureux, car ces avions peu maniables attaquant à basse altitude étaient une proie aisée pour les chasseurs japonais Zero. Les quinze bombardiers torpilleurs du *Hornet* furent abattus sans avoir atteint une seule cible. Mais, tout occupés à contrer l'attaque de torpilles, les Zero japonais ne virent pas ce qui se tramait en altitude. Des escadres de bombardiers en piqué issus de l'*Enterprise* et du *Yorktown* en profitèrent pour piquer sur les porte-avions japonais. Très rapidement, trois de ces navires (l'*Akagi*, le *Kaga* et le *Soryu*) furent touchés ; tous sombrèrent par la suite.

Les Japonais ripostèrent. Tôt dans l'après-midi, les appareils du porte-avions *Hiryu* touchèrent le *Yorktown*, mais une salve de tirs eut raison du *Hiryu* le lendemain matin. Un bref instant, Yamamoto nourrit l'espoir de reprendre la situation en main en s'emparant de la force américaine avec sa flotte de guerre encore intacte, mais les Américains tenaient sagement leurs distances. Le 5 juin, l'amiral japonais ordonna le repli de sa flotte. Deux jours plus tard, le *Yorktown* ainsi qu'un destroyer étaient coulés par un sous-marin japonais. La bataille de Midway fut une catastrophe pour la marine japonaise, dont la flotte de porte-avions subit des dommages irréversibles, dont la perte de pilotes à l'expérience irremplaçable. **DS**

Pertes : Japonais, 4 porte-avions, 225 avions, 3 000 morts ; Américains, 1 porte-avions, 1 destroyer, 151 avions, 307 morts

< *Baie de Sydney 1942* *Piste de Kokoda 1942* >

Des avions s'apprêtent à décoller du porte-avions USS Enterprise *lors de la bataille de Midway.*

Convoi PQ 17 1er-10 juillet 1942

Afin d'aider la Russie soviétique dans sa lutte contre les Allemands, les Alliés occidentaux lui fournissaient des vivres et des armes acheminées par cargos depuis l'Islande jusqu'au nord de la Russie. Ces convois étaient régulièrement attaqués par les bases allemandes établies en Norvège ; le convoi PQ 17 fut le plus gravement touché d'entre eux.

Lorsqu'il quitta l'Islande le 27 juin 1942, le convoi PQ 17 se composait de 40 navires marchands (dont trois feraient rapidement demi-tour), d'une escorte de six destroyers et une douzaine de petits vaisseaux. Une force de soutien composée de croiseurs, ainsi qu'une grande partie de la Home Fleet britannique participaient également à l'expédition. Le voyage n'était pas sans danger : présence rapprochée des bases aériennes allemandes en Norvège, attaque potentielle du cuirassé *Tirpitz* et de sa puissante escadre de soutien et exposition permanente compte tenu de l'ensoleillement caractéristique de l'été arctique. De plus, la menace aérienne signifiait que la Home Fleet ne pouvait pénétrer dans la région la plus dangereuse.

Les Allemands repérèrent le convoi le 1er juillet près de l'île Jan Mayen et lancèrent des offensives aériennes et sous-marines. Les succès s'avérèrent limités au début mais, le soir du 4 juillet, l'état-major de la marine britannique basé à Londres ordonna à l'escorte de se retirer et aux navires marchands de s'éparpiller. Londres pensait qu'une attaque du *Tirpitz* était imminente et que cette manœuvre laisserait toutes ses chances au convoi. Au lieu de cela, un vrai massacre se produisit. Au cours des attaques aériennes et sous-marines qui sévirent jusqu'au 10 juillet, les deux tiers des navires du convoi furent coulés. Le *Tirpitz* prit effectivement la mer le 5 juillet mais revint peu après ; les Allemands savaient alors qu'il n'était plus utile. **DS**

Pertes : Alliés, 23 navires marchands et leur cargaison, 153 morts ; Allemands, 5 avions

< *Naufrage du* Bismarck *1941* — *Convoi ONS 5 1943* >

Les navires marchands et le groupe d'escorte du convoi PQ 17 rassemblés sur la base navale du fjord Hval, en Islande. 

Piste de Kokoda juillet 1942 - janvier 1943

Menées dans des conditions dramatiques sur une piste traversant la chaîne Owen Stanley, en Nouvelle-Guinée, les batailles de la piste de Kokoda comptèrent parmi les plus sanglantes de la guerre. Après plusieurs revers, les forces australiennes parvinrent à prendre le dessus et à repousser les Japonais vers leurs têtes de pont originelles.

En dépit de ses pertes lors de la bataille de la mer de Corail, l'état-major japonais maintenait sa volonté de s'emparer de Port Moresby en Nouvelle-Guinée. Les cartes indiquant une route traversante partant de Buna, sur la côte nord, il fut décidé d'y établir une base d'où entreprendre une offensive terrestre. En réalité, la piste de Kokoda n'était qu'une piste boueuse, ne dépassant souvent pas 60 cm de large, qui traversait une jungle marécageuse et infestée de vermine, le long de crêtes vertigineuses. Le terrain et le climat comptaient parmi les pires de tous les champs de bataille de la guerre de 39-45.

Au départ, le détachement du général japonais Horii dépassait en nombre la force australienne. Vers la mi-septembre, les Australiens se virent repoussés jusqu'à une ligne de défense établie à seulement 40 km de Port Moresby. Dans les deux camps, les soldats enduraient d'atroces privations. Le général australien Sir Thomas Blamey et le général américain Douglas MacArthur accusèrent les troupes de se battre inefficacement, sans être allés évaluer par eux-mêmes les conditions du terrain.

Le système de ravitaillement des Japonais s'étant effondré, les troupes se retirèrent sur la piste. La pénurie de vivres était telle que certains eurent recours au cannibalisme. Des troupes australiennes et américaines fraîchement débarquées balayèrent les têtes de pont fortifiées japonaises à la mi-janvier 1943. **DS**

Pertes : Australiens, 2 163 morts ; Américains, 913 morts ; Japonais, au moins 12 000 morts

< *Midway 1942* *Guadalcanal 1942* >

↑ *Des soldats australiens font tirer un canon 25-pdr par des chevaux le long de la piste de Kokoda.*

Guadalcanal 7 août 1942 - 9 février 1943

La première offensive américaine majeure dans la guerre du Pacifique se transforma en une lutte harassante sur une île hostile et envahie par la jungle, au sud-ouest du Pacifique. La bataille de Guadalcanal monopolisa les efforts du Japon et des États-Unis pendant des mois.

L'attaque américaine avait pour objectifs d'empêcher le Japon de couper les voies de communication entre les États-Unis et l'Australie et d'établir une base aérienne pour couvrir une progression des Alliés vers le nord à travers les îles Salomon. Au cours de l'été 1942, les Japonais avaient établi une petite force sur l'île et entamé la construction d'un aérodrome en vue d'une occupation plus étendue.

Placés sous les ordres du vice-amiral Frank Fletcher, quelque 16000 soldats furent rassemblés, des marines américains pour la majorité, qui débarquèrent dès le 7 août à Guadalcanal et sur deux îles voisines, Florida et Tulagi. La résistance japonaise au sol fut bientôt vaincue, mais les Japonais attaquèrent immédiatement la flotte d'invasion américaine avec leur aviation et des navires de guerre. La marine américaine fit alors éloigner ses porte-avions à bonne distance puis retira tous ses navires de guerre. Il ne resta aux marines de Guadalcanal qu'une partie de leurs vivres et équipement.

« La faim fait nombre de victimes et affaiblit nos lignes exsangues. Nous sommes condamnés. »

Général en chef Kensaku Oda, 12 janvier 1943

Commandés par le général Alexander Vandegrift, les marines formèrent un périmètre de défense autour de l'aérodrome, qu'ils s'échinèrent à rendre opérationnel et rebaptisèrent Henderson Field. Le 20 août, 20 avions atterrirent sur la base, fondant ce que l'on appellerait la Cactus Air Force. Pendant ce temps, l'armée japonaise préparait une contre-offensive. Ses troupes furent transportées sur Guadalcanal grâce à des destroyers très rapides le long de la « rainure » (détroit de Nouvelle-Géorgie) et débarquèrent de nuit afin d'éviter les attaques aériennes. Cette tactique devint connue sous l'appellation « Tokyo Express ».

La première offensive majeure eut lieu le 12 septembre à Edson's Ridge, qui tient son nom de l'officier du corps des marines qui assura la défense de cette position. Les assauts japonais furent repoussés, contraignant ainsi les supérieurs japonais à rapatrier davantage de soldats sur l'île. Les Américains reçurent également des renforts, rattrapant ainsi les Japonais en nombre. La position des soldats et aviateurs américains était des moins enviables. La jungle et le climat constituaient un environnement traître et hostile. Les maladies tropicales faisaient des ravages. Henderson Field fut victime d'un bombardement aérien malgré la défense assurée par la Cactus Air Force. La nuit, les navires de guerre japonais effectuaient des raids le long de la « rainure », pilonnant les positions américaines. Dans les deux camps, les troupes étaient souvent à court de vivres et de matériel médical, et les Japonais souffrirent au final bien davantage du fait de la résistance de Henderson Field durant tout le conflit.

À l'échec terrestre enregistré en octobre par l'armée japonaise vint s'ajouter une défaite navale le mois suivant. Il devint alors impossible au Japon de continuer à ravitailler et à renforcer ses troupes sur l'île. À la fin décembre, l'état-major japonais se rendit à l'évidence et envisagea son retrait. L'évacuation fut habilement menée. Les Américains crurent que les Japonais préparaient une nouvelle offensive et restèrent donc passifs tandis que quelque 10000 soldats japonais embarquaient sur des destroyers durant la première semaine de février 1943. **DS**

Pertes : forces terrestres américaines, 1 700 morts ; forces terrestres japonaises, 25 000 morts

◁ *Piste de Kokoda 1942* *Île de Savo 1942* ▷

Les marines américains débarquent à Guadalcanal en août 1942 ; six mois d'épreuves les attendent. 

Île de Savo 8-9 août 1942

Les débarquements américains à Guadalcanal le 7 août 1942 suscitèrent une vive riposte de la marine japonaise. Dans cette bataille navale, la première d'une longue série, un croiseur allié et une escadre de destroyers firent les frais des compétences supérieures des Japonais en combats nocturnes.

Apprenant le débarquement américain à Guadalcanal, le vice-amiral Gunichi Mikawa ordonna à sept croiseurs et un destroyer d'attaquer les cargos ennemis. Privé de couverture aérienne, Mikawa décida d'opérer de nuit afin d'éviter toute interférence des porte-avions américains (en fait, ils s'étaient déjà retirés). Les Japonais causèrent une surprise totale. Soudainement éclairé par les fusées lancées depuis les hydravions japonais, le croiseur australien *Canberra* reçut des tirs de canon et de torpilles de la part des navires de guerre japonais. Le croiseur américain *Chicago* parvint à s'échapper sans trop de dégâts mais sa retraite laissa le reste de l'escadre vulnérable aux attaques. Traqués par les projecteurs, les navires alliés hésitaient à ouvrir le feu. Des obus et torpilles japonaises détruisirent bientôt trois autres croiseurs américains ; deux destroyers furent eux aussi durement touchés. Le vaisseau amiral de Mikawa, le croiseur lourd *Chokai*, fut le seul vaisseau japonais sévèrement endommagé.

Mais Mikawa ne voulut pas tenter sa chance plus avant. Craignant une attaque diurne de l'aviation américaine, il préféra rentrer à la base. Du côté des Alliés, la seule consolation fut qu'un sous-marin coula l'un des croiseurs japonais, le *Kako*, sur le voyage du retour. **DS**

Pertes : Alliés, 4 croiseurs coulés, 1 270 morts ; Japonais, aucun navire coulé, 58 morts

< *Guadalcanal 1942* — *Baie de Milne 1942* >

Débarquement de Dieppe

19 août 1942

C'est une force essentiellement canadienne de 6000 hommes qui mena l'opération Jubilee, raid dans le port de Dieppe, en zone française occupée. Placée sous les ordres du vice-amiral Lord Louis Mountbatten, l'opération fut un fiasco aussi controversé que coûteux.

L'offensive à travers la Manche se déroula sur un front long de 16 km, les premières troupes débarquant à l'aube afin de neutraliser les défenses côtières. Alertée durant la nuit, la garnison allemande riposta durement et la plupart des soldats ne purent quitter les plages. Certains arrivèrent tardivement ou débarquèrent au mauvais endroit.

L'assaut frontal majeur commença à 5 h 20. Le soutien des canons de la Royal Navy étaient insuffisants pour avoir un réel impact et près de la moitié des chars étaient immobilisés sur la plage, leurs chenilles bloquées par les galets, ou incapables de franchir la digue. L'infanterie fut soumise à des tirs incessants. À 11 heures, les soldats rescapés commencèrent à battre en retraite. Plus de la moitié des troupes canadiennes ainsi que 275 Britanniques furent tués, blessés ou constitués prisonniers. Les pertes subies en mer et dans les airs furent elles aussi lourdes : la Royal Navy perdit un destroyer et 33 barges de débarquement et la RAF, 106 avions.

Si le but de l'opération était de vérifier la faisabilité d'une invasion outre-Manche et de tester les tactiques et technologies de la guerre amphibie en conditions réelles, on peut se demander si la leçon reçue en valait le prix. **NH**

Pertes : Canadiens, 3 367 morts, blessés ou prisonniers ; Britanniques, 275 morts, blessés ou prisonniers ; Allemands, 591 morts

< *Opération Chariot 1942 Débarquement de Normandie 1944* >

Des soldats alliés blessés gisent sur la plage après le débarquement de Dieppe.

Stalingrad 23 août 1942-2 février 1943

Étape décisive sur le front de l'Est durant la guerre de 39-45, la bataille de Stalingrad fut une catastrophe dont l'armée allemande ne se remit jamais. Bien qu'ils aient battu l'Union soviétique, en dépit de leur échec devant Moscou, la défaite des Allemands devint inéluctable après Stalingrad.

À l'origine, l'offensive allemande sur Stalingrad, située sur la Volga, n'était qu'un objectif secondaire, une simple poussée dans le Caucase menée par le groupe d'armées sud d'Hitler afin de s'emparer des champs pétrolifères de Bakou. À partir de la mi-juillet, la VIe armée allemande dirigée par le général Friedrich Paulus et la IVe division de panzers se dirigèrent vers la Volga, balayant les forces soviétiques croisées sur leur passage. Fin août, des vagues de bombardiers de la Luftwaffe réduisirent Stalingrad en cendres tandis que les Allemands approchaient.

La majeure partie de Stalingrad s'étendait à l'ouest de la Volga. Le général Vasily Chuikov, chargé de tenir Stalingrad, établit ses quartiers généraux sur la rive est, d'où il faisait parvenir vivres et renforts aux défenseurs de la ville. Alors que les Allemands pénétraient dans Stalingrad, Chuikov ordonna à ses soldats de les « coller », de se tenir si près d'eux qu'ils ne puissent en appeler à l'aviation ou l'artillerie sans faire de victimes dans leur propre camp. Les usines devinrent des forteresses défendues des semaines durant contre les assauts de l'ennemi. Des tireurs embusqués sévissaient dans les ruines ; Vasili Zaitsev, tireur d'élite et héros soviétique, aurait tué 149 Allemands. Les Soviétiques utilisaient la terreur pour inciter les soldats à poursuivre le combat, en exécutant des milliers sous prétexte de traîtrise ou de lâcheté.

Tandis que Chuikov résistait sur les enclaves toujours plus réduites de la rive ouest de la Volga, le général

Des soldats soviétiques combattent dans les ruines de Stalingrad en novembre 1942.

Georgy Zhukov, récemment promu délégué du commandant en chef, planifiait une contre-offensive. L'avancée allemande dans Stalingrad avait créé une percée profonde au sein du territoire défendu par les Soviétiques. Les flancs de cette percée étaient défendus par des troupes roumaines, italiennes et hongroises peu motivées. Zhukov rassembla alors un million d'hommes au nord et au sud de la percée et, le 19 novembre, lança l'opération Uranus. En quatre jours, les Soviétiques brisèrent les défenses de l'ennemi et prirent en tenailles Stalingrad ; 250 000 soldats allemands furent pris au piège.

Hitler refusa d'envisager une sortie de Stalingrad assiégée. Paulus reçut l'ordre de tenir, grâce à un ravitaillement par voie aérienne, tandis que les forces allemandes préparaient une contre-offensive pour prendre la relève. Le 12 décembre, le groupe d'armées allemand du Don attaqua la boucle soviétique autour de Stalingrad ; à Noël, la contre-offensive se solda par un échec. Des centaines d'avions allemands furent perdus en tentant de ravitailler les troupes présentes dans Stalingrad et la Luftwaffe ne parvint jamais à couvrir les besoins de ses troupes. En janvier 1943, les Allemands combattant dans Stalingrad étaient affamés, transis et à court de munitions et de carburant. Hitler refusa d'envisager une reddition et promut Paulus maréchal pour affirmer sa résolution. Les soldats commencèrent cependant à se rendre et le 31 janvier Paulus les rejoignit. Hitler fulmina en apprenant que son maréchal ne s'était pas suicidé. Paulus survécut à la guerre ; parmi les 91 000 prisonniers remis aux Soviétiques à la fin des combats, le 2 février, peu revirent le printemps. **RG**

Pertes : Allemands, 150 000 morts, 91 000 prisonniers ; Soviétiques, 480 000 morts

< *Moscou 1941* — *Koursk 1943* >

Baie de Milne 25 août - 6 septembre 1942

« Certains d'entre nous ont peut-être oublié que, de tous les Alliés, ce sont les Australiens qui brisèrent les premiers l'invincibilité de l'armée japonaise. » Maréchal Slim

Dans la chaleur et l'humidité, des soldats australiens progressent dans la jungle de la baie de Milne au début septembre 1942.

Cette victoire écrasante des troupes australiennes lors de la campagne de Nouvelle-Guinée signa la défaite terrestre la plus grave du Japon au cours de la guerre de 39-45. Les journalistes s'accordèrent pour dire qu'elle eut un impact moral capital sur les fronts où les troupes alliées combattaient les Japonais.

En 1942, la baie de Milne, située à la pointe orientale de la Nouvelle-Guinée, servait de base pour les troupes australiennes travaillant avec les ingénieurs de l'armée américaine à la construction d'aérodromes. Les Japonais décidèrent de faire main basse sur cette région afin de renforcer le soutien de leur assaut sur Port Moresby, le long de la piste de Kokoda. Le décryptage de leurs messages permit cependant aux Alliés de renforcer leurs lignes de défense avant l'assaut.

Environ 2000 soldats japonais débarquèrent près des positions alliées dans la nuit du 25 au 26 août et attaquèrent aussitôt. Ils furent rejoints le 29 par 600 soldats. La force japonaise fut renforcée par plusieurs chars, mais se retrouva face à plus de 4000 Australiens, quelques unités américaines de combat, ainsi que plusieurs milliers d'ingénieurs, placés sous le commandement du général australien Cyril Clowes. En outre, les Alliés disposaient d'un soutien aérien certain, à la fois des chasseurs basés dans la baie de Milne même et d'autres escadres venant d'Australie. En dépit de cette disparité numérique, des affrontements féroces survinrent. Le tournant de la bataille eut lieu le 31 août, lorsque l'infanterie australienne et les ingénieurs américains repoussèrent une série de charges japonaises contre l'une des pistes d'atterrissage des Alliés. Les Japonais furent ensuite refoulés et commencèrent à se retirer par la mer le 4 septembre. Quasiment tous les soldats survivants de la marine japonaise avaient quitté la baie le 6. **DS**

Pertes : Australiens, 161 morts, 373 blessés ; Américains, 20 morts ou blessés ; Japonais, 612 morts

Île de Savo 1942 | *Henderson Field 1942*

Alam el Halfa 30 août - 7 sept. 1942

La progression allemande en Égypte fut freinée aux environs de la jonction ferroviaire d'El Alamein. En juillet 1942, une offensive peu concluante et la tentative ratée de percer les lignes britanniques à Alam el Halfa mirent un terme à la volonté de Rommel de rallier Alexandrie et Le Caire.

Le lieutenant général Bernard Montgomery, qui assurait le commandement de la 8e armée britannique en août 1942, était déterminé à rassembler ses forces avant d'amorcer une nouvelle offensive contre les forces de l'Axe. Cependant, fin août, Erwin Rommel, récemment promu maréchal, renouvela dans un ultime effort sa tentative de franchir le delta du Nil. Grâce aux méthodes Ultra utilisées pour décrypter les signaux radiophoniques allemands, les Britanniques apprirent le plan des Allemands et se préparèrent en connaissance de cause.

Les forces de l'Axe purent commencer leur attaque dans la nuit du 30 au 31 août sans rencontrer de résistance mais elles furent amenées vers les positions bien défendues des Britanniques sur la crête d'Alam el Halfa. Tandis qu'elles progressaient, les unités de l'Axe furent attaquées par les bombardiers de la RAF. Au moment d'atteindre la crête d'Alam el Halfa, elles se heurtèrent à une forte résistance britannique qui stoppa leur attaque. L'armée invincible de Rommel se trouvait à présent dans une position vulnérable, et ce dernier ordonna une retraite générale. Le 6 septembre, les divisions de l'Axe retrouvaient leur ligne de départ. Le vent commençait à tourner en faveur des Alliés. Alors que la 8e armée recouvrait ses forces physiques et morales, les unités allemandes et italiennes devaient se contenter de leurs stocks de munitions et de carburant, ce qui allait entraver leur capacité à contrer toute offensive alliée à venir. **AG**

Pertes : puissances de l'Axe, 3 000 victimes sur 45 000 ; Britanniques, 1 750 victimes sur 60 000

‹ *Bir Hakeim 1942* — *El Alamein 1942* ›

Henderson Field 23-26 octobre 1942

Exploitant son succès lors des batailles navales menées autour de Guadalcanal, le Japon se constitua une force terrestre sur l'île. Son objectif était de s'emparer de la base aérienne de Henderson Field, mais il fallait pour cela vaincre la puissante marine américaine.

À la mi-octobre 1942, la marine japonaise détenait l'avantage tout autour de Guadalcanal. Les Japonais purent ainsi amener des renforts sur l'île et procéder à un bombardement naval intensif de Henderson Field. Malgré la perte de nombreux appareils, Henderson Field (baptisé ainsi en mémoire d'un héros de la bataille de Midway) demeura opérationnel. Le général japonais Harukichi Hyakutake pensait que ses 22 000 hommes surpassaient en nombre leurs opposants américains ; en réalité, les forces étaient à peu près égales après le récent débarquement d'unités de l'armée américaine venues en renfort des marines. Sûr de sa supériorité, Hyakutake programma une attaque sur deux fronts de la tête de pont des Américains. Une force de diversion, comprenant des chars, était chargée d'attaquer par l'ouest le long de la côte, tandis que l'attaque principale venait du sud et visait directement les pistes d'atterrissage américaines.

La force principale japonaise mit plusieurs jours à rejoindre ses positions au travers de la jungle environnante. Elle parvint à se déplacer sans éveiller les soupçons mais arriva trop tard. La force secondaire ne reçut pas l'ordre de différer son assaut et fut massacrée. Lorsque l'offensive débuta, dans la nuit du 24 au 25 octobre, les Japonais tinrent d'abord leurs positions puis furent repoussés durant deux nuits de combats acharnés. Les quelques soldats qui réussissaient à pénétrer dans le périmètre défensif étaient aussitôt abattus. Ce fut la dernière bataille d'une telle ampleur menée sur l'île par les Japonais. **DS**

Pertes : Américains, 200 morts ; Japonais, 2 000 morts

‹ *Baie de Milne 1942* — *Îles Santa Cruz 1942* ›

El Alamein 23 octobre - 4 novembre 1942

La bataille d'El Alamein marqua le début de la fin pour les puissances de l'Axe en Afrique du Nord. Le célèbre maréchal Rommel fut battu par la 8e armée britannique et la supériorité matérielle des Alliés signifiait qu'il avait peu d'espoir de rallier ses forces éprouvées.

Fort du succès défensif obtenu à Alam el Halfa, Montgomery rassembla ses forces pour se lancer dans la plus grande bataille d'Afrique du Nord. Les Britanniques avaient établi une ligne défensive à El Alamein car la dépression de Qattara constituait un obstacle infranchissable pour les divisions blindées. Un étroit goulet empêchait les panzers allemands de manœuvrer sur le flanc sud, préféré pour son terrain ouvert.

À la mi-octobre 1942, Montgomery pouvait déployer près du double d'hommes et de chars dont disposait l'armée germano-italienne de Rommel. En outre, les Britanniques bénéficiaient de l'avantage inestimable de la supériorité aérienne sur le champ de bataille. Conscient de l'imminence de l'attaque, Rommel avait préparé ses défenses le mieux qu'il pouvait, semant des centaines de milliers de mines antichars et antipersonnel le long de son front afin de ralentir la progression britannique. Malade, Rommel rentra se reposer en Allemagne peu avant le lancement de l'offensive britannique, et confia le commandement de son armée à un subordonné.

Le plan de Montgomery incluait une attaque de diversion au sud, menée par des troupes des Forces françaises libres, tandis que l'attaque principale se déroulerait dans le secteur nord, près de la côte. Les Britanniques devaient briser la ligne ennemie et contraindre les forces de l'Axe à contre-attaquer. Ce faisant, les Britanniques saperaient la capacité offensive ennemie.

Les troupes italiennes sont surprises en terrain ouvert par un bombardement britannique durant la seconde bataille d'El Alamein. ⬇

Dans la nuit du 23 au 24 octobre, un barrage de plus de 800 canons annonça l'offensive ; le génie britannique, suivi de l'infanterie et des chars, s'attela à ouvrir des passages dans les champs de mines. En dépit de la surprise causée par la violence de l'assaut, la progression de la 8e armée demeura terriblement lente. Entre-temps, Rommel était revenu prendre le commandement de l'opération et élabora immédiatement des contre-attaques efficaces. On crut pendant un moment que les forces de l'Axe parviendraient à stopper l'offensive britannique. Les champs de mines et canons antichars allemands réussirent à démolir quantité de chars britanniques. Mais la progression de l'infanterie, en particulier des divisions australienne et néo-zélandaise, ouvrit des brèches dans les défenses de l'Axe que les Britanniques purent exploiter. Le 2 novembre, Rommel signala à Hitler que la bataille était perdue. Bien que s'étant vu refuser la permission de battre en retraite, Rommel procéda au retrait de ses unités allemandes, abandonnant ses alliés italiens, qui manquaient de moyens de transport motorisés, aux mains des Britanniques.

Le 4 novembre, les éléments motorisés des forces de l'Axe battirent tous en retraite et parvinrent à s'échapper presque sans dommage. Cela n'eut qu'une importance stratégique limitée puisque la victoire britannique d'El Alamein fut confirmée par l'opération Torch (le débarquement anglo-américain en Afrique du Nord le 8 novembre). Désormais, les forces de l'Axe étaient prises dans l'étau des Alliés et leur expulsion de l'Afrique du Nord n'était plus qu'une question de temps. **AG**

Pertes : puissances de l'Axe, 20 000 morts ou blessés et 30 000 prisonniers sur 104 000, plus 490 chars ; Alliés, 13 500 morts ou blessés sur 195 000, plus 1 025 chars

‹ *Alam el Halfa 1942* *Opération Torch 1942* ›

Îles Santa Cruz 26 octobre 1942

Les batailles de la campagne de Guadalcanal furent le théâtre d'opérations mettant en jeu les principales flottes de porte-avions des deux parties. Les pertes américaines dues aux combats précédents et aux attaques sous-marines donnèrent aux Japonais l'avantage au début de la bataille, mais ils ne surent pas tirer profit de la situation.

La bataille se déroula au sud des îles Salomon, entre Guadalcanal et les îles Santa Cruz. Dirigés par l'amiral Nobutake Kondo, les Japonais disposaient de deux gros porte-avions et deux porte-avions légers équipés au total de 212 avions. Sous les ordres du contre-amiral Thomas Kinkade, les Américains disposaient de deux porte-avions, les USS *Hornet* et *Enterprise*, regroupant 171 avions. Alors que la force américaine était concentrée, les Japonais étaient dispersés en plusieurs groupes.

Les deux ennemis se trouvèrent à l'aube du 26 octobre ; les porte-avions lancèrent leurs forces attaquantes pratiquement en même temps : chacun vit les autres passer tandis que tous filaient vers leurs cibles respectives. L'attaque américaine endommagea sévèrement le porte-avions *Shokaku* et le porte-avions léger *Zuiho*, mais en retour, les Japonais immobilisèrent le *Hornet*. Le *Hornet* dut être abandonné et fut achevé par les Japonais le lendemain. L'*Enterprise* resta opérationnel en dépit des importants dégâts subis mais se trouvait désormais le seul porte-avions américain encore actif dans le Pacifique. Comme dans les batailles précédentes, les pertes japonaises en avions et, plus important encore, en pilotes expérimentés furent lourdes : nombre de leurs engins tombèrent sous les tirs antiaériens du croiseur américain *South Dakota*, affecté à la protection de l'*Enterprise*. Les Japonais se retirèrent, à l'instar des Américains durement éprouvés. **DS**

Pertes : Américains, 1 porte-avions et 1 destroyer coulé, 60 avions, 260 morts ; Japonais, 100 avions, 400 morts

〈 *Henderson Field 1942* *Bataille navale de Guadalcanal 1942* 〉

Opération Torch 8-10 nov. 1942

Près de 65 000 soldats alliés débarquèrent à Casablanca, Alger et Oran sur la côte française d'Afrique du Nord dans le cadre de l'opération Torch, premier assaut amphibie d'envergure mené par les Alliés durant la guerre. L'opération prit en tenailles l'armée de Rommel tandis qu'elle fuyait El Alamein.

L'opération Torch offrait l'opportunité de clore la guerre du désert et d'accéder aux sites de Méditerranée, en essayant de satisfaire la demande de Staline d'ouvrir un second front. L'opération fut précédée de négociations secrètes avec des représentants de Vichy afin de tenter de minimiser les pertes françaises et alliées. Compte tenu de l'hostilité des Français envers la Grande-Bretagne, due à l'attaque de la flotte française par la Royal Navy en 1940, la première vague était composée principalement d'Américains. Le lieutenant général Dwight Eisenhower était chargé de l'opération. Les 33 000 soldats américains qui débarquèrent sur la côte marocaine venaient des États-Unis. Le reste des troupes britanniques et américaines fut amené depuis la Grande-Bretagne.

À Casablanca, plusieurs navires de guerre furent coulés et la ville ne se rendit qu'une heure avant le début de l'assaut final. À Alger et Oran, les tentatives de s'emparer des infrastructures portuaires furent repoussées, mais à Alger la résistance s'évapora peu après et la ville rendit les armes. La prise du port d'Oran nécessita deux jours et un bombardement naval intense. Le 10 novembre, François Darlan, commandant en chef des forces de Vichy, présent de manière fortuite à Alger, conclut un armistice avec les Alliés, mettant un terme à la résistance française en Afrique du Nord mais incitant les Allemands à occuper le reste de la France métropolitaine. **NH**

Pertes : Alliés, 500 morts, 700 blessés ; vichystes, 1 500 morts, 2 000 blessés

〈 *El Alamein 1942* *Kasserine 1943* 〉

Un bombardier en piqué japonais attaque l'USS Hornet *lors de la bataille des îles Santa Cruz – il s'écrasera sur le pont.*

Bataille navale de Guadalcanal 12-15 novembre 1942

Tandis que l'infanterie se battait à Guadalcanal, les forces navales américaine et japonaise s'affrontèrent durant deux nuits dans le détroit, surnommé « fond de ferraille » en raison des nombreux bâtiments qui coulèrent là. Les Japonais furent vaincus, mais les deux parties déplorèrent de lourdes pertes.

En dépit de sa défaite à Henderson Field en octobre, le Japon était déterminé à renforcer sa force terrestre à Guadalcanal et envoya un convoi transportant 13 000 hommes. Le vice-amiral Hiroaki Abe dépêcha deux cuirassés, un croiseur et onze destroyers pour couvrir le transport. Dans la nuit du 12 au 13 novembre, le contre-amiral Daniel Callaghan détacha une force de cinq croiseurs et huit destroyers pour aller à la rencontre d'Abe.

Contrairement aux Japonais, les Américains possédaient des radars, mais ils ne surent pas s'en servir correctement et les deux forces se retrouvèrent presque en contact. Une bataille féroce s'ensuivit. Seul un bâtiment de chaque camp en ressortit indemne. Deux croiseurs américains et un cuirassé japonais furent coulés ou anéantis par la suite, et le contre-amiral Callaghan fut tué.

Les 13 et 14 novembre, la force américaine coula un croiseur et sept transports de troupes lors d'attaques aériennes diurnes, mais les bâtiments rescapés poursuivirent leur route vers Guadalcanal. Leur approche devait être couverte par un bombardement naval de l'amiral Nobutake dans la nuit du 14 au 15. Cependant, l'amiral Willis Lee arriva avec deux cuirassés américains et quatre destroyers. Tous les destroyers américains furent coulés ou endommagés en protégeant les bâtiments importants. Le cuirassé USS *Washington* parvint néanmoins à couler le cuirassé *Kirishima* avant le retrait des deux parties. Peu de transports japonais atteignirent Guadalcanal. **DS**

Pertes : Américains, 2 croiseurs et 7 destroyers, 1 700 morts ; Japonais, 2 cuirassés, 1 croiseur, 3 destroyers, 2 500 morts

〈 *Îles Santa Cruz 1942* — *Mer de Bismarck 1943* 〉

Un bombardier en piqué SBD Dauntless survole deux transports japonais échoués et en feu. ↑

Kasserine 14-15 février 1943

Kasserine, en Tunisie, fut le théâtre du premier affrontement entre les forces de l'Axe et l'armée américaine lors de la guerre de 39-45. En dépit de leur revers humiliant, les Américains se reprirent rapidement et empêchèrent les forces adverses d'exploiter leur avantage initial.

Le 14 février 1943, des divisions blindées issues du groupe d'armées Afrika dirigé par Rommel lancèrent une offensive contre les Alliés pour stopper leur avancée en Tunisie. Le fer de lance des forces de l'Axe était dirigé directement contre la passe de Kasserine, faiblement défendue par des troupes américaines inexpérimentées aidées de quelques soldats français et britanniques.

Le 19 février, un groupe d'assaut germano-italien força les lignes américaines de la passe. Les chars allemands Panzer IV et Tigre l'emportaient largement sur les chars légers américains M3 et leurs canons antichars, et les Américains furent bientôt contraints de battre en retraite dans le désordre. Les réponses confuses du général Lloyd Fredendall du 2ᵉ corps américain ne firent qu'aggraver les choses. Une fois la passe franchie, les forces de l'Axe poursuivirent leur avancée, mais les conditions hivernales, le terrain montagneux et la résistance accrue des Alliés ralentirent leur progression. Les désaccords qui opposaient Rommel à ses supérieurs à propos de la stratégie de progression éclatèrent au grand jour et, le 22 février, Rommel annula l'offensive. Deux jours plus tard, les troupes alliées occupaient de nouveau la passe.

Quoique traumatisante pour les Américains, la bataille n'eut qu'un impact limité sur la suite de la progression vers Tunis. L'une des victimes de ce conflit fut le général Fredendall, remplacé le 6 mars par le général de division George S. Patton, plus agressif que son prédécesseur. **AG**

Pertes : Alliés, 10 000 victimes sur 30 000, plus 183 chars ; puissances de l'Axe, 2 000 victimes sur 22 000, plus 34 chars

< *Opération Torch 1942* *Invasion de la Sicile 1943* >

Une unité américaine se prépare en vue d'une contre-offensive sur les positions allemandes, dans la passe de Kasserine.

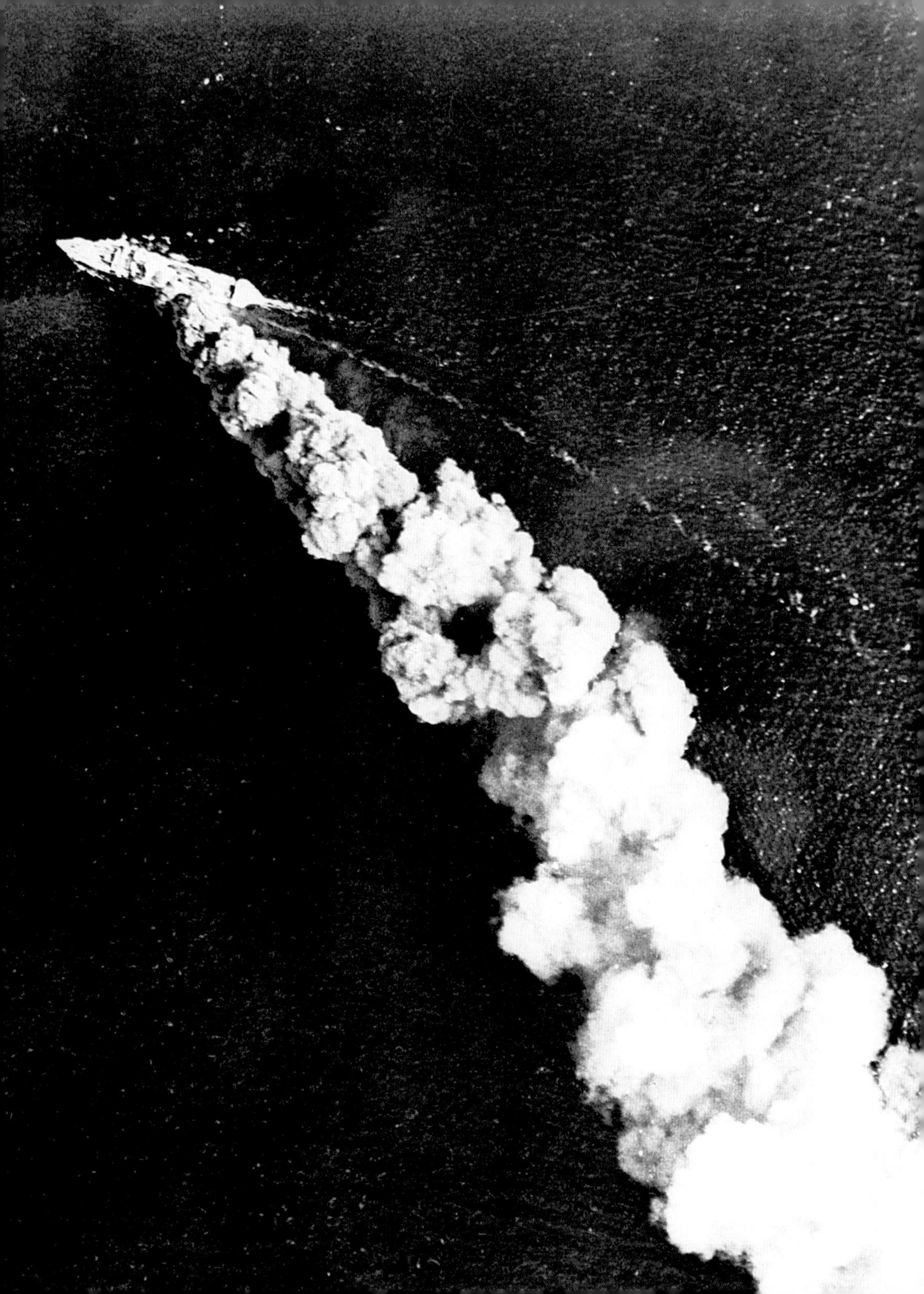

Mer de Bismarck 2-5 mars 1943

Le haut commandement japonais tenta d'envoyer des troupes depuis sa base régionale principale de Rabaul, en Nouvelle-Bretagne, afin de renforcer sa garnison de Lae, en Nouvelle-Guinée. Le convoi fut attaqué et anéanti par l'aviation et les navires torpilleurs américains et australiens. Peu des troupes parvinrent à destination.

Au début de 1943, les forces aériennes alliées placées sous les ordres du général George Kenney dominaient le ciel du théâtre pacifique sud-ouest, tandis que les positions japonaises terrestres en Nouvelle-Guinée étaient menacées. Les Japonais décidèrent d'envoyer quelque 7 000 hommes de leur 51ᵉ division de Nouvelle-Bretagne à Lae, mais leur plan fut décrypté par les Alliés.

Le convoi japonais fut localisé le 2 mars au large du cap Gloucester de Nouvelle-Bretagne dans la mer de Bismarck. Les attaques aériennes commencèrent aussitôt et les bombardiers B-17 coulèrent l'un des huit transports ce même jour. Un chasseur Zero abattit un B-17 et mitrailla ses membres d'équipage alors qu'ils sautaient en parachute dans la mer. Le haut commandement japonais décida, à tort, de ne pas rebrousser chemin. Le 4 mars, des vagues d'avions alliés torpillèrent tous les transports japonais et quatre destroyers sur les huit que comptait l'escorte. Aux attaques aériennes alliées se joignirent plus tard dans la journée une flottille de torpilleurs américains.

Cette nuit-là et le jour suivant, les torpilleurs et l'aviation alliés tuèrent les survivants japonais. Ils justifièrent leur action en la qualifiant de riposte au mitraillage par les Japonais du B-17 et de son équipage. Moins de 1 000 soldats japonais atteignirent Lae. Les Alliés avaient bénéficié d'un service de renseignements plus performant et d'une puissance aérienne plus importante. **DS**

Pertes : Alliés, 5 avions ; Japonais, 4 destroyers, 8 transports, 20 avions, 3 664 morts

⟨ *Bataille navale de Guadalcanal 1942* *Tarawa 1943* ⟩

Convoi ONS 5 28 avril - 6 mai 1943

La défense des navires marchands traversant l'Atlantique au départ et à destination de l'Angleterre contre les attaques d'U-boots allemands donna lieu à de féroces affrontements. L'apogée de cette campagne survint au printemps 1943, lorsque les forces de l'escorte alliée prirent le dessus sur les « meutes de loups » allemandes.

Jamais les sous-marins allemands n'avaient attaqué en aussi grand nombre qu'en 1943, recourant à des tactiques permettant à quelques éléments d'affronter tout un convoi. La nuit tombée, ils refaisaient surface, échappant ainsi aux sonars alliés. Le 28 avril, les Allemands localisèrent à l'ouest le convoi ONS 5, composé initialement de 42 navires marchands et sept bâtiments d'escorte. L'ONS 5 allait devoir affronter la plus grande « meute de loups » allemande de la guerre, forte de près de 50 U-boots.

Un navire marchand fut coulé le 29 avril et au moins deux sous-marins furent endommagés en représailles. Les rafales de vent limitèrent les attaques allemandes. Le 4 mai, le commandant en chef des sous-marins allemands, l'amiral Karl Dönitz, positionna deux lignes de patrouilles entre le Groenland et Terre-Neuve ; ces dernières parvinrent à rétablir le contact avec le convoi, qui progressait lentement. Dans la nuit du 4 mai, les sous-marins attaquèrent les retardataires et pénétrèrent au cœur du convoi ; sept navires marchands alliés furent coulés pour un seul U-boot perdu.

Cependant, dans la nuit du 5, la flotte d'escorte passa à l'offensive et coula quatre sous-marins cette même nuit et le lendemain matin. Lorsque les Allemands se retirèrent, six U-boots avaient été coulés et quatre autres endommagés. Les Allemands durent bientôt abandonner leurs attaques sous-marines contre les convois de l'Atlantique. **DS**

Pertes : Alliés, 12 navires marchands coulés ; Allemands, 6 U-boots coulés

⟨ *Convoi PQ 17 1942*

Un cargo de ravitaillement japonais en flammes après une attaque aérienne alliée dans la mer de Bismarck.

Opération Chastise 16-17 mai 1943

Le raid des Dambusters de la RAF, officiellement baptisé opération Chastise, demeure l'une des attaques aériennes les plus célèbres de l'histoire. Grâce à l'utilisation de « bombes rebondissantes » conçues pour l'occasion, il détruisit des barrages vitaux dans la vallée de la Ruhr allemande.

En mars 1943, la RAF créa le No. 617 Squadron et le plaça sous les ordres du commandant Guy Gibson. Pilotant des bombardiers Lancaster modifiés pour l'occasion, les membres de l'escadron devaient faire sauter trois barrages de la vallée de la Ruhr, à l'aide d'une bombe cylindrique anti-barrage (*Upkeep*) conçue par l'inventeur Barnes Wallis. Larguée à une hauteur et une vitesse précises, la bombe devait ricocher sur l'eau, heurter le barrage, couler à pic et exploser sous l'eau, endommageant ainsi la structure du barrage. Afin de garantir le largage des bombes à la bonne altitude, on équipa les avions de deux projecteurs ; lorsque les deux faisceaux coïncidaient sur la surface de l'eau, cela signifiait que l'altitude était correcte. Mené par 19 avions regroupant 133 pilotes, le raid fut une prouesse en termes de vol et de navigation aérienne nocturne. L'escadron parvint à faire sauter les barrages de Möhne (après des raids répétés sous le feu ennemi) et de l'Eder (non défendu, mais difficile d'accès). Un troisième barrage, celui de Scorpe, résista aux attaques. En aval des barrages endommagés, les eaux balayèrent sur leur passage habitations, ponts, axes routiers et infrastructures industrielles. Près de 1 300 Allemands périrent.

Bien que l'industrie allemande se soit remise relativement vite de ce coup dur, le raid eut un impact politique et psychologique considérable ; des photographies aériennes des dégâts firent la une des journaux du monde entier. Gibson fut décoré de la Victoria Cross. **IK**

Pertes : RAF, 8 avions, 53 morts, 3 prisonniers ; Allemands, 1 294 morts

< *Le Blitz 1940* — *Bombardement de Hambourg 1943* >

Le barrage de Möhne, vu ici avant le raid, était protégé par un lourd filet anti-torpilles. ↑

Koursk 5 juillet - 23 août 1943

Moment clé dans la lutte acharnée entre l'Union soviétique et l'Allemagne, Koursk fut la plus grande bataille de chars de l'histoire. Les Allemands tentaient de reprendre l'initiative stratégique après leur défaite catastrophique à Stalingrad. Échouer signifiait un repli jusqu'à leurs frontières.

De nombreux soldats de l'armée rouge avaient été massés autour de Koursk, position, semblait-il, idéale pour lancer des offensives vers Kiev et Orel. Les Allemands planifièrent une attaque en tenailles destinée à isoler le saillant, pour prendre au piège les forces soviétiques. L'Allemagne plaça dans cette mission la totalité de sa réserve stratégique. Mais la manœuvre était trop évidente et le maréchal Georgy Zhukov avait bien préparé ses défenses. Il envisagea de mener dans un premier temps une bataille défensive destinée à épuiser les forces allemandes, avant de lancer ses propres troupes à l'assaut de l'ennemi. De profondes défenses antichars furent creusées.

Les Allemands injectèrent des forces colossales dans la bataille, mais il devint évident, dès la fin du premier jour, qu'ils recensaient d'énormes pertes et ne progressaient que faiblement. Un commandant de chars allemand avoua par la suite que, tandis qu'il affrontait des formations de chars soviétiques pour en trouver sans cesse d'autres derrière, il comprit que la guerre était perdue. Après quatre jours de combats acharnés et de pertes considérables des deux côtés, les Allemands cessèrent leurs attaques. L'armée rouge engagea alors une contre-offensive ; les Allemands furent repoussés sans toutefois être encerclés.

Mais si les deux parties avaient souffert de pertes immenses, celles des Soviétiques étaient remplaçables, non celles des Allemands. **JS**

Pertes : Allemands, 250 000 morts ou blessés ; Soviétiques, probablement plus de 1 000 000 de morts ou blessés

< *Stalingrad 1942* *Bagration 1944* >

Un char soviétique traverse un village en flammes lors de la bataille de Koursk en juillet 1943.

Invasion de la Sicile

9 juillet - 17 août 1943

L'invasion et la prise anglo-américaine de la Sicile constituèrent un tremplin vital pour la campagne d'Italie, même si les Alliés ne purent empêcher les puissances de l'Axe d'évacuer avec succès leurs meilleures divisions de l'île pour poursuivre cette bataille défensive sur le continent.

Alors que les Britanniques souhaitaient mener une offensive contre l'Italie après la prise par les Alliés de la Tunisie, leurs partenaires américains se montrèrent plus réticents. La position britannique l'emporta néanmoins. L'invasion de la Sicile, soit la première partie du plan, fut une entreprise d'envergure (en Europe, la seconde après le jour J) qui mit à contribution 2 600 navires alliés et une importante force aérienne. La force d'invasion était constituée de deux armées, la 7e américaine et la 8e britannique, qui une fois débarquées se précipitèrent en avant pour tenter de détruire et capturer les unités de l'Axe présentes sur l'île.

Dirigés par le maréchal Albert Kesselring, les Allemands exploitèrent habilement le terrain montagneux de l'île pour monter une opération de retardement efficace. Les Alliés, en particulier les Britanniques, avançaient prudemment à la rencontre des Allemands. Bien qu'Hitler insistât pour que la Sicile soit tenue à tout prix, Kesselring s'aperçut bientôt qu'il devait abandonner l'île s'il ne voulait pas que ses formations avec leurs armes et équipement tombent entre les mains des Alliés. Dans la nuit du 11 au 12 août, les Allemands entamèrent une vaste opération de repli qui ramena 40 000 soldats allemands et 60 000 italiens sur le continent, sans entrave majeure de la part des Alliés. **AG**

Pertes : Alliés, 22 000 victimes sur 180 000 ; Allemands, 10 000 victimes sur 50 000 ; Italiens, 132 000 victimes (la plupart prisonniers) sur 200 000

< *Kasserine 1943* *Salerne 1943* >

Bombardement de Hambourg

24 juillet - 3 août 1943

Au cours de l'été 1943, les bombardiers alliés attaquèrent la ville portuaire de Hambourg, au nord de l'Allemagne. Les innovations tactiques et techniques des bombardiers en firent l'une des attaques aériennes les plus destructrices jamais organisées, tuant près de 45 000 habitants.

En juillet 1943, la campagne de bombardement alliée contre l'Allemagne était à son apogée. La RAF volait de nuit ; bombarder un objectif précis étant impossible dans ces conditions, elle adopta la tactique du « bombardement de zone » en zones urbaines. Les forces aériennes de l'armée des États-Unis (USAAF) bombardaient quant à elles de jour pour une plus grande précision.

Six raids majeurs furent lancés sur Hambourg, parallèlement à une opération secrète de brouillage de radars : des avions larguèrent de simples bandes de papier doublées de papier d'aluminium afin d'aveugler les radars allemands. Cette tactique empêcha les projecteurs, les canons antiaériens et les chasseurs de repérer les bombardiers attaquants. Le raid mené par la RAF dans la nuit du 28 juillet fut précis et concentré. Des bombes incendiaires provoquèrent des incendies isolés que le temps chaud et sec incita à se propager. Ces grands incendies s'intensifièrent, réduisant en cendres des quartiers entiers de la ville. Au final, dix kilomètres carrés de Hambourg s'embrasèrent, avec des températures avoisinant 815 °C.

Mais la destruction de Hambourg était la résultante de circonstances bien précises et ne pouvait être reproduite dans l'immédiat. Lorsque la RAF chercha à détruire Berlin plus tard dans l'année et en 1944, de lourdes pertes furent enregistrées pour des résultats bien inférieurs. **IK**

Pertes : RAF, 87 avions, 552 morts ; USAAF, 17 avions, 46 morts, 106 prisonniers ; Allemands, 12-15 avions, 8 morts ; civils, 45 000 morts et au moins 37 000 blessés

< *Opération Chastise 1943* *Bombardement de Ploesti 1943* >

Bombardement de Ploesti

1er août 1943

Des bombardiers américains B-24 basés en Libye décollèrent pour bombarder les raffineries de pétrole aux alentours de Ploesti (Ploieşti). En dépit de son échec, cette attaque est considérée comme l'une des sorties les plus audacieuses des forces aériennes américaines pendant la guerre.

En novembre 1943, assiégée à la fois par l'Union soviétique et l'Allemagne nazie, la Roumanie rejoignit les forces de l'Axe. Les champs pétrolifères roumains devinrent rapidement vitaux pour l'effort de guerre allemand. Au début de l'année 1942, les USAAF commencèrent à s'entraîner en Afrique du Nord et, en juin 1942, elles montèrent un petit raid expérimental contre Ploesti, le premier raid de bombardiers américains en Europe. L'incursion prouva que de telles missions étaient réalisables.

Au cours de l'été 1943, espérant provoquer la surprise, 178 B-24 attaquèrent à basse altitude et en plein jour. En raison d'erreurs de navigation, les bombardiers ne purent coordonner leurs attaques et deux escadres se heurtèrent aux défenses alertées autour de la capitale, Bucarest, à 55 km de Ploesti. Tandis que les bombardiers atteignaient leurs cibles, ils furent atteints par de violentes salves de tirs anti-aériens. Évoluant au milieu des tirs, de la fumée et des explosions de bombes à retardement, les formations attaquantes subirent de lourdes pertes. Cinq médailles d'honneur furent décernées, un record pour une opération aérienne dans l'histoire américaine. Les raffineries furent endommagées mais le raid ne parvint pas à réduire la production de pétrole. Ploesti fut bombardé jusqu'en août 1944, lorsque les Soviétiques occupèrent la Roumanie. **IK**

Pertes : USAAF, 54 avions, 310 morts, 440 blessés, 108 prisonniers, 78 internés en Turquie neutre ; Roumains, 5 chasseurs ; Allemands, 2 chasseurs

< *Bombardement de Hambourg 1943* *Schweinfurt-Regensburg 1943* >

1939-1945 : bombardement stratégique

Schweinfurt-Regensburg

17 août 1943

Le 17 août 1973, 376 B-17 Flying Fortress des USAAF, basées en Angleterre, attaquèrent des usines aéronautiques de Schweinfurt et Regensburg en Bavière. Le raid cherchait à paralyser l'industrie aéronautique allemande, mais, sans escorte, les bombardiers américains subirent d'effroyables pertes.

Il était prévu qu'une force largue ses bombes sur Regensburg puis regagne les bases alliées d'Afrique du Nord, tandis que les bombardiers de Schweinfurt rejoindraient l'Angleterre. Les deux bombardements et plusieurs opérations de diversion étaient destinés à épuiser les défenses allemandes.

Afin d'empêcher les Allemands d'attaquer une escadre après l'autre, les deux forces devaient décoller dans la même période de 90 minutes. Première à partir, la force de Regensburg fut interceptée immédiatement après avoir franchi la côte européenne et soumise à des tirs constants lors de son vol aller. Les bombardiers de Schweinfurt, dont le décollage fut retardé de trois heures en raison du mauvais temps, subirent également d'incessantes attaques lors de leurs vols aller et retour. Leur départ différé permit en outre aux chasseurs allemands de recharger leur réservoir et leurs munitions. Les deux escortes de formation arrivèrent tardivement, pour devoir repartir presque immédiatement faute de carburant.

Les deux cibles furent atteintes, mais 60 bombardiers furent abattus et 87 irrémédiablement endommagés. Un raid ultérieur confirma que les bombardiers ne pouvaient opérer de jour sans une escorte de chasseurs, et que des raids simples ne pouvaient venir à bout des industries. **IK**

Pertes : USAAF, 60 bombardiers, 87 bombardiers endommagés, 3 chasseurs, 7 morts, 21 blessés, 557 disparus ou prisonniers ; RAF, 2 chasseurs ; Allemands, 40 chasseurs, 203 civils morts

< *Bombardement de Ploesti 1943* *Berlin 1943* >

Salerne 9-16 septembre 1943

La signature de l'armistice entre l'Italie et les Alliés le 3 septembre 1943 aurait pu sembler donner raison à Churchill, qui prétendait que l'Italie était le « maillon faible de l'Europe », mais la résistance acharnée et stratégique des Allemands à Salerne augurait mal la suite des événements.

Alors que la 8e armée britannique du maréchal Montgomery avait débarqué sans encombre à Reggio di Calabria, l'assaut amphibie des Alliés contre la péninsule italienne dans le golfe de Salerne ne se passa pas comme prévu. Placée sous le commandement de la 5e armée américaine du lieutenant général Mark Clark, la force de débarquement se composait du 10e corps britannique, qui devait débarquer sur les plages de Salerne, et du 6e corps d'armée américain, censé débarquer plus au sud.

Les troupes du 10e corps rencontrèrent peu de résistance en atteignant les plages le 9 septembre 1943, mais une fois sur la terre ferme elles subirent des attaques soutenues du XIVe Panzer-Korps allemand. Le 6e corps américain se heurta aux mêmes problèmes et fut incapable de quitter sa tête de pont. Lorsque, le 12 septembre, les Allemands organisèrent une contre-offensive concertée, il s'en fallut de peu que les Alliés ne perdent leurs positions sur le continent italien. Mais l'arrivée de renforts, en particulier de deux bataillons de la 82e division aéroportée américaine, et le redéploiement massif de la puissance aérienne alliée sur le front de Salerne changea la donne.

Le 16 septembre, les Allemands se désengagèrent de la bataille et commencèrent à se retirer. Tandis que les Allemands battaient en retraite, les Alliés s'emparaient du port stratégique de Naples. **AG**

Pertes : Américains, 225 morts, 835 blessés, 589 disparus ou prisonniers ; Britanniques, 531 morts, 1 915 blessés, 1 561 disparus ou prisonniers, sur un total de 80 000 Alliés ; Allemands, 3 000 victimes

< *Invasion de la Sicile 1943* *Monte Cassino 1944* >

Des troupes alliées longent des temples gréco-romains à Paestum, à 30 km au sud de Salerne. ↑

Berlin 18 novembre 1943 - 25 mars 1944

Entre novembre 1943 et mars 1944, le commandement de la RAF échafauda une série de raids de bombardement nocturnes sur la capitale allemande, Berlin. Bien qu'ils aient causé des destructions massives, cette offensive coûteuse manqua son objectif principal : saper le moral des Allemands.

Après le bombardement de Hambourg, le maréchal de l'air en chef Arthur Harris se concentra sur Berlin. Harris prétendait pouvoir « dévaster Berlin de bout en bout », pour ainsi porter un coup décisif et abréger la guerre.

Le premier raid eut lieu le 18 novembre 1943 : 444 bombardiers de la RAF attaquèrent la ville. Jusqu'en mars 1944, 9 111 sorties furent programmées sur Berlin, au cours de seize raids majeurs. Dix-neuf raids visant d'autres villes furent également planifiés. Berlin s'avéra une cible difficile, car hors de portée de la RAF ; de plus, le surplus de carburant nécessaire impliquait un moindre nombre de bombes transportées. En outre, les conditions hivernales entravèrent la navigation et la précision des largages. Berlin disposait d'un fabuleux arsenal défensif composé de canons antiaériens et les chasseurs de nuit allemands étaient hérissés de radars et d'armes innovantes comme le canon à tir oblique *Schräge Musik*.

Berlin représenta une défaite pour la RAF ; la cible était trop difficile et trop bien défendue. Les pertes s'alourdirent ; le 10 mars 1944, lors d'un raid désastreux sur Nuremberg, sur les 795 bombardiers partis, 96 furent abattus, 10 jugés perdus et 71 endommagés. Cette nuit-là, 600 pilotes disparurent. Ce fut une terrible conclusion à cette épreuve éreintante pour le commandement des forces de bombardement de la RAF. **IK**

Pertes : RAF, 1 047 avions, 1 682 avions endommagés, 7 000 morts, blessés ou disparus (toutes cibles), 2 690 morts (Berlin) ; Allemands, près de 4 000 civils tués, 10 000 blessés et 450 000 sans abri (Berlin)

< *Schweinfurt-Regensburg 1943*

Berlin en ruine après le bombardement : une bombe incendiaire détruisit le dôme principal de la cathédrale le 24 mai 1944.

Tarawa 20-23 novembre 1943

« [Nous] aurions dû laisser Tarawa "pourrir sur pied". Nous aurions pu neutraliser l'atoll depuis nos bases établies à l'est… »

Général du corps de marines Holland M. Smith

Un marine américain tire sur des soldats japonais retranchés derrière des palissades en bois, sur l'île principale de Tarawa.

Le minuscule atoll de Tarawa situé dans les îles Gilbert devint la première cible de l'offensive américaine menée dans le Pacifique central dans le cadre de la « guerre des atolls » au cours de la guerre de 39-45. La garnison japonaise combattit jusqu'au dernier soldat, infligeant de lourdes pertes à son adversaire, les marines américains.

La stratégie de la « guerre des atolls » impliquait la liquidation de garnisons japonaises précises qui serviraient de pas dans la traversée du Pacifique. Les îles prises constituaient des bases pour de nouvelles avancées, tandis que les autres possessions japonaises étaient isolées et neutralisées par les puissances aérienne et navale. En vue des attaques simultanées menées contre les atolls de Tarawa et de Makin, le vice-amiral Raymond Spruance se vit attribuer 17 porte-avions, et 18 000 hommes de la 2e division de marines furent transportés rien qu'à Tarawa.

Après des bombardements préliminaires aériens et navals, les troupes américaines commencèrent à débarquer sur l'île principale de Tarawa le 20 novembre. Faisant moins de 2 kilomètres carrés, elle était défendue par près de 4 800 soldats répartis dans des bunkers et des nids de mitrailleuses. Les attaquants rencontrèrent d'emblée des difficultés. Une grande partie de la force de débarquement s'échoua sur la barrière de corail de l'île, et les marines durent gagner la rive sous un feu nourri. À la nuit tombée, on déplorait 1 500 victimes américaines sur une première vague de 5 000 soldats débarqués. Cette même nuit et le lendemain matin, davantage de soldats et de chars américains parvinrent toutefois à gagner la rive. Peu à peu, ils vinrent à bout des positions japonaises, l'une après l'autre. Seuls 17 soldats japonais blessés réchappèrent des combats contre les forces américaines. **DS**

Pertes : Américains, 985 morts, 2 193 blessés ; Japonais, 4 800 morts

< Mer de Bismarck 1943

Monte Cassino 17 janvier - 18 mai 1944

La lutte pour Monte Cassino jeta les troupes alliées présentes sur le front italien dans une bataille sanglante qui dura quatre mois. Alors que la supériorité matérielle des Alliés allait faire pencher la balance en leur faveur, les Allemands démontrèrent une fois de plus leur détermination et leur habileté dans les opérations défensives.

La progression des Alliés le long de la « botte » italienne durant l'hiver 1943 fut stoppée par une série de fortifications allemandes : la ligne Gustave. Surmontée d'un monastère historique, la colline de Monte Cassino apparaissait comme l'emplacement clé de la défense allemande, dont les Alliés étaient déterminés à s'emparer.

La bataille du Monte Cassino se déroula en quatre temps. Menée par les troupes françaises et américaines, la première bataille (du 11 janvier au 12 février) se solda par le repli des Alliés face aux Allemands. La seconde bataille (du 15 au 18 février) fit intervenir la 2ᵉ division néo-zélandaise et la 4ᵉ division indienne et comprit une attaque sur le célèbre monastère bénédictin. Le haut commandement britannique exigeait que le monastère soit détruit. En dépit des réserves émises, le monastère fut rasé par les bombardiers américains. La décision fut navrante sur tous les plans, d'autant que les parachutistes allemands trouvèrent refuge dans les ruines, qui formaient une excellente position défensive. L'assaut consécutif des Alliés fut repoussé au prix de lourdes pertes. La troisième bataille (du 15 au 18 mars) se solda par un autre échec pour les Alliés. Sous l'égide du 2ᵉ corps polonais, la quatrième bataille vit enfin le mont tomber aux mains des Alliés. Mais les Allemands avaient déjà décidé de se retirer et lorsque les premières troupes polonaises atteignirent le sommet de la colline le 18 mai, elles le trouvent déserté. **AG**

Pertes : Alliés, 105 000 morts ou blessés sur 670 000 ; Allemands, 80 000 morts ou blessés sur 360 000

< *Salerne 1943* *Anzio 1944* >

Anzio 22 janvier - 25 mai 1944

Inscrits dans le cadre d'une audacieuse manœuvre de débordement censée ouvrir la voie vers Rome, les débarquements d'Anzio aboutirent à une impasse : les Alliés s'avérèrent incapables de faire progresser leur tête de pont tandis que les Allemands ne disposaient pas de moyens suffisants pour repousser les envahisseurs à la mer.

Incapables de forcer la fameuse ligne Gustave, les Alliés envisagèrent le débarquement d'une force amphibie sur la côte (ouest) italienne, derrière les lignes allemandes. Placée sous le commandement du général John Lucas, du 6ᵉ corps américain, cette opération américano-britannique manqua de ressources pour être réellement efficace. Cependant, les débarquements du 22 janvier provoquèrent une surprise totale et ne rencontrèrent quasiment pas de résistance. John Lucas prit ensuite la décision de ne pas exploiter cette opportunité ; au lieu de poursuivre sa progression, il décida de consolider sa tête de pont. Les Allemands encerclèrent bientôt les Alliés dans un périmètre restreint. La géographie joua également en faveur des Allemands. Postés sur des collines, ils déversèrent un feu nourri sur les soldats établis dans les terres marécageuses en contrebas.

John Lucas servit de bouc émissaire et fut remplacé par le général Lucien Truscott, mais ce dernier non plus ne put dénouer la situation. Seule la pression lente et constante maintenue sur le sol et dans les airs dans toute l'Italie put contraindre les Allemands à céder du terrain. Le 25 mai, alors que les Allemands battaient en retraite, les soldats de la tête de pont d'Anzio furent rejoints par les troupes alliées arrivant du sud. Le 5 juin, les Alliés pénétrèrent dans Rome sans rencontrer de résistance. **AG**

Pertes : Alliés, 7 000 morts, 36 000 blessés, disparus ou prisonniers sur 150 000 ; Allemands, 5 000 morts, 4 500 prisonniers, 30 000 blessés ou disparus sur 135 000

< *Monte Cassino 1944* *Le Garigliano 1944* >

1939-1945 : Résistance française

Les Glières

26 mars 1944

À 1 400 mètres d'altitude, le plateau des Glières est un terrain idéal pour servir de refuge aux maquisards, favorable aux parachutages d'armes et de matériel par les Alliés. Au début de 1944, les autorités de Vichy et les Allemands décident d'éradiquer ce haut lieu de la Résistance en Haute-Savoie.

Vichy tente d'abord de mener seul une opération de « maintien de l'ordre », mais les miliciens, les gendarmes et les policiers sont repoussés sans grande difficulté par les maquisards. Les Allemands décident alors de mobiliser la Wermarcht. Le 26 mars 1944, ce sont 4 000 soldats, épaulés par des Français, qui montent à l'assaut du réduit. Quelques jours plus tôt, un important parachutage d'armes a eu lieu, ce qui ne changera rien à l'issue de la bataille. Les 500 maquisards, anciens chasseurs alpins, républicains espagnols, FTP communistes, ne peuvent espérer tenir longtemps face à la force militaire nazie. Le capitaine Anjot, commandant du maquis, décide de sauver l'honneur. Une tentative de pénétration par la milice est ainsi déjouée. Mais la Wermarcht ne tarde pas à ouvrir une brèche dans le secteur de l'alpage de Monthiévret et à déferler sur le plateau. À 22 heures, Anjot donne l'ordre de cesser toute résistance et de se disperser. Ceux que les Allemands parviennent à intercepter sont abattus sur place ou seront déportés.

Radio Paris vante cette victoire contre les « terroristes ». En réponse, Radio Londres fait l'éloge des héros du plateau des Glières, bientôt connus dans la France entière. Le maquis se reconstitue à l'été. Un nouveau parachutage d'armes a lieu le 1er août. Il permettra à la Résistance de libérer elle-même le département de Haute-Savoie. **LV**

Pertes : Résistance : 150 tués ; Allemands : 3

Vercors 1944 >

1939-1945 : Campagne d'Italie

Le Garigliano

11-17 mai 1944

Dans une région chargée d'histoire, tout près de la Via Appia, et sur les lieux mêmes d'une bataille où s'était illustré le chevalier Bayard, le général Juin dirige une manœuvre audacieuse pour contourner l'obstacle du Monte Cassino et enfoncer la ligne Gustav.

Au nord de Naples, servant de frontière entre le Latium et la Campanie, coule le Garigliano, petit fleuve né de la réunion du Gari et du Liri. C'est l'un des obstacles naturels sur lesquels s'appuie la ligne de défense allemande, en avant des Monts Aurunci, que les Allemands ont un peu moins fortifiée, ne s'attendant pas à une attaque sur ce terrain difficile. Juin propose au général Clark de créer un effet de surprise et de profiter des failles de l'ennemi. Alors que l'offensive alliée piétine, Clark accepte le plan et charge les quatre divisions du corps expéditionnaire français de mener à bien l'opération, grâce notamment aux troupes marocaines de montagne. Américains et Anglais sont toutefois assez sceptiques sur la capacité des Français à ouvrir une brèche dans le dispositif allemand.

Dans la nuit du 11 au 12 mai 1944, l'artillerie alliée pilonne les lignes allemandes. Ces bombardements sont d'abord insuffisants. Les premiers assauts sont repoussés. Mais à partir du deuxième jour, les soldats nord-africains enlèvent une à une les positions allemandes dans les reliefs : Castelforte, le Monte Faito, Sant'Andrea del Garigliano, le piton rocheux du Girofano, le Monte Majo. Après la conquête du Monte Petrella, le 15 mai, puis celle de Pontecorvo, deux jours plus tard, la ligne Gustav est définitivement enfoncée. Monte Cassino, qui semblait imprenable depuis quatre mois, tombe enfin le 18 mai. La route de Rome est ouverte. La Ville éternelle est libérée deux semaines plus tard. **LV**

Pertes : Incluses dans les pertes la bataille du Monte Cassino

< *Anzio 1943*

Myitkyina

28 avril - 3 août 1944

Les troupes américaines, chinoises et britanniques coopérèrent dans cette lutte féroce pour Myitkyina, petite ville du nord de la Birmanie. La cité fut défendue pendant plus de deux mois par sa garnison japonaise au cours d'une campagne marquée par une bravoure exemplaire et d'horribles privations.

L'un des objectifs à long terme des Alliés en Birmanie consistait à reprendre la route de Ledo (*Ledo Road*), qui parcourait le nord du pays jusqu'à la Chine. La campagne fut menée en majorité par les troupes nationalistes chinoises, aidées des troupes américaines, sous le commandement du général américain Joseph Stilwell. Les troupes américaines présentes étaient les *Merrill's Marauders*, des forces spéciales de pénétration nommées d'après leur commandant, le général Frank Merrill.

Les *Marauders* menèrent l'assaut contre l'aérodrome de Myitkyina le 18 mai ; un succès d'une importance stratégique. Cependant, la ville même demeurait aux mains des Japonais et leur commandant, le général Genzo Mizukami, était déterminé à résister avec quelque 4 500 hommes. Des centaines de soldats américains et chinois étaient malades et, sur le front japonais, les pénuries de vivres devenaient de plus en plus critiques. Malgré cela, les deux parties se battirent avec acharnement deux mois durant.

Enfin les renforts chinois arrivèrent et le soutien des Chindits, force spéciale britannique, assura une issue favorable à la bataille. Le 3 août, les Alliés découvrirent la ville désertée ; les quelques dernières centaines de Japonais avaient franchi la rivière Irrawaddy pour s'évanouir dans la nature. Mizukami se suicida. **DS**

Pertes : Chinois, 4 000 morts ou blessés ; Américains, 1 200 morts ou blessés, plus 1 000 gravement malades ; Japonais, 3 000 morts

Saipan 1944 ›

Changsha

mai-juin 1944

Le Japon monta une offensive majeure en 1944, surnommée « opération Ichi-Go ». Ses cibles se trouvaient dans la province du Hunan, en Chine. Les forces nationalistes chinoises furent repoussées tandis que les Japonais s'emparaient des aérodromes utilisés par les Américains pour bombarder le Japon.

Les attaques du Japon en Chine en 1944 visaient deux objectifs. Du fait de l'extrême vulnérabilité de leurs voies de communication maritimes face aux alliés, les Japonais souhaitaient établir des liens terrestres entre le territoire qu'ils contrôlaient en Chine du Nord et leur garnison établie en Indochine française, au sud. Ils désiraient en outre éliminer les bases utilisées par la 14e force aérienne américaine du général Chennault pour envoyer des B-29 bombarder l'intérieur du territoire japonais.

La XIe armée japonaise frappa au sud-ouest de Hankou, sous le commandement du général Yasugi Okamura. Au cours d'une offensive annexe, la XXIIIe armée japonaise attaqua au nord et à l'ouest de Canton. Les unités aériennes américaines firent leur possible pour contrer les attaques mais la plupart des troupes nationalistes chinoises n'opposèrent qu'une faible résistance. Les troupes chinoises se battirent efficacement autour de la ville de Changsha mais leur commandant céda à la panique et ordonna la retraite. Les Japonais se déplacèrent ensuite au sud de Hengyang et des bases américaines proches.

Le conflit eut deux effets majeurs. Il confirma la corruption et l'inefficacité militaire du régime nationaliste chinois de Tchang Kaï-chek. Il obligea en outre les Américains à rapatrier leurs bombardiers B-29 vers de nouvelles bases dans les îles Mariannes. **DS**

Pertes : Chinois, 50 000 morts ou blessés ; Japonais, 5 000 morts ou blessés

‹ Wuhan 1938

Xuzhou 1948 ›

Débarquement de Normandie 5-6 juin 1944

Le 4 juin, le général des forces armées américaines Dwight D. Eisenhower, chef suprême des forces alliées, décida de lancer l'opération Overlord : l'invasion de l'Europe par les Alliés. Le débarquement fut différé d'un jour en raison du mauvais temps mais une accalmie officialisa le 6 juin comme le jour J.

Les soldats et marins alliés étaient déjà répartis dans plus de 3400 navires et entamaient la traversée de la Manche. Plus de 130000 hommes allaient débarquer sur cinq plages réparties sur près de 80 km le long de la côte normande. Avant l'aube, ce 6 juin, 1000 transporteurs aériens et planeurs larguèrent derrière les plages une division aéroportée britannique (la 6e) et deux américaines (82e et 101e), soit quelque 18 000 parachutistes. Même si nombre de parachutistes atterrirent au mauvais endroit en raison de l'obscurité, des conditions climatiques difficiles et de la confusion des pilotes, les soldats parvinrent à se regrouper en petites unités et à atteindre leurs objectifs. Les planeurs britanniques larguèrent leurs troupes avec pour mission de prendre le contrôle des principaux ponts de Caen et de l'Orne. Avant l'aurore, ce même jour, les avions de la RAF effectuèrent également des bombardements précédant le débarquement.

Les défenseurs allemands furent surpris par les bombardements des navires de guerre. À l'est de la zone de débarquement américain se trouvaient les deux plages baptisées Omaha Beach (5e corps) et Utah Beach (7e corps). À 6 h 30, les premières vagues d'assaut de soldats américains issus de trois divisions gagnaient la plage, sous un feu ennemi nourri. À l'instar des parachutistes, les unités furent débarquées au mauvais endroit et durent s'adapter. La résistance allemande fut particulièrement féroce à Omaha Beach, où les vagues d'assaut des 1re et 29e divisions d'infanterie

furent acculées. À la pointe du Hoc, entre les deux plages, le second bataillon de rangers américains escalada les falaises pour s'emparer des canons ennemis. À Utah Beach, la 4e division d'infanterie américaine fit appel à ses unités du génie pour dynamiter le mur antichar afin d'ouvrir le passage à l'infanterie. Les deux plages confiées aux Britanniques, Gold (30e corps) et Sword (1er corps) étaient situées sur la côte occidentale. À 7 h 25, la 50e division d'infanterie britannique débarquait sur Gold Beach tandis que la 3e gagnait Sword Beach. Située entre les deux plages « britanniques », Juno Beach fut assignée à la 3e division d'infanterie canadienne, qui y débarqua à 7 h 45.

Le ciel était sombre et venteux, et la mer était démontée. Les petites péniches Higgins utilisées comme engins de débarquement étaient tellement ballottées par les flots que la plupart des soldats furent malades à bord. La plupart des chars amphibies Sherman envoyés pour détruire les bunkers allemands furent renversés par les déferlantes et coulèrent. À midi cependant, la résistance allemande était brisée sur les plages Utah, Gold, Juno et Sword, et les unités d'infanterie s'enfonçaient dans les terres vers leurs objectifs. Des destroyers américains durent effectuer des tirs de précision afin d'aider les troupes coincées sur Omaha Beach, contribuant ainsi au déblocage de la situation. Renforcée par l'arrivée de soldats supplémentaires, la 1re division finit par réussir sa percée. La réussite de ce débarquement ouvrit une brèche en Europe, qui mènerait à la défaite finale de l'Allemagne nazie. **RB**

Pertes : Américains, 1 465 morts, 3 184 blessés, 1 954 prisonniers ou disparus ; Britanniques, 2 500-3 000 ; Canadiens, 335 morts, 611 blessés, prisonniers, ou disparus ; Allemands, 4 000-9 000

< *Débarquement de Dieppe 1942* — *Normandie 1944* >

Normandie 7 juin - 25 juillet 1944

Chaque jour qui suivit le débarquement du 6 juin 1944, les Alliés déversèrent des soldats et des milliers de tonnes de matériel sur les plages, ce qui finit par former un goulet d'étranglement. Il devint alors impératif que les Alliés capturent un port et élargissent leur tête de pont avant que les réserves allemandes n'édifient une ligne de défense solide.

Dans un premier temps, les forces dirigeantes terrestres alliées s'attelèrent à secourir les unités aéroportées isolées, à rétablir l'ordre sur les plages et à consolider leur ligne de bataille. Pendant ce temps, les forces aériennes alliées contrôlaient les routes et empêchaient les réserves allemandes de se regrouper pour des contre-attaques d'envergure. Le 8 juin, la 1re armée lança le début des hostilités aidée du 5e corps afin de s'emparer du port de Cherbourg et de prendre le contrôle de la zone de Carentan. La progression s'avéra lente, le combat ardu, et les pertes humaines élevées. Les troupes allemandes organisèrent leurs positions défensives en tirant parti des longues haies caractéristiques du bocage normand. Le 18 juin, le 5e corps traversa le Cotentin et encercla les défenseurs allemands à Cherbourg ; une autre semaine de combats acharnés serait néanmoins nécessaire pour reprendre le contrôle de la ville. Détruites, les infrastructures portuaires de Cherbourg nécessitèrent des mois de réparations, causant ainsi un grave problème d'approvisionnement aux Alliés.

Le 5e corps poursuivit la lutte sanglante dans le bocage. À l'ouest, le commandant britannique, le général Sir Bernard Montgomery, avançait péniblement. Les troupes britanniques et canadiennes combattaient les forces blindées allemandes sur des terrains relativement plats et ouverts dont chaque village servait de base défensive aux Allemands. Les forces de Montgomery furent bientôt immobilisées à l'extérieur de Caen. Début juillet, la première armée américaine lança une offensive générale afin de libérer le bocage du Cotentin et de reprendre Saint-Lô. En parallèle, les hommes de Montgomery menaient un rude combat pour libérer Caen, rue par rue. La ville tomba le 9 juillet, Saint-Lô le 18, mais les forces alliées restèrent concentrées dans l'étroite tête de pont. Fort heureusement, les Allemands rappelèrent leurs réserves en vue d'un second débarquement allié, attendu près de Calais.

Le 24 juillet, la 1re armée lança l'opération Cobra, attaque menée par six divisions (qui suivait un bombardement concentré effectué par des centaines de bombardiers) afin d'ouvrir une brèche dans la ligne allemande. Plusieurs bombes tombèrent sur des soldats américains en raison de problèmes de communication entre unités terrestres et aériennes et d'épais nuages. Malgré ce revers, les unités mécanisées du 7e corps s'engouffrèrent dans la brèche, profitant du trouble des défenses allemandes, et parvinrent à repousser les réserves ennemies accourues pour colmater la brèche. La ville de Vire tomba après dix jours de dur combat, et les Américains poursuivirent leur avancée vers le sud, repoussant les tentatives de refoulement allemandes. Coutances fut libérée le 28 juillet et Avranches le 30, ce qui ouvrit la voie vers les ports bretons.

En août, le lieutenant général George Patton prit le commandement de la 3e armée américaine. Il se dirigea rapidement vers la Bretagne pour s'emparer des ports. La tentative menée conjointement par les Américains et les Canadiens de prendre en tenailles les Allemands dans la poche de Falaise s'avéra laborieuse mais infligea à l'ennemi de lourdes pertes. Cette offensive contraignit les Allemands à opérer une retraite générale vers la Seine, avec les Alliés à leurs trousses. Le 25 août, les Alliés atteignaient enfin la Seine ; l'invasion de la mère patrie allemande pouvait commencer. **RB**

Pertes : Américains, 20 838 morts, 94 881 blessés, 10 128 disparus ; Britanniques, Canadiens et Polonais, 15 995 morts, 57 996 blessés, 9 054 disparus ; Allemands, 200 000 morts, blessés ou disparus, 200 000 prisonniers

< *Débarquement de Normandie 1944* *Poche de Falaise 1944* >

Des soldats au milieu des ruines de la ville de Caen lors de la bataille de Normandie. ➔

Offensive des V1 et V2 13 juin 1944 - 29 mars 1945

Le 13 juin 1944, l'Allemagne lançait ses *Vergeltungswaffen* (« armes de représailles »). Destinées à anéantir Londres et Anvers, les missiles V1 et V2 tuèrent des milliers de civils et causèrent des dégâts immenses. En dépit de leur puissant impact psychologique, ces armes ne parvinrent pas à modifier le cours de la guerre de 39-45.

En juin 1944, l'Allemagne était dans une situation désespérée : elle devait faire face à une offensive soviétique à l'est, subissait d'incessants bombardements alliés et se trouvait confrontée au débarquement de Normandie. C'est avec des armes secrètes qu'elle décida de se venger. Le V1 tiré sur Londres le 13 juin 1944 fut la première des 2 419 bombes volantes à atteindre la ville. Les V1 possédaient un pulsoréacteur dont le bruit effrayant cessait brusquement avant le largage de la bombe. Cette particularité conféra à ces missiles de croisière un impact psychologique redoutable. Au début de l'été 1944, près d'une centaine de bombes volantes furent larguées sur Londres chaque jour. Cependant, les Britanniques mirent bientôt en place des contre-mesures efficaces. En octobre, les armées alliées avaient pris possession des sites de lancement de V1 à portée de Londres, même si certaines bombes lancées par des bombardiers continuèrent à viser la Grande-Bretagne. D'autres ciblèrent des villes du continent, comme Anvers.

Le premier missile V2 fut lancé le 8 septembre. Ce missile balistique complexe fonctionnait grâce à un moteur-fusée et frappait sans prévenir ; de plus, il était impossible à intercepter. Au total, 2 790 V2 furent lancés sur Anvers, Londres et d'autres villes. Leurs systèmes de guidage étaient toutefois rudimentaires et les missiles furent exploités trop tard pour être efficaces. **IK**

Pertes : Britanniques, 2 917 morts, 1 939 blessés, plus 8 938 civils morts et 24 504 blessés ; Alliés, 700 morts, 154 avions ; Belges, 30 000, morts, blessés ou disparus

< *Le Blitz 1940*

La bombe volante V1 fut utilisée par l'Allemagne pour bombarder Londres.

Saipan 15 juin - 9 juillet 1944

Tandis que la flotte principale des Japonais était défaite dans la bataille de la mer des Philippines dans le cadre de la guerre de 39-45, les marines et unités de l'armée américaine s'emparaient de l'île de Saipan, dans les îles Mariannes. Ils y construisirent des bases pour bombardiers afin d'attaquer le Japon directement.

Vers le milieu de l'année 1944, la prochaine étape du plan américain pour le Pacifique consistait à briser le périmètre défensif japonais dans les îles Mariannes et à y construire des bases pour le nouveau bombardier B-29 Superfortress. Deux divisions américaines de marines atterrirent au sud-ouest de l'île le 15 juin ; elles furent rejointes deux jours plus tard par une division de l'armée. L'armée terrestre et navale japonaise regroupait en tout quelque 27 000 hommes. Ces derniers avaient préparé des défenses efficaces sur les plages qui provoquèrent d'importantes pertes parmi les marines. Le général Yoshitsugo Saito avait espéré remporter le combat sur les plages mais fut contraint de changer de tactique et de se retirer à l'intérieur de l'île.

Les Japonais se battirent comme des lions. La lenteur de la progression suscita des tensions entre le commandant des marines, le général « Howlin' Mad » Holland Smith et le général divisionnaire de l'armée américaine, mais les Japonais se virent peu à peu acculés dans une petite zone au nord de l'île. De là, plusieurs milliers de soldats menèrent un assaut kamikaze dans la nuit du 6 au 7 juillet. La résistance organisée japonaise prit fin le 9 juillet. Saipan possédait une population de civils japonais non négligeable. La plupart furent tués lors des combats mais des milliers se suicidèrent, à l'instar de nombreux soldats, pour échapper à l'emprise des Américains. **DS**

Pertes : Américains, 3 400 morts ;
Japonais, 27 000 soldats et 15 000 civils morts

< *Myitkyina 1944* *Mer des Philippines 1944* >

Des soldats américains sur la tête de pont de Saipan en juillet 1944, avec le renfort des blindés Buffalo.

Vercors 21 juillet 1944

Avec ses hautes falaises, le massif du Vercors forme au-dessus de la vallée du Rhône une forteresse naturelle. En 1943, la Résistance y implante un maquis, dont les effectifs ne cessent d'augmenter. Il doit servir de point d'appui, depuis l'intérieur, à la libération du territoire.

En 1944, 4 000 combattants sont regroupés dans la douzaine de camps du Vercors. Ils forment une petite République libre dans la France occupée, un véritable réduit que les Alliés et le général de Gaulle entendent mettre à profit le moment venu, lorsque sonnera l'heure de la Libération.

Après le débarquement en Normandie, les FFI se tiennent prêts. Mais les Allemands comprennent vite le danger potentiel que représente ce vaste maquis aux portes de Grenoble et de Lyon. Ils décident d'en finir. L'offensive générale est lancée le 21 juillet. Plus de 10 000 hommes montent à l'assaut du massif, avec des blindés. Des planeurs se posent à Vassieux. Les Allemands surprennent les résistants, qui attendaient des avions alliés. Ils incendient le village. Les combats les plus acharnés ont lieu dans les cols. Les maquisards n'ont ni les effectifs ni le matériel pour se mesurer à la puissance de feu ennemie. Aucun secours ne vient de l'extérieur. Après quelques jours de combat, l'ordre de dispersion est donné. L'attaque allemande tourne au massacre. Des centaines de résistants, pour la plupart très jeunes, sont tués. Les civils paient également un lourd tribut. Certains sont exécutés, d'autres arrêtés et déportés. Le Vercors demeure dans la mémoire comme un des épisodes les plus tragiques et les plus héroïques de la résistance à l'occupant nazi. **LV**

Pertes : Français : 900 morts (dont 300 civils) ; Allemands : 100 morts

Les Glières 1944

Bagration 23 juin - 19 août 1944

Lancée en soutien aux débarquements du jour J, l'opération Bagration fut une offensive soviétique d'envergure menée contre les Allemands sur le front de l'Est. L'armée rouge montra au monde sa formidable force de combat. Son succès allait promouvoir la puissance soviétique en Europe de l'Est.

Vers le milieu de l'année 1944, la puissance militaire allemande déclinait de façon irréversible et ses alliés devenaient de moins en moins fiables. L'armée rouge entendait profiter de cette situation en infligeant aux Allemands une défaite aussi terrible que celle subie par les forces soviétiques lors de l'opération Barbarossa.

La sécurité était stricte et l'armée rouge rassembla 166 divisions sur le front biélorusse, prenant par surprise les Allemands. Déployée sur un front de 724 km, l'armée rouge tua et captura des dizaines de milliers d'ennemis en l'espace de cinq jours. Elle continua jusqu'à Minsk où, en dépit des efforts désespérés des Allemands, elle tua ou captura 100 000 autres adversaires, dont plusieurs milliers durent défiler à travers Moscou en guise d'humiliation. La route vers la Pologne et la Lituanie était ouverte. Avant la fin juillet, les troupes soviétiques, progressant parfois de 24 km par jour, avaient libéré toute la Biélorussie.

Au fil de son avancée, l'armée rouge découvrait des preuves incontestables des horreurs de l'occupation allemande. Les fosses communes du million de civils assassinés étaient à ciel ouvert ; les cultures et troupeaux avaient été détruits, les villes et villages rasés, autant d'exactions qui mirent en fureur les soldats soviétiques. À la fin de la campagne, seul le plus fanatique des nazis ou le plus aveugle des Allemands aurait pu ignorer que la guerre était perdue. Mais, tandis que la campagne s'essoufflait, une dernière tragédie survint : l'insurrection de Varsovie. **NH**

Pertes : Allemands, 350 000-670 000 morts, blessés ou prisonniers ; armée rouge, plus de 750 000 morts ou blessés

Koursk 1943 *Insurrection de Varsovie 1944*

Guam 21 juillet - 10 août 1944

En attaquant Guam, les forces américaines ne prenaient pas seulement possession d'un port stratégique, elles libéraient également un territoire américain (Guam avait été pris par les Japonais en 1941). Comme toujours, la garnison japonaise combattit pratiquement jusqu'au dernier homme.

À l'origine, l'offensive sur Guam ne devait commencer que quelques jours après le débarquement sur Saipan, mais elle fut reportée au mois suivant. Les Américains mirent ce contretemps à profit en procédant à un bombardement préliminaire et à des attaques aériennes extrêmement méthodiques. La force de débarquement incluait les unités de la marine et de l'armée de terre du 3e corps amphibie du général Geiger, fortes de 55 000 soldats. Le général Takashina commandait 19 000 hommes, œuvrant à la construction d'un réseau élaboré de bunkers, d'emplacements d'artillerie et autres fortifications.

Le débarquement débuta le 21 juillet sur la côte ouest de l'île. Les soldats furent bientôt tous à terre malgré plusieurs attaques japonaises nocturnes les premiers jours de la bataille. Il fallut une semaine aux Américains pour relier leurs deux têtes de pont mais la majeure partie de la force japonaise était alors déjà dispersée et Takashina lui-même avait été tué. Les unités japonaises survivantes poursuivirent la lutte encore deux semaines, se retirant progressivement vers l'extrémité nord de l'île, avant que la résistance organisée cesse définitivement.

Le terrain particulièrement montagneux de Guam encouragea quelques irréductibles à continuer. Plusieurs petites unités luttèrent encore après la fin de la guerre, faisant quelques victimes parmi les Américains, et un vétéran solitaire émergea même de la jungle pour se rendre et retourner au Japon en 1972. **DS**

Pertes : Américains, 1 440 morts, 5 650 blessés ; Japonais, au moins 18 000 morts

Mer des Philippines 1944 — Golfe de Leyte 1944

« La théorie est simple, messieurs. Il s'agit de la bonne vieille recette : s'emparer de la colline et tenir. »

Commandant de marine américain

Deux soldats américains plantent le drapeau américain huit minutes seulement après leur arrivée sur la plage de Guam.

Insurrection de Varsovie 1er août - 2 octobre 1944

L'insurrection de Varsovie fut l'un des épisodes les plus controversés de la guerre de 39-45. Tandis que l'armée rouge s'approchait de Varsovie, les résistants polonais, membres de l'AK, tentèrent de libérer la ville. Ce soulèvement se solda par un désastre et ternit les relations entre alliés.

L'armée rouge avait déjà bien avancé et atteint la Vistule lorsque Radio Moscou annonça la libération imminente de Varsovie et appela ses citoyens à s'insurger (Moscou affirma par la suite que cette annonce était un simple message de propagande, qui ne devait pas être pris au sérieux). Les résistants de l'AK décidèrent donc de passer à l'acte, car s'ils se libéraient eux-mêmes, ils pourraient prétendre à un rôle politique dans la Pologne future. Les Allemands exploitèrent cependant l'essoufflement de l'opération Bagration pour renforcer leur garnison avec des troupes SS, qui allaient commettre les atrocités les plus barbares.

L'AK se trouva rapidement dans une situation désespérée, mais l'armée rouge ne put couvrir les quelques derniers kilomètres pour lui venir en aide. D'aucuns soupçonnèrent Staline d'avoir sciemment provoqué l'insurrection et de n'être pas intervenu afin de permettre aux Allemands d'anéantir l'AK. Cependant, il fallait quand même aider Varsovie et une tentative de franchissement de la Vistule par les troupes polonaises commandées par l'armée rouge se solda par de lourdes pertes. Subissant d'incessantes attaques aériennes, l'AK fut repoussée dans une enclave du centre-ville. Après 63 jours, elle se rendit sur la promesse que ses combattants seraient traités en tant que prisonniers de guerre, mais les Allemands continuèrent de se venger sur Varsovie en expulsant la population et en rasant la plupart des bâtiments de la ville. **JS**

Pertes : Allemands, 16 000 morts ;
Polonais, 165 000-300 000 morts, y compris des civils

< *Bagration 1944* *Berlin 1945* >

Des grenadiers SS se déplacent dans les rues de Varsovie. ↑

Poche de Falaise 7-21 août 1944

Après la percée des Alliés en Normandie, Hitler ordonna au maréchal Günther von Kluge de contre-attaquer entre Mortain et Avranches. L'objectif était d'encercler la péninsule du Cotentin et de piéger les forces américaines en Bretagne. Le XLVIIe Panzer-Korps passa à l'attaque dans la nuit du 6 au 7 août.

Les attaquants allemands se heurtèrent à une farouche résistance américaine près de Mortain. La 35e division aida à contenir les Allemands tandis que l'aviation alliée mitraillait les colonnes blindées à découvert. Les unités alliées parvinrent à limiter la pénétration des flancs, contraignant les Allemands à s'immobiliser près de Flers. Le lieutenant général Omar N. Bradley et le général Sir Bernard Montgomery s'accordèrent à penser que le saillant allemand était l'occasion de piéger les attaquants. Les 1re et 3e armées américaines effectuèrent un large détour par le sud avant d'obliquer vers le nord et d'attaquer les Allemands sur le flanc gauche près d'Argentan.

Le 12 août, les forces américaines se préparaient à fermer les quelques derniers kilomètres de la tenaille lorsque Bradley leur donna l'ordre de s'immobiliser pour éviter de se retrouver face aux unités canadiennes. Contrairement aux ordres d'Hitler, les Allemands commencèrent à se retirer par la brèche, sous un feu nourri. Falaise tomba aux mains des Canadiens le 16 août, et le 19 les divisions américaine et polonaise se rejoignirent à Chambois. Très peu d'Allemands parvinrent à s'échapper. Les Canadiens rejoignirent les Polonais le 21 août, scellant le destin de la VIIe armée allemande. La bataille anéantit la résistance allemande en Normandie et força l'ennemi vaincu à franchir la Seine. Elle permit en outre aux Alliés de poursuivre leur route vers la frontière allemande. **RB**

Pertes : Américains, 3 000 ; Canadiens, 5 500 ; Polonais, 588 morts, 1 002 blessés, 114 disparus ; Allemands, 10 000 morts, 20 000 blessés, 50 000 prisonniers

‹ Normandie 1944 *Libération de Paris 1944 ›*

Après avoir chassé les Allemands de Falaise, des soldats américains déploient un drapeau portant le svastika, le 20 août 1944.

Libération de Paris 19-25 août 1944

Après la Normandie, le général Eisenhower envisagea de contourner Paris. Pour les Forces françaises libres du général Charles de Gaulle et pour les membres de la Résistance française, la libération de Paris constituait cependant un objectif symbolique crucial, aux conséquences politiques majeures.

Le 19 août, les membres de la Résistance française prirent le contrôle des principaux quartiers de Paris, y compris l'Hôtel de Ville. Le gouverneur allemand de Paris, le général Dietrich von Choltitz, souhaita éviter un bain de sang et la destruction de la capitale. Il consentit à un cessez-le-feu qui fut partiellement respecté lors des jours suivants, même si les affrontements locaux firent d'innombrables victimes.

Pendant ce temps, les généraux Charles de Gaulle et Philippe Leclerc demandaient aux Américains la permission de se diriger vers Paris. Craignant que les Français n'agissent de manière indépendante, Eisenhower accéda à leur requête mais exigea que le général Leclerc soit accompagné d'une division d'infanterie américaine.

Progressant en deux colonnes depuis le nord et le sud de Paris, Leclerc affronta les défenses allemandes à l'extérieur de la ville à l'aube du 24 août. Le soir, Leclerc n'était toujours pas parvenu à percer et Eisenhower menaça de faire intervenir les forces américaines pour achever le travail. Leclerc demanda au capitaine Raymond Dronne de prendre contact avec la Résistance française. Dronne parvint sans encombre à l'Hôtel de Ville, vers minuit. Cette arrivée suscita une vague d'enthousiasme populaire qui confirma leur défaite aux Allemands. Le matin suivant, les forces allemandes avaient capitulé et le général Leclerc occupait la ville. **RG**

Pertes : Résistance française, 1 000 morts ;
Forces françaises libres, 130 morts, 320 blessés ;
Allemands, 3 000 morts, 12 800 prisonniers

< *Poche de Falaise 1944* *Forêt de Hürtgen 1944* >

La 2e division blindée française arrive à Paris, lors de la Libération. ↑

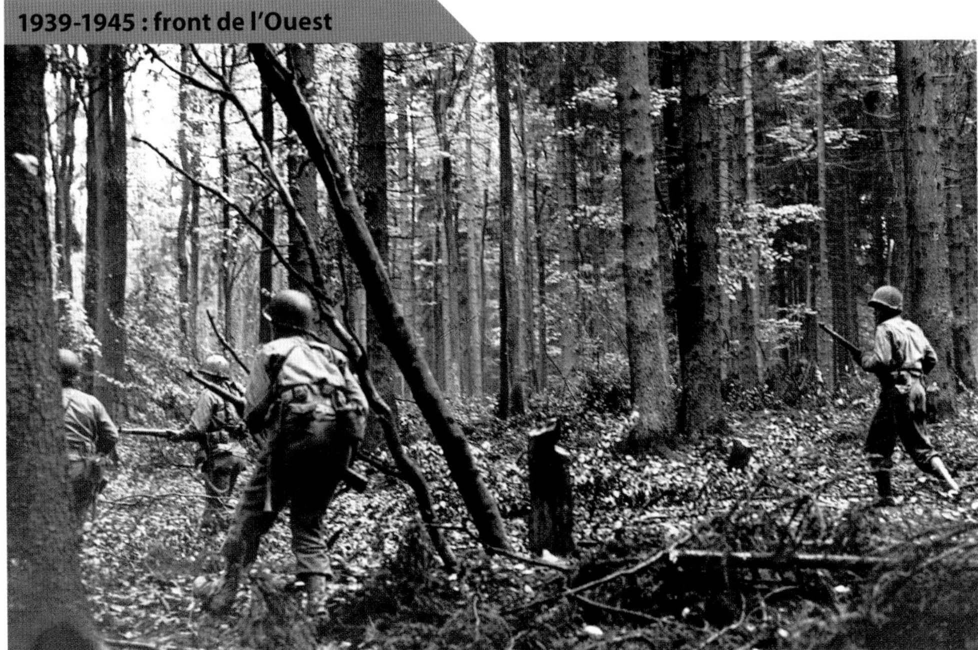

Forêt de Hürtgen 14 septembre - 13 décembre 1944

À l'arrivée de leurs armées sur la ligne allemande Westwall-Siegfried, les dirigeants alliés cherchèrent un moyen de forcer les vastes barrages de bunkers et d'obstacles. Le 14 septembre, le 5e corps américain partit en reconnaissance et pénétra dans la forêt de Hürtgen, au sud d'Aix-la-Chapelle.

Inconnue des Alliés, la forêt de Hürtgen constituait une zone de rassemblement délicate pour les unités allemandes devant participer à la bataille des Ardennes programmée par Hitler. Elle permettait en outre d'accéder aux barrages de la rivière Roer.

Lorsque la 9e division d'infanterie américaine pénétra dans la forêt escarpée, elle se heurta immédiatement à une farouche résistance. Les mauvaises conditions météorologiques entravèrent les opérations aériennes et terrestres. Après avoir subi de lourdes pertes, la 9e division prit la ville de Schmidt, sur la principale route de ravitaillement allemande, avant d'être repoussée vers ses positions défensives près de la piste de Kall. Une semaine plus tard, la 28e division d'infanterie remplaça la 9e, battue. L'assaut sur Schmidt fut réitéré le 2 novembre, la ville changeant régulièrement de mains au gré des combats.

Courant novembre, les deux parties engagèrent davantage de forces dans la bataille. Les combats les plus durs eurent lieu lorsque les villes de Hürtgen et Kleinhau tombèrent, forçant les Allemands à se retirer. Le 13 décembre, la prise de Gey et Stras au bord de la forêt marqua la fin de la plupart des combats. Les Américains tenaient la forêt, mais à quel prix : la 28e division américaine était décimée et les 9e et 4e, éreintées. Les unités allemandes souffrirent mais étaient parvenues à retarder l'avancée des Américains et à affaiblir des unités qui auraient sinon pu prendre part à la bataille des Ardennes, deux jours plus tard. **RB**

Pertes : Américains, 23 000 morts, blessés ou prisonniers, 9 000 victimes en dehors des combats ; Allemands, 28 000

< *Libération de Paris 1944* *Opération Market Garden 1944* >

↑ *Des soldats d'infanterie américains progressent dans la dense forêt de Hürtgen, le 2 novembre 1944.*

Opération Market Garden 17-27 septembre 1944

Tandis que leurs armées traquaient les Allemands défaits à travers la France, les dirigeants alliés débattaient de la stratégie à adopter pour avancer vers l'Allemagne. Le maréchal Sir Bernard Montgomery, du 21ᵉ groupe d'armées, proposa d'utiliser ses forces pour réaliser une poussée vers les Pays-Bas. Le lieutenant général Omar N. Bradley s'y opposa.

Montgomery convainquit le général Dwight D. Eisenhower de valider un assaut aéroporté en deux phases. L'opération Market largua trois divisions aéroportées à des endroits distincts pour s'emparer des ponts présents le long d'un itinéraire traversant les villes néerlandaises d'Eindhoven, Nimègue et Arnhem. Ces ponts devaient être maintenus ouverts pour l'arrivée de la 2ᵉ armée britannique menée par le 30ᵉ corps (opération Garden).

Le temps et la distance limitaient les Alliés à une seule poussée par jour. L'opération commença dans la nuit du 16 septembre. Les attaques aériennes visèrent les aérodromes et les positions allemandes, ouvrant la voie aux 1 567 transporteurs aériens qui suivaient avec à leur bord les 20 000 parachutistes et équipages des planeurs (60 % de l'infanterie), avec leurs équipement et vivres. La 1ʳᵉ division aéroportée atterrit 9,5 km à l'ouest d'Arnhem et fut rapidement confrontée aux unités allemandes près d'Oosterbeek. Sa 1ʳᵉ brigade de parachutistes se dirigea vers Arnhem. La 82ᵉ division atterrit près de Nimègue et sécurisa très vite plusieurs ponts ainsi que Groesbeek Heights. La 101ᵉ division atterrit au nord d'Eindhoven et prit le contrôle de quatre ponts sur cinq en quelques heures.

> *« Si l'opération avait reçu les renforts adéquats… elle aurait réussi en dépit de mes erreurs. »*
>
> *Maréchal Sir Bernard Montgomery*

À 14 heures, le 30ᵉ corps se diriga vers Eindhoven. Surpris, les Allemands du groupe d'armées B du maréchal Walter Model réagirent promptement. Ce dernier demanda des renforts et reçut en priorité le soutien de la Luftwaffe. La résistance allemande se durcit jusqu'au soir et plusieurs ponts furent détruits. Seul le 2ᵉ bataillon de la 1ʳᵉ brigade de parachutistes atteignit le pont d'Arnhem. Le bataillon en sécurisa l'extrémité nord et fit avorter les tentatives de franchissement allemandes. Les deux autres bataillons pénétrèrent dans Arnhem au prix de lourdes pertes mais n'atteignirent jamais le pont. À Nimègue, la 82ᵉ division aéroportée échoua dans sa lutte pour un pont stratégique mais parvint à repousser les contre-attaques allemandes tandis que les 101ᵉ et 30ᵉ corps prenaient contact. Le lendemain matin, des bataillons du 30ᵉ corps se joignirent à la 82ᵉ division pour tenter dans un ultime effort de s'emparer du pont de Nimègue. Le 3ᵉ bataillon du 504ᵉ régiment d'infanterie de parachutistes parvint au final à sécuriser le pont, mais les chars du 30ᵉ corps n'avancèrent pas d'un pouce pendant 18 heures.

Plus avant, les unités aéroportées britanniques se trouvaient dans une situation critique. Le 2ᵉ bataillon d'Arnhem avait été refoulé et les survivants de la 1ʳᵉ division aéroportée, encerclés à Oosterbeek, se battaient avec acharnement contre des Allemands combatifs. Ils résistèrent à une série d'offensives violentes du 22 au 24 septembre. Retardée, la brigade aéroportée polonaise finit par atterrir mais ne put leur venir en aide. Les contre-offensives allemandes coupèrent la route et les portions d'autoroute changèrent plusieurs fois de mains. Les stratèges alliés décidèrent de rester sur leurs positions et de se concentrer sur la défense. Le sauvetage des survivants de la 1ʳᵉ division aéroportée mit fin à l'opération. **RB**

Pertes : Américains, 3 996 morts, blessés ou disparus ; Britanniques et Polonais, 11 000-13 000 morts ou blessés, 6 450 prisonniers ; Allemands, 7 500-10 000 morts

< *Forêt de Hürtgen 1944* *Aix-la-Chapelle 1944* >

Des parachutistes alliés atterrissent près d'Arnhem au début de l'offensive, le 17 septembre 1944. 

1939-1945 : front de l'Ouest

Aix-la-Chapelle 12-20 octobre 1944

L'effondrement des défenses allemandes en France lors de la guerre de 39-45 provoqua la course des armées alliées vers la frontière allemande. Aix-la-Chapelle fut la première grande ville allemande à devoir affronter les Alliés. Hitler ordonna à ses soldats de tenir la ville coûte que coûte.

La résistance farouche opposée par les Allemands le long de la ligne de défense Westwall-Siegfried força la première armée américaine à revenir sur sa décision de contourner Aix-la-Chapelle. Au cours des premières semaines d'octobre, les 1re et 30e divisions d'infanterie bataillèrent pour bloquer les renforts allemands.

La défense de la ville d'Aix incombait à la 246e division de *Volksgrenadier* du colonel Gerhard Wilck, forte de 5 000 hommes. Le refus de Wilck de se rendre fut suivi de deux jours de bombardements et d'attaques conduites par deux bataillons américains. À l'ouest de la ville, le 2e bataillon du lieutenant-colonel Derrill Daniel rasait une zone urbaine de bâtiments en pierre. Les tirs à bout portant des chars et de l'artillerie refoulaient les adversaires dans les caves, où l'infanterie les éliminait. À l'est de la ville, le 3e bataillon, conduit par le lieutenant-colonel John Corley, combattait dans une zone de collines boisées où Wilck avait placé ses meilleures troupes.

Le 15 octobre, les deux bataillons se rejoignirent, mais le 3e bataillon fut repoussé par une contre-offensive allemande. Bénéficiant du renfort d'une force blindée, Corley reprit les opérations offensives le 19 octobre et s'empara des collines. Deux jours plus tard, Wilck déposait la reddition de la garnison d'Aix-la-Chapelle. Son entrave à la progression alliée donna à Hitler le temps de rassembler ses forces en vue de l'offensive des Ardennes en décembre. **RB**

Pertes : Américains, 75 morts, 414 blessés, 9 disparus ; Allemands, 5 000 morts ou blessés, 5 600 prisonniers

< *Opération Market Garden 1944* — *Ardennes 1944* >

1939-1945 : guerre avec le Japon

Golfe de Leyte 23-25 octobre 1944

La plus grande bataille navale de la guerre de 39-45 et de l'histoire faillit apporter à la flotte japonaise la victoire, en raison des déplorables décisions de l'état-major américain. Au lieu de cela, à deux doigts du triomphe, l'amiral japonais fit demi-tour, laissant les États-Unis remporter une autre victoire majeure.

Lorsque les troupes américaines débarquèrent sur Leyte, dans les Philippines, le 20 octobre, le commandement japonais lança l'opération Victory. Les porte-avions japonais disposaient encore de quelques avions qui allaient servir d'appât pour attirer les porte-avions américains au nord. Pendant ce temps, l'importante flotte japonaise de vaisseaux à canons lourds traverserait l'archipel des Philippines depuis la côte ouest, jusqu'aux forces de débarquement américaines, sur la côte est de Leyte.

Les choses commencèrent mal pour les Japonais. Leur force principale fut repérée au large de la côte ouest des Philippines et plusieurs navires furent coulés lors d'attaques aériennes et sous-marines les 23 et 24 octobre. Cependant, les Américains firent l'erreur de penser que l'escadre s'était retirée. Une seconde escadre de cuirassés japonais fut anéantie dans le détroit de Surigao par des cuirassés américains dans la nuit du 24 au 25 octobre. L'amiral Halsey, commandant des dix porte-avions américains, avait cependant déjà mordu à l'appât et se dirigeait vers la force japonaise au nord. Quatre de ses porte-avions et plusieurs autres vaisseaux furent coulés. Entre-temps, la force principale de l'amiral Kurita avait rejoint les escortes de la force de débarquement américaine, qui se trouvait dans une position difficile. Une défense héroïque et l'indécision de Kurita empêchèrent les Japonais de progresser, et Kurita abandonna bientôt et battit en retraite. **DS**

Pertes : Américains, 1 porte-avions, 2 porte-avions d'escorte, 3 destroyers ; Japonais, 4 porte-avions, 3 cuirassés, 20 croiseurs et destroyers

< *Guam 1944* — *Manille 1945* >

Des bombardiers américains attaquent un croiseur lourd japonais au large de la baie de Manille, qui coula peu après. 

Ardennes 16 décembre 1944 - 25 janvier 1945

Contre l'avis de ses conseillers, Hitler lança une importante offensive dans les Ardennes belges et luxembourgeoises afin de s'emparer d'Anvers, port principal des Alliés. En cas de succès, les Alliés, privés de vivres, seraient contraints de se retirer.

En secret, Hitler rassembla deux nouvelles armées, la VIe Panzer-Armee (général Joseph Dietrich) et la Ve Panzer-Armee (général Hasso-Eccard von Manteuffel). Rejointes par la VIIe armée, elles attaquèrent les 5e et 7e corps de la 1re armée américaine dans les Ardennes. Les Ardennes étaient considérées comme une région calme. Le front de 141 km n'était défendu que par quatre divisions d'infanterie : la 99e (5e corps), la 106e, la 18e et la 4e (7e corps). D'autres petites unités étaient disséminées ailleurs sur la ligne. N'ayant jamais combattu, la 9e division blindée était tenue en réserve. Le 16 décembre, l'artillerie allemande frappa la ligne américaine et interrompit les communications. La VIe Panzer-Armee, au nord, menait l'attaque principale. La Ve Panzer-Armee se déploya à l'ouest, soutenue, sur son flanc ouest, par la VIIe armée. La 99e division repoussa plusieurs attaques mais la défense mal coordonnée entre la 106e division et le 14e groupe de cavalerie ouvrit une brèche, dans laquelle s'engouffra une division de parachutistes allemands. Postée sur le Schnee-Eifel, la 106e division parvint à tenir en engageant ses réserves, tandis que la 28e division résistait face aux attaques de la VIIe armée. Bien que l'infanterie allemande ait pu infiltrer les positions américaines, des barrages empêchaient les chars de se déplacer vers les villes de Bastogne et Saint-Vith.

« Ayons le cran de laisser ces salauds aller jusqu'à Paris. Et là, nous leur couperons la route et les réduirons en bouillie. » Général G. Patton

À la tombée de la nuit, les 7e et 10e divisions blindées américaines reçurent l'ordre d'attaquer. Les instructions confuses de la 106e division causèrent l'abandon de deux régiments sur le Schnee-Eifel, fortement enneigé. Contraint de défendre sa position, le 8e corps fit tout pour empêcher les Allemands d'utiliser le réseau routier, seul moyen pour les véhicules de traverser le terrain. Au nord, le 5e corps renforça le saillant de la pénétration avec les 2e et 1re divisions d'infanterie, puis retira la 99e division. Le 17 décembre, les chars allemands, sous le commandement du colonel Joachim Peiper, franchirent les lignes et se ruèrent sur les positions arrière américaines. Au sein du 8e corps, la progression de la 7e division blindée fut retardée, entraînant la mort ou la capture des deux régiments de la 106e division. Le 3e régiment, avec la 7e division blindée et une partie de la 9e et de la 28e division d'infanterie, se terra à Saint-Vith. À Bastogne arriva la 101e division aéroportée, tandis que le génie bloquait les routes et que des colonnes blindées défendaient les carrefours.

Afin de gagner du temps, le général allemand von Manteuffel donna l'ordre à ses unités blindées de contourner les deux villes. Au sud, la 4e division établit la défense, refoulant les Allemands sur les routes encombrées de la trouée de Losheim. Le 19 décembre, les chars allemands s'immobilisèrent à 40 km en contrebas. Le général Eisenhower ordonna à la 1re armée d'assurer la défense tandis que la 3e armée attaquait au sud.

Le 22 décembre, la 3e armée obliqua vers le nord, prenant Bastogne d'assaut le 26. Le combat se poursuivit tandis que les unités allemandes tentaient de tenir. La 1re et la 3e armée attaquèrent conjointement le 3 janvier, refermant la tenaille sur le saillant allemand et contraignant leurs adversaires à se retirer. Le 25 janvier, le saillant avait disparu et la ligne de front était restaurée. **RB**

Pertes : Américains, 76 840 ; Britanniques, 1 408 ; Allemands, 67 200

< *Aix-la-chapelle 1944* *Bastogne 1944* >

Les troupes américaines capturent des Allemands à Malmedy, en Belgique. 

Bastogne

17-26 décembre 1944

Le 16 décembre, l'armée allemande lançait sa dernière grande offensive de la guerre de 39-45. Sur l'ordre d'Hitler, plus de 20 divisions fondirent sur la ligne de front américaine dans les Ardennes. Les Allemands cherchaient à contrôler des villes stratégiques comme Bastogne.

À Bastogne, deux routes venant d'Allemagne conduisaient à la base arrière des Américains. La 1re armée américaine demanda le soutien de la 101e division aéroportée tandis que le génie édifiait des barrages pour ralentir les Allemands. Le Combat Command B, de la 101e division blindée, arriva le 18 décembre et défia les Allemands aux barrages. Cette nuit-là, la 101e division aéroportée fut redéployée en position défensive au nord de la ville.

Le 20 décembre, outre les quatre régiments aéroportés, Bastogne disposait de sept bataillons d'artillerie, d'un bataillon chasseur de chars, ainsi que de chars rescapés, de soldats d'infanterie et du génie issus des 9e et 10e divisions blindées. Pour éviter tout retard, le commandant de la Ve Panzer-Armee ordonna à ses deux divisions blindées de contourner Bastogne, abandonnant la prise de la ville à l'infanterie. Le 22 décembre, l'artillerie allemande encerclait la ville. Lorsque l'ordre de reddition fut refusé – par la fameuse réplique du général Anthony McAuliffe : « *Nuts!* » (« Des noix ! ») –, les Allemands ouvrirent le feu.

Durant quatre jours, les combats s'intensifièrent. Le 25 décembre, l'aviation alliée ravitailla les troupes aériennes en vivres et en munitions. Le jour suivant, la 4e division blindée brisa l'encerclement au nord. La défense réussie de Bastogne contribua largement au ralentissement et à l'anéantissement des efforts allemands pour rallier la Meuse (fleuve) et la région en amont. **RB**

Pertes : Américains, 543 morts, 1 775 blessés, 641 disparus ; Allemands, 7 000 morts, 981 prisonniers

< *Ardennes 1944* — *Saint-Vith 1944* >

Saint-Vith

17-23 décembre 1944

Le 17 décembre, à l'aube, le général Troy Middleton (8e corps) repérait la direction des troupes allemandes qui avaient décimé son corps la veille. Il décida de bloquer le réseau routier ardennais et de défendre quatre villes stratégiques, dont Bastogne et Saint-Vith.

Saint-Vith se situait 19 km derrière la ligne de front où la 106e division d'infanterie américaine était en train de perdre son combat. Deux divisions blindées américaines, la 7e et la 10e, furent envoyées en renfort au 5e corps. Tandis que la 106e poursuivait sa lutte, Middleton déporta des unités pour aller au-devant des Ier et LVIIIe Panzer-Korps allemands. La défense américaine était établie sur les lignes de crête et les collines du nord-est, de l'est et du sud-est. La 7e division blindée arriva le soir du 17 décembre. Au sud de la ville, un régiment de la 106e rejoignit la 9e division blindée, mais le 19 décembre, les régiments de la 106e furent exterminés sur le Schnee-Eifel. Deux divisions d'infanterie allemandes se dirigèrent ensuite vers Saint-Vith sous un épais brouillard.

Les routes encombrées ralentissaient les Allemands et les rares attaques échouaient face à la puissance de feu américaine. Précédées d'une artillerie lourde, les offensives allemandes reprirent le 21 décembre. C'est là que les Allemands réussirent leur percée. Les défenseurs se réfugièrent dans la ville, suivis par les chars allemands. Le général brigadier Bruce C. Clarke réorganisa une ligne de défense à l'ouest de la ville tandis que le chaos qui régnait aux carrefours entravait la poursuite allemande. Le 22 décembre, les forces américaines purent se retirer, aidées par le gel des pistes boueuses et une tempête de neige. Les dernières troupes franchirent les lignes américaines de la Salm le 23 décembre. **RB**

Pertes : Américains, 3 397 ; Allemands, chiffre inconnu

< *Bastogne 1944* — *Poche de Colmar 1945* >

Poche de Colmar

20 janvier - 9 février 1945

C'est dans la plaine d'Alsace que se joua l'une des plus rudes batailles de la guerre de 39-45, autour de la ville historique de Colmar. Par des conditions hivernales extrêmes, les troupes françaises et américaines firent sortir la XIXe armée allemande de ses positions défensives et la repoussèrent outre-Rhin.

La poche de Colmar fut formée en novembre 1944, lorsque la 1re armée et la 2e division blindée françaises atteignirent le Rhin à la fois au nord et au sud de Colmar. Les Allemands se retrouvèrent alors coincés dans un demi-cercle de terres, dos au Rhin. En janvier 1945, les Alliés entreprirent de réduire cette poche.

La première attaque fut menée par des troupes marocaines rompues au combat et une division blindée française. Elles gagnèrent peu à peu du terrain face à une défense allemande tenace et des contre-offensives blindées. Dans le secteur nord, la 3e division d'infanterie américaine subit de lourdes pertes en établissant une tête de pont au-dessus de la rivière de l'Ill. Les conditions étaient terribles, avec des températures glaciales et une neige épaisse. Le 29 janvier, la 3e division d'infanterie franchit le canal de Colmar après un bombardement massif. Le 4 février, la 12e division blindée américaine rejoignit les troupes américaines à Rouffach, scindant la poche en deux. L'armée allemande fut ravitaillée et renforcée de l'autre côté d'un pont enjambant le Rhin à Breisach. Lorsque la ville fortifiée limitrophe de Neuf-Brisach tomba aux mains de la 3e division d'infanterie le 6 février, les forces allemandes se retranchèrent de l'autre côté du pont, et le firent exploser derrière elles. Le combat dura encore trois jours, jusqu'au retrait des derniers Allemands outre-Rhin. **RG**

Pertes : Américains, 8 000 victimes ; Français, 13 000 victimes ; Allemands, 25 000 victimes

< *Saint-Vith 1944* *Pont de Remagen 1945* >

Manille

3 février - 3 mars 1945

En 1941, lorsque le Japon envahit les Philippines, les Alliés choisirent de ne pas défendre la capitale, Manille. Il en fut tout autrement en 1945 et la ville fut dévastée après un mois de combats d'une extrême férocité, jusqu'à ce que la garnison japonaise soit enfin vaincue.

Les forces terrestres américaines débarquèrent sur l'île de Luçon, aux Philippines, le 9 janvier 1945. Élaboré par le général Yamashita, le principal plan japonais consistait à se retirer à l'intérieur des terres montagneuses de l'île afin de retarder l'avancée des troupes ennemies. Cependant, Yamashita était un général d'armée et la capitale, Manille, était défendue essentiellement par des membres de la marine ; leur commandant, l'amiral Iwabuchi, décida de livrer bataille. Au total, il disposait de près de 20 000 hommes, dont quelques soldats de l'armée de terre.

Les premières troupes américaines atteignirent la ville le 3 février. Trois divisions américaines attaquèrent à différents endroits : la 1re division de cavalerie, la 11e division aéroportée et la 37e division d'infanterie, soutenues par des milliers de *guerrillas* philippins. La libération de 6 000 prisonniers militaires et civils alliés fut un premier succès.

Le 22 février, les Japonais s'étaient retirés dans la vieille ville fortifiée, luttant avec acharnement et allumant d'immenses incendies. Afin de protéger les civils, le général MacArthur ordonna ne de pas bombarder la ville, toutefois la puissance de feu de l'artillerie et des chars américains était si importante que cela fit en réalité peu de différence – d'autant que les Japonais tuaient les Philippins sans hésitation. Les dernières positions japonaises furent anéanties le 3 mars, mais la ville était alors en ruine et avait perdu près d'un huitième de sa population. **DS**

Pertes : Américains, 1 000 ; Philippins, 100 000 civils ; Japonais, au moins 17 000

< *Golfe de Leyte 1944* *Corregidor 1945* >

Dresde 13-15 février 1945

En février 1945, les bombardiers britanniques et américains attaquèrent Dresde, ville du sud-est de l'Allemagne. Le raid fit 25 000 victimes et détruisit une ville d'une grande importance culturelle. Il fut tout de suite très controversé.

Au cours du mois de février 1945, l'armée rouge progressait dans l'est de l'Allemagne. En bombardant Dresde, les Alliés pensaient gêner le transport ferroviaire et aider les Russes dans leur avancée.

La nuit du 13 au 14 février, la Royal Air Force lança deux raids au cours desquels 2 650 tonnes de bombes explosives et incendiaires furent larguées. La cible était un stade de la vieille ville historique. Comme les défenses aériennes allemandes étaient déjà affaiblies à cette époque, le bombardement fut précis et nourri. Il provoqua un incendie dévastateur qui fit 25 000 morts. Dans la journée, deux raids de l'armée de l'air américaine, en grande partie inefficaces, suivirent.

La destruction de Dresde fut aussitôt sujette à controverse. La propagande nazie parla de 250 000 victimes et le Premier ministre britannique Winston Churchill tenta de prendre ses distances avec une politique de bombardement qu'il avait jusque-là vivement soutenue. Le raid avait détruit la majeure partie du centre historique de la ville, y compris la magnifique église Frauenkirche du XVIIIe siècle. Jugé inefficace, immoral, excessif, inutile et responsable de la perte d'un héritage culturel, il fut condamné. Ses partisans affirmèrent qu'il s'agissait d'une frappe légitime sur une cible militaire et que cela faisait partie de l'offensive de bombardement stratégique des Alliés contre un ennemi déterminé qui résistait. **IK**

Pertes : Grande-Bretagne : 9 avions abattus ; É.-U. : 4 morts, 15 blessés, 57 disparus, 8 avions abattus, 4 endommagés et irréparables, 54 abîmés ; Allemagne : 25 000 civils tués, 1 avion abattu

Corregidor 14 février-2 mars 1945

La libération par les Américains de l'île de Luçon, dans les Philippines, débuta le 9 janvier 1945. Le 7 février, les forces américaines s'approchèrent de Manille. Leur principal objectif était de rouvrir la baie de Manille et de reprendre Corregidor.

Le service de renseignements estimait qu'il n'y avait que 600 soldats japonais sur les 7 km² de Corregidor ; ils étaient en fait 6 000. Durant leur occupation, les Japonais avaient étendu leur réseau de tunnels et de bunkers. Le 14 février, un assaut amphibie et aéroporté lancé par les Américains pour reprendre l'île débuta par un bombardement aérien et naval. Bien dissimulée, l'artillerie japonaise endommagea de nombreux bateaux. Deux jours plus tard, le premier des 2 050 parachutistes américains fut largué.

En raison de la faible altitude, il y eut de nombreux blessés parmi les parachutistes. Les vedettes-torpilleurs décrivaient des cercles dans la baie pour repêcher les hommes que les vents violents projetaient dans la mer. Le 3e bataillon de la 34e infanterie débarqua sur l'extrémité est de l'île, extrémité qui était la plus basse. Les fantassins avancèrent rapidement afin de prendre le contrôle de la colline de Malinta et de la pointe est. À la tombée de la nuit, les forces de l'extrémité ouest et de l'extrémité est s'étaient rejointes. Un troisième bataillon arriva en bateau le 17 février. Alors que les Américains progressaient, des soldats japonais sortaient de tunnels pour les affronter au corps-à-corps. Certains mouraient en faisant exploser les munitions stockées dans des tunnels sous les positions américaines. Les Américains tirèrent à bout portant avec des obusiers de 75 mm pour éliminer des bunkers entiers. Le 2 mars, ils vinrent à bout de la résistance japonaise organisée, mais durent lutter contre des combattants isolés pendant encore des semaines. **RB**

Pertes : É.-U. : 210 morts, 790 blessés, 5 disparus ; Japon : 5 950 morts, 20 prisonniers, 30 évadés

‹ *Manille 1945* *Iwo Jima 1945* ›

Les ruines de Dresde après le bombardement.

Iwo Jima 19 février-26 mars 1945

L'île d'Iwo Jima a été décrite comme étant le lieu le plus fortifié de la guerre. Les Japonais qui la défendaient étaient, comme toujours, prêts à se battre jusqu'au dernier homme. Elle fut donc le théâtre d'une âpre bataille. Les Américains qui l'attaquèrent payèrent cher leur victoire.

Même à l'échelle des îles du Pacifique, Iwo Jima, située à 1 046 km au sud-est de Tokyo, est un point particulièrement petit sur la carte, puisqu'elle mesure moins de 26 km². Elle eut de l'importance au cours de la guerre de 39-45 car elle était à portée de tirs de la capitale japonaise et constituait une base de soutien pour les raids que les Superfortress B-29 américains lançaient contre le continent japonais depuis les îles Mariannes. Elle fournissait des avions de combat mais aussi une piste pour les atterrissages d'urgence des bombardiers en difficulté.

Son terrain volcanique rocailleux et aride se prêtait à un rôle défensif. Après la chute des Mariannes, l'île avait été fortifiée par une garnison de 18 000 hommes commandée par le général Tadamichi Kuribayashi. Presque toute la garnison et ses défenses survécurent aux importants bombardements aériens et navals qui précédèrent l'attaque américaine. En effet, Kuribayashi avait ordonné à ses hommes de ne pas ouvrir le feu afin de ne pas révéler leurs positions jusqu'à ce que les Américains aient débarqué. Coincées sur des plages encombrées et essuyant les tirs de l'artillerie et des mitrailleuses, les deux divisions de marines américains qui accostèrent le 19 février subirent tout de suite des pertes importantes.

« Nous devrons défendre cette île jusqu'au bout… Nous ne devrons pas mourir sans tuer au moins dix de nos ennemis. » *Le général Kuribayashi*

La progression des Américains vers l'intérieur se fit mètre par mètre car les Japonais résistèrent dans les multiples tranchées, tunnels et autres lieux fortifiés dont ils avaient truffé l'île. La première des trois pistes d'atterrissage, située à quelques centaines de mètres du lieu de débarquement, fut prise le 20 février. Le 23, un petit groupe de marines parvint au sommet du mont Suribachi, le pic dominant la pointe sud de l'île et y planta la bannière étoilée. La seconde piste fut prise le même jour, alors que les forces américaines se dirigeaient vers le nord.

Le combat le plus violent se déroula juste après, à proximité d'un sommet désigné sur les cartes des marines sous le nom de Hill 382, mais plus connu sous celui de « hachoir ». Comme le 5e corps amphibie du général Harry Schmidt avait lancé 60 000 hommes dans la bataille, l'issue ne laissait aucun doute. Néanmoins, les soldats japonais luttèrent avec une bravoure et une détermination stupéfiantes. Kuribayashi avait interdit les attaques suicides traditionnelles, assurant que ses hommes vendraient chèrement leur vie. Cependant, le 1er mai, la défense japonaise céda Hill 382, ainsi que l'importante Hill 362, près de la côte ouest de l'île. Le 16 mars, le général Schmidt annonça que l'île était sécurisée, mais quelques milliers de Japonais résistèrent encore dans une crevasse rocheuse appelée la « Gorge sanglante », près de l'extrémité nord de l'île. Ils furent écrasés au bout de dix jours de combat supplémentaires.

Iwo Jima fut l'unique grande bataille de la guerre du Pacifique dans laquelle le nombre de victimes, de blessés et de morts américains fut supérieur au nombre de Japonais morts. Même avant la fin de la bataille, les B-29 effectuaient des atterrissages d'urgence à Iwo Jima, afin de sauver la vie de leurs équipages quand c'était possible. **DS**

Pertes : É.-U. : 6 800 morts, 19 200 blessés ; Japon : 18 000 morts, 216 prisonniers

< *Corregidor 1945* *Tokyo 1945* >

Les marines plantent le drapeau américain sur le mont Suribachi, le 23 février 1945. ➜

Pont de Remagen 7-17 mars 1945

Au cours de la guerre en Europe, des unités de la 21e armée des États-Unis atteignirent le Rhin. L'armée allemande avait traversé le fleuve en se repliant, détruisant tous les ponts après son passage. La 9e division de blindés des forces alliées trouva pourtant un pont intact.

Le pont ferroviaire de Ludendorff enjambait le Rhin, reliant Remagen (sur la rive ouest) à Erpel. Il était truffé d'explosifs, mais encore intact. Un ingénieur devait, sur les ordres de ses supérieurs, le faire sauter le 7 mars, à 16 heures. Le même jour, un corps expéditionnaire dirigé par le lieutenant-colonel Leonard Engeman entra dans Remagen et découvrit le pont intact. Engemen le signala à son chef, le général de brigade William Hoge. Le lieutenant Karl Timmerman de la compagnie A de la 27e infanterie de blindés se chargea de sécuriser l'ouvrage. Alors que ses hommes s'approchaient du pont, l'explosion fut déclenchée. Seul un petit nombre d'explosifs fonctionnèrent, laissant le pont intact, mais en mauvais état. Timmerman et ses hommes avaient été repérés et essuyèrent rapidement des tirs de mitrailleuse provenant de l'autre extrémité du pont. Un petit groupe d'hommes désamorça les engins explosifs qui restaient, pendant que les autres traversaient le pont et prenaient le contrôle des positions allemandes. Hoge fit rapidement passer ses troupes et ses chars sur le pont. À la tombée de la nuit, cinq bataillons se retrouvèrent sur la rive est, et d'autres soldats plus nombreux suivirent, élargissant la tête de pont.

Les jours qui suivirent, les Allemands tentèrent sans succès de détruire le pont à l'aide de l'artillerie, de bombardiers et de missiles V-2. Il céda le 17 mars, alors que cinq divisions l'avaient traversé. Cependant, des ponts flottants avaient déjà été installés sur les deux rives. La tête de pont était donc protégée. **RB**

Pertes : É.-U. : aucune ; Allemagne : 1 civil, 40 prisonniers

< *Poche de Colmar 1945*

Un soldat américain contemple le pont de Remagen en contrebas. ↑

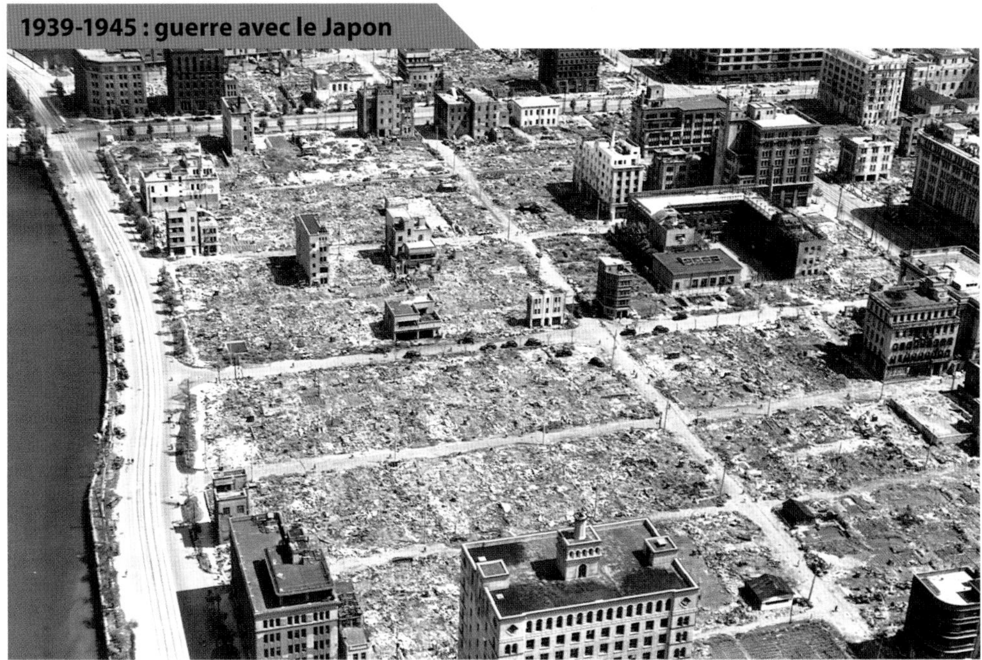

Tokyo 9-10 mars 1945

Durant la guerre du Pacifique, le raid aérien américain sur Tokyo fut l'un des plus destructeurs de l'histoire de l'humanité. Bien que le nombre exact des victimes reste inconnu, les incendies dévastateurs provoqués par les bombes incendiaires auraient fait au moins 80 000 morts en une seule nuit.

La campagne de bombardements des États-Unis contre le Japon fut longue à débuter. En 1944, l'apparition des bombardiers Superfortress B-29 permit aux Américains de lancer des frappes sur les villes japonaises, d'abord depuis leurs bases en Chine, ensuite depuis les bases acquises dans les îles du Pacifique. Leurs raids aériens avaient lieu dans la journée et visaient des sites industriels et militaires. Mais les défaillances techniques, les défenses aériennes des Japonais et les jet-streams les rendaient imprécises et engendraient des pertes colossales.

En janvier 1945, le général de la division aérienne Curtis LeMay fut chargé de donner un nouveau souffle à cette campagne. Son supérieur, le général « Hap » Arnold, le poussa à larguer des bombes incendiaires sur les cités japonaises et à abandonner la politique de frappes précises qui était celle des États-Unis. LeMay décida d'attaquer Tokyo la nuit, à faible altitude, dépouillant ses bombardiers de mitrailleuses et de blindages pour qu'ils puissent charger plus de bombes.

LeMay envoya des avions éclaireurs bombarder au napalm les environs de la cible. Près de 275 avions les suivirent, larguant 1 665 tonnes de bombes incendiaires. Les conditions météorologiques favorisèrent la propagation d'un incendie dévastateur qui détruisit 41 km² d'une ville à la population dense. LeMay dit plus tard : « Tuer des Japonais ne me tourmentait pas trop à l'époque, c'était plutôt l'idée de perdre la guerre qui me tourmentait. » **RG**

Pertes : É.-U. : 14 bombardiers B-29 sur 335 ;
Japon : 80 000 à 120 000 morts, civils pour la plupart

〈 *Iwo Jima 1945* *Okinawa 1945* 〉

↑ *Les attaques américaines aux bombes incendiaires rasèrent des quartiers entiers du centre de Tokyo.*

Okinawa 1er avril-21 juin 1945

La prise d'Okinawa fut le dernier préliminaire avant l'invasion des îles japonaises par les Alliés. La garnison japonaise fut anéantie par l'énorme puissance de feu des attaquants, mais les lourdes pertes américaines au sol et les milliers d'attaques kamikazes en mer témoignent du prix de la victoire.

L'invasion d'Okinawa fut l'opération américaine la plus importante et la plus élaborée de la guerre du Pacifique. Plus d'un demi-million de soldats américains et 1 200 navires américains et britanniques y participèrent. Les forces terrestres étaient constituées par la 10e armée du général Buckner et le contingent des forces navales de la 5e flotte de l'amiral Spruance. Après des bombardements, l'élimination d'obstacles et la prise de petites îles éloignées, les premiers débarquements débutèrent sur la côte sud-ouest d'Okinawa le 1er avril.

Les attaquants se retrouvèrent face à l'armée du général Ushijima, forte de 130 000 hommes. Okinawa était à portée des bases aériennes japonaises de Formose et de Kyushu, c'est pourquoi on s'attendait à des attaques aériennes nourries de la part de ce qui restait des forces aériennes japonaises. Ushijima décida de ne pas opposer de résistance sur les lieux d'éventuels débarquements, mais de concentrer ses hommes sur une zone assez petite et très fortifiée au sud de l'île, où le terrain accidenté favoriserait la défense.

En mer, les Japonais avaient prévu d'utiliser la tactique de l'attaque kamikaze (« vent divin ») qui avait été employée pour la première fois de manière systématique durant le combat pour Leyte, au cours du mois d'octobre précédent. Des pilotes s'écrasaient délibérément sur les navires des Alliés. Ainsi, des aviateurs inexpérimentés pilotant des avions de qualité inférieure, mais escortés par des pilotes expérimentés, infligeaient de lourds dégâts à la flotte des Alliés. Au cours de la bataille d'Okinawa, les opérations kamikazes connurent une grande ampleur ; plus de 400 vaisseaux alliés furent soit endommagés, soit coulés, ce qui fit environ 10 000 victimes. Cependant, la plus grande opération kamikaze fut un lamentable échec. Le 6 avril, le cuirassé *Yamato* partit attaquer la flotte américaine au large d'Okinawa. Le *Yamato* disposait d'une réserve de carburant suffisante pour une mission sans retour, mais il fut coulé, le 7 avril, par les frappes de près de 300 porte-avions bien avant d'avoir pu atteindre sa cible. Les États-Unis ne perdirent que six avions.

À terre, les forces américaines réussirent à occuper les deux tiers nord de l'île avant la fin du mois d'avril. La seule résistance notable fut celle qu'ils rencontrèrent sur la péninsule de Motobu. Il n'en alla pas du tout de même pour le 24e corps qui marchait vers le sud. Après des débarquements qui s'étaient déroulés, contre toute attente, de façon paisible, la résistance japonaise s'intensifia soudain. Les Américains parvinrent à percer les positions avant de la ligne Machinato le 24 avril, mais se heurtèrent à la principale défense, celle de la ligne Shuri qui traversait toute l'île, juste au nord de la capitale Naha. Au début du mois de mai, les Japonais se lancèrent imprudemment dans une série de contre-attaques qui firent non seulement de nombreuses victimes dans leurs rangs, mais qui révélèrent aussi nombre de leurs positions ignorées jusque-là par les Américains.

Au cours de la troisième semaine de mai, malgré un temps épouvantable et une résistance féroce de la part des Japonais, les Américains finirent par percer la ligne Shuri. Cependant, il fallut attendre le 22 juin pour qu'ils s'emparent des dernières positions japonaises à l'extrémité sud de l'île. La dernière horreur de la bataille fut le suicide de milliers de civils, nombre d'entre eux préférant tuer leurs enfants que d'affronter les sévices que les Américains leur réservaient, pensaient-ils. **DS**

Pertes : Alliés : 12 500 morts, 36 000 blessés ; Japon : 120 000 morts, 7 000 prisonniers, plus de 100 000 civils morts

< *Tokyo 1945* *Hiroshima et Nagasaki 1945* >

Un Toni *japonais se suicide en s'écrasant sur le* Sangamon *au large d'Okinawa. Il le rata de 7,6 m.* 

Berlin 20 avril-2 mai 1945

Lors de la prise de Berlin, l'armée rouge se vengea de manière terrible des souffrances infligées au peuple soviétique depuis 1941. Il s'agissait, en fait, d'une bataille inutile car les Allemands étaient déjà complètement vaincus. Après cela, l'Union soviétique étendra son pouvoir sur l'Europe centrale.

L'Union soviétique avait rassemblé la plus forte concentration de forces militaires jamais vue aux portes de Berlin. À l'intérieur de la ville qui avait déjà été régulièrement pilonnée par les bombardements alliés, des réfugiés terrifiés et des citoyens las de la guerre étaient défendus par une résistance improvisée constituée de combattants isolés et de ce qui restait des formations militaires anéanties, épaulées par la milice et des unités des Jeunesses hitlériennes. Un bataillon d'enfants de moins de quatorze ans fut d'ailleurs envoyé au combat.

Désirant avoir la gloire de prendre Berlin, les maréchaux soviétiques Ivan Konev et Gueorgui Joukov étaient prêts à subir de lourdes pertes et à infliger des dégâts colossaux. En cinq jours seulement, leurs troupes s'étaient rejointes et avaient encerclé Berlin. L'artillerie soviétique tira près de deux millions d'obus durant l'assaut final. Effrayés, les Berlinois n'avaient d'autre solution que de se terrer dans leurs caves et de croire avec la force du désespoir que les rumeurs affirmant qu'on allait les secourir ou que les Américains avaient rejoint l'Allemagne au sein d'une force commune pour chasser l'armée rouge étaient vraies.

À l'intérieur de la ville, il y avait peu de postes de défense fixes. Le terrain urbain offrait quelques avantages aux défenseurs de Berlin, notamment parce que dans leur précipitation, les chars de l'armée rouge étaient entrés sans le soutien nécessaire de l'infanterie. Les Jeunesses hitlériennes pouvaient ainsi détruire des chars soviétiques, ce qu'ils firent souvent, les faisant tomber dans des embuscades à l'aide de missiles antichars Panzerfaust. En fait, de nombreux défenseurs résistèrent avec un courage presque suicidaire. Trois d'entre eux, armés seulement d'une mitrailleuse, repoussèrent pendant deux jours les attaques des Soviétiques sur le pont Helensee. Mais les Soviétiques disposaient d'une puissance de feu écrasante ; des tirs d'artillerie ou des roquettes Katioucha répondaient à un seul tir de sniper, rasant l'immeuble d'où celui-ci provenait. Soupçonnant que des défenseurs allemands pouvaient se tapir dans les caves, l'armée soviétique y lança des grenades sans tenir compte des civils. Les femmes allemandes craignaient par-dessus tout les viols, qui furent nombreux.

Dans son bunker, au centre de la ville, Hitler restait convaincu que la ville de Berlin pouvait être sauvée. Il donna des ordres totalement impossibles à exécuter à des armées qui n'existaient presque plus. Staline était, lui aussi, perdu dans ses délires : il voulait à tout prix prendre le Reichstag, bien que ce dernier ne fût plus utilisé depuis 1933 et n'eût aucune valeur sur le plan stratégique. Cette obsession coûta la vie à de nombreux soldats soviétiques.

Nombre de Berlinois, souhaitant à tout prix que le cauchemar cesse, suspendirent des drapeaux blancs ou rouges à leurs fenêtres, offrant de se rendre ou souhaitant même la bienvenue à l'armée rouge. En faisant cela, ils risquaient d'être exécutés par des pelotons de SS et rien ne montre que les Soviétiques leur aient prêté la moindre attention. Alors que l'armée rouge se rapprochait des dernières poches de résistance, le suicide d'Hitler le 30 avril donna au commandant de garnison, le général Helmuth Weidling, la possibilité de capituler. Les soldats SS étaient condamnés s'ils étaient faits prisonniers, mais certains essayaient encore de combattre, tandis que d'autres se suicidaient. La plupart étaient heureux que le supplice soit terminé. Ils sortirent pour constater la destruction massive de la ville et pour arriver à un accord avec ces nouveaux maîtres. La capitulation générale des forces allemandes eut lieu cinq jours plus tard. **JS**

Pertes : armée rouge : 100 000 morts ;
Allemagne : chiffre inconnu

< *Insurrection de Varsovie 1944*

Un sergent russe et un camarade en train de hisser le drapeau russe sur le Reichstag alors que Berlin brûle. ➔

Hiroshima et Nagasaki 6 et 9 août 1945

En août 1945, les bombes atomiques lancées sur les villes d'Hiroshima et de Nagasaki par des bombardiers américains B-29 entraînèrent rapidement la capitulation du Japon. La puissance destructrice des armes nucléaires marqua le début d'une nouvelle ère dans la guerre et les relations internationales.

En juillet 1945, les premières bombes atomiques mises au point pendant la guerre dans le cadre du projet Manhattan furent acheminées sur l'île de Tinian dans les îles Mariannes, qui servaient de base au 509e groupe composite, une formation de bombardiers créée spécialement pour larguer l'arme secrète américaine. Le 26 juillet, dans la déclaration de Postdam, les Alliés sommaient le Japon de se rendre s'il voulait éviter « une destruction rapide et totale ». L'ultimatum ayant été rejeté, l'emploi de la bombe atomique fut autorisé.

Le bombardier B-29 transportant la bombe à uranium « Little Boy » décolla à 2 h 45 du matin, le 6 août. Il était piloté par le colonel Paul Tibbets, qui avait fait peindre sur son avion le nom de jeune fille de sa mère, Enola Gay. Accompagné de deux autres B-29, « Enola Gay » surgit au-dessus d'Hiroshima alors que le ciel était clair et largua la bombe à 8 h 15, heure locale.

Des milliers d'habitants furent tués dans la seconde de l'explosion. Des dizaines de milliers moururent après avoir été blessés par son souffle ou brûlés. Il y eut des morts par radiations et une grande quantité de personnes irradiées moururent longtemps après. Environ 70 % de la ville fut dévastée. La seconde attaque, au moyen d'une bombe au plutonium, « Fat Boy », transportée par un Bockscar B-29, fut en raison d'une couverture nuageuse au-dessus de la ville de Kokura lâchée sur Nagasaki. Le Japon annonça sa capitulation le 15 août. **RG**

Pertes : É.-U. : aucune ; Japon : 70 000 à 160 000 morts à Hiroshima ; 50 000 à 80 000 morts à Nagasaki

Okinawa 1945

Les vestiges du palais préfectoral de la promotion industrielle d'Hiroshima, devenu le Dôme de la bombe atomique.

Xuzhou 6 novembre 1948-10 janvier 1949

Parfois appelé campagne d'Huaihai, le combat qui eut lieu autour de Xuzhou entre 1948 et 1949 fut déterminant dans la prise du pouvoir par les communistes de Mao Tsé-toung. Les nationalistes chinois perdirent plus d'un demi-million d'hommes, la plupart ayant été faits prisonniers.

Engagé dans une guerre civile contre les nationalistes de Tchang Kaï-chek depuis 1946, Mao annonça l'abandon de la tactique de guérilla au profit d'une guerre conventionnelle en 1948. Le général communiste Lin Biao battit les nationalistes en Mandchourie en octobre. Quand Tchang tenta de regrouper ses forces et de bloquer l'avancée des communistes dans le nord et le centre de la Chine, le commandant en chef de l'armée rouge, Zhu De, concentra les siennes autour de Xuzhou, un carrefour ferroviaire vital. Les armées des nationalistes étaient supérieures en nombre et avaient le monopole de la puissance aérienne, mais elles étaient mal dirigées.

Grâce à une série de manœuvres de grande envergure, les communistes encerclèrent des sections des forces nationalistes. Ravitaillés uniquement par voie aérienne et soumis aux tirs massifs de l'artillerie, les soldats nationalistes se mirent à déserter en masse.

Les communistes furent capables de mobiliser plusieurs millions de paysans, créant un réseau efficace de logistique et de renseignements. Les nationalistes étaient eux à court de munitions et de provisions. Tchang donna à ses soldats l'ordre de faire tomber le siège, mais ils ne furent pas en mesure de le faire. Après 65 jours de combats, les communistes lancèrent une offensive qui leur permit de prendre les positions des nationalistes. Ces derniers perdirent tout espoir de sauver leur régime en Chine. **RG**

Pertes : nationalistes : 230 000 victimes ; 330 000 prisonniers sur 900 000 ; communistes : 140 000 victimes sur 600 000

< *Changsha 1944* *Chosin 1950* >

Des soldats communistes soutenus par un char léger M5 Stuart pendant le combat autour de Xuzhou.

Invasion de la Corée du Sud par la Corée du Nord 25 juin 1950

La Corée était divisée par la guerre froide avec, au nord, un gouvernement communiste soutenu par les Soviétiques et, au sud, un gouvernement pro-américain. L'invasion de la Corée du Sud par la Corée du Nord en juin 1950 marqua le début d'une guerre qui allait durer trois ans et faire plus de quatre millions de victimes.

L'attaque nord-coréenne fut un choc immense pour le chef de la Corée du Sud, Syngman Rhee, et pour son armée. Assez faible, celle-ci manquait singulièrement de blindés. La Corée du Nord était, elle, bien équipée grâce à des chars T 34 fournis par les Soviétiques.

La Corée du Sud se retrouva vite dans une situation désespérée. À Chunchon, un régiment sud-coréen offrit une résistance héroïque aux Nord-Coréens jusqu'à ce que ces derniers utilisent les chars. Au nord de la capitale, Séoul, la 1re division du Sud lutta avec ténacité, mais sans grands résultats et au prix de nombreuses victimes.

Après trois jours de combats, la division battit en retraite car le front avait été percé ailleurs. La panique croissante était évidente. Rhee ordonna l'exécution immédiate de tous les prisonniers politiques. À Séoul, on procéda à l'évacuation des quartiers généraux de l'armée sans en informer les officiers de liaison américains. Les routes étaient envahies par les réfugiés et quatre ponts enjambant le fleuve Han sautèrent, tuant des milliers de personnes. La défaite semblait imminente, mais la Corée du Sud était une création américaine et le prestige des États-Unis dans la guerre froide était en jeu. Comme l'Union soviétique boycottait les Nations unies, les États-Unis obtinrent une résolution du Conseil de sécurité autorisant une intervention militaire. Les forces américaines se ruèrent en Corée. **JS**

Pertes : Corée du Sud : 44 000 morts, blessés ou disparus sur 98 000 ; Corée du Nord : 58 000 morts ou blessés sur 260 000 ; nombre des civils tués inconnu

Périmètre de Busan 1950 ›

Sur cette bannière, la Corée du Sud appelle les troupes occidentales à venir la rejoindre pour lutter contre la Corée du Nord. ↑

Périmètre de Busan août-septembre 1950

Les États-Unis envoyèrent des troupes en Corée pour mettre fin à l'invasion de la Corée du Sud par la Corée du Nord. Avec ce qui restait des forces sud-coréennes, les soldats américains de la 8e armée se replièrent jusqu'à une enclave près du port de Busan, qu'ils défendirent parfois de manière précaire jusqu'à l'arrivée des renforts.

Le périmètre défensif autour de Busan était un espace d'environ 160 sur 80 km. Les forces américaines pensaient avoir devant elles des ennemis beaucoup plus nombreux, capables de supporter des pertes illimitées. En fait, leurs attaquants étaient moins nombreux qu'ils le pensaient. Leurs blindés et leur artillerie avaient été endommagés alors qu'ils avançaient vers le sud. En outre, les Américains bénéficiaient de la supériorité aérienne.

Cependant, les troupes nord-coréennes restaient très combatives. Elles parvinrent plusieurs fois à pénétrer le périmètre de Busan. À un endroit, l'ensemble de la 4e division nord-coréenne réussit à traverser le fleuve Naktong via des ponts submergés, mais dut faire marche arrière après d'intenses combats. Les défenseurs américains lancèrent des contre-offensives. L'une d'elles menée dans le nord et visant le col Chinju se heurta à une offensive nord-coréenne. Il s'ensuivit une mêlée terriblement confuse au cours de laquelle l'artillerie et la puissance aérienne des États-Unis furent largement mises à contribution. Si la frontière nord recula de 32 km, le périmètre de Pusan ne fut, lui, jamais sérieusement menacé et, à la fin du mois de septembre, il devint évident que la Corée du Nord ne remporterait pas la victoire rapide qu'elle escomptait. **JS**

Pertes : Corée du Nord : 70 000 tués et blessés ;
É.-U. : 4 600 morts, 12 000 blessés, 2 500 prisonniers ou disparus sur 140 000 ; Corée du Sud : chiffres inconnus

< *Invasion de la Corée du Sud 1950*

Débarquements d'Inchon 1950 >

L'arrivée des soldats d'élite américains dans le port de Busan afin de soutenir la Corée du Sud.

Débarquements d'Inchon

15-17 septembre 1950

Alors que la situation était stabilisée dans le périmètre de Busan et que les renforts étaient arrivés en grand nombre, le moment était venu pour les Nations unies de lancer une offensive. Au cours d'un débarquement inventif, les forces placées sous le commandement des États-Unis stoppèrent l'avancée des troupes nord-coréennes.

Afin d'éviter une campagne terrestre coûteuse et violente contre les Nord-Coréens, le général américain Douglas MacArthur, qui commandait les forces des Nations unies, choisit de faire débarquer les troupes dans le port d'Inchon, loin derrière les lignes de front de la bataille de Busan, mais à proximité de Séoul.

Cependant, cela n'était pas dénué de risques : à Inchon, les digues étaient très hautes, les eaux pouvaient être minées et les courants côtiers étaient très rapides. Néanmoins, les Nord-Coréens disposaient de peu de soldats de réserve, leur puissance aérienne avait été en grande partie détruite et la garnison d'Inchon était petite. Pour cette raison, il fallut à peine deux jours aux troupes des Nations unies pour débarquer. Les tentatives de la Corée du Nord d'envoyer des renforts à la garnison furent réduites à néant par une force aérienne rapide.

Les dirigeants de la Corée du Nord, résolus à contenir les forces des Nations unies à Busan le plus longtemps possible afin d'avoir le temps de renforcer leurs positions à Séoul, n'informèrent pas leurs soldats. Au bout d'une semaine, la nouvelle filtra, entraînant l'effondrement des formations nord-coréennes. Séoul fut prise rapidement et le gros de l'armée nord-coréenne se retrouva piégé. Après sa victoire, MacArthur fut tenté de continuer sur sa lancée afin de détruire entièrement l'État communiste. **JS**

Pertes : Nations unies : 222 morts, 800 blessés sur 40 000 ; Corée du Nord : 1 350 morts sur 6 500

< *Périmètre de Busan 1950* *Invasion de la Corée du Nord 1950* >

Invasion de la Corée du Nord

1er octobre-24 décembre 1950

Après le succès des débarquements d'Inchon, le général Douglas MacArthur, qui commandait les forces des Nations unies, fut autorisé par le gouvernement américain à envahir la Corée du Nord. Cela suscita l'intervention de la Chine communiste et faillit se terminer par une catastrophe pour les forces des Nations unies.

MacArthur avait prévu une double invasion : une invasion terrestre afin de prendre Pyongyang et une autre maritime afin de débarquer sur la côte est à Wonsan. Au début, il avait l'intention de ne pas dépasser le 40e parallèle. Sa progression vers le nord fut si aisée qu'il souhaita avancer plus loin vers le fleuve Yalu, la frontière avec la Chine, allant à l'encontre des ordres de ses supérieurs.

Alors que les forces des Nations unies avançaient vers le nord, les Chinois envoyèrent des troupes légèrement armées en Corée du Nord où elles rejoignirent ce qui restait de l'armée nord-coréenne. Le 24 novembre, ignorant les premiers accrochages avec les Chinois, MacArthur ordonna à ses hommes de progresser une dernière fois en direction du fleuve Yalu. En deux jours, les unités des Nations unies qui se trouvaient à l'avant furent soumises à une pression intenable par les troupes chinoises cachées dans les montagnes environnantes. Le 28 novembre, un repli fut ordonné. Leur retraite se transforma presque en débâcle. Elles ne purent sécuriser aucune ligne défensive avant d'avoir atteint la frontière avec la Corée du Sud au 38e parallèle. La panique à Washington donna naissance à des plans prévoyant l'emploi de bombes atomiques pour arrêter les Chinois. Cependant, cela ne fut pas nécessaire. Les Chinois reprirent leur offensive et gagnèrent Séoul en janvier 1951, mais furent ensuite repoussés jusqu'au 38e parallèle. MacArthur fut limogé en avril. **RG**

Pertes : Nations unies : lourdes ; Chine : lourdes

< *Débarquements d'Inchon 1950* *Chosin 1950* >

Chosin

27 novembre-13 décembre 1950

Après l'intervention de la République populaire de Chine dans la guerre de Corée, les forces des Nations unies furent obligées de battre en retraite. Cependant, l'exploit d'un groupe composé en grande partie de soldats américains pour s'extirper du réservoir de Chosin se révéla être l'un des hauts faits de cette guerre.

L'attaque soudaine des Chinois prit au piège plus de 30000 hommes, pour la plupart des marines et des soldats de la 7e armée américaine. Leur seule chance de survie était de garder le village de Hagaru-ri, où du ravitaillement avait été accumulé et où une piste d'atterrissage – la seule voie de fuite possible – était en cours de construction. Des forces improvisées y parvinrent grâce à leur détermination. Une fois que tous les soldats encerclés se furent regroupés après d'âpres combats et de lourdes pertes, la piste d'atterrissage fut achevée, les blessés évacués par avion et des ravitaillements acheminés.

Il faisait un temps abominable, si froid qu'il fallait actionner les mitrailleuses toutes les 30 minutes pour éviter qu'elles gèlent. Lors de leur retraite vers le littoral, les Américains durent se battre pour prendre chaque sommet de colline surplombant leur route. Les ingénieurs devaient reconstruire sous les coups de feu les ponts détruits et les blessés avaient besoin de soins. Après avoir rejoint une garnison mixte à Koto où d'autres blessés purent être évacués en avion, la colonne s'approcha doucement de la côte. Le soutien de l'aviation était essentiel pour fuir. Bien que harcelés à chaque pas, les Américains parvinrent jusqu'à la mer et sauvèrent l'honneur des Nations unies après le désastre provoqué par l'attaque chinoise. **JS**

Pertes : É.-U. : 1 000 morts, 4 600 blessés, 5 000 disparus sur 30 000 ; Chine : 30 000 morts ou blessés sur 60 000

< *Invasion de la Corée du Nord 1950* *Fleuve Imjin 1951* >

Vinh Yen

13-17 janvier 1951

Après la guerre de 39-45, le Viêt-minh – mouvement des nationalistes vietnamiens soutenu par les communistes – utilisa la guérilla pour chasser les Français d'Indochine. En 1951, le commandant Vo Nguyen Giap décida d'engager une bataille classique contre les forces françaises. Ce fut une erreur qui lui coûta cher.

Giap prit pour cible Vinh Yen qui se trouvait à seulement 48 km d'Hanoï. En cas de victoire, il pourrait s'emparer de celle-ci et mettre fin à la guerre. La première partie de cette opération fut presque couronnée de succès. Un groupe mobile français se fit piéger et s'en sortit avec difficulté, deux de ses bataillons subissant de lourdes pertes. Cependant, les Français avaient l'avantage dans les airs et des renforts purent être acheminés par avion. Puis Giap commit l'erreur de lancer en plein jour une « vague humaine » à l'attaque. L'artillerie, les bombardements en piqué et de grandes quantités de napalm causèrent des ravages dans les rangs de ses combattants.

Les Français firent aussi preuve d'un grand courage pendant la bataille. Moins d'un millier de soldats résistèrent toute une journée à l'attaque d'une division entière de combattants du Viêt-minh. Néanmoins, les assauts de ces derniers se poursuivirent et les Français perdirent quelques-unes de leurs positions. Ils furent contraints d'utiliser tous les avions capables de larguer des bombes dont ils disposaient et l'emportèrent finalement grâce à leur supériorité dans les airs. Les forces du Viêt-minh durent se replier en toute hâte. À long terme, cette victoire n'apporta rien aux Français, néanmoins, elle remonta le moral de leurs troupes. **JS**

Pertes : France : 60 morts, 600 blessés sur 9 000 ; Viêt-minh : 1 600 morts, 6 000 blessés, 480 prisonniers sur 20 000

Hoah-Binh 1951 >

NO UNAUTHORIZED
PERSONS ALLOWED
BEYOND This POINT
MPCo

Fleuve Imjin 22-25 avril 1951

En 1951, une série d'affrontements sanglants aboutit à de nombreux retournements de situation dans la guerre de Corée. En effet, les Chinois se dressèrent contre la puissance des États-Unis et de leurs alliés. En avril, les troupes britanniques résistèrent héroïquement à une de leurs offensives près du fleuve Imjin.

Les Britanniques de la 29e brigade (à laquelle un bataillon belge était attaché) occupaient Imjin. Le 22 avril, les Chinois envoyèrent 350 000 hommes à l'assaut de toutes les lignes de front des Nations unies. Attaqués par trois divisions chinoises, les Britanniques se retrouvèrent dans une situation désespérée à Imjin.

Ayant reçu l'ordre de ne quitter leur position à aucun prix, ils furent obligés devant le nombre croissant de victimes de concentrer toutes leurs forces dans la bataille et d'essayer de survivre à la nuit. Le 1er bataillon, le régiment de Gloucester (les Glosters), fut encerclé sur la colline 235 qui prit par la suite le nom de colline Gloucester. Bien moins nombreux que les Chinois, les Britanniques firent preuve de confiance et de courage même quand leurs effectifs diminuèrent. Le reste de la brigade n'était pas en mesure de les secourir, et à la suite d'un problème de communication, l'aide américaine n'arriva pas à temps.

Après trois jours, au cours desquels les Britanniques, encerclés par les Chinois, en furent réduits à lancer des boîtes de conserve pour faire croire qu'ils avaient encore des grenades, la 29e brigade n'eut d'autre choix que de briser l'encerclement. Les Glosters pouvaient seulement tenter de percer les lignes chinoises par petits groupes. De façon stupéfiante, 40 hommes y parvinrent ; tous les autres furent tués ou capturés. La brutalité du combat rehaussa la fierté et le prestige de l'armée britannique. **JS**

Pertes : Grande-Bretagne : 1 000 morts, blessés ou prisonniers ; Chine : 10 000 morts ou blessés

< *Chosin 1950* *Kapyong 1951* >

Guerre de Corée

Kapyong 22-25 avril 1951

Au printemps 1951, l'offensive chinoise qui s'était heurtée à la résistance héroïque des Glosters britanniques près du fleuve Imjin donna aussi l'occasion aux troupes du Commonwealth de montrer leurs compétences. Un bataillon australien et un bataillon canadien stoppèrent une division chinoise au grand complet dans la vallée de Kapyong.

La vallée, au nord de Séoul, était aux mains des forces sud-coréennes et américaines épaulées par la 27e brigade de réserve du Commonwealth. Le 22 avril, les Chinois de la 60e division d'infanterie attaquèrent, obligeant les Sud-Coréens à se replier. La brigade du Commonwealth fut chargée d'empêcher une percée des Chinois.

Le 3e bataillon, le régiment royal australien, et le 2e bataillon canadien, l'infanterie légère de la princesse Patricia, furent désignés pour défendre deux positions dominantes dans la vallée : les collines 504 et 677. Les Chinois utilisèrent leur tactique habituelle, envoyant en masse leurs soldats autour des places fortes. Les troupes chinoises les plus avancées dépassèrent vite les collines, se heurtant à la résistance des chars américains, ainsi qu'à l'artillerie néo-zélandaise et américaine.

Dans la nuit du 23 au 24 avril, les Australiens qui occupaient la colline 504 furent soumis à rude épreuve. Les Chinois coordonnèrent les attaques de leur infanterie dans l'obscurité au moyen de sonneries de clairon et de sifflements. Bien que les avions des marines américains aient par erreur largué des bombes de napalm sur eux, les Australiens parvinrent le 24 avril à se replier de façon organisée sans cesser de combattre. Les attaques chinoises se concentrèrent sur les « Patricia » qui se trouvaient sur la colline 677. Les Canadiens réussirent à défendre le périmètre et, le 25 avril, les Chinois se retirèrent. **RG**

Pertes : Australie : 32 morts, 59 blessés, 3 prisonniers ; Canada : 10 morts, 23 blessés ; Chine : chiffres inconnus

< *Fleuve Imjin 1951* *Pork Chop Hill 1953* >

Le général Matthew B. Ridgway à Imjin : il fut salué pour son rôle dans la guerre de Corée.

Hoah-Binh 10 novembre 1951-25 février 1952

Grâce à l'aide des Américains, les Français prirent l'offensive dans la première guerre d'Indochine contre les opérations de guérilla du Viêt-minh communiste. La campagne militaire coûta cher aux deux camps, mais finalement, les Français se révélèrent incapables de maintenir leur offensive.

Située près de Hanoï, la province de Hoah-Binh était un champ de bataille intéressant pour les Français. La contrôler permettait de couper les vivres au Viêt-minh.

Grâce à un pont aérien, les Français acheminèrent trois bataillons de parachutistes dans la province, où ceux-ci furent rejoints par les bataillons de la 15e infanterie. Vingt navires de débarquement dégagèrent les voies de communication fluviales. Au départ, il n'y eut aucune réaction de la part des combattants du Viêt-minh, mais des unités se mirent à perturber les voies de ravitaillement. La première attaque importante fut lancée contre un avant-poste français à Tu Vu, où l'assaut d'une « vague humaine » sur un champ de mines fut repoussé par les tirs meurtriers des mitrailleuses et des chars. Les patrouilles et les soldats chargés de l'approvisionnement tombèrent régulièrement dans des embuscades tendues par les guérillas du Viêt-minh. Des attaques particulièrement violentes se déroulèrent près de la piste d'atterrissage et des liaisons routières. Il fallut onze jours à douze bataillons français aidés par trois groupes d'artillerie pour rouvrir les routes.

Le moral des Français commença à fléchir quand les pertes augmentèrent dans les deux camps. Il fallait qu'ils évacuent les lieux s'ils le pouvaient. Ce fut une entreprise difficile car il y avait partout des combattants du Viêt-minh. Néanmoins, les Français surent créer la surprise en déployant 20 000 hommes supplémentaires afin de sauver leur garnison à l'issue d'un combat farouche. **JS**

Pertes : France : 894 morts ou disparus, plus de 2 000 blessés ; Viêt-minh : 9 000 morts ou blessés

< *Vinh Yen 1951* *Diên Biên Phu 1954* >

Des prisonniers français sur la 4e route coloniale, en octobre 1951. ↑

Pork Chop Hill 16 avril-10 juillet 1953

La guerre de Corée se retrouva dans une impasse : les soldats étaient retranchés sur leurs positions et les offensives lancées uniquement pour influencer un traité d'armistice. Les Américains firent preuve d'un grand courage à Pork Chop Hill, mais la bataille est devenue le symbole de l'absurdité de tels conflits.

En mars 1953, les forces chinoises s'emparèrent du mont Old Baldy. Les Nations unies ne voulaient pas risquer la vie de leurs soldats pour une position dénuée d'importance stratégique. Pork Chop, la colline voisine, n'avait pas non plus d'importance sur le plan stratégique. Défendue par 96 soldats, elle resta donc exposée au danger.

Les Chinois attaquèrent les Américains la nuit. Comme les moyens de communication avaient été détruits, le commandant américain dut demander l'aide de l'artillerie au moyen de fusées éclairantes. La majeure partie de la colline se retrouva occupée en quelques heures, et les Américains se replièrent près de son sommet. Leurs premières tentatives pour reprendre le contrôle de la colline débutèrent quelques heures plus tard. Il fallait maintenant impérativement que l'armée américaine rétablisse la crédibilité des Nations unies dans les négociations. Après avoir subi de lourdes pertes et alors qu'elles avaient besoin de renforts urgents pour survivre, deux compagnies d'infanterie américaines réoccupèrent quelques-unes des positions défensives avant l'aube. Pendant deux jours, les deux camps lancèrent dans la bataille leurs renforts et tirèrent des milliers de salves d'artillerie sur la colline. Finalement, les Chinois battirent en retraite. Bien que la colline n'ait pas de valeur en soi, c'était une question de prestige pour les deux camps et le combat pour son contrôle allait durer presque jusqu'au dernier jour de la guerre. **JS**

Pertes : É.-U. : 347 morts, 1 300 blessés sur 20 000 ;
Chinois : 5 500 morts ou blessés sur 20 000.

< *Kapyong 1951*

↑ *Un soldat américain blessé est ramené en lieu sûr sur la colline de Pork Chop, en juillet 1953.*

Diên Biên Phu 13 mars-7 mai 1954

À partir de 1946, le Viêt-minh, dirigé par les communistes mena avec succès une guérilla contre le pouvoir colonial français au Vietnam. Cependant, en 1954, à Diên Biên Phu, c'est dans une bataille classique qu'il battit les Français. Cette victoire allait aboutir à l'indépendance du Vietnam, le Viêt-minh prenant le contrôle du nord du pays.

En 1953, la longue et coûteuse guerre coloniale d'Indochine ne recueillit plus le soutien des électeurs français. L'armée française était résolue à gagner une bataille décisive avant que le nouveau gouvernement déclare son retrait du Vietnam. Mais le Viêt-minh disposait d'un nombre croissant d'armes lourdes et était en train de se doter d'une armée conventionnelle.

En novembre, des parachutistes français se posèrent dans la vallée retirée de Diên Biên Phu, près de la frontière avec le Laos. Quand les forces du Viêt-minh s'approchèrent pour les encercler, le commandant français en Indochine, le général Henri Navarre, y vit l'occasion d'utiliser l'artillerie et la puissance aérienne pour renforcer ses positions. Les parachutistes français, la légion étrangère et les troupes coloniales dépendaient du ravitaillement aérien. Celui-ci était acheminé grâce à deux aérodromes défendus par une série de places fortes qui, selon les rumeurs, portaient les prénoms des maîtresses du commandant.

Giap avait fait transporter l'artillerie lourde sur un terrain presque impraticable jusqu'à des positions sur les collines entourant la base française. Quand la bataille débuta par des tirs de barrage massifs de l'artillerie du Viêt-minh, la garnison française fut surprise par l'ampleur et la violence des attaques de l'infanterie. Cependant, les commandants du Viêt-minh manquaient d'expérience pour coordonner de grandes unités de combat et, les premiers jours, un grand nombre de leurs assauts furent mal préparés et repoussés par les Français, faisant beaucoup de victimes. Néanmoins, ils apprirent vite et se montrèrent très compétents dans l'art de dissimuler leurs armes. Le raid d'un commando détruisit plusieurs avions français au sol, si bien que la garnison fut encore plus dépendante des renforts parachutés.

Le combat se transforma en une guerre d'usure, les soldats viêt-minh réduisant le nombre des places fortes françaises (qui n'étaient pas à la hauteur quand l'artillerie était utilisée contre elles) et creusant des tranchées de plus en plus près des positions françaises. Chez les Français, la volonté de résister commença à faiblir. Les pertes subies par les combattants du Viêt-minh restaient élevées, mais le moral de ces derniers ne flanchait pas et ils réussirent à remédier au manque de ravitaillement en enrôlant des porteurs pour acheminer les vivres qui leur étaient nécessaires. Il devenait de plus en plus évident aux Français que la chute de Diên Biên Phu n'était qu'une question de temps.

Le gouvernement américain fut si inquiet à l'idée du triomphe du Viêt-minh communiste et de l'impact que cela aurait sur la conférence internationale sur l'Indochine qui devait se tenir bientôt à Genève, qu'il aurait, dit-on, envisagé la possibilité d'aider la garnison française avec des armes nucléaires. Cependant, quand le Viêt-minh occupa des positions au centre des défenses de Diên Biên Phu, les Français virent que résister plus longtemps n'occasionnerait que des pertes inutiles et se rendirent. Pour le gouvernement français, la guerre était perdue. Cette situation était inacceptable pour les États-Unis, déterminés à réduire au minimum les avantages que le Viêt-minh obtiendrait grâce à cette victoire. Il s'ensuivit une division « temporaire » du Vietnam le long du 17e parallèle. Un État indépendant, dont la survie fut liée au prestige des États-Unis dans la guerre froide, fut créé dans le sud du Vietnam. **JS**

Pertes : France : 2 300 morts, 11 700 prisonniers (la plupart moururent en captivité) ; Viêt-minh : 4 000 à 8 000 morts, 9 000 à 15 000 blessés (les chiffres sont controversés)

< *Hoah-Binh 1951* *Golfe du Tonkin 1964* >

Un soldat viêt-minh brandit un drapeau au sommet d'une place forte française après 56 jours de bataille. ➔

Invasion de Suez 20 octobre-7 novembre 1956

L'invasion de l'Égypte par la France, la Grande-Bretagne et Israël fut un succès militaire, mais un désastre sur le plan politique. Sous la pression des États-Unis, la France et la Grande-Bretagne furent obligées d'évacuer, perdant ainsi leur statut de puissances mondiales.

Quand en juillet 1956, le président égyptien Nasser nationalisa la Compagnie du canal de Suez, un complot fut fomenté derrière le dos des Américains. Israël devait envahir la péninsule du Sinaï et s'approcher du canal. La France et la Grande-Bretagne devaient intervenir sous le prétexte de protéger la voie navigable. L'objectif final était de mettre fin au nationalisme agressif de Nasser.

Les opérations israéliennes débutèrent avec le déploiement de parachutistes sur le col de Mitla le 29 octobre. Les forces israéliennes accomplirent leur mission de manière remarquable. Leur avancée dans le Sinaï fut si rapide que la campagne militaire menaçait de se terminer avant l'intervention franco-anglaise. Puis le 5 novembre, après avoir au préalable bombardé les forces égyptiennes, les parachutistes français et britanniques se posèrent sur l'aéroport de Gamil. Ils se heurtèrent à une résistance déterminée. Des attaques accidentelles de la part de leur propre aviation accrurent leurs difficultés.

On rapporte d'étonnantes anecdotes sur cette opération, durant laquelle un conducteur de char aurait demandé à son commandant de quel côté de la route il devait rouler et s'il devait s'arrêter aux feux. Néanmoins, les pertes furent lourdes et de nombreux soldats ne prirent pas la peine de distinguer les cibles. La force d'invasion atteignit ses objectifs militaires, mais la crise financière aux États-Unis la stoppa en deux jours. **JS**

Pertes : Israël : 172 morts ; Grande-Bretagne : 16 morts ; France : 10 morts ; Égypte : plus de 1 600 militaires et 1 000 civils tués

Opération Focus 1967 ▷

Après la bataille, les hommes-grenouilles britanniques retirent du canal de Suez des armes cachées par les Égyptiens.

Alger 7 janvier-8 octobre 1957

La bataille d'Alger fut un épisode majeur dans la lutte opposant l'armée française et le Front de libération nationale (FLN) pour l'indépendance de l'Algérie. Le FLN subit une défaite cuisante à Alger en 1957, mais les méthodes employées par les Français suscitèrent l'indignation dans le monde entier.

Le FLN était bien implanté dans la casbah au centre d'Alger, où il organisait ses opérations terroristes, assassinant les membres officiels du gouvernement et posant des bombes dans les lieux publics fréquentés par les Européens. En janvier 1957, l'armée française dirigée par le général Jacques Massu reçut des pouvoirs exceptionnels pour exterminer les nationalistes algériens. L'armée imposa un couvre-feu, mit en place un cordon de sécurité autour de la casbah et créa des postes de contrôle.

Les Français avaient besoin d'identifier les chefs du FLN. S'ils arrivaient à neutraliser les dirigeants du mouvement, les Français pensaient, à juste titre, que ce serait la fin de l'action du FLN. La tactique utilisée consistait à arrêter les éventuels activistes juste après le couvre-feu et à agir en fonction des informations obtenues avant que les chefs du FLN s'échappent.

Les Français ne disposaient pas de beaucoup de temps et eurent recours à des tortures brutales pour soutirer des informations. En mars, le FLN traversant une crise, les attentats à la bombe cessèrent. En juin, il y eut un regain d'activité, mais ce fut en fait le dernier sursaut d'un mouvement en grande partie vaincu par les persécutions.

Le 8 octobre, le meurtre de son dernier chef, Ali Ammar, alias Ali la-Pointe, par des parachutistes français marqua la défaite du FLN à Alger. Cependant, en France et dans le reste du monde, l'horreur suscitée par la conduite de l'armée ne pouvait qu'ébranler la politique de la France en Algérie. Le pays devint indépendant en 1962 sous l'égide du FLN. **JS**

Pertes : inconnues

↑ *Un citoyen en train d'être fouillé à un des postes de contrôle d'Alger.*

La Plata 11-21 juillet 1958

La bataille de La Plata fit partie d'une offensive lancée en 1958 par le président Fulgencio Batista pour vaincre le Mouvement du 26 juillet de Fidel Castro dans les montagnes de la Sierra Maestra. Elle se termina par la défaite de l'armée de Batista, ébranlant sa volonté de lutter contre la révolution.

Durant l'été 1958, l'offensive de Batista, appelée opération Verano, avait pour but de détruire l'armée révolutionnaire de Castro qui lançait des attaques caractéristiques de la guérilla depuis les montagnes de la Sierra Maestra et qui recueillait le soutien des Cubains prêts à appeler à la grève générale. La campagne fut préparée par le général Eulogio Cantillo. Le 11 juillet, celui-ci fit débarquer deux bataillons à l'embouchure du fleuve La Plata avec pour objectif l'encerclement des positions de Castro sur le pic Turquino. La première opération, menée par le 18e bataillon, était dirigée par le major José Quevedo et devait être un assaut amphibie rapide destiné à atteindre vite la base de Castro et à la détruire. Au cours de la seconde opération, le 17e bataillon devait contourner le flanc de l'armée révolutionnaire et l'attaquer par-derrière.

Cependant, le 18e bataillon tomba dans une embuscade tendue par les guérilleros de Che Guevara alors qu'il faisait route vers les montagnes. Quand il se trouva attaqué des deux côtés, Quevedo adopta une position défensive et attendit des renforts. Mais le 17e bataillon avait subi un sort similaire et était bloqué. Malgré les appels à la reddition transmis par des haut-parleurs, Quevedo tint bon plusieurs jours, mais finit par capituler le 21 juillet. Plus tard, il se rallia à la révolution.

Cette victoire à La Plata constitua un précieux outil de propagande pour Castro et empêcha le gouvernement de Batista de lancer d'autres offensives. **TB**

Pertes : armée régulière cubaine : 70 morts, 400 prisonniers ; Mouvement du 26 juillet : pas de chiffres fiables

Santa Clara 1958 ›

Dans un camp de montagne, Fidel Castro (debout au centre) pose avec ses amis « guérilleros ».

Santa Clara 28-31 décembre 1958

« Bataille de Santa Clara » est le nom donné aux événements qui précédèrent la prise de la ville éponyme au cours de la révolution cubaine. En trois jours, un petit groupe de révolutionnaires cubains s'empara de Santa Clara et provoqua la chute du président, le général Fulgencio Batista.

Alors que Batista était sur la défensive, Che Guevara marcha sur Santa Clara le 28 décembre, encouragé par des foules excitées. Cependant, les troupes gouvernementales se préparaient à défendre la ville. Un poste de commandement avait été établi près d'un train blindé rempli de vivres et de munitions. Guevara envoya des forces réduites prendre le train, mais quand elles approchèrent, les forces gouvernementales montèrent à bord et se dirigèrent vers le centre-ville.

Guevara dut stopper le train avant qu'il rejoigne les forces du gouvernement basées en ville. Il saisit des tracteurs de l'université et ordonna que l'on coupe les voies pour arrêter le train. L'action fut un succès. Le train dérailla et les soldats se rendirent. Grâce à cette victoire mineure qui avait surtout un impact sur le plan psychologique, Guevara disposait à présent d'armes et de munitions supplémentaires.

En fait, la prise de ce train fut un bon coup de propagande pour Fidel Castro. Lorsque la nouvelle se répandit dans le pays, un nombre croissant de soldats fidèles au général Batista désertèrent ou rejoignirent les révolutionnaires. Castro déclara alors qu'il pourrait prendre la capitale de Cuba, La Havane, sans rencontrer de résistance.

Che Guevara accepta la capitulation des derniers soldats fidèles à Batista à Santa Clara le 31 décembre. Aux premières heures de la matinée du 1er janvier, Batista monta dans un avion et s'envola pour le Honduras. Sept jours plus tard, Castro entra triomphalement à La Havane. **TB**

Pertes : pas de chiffres fiables

< *La Plata 1958* *Invasion de la baie des Cochons 1961* >

↑ *Che Guevara recevant les hommages des révolutionnaires cubains après la prise de Santa Clara.*

Invasion de la baie des Cochons 17-19 avril 1961

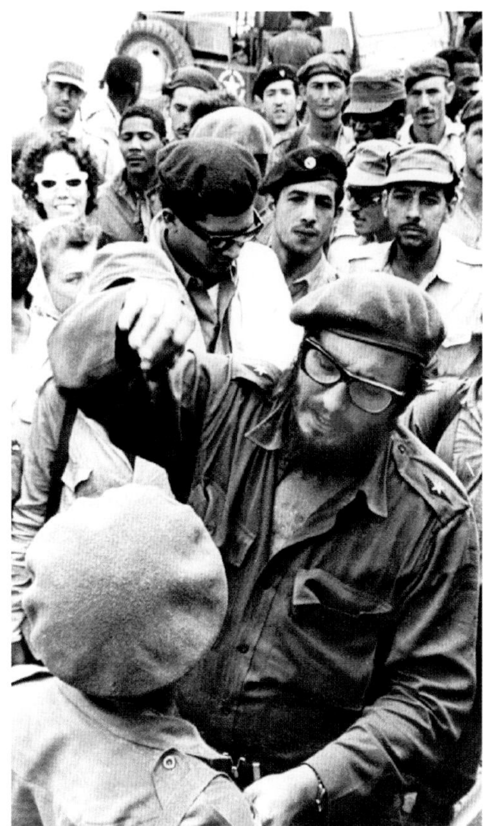

La baie des Cochons est une crique sur la côte sud de Cuba. Le lieu est devenu tristement célèbre en 1961, car c'est là que des exilés cubains soutenus par les États-Unis tentèrent de débarquer pour renverser Fidel Castro et instaurer un gouvernement bénéficiant de l'approbation des États-Unis.

En mars 1960, le président Dwight D. Eisenhower ordonna à la CIA d'entraîner et d'équiper les exilés cubains anticastristes. Un plan fut élaboré pour que le débarquement coïncide avec une insurrection contre le gouvernement de Castro. Les forces aériennes cubaines furent détruites par les frappes aériennes de bombardiers américains B-26 pilotés par des réfugiés cubains.

Au printemps 1961, le nouveau président des États-Unis, John F. Kennedy, donna son feu vert au débarquement, mais insista pour que la participation des Américains soit réduite au minimum. Le 17 avril, près de 1 500 exilés cubains prirent le bateau pour le Nicaragua, escortés par la marine américaine et un porte-avions. Ils débarquèrent dans la baie des Cochons. La révolte prévue contre Castro n'eut pas lieu. Les exilés ne disposaient que de six bombardiers B-26, ce qui était peu pour détruire la force aérienne de Castro.

Kennedy refusa de laisser les forces aériennes ou navales américaines intervenir pour aider les exilés. Ces derniers luttèrent avec courage, mais au bout de 48 heures ils furent dominés par les soldats cubains et les milices fidèles à Castro. Les survivants furent capturés et renvoyés aux États-Unis contre une rançon en 1962. Le fiasco de la baie des Cochons constitua une grande source d'embarras pour le gouvernement américain, qui fut accusé d'avoir menti sur son implication dans le débarquement. Cuba se rapprocha de l'Union soviétique. **TB**

« Avant l'invasion, la révolution était faible. Maintenant, elle est plus forte que jamais. »

Che Guevara

↑ *Fidel Castro parle aux révolutionnaires dans sa base de Jagüey Grande, près de la zone de débarquement de la baie des Cochons.*

Pertes : exilés cubains : 120 morts, 1 180 prisonniers sur 1 500 ; républicains cubains : 3 000 à 4 000 victimes

« *Santa Clara 1958*

Golfe du Tonkin 2-4 août 1964

En 1964, les Américains ne participaient qu'en qualité de conseillers dans la guerre entre le sud et le nord du Vietnam. Mais, à la suite d'un heurt relativement sans intérêt dans le golfe du Tonkin, le Congrès permit au président Lyndon Johnson d'intensifier la participation américaine à son gré.

Au cours de l'été 1964, les États-Unis étaient engagés dans des opérations clandestines le long du littoral nord-vietnamien, y compris dans des raids de commandos et dans la collecte d'informations par des moyens électroniques. Le destroyer *Maddox* truffé d'équipements électroniques fut envoyé à cet effet. Au début du mois d'août, il prit position près de Hon Me, port de base de certains torpilleurs nord-vietnamiens. Le 2 août, trois torpilleurs l'attaquèrent dans les eaux internationales. Après avoir cherché à l'atteindre sans succès, ils furent chassés par les tirs du *Maddox*. L'un des torpilleurs fut atteint, alors que les deux autres prirent la fuite.

Au début, le président Johnson préféra fermer les yeux sur l'incident. Le *Maddox* fut rejoint par un autre destroyer, le *Turner Joy*, et reprit ses patrouilles. Washington les avertit qu'un signal radio intercepté indiquait qu'une autre attaque était probable. Le 4 août, le radar annonça qu'un bateau ultrarapide approchait ; les destroyers ouvrirent le feu. Cependant, les renseignements donnés par les radars étaient contradictoires. Le sonar signalait la présence dans l'eau de 20 torpilleurs, mais aucun n'attaqua. On appela en urgence les avions en renfort, mais aucun bateau ennemi ne fut découvert. L'hystérie semblait être la seule explication rationnelle à ces opérations, mais Johnson ordonna des frappes aériennes de représailles contre le Vietnam du Nord. Le Congrès l'autorisa à utiliser les forces qu'il jugeait nécessaires pour protéger les alliés des États-Unis dans le Sud-Est asiatique. **JS**

Pertes : É.-U. : aucune ; Vietnam du Nord : 4 morts, 6 blessés

Diên Biên Phu 1954 — *Rolling Thunder 1965*

Stanleyville 24 novembre 1964

Après l'indépendance en 1960, l'ancien Congo belge était en plein chaos. En 1964, le gouvernement congolais et des parachutistes belges soutenus par les États-Unis battirent les rebelles à Stanleyville (l'actuel Kisangani) au cours d'une opération justifiée par la nécessité de sauver des otages.

Les rebelles, aussi appelés les Simbas (« les lions »), étaient pour la plupart des membres illettrés de tribus qui croyaient posséder des pouvoirs magiques. Ils prirent Stanleyville en août 1964 et firent régner la terreur dans la région, massacrant des milliers d'habitants.

Les Américains et les Belges soutinrent une contre-attaque du gouvernement pour récupérer la ville. Alors que leur défaite semblait imminente, les Simbas prirent près de 2 000 Américains et Européens en otages, espérant les utiliser comme monnaie d'échange. Plusieurs centaines d'entre eux furent retenus dans l'hôtel Victoria de Stanleyville. Cela entraîna une mission de sauvetage hardie et risquée. La nuit, un bataillon de parachutistes belges fut aéroporté par un Hercule de l'USAF et s'empara de l'aéroport. Surtout armés de lances, les Simbas n'avaient aucune protection face aux armes automatiques et ceux qui luttèrent furent vite abattus. Les parachutistes libérèrent la majeure partie des otages, mais près de 60 avaient déjà été tués. Les survivants furent évacués au cours des jours qui suivirent. Les forces gouvernementales dirigées par des mercenaires blancs et soutenues par des avions donnés et pilotés par la CIA entrèrent aussi dans la ville, qu'ils sécurisèrent rapidement.

Les Simbas ne se remirent pas de cette défaite, bien qu'il fallût un an pour apaiser complètement leur révolte. Mais le prestige du gouvernement congolais de Moïse Tschombé fut terni par sa collaboration avec des impérialistes blancs et, l'année suivante, le dirigeant fut renversé. **JS**

Pertes : inconnues

Rolling Thunder 2 mars 1965-31 octobre 1968

Rolling Thunder était le nom de code de l'attaque aérienne organisée par les États-Unis contre le Nord-Vietnam entre 1965 et 1968. Cette campagne aérienne, l'une des plus importantes de tous les temps avec 864 000 tonnes de bombes larguées, se révéla coûteuse et désastreuse sur le plan politique.

L'opération Rolling Thunder nécessita non seulement le concours de l'aviation militaire des États-Unis, mais aussi de ses forces navales et de ses marines. La plupart des avions de chasse partaient de basess américaines en Thaïlande, tandis que les gros bombardiers B-52 du Commandement stratégique aérien avaient pour point de départ Guam et Okinawa, dans le Pacifique. Quant aux avions des forces navales et aux marines, ils décollaient des porte-avions stationnés dans le sud de la mer de Chine. Outre les B-52, les Phantoms F-4 utilisés dans les combats air-air et les Thunderbirds F-105, des chasseurs bombardiers, jouaient un rôle essentiel.

Les Nord-Vietnamiens développèrent rapidement d'impressionnantes défenses aériennes grâce à l'équipement soviétique. Primitifs en matière d'électronique et d'armement par rapport aux avions américains, leurs chasseurs MiG-15 et MiG-17 rivalisèrent avec ces derniers dans les combats, se révélant maniables et efficaces. Au sol, les Nord-Vietnamiens utilisaient à la fois des canons antiaériens contrôlés par radar et des missiles sol-air contre lesquels il était difficile de lutter. Ces derniers forçaient les avions américains à voler à basse altitude, à la portée des canons vietnamiens.

Les pilotes américains étaient frustrés par les règles de combat que leur imposaient les hommes politiques bien déterminés à contrôler la campagne militaire. L'administration Johnson n'avait pas l'intention de mener une offensive de bombardements stratégiques dans le style de 1939-1945 où tous les coups étaient permis pour supprimer le désir et la faculté de combattre chez l'ennemi. Tout au long de l'opération, certaines zones et cibles furent exclues de peur que le conflit ne s'envenime. Les redoutables B-52 ne s'approchèrent jamais des grandes villes. Le gouvernement américain recourut à la politique de la « carotte et du bâton » pour inciter les dirigeants du Nord-Vietnam à retirer leur soutien à la campagne militaire au sol au Sud-Vietnam, en intensifiant ses attaques – par exemple en effectuant des bombardements à proximité des grandes villes – et en les stoppant de temps à autre. Le bombardement de cibles importantes pour le Nord-Vietnam dans la guerre qu'il menait dans le sud du pays, comme les réseaux de transport, la production industrielle et les réserves en combustibles, fut bien plus efficace. Pour venir à bout de la défense aérienne nord-vietnamienne, les avions de chasse américains étaient équipés de missiles air-sol Bullpup guidés depuis le cockpit par un manche à balai, ainsi que de missiles « Wild Weasel » guidés par radar. Cependant, la technologie employée était rudimentaire par rapport à celle des armes « intelligentes » qui verraient le jour plus tard et les pilotes eurent presque autant de mal à atteindre les cibles qui demandaient de la précision (comme les ponts) que pendant la guerre de 39-45.

La campagne de bombardement fut impressionnante en raison de son ampleur. Les avions effectuèrent plus de 300 000 sorties. Celles-ci se soldèrent par de lourdes pertes humaines et matérielles pour les Américains. Il est probable qu'au Nord-Vietnam les bombardements aient poussé le peuple à soutenir davantage encore la poursuite de la guerre, mais aux États-Unis ils accrurent l'opposition à la guerre. À partir d'avril 1968, face à une pression grandissante dans son pays, Johnson limita les bombardements au sud du 20e parallèle. À la fin du mois d'octobre, une semaine avant les élections présidentielles, il les arrêta. **JS**

Pertes : Américains : 922 avions, 830 membres d'équipage morts ou capturés ; Nord-Vietnamiens : des dizaines de milliers de morts

< *Golfe du Tonkin 1964* *La Drang 1965* >

Bombardiers B-52 en train de pulvériser les positions de l'artillerie communiste. ➔

Chawinda 6-22 septembre 1965

En 1965, l'Inde et le Pakistan entrèrent en guerre à cause du Cachemire qui était depuis longtemps une source de conflits entre les deux pays. À Chawinda, à l'issue de la plus grande bataille de chars jamais livrée depuis vingt ans, les Pakistanais stoppèrent et repoussèrent une offensive des Indiens.

Les Indiens prévoyaient de lancer une attaque surprise contre le district de Sialkot au Pakistan, à dix kilomètres de la frontière, afin de prendre le contrôle de la Grand Trunk Road qui coupait le pays en deux.

Ils avaient tout lieu d'être confiants : leurs chars Chieftain étaient plus redoutables que ceux des Pakistanais (des chars Sherman obsolètes et Patton), plus modernes et leurs soldats étaient bien plus nombreux. La surprise fut totale et ils franchirent rapidement la frontière. Cependant, les chefs de brigade indiens ainsi que de plus haut gradés furent troublés, semble-t-il, par la résistance héroïque dont firent preuve deux escadrons de chars pakistanais à Phillora.

L'état-major effectuait un travail médiocre et sa mauvaise organisation provoqua d'énormes embouteillages dont les forces indiennes elles-mêmes pâtirent. Il apparut par la suite qu'il avait perdu confiance en lui et massivement surestimé les forces de l'ennemi. L'avance des Indiens fut stoppée pendant deux jours, donnant aux Pakistanais le temps d'envoyer des renforts et d'occuper des positions défensives importantes près de Chawinda, une ville du district. C'est ici que les Indiens, disposant de peu d'espace pour manœuvrer, lancèrent une série d'attaques frontales mal préparées et prévisibles que les Pakistanais repoussèrent avec beaucoup d'acharnement, en utilisant avec intelligence les armes antichars Cobra. Lâchés par leurs chefs, les soldats indiens finirent par évacuer et regagner leurs positions d'origine. **JS**

Pertes : Indiens : 120 chars sur 700, 575 morts ; Pakistanais : 44 chars sur 600, nombre de victimes inconnu

Fantassins indiens se préparant à couvrir l'avancée des leurs au Pakistan. ↑

La Drang 14-18 novembre 1965

Au mois de mars 1965, les États-Unis envoyèrent des forces terrestres au Sud-Vietnam. Le premier affrontement majeur se déroula à la Drang, près de la frontière avec le Cambodge. Les soldats furent héliportés jusqu'à la zone de bataille au cours du premier test à grande échelle de mobilité aérienne.

La 1re division de la cavalerie américaine (aéroportée) fut chargée d'acheminer des soldats dont le rôle était de débusquer les forces communistes. Le 14 novembre, le premier bataillon de la 7e cavalerie atterrit à bord d'hélicoptères Huey sur la zone d'atterrissage X-Ray, dans la région où étaient basés deux régiments d'infanterie du Nord-Vietnam. Très vite, trois bataillons furent envoyés pour cerner la zone d'atterrissage et anéantir les Américains. Il y eut des combats intenses, souvent au corps-à-corps.

Les Américains, bien moins nombreux, demandèrent à leur artillerie et à leur l'aviation de pilonner les Nord-Vienamiens. Il y eut près de 33 000 tirs d'artillerie et les bombardiers B-52, partis de Gam, dévastèrent la campagne alentour. Les Nord-Vietnamiens « encerclaient » les Américains afin que l'artillerie et l'aviation ne puissent plus intervenir. La nuit, ils lançaient des attaques surprises, tout en maintenant de violents assauts contre eux dans la journée. Ils parvinrent ainsi à isoler un peloton. Pour tirer ce dernier d'affaire, les Américains durent s'y reprendre à trois fois et le payèrent chèrement.

Le 16 novembre, deux autres bataillons de la « cavalerie aérienne » arrivèrent en renfort et les Nord-Vietnamiens commencèrent à se retirer. Il y eut un autre combat violent le 17 novembre quand des soldats américains tombèrent dans une embuscade en rase campagne. Il était clair que les soldats américains avaient devant eux un ennemi qu'ils auraient beaucoup de mal à vaincre. **JS**

Pertes : Américains : 234 morts, 242 blessés ; Nord-Vietnamiens : 1 500 morts

‹ *Rolling Thunder 1965* *Long Tan 1966* ›

Des ingénieurs de la 173e brigade aéroportée se dirigeant vers une position dans la vallée de la Drang.

Long Tan 18 août 1966

Plus de 60 000 Australiens participèrent à la guerre du Vietnam aux côtés des États-Unis et du Sud-Vietnam. Lors de leur premier combat important contre le Viêt-cong à Long Tan, ils remportèrent une importante victoire, alors qu'ils étaient bien moins nombreux que leurs adversaires.

En 1966, le corps expéditionnaire australien était basé à Nui Dat, dans la province de Phuoc Tuy, à l'est de Saigon. Le 18 août, la compagnie D du régiment royal australien, commandée par le major Harry Smith, était en patrouille avec trois observateurs d'artillerie néo-zélandais. Elle tomba sur un régiment de combattants du Viêt-cong au grand complet, soutenu par des volontaires locaux, dans une plantation de caoutchouc au sud de Long Tan. Le Viêt-cong affirma par la suite avoir tendu une embuscade aux Australiens alors que ces derniers soulignèrent qu'il s'agissait d'une rencontre fortuite.

De violents échanges de coups de feu débutèrent sous des pluies de mousson torrentielles qui gênaient beaucoup la visibilité. Les Australiens, qui étaient 108, furent encerclés par près de 2 000 combattants. Ils ne durent leur salut qu'aux 3 500 obus tirés par l'artillerie néo-zélandaise. Celle-ci aurait à un moment fait feu sur des cibles qui se trouvaient à 64 m des positions australiennes. En raison de la mauvaise visibilité, l'aviation pouvait seulement attaquer les positions viêt-cong situées à l'arrière. L'infanterie australienne repoussa plusieurs assauts des combattants du Viêt-cong. Comme elle était presque à court de munitions, elle reçut des renforts acheminés par hélicoptère malgré des conditions de vol déplorables. Elle résista avec beaucoup de bravoure jusqu'à l'arrivée des blindés à la tombée de la nuit. Le lendemain, à l'aube, les combattants du Viêt-cong se retirèrent. **JS**

Pertes : Australiens : 18 morts, 24 blessés sur 108 ; Viêt-cong : 250 morts sur 2 000.

< *La Drang 1965* *Cedar Falls 1967* >

Cedar Falls 8-26 janvier 1967

Le commandant américain au Vietnam, le général William Westmoreland, était décidé à se servir de sa puissance de feu pour remporter la victoire. Mais, comme l'opération Cedar Falls le montra, les Américains faisaient face à un ennemi insaisissable, qui esquivait le combat pour ne pas être anéanti.

L'opération Cedar Falls était dirigée contre le « Triangle de fer », un camp de base de la guérilla situé à 40 km de Saigon et existant depuis longtemps. Il s'agissait d'une opération dite du « marteau et de l'enclume » : les soldats devaient attaquer depuis le nord (« le marteau »), pousser les guérilleros vers le sud où des forces les attendaient (« l'enclume ») afin de les écraser. Le village de Ben Suc, considéré comme le centre de l'activité des guérilleros dans la région, était la principale cible.

Les forces de « l'enclume », c'est-à-dire l'infanterie américaine et sud-vietnamienne, furent acheminées par avion sur leurs positions le 8 janvier. Le lendemain, celles du « marteau » entrèrent en lice, après une attaque de l'infanterie qui avait été héliportée. Les Américains disposaient de troupes spéciales chargées d'explorer le réseau de tunnels construit par les combattants du Viêt-cong et de nouveaux bulldozers « Rome Plows » qui permirent de construire 34 pistes d'atterrissage.

Mais les Américains se retrouvaient engagés dans des combats contre de petites unités dispersées et devaient se méfier des embuscades. Une grande quantité de matériel fut saisie et des civils furent déportés de Ben Suc, alors que le village était incendié. Cette action filmée par la télévision fut très critiquée. Quelques jours après la fin de l'opération saluée comme un succès par le général Westmoreland, les Viêt-cong revinrent en force sur le terrain. **JS**

Pertes : Américains et Sud-Vietnamiens : 83 morts, 345 blessés sur 30 000 hommes ; Nord-Vietnamiens : 750 morts, 280 prisonniers et 540 déserteurs (chiffres américains)

< *Long Tan 1966* *Khe Sanh 1968* >

Opération Focus 5 juin 1967

Convaincus que le président égyptien Nasser voulait leur faire la guerre, Israël décida, en juin 1967, de lancer une attaque aérienne préventive. Portant le nom de code « Opération Focus », elle fut couronnée de succès, permettant à Israël d'asseoir son contrôle sur les airs.

L'armée de l'air israélienne comptait moins d'effectifs que celle de l'Égypte mais ses appareils étaient de qualité similaire. Ses avions de guerre de fabrication française étaient surtout des Mirage et des Mystère du constructeur Dassault. L'Égypte possédait des avions de combat soviétiques, parmi lesquels figuraient des MiG-21, des MiG-17 et des Sukhoï Su-7. Néanmoins, l'armée de l'air israélienne bénéficiait d'un meilleur commandement et d'un meilleur entraînement. Son commandant, le général de division Mordechai Hod, avait prévu des raids synchronisés pour anéantir l'aviation militaire égyptienne au sol.

Après avoir décollé de leurs bases israéliennes, les avions survolèrent la Méditerranée, puis effectuèrent un virage pour revenir en arrière et attaquer l'Égypte là où on ne les attendait pas. Ils volaient assez bas, par groupes de quatre, afin de ne pas être repérés par les radars. Les tirs des canons et de roquettes détruisirent les MiG qui n'étaient pas dans des abris mais côte à côte sur les pistes.

Les formations aériennes israéliennes furent capables de retourner jusqu'à leurs bases, de se réarmer et de se ravitailler en carburant rapidement, puis de repartir pour lancer une nouvelle vague d'attaques contre l'ennemi toujours immobilisé. En deux heures, la majeure partie de l'armée de l'air égyptienne fut détruite. L'armée de l'air israélienne pouvait envisager des destructions similaires des armées de l'air de la Syrie et de la Jordanie qui s'étaient hâtées d'entrer en guerre pour soutenir l'Égypte. **RG**

Pertes : Égyptiens : 290 chasseurs et bombardiers ; Israéliens : 10 appareils

< *Invasion de Suez 1956* — *Abou Ageila 1967* >

« Pour un petit pays c'est la seule solution. Nous devons attaquer avant qu'ils [nous] attaquent. »

Elizier Cohen, pilote israélien

↑ *Chasseurs de l'armée de l'air égyptienne réduits à l'état d'épaves calcinées après l'attaque préventive israélienne.*

Abou Ageila 5-6 juin 1967

Au cours de la guerre des Six-Jours, il devint évident qu'une victoire rapide sur les Égyptiens dans le désert du Sinaï était cruciale pour les Israéliens. Leur succès à Abou Ageila fut salué comme étant une parfaite illustration de ce que la technologie et une préparation efficace permettaient d'obtenir.

Abou Ageila permettait de contrôler les principales routes de la péninsule du Sinaï. Le lieu avait été fortifié par les Égyptiens qui avaient creusé trois rangées de tranchées protégées par des bunkers en béton. Il avait été une sérieuse source de problèmes pour les Israéliens lors de l'invasion de Suez. Le général de brigade Ariel Sharon avait préparé un plan complexe nécessitant l'emploi des chars, de l'artillerie, de l'infanterie et des parachutistes. Il s'agissait d'attirer les réservistes égyptiens vers le sud grâce à des manœuvres de diversion.

Quand les chars israéliens commencèrent à encercler Abou Ageila, les parachutistes furent héliportés sur place et réduisirent au silence l'artillerie égyptienne. Stupéfaits et déconcertés, les chefs militaires égyptiens réagirent avec lenteur. Quand l'infanterie israélienne pénétra dans le réseau de tranchées et engagea le combat avec la garnison, les soldats du génie ouvrirent vite un passage à travers les champs de mines pour leurs blindés. Lorsque les chars passèrent et se retrouvèrent face aux Égyptiens, il devint évident que la supériorité technologique des Israéliens leur donnait l'avantage. Ces derniers avaient une puissance de feu tellement supérieure à celle de leur ennemi qu'ils pouvaient résister aux blindés égyptiens et les pulvériser tout en restant hors de leur portée. Encerclés, inférieurs en nombre et mal encadrés, les Égyptiens subirent de grosses pertes avant de quitter les lieux. Le 8 juin, les forces israéliennes atteignirent le canal de Suez. **JS**

Pertes : Égyptiens : 4 000 hommes sur 8 000 ;
Israéliens : 33 hommes sur 14 000

< *Opération Focus 1967* *Jérusalem 1967* >

Jérusalem 6-7 juin 1967

La décision de la Jordanie de rejoindre l'Égypte et la Syrie engagées dans la guerre des Six-Jours contre Israël incita les Israéliens à assiéger Jérusalem, aux mains des Jordaniens depuis 1948. Les Israéliens remportèrent une victoire étonnante, qui entraîna d'immenses complications sur le plan politique.

Les Israéliens avaient prévu d'éviter tout affrontement avec la Jordanie alors qu'ils effectuaient leur attaque préventive contre la Syrie et l'Égypte, mais le roi Hussein de Jordanie ordonna à sa légion arabe de déclencher une offensive. Pour les Israéliens, il fallait avant tout protéger à Jérusalem le mont Scopus, une enclave israélienne vulnérable au sein du territoire jordanien.

Le 7 juin, les forces israéliennes, très puissantes, parmi lesquelles figurait la 55e brigade de parachutistes de Mordechai Gur, resserrèrent leur étau autour des Jordaniens à Jérusalem. Au risque d'endommager les lieux sacrés des juifs, le ministre de la Défense, Moshe Dayan, décida d'attaquer la vieille ville, car il voulait en prendre le contrôle avant l'entrée en vigueur d'un cessez-le-feu. Les parachutistes de Gur s'engouffrèrent dans la ville par la porte des Lions et affrontèrent les Jordaniens dans de violents combats de rue. Bien qu'essuyant des tirs venant de tous côtés, ils se frayèrent un chemin jusqu'au Mont du Temple, lieu sacré aussi bien pour les juifs que pour les musulmans. Les soldats jordaniens tiraient toujours quand les soldats israéliens s'arrêtèrent pour prier devant le Mur des lamentations.

Ébranlé par la perte de Jérusalem, le roi Hussein ordonna à ses forces d'évacuer les lieux et de se retirer sur la rive est du Jourdain, laissant les Israéliens occuper la rive ouest. Le contrôle de cette rive ouest et de Jérusalem-Est se révéla la pierre d'achoppement du processus de paix au Moyen-Orient. **JS**

Pertes : Israéliens : moins de 200 morts ;
Jordaniens et Palestiniens : chiffres inconnus

< *Abou Ageila 1967* *Karameh 1968* >

Khe Sanh 20 janvier-8 avril 1968

En lançant parallèlement à l'offensive du Têt l'attaque de Khe Sanh, les Nord-Vietnamiens pensaient infliger une cuisante défaite aux États-Unis. La chute de cette base militaire aurait été pour les Américains une catastrophe aussi grande que celle de Diên Biên Phu pour les Français en 1954.

Khe Sanh était un avant-poste proche de la frontière avec le Laos et de la zone démilitarisée située entre la partie nord et la partie sud du Vietnam. Lorsque quatre divisions de l'armée nord-vietnamienne encerclèrent la base en janvier 1968, le général Westmorland entrevit la possibilité d'infliger d'importantes pertes à l'ennemi. La garnison de marines américains et les soldats sud-vietnamiens de la base reçurent l'ordre de résister. Aux États-Unis, les dirigeants politiques étaient moins optimistes, redoutant un « second Diên Biên Phu ».

L'armée nord-vietnamienne commença son attaque par un barrage d'artillerie. Elle creusa des tranchées autour de la base et tenta d'anéantir les avant-postes perchés sur les collines. La situation des Américains semblait désespérée, mais ils avaient un avantage : une écrasante supériorité aérienne. Khe Sanh reçut des renforts par les airs et les avions militaires larguèrent près de 100 000 tonnes de bombes et de roquettes sur l'armée nord-vietnamienne au cours de la bataille. Pour la garnison qui fut assiégée pendant 77 jours sous la menace constante de bombardements et de tentatives d'infiltration de l'ennemi, la bataille fut rude et épuisante. Quand, le 1er avril, les Américains lancèrent l'opération Pégase dans le but d'envoyer des renforts par voie terrestre à Khe Sanh, les Nord-Vietnamiens ne purent empêcher la percée des forces américaines et battirent en retraite. **JS**

Pertes : Américains et Sud-Vietnamiens : 233 morts, 1 014 blessés ; Nord-Vietnamiens : 1 600 morts, plus de 14 000 blessés

◁ *Cedar Falls 1967* *Offensive du Têt 1968* ▷

« À Khe Sanh, vous n'étiez pas vraiment n'importe où. Vous pouviez perdre et vous n'avez pas cédé un pouce de terrain. »

Le général de brigade Lowell English

↑ *Hélicoptère Chinook CH-47 survolant des soldats américains qui s'abritent à Khe Sanh, où les combats durèrent onze semaines.*

Offensive du Têt 31 janvier-24 février 1968

Lors de l'offensive du Têt, les communistes attaquèrent des cités et des villes du Sud-Vietnam. Leur objectif était de déclencher une insurrection contre le Sud-Vietnam et ses alliés américains. Ils n'y parvinrent pas, mais pour les Américains cela fut désastreux sur le plan politique.

En 1968, les dirigeants du Nord-Vietnam adoptèrent une stratégie qui consistait à lancer une offensive générale, afin que celle-ci provoque un soulèvement collectif. Ils espéraient remporter une victoire complète qui mettrait fin à la guerre.

Sachant que des forces se concentraient près des villes, les Américains s'attendaient à des combats et renforcèrent de manière décisive leur défense à Saigon. Mais les attaques, prévues pour coïncider avec la fête du nouvel an appelée Têt, les stupéfièrent par leur ampleur et leur violence. Les soldats nord-vietnamiens et les combattants du Viêt-cong prirent le contrôle de la majeure partie de la ville de Huê, où des atrocités inouïes furent perpétrées. À Saigon, 19 combattants du Viêt-cong pénétrèrent dans l'enceinte de l'ambassade des États-Unis et ne furent vaincus qu'au terme d'un échange de coups de feu qui dura plusieurs heures. La radio nationale tomba aux mains des assaillants, et il fallut couper les lignes à haute tension pour empêcher le Viêt-cong de proclamer sur les ondes la libération de Saigon. Dans toute la ville, des groupes de combattants tuèrent des représentants de l'État, des militaires et des policiers. Cela poussa un fonctionnaire de police à exécuter un prisonnier viêt-cong, scène devenue célèbre car elle se déroula sous les yeux de journalistes du monde entier. Toutes les grandes villes du Sud-Vietnam subirent des attaques de la guérilla. Le chaos semblait régner, mais en fait les Américains réagirent vite, se servant des hélicoptères pour envoyer des renforts là où c'était nécessaire. Les soldats sud-vietnamiens se battirent bien et aucune unité ne déserta ni n'abandonna le combat. À Saigon, comme dans la plupart des cités, la bataille se termina au bout de quelques jours. Mais c'est surtout l'absence de soulèvement national qui fut terrible pour les combattants du Viêt-cong. La majorité des forces de la guérilla sud-vietnamienne engagées dans ces combats fut anéantie. La guérilla ne redevint plus jamais une force militaire et la guerre pour le communisme ne fut plus livrée désormais que par les soldats nord-vietnamiens.

« Nous commençons à triompher. Nous sommes en pleine offensive. Nous gagnons des territoires. »

Le vice-président américain Hubert H. Humphrey

L'offensive du Têt permit aux Américains de remporter la victoire militaire qu'ils espéraient depuis leur arrivée. Ils profitèrent de ce succès pour réaliser des incursions dans les territoires contrôlés par les communistes. Cependant, la perception que les médias et l'opinion publique américains avaient de ces événements était bien différente. Les images de soldats américains obligés de lutter pour défendre chaque maison dans des cités qu'ils contrôlaient depuis des années, de combattants du Viêt-cong. donnant l'impression d'attaquer où bon leur semblait, de confusion, de violence et de destruction suggéraient que les États-Unis ne maîtrisaient rien. Choquée, l'opinion publique américaine se demanda s'il y avait un intérêt à poursuivre cette guerre. Le but du Viêt-cong. était avant tout de remporter une victoire militaire, pas de saper toute velléité de combat chez les Américains. C'est pourtant ce à quoi il aboutit malgré des pertes sévères. Quelques mois plus tard, les Américains cherchaient en effet à négocier leur retrait. **JS**

Pertes : Américains et Sud-Vietnamiens : 10 000 morts : Nord-Vietnamiens : au moins 37 000 morts, 6 000 prisonniers ; civils : jusqu'à 13 000 morts

< *Khe Sanh 1968* *Huê 1968* >

Des marines pendant la bataille de Huê, au Sud-Vietnam. →

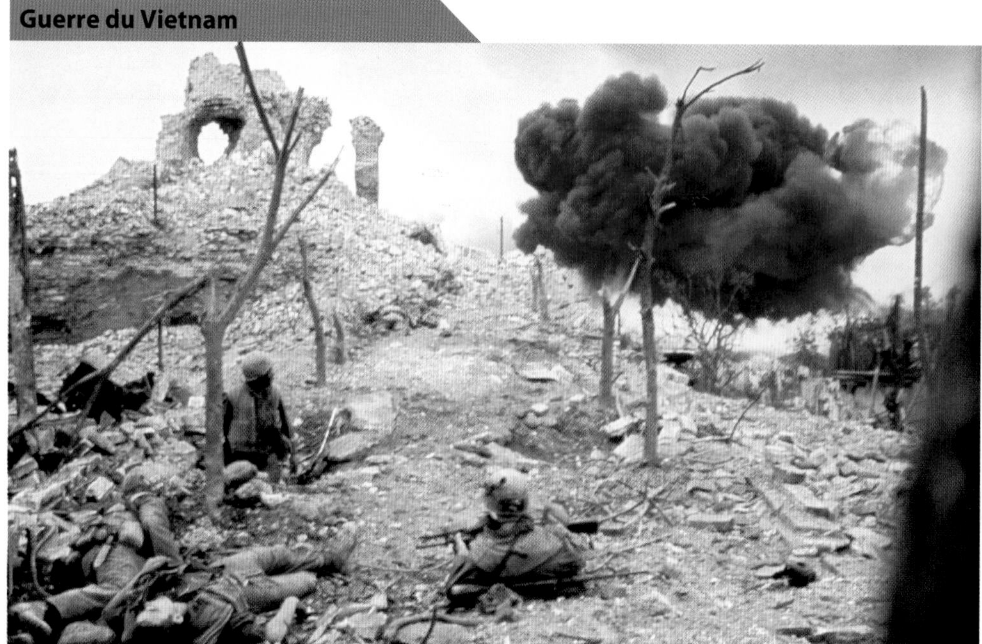

Huê 31 janvier-24 février 1968

S'emparer de Huê, l'ancienne capitale impériale du Vietnam, était le principal but de l'offensive du Têt lancée par les communistes. Les Nord-Vietnamiens reprirent la cité au bout de 25 jours de combats sanglants, au cours desquels des civils furent victimes de terribles atrocités.

En attaquant de bon matin, masqués par des brumes épaisses, les soldats nord-vietnamiens et les guérilleros du Sud-Vietnam prirent le contrôle de la majeure partie de la ville, qui était peu défendue.

Les forces du Sud-Vietnam et des États-Unis reçurent rapidement l'ordre de chasser l'ennemi. Deux bataillons de marines luttèrent pour reprendre la ville, quartier après quartier, maison après maison. Selon les estimations, un homme était tué ou blessé en moyenne pour chaque mètre de terrain gagné. Après douze jours de combats, les frappes de l'aviation et de l'artillerie débutèrent malgré les immenses dégâts que cela devait inévitablement causer. Des bombes au napalm furent larguées sur la citadelle. Entre-temps, les communistes se vengèrent de ceux qu'ils considéraient comme leurs ennemis, parmi lesquels figuraient les étrangers, les universitaires, les chefs religieux et les fonctionnaires gouvernementaux. Ils les tuèrent par milliers et les enterrèrent dans des fosses communes.

Finalement, le 24 février, le palais impérial situé au cœur de la citadelle fut repris. Les soldats nord-vietnamiens et les guérilleros qui étaient encore en vie s'enfuirent. Ils laissèrent derrière eux une ville en ruine, et 116 000 sans-abri sur une population de 140 000 habitants. La bataille fut un succès pour les forces du Sud-Vietnam et des États-Unis, mais comme dans le cas de l'offensive du Têt, les Américains n'en retirèrent aucun profit sur le plan politique. **JS**

Pertes : Américains et Sud-Vietnamiens : plus de 600 morts ; Nord-Vietnamiens : plus de 5 000 morts ; civils : plus de 5 000 morts

< *Offensive du Têt 1968* *Hamburger Hill 1969* >

Bombe éclatant non loin de soldats américains dans un champ de bataille à Huê. ↑

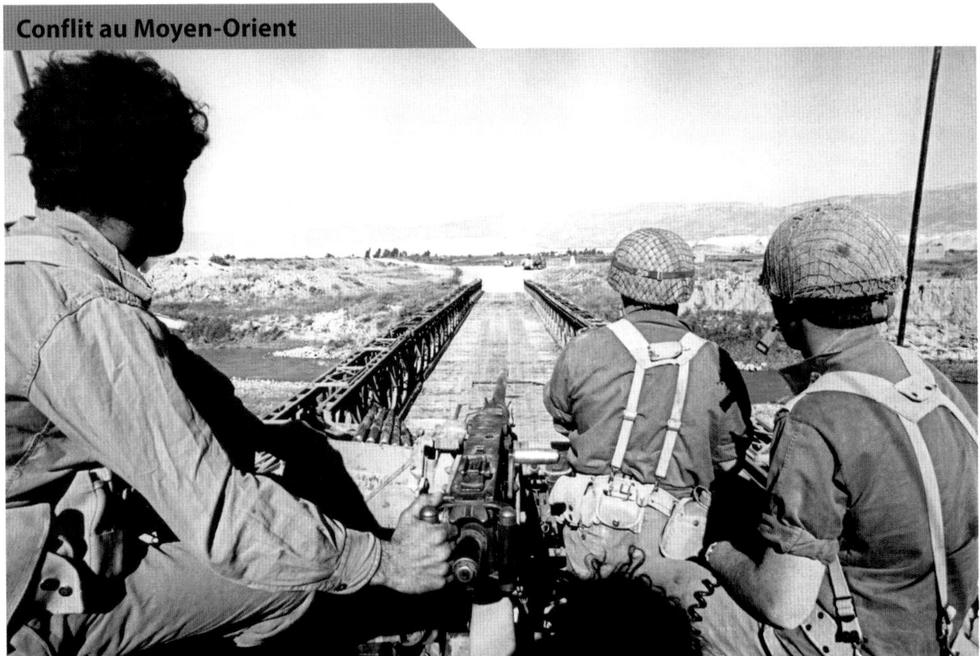

Karameh 21 mars 1968

La bataille entre les combattants du Fatah de Yasser Arafat et l'armée israélienne à Karameh joua un rôle clé, faisant d'Arafat le chef de la guerre pour la libération de la Palestine. Les Israéliens l'emportèrent, mais les rebelles se battirent bien, renforçant la réputation du Fatah.

Le triomphe d'Israël dans la guerre des Six-Jours força les Palestiniens à compter sur leurs propres efforts pour accéder au statut de nation. Les raids éclairs de la Jordanie devinrent un fléau pour Israël. Après qu'un bus scolaire eut sauté sur une mine, les Israéliens optèrent pour une action punitive contre Karameh, ville jordanienne connue pour être le centre de la résistance armée.

Une colonne de blindés s'approcha de la ville à l'aube. Les combattants du Fatah choisirent de résister et de lutter, soutenus par les soldats jordaniens. En fait, ce furent les blindés et l'artillerie de la Jordanie qui jouèrent un rôle décisif. Habitués à agir en toute impunité, les soldats israéliens furent surpris d'être la cible de tirs de combattants dissimulés dans des grottes hors de la ville. À l'intérieur de celle-ci, des combats de rue éclatèrent et les Israéliens furent contraints de nettoyer chaque quartier, maison après maison. Les frappes aériennes ne parvenaient pas à réduire au silence les tirs jordaniens et les Israéliens se retirèrent avec difficulté après une bataille qui dura toute une journée.

Les deux camps revendiquèrent la victoire, mais la lutte renforça considérablement le crédit du Fatah. Le respect grandit à l'égard des Palestiniens et des volontaires originaires de tout le monde arabe accoururent pour les soutenir. Le Fatah devint une force avec laquelle il fallait compter et qui était en droit de se poser comme le chef de file du mouvement national palestinien. **JS**

Pertes : Palestiniens : 120 morts, 200 blessés ou prisonniers ; Jordaniens : 200 victimes ; Israéliens : 28 morts, 69 blessés

< *Jérusalem 1967* *Opération Badr 1973* >

↑ *Soldats israéliens s'approchant du pont de Damia alors qu'ils étaient en route pour Karameh en Jordanie.*

Hamburger Hill 10-20 mai 1969

Au printemps 1969, une opération fut lancée contre les forces nord-vietnamiennes dans la vallée d'A Shau. Les soldats américains assiégèrent une position bien défendue sur la colline d'Ap Bai. Les pertes énormes qu'ils subirent suscitèrent de vives réactions aux États-Unis et la colline fut surnommée « Hamburger Hill » (« colline de la chair à canon »).

Les soldats de la 101e division aéroportée furent acheminés dans la vallée, près de la frontière avec le Laos, pour détruire les bases de l'armée du Nord-Vietnam. Un bataillon tomba sur des forces nord-vietnamiennes retranchées sur la colline d'Ap Bai et les attaqua. Le combat se révéla beaucoup plus dur et sanglant que celui auquel les Américains s'attendaient. Les Nord-Vietnamiens avaient bâti des bunkers solides et bien dissimulés. La jungle épaisse ne permettait pas de repérer l'artillerie. Il était si difficile de discerner l'ennemi que les Américains furent à plusieurs reprises pris pour cible par leurs propres hélicoptères.

La colline n'avait pas une grande importance sur le plan stratégique, et l'attaque aurait pu être stoppée, mais comme la presse parlait de défaite, trois autres bataillons furent envoyés. Après un barrage soutenu de l'artillerie et le largage de nombreuses bombes au napalm sur la colline, les quatre bataillons américains lancèrent une attaque qui leur permit d'atteindre le sommet. Les commandants américains clamèrent leur victoire car les Nord-Vietnamiens avaient subi de lourdes pertes. Cependant, aux États-Unis, l'opération suscita un tollé général au sein de l'opinion publique. Celle-ci se demandait pourquoi tant de jeunes Américains avaient perdu la vie pour atteindre un objectif prétendu sans valeur. Piqué au vif, le président Richard Nixon donna l'ordre de mettre fin aux missions « search and destroy » de l'armée américaine. **JS**

Pertes : Américains : 56 à 72 morts ;
Nord-Vietnamiens : 610 morts

< *Huê 1968*   *Quang Tri 1972* >

Les soldats de la 101e division aéroportée sur Hamburger Hill. ↑

Quang Tri 1er mars-1er mai 1972

En 1972, afin de parvenir à une victoire rapide, l'armée du Nord-Vietnam lança une offensive massive à Pâques. La province de Quang Tri se trouvait sur le passage des troupes qui se dirigeaient vers Huê et fut occupée. Cependant, en raison de la puissance aérienne écrasante des États-Unis, l'offensive échoua.

Les dirigeants nord-vietnamiens pensaient qu'il suffisait de porter un coup soudain et violent contre l'armée du Sud-Vietnam pour qu'elle s'effondre, étant donné qu'il ne restait plus que 65 000 soldats américains dans le pays. Leur objectif était de frapper Huê, puis d'attaquer le centre du Sud-Vietnam et de couper ainsi le pays en deux.

À la fin du mois de mars, les Nord-Vietnamiens envahirent la province de Quang Tri après avoir traversé la zone démilitarisée entre le Nord et le Sud. Le moral des Sud-Vietnamiens flancha et, après plusieurs jours de combat, un régiment entier se rendit. Un bataillon de rangers sud-vietnamiens prit la fuite. Les marines sud-vietnamiens ne parvinrent pas à conserver le contrôle du pont de Dong Ha et durent lutter pour sortir de l'encerclement. Le 1er mai, les Nord-Vietnamiens avaient remporté une victoire importante. Alors que ses soldats et des réfugiés civils fuyaient vers le sud, l'armée du Sud-Vietnam se regroupa devant Huê, appuyée par des frappes aériennes et des tirs d'artillerie des forces navales des États-Unis. L'offensive prit fin.

Le président Richard Nixon déclencha l'opération Linebacker, une attaque aérienne contre le Nord-Vietnam qui détruisit les communications et anéantit les deux tiers de l'approvisionnement de l'armée. Quang Tri fut reconquise par le Sud-Vietnam au cours d'une campagne acharnée qui se déroula de juin à septembre. **JS**

Pertes : Sud-Vietnamiens : plus de 5 000 morts ; Nord-Vietnamiens : chiffres inconnus

< *Hamburger Hill 1969* *Hanoï et Haiphong 1972* >

Un soldat sud-vietnamien portant une jeune victime après l'explosion d'un camion sur une mine.

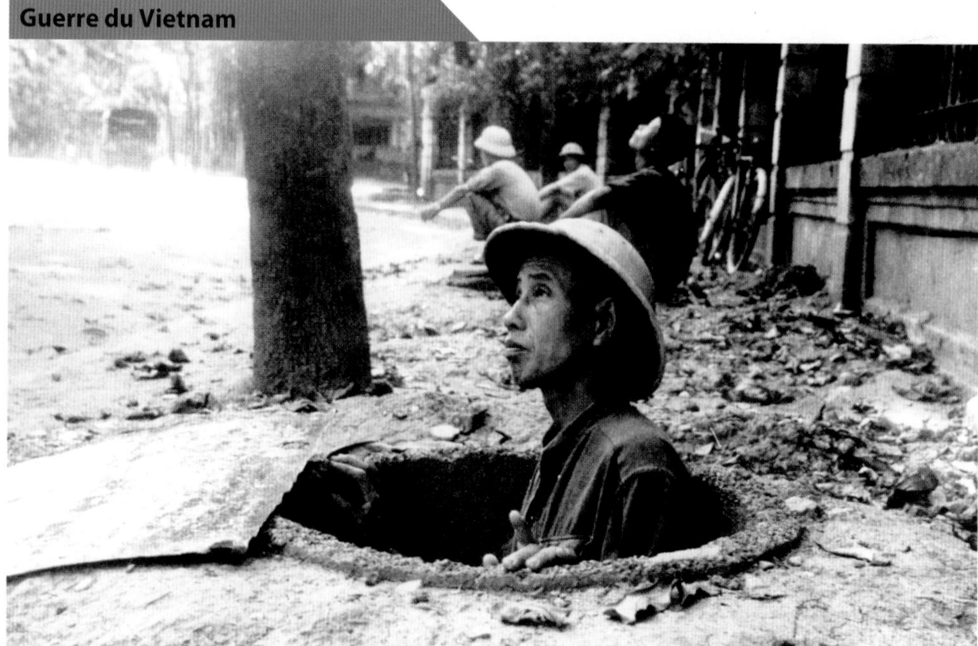

Hanoï et Haiphong 18-29 décembre 1972

Les Américains recoururent pour la dernière fois à leur puissance aérienne dans la guerre du Vietnam en bombardant au moyen de B-52 des villes du Nord-Vietnam durant les fêtes de Noël. Ils forcèrent ainsi les Nord-Vietnamiens à reprendre les négociations et à signer un accord de paix.

Les conditions de la paix furent approuvées par le Nord-Vietnam et les États-Unis en octobre 1972, mais rejetées par le Sud-Vietnam. Quand les Nord-Vietnamiens refusèrent d'engager d'autres pourparlers, le président Richard Nixon autorisa l'opération Linebacker II, une campagne de bombardements brève mais dévastatrice, destinée à laisser le Nord-Vietnam sans défense.

L'élément clé de ces attaques fut l'emploi de bombardiers B-52, chargés de bombes conventionnelles. Les défenses aériennes de Hanoï et de Haiphong, le principal port du pays, étaient formidables à cette époque et, d'après des sources américaines, les États-Unis perdirent un grand nombre de B-52. Les Américains changèrent rapidement de tactique, mais la campagne leur coûta néanmoins quinze B-52, ainsi que neuf autres avions. Les Nord-Vietnamiens utilisèrent presque tous les missiles sol-air qu'ils possédaient, mais furent écrasés par l'ampleur et la puissance des raids aériens américains.

Les B-52 effectuèrent plus de 700 sorties et plus d'un millier d'avions de guerre dotés d'équipements électroniques furent utilisés pour anéantir les défenses aériennes du Nord-Vietnam. Avec le largage de plus de 20 000 tonnes de bombes, presque toutes les cibles militaires furent détruites. Des bombes perdues causèrent la mort de civils à l'hôpital d'Hanoï, mais, de manière générale, il y eut relativement peu de victimes civiles. Le 27 janvier 1973, un accord de paix fut signé. **JS**

Pertes : Américains : 24 avions, 43 morts, 49 prisonniers ; Nord-Vietnamiens : plus de 1 600 morts

< *Quang Tri 1972* *Chute de Saigon 1975* >

Face aux bombardements aériens constants des Américains, des abris furent improvisés un peu partout à Hanoï.

Opération Badr 6-8 octobre 1973

Au début de la guerre du Kippour, les forces égyptiennes lancèrent une attaque surprise contre les Israéliens stationnés à Suez. Pour la première fois, des soldats arabes remportèrent une victoire sur les Israéliens. Si les Arabes se sentirent très fiers, les Israéliens, eux, perdirent leur assurance.

Depuis la guerre des Six-Jours en 1967, les Israéliens n'avaient pas entrepris de négociations en vue de rendre la péninsule du Sinaï à l'Égypte. En 1973, le président égyptien Anouar el-Sadate lança une offensive pour chasser les Israéliens des positions qu'ils occupaient près du canal de Suez (la ligne Bar Lev) et les contraindre à négocier.

L'attaque égyptienne, qui portait le nom de code « Opération Badr », fut lancée le jour de la fête religieuse du Yom Kippour. Alors que la ligne Bar Lev était la cible de frappes aériennes et de tirs de barrage nourris de l'artillerie, 4 000 soldats égyptiens traversèrent le canal en canots sous un écran de fumée. Ils étaient suivis de renforts et les 550 Israéliens qui occupaient la ligne Bar Lev furent littéralement écrasés. Bien préparée, l'opération fut réalisée avec une grande efficacité : les Égyptiens installèrent des ponts flottants sur le canal et ouvrirent des brèches en faisant exploser les remparts de sable qui bloquaient le passage entre la rive et le désert du Sinaï.

Face aux missiles sol-air fournis par les Soviétiques à l'Égypte, Israël ne bénéficiait plus de sa supériorité aérienne habituelle et ses frappes sur les ponts échouèrent. Les Égyptiens se retranchèrent pour défendre la tête de pont. Quand les Israéliens lancèrent des contre-attaques mal coordonnées avec leurs blindés, les missiles antichars des Égyptiens firent un carnage : le 8 octobre, Israël perdit 170 chars. L'Égypte remporta un triomphe impressionnant qui électrisa le monde arabe. **JS**

Pertes : Israéliens : 3 700 morts, blessés ou prisonniers ; Égyptiens : moins de 300 morts

< *Karameh 1968* — *Hauteurs du Golan 1973* >

↑ *Soldats égyptiens saluant le portrait de leur dirigeant, le président Anouar el-Sadate.*

Hauteurs du Golan

6-22 octobre 1973

Au moment où les Égyptiens attaquaient la défense israélienne en franchissant le canal de Suez, dans le cadre de l'opération Badr, la Syrie lançait une offensive sur les hauteurs du Golan, zone occupée par les Israéliens depuis la guerre des Six-Jours.

Appuyés par l'artillerie et les frappes de l'aviation, les Syriens envoyèrent 700 chars dans le dédale de champs de mines et de fossés antichars constituant la défense israélienne. Moins nombreuses, les formations de blindés israéliennes menèrent des actions dilatoires désespérées, en subissant de lourdes pertes.

Les Syriens obtinrent un succès remarquable le premier jour quand leurs commandos s'emparèrent d'une position israélienne sur le mont Hermon lors d'une attaque au moyen d'hélicoptères. Le 7 octobre, des chars syriens brisèrent la défense israélienne dans le secteur sud du Golan et se dirigèrent vers le Jourdain. Mais l'arrivée d'un nombre croissant de réservistes israéliens modifia le cours des événements. Bien que la 7e brigade de blindés israélienne ne disposât que de sept chars en état de marche, ils réussirent le 10 octobre à repousser la plupart des Syriens.

Bénéficiant d'équipements de remplacement envoyés par les États-Unis, le gouvernement israélien décida de mener une offensive, en envahissant le territoire syrien et en menaçant Damas. La Syrie se retrouva contrainte de lutter pour sa propre survie et, le 12 octobre, rien ne semblait pouvoir empêcher Israël d'occuper la capitale syrienne. Cependant, l'arrivée inattendue de blindés irakiens et jordaniens sur son flanc sud mit un terme à son avancée. Un cessez-le-feu entra en vigueur le 22 octobre à la suite des pressions exercées par la diplomatie internationale. **RG**

Pertes : Syriens : 3 500 morts, 7 000 blessés ; Israéliens : 772 morts, 2 453 blessés

[<] *Opération Badr 1973* *La Ferme chinoise 1973* [>]

Guerre du Kippour

La Ferme chinoise

15-18 octobre 1973

L'opération Badr permit aux Égyptiens d'établir des têtes de pont à l'est du canal de Suez. Mais les Israéliens, combattant pour une position appelée la Ferme chinoise, lancèrent une contre-offensive qui leur assura la victoire finale.

Enivrés par le succès de l'opération Badr, les Égyptiens furent tentés de faire une incursion dans le Sinaï. Quatre brigades de blindés lancèrent une nouvelle offensive, mais furent taillées en pièces par les Israéliens. Ce combat permit à ces derniers d'exploiter une grave erreur des Égyptiens révélée par des avions-espions américains : il existait une brèche entre les 2e et 3e armées égyptiennes à l'est du canal de Suez, à un endroit appelé la Ferme chinoise. Le général Ariel Sharon fut chargé d'ouvrir un couloir jusqu'au canal. En franchissant celui-ci, les Israéliens porteraient un coup aux forces égyptiennes situées à l'arrière et ils pourraient même menacer Le Caire.

La nuit du 15 au 16 octobre quand l'attaque débuta, les soldats égyptiens défendirent la Ferme chinoise, livrant des combats au corps-à-corps et se servant avec une grande efficacité des missiles antichars. Sharon parvint cependant à ouvrir un couloir jusqu'au canal et à le défendre malgré les contre-attaques des blindés égyptiens. Après que les parachutistes israéliens eurent établi une tête de pont à l'ouest du canal, un immense pont flottant spécialement conçu pour supporter le poids des chars israéliens fut mis en place sous un déluge de tirs. Le 18 octobre, la Ferme chinoise tomba aux mains des Israéliens dont les forces se déployèrent à l'ouest du canal. La 3e armée égyptienne, prise au piège à l'est du canal, se trouvait dans une situation désespérée, mais les États-Unis forcèrent les Israéliens à accepter un cessez-le-feu, que ces derniers observèrent à contrecœur le 25 octobre. **JS**

Pertes : inconnues

[<] *Hauteurs du Golan 1973* *Raid sur Entebbe 1976* [>]

Chars israéliens traversant le pont flottant mis en place au-dessus du canal de Suez. 

Chute de Saigon 4 mars-30 avril 1975

La chute de Saigon fut le dernier épisode de la guerre du Vietnam. L'accord de Paris signé en janvier 1973 permettait aux Américains de quitter le pays sans perdre la face. La rapidité avec laquelle le régime du Sud-Vietnam s'effondra stupéfia le monde entier.

Après l'accord de paix, les unités de l'armée nord-vietnamienne restèrent là où elles se trouvaient dans le Sud et des combats de faible intensité se poursuivirent. Les Sud-Vietnamiens utilisaient beaucoup de munitions et, en raison de la hausse rapide des prix du carburant, firent face à une crise financière. L'inflation rampante, la corruption manifeste et la perte du soutien américain sapaient le moral de l'armée : 24 000 soldats désertaient chaque mois.

Réapprovisionnés en armement et pressentant une victoire finale, les Nord-Vietnamiens étaient pressés d'en découdre. En décembre 1974, ils violèrent ouvertement le traité de paix, en envahissant la province de Phuoc Long, à seulement 65 km de Saigon. Le Congrès américain rejeta les appels du président Ford en faveur d'une aide accrue aux Sud-Vietnamiens, et les États-Unis ne réagirent pas. La rapidité et la facilité de l'opération montrèrent que le Sud était peu enclin à résister.

« Nous ne devrions pas être arrogants quand il est question de notre puissance et de son utilisation. » *Walter Cronkite*

En mars 1975, les Nord-Vietnamiens lancèrent des offensives dans les montagnes du centre et dans la province de Quang Tri, au nord du Sud-Vietnam. Les contre-attaques des Sud-Vietnamiens échouèrent car un grand nombre de soldats désertaient pour protéger leurs familles. Le 13 mars, Thieu, le président du Sud-Vietnam, ordonna à l'armée de battre en retraite en direction du sud où les renforts mettraient moins de temps à arriver. Cependant, cette retraite se transforma vite en débâcle. S'enhardissant, les Nord-Vietnamiens lancèrent toutes leurs forces dans l'offensive : Saigon devait tomber au printemps. Comme on n'avait laissé que trois divisions pour défendre la capitale, l'issue du combat ne faisait aucun doute. Quelques unités sud-vietnamiennes continuèrent à se battre avec beaucoup de courage : la 29e division résista de manière héroïque à Xuan Loc aux abords de Saigon.

Le 21 avril, Thieu annonça sa démission à la télévision, accusant les États-Unis d'avoir trahi le Sud-Vietnam. Le 27 avril, la ville de Saigon fut encerclée par 100 000 soldats nord-vietnamiens, mais ce déploiement de forces était superflu. Les citoyens américains étaient déjà en train d'être évacués et les Sud-Vietnamiens se pressaient autour de l'ambassade des États-Unis, cherchant désespérément à avoir une place dans un hélicoptère. L'opération Frequent Wind permit d'évacuer 7 000 personnes. Désespérés, des gens tentèrent de monter à bord de bateaux surchargés sur le fleuve Saigon. Les Nord-Vietnamiens les laissèrent partir.

Quand un barrage d'artillerie annonça que l'assaut final était sur le point d'être lancé, il ne restait plus de grande résistance. Les soldats nord-vietnamiens occupèrent les lieux stratégiques de la ville et, au bout de quelques heures, le gouvernement sud-vietnamien offrit de se rendre, mais sa demande fut ignorée. L'armée nord-vietnamienne ne comptait pas se priver d'une victoire militaire censée couronner des décennies de combats. Vers midi, le 30 avril, un char T-54 franchit les portes du palais présidentiel filmé par les télévisions du monde entier. Quelques unités sud-vietnamiennes continuèrent de se battre dans la région montagneuse du centre et le delta du Mékong, mais la guerre était en fait terminée. **JS**

Pertes : inconnues

< *Hanoï et Haiphong 1972*

Des hélicoptères américains évacuant des habitants de Saigon, le 29 avril 1975. 

Conflit au Moyen-Orient

Raid sur Entebbe 3-4 juillet 1976

Dans les années 1970, des terroristes palestiniens trouvèrent que détourner un avion était le meilleur moyen pour attaquer Israël et ses alliés. En 1976, la réaction des Israéliens après un détournement d'avion à Entebbe se retourna contre les terroristes, prouvant qu'une opération de sauvetage bien planifiée pouvait venir à bout de preneurs d'otages.

Le 27 juin, deux membres du Front populaire pour la libération de la Palestine et deux terroristes allemands détournèrent un avion de ligne assurant la liaison entre Tel-Aviv et Paris. Ils le firent atterrir à l'aéroport international d'Entebbe, en Ouganda. Ils y furent rejoints par d'autres militants palestiniens. Ils laissèrent partir les passagers non juifs, puis exigèrent la libération de terroristes emprisonnés contre la libération des otages.

Comme Entebbe était à 4 800 km d'Israël et sur un territoire hostile, une tentative de sauvetage semblait peu probable. Cependant, le plan d'une mission qui devait être confiée au général de division aérienne Dan Shomron fut approuvé. Quatre avions de transport, des Hercules C-130, décollèrent de Sharm el-Sheikh et se rendirent à Entebbe. Ils arrivèrent la nuit derrière un avion-cargo régulier et roulèrent sur la piste avant de débarquer leurs soldats. Le lieutenant-colonel Jonathan Netanyahu fut chargé de l'assaut de la salle de transit où les otages étaient retenus. Ses commandos firent irruption dans l'édifice et tuèrent les terroristes ; trois otages périrent également.

Au moment où les otages libérés étaient conduits vers l'avion qui les attendait, un combat se déclencha entre les Israéliens et des soldats ougandais. Les Israéliens détruisirent les chasseurs MiG ougandais qui étaient au sol et les Hercules décollèrent 57 minutes après leur atterrissage. Leur arrivée en Israël suscita une intense joie. **RG**

Pertes : Ougandais : 35 morts ; terroristes : 7 ;
Israéliens : 1 mort, 5 blessés ; otages : 3 morts

< *Karameh 1968* *Liban 1982* >

Intervention française au Zaïre

Kolwezi 19 mai 1978

L'ancien Congo belge, qui fut rebaptisé Zaïre par Mobutu en 1971, et dont les frontières sont héritées de la colonisation, a toujours eu une unité très fragile. En 1978, des rebelles attaquent le Shaba (aussi appelé Katanga), au sud-est du pays. La France décide alors d'intervenir militairement dans ce conflit africain.

Le 13 mai 1978, l'offensive du Front national de libération du Congo (FNLC), dont les combattants se font appeler « Tigres », aboutit à la chute de Kolwezi. Dans cette ville, vivent quelque 2 500 Européens. La région, riche en cuivre, en cobalt, en uranium, attise les convoitises. Dans le contexte de la Guerre froide, Soviétiques et Cubains marquent des points en Afrique.

À Kolwezi, les rebelles s'en prennent aux populations civiles, en particulier aux Européens. Le président Giscard d'Estaing opte alors pour une opération aéroportée baptisée « Léopard ». Elle doit être mise sur pied rapidement et présente des risques. Il s'agit de larguer les paras du 2e Régiment étranger de parachutistes sur Kolwezi. La possibilité d'un enlisement n'est pas exclue. Pourtant l'opération est un succès. Ces soldats d'élite de la Légion étrangère prennent possession de points névralgiques et organisent l'évacuation des civils menacés. Après quoi, ils progressent dans tous les faubourgs et les villages autour de la ville, obligeant les troupes du FNLC à regagner l'Angola. Des paras belges participent également à l'opération, malgré des dissensions entre Paris et Bruxelles. Outre son aspect humanitaire, l'opération Léopard avait pour objectifs de sauver le régime de Mobutu, anti-communiste et allié de l'Occident, et de préserver les intérêts économiques de la France et de la Belgique dans cette partie de l'Afrique. **LV**

Pertes militaires : Français : 5 morts ; Belges : 1 mort ;
Zaïrois : au moins une quinzaine de morts ;
Rebelles du FNLC : 250 morts

Guerre des Malouines

San Carlos 21-25 mai 1982

La Grande-Bretagne envoya un corps expéditionnaire pour reprendre les Malouines aux Argentins qui les occupaient depuis avril 1982. La Royal Navy devait protéger le débarquement d'hommes et d'équipements contre des attaques de l'aviation ennemie basée en Argentine. Elle y parvint, mais paya un lourd tribut.

La menace que représentait l'aviation argentine était apparue quand les Britanniques s'étaient approchés des Malouines. Le destroyer *Sheffield* avait été touché par un missile Exocet. Le corps expéditionnaire n'était couvert que par des Sea Harrier à décollage et à atterrissage vertical opérant depuis de petits porte-avions. Les destroyers et les frégates qui stationnaient dans le détroit de San Carlos essuyèrent le gros des attaques argentines.

Le 21 mai, les premiers débarquements furent rapidement repérés et, quelques heures plus tard, les avions argentins passèrent à l'attaque. Les deux camps se lancèrent dans la bataille avec courage et détermination. Pour les Britanniques, le détroit de San Carlos devint « l'allée des bombes ». En effet, les pilotes argentins, qui volaient principalement à bord d'A-4 Skyhawk et de IAI Dagger, attaquaient à basse altitude, larguant la plupart du temps des bombes aveugles de 500 kg.

Les missiles sol-air Rapier de la Royal Navy se révélèrent moins efficaces que prévu et les Sea Harrier eurent du mal à asseoir leur domination dans les airs. Parmi les bateaux militaires, les frégates *Antelope* et *Ardent* ainsi que le destroyer *Coventry* furent coulés. Le bateau conteneur *Atlantic Conveyor* fut coulé par des missiles Exocet, alors qu'il transportait des équipements irremplaçables, notamment sept hélicoptères, mais le 25 mai les Britanniques avaient débarqué. **JS**

Pertes : Britanniques : 2 frégates, 1 destroyer et 1 bateau conteneur coulés ; 49 morts ; Argentins : 22 avions, 11 morts

Stanley 1982 >

Guerre Iran-Irak

Khorramshahr 24 mai 1982

L'Iran et l'Irak entrèrent en guerre en septembre 1980. Au tout début de celle-ci, la perte de Khorramshahr, grand port iranien abritant des raffineries de pétrole, constitua un coup dur pour l'Iran. Sa reconquête en 1982 marqua un tournant dans la guerre, car elle impliquait que la révolution islamique allait survivre.

Au début de la guerre, l'armée iranienne était ravagée par les excès de la révolution islamique. Ses officiers avaient été victimes de purges et les systèmes d'équipements et de maintenance étaient désorganisés. L'armée n'était pas en état de lutter contre une armée irakienne très professionnelle. Cependant, l'Iran réussit à remettre sur pied une machine de guerre efficace. Les Pasdaran (les « gardiens de la révolution ») devinrent des troupes de choc dotées d'une grande ferveur religieuse. Les officiers qui avaient servi sous l'ancien régime furent réhabilités et utilisaient à la fois la tactique des vagues humaines propre aux Pasdaran et l'artillerie et la puissance aérienne.

Les Iraniens montèrent l'opération Jérusalem pour reprendre Khorramshahr. Leurs attaques dans le Nord et le Sud coupèrent les liaisons entre les Irakiens et la ville. Dans le centre, les attaques nocturnes de l'infanterie la nuit – menées principalement par les Pasdaran avec l'aide de chasseurs et d'hélicoptères – et l'avancée des blindés vinrent à bout des deux principales lignes défensives. À l'intérieur de la ville, les soldats irakiens détenaient des positions fortes et se battirent bien, refusant l'idée d'être faits prisonniers. Mais ils furent écrasés par l'ampleur des assauts. Après deux jours de combats de rue sauvages, la ville fut reprise. L'Irak ne conserva que 200 km² des 4 000 km² de territoire iranien conquis précédemment. L'Iran semblait prêt à vaincre complètement l'Irak. **JS**

Pertes : Irakiens : 25 000 à 35 000 morts, blessés ou prisonniers ; Iraniens : au moins 10 000 morts ou blessés

Basra 1982 >

Liban 6 juin-4 septembre 1982

En 1982, Israël avait pour objectif, en envahissant le Liban, de faire cesser à sa frontière les attaques de l'OLP (Organisation pour la libération de la Palestine). Celle-ci fut chassée du Liban, mais l'invasion fut traumatisante pour les Israéliens accusés de complicité dans le massacre de civils palestiniens.

L'arrivée au Liban de l'OLP plongea le pays dans la guerre civile en 1975. La Syrie intervint rapidement et installa des troupes dans la vallée de la Bekaa. L'OLP se mit à bombarder des colonies israéliennes depuis ses bases du Sud-Liban. Israël contribua à armer les milices chrétiennes maronites, mais en 1982, le pays décida de s'occuper lui-même de l'OLP. Le Conseil des ministres pensait que l'invasion serait une opération limitée et que les soldats israéliens ne progresseraient que de quelques kilomètres à l'intérieur du Liban. Mais le ministre de la Défense, Ariel Sharon, voulait prendre Beyrouth. Il croyait qu'en écrasant l'OLP au Liban il anéantirait son influence.

Quatre colonnes de blindés appuyées par le débarquement de soldats et l'ensemble de l'aviation militaire israélienne se dirigèrent vers le nord. L'armée de l'air israélienne affronta les Syriens et leur infligea une défaite spectaculaire. Les Syriens acceptèrent en toute hâte un cessez-le-feu. Néanmoins, Beyrouth résista davantage. Il fallut aux Israéliens deux semaines et l'aide des milices maronites pour l'encercler. Des frappes aériennes massives et les bombardements de l'artillerie sur l'ouest de Beyrouth contrôlé par les Palestiniens suivirent. Il fallut encore 70 jours de durs combats avant que les combattants de l'OLP ne commencent à négocier leur retrait. Les Israéliens entrèrent dans Beyrouth, mais furent blâmés pour avoir été complices des massacres de Palestiniens perpétrés par des milices dans les camps de Sabra et Chatila. **JS**

Pertes : Israéliens : moins de 700 morts ; Palestiniens et Syriens : près de 10 000 morts ; civils : près de 18 000 morts

< *Raid sur Entebbe 1976*   *Liban 2006* >

Une roquette tirée depuis un quartier palestinien de Beyrouth. ↑

Stanley 11-14 juin 1982

Aux Malouines, les soldats argentins étaient en majeure partie concentrés près de la ville de Stanley. Au plus fort d'une campagne très dure, ils furent forcés de se rendre après avoir essuyé de nombreuses attaques britanniques. Leur reddition mit fin à la dictature du général Leopoldo Galtieri.

Comme l'*Atlantic Conveyor* avait été coulé, les commandos et les parachutistes britanniques manquaient d'hélicoptères et durent atteindre Stanley à pied. Les parachutistes remportèrent une bataille âprement disputée à Goose Green, les 28 et 29 mai. Avant l'arrivée d'une autre brigade de Grande-Bretagne, les soldats britanniques subirent de lourdes pertes car des bateaux transportant des soldats furent touchés à Bluff Cove.

En s'approchant de Stanley, les Britanniques durent franchir les collines défendues par les Argentins qui entouraient le port. Leurs unités d'élite effectuèrent toute une série d'attaques nocturnes. La première nuit, du 11 au 12 juin, celles-ci visèrent le mont Harriet, les Two Sisters et le mont Longdon. Chargés d'attaquer ce dernier, les parachutistes eurent la tâche la plus ardue, étant freinés dans leur avancée par des bunkers argentins. .

Deux nuits plus tard, Wireless Ridge, Tumbledown et le mont William furent attaqués. Là encore, il y eut des combats au corps-à-corps. La garde écossaise essuya sur la colline Tumbledown la seule contre-attaque bien menée des Argentins. Celle-ci donna lieu à une bataille qui dura dix heures. Les Britanniques gagnèrent chaque bataille. La clé de leur réussite résidait dans leur professionnalisme et leur confiance en eux. Les Argentins combattaient bien, mais il s'agissait d'appelés, qui n'étaient pas de véritables adversaires pour les soldats d'élite. Leur commandant, le général de brigade Menendez, se rendit le 14 juin. **JS**

Pertes : Britanniques : 46 morts ;
Argentins : 124 morts, 9 800 prisonniers

[<] *San Carlos 1982*

Soldats argentins lisant le journal dans le port de Stanley.

Basra 11-28 juillet 1982

Après sa victoire à Khorramshahr en mai 1982, l'Iran entrevit la possibilité de renverser le dictateur irakien Saddam Hussein et de propager la révolution islamique. L'échec de son offensive à Basra signifiait que la guerre allait durer six ans de plus et déboucher sur une impasse.

Même si l'Irak avait subi de sérieux revers, Saddam Hussein possédait un avantage énorme : épouvanté à l'idée d'une victoire iranienne, l'Occident s'était précipité pour aider l'homme qui, selon lui, était un rempart contre le fondamentalisme. Des armes modernes affluèrent d'Europe, des conseillers soviétiques contribuèrent à l'organisation de la défense de Basra et les renseignements américains dans le domaine des satellites et des transmissions se révélèrent cruciaux.

Les Iraniens se livrèrent pendant deux jours à un barrage d'artillerie et envoyèrent des vagues humaines de Pasdaran à l'attaque. À cette époque, il s'agissait souvent d'enfants-soldats auxquels on donnait l'ordre de charger à travers les champs de mines pour ouvrir un passage au reste des troupes. Ces combattants avaient autour du cou une clé en plastique pour le paradis. Trois grandes attaques furent lancées. Chacune se solda par un échec et des pertes colossales. Les défenses, constituées par un réseau de canaux et de fossés, résistèrent. Les hélicoptères et les missiles que les Irakiens venaient de recevoir infligèrent de sérieux dommages aux Iraniens. Les vagues humaines furent stoppées par les tirs des mitraillettes et de l'artillerie. Les blindés irakiens contre-attaquèrent et repoussèrent l'avancée de l'ennemi, mais au prix de lourdes pertes. Dans cette bataille, l'Iran ne gagna qu'une bande de terre de 16 km. Disposant d'une aide extérieure, l'Irak put supporter la guerre d'usure qui suivit. **JS**

Pertes : inconnues, mais probablement des dizaines de milliers dans les deux camps

Khorramshahr 1982 — *Tempête du désert 1991*

Soldats irakiens derrière des sacs de sable, près de Basra.

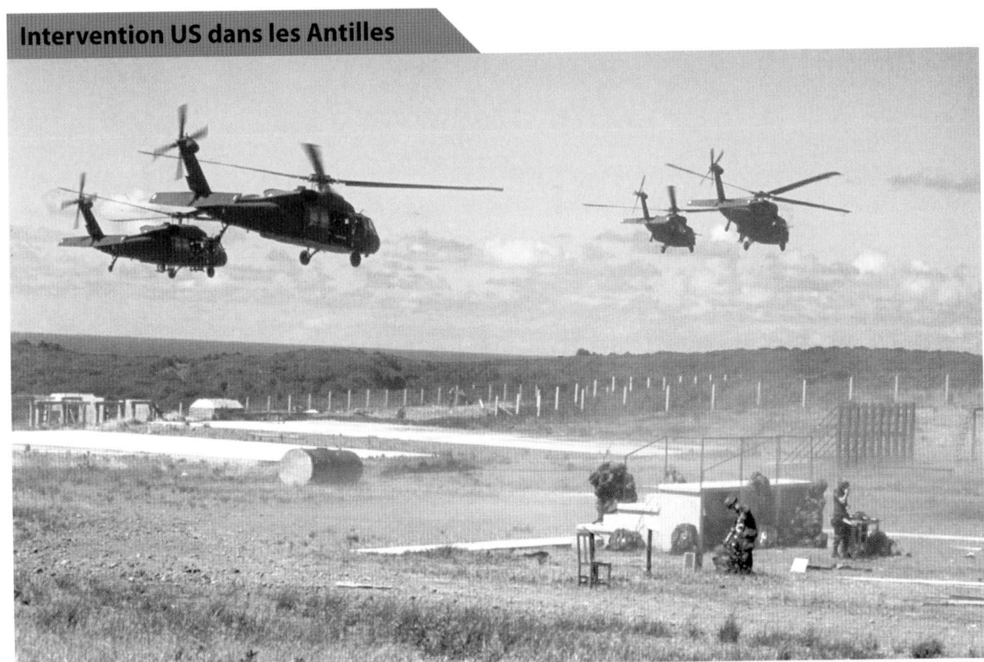

Grenade 25-28 octobre 1983

L'invasion de l'île de Grenade dans les Petites Antilles marqua la première grande sortie des forces américaines depuis la guerre du Vietnam. Elle fut saluée par le président Reagan comme un retour en force de l'armée, mais l'opération, loin d'être parfaite, fut très controversée sur le plan politique.

À Washington, le dirigeant de la Grenade, Maurice Bishop, passait pour être le larbin des communistes ; le nouvel aéroport en cours de construction était considéré comme le lieu de transit d'armes destinées aux révolutionnaires d'Amérique latine. Le 19 octobre 1983, l'assassinat de Bishop par le Conseil militaire de la révolution, qui était encore plus radical, incita les États-Unis à agir. Justifiée devant l'opinion par le besoin de protéger les étudiants américains de la Grenade, l'opération Urgent Fury fut organisée à la hâte.

Appuyés par des frappes aériennes, les marines et les parachutistes envahirent l'île le 25 octobre. Le combat fut féroce, notamment autour de l'aéroport défendu par les Cubains. Contre toute attente, les milices de la Grenade opposèrent une résistance farouche. Des hélicoptères de combat et des renforts furent déployés jusqu'à ce que la résistance cesse au bout de trois jours.

L'opinion publique américaine soutint massivement l'invasion mais dans le reste du monde beaucoup de gens s'indignèrent de cette violation de la souveraineté de la Grenade sous un prétexte peu convaincant. Même la Grande-Bretagne, dont la reine était le chef d'État de la Grenade, condamna l'intervention. Les États-Unis renversèrent une dictature communiste et restaurèrent la démocratie, mais de nombreux habitants de l'île étaient contre le nouveau régime mis en place. **JS**

Pertes : Américains : 19 morts, 150 blessés sur 7 000 ; Cubains : 25 morts, 59 blessés sur 600 à 800 ; Grenadiens : 45 morts, 337 blessés sur 1 500.

Hélicoptères acheminant des soldats américains sur l'île de Grenade.

Tempête du désert 16 janvier-26 février 1991

Au cours de l'opération « Tempête du désert », une coalition de 34 nations sous mandat de l'ONU et sous commandement américain chassa les forces irakiennes de Saddam Hussein qui avaient envahi le Koweït en août 1990.

Une énorme force de coalition se regroupa en Arabie saoudite sous le commandement du général américain Norman Schwarzkopf. Après l'échec de tentatives diplomatiques pour chasser les soldats de Saddam Hussein, une campagne militaire aérienne débuta le 16 janvier. Au cours des 38 jours qui suivirent, les avions de la coalition effectuèrent plus de 100 000 sorties et Bagdad devint la cité la plus bombardée depuis la guerre de 39-45. Les F-114, des avions furtifs d'attaque au sol, employés pour la première fois au combat, furent particulièrement efficaces. Des centaines de missiles de croisière furent lancés depuis des navires de guerre stationnant dans le Golfe. Grâce aux armes de précision « intelligentes », le nombre de victimes civiles fut relativement faible. Les positions militaires irakiennes au Koweït furent pilonnées de manière systématique.

« Le grand duel, la mère de toutes les batailles, a commencé… L'aube de la victoire est proche. »

Saddam Hussein

Saddam Hussein ordonna de lancer des missiles Scud sur Israël, afin d'étendre le conflit et de pousser les nations musulmanes à quitter la coalition, mais les États-Unis firent pression sur Israël pour qu'il n'y ait pas de représailles. Les soldats britanniques du SAS (l'équivalent du GIGN) furent envoyés en Irak pour localiser les lanceurs mobiles de Scud qui devaient être détruits. Désespéré de voir ses forces s'amenuiser progressivement, un général irakien lança une attaque brève et vaine sur la ville saoudienne de Khafji. Cependant, la plupart du temps, les soldats irakiens restaient tapis dans leurs tranchées le long de la frontière avec le Koweït en essayant de survivre aux bombardements. Les exercices amphibies des marines trompèrent les Irakiens qui s'attendaient à un débarquement par mer. Le 23 février, la coalition lança une offensive terrestre. Après un étonnant barrage de multiples lanceurs de missiles M270, des bulldozers s'avancèrent au milieu des bancs de sable marquant la frontière avec le Koweït et les chars attaquèrent. Les malheureux Irakiens qui étaient postés à cet endroit furent écrasés sous les chenilles des chars ou enterrés vivants. La résistance se résumait à des tirs sporadiques de l'artillerie. Les chars américains détruisaient les blindés irakiens sans subir la moindre perte. Au bout de 40 heures, toute résistance cessa. Même la garde républicaine irakienne capitula après un bref combat.

Le second jour de la bataille terrestre, les forces de la coalition pénétrèrent en Irak. Les chiites et les Kurdes qui étaient opposés à Saddam Hussein furent encouragés à se révolter. Saddam Hussein devait sauver ce qui restait de son armée s'il voulait que son régime survive. Il commença donc à se retirer du Koweït après avoir donné l'ordre d'incendier 700 puits de pétrole. Une retraite affolée débuta. La dernière colonne de soldats irakiens fut pilonnée et réduite en cendres par des avions de la coalition alors qu'elle était sur la route menant du Koweït en Irak. La route de Bagdad était ouverte, mais, ayant décidé que la destruction du régime de Saddam Hussein risquait de déstabiliser la région, les chefs de la coalition retirèrent leurs forces. Un cessez-le-feu qui laissa Saddam Hussein au pouvoir fut signé. Les chiites et les Kurdes qui s'étaient soulevés furent abandonnés à leur triste sort. **JS**

Pertes : coalition : moins de 4 000 morts sur près de 1 000 000 ; Irakiens : 25 000 à 35 000 morts sur 260 000 à 545 000 (les estimations varient) ; civils : jusqu'à 5 000 morts

< *Basra 1982*

Invasion de l'Irak 2003 >

Destructions le long d'une route dans le nord du Koweït, après que les forces de la coalition eurent attaqué des militaires en fuite. 

Sarajevo 5 avril 1992-29 février 1996

L'effondrement de la Yougoslavie en 1991-1992 entraîna un conflit entre les divers groupes ethniques de la fédération. À Sarajevo, les musulmans bosniaques résistèrent aux Serbes au cours de l'un des plus longs sièges de l'histoire moderne. La situation critique des habitants de la ville déclencha l'intervention de l'Occident.

Avant l'éclatement de la guerre en Bosnie en avril 1992, les Serbes avaient renforcé les positions de leur artillerie sur les collines environnant Sarajevo, pensant que s'ils parvenaient à écraser la résistance bosniaque ici, ils parviendraient à le faire partout ailleurs en Bosnie. Au début du conflit, ils occupèrent ces positions ainsi que certaines banlieues de la ville, imposant à celle-ci un blocus complet. Bien qu'ils fussent beaucoup mieux armés que les milices bosniaques défendant la cité, les Serbes n'étaient pas assez nombreux pour la prendre d'assaut et avaient l'intention de la pilonner jusqu'à ce qu'elle cède.

L'artillerie serbe causa de gros dégâts : plus de 300 obus s'abattirent en moyenne sur Sarajevo chaque jour. Presque chaque édifice de la ville fut endommagé. La situation était encore plus dangereuse du fait de la présence de snipers. Sarajevo était sur le point de succomber à la famine quand les Nations unies, qui contrôlaient l'aéroport international, élaborèrent un plan d'aide humanitaire. Un tunnel, terminé au milieu de l'année 1993, relia la ville à l'aéroport et permit l'acheminement de ravitaillement. Les bombardements, à l'origine notamment de deux accidents horribles au marché Markale, révoltèrent l'opinion publique mondiale. En mai 1996, l'OTAN lança des frappes aériennes contre les Serbes, les obligeant à accepter les accords de Dayton, qui mirent fin au siège. **JS**

Pertes : Serbes : plus de 2 000 morts sur 30 000 ;
Bosniaques : plus de 6 000 morts sur 40 000 ;
civils : environ 10 000 morts

Kosovo 1999 ›

Une habitante à la fenêtre d'un immeuble criblé d'impacts de balles. ↑

Mogadiscio 3-4 octobre 1993

Les forces américaines intervinrent dans une Somalie déchirée par la guerre, mais elles s'attirèrent des ennuis au cours d'une mission destinée à arrêter le chef des milices somaliennes dans la capitale, Mogadiscio. L'opération fut considérée comme un fiasco, et mit fin pour un temps aux interventions militaires américaines.

Les Américains entrèrent en Somalie afin de sécuriser la distribution de l'aide alimentaire menacée par les seigneurs de guerre locaux. Ils décidèrent de neutraliser le pire d'entre eux, Mohamed Farrah Aidid. Le général de division William Garrison fut chargé d'organiser un raid des forces spéciales contre l'hôtel Olympic de Mogadiscio, où Aidid était censé se cacher.

Un groupe d'assaut héliporté prit le contrôle de l'hôtel en faisant 24 prisonniers, mais Aidid, absent à ce moment-là, ne fut pas capturé. Les forces spéciales qui avaient pris place dans la colonne de véhicules venus les évacuer de l'hôtel furent retardées par des barrages routiers somaliens et essuyèrent des tirs continuels. Deux hélicoptères Black Hawk furent abattus par des grenades propulsées par des roquettes. La plupart des soldats des forces spéciales essayèrent en se battant d'accéder à la zone du premier crash, mais furent stoppés par des tirs nourris. Ils n'eurent d'autre solution que de s'abriter dans les maisons voisines et d'attendre le matin.

Le lendemain matin, une force des États-Unis et des Nations unies constituée de plus de 100 véhicules se fraya un chemin jusqu'au site du premier crash et évacua les survivants. Les Somaliens tirèrent les corps des Américains morts dans les rues de la ville. Cet échec marqua la fin de la mission des Américains en Somalie. **JS**

Pertes : Américains : 19 morts, 84 blessés sur 180 soldats ; ONU : 13 victimes ; Somaliens : 700 à 1 500 morts sur 2 000 à 4 000 soldats

↑ *Jeune fille regardant les marines se hâter vers l'ambassade américaine de Mogadiscio.*

Première guerre de Tchétchénie

Grozny 31 décembre 1994-6 mars 1996

En 1991, après la dissolution de l'Union soviétique, les musulmans tchétchènes prirent les armes pour arracher leur indépendance à la Russie. Les forces russes réussirent à reprendre la capitale, Grozny, mais subirent des revers humiliants face à une révolte de plus en plus radicale des séparatistes.

Les Russes pensaient qu'il n'y avait pas lieu de prendre au sérieux les velléités d'indépendance des Tchétchènes. Le ministre de la Défense russe, le général Pavel Gratchev, affirma qu'un seul régiment de parachutistes les ramènerait à la raison.

Les plans militaires russes se révélèrent très inadaptés. Il était admis qu'à Grozny les « bandits » tchétchènes s'enfuiraient face aux chars, même si ces derniers n'étaient pas appuyés par l'artillerie. Cependant, les tankistes manquaient de cartes, d'informations ou d'expérience pour faire la guerre en ville et ne disposaient pas d'ordres clairs. En entrant dans Grozny la veille du nouvel an, ils ne rencontrèrent pas de résistance, jusqu'au moment où ils pénétrèrent dans le centre-ville et tombèrent dans une embuscade tendue par les Tchétchènes. Tentant de fuir leurs véhicules en flammes, les soldats russes furent terrassés par des rafales d'armes automatiques.

Les Russes assistèrent horrifiés au désastre, qui fut retransmis en direct par la télévision. Blessés dans leur orgueil, ils n'aspiraient plus qu'à une victoire complète. On recourut à l'artillerie et à des bombardements à haute altitude qui réduisirent Grozny à l'état de décombres. Il fallut encore trois semaines d'âpres combats et de lourdes pertes pour que les Russes sécurisent le centre-ville. Dans le secteur sud, les combats se poursuivirent jusqu'à ce que les Tchétchènes se retirent dans les collines pour mener une guerre de plus en plus violente. **JS**

Pertes : Russes : 2 000 morts, probablement beaucoup plus ; Tchétchènes : des dizaines de milliers de morts

Guerres en Yougoslavie

Kosovo 24 mars-10 juin 1999

En 1999, l'OTAN mena une campagne de bombardements contre la Serbie pour mettre un terme à l'« épuration ethnique » des Albanais du Kosovo, ancienne province de la Yougoslavie. Pour Tony Blair, fervent partisan des bombardements, cette opération marqua le début d'une nouvelle ère.

Depuis 1996, l'armée de libération du Kosovo était en guerre contre les forces serbes du président Slobodan Milosevic. Après la rupture des négociations de paix en mars 1990, l'OTAN annonça qu'elle allait entreprendre une action militaire pour stopper les massacres d'Albanais par les Serbes. Les dirigeants de l'organisation ne souhaitaient pas engager de troupes au sol, les bombardements semblaient donc la meilleure solution : une victoire rapide avec un minimum de victimes dans les rangs de l'OTAN.

Les avions de l'OTAN pilonnèrent des cibles militaires, mais aussi des ponts, des usines, des immeubles administratifs, des canalisations et des lignes électriques. Des missiles de croisière Tomahawk furent aussi tirés depuis des bateaux et des chasseurs. Les Serbes ne pouvaient pas faire grand-chose pour se défendre : ils abattirent seulement deux avions de l'OTAN, l'un de ces derniers étant un bombardier furtif Nighthawk F-117. Il y eut de graves erreurs de cible : un convoi de réfugiés albanais, un train de passagers et même l'ambassade de Chine furent touchés. Le mauvais temps rendit souvent les opérations plus difficiles qu'en Irak en 1991.

Cela ne fit en fait qu'intensifier l'épuration ethnique. L'OTAN envisageait à contrecœur une invasion terrestre du Kosovo, quand Milosevic finit par capituler en juin. Les soldats de l'OTAN entrèrent au Kosovo sans rencontrer de résistance et l'alliance remporta la victoire sans déplorer la moindre perte. **JS**

Pertes : OTAN : aucune ; Serbes : près de 600 morts parmi les soldats et 500 à 3 000 parmi les civils

< *Sarajevo 1992*

Tora Bora 12-17 décembre 2001

En octobre 2001, une coalition conduite par les Américains lança une intervention militaire en Afghanistan pour soutenir l'Alliance du Nord contre le gouvernement des talibans et ses alliés d'Al-Qaida. Lors de l'attaque de décembre à Tora Bora, le chef d'Al-Qaida, Oussama Ben Laden, ne fut pas pris.

L'invasion de l'Afghanistan fut un épisode de la fameuse « guerre contre le terrorisme » qui suivit les attentats du 11 septembre aux États-Unis. Al-Qaida était connue pour élaborer des opérations depuis ses bases en Afghanistan et entretenait des liens étroits avec le mouvement fondamentaliste islamique des talibans. Après l'intervention de la coalition placée sous le commandement des Américains, la résistance des talibans s'effrita rapidement.

Ben Laden se réfugia dans un réseau de grottes fortifiées dans les montagnes de la région de Tora Bora, à la sortie de Jalalabad. Les Américains étaient résolus à mettre la main sur lui et lancèrent des frappes aériennes massives à l'aide de B-52 sur la zone alors que les milices de l'Alliance du Nord et les forces spéciales des États-Unis, de la Grande-Bretagne et de l'Allemagne étaient sur le point d'attaquer. Armés de lance-roquettes et de mortiers, les combattants d'Al-Qaida se trouvaient sur un terrain facile à défendre et on s'attendait à ce qu'ils se battent jusqu'au bout.

Le lieu fut sécurisé après quelques jours de féroces combats. Cependant, Ben Laden, bien qu'il n'eût, semble-t-il, aucune intention de fuir, fut poussé à le faire par ses partisans et trouva refuge dans les zones tribales du Pakistan. La coalition ne déploya pas suffisamment d'hommes à temps pour couper toutes les voies de sortie. S'emparer du réseau de grottes sans capturer Ben Laden signifiait que ce dernier continuerait à être une idole pour les jeunes musulmans révoltés du monde entier. **JS**

Pertes : coalition et Alliance du Nord : inconnues ; Al-Qaida : probablement 200 morts

Marjah 2010 >

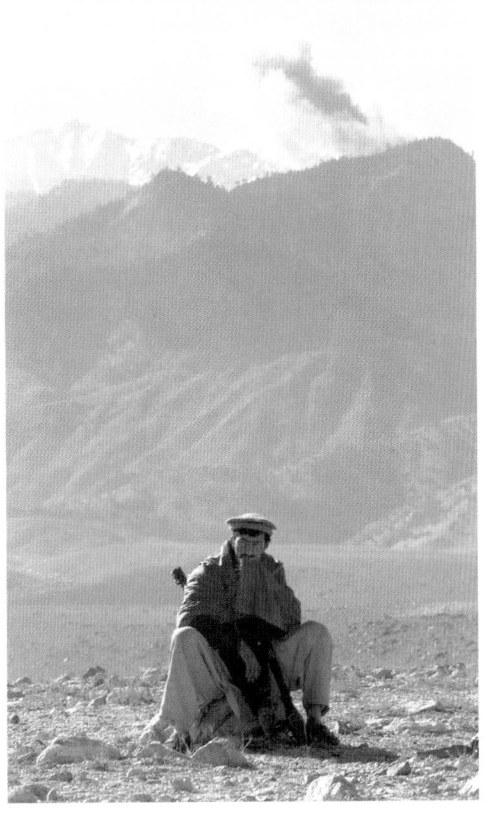

« Tora Bora grouillait d'espions… mais nous n'avons jamais mis la main sur Ben Laden ».

Le général Tommy Frank

↑ *Au loin, la charge d'un bombardier B-52 explose sur la chaîne de montagnes de Tora Bora.*

Invasion de l'Irak 19 mars-1er mai 2003

Une coalition placée sous commandement américain envahit l'Irak en 2003 dans le but de renverser Saddam Hussein. Énormément controversée, l'invasion fut une réussite sur le plan militaire puisque tous les objectifs furent atteints en 21 jours. Cependant, l'insurrection imprévue qui suivit exigea une occupation militaire, longue et coûteuse.

Justifiée en public par l'affirmation selon laquelle Saddam Hussein possédait des armes de destruction massive, l'invasion fut décidée sous la pression du gouvernement du président américain George W. Bush, avec le soutien du Premier ministre britannique Tony Blair, mais sans celui des Nations unies.

Le commandant de la coalition, Tommy Franks, adopta une approche tout à fait différente de celle qui avait prévalu au cours de l'opération « Tempête du désert » lors de la guerre du Golfe en 1990 et 1991. Il n'y eut pas de campagne aérienne stratégique préparatoire ni de mise en place d'une force de frappe écrasante. Frank n'avait pas le tiers des forces engagées dans l'opération « Tempête du désert ». Son but était de poursuivre l'offensive en combinant une vitesse implacable et une puissance de feu d'une grande précision. Cette stratégie fut illustrée par les frappes aériennes du 19 mars et le lancement de missiles qui perturbèrent le commandement et le système de communication irakiens, en détruisant notamment les palais et les ministères de Saddam Hussein à Bagdad. Les armes de précision firent peu de victimes parmi les civils, mais il y eut cependant des « erreurs » comme le bombardement d'un marché, perçu comme un acte délibéré.

L'invasion terrestre débuta le 20 mars. Une opération amphibie permit aux Américains de prendre le contrôle des champs pétroliers de la région de Basra et de la

Durant la seconde nuit de guerre, Bagdad fut frappée par d'importants bombardements qui marquèrent le début de la campagne américaine « Choc et stupeur ».

péninsule d'Al-Faw, de façon que les installations ne fussent pas détruites par les Irakiens. Les soldats effectuèrent une importante avancée en direction du désert et de Bagdad depuis le Koweït.

La coalition avait la maîtrise des airs, qui fut décisive. Utilisant des bombes guidées par GPS, ses avions frappaient des concentrations de militaires et de véhicules avec une grande précision. Cette vulnérabilité des véhicules irakiens aux attaques aériennes les empêcha d'organiser une défense cohérente. Néanmoins, il y eut de féroces combats. À Nasiriyah, sur l'Euphrate, les marines américains se heurtèrent à la résistance de combattants irakiens au cours de batailles pour sécuriser les deux principaux ponts. Il fallut six jours aux forces polonaises, britanniques et américaines pour s'emparer du port d'Umn Qasr. Les Britanniques, eux, prirent Basra après deux semaines de lutte contre des forces régulières et des guérilleros.

Une importante tempête de sable freina l'avancée de la coalition en direction de la capitale. Les soldats américains mirent seize jours pour atteindre la ville, qui tomba le 12 avril. Quand l'échec de Saddam Hussein fut manifeste, des foules en liesse sortirent dans les rues. La démolition par des civils irakiens et des soldats américains de la statue de Saddam Hussein à Bagdad sembla symboliser l'état d'esprit que les dirigeants de la coalition souhaitaient. Le 1er mai, le président Bush décréta l'arrêt des principales opérations militaires, mais les forces de la coalition furent incapables d'assurer un minimum de sécurité et une insurrection se développa très rapidement. **JS**

Pertes : coalition : 172 soldats sur près de 300 000 ; Irakiens : 8 000 à 45 000 soldats sur 375 000 ; civils : 3 200 à 7 300 victimes

< *Tempête du désert 1991* *Falloujah 2004* >

Falloujah 7 novembre-23 décembre 2004

La coalition placée sous le commandement des Américains qui occupa l'Irak en 2003 dut faire face à un mouvement de résistance à Falloujah, dans la province sunnite d'Al-Anbar. Ce fut un succès militaire coûteux qui ne parvint pas à stopper la propagation de l'opposition armée à l'occupation.

Falloujah était un bastion du parti Baath du président destitué Saddam Hussein. L'insurrection débuta dans la région à la suite d'un horrible accident au cours duquel des manifestants furent abattus par les forces américaines dès les premiers jours de l'occupation. Après le meurtre de quatre fournisseurs de l'armée américaine dans la ville à la fin du mois de mars 2004, les Américains tentèrent de reprendre le contrôle de Falloujah, mais échouèrent. Complètement contrôlée par les insurgés, la cité attira les combattants de la résistance irakienne et des volontaires musulmans du monde entier. En novembre, les forces d'occupation décidèrent de prendre la ville au piège, d'encercler les rebelles et de les anéantir. Réalisant ce qui était en train de se passer, 300 000 civils s'enfuirent. La ville fut en proie à des bombardements et à d'intenses frappes aériennes avant l'entrée des forces de la coalition, le 8 novembre. Les soldats causèrent d'importantes destructions, en faisant exploser les murs des maisons de peur que les portes ne soient piégées.

Après des combats de rue qui durèrent plusieurs jours, le centre-ville fut sécurisé, mais pendant plusieurs semaines des poches de résistance subsistèrent. Leur anéantissement fit de nombreuses victimes. Les insurgés de Falloujah furent, en grande partie, exterminés et la résistance ne défia plus jamais la coalition dans un combat ouvert. Néanmoins, les attaques à petite échelle se multiplièrent dans tout le pays. **JS**

« Dans des années les Américains parleront des batailles comme Falloujah avec effroi et respect. » *Le président George W. Bush*

Le 1er bataillon du 3e régiment de marines libérant des maisons à Falloujah.

Pertes : coalition : 110 morts ;
insurgés : près de 3 000 morts ou prisonniers

Invasion de l'Irak 2003

Conflit au Moyen-Orient

Liban 12 juillet-14 août 2006

En lutte contre les militants palestiniens et islamistes, Israël envahit le Liban pour les empêcher d'attaquer ses colonies. S'attendant à triompher grâce à la supériorité de leur puissance de feu et de leur aviation, les Israéliens se heurtèrent à des milices arabes qui les stoppèrent.

Après l'invasion du Liban en 1982, une nouvelle milice musulmane radicale chiite, le Hezbollah (Parti de Dieu), apparut. Ses kamikazes poussèrent les Israéliens à sortir de leur zone tampon du sud du Liban. Les attaques à la roquette sur des colonies israéliennes incitèrent le gouvernement à envisager des mesures de représailles. Cependant, ce fut l'attaque d'une patrouille israélienne par le Hezbollah le 12 juillet 2006 qui mit le feu aux poudres.

Israël infligea un important blocus maritime au Liban, largua des bombes et envoya son armée de terre détruire les positions du Hezbollah dans le sud du Liban. Cependant malgré la destruction de nombreux lance-roquettes, les tirs de roquettes augmentèrent. Les combattants du Hezbollah étaient déterminés à montrer que la technologie israélienne ne faisait pas le poids face à des guerriers pieux qui ne craignaient pas la mort.

Le combat autour de Bint Jbeil fut particulièrement violent, donnant fréquemment lieu à des corps-à-corps, et les Israéliens ne réussirent jamais à chasser complètement le Hezbollah de la ville. L'aviation militaire israélienne pilonna la majeure partie des infrastructures du Liban. Ses bombes à fragmentation rendirent inhabitables certaines parties du Sud-Liban. Un retrait prévoyant le stationnement dans la région de forces de maintien de la paix afin d'empêcher d'autres attaques de missiles fut négocié. Mais Israël ne parvint pas à anéantir le Hezbollah. **JS**

Pertes : Libanais : plus de 1 000 morts ; Israéliens : environ 120 morts

Liban 1982

Guerre en Afghanistan

Marjah 13-18 février 2010

La plus grande offensive organisée par l'ISAF sous le contrôle des Américains contre les insurgés talibans en Afghanistan eut lieu à Marjah dans la province d'Helmand. Cette attaque audacieuse fut saluée, peut-être prématurément, comme un tournant dans la longue guerre contre les talibans.

L'offensive dont le nom de code était « opération Moshtarak » fut menée dans une région où l'ISAF (Force internationale d'assistance à la sécurité internationale) avait précédemment lutté pour maintenir des avant-postes isolés. C'était une opération d'une envergure impressionnante qui mobilisa 15 000 soldats de l'ISAF et de l'armée afghane.

Tôt le 13 février, des marines et des soldats britanniques, français et afghans furent acheminés dans la région de Marjah en hélicoptère. Comme toujours en Afghanistan, ils durent faire face à de nombreux engins explosifs improvisés, ainsi qu'à des tirs de snipers. En pénétrant dans Marjah, les marines américains furent accueillis par des tirs de mitraillette et de roquettes provenant de maisons et d'enceintes. De nombreux talibans s'étaient retirés avant le début de l'opération ou s'étaient éclipsés après avoir mis sur pied une résistance symbolique. Les soldats de l'ISAF découvrirent des caches d'armes, du matériel destiné à la fabrication de bombes et au trafic de l'opium, principale source de finance des talibans. Le 18 février, les soldats du gouvernement afghan purent hisser le drapeau sur la place du marché de Marjah et l'ISAF et les soldats afghans s'y installèrent pour sécuriser et étendre la zone contrôlée par le gouvernement. Néanmoins, ils ne réussirent pas à mettre fin aux attaques récurrentes des talibans ni à gagner de façon convaincante les « cœurs et les esprits » des habitants de la région. **RG**

Pertes : Talibans : 120 morts sur 2 000 combattants ; ISAF et gouvernement afghan : 6 morts sur 15 000 combattants

Tora Bora 2001

Index alphabétique des 1001 batailles

Index chronologique des 1001 batailles

de 1400 à 1499

de 1500 à 1599

de 1600 à 1699

de 1700 à 1799

de 1800 à 1899

de 1900 à 1999

de 2000 à nos jours

Collaborateurs

Adrian Gilbert (AG) a beaucoup écrit sur les l'histoire militaire. Parmi ses nombreuses publications, citons *Germany's Lightning War : From the Invasion of Poland to El Alamein, An Illustrated History of World War I* et *POW : Allied Prisoners in Europe 1939-1945*..

Alan Wakefield (AW) est conservateur du musée Impérial de la Guerre, à Londres. Il a obtenu un master auprès du King's College de Londres. Il est l'auteur de nombreux livres et articles sur les différents aspects de la Première Guerre mondiale.

Charles Phillips (CP) est l'auteur de plus de vingt livres, dont *The Illustrated History of the First Crusades, The World of the Medieval Knight* et *The Lost History of Aztec and Maya*. Il est diplômé de l'université d'Oxford et l'université de Westminster.

Donald Sommerville (DS) est écrivain et journaliste spécialisé en histoire militaire. Diplômé de l'université d'Oxford, à Londres, il est l'auteur de *Monty: A Biography of Field Marshal Montgomery, 1916: The Year of Attrition, Revolutionary Warfare* et de *The Complete Illustrated History of World War II*.

Ian Kikuchi (IK) est historien et conservateur de musée. Il a poursuivi des études sur l'histoire militaire auprès du King's College et prépare actuellement un doctorat à l'université Queen Mary de Londres.

Jacob F. Field (JF) est chercheur en histoire à l'université de Cambridge. Il a obtenu son doctorat à Newcastle, sa thèse portait sur le grand incendie de Londres. Il a également participé à l'écriture de plusieurs ouvrages.

John Swift (JS) est maître de conférences en histoire à l'université de Cumbria. Ses publications comprennent *The Palgrave Concise Historical Atlas of the Cold War* (2003) et *Labour in Crisis: Clement Attlee and the Labour Party in Opposition 1931–40* (2001).

Laurent Villate (LV) est docteur en histoire. Il est notamment l'auteur de *La République des diplomates, Paul et Jules Cambon (1843-1935)* (éditions Science infuse), co-auteur et coordinateur de l'ouvrage *Socialistes à Paris 1905-2005* (éditions Créaphis).

Michael Kerrigan (MK) a écrit de nombreux ouvrages notamment sur la Grèce et la Méditerranée pour la collection « Civilisations anciennes » de la BBC.

Nick Hewitt (NH) est historien naval. Il a publié de nombreux articles et est l'auteur de plusieurs documentaires pour la radio. Depuis 1995, il travaille au musée Impérial de la Guerre à Londres. Il est aussi responsable de collection pour Portsmouth Naval Base de Property Trust.

Niheer Dasandi (ND) prépare son doctorat en sciences politiques à l'University College de Londres se concentrant sur les questions de développement international. Il mène également des recherches sur les conflits civils.

R. G. Grant (RG) est historien. Il a publié plus de 50 ouvrages dont *Battle, Soldier, and Battle at Sea* (2005, 2007, 2008). Il a également participé à la réalisation de l'histoire visuelle d'ITV Twentieth Century (1999) et à *Chronology of World History* (1995).

Raymond K. Bluhm Jr. (RB) est un ancien colonel de l'armée américaine, historien militaire et ancien professeur d'histoire. Il travaille maintenant en tant que consultant auprès de divers musées. Il a publié plusieurs articles et cosigné différents ouvrages.

Rupert Matthews (RM) s'est passionné pour les champs de bataille après avoir visité Waterloo, alors qu'il avait à peine neuf ans. Aujourd'hui, Rupert relate les différentes batailles depuis les temps anciens jusqu'à nos jours. Il se fait un devoir d'aller sur les lieux pour avoir un meilleur aperçu de la manière dont les conflits se sont déroulés.

Simon Adams (SA) est historien et écrivain ; il vit et travaille à Londres. Il a étudié l'histoire et les sciences politiques à Londres et à Bristol. Il est l'auteur de plusieurs ouvrages.

Stephen Turnbull (ST) est professeur honoraire à l'université internationale Akita au Japon et maître de conférence à l'université de Leeds. Spécialisé dans l'histoire militaire moderne du Japon, il est l'auteur de plus de 70 ouvrages. Il est titulaire de deux master (en théologie et en histoire militaire) et d'un doctorat.

Tony Bunting (TB) est historien. Il vient de terminer un projet de recherche, à l'université de Lancashire, sur l'évolution de l'impérialisme britannique au cours du XIXe siècle.

Crédits photographiques

Nous nous sommes efforcés d'attribuer correctement les copyright des photographies à leurs ayant-droits. Toutefois, si malgré toute notre attention, une erreur ou omission s'était produite, nous tenons à nous en excuser d'ores et déjà et serons heureux d'apporter la (es) correction (s) nécessaire (s) lors d'une prochaine réédition.

2 Corbis **18-19** Herve Champollion/akg-images **20** The Art Archive/Musée du Louvre Paris/Gianni Dagli Orti **21** Kenneth Garrett/Getty Images **22** Louvre, Paris, France/The Bridgeman Art Library **23** akg-images/Erich Lessing **25** The Art Archive/Alamy **26** akg-images/Erich Lessing **28** The Art Archive/British Museum/Alfredo Dagli Orti **30** Private collection **32-33** © 1990, Photo Scala, Florence **35** The Art Archive/Archaeological Museum Sparta/Gianni Dagli Orti **36-37** Digital Image 2009 BPK, Berlin/Photo Scala, Florence **40** The Art Archive/Acropolis Museum Athens/Gianni Dagli Orti **42** Werner Forman Archive/Scavi di Ostia **46-47** The Art Archive/Musée Archéologique Naples/Alfredo Dagli Orti **48** Peter Horree/Alamy **51** DEA/A. dagli Orti/Getty Images **52** © Corbis. All Rights Reserved **53** Æ Photo Spectrum/Heritage Images/Scala, Florence **54** Gianni Dagli Orti/Corbis **59** IAM/akg-images **61** akg-images/Erich Lessing **63** akg-images/British Library **64** Pushkin Museum, Moscow, Russia/The Bridgeman Art Library **68** Digital Image 2009 White Images/Photo Scala, Florence **70** akg-images **72** akg-images/British Library **73** Mary Evans Picture Library/Alamy **75** Alte Pinakothek, Munich, Allemagne/Giraudon/The Bridgeman Art Library **76** Photo Scala, Florence 2006 **77** Herve Champollion/akg-images **79** akg/van Ham/Fuis Köln **80-81** The Art Archive/Victoria and Albert Museum Londres/V&A Images **82** The Art Archive/Rheinischeslandesmuseum Bonn/Gianni Dagli Orti **85** akg-images/British Library **87** Photo Scala, Florence 2006 **91** The Art Archive/Augsburg Municipal Museum/Superstock **92** Digital Image 2009 White Images/Photo Scala, Florence **95** The Art Archive/Biblioteca Capitolare Vercelli/Gianni Dagli Orti **97** Hervé Champollion/akg-images **99** San Vitale, Ravenna, Italie/Giraudon/The Bridgeman Art Library **100** Musee Conde, Chantilly, France/Giraudon/The Bridgeman Art Library **102** akg-images **105** Louvre, Paris, France/© Christian Larrieu – La Licorne/The Bridgeman Art Library **106-107** San Francesco, Arezzo, Italie/The Bridgeman Art Library **109** The Art Archive/British Library **110** Digital Image 2010 BPK, Berlin/Photo Scala, Florence **112** Prado, Madrid, Espagne/The Bridgeman Art Library **113** Brooklyn Museum of Art, New York, USA/Gift of K. Thomas amd Sharon Elghanayan/The Bridgeman Art Library **114** Real Academia de Bellas Artes de San Fernando, Madrid, Espagne/Index/The Bridgeman Art Library **117** The Gallery Collection/Corbis **120** Sonia Halliday Photographs/Alamy **124** Wuerttembergische Landesbibliothek, Stuttgart, Allemagne/Bildarchiv Foto Marburg/The Bridgeman Art Library **126-127** akg-images/British Library **129** Private collection **130** The Masters and Fellows of Corpus Christi College, Cambridge **132-133** Private Collection/Photo © O. Vaering/The Bridgeman Art Library **134-135** Musee de la Tapisserie, Bayeux, France/The Bridgeman Art Library **137** The Art Archive/Science Academy Lisbon/Gianni Dagli Orti **139** The Art Archive/Bibliothèque Nationale Paris **140-141** Æ 1990, Photo Scala, Florence **143** © The British Library Board **144** akg-images/British Library **145** Digital Image 2009 White Images/Photo Scala, Florence **147** The Art Archive/Biblioteca Nazionale Marciana Venice/Alfredo Dagli Orti **150** akg-images **151** The Art Archive/Victoria and Albert Museum Londres/V&A Images **153** The Art Archive/National Museum Damascus Syria/Gianni Dagli Orti **156** Monasterio de El Escorial, El Escorial, Espagne/Index/The Bridgeman Art Library **158-159** © culture-images/Lebrecht **160** Digital Image 2009 White Images/Photo Scala, Florence **161** akg-images/Erich Lessing **162** Digital Image 2009 White Images/Photo Scala, Florence **163** Hulton Archive/Getty Images **165** The Art Archive/Musée Condé Chantilly/Gianni Dagli Orti **169** akg-images **170** Russian Academy of Sciences Library Depository St. Petersburg/RIA Novosti/The Bridgeman Art Library **172** Private collection **173** Digital Image 2009 White Images/Photo Scala, Florence **174** Digital Image 2009 BPK, Berlin/Photo Scala, Florence **177** Digital Image 2010 © De Agostini Picture Library, Scala, Firenze **178** British Library, Londres, GB/© British Library Board. All Rights Reserved/The Bridgeman Art Library **179** The Art Archive/Bodleian Library Oxford **180** The Art Archive/Private Collection Paris/Gianni Dagli Orti **181** Bibliotheque des Arts Decoratifs, Paris, France/Archives Charmet/The Bridgeman Art Library **183** Private Collection/Ancient Art and Architecture Collection Ltd./The Bridgeman Art Library **187** © Collection of the Earl of Leicester, Holkham Hall, Norfolk/The Bridgeman Art Library **189** Photo Scala Florence/Heritage Images **191** Asian Art & Archaeology, Inc./Corbis **192** The Art Archive/Bibliothèque Nationale Paris/Harper Collins Publishers **197** Bibliotheque de L'Arsenal, Paris, France/Index/The Bridgeman Art Library **198** akg-images/Erich Lessing **200** The Print Collector/Alamy **201** akg-images/British Library **202** Bibliotheque Nationale, Paris, France/The Bridgeman Art Library **203** Digital Image 2009 White Images/Photo Scala, Florence **204** The Art Archive/Museo Correr Venice/Alfredo Dagli Orti **205** Art Museum of Yaroslavl, Russia/The Bridgeman Art Library **206** British Library, Londres, GB/© British Library Board. All Rights Reserved/The Bridgeman Art Library **208** The Art Archive/Bibliothèque Municipale Besançon/Kharbine-Tapabor/Coll. Jean Vigne **210** Worcester Art Museum, Massachusetts, USA/Jerome Wheelock Fund/The Bridgeman Art Library **211** The Art Archive/Victoria and Albert Museum Londres/Eileen Tweedy **215** Digital Image 2010 BPK, Berlin/Photo Scala, Florence **217** The Art Archive/Victoria and Albert Museum Londres/Harper Collins Publishers **218** The Art Archive **220** Digital Image 2009 White Images/Photo Scala, Florence **223** akg-images/Erich Lessing **224** Private Collection/The Stapleton Collection/The Bridgeman Art Library **225** Digital Image 2009 White Images/Photo Scala, Florence **227** akg-images **229** Private Collection/Archives Charmet/The Bridgeman Art Library **230-231** © Museum of Fine Arts,Boston /Lebrecht **232** Private collection **235** The Art Archive/Royal Chapel Granada Espagne/Alfredo Dagli Orti **237** British Museum, Londres, GB/The Bridgeman Art Library **238-239** Private collection **241** The Art Archive/Arquivo Nacional da Torre do Tombo Lisbon/Gianni Dagli Orti **242** The Art Archive/Marine Museum Lisbon/Gianni Dagli Orti **243** Digital Image 2007 Photo Scala, Firenze **244** Private collection **245** Mary Evans Picture Library/Alamy **246** The Art Archive/Bodleian Library Oxford **247** Private collection **250** Digital Image 2009 White Images/Photo Scala, Florence **251** The Art Archive/College St. Michel Fribourg Switzerland/Gianni Dagli Orti **253** Digital Image 2009 BPK, Berlin/Photo Scala, Florence **255** © Nationalmuseum, Stockholm, Sweden/The Bridgeman Art Library **257** Private Collection/Archives Charmet/The Bridgeman Art Library **258** The Art Archive/Topkapi Museum Istanbul/Gianni Dagli Orti **262** The Art Archive/Musée des Arts Africains et Océaniens/Gianni Dagli Orti **263** The Art Archive/Biblioteca Nazionale Marciana Venice/Alfredo Dagli Orti **264** Photo Scala, Florence – 2006 **266-267** Private Collection/The Bridgeman Art Library **270** © Museum of Fine Arts,Boston /Lebrecht **271** © Museum of Fine Arts,Boston /Lebrecht **273** Bottle Brush/Alamy **275** Hemis/Alamy **276** DeAgostini Picture Library/Scala, Florence **277** The Art Archive/Victoria and Albert Museum Londres/V&A Images **278** Louvre, Paris, France/Peter Willi/The Bridgeman Art Library **280** Digital Image 2009 White Images/Photo Scala, Florence **283** Album/Oronoz/AKG **285** JTB Photo Communications, Inc./Alamy **286** Bibliotheque Nationale, Paris, France/Giraudon/The Bridgeman Art Library **287** Asian Art & Archaeology, Inc./Corbis **290** © Museum of Fine Arts,Boston /Lebrecht **291** © Museum of Fine Arts,Boston /Lebrecht **292** The Art Archive/British Library **293** Private Collection/Photo © Bonhams, Londres, GB/The Bridgeman Art Library **295** Digital Image 2010 Hip/Scala, Florence **296** The Art Archive/National Maritime Museum Londres/Harper Collins Publishers **297** Digital Image 2009 White Images/Photo Scala, Florence **299** © Imageclick/Lebrecht Music & Arts **301** © Imageclick/Lebrecht Music & Arts **304** Topkapi Palace Museum, Istanbul, Turkey/The Bridgeman Art Library **306** The Board of Trinity College Dublin **309** Private collection **311** Werner Forman Archive/Burke Collection, New York **314** akg-images **315** Private collection **316** © Corbis. All Rights Reserved **317** Interfoto/Alamy **320** The Art Archive/Museo del Prado Madrid/Alfredo Dagli Orti **321** Digital Image 2009 White Images/Photo Scala, Florence **323** akg-images **324** akg-images/Erich Lessing **326-327** akg-images **328** akg-images **329** Deutsches Historisches Museum, Berlin, Allemagne/© DHM/The Bridgeman Art Library **330-331** Digital Image 2010 BPK, Berlin/Photo Scala, Florence **332** Photo Scala, Florence - 2006 **333** akg/North Wind Picture Archives **334** Sotheby's/akg-images **335** Album/Oronoz/AKG **339** The Art Archive/Museum of Londres **340** © Leemage/Lebrecht Music & Arts **343** The Art Archive **345** Harris Museum and Art Gallery, Preston, Lancashire, GB/The Bridgeman Art Library **346** The Art Archive/Museu Historico Nacional Rio de Janeiro Brazil/Gianni Dagli Orti **348** Mary Evans Picture Library/Alamy **350** Private Collection/The Bridgeman Art Library **351** Mary Evans Picture Library/Alamy **352** The Art Archive/Musée du Château de Versailles/Gianni Dagli Orti **353** Mary Evans Picture Library **357** akg-images/British Library **358** © Leemage/Lebrecht Music & Arts **359** © Landskrona Museum/IBL Bildbyra/Heritage-Images/Imagestate **360** akg-images **361** Digital Image 2010 BPK, Berlin/Photo Scala, Florence **362** © The Berger Collection at the Denver Art Museum, USA/The Bridgeman Art Library **363** Digital Image 2010 Hip/Scala, Florence **364** Fitzwilliam Museum, University of Cambridge, GB/The Bridgeman Art Library **365** © Maidstone Museum and Art Gallery, Kent, GB/The Bridgeman Art Library **366** Digital Image 2010 De Agostini Picture Library, Scala, Firenze **367** Musee de la Marine, Paris, France/J.P. Zenobel/The Bridgeman Art Library **368-369** Private Collection/Photo © Rafael Valls Gallery, Londres, GB/The Bridgeman Art Library **372-373** Digital Image 2010 White Images/Photo Scala, Florence **374-375** Private collection **376** The Art Archive/Naval Museum Copenhagen/Alfredo Dagli Orti **378-379** © Leemage/Lebrecht Music & Arts **383** Mary Evans Picture Library/Alamy **384** Bibliotheque des Arts Decoratifs, Paris, France/The Bridgeman Art Library **389** Kunsthistorisches Museum, Vienna, Austria/The Bridgeman Art Library **390-391** © Leemage/Lebrecht Music & Arts **392** Bettmann/Corbis **393** IAM/akg/World History Archive **394** Ann Ronan Picture Library/Heritage-Images **395** akg-images/Cameraphoto **397** Digital Image 2010 Hip/Scala, Florence **401** Æ 1990, Photo Scala, Florence **402** Digital Image 2009 White Images/Photo Scala, Florence **403** Digital Image 2010 Hip/Scala, Florence **404** Bibliotheque des Arts Decoratifs, Paris, France/Archives Charmet/The Bridgeman Art Library **405** The Art Archive **407** Heeresgeschichtliches Museum, Vienna, Austria/The Bridgeman Art Library **409** akg-images/RIA Novosti **410** The Art Archive/Victoria and Albert Museum Londres/V&A Images **411** Private Collection/© Royal Exchange Art Gallery at Cork Street, Londres/The Bridgeman Art Library **412** © D. Bayes/Lebrecht Music & Arts **413** Digital Image 2010 BPK, Berlin/Photo Scala, Florence **415** National Army Museum, Londres/The Bridgeman Art Library **416** The Art Archive/Victoria and Albert Museum Londres/Eileen Tweedy **418-419** Æ Photo Scala Florence/Heritage Images **420** Chateau de Versailles, France/Giraudon/The Bridgeman Art Library **420** Private collection **423** The Art Archive/British Library **424** The Art Gallery Collection/Alamy **425** Mary Evans Picture Library/Grosvenor Prints **427** Private collection **428-429** akg-images **431** bpk/Eigentum des Haus Hohenzollern/Jörg P. Anders **433** Getty Images **434** Private collection **435** akg-images **436-437** akg-images **438** The Art Archive/National Army Museum Londres/National Army Museum **441** Private Collection/ Phillips, Fine Art Auctioneers, New York, USA/ The Bridgeman Art Library **442-443** The Art Archive/Harper Collins Publishers **447** © Fine Art Images/Heritage Images/Imagestate **449** akg-images **451** Museum of Fine Arts, Boston, Massachusetts, USA/ Gift of Mr. and Mrs. Gardner Richardson/The Bridgeman Art Library © 2010 Museum of Fine Arts, Boston. All

rights reserved. **452** The Art Archive **453** © Collection of the New-York Historical Society, USA/The Bridgeman Art Library **454** The Art Archive/Metropolitan Museum of Art
New York/Superstock **455** Digital Image 2008 © Yale University Art of Gallery/Art Resource New York/Scala, Florence **457** Digital Image 2010 Photo Scala, Firenze **457** Digital
Image 2010 Photo Scala, Firenze **459** The Art Archive/United States Capitol Building/Superstock **461** akg-images **464** Alnwick Castle, Northumberland, GB/The Bridgeman
Art Library **465** Frédéric Soltan/Sygma/Corbis **467** The Art Archive/Superstock **468** akg/North Wind Picture Archives **469** © Costa/Leemage/Lebrecht Music & Arts **471**
Digital Image 2010 De Agostini Picture Library, Scala, Firenze **472** Berrington Hall, Herefordshire, GB/National Trust Photographic Library/John Hammond/The Bridgeman
Art Library **473** The Gallery Collection/Corbis **474** The Art Archive **478** Central Naval Museum, St. Petersburg, Russia/The Bridgeman Art Library **479** The Art Archive/Culver
Pictures **481** The Gallery Collection/Corbis **482** The Art Archive/Musée Carnavalet Paris/Marc Charmet **483** Digital Image 2010 Hip/Scala, Florence **484** akg-images **485**
Digital Image 2009 White Images/Photo Scala, Florence **486** © Courtesy of the Warden and Scholars of New College, Oxford/The Bridgeman Art Library **489** Æ White
Images/Scala, Florence **491** Digital Image 2010 De Agostini Picture Library, Scala, Firenze **492** Digital Image 2009 White Images/Photo Scala, Florence **493** Digital Image
2009 White Images/Photo Scala, Florence **494** Digital Image 2010 White Images/Photo Scala, Florence **495** Digital Image 2010 White Images/Photo Scala, Florence **496**
akg-images/British Library **497** Digital Image 2009 Hip/Scala, Florence **499** Private Collection/The Bridgeman Art Library **500** © Leemage/Lebrecht Music & Arts **501** ©
National Museums of Scotland/The Bridgeman Art Library **502** akg-images/VISIOARS **504-505** The Art Archive/Musée d'Orsay Paris/Alfredo Dagli Orti **507** Digital Image
2009 White Images/Photo Scala, Florence **508** Historical Picture Archive/Corbis **509** Private Collection/Bourne Gallery, Reigate, Surrey/The Bridgeman Art Library **510**
Photos **12**/Alamy **510** Æ White Images/Scala, Florence **512** The Art Archive/Superstock **513** The Gallery Collection/Corbis **514-515** The Art Archive/Eileen Tweedy **516-517**
Private Collection/Photo © Christie's Images/The Bridgeman Art Library **520** Digital Image 2010 White Images/Photo Scala, Florence **521** The Art Archive/Museo del Prado
Madrid/Gianni Dagli Orti **522** Prado, Madrid, Espagne/The Bridgeman Art Library **523** John Spink Fine Watercolours, Londres, GB/The Bridgeman Art Library **526-527**
Musee de l'Armee, Brussels, Belgium/Patrick Lorette/The Bridgeman Art Library **528** akg-images/British Library **532** Stapleton Collection/Corbis **534-535** National Army
Museum, Londres/The Bridgeman Art Library **536** akg-images/Erich Lessing **537** The Art Archive/Kharbine-Tapabor/Coll. Jonas **538-539** The Art Archive/British Library **542**
Digital Image 2010 BPK, Berlin/Photo Sca la, Florence **544** The Art Archive/United States Capitol Building **545** Corbis **547** Photos **12**/Alamy **549** The Art Archive/Fondation
Thiers Paris/Alfredo Dagli Orti **550** Getty Images **554** National Army Museum, Londres/The Bridgeman Art Library **555** National Army Museum, Londres/The Bridgeman Art
Library **556** Digital Image 2010 Hip/Scala, Florence **558** Private Collection/Index/The Bridgeman Art Library **559** Digital Image 2009 White Images/Photo Scala, Florence
560 The Art Archive/Museo Nacional Bogota/Gianni Dagli Orti **562-563** Digital Image 2010 De Agostini Picture Library, Scala, Firenze **564** The Art Archive/Simon Bolivar
Amphitheatre Mexico/Gianni Dagli Orti **565** akg-images/De Agostini Picture **566** Stapleton Collection/Corbis **569** Stapleton Collection/Corbis **570** Musee de la Ville de
Paris, Musee Carnavalet, Paris, France/Archives Charmet/The Bridgeman Art Library **573** Private Collection/Peter Newark American Pictures/The Bridgeman Art Library **574**
Private Collection/The Bridgeman Art Library **575** Leonard de Selva/Corbis **579** © Leemage/Lebrecht Music & Arts **580** Musee Conde, Chantilly, France/Giraudon/The
Bridgeman Art Library **581** Digital Image 2010 De Agostini Picture Library, Scala, Firenze **582** The Art Archive/National Army Museum Londres/National Army Museum **583**
Getty Images **584** Stapleton Collection/Corbis **585** Æ WGBH Stock Sales/Scala, Florence **587** The Art Archive/National Palace Mexico City/Gianni Dagli Orti **588** The Art
Archive/Galleria d'Arte Moderna Rome/Alfredo Dagli Orti **589** Digital Image 2010 Hip/Scala, Florence **592** Central Naval Museum, St. Petersburg, Russia/The Bridgeman Art
Library **593** © Leemage/Lebrecht Music & Arts **595** Private Collection/Ken Welsh/The Bridgeman Art Library **596** National Army Museum, Londres/The Bridgeman Art
Library **597** The Art Archive/National Army Museum Londres/National Army Museum **598** Getty Images **600** The Art Archive/School of Oriental & African Studies/Eileen
Tweedy **601** The Art Archive/Museo del Risorgimento Turin **603** Mary Evans Picture Library/Alamy **604-605** akg-images/Schütze/Rodemann **606-607** Digital Image 2008
Photo Scala, Firenze **608** The Art Archive/National Archives Washington, D.C. **609** Museum of the City of New York/Corbis **610** Bettmann/Corbis **611** Corbis **614** Getty
Images **615** Bettmann/Corbis **617** © Collection of the New-York Historical Society, USA/The Bridgeman Art Library **619** The Art Archive/National Archives Washington, D.C.
621 akg-images **623** Getty Images **624-625** The Art Archive/National Archives Washington, D.C. **626** The Art Archive/Culver Pictures **628** Medford Historical Society
Collection/Corbis **629** The Art Archive/School of Oriental & African Studies/Eileen Tweedy **632** Getty Images **634** Time & Life Pictures/Getty Images **635** Corbis **636** The Art
Archive/Culver Pictures **637** Getty Images **638-639** Corbis **643** Mary Evans Picture Library/Alamy **647** The Art Archive/Musée Carnavalet Paris/Gianni Dagli Orti **648** Digital
Image 2010 BPK, Berlin/Photo Scala, Florence **649** Digital Image 2009 White Images/Photo Scala, Florence **651** Interfoto/Alamy **652** Hulton-Deutsch Collection/Corbis
655 Æ Photo Scala Florence/Heritage Images **656-657** Asian Art & Archaeology, Inc./Corbis **658** National Army Museum, Londres/The Bridgeman Art Library
659 Popperfoto/Getty Images **660** The Art Archive/17/21st Lancers Museum/Eileen Tweedy **664** bpk/Dietmar Katz **666** The Art Archive/National Army Museum Londres/
National Army Museum **667** akg-images **668** Phil Yeomans/Rex Features **669** Pictorial Press Ltd/Alamy **670** Private collection **671** Corbis **673** © Museum of Fine Arts,Boston
/Lebrecht **674** Arthur M. Sackler Gallery, Smithsonian Institution, USA/Gift of Gregory and Patricia Kruglak/The Bridgeman Art Library **675** Photo Scala, Florence 2006
677 Private collection **678** Bettmann/Corbis **681** The Art Archive/National Army Museum Londres/National Army Museum **682** Corbis **683** The Art Archive/Alamy
684-685 Hulton-Deutsch Collection/Corbis **686** Getty Images **687** The Art Archive/War Museum of the Boer Republics, Bloemfontein **688** dpa/dpa/Corbis **689**
Popperfoto/Getty Images **691** akg-images **693** Hulton-Deutsch Collection/Corbis **694-695** © Interfoto/Lebrecht Music & Arts **697** Private Collection/The Stapleton
Collection/The Bridgeman Art Library **698** The Art Archive/National History Museum Mexico City/Gianni Dagli Orti **700** akg-images/ullstein bild **702** Roger Viollet/Getty
Images **703** Corbis **704** The Art Archive/Culver Pictures **705** The Art Archive/Imperial War Museum **707** © Sueddeutsche Zeitung Photo/Lebrecht **709** Bettmann/Corbis
711 Bettmann/Corbis **713** Bettmann/Corbis **715** The Art Archive/Imperial War Museum **716** Photos **12**/Alamy **717** Digital Image 2010 BPK, Berlin/Photo Scala, Florence
718 akg-images **719** Getty Images **720-721** Popperfoto/Getty Images **722** © Sueddeutsche Zeitung Photo/Lebrecht **723** Hulton-Deutsch Collection/Corbis **724**
Bettmann/Corbis **725** The Art Archive/Imperial War Museum **726** © Mirrorpix/Lebrecht Authors **727** The Art Archive **728** Digital Image 2010 BPK, Berlin/Photo Scala,
Florence **730** The Art Archive/Imperial War Museum **731** © Leemage/Lebrecht Music & Arts **733** Getty Images **734** Corbis **735** Bettmann/Corbis **737** akg-images/ullstein
bild **738** The Art Archive **739** © Interfoto/Lebrecht Music & Arts **740-741** © Mirrorpix/Lebrecht Authors **742** © RA/Lebrecht Music & Arts **744** Time & Life Pictures/Getty
Images **747** Æ White Images/Scala, Florence **749** Digital Image 2010 BPK, Berlin/Photo Scala, Florence **750** The Print Collector/Alamy **751** Bettmann/Corbis **753** The Art
Archive/Australian War Memorial **754** © Sueddeutsche Zeitung Photo/Lebrecht **755** Mary Evans Picture Library **757** Digital Image 2009 De Agostini Picture Library, Scala,
Firenze **759** © Leemage/Lebrecht Music & Arts **760-761** Bettmann/Corbis **762** © Sueddeutsche Zeitung Photo/Lebrecht **763** Getty Images **764** The Art Archive/Imperial
War Museum **765** © RA/Lebrecht Music & Arts **768-769** Time & Life Pictures/Getty Images **771** Hulton-Deutsch Collection/Corbis **773** © RIA Novosti/Lebrecht Music & Arts
775 Bettmann/Corbis **776-777** LAZARO (ARCHIVO VIDAL)/EFE/Corbis **780** Getty Images **781** Hulton-Deutsch Collection/Corbis **785** © RA/Lebrecht Music & Arts **787** EFE/
Corbis **788** akg-images/Imagno **791** © Sueddeutsche Zeitung Photo/Lebrecht **792** © Sueddeutsche Zeitung Photo/Lebrecht **793** akg-images/ullstein bild **794** Robert
Capa/International Center of Photography/Magnum Photos **796** akg-images/ullstein bild **797** Mary Evans/AISA Media **798-799** Peter Turnley/Corbis **800** Getty Images **801**
© Sueddeutsche Zeitung Photo/Lebrecht **802** akg-images/ullstein bild **803** Hulton-Deutsch Collection/Corbis **804** Hulton-Deutsch Collection/Corbis **805** Hulton-Deutsch
Collection/Corbis **806** Getty Images **808** Popperfoto/Getty Images **809** © RA/Lebrecht Music & Arts **810** Corbis **813** The Art Archive/Alamy **815** Bettmann/Corbis **819** © SZ
Photo/The Bridgeman Art Library **820-821** Hulton-Deutsch Collection/Corbis **822** akg-images **825** Photos **12**/Alamy **827** Getty Images **827** Popperfoto/Getty Images **828**
Getty Images **829** Getty Images **832** © RA/Lebrecht Music & Arts **834** © SZ Photo/The Bridgeman Art Library **835** Cody Images **836** Imperial War Museum **837** Interfoto/
Alamy **839** Bettmann/Corbis **840-841** The Art Archive **842-843** © RIA Novosti/Lebrecht Music & Arts **844** Interfoto/Alamy **846-847** Getty Images **848** Corbis **848** Corbis
850 Corbis **851** Bettmann/Corbis **852** Imperial War Museum **854** Popperfoto/Getty Images **855** © Sueddeutsche Zeitung Photo/Lebrecht **858** Bettmann/Corbis **859** akg-
images **860** Getty Images **864-865** © www.lebrecht.co.GB **867** Time & Life Pictures/Getty Images **868** © RA/Lebrecht Music & Arts **869** The Art Archive/Culver Pictures
871 Corbis **872** akg-images/ullstein bild **873** Time & Life Pictures/Getty Images **874** © Tallandier RA/Lebrecht **875** Time & Life Pictures/Getty Images **877** Private Collection/
The Bridgeman Art Library **879** Corbis **881** The Art Archive/Culver Pictures **884** © RA/Lebrecht Music & Arts **887** Corbis **888** © RA/Lebrecht Music & Arts **889** Corbis
891 Corbis **893** Gamma-Keystone via Getty Images **894** AFP/Getty Images **895** Private collection **896** Gamma-Keystone via Getty Images **897** akg-images/ullstein bild
900 Bettmann/Corbis **902** Gamma-Keystone via Getty Images **903** Bettmann/Corbis **905** AFP/Getty Images **906** Hulton-Deutsch Collection/Corbis **907** The Art Archive/
Kharbine-Tapabor **908** akg-images/ullstein bild **909** Alain Nogues/Sygma/Corbis **910** AP/Press Association Images **913** Popperfoto/Getty Images **914** Hulton-Deutsch
Collection/Corbis **915** Tim Page/Corbis **917** Getty Images **919** Christian Simonpietri/Sygma/Corbis **921** Bettmann/Corbis **922** Bettmann/Corbis **923** Micha Bar Am/
Magnum Photos **924** Bettmann/Corbis **925** Bettmann/Corbis **926** Hulton-Deutsch Collection/Corbis **927** Christian Simonpietri/Sygma/Corbis **929** Getty Images
931 Bettmann/Corbis **934** © Sueddeutsche Zeitung Photo/Lebrecht **935** STRINGER/ARGENTINA/X01488/Reuters/Corbis **936** Peter Jordan/Alamy **937** Sipa Press/Rex
Features **939** Peter Turnley/Corbis **940** Tom Stoddart/Getty Images **941** Les Stone/Sygma/Corbis **943** © The Times, Londres/Lebrecht **944-945** Corbis **946** Getty Images

1002 et plus... (notes personnelles)